2013
中华人民共和国海关
AA类企业年鉴

海关总署稽查司 编

中国海关出版社

图书在版编目（CIP）数据

中华人民共和国海关AA类企业年鉴.2013/海关总署稽查司编.
—北京：中国海关出版社，2013.12
ISBN 978-7-80165-998-9

Ⅰ.①中… Ⅱ.①海… Ⅲ.①进出口贸易—工商企业—中国—2013—年鉴 Ⅳ.①F279.2-54

中国版本图书馆CIP数据核字（2013）第296688号

中华人民共和国海关AA类企业年鉴（2013）

ZHONGHUA RENMIN GONGHEGUO HAIGUAN AA LEI QIYE NIANJIAN（2013）

作　　者：海关总署稽查司
策　　划：普　娜
责任编辑：左桂月
助理编辑：熊　芬　李璞娜
出版发行：中国海关出版社
社　　址：北京市朝阳区东四环南路甲1号　　邮政编码：100023
网　　址：www.hgcbs.com.cn；www.hgbookvip.com
编 辑 部：01065194242-7527（电话）　　01065194231（传真）
发 行 部：01065194221/4238/4246（电话）　　01065194233（传真）
社办书店：01065195616（电话）　　01065195127（传真）
http://store.hgbookvip.com（网址）
印　　刷：廊坊晶艺印务有限公司　　经　　销：新华书店
开　　本：889mm×1194mm　1/16
印　　张：59.75　　字　　数：1970千字
版　　次：2013年12月第1版
印　　次：2013年12月第1次印刷
书　　号：ISBN 978-7-80165-998-9
定　　价：300.00元

《中华人民共和国海关AA类企业年鉴（2013）》

编委会

特邀企业领导名单

（按姓氏笔画排序）

丁　卫	丁尔民	于景辉	山地诚一郎
马云昆	马志平	马志武	马国恒
马振宣	马润生	王　林	王　禹
王永成	王国华	王建兵	方　鸿
田新甲	冯汝坤	冯志存	朱文菊
刘伟宁	许庆仁	孙　哲	孙宝喜
杨　龙	杨　青	杨苏鸣	杨淑洋
李志民	李洪涛	李继凯	吴　伟
吴达来	吴忠志	吴毓娟	何　平
汪冬宁	沈卫国	张　珩	张　晓
张　辉	张兆明	张克强	张坚平
张嵩林	陈　立	陈　哲	陈冬梅
陈启祥	陈永恒	陈国章	陈雪明
邵健锋	苗春生	范　新	周国平
周德汉	郑　翔	河合景一	孟祥杰
柯玉田	胡　民	赵　彤	姚　翔
姚长斌	桂明强	徐　曙	徐子秋
奚中琪	郭旭东	高　博	高　磊
高京建	唐玉霞	黄育存	黄建均
黄道领	倪海兵	梁　婷	梁晓涛
堤田让治	程　瓒	谢昌贤	熊韶辉
薛永亮	魏高平		

协 编 单 位

（排名按拼音顺序，不分先后）

SMC（中国）有限公司

阿斯利康投资（中国）有限公司

艾尼克斯电子（北京）有限公司

奥凯航空有限公司

百事饮料（广州）有限公司

保利科技有限公司

北京安泰钢研超硬材料制品有限责任公司

北京华油国际物流工程服务有限公司

北京嘉寓门窗幕墙股份有限公司

北京京东方茶谷电子有限公司

北京康得新复合材料股份有限公司

北京科园信海医药经营有限公司

北京现代汽车有限公司

川奇光电科技（扬州）有限公司

东海橡塑（广州）有限公司

鄂尔多斯市西金矿冶有限责任公司

高先电子（深圳）有限公司

广东省粤东磁电有限公司

广东振戎能源有限公司

广州绿北洋皮革制品有限公司

广州医药有限公司

河南商贸集团有限公司

湖南泰嘉新材料科技股份有限公司

华能能源交通产业控股有限公司

嘉里大通物流公司

捷豹路虎汽车贸易（上海）有限公司

金河生物科技股份有限公司

昆明中铁大型养路机械集团有限公司

雷诺（北京）汽车有限公司

路易达孚（北京）贸易有限责任公司

美光半导体（西安）有限责任公司

纽朗包装机械（北京）有限公司

协编单位

（接上页，排名按拼音顺序，不分先后）

山东钢铁集团有限公司
陕西省煤炭物资供应公司
上海飞机制造有限公司
上海华力微电子有限公司
神华物资集团有限公司
深圳海油工程水下技术有限公司
深圳市创捷供应链有限公司
深圳市今天国际物流技术股份有限公司
同方威视技术股份有限公司
瓦里安医疗设备（中国）有限公司
威时沛运货运（广州）有限公司
威讯联合半导体（北京）有限公司
厦门正新橡胶工业有限公司
义乌华鼎锦纶股份有限公司
永泰电子（东莞）有限公司
云南祥云飞龙有色金属股份有限公司
浙江省纺织品进出口集团有限公司
中国船舶工业贸易公司
中国船舶重工国际贸易有限公司
中国国际电视总公司
中国国际图书贸易集团有限公司
中国国投国际贸易有限公司
中国海外经济合作总公司
中国航空技术国际控股有限公司
中国石油工程建设公司
中国石油技术开发公司
中国水利电力对外公司
中海油田服务股份有限公司
中航技国际经贸发展有限公司
中航技进出口有限责任公司
中美上海施贵宝制药有限公司
中山市广勤贸易有限公司
珠海三美电机有限公司

激怀天性 探赏无尽
雷诺新科雷傲2.0L/2.5L 跃然登场
托尼·帕克
3次NBA总冠军
5次入选全明星赛
2007年总决赛最有价值球员
KOLEOS
R-Link®多媒体导航系统
智能全模式四驱
BSW盲区警示系统

KERRY
LOGISTICS
嘉 里 物 流
www.kerrylogistics.com
T 2211 9898

北京华油国际物流工程服务有限公司

Beijing Huayou International Logistics & Engineering Services Co.,Ltd.

总经理 陈冬梅

北京华油国际物流工程服务有限公司成立于2001年，是中国石油天然气集团公司批准成立的一家综合型国际物流企业。公司具有无船承运人资质、自理报关报检资质及一级国际货运代理资质，是世界货代联盟（WCA）和中国国际货运代理协会（CIFA）成员企业，通过了ISO9000质量管理体系认证，并被海关总署评定为AA类进出口管理企业，是中国石油合格的系统内综合型物流服务商。

公司在北京总部下设了8个直属业务部门，在天津、上海、成都、乌鲁木齐、霍尔果斯，以及澳大利亚、中东等国内外地区设立了分公司和办事处。其业务内容包括国际物流、国际贸易与物资供应、安全应急产品与服务三大板块，拥有众多资深的报关员、报检员、高级物流师、国际物流经理等专业化人才。目前，公司的国际物流业务先后扩展到了30多个国家和地区，出口目的地遍布中国石油五大海外油气作业区，构建了全球化的代理网络体系。其中，公司在欧美、澳洲、中亚、中东、非洲等航线上的多式联运业务已经形成了明显的优势，特别是在伊拉克、伊朗、苏丹、乍得、尼日尔、哈萨克斯坦、土库曼斯坦等国家的工程项目物流业务中积累了丰富的经验，具备了大型成套机械、工程车辆、特种容器、钢管、电站设备、危险化学品、生活保障等物资的“门到门”全程操作能力。

公司从成立至今，一直从事国内外物资采办业务，在石油石化机电产品、特种车辆的引进及出口代理服务方面，形成了专业化的优势，先后为众多的国内外企业提供了物资、物流全程供应链服务保障。

公司还致力于国际上先进的安全、应急、环保、节能技术在中国的推广和应用，是法国3X公司、埃克申公司及美国ZEECO公司和瑞典TRUCKCAM公司在中国的销售代理商，这些设备在国内同行业内居于领先水平。

华油国际将秉承“货通天下，诚信全球”的企业愿景，坚守“永无止境的服务，源于专业的华油”的庄重承诺，围绕“建设一流的国际工程物流企业”的宏伟目标，与您风雨同舟，共创辉煌！

地址：北京市朝阳区安立路101号名人大厦15层　　邮编：100101
Celebrity Building,No.101 Anli Road, Chaoyang District,Beijing,P.R.C
总机：010–82035230　010–82035233
传真：010–82035250（办公室）　010–84836032（业务）
网址：www.cnpc.com.cn/hy/hywl
邮箱：bizdev@cnpc.com.cn

Beijing Huayou International Logistics & Engineering Services Co., Ltd (hereafter referred to as "Huayou International") is a comprehensive, international logistics enterprise approved by China National Petroleum Corporation (CNPC[2001]339) in 2001.

Our company owns NOVCC qualification, top class of international logistic agency and ISO9000 quality management system qualification, and has also approved as grade AA import and export management organization by the General ministration of Customs. Huayou international is a qualified comprehensive logistic services provider of the internal system of CNPC.

There are 8 divisions established in Beijing head office. The company has set up branches and offices in Shanghai, Tianjin, Chengdu, Urumqi, Horgos, Brisbane of Australia, and also in the Middle East, with a total of 160 employees. Our business scope includes three main sections of international logistics, international trades as well as material supplies, safety emergency products and services. Huayou International owns many customs declarers, inspection staffs, senior logisticians, international logistics managers and other experts. Our international logistic business covers over 30 countries and territories in the world, export destinations across the five main oversea oil and gas fields of CNPC and construct a global agency network. With outstanding competitive edges of multimodal transportation in Australia, central Asia, Middle East and Africa. We have accumulated rich experience especially in the field of multimodal transporting out-of-gauge equipments, engineering vehicles, steel pipes, dangerous chemical products and living security etc. We are capable in delivering door to door logistic services for large-scale project and retained good reputation from customers.

Since the establishment of Huayou International, we have been continuously carried out international procurement and domestic material supply business and have gained professional experience in importing and exporting service agent of petroleum and petrochemical product and special type of vehicles. Guaranteed supply chain service for many foreign and domestic companies.

Our company has also dedicated to promote and implement advanced international safety, emergency and green technology in China. We are the commercial agent of French 3X, US ZEECO and Sweden Truckcam companies in China and remain top standard within the industry.

Huayou international shall adhere to the corporate vision of "Global linking, Global trusting", stick to the commitment of "Endless serving, Huayou offering" to provide safe, efficient and comprehensive service for our clients.

原油 有色金属 煤炭 化工业务

原油：公司于2003年取得原油非国营贸易进口资质，历年来在货源安排、价格、服务上都取得了业内广泛好评。

成品油：品种包括汽油、柴油、煤油、蜡油、石脑油等，代理进口航空煤油、自营燃料油。

有色金属：目前主要品种有铜、铅、锌等精矿和电解铜、铅锭等金属现货及稀土，其中进口锌精矿进入全国前5名，上海现货市场锌锭贸易量排名前十。

煤炭业务：公司在我国北方主要煤炭产地设立业务机构，与国内多家电厂、地方大型电力企业及五大电力集团建立了良好、稳固的合作关系，成为电力生产企业的主要供应商，同时大力开展进口业务，在印度尼西亚煤炭进口方面经验丰富。

化工业务：包括沥青、煤焦油、天然乳胶、MTBE、混合芳烃、重整油、丙酮等。

新华（大庆）商品交易所

新商所以“立足现货市场、服务实体经济”为宗旨，着力构建公信、公正、专业、高效的交易平台，建立了现货交割，打造了“资讯整合+电子商务+现代物流+金融支撑”的商务模式，并逐步建成具有国际影响力的现货交易中心、定价中心和信息发布中心。

目前，新商所上市交易品种主要为燃料油、甲醇、白糖，未来还将推动动力煤、焦炭、聚乙烯、聚丙烯、木材等品种上市交易。

香港上市公司 泰山石化（01192.HK）

泰山石化主要在中国及亚太地区提供石油物流、运输、分销及海事服务。公司在香港、新加坡成立公司对其仓储项目进行综合运作，同时管理亚洲最具规模之一的多功能修造船厂。

核心业务：属下泉州船舶工业有限公司坐落于福建省泉州市的天然深水港，位于中国海岸线上最繁忙的国内国际海上交通要道。修船部门可以修理及改装多种船型，并可容纳世界上最大的集装箱船、超级油轮、散货船等大型船舶。造船厂目前建造了7 000载重吨的加油/运输两用油轮和9 000载重吨的化工品油轮。船厂年造船能力为20艘。船厂和技术与管理俱佳的国际知名岸外工程公司合作，将引进技术和管理，逐步打造岸外工程修造基地，承接上层模块制造及升降式钻油台和半潜船的建造与修理，并利用泉州船舶的生产设备来开拓移动式离岸钻探装置——海上钻井平台业务。

SDIC
中国国投国际贸易有限公司
CHINA SDIC INTERNATIONAL TRADE CO., LTD.
SDIC 国投贸易
SDIC 国投贸易

常务副总经理 马国恒

北京京东方茶谷电子有限公司

北京京东方茶谷电子有限公司创建于2005年，位于北京市经济技术开发区，是京东方光科技有限公司投资设立的内资企业，注册资金3 725万元人民币。

公司主要从事平板显示用背光源、液晶模组、终端应用及其关键零组件的设计开发、制造及销售。公司产品广泛应用于移动与应用显示、IT与电视应用、半导体照明等领域。

北京京东方茶谷电子有限公司的母公司——京东方光科技有限公司是京东方科技集团股份有限公司的投资控股企业。目前，京东方光科技有限公司已发展成为中国最大的背光源企业，形成以苏州为事业总部，在北京、厦门、昆山、合肥拥有4家全资子公司，并在中国台湾、深圳、北京、上海、广州设有办事处的业务规模。

未来，北京京东方茶谷电子有限公司将坚持自主创新，不断提升核心竞争力，致力于成为一家半导体照明领域最具价值的整体解决方案供应商，为人类社会点燃低碳、和谐、幸福之光。

北京京东方茶谷电子有限公司获得的重大荣誉

- 2013年7月被北京海关评定为AA类企业
- 2010年被认定为北京经济技术开发区企业创新中心
- 2010年3月被北京知识产权局认定为北京市专利试点企业
- 2010年6月被认定为北京市研发机构
- 2009~2013年国家平板显示标准工作组成员单位
- 2009年6月1日被认定为中关村高新技术企业
- 2009年6月1日被认定为国家级高新技术企业

高先电子（深圳）有限公司

高先电子（深圳）有限公司位于深圳市坪山新区大工业区，成立于2003年6月，是一家集研发、生产、经营数字录放机、平板显示器、液晶电视机、可视电话、手机、个人电脑、闪光灯模组、大容量移动存储器等消费类数码电子产品的外商独资企业，技术已达国际领先水平。经过十余年的努力，公司先后获得深圳市高新技术企业、龙岗区十大出口企业、深圳市工业百强企业、深圳市劳动关系和谐企业、广东省工业100强企业、深圳海关客户协调员制度企业、全国优秀外商投资企业等荣誉，并成为海关AA类企业。同时，公司严格按照ISO9001、ISO14001、OHSAS18001标准与《限/禁用物质管制标准》执行，并取得质量、环境、职业健康安全、绿色产品管理体系认证。公司致力于持续改进及与相关方共同进步，力争成为同行业中管理先进、品质一流、回报国家和社会的优秀企业。

目前，公司在深圳大工业区有占地面积24 000平米的厂房，配套17条高速贴片机和20条装配生产线，设施完整齐全，生产技术已达到国际先进水平，为公司产品占领全球化市场提供了有力支持。公司各类产品的总量已突破400万台/月，客户以欧美大型超市为主，各类产品在同行业市场占有率均居前列。2011年出口总额为16.68亿美元，出口额列深圳百强企业前30位，并于2011年10月成为深圳海关132家客户协调员企业中的一员。公司不但在国家高科技电子产业的发展中作出积极贡献，也为满足国内外市场日益增长的需要贡献了自己的力量。　公司建立了高科技人才管理团队，全面打造了高素质的员工队伍。公司现有员工1 500余人，其中，中高层管理人员占总人数的7%，高级技术人才占总人数的30%，中级技术人才占总人数的40%，大专及以上学历的员工占员工总数的30%。

十年磨一剑。在改革开放及国家优惠政策的推动和鼓励下，高先电子秉承以用户需求为中心的理念，凭借先进的生产设备及生产管理模式，优秀的研发销售团队，以及在电子制造业多年的经验积累，将为广东乃至全国的产业经济发展作出更大的贡献。

LAITAK TEXTILE

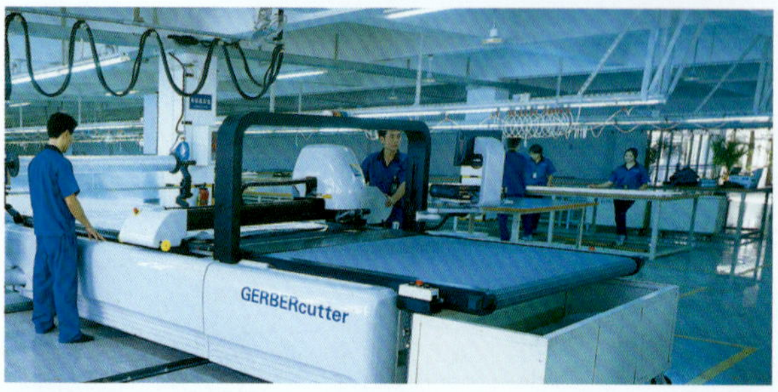

普宁市丽达纺织有限公司

广东省普宁市丽达纺织有限公司位于普宁市科技工业园内，是一家集纺织、印染、服装制衣为一体的大型外商独资企业，由香港丽达集团有限公司全资投入，于 2002 年 9 月 6 日登记成立。公司占地面积 156 亩，注册资本 3 740 万美元。厂房建筑面积约 13.2 万平方米，公司将形成从纺织、印染、制衣、后整理“一条龙”生产线，预计年产印染布 4 000 万米、服装 60 万打，产品全部出口，年创汇 12 000 万美元，公司将录用 1 500 ~ 1 800 个不同岗位的员工。

此外，公司还规划配套有高级办公大楼、高级员工公寓、员工宿舍大楼、员工食堂，以及娱乐生活设施，如员工娱乐中心、阅览室、乒乓球室、桌球室、棋类室、篮球场等，将给员工提供工后丰富多彩的娱乐活动。

展望未来，国际市场风云变幻，市场竞争更趋激烈，“优胜劣汰”已成为国际市场铁定的游戏规则。为此，公司将以不断创新、诚信正直、规范管理、以人为本、稳健发展为目标，以优秀的管理团队和精湛的技术力量为依托，以开拓、奋进、精益求精作为“丽达人”追求的宗旨，以管理促质量，以质量树品牌，以品牌创效益，力争在国际市场上占有一席之地，真正把这家外商独资企业办好。

北京嘉寓门窗幕墙股份有限公司

北京嘉寓门窗幕墙股份有限公司（简称：嘉寓股份；股票代码：300117）始建于1987年，是国内外领先的建筑节能门窗幕墙整体解决方案提供商，是在建筑节能、智能控制、新能源利用等领域集技术研发、工程设计、精密加工、安装施工和售后服务于一体的专业化股份公司，是国内节能门窗行业唯一上市公司。

嘉寓股份是国家火炬计划高新技术企业、北京市企业技术中心、海关AA类管理企业、中国驰名商标企业、北京市著名商标企业、3A级信用企业，连续8年入选中国幕墙行业50强。公司拥有建设部颁发的“建筑幕墙工程专业承包壹级”、“金属门窗工程专业承包壹级”、“建筑幕墙专项工程设计甲级”等行业顶级资质，是建设部门窗幕墙设计专家组、建筑门窗幕墙设计研究所、中国金属机构协会、中国建筑装饰协会、中国建筑材料流通协会等国家权威机构和多家行业协会评选的“中国节能门窗幕墙创新企业十强”第一名、“中国建筑行业最具影响力门窗十佳品牌”、“产品质量诚信3A级企业”、“全国建筑门窗幕墙行业十佳品牌企业”。

2012年8月23日，经中华人民共和国海关总署核准，北京海关为嘉寓股份颁发《中华人民共和国北京海关企业管理类别调整决定书》，对公司适用AA类管理，是北京海关对嘉寓股份企业内部管理、守信经营等方面的高度认可与嘉奖。

公司已经布局了华北、华南、华东、华中、西南、东北六大区域市场，分别在北京顺义、广东惠州、江苏金坛、湖北咸宁、四川什邡、黑龙江宾西建设了生产基地和研发中心，形成华南区域兼顾海外、东北区域辐射远东的市场布局，在国内及海外成立的40余家分、子公司，国际业务已经覆盖澳洲、非洲、东南亚、中东等市场。

科技铸就经典，创新成就梦想。作为高端门窗幕墙品牌的缔造者，嘉寓股份将继续加强自主创新，促进产业结构调整，优化市场布局，以实际行动践行绿色低碳节能理念，开发符合21世纪人居要求的新型节能门窗幕墙产品，为创造和谐美好的人居环境而不断努力。

董事长 田家玉

总部生产车间外景

总部生产车间

金坛基地全景

智慧接入 共赢未来
Wisdom access win-win future

同方威视技术股份有限公司
NUCTECH COMPANY LIMITED

威视® 技术能为您做得更好！

同方威视技术股份有限公司，简称“威视股份”，是一家源于清华大学，以辐射成像技术为核心，以提供自主知识产权的高科技安检产品为主要特征的安检解决方案和服务供应商。

威视股份立足于自主创新、集成创新与引进消化吸收再创新，拥有全部核心技术的自主知识产权。在计算机断层扫描成像、X射线辐射成像、痕量爆炸物与毒品分析检测、放射性物质监测识别等安检技术应用领域，威视股份拥有代表世界领先水平的设计理念和品质卓越的产品。

威视股份以健康、稳定、协调和可持续发展为目标，坚持“走出去战略”，产品及服务已遍布五大洲，涵盖海关、民航、城市轨道交通、铁路、公路、港口和重点安防机构等行业，得到世界各国用户的广泛认可，在全球市场上占据重要地位。

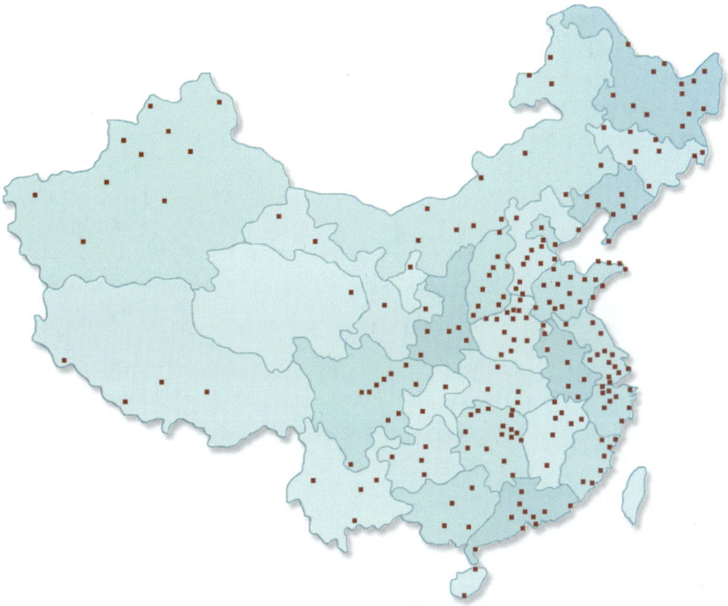

威视®快速查验系统

威视®组合移动式检查系统

威视®车载移动式检查系统

同方威视技术股份有限公司　地址：北京市海淀区双清路同方大厦A座2层　邮编：100084　网址：www.nuctech.com
电话：010-82393469、82393456、82393451、13501009172、13911067999　传真：010-82393457

瓦里安医疗设备（中国）有限公司

张晓总经理（左）和王小韵总经理（右）在商讨公司业务

瓦里安医疗设备（中国）有限公司系美国瓦里安公司在华投资建立的生产型公司，主要产品为医用高能射线治疗设备。于2006年斥资3 000万美元在北京建设中国区总部及工厂，并于2007年正式投入使用，公司位于北京市经济技术开发区，总建筑面积超过1.4万平方米。通过几年来的努力，在海关、检验检疫等相关政府部门的引导和帮助下，瓦里安（中国）成为瓦里安系统最重要的生产研发基地，也是公司在美国本土以外最大规模的项目，并获得海关AA类企业、商务局重点关注企业等殊荣，公司包括中国区总部及销售、维修、市场等职能部门，用户演示及培训中心，医用直线加速器生产车间和X线产品生产车间。瓦里安站在全球的角度进行市场定位，产品在全球放疗设备市场的占有率已达到60%，是当之无愧的行业执牛耳者。多年以来，作为癌症的克星和生命的伙伴，瓦里安人以拯救生命为己任，用精益求精的技术和诚实正直的职业操守，呵护着癌症患者的身体和心灵。随着公司不断进取的步伐，也必将创造更加辉煌的业绩！

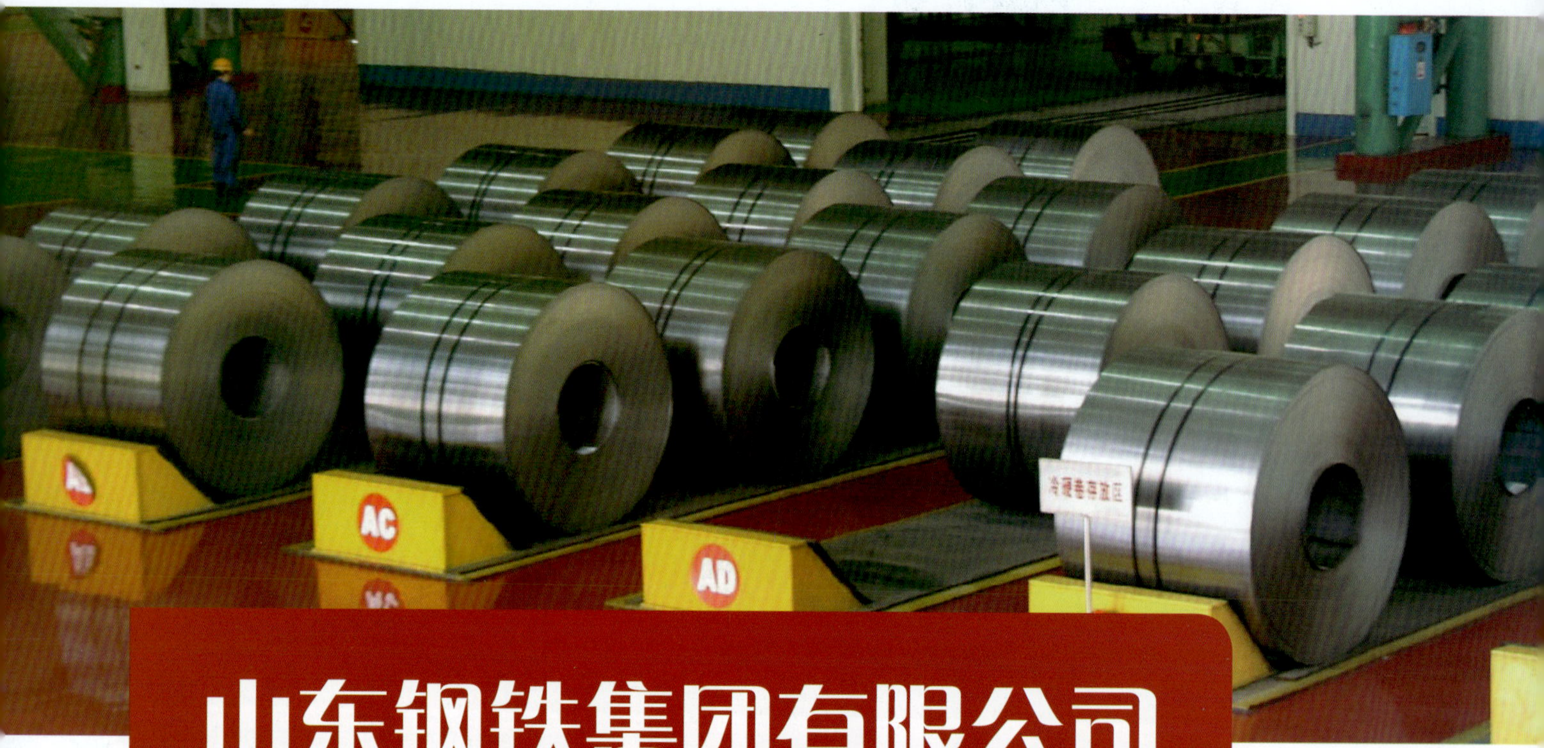

山东钢铁集团有限公司

山东钢铁集团有限公司（简称“山钢集团”）于2008年3月17日注册成立，注册资本100亿元，是由济钢集团有限公司（简称“济钢”）、莱芜钢铁集团有限公司（简称“莱钢”）和山东省冶金工业总公司所属单位的国有产权划转而设立的国有独资公司，注册地为济南高新技术产业开发区。集团公司下辖济钢、莱钢、山东工业职业学院、矿业有限公司、日照有限公司、山东省耐火材料公司、张店钢铁总厂、山东金岭铁矿、烟台钢铁企业集团公司等子公司（单位）。截至2012年年底，有职工8.9万人，总资产1 545亿元，企业信用等级为AAA。2012年生产钢2 301万吨，铁2 337万吨，钢材2 348万吨；实现营业收入1 130亿元。山钢集团列2012“中国企业500强”第88位，“中国制造企业500强”第33位。

山钢集团成立以来，坚持以科学发展观为统领，认真贯彻落实国家钢铁产业政策，按照山东省委、省政府“资产重组、淘汰落后、调整布局、提升档次”的指导方针，制定实施了“突出沿海、优化内陆，精品与规模并重”的发展战略，扎实开展内部实质性重组和集团化运营，不断深化关键资源及核心业务整合，成立了资金、采购、销售、运行协调、信息化五个业务中心及钢铁研究院，组建了财务公司，完成了济南钢铁与莱钢股份的吸收合并，成立了山东钢铁股份有限公司，实现了产供销、人财物实质性重组，整体优势和协同效应不断显现。不断延伸上下游产业链，上游向矿石资源企业延伸，加快整合省内规模铁矿企业，积极探索对国外铁矿石资源的获取，海外合作的非洲矿业唐克里里铁矿项目（塞拉利昂）进入实质性开发运营阶段，可有效提高自有铁矿石资源保障水平；下游向用钢企业延伸，积极建设钢材加工配送中心。日照钢铁精品基地项目已经获国家发展改革委批复，将全面启动，企业后发优势逐步积聚，核心竞争力进一步增强。

山钢集团坚持科技兴企、人才兴企，积极整合内外部创新资源，不断聚集人才、技术优势。钢铁研究院逐步成为整合内外部创新资源的坚实平台。所属主体单位先后建立了国家级技术中心、国家级质检中心、博士后科研工作站、山东省院士工作站，以及H型钢研究中心、宽厚板研究中心、能源与环境工程研究中心等联合研究机构和产品应用研究中

山钢集团立足钢铁主业，致力于生产高端、高质、高效产品，主要钢材品种有中厚板、热轧板卷、冷轧板卷、H型钢、优特钢、热轧带肋钢筋等，已经成为全国著名的中厚板材生产基地和H型钢生产基地，广泛应用于汽车、石油、铁路、桥梁、建筑、电力、交通、机械、造船、轻工、家电等多个重要领域，远销美、英、德、印、日、韩等几十个国家和地区。在大力发展钢铁主业的同时，积极发展非钢产业，已形成矿业、物流与加工配送、金融、房地产、信息与工程技术、耐火材料等主要业务板块。

董事长 任浩

心。5年来，研发能力明显增强，共获得国家专利600余项。

坚持绿色发展，大力发展循环经济，积极推进节能减排。不断研究开发冶金二次能源回收转化、工艺代谢物资源化、社会废弃物消纳等功能，实现污染物和废物的价值创新。所属主要生产单位全部完成了政府下达的“十一五”节能减排进度目标。山钢集团荣获首届“低碳山东模范单位”称号，被确定为全国第一批“资源节约型环境友好型企业创建工作试点企业”。所属主体单位先后获得了国家有关部委、行业协会授予的“国家环境友好型企业”、“全国绿化模范单位”、“全国信息化与工业化融合促进节能减排试点示范企业”、“全国资源综合利用十佳企业”、“中国钢铁工业清洁生产环境友好企业”等称号。

坚持以先进企业文化凝聚思想共识，引领企业科学发展。通过对齐鲁文化、泰山文化的传承及对内部各单位既有企业文化的融合与提升，确立了以“共创、共进、共赢”为核心价值观的山钢文化体系，全面启动企业文化的宣贯导入，山钢文化逐步得到广大职工和社会各界的认同，在凝聚职工、提升企业形象中发挥着越来越重要的作用。

站在新的历史起点上，山钢集团将坚持以科学发展为主题，以加快发展方式转变为主线，紧紧抓住国家批准山东为钢铁产业结构调整试点省的重大历史性机遇，全力推进“突出沿海、优化内陆，精品与规模并重”的发展战略，推进布局结构、产业结构、产品结构、装备结构、组织结构、资本结构调整，努力把山钢集团建设成为布局合理、产品优化、技术先进、环境友好、发展协调、具有国际竞争力的世界一流钢铁强企。

中国铁建

CHINA RAILWAY LARGE MAINTENANCE MACHINERY CO.,LTD.KUNMINE

昆明中铁大型养路机械集团有限公司

董事长 马云昆

总经理 任延军

昆明中铁大型养路机械集团有限公司（简称昆明中铁）隶属于国务院国资委管理的中国铁建股份有限公司，始建于1954年。昆明中铁肩负着“为铁路强基固本”的神圣使命，以发展中国铁路养路机械事业为己任，通过引进技术、消化吸收和再创新，积累了一批自有技术和核心技术，具备了较强的自主创新能力，创立了符合国情的大型养路机械发展模式和技术体系，开发了一批具有自主知识产权的新产品，形成了良好的品牌效应，已发展成为中国研发制造能力最强、产销量最大的铁路大型养路机械制造和修理基地。

昆明中铁以国家铁路大型养路机械昆明产业基地为依托，以技术工艺和生产物流为主线，通过信息化与工业化的融合，建立起手段齐全、工艺先进、管理完善、生产高效的现代化制造体系，年产大型养路机械300个标准台以上。昆明中铁现已形成清筛、捣固、配砟、稳定、物料、焊轨等多个系列40多种产品配套的格局，实现了大型养路机械国产化配套，产品遍布全国各铁路局、工程局、地方铁路和城市地铁，市场占有率超过80%。

昆明中铁通过了ISO 9001质量管理体系和OHSMS 28001职业健康安全管理体系认证，多次荣获国家科学技术进步奖、国家火炬计划重点高新技术企业、全国文明单位、

全国质量工作先进单位、全国设备管理先进单位、中国标准创新贡献奖、中国名牌产品、全国模范职工之家、中央企业先进基层党组织、中央企业先进集体等荣誉称号，是国家铁路大型养路机械工程技术研究中心、高新技术产业化基地、国际科技合作基地。

大型养路机械是铁路技术装备现代化的重要组成部分，对提高线路质量和作业效率具有重要作用，是确保铁路高速重载和安全运营不可缺少的重要装备。随着中国铁路的技术进步和装备现代化的发展，大型养路机械的广泛使用大大提高了线路维修作业质量，结束了我国铁路依靠人工养护的历史，促进了铁路工务修程、修制的改革，在中国铁路历次大面积提速、青藏铁路和高速铁路建设中发挥了不可替代的作用，使中国铁路养路机械的整体技术装备水平进入了世界先进行列，成为中国铁路科技进步的标志之一。

昆明中铁秉承“逢山凿路、遇水架桥，铁道兵前无险阻；风餐露宿、沐雨栉风，铁道兵前无困难”的铁道兵精神，努力践行“诚信、创新永恒，精品、人品同在”的核心价值观，继续坚持“自主创新、重点跨越、支撑发展、引领未来”的指导方针，按照“立足昆明、布局全国、迈向世界”的战略，大力推进原始创新、集成创新、引进消化吸收再创新，全面提升自主创新能力，加快产业结构调整，转变经济发展方式，实施精益化管理，把企业做大做强，努力打造“世界铁路工程机械的制造中心、世界铁路大型养路机械的技术中心、工程实验检测中心和培训中心”，把公司建成“国内最具竞争力、国际一流的铁路工程机械国际知名企业，世界一流的铁路养护机械设备基地”，全面推进中国大型养路机械事业再上新台阶！

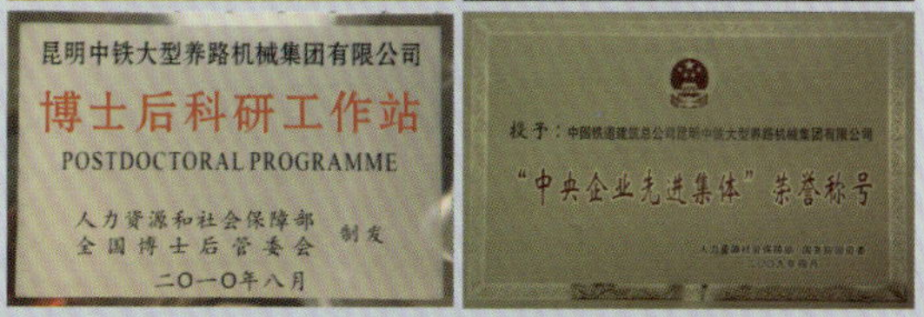

地址：云南省昆明市羊方旺384号
邮编：650215
网址：www.kcrc.com.cn

祥云飞龙
XIANGYUN FEILONG

云南祥云飞龙有色金属股份

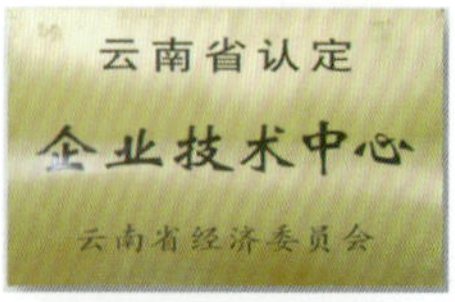

云南祥云飞龙有色金属股份有限公司始创于 1995 年，注册资本 6 亿元，经过十多年不断的技术改造，公司现已发展成为集铅锌采、选、冶、深加工的现代化冶金化工企业。公司现已达到年产电锌 18 万吨、电铅 8 万吨、硫酸 18 万吨、电炉锌粉 0.5 万吨、精镉 1 500 吨、热镀锌合金 3 万吨、球团铁 80 万吨、铟 15 吨、白银 116 吨的生产能力。

公司以创建技术创新型、资源节约型、环境友好型现代企业为目标，力争建成处理复杂低品位矿和高效率回收伴生元素的国内一流、国际知名的铅锌冶炼企业。

公司坚持以技术创新为主线，积极发展循环经济，通过节能技术改造，走出了一条以人为本、科技为先、循环利用的飞龙路子。2004 年，公司实验中心被云南省经济委员会认定为省级“企业技术中心”。几年来，通过不断自主创新，公司先后研制开发出“低品位氧化锌矿浸出工艺”、“硫化锌精矿碚砂与氧化锌矿联合浸出工艺”、“有机溶剂萃锌与湿法炼锌的联合工艺”等 9 项自主发明专利技术，形成了一套拥有自主知识产权的生产技术和工艺流程，基本实现了生产技术自主化。其中，“难处理复杂氧化锌矿和氧化锌矿浸出渣提锌新工艺”，荣获 2008 年度云南省科学技术发明类一等奖；“氧化锌矿高效清洁冶金新技术”，荣获 2008

有限公司

年度中国有色金属工业科学技术一等奖；公司开发的“P204 有机溶剂萃取锌的技术”列为《有色金属工业重点节能技术推广专项规划》。

公司在取得良好经济效益的同时，不忘回报社会，秉承着“财富来源于社会，理应回报、反哺社会”的理念，积极参与到扶贫救困、抗震救灾、捐资助学、新农村建设等各项公益和光彩事业建设中。几年来，公司累计捐款 3 500 多万元。

公司是国家工业和信息化部公布的全国第一批铅锌行业准入 8 家企业之一，是世界有色金属协会会员单位。2003 年，跻身于全国民营企业 500 强行列。在发展中，公司先后荣获全国乡镇企业创名牌重点企业、全国诚信守法乡镇企业、中国有色金属行业先进集体、云南省光彩事业先进企业、云南省再就业工作先进企业、云南地方工业企业（集团）销售收入超千亿突出贡献奖、云南省劳动关系和谐企业、云南省优强工业企业、云南省农民工工作先进集体、云南省扶贫工作先进集体、大理州捐资助学先进集体等多项殊荣，并被云南省委、省政府列为全省重点扶持的 10 户非公工业企业及云南省第一批循环经济试点企业。

总经理 杨龙

中国水利电力对外公司
CHINA INTERNATIONAL WATER & ELECTRIC CORP.

中国水利电力对外公司（简称“中水电公司”，英文缩写“CWE”），是隶属于中国长江三峡集团公司的大型国际水电企业，是中国长江三峡集团公司实施“走出去”战略的重要平台。

中水电公司于1983年8月正式成立，主要承担中国水电行业的对外经济援助项目，从事成套设备进出口，经营国际工程承包及劳务输出等业务，是中国最早走出去的公司之一。中水电公司具有国家水利水电工程施工总承包一级资质、对外工程承包经营权、进出口贸易权、AAA级信用等级。

中水电公司的业务足迹遍及全球70多个国家和地区，完成各类工程投资、承包和经援项目800余项。公司连续22年跻身“全球最大225家国际工程承包商”排名，连续11年进入“全球最大200家国际工程咨询设计公司”排名，连续15年入选商务部“中国对外承包工程企业30强”。中水电公司已成为国际工程承包和中小型水电投资领域的金字招牌。

[老挝]南立1-2水电站项目（BOOT）
老挝南立1-2水电站是中国企业在老挝投资承建的首个水电站工程。于2010年8月1日竣工，提前进入商业运行阶段，第一个运营年度实现安全超计划发电23%，创造了良好的经济效益。
工程内容：新建一座水电站，总装机100MW（2×50MW）

[苏丹]麦洛维大坝项目
工程内容：大坝总长9285m，最大坝高65m，装机1250MW (10×125MW)，库容125亿m^3

地址：中国北京西城区六铺炕街3号中水电大厦 邮编：100120 电话：0086-10-59302288 网址：www.cwe.cn

北京现代
NEW THINKING.
NEW POSSIBILITIES.

北京现代汽车有限公司

北京现代汽车有限公司成立于 2002 年 10 月 18 日，由北京汽车投资有限公司和韩国现代自动车株式会社共同出资设立，注册资本 121 906.8 万美元，总投资 310 191 万美元，中韩双方各占 50%，合资期限为 30 年。北京现代是中国加入世界贸易组织后被批准的第一个汽车生产领域的中外合资项目，被确定为振兴北京现代制造业、发展首都经济的龙头项目和示范工程。

北京现代坐落于北京市顺义区北京汽车生产基地，拥有三座整车生产工厂、三座发动机生产工厂和一座承担自主研发的技术中心，整车年生产能力已经达到 100 万台，发动机年生产能力达到 100 万台。工厂共占地 336 万平方米，现有员工 14 700 余人，位居国内乘用车企业前列，自动化程度很高。

公司最新竣工投产的第三工厂建设项目，位于北京市顺义区杨镇工业区，占地面积 155 万平米，包括 40 万辆整车厂和 40 万台发动机厂，投资总额为 12.46 亿美元，分两个阶段建设。在公司成立十周年之际，第三工厂的竣工，为北京现代构建 100 万辆产销体系提供了强有力的硬件支持。

截至 2013 年 9 月，北京现代已拥有雅绅特、瑞纳、伊兰特、悦动、朗动、i30、MOINCA 名驭、第八代索纳塔、途胜、ix35、全新胜达等 11 个系列车型，销售及售后服务网络已遍布全国，拥有 4S 店 664 家、卫星店 158 家，累计销售汽车 490 万辆，实现销售收入 4 745 亿元，累计纳税 605 亿元，带动 168 家（北京地区 50 家）配套企业就业约 15 万人，为振兴北京现代制造业、发展首都经济、稳定社会就业做出了应有的贡献。

北京现代良好的经营业绩对北京汽车工业和北京市整体的经济发展起到了极大的推动作用，成为北京乃至全国经济增长的亮点。北京现代的企业理念为："用精细的经营管理创造最好的回报，让股东满意；以舒适的现场提供最好的环境，让员工满意；靠完美的汽车开辟最好的生活，让顾客满意。"公司全体中韩员工将牢记使命，抓住机遇，迎接挑战，不断谱写新的篇章，把北京现代建设成为一个在全国乃至全世界有较高知名度和美誉度的"首都"品牌，为北京工业的繁荣兴盛，为首都经济的稳步发展，为中国建设社会主义和谐社会做出贡献。

地址:北京市顺义区顺通路18号　邮编:101300　电话:010-89490802 800-810-1100　传真:010-89490020　Http://www.bhmc.com.cn

端消费品

地产与酒店

电子高科技

资源开发

中航国际航空发展有限公司

中航国际航空发展有限公司是中航国际的直属公司，也是中航国际旗下专注于国际航空业务的国有企业。

中航国际航空发展有限公司有着光荣的历史沿革，所从事的飞机出口、转包生产、设备采购，都曾为中国航空工业走向世界做出过积极贡献。

中航国际航空发展有限公司的航空业务现有“民机出口”、“通航业务”、“航空转包”、“设备器材进口”、“非航贸易”五个板块；公司资产规模逾30亿元，进出口额逾14亿美元。预计到“十二五”末，公司年销售收入将达到50亿元。

中航国际航空发展有限公司将用全球视野去打拚国际市场，努力践行中航国际“超越·领先”战略，积极做好航空业内“配角、服务、补充、促进”；发扬传统，聚集资源，聚集人才，创新模式，立志创造超越商业的企业价值。

中航国际物流有限公司

中航国际物流有限公司长期担负着中国航空制造产业物资供应保障任务，以集中采购实现航空产业降本增效；为全球顶尖航空制造企业如波音公司、空客公司等提供一体化物流服务。在核心物流节点城市建设物流园区，实现航空产业与区域经济的协同发展。

CCTV 中国中央电视台

CITVC 中国国际电视总公司

CHNPEC 中国广播电影电视节目交易中心

公司简介

中国国际电视总公司成立于1984年，是中央电视台全额投资的国内规模最大、实力最强的电视媒体产业集团。公司拥有完整的电视产业开发链条，目前已形成了以传媒产业为核心的多元化产业经营体系。中国广播电影电视节目交易中心成立于2002年5月，由中央电视台全额投资的原中国电视节目代理公司依法变更组建而成。

中国广播电影电视节目交易中心／中国国际电视总公司节目代理部系中央电视台专门从事影视节目营销、音像制品出版发行的机构，是中国最大的影视节目专业营销实体、中国最具生命力的音像出版发行单位；于2004年7月通过ISO9001：2000国际质量管理体系认证。公司负责中央电视台版权节目及其他中国优秀影视作品的全球营销工作，广泛开展与国内外媒体、机构的影视节目合作、广告代理及其他国际交流活动；拥有中国最畅通的电视节目国际国内营销网络和中国最丰富的电视节目资源储备，每年向中国及海外媒体机构提供10 000多小时的精品电视剧、纪录片、卡通片和综艺、专题类节目，每年从海外引进大量的优秀电影、电视剧提供给国内媒体播出，出版数千小时的各类音像制品发行到国内外市场；营销网络遍及全国34个省、自治区、直辖市，以及海外各大洲共60多个国家和地区。

目前，由中国广播电影电视节目交易中心／中国国际电视总公司节目代理部承办的一年一度的“中国国际影视节目展”，已经成为亚洲规模最大的影视节目交易盛会。

传播中国影视精品　汇聚国际影视风云

业务介绍

1. 国际营销

中国国际电视总公司、中国广播电影电视节目交易中心是中央电视台节目版权独家总代理。目前，公司国际营销网络遍布亚洲、欧洲、美洲、大洋洲、非洲等世界各地，节目有效覆盖 120 多个国家和地区，同时代理、买断中国其他机构的优秀影视节目走出国门、走向世界。

2. 国内营销

中国国际电视总公司、中国广播电影电视节目交易中心主要负责中央电视台拥有版权节目的电视版权经营，以节目版权经营、海外节目引进、广告运作为主导业务，同时致力于自有影视节目投资论证、市场调研、宣传推广。

中国国际电视总公司、中国广播电影电视节目交易中心是经商务部批准，在北京海关注册登记，具有自理报关资格，具有进出口经营权的单位，自 1999 年起连续十余年被北京海关评为“A 类报关单位”。

3. 音像营销

中国国际电视总公司、中国广播电影电视节目交易中心是国内规模最大的音像制品出版发行机构之一，是由国家新闻出版广电总局主管并批准的中央级出版单位，全权负责中央电视台所有节目音像版权的开发。

4. 展会经济

中国国际电视总公司、中国广播电影电视节目交易中心承办的“中国国际影视节目展”是一年一度的国家级、国际性广播影视盛会。近年来，参展机构数量逐年递增，参展节目形式丰富多样，展会得到影视业界参与各方越来越高的重视，大力促进和推动了中外广播影视领域的交流与合作。

地址：北京市海淀区羊坊店路 9 号 / 邮编：100038 / 电话：010 - 63957140 / 传真：010 - 63955772
网址：www.chnpec.com / E-mail: jinjuanjuan@chnpec.com

捷豹路虎汽车贸易（上海）有限公司

捷豹路虎是一家拥有两个顶级品牌的英国汽车制造商。拥有辉煌历史的捷豹和豪华 SUV 品牌路虎，以其迷人设计、领先科技和非凡性能成为引领现代生活的潮流标志。拥有 78 年品牌历史的捷豹与拥有 65 年品牌历史的路虎，在汽车发展的瑰丽进程中历久弥坚，不断缔造辉煌传奇。时至今日，捷豹路虎成为英国最大的豪华汽车制造商，在全球拥有 17 家国家销售公司，产品行销 180 个国家和地区。

捷豹路虎中国

2003 年，捷豹路虎的产品首次被引入中国，并依托“客户至上”的理念不断壮大。捷豹路虎致力于满足消费者的需求，不断拓展基础设施，打造顶级产品和服务。2013 年前 9 个月，捷豹路虎中国共交付汽车 66 506 台，同比增长 24%。目前，中国已经跃升为捷豹路虎全球最大单一市场，并以两位数的增速继续前行。

基础设施拓展

2010 年 7 月，捷豹路虎国家销售公司在华成立，公司在上海注册并设立总部。2011 年 4 月，公司也在北京设立了区域办公室，为中国业务的整体发展掀开了新的篇章。2013 年 6 月，捷豹路虎在广州设立的新区域办公室已投入运营。位于成都的新办公室也将在不久的将来投入运营。

5 家零备件配送中心和 3 个港口，大大提升了物流网络的效率及服务水准。3 家位于北京、广州、湖州的路虎体验中心，更为消费者提供了感知品牌体验、全面了解产品的绝佳平台。目前，位于成都的第 4 家路虎体验中心也正在积极筹建中。未来，捷豹路虎计划在中国共建立 7 家路虎体验中心。北京和上海的两家培训中心，为经销商员工提供世界一流的专业培训，确保为消费者提供全球统一的服务质量和品牌体验。

企业社会责任

捷豹路虎中国将在全球战略“领航科技，改善生活”的指引下，大力开展符合中国市场需求的企业社会责任项目。展望未来，其将推出专为中国市场定制的企业社会责任项目，并在立足于环保、教育、社区三大企业社会责任核心支柱的同时，提供慈善及救灾方案，以满足当地社区的需求。

重大荣誉

- 2013 年 7 月，捷豹路虎成为首个获得企业责任年度大奖的汽车制造商。该奖项是英国历史最悠久的企业社会责任奖项，也是企业责任领域最具影响力的奖项之一。
- 公司位列“上海市 2012 年税收收入百强企业”第 9 位，并荣获 2012 年度浦东新区纳税杰出贡献奖。
- 公司荣获“2012 年度浦东新区货物贸易贡献奖”。
- 公司荣获上海综合保税区“经济贡献百强企业”称号。
- 根据 2012 年上海市进出口排行榜，公司 2012 年的进口总额在全市列第 7 位，进口增量在全市列第 2 位，一般贸易进出口增量在全市列第 1 位。

神华物资集团有限公司
SHENHUA LOGISTIC GROUP Co.,Ltd

神华物资集团有限公司

神华物资集团有限公司（简称物资集团）是中国神华能源股份有限公司全资子公司，主要承担中国神华能源公司（神华集团公司）物资集中采购、管理业务及物资的配套服务业务，包括物资的集中采购（国内、国外物资采购），仓储与配送业务，通用物资的调配与调拨，相关物资、设备的回收与修复再利用，相关物资报废审核，物资信息化管理等。

物资集团遵循专业化分工、集约化运营和精细化管理的原则，坚持科学发展的理念，加强物资集中采购管理，创新物资管控模式，努力打造世界一流的物资管理企业，为神华集团及中国能源产业的发展作出更大的贡献。

1. 王永成董事长到大连瓦轴集团考察调研
2. 与山特维克采矿机械公司签订采购合同
3. MHT-X10180 越野叉车通关
4. 装运 834H 轮式推土机
5. 吊装 46/90R57 轮胎

1

3

4

5

阿斯利康投资（中国）有限公司

阿斯利康中国创新研究中心，即阿斯利康投资（中国）有限公司于 2007 年在上海成立。凭借阿斯利康在全球抗感染和慢性疾病领域的经验，研究中心致力于通过创新的药物改变人们的生活。同时，针对亚洲地区患者疾病谱进行独立研发，以便更有效地服务中国。

作为阿斯利康全球研发的一部分，在过去 4 年中，阿斯利康中国创新研究中心团队致力于肿瘤领域的转化科学研究。从 2011 年开始，阿斯利康中国创新研究中心团队进行战略转型，承接新的使命，独立开始新药发现与开发，发现临床候选药物，进行临床概念验证并最终开发有价值的新药，以解决亚洲地区患者未能满足的大量医药需求。团队专注于新药的发现与开发，特别是针对亚洲地区某些高发病率疾病的新药。团队的另一个目标是确保亚洲地区的患者能够从阿斯利康的已有产品中获得最大裨益，而新药的研发也将考虑到中国和亚洲患者未能满足的医疗需求。

未来，阿斯利康中国创新研究中心将就其他亚洲高发疾病扩大研究领域，提高研发能力并将在中国和世界范围内积极寻找创新研发伙伴，以促成具有开创性的发现。公司已经和一些学术和医学机构建立了稳固的合作关系，这些机构不仅拥有与阿斯利康互补的高端专业知识，也具有深厚的科学知识基础和本土化视野。

秉持“立足中国，长远发展”，“立足中国，全球共享”的理念，阿斯利康致力于成为中国领先的医药公司，并在声誉建设、医药创新和广阔市场基础药物方面做到最好，立志成为行业领先的深受业界、合作伙伴、广大患者及员工心目中值得尊敬的医药公司。

阿斯利康 VP, Head, Asia and Emerging Markets iMed Steve Yang（左）与 2005 年诺贝尔生理与医学奖获得者 Barry Marshall（右）教授的合影

瑞典公主到访阿斯利康

阿斯利康是一家以创新为驱动的全球综合型生物制药企业，由前瑞典阿斯特拉公司和前英国捷利康公司于 1999 年合并而成。总部位于英国伦敦。公司拥有强大的研发能力，在包括中国的 8 个国家设有 10 个大型研发中心，拥有约 11 300 名研发人员，先后有数位诺贝尔奖获得者曾和阿斯利康一起为创新药物产品的研发贡献力量，年研发投入研发资金 40 亿美元，致力于肿瘤领域、心血管领域、消化领域、中枢神经领域、呼吸领域及抗感染领域等六大重要疾病领域的处方药的研发、生产及销售。

与此同时，阿斯利康以“携手为生命护航”为己任，积极履行企业的社会责任，始终为构建中国的和谐社会作出积极贡献。不懈的努力令阿斯利康屡获殊荣，以近几年为例，阿斯利康获得的重要荣誉包括：

2009 年，荣获中国企业报社、中国企业 CSR 研究中心“最具爱心精神案例奖”

2010 年，荣获 2010 第一财经 – 中国企业社会责任榜“杰出企业奖”

2012 年，荣获 2012 年《21 世纪经济报道》发起主办的“中国最佳企业公民评选”中第九届中国最佳企业公民 · 最具诚信奖

2011 ~ 2013 年，阿斯利康连续 3 年被 CRF 认证为“中国杰出雇主”

2013 年，中国红十字会授予“中国红十字博爱奖”

2013 年，上海浦东新区商务委员会授予“浦东新区跨国公司亚太区总部 卓越成就奖”

- 2009 年 中海石油（中国）有限公司崖城作业公司 HSE 管理优秀承包商
- 2009 年 中海石油（中国）有限公司深圳分公司承包商现场作业 HSE 评价优秀奖
- 2009 年 深圳南山区统计局南山区优秀统计单位
- 2009 年 中国船舶工程学会中国造船工程学会科学技术奖
- 2009 年 CACT 作业者集团承包商服务公司优秀 EHS 业绩奖
- 2010 年 海洋石油工程股份有限公司降本增效先进单位
- 2010 年 中国航海学会救助打捞专业委员会团体会员单位
- 2010 年 中海石油（中国）有限公司崖城作业公司 HSE 管理优秀承包商
- 2010 年 中国海洋石油总公司水下机器人生产保障系统建立管理现代化优秀成果
- 2010 年 中国海油“上产五千万方”优秀项目（西江合并项目）
- 2010 年 深圳市南山区“绿色通道企业”
- 2011 年 深圳市社保局 / 深圳人民政府应急办公室工伤预防先进单位
- 2011 年 CACT 作业者集团承包商服务公司优秀 EHS 业绩奖
- 2011 年 深圳市高新技术企业
- 2011 年 中国海油南海东部石油管理局“优秀承包商”
- 2012 年 深圳市落实安全生产责任制先进单位
- 2012 年 深圳市社保局 / 深圳人民政府应急办公室工伤预防先进单位
- 2012 年 中华人民共和国深圳海关 A 类企业
- 2012 年 中国海油渤海石油管理局“金牌项目”、“立功立项优秀项目”（南海盛开单点系泊系统升级改造及移位项目、番禺 4-2/5-1 调整项目）

总经理、党总支书记苗春生（左一）陪同中国海洋石油总公司党组成员、副总经理、海油工程股份有限公司董事长刘健到公司场地调研

总经理、党总支书记苗春生（左一）陪同中国海洋石油总公司副总工程师、中国工程院院士曾恒一（左三）实地考察作业场地

TOKAI RUBBER (GUANGZHOU) CO. , LTD

东海橡塑（广州）有限公司

东海橡塑（广州）有限公司（简称 TRG）是世界 500 强——日本住友电工集团的核心企业东海橡胶工业株式会社投资成立的独资企业，公司于 2003 年 12 月成立，投资总额为 50 亿日元，注册资本为 25 亿日元。公司占地面积约为 64 300 平方米，目前员工人数为 1 100 人。公司环境优美，劳资关系和谐，并通过了 ISO/TS16949：2009 和 ISO14001：2004 的认证，是一家注重安全生产、技术先进、管理规范的现代化企业。公司主要产品为汽车用胶管及减震器，产品主要供应广汽丰田、广汽本田、东风本田、东风日产、长安马自达和长安铃木等汽车厂商。

公司产品

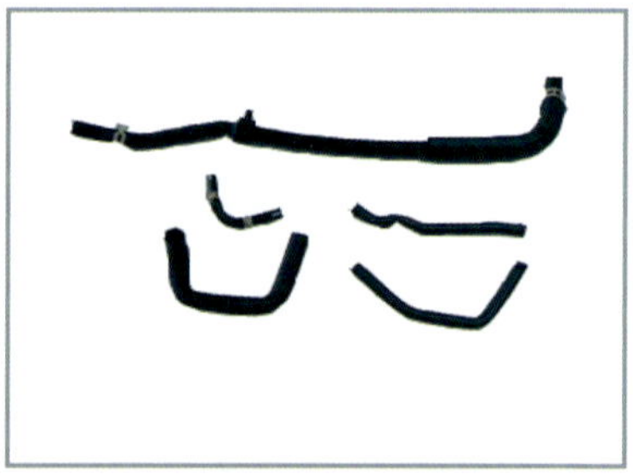
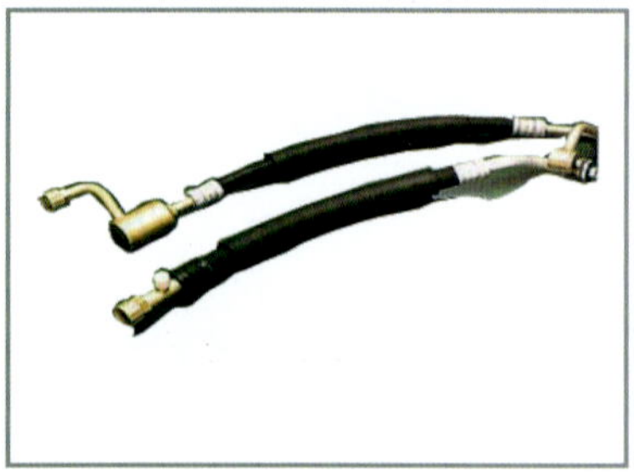

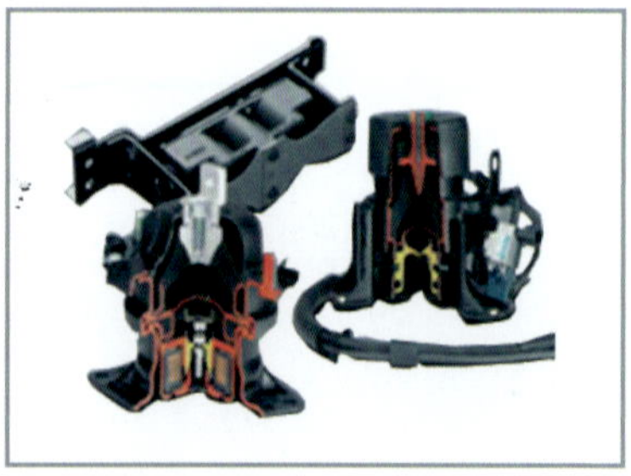

汽车内各部位的 TRG 产品

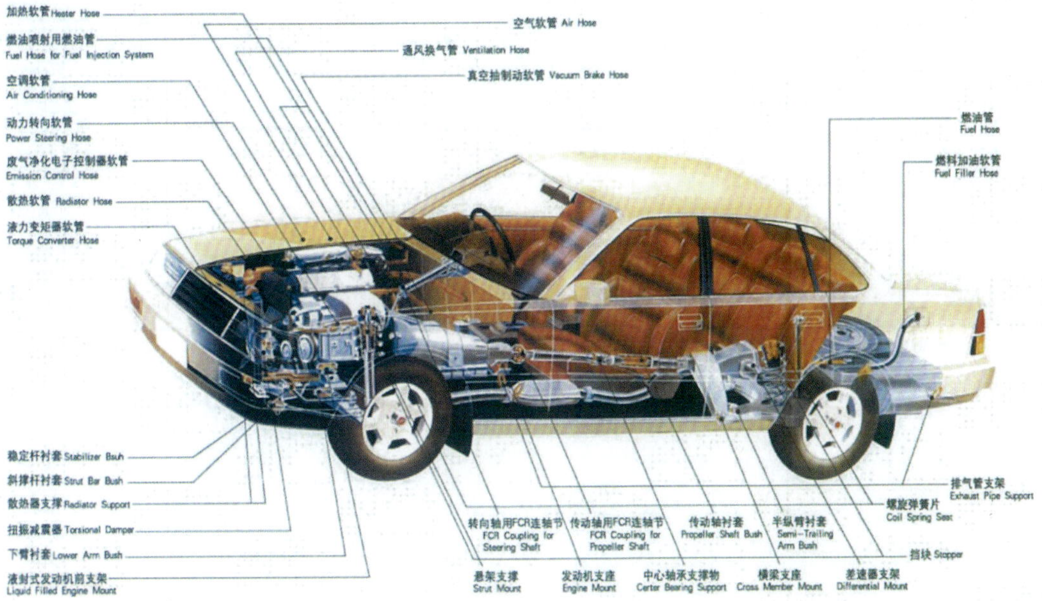

公司荣誉

- 2008 年 9 月被评为海关 A 类企业
- 被广州市国税和地税评为 2010 ～ 2011 年度 A 级纳税人
- 2012 年被评为广州市 AA 级和谐劳动关系企业、萝岗区 AAA 和谐劳动关系企业
- 2013 年 3 月被评为 2012 年度安全生产先进单位

集团世界品证大会

集团领导活动

地址：广州经济技术开发区永和经济区新安路 331 号　电话：020—32221291　传真：020—32221290　邮编：511356

中国海外经济合作总公司

中国海外经济合作总公司（以下简称“海经公司”）于1965年由国务院批准成立，现为中国通用技术（集团）控股有限责任公司的全资子公司，是中国最早从事国际经济合作业务的国有重点综合性企业之一。

总裁 马志武

在近50年的发展历程中，海经公司以优良的业绩和信誉，丰富的管理与技术经验，同世界100多个国家和地区进行过广泛的经济合作，先后在能源、轻工、化工、电讯、交通、农业、卫生、城市建设等领域从事过600多个项目和技术服务。进入21世纪，海经公司在公司领导的果断决策和社会各界的大力支持之下，在全体员工的共同努力之下，转型升级、改革创新，成功地以崭新姿态出现在国际工程承包领域中。目前，海经公司已形成以对外承包工程为龙头，以机电设备出口与对外援助物资为基础，通过对外承包工程带动对外劳务合作业务升级的发展模式，并逐步向专业化国际工程承包商、专业化工程项目管理商转型。现公司注册资本达4亿元人民币，营业收入规模超15亿元，利润突破亿元大关。

作为最早在白俄罗斯取得工程总承包资质的中国企业，海经公司先后承揽了明斯克2号和5号热电站改建项目。明2项目总装机容量65兆瓦，是中白两国合作的第一个电力能源项目。在项目建设过程中，海经公司克服了标准、文化、语言等方面的巨大差异，本着打造中白两国样板工程的责任感和使命感，与白

方通力协作，最终为明斯克市及总统府输送了清洁的电力和热能。海经公司做出的成绩曾得到国家领导人的高度赞扬。明5项目总装机容量399兆瓦，曾一度成为中白两国最大的能源合作项目，受到了两国政府高层的高度重视。项目使用的燃气蒸汽联合循环机组是中国重型燃气轮机引进、消化、吸收、创新、再出口的第一台装备，成为引进技术国产化形成自有知识产权后走向国际市场的创新型典范，为中国大型燃机打入国际市场开创了先河。白俄总统卢卡申科曾特别表扬了明5项目的工程质量及总包商的工程管理水平，感谢中国政府及海经公司对提高白俄罗斯人民生活水平作出的贡献。

依托于白俄电站的成功经验，海经公司积极开拓土耳其市场，陆续成功开发了ARSAN公司的8个水电项目和MCK公司的ARPA水电项目及ACMA项目。经过几年的不懈努力，海经公司在当地市场赢得良好信誉，为后续市场开发打下坚实基础。

2011年，海经公司更是凭借最优报价、强大内燃机功率及优良电气化程度等最完善的技术方案成功击败欧洲竞争对手，签订爱沙尼亚调车机车项目供货合同，实现了中国铁路机车成套设备出口欧盟国家“零”的重大突破。

依托在东欧等国电力工业项目中良好的执行能力，海经公司成功入选2011年美国Engineering News-Record排行榜，跻身国际工程承包商225强之列，并陆续获得中国对外承包工程商会授予的对外劳务合作企业及对外工程承包企业信用等级AA级、中国机电产品进出口商会授予的对外承包工程企业信用等级AAA级等荣誉，为公司全面参与国际市场上的竞争提供了有力保障。

2013年是国家实施“十二五”规划承上启下之年，也是关系到海经公司可持续发展的关键一年。在社会各界的大力支持和全体员工的共同努力之下，海经公司在既有成就的基础之上，全力以赴开拓市场。目前，已成功签订委内瑞拉燃油电站项目框架合同及萨摩亚电厂项目商务合同，签署加纳大学医学院等一批医疗项目合作备忘录，并继续大力开发非洲、南美洲、独联体、东南亚等市场。面对复杂的市场形势和激烈的国际竞争，唯有进一步创新经营模式，走合作发展之路，才能永葆企业发展的活力和动力。海经公司将进一步解放思想，改革创新，不懈努力，与时俱进，与各界朋友诚信合作，携手开创更加辉煌的未来！

安泰超硬北京市企业技术中心揭牌仪式

泰国工业部部长来访

北京安泰钢研超硬材料制品有限责任公司

北京安泰钢研超硬材料制品有限责任公司（简称安泰超硬）由钢铁研究总院创建于 1993 年。钢铁研究总院 58 年来致力于新材料、新工艺、新产品标准的研究开发，拥有 5 000 余项科技成果、国家级科技奖励 293 项、授权专利 783 项，设有 10 个国家级材料分析与检测中心，综合实力居国内科研院所之首。安泰超硬秉承钢铁研究总院在金属材料和粉末冶金领域的雄厚技术积累，相继在国内率先开发出烧结金刚石锯片、激光焊接金刚石锯片、金刚石绳锯、热压陶瓷锯片等系列新工艺、新产品，1995 年销售额突破 1 亿元人民币，成为国内金刚石工具产业的龙头企业。

1999 年，钢铁研究总院整合包括安泰超硬在内的五大产业和产品领域，组建了安泰科技股份有限公司。2001 年，安泰科技股份有限公司在深圳证券交易所上市（股票代码 000969），安泰超硬也成为国内首家上市的金刚石工具制造企业。

持续的技术创新与可靠的产品质量是安泰超硬立足之本。通过依托高端人才，开发先进工艺，引进最新装备，实施科学管理，安泰超硬不断推出新产品，最大限度满足市场、客户不断变化的需求。安泰超硬在国内同业中于 1997 年率先通过 ISO9001 体系认证，10 多年的成功贯标与持续改进历程使安泰超硬建立起一套极其严格的产品质量保障体系，为广大用户提供可靠的

研发工作室

阅读室

产品。2006 年，安泰超硬通过欧盟磨具磨料安全组织 oSa 认证，成为国内最先通过 oSa 安全认证的金刚石工具制造商。安泰超硬的全部产品均满足欧洲最严格的金刚石工具安全标准——EN13236 要求。安泰超硬产品 90% 以上出口，畅销欧美 20 年，已成为国际范围内有影响力的金刚石工具制造商之一。

安泰超硬产品包括激光焊接锯片、高频焊接锯片、冷压烧结锯片、热压烧结锯片、薄壁钻头、磨轮、绳锯及粉末触媒，共八大系列 3 000 余品种。10 条从德国引进的自动激光焊接生产线使安泰超硬成为目前国内最大的激光焊接锯片供应商。完善的胎体配方体系与独特的产品外观设计的有机结合，使安泰超硬在通用市场与专业市场、建筑市场与石材市场都拥有高性价比丰富产品供市场选择。

依托多年国际市场营销积累与成熟的产品工艺水平，结合国内市场具体需求，安泰超硬厚积薄发，强力推出适应国内市场销售的系列金刚石工具产品。安泰超硬愿携手全国各地知名代理商，悉心打造民族品牌，竭诚为广大国内用户提供优质产品与优质服务。

公司主要产品包括激光焊接锯片、高精度烧结锯片、激光焊接钻头、磨轮、绳锯、精密金刚石砂轮、陶瓷工具、钎焊工具、粉末触媒合成材料等九大系列产品，应用于工程施工、建筑材料加工、精密加工、采矿等行业。

松下系统网络科技（珠海）有限公司

松下系统网络科技（珠海）有限公司成立于2001年4月19日，位于中国广东省珠海市南屏科技工业园，占地面积10万多平方米。厂房建筑面积为27 000多平方米，食堂建筑面积为2 400平方米，员工宿舍建筑面积为33 000平方米，总投资额为7 224万美元，现有员工3 900人。其是日本松下集团在中国设立的首家以生产通信系列产品为主的制造公司，目前的主要产品为无绳电话机，2007～2012年连续5年全球市场占有率为第一。2012年7月开始生产面向中国国内的电话机。

公司始终贯彻Panasonic集团的经营理念，坚持“造人先于造物”的人才培育方针，不断完善“以人为本”的企业文化，把为实现成本、品质、面貌最强的工厂作为全员一心的奋斗目标。所有产品都以满足顾客的要求为前提，不断开拓进取且精益求精地生产出安全品质好、技术含量高、成本低廉、环境负荷低的优质绿色环保产品，为达成“A Better Life A Better World by WONDER Panasonic”的社会愿景作出了应有贡献。

- 2002年7月正式投入传真机的生产；
- 2003年3月取得TUV认证；
- 2003年4月开始电话机的生产并于同年5月取得ISO9001认证；
- 2004年3月开始新型平板显示器的生产并于同月取得ISO14001的认证；
- 2005年7月开始打印机的生产并于同年10月开始LCD的内制化生产；
- 2008年12月取得海关总署AA类企业资格；
- 2009年8月获得广东省“清洁生产企业”称号；
- 2010年8月子机生产台数1亿台达成；
- 2011年8月获国家质检总局出口工业产品一类企业证书；
- 2012年2月取得ISO27001认证；
- 2013年2月取得OHSAS18001认证；
- 自建厂至今还连续多年获得广东省及珠海市大型出口企业奖、税收贡献奖、A级纳税人、支持红十字会贡献奖、安全生产先进单位等荣誉。

总经理 天本

电话：0756-8681000　　传真：0756-8681175　　邮箱：daiyanmin@cn.panasonic.com

上海大众动力总成有限公司

SHANGHAI VOLKSWAGEN POWERTRAIN Co.,Ltd.

为大众创造无限动力
Generate the Motive Power for Volkswagen

上海大众动力总成有限公司成立于 2005 年 4 月 29 日，是德国大众汽车（中国）投资有限公司和上海汽车集团股份有限公司合资组建的发动机生产企业，是世界上加工工艺和技术水平最先进的发动机生产基地之一。公司位于上海市嘉定工业园区北部，占地面积 29.85 万平方米，一期总投资 18 亿元人民币，年产发动机 33 万台。2009 年，公司启动二期项目，总投资追加到 44 亿元人民币，2011 年正式投产，年产能提升至 78 万台。三期项目于 2011 年启动，总投资 32 亿元人民币，2013 年投产，年产能提升至 130 万台。目前公司员工约 1 900 人。

公司主要生产德国大众最先进的 EA111 系列 1.4L、1.6L MPI 链传动汽油发动机和 1.4L TSI（涡轮增压燃油直喷）发动机。该系列发动机油耗低、耐久性高，符合欧 IV 排放标准，主要配套上海大众汽车波罗、朗逸、途安、途观，斯柯达晶锐、明锐、昊锐等系列车型。其中，1.4L 发动机功率为 63KW，扭矩为 130NM；1.6L 发动机功率为 77KW，扭矩为 155 NM。自 2009 年起，公司开始生产 1.4L TSI 发动机，这款具有革新意义的发动机最大功率达到 96KW，扭矩为 220NM，结构紧凑、油耗低、效率高。2010 年年底，公司开始规划 EA211 新发动机项目。EA211 新发动机是一款油耗更低、更环保、重量更轻、工艺更先进的升级版小型发动机，采用德国大众成熟的 MPI 发动机技术，运用铝缸体、模块化缸盖罩壳等技术，重量较 EA111 发动机减少 14kg, 降低了燃油消耗，每公里二氧化碳排放降低近 9.6g。EA211 发动机象征着大众汽车最高的可靠性和质量保证，将驾驶乐趣和优越的经济性充分结合，于 2013 年正式投产。

EA111 1,4l/1,6l MPI

EA111 1,4l TSI

EA211 1,4l /1.6l MPI

EA211 1,4l TSI

为了确保每台发动机优异的性能和卓越的品质，公司不断优化质量体系。在技术上，公司引进了先进的数控加工工艺，大量运用电子化检测手段。每台发动机在出厂之前均经过了严格的气密封测试、冷试、热试、电气测试等多个测试环节，通过在线检测和下线控制有效地保证了产品质量。公司已通过 ISO 9001 质量管理体系认证和德国汽车工业质量标准 VDA6.3 认证。

公司实施非核心业务全面外包，即把物流仓库管理、设备维修、化学品管理、刀具管理、检量具管理等非核心业务外包给国内外著名的外包公司进行管理。非核心业务外包在有效控制和降低运营成本，实现第一流的高效运作和服务方面的积极作用相当显著。通过外包管理，公司节省了固定资产和固定人员的投入，组织管理实现了扁平化和高效化。

深圳市今天国际物流技术股份有限公司

深圳市今天国际物流技术股份有限公司（以下简称今天国际）于2000年在深圳成立，注册资本6 300万元；下属3家全资子公司，分别是广东新阳物流设备有限公司、今天国际科技发展有限公司、深圳市同创智软件技术有限公司，并在南京、昆明、合肥、厦门等设立了办事机构和技术服务中心。

今天国际是一家自动化物流系统综合解决方案提供商，基于规划集成和软件开发优势，为客户提供一体化的仓储、配送自动化物流系统及服务，使客户实现物料出入库、存储、搬运输送、分拣与拣选、配送等物流活动的自动化、信息化和智能化，提升客户的物流管理水平，提高经营效率，为客户创造价值。自动化物流系统综合解决方案具体包括自动化物流系统的规划设计、系统集成、软件开发、设备定制、电控系统开发、现场安装调试、客户培训和售后服务等一系列业务。自动化物流系统综合解决方案可广泛应用于文具、家具、电力、石化、服装、印刷、汽车、烟草等行业，为生产制造、商业配送等多种业态的客户提供个性化的自动化物流系统综合解决方案。目前，公司业务已经遍及全国各地，赢得了广大客户的信赖与认可。

今天国际充分利用产业链上游的优质资源和依靠自身的研发设计能力为客户提供优质的自动化物流系统综合解决方案。同时，在长期的发展过程中积累了丰富的行业经验，先后参与了一系列规模大、复杂程度高，具有重大影响力的自动化物流系统项目，形成了一整套完整的标准体系。

今天国际为中国物流技术协会副理事长单位、中国物流与采购联合会常务理事单位、深圳市软件行业协会常务理事单位、深圳市重点物流企业和深圳市重点软件企业。截至目前，今天国际已拥有专利39项，计算机软件著作权32项，获邀成为全国烟草标准化技术委员会物流分技术委员会委员，参与制定了烟草行业一系列的物流标准。

企业荣誉

- 2012中国物流技术装备业十大知名新锐品牌企业
- 中国物流系统集成杰出贡献企业
- 物流技术领航企业
- 国家级高新技术企业
- 深圳市2012年度重点软件企业
- 深圳市重点物流企业（技术型）
- 2011年度中国物流技术装备行业最具发展潜力企业

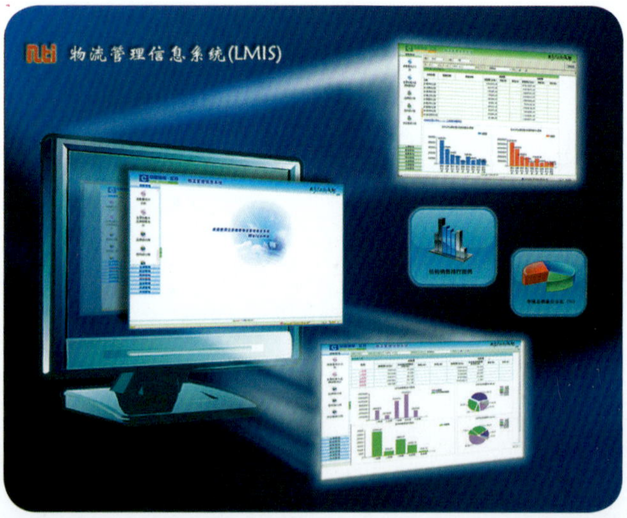

上海华力微电子有限公司

Shanghai Huali Microelectronics Corporation

上海华力微电子有限公司（以下简称“华力微电子”）于2010年1月在上海张江高科技园区成立。公司投资总额145亿元人民币，其中注册资金79亿元人民币。投资方为上海联和投资有限公司、上海宏力半导体制造有限公司、上海华虹NEC电子有限公司、上海华虹（集团）有限公司。

华力微电子是国家“909”工程升级改造——12英寸集成电路芯片生产线项目的建设和运营单位。该项目是国家《电子信息产业调整和振兴规划》确定的重大工程，是上海市推进高新技术产业化重大项目。华力微电子租赁并净化装修上海宏力半导体制造有限公司现有12英寸厂房，购买芯片生产设备，增添动力设施，将建设一条月产能3.5万片、工艺水平达到90-65-45nm技术等级的12英寸集成电路芯片生产线。

华力微电子以已有的国际合作成果为基础，和国家级集成电路研发中心共同开发90-65-45nm标准工艺，建立持续的技术创新能力。公司的生产技术主要包括标准CMOS、数模混合CMOS、RF CMOS、NOR Flash等。

华力微电子采用代工模式，为设计公司、IDM公司和其他系统公司代工逻辑和闪存芯片。这些芯片将广泛应用于3G移动通信手机、数字电视、机顶盒、数码相机、PC、游戏机、汽车、家电及各类智能卡等产品中。

海南海宇锡板工业有限公司

海南海宇锡板工业有限公司，是由中色海南有色金属工业有限公司与JFE钢铁株式会社、株式会社METAL ONE、韩国大宇国际株式会社等，共同投资建设的现代化大型镀锡板生产企业，是海南省重点工业企业。

公司主产品电镀锡薄板（马口铁），广泛应用于食品、轻工、化工行业及电子元件等领域。公司以优质的产品和良好的服务赢得了广大顾客的信赖与赞誉，产品销往全国各地及香港、东南亚、欧洲、美洲、非洲等国家和地区。

海宇一期于1997年7月建成投产，包括1条年生产能力为10万吨的镀锡生产线和配套的2条剪切生产线、3条涂漆生产线、2条彩色印铁生产线。2005年通过技术改造，镀锡板年生产能力已达15万吨。

海宇二期20万吨镀锡薄板项目于2009年7月竣工投产，包括1条年产20万吨的镀锡薄板生产线及2条年剪切15万吨的高速剪切生产线。海宇二期20万吨镀锡薄板生产线是海宇公司依靠自己的技术力量，在消化吸收引进技术基础上实现技术创新，自行研发、设计的国内第一条国产的400米/分高速电镀锡板连续生产线，机电设备国产化率达到95%以上，并在国际国内首次采用了多项先进技术。

目前海宇公司镀锡板年生产能力为35万吨。

CSTC

中国船舶工业贸易公司

作为中国船舶贸易的拓荒者、排头兵，作为致力于服务中国船舶工业和国际航运业的专业贸易公司，中国船舶工业贸易公司（CSTC）从1982年成立以来，一直活跃在国际和国内市场，承担并完成了推动中国船舶工业走向世界的历史使命，是中国船舶工业承接国际订单最多的贸易公司，成为连接造船企业及相关企业与国际市场的重要纽带。据初步统计，CSTC成立至今共实现进出口成交总额932亿美元，出口船舶超过1 700艘、约1.3亿载重吨，已发展成拥有民用船舶国际营销、防务装备国际营销、技术设备与材料进口、船用设备等机电产品出口和国际工程承包等五大核心业务，在国际海事界具有重要影响的知名企业。2010年、2011年、2013年，CSTC在中国对外贸易500强企业排行榜中分别位列第23、30、30位。

在民用船舶方面，CSTC能够向市场提供符合世界任何一家船级社规范，满足国际通用技术标准和安全公约要求，适航于任一海区的现代船舶，形成了多品种、多档次的产品系列，三大主力船型都基本系列化。

在技术设备和材料引进方面，CSTC向国内海事行业提供全球采购服务，涉及的领域包括企业所需的工业生产设施及设备的引进、船用设备及系统进口、船用材料进口、软件进口、先进技术及许可证引进和管理。CSTC具备完善的国际网络、高度的专业能力和经验、良好的市场信誉、雄厚的资金实力及全球供应商的广泛联系，能有效地协助客户从全球市场选择性价比最优的产品和服务。

目前，CSTC的业务遍及上百个国家和地区。多年来快速健康的发展使CSTC在品牌、渠道、融资能力、人才队伍等方面都建立了良好的基础。在新的发展阶段，CSTC将不断提高综合贸易业务能力，逐步完成从“国际一流船舶贸易企业”到“国际一流综合性贸易企业”的华丽转变。

CSTC期待着有机会与您合作，分享成功，共创美好未来。

奥凯航空有限公司是经中国民用航空总局批准，中国内地第一家开飞的民营航空企业。奥凯航空总部设在北京，以天津滨海国际机场为主运营基地。截至2013年9月底，奥凯航空机队规模达到20架，其中包括11架B737系列客机、1架B737系列货机、8架新舟60飞机，是最大的国产飞机运营商。2011年7月，奥凯航空旅客运输量位居天津市场第一位，成为天津公众首选航空公司。奥凯航空是首家荣获中国民航最高服务品质奖项——“旅客话民航”活动“用户满意优质奖”的民营航空公司。奥凯航空执飞40多条国内航线，已累计安全运送旅客超过1 000万人次，并将于2013年开飞国际航线。

奥凯航空总裁刘伟宁

奥凯航空乘务员为旅客提供优质服务

奥凯航空2005年3月的首飞被誉为贯彻落实党中央、国务院《关于鼓励支持和引导个体私营等非公有制经济发展的若干意见》（“非公经济36条”）的“报春第一枝”，开启中国民营航空时代，成为中国民航深化改革进程中重要的标志性成果之一。

奥凯航空是第一家批量引进国产飞机并投入商业运营的国内航空企业。2008年10月，奥凯航空引进的第一架新舟60国产飞机成功首航，实现了国产飞机在国内运营的“破冰之旅”，开创了中国民机制造业与中国航空运输业和谐发展的新篇章。2011年以来，奥凯航空相继与烟台市政府、黑龙江省政府签署战略合作协议，打造中国支线航空基地，共同开发支线航空市场，走出了一条符合中国实际的支线航空发展新模式。奥凯航空目前已执飞20多条支线航线，被国家发展改革委总结为“黑龙江模式”，并向全国推广。2013年7月22日，奥凯航空与中航飞机西安飞机分公司签署50架新舟系列飞机融资购租框架协议，这是目前新舟系列飞机签署的最大数量的租购协议，是航空运输业与国产民机产业携手共进、实施民航大众化战略的利国利民之作。

奥凯航空以“敢为天下先”的创新魄力、斗志昂扬的创业激情、强烈的历史使命感和社会责任感，励精图治，创新发展，成为中国民航最富活力、最具成长性的新锐航空公司。

奥凯航空将以“客货并举，干支结合”的发展战略向社会提供安全、舒适、便捷的优质服务，打造不断创新、充满活力、独具特色的国内领先航空公司，为促进地区经济的发展和建设中国民航强国事业贡献力量！

奥凯航空新舟60机队

上海飞机制造有限公司

Shanghai Aircraft Manufacturing Co.,Ltd.

上海飞机制造有限公司（简称上飞公司）是由上海飞机制造厂改制而成的有限公司，隶属于中国商用飞机有限责任公司，并为其下属的总装制造中心。上飞公司注册资本为 20 亿元人民币。其中，中国商用飞机有限责任公司以现金出资 11 亿元，实物出资 9 亿元，占注册资本的 100%。上飞公司主要经营项目有：民用飞机等航空器及相关产品的研制、生产、改装、试飞、交付、销售、维修、仓储、服务业务，承接飞机零部件的加工生产业务，经营本公司或代理单位生产所需原辅材料、设备、仪器、备配件及技术的进出口业务，相关的技术开发与技术咨询业务。上飞公司拥有大场和浦东两大基地，现有员工约 4 200 人。

上飞公司从飞机修理起步，曾研制运十，合作生产麦道 82、83、90。目前，其承担 ARJ21-700 新支线飞机和 C919 大型客机总装制造任务，以及波音 737-NG 水平安定面、波音 787 飞机着陆灯整流罩、空客 320 货舱门门框转包生产业务。

在中国商飞公司的领导下，上飞公司正为大型客机项目、新支线飞机项目的成功，为中国民用航空工业的振兴而努力，通过提升民机总装集成能力、核心关键零部件制造能力、供应链构建与管理能力、新技术新工艺新材料应用研发能力、制造过程管控能力、民用飞机交付能力等 6 种能力，发展成为世界民机领域一流总装制造企业，最具效率、最值得信赖的航空总装制造商。

上飞公司曾荣获全国五一劳动奖状、全国工人先锋号、国家技能人才培育突出贡献奖、全国安全生产月活动优秀单位、中央企业先进基层党组织、中央企业职业技能大赛先进单位、全国“安康杯”（上海赛区）竞赛优胜单位、上海市质量管理奖、上海市第一批产学研合作创新示范基地、上海市第二批企业文化建设示范基地等荣誉。

NEWLONG®

纽朗包装机械（北京）有限公司

纽朗包装机械（北京）有限公司是日本纽朗集团在海外建立的第 13 家独资分公司，成立于 1995 年，投资总额 1 500 万美元。公司坐落在北京大兴生物医药产业基地内，占地面积 2.6 万平方米，现有员工近 200 人。

日本纽朗集团历经 50 多年的努力，确立了包装机械产品在亚洲的领先地位，纽朗牌的包装机在世界包装业内享有很高的声誉。

纽朗（北京）公司秉承纽朗集团的产业精神，致力于开发和生产高效、优质、美观、耐用的产品。公司引进了大量的先进生产设备和检测设备，采用了科学的生产工艺管理和严格的质量保证体系，使产品保证了一流的品质。目前纽朗（北京）公司主要生产和销售工业用缝包机、封口机、全自动包装机三大系列产品，基本上涵盖了固体颗粒物包装的工程需求，产品绝大多数销往世界各地。

随着中国经济的飞速发展，国内各产业对产品的包装效率、质量和外观的要求越来越高。纽朗（北京）公司的优质包装机逐渐被各企业认同。公司产品在中国的销售业绩不断扩大，销售量逐年增加，涉及的行业也不断扩展。与此同时，公司强化“优质服务就是商品”的销售理念，大力发展销售服务团队，努力提高售后服务的水平。现在在全国任何一个地方的纽朗设备维护，公司都能做到即时响应，最快到达，确保正常运转。纽朗（北京）公司高水平的售后服务得到广大客户的好评。

纽朗（北京）公司愿利用技术和设备上的优势不断推出各种新型的、适合中国国情的包装机械，扩大服务网络，提高服务水平，竭诚为客户服务。公司的宗旨——“客户的要求是我们的工作动力，让客户满意是我们的工作目标”。

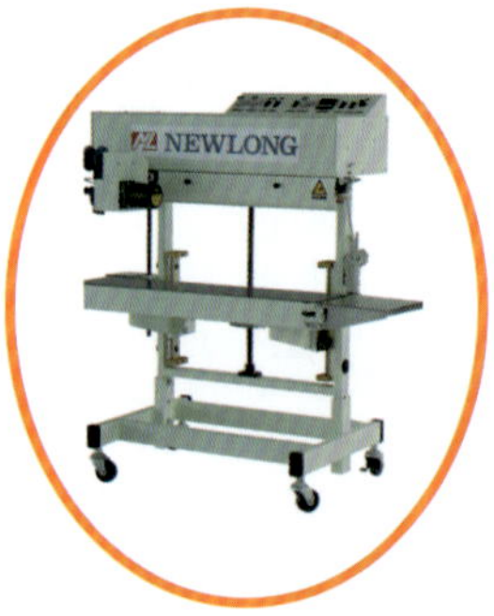

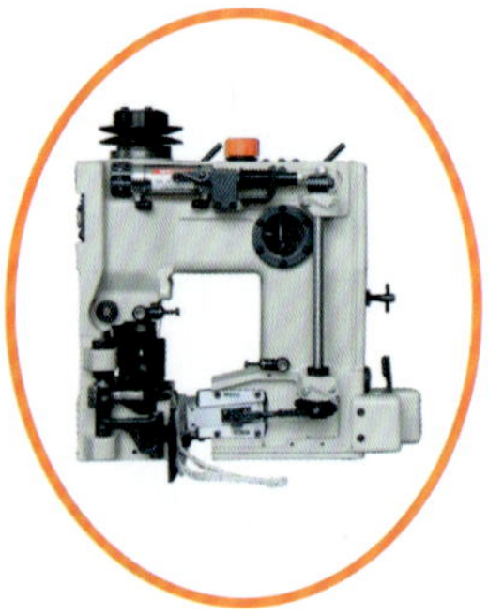

同方股份有限公司

1997 年 6 月 25 日，清华同方股份有限公司正式成立。

1997 年 6 月 27 日，清华同方在上海证券交易所鸣锣上市。

2006 年 5 月 30 日，清华同方股份有限公司更名为“同方股份有限公司”。

以“科技服务社会”为宗旨，同方股份有限公司密切依托清华大学的科研实力与人才平台，紧紧围绕“技术 + 资本”、“合作 + 发展”、“品牌化 + 国际化”的发展战略，大力弘扬“承担、探索、超越；忠诚、责任与价值等同”的企业文化，在信息、能源环境两大产业上不断探索、创新，形成了计算机、数字城市、物联网应用、微电子与射频技术、多媒体、半导体与照明、知识网络、军工、数字电视、环境科技、安防系统、建筑节能等十二大主干产业集群，孵化并培育了一批优质产业公司。

截至 2012 年，同方股份有限公司总资产超过 330 亿元，年营业收入超过 220 亿元，拥有专利和软件著作权超过 2 000 项。目前，“清华同方”品牌价值已超过 550 亿元。同方历年入选“中国科技 100 强”、“中国电子信息百强”、“守信企业”。2008 年 11 月，更首度上榜世界品牌 500 强。

同方人用自己的双手和智慧，探索着一条通往世界一流高科技企业的发展之路。

“合志同方、共赢未来”。

同方科技广场

董事长 陆致成

总裁 范新

公司内部

拜耳医药保健有限公司

拜耳医药保健是拜耳集团的子集团，总部位于德国勒沃库森，是一家在世界医药保健领域内居领先地位的创新型医药公司，在全球拥有超过55 300名员工。拜耳医药保健致力于研发、生产和销售能够改善人类和动物健康的创新产品。这些产品通过对疾病的诊断、预防和治疗，提高了人们的整体健康水平和生活质量。

2012年，拜耳医药保健的全球销售收入达186亿欧元。公司的研发总投入达20亿欧元，占拜耳集团研发总支出的65.1%。

拜耳医药保健与中国的渊源可以追溯到20世纪初。1936年，拜耳在中国建立了第一个生产公司，生产一系列的产品，其中包括世界著名的阿司匹林止痛药。目前，拜耳医药保健在中国拥有7 000名员工，总部设在北京，并在北京、广州、成都和江苏启东建有生产基地。2011年，根据新的中国市场战略，公司在四川成都设置区域办公室管理整个西部市场。成都办公室也是外资医药企业中首个全功能的区域管理办公室。

公司的业务部门包括拜耳医药保健处方药、保健消费品和动物保健。拜耳医药保健处方药业务遍及330多个城市，并开发、生产和销售心血管疾病、感染、内分泌、泌尿系统、肿瘤、妇科等领域多种高科技专利药品。

拜耳医药保健在北京设立的生产基地是中国最先进的药品生产基地之一。通过对先灵公司的全球收购，拜耳医药保健又增加了广州的生产基地。2008年，拜耳医药保健完成了对东盛科技启东盖天力制药公司咳嗽和感冒类非处方药系列的收购。这次收购显著地拓展了拜耳医药保健在中国——全球增长最快的非处方药市场的业务范围。

2008年，拜耳医药保健完成北京生产基地的扩建，使其生产能力达到了以前的4倍。除了在硬件方面的投资外，该生产基地还引入了先进的软件管理系统，包括全自动称重系统和物流管理系统，有助于进一步提升药品质量。2011年，拜耳医药保健北京工厂顺利完成了新版GMP标准检查，成为新版GMP颁布以来中国第一家获得此证书的制药企业。

2009年年初，拜耳医药保健在北京设立了全球第四个研发中心。这一举措不仅体现了其在中国寻求长期发展的决心和信心，也为拜耳医药保健成为亚洲医药领域的领导者奠定了基础。鉴于中国市场对全球业务日趋重要，2011年8月，全球普药战略市场部团队迁至中国北京。这一全球性的战略举措是拜耳对中国市场承诺的体现，将加速公司的决策过程，充分利用研发网络和本地资源，并给予本地市场需求以更高的关注。

拜耳医药保健还积极与包括清华大学和上海有机化学研究所等研究和学术机构在内的外部伙伴开展合作，以便在拜耳药品研究的核心领域探索新的疾病治疗药物。2012年3月，拜耳医药保健与清华大学宣布扩展在“拜耳—清华大学创新药物联合研究中心”（简称“拜耳研究中心”）的项目研究工作。根据新的战略合作协议，双方将在今后3年内开展在生物医学领域的研究合作。拜耳医药保健和沈阳药科大学也签署了新的研究合作协议，将在肺部缓释剂领域开展博士生项目研究合作。2010年10月，公司与位于上海的药物制剂国家工程研究中心合作，利用该中心开发的技术平台在可降解聚合物领域开展博士研究项目。

作为一家负责任的企业公民，拜耳医药保健全面致力于履行其造福社区、民众和社会的承诺。拜耳医药保健与政府和公益组织密切合作，启动了许多重要的企业社会责任项目，包括“走进西部”项目，中国社区健康促进项目，“拜耳健康小屋”和“拜耳健康促进杯”社区竞赛等，以支持和促进中国公共卫生事业的发展。“中国企业员工健康行·健康领跑中西部”活动也于2012年启动。该活动由拜耳医药保健与中国健康教育中心和《生命时报》共同主办，充分切合中西部居民医疗需求，把健康知识与理念直接送进大型企事业单位，让员工得到一手的健康资讯，对于整体提升中西部地区居民健康素养具有重要意义。

拜耳医药保健有限公司企业传播部 | 地址：北京朝阳区东三环北路27号拜耳中心A座16层　网址：www.bayerhealthcare.com.cn

百事饮品事业
PEPSI BEVERAGE

康師傅饮品控股

百事饮料（广州）有限公司

百事饮料（广州）有限公司成立于 2003 年 4 月，是百事公司在中国设立的首家非碳酸饮料基地，占地面积 14 万平方米。公司注册资本为 19 780 万美元，成立之初美方投资 1.43 亿美元。发展至今，公司已拥有 10 条生产线，生产能力达到 7 000 万标箱，在职员工 300 余人。2012 年 3 月，康师傅控股与百事公司在华战略联盟获国家商务部审批后，百事饮料（广州）有限公司亦成为战略联盟的重点生产基地之一。

公司专注于研究、开发、生产及加工瓶（桶）装饮用水类、果汁及蔬菜汁类、茶饮料及其他如运动饮料类产品，主要品牌有果缤纷（纯果乐）果汁、佳得乐、冰纯水、都乐果汁等，产品行销至全国及海外市场。

公司以持续发展为目标，始终致力于节能环保。自 2007 年起成立专门的节能节水小组，以年度水耗降低 10%、能耗（包括电和燃料）降低 10% 为目标，通过在公司内部大力宣传循环经济，深入实施到各生产线及各部门，使循环经济活动融入到公司的日常生产中。截至 2013 年，累计节约用水 73 万吨，减少能源消耗 3 580 万千瓦时，共节约支出 4 624 万元。2011 年获广州市萝岗区循环经济模范企业、广州市循环经济优秀企业、广州市清洁生产优秀企业等荣誉。同年，在由南方日报社联合广东省低碳发展促进会、广东省建筑科学研究院共同开展的“广东低碳示范园区”、“低碳示范社区”和“低碳示范企业”评选活动中，被授予“南方低碳 2011 年度标杆企业”奖，是唯一获得此殊荣的饮料企业。2012 再度获得广州市萝岗区循环经济模范企业的荣誉称号。

公司对生产工艺和食品安全执行严格标准和要求，已通过 HACCP 体系认证，ISO14000、OHSAS18000 认证审核，每年还通过 QS 检查、广东省进出口检验检疫局的年度审核、AIB 飞行审核等第三方审核。

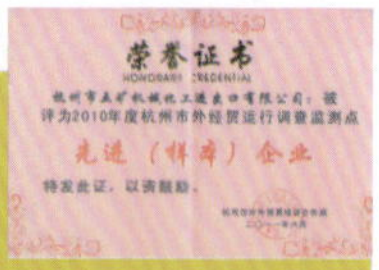

董事长 胡民

公司坚持用科学发展观为指导方针；以国家政策和公司经营宗旨为基本指导思想，务实求变，稳步发展；以“服务是生命、创新是血液、理想是灵魂、和谐是力量”为经营信念。如今，新一届管理层正带领杭州五矿书写另一个辉煌篇章！

杭州市五矿机械化工进出口有限公司

杭州五矿创立于 1973 年，1988 年正式获得国家外经贸部批准取得进出口贸易经营权，发展至今，已有 30 多年的进出口贸易历程，建立了遍布全球 100 多个国家和地区的销售网络，产品种类达千种，拥有 5 个国内注册商标、4 个国际注册商标。

经过数十年的经营，杭州五矿已经建立起了稳定的采购网、忠实的客户群，以及专业的进出口贸易服务系统。同时，也得到许多荣誉和支持：2008 年、2010 年连续被评为中国贸促会杭州市分会出证认证工作先进单位；2010 年度被评为浙江省级和杭州市级外经贸运行调查监测先进企业；2010 年 11 月荣获杭州海关颁发的 A 类管理企业资质；2011 年 2 月在全市开放型经济工作会议上，被评选为“2010 年度杭州市外贸进出口百强企业”；2011 年在杭州市进出口前 100 位企业排序表中列第 65 位，出口千万美元以上企业排序表中列第 35 位，出口前 50 位流通性企业排序表中列第 14 位；2012 年 3 月荣获杭州海关颁发的 AA 类管理企业资质。

此外，公司还通过了中国食品土畜产进出口商会及商务部有关机构的审批，获得了进口奶粉、肉类制品和植物油的进口资质及密钥，为拓展进口业务打下了基础。

2013 年 5 月，公司选举产生了第五届董事会。董事长胡民代表董事会发布了新的工作目标——解放思想转观念，树立科学发展观，弘扬正气促和谐，开创五矿新纪元；确定了新的公司经营思路——以提高自主创新能力，加大自营商品培育为重点，追加新产品立项的深度和广度，发挥外贸公司集约优势，大力培植已经逐渐形成的以机械设备及配件、工农具、汽车配件、户外用品、管道机械及工具、家具五金和家用装饰礼品、纺织服装为主要板块、为特色的产品，继续打造以上出口商品的规模经营效应。

广东省粤东磁电有限公司

广东省粤东磁电有限公司坐落在著名侨乡——素有“海滨邹鲁”之称的汕头市潮阳区，位于交通便利的324国道和平路段。公司创建于1993年，经过20年的健康稳步发展，已成为一家集产品设计、研发、生产、销售为一体，专业生产音像制品、可记录光盘的高新技术企业。目前公司建筑面积达5万平方米，拥有园林式的厂区和优雅舒适的办公与生活环境。

公司持有“音像制品复制经营许可证”、“光盘复制经营许可证”，拥有具有世界先进技术可记录光盘生产线53条。公司生产的CD-R、DVD±R产品，80%畅销于世界80多个国家或地区，得到广大消费者认同，并成功在中国香港、委内瑞拉、秘鲁、南非、巴基斯坦、巴西、埃及、西班牙等十几个国家和地区登记注册了商标。自2006年以来，公司的“YDD”牌可记录光盘CD-R产品被评为“广东省名牌产品”。2007年，“YDD”牌商标被认定为“广东省著名商标”、“重点培育和发展广东省出口名牌”；2009年，海关总署授予公司AA类企业荣誉称号；2012年8月，被广东省质量技术监督局认定为“AAAA级标准化良好行为企业”，同月，被广东省对外贸易经济合作厅评为“广东省加工贸易转型升级示范企业”，是粤东地区光盘行业唯一一家获得2010年第二届中国出版政府奖印刷复制奖的企业，是粤东地区光盘行业的领头军。公司连年来进出口额名列汕头市潮阳区首位，被汕头市政府授予“重点工业企业”、“纳税大户”、“创汇大户”、“汕头市50强企业”等荣誉称号，并常年担任中国音像协会光盘工作委员会常务理事单位。

公司未来的发展目标是打响国际品牌，接轨国际市场，建设成为亚太地区的光盘生产基地。公司长期以来秉承“科学管理、求是创新”的管理理念，“质量第一、和谐精进”的发展理念，“热爱社会、热爱客户”的经营理念，“绩效薪酬、员工满意”的激励理念，充分发挥了规范化、制度化和人性化的管理特色。未来公司将继续努力发挥自身完善的现代企业管理制度、卓越的品质保证和认真周到的服务，与每位客户携手，实现双赢的可持续战略合作，为世界信息化产业和传媒业的繁荣发展作出更大的贡献。

公司产品

印刷车间

光盘生产车间

光盘生产车间

中山市正好贸易有限公司

中山市正好贸易有限公司成立于2000年，公司位于中山市港口镇福源路，主要经营进口乳制品原料，是新西兰恒天然乳品集团在中国内地进口贸易额最大的经销商之一。

公司设有专业乳品仓库2万多平方米。仓库采用双层中空保温墙体，金钢砂耐磨地面，配有中央空调系统、烟感控制系统，专业吸尘、除湿设备，专业灭蚊设备，室温常年控制在26℃以下、湿度65%以下。公司乳品仓库是国内少有的乳品专业仓库。经海关总署批准，2011年设有公共保税仓库。

公司坚持稳健务实的发展战略，业务量多年保持快速增长。2012年全年实现乳品销售总额11.8亿元，各项税收2.7亿元，被中山市国家税务局、中山市地方税务局评为“A级纳税人”，被海关总署评为“AA类管理企业”，荣获市政府颁发的“经济建设成就奖”、“文明经营标兵”等多项奖励。

凭借专业的经营团队和卓越的商业信誉，公司成为多家知名企业的主要供应商。今后，公司将继续秉承“诚信专业、精益求精”的服务宗旨，为客户提供更优质、高效、及时的专业乳品仓储配送业务。

公司领导班子全体成员

陕西省煤炭物资供应公司（国际贸易）

陕西省煤炭物资供应公司系陕西省特大型能源化工企业陕西煤业化工集团（以下简称陕煤化集团）的下属企业，成立于1970年，注册资本7 713.5万元，资产总额16.28亿元，是一家专业承担集团公司物资集中采购、进出口贸易经营、招投标代理等业务的国际化物资贸易公司，现有员工648人，其中中高级职称人员393人。

公司具有国家商务部审定核发的对外贸易业务经营资格，是陕煤化集团从事外贸的唯一对外经营机构，进出口业务涵盖陕煤化集团下属60余家企业的新建、改建、扩建、技改项目所需的煤矿化工专用设备、工程机械设备、机电设备及配件的全球采购，技术引进、技术交流、项目调研、项目考察等咨询服务，陕煤化集团所属企业产品的出口销售、国际市场的培育开发。公司作为陕煤化集团大宗物资集中采购工作的实施单位，承担着集团每年200多亿元的物资采购任务，拥有庞大的优质采购网络。

公司始终追求价值服务，先后研发了RICHMAX信息化管理系统；建立了一流的外贸业务电子化信息管理平台；获得海关AA类企业管理资质；签署了关企守法便利一体化合作协议；2013年被西安海关确定为全省重点行业、重点区域、重点产业十家战略合作企业之一，签订了关企战略合作备忘录，可享受最优惠的通关便利、政策支持和优质的进出口业务咨询与策划，最大限度保障客户利益和业务增值。截至目前，公司的合作伙伴遍布欧洲、美洲、大洋洲、非洲等地区，合作类别涵盖煤炭、化工、水泥、电力、钢铁、机械制造等多个行业。

“诚信服务、合作共赢”是公司团队的价值观，公司将依托陕煤化集团强大的产业优势，加快外向型、全球化业务拓展的步伐，以提供价值服务为己任，全力打造“具备核心竞争力的工程服务和供应链服务企业”，以可持续竞争力优势，与合作伙伴互补优势、共享利益、实现共赢。

Louis Dreyfus Commodities

路易达孚商品集团

路易达孚商品集团（Louis Dreyfus Commodities）是全球农产品贸易的领军企业，主营业务涵括油脂油料、谷物、大米、饲料、果汁、棉花、咖啡、糖、牛奶、金属、化肥，以及海运、金融、制糖和乙醇制造。路易达孚从事商品贸易已有 160 年的历史，并且始终保持着生机勃勃的文化，员工人数最多曾达到 34 000 人，在超过 55 个国家设有办事处。

通过跨文化管理，路易达孚致力于建立其独特的业务模式：拥有多元化业务组合，业务贯穿从农田到消费者的整个价值链的所有环节，生产和加工资产得到优化配置，并且有严谨的风险管理机制。路易达孚的多元化经营理念及注重环保、强调社会责任的拓展战略，使其取得了显著并且持续的年度增长。在全球最主要的 10 类大宗商品贸易中，路易达孚都业绩卓著，并在其中 6 类处于领导地位。

路易达孚的全球贸易模式及经验在中国也取得了成功。早在 1972 年，路易达孚便成为第一家向中国出口棉花的公司。随着中国持续改革开放，路易达孚在中国的规模不断扩大。路易达孚（北京）贸易有限责任公司成立于 2005 年，是由新加坡路易达孚商品亚洲有限公司出资组建的外商独资企业，是中国加入世贸组织后批准建立的首批外国农业贸易公司。现今，路易达孚在华业务影响力已经覆盖整个价值链，经营包括油脂油料、谷物、饲料、棉花、果汁、糖、金属、咖啡、乳制品及海运在内的诸多业务，涉及中国 28 个省、直辖市和自治区。其进出口业务覆盖中国的大部分港口及清关口岸：东自辽宁鲅鱼圈，南至广东东莞，西自新疆进口，北经陕西出口。路易达孚在中国设有 6 个办事处，8 个包括饲料加工、精炼糖及油籽压榨在内的加工厂，员工人数超过 640 人。

中国驰名商标

正新轮胎

指名正新　天天安心

厦门正新橡胶工业有限公司简介

厦门正新橡胶工业有限公司

厦门正新橡胶工业有限公司属台商独资企业，是台湾正新橡胶工业股份有限公司通过英属开曼群岛玛吉斯国际有限公司转投资的独资公司，创建于1989年5月26日，1991年12月19日建成开业。公司占地面积30万平方米，目前注册资本1.75亿美元，投资总额已达5.25亿美元。公司主要生产自行车内外胎、摩托车内外胎、农工车内外胎及汽车内外胎等橡胶制品。

轮胎工业是一种资本密集、技术密集和劳力密集型工业。该公司不仅拥有世界先进水平的设备和技术及高效率管理，而且坚持“诚实经营，品质第一，制造最好产品，贡献人类”的经营理念，不断落实“品质第一，顾客满意”的品质方针，好产品，贡献人类”的经营理念，不断落实“品质第一，顾客满意”的品质方针，按照国际标准，产制高质量的轮胎，产品质量已于1992年6月15日获得美国交通部认可，符合美国交通部公路交通安全标准DOT标志产品；1994年8月又同时通过ISO9002质量体系国际评审、国内评审，并取得合格证书；1996年12月获欧洲经济共同体E-MARK标志；2000年8月又通过美国汽车行业QS9000品质系统认证产品质量和质量管理已达到国际先进水平。2002年9月又通过国家强制性产品3C认证。产品畅销世界各地，出口创汇逐年增长，各项经济指标居全国同行业的首位；企业历年被评为最佳外商投资企业、全国外商投资双优企业。

为进一步发展正新轮胎国际集团，台湾总公司又于1993年在江苏省昆山开发区创立了“正新橡胶（中国）有限公司”，总投资为3.15亿美元。2001年厦门正新又投巨资创办“厦门正新海燕轮胎有限公司”，2004年1月又成立“厦门正新实业有限公司”，为提升服务质量，又成立了正新（厦门）物流有限公司。目前正新轮胎已成为家喻户晓的世界品牌，正新轮胎国际集团在国内外已享有较高声誉。

赞助欧亚乒乓球对抗赛

赞助世界女排大奖赛

正新冠名全国汽车场地越野锦标赛

厦门正新橡胶工业有限公司

厦门市集美区杏林西滨路15号

邮编：361022　电话：0592-6211606

网址：CSTtires.com.cn

CST®

CSTtires.com

参加国家经贸团进行国际贸易签约

仓储物流基地

中国乡镇企业总公司

中国乡镇企业公司始创于1980年，原为农业部直属企业，现为国资委管理的中央企业——中国农业发展集团有限公司的全资子公司。

公司于1995年获得对外贸易经营权，2002年被北京海关列为进出口AA类企业，2004年被农业部等八部委授予国家农业产业化重点龙头企业，2008年起被中国农业银行北京分行授予AAA级信用企业，进出口贸易、招标服务通过了ISO9001认证。

公司作为大型国有农业企业，秉承依托农业、服务农业的宗旨，以推动我国农业与世界经济接轨为己任，构建以农业国际贸易、政府采购招标、仓储物流为核心主业的产业链条。在农业生产资料、农用科教仪器设备、农产品、畜产品、海产品、木材、种子、饲料添加剂等农业国际贸易领域，优势项目的经营规模与市场份额排名均已进入行业前列。在招标服务方面，为农业系统的科研机构、事业单位、高等院校招标项目总金额超过10亿元。公司在天津静海有2万平方米现代化物流仓库，是公司发展农业国际贸易与物资流转业务的基地。

公司已成为农业系统经济实力强，具较高经营能力和持续发展后劲的国际贸易与招标服务企业。今后将继续以推动我国农业产业发展为己任，努力在我国农业国际贸易领域不断创造新的发展业绩。

招标业务开标现场

地址：北京市朝阳区农展南路5号京朝大厦八层　电话：010-59193826　传真：010-59193814

ZHANHUA CO., LTD.
湛化股份有限公司

湛化股份有限公司是 1956 年国家投资建设的大型企业， 1992 年改制为股份有限公司。50 多年来，公司一直秉承“一切为了农民，为了大地丰收”的核心理念，现已发展成为全国最大的化肥企业之一，年营业收入近 30 亿元。公司现有职工近 4 000 人，其中工程师以上专业技术人员 320 人。其主要产品过磷酸钙年产 120 万吨，产销量全国第一；磷酸二铵年产 60 万吨；复合肥年产 30 万吨。公司积极发展循环经济，生产氟硅酸钠、铁精粉、水泥缓凝剂、石膏砖等环保产品，每年利用废热发电近 2 亿千瓦时，实现资源综合利用。

公司毗邻港口，与湛江港一墙之隔，距离船舶码头仅 2 公里，厂内建有 5 条铁路专用线，货物吞吐能力达 600 万吨 / 年。公司是海关 A 类管理企业，在厂内设有海关出口货物监管仓。公司国内市场与国际市场并重，磷矿、硫铁矿、硫磺、硫酸、合成氨等生产原材料从国际市场进口，过磷酸钙、磷酸二铵、复合肥、氟硅酸钠出口到世界各地，进出口业务总额每年近 4 亿美元。

公司拥有行业领先的工艺技术和设备，主要产品执行国际标准。磷酸生产专有技术被国务院发展研究中心评为“中华之最”。国家人事部和科技部批准公司设立了全国化肥行业首家“博士后科研工作站”。公司先后荣获“国家全面质量管理奖”、“国家质量奖银质奖”、“国家免检产品”、“中国名牌产品”等称号。

诺基亚通信有限公司

从20世纪50年代起诺基亚就与中国建立了贸易关系。1985年诺基亚在北京开设了第一家办事处，从此开始了在华发展。20世纪90年代中期，诺基亚通过在北京和东莞建立合资工厂，实现本地化生产。

2005年，诺基亚整合了在华的合资工厂，成立诺基亚通信有限公司。诺基亚通信有限公司下辖诺基亚北京工厂和东莞工厂，是中国最大的外商投资企业之一、中国移动通信行业最大的制造和出口企业、当地的纳税大户，从2008年起连续三年缴纳企业所得税超过5亿元，更连续四次获得北京市国税、地税局联合颁发的纳税信用A级企业证书。2012年12月，诺基亚北京工厂和诺基亚东莞工厂的累计总产量突破13亿。

■ 生产技术：尖端制造，精益生产

诺基亚工厂拥有全球手机制造业最先进的生产线，配备精密的元器件表面贴装设备、自动的手机部件组装设备和测试系统；建立起完善的网络化管理系统，精益生产在生产领域广泛、深入实施，为灵活、高效的运作提供了坚实的基础。

诺基亚一直将其制造技术视为最关键、最根本的战略优势，并且在规模生产的情况下，诺基亚是全球最富生产效率的手机制造商。

严格的测试系统、科学的品质管理体系、良好的全员品质文化，确保了优良的产品品质和用户体验；不断变革和创新的管理理念，为各类人才的成长提供了广阔空间。

■ 质量：全球一致标准，贯穿产品生命周期

诺基亚中国工厂执行全球一致的质量原则、标准和质量管理体系，其质量意识从产品设计之初就已经存在，贯穿产品的整个生命周期，并充分考虑到在产品生命周期中的环境保护。从1996年开始，公司相继获得国际权威认证机构DNV颁发的ISO9001、ISO14001证书，所有产品通过欧盟的CE和中国的CCC认证，获得相应的CE和CCC证书。

■ 供应链：共同成功，合作共赢

星网工业园就是一个与供应商合作共赢的典范。该园区比诺基亚北京工厂为核心，吸引了国内外近15家主要手机零配件厂商和服务提供商，带动了超130元亿人民币的投资，共同组建完整的产业链，提高沟通和生产效率，实现零库存目标。2007年年底，诺基亚又将研发部门和大中国区总部迁至北京经济技术开发区，与诺基亚北京工厂共同组成了诺基亚中国园。由此诺基亚和星网合作伙伴一起形成了世界上最完整的集手机研发、生产、物流配送、零配件供应、营销、服务和地区总部于一身的手机产业链，真正实现了“一条龙”的产业链。截至2010年年底，星网工业园提供了35 000多个就业机会；自2006年开始连续五年年产值超过1 000亿元人民币。

■ 进出口业务：享受海关更多优惠政策

诺基亚通信有限公司不仅是海关《企业分类管理措施目录》中的AA类企业，还是海关“红名单企业”之一，享受着“绿色通道”等优惠政策。由于这些便利措施简化了企业的通关手续，加快了通关速度，降低了通关成本，给企业带来了实实在在的便捷和效益，增强了企业的竞争力。

松下电气机器（北京）有限公司

松下电气机器（北京）有限公司创立于1993年1月19日，是由世界一流企业日本松下电器株式会社、松下电器（中国）有限公司在北京经济技术开发区出资兴建的大型现代化企业，注册资本为4 000万美元，公司英文名称缩写为PMFBJ。

PMFBJ作为目前中国最大、最现代化的照明电器生产企业之一，在引进松下高科技和科学制造管理经验的同时，以提供“安全、节能、舒适、方便”的高品质生活为己任，以倡导美好的生活方式为旗帜，将Panasonic的制造业梦想带到中国。

2012年，公司的销售额为8亿元，出口总额为162 088 529.94元，海外销售约占整体销售额的20%。进口总额为79 980 667.62元。公司自创业之时起，各类产品的国内外销售总额逐年递增，各事业部的新商品率始终保持在30%的年度增长。PMFBJ设立了照明、配线、电器、自动门四大事业部，并于2004年设立上海分公司，2010年设立广州分公司。其中，照明产品分为住宅照明产品（如花灯、厨房灯、吸顶灯–LED等）、施设照明产品（如格栅灯、筒灯、射灯等）和屋外照明产品（如道路灯等）；配线产品主要为开关、插座产品；电器产品包括电子血压计、低频理疗仪、吸入器、按摩器、体组成计五大类产品；自动门产品划分为通用自动门和轨道交通自动门，具体产品如平开门、旋转门、地铁门、公交门、特殊门等。

公司取得了ISO9001、ISO14001、ISO13485、OHS18001、CCC及CQC等认证证书。同时，公司产品还取得了销售目的国的认证，如日本JET、欧洲CE等认证。2004年11月及2009年11月，公司分别取得高新技术企业证书。2008年5月，时任中华人民共和国主席胡锦涛等一行视察了松下电器总公司。2010年10月，完成了松下中国国内自动门实业开发人员及经营团队的整体合并，实现了中国国内自动门事业“制造、开发、营业”一体化体系的构建。

公司所有经营活动都充分体现“以人为本”的经营理念，贯彻尊重人、关心人、体贴人的宗旨。誓为全世界消费者奉献高品质的产品和优秀的服务，向所有享受松下产品的消费者倡导一种追求舒适、安全、节能的消费者文化。为了使人民的生活变得丰富多彩，为了创建更先进更美好的社会，实现不断提高富有价值的创意和优质的产品、服务之理想，松下电气机器（北京）有限公司通过向顾客提供高品质产品，创造自己的未来。

照明事业部吸顶灯生产线

地址：北京经济技术开发区同济北路1号

深圳市华商联物流报关有限公司是中国报关协会副会长单位、全国优秀报关企业、海关 AA 类企业，是海关授予的预归类资质企业。公司下设市场部、客服部、运营部、关务部、口岸事业部、财务部，在深圳各口岸注册成立有 12 个分公司，有两家全资子公司：深圳市华商联报关报检有限公司、深圳市华商联关务管理咨询有限公司。华商联公司总投资额 1 000 万元人民币，现有员工近 200 人，注册报关员占 56%，注册报检员占 25%，报关业务量每年排名在深圳关区前两位。

深圳市华商联物流报关有限公司

精神与使命

精神：诚信守法、崇尚专业、自律规范、务实创新。

使命：为客户提供安全、快捷、满意的通关服务；为国家协助海关、国检把好国门；为员工实现梦想而努力。

董事长 唐玉霞

发展及重大荣誉

深圳市华商联物流报关有限公司是由两家专业报关公司——深圳市招商报关有限公司与深圳市华新报关服务有限公司于 2007 年 1 月 1 日全资合并运营的专业报关公司。其中，深圳市招商报关有限公司于 1996 年注册成立，深圳市华新报关服务有限公司于 1994 年注册成立。

- 2013 年再次获得海关商品预归类资质
- 2012 年被评为深圳关区首家“AA 类管理的报关企业”
- 2012 年荣获中国报关协会授予的“全国优秀报关企业”荣誉称号
- 2012 年成为深圳海关通关无纸化第一家试点企业
- 2012 年子公司蝉联“A 类报检企业”；成为首批报检“智能通关”试点企业
- 2011 年所属子公司“深圳市华商联报关报检有限公司”获得深圳海关 A 类管理的报关企业资质
- 2011 年当选“中国报关协会副会长单位”
- 2011 年获得深圳市第七届职工技术创新运动会“优胜团体奖”，一名员工获得了“五一劳动奖章”，四名员工被评为“技术能手”
- 2010 年被评为深圳海关唯一“代存报关单证”资质企业
- 2010 年荣获“中国质量诚信企业”的称号

服务产品

深圳各口岸报关、报检、商品预归类服务、代办监管证件服务、属地关务、属地报检、关务外包、关务方案、贸易合规、物流资源整合服务、专业培训。

社会责任

为客户提供产品和服务，为员工提供就业机会和成长平台，规范自身，促进行业公平竞争，积极参与行业建设，提高行业社会地位。公司参与了国家劳动保障部制定《中国报关员国家职业标准》、中国报关协会编写《助理报关师》教材、中国报关协会制定行业标准《报关服务作业规范》、中国报关协会制定报关质量标准《报关服务质量要求》。

表彰大会

办公现场

工作会议

阳江市海达水产有限公司

阳江市海达水产有限公司是一家农业产业化国家重点龙头企业，员工 2 000 人。公司年均加工能力达 18 000 吨，冷冻能力 80 吨 / 天，产品主要有：冷冻虾仁、蒸煮熟虾、面包虾等，100%出口到中国香港、美国及东南亚等国家和地区。公司年均销售收入 5 亿元人民币、创汇 7 000 多万美元。

公司先后获得“农业产业化国家重点龙头企业”、“广东省民营科技企业”、“广东省企业技术中心”、“广东健康水产品保鲜与深加工科技示范基地”、“广东省优势传统产业转型升级示范企业”、“广东省清洁生产企业”、“广东省现代农业示范园区”、“广东省农业信息化建设试点项目”等荣誉称号；获得广东省科学技术三等奖一个，阳江市科学技术一等奖一个，阳江市科学技术三等奖一个，实用型专利 6 项。

公司将不断坚持创新发展理念，继续实施传统产业转型升级，继续走产业结构优、科技含量高、产品质量好、增长方式佳、资源节约、环境优良的发展路子，为繁荣地方经济作出有力的贡献。

广东省食品进出口集团公司成立于1954年，目前已发展成为新型科工贸、内外销一体化，累计进出口额超115亿美元，年总营业额超50亿元人民币的大型综合企业集团。

广东省食品进出口集团公司
GUANGDONG FOODSTUFFS I/E (GROUP) CORP.

广东省食品进出口集团公司（简称“广东食出”）旗下“珠江桥”牌系列产品畅销全球100多个国家和地区，拥有国家级实验室，参股广东太古可口可乐、广东太古冷链物流、中外运佛山仓码等一系列国际知名企业。60年来，广东食出集诸多盛誉于一身，更在2006年10月的百届广交会上获得温家宝、李长春、吴仪等多位党和国家领导人的关注与赞誉。

目前，广东食出及其控股企业已形成以中国最受欢迎商标“GDFOK”为总商标的强大商标群（包括“珠江桥”、“TOPIN”、“鼎”、“御品”、“新仑”、“鲜鲜岛”、“省食出”等）。而在众多的商标中，尤以“珠江桥”牌最负盛名，先后荣获“巴黎国际食品博览会金奖”、“美国卓越品牌”、“香港超级品牌”、“世界市场中国（食品）十大年度品牌”等多项国际殊荣，而“珠江桥”牌酱油已连续多年占全国酱油出口总量的30%左右，是中国酱油出口第一品牌。

与此同时，“省食出”牌活猪在境外市场也享有较高的美誉，连续多年出口卖价名列前茅，在港澳市场占有率位居前列，深得广大消费者的认同，“鼎”牌、“TOPIN”牌不锈钢制品在欧美等高端市场上也享有较高的知名度。

广东省食品进出口集团公司及其控股企业强大的品牌群

永泰电子（东莞）有限公司

永泰电子（东莞）有限公司的母公司是创立于 1991 年的积中盛股份有限公司，总部设立于我国台湾地区。1998 年年底永泰电子（东莞）有限公司在东莞常平镇成立，总投资本额 11 450 万港币，厂房占地面积近 36 000 多平方米，员工近 2 500 人。主要生产、经营与研发新一代数字化电子设备配套的关键的精密接插件及连接线 HDMI、MHL、USB、LAN Cable 等，客户遍布亚、欧、美等地。

公司荣誉：2008 年被评为“东莞市专利培育企业”、2009 年“东莞市专利奖之优秀奖”、2010 年“东莞市专利试点企业”、2010 年“广东省高新技术企业”、2011 年“海关 AA 类企业”与“属地管理企业”、2012 年“广东省加工贸易转型升级示范企业”、2008~2012 年连续 4 年荣获“常平纳税前十名”称号。

永泰电子产品侧重于 3D 影音与手持便携式产品；研发侧重于自动化技术，对制造流程进行革新；采购了世界最精密模具制造、五金冲压及金属压铸设备及技术，强化产品开发能力。

公司产品不断推陈出新，同时也着重于产品专利、产品制程专利及焊接机器专利各方面知识产权保护，目前已申请专利 109 项，其中发明专利 21 项，实用新型专利 78 项，外观专利 10 项。

公司还引入先进的国际企业管理模式，并实际结合企业自身因素，建立起一套更加行之有效的管理运用。以数据为基础，通过教育与培训及岗位应用，从员工、基层管理干部到公司最高层管理在做任何决策前都有据可依可查。

公司拥有独特的企业文化，强调和注重自身管理、客户满意，并通过创造高度信任、独立自主的环境，为员工提供个人与职业发展的机会来激发员工的潜能。

阿特拉斯·科普柯集团

阿特拉斯·科普柯集团成立于1873年，总部位于瑞典斯德哥尔摩，是世界领先的工业生产解决方案提供商，主要业务领域涉及压缩机技术、工业工具、矿山与岩石开挖技术、建筑技术等，在20多个国家（地区）生产产品，通过遍布世界各地170个国家（地区）的销售和服务网络出售和租赁不同品牌的产品，其中半数国家（地区）享有由公司完全或部分拥有的客户中心所提供的服务。

阿特拉斯科普柯（南京）建筑与矿山设备有限公司成立于1993年，主要从事建筑和矿山相关领域产品的生产和销售。成立20周年以来，在南京各级政府的支持下，公司在南京业务不断增长。2012年，公司顺利通过了海关AA类企业认证，这项荣誉既是对公司的肯定，也是对公司的激励，鼓舞着公司不断前进！

威讯联合半导体（北京）有限公司

威讯联合半导体（北京）有限公司（简称“威讯北京”）位于北京经济技术开发区同济中路17号，邮编：100176，网址：www.rfmd.com，是由美国RF Micro Devices Co. Ltd（简称RFMD）公司于2001年在中国北京投资兴建的独资公司。美国RFMD公司成立于1991年，创建人William J. Pratt、Powell T. Seymour 和 Jerry D. Neal， 总部设在美国的北卡罗来纳州的格林斯堡，1997年在纳斯达克成功上市，股票代码RFMD，全球员工超过4 000人。威讯北京注册资本3 800万美元，投资总额11 400万美元，现有员工总数约2 000人。

威讯北京的主要经营范围：开发、生产、测试、加工集成电路产品及专用设备、仪器、材料；销售自产产品；自产产品的安装、调试、维护、技术咨询、技术服务。公司主要为手机厂商生产零备件，是功率放大器产品的主要供货商。在RFMD集团内，威讯北京已成为最大的封装测试生产基地，并获得2006/2007/2010年度中国封装测试业年度十大企业、2010年中国对外贸易500强 （187位）等称号。

威讯北京拥有倒装封装技术（包括关键电镀工艺技术），电镀工艺的目的是在封装产品的外表面镀一层金属物，金属层可以显著提高RF产品的性能来支持客户的应用与开发。公司拥有自有知识产权的测试设备及相应的编带包装生产技术，使得公司在封装测试技术上处于领先地位。主要的业务范围有两大类：为通讯应用提供设计、生产元器件， 产品涉及手机、有线电视等领域；生产支持GSM、GPRS、TDCDMA、CDMA、WCDMA、WLAN、蓝牙及GPS等一系列无线射频集成电路产品。

威讯北京主要客户基本涵盖全球主要手机制造商及其他无线射频需求者，中国的华为、中兴等公司也是威讯公司的重要客户。

青岛雅福达进出口有限公司

青岛雅福达进出口有限公司是一家民营企业，成立于2005年9月7日，企业类型为有限责任公司，注册资金1 000万元.

公司为综合性对外贸易公司，享有进出口经营权，为海关AA类企业，在工商行政管理局注册登记，具有法人资格。公司自营和代理食品、装饰材料、钢材等进出口业务及内销业务。

公司集内贸和外贸为一体，设计、制单、采购、运输、销售各个环节建立了严格而完整的质量保障体系和风险控制体系，公司通过了ISO9000质量管理体系认证，保证了产品强有力的价格优势和质量优势，也为公司平稳发展提供了有力保障。

地址：青岛市中山路44～60号百盛商务中心2918室
电话：0532-82023575/76/77/78　网址:www.cnartluck.com
传真：0532-82023579　E-mail:artluckint@yahoo.com.cn

中国国际图书贸易集团有限公司（简称“国图集团公司”），原名中国国际书店，成立于1949年12月，现隶属于中国外文出版发行事业局(中国国际出版集团)，是中国第一家图书进出口机构，也是中国最大的专业性书刊进出口公司之一。64年来，国图集团公司始终以外向型、国际化、多语种为发展定位，以书报刊、缩微制品、音像制品、电子出版物、工艺美术品等文化产品的进出口贸易为核心业务，同时开展出版、印刷加工、信息技术、纸张经营、仓储物流、物业经营、地产投资、资本运营、展览及版权交易等业务的多种经营。

中国国际图书贸易集团有限公司

2009年11月，国图集团公司被商务部、文化部、广电总局、新闻出版总署四部委共同授予“2009-2010年度国家文化出口重点企业”称号。2010年12月，经新闻出版总署批准，国图集团公司成为首批获准经营进口电子书资质的单位之一。2011年12月，由于“十一五”以来在推动中国出版物走出去特别是实物出口中所做的大量工作和取得的突出成绩，国图集团公司被新闻出版总署评为新闻出版走出去先进单位。2011年12月，国图集团公司被海关总署核准为AA类企业，在进出口领域的诚信体系中步入了新的更高的水平。2012年12月，国图集团公司被商务部、中宣部、财政部、文化部、广电总局、新闻出版总署六部委共同授予“2011-2012年度国家文化出口重点企业”称号。

国图集团公司是中国第一家书刊进出口企业，始终以弘扬中华民族优秀文化、促进中国和世界各国之间的文化交流、扩大书刊和其他文化产品的国际贸易为己任。集团总部设在北京，并在上海、广州、西安、深圳、无锡和香港特区设有分公司和子公司，在美国、英国、法国、德国、日本、比利时和加拿大等国家设有海外分公司和办事处。经过64年的开拓与发展，国图集团公司面向世界180多个国家和地区出口中国出版的各类中外文图书、特色年鉴、地方志、电子出版物、缩微制品、电子音像制品以及6 000多种中外文报刊，与海外1 000余家出版社、发行公司、供应商、书店、报刊社、学协会、图书馆及数十万读者保持业务往来和密切合作，累计向海外发行各种文版的书报刊13亿多册，向全国近千家高校、科研机构、企事业单位和政府部门长期稳定地提供销售和服务。

国图集团公司在北京设有物流中心，库房面积达2万平方米，拥有一支专业化的物流员工队伍，提供满足国内外客户需求的标准化仓储、包装、运输、理货、配载、清关等服务，形成了多条快捷畅通的国际运输途径，与海关、机场、港口、邮局等部门建立了长期稳固的合作关系。从送货、收货、提货、包装、贴签，到交付国际邮局、快递公司、航空、海运，凭借高标准的操作流程、稳定安全的运营网络、科学合理的资源整合，为客户提供全方位物流服务。

实物通关

总经理 孟祥杰

Foreword

前言

自2008年4月1日《中华人民共和国海关企业分类管理办法》（2008年1月30日海关总署令第170号公布，2010年11月15日海关总署令第197号修订后公布）施行以来，以“守法便利、差别管理、动态调整、关企合作、贸易安全”为主要内容的海关企业分类管理制度已逐渐成为海关一项重要的基础管理制度。AA类企业作为海关分类管理中守法、信用和安全程度最高的企业，在海关通关管理中享有适用较低查验率、不实行银行保证金台账制度、免担保验放、优先报关、上门查验等一系列的便利措施，是海关大力倡导的企业管理类别。为了适应社会信用体系建设的需要，倡导守法、诚信的理念，并为满足社会各界对AA类企业的检索、使用的需要，现编辑出版了2013年版《中华人民共和国海关AA类企业年鉴》。

2013年版《中华人民共和国海关AA类企业年鉴》企业信息篇收录了全国范围内适用AA类管理的1800余家进出口货物收发货人和报关企业的基本信息，包括企业名称、海关编码、所属海关、通讯地址、邮政编码、注册日期、注册资本、评定类别时间、报关有效期、法定代表人、法人电话、日常联系人、日常联系人电话、经营范围等14项内容，在编排上分为进出口货物收发货人和报关企业两个部分，每个部分按照海关关区范围依次排列，便于读者使用和查找。本书是目前比较全面、翔实和权威的行业工具书，更是国内从事进出口贸易业务的企业寻求诚信合作伙伴、开拓国内外市场的重要指南。企业信息篇资料截至2013年9月30日。

此外，本书政策导读篇中对中美C-TPAT联合验证进行了操作指引和解读，收录了《海关企业协调员工作管理办法（试行）》。研究分析篇对高信用企业2012年的进出口情况，生产型、非生产型企业2012年的进出口情况，进行了研究分析，并向读者介绍了欧盟委员会关于海关风险管理和供应链安全的建议，以及AEO发展现状和未来走向等。

希望本书的出版能够促进AA类企业与广大进出口企业的沟通与交流，使其获取更多的商业合作机会，能够为社会各界了解和查询相关企业信息提供有益的帮助和便利，并能够为建设社会信用体系，以及为我国对外经济贸易的发展作出积极的贡献。

《中华人民共和国海关AA类企业年鉴》编委会

2013年10月

Contents

目录

Summary

总述

根据《中华人民共和国海关企业分类管理办法》，海关根据企业遵守法律、行政法规、海关规章、相关廉政规定和经营管理状况，以及海关监管、统计记录等，对企业设置AA、A、B、C、D五个管理类别，对在海关注册登记的进出口货物收发货人、报关企业等有关企业进行评估、分类。同时，海关总署按照守法便利原则，对适用不同管理类别的企业，制定相应的差别管理措施，其中AA类和A类企业适用相应的通关便利措施，B类企业适用常规管理措施，C类和D类企业适用严密监管措施。

AA类企业是五类企业中信用等级最高的企业，享受海关最优惠的通关便利措施。

AA类进出口货物收发货人企业需要同时满足以下条件：符合A类管理条件，已适用A类管理1年以上；上一年度进出口报关差错率在3%以下；通过海关稽查验证，符合海关管理、企业经营管理和贸易安全的要求；每年报送《企业经营管理状况评估报告》和会计师事务所出具的上一年度审计报告；每半年报送“进出口业务情况表”。

AA类报关企业需要同时符合下列条件：符合A类管理条件，已适用A类管理1年以上；上一年度代理申报的进出口报关单及进出境备案清单总量在2万票（中西部5000票）以上；上一年度进出口报关差错率3%以下；通过海关稽查验证，符合海关管理、企业经营管理和贸易安全的要求；每年报送《企业经营管理状况评估报告》和会计师事务所出具的上一年度审计报告；每半年报送“报关代理业务情况表”。

AA类企业在享受A类企业通关便利，包括实施“属地报关、口岸验放”便捷监管模式，海关优先派员到企业结合生产或装卸环节实施查验，优先办理货物申报、查验、放行手续，海关优先安排在非工作时间和节假日办理预约通关手续，按规定实行银行保证金台账“空转”或不实行银行保证金台账制度，优先办理加工贸易备案、变更、报核等手续，优先办理企业注册登记换证及报关员注册登记手续等一系列措施的基础上，还可以享受免担保验放，适用较低查验率，由海关指派专人负责协调解决办理海关事务的疑难问题等AA类独有的通关便利措施。

自2008年4月1日《中华人民共和国海关企业分类管理办法》实施以来，海关审批的AA类企业的数量不断增长，AA类企业的进出口总值和报关量也不断提高。据统计，截至2013年9月30日，全国共有AA类企业2742家，其中进出口货物收发货人2587家，占有进出口活动企业数的0.78%，AA类进出口货物收发货人的进出口总值为12639亿美元，占全国进出口总值的29.56%；AA类报关企业140家，占报关企业数的2.02%，代理报关754.5万票，占全国报关量的16.75%。AA类企业在进出口贸易中的地位和作用日益突出。

政策导读篇

ZHENGCE DAODU PIAN

报关服务作业规范

1 范围

本标准规定了报关服务的作业范围、主要业务环节的作业流程、规范要求，并提示了作业风险。

本标准适用于以进出口货物收发货人名义报关的报关企业的报关服务行为。

2 规范性引用文件

下列文件对于本文件的应用是必不可少的。凡是注明日期的引用，仅注日期的版本适用于本文件。凡是不注日期的引用文件，其最新版本（包括所有的修改单）适用于本文件。

海关总署 2005 年 4 月 6 日 海关总署令〔2005〕127 号《中华人民共和国海关对报关单位注册登记管理规定》。

3 术语和定义

下列术语和定义适用于本文件。

3.1

报关服务 services for Customs brokerage

报关企业根据委托方的委托，依法提供办理进出口货物申报、配合查验、缴纳税费、提取或装运货物等报关手续的有偿服务。

3.2

作业规范 specification of services

阐明报关服务作业规程和操作要求的文件。

3.3

报关企业 Customs broker

按照规定经海关准予注册登记，接受进出口货物收发货人的委托，以进出口货物收发货人或以自己的名义，向海关办理代理报关业务，从事报关服务的境内企业法人。

[《中华人民共和国海关对报关单位注册登记管理规定》（中华人民共和国海关总署令第 127 号）第八条]

注：本标准涉及的报关企业，特指以进出口货物收发货人名义报关的报关企业。

3.4

代理报关 Customs brokerage

报关企业接受进出口货物收发货人的委托，以进出口货物收发货人或以自己的名义，办理海关手续的行为。

注：本标准涉及的报关企业，特指以进出口货物收发货人名义报关的报关企业。

3.5

代理报关委托书 power of attorney for Customs brokerage

委托报关协议 agreement on Customs brokerage business

委托方与报关企业确立委托关系，明确各自责任的法律文书；是代理报关申报时必须提交的随附单证；包含确立长期委托等关系、商定相关事项的报关服务合同或补充协议。

注：《代理报关委托书/委托报关协议》的具体格式见附录 H。

3.6

合理审查 reasonable verification

报关企业在执业权限范围内，本着合理审慎的原则，运用报关专业知识和生活基本知识，对委托方提供的报关单证内容进行细致核对和相互印证，达到从形式上检查单证的一致性、有效性和完整性的行为。

3.7

预归类服务　services for advance classification

具有进出口商品预归类资质的单位接受进出口货物收发货人及其代理人的委托，在《商品名称及编码协调制度公约》商品分类目录体系下，以《中华人民共和国进出口税则》为基础，按照《进出口税则商品及品目注释》、《中华人民共和国进出口税则本国子目注释》以及海关总署发布的关于商品归类的行政裁定、商品归类决定的要求，对拟进出口的货物预先确定商品归类并出具“进出口商品预归类意见书”的服务活动。

注：表述以海关总署相关公告为准。

3.8

转关申报　Customs transit declaration

报关企业应委托方的委托，向海关申请进口货物由进境地入境后，在海关监管下运往另一设关地点办理进口验放手续；或者申请办理出口货物在起运地海关办理验放手续运往出境地，由出境地海关监管出境的手续；或者申请办理海关监管货物由境内一个设关地点转运到另一设关地点的海关监管手续。

3.9

电子申报　electronic declaration

进出口货物收发货人、受委托的报关企业将按《中华人民共和国海关进出口货物报关单填制规范》填写的纸质报关单的各项数据，预先录入计算机并打印，通过计算机系统向海关传送报关单电子数据的申报方式，也称电子数据报关单申报形式。

3.10

现场申报　on-site declaration

海关审结电子数据报关单后，报关企业接到海关“现场交单”或“放行交单”通知之日起10日内，持打印出的纸质报关单，备齐规定的随附单证并签名盖章，到海关递交书面单证并办理相关海关手续的服务活动。

3.11

配合海关查验　cooperate with Customs inspection

报关企业受进出口货物收发货人的委托，应海关要求抵达货物所在场地，配合查验工作的行为。

4　作业范围

4.1　代为办理填制报关单及其进出境备案清单、提交报关单证等海关手续。

4.2　代为办理缴纳税费和退税、补税手续。

4.3　代为办理进出口货物减税、免税等手续。

4.4　代为办理加工贸易合同备案、变更和核销及保税监管等手续。

4.5　代为办理结关、海关证明联等手续，以及配合海关对进出口货物的查验等。

4.6　具备规定资质的报关企业，可提供与报关相关的预归类服务。

4.7　有条件的，可提供关务咨询等增值服务。

4.8　应当由报关企业办理的其他报关事宜。

5　主要业务环节作业规范要求

5.1　报关服务作业基本流程

5.1.1　进口货物报关服务作业流程图，参见附录A。

5.1.2　出口货物报关服务作业流程图，参见附录B。

5.2　洽商委托

5.2.1　确认委托事项

5.2.1.1　报关企业宜指定专门人员作为洽商责任人。
5.2.1.2　确认委托事项主要包含以下内容：
a)　业务类型；
b)　委托业务是否属于本企业经营范围内；
c)　委托方对报关服务的基本要求和特殊要求；
d)　具体服务范围内容。
5.2.2　确认双方资质
5.2.2.1　向协议委托方提供报关企业资质材料副本，包括但不限于营业执照、海关适用管理类别决定书、海关注册证书。
5.2.2.2　要求委托方提供营业执照、税务登记证、海关注册证书和海关适用管理类别决定书等企业资质材料或材料副本。
5.2.2.3　确认委托方资质时，注意审核委托方单位的全称、注册地址、经营地址及相关材料的合法性和有效性。
5.2.2.4　主动了解委托方的经营状况、财务状况、诚信状况，以及在海关等部门的守法记录等信息。
5.2.3　商定报关服务合同条款
5.2.3.1　应事先就委托事项与委托方洽商报关服务合同。
5.2.3.2　报关服务合同应包括但不限于下列条款：
a)　委托双方的全称、注册地址、联系方式；
b)　详细、明确的服务内容；
c)　委托双方的权利和义务；
d)　收费条款和结算方式；
e)　保密条款；
f)　不可抗力条款；
g)　违约责任和争议解决方式；
h)　委托方应避免发生侵犯知识产权行为；
i)　要求委托双方遵守其他有关法律规定及海关的各项管理规定；
j)　合同期限。
5.2.3.3　报关企业可根据自身条件和业务情况，征求专业法律人员的意见，制定本企业的报关服务合同通用文本。
5.2.3.4　以报关服务合同通用文本为基础进行洽商时，可针对委托方的特殊要求签署附加协议。
5.2.4　商定价格及支付条款
5.2.4.1　当地物价部门已备案“报关服务收费行业建议价格”（以下简称“行业建议价”）的地区，应主动向委托方明示“行业建议价”，并按“行业建议价”收取费用。
5.2.4.2　没有“行业建议价”的地区或“行业建议价”未列入项目的，收费价格由双方议定。
5.2.4.3　议价阶段，要向委托方明示服务项目及代垫项目。
5.2.4.4　集中结算的，应商定支付方式、支付时间、逾期付费等条款。
5.3　评审报关服务合同
5.3.1　评估合同风险
5.3.1.1　报关企业应指定专门人员或部门对报关服务合同进行评审。
5.3.1.2　报关服务合同的风险主要来自于：
a)　委托方的资质、信用问题而可能带来的履约能力的风险；
b)　进出口商品违反《中华人民共和国海关知识产权保护条例》的规定，侵犯他人知识产权带来的风险；
c)　委托方的海关管理类别等级较低增加报关成本的风险；
d)　进出口商品的复杂性带来的时间延误、成本增加的风险；

e） 履约期限条款与不确定因素不匹配带来的履约能力风险；
f） 海关稽查期发现问题、补缴税款时，因委托方原因给报关企业带来代付偿还风险；
g） 影响合法、快速通关的其他风险。

5.3.1.3 可根据以下要素评估合同风险：
a） 委托方的资质、信用情况；
b） 委托服务内容；
c） 进出口商品的特性；
d） 报关企业自身的履约能力。

5.3.1.4 外包风险提示

将全部或部分委托事项外包第三方时应考虑：
a） 是否经委托方授权；
b） 分包商的履约能力；
c） 成本费用；
d） 切实保护委托方的各项权利。

5.3.1.5 评估合同风险工作应有记录。

5.3.1.6 评估合同风险结果是签署合同的重要依据，应据此对已洽商的报关服务合同采取“认可”、“更改”、“取消”三种处理方式。

5.3.2 解决争议

5.3.2.1 应重点分析以下内容：
a） 内容的合法性；
b） 要求的合理性；
c） 报关企业本身的履约能力。

5.3.2.2 可采取以下方式解决：
a） 属于合法范围的，应就不一致之处与委托方进行协商；
b） 委托方要求有违海关规定的，应主动告知并予拒绝；
c） 属于合理要求的，应根据风险评估结果，就不一致之处与委托方进行协商后妥善解决；
d） 超出报关企业履约能力的，可商委托方采取外包服务或者分阶段代理的方式解决。

5.4 签署报关服务合同

5.4.1 规范签署

5.4.1.1 报关企业应授权专门人员作为合同签署人。

5.4.1.2 应审核合同条款是否符合双方商定的内容。

5.4.1.3 应审核委托方签章是否真实有效。

5.4.1.4 合同签署时间不宜晚于报关服务实际操作时间。

5.4.2 管理合同

5.4.2.1 建立合同管理制度。统一规定编号规则，监控执行期限和保存期限，对合同进行有效管理。

5.4.2.2 宜设有专门保管场所并有专人负责合同和相关资料的管理。

5.4.3 管理客户资料

5.4.3.1 建立客户服务档案，内容包括：客户要求、客户走访和沟通记录、客户投诉及处理记录、客户业务量统计及其他客户服务资料。

5.4.3.2 应对客户档案的内容保密。

5.4.3.3 及时更新客户资料。

5.4.4 跟踪合同执行

5.4.4.1 宜指定专人监督合同的执行并予及时纠正。

5.4.4.2 出现不符合合同条款的新情况，应及时与委托方沟通，协商处理，并做好备忘录。

5.4.4.3 合同到期前，宜与委托方协商，确定合同续签或终止事宜。

5.4.4.4　因国家政策变化导致报关服务手续、单证、税费发生变化时，应及时告知委托方，洽商修改相应条款。
5.5　接收单证
5.5.1　签收单证
5.5.1.1　报关企业应指定专门人员签收单证。
5.5.1.2　签收单证时，记录内容应与实际收取单证一致。
5.5.1.3　经评审认可的《代理报关委托书/委托报关协议》（格式见附录H）和报关服务合同应及时签署。
5.5.2　完整保存签收的委托方提供的单证，并做好内部登记。
5.5.3　根据业务分工进行报关企业内部单证流转，做好签收，并记录各环节流转的时间节点。
5.6　申报前审查

宜指定经验丰富的报关员，按照海关要求，对委托方提供的单证进行合理审查。
5.6.1　审查主要随附单证
5.6.1.1　主要随附单证包括：
a)　合同；
b)　发票；
c)　装箱清单；
d)　装载清单（舱单）；
e)　提（运）单；
f)　代理报关委托书/委托报关协议；
g)　许可证件。
5.6.1.2　指定报关员重点审查：起运国/运抵国、成交方式、件数、包装、毛重、净重、数量及单位、原产国/最终目的国、境内目的地/境内货源地、总价、币制等内容，注意单证之间信息的一致性以及逻辑关系。
5.6.2　审查贸易方式

根据委托方提供的随附单证及货物的相关实际情况确认贸易方式。
5.6.3　审查商品归类
5.6.3.1　应要求委托方书面提供进出口商品编号和确定商品归类所需的资料。
5.6.3.2　依据《中华人民共和国进出口税则》、《进出口税则商品及品目注释》、《中华人民共和国进出口税则本国子目注释》、海关总署发布的关于商品归类的行政裁定、海关总署发布的商品归类决定，审查委托方提供的商品编号。
5.6.3.3　对归类疑难、有归类争议的商品，建议委托方向货物进出境地海关或具有资质的单位申请办理商品预归类。
5.6.4　审查申报要素
5.6.4.1　根据5.6.3商品归类审查结果，查阅《中华人民共和国海关进出口商品规范申报目录》，寻找对应的“商品名称”、“申报要素”和“说明举例”栏目。
5.6.4.2　经审查未满足“申报要素”规定的，要求委托方提供“申报要素”所列各项的相应资料。
5.6.4.3　根据委托方提供的资料和申报要素栏中所列各项，确定报关单“商品名称、规格型号”数据项的填写内容，送委托方确认。
5.6.5　审查商品原产地
5.6.5.1　对委托方表明进口货物属于适用最惠国税率的，应审查随附的贸易合同相应内容，以及提（运）单、发票中相应内容。
5.6.5.2　对于委托方表明进口货物属于适用优惠贸易协定税率的，请其提供正本原产地证书、货物运输单证以及有关资料；对于委托方表明出口货物属于适用特惠税率的，要求其提供原产地证书电子数据或者正本复印件，以及货物运输单证等有关资料。

5.6.5.3 对于委托方表明进口货物属于适用反倾销税的，要求其提供正本原产地证书及原厂商发票等有关资料。

5.6.6 审查商品价格

应要求委托方按照《中华人民共和国海关法》、《中华人民共和国进出口关税条例》和《中华人民共和国海关审价办法》等相关法律法规的规定提供价格材料。对明显有违常识的进出口货物价格，应要求委托方核对错报、漏报情况，或准备相应证实货物价格真实性的资料。

5.6.7 审查监管证件

5.6.7.1 根据5.6.3商品归类审查结果，确认与监管证件是否相符。

5.6.7.2 根据合同、发票等内容，核查监管证件信息的一致性、有效性。

5.6.8 审查其他单证

5.6.8.1 对于进出境修理货物、暂准进出境货物等需办理保证金或保函手续的，应核对保证金或保函内容与基本单证信息的一致性。

5.6.8.2 对于进出口减免税货物，应要求委托方提供“中华人民共和国海关进出口货物征免税证明”，并核对其中商品名称、规格型号、单价、数量、进出口口岸等内容与其他基本单证信息的一致性。

5.6.8.3 对委托方提供“中华人民共和国海关商品预归类决定书”或“进出口商品预归类意见书”的，应审查所提供的实际进出口货物的相关资料与预归类证书所列商品的一致性。

5.6.8.4 对于加工贸易进口货物，应请委托方提供“加工贸易登记手册”，并核查其中的商品名称、商品编号、规格型号、数量、进口口岸等内容与其他基本单证信息的一致性。

5.7 协助申报前看货取样

根据委托方的要求，依据《中华人民共和国海关法》的相关规定，协助其向海关办理申报前看货取样申请，并将办理结果及时反馈委托方。

5.8 缮制报关单

5.8.1 填制报关单草单

5.8.1.1 按《中华人民共和国海关进出口货物报关单填制规范》的要求填制报关单草单。

5.8.1.2 根据不同的贸易方式填制相应的报关单草单，做到真实、准确、齐全、清楚，并做到：

a) 单单相符：报关单草单内容与各种单证信息应相互一致；
b) 单证相符：报关单草单内容与各种证件信息应相互一致。

5.8.1.3 报关单草单的品目申报顺序应与通关单的品目顺序一致。

5.8.2 复核填制内容

5.8.2.1 应设置复核作业环节，根据委托方提供的各项资料，对报关单草单的各项填制内容进行复核。

5.8.2.2 复核以下重点：

a) 数量、金额、币制的正确性；
b) 经营单位性质、贸易方式、备案号与征免性质的逻辑关系；
c) 品名、商品编码的正确性；
d) 成交方式、运费、保费间的逻辑关系；
e) 表头与表体相关项目的逻辑关系；
f) 规范申报要素是否填报完整、准确；
g) 转关提前报关的，其进出口口岸与运输方式的对应关系；
h) 经营单位的加工贸易手册是否超期、超量；
i) 其他相关栏目与用途栏目对应关系。

5.8.2.3 复核人员应在复核后的报关单草单上签字。

5.9 向海关申报

5.9.1 预录入报关单

根据复核后的报关单草单预录入报关单。

5.9.2 复核预录入报关单

5.9.2.1　应逐项核对预录入电子数据与报关单草单内容的一致性。
5.9.2.2　应在复核完毕的预录入校对稿上签字确认。
5.9.3　电子申报
5.9.3.1　通过电子口岸系统或海关终端录入申报系统，向海关发送复核完毕的报关单电子数据，进行电子申报。
5.9.3.2　通过电子口岸系统查询海关审结处理情况：
a)　显示审结未通过的，应根据显示的具体内容，做相应的处理；
b)　显示审结通过的，打印纸质报关单，准备相关随附单证。
5.9.4　现场申报
5.9.4.1　根据所在关区进出口申报流程，备齐单证，装订盖章，前往报关现场，递交纸质单证，向海关申报。
5.9.4.2　根据进出口转关申报作业流程（参见附录C）和主管海关的要求，备齐单证，装订盖章，前往报关现场，递交纸质单证，向海关申报。
5.9.4.3　现场申报要求如下：
a)　如实回答海关提问；
b)　发生现场退单、查验布控的，及时告知本公司和委托方；
c)　注意单证安全，做好当天申报工作记录。
5.10　配合海关查验
5.10.1　联系相关单位，准备待查货物，主动与海关查验部门取得联系，按约定时间抵达现场。
5.10.2　应尽量了解查验货物的相关信息并提前准备好进出口货物的相关资料。
5.10.3　提前告知查验禁忌，如实回答海关提问，提供相关资料，并按照海关要求做相关协助工作。
5.10.4　应注意人身安全和货物的安全，及时把查验进度报告本公司，并做好当天工作记录。
5.10.5　配合场地管理方做好取样登记、施加封条等场地或货物管理措施。不准擅自开启海关关封。
5.10.6　配合查验人员应依据实际情况在查验记录上签名确认。发生的临时费用，如搬运、送检等费用，应及时报告本公司，并与委托方确认。
5.11　缴纳税费
5.11.1　应及时将海关签发的税款缴款书以及其他费用通知单转交委托方办理。
5.11.2　应提示委托方，自签发海关专用缴款书之日起15日内向指定银行缴纳税费，避免滞纳金的产生。
5.11.3　采用网上缴纳方式的，报关企业应在接收到海关系统显示“现场交单”信息后，通知委托方可以进行网上缴纳，同时在进行现场申报时应告知海关税费缴纳方式为网上缴纳。
5.11.4　及时向海关交验已缴税费凭证，办理后续海关手续。对具保放行货物，在保证金、保证函到期前，应及时提请委托方并协助其办理退还、转税、延期、保证函销案等海关手续。
5.11.5　海关核销税费后，应及时取回和保管好缴款书第一联，送达委托方并做好签收记录。
5.12　申请办理现场放行、结关手续
5.12.1　将加盖“海关放行章”的进口提货单及时转交委托方或委托方指定的相关单位提取货物。
5.12.2　将加盖“海关放行章”的出口放行单及时转交委托方或委托方指定的相关单位装运出口。
5.12.3　对未实际离境、需退关的出口货物，及时提示委托方或指定的相关单位备齐办理退关的单证，前往海关申请办理退关手续。
5.12.4　携相关报关单，赴海关查询海关结关信息。
5.13　申请领取报关单证明联、核销联
5.13.1　提取进口货物或装运出口货物并办结海关手续后，应根据不同的贸易方式，向海关提交有效证明，申领海关签章或签发的报关单证明联，获取向外汇管理、税务、海关等部门办理进出口货物收付汇、出口退税、加工贸易手册核销等手续的重要凭证。
5.13.2　报关单证明联种类包括：
a)　用于办理出口退税的出口货物报关单证明联；

b） 用于办理付汇的进口货物报关单证明联；

c） 用于办理收汇的出口货物报关单证明联；

d） 用于办理加工贸易核销的海关核销联；

e） 其他用途的海关证明联。

5.13.3 申领作业要求如下：

a） 及时向海关递交申请和有效证明；

b） 确认各类报关单证明联内容与申请表内容一致并盖有海关验讫章和相应印章；

c） 加盖本公司报关专用章，送达委托方并做好签收记录。

5.14 申请办理转关货物海关手续

转关货物报关服务作业流程，参见附录C。

5.15 申请办理过境货物海关手续

过境货物报关服务作业流程，参见附录D。

5.16 申请办理暂时进出境货物海关手续

暂时进出境货物报关服务作业流程，参见附录E、附录F。

5.17 申请办理加工贸易海关手续

注：适用以合同为监管单元的加工贸易业务。

5.17.1 加工贸易进出口货物报关服务作业流程，参见附录G。

5.17.2 申请办理加工贸易海关手续，应与委托方先签署《代理报关委托书/委托报关协议》（具体格式见附录H）。

5.17.3 申请办理加工贸易合同备案手续

5.17.3.1 提请委托方备齐以下单证：

a） 主管部门同意开展加工贸易的批准文件；

b） 主管部门签发的“加工贸易加工企业生产能力证明”；

c） 委托外加工的，应提交经营企业与加工企业签订的委托加工合同、主管部门签发的“加工贸易加工企业生产能力证明”；

d） 经营企业对外签订的加工贸易合同；

e） 海关认为需要提交的其他证明文件和材料。

5.17.3.2 签收单证后，应对委托方提供单证中有关贸易方式、单耗、进出口口岸，以及进口料件和出口成品的商品名称、商品编码、规格型号、价格和原产地等内容进行合理审查。

5.17.3.3 申请办理电子手册的，应至海关办理相关数据的预录入，核对预录入内容与提供单证的一致性。

5.17.3.4 向海关递交加工贸易合同备案申请及单证。

5.17.3.5 凭海关出具的“银行保证金台账开设联系单”至海关指定的银行办理保证金台账缴款手续。

5.17.3.6 将银行出具的“银行保证金台账登记通知单”递交海关核注，领取海关出具的加工贸易手册。

5.17.3.7 实行电子台账的，无须向海关领取“银行保证金台账开设联系单”，可直接至海关指定的银行办理电子台账缴款手续。

5.17.3.8 如发生合同备案变更的，应持加工贸易合同变更的有效证件及时至海关办理相应的变更手续。

5.17.4 申请办理深加工结转手续

5.17.4.1 结转备案

5.17.4.1.1 代理转出企业填写“中华人民共和国海关加工贸易保税货物深加工结转申请表”（以下简称申请表），向转出企业的主管海关递交申请表进行报备，并及时将海关批准的申请表送还转出企业。

5.17.4.1.2 转出地海关备案之日起20日内，代理转入企业填写申请表，核对所填内容的商品编码、数量、计量单位协调一致并向转入地海关办理报备手续。超出上述时限的，应代理转出、转入企业重新填报申请表。

5.17.4.1.3　实行电子化申请表（简称“电子关封”）的，应先代理转出企业申请办理报备手续，将海关审批结果通知转入企业，再代理转入企业申请办理报备手续。

5.17.4.2　结转报关

5.17.4.2.1　提请转出企业和转入企业按照经海关核准后的申请表及时发货和收货。

5.17.4.2.2　提请转出企业和转入企业逐批在“保税货物实际结转情况登记表”（以下简称登记表）上登记收发货实况，并加盖企业结转专用名章。发生转入企业退货的，应在登记表中登记退货实况，注明“退货”字样并加盖企业结转专用名章。

5.17.4.2.3　发现登记表中登记的货物有与申请表不符的，应及时通知相关企业纠正并做相应处理。

5.17.4.2.4　转入企业实际收到转出企业发货后，应持转入企业的进口货物报关单、申请表、登记表、加工贸易手册、代理报关委托书/委托报关协议等向转入地海关办理进口结转报关手续。转入地海关放行10日内，凭转出企业的出口货物报关单、申请表、登记表、加工贸易手册、代理报关委托书/委托报关协议等向转出地海关办理出口结转报关手续。上述手续应在结转发货后的90日内办结。出现超过时限规定的，应及时补办有关手续。

5.17.4.2.5　按照结转进口报关单和结转出口报关单一一对应的方法，核对转出、转入报关单对应的申报序号、商品编码、数量、价格和手册号的关联关系是否一致。

5.17.4.2.6　出口加工区的转出企业，应向转入企业提供转出企业所在地管理部门相关“批复”和已填写的申请表，在转入地海关办理申请表报备手续。

5.17.5　申请办理加工贸易合同核销手续

5.17.5.1　合同到期或最后一批成（产）品出口之日30日内，应向主管海关申请办理核销结案手续。

5.17.5.2　重点审核以下单证：

a)　进出口货物报关单原件；

b)　核销时如涉及退还保证金的，需填写“保证金（函）核销申请审批表”，提交原保证金收据复印件及加盖财务专用章的收款专用发票；

c)　证明料件和成品内销、结转、退运、放弃的相关单证。

5.17.5.3　可赴厂指导企业内部核查。

5.17.5.4　电子手册在向海关递单报核前，需进行报关单数据预录入，并核对预录入数据与纸质单证信息的一致性。

5.17.5.5　向海关领取“银行保证金台账核销联系单”、“银行保证金台账核销通知单”、“加工贸易结案通知书”，及时交给加工贸易企业并做好签收记录。

5.18　申请办理减免税海关手续

申请办理减免税海关手续，应先与委托方签署减免税手续办理委托书（样式见附录I）。

5.18.1　申请办理减免税备案

5.18.1.1　根据委托方提供的资料，依据《中华人民共和国海关进出口货物减免税管理办法》，审查委托方进口货物申办减免税条件的具备情况。

5.18.1.2　进口货物前，要求委托方备齐海关所需以下资料原件和盖有减免税申请人有效印章的复印件：

a)　“进出口货物减免税备案申请表”，进口口岸应与实际进口口岸相符；

b)　企业营业执照或者事业单位法人证书、国家机关设立文件、社团登记证书、民办非企业单位登记证书、基金会登记证书等证明材料；

c)　相关政策规定的享受进出口税收优惠政策资格的证明材料；

d)　海关认为需要提供的其他材料。

5.18.1.3　至海关办理“进出口货物减免税备案申请表”信息预录入，复核无误后，打印递交海关审核。

5.18.2　申请办理减免税证明

5.18.2.1　规范进行“进出口货物征免税证明申请表”预录入。

5.18.2.2　宜指定经验丰富的报关员对预录入的“进出口货物征免税证明申请表”中的下列各项做重点复核：

a） 商品品名、规格、数量、重量、价格应与进出口许可证件、合同、发票、信用证、提单等一致；

b） 进口旧设备的，应在商品名称前特别注明“旧”字；

c） 分批装运进口的，应在商品名称后注明“第N批”；

d） 备件随设备一并进口的，应在品名后注明“及备件（备件详见清单）”，并向海关提供一式两份备件清单；

e） 品名中有法定商检货物的，在录入排序时，应放在最先位置；

f） 如为提前担保放行报关单后申报的免表，则应与报关单申报信息保持一致。

5.18.2.3 要求委托方在进口货物前，备齐海关所需以下资料的原件和加盖有减免税申请人有效印章的复印件：

a） “进出口货物征免税证明申请表”；

b） 企业营业执照或者事业单位法人证书、国家机关设立文件、社团登记证书、民办非企业单位登记证书、基金会登记证书等证明材料；

c） 进出口合同、发票以及相关货物的产品图片和文字说明；

d） 相关政策规定的享受进出口税收优惠政策资格的证明材料；

e） “减免税手续办理委托书”；

f） 海关认为需要提供的其他材料。

5.18.2.4 将海关批准的“中华人民共和国海关进出口货物征免税证明”及时送达委托方并做好签收记录。

5.19 结算费用

5.19.1 结算代垫费用

将每票业务所产生的各项代垫费用逐项列明。

5.19.2 结算服务费用

根据双方合同条款结算服务费用。

5.19.3 使用规范票据

收取委托方费用，应开具全国统一样式的税务机打发票。

5.20 留存单证

5.20.1 留存单证范围

5.20.1.1 报关单证、进出口单证、合同以及与进出口业务直接有关的其他资料。

5.20.1.2 报关企业认为应保留的与报关活动相关的其他资料。

5.20.2 管理留存单证

5.20.2.1 所有留存的单证应真实、详细。

5.20.2.2 应按照海关单证管理的规定要求和统一原则进行分类、汇总、存储，形成档案。

5.20.2.3 报关单证、进出口单证、合同以及进出口业务直接有关的其他资料，应自进出口货物放行之日起保管3年，并自觉接受海关及相关机构的日常监督和检查。

5.20.2.4 宜设专门场所、专人负责。

5.21 跟踪服务结果

5.21.1 宜建立客户服务部门，及时处理客户投诉。

5.21.2 宜适时进行客户回访，做好满意度调查。

5.21.3 宜设置业务监控部门和专职人员，对企业的服务作业进行监控，定期对内部各业务部门的质量进行统计，分析产生差错的原因，提出具体改进的措施。

5.21.4 鼓励研发、使用各种电子信息化管理系统和业务操作系统，提高管理水平。

5.22 增值服务

具备条件的报关企业可依法开展以下增值服务。

5.22.1 代理报检手续。

5.22.2 代理国际货运和国内货运。

5.22.3 关务咨询。
5.22.4 预归类服务。
5.22.5 代办原产地预确认手续。
5.22.6 代办与报关有关的商务证件。
5.22.7 报关技能社会化培训。
5.22.8 其他增值服务。

6 主要作业风险

6.1 因委托方提供信息错误、不实、不完整，造成单货不符、单单或单证不符及侵权行为而承担的连带责任。
6.2 因申报差错或延误结关而造成的经济损失和法律责任。
6.3 因遗失、损坏有效单证而造成的经济损失和法律责任。
6.4 因数据丢失造成的经济损失和法律责任。
6.5 因违约引发的法律诉讼。
6.6 其他风险。

7 服务作业的自律要求

7.1 应参加海关、行业组织或自行开展的业务培训，严守职业道德，自觉提高企业核心竞争力和人员的执业胜任能力。
7.2 保守商业秘密，不利用客户的商业秘密为自己或他人谋取不正当利益。
7.3 诚信服务，热心为委托方排忧解难，高质量、高效率地完成报关服务工作。不虚构事实增加委托方开支。
7.4 坚持公平竞争，维护行业风气和声誉，以公开透明的正常的价格和方式承揽业务。不行贿、不受贿。
7.5 抵制、揭发伪报、瞒报行为，不参与逃避进出口贸易管制和偷逃税等违法行为。
7.6 不得以任何形式出让名义，供他人办理报关服务。

附录 A（资料性附录）

进口货物报关服务作业流程图

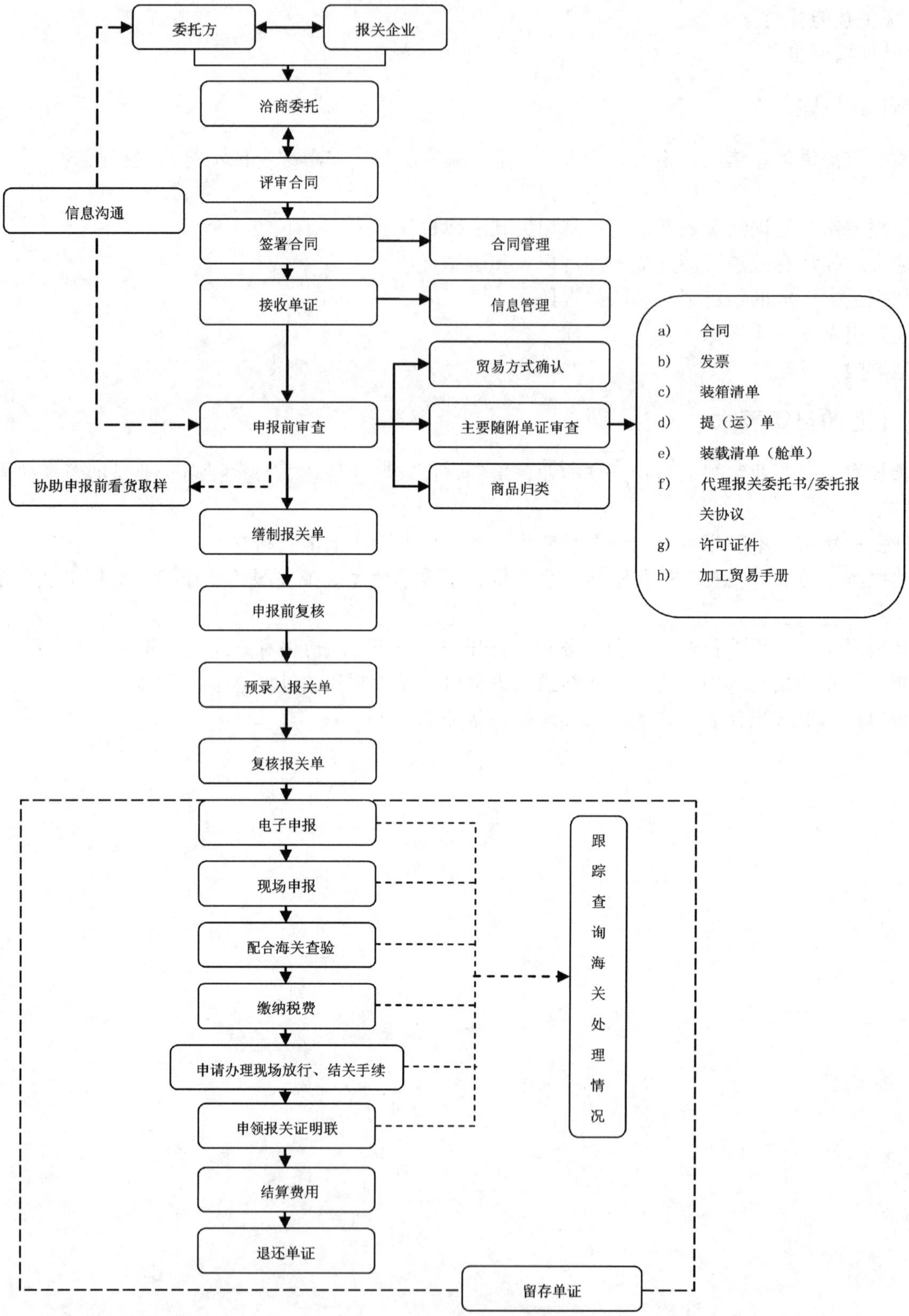

附录 B（资料性附录）

出口货物报关服务作业流程图

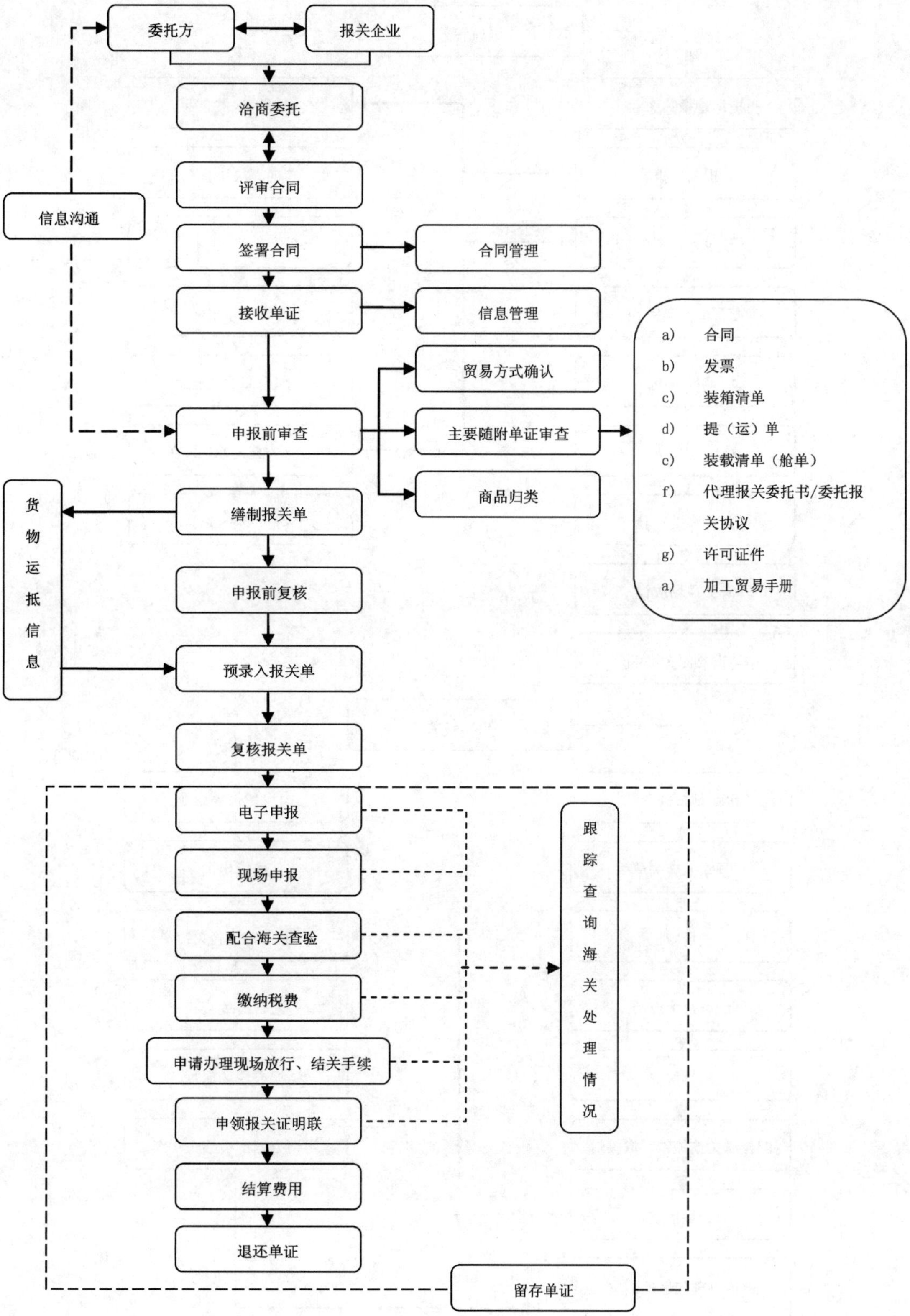

附录 C（资料性附录）

转关货物报关服务作业流程图

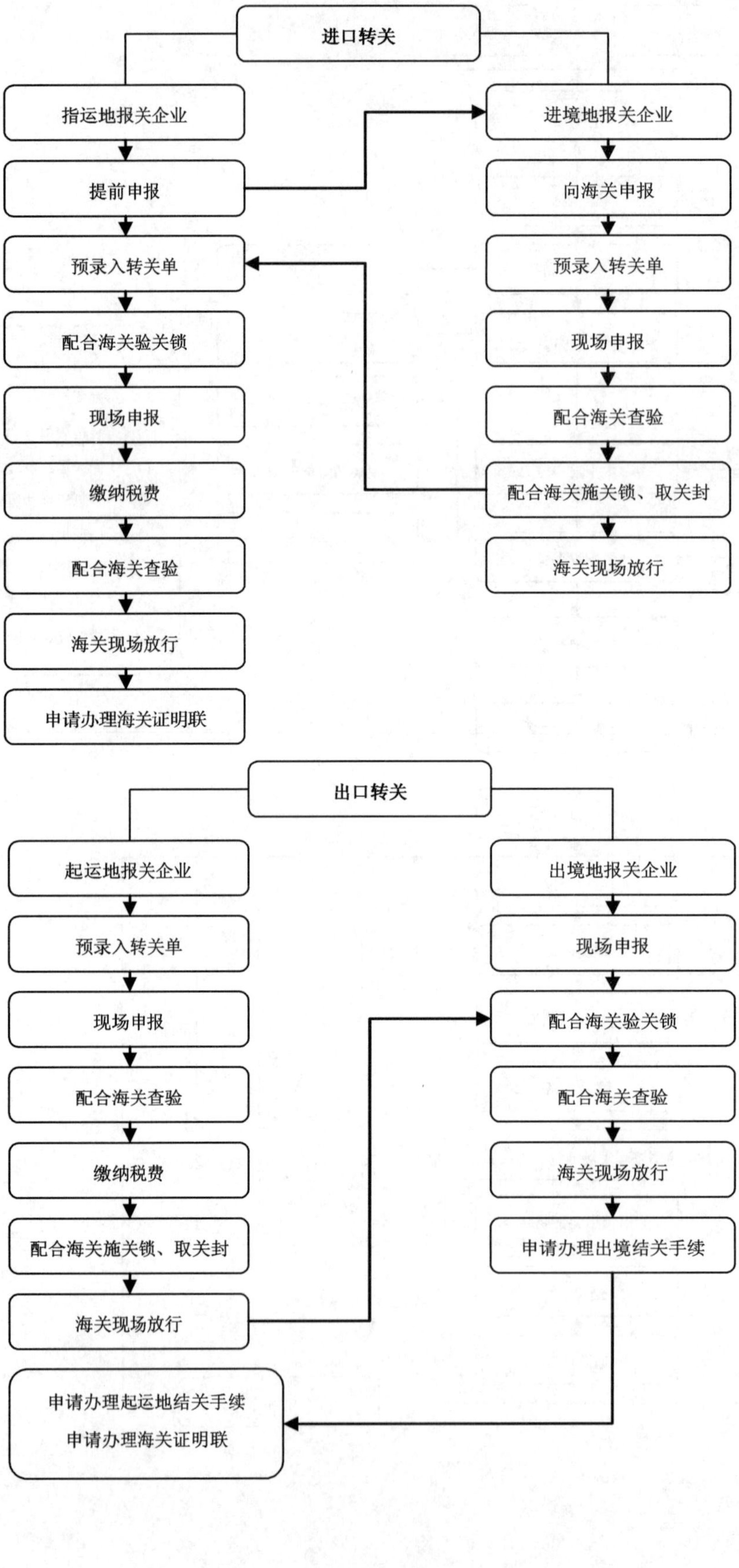

附录 D（资料性附录）

过境货物报关服务作业流程图

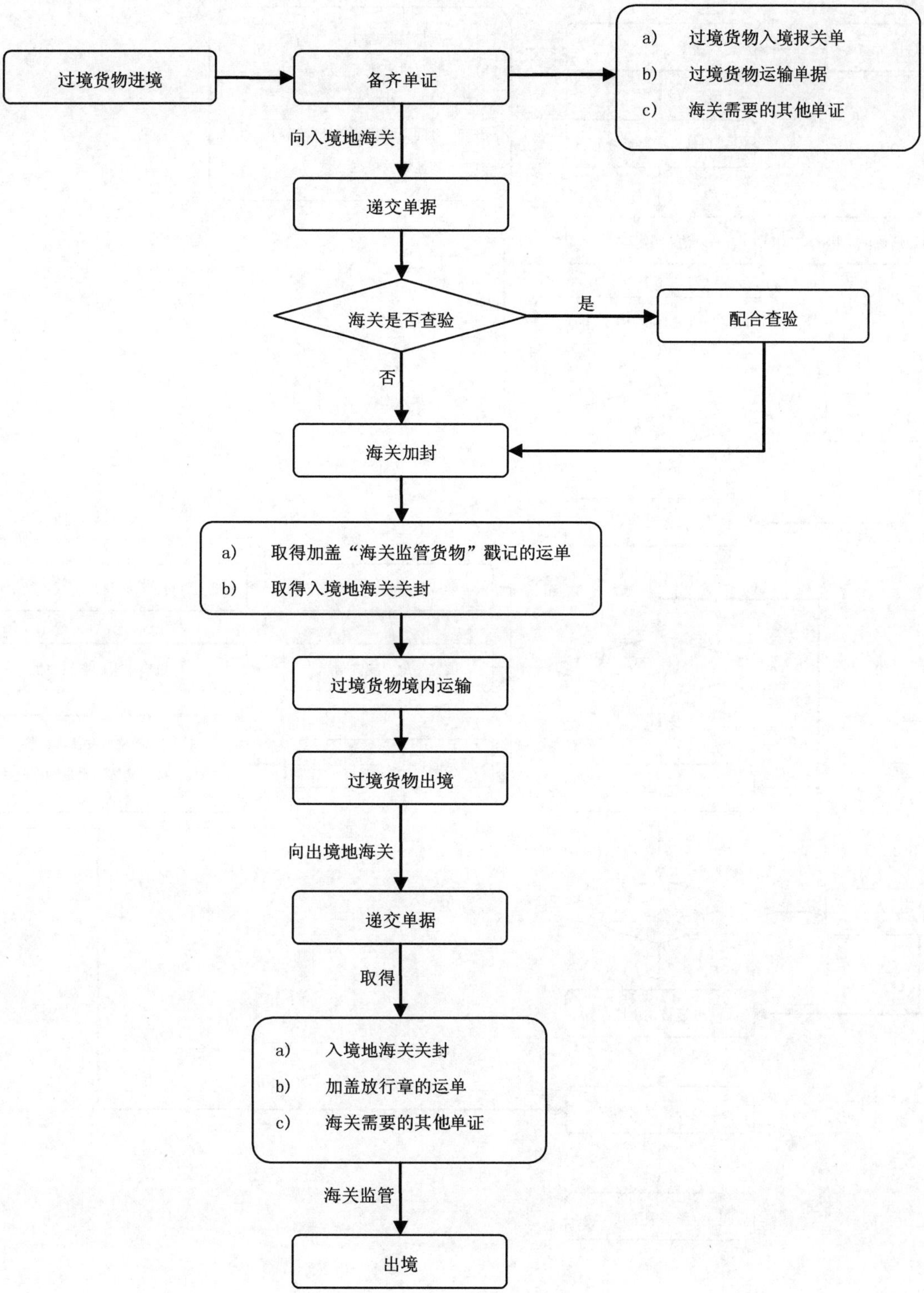

附录 E（资料性附录）

暂时进境货物报关服务作业流程图

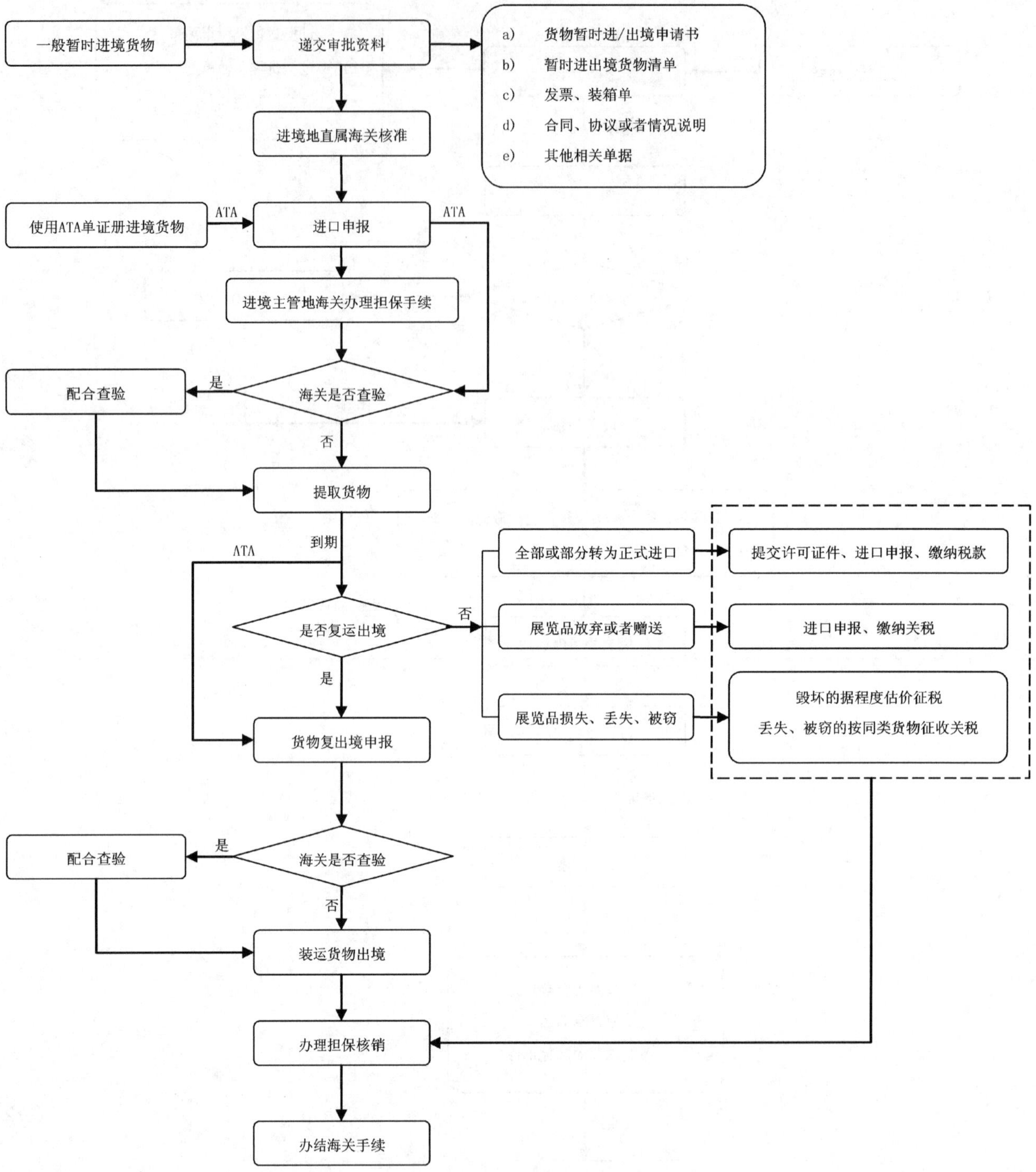

附录 F（资料性附录）

暂时出境货物报关服务作业流程图

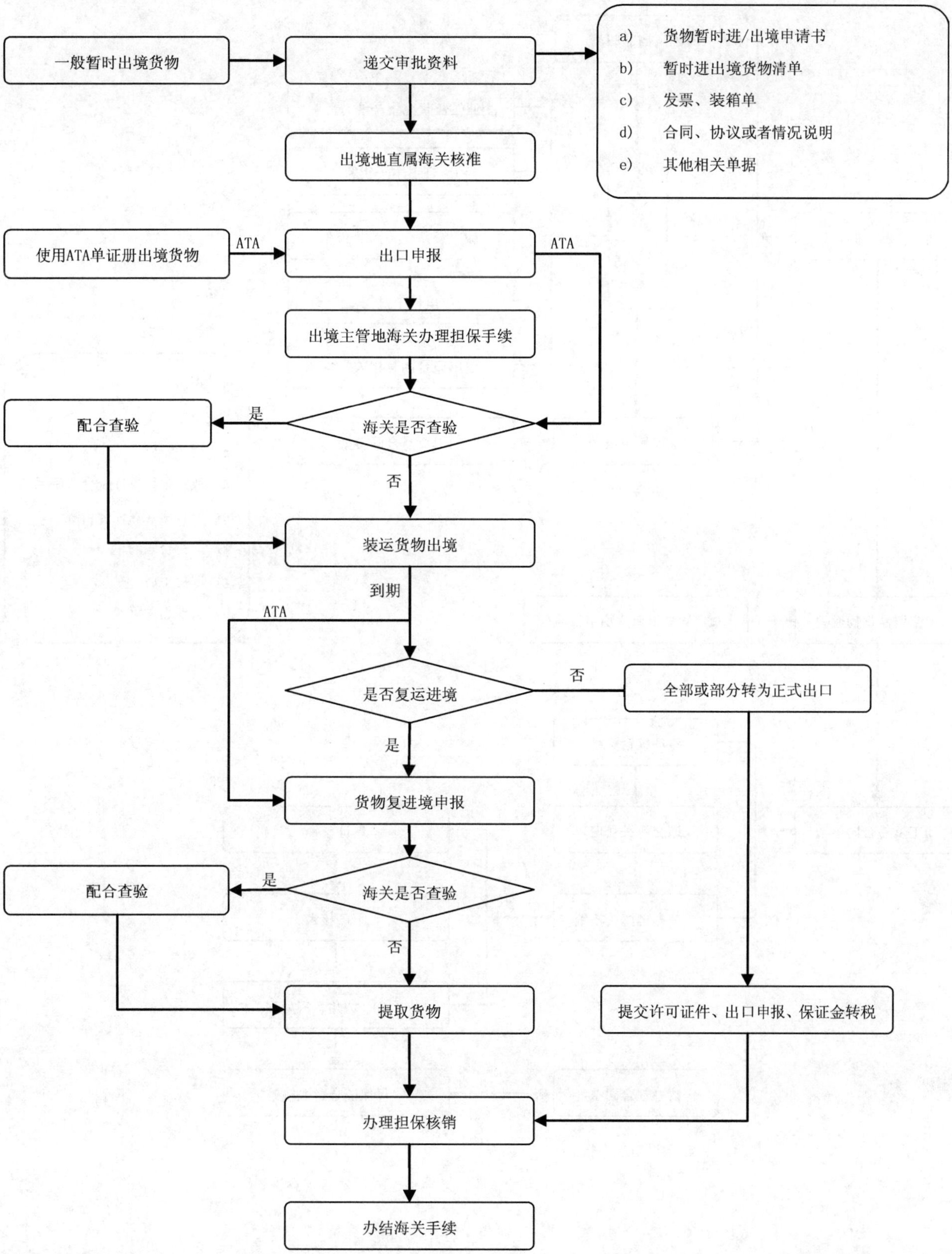

附录 G（资料性附录）

加工贸易进出口货物报关服务作业流程图

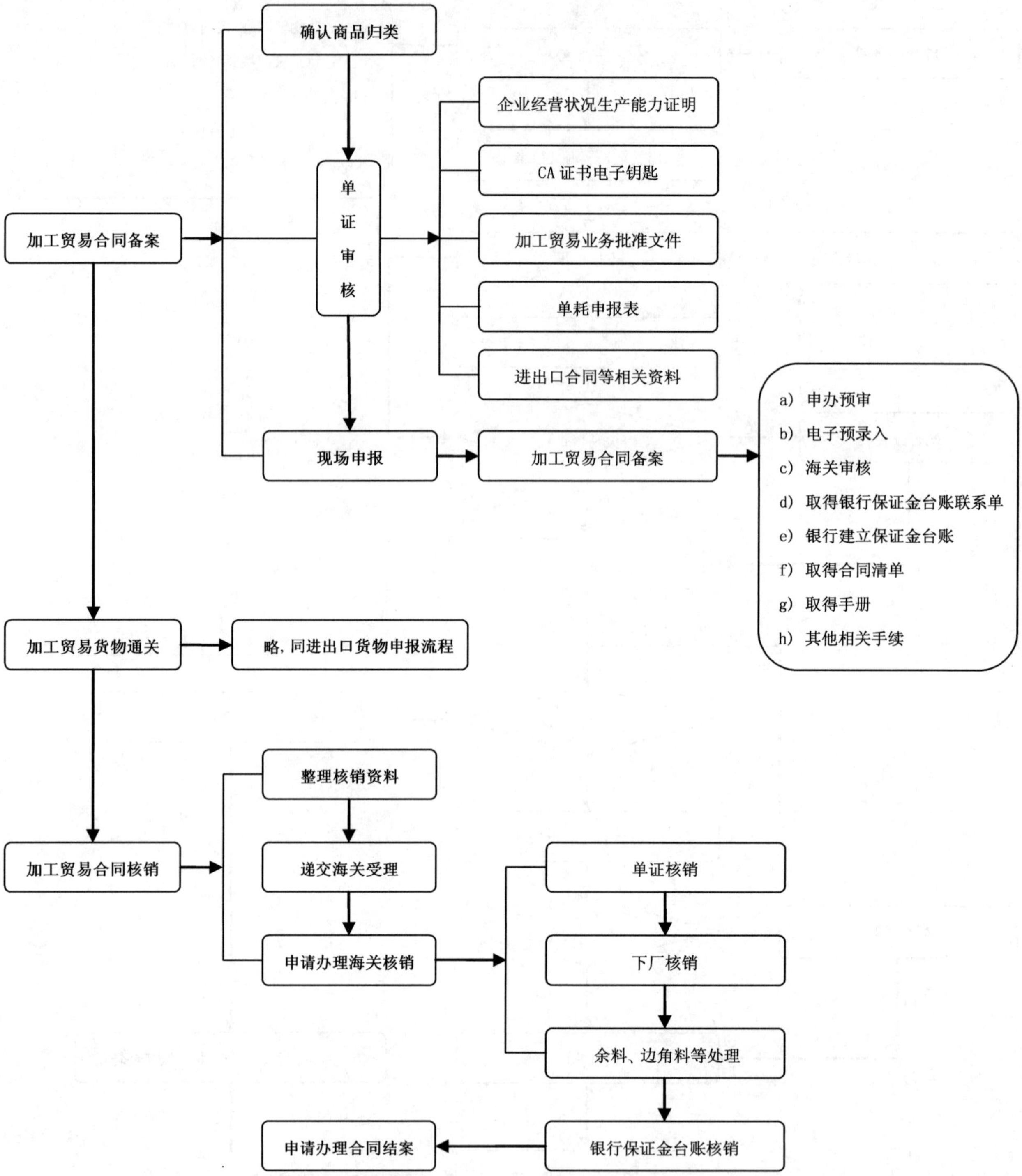

附录 H（规范性附录）

《代理报关委托书/委托报关协议》纸质格式

《代理报关委托书/委托报关协议》包含代理报关委托书、委托报关协议和委托报关协议通用条款三个部分。

H.1 代理报关委托书

代理报关委托书

编　号：000

：

我单位现　　（A 逐票、B 长期）委托贵公司代理　　等通关事宜。（A、填单申报 B、辅助查验 C、垫缴税款 D、办理海关证明联 E、审批手册 F、核销手册 G、申办减免税手续 H、其他）详见《委托报关协议》。

我单位保证遵守《海关法》和国家有关法规，保证所提供的情况真实、完整、单货相符，无侵犯他人知识产权的行为。否则，愿承担相关法律责任。

本委托书有效期自签字之日起至　　年　　月　　日止。

委托方（盖章）：

法定代表人或其授权签署《代理报关委托书》的人（签字）

年　　月　　日

H.2 委托报关协议

委托报关协议

为明确委托报关具体事项和各自责任，双方经平等协商签订协议如下：

委托方		被委托方		
主要货物名称		*报关单编码		
商品编码	□□□□□□□□□□	收到单证日期		
货物总价		收到单证情况	合同 □	发票 □
进出口日期	年 月 日		装箱清单 □	提（运）单 □
提单号			加工贸易手册 □	许可证件 □
贸易方式			其他	
原产地/货源地		报关收费	人民币： 元	

其他要求：

委托方	被委托方
背面所列通用条款是本协议不可分割的一部分，对本协议的签署构成了对背面通用条款的同意。	背面所列通用条款是本协议不可分割的一部分，对本协议的签署构成了对背面通用条款的同意。
委托方业务签章：	被委托方业务签章：
经办人签章：	经办人签章：
联系电话： 年 月 日	联系电话： 年 月 日

CCBA （白联：海关留存，黄联：被委托方留存，红联：委托方留存） 中国报关协会监制

H.3 委托报关协议通用条款

委托报关协议通用条款

委托方责任 委托方应及时提供报关报检所需的全部单证，并对单证的真实性、准确性和完整性负责，保证没有侵犯他人知识产权的行为。

委托方负责在报关企业办结海关手续后，及时、履约支付代理报关费用，支付垫支费用，以及因委托方责任产生的滞报金、滞纳金和海关等执法单位依法处以的各种罚款。

负责按照海关要求将货物运抵指定场所。

负责与被委托方报关员一同协助海关进行查验，回答海关的询问，配合相关调查，并承担产生的相关费用。

在被委托方无法做到报关前提取货样的情况下，承担单货相符的责任。

被委托方责任 负责解答委托方有关向海关申报的疑问。

负责对委托方提供的货物情况和单证的真实性、完整性进行“合理审查”，审查内容包括：（一）证明进出口货物实际情况的资料，包括进出口货物的品名、规格、用途、产地、贸易方式等；（二）有关进出口货物的合同、发票、运输单据、装箱单等商业单据；（三）进出口所需的许可证件及随附单证；（四）海关要求的加工贸易（纸质或电子数据的）及其他进出口单证。

因确定货物的品名、归类等原因，经海关批准，可以看货或提取货样。

在接到委托方交付齐备的随附单证后，负责依据委托方提供的单证，按照《中华人民共和国海关进出口报关单填制规范》认真填制报关单，承担“单单相符”的责任，在海关规定和本委托报关协议中约定的时间内报关，办理海关手续。

负责及时通知委托方共同协助海关进行查验，并配合海关开展相关调查。

负责支付因报关企业的责任给委托方造成的直接经济损失，所产生的滞报金、滞纳金和海关等执法单位依法处以的各种罚款。

负责在本委托书约定的时间内将办结海关手续的有关委托内容的单证、文件交还委托方或其指定的人员（详见《委托报关协议》“其他要求”栏）。

赔偿原则 被委托方不承担因不可抗力给委托方造成损失的责任。因其他过失造成的损失，由双方自行约定或按国家有关法律法规的规定办理。由此造成的风险，委托方可以投保方式自行规避。

不承担的责任 签约双方各自不承担因另外一方原因造成的直接经济损失，以及滞报金、滞纳金和相关罚款。

收费原则 一般货物报关收费原则上按当地《报关行业收费指导价格》规定执行。特殊商品可由双方另行商定。

法律强制 本《委托报关协议》的任一条款与《海关法》及有关法律、法规不一致时，应以法律、法规为准。但不影响《委托报关协议》其他条款的有效。

协商解决事项 变更、中止本协议或双方发生争议时，按照《中华人民共和国合同法》的有关规定及程序处理。因签约双方以外的原因产生的问题或报关业务需要修改协议条款，应协商订立补充协议。双方可以在法律、行政法规准许的范围内另行签署补充条款，但补充条款不得与本协议的内容相抵触。

附录I（规范性附录）

减免税手续办理委托书

年　　月　　日

<table>
<tr><td>减免税申请人
名　称</td><td colspan="3"></td></tr>
<tr><td>联系地址</td><td colspan="3"></td></tr>
<tr><td>联　系　人</td><td></td><td>联系电话</td><td></td></tr>
<tr><td colspan="4">我单位委托__________公司（单位）向海关申请办理下列手续，保证提供的申请材料真实、合法，并愿承担由此产生的法律责任。
□　减免税备案申请　　□　进出口货物减免税申请
□　减免税进出口货物担保　　□　减免税货物后续管理手续
□　其他申请
具体委托事项：</td></tr>
<tr><td>委托书有效期限</td><td colspan="3"></td></tr>
<tr><td>被委托人名称</td><td colspan="3"></td></tr>
<tr><td>联系地址</td><td colspan="3"></td></tr>
<tr><td>被委托人
海关注册编码</td><td></td><td>联系电话</td><td></td></tr>
<tr><td>经　办　人</td><td></td><td>报关员证号</td><td></td></tr>
<tr><td colspan="2">减免税申请人签章：

年　月　日</td><td colspan="2">被委托人（公司签章）：

年　月　日</td></tr>
</table>

参考文献

[1]《中华人民共和国海关法》

[2] 中华人民共和国国务院令第 209 号 《中华人民共和国海关稽查条例》

[3] 中华人民共和国国务院令第 395 号 《中华人民共和国知识产权海关保护条例》

[4] 中华人民共和国国务院令第 416 号 《中华人民共和国进出口货物原产地条例》

[5] 中华人民共和国海关总署令第 103 号 《中华人民共和国海关进出口货物申报管理规定》

[6] 中华人民共和国海关总署令第 109 号 《中华人民共和国海关关于加工贸易保税货物跨关区深加工结转的管理办法》

[7] 中华人民共和国海关总署令第 113 号 《中华人民共和国海关对加工贸易货物监管办法》

[8] 中华人民共和国海关总署令第 148 号 《中华人民共和国海关审定进出口货物完税价格办法》

[9] 中华人民共和国海关总署令第 158 号 《中华人民共和国进出口货物归类管理规定》

[10] 中华人民共和国海关总署令第 168 号 《海关总署关于修改〈中华人民共和国海关对加工贸易货物监管办法〉的决定》

[11] 中华人民共和国海关总署令第 179 号 《中华人民共和国海关进出口货物减免税管理办法》

[12] 中华人民共和国海关总署令第 181 号 《中华人民共和国海关进出口货物优惠原产地管理规定》

[13] 中华人民共和国海关总署令第 183 号 《中华人民共和国海关关于〈中华人民共和国知识产权海关保护条例〉的实施办法》

[14] 中华人民共和国海关总署公告 2004 年第 34 号 《中华人民共和国海关进出口货物报关单填制规范》

[15] 中华人民共和国海关总署公告 2004 年第 35 号 《海关总署关于开展规范统一代理报关委托书纸质格式试行工作的公告》

[16] 中华人民共和国海关总署公告 2005 年第 12 号 《海关总署关于修订〈代理报关委托书/委托报关协议〉的公告》

[17] 中华人民共和国海关总署公告 2006 年第 16 号 《海关总署关于施行〈中华人民共和国海关进出口商品规范申报目录〉的公告》

[18]《海关业务标准化规范》（2010 版）

[19]《报关员资格全国统一考试教材》（2010 年版）

报关服务质量要求

1 范围

本标准规定了报关服务的质量保证体系以及服务环节的质量要求、质量评价、质量监督和质量改进措施。

本标准适用于报关企业代理报关的行为。

2 规范性引用文件

下列文件对于本文件的应用是必不可少的。凡是注明日期的引用，仅注日期的版本适用于本文件。凡是不注日期的引用文件，其最新版本（包括所有的修改单）适用于本文件。

HS/T 32—2010 报关服务作业规范

中华人民共和国海关总署公告2005年第12号《关于正式启用修订后的〈代理报关委托书/委托报关协议〉》

《中华人民共和国海关进出口货物报关单填制规范》

《中华人民共和国海关进出口商品规范申报目录》

《报关员国家职业标准》（试行）

3 术语和定义

HS/T 32—2010 界定的术语和定义以及下列术语和定义适用于本文件。

3.1

报关企业 customs broker

按照规定经海关准予注册登记，接受进出口货物收发货人的委托，以进出口货物收发货人或以自己的名义，向海关办理代理报关业务，从事报关服务的境内企业法人。

［《中华人民共和国海关对报关单位注册登记管理规定》（中华人民共和国海关总署令第127号）第八条］

注：改写 HS/T 32—2010，定义3.3。

3.2

代理报关 customs brokerage

报关企业接受进出口货物收发货人的委托，以进出口货物收发货人或以自己的名义，办理海关手续的行为。

注：改写 HS/T 32—2010，定义3.4。

3.3

服务质量要求 requirements of service quality

对服务需要的表述或将需要转化为定量或定性的规定要求，以使其实现并进行考核。

3.4

通关作业无纸化 paperless clearance

海关运用信息化技术改变海关验核进出口企业递交纸质报关单及随附单证办理通关手续的做法，直接对企业通过中国电子口岸录入申报的报关单及随附单证的电子数据进行无纸审核、验放处理的通关作业方式。

4 服务质量保证体系

4.1 服务质量方针

报关服务应以“诚信守法、崇尚专业、自律规范、务实创新”为服务质量方针。

4.2 管理和理念

4.2.1 经营管理

报关企业应具有健全的管理制度、严谨的组织架构、明确的岗位职责、严格的操作规则、公平的考评和晋升制度。

4.2.2 服务理念

4.2.2.1 报关企业应树立服务委托方的理念，围绕经营理念开展服务，并将组织的愿景、使命和价值观传递到每个员工。

4.2.2.2 报关服务人员应具备良好的职业道德修养和文明礼貌、耐心细致的工作作风，佩戴便于识别的统一身份标志。

4.2.2.3 报关企业应通过监督及跟踪每个环节的服务质量，及时做出优化及改进，不断提高服务质量。

4.2.2.4 报关企业可选择目标市场，进行委托方分类、分级管理。通过研究委托方需求，考虑委托方成本和便利性，按照委托方要求设置个性化服务，不断提高委托方满意度，为委托方创造利益和价值。

4.3 资质

4.3.1 企业资质

报关企业应具有工商行政管理机关注册登记的企业法人资质。

报关企业及其分支机构应符合海关规定的设立条件，具有从事报关相关业务的营业执照，取得报关企业注册登记证书。

报关企业应在《代理报关委托书/委托报关协议》（以下简称《委托书/协议》）管理系统中进行备案登记，便于委托方查询和委托。

报关企业应与报关所在地直属海关、第三方认证机构签订电子数据应用协议，经海关审核准予后，取得适用“通关作业无纸化”通关方式资质。

注：目前的第三方认证机构为中国电子口岸数据中心。

4.3.2 人员资质

4.3.2.1 报关服务人员应具备满足相应岗位要求的专业技能，包括报关、报检、管理、法律、外贸、国际货运、财经和计算机等知识和技能。

4.3.2.2 报关员取得报关员资格证书并经海关注册持有报关员证，宜加入行业自律组织，成为中国报关协会及地方报关协会的个人会员，履行会员的权利和义务。

4.3.2.3 报关业务负责人、报关员不得有走私记录。

4.3.2.4 报关企业应在《报关员国家职业标准（试行）》规定要求下，配备合理数量的具有助理报关师、报关师和高级报关师职业等级的报关员队伍。

4.4 服务场所

4.4.1 报关企业应具有固定的、易识别的，并与其业务规模、作业需求相适应的营业或作业场所。如搬迁、停业及企业其他信息发生变化的，应到工商、税务、质检、海关及其他注册登记部门办理变更手续，并通过各种有效途径告知委托方。

4.4.2 服务场所应满足以下要求：

——悬挂公司铭牌，保持铭牌干净、整洁；

——应配备办公、通关作业所须的设施、设备，以保证报关服务作业进行；

——在显著位置放置企业营业执照、海关注册登记证书及其他相关资质证书；

——在显著位置公布服务电话或电子邮箱及投诉电话或电子邮箱；

——安全设施和公共卫生应符合国家相关规定。

4.5 保密

4.5.1 报关企业全体员工应具有安全保密的意识。

4.5.2 报关企业应与员工签订保密协议，协议中应包括但不限于：

——不得将报关服务委托方的委托事项所涉内容透露给第三方（法律另有规定的除外）；

——不得将委托方商业信息泄露给其他组织和个人。

4.5.3　运用信息管理系统进行业务操作的报关企业，可根据岗位设置不同的登录权限，凭密码登录操作。

4.6　信息管理

4.6.1　覆盖范围

报关企业信息化管理要覆盖、贯穿业务管理的全过程，包括委托方管理、合同管理、作业流程管理、单证管理、财务管理和信用管理等。

4.6.2　功能

报关企业信息化管理应具有报关状态和进度的查询功能，以及业务统计、分析的功能。

4.6.3　安全

报关企业信息化管理应保障信息管理的安全，建立健全信息安全管理制度。

4.7　沟通

4.7.1　与委托方沟通

4.7.1.1　沟通渠道

报关企业应提供与委托方沟通的渠道，主要包括网络、电话、传真、电子邮件、短信、信函及“面对面”等形式。

4.7.1.2　沟通内容

沟通应包括业务咨询、业务受理、业务查询、委托方满意度、委托方投诉、投诉处理及服务承诺等内容。

4.7.2　内部沟通

4.7.2.1　沟通渠道

报关企业应提供内部沟通渠道，主要包括会议、布告栏和内部刊物、声像资料、互联网及信函等形式。

4.7.2.2　沟通内容

沟通内容应包括：

a）企业的愿景、使命、价值观、发展方向和绩效目标；

b）委托方对服务技能、服务程序和服务质量等方面的要求；

c）从业人员对企业的意见和建议反馈；

d）企业最高管理者对从业人员的要求；

e）内部各部门之间的沟通；

f）阶段性总结。

4.7.3　与政府部门沟通

4.7.3.1　沟通渠道

报关企业应建立与海关、检验检疫等有关政府部门的沟通渠道，主要包括网络、电话、电子邮件、信函及“面对面”等形式。

4.7.3.2　沟通内容

沟通内容应包括：

a）有关政府部门对企业工作的要求；

b）企业向有关政府部门提出解决工作中遇到的问题、困难的诉求；

c）有关政府部门听取企业对本单位工作的意见和建议。

4.7.4　与行业组织沟通

4.7.4.1　沟通渠道

报关企业加入行业组织后，通过电话、邮件、信函、会议和培训等方式建立沟通渠道，并及时将企业地址、联系人、电话和邮箱等信息变化情况告知行业组织。

4.7.4.2　沟通内容

沟通内容主要包括建立联系方式、反映企业及报关员的困难和诉求、参加行业自律活动、信息交流、国际合作、自我提升和促进行业发展。

4.8 档案管理

4.8.1 档案范围

4.8.1.1 报关企业在提供报关服务过程中形成的各种记录、报关单证、进出口单证、合同以及与进出口业务直接有关的其他资料应按照统一的原则进行分类、汇总、储存，形成档案。

4.8.1.2 档案中各项记录的内容应真实、详细，能总体反映与委托方之间的交易过程。

4.8.1.3 报关企业须妥善保管应由企业留存的通关作业无纸化报关单及随附单证。

4.8.2 档案管理要求

4.8.2.1 报关企业应制定完善的档案管理制度。

4.8.2.2 报关企业应配备档案管理设备和档案管理人员。

4.8.2.3 档案的存放应分类有序，整理的档案清晰，并确保归档材料的安全。

4.8.2.4 宜采用现代信息技术，建立档案数据库，以实现档案管理及业务数据电子化查询。

4.8.2.5 通关档案应自进出口货物在办结海关手续之日起保存3年以上，财务档案保存期限按国家相关法规执行。

4.9 社会责任

4.9.1 主动承担社会责任

报关企业在创造利润、对股东承担法律责任的同时，还应承担对员工、委托方、社区和环境的责任，要在运营过程中关注其社会价值，强调对委托方、环境和社会的贡献，促进本行业的发展。

4.9.2 环保

报关企业应身体力行推动环境、能源和社会的可持续发展，承担企业公民责任，实现企业社会价值，倡导绿色的办公行为，控制成本，提高有限资源的利用效率。

4.9.3 员工发展

报关企业应以人为本，致力于员工发展，通过培训、职业生涯规划、员工激励和奖励以及有效的人才沟通、管理等多种途径来加强员工敬业度，提高员工满意度，最大可能实现员工和公司的共同发展。

4.9.4 企业提升

4.9.4.1 报关企业宜加入行业自律组织，成为中国报关协会及地方报关协会的单位会员，履行会员的权利和义务。

4.9.4.2 采取有效的措施降低报关差错率，参与行业主管部门信用评价活动，提升企业管理水平，提高在海关等主管部门的信用等级，获得相应通关便利。

4.9.4.3 宜参加行业组织的各类评比、评定，争取企业荣誉。

4.9.4.4 宜参加主管部门和行业组织所组织的各类座谈会、政策宣讲会以及各类专业知识培训。将工作中遇到的问题、困难及时与主管部门和行业组织进行交流沟通，以取得更有效的方法及支持，同时将政府相关精神及指示和行业自律组织的相关要求及时传达至企业内部。

5 服务环节质量要求

5.1 基本服务质量要求

5.1.1 诚信守法

报关企业所有进出口活动应始终遵循“诚实守信、守法经营”的经营理念，严格遵守国家有关的法律法规，依法履行代理人职责，承担相应的法律责任，配合海关做好监管工作。

5.1.1.1 报关服务的全过程应遵守国家相关法律规定。

5.1.1.2 熟悉国家有关进出口业务的法律、法规、政策和有关规定，主动参加海关和行业协会组织的各种业务培训，了解和熟悉海关作业程序，做到知法、懂法、守法。

5.1.1.3 主动配合海关、检验检疫等行政执法机关依法执行公务。

5.1.1.4 建立健全企业内控机制，完整地记录其受委托办理报关业务的所有活动，完整保留委托方提供的各种单证、票据、函电等，接受和配合海关做好稽查工作。

5.1.1.5　不得接受各种形式的挂靠，不得以任何形式出让名义，供他人办理报关业务。

5.1.1.6　不得违法滥用报关权，不得伪造、涂改委托方单证或以委托方名义出具情况说明。抵制、揭发伪报、瞒报行为，不参与逃避进出口贸易管制、侵犯知识产权和偷逃税等违法行为。

5.1.1.7　诚信服务，严守职业道德，保守商业秘密，不得随意扣押委托方单证，不得乱收费。

5.1.1.8　坚持公平竞争，不采取商业贿赂或其他不正当竞争行为承揽业务。不行贿、不受贿，树立企业的良好形象，维护行业风气。

5.1.2　快捷高效

5.1.2.1　按照委托方提供的单证资料准确无误地审核并填制报关单，办理通关手续，避免因人为差错导致的通关延时、扣货及被行政部门处罚等情形的发生。

5.1.2.2　简化手续，提高操作效率，尽可能加快报关速度，为委托方节省时间、降低成本。

5.1.2.3　以海关通关作业无纸化改革为契机，配以电子《委托书/协议》，最大限度提高通关速度。

5.1.2.4　为委托方提供最佳通关方案，优化操作流程，最大限度提高通关速度。

5.1.3　自律规范

按HS/T 32—2010的规定，明确报关服务的作业范围、主要业务环节的作业流程和规范要求，为服务作业的质量管理提供可靠的保证并有效地规避作业风险。接受委托代理报关服务，应与委托方签署全国规范统一的纸质或电子《委托书/协议》。

5.2　主要业务环节服务质量要求

5.2.1　总则

报关服务作业基本流程及作业规范应符合HS/T 32—2010的规定。

5.2.2　委托代理

5.2.2.1　报关企业接受报关代理服务应与委托方签订报关服务合同及《委托书/协议》。货运代理、快件公司在提供报关服务时，其有关合同中应包含与报关服务相关的条款。

5.2.2.2　报关企业将委托方的全部或部分业务转委托给第三方时，应与第三方签订委托合同。报关企业与委托方的合同规定不可转委托的，不得违反合同规定；特殊情况需要转委托的，应向委托方说明并征得委托方同意。

5.2.2.3　合同的签订应遵守国家的政策、法律及有关规定，依照平等互利、协商一致的原则确定合同条款。

5.2.2.4　报关企业应在提供报关服务前告知委托方报关服务费用包含的范围、内容、计收方式和标准，且具体列明在服务合同中。报关服务费用的设置应遵循合法、公平、诚实、信用的原则。

5.2.2.5　报关企业应在提供报关服务前与委托方确认，是否由报关企业代垫费用及代缴进出口税费。如需报关企业代垫代缴，应约定偿还垫付款项事宜，并将具体内容列明在报关服务合同中。

5.2.2.6　报关服务合同执行过程中如遇相关部门收费标准调整，应与委托方协商修改报价或收费。

5.2.2.7　不准许报关企业相互串通、操纵市场价格，损害委托方或者其他经营者的合法权益。

5.2.2.8　填写纸质或电子《委托书/协议》时，应合理审查填写的相关数据，明确委托双方法律地位和各自责任。纸质《委托书/协议》应按照格式提示签字、加盖印章确保生效；《委托书/协议》管理系统应如实备案登记企业及报关员相关信息，保证系统中企业身份的真实性和完整性，并规范使用，接受报关协会管理。

5.2.3　接收单证

5.2.3.1　接收委托方提供的各类单证及相关资料时，应签署接收人姓名和接收时间。

5.2.3.2　单证在报关企业内部流转宜签收，便于单证跟踪和提高作业效率。

5.2.3.3　应制定措施确保单证的安全，在报关企业内部流转和保管过程中不能遗失、污损。如需对单证复印，复印件应与原件相符。

5.2.3.4　信息系统条件许可的报关企业可将单证的接收和流转在信息系统中完成，并应用系统对相关电子单证及随附单据存档。

5.2.3.5　以电子《委托书/协议》向海关申报的，可不提供纸质《委托书/协议》。

5.2.4　向海关申报

5.2.4.1　报关企业应对委托方提供的单证及相关报关资料及时进行合理审查并提出专业性意见，同时做好相应记录。对于单证不齐或不符合海关要求的，宜尽快并尽可能一次性通知委托方补充提供。

5.2.4.2　对于进出口商品编号的申报，应审核委托方所提供的资料并提出专业性意见，如意见不一致时应建议委托方向拟实际进出口货物所在地的直属海关或具有预归类服务资质的单位申请办理商品预归类。

5.2.4.3　如委托方要求申报前看货取样，应根据《中华人民共和国海关法》的相关规定，协助其向海关办理相关手续。

5.2.4.4　报关单填写应符合《中华人民共和国海关报关单填制规范》、《中华人民共和国海关进出口商品规范申报目录》和其他有关法规的要求。应做到单单相符、单证相符、内容完整、字迹清晰、外观整洁。

5.2.4.5　报关企业应设置报关单填制（纸质或电子）复核环节，以保证申报质量。

5.2.4.6　报关企业具备无纸通关条件的，应采用通关作业无纸化申报，采用电子《委托书/协议》，以提高通关速度。

5.2.4.7　通关作业无纸化申报时，先审核申报货物和单证符合无纸通关适用条件后，在录入端选择“通关无纸化”方式向海关申报。如海关需要验核纸质单证的，报关企业应到海关现场提交相关单证。

5.2.4.8　现场申报时应持有效报关员证，不得借用他人的报关员证进行报关。

5.2.4.9　如遇海关要求补充提供资料或要求进出口收发货人当面向海关说明情况的，应及时联系委托方，将海关要求如实转达，不得因报关企业疏忽延误报关时间。

5.2.5　配合海关查验

5.2.5.1　接到海关查验通知后，应立即通知委托方到场，并按海关要求配合海关查验。快件公司接到海关查验通知后，对于海关要求委托方到场的情况，应通知委托方到场。如委托方不能到场，被委托方应向海关提交其委托书，代理委托方的义务，并承担相应法律责任。

5.2.5.2　应提前准备好被查验货物的单证及相关资料，联系相关部门，并准备搬移、开拆和重封货物包装所需的工具和材料，主动与海关查验部门取得联系，按照与海关约定时间抵达现场。

5.2.5.3　不准许擅自开启海关封志、关封。

5.2.5.4　查验时如实回答海关的提问。

5.2.5.5　认真核对查验记录，并依据查验事实签字确认；如被查验货物与申报不符的，应及时与委托方沟通确认。

5.2.5.6　如查验过程中发生代垫费用的情形，应与委托方确认。

5.2.6　缴纳税费

5.2.6.1　需委托方自行缴纳的税费，应及时通知委托方缴纳。涉及电子支付业务的，报关企业应在进出口报关单审结后通知委托方缴纳税费，支付成功后打印税单。

5.2.6.2　税费应尽可能采用网上支付，以提高通关速度。

5.2.6.3　委托方选择柜台支付的，应及时将已缴纳税费的凭证交海关验核办理后续手续。

5.2.6.4　应确保税单流转过程中的安全，认真做好签收工作，税单应及时退还委托方。

5.2.7　申请办理现场放行、结关手续

5.2.7.1　放行的纸质单证应检查海关签章是否齐全、正确，如有遗漏应及时处理，以免影响后续操作。

5.2.7.2　以通关作业无纸化申报的，应在海关 QuickPass 电子系统（简称“QP 系统”）逐票认真查询通关状态，以免造成通关延误。

5.2.7.3　在无纸化通关模式下，海关发出放行通知后，报关企业凭海关电子放行信息或打印的“通关无纸化查验/放行通知书”直接办理提货或装运手续。

5.2.7.4　放行的纸质单证需交委托方的，应及时转交并签收；需转交给第三方的，应取得委托方的授权，并做好签收；由快件公司自行留存的，应做好保管。

5.2.8　申请办理其他海关手续

5.2.8.1　申请办理其他海关手续主要包括：

a）申请办理加工贸易备案、结转备案、减免税申请和申领减免税证明、暂时进出境货物备案及其他海关前期审批手续；

b）申请办理加工贸易核销、特定减免税货物解除海关监管、暂准进出境货物销案等海关后期核销手续。

5.2.8.2 应提供专业性意见，指导或协助委托方根据申请办理海关业务的类型备齐所需资料。

5.2.8.3 应对委托方提供的资料进行合理审查。对于单证不齐的或不符合海关要求的，应尽快及尽可能一次性通知委托方补充提供。

5.2.8.4 应根据海关要求和操作规定及时、准确地向海关申请办理相应手续。

5.2.8.5 办理海关后期核销相关手续过程中，海关有时限规定的，应在规定时限内办理。如由于报关企业的延误导致委托方利益受损的，应按照双方合同约定承担相应的责任。

5.2.8.6 对海关审核过程中发现的问题应及时与委托方沟通。

5.2.8.7 如与委托方有办理时间约定的，应保证按时完成。

5.2.9 结算费用

5.2.9.1 应根据合同（包括补充合同/协议以及报关服务过程中产生的其他经委托方确认的变更费用、代缴费用）约定，与委托方结算费用，不得虚立费用。

5.2.9.2 应使用规范票据。

6 报关服务质量的评价

6.1 基本原则

报关企业应遵守国家法律、法规，保护委托方合法权益，把企业的经营活动看作是一个不断满足委托方需求的服务过程。以始于委托方的需求，终于委托方的满意为服务宗旨做好服务工作，并在不断了解、分析市场需求特点的基础上，不断改进、提高报关服务质量。

6.2 服务质量标准

服务质量标准主要包括以下方面：

——报关差错率；

——通关速度；

——委托方满意度。

6.3 委托方关系管理

报关企业应加强委托方关系管理，通过设立客服部门专门管理委托方信息资源，保护委托方信息安全，与委托方建立起长期、稳定、相互信任、互惠互利的密切关系，不断加强与委托方的交流，不断了解委托方的需求，并不断对报关服务进行改进和提高以满足委托方的需求。

6.4 委托方满意需求分析

报关企业应对委托方需求特点、需求层次、影响委托方需求的基本因素进行分析。需求项目主要包括：

——通关方案设计；

——通关速度；

——单证安全；

——报关质量；

——沟通是否顺畅；

——服务态度是否良好；

——反馈信息是否及时、准确、完整；

——报关单证明联等单证返回速度；

——提供个性化服务；

——委托方其他需求。

6.5 委托方满意度评价

6.5.1 确立评价标准

报关企业应确立委托方满意度的评价标准，确定责任部门，对信息的收集方式、频次、分析、对策及跟踪验证等做出规定。

6.5.2 确定评价程序

6.5.2.1 报关企业应依据委托方对各个报关服务项目的要求和已经取得的成绩进行分类、咨询、测评和跟踪，评价委托方对报关服务质量的满意程度，验证报关服务质量标准与顾客需求和期望的距离。

6.5.2.2 委托方满意度的评价程序应包括：

——汇总委托方满意度及投诉信息；

——运用统计技术进行分析评估；

——确定委托方的满意程度；

——社会有关方面对服务质量的感受；

——找出提供的服务与委托方期望的差距；

——制定并落实改进措施。

6.6 委托方满意信息收集方法

报关企业注意捕捉与委托方有关的信息来源（包括内部来源和外部来源），收集的方法主要包括：

——向委托方发放问卷调查表；

——由企业网站收集委托方意见；

——直接与委托方沟通；

——收集各种媒体的报告；

——行业研究的结果；

——其他。

6.7 投诉渠道

报关企业应为委托方设置固定且有效的投诉渠道，包括投诉电话和投诉邮箱等。

6.8 投诉受理

6.8.1 投诉信息

记录委托方投诉信息应包括：

——投诉委托方的联系人姓名、电话及投诉日期；

——投诉涉及部门及人员；

——投诉服务态度、服务能力、服务质量和廉洁自律等类型；

——投诉信息具体描述；

——投诉委托方要求，如索赔要求、定时回复要求等；

——其他信息。

6.8.2 投诉处理

报关企业对于委托方的投诉要给予高度重视，并按照规定的流程进行投诉处理：

——投诉处理部门对委托方投诉信息进行详细记录，并与委托方核实确认；

——投诉处理部门将投诉信息生成投诉报告；

——投诉处理部门要及时将投诉内容与相关部门、人员进行核实、确认；

——被投诉部门、人员要在规定时间内及时给予反馈，并提供解决方案；

——投诉处理部门要根据被投诉部门的反馈及时与委托方进行沟通；

——投诉处理部门将委托方的最终反馈或感受第一时间传达给被投诉部门并进行记录。

6.8.3 投诉信息统计

投诉处理部门应将委托方投诉的内容、原因和涉及的部门、人员等信息详细记录到分析报告中，针对委托方不满的原因进行数据整合、统计、分析，并定期向管理层及相关部门汇报。

7 报关服务质量监督

7.1 内部审核要求

报关企业应按一定的时间间隔进行内部审核，依据报关服务质量要求制定具体管理方案及指标来考核验证，以确定报关服务质量是否：

——符合企业的报关服务质量方针；

——达到了企业的报关服务质量目标；

——得到有效地实施与保持。

7.2　风险控制评估

7.2.1　概述

报关企业为保证经营安全，应建立风险管理制度，构建风险管理体系，依法防范、控制和规避经营风险，确定风险控制的指导思想和目标。

7.2.2　流程

设立风险评估流程。

7.2.3　类型与措施

划分风险控制类型，制定相应的控制措施。

7.2.4　执行结果

落实控制措施的执行情况。

7.2.5　总结与改进

定期总结，改进风险控制工作。

8　报关服务质量改进

8.1　概述

报关企业应建立、完善报关服务质量管理体系，掌握市场需求的变化，深入了解、分析、评价委托方的满意度和投诉反映，不断改进报关服务质量。报关服务质量改进主要包括持续改进、纠正措施和预防措施。

8.2　持续改进

报关企业可通过以下活动，使报关服务质量管理体系持续改进：

——方针与目标：定期评审报关服务质量方针、目标；

——预防与纠正：对报关服务中重复出现的不合格现象采取预防和纠正措施；

——定期评审：定期召开报关服务质量管理体系评审会议，对体系的适宜性、充分性及有效性进行评审。

8.3　纠正措施

8.3.1　措施要求

报关企业应采取纠正措施，以消除报关服务质量不合格的影响；纠正措施的力度应与报关服务质量不合格的影响程度相适应；纠正措施应编制成文件，应规定下列要求：

——确定报关服务质量不合格的原因；

——制定报关服务质量不合格的纠正措施及处理方式；

——落实执行纠正措施；

——检查纠正措施的执行效果。

8.3.2　措施内容

报关企业应不断寻求对其报关服务过程的改进，强调改进措施过程的效率和有效性，并应监控这些措施，以确保实现预期目标。可能采取的改进措施可以是日常的改进活动，直至长远的改进项目。措施主要包括：

——树立整体报关服务质量管理的思想；

——坚持持续进行报关服务改进的理念；

——明确内部人员的职责和权限；

——制定高标准的服务规范；

——制定提高报关服务质量的具体策略；
——确保改进过程的有效性和效率；
——管理者应对改进过程给予大力支持。

8.4　预防措施

报关企业应建立报关质量流程控制，以消除潜在的报关服务质量不合格因素，防止发生报关服务质量不合格。预防措施力度应与潜在问题的影响程度相适应。预防措施应编制成文件，应规定下列要求：

——确定潜在的报关服务质量不合格因素；
——防止报关服务质量不合格发生的措施；
——评审所采取的预防措施。

参考文献

[1]《中华人民共和国海关法》

[2]《中华人民共和国标准化法》

[3]《海关业务标准化规范（2011 版）》

[4] 中华人民共和国海关总署令第 103 号《中华人民共和国海关进出口货物申报管理规定》

[5] 中华人民共和国海关总署令第 104 号《中华人民共和国海关对进出境快件监管办法》

[6] 中华人民共和国海关总署令第 127 号《中华人民共和国海关对报关单位注册登记管理规定》

[7] 中华人民共和国海关总署令第 158 号《中华人民共和国海关进出口货物归类管理规定》

[8] 中华人民共和国海关总署公告 2004 年第 35 号《关于开展规范统一代理报关委托书纸质格式试行工作》

[9] 中华人民共和国海关总署公告 2011 年第 17 号《关于开展海关税费电子支付业务》

[10] 中华人民共和国海关总署公告 2013 年第 19 号《关于深化通关作业无纸化改革试点工作有关事项》

中美C-TPAT联合验证中方操作指引

1 制订依据

《中华人民共和国海关总署与美国国土安全部海关与边境保护局关于供应链安全与便利合作的谅解备忘录》（以下简称《谅解备忘录》，见附录1）；

《中华人民共和国海关总署与美国海关与边境保护局关于执行〈中华人民共和国海关总署与美国国土安全部海关与边境保护局关于供应链安全与便利合作的谅解备忘录〉行动计划》（以下简称《行动计划》，见附录2）；

《海关商界反恐伙伴计划（C-TPAT）外国制造商安全标准》（以下简称《安全标准》，见附录3）。

2 制订目的

为了全面落实《谅解备忘录》和《行动计划》的相关要求，提高中方人员参与中美C-TPAT联合验证的工作水平，统一认识，规范操作，保障中美C-TPAT联合验证工作的顺利进行，特制订本操作指引。

3 C-TPAT制度概况

3.1 概念和背景

C-TPAT，全称“海关—商界反恐伙伴计划”（Customs-Trade Partnership Against Terrorism），是美国海关与边境保护局（U. S. Customs and Border Protection，以下简称CBP）在“9·11”事件发生后倡议成立的安全计划，自2002年4月16日开始正式实行。

C-TPAT是一项建立在自愿基础上的政府和商界的合作项目，旨在通过海关与商界建立合作关系，加强与提高国际供应链和美国边境的安全，从而保护合法贸易，打击恐怖主义和走私违法。CBP希望通过C-TPAT与相关业界合作建立供应链安全管理系统，以确保供应链从起点到终点的运输安全、信息安全及货物安全，防止恐怖分子利用货运渠道将大规模杀伤性武器运入美国。它以通关便利等一系列优惠待遇为条件，要求成员按照CBP制定的“最低安全标准”建立公司内部安全控制制度，自主规避安全风险。CBP根据达标情况对企业实行分级管理，级别越高表明企业安全措施越严密，提供的优惠待遇也就越高。

3.2 适用范围

C-TPAT主要针对输美供应链上的企业，分为10种类型：进口商、空运商、高速公路运输商、边境公路运输商（墨西哥和加拿大）、铁路运输商、海运商、外国制造商、报关代理商、港口、机场经营商、第三方物流提供商，保证供应链上所有参与环节的企业都纳入验证的范围。

这十类企业通过验证后，美国本土的企业以及与美国接壤的墨西哥和加拿大的企业可获得成员身份。其他企业以成员企业合作伙伴的身份参与验证，不直接获得成员资格。

3.3 分级管理

CBP对所有参加C-TPAT的企业进行分级管理，成员企业分为3级：企业提交申请和相关材料，经CBP审核批准后，即可获得1级成员资格；完成1级成员资格的审核后，CBP还要对企业进行实地验证，企业通过了实地验证，即可获得2级成员资格；如果企业在实地验证中存在较多的CBP认可的“最佳实践”，即可获得3级成员资格。

为保证整个贸易供应链的安全，CBP在对美国本土的成员企业进行实地验证的同时，还要对上述企业的海外合作伙伴，如海外生产商、供应商和承运商进行安全验证。验证通过后，上述企业可获得2级、3级成员资格。由于海外合作伙伴并不直接获得成员资格，因此不进行分级管理。

3.4 适用标准

CBP针对每类成员企业的行业特点制定了不同的最低安全标准，但所有这些最低安全标准都包括下列八个部分：商业伙伴要求、集装箱及拖车的安全、进入控制、人员安全、程序安全、安全培训和警觉意识、场所安全和信息技术安全。企业根据自身所处的行业类别进行自我评估，必须达到最低标准才可以申请。

3.5 认证程序

1. 企业自愿填写申请表并签署《供应链安全项目协议书》。

2. 企业进行内部自我评估并提交安全评估报告。申请企业必须满足所有 C-TPAT 最低安全标准，并提供具体的安全程序文件或现有程序文件。

3. CBP 初审，对不符合最低安全标准的企业提出整改建议。

4. CBP 对符合最低安全标准的企业或整改后符合最低安全标准的企业进行复核，通过审核的企业，授予 1 级成员资格。

5. CBP 对通过审核的 1 级成员企业及其海外生产商、供应商进行实地验证，并视情况提出整改建议。根据实地验证的情况，CBP 决定对成员企业维持、暂停、撤销其 1 级成员资格或授予 2 级、3 级成员的资格。

6. 企业按年度进行自我评估，CBP 跟踪监控。

3.6 实地验证

C-TPAT 认证的核心环节是对申请企业及其海外合作伙伴的实地验证，验证的主要目的是核实申请企业及其海外合作伙伴是否安全达标，讨论并解决企业存在的安全隐患，建立海关与企业的良好合作关系。

3.6.1 验证流程

验证分为国内验证和海外验证两部分。验证的基本程序是：选择验证企业—了解企业的历史、经营状况、安全因素和贸易链等情况—确定验证的时间和地点等安排，制定并通过验证工作计划—国内实地验证—海外实地验证—总结并通过验证报告。

3.6.2 验证内容

国内验证由美国海关 C-TPAT 供应链安全专家负责实施，主要内容是访问企业总部和分销中心，与企业高层管理人员评估和研讨安全达标等问题，并商定海外验证的企业和目的地。

海外验证团队一般由至少两名美国海关 C-TPAT 供应链安全专家和至少一名美国企业代表组成，主要访问生产厂商和物流运输企业，考察企业的安全达标情况，与管理人员讨论相关问题。

3.6.3 时限规定

根据美国《安全港口法》规定，参与企业在获准加入此项目后一年内必须接受验证，并且以后每四年至少再验证一次。

3.7 相关益处

一般来说，成为 C-TPAT 成员可以获得以下优惠待遇：

1. 较低的查验率，C-TPAT 成员企业根据不同认证级别可享受不同的优惠，3 级成员企业货物在美通关时可享受 95% 左右的免验率；

2. 在货物需要查验时可以优先进行；

3. 海关可以为企业指定专人提供专门的海关业务咨询和帮助；

4. 通过自我评估和海关认证可以改进自身管理水平；

5. 可以参加海关的 C-TPAT 安全培训；

6. 可以获得其他 C-TPAT 成员名单；

7. 其他受益，比如，在港口因紧急事件中断运作后，C-TPAT 成员企业享有优先恢复贸易运输链的权利。

3.8 实施进展

为确保 C-TPAT 项目的顺利实施，CBP 设立了 C-TPAT 项目总部和 7 个地方办公室。截止到 2011 年 9 月底，通过美国 C-TPAT 实地验证并获得成员资格的企业已有 10189 家，CBP 的 169 名验证人员共计完成了 18872 次验证工作，其中 10813 次初验证，8059 次再验证。同时，暂停了 1111 家企业成员资格，撤销了 943 名企业的成员资格。

目前，美国已经与新西兰、加拿大、约旦、日本和韩国五个国家签署了互认安排，与欧盟、台湾和新加坡的互认磋商正在进行当中。美国还向马来西亚、墨西哥、菲律宾、拉美、中国、哥伦比亚、以色列、秘鲁和越南等国家和地区提供技术支持和能力建设培训。

4 中美 C-TPAT 联合验证介绍

4.1 背景

2007 年 6 月，美 CBP 局长访华期间提出建议，表达了美国海关希望与中国海关联合对美国 C-TPAT 进口商成员在中国的贸易伙伴进行 C-TPAT 验证的意愿。2007 年 12 月，在第 3 次中美战略经济对话中，中美海关同意在中国开展 C-TPAT 联合验证试点。经充分协商，2008 年 3 月 3 日，中美海关签署了《中美联合验证试点合作声明》，并先后在我国珠三角和长三角地区进行了 3 次联合验证试点工作。联合验证以中方为主，美方提供技术和培训，参照美国 C-TPAT 最低安全标准，对美国 C-TPAT 进口商成员在中国的生产商、供应商进行联合验证。中国企业自愿申请以美国进口商的海外生产商、供应商等身份接受验证。中美 C-TPAT 联合验证的试点情况还作为第四次中美战略经济对话的成果。

2010 年 5 月 25 日，中美海关在北京举行第二轮中美战略与经济对话期间签署了《中华人民共和国海关总署与美国国土安全部海关与边境保护局关于供应链安全与便利合作的谅解备忘录》。

2011 年 5 月 9 日，中美海关在美国华盛顿签署了《关于执行〈中华人民共和国海关总署和美国国土安全部海关与边境保护局关于供应链安全与便利合作的谅解备忘录〉行动计划》，内容涵盖了中美双方未来 5 年（2011 ~ 2015 年）落实实施《谅解备忘录》的计划、项目和合作机制。

2011 年 5 月和 10 月，中美海关在中国的珠三角和长三角地区分别举行了一轮正式的联合验证工作，共有 76 家中国企业以美国进口商的海外生产商、供应商的身份参与了验证，其中 58 家企业顺利通过了联合验证。截至 2011 年年底，中美 C-TPAT 联合验证已开展了 3 次试点、2 次正式验证工作，共有 116 家中国企业参加，其中 92 家通过。

4.2 目标意义

1. 中美联合验证的主要目标是对我国作为美国进口商的海外合作伙伴的生产商、供应商进行实地验证，以确保他们在企业的日常管理中已经建立落实了国际供应链安全措施，并遵循 C-TPAT 建立的标准和指南进行操作。联合验证就是要通过对这些企业现有的安全规范和程序的有效性进行评估，指出企业在安全方面的薄弱环节，适当提出完善建议，以帮助企业制定纠正措施。同时，发现企业在落实安全标准中比较好的做法，并对此作出肯定。

2. 中美联合验证可使我国输美货物在美国的进口环节中获得通关便利，通过验证的企业将在美国市场上具有更高的竞争力。

3. 中美联合验证对中国海关实施世界海关组织倡导的《全球贸易安全与便利标准框架》具有借鉴意义。

4.3 总体原则

1. 中美联合验证中应坚持“以我为主”的原则，由中国海关主导验证工作。

2. 中美联合验证应坚持“合作共赢”的原则，通过验证充分展示中国海关关员优良的业务素质和中国企业先进的管理经验、管理水平，加深彼此对供应链安全状况的了解，为今后两国 AEO 制度互认合作打下良好的基础。

3. 中美联合验证应遵循“为我所用”的原则，通过基于 C-TPAT 最低安全标准的联合验证，学习借鉴美国海关的企业管理经验，完善中国的企业分类管理办法中 AA 类企业的管理标准，提高中方验证稽查的水平。

4.4 职责分工

海关总署负责中美联合验证工作的对外联络沟通和统一协调部署，具体由稽查司和国际司担任。其中，稽查司负责联合验证前培训和联合验证的组织实施工作，国际司协助对外联络和外事礼宾，并视情况参与实地验证。

直属海关负责中美联合验证中实地验证工作的实施，具体由相关海关的企管和稽查部门共同完成。其中，企管部门主要负责验证企业前期信息的核实，确定验证企业名单，具体行程的安排，对验证人员的前期培训，以及对本关整个联合验证工作程序上的控制；稽查部门主要负责实地验证工作的实施。

4.5　**工作程序**

中美联合验证中方工作程序包括：

1. 通过中美合作协议和前期的沟通洽谈，中美海关大致确定联合验证的时间和地点。

2. 海关总署接收 CBP 提供的经过审核的美国进口商申请验证所涉及的中国生产商、供应商企业名单。CBP 须在联合验证开始前至少提前 60 天向中国海关提供。

3. 各直属海关对美方提供的中国生产商、供应商企业名单进行审核和确定，并上报海关总署。海关总署将各直属海关审定的企业的名称和地址向 CBP 反馈。

4. CBP 通过美国进口商通知拟参与验证的中国企业，要求企业与其所在地直属海关联系，并按照《关于提交中美海关 C-TPAT 联合验证申请信的有关要求》（见附件 4）向直属海关递交书面申请和“中美联合验证项目企业自我评估表”（见附件 5）。

5. 各直属海关接受企业自愿参加验证的申请后，根据企业的整体经营管理状况和执行安全标准的情况对企业进行筛选，确定参与验证的企业的名单，并上报海关总署。

6. 海关总署在联合验证开始前至少 30 日向 CBP 反馈企业的筛选情况。

7. 海关总署和 CBP 共同与美国进口商和中国生产商、供应商企业确定最终的验证时间，并对整个验证行程作出安排。

8. 中美双方组成联合验证小组按既定行程安排对中国生产商、供应商企业进行验证。联合验证小组由中美双方各 4 人组成，由美方提供翻译。中方人员由企管部门、稽查部门和注册地海关派员组成。

9. 根据对中国生产商、供应商的验证结果，以及对相关物流、运输企业的检查结果，联合验证小组当场宣布验证结果。

10. 中美海关为通过验证的企业颁发联合签署的证书。

11. 验证结束后，海关总署和 CBP 进行联合总结，汇总验证情况和验证结果，提出需要重点关注的问题，并就下一步的合作提出建议。

4.6　**验证方法**

验证方法主要以就《安全标准》的要求提问、查看文件和记录、实地察看三种方式进行。

因 C-TPAT 标准是最低安全标准，应注意标准的强制性与实现标准方式的灵活性相结合，验证中的提问也应充分结合企业的实际情况。具体提问重点及技巧请参考附件《中美 C-TPAT 联合验证安全标准分解》（见附件 6）。

4.7　**实地验证步骤**

1. 对企业基本经营状况进行全面了解，掌握企业与 C-TPAT 验证有关的基本情况。通过查看企业“中美联合验证项目企业自我评估表”对企业情况进行初步了解，作出风险评估，确定验证重点。

2. 考察企业在《安全标准》八个方面的执行情况，并要求企业提供相关的程序文件或者记录加以证实。在验证过程中，可先逐条提问，再提出文件记录检查清单进行查看；也可在验证过程中将提问与记录检查结合进行，用文件和记录及时佐证企业的答案。

3. 通过察看企业的装卸区、成品仓库、门卫室、监控室、大门、围墙等，对企业安全状况进行实地考察。

4. 通过中美双方的联合会议充分讨论，得出验证结果，对企业尚不完善的部分提出“改进建议”。同时，针对企业比较好的做法，提出企业的“最佳实践”。

4.8　**验证结果**

联合验证的结果有三种：通过，未通过，暂未通过。其中，未通过，是指企业不符合要求，必须采取整改措施；暂未通过，是指企业未通过验证，但是可以迅速采取补救措施。

在联合验证的结果判定上，中美双方应共同协商充分讨论，严格按照《安全标准》的条款要求，有理有据地对企业作出一致的结果判定。

4.9　**整改程序**

1. 暂未通过的企业可在验证结束 90 日内进行整改；

2. 整改完成后，验证小组中方人员再次对企业进行验证；
3. 中方验证海关就企业整改和再验证情况向海关总署递交报告；
4. 整改合格之后，中国海关和美国海关将联合颁发证书。

5 附录

1. 中华人民共和国海关总署与美国国土安全部海关与边境保护局关于供应链安全与便利合作的谅解备忘录
2. 中华人民共和国海关总署与美国海关与边境保护局关于执行《中华人民共和国海关总署与美国国土安全部海关与边境保护局关于供应链安全与便利合作的谅解备忘录》行动计划
3. 海关—商界反恐伙伴计划（C-TPAT）外国制造商安全标准
4. 关于提交中美海关 C-TPAT 联合验证申请书的有关要求
5. 中美 C-TPAT 联合验证安全标准分解
6. 中美 C-TPAT 联合验证提问参考

附录 1

中华人民共和国海关总署与美国国土安全部海关与边境保护局关于供应链安全与便利合作的谅解备忘录

中华人民共和国海关总署（GACC）与美利坚合众国国土安全部（DHS）海关与边境保护局（CBP）（以下统称“参与方”或“海关当局”）

认识到促进供应链安全与便利对中华人民共和国与美利坚合众国之间贸易往来的重要性；

确信通过参与方的合作，中美供应链安全与便利将得到提升；

考虑到参与方已开展了相关成功合作，如“海关与商界反恐伙伴计划（C-TPAT）”联合验证试点项目；

希望建立并发展供应链安全与便利领域的协商机制与双边合作。

双方达成以下共识：

合作目标

参与方将建立双边沟通与合作机制，对比、研究和评估各自海关依据其本国法律和政策来管理和运行其供应链安全与便利项目的差异，包括“经认证的经营者（AEO）”管理方面的不同。这将推动参与方在可操作范围内，就供应链安全与便利的标准达成一致，并对彼此安全和守法便利项目的操作程序、管理以及监督进行一定程度的协调，包括对企业的筛选、核定、验证、复验证以及为符合安全要求和其他标准的企业提供的便利措施。

参与方将致力于分享两国海关关于货物监管的最佳实践和经验，深入认识和理解彼此海关如何有效地促进监管和便利通关，以实现保障供应链安全与便利的目标。

通过双边沟通与协调，参与方应积极完成上述研究和评估，从而为加强两国的供应链安全与便利提供基础。

工作方式

该备忘录体现了参与方的相互谅解，不受国际法的制约，不产生具有法律约束力的义务，也不给任何个人、私营的或共同的团体带来权力、特权和益处。

参与方将建立供应链安全与便利合作联合工作组。工作组将定期举行电视电话会议或轮流举行会晤。工作组将就双方共同关心的供应链安全与便利的重点问题进行磋商；对比各自供应链安全与便利相关法律、法规和规章的差异；在本国法律和政策允许范围内，相互通报彼此在执法方面的最新进展；评估已有合作并执行互利互惠的供应链安全标准与规则；探索改进和加强供应链安全与便利合作的方式方法；探讨有助于促进供应链安全与便利合作的能力建设项目。

双边合作的实施

此备忘录自参与方签字之日起生效。本备忘录的修订需经双方书面确认同意。参与方中的任一方，需提前30天以书面形式通知另一方终止本备忘录。

本备忘录于2010年5月25日在中华人民共和国北京签订，一式两份，用中文和英文写成。

中华人民共和国海关总署　　　　美国国土安全部海关与边境保护局
盛光祖署长　　　　艾伦·博森局长
（大卫·阿奎拉副局长代签）

附录2

关于执行《中华人民共和国海关总署与美国国土安全部海关与边境保护局关于供应链安全与便利合作的谅解备忘录》行动计划

前言

中华人民共和国海关总署（GACC）与美国国土安全部（DHS）海关与边境保护局（CBP）关于供应链安全与便利合作的行动计划，概括了双方在供应链安全与便利方面的合作，系中美海关在2010年5月25日北京举行的第二轮中美战略与经济对话期间签署的《中华人民共和国海关总署与美国国土安全部海关与边境保护局关于供应链安全与便利合作的谅解备忘录》（《谅解备忘录》）的实施计划。本行动计划应被视为中国海关总署和美国国土安全部海关与边境保护局合作的重要组成部分。

本行动计划旨在涵盖中华人民共和国海关总署和美国海关与边境保护局（参与双方或双方海关）在未来五年（2011～2015）内共同实施《谅解备忘录》的计划、项目及合作机制。本行动计划表明，双方将推动建立更加具有活力的双边合作，并发掘合作机会。本行动计划应被视为开放性文件，以便在其有效期内可以引入更多的行动以充实本行动计划。文件每个战略目标下包含了一系列的具体行动。

本实施计划旨在促进参与方在供应链安全与便利领域的合作。参与方将拓展现有的与供应链安全标准应用及合作项目管理有关的现有合作机制，这种合作机制使每个项目中的守法企业都能享受贸易便利措施。

参与方理解，双方实施本行动计划应符合其各自的国内政策规定；参与方要在下列方面努力合作：

1）在各自供应链安全与便利项目范畴内，相互承认最低安全标准；

2）就边境执法与供应链安全事宜相互协助，以提高工作效率；

3）根据1999年4月9日签署的《中华人民共和国政府与美利坚合众国政府关于海关互助的协定》（CMAA）开展信息互换，以促进各合作领域的政策信息及最佳实践经验交流。

双方理解，只有通过合作、定期和及时进行信息交流以及相互借鉴最佳实践才能取得成果。本行动计划旨在被用来进一步促进中美两国之间的供应链安全和贸易便利。

组织领导与协调

参与方将成立由中国海关总署副署长以及CBP副局长组成的署级指导委员会（ESC）。此委员会应（通过会晤或其他方式）每年至少举行两次会议，以听取各项合作进展报告，发现并解决行动计划实施中遇到的困难。

参与方，包括中国海关总署署长和美国CBP局长，应积极参加每年举行的中美战略与经济对话，就海关合作交流意见。

参与方应通过署级指导委员会机制，并在适当程度内，共同评估和批准新的行动项目，在《谅解备忘录》及本行动计划项下予以实施。

参与方应通过署级指导委员会机制建立联合工作组并为其开展工作提供必要的资源和支持，使其得以监督和协调双方认为相互获益的行动、项目和机制。

战略目标与行动

参与方将共同实施以下战略目标及行动：

战略目标一

通过拓展在供应链安全标准的应用、合作项目的管理以及守法企业优惠便利措施等方面的合作机制，加强在与供应链安全和便利相关的事务中的合作。

行动一

建立一个由特定业务领域专家组成的联合工作组，定期进行直接的联系沟通，讨论和解决各领域的操作性问题。工作组的构成可由指导委员会基于未来需要及资源情况予以调整。联合工作组应定期举行会议。工作组的所有成员未必出席每次会议，但希望双方海关每次至少要各派两名成员出席会议。工作组的工作方式和成员变更由参与方商定。参与方应在60天内将成员变更情况通知对方。工作组的组成见附件1。

工作组应负责本供应链安全与便利实施计划以下部分的执行。

完成期限：2010年10月，建立总联络人机制和联合工作组。

行动二

确立双边会晤的时间表。会议应轮流在中国或美国定期举行，可以是面对面会议，也可通过电视或电话会议的方式进行。在会晤之前制定好议程以助于会议的进行。双方已经于2010年8月16日至17日在中国北京召开首次会议，讨论了两国海关的目标以及实施计划。

完成期限：2011年8月，确定2011～2012年会议时间表。

行动三

通过相互交流信息、资料及培训来研究并澄清彼此海关供应链安全项目的相同点和不同点，明确每个项目所适用的法律、法规和安全标准。分享货物监管的最佳做法，以提高对高风险货物的甄别。在对材料的研究、磋商和相关培训完成后，分别赴对方海关对其供应链安全认证项目开展2～4次实地观摩。

完成期限：2012年1月，完成材料的研究；2012年6月，完成实地观摩。

行动四

在联合验证成功试点的基础上，拓展联合验证试点，并采用更为简化的程序，针对C-TPAT美国1级成员企业和其他以中国为主要供货基地的美国进口商的中国供应商进行联合验证。详细计划见附件2。

在2011年和2012年各进行100家中国企业联合验证，以便利中国出口（美国进口）货物进入美国并提高货物在国际供应链流动中的安全性。对联合验证效果和继续联合验证的必要性进行衡量和评估，以确定在来年中是否及怎样继续开展联合验证。

完成期限：2011年5月，批准联合验证的程序；

2011年5月至12月，开展100家中国企业联合验证；

2012年1月至12月，开展另一轮100家中国企业联合验证；

2013年1月至12月，对联合验证效果和继续联合验证的必要性进行衡量和评估，以确定是否继续开展联合验证及将采用的方法。

行动五

参加方应认识到AEO（经认证的经营者）互认能够加强两国企业的贸易便利。在完成双方供应链安全项目比较研究和实地观摩后，双方应探讨安全项目中AEO互认的可行性。双方在比较研究和实地观摩结束后启动AEO互认磋商，并力争在较短时间内完成准备、磋商以及AEO互认文件的签署工作。

完成期限：此期限应被视为不断推进的期限，以 2012 年 9 月启动互认磋商为目标。互认磋商以下列重要步骤为前提：

1）双方对彼此安全项目的要求和比对分析进行过满意的研究；

2）双方对实地核查工作表示满意；

3）双方在行动 4 所涉的联合验证中进行了成功合作。

战略目标二

加强参与方与贸易界的合作与协调，以提升海关—商界伙伴关系，促进供应链安全与便利。

行动一

探讨各自海关与商界之间的互动，以在便利合法贸易的同时加强供应链安全。双方海关可以联合与两国商界代表举行会晤，更好地了解商界的需求和看法，促进两国的供应链安全与便利。

完成期限：2012 年 3 月。

战略目标三

加强中美海关执法合作，加大打击商业瞒骗、走私等不法行为的力度，并通过互相交流最佳做法和经验，最大限度减少挑战供应链安全的因素。

行动一

参与方可以探讨如何在中美《海关互助协定》框架下围绕信息交换及在执法事务中相互协助问题加强合作。

完成期限：待定或经请求。

行动二

双方探讨开展能力建设的短期培训合作，并开发长期的专家交流与互访项目。

完成期限：待定。

一般性规定

本行动计划是在《中华人民共和国海关总署与美国国土安全部海关与边境保护局关于供应链安全与便利合作的谅解备忘录》的框架内制定和实施的，体现了中国海关总署和美国海关与边境保护局之间的合作共识与行动。

本行动计划不具有法律约束力。不应被视为具有强制效力并可产生实质性或程序性权利和利益，或被第三方用来针对双方海关及其官员、雇员、代理人以及相关人。各参与方及其执行机构在本行动计划下进行的所有活动都必须符合国内适用法律法规，同时必须符合参与方政府是缔约国的国际协定和安排。

本行动计划项下的信息共享应符合 1999 年 4 月签署的《中华人民共和国政府与美利坚合众国政府关于海关互助的协定》的规定，特别是关于信息保密的相关规定。

参与方将各自负担其实施本行动计划所产生的费用，包括旅行和培训所需的费用，参与双方所有活动将取决于各自海关的资金及人力资源可承受范围。

2011 年 5 月 9 日在哥伦比亚特区华盛顿市用英文和中文签署，一式两份。

中华人民共和国海关总署　　　　美国国土安全部海关与边境保护局
于广洲 署长　　　　艾伦 · 博森局长

附件 1

联合工作组组成

中国海关主要联络人：

赵儒霞，国际司副司长

党英杰，国际司国际合作一处处长

高翔，国际司国际合作一处主任科员

美国海关主要联络人：

查尔斯·斯托尔沃思（Charles Stallworth），美国海关与边境保护局代理助理局长
国际司亚洲事务处处长
国际司中国事务科员
中国海关供应链安全与便利工作组成员：
乔进明，稽查司企管处处长
邵伟坚，稽查司企管处副调研员
陈建平，稽查司稽查二处主任科员
张彤，国际司国际合作一处副主任科员
朱天一，上海海关企管处副科长
黄翠蓉，深圳海关企管处副科长
美国海关供应链安全与便利工作组成员：
布拉德·斯金纳（Bradd Skinner），C-TPAT/商界伙伴项目处处长
韦恩·科恩曼（Wayne Kornmann），C-TPAT 洛杉矶办公室主任
卡洛斯·奥乔亚（Carlos Ochoa），C-TPAT 总部地区工作办公室项目经理驻中国海关专员
国际司中国事务科员

附件 2

联合验证程序

一、总体原则

1. 联合验证应基于 C-TPAT 最低安全标准，如可行，中国海关总署可以提出供应链安全的相关问题，使其符合中国企业分类管理办法——AA 类企业管理标准。

2. 中国海关总署将主导验证工作，通过该工作增进对彼此供应链安全项目的理解。

3. 美国海关在获得成员企业的同意后将向中国海关提供需验证企业的名称和地址。验证地点将有多个，并且由双方事先商定。

二、操作原则

1. 美国海关将在联合验证开始前至少提前 60 天向中国海关提供需验证企业的名称和地址。中国海关将在联合验证开始前至少提前 30 天向美国海关反馈企业的筛选情况。

2. 中国海关验证小组最多由 4 人组成。

3. 美国海关验证小组最多由 4 人组成。

4. 美国进口商和中国供应商的企业代表将参加验证。

5. 中国海关将向美国海关验证专门人员制发邀请信。

6. 联合验证开始前，联合验证小组将举行内部会议，讨论验证的安排和具体事宜。

7. 每次验证，美国海关将提供口译译员。

三、验证过程

1. 美国海关对申请验证的企业进行审核后，通过指定的联络员通知中国海关。

2. 中国海关审核并确定美方提供的验证企业。

3. 中国海关和美国海关共同与美国进口商和中国制造商/供应商企业确定验证日期。

4. 美国海关将通过美国进口商协调并明确访问物流和运输企业的时间后，通知中国海关这些企业的名称和地址，并与中国海关确定最终的访问日期。

5. 根据对中国制造商/供应商的验证结果，以及对相关物流/运输企业的检查结果，中国海关与美国海关将为通过验证的每家制造商/供应商企业联合颁发证书。未通过验证的企业将分为：

暂未通过，即企业未通过验证，但可以迅速采取整改措施；未通过，即企业不符合要求，必须采取整改措施。

6. 未通过验证的企业，将在验证结束90天内进行整改。经中国海关和美国海关确认所有整改措施均已完成、合格之后，中国海关和美国海关随后将联合颁发证书。

7. 对获准参加验证项目的公司的验证结束后，中国海关和美国海关将联合编写验证报告，反映验证结果，提出任何一方关注的问题，并就下一步合作提出建议。

附录3

海关—商界反恐伙伴计划（C-TPAT）外国制造商安全标准

本最低安全标准是为使外国制造商实施高效安全实务以优化供应链的绩效，从而减少恐怖分子及恐怖主义的实施行为通过丢失、盗窃和走私货物渗入全球供应链的危险而设计的基本结构单元。犯罪团伙通过内部阴谋破坏世界商贸活动的倾向和活动范围要求公司，尤其是外国制造商，提高它们的安全实务。

外国制造商至少必须每年一次，或者根据情况的需要，比如在高度警戒、发生安全违反或安全事故的期间，根据下面所述的C-TPAT安全标准对它们的国际供应链进行全面评估。如果外国制造商将它们供应链的某些部分外包或承包给比如另一个外国机构、仓库或其他部门，则外国制造商必须与这些商业伙伴一起确保在整个供应链中相关的安全措施都得以实施和遵守。C-TPAT所定义的供应链是指从原发点（制造商/供应商/卖主）一直到销售点的整个过程，并且适用于C-TPAT成员所使用的各种不同的商业模式。

C-TPAT认识到国际供应链及安全实务的复杂性，并且支持基于风险的存在而对安全措施的应用和实施①。因此，本计划允许基于成员的商业模式而灵活实施客户化的安全计划。

本文所列举的适当的安全措施必须基于风险的性质在外国制造商的整个供应链中得以实施和维持②。

商业伙伴要求

外国制造商对于商业伙伴的选择，包括承运人、其他制造商、产品供应商和卖主（零件和原材料供应商等）必须有书面的、可核准的程序。

安全程序

对于那些符合C-TPAT认证条件的商业伙伴（承运人、进口商、港口、码头、经纪人、并装业者等），外国制造商必须有文件证据（比如C-TPAT证书、SVI编号等）表明这些商业伙伴是否经过C-TPAT认证。

对那些不符合C-TPAT认证条件的商业伙伴，外国制造商应要求它们的商业伙伴出示它们达到C-TPAT安全标准的书面/电子确认书［比如合同义务，由商业伙伴的一位高级官员签字保证合规的信件，由商业伙伴出示一份书面声明表明其符合C-TPAT安全标准或一个外国海关主管部门管理为世界海关组织（WCO）所认可的同等安全计划的要求，或者提供一份完整的外国制造商安全问卷］。基于一项被记录的风险评估程序，外国制造商必须对不符合C-TPAT条件的商业伙伴进行核准，以验证其是否达到C-TPAT的安全标准。

原发点

外国制造商必须确保商业伙伴遵照C-TPAT安全标准制定安全程序和规程，以强化在原发点装运、组装或制造的完整性。基于风险的性质应对商业伙伴的程序和设施定期进行审核，并且保持外国制造商所要求的安全标准。

参与外国海关主管机关的供应链安全计划及获得认证的情况

获得外国海关主管机关管理的供应链安全计划认证的当前或未来的商业伙伴应被要求向外国制造商表

---

① 外国制造商应基于它们的商业模式对它们整个供应链中存在的风险有记录在案的、可核准的确定程序（运输量、原产国、航线、C-TPAT成员资格、通过公开信息渠道获悉的潜在恐怖威胁、存在的安全隐患、过去的安全事故等）。

② 外国制造商应基于它们的商业模式对它们整个供应链中存在的风险有记录在案的、可核准的确定程序（运输量、原产国、航线、C-TPAT成员资格、通过公开信息渠道获悉的潜在恐怖威胁等）。

明其参与计划的状况。

安全程序

对于运往美国的货物，外国制造商应监督将运输服务分包给其他承运人的C-TPAT承运人用的是其他为C-TPAT所批准的承运人，或者如果是非C-TPAT批准的承运人，则其达到商业伙伴要求里所描述的C-TPAT安全标准。

因为外国制造商须对将货物装运上拖车或集装箱负责，因此它们应该与承运人一起工作以确保在装运时实施了有效的安全程序和控制措施。

集装箱及拖车的安全

集装箱及拖车的完整性应得到维护，以确保不会混入未经许可的物品和/或人。在装运货物的时候，应该有恰当地贴封条、保持装运集装箱和拖车的完整性的程序。所有运往美国的装有货物的集装箱和拖车都必须贴上高度安全封条。所有封条都必须符合或超出现行PAS ISO 17712对高度安全封条的标准。

在风险评估有理由要求检查集装箱或拖车是否藏匿有人员或走私货物的地理区域，在制造场所或装运地应该有检查是否存在该等风险的程序。

集装箱检查

在装运前应该有查验集装箱结构物理完整性的程序，包括门的锁闭系统的可靠性。本计划建议对所有集装篇进行如下检查程序：

前壁；左侧；右侧；地板；顶部；内/外门；外部/起落架。

拖车检查

在装运前应该有查验拖车结构物理完整性的程序，包括门的锁闭系统的可靠性。本计划建议对所有拖车进行如下7点检查程序：

第五轮区域——检查自然隔间/车底护板；外部——前面/侧面；尾部——保险杠/门；前壁；左侧；右侧；地板；顶部；内/外门；外部/起落架。

集装箱及拖车的封条

集装箱和拖车的封条，包括封条持续的完整性，是一条安全的供应链的重要组成部分，并且是外国制造商忠实执行C-TPAT计划的关键部分。外国制造商必须给所有运往美国的装有货物的集装箱和拖车贴上高度安全封条。所有封条都必须符合或超出现行PAS ISO 17712对高度安全封条的标准。

应该制定有书面的程序规定对封条的管理以及如何贴到装有货物的集装箱和拖车上，包括识别和向美国海关和边境保护局或适当的外国主管部门报告受损的封条和/或集装箱/拖车的程序。只有被指定的雇员才能分发表示完整性的封条。

集装箱和拖车的存放

受外国制造商控制或位于外国制造商场所的集装箱和拖车必须被存放在安全的区域，以免有未经许可的人员进入和篡改。应该有报告和解决未经许可擅自进入集装箱/拖车或集装箱/拖车的存放区域的程序。

物理进入控制

进入控制用来防止未经许可进入设施的现象，维持对雇员和来访者的控制及保护公司的财产。进入控制必须包括在所有的进入点对所有雇员、来访者和卖主的积极识别。

雇员

应该安装雇员识别系统以便进行积极的识别和进入控制。只有确有工作需要的人才能被允许进入安全区域。公司管理人员或安全人员必须对雇员、来访者和卖主的识别标志的发放和回收进行恰当的控制。发放和回收识别标志及更换进入手段（比如钥匙、钥匙卡等）的程序必须被记录在案。

来访者

来访者在抵达时必须出示带有照片的身份证明以作记录。所有来访者都必须有人陪同，并且必须可视地展示临时性的识别标志。

交货（包括邮件）

所有卖主在抵达时必须出示适当的卖主身份和/或带有照片的身份证明以作记录。所有运达的包裹和邮件在散发出去前必须定期进行检查。

质询及将未经许可进入的人员带离现场

应该有识别、质询和确认未经许可进入/身份不明的人员的程序。

个人安全

应该有审查预期雇佣的雇员和定期审查现有雇员的程序。

雇佣前审核

在雇佣员工前应审核申请表信息，比如雇员的工作经历和推荐信。

背景检查/调查

对于预期雇佣的雇员应按照外国法规的规定检查和调查其背景情况。在雇佣员工后，应根据事情的原由和雇员职位的敏感性对其进行定期检查和调查。

个人离职程序

公司对于离职的雇员必须有去除身份证明标志、设备和进入系统设施的程序。

程序安全

应该制定有确保供应链中货物在运输、搬运和存放过程中的完整性和安全性的安全措施。

文档程序

应该制定有程序确保用于商品/货物清理的所有信息易读、完整、准确，以及不会被更改、丢失或引入错误的信息。文档控制必须包括保护计算机不被擅自闯入及保护计算机信息的程序。

报告程序

为确保货物的完整性，必须有确保从商业伙伴处接收到的信息被准确和及时报告的程序。

装运和接收货物

被装运后将要离岸的货物应该与货物单的信息相符。货物应该被准确地描述，重量、标签、标记和件数应被列明和核准。离岸的货物应该与购货订单或装运订单上的内容进行校对。在货物被接收或发放前应对装运或接收货物的驾驶员进行积极的身份认定。同时还应该建立跟踪进出货物即时动向的程序。

货物差异

所有货物的短缺、超额和其他重大的差异或异常情况都必须得到合理的解决和调查。如果发现有异常情况、非法或可疑活动，必须报告海关和/或其他适当的执法机关。

物理安全

位于国际场所的货物搬运和存放设施必须安置有物理障碍物和制止物以阻止人员未经许可进入里面。在适用的范围内，外国制造商应在它们的供应链中始终遵循以下的 C-TPAT 物理安全标准。

围栏

货物搬运和存放设施的区域四周必须用围栏包围起来。货物搬运装置应该有内部围栏以将国内、国际、高价值和危险品货物隔离开。所有的围栏都必须经常检查其完整性及是否有损坏现象。

大门和门房

车辆和/或人员进出的大门应该有人把守和/或被监视。大门的数量应该在保证适当进出和安全的基础上尽可能保持最少。

停车场

私人载客车辆应被禁止进入停车场或临近货物搬运和存放区域。

建筑物

建筑物的建筑材料应能阻止非法进入。通过定期检查和维修保持建筑物的完整性。

锁闭装置和钥匙控制

所有外部和内部的窗子、大门和围栏都必须有锁闭装置以确保安全。管理人员或安全人员必须控制所有锁和钥匙的发放。

照明

在设施的内部和外部应该有适当的照明设施，包括在以下一些区域：进口和出口、货物搬运和存放区域、围栏线和停车场。

警报系统和监视摄像头

应该安装警报系统和监视摄像头，以监视货物搬运和存放场所，以及防止未经许可的人员进入货物搬运和存放区域。

信息技术安全

口令保护

自动化系统必须使用需要定期更换口令的个人担保账户。必须制定并实施信息技术安全政策、程序和标准，同时应对雇员进行培训。

解释责任

必须有识别滥用信息技术，包括不当进入、干扰或篡改商业数据的体系。所有扰乱系统的人都必须因其滥用信息技术的行为而受到适当的纪律处分。

安全培训及忧患意识

安全人员应该制定并保持一项忧患意识计划，以便识别及培养对供应链的各个点上恐怖分子和走私者所带来的威胁的意识。雇员必须了解公司应对某种状况及如何进行报告的程序。对在装运和接收货物领域工作，以及接收和打开信件的雇员应该进行额外的培训。

此外，应该提供特定的培训以帮助雇员保持货物的完整性，识别内部阴谋及保护进出控制。这些计划应该给积极参与的雇员提供奖励。

附录 4

参加中美 C-TPAT 联合验证的申请书

__________海关：

经自我评估，本公司已符合中美 C-TPAT 联合验证安全标准，自愿申请参加中美 C-TPAT 联合验证。本公司保证积极配合由中美海关联合组成的验证小组的验证。

附件：中美 C-TPAT 联合验证项目企业自我评估表

（企业签章）
年　月　日

附件

中美 C-TPAT 联合验证项目企业自我评估表

企业名称（中）：	企业海关编码：
企业名称（英）：	海关管理类别：
联系人：	联系电话：
企业地址（中）：	企业地址（英）：

安全检查项目	条款	是否做到	具体说明
是否在公司内部进行综合性供应链评估。	C-TPAT（#1）		
如果仓库、运输或者其他供应链环节有外包服务，公司要有必要的和恰当的货物安全措施来确保从发货端到客户端的全程运作。	C-TPAT（#1）		
是否存在有章可循的书面操作流程来筛选和确定业务合作伙伴、外包生产商、零部件供应商。	C-TPAT（#2）		
如果业务合作伙伴已经通过 C-TPAT 认证，需要提供相应的资质证书和企业认证代码。	C-TPAT（#3）		
对于已经符合 C-TPAT 操作规范但尚未取得证书的业务合作单位要求在双方合同中约定同等的安全要求，或者由对方公司授权管理人员出具承诺书来保证对方的操作符合 C-TPAT 或者国际海关组织认可的操作规范。	C-TPAT（#4）		
对尚未符合 C-TPAT 操作规范的合作单位要通过定期的审核和考察促使其按照 C-TPAT 要求进行业务操作。	C-TPAT（#5）		
为了确保合作伙伴在发货端的操作规范，公司要在风险评估基础上对合作伙伴的操作流程和硬件设施进行定期评估。	C-TPAT（#6）		
如果合作伙伴通过国外供应链安全认证，也可以被认同为取得等同于 C-TPAT 的规范水准。	C-TPAT（#7）		
在签约合作伙伴的时候要参考对方的财务状况、运作安全水准、提升安全水平的能力。	C-TPAT（#8）		
具备货柜的整体安全防范措施，以防止未经授权的人员接触和物品进入货柜。	C-TPAT（#9）		
在装车环节有操作流程指导正确锁柜手续以确保货柜的整体安全性。	C-TPAT（#9）		
所有的集装箱封锁都符合 PAS ISO 17712 规范。	C-TPAT（#9）		
有操作规范指导装车之前检查集装箱的箱体安全，包括前门、左侧箱体、右侧箱体、地面、箱顶及车架。	C-TPAT（#10）		
检查拖车的 CHECKLIST 要保存完整并恰当保留。			
有书面操作规范来管控集装箱封锁的使用。	C-TPAT（#11）		
有流程指导向边检单位汇报封锁破损事故。	C-TPAT（#11）		
只有特定人员才能分发和使用封锁。	C-TPAT（#11）		
货柜要停放在安全区域以防止未经授权人员的接触和非法侵入。	C-TPAT（#12）		
有安全指引规范来制止和汇报非法进入集装箱或者仓库区域。	C-TPAT（#12）		
门禁系统能够防范未经许可的人员进入公司场地。	C-TPAT（#13）		
公司入口处具备公司员工、访客和供应商的甄别程序。	C-TPAT（#13）		
电子门禁系统的应用。			
人工出入管理。			
电子门禁系统与人工出入管理同时应用。			
门禁系统具备员工身份主动识别功能。	C-TPAT（#14）		
员工只允许进入与工作相关的区域。	C-TPAT（#14）		
以书面形式记录和控制钥匙、钥匙卡和员工卡的发放与申领。	C-TPAT（#14）		
参观者在进入供应链设施前需要提供带有相片的身份证明。	C-TPAT（#15）		
所有访问者都有公司员工陪同参观访问，并佩戴临时访问工牌或标签。	C-TPAT（#15）		
公司定期对收到的信件与包裹在分发前做安全检查。	C-TPAT（#16）		
识别未授权人员的程序。	C-TPAT（#17）		

安全检查项目	条款	是否做到	具体说明
筛选待雇人员，定期核查现有人员，核实雇员入职前的历史信息。若规定允许，要调查可能的雇员的背景。	C-TPAT（#18）		
员工一旦离职，所有进入办公区域、系统登录等员工身份识别功能立即失效。	C-TPAT（#19）		
公司的业务流程能够保证整个运输、仓储及发货过程的完整性与安全性。	C-TPAT（#20）		
货物信息要完整准确。电脑的使用要能保护信息的安全。	C-TPAT（#21）		
从业务合作伙伴接收的货物信息要及时准确。	C-TPAT（#21）		
收货程序保证实物与单据一致。对货物的重量、标签、标志和实际点数作定期审核。	C-TPAT（#22）		
发运货物要与客户订单或发货单保持一致。	C-TPAT（#22）		
收发货前要核实司机身份。	C-TPAT（#22）		
任何货物信息差异要及时解决。	C-TPAT（#22）		
发现可疑问题要通报给上级。	C-TPAT（#22）		
制定安全防范的计划，使雇员都明白如何处理收货、发货区域，以及邮件包裹处理的安全隐患。	C-TPAT（#23）		
进行确保货物完整性，判别内部共谋与资产保护的培训。	C-TPAT（#23）		
要扬善惩恶地鼓励雇员参与。	C-TPAT（#23）		
发货区域和存储区域具有隔离设施以防止非法侵入。	C-TPAT（#24）		
货物的装卸、储存区域要围起来，不能有漏口。	C-TPAT（#24）		
国内和国际发货、高价值货物、危险品货物等操作具有内部隔离设施。	C-TPAT（#24）		
公司对隔离设施定期安排检查。	C-TPAT（#24）		
建筑设施门口有人员监控出入。	C-TPAT（#24）		
私家车位必须严格远离发货和仓储区域。	C-TPAT（#24）		
进行发货和仓储的建筑物的建筑材料及结构能够足够防范人员非法侵入。	C-TPAT（#25）		
对建筑物进行定期检查以确保安全设施的完整性。	C-TPAT（#25）		
建筑物外部的门窗和隔离设施必须保证完好上锁。	C-TPAT（#25）		
锁和钥匙的使用要有书面的控制流程。	C-TPAT（#25）		
在建筑物的出入口、发货和仓储区域、外墙隔离带及停车场区域都要有足够的照明设施。	C-TPAT（#25）		
公司场地内具有报警设备。	C-TPAT（#25）		
公司场地内具备摄像监控设备。	C-TPAT（#25）		
与供应链安全有关的信息系统要求个人账户有密码控制并且要经常变换密码。	C-TPAT（#26）		
公司信息安全政策有书面记录并且员工培训到位。	C-TPAT（#26）		
数据管理程序判断，规范不恰当的公司网络和操作系统登录。	C-TPAT（#26）		

附录 5

中美 C-TPAT 联合验证安全标准分解

为强化中方验证人员对《海关—商界反恐伙伴计划（C-TPAT）外国制造商安全标准》（以下简称《安全标准》）条款的理解，充分熟悉验证的步骤，了解验证的目标任务，并灵活运用相应的验证方法，特将《安全标准》按照验证要求和验证内容作如下分解。

一、了解企业基本状况

验证要求：了解企业基本状况，确定验证内容及提问方向。

验证内容：

1. 了解企业的基本状况、规模大小、员工状况等；

2. 了解企业业务数据，包括年销售额、对美贸易、贸易伙伴、货物出口情况等与验证有关的数据；

3. 了解企业是否通过其他进口商或第三方验证、认证的情况。

验证方法：实际验证中可由企业介绍，也可通过提问了解。对于已通过第三方验证、认证或者其他进口商认证的，应查看相应的证书等资料。

二、针对安全标准的八个方面进行检查和提问

（一）商业伙伴要求

安全标准：

1. 企业对于商业伙伴的选择，包括承运人、其他制造商、产品供应商、零件和原材料供应商等必须有书面的、可被验核的程序。

2. 企业对商业伙伴必须有安全方面的要求，以确保货物从货物装箱到港口出口过程中得到有效的控制。

验证内容：

1. 企业的商业伙伴具体有哪些。

2. 与企业合作的货代公司、承运的卡车公司、船运公司是由谁选择的。

3. 企业是否有明确的措施和程序对商业伙伴进行选择和辨别，以确保其具有健全的财务管理以及发现和根据需要纠正安全问题的能力。譬如合作前是否进行安全审查，是否进行过实地审查，合作后是否基于风险定期再进行审查。

4. 如果这些合作伙伴尚未通过 C-TPAT 安全验证，是否在合同中列明了合作伙伴须采取与 C-TPAT 安全要求相等的安全措施，以确保货物安全。

5. 企业和商业伙伴如何共同协作以确保在整个货物的装运过程中实施了有效的安全程序和控制措施。

验证方法：

通过提问了解相关情况；通过查看企业程序文件，确认企业对业务伙伴的选择是否有规范的程序；通过查看与业务伙伴的合作合同，确认是否采取相关控制措施；通过询问卡车公司，了解货物运输过程中安全控制情况。

（二）集装箱及拖车的安全

安全标准：

1. 必须维护集装箱及拖车的完整性，以确保不会混入未经许可的物品或人员。企业必须有装运货物时如何施加封志和保持装运集装箱及拖车完整性的程序规定。所有运往美国的装有货物的集装箱都必须施加高安全性的封志。所有封志都必须符合或超出现行 PAS ISO 17712 对高度安全封志的标准。

2. 必须在规定的区域对集装箱及拖车是否藏匿有人员或走私货物进行检查。企业必须有检查是否存在此类风险的程序。

验证内容 1：

企业必须制定程序文件，在装货前核查集装箱结构的物理完整性。检查应当采取“七点检查法”（即对集装箱按照以下顺序检查：前壁、左侧、右侧、地板、顶部、内/外门、外部/起落架）。

验证方法：

通过询问相关责任人，了解企业如何落实集装箱及拖车的安全情况。可以检查企业的集装箱及拖车安全程序文件是否齐全，是否在程序中详细描述了检查的方法、步骤、工具、具体要求及相关责任人等；检查集装箱检查的记录，譬如集装箱检查表，也可查看数码照片等书面材料和装货过程的监控录像。

验证内容2：

1. 集装箱关闭后，对于运往美国的所有载货集装箱上必须施加高度安全性的封志。所有封志的安全高度必须符合或超过当前 PAS ISO 17712 标准。

2. 对封志的管理以及如何施加到装有货物的集装箱和拖车上应当制定书面的程序规定，包括识别并向海关或相关执法部门报告封志或集装箱受损的程序。

3. 应当只有指定的员工有权分发集装箱封志。

验证方法：

查看集装箱及拖车安全的书面程序文件，检查企业对于封志的书面程序文件及其执行情况；检查企业有无识别及如何识别高安全性的封志。

了解企业由何人何时如何保管封志，了解企业如何在载货的集装箱上加封志；检查企业程序文件中是否包括发现封志或集装箱破损或异常情况时向海关或相关执法部门报告的程序。

验证内容3：

1. 集装箱必须储存在安全的区域，防止未经授权的人员接触或破坏。

2. 必须制定报告程序，防止未经授权的人员进入集装箱或集装箱储存区。

验证方法：

通过查看程序文件和提问了解企业对集装箱存放的管理方法，是否有专门的受控区域，是否通过设置栏杆或者通过服装厂牌等标志区分的方法对装箱区人员出入进行控制，对可疑人员是否保持安全警觉，是否有清晰的监控摄像等。

（三）进入控制

安全标准：

1. 进入控制用来防止未经许可擅自进入，维持对雇员和来访者的控制及保护公司的财产。

2. 进入控制必须包括在所有的进入点对所有雇员、来访者和卖主的积极识别。

验证内容1：

1. 对于本企业员工，必须有一个员工识别系统，以便证实员工的身份，进行通行管制；

2. 员工只应当被允许前往与其职责相关的保安区域；

3. 对于通行装置（如钥匙、进门卡）的发放、撤除、改动必须进行记录，要有相关的程序规定。

验证方法：

询问企业如何区分员工和外来人员，譬如是否通过厂牌、服装、打卡、识别系统等进行区分。可查看厂牌包括哪些信息，或者了解企业所使用的各种识别系统的工作方法。

询问企业是否对员工出入权限加以控制，如何进行控制，譬如是否通过门禁系统控制，还是在敏感区域外张贴可进入的名单照片等。

企业对在职和离职人员身份如何管理，何人负责身份识别和通行装置发放。可查看员工离职管理的程序文件，检查离职人员离职后相关物品回收记录等。

验证内容2：

1. 对于来访者（包括送货人员和邮差），所有来访者在到达时必须出示带有照片的身份证件，并进行记录；所有来访者都应当有人陪同，并且醒目地佩戴临时身份证件。

2. 所有运达的包裹和邮件在散发出去前应当定期进行检查。

验证方法：

通过询问，了解企业对来访人员和车辆的处理程序，可查看对外来人员管理的程序文件，查看来访登记记录，也可在实地验证中观察企业的管理方法；了解企业对包裹邮件的处理规定，可查看包裹邮件的检查发放记录。

验证内容3：

1. 对于未经许可进入的人员或者身份不明的人，必须制定程序对其进行识别和盘问，并作出适当处理。

2. 必须指定专人（保安、员工等）防范未经许可的出入；必须制定有关未经授权人员的通知政策或逐级报告要求。

3. 对于发现可疑人员或恐怖分子，应当有给予奖励的机制。

验证方法：

询问企业如何处理可疑人员，由谁负责盘查，可查看企业程序文件，是否有对可疑人员盘问和处理的规定；询问企业是否有巡逻监控等措施，以防止未经授权人员的进入；询问企业是否有发现可疑人员或恐怖分子的奖励措施，查看企业程序文件和奖励发放记录。

（四）人员安全

安全标准：必须制定对拟聘用员工进行审查的程序，并定期审查现有人员。

验证内容1：

1. 在聘用之前，对拟聘用的人员的就业经历和推荐人等申请信息必须予以核实。

2. 对于拟聘用的人员，应当有进行背景核查与调查的程序；在聘用之后应当基于特定原因或员工职务的敏感度定期进行核查和重新调查。

验证方法：

检查企业程序文件，查看是否有背景调查的规定；可通过询问了解企业实际操作，何时进行调查，如何调查的，聘用之后是否进行再调查，并检查相关的调查记录。

如果企业有外聘人员，同样需要了解如何进行背景调查，可检查服务合同中是否有对提供服务的公司派往该企业工作的人员进行背景调查的要求。

验证内容2：

企业必须制定程序，收回被解聘员工的身份证明标志，禁止其出入企业，禁止其使用企业的信息系统。

验证方法：检查企业程序文件，是否有关于离职如何处理的条款，了解离职后厂牌等身份标志如何处理等。可查看相关的记录。

（五）程序安全

安全标准：必须制定有确保供应链中货物在运输、搬运和存放过程中的完整安全的措施。

验证内容1：

1. 在文件处理上，必须制定程序，确保在货物通关时使用的信息清晰、完整、准确，并能够防止信息的交换、丢失或错误。

2. 文档控制必须包括保护计算机不被擅自闯入及保护计算机信息的程序。

3. 必须制定报告程序，确保业务伙伴提供的信息得到准确而及时的报告，以确保境外货物的安全。

验证方法：

调取近期出运到申请验证的美国进口商的出运文件记录，检查单据的信息清晰度、完整性和准确性，并可以与其他集装箱检查或车辆出入登记等资料相互佐证；询问企业相关单据的制作保存情况；可询问企业制作单据的计算机管理保护的情况。

部分内容也可在信息技术安全中再一并了解。

验证内容2：

1. 在货物的接收上，货物运抵时应当根据货物清单信息进行核对，应当对货物作出准确描述，核实重量、标签、标记和数量。

2. 应当根据订单或交货单核查装运货物。

3. 必须在货物收发之前验明出运货物或接收货物的驾驶员的身份。

4. 所有货物的短缺、超额和其他重大的差异或异常情况都必须得到合理的解决或调查。

5. 如果发现有异常情况、非法或可疑活动，必须报告海关或其他相关的执法部门。

验证方法：

询问企业对货物接收和发运时清点登记核对等的职责分工及日常管理情况；询问企业如何对司机身份进行检查确认；检查程序文件，是否存在对发生短缺、超额和其他重大异常情况时的解决程序规定，是否有发现重大异常情况报告海关和其他相关执法部门的程序规定。

（六）安全培训和警觉意识

安全标准：企业负责安全管理的人员应当制定并实施保持安全警觉意识的项目，帮助员工了解恐怖分子在供应链各个环节构成的威胁，提高安全警觉意识。

验证内容：

1. 必须让员工了解公司的现行程序，使员工知道如何应对和报告每一种情况。

2. 应当对装卸场所的工作人员以及负责收发和开拆邮件的人员提供进一步培训。

3. 应当提供专门培训，协助员工保护货物安全，保持对内部人员作案的警觉性，维护出入管制措施。

4. 应当设立激励措施以鼓励员工积极参加此类项目。

验证方法：

通过询问，了解员工对于可疑人员、内部阴谋等的识别和处理。了解企业是否存在对员工进行的各类培训，相应培训的内容、方式、规模等；了解企业是否对员工进行反恐培训，培训内容有哪些，培训的频率等；了解企业是否有针对 C-TPAT 项目进行的培训，培训范围和内容等。

检查程序文件中是否有针对某个岗位人员进行何种培训的规定。可检查培训记录，具体查看记录培训的内容。

（七）场所安全

安全标准：

货物装卸和储存设施必须有实物隔离栏杆，以防止未经授权人员出入。在进口商的整个供应链中，围栏、大门和门房、停车、建筑结构、锁和钥匙管制、照明、警报系统和录像监测设备应当符合 C-TPAT 实地安全标准。

验证内容 1：围栏

货物装卸和储存设施场地周围必须用围栏包围起来；货物装运设施内部应当有隔离设施，把国内、国际、高价值和危险货物分开存放；对所有围栏必须定期检查，以防损坏。

验证方法：询问企业是否有围墙，围墙材质及相关高度等，是否有人负责检查围墙完整性，可检查围墙检查和修理的记录；检查货物装卸和储存设施场地周围是否有围栏进行隔离；询问成品仓库内部是否把国内、国际、高价值和危险货物分别存放。该项内容也可在实地验证时加以检查。

验证内容 2：大门和门房

车辆及人员入口必须有人站岗或进行监控；大门的数量应该在保证适当进出和安全的基础上尽可能保持最少。

验证方法：询问企业大门数量及各自用途，询问保安人数、工作时间、轮岗情况等。可在实地验证时通过实地观察及查看监控系统等进行检查。

验证内容 3：停车

应当禁止私人车辆在货物装卸和储存区域或其附近停放。

验证方法：询问是否分开存放，是否对停车进行管理，也可在实地验证中进行观察。

验证内容 4：建筑物

建筑物的建筑材料必须能够防止非法进入；必须对建筑物进行定期检查和修理，确保其完好性。

验证方法：询问企业办公楼及车间的管理状况，询问检查修理的职责分工情况，可检查程序文件的规定，查看相关记录，也可实地验证时查看。

验证内容 5：锁和钥匙管制

所有外部和内部窗、门和围栏必须加装安全装置，管理人员和安全人员必须控制分发所有的锁和钥匙。

验证方法：询问门窗是否上锁，实地查看时加以检查；询问企业钥匙管理情况，查看企业钥匙发放及回收的记录。

验证内容 6：照明

设施内外必须提供足够的照明，包括下列区域：入口和出口、货物装卸和储存区域、围墙沿线、停车区域。

验证方法：询问是否有相关照明，谁负责控制照明及照明设施的检查情况。可在实地验证中加以检查。

验证内容 7：警报和监控系统

企业应当安装警报系统和录像监控设备，对货物的搬运和存放场所进行监控，防止未经授权人员出入货物装卸和储存区域。

验证方法：

询问企业是否安装警报系统，其工作原理，是否有定期检查及维修记录，是否有报警记录；询问企业是否安装监控系统，谁负责监控，了解监控摄像头的个数、分布情况、类型等；了解企业在敏感区域是否安装监控，摄像头的位置、角度、照明是否可以满足敏感地区监控需要；了解监控录像保存时间。以上内容也可在实地验证中检查确认。

（八）信息技术安全

安全标准：

通过密码保护、对员工进行培训和一系列的信息管理制度来确保信息系统的安全。

验证目标 1：

1. 自动化系统必须为每一名员工指定一个需要使用密码的账户，账户的密码必须定期更换；

2. 必须制定信息技术安全制度、程序和标准，并为员工提供培训。

验证方法：

可通过询问了解企业是否有专人对信息技术安全进行管理，多少人使用电脑，是否每个人有单独的账户密码，密码的组成，密码的更换频率等；检查企业是否存在确保信息技术安全的制度和文件规定，企业是否对员工进行信息技术的培训，可检查培训记录，了解培训内容。

验证目标 2：

1. 必须有识别信息滥用的系统，以监控不适当地存取、篡改或改动业务数据等滥用 IT 系统的情况。

2. 所有违反系统操作规则、滥用公司 IT 系统的人员必须受到处罚。

验证方法：

询问并检查企业在 IT 管理方面具体的规定及运行情况，如输错密码是否会锁定，离开电脑多长时间需要重新登陆等；企业业务数据如何备份，如何保管备份文件。检查企业程序文件，是否有违反规定滥用 IT 系统必须进行处罚的规定。以上内容也可在实地验证过程中加以检查。

三、对企业进行实地察看

在前期提问及查看程序文件和记录的基础上，对企业整个区域的安全状况进行全面的实地考察，重点查看门卫室、监控室、围墙、装卸区和成品仓库等区域。

1. 对门卫室进行检查，观察保安对人员、车辆出入控制（登记、管理、识别）的情况。

2. 查看监控室，了解监控摄像头的分布，监控人员对监控系统是否可以灵活运用；有报警系统的区域，检查系统是否可以正常工作，如何应对报警情况等。

3. 查看围墙，看围墙是否完好，围墙周围是否有足够的照明，围墙四周的监控及报警系统是否可以正常运行。

4. 检查装卸区，看企业是否采取措施对敏感区域进行控制，防止未经授权的接近和入侵，如有摄像头，检查摄像头的位置、照明和清晰度。

5. 查看成品仓库，看仓库的安全情况，是否对仓库出入进行控制，门窗是否上锁，是否有隔离设施，是否有安全隐患等。

此外，还可对包装区域进行检查，对封志存放处是否上锁进行检查，对电脑的密码保护情况进行抽查，对服务器是否单独存放进行实地检查等。

附录 6

中美 C-TPAT 联合验证提问参考

（仅供参考，实际验证中须根据不同企业的实际情况灵活调整）

验证时间：
中国生产商名称：
美国进口商名称：

一、企业基本情况

1. 公司成立时间（　　），在现地址上经营了（　　）年。
2. 公司占地面积是（　　），其中建筑面积（　　）。
3. 公司共有（　　）栋大楼，具体每栋楼的用途：
4. 所有建筑物是否都是自有的：是（　　）否（　　）。
5. 公司作息时间：
6. 公司现在总人数：（　　）人，有无临时工：有（　　）无（　　）。
7. 公司年度销售额：
8. 公司主要的美国客户有：
9. 公司去年运往美国的集装箱数量是（　　）个，其中给__________公司（即申请验证的美国进口商）的有（　　）个。
10. 公司出口美国的贸易量占公司总量的比率为（　　）%。
11. 公司出口美国的货物整箱有（　　）%，拼箱有（　　）%。
12. 公司出口港口有：
13. 港口离工厂距离有几小时车程？
14. 公司有无外聘员工？

（要确认保安、食堂工人、园丁保洁、IT 人员是否都是该公司自己的员工）

15. 公司以前是否有客户或者第三方来做过验证？结果如何，有无证书，是否提出何种改进建议？（查看已取得的证书）

二、商业伙伴要求

1. 公司的货代公司是：
2. 公司的船运公司是：
3. 公司从工厂到港口承运的卡车公司是：

（检查公司程序文件，确认对于伙伴的选择是否有规定的程序和具体的做法）

4. 公司为什么选择该货代公司？
5. 有没有对他们进行过实地考察？是否定期进行检查？多长时间再检查一次？
6. 合作多久？有无书面合同？

（查看与货代的合同内容，查看是否有安全方面的条款）

7. 船运公司是自己选的还是美方指定的？
8. 货代公司的卡车是自有的还是其他公司提供的？

9. 如果卡车是由其他公司提供的，请问卡车公司与该货代公司合作多久？有无合同？
（检查与卡车公司的合同内容，查看是否有安全方面的条款）
问题10至问题30可询问卡车公司，如果没有，无须全问，可询问工厂或货代。
10. 卡车公司有 ____名司机，____ 辆卡车。
11. 每次运货从工厂到码头有 ____名司机。
12. 如果业务很忙，是否会找其他公司来帮忙？
13. 卡车公司是否发生过业务繁忙分包给其他卡车公司的情况？
（如果发生业务分包，如何确保货物从工厂到港口的安全？）
14. 卡车公司在运输过程中从公司到港区是否有规定的路线？
15. 如果改变路线，会及时通知公司吗？
16. 司机途中允许停留吗？
17. 卡车上有GPS吗？装在哪里？
18. GPS系统多久更新司机所处的位置？
19. 卡车公司有几位调度？如何排班？
20. 调度是否会主动监控GPS，还是在发生异常时才看？
21. 如果司机偏离行走路线，调度如何知道？
22. 司机都有手机吗？
23. 在从工厂到码头的过程中，司机是否要求跟公司保持联系？
24. 什么时候跟公司联系？
25. 卡车到港区，司机是否会通知工厂到了？
26. 对司机进行背景调查吗？怎么做的？
27. 会检验司机的以往工作经历吗？怎么做的？
28. 工厂是否会对货物出厂后进行跟踪，会跟卡车公司联系吗？
29. 万一到港时间延迟，如何处理？
30. 是否发生过延迟的情况？
31. 保安是否外包？
如果回答“是”，则须询问问题32～34。
32. 保安公司的名称叫什么？
33. 跟保安公司有合同吗？
（检查与保安公司签订的合同）
34. 保安人员做过背景调查吗？怎么做的？
35. 保安有个人档案吗？
（请公司提供一份保安的个人资料）
36. IT是否外包？
如果回答“是”，则须询问问题37～40。
37. IT公司的名称叫什么？
38. 跟IT公司有合同吗？
（检查与IT公司签订的合同）
39. IT公司员工做过背景调查吗？怎么做的？
40. IT公司员工有个人档案吗？
（请公司提供一份IT员工的个人资料）

三、集装箱及拖车安全

1. 集装箱装了货立即就走吗？还是有可能过夜？
2. 装箱前检查吗？谁检查空箱？

3. 你们如何检查空箱？
4. 有没书面文件说明如何检查空箱？
5. 检查后有做记录吗？
6. 如果发现集装箱有夹层或者有破损，怎么处理？是否要求通知中国海关和其他执法部门？
7. 最近一次出货到美国 ____公司（即申请验证的美国进口商）是什么时候？
（检查书面程序文件，查看检查记录资料等并对内容做记录，也可看录像）
8. 集装箱检查是否量尺寸？用什么量？
9. 集装箱检查表保存多久？
10. 是不是司机把封志带过来？
11. 司机带来的封志是什么类型的？
12. 司机封志哪里来的？
13. 封志是否符合 PAS ISO 17712 的要求？
14. 你们有没有对封志进行检查？
15. 检查什么？如何检查封志的高安全性？
16. 介绍司机把封志交给你们之后的流程。
（要求工厂识别高安全性封志）
17. 封志到厂后由谁如何进行保管？
18. 存放封志的抽屉上锁吗？
19. 哪些文件上显示封志号码？
20. 司机到之前，是否已经知道哪个货柜、哪个封志？
21. 如果你们发现封志有破损和集装箱检查的时候有异常，你们怎么处理？是否联系海关呢？
22. 所有这些管理程序是否有书面文件？
（检查公司在集装箱和封志管理方面的程序文件）
23. 装货记录保存多久？
24. 有无书面的规定确保非授权人员不能进入装货现场？
25. 如何识别非授权人员进入装货现场？
26. 装货完毕后，有无对货柜情况进行如拍照等方式的信息记录？是否包括上锁或锁封志的信息，看到封志号？
（检查一套完整的装货的单据，查看内容）
27. 货柜从离开公司到海关、到码头是如何保证其安全的？
以下内容如果已经问过卡车公司就不再询问
28. 货柜从公司到码头有无固定路线和时间？
29. 一般货柜从公司到码头要多少时间？最长的是多长时间？
30. 业务员在路上多久与司机联系一次？
31. 货柜到码头是否会通知公司？以什么方式？
32. 是否有记录本记录货物出厂和到港时间？

四、进入控制

1. 公司共有多少个大门？是否每个大门都可以进出？
2. 每个大门都有保安执勤吗？
3. 是否所有人都有员工卡？
4. 员工卡是谁负责发的？
（要求查看一个员工卡，记录员工卡信息，检查卡上照片是否可以轻易篡改）
5. 员工进厂时是否进行检查？检查什么？
6. 如果忘记带厂牌，如何处理？

7. 是否对员工随身携带的包进行检查？
8. 如果员工丢失了厂牌，工厂是否自己制作？
9. 多久可以拿到新的，或临时的？
10. 临时卡上也有照片吗？
11. 是否对员工培训，员工发现没有佩戴厂牌的人在厂区走动，是否进行汇报？如何处理？
（检查公司程序文件，是否有发现可疑人员的处理程序）
12. 收到包裹邮件是否会检查，还是直接交给收件人？
13. 对于离职人员，公司有什么管理规定？
14. 厂牌、钥匙收回以后如何处理？
（可检查一份离职人员档案，记录档案内容）

五、人员安全

1. 是否核查员工以往的工作经历？
2. 以往工作经历核查是跟谁联系，情况是否做书面记录？
3. 是否有对雇员进行犯罪背景调查？如何调查？
4. 员工录用的时候是否做背景调查？是在录用前吗，还是在其他什么时候？
5. 以后每年都对员工做背景调查吗？
6. 如果员工调换不同部门，譬如从非敏感部门调到敏感部门，是否对其背景再次进行调查？
7. 背景调查记录保存多久？
（查看犯罪记录检查的记录）
卡车司机、保安背景调查前面已有，不再提问；如果没有，必须进行提问。

六、程序安全

［请公司提供最近一份出运到______公司（申请验证的美国进口商）的装运文件，其中美方需要对部分资料复印留存。］

1. 谁保存制作装运文件？
2. 部门多少人负责制作这些单据？在电脑里制作吗？
3. 怎么保存装运文件？保存多久？
（查看装运文件、发票、单据等的内容）
4. 装柜的时候谁在旁边监督？
5. 谁负责核对装货数量是正确的？
6. 装箱的时候核对什么数据？
7. 对每个箱子称重吗？
8. 全部称，还是抽取部分称？
9. 司机来工厂是否要求出示证件？是否进行身份核实？
10. 对运抵的空集装箱检查拍照及装箱发货是否有书面的文件规定？
（检查书面程序文件，如前面已经检查过，可略去）
11. 装箱的人有几个？哪些人？
12. 在装箱时，是提前将要装的货拖出来，还是要装的时候再从仓库拖出来？
13. 货物如果发生多装少装这样的特殊情况如何处理？有没有程序文件规定？
（检查相关的程序文件内容）

七、安全培训和警觉意识

1. 公司有无对全体员工进行安全方面的培训？
2. 对于新员工给予什么样的培训？

3. 对于装货等敏感区域的员工，还给什么样的培训？
4. 在做C-TPAT时候，具体培训什么内容？
5. 员工入职后多长时间进行一次安全培训？
6. 每次培训多少人参加？
（检查培训记录，记录培训的相关主题、人员、人数等数据）
7. 对积极参与可疑人员的举报的员工是否有进行奖励或鼓励的制度？
8. 是否发放过奖励？
（检查公司培训的程序文件，是否有奖励制度）
9. 对于使用电脑的用户是否接受电脑安全的培训？
10. IT安全培训是由谁负责的？
11. 具体的IT培训内容有什么？
12. 培训要测试吗？
（可检查IT培训的内容，也可结合后面IT安全进行）

八、场所安全

1. 公司周围是否有围墙？多高？
2. 是否定期检查围墙是否破损，灯是否亮？谁负责检查？
3. 如果保安发现围墙破损，口头汇报还是有书面记录？
4. 多少位员工有仓库钥匙和办公楼钥匙？
5. 办公室和仓库多少人有钥匙？
6. 钥匙由谁负责发放？
7. 离职员工在记录上有退回钥匙，那发放回收钥匙是否有记录？
（查看钥匙发放回收的记录）
8. 进来的车辆是否发给通行证？是否有专门的停放区域？
9. 围墙的照明灯开关是人工控制的还是自动的？谁负责？
10. 有无检查照明设备的开关是否可能被外面人员控制？
11. 公司有无警报系统？
如果回答有，则须询问问题12～17。
12. 仓库里有没有警报？
13. 红外报警系统使用多久了？
14. 是否定期检查能否正常进行？
15. 警报系统一直开着吗？能连到公安部门吗？
16. 上次什么时候检查的？
17. 有监控摄像吗？
如果回答有，则须询问问题18～25。
18. 公司一共有多少个摄像头？什么牌子的？
19. 摄像是彩色还是黑白的？
20. 有几个对着外墙的，有几个对着厂区内的？
21. 摄像头是固定还是扫动的？能拉近镜头吗？
22. 摄像头对着主要大门吗？
23. 监控有录像吗？
24. 如果有，录像一般保存多久？
25. 监控系统放哪里？谁负责看监控？
26. 保安有几个，是7×24工作吗？
27. 分几班？

28. 保安进行巡逻吗？
29. 巡逻路线是固定的吗？
30. 保安之间用什么进行联系？
31. 如果保安发现异常情况，他会怎么做？
（可查看相关程序文件规定和记录等，也可在实地安全检查时证实）

九、信息技术安全

1. 你们公司是否有计算机局域网，还是只使用不联网的单机？
2. 有没有网络管理员？
3. 多少人使用计算机终端？
4. 使用计算机终端的人是否有权限设置？（使用系统的用户是否可以进入系统的所有地方？）
5. 每个用户有自己的密码进入电脑系统吗？
7. 如果忘记密码，最多可以输几次电脑会锁定？
8. 锁定后如何解决？
9. 公司要求多久改一次密码？
10. 密码修改是系统自动提示，还是人工提醒？
（如果是人工提醒，如何确保换过密码了？）
11. 你们公司对密码的组成有要求吗？
12. 你们管理人员知道其他人的密码吗？
13. 如果登陆后离开了，过多久会锁定？多长时间需要重新登录？
14. 公司有服务器吗？服务器自管还是托管？
15. 公司对计算机系统资料多长时间进行一次备份？
16. 用什么进行备份的？
17. 备份的硬盘（U 盘）放哪里？如何保障安全的？
18. 计算机都安装了杀毒软件和防火墙吗？
19. （如果培训部分问过，可不提问）关于计算机有哪些培训？
20. 对于违反 IT 操作制度是否有惩罚制度？是书面的还是口头的？
（要求检查公司 IT 管理制度）

如果公司的 IT 是外包，须询问派过来的 IT 人员是否做背景调查，是否要求符合 C-TPAT 安全要求，如果在合作伙伴中已提问，可不再重复。

中美 C-TPAT 联合验证操作解读

问：什么是 C-TPAT?

答：C-TPAT，全称“海关—商界反恐伙伴计划”（Customs-Trade Partnership Against Terrorism），是9·11事件后，美国海关与边境保护局（U. S. Customs and Border Protection，以下简称 CBP）倡议实施的一项建立在自愿基础上的政府与商界的合作项目和安全计划，旨在通过海关与商界建立合作关系，加强与提高国际供应链和美国边境的安全，从而保护合法贸易，打击恐怖主义和走私违法。该计划于 2002 年 4 月 16 日正式施行。

C-TPAT 以通关便利等一系列优惠待遇为条件，要求成员企业按照 CBP 制定的“最低安全标准”，建立公司内部安全控制制度，自主规避安全风险。CBP 根据达标情况对企业实行分级管理，级别越高表明企业安全措施越严密，CBP 提供的优惠待遇也就越高。

问：C-TPAT 针对的是哪些企业?

答：C-TPAT 主要针对输美供应链上的企业，分为 10 种类型：进口商、空运商、高速公路运输商、边境公路运输商（墨西哥和加拿大）、铁路运输商、海运商、外国制造商、报关代理商、港口机场经营商、第三方物流提供商。为保证整个贸易供应链的安全，CBP 在对美国本土的成员企业进行实地验证的同时，还要对上述企业的海外合作伙伴，如海外生产商、供应商和承运商进行安全验证。

问：什么是中美 C-TPAT 联合验证?

答：随着中美经贸关系的发展，中美两国当前已互为第二大贸易伙伴。如果双方加强合作，提升上述企业的 C-TPAT 认证级别，不仅美国贸易企业受益，而且相关的中国生产商、供应商和承运商也能获得通关便利等优惠待遇，且对中国海关实施世界海关组织倡导的《全球贸易安全与便利标准框架》具有借鉴意义。

2007 年 6 月，美 CBP 局长访华期间提出建议，表达了美国海关希望与中国海关联合对美国 C-TPAT 进口商成员在中国的贸易伙伴进行 C-TPAT 验证的意愿。经充分协商，2008 年 3 月 3 日，中美海关签署了《中美联合验证试点合作声明》，并先后在我国珠三角和长三角地区进行了三次联合验证试点工作。联合验证以中方为主，对美国 C-TPAT 进口商成员在中国的生产商、供应商进行联合验证。中国企业自愿申请以美国进口商的海外生产商、供应商等身份接受验证。中美 C-TPAT 联合验证的试点情况还列入了第三次、第四次中美战略经济对话以及第二次中美战略与经济对话的项目成果。2011 年，中美联合验证从试点转为双方正式合作项目。

中美 C-TPAT 联合验证的主要目标是，通过对我国输美货物的生产商、供应商和承运商进行实地验证，使我国生产商、供应商和承运商的输美货物间接享受美方提供的通关便利等优惠待遇。

问：当前中美 C-TPAT 联合验证的开展情况?

答：截至 2011 年年底，中美 C-TPAT 联合验证已开展了 3 次试点、2 次正式验证工作，共有 116 家中国企业参加，其中 92 家通过。

问：中国企业参加中美 C-TPAT 联合验证是否需支付费用?

答：中国海关对参加中美 C-TPAT 联合验证的企业不收取任何费用。但企业为了达到 C-TPAT 安全标准可能需要投入一定的人力、物力。

问：中国企业参与并通过中美 C-TPAT 联合验证有何益处?

答：中国企业参与并通过中美 C-TPAT 联合验证，能享受到以下益处：

1. 输美出口货物在美通关时可享受较低的查验率。
2. 增加企业的商誉，有助于提高企业在美国市场的竞争力。
3. 企业可以通过自我评估和验证发现问题，改进管理水平。
4. 企业可以参加中国海关提供的 C-TPAT 安全培训。

5. 企业可以密切与中国海关的联系，获得海关在企业分类管理等方面的指导。

问：哪些中国企业可以参加中美 C-TPAT 联合验证？

答：同时符合下列条件的中国企业可以申请参加中美 C-TPAT 联合验证：

1. 企业是美国 C-TPAT 一级成员在中国的海外合作伙伴，包括海外生产商、供应商和承运商；

2. 企业的美国合作伙伴正在申请 C-TPAT 2 级成员资格；

3. 企业已在中国海关注册。

企业能否参加中美 C-TPAT 联合验证需中美海关最终共同确认。

问：中国企业如何申请参加中美 C-TPAT 联合验证？

答：符合前面所提条件的中国企业在接到美国 C-TPAT 成员的合作伙伴的相关通知后，须向中国海关提出参加中美 C-TPAT 联合验证的申请。申请应当向企业注册地的直属海关提出，申请材料包括：

1. 关于参加中美 C-TPAT 联合验证的申请；

2. 中美 C-TPAT 联合验证项目企业自我评估表。

最终参加中美 C-TPAT 联合验证的企业名单由海关总署根据企业申请的情况与 CBP 共同确定。具体验证的行程由中美双方海关分别通知中方企业及美方进口商。

问：中美 C-TPAT 联合验证依据的标准和内容是什么？

答：中美 C-TPAT 联合验证所依据的标准是 C-TPAT 安全标准，如《C-TPAT 外国制造商安全标准》等，主要包括商业伙伴安全、集装箱及拖车的安全、进入控制、人员安全、程序安全、安全培训和警觉意识、场所安全、信息技术安全等 8 个方面的内容。

问：开展中美 C-TPAT 联合验证的主要流程是什么？

答：中美海关组成联合验证小组对每个企业开展实地验证。其主要步骤如下：

1. 对企业基本经营状况进行全面了解，掌握企业与 C-TPAT 验证有关的基本情况；

2. 考察企业在 C-TPAT 安全标准各方面的执行情况，并要求企业提供相关的程序文件或者记录加以证实；

3. 通过察看企业的装箱区、成品仓库、门卫室、监控室、大门、围墙等，对企业安全状况进行实地考察；

4. 经联合验证小组充分讨论，得出验证结果，对企业尚不完善的部分提出“改进建议”，同时，针对企业比较好的做法，提出企业的“最佳实践”。

问：中美 C-TPAT 联合验证的结果有哪几种？

答：中美 C-TPAT 联合验证的结果有三种：通过验证、不通过验证和暂缓通过。对于暂缓通过的企业，可给予 90 日的整改期限，并在整改完成后由验证小组中方人员再次对企业进行验证，中美双方根据整改达标情况共同决定企业是否予以通过。

问：通过中美 C-TPAT 联合验证的企业是否能获颁证书？

答：中美海关将联合对通过验证的企业颁发证书。

附件 A　C-TPAT 外国制造商安全标准（前已涉及该内容，此处略）

附件 B　参加中美 C-TPAT 联合验证的申请书（前已涉及该内容，此处略）

海关企业协调员工作管理办法（试行）

第一章　总　则

第一条　为落实海关“由企及物”管理理念，营造诚信守法便利、关企合作共赢和谐局面，推进海关与企业合作伙伴关系，有效提高海关管理效能，根据有关法律法规，制定本办法。

第二条　企业协调员是由直属海关或者其授权的隶属海关指定，专门负责协调海关与企业合作（以下简称“关企合作”）相关事宜的海关工作人员。

第三条　企业协调员的工作对象是在海关注册的AA类企业和需要重点支持的企业。

第四条　海关总署负责企业协调员工作的指导和监督；直属海关负责企业协调员工作的组织和实施。

第二章　机构与职责

第五条　直属海关应当成立由关领导、相关业务部门负责人组成的关企合作委员会，协调、决定企业协调员工作中的重大、疑难事项。

第六条　直属海关企业管理部门是本关区关企合作委员会的日常办事机构和职能管理部门，负责本关区企业协调员工作的具体组织、推动、协调、实施和监督。

第七条　直属海关企业协调员由企业管理部门人员担任；隶属海关企业协调员由本关根据实际情况指定。

企业协调员应当符合“政治思想硬、业务水平高、协调能力强、纪律作风好”的标准。

企业协调员应当在直属海关企业管理部门备案。

第八条　相关业务职能部门和报关协会应当根据本关区关企合作委员会要求设立联络员。

联络员配合企业协调员开展工作，负责协调解决涉及本部门的业务问题并予以反馈；收集并向企业管理部门提交需要本关区关企合作委员会解决的业务问题。

联络员应当在直属海关企业管理部门备案。

第九条　企业协调员的工作职责：

（一）为企业提供海关政策法规咨询服务，根据海关工作需要和企业需求组织开展政策宣讲；

（二）听取和反映企业合理诉求，协调解决企业办理海关事务的疑难问题；

（三）针对企业存在的问题，提出规范管理建议；

（四）征求企业对海关管理工作的意见与建议；

（五）督促企业积极配合海关工作；

（六）负责关企合作的其他事宜。

第十条　各关应当建立企业协调员定期轮岗机制，企业协调员工作满1年的应当进行轮换。具体实施办法由各直属海关根据关区实际予以明确。

第十一条　直属海关应当定期将本关区企业协调员工作开展情况报总署。

第三章　关企合作机制

第十二条　海关与合作企业应当签订合作备忘录，明确双方合作的内容。

第十三条　海关应当要求企业指定负责海关事务的高层管理人员作为联系人，负责沟通协调与海关的合作事宜。

第十四条　各关应当统一应用总署开发的关企合作平台，充分发挥12360服务热线作用，为企业提供信息查询、问题咨询、政策宣传、网上办事等服务。

第十五条　直属海关应当定期举办关企交流会，沟通情况，评估工作，解读政策，完善合作。

第十六条 对企业存在违法或者不规范情形的，除按照海关规定进行处理外，企业协调员应当对企业存在的问题提出整改要求，督促企业在规定时间内进行整改并向海关反馈整改情况。

第十七条 企业有下列情形之一的，海关终止与企业合作：

（一）不符合本办法第三条工作对象条件的；

（二）企业已注销或者不再存续的；

（三）拒不配合海关工作的；

（四）不履行合作备忘录规定内容和要求的；

（五）主动提出终止合作的；

（六）发生本办法第十六条规定情形，不按照海关要求进行整改，或者整改后仍不符合海关要求的；

（七）其他海关认为需要终止合作的情形。

第四章 工作纪律与监督

第十八条 企业协调员需要实地赴企业了解情况的，应当实行双人作业；与企业有利害关系的海关人员，应当回避。

第十九条 企业协调员应当对协调关企合作相关事宜的情况进行记录并存档备查。

第二十条 企业协调员在开展关企合作工作中，不得有下列行为：

（一）泄露海关工作秘密或者其他不宜对外公开的海关事务，泄露企业商业秘密和个人隐私；

（二）滥用海关职权要求企业办理与关企合作无关的事项；

（三）不履行职责或者无故拖延解决企业所提问题。

第二十一条 企业协调员应当严格遵守海关各项廉政规定。

第二十二条 企业协调员有违法违纪行为的，取消企业协调员资格，并交由有关部门追究其相应责任。

第二十三条 各关监察部门和企业管理部门对企业协调员履行职责及廉政等情况进行监督。

第二十四条 企业联系人应当定期将企业协调员履行职责和廉政等情况反馈海关。

第二十五条 直属海关应当定期对本关区企业协调员工作进行总结分析和风险评估，切实防控“三大风险”。

第五章 附 则

第二十六条 直属海关可以根据本办法制定实施细则，并报总署备案。

第二十七条 本办法由海关总署负责解释。

第二十八条 本办法自2013年11月1日起试行。

研究分析篇

YANJIU FENXI PIAN

高信用企业（AA类、A类）进出口情况分析

据统计，截至2012年年底，全国海关注册企业54.04万家，有进出口业务企业34.26万家，占全部注册企业的63.4%，其中进出口收发货人33.68万家，占98.32%；报关企业5756家，占1.68%。以下分析中，高信用企业是指有进出口业务的AA类、A类进出口收发货人，有关数据为2012年进出口收发货人的全口径数据（包括贸易统计、单项统计、不统计数据）。

一、高信用企业进出口总体情况

（一）高信用企业进出口活跃度高，居支柱地位

截至2012年年底，高信用企业计30678家，占有进出口业务企业总数（下同）的9.1%。其中，生产型企业22617家，占73.72%；非生产型企业8061家，占26.28%。进出口活动率为100%，高出企业平均活动率36.91个百分点。B、C、D类企业进出口活动率分别为60.82%、70.99%、62.36%。

高信用企业进出口总值、实征税款额、进出口报关单分别为3.46万亿美元、1.13万亿元、3172.24万票，分别占全部的62.94%、67.2%、48.99%，各项指标比2011年（下同）呈较快增长态势，AA类企业尤为明显，其进出口值、实征税款额、报关单数分别增长15.67%、10.7%、44.69%。（详见表1、表2）

表1　企业管理类别情况

企业类别	有效企业		有进出口企业		进出口活动率	口岸海关进出口企业数（家）	平均进出口岸数（个）
	数值（家）	占比	数值（家）	占比			
AA	2303	0.43%	2303	0.68%	100.00%	11165	4.85
A	28375	5.32%	28375	8.42%	100.00%	94170	3.32
B	502103	94.05%	305390	90.67%	60.82%	613715	2.01
C	793	0.15%	563	0.17%	70.99%	1566	2.78
D	271	0.05%	169	0.05%	62.36%	369	2.18
合计	533845	100.00%	336800	100.00%	63.09%	720985	2.14

注：1. 口岸海关进出口企业数：指在全国各直属关区进口企业数的总和，同一企业在某一直属关区内多次进口的算1家。
2. 平均进出口岸数：指口岸海关进出口企业数与有进出口企业数之比。

表2　企业进出口情况表

企业类别	进出口值			实征税款额			报关单		
	数值（亿美元）	占比	同比	数值（亿元）	占比	同比	数值（万票）	占比	同比
AA	13760.82	25.02%	15.67%	5471.15	32.62%	10.70%	928.43	14.34%	44.69%
A	20851.12	37.92%	6.27%	5799.99	34.58%	-0.44%	2243.81	34.65%	0.09%
B	20262.62	36.84%	8.48%	5426.96	32.36%	-4.71%	3289.02	50.78%	-0.77%
C	105.14	0.19%	-22.70%	66.52	0.39%	-0.22%	14.07	0.21%	-1.28%
D	14.55	0.03%	132.76%	7.97	0.05%	102.94%	1.01	0.02%	40.84%
合计	54994.25	100.00%	10.83%	16772.59	100.00%	2.87%	6476.34	100.00%	7.27%

（二）高信用企业数量增长明显，注册区域较为集中

2012年，全国海关新增AA类、A类企业分别为296家、6998家，高信用企业净增长（新增企业减

去下调企业）5110家，增幅为20.09%，比全国有进出口业务企业数增幅高13.65个百分点。

高信用企业注册地以沿海大关为主。AA类企业数超过100家的有上海、青岛、深圳、广州、南京、拱北、黄埔、北京8个海关1465家企业，占AA类企业总数的63.69%。A类企业数超过1000家的有杭州、青岛、深圳、宁波、南京、上海、黄埔、厦门8个海关20225家企业，占A类企业总数的71.76%。（详见表3）

表3　企业管理类别向上调整情况表

类型	A-AA	B-A	C-B	D-C	小计
数量	296	6998	169	39	7502

（三）高信用企业进出口活动区域较广，进口口岸相对集中

2012年，AA类企业平均在4.85个口岸海关有进出口活动，活动范围最广，比全国企业平均进出口岸数多2.71个；A类企业平均在3.32个口岸海关有进出口活动，比全国企业平均进出口岸数多1.18个。AA类、A类企业进出口集中口岸均为上海、深圳、南京、青岛、黄埔等口岸，在上述5个口岸海关进出口总值分别占全国的64.8%、58.5%。（详见表1）

二、高信用企业通关规范状况

（一）高信用企业查验率、查验覆盖率较高

2012年，全国海关查验高信用企业报关单105.13万票，占查验报关单总数的33.97%，查验率为3.31%，低于全国平均查验率1.47个百分点；有查验记录的高信用企业为27440家，查验覆盖率为89.45%，高于全国平均查验覆盖率21.57个百分点。其中，AA类企业查验率、查验覆盖率分别为2.67%、95.53%，A类企业分别为3.58%、88.95%。（详见表4、表5）

表4　企业查验覆盖情况表

企业类别	有进出口企业数（家）	有查验记录企业数（家）	查验企业覆盖率
AA	2303	2200	95.53%
A	28375	25240	88.95%
B	305390	200781	65.75%
C	563	543	96.45%
D	169	138	81.66%
合计	336800	228902	67.96%

表5　企业查验、查获情况表

企业类别	报关单		查验数		查验率	查获数		查获率
	票数（万）	占比	票数（万）	占比		票数（万）	占比	
AA	928.43	14.34%	24.76	8.00%	2.67%	3.41	8.20%	13.80%
A	2243.81	34.65%	80.37	25.97%	3.58%	9.65	23.22%	12.00%
B	3289.02	50.78%	199.40	64.42%	6.06%	27.88	67.10%	13.98%
C	14.07	0.21%	4.04	1.30%	28.71%	0.54	1.30%	13.41%
D	1.01	0.02%	0.95	0.31%	94.06%	0.07	0.17%	7.52%
合计	6476.34	100.00%	309.52	100.00%	4.78%	41.55	100.00%	13.42%

（二）高信用企业实体查获率和查验成案率较低

2012 年，查获高信用企业报关单 13.06 万票，查获率、实体查获率、查验成案率分别为 12.42%、3.49%、0.52%。其中，AA 类企业查获率、实体查获率、查验成案率分别为 13.8%、3.57%、0.29%，A 类企业分别为 12%、3.47%、0.59%。B 类企业分别为 13.98%、4.46%、1.09%，与 B 类企业相比，AA 类企业实体查获率和查验成案率分别低 20% 和 73.39%，A 类企业分别低 22.2% 和 45.87%。（详见表 6）

表 6　企业查获明细情况表

代码	查获情形	AA 类		A 类		B 类		C 类		D 类	
		数值	占比	数值	占比	数值	占比	数值	占比	数值	占比
02	正常放行	213431	86.20%	707177	87.99%	1715173	86.02%	34954	86.59%	8831	92.48%
04	补税放行	4905	1.98%	12828	1.60%	34061	1.71%	530	1.31%	28	0.29%
05	补证放行	2715	1.10%	8556	1.06%	25341	1.27%	332	0.82%	41	0.43%
07	退运	308	0.12%	1255	0.16%	3056	0.15%	53	0.13%	1	0.01%
08	移送缉私	205	0.08%	1404	0.17%	12475	0.63%	109	0.27%	5	0.05%
11	补证补税放行	196	0.08%	546	0.07%	4563	0.23%	847	2.10%	1	0.01%
12	处罚后放行	298	0.12%	1832	0.23%	7641	0.38%	92	0.23%	49	0.51%
13	改单放行	15260	6.16%	45292	5.63%	124154	6.23%	1791	4.44%	374	3.92%
14	担保放行	716	0.29%	2640	0.33%	6546	0.33%	39	0.10%	12	0.13%
15	删单	77	0.03%	503	0.06%	1522	0.08%	17	0.04%	6	0.06%
16	没收	208	0.08%	1398	0.17%	950	0.05%	13	0.03%	2	0.02%
18	移交法规	5	0.002%	93	0.01%	724	0.04%	4	0.01%	1	0.01%
99	其他	9282	3.75%	20131	2.51%	57746	2.90%	1587	3.93%	198	2.07%
查验报关单数		247606		803655		1993952		40368		9549	
查获报关单数		34175		96478		278779		5414		718	
查获率		13.80%		12%		13.98%		13.41%		7.52%	
实体查获报关单数		8840		27912		88811		1980		128	
实体查获率		3.57%		3.47%		4.46%		4.91%		1.34%	
查验成案报关单数		716		4727		21790		218		57	
查验成案率		0.29%		0.59%		1.09%		0.54%		0.60%	

注：1. 实体查获报关单数包括查验结果代码为 04、05、07、08、11、12、16、18 的报关单；
2. 查验成案报关单数包括查验结果代码为 08、12、16、18 的报关单。

（三）高信用企业报关质量较高

2012 年，高信用企业删改报关单数 140.96 万票，占删改单总数的 40.03%，删改单率 4.44%。其中，AA 类企业删改单率为 4.04%，比 B、C、D 类企业分别低 36.68%、52.13%、77.32%；A 类企业删改单率为 4.61%，比 B、C、D 类企业分别低 27.74%、45.38%、74.13%。（详见表 7）

表7 企业删改单情况

企业类别	删、改单数		申报报关单数		删、改单率
	数值（万）	占比	数值（万）	占比	
AA	37.48	10.64%	928.43	14.34%	4.04%
A	103.48	29.39%	2243.81	34.65%	4.61%
B	209.76	59.57%	3289.02	50.78%	6.38%
C	1.24	0.35%	14.07	0.21%	8.44%
D	0.18	0.05%	1.01	0.02%	17.82%
合计	352.14	100.00%	6476.34	100.00%	5.44%

三、高信用企业守法状况

（一）高信用企业重大违法情形少

2012年，全国海关对高信用企业行政立案10597件，占行政立案总数的15.69%。其中，走私案件40件，AA类2件，A类38件，AA类、A类企业走私案件占比分别为0.12%和0.42%。与B、C、D类企业相比，AA类企业走私案件数占比分别低88.12%、97.92%、93.62%，A类企业分别低58.42%、92.73%、77.66%。另外，从企业类别调整看，2012年，AA类没有企业降至D类，降为C类的只有2家；A类下调企业数量虽大，但降为C、D类的仅有50家，占2.37%，降为B类的占97.63%。（详见表8、表9）

表8 企业违法情况

企业类别	立案性质	立案案件数	走私案件数占比	报关单数（万）	案件数占报关单比率
AA	走私	2	0.12%	928.43	0.0179%
	违规	1660			
A	走私	38	0.42%	2243.87	0.0398%
	违规	8897			
B	走私	548	1.01%	3289.02	0.1646%
	违规	53592			
C	走私	101	5.78%	14.07	1.242%
	违规	1647			
D	走私	13	1.88%	1.01	6.8415%
	违规	678			
总计	走私	702	1.04%	6476.34	0.1%
	违规	66834			

注：1. 走私案件数占比：指走私案件数占该类别案件总数的比率，表明该类别企业违法的严重性。
2. 案件数占报关单比率：指该类别案件数与该类别企业进出口报关单的比率，表明该类别企业的守法性。

表9　企业管理类别下调情况表

类型	AA				A			B		C	总计
	AA－A	AA－B	AA－C	AA－D	A－B	A－C	A－D	B－C	B－D	C－D	
数量	20	53	2	0	2059	33	17	376	187	30	2777

（二）高信用企业报关单涉案率低

AA类、A类企业案件数占报关单比率分别为0.0179%和0.0398%，即AA企业每1万份报关单涉案不足2份，A类企业不足4份，而B、C、D类企业每一万份报关单则分别有16份、124份、684份涉案。（详见表8）

四、结论

（一）海关对高信用企业培育工作成效明显

数据表明，高信用企业数量增长明显，活跃度高，进口业务量大，已经成为国家进出口活动的主要经济主体，是海关主要管理与服务对象。

（二）高信用企业公信力值得肯定

数据表明，高信用企业无论是通关作业规范度还是守法状况可靠度，都明显好于其他类别企业，其公信力值得充分认可。

（三）AA类企业查验率有待落实

数据表明，2012年12月和2013年1月平均查验率仍高达2.64%、2.21%，上海、青岛、南京、宁波等大的口岸海关查验率均在AA类企业平均查验率以上，只有广州、黄埔海关查验率在1%以内，距海关总署通知要求还有较大差距。

（四）高信用企业尚存规范管理空间

高信用企业较其他类别企业更加规范和守法，但企业报关不规范及轻微违法的情形也时有发生，仍占用了不少海关管理资源，必须引起重视。尤其是上海、深圳、南京、青岛、黄埔等高信用企业进出口量大、活动频繁的口岸海关，更需高度关注。

生产型、非生产型企业进出口情况分析

一、生产型、非生产型企业总体情况

截至2012年年底，全国海关注册生产型企业27.27万家，非生产型企业26.11万家，分别占注册企业总数的51.09%和48.91%；有进出口业务的生产型企业17.66万家，非生产型企业16.02万家，分别占有进出口业务企业总数的52.43%和47.57%。

生产型企业进出口报关单数、进出口总值、实征税款额分别为3613.36万票、2.84万亿美元、6249.86亿元，分别占全部的58.53%、54.09%、37.63%。非生产型企业进出口报关单数、进出口总值、实征税款额分别为2560.05万票、2.41万亿美元、1.04万亿元，分别占全部的41.47%、45.91%、62.37%。

（一）生产型企业以制造业为主，非生产型企业以批发零售业居多

生产型企业中，制造业企业为24.16万家，占96.07%；其他生产型企业为9874家，占3.93%。非生产型企业中，批发和零售业企业为20.65万家，占75.9%；其他非生产型企业为6.56万家，占24.1%。其中，从事加工贸易的多为生产型企业，非生产型企业从事一般贸易的居多。

（二）生产型企业进出口业务量大，但实征税款额低

2012年，生产型企业进出口报关单、进出口总值分别比非生产型企业多41.14%和17.83%，但实征税款比非生产型企业少39.67%。

（三）企业注册区域较为集中，加工贸易或制造业较为发达的地区生产型企业占比较大

生产型注册企业在万家以上的关区有南京、杭州、青岛、深圳、上海、黄埔、宁波等，共计15.65万家，占生产型企业总数的57.39%。非生产型注册企业在万家以上的关区有上海、深圳、南京、杭州、青岛、北京、广州、厦门等，注册企业为17.69万家，占非生产型企业总数的67.75%。

关区生产型企业占比较高的海关分别为：黄埔，79.28%；江门，72.82%；汕头，69.77%；拱北，65.74%；南京，61.01%。关区非生产型企业占比较高的海关分别为：北京，82.76%；乌鲁木齐，81.67%；拉萨，79.91%；哈尔滨，72.92%；昆明，71.55%。

（四）高信用企业（AA类、A类）中生产型企业居多，低信用企业（C类、D类）中非生产型企业居多

高信用企业中，生产型企业为2.1万家，占70%；非生产型企业为0.9万家，占30%，生产型企业是非生产型企业的两倍以上。低信用企业中，生产型企业为393家，占32.77%；非生产型企业为805家，占67.23%，非生产型企业是生产型企业的两倍以上。

表1　2012年生产型、非生产型企业进出口情况表

生产类型	注册有效企业数（万家）	有进出口业务企业数（万家）	进出口报关单数（万票）	进出口总值（亿美元）	开征税款额（亿元）
生产型	27.27	17.66	3613.36	28353	6249.86
非生产型	26.11	16.02	2560.05	24062	10358.82
合计	53.38	33.68	6173.41	52415	16608.68

表 2　2012 年不同管理类别生产型、非生产型企业进出口情况表

生产类型	管理类别	注册有效企业数（万家）	有进出口业务企业数（万家）	进出口报关单数（万票）	进出口总值（亿美元）	开征税款额（亿元）
生产型	AA	0.17	0.17	627.90	8074	2183.28
	A	1.94	1.94	1374.78	12136	2138.19
	B	25.13	15.53	1603.17	8100	1912.36
	C	0.03	0.02	7.07	41	15.31
	D	0.009	0.007	0.45	2	0.72
小计		27.27	17.66	3613.36	28353	6249.86
非生产型	AA	0.06	0.06	264.60	5256	3260.50
	A	0.84	0.84	765.30	7931	3604.64
	B	25.06	15.08	1523.14	10806	3435.71
	C	0.06	0.03	6.48	58	50.71
	D	0.02	0.01	0.52	11	7.26
小计		26.11	16.02	2560.05	24062	10358.82
合计		53.38	33.68	6173.41	52415	16608.68

二、生产型、非生产型企业通关规范状况

（一）生产型企业查验率、查获率、实体查获率均低于非生产型企业

2012 年，生产型企业查验率、查获率、实体查获率分别为 4.26%、12.72%、3.79%，非生产型企业分别为 6.03%、14.08%、4.40%。非生产型企业比生产型企业分别高 41.55%、10.69%、16.09%。（详见表 3）

表 3　2012 年生产型、非生产型企业查验情况表

生产类型	管理类别	进出口报关单数（万票）	进出口查验报关单数（万票）	进出口查获报关单数（万票）	进出口实体查获报关单数（万票）	查验率（%）	查获率（%）	实体查获率（%）
生产型	AA	627.90	16.85	2.31	0.63	2.68	13.71	3.74
	A	1374.78	47.67	5.48	1.79	3.47	11.50	3.75
	B	1603.17	87.56	11.61	3.36	5.46	13.26	3.84
	C	7.07	1.49	0.15	0.06	21.07	10.07	4.01
	D	0.45	0.43	0.03	0.002	99.56	6.98	0.47
小计		3613.36	153.99	19.58	5.84	4.26	12.72	3.79
非生产型	AA	264.60	8.07	1.13	0.26	3.05	14.00	3.22
	A	765.30	32.59	4.14	0.99	4.26	12.70	3.04
	B	1523.14	110.51	16.02	5.39	7.26	14.50	4.88
	C	6.48	2.56	0.39	0.14	39.51	15.23	5.47
	D	0.52	0.52	0.05	0.01	100.00	9.62	1.92
小计		2560.05	154.27	21.72	6.79	6.03	14.08	4.40
合计		6173.41	308.26	41.30	12.63	5.20	14.00	4.10

（二）生产型企业审价补税报关单数和审价补税额明显低于非生产型企业

2012 年，生产型企业审价补税报关单数和补税额分别为 9.78 万票、24.99 亿元，非生产型企业分别为 16.62 万票、43.59 亿元，非生产型企业比生产型企业分别高 69.94%、74.43%。（详见表 4）

表 4　2012 年生产型、非生产型企业审价补税情况表

生产类型	管理类别	进出口报关单数（万票）	进出口审价补税报关单数（万票）	进出口开征税款额（亿元）	进出口审价补税额（亿元）	审价补税报关单数占比（%）	审价补税额占比（%）
生产型	AA	627.90	1.03	2183.28	7.75	3.90	11.30
	A	1374.78	3.71	2138.19	8.15	14.05	11.88
	B	1603.17	4.96	1912.36	9.04	18.79	13.18
	C	7.07	0.08	15.31	0.05	0.30	0.07
	D	0.45	0.002	0.72	0.001	0.01	0.001
小计		3613.36	9.78	6249.86	24.99	37.05	36.44
非生产型	AA	264.60	0.56	3260.50	12.69	2.12	18.50
	A	765.30	2.70	3604.64	12.38	10.23	18.05
	B	1523.14	13.21	3435.71	18.37	50.04	26.79
	C	6.48	0.13	50.71	0.13	0.49	0.19
	D	0.52	0.02	7.26	0.02	0.08	0.03
小计		2560.05	16.62	10358.82	43.59	62.95	63.56
合计		6173.41	26.40	16608.68	68.58	100.00	100.00

（三）生产型企业报关差错率略低于非生产型企业

2012 年，生产型企业报关差错率为 1.14%，非生产型企业报关差错率为 1.23%，两者相差不大，但其中高信用生产型企业报关差错率均明显低于其他类别企业报关差错率。（详见表 5）

表 5　2012 年生产型、非生产型企业报关差错情况表

生产类型	管理类别	进出口报关单数（万票）	进出口差错报关单数（万票）	进出口报关单差错率（%）
生产型	AA	627.90	4.65	0.74
	A	1374.78	13.63	0.99
	B	1603.17	22.86	1.43
	C	7.07	0.11	1.56
	D	0.45	0.02	4.44
小计		3613.36	41.27	1.14
非生产型	AA	264.60	2.03	0.77
	A	765.30	7.87	1.03
	B	1523.14	21.56	1.42
	C	6.48	0.11	1.70
	D	0.52	0.02	3.85
小计		2560.05	31.59	1.23
合计		6173.41	72.86	1.18

三、生产型、非生产型企业后续管理及守法状况

（一）稽查企业主要为生产型企业

2012 年，全国海关稽查企业 10135 家，其中生产型企业 6664 家，非生产型企业 3471 家，分别占稽查企业总数的 65.75 % 和 34.25%。生产型企业稽查数比非生产型企业多 91.99%。

（二）生产型企业守法状况明显好于非生产型企业

2012 年，生产型企业走私罪案件数为 49 起，走私和违规行为案件数为 14745 起；非生产型企业走私罪案件数为 71 起，走私和违规行为案件数为 48243 起。非生产型企业走私罪案件数、走私和违规行为案件数比生产型企业分别高 44.90%、227.18%。（详见表 6）

表 6　2012 年生产型、非生产型企业违法情况表

生产类型	管理类别	注册有效企业数（万家）	走私罪案件数（起）	走私行为及违规案件数（起）	走私罪案件数占比（%）	走私行为及违规案件数占比（%）
生产型	AA	0.16	0	777	0.00	1.23
	A	1.94	2	3061	1.67	4.86
	B	25.13	9	10651	7.50	16.91
	C	0.03	0	177	0.00	0.28
	D	0.009	38	79	31.67	0.13
小计		27.27	49	14745	40.83	23.41
非生产型	AA	0.07	0	860	0.00	1.37
	A	0.90	0	5588	0.00	8.87
	B	25.06	21	38842	17.5	61.67
	C	0.06	1	2263	0.83	3.59
	D	0.02	49	690	40.83	1.10
小计		26.11	71	48243	59.17	76.59
合计		53.38	120	62988	100.00	100.00

四、结论

（一）现行企业类型划分标准科学可行

数据表明，通关环节监管资源分配明显侧重于非生产型企业，后续监管企业稽查则明显侧重于生产型企业，说明海关总署按照行业种类标准划分企业类型，符合生产型企业、非生产型企业特点，也符合海关管理实际和分类通关、无纸化通关及差别化管理要求，具有操作性。

（二）生产型企业信用度明显高于非生产型企业

数据表明，生产型企业在进出口业务量值（税收除外）、通关规范、审价补税、报关差错及守法状况等方面均优于非生产型企业，其中高信用生产型企业尤为突出。可考虑在 AA 类企业查验率 1% 基础上，进一步区别设置 AA 类、A 类生产型企业与非生产型企业的查验率。

（三）生产型企业集中的海关管理任务重、压力大

数据表明，南京、杭州、青岛、深圳、上海、黄埔、宁波等关区生产型企业数量多，通关压力大，应考虑如何结合本关区生产型企业的经营管理特点，合理调整管理力量，争取实现资源投入的最小化和管理效能的最大化。

（四）后续稽查任务分配有待优化调整

数据表明，2012年度稽查任务分配合理，但考虑到通关环节减少对生产型企业干预后，相当一部分目标任务将转移到后续管理环节，稽查部门应研究如何调整工作部署，实施差别化稽查，确保错位管理落实到位。

（五）高信用生产型企业培育工作前景广阔

数据表明，虽然高信用企业以生产型企业居多，但生产型企业中的高信用企业总体占比尚有差距。企业分类管理工作应以生产型企业为重点培育对象，加强引导和规范，推动生产型企业向高信用企业集中，为促进海关信用体系建设，强化企业守法管理，提高分类通关实效，优化进出口秩序提供条件。

欧盟委员会关于海关风险管理和供应链安全的建议[①]

（中文参考译文）[②]

一、前言

欧盟经济发展高度依赖国际贸易，同时，也面临着贸易带来的种种安全威胁。非法的国际贸易危害着欧盟的经济和社会福利。对国际供应链上的货物流动实施有效的风险管理不仅有利于保障供应链安全，而且有助于便利合法贸易，保护欧盟及其成员国的金融和经济利益。

自"9·11"事件及欧洲和世界其他地区爆发恐怖袭击以来，安全问题已成为欧洲各国海关的首要关注。货物进入欧盟境内的各个环节都可能威胁欧盟及其成员国和公民的安全。各国海关如果不能在欧盟外部边界一致地实施风险处置，关税同盟和欧盟单一市场的稳定性将受到冲击。

海关政策属欧盟管辖权限：各成员国遵循共同方法。欧盟负责监管关税同盟内的国际贸易，维持海关风险管理和监管的最低标准。与许多其他权限一样，欧盟在遵循国际标准的前提下，制定了一个共同政策框架，旨在处置风险，加速合法贸易。除通过相关立法外，欧盟各国海关部门也已采取行动，全面修订监管程序和技术，整合资源。

2010年10月爆发的也门事件（货机上发现可疑包裹）暴露出欧盟乃至整个世界在空运货物安全标准和监管程序上的缺陷。此后开展的讨论也强调，有必要对所有运输方式的安全程序和有关要求进行更加广泛的检查。挑战是巨大的，且无法在成员国层面得到彻底解决，只有通过欧盟采取行动，补充和强化各国已在国家层面所做的努力。

本《建议》旨在：

——回顾海关风险管理政策的实施情况；

——提出今后几年的战略措施；

——提出行动建议，重点关注资源优化配置。

二、欧盟海关风险管理和供应链安全

（一）海关的安全角色

海关在国际供应链中扮演的角色不断演化，从最初的征税者发展到国内市场的监管者，以及公共健康、消费者保护、环境、农业等其他政策领域的守卫者。2001年"9·11"恐怖袭击事件发生后，海关的职能有所扩展，成为供应链安全领域的主要参与者。

《欧盟海关使命宣言》对海关的角色表述如下[③]：

"欧盟各成员国海关当局主要负责监管共同体国际贸易，营造公平、开放的贸易环境，促进内部市场的共同贸易政策及其他与贸易相关的共同体政策的实施，保障供应链的整体安全。"[④]

十年来，欧盟海关的安全角色日益凸显，这是国际贸易和安全标准不断发展的必然趋势。世界海关组织（WCO）制定《全球贸易安全与便利标准框架》（SAFE）后，这一角色更为突出。

---

① 2013年1月8日，由欧盟委员会在布鲁塞尔发布。

② 中文译文仅供参考，不作为标准翻译。

③ 2008年4月23日（欧共体）第450/2008号理事会条例制定《欧共体海关法典》（即《现代海关法典》）第二条。

④ 2008年理事会通过海关同盟发展战略，呼吁欧盟海关采取有效措施打击非法、限运、禁运货物，实现保护欧盟社会和财政利益的目标。2008年4月1日，欧盟委员会向理事会、欧洲议会、欧洲经济和社会委员会及区域委员会发出的建议中，将海关同盟的发展［欧共体（2008）第169号条例第5页］确立为"战略"。

（二）欧盟海关风险框架

2005年修订后的《欧盟海关法典》①，为制定供应链风险管理同一框架提供了法律依据。修订文本及后续实施条款使海关和商界发生了深远变革。

同一框架包括：应用同一风险认定标准识别、监管高风险货流；在海关—商界伙伴关系中采用“经认证的经营者”（AEO）制度保障、便利合法贸易；基于经营者在货物启运前或抵达前提交的电子信息，对进出欧盟的货物进行启运前或抵达前的安全风险分析。

实际操作中，同一框架在欧盟海关电子风险管理系统的助力下，成为各成员国广泛交流和系统性风险信息交换的渠道。各成员国的风险分析中心、所有的欧盟外部边界监管点及欧盟委员会均可使用。

由于其范围及影响力，该法定修正案仍需历经数年，随着2011年设定的各项措施的全面实施而不断发展。

（三）风险管理过程

欧盟进出境货物的风险分析是基于经营者在货物启运前或抵达前向海关提交的电子单一报关单②上的货物信息。出口环节（出口监管系统）的风险分析由海关在出口监管点执行。进口环节（进口监管系统）的风险分析由海关在货物进入欧盟的第一个入境点执行，无论货物的目的地是哪里。

风险评估通过电子的安全风险分析同一认定标准实施。海关风险分析人员应用多种信息源（如从其他成员国获得的信息）对电子数据进行评估。首个入境点的海关部门根据风险大小决定是否需要对货物进行查验。如需查验，还要决定是在入境地进行，还是在目的地进行。如果风险分析的结果是正向的（即需要查验），有关结果应通报目的地成员国海关。

（四）现行做法的不足

成员国海关制定的新法规初步实施后，欧委会对相关情况进行了初步评估。随后，其又授意对欧盟的风险分析和布控能力③进行更加深入的研究。结果表明：需要采取紧急行动，解决包括数据质量、供应链模式和应用方法等多个问题。

1. 数据质量和经营者角色

风险管理的主要目标是确保所有法规的正确实施，避免无据可依的监管，同时关注风险最高的领域。在风险管理中，经营者的作用至关重要，因为他们掌握有关信息，可以采取措施确保自身供应链安全。

全面应用风险评估方法，需要掌握发货人、收货人和发货地点的信息。贸易的真正参与者、货物的流向（买方、卖方或者所有人）及货物的具体信息与整个供应链上货物的路径信息同样重要。

该方法的基础是经营者在货物进出欧盟境内前提交的电子货物信息。尽早获取相关的、高质量的信息至关重要。相反，如果评估标准或信息的关联性存在重大问题，那么，随后依靠电子信息进行的风险识别和评估将受到影响。

相关的、高质量的信息是电子信息风险管理的基础。但是，有研究表明，目前系统输入的信息并未满足最低要求。此外，贸易各方提供的信息存在系统性差异，有些信息质量也不高。很多情况下，入境摘要报关单（ENS）上填写的信息都不够精确，无法进行有效的风险分析。

海关部门应更加全面地开发经营者可提供的有价值信息，以利于风险分析。

2. 确保供应链安全，保障经营者权益

确保供应链完整，符合公民、企业和政府的共同利益，需要海关与商界高水平的合作。

识别合法、低风险的贸易，便于海关部门关注高风险货物，加快供应链上合法贸易的流动。

经认证的经营者（AEO）制度已在欧盟稳步实施（2012年7月共发放11000多份认证），并得到一些主要贸易伙伴的正式认可。可以说，该制度是在欧盟层面上密切监管实施的。

经认证的经营者采取有效措施保障自身供应链安全，并得到海关部门的正式认可生效。这些措施涉及在物理安全和内控制度、财务清偿、商业风险评估和商业伙伴可信度方面的投入。在欧盟，这些措施还要

---

① 2005年4月13日欧盟理事会条例2005第648号。

② 入境摘要报关单。

③ 2012年5月31日普华永道《关于加强欧盟层面海关风险分析和布控能力方法的研究》。

得到与供应链风险评估和风险处置有关的非海关部门和监管者的认可。

然而，目前AEO认证制度并未与其他公共政策领域的类似措施建立联系。这样可能导致经营者被不同的公共管理部门采用相似的标准重复评估。

需要进一步协力扩大AEO认证制度在风险管理领域的正式认可，从而保障贸易利益最大化。例如，海关经认证经营者制度与航空领域保障贸易商安全制度相关联。

3. 操作方法

将欧盟风险管理同一框架应用于实际操作面临巨大挑战。各成员国的风险分析层级和相关对策的巨大差异将产生实实在在、不尽如人意的结果。

实施的过程并不平坦，结果也不像预期一样效果明显，主要有以下几个原因：

（1）能力差异

由于各国电子风险分析系统的发展、容量和技术能力存在差异，因此，无法制定单一的自动风险分析最低标准。

这意味着单一的风险认定标准并未在所有成员国内全面实施。因此，也就无法在欧盟层面进行适当的监管、评估。部分成员国未采取一天24小时、一周7天的（24/7）工作模式，以及对单一标准缺少支持，这都抑制了欧盟共同标准的发展。同时，也限制了欧盟适应、应对共同风险的能力，阻碍了风险管理领域内的创新。

（2）压力差异

风险评估的贸易额不同意味着各成员国承担的工作压力也有所区别，这主要是由地理位置和供应链物流差异造成的。此外，时间和地点不同面临的威胁也会有所区别。

从针对各成员国进口监管系统数据和可及风险评估源的分析中，可以看出各国海关风险分析和布控关员的工作量存在显著差异。例如，在空运货物领域，关员的工作量是欧盟平均值的9倍，海上运输领域则达到50多倍。

（3）业务协调和信息交换水平差异

提前申报的货物信息是向欧盟首个入境点提交，因此，对“何人从何地将何物运往何处”的风险评估面临着更加复杂的挑战。运往某个成员国而不是首个入境点的货物比例，或者通过欧盟转运的货物比例是巨大的①。到达首个入境点的货物通常包括运往其他成员国的货物和途经欧盟最终运往第三国的货物。

这就意味着，目的地成员国在国家层面和地区层面可及的知识和信息对在首个入境点进行有效的风险分析和风险缓解至关重要。此外，相关各方的信息和特点，包括欧盟外部供应链各部分的薄弱环节，对整个外部边界的风险分析来说都是相关和重要的。

系统、实时地分享或整合有关信息、知识和专家技术，可以确保同一最低标准的应用，从而保证需求各方都能获取影响供应链安全的重要信息。相反，信息共享上的任何重大薄弱环节都会影响风险管理在不同入境点乃至整个欧盟实施的效用。

通过对一整年的信息共享可及数据的分析发现，现行的操作方法和结构②并未提供足够的风险相关信息。由于首个入境点海关和其他相关成员国海关间的信息交换未能有效开展，欧盟层面上与风险评估相关的信息正在被忽视。

也门事件后，《关于加强空运货物安全的高级别工作组报告》也对加强欧盟各国间的协作和信息交换做出如下阐述：

“对恐怖威胁做出恰当反应需要运输行业、欧洲法院、内政部以及各政府机构在欧盟层面开展顺畅的协作与配合，需要欧盟各成员国开展快速的信息交换。这一原则不仅可以解决引发此报告的具体威胁，也是欧盟对解决其他领域问题更加广泛的反思。”

然而，各海关当局与其他部门间的信息交换存在显著差异，欧盟层面上的信息交换有时甚至缺失

① 例如，经鹿特丹（主要海运枢纽）入境欧盟的货物，一半以上是运往其他成员国的。

② 该时间段共收到3600多万份入境摘要报关单，其中其他成员国向欧盟首个入境点要求提供的只有382份。这有悖于对外部边界上货物开展的预先风险评估、可信风险分析和风险缓解。

（如福岛核危机爆发期间）。目前的情况还不尽如人意，需要开展补救行动①。

三、广义视角下的供应链风险管理

风险管理是一个连续的过程，包括威胁和风险的识别、评估、分析，以及设计合理的应对措施等各个环节，不仅耗时，还需要有物流和供应链知识，管理和整合多种信息和情报流。此外，还需要评估信息的质量和可信度，包括判断信息是否有误报、篡改或伪造的风险。风险管理的有效性取决于它的灵活性、适应性，以及对可知但不具统计性的后果发生的潜在性的反应能力。能够及时处置突发风险也是十分重要的。

（一）贸易增长和供应链复杂性带来的挑战规模

从贸易往来的总量和速度及当今物流业的现状不难算出面临挑战的规模。这需要与监管环境的限制条件相平衡，也就是资源能力及避免合法供应链的不必要中断。

尽管受到金融危机的影响，2004～2010年间，欧盟的对外贸易额还是增长了近一半②。欧盟是国际贸易和供应链物流的中心，是美国、中国和俄罗斯的第一大贸易伙伴。每年，90%以上的全球贸易（84亿吨的商品）在2.58万条国际海运航线/渠道上运输。其中，20%以上的海运贸易货物在欧洲卸货。全球2.54万个运载货物和乘客的空运枢纽，很大一部分是与欧盟250多个国际空港相联系的。这些贸易渠道的管理需要多方参与，这就增加了供应链物流的复杂性。欧盟东部边境线全长9890公里，有133个商业公路和铁路入境点，整个外部边界上共有1000多个入境海关。

2011年，欧盟海关共处理提前申报报关单（入境摘要报关单）3600万份，进口报关单1.4亿份，出口报关单9600万份，转口报关单900万份。也就是说，欧盟成员国海关平均每秒要处理8.9份报关单。

尽管大部分贸易都是合法的，但是，世界经济论坛最近发布的一项研究推测，非法贸易约占全球经济总量③的7%至10%。

（二）风险范围及海关与其他部门的联系

除海关以外，各类政策和有关部门、团体的角色也应列入核心关注。确保不同部门出于对各自权力的适当考虑而采取的措施与海关政策相匹配、互补，始终是供应链安全管理的重要特征。例如，采取措施加强运输安全就与货流的风险评估显著相关，尤其是与空运货物的风险评估相关。空运被认为是目前受恐怖威胁风险最高的运输方式。同样，确保危险品运输安全的措施也是重点考虑内容。

海关在代表或与其他部门协作时，需要更加广泛、系统地沟通和交换风险相关信息④。在严重危害公共健康和环境、威胁公民安全的领域，沟通是至关重要的，可以确保适当的部门能够及时介入，从而缓解并控制风险。针对那些入境欧盟，有误报、瞒报倾向的货物，这种沟通尤其重要。要确保在国家和欧盟层面上不同部门的主要信息可以应用到风险评估中，从而提升评估效能。

（三）海关风险管理的挑战：多层次方式

现行的风险管理框架无法满足在外部边界上进行统一的安全风险处置，需要采取行动，填补空白。欧盟风险管理需要全新方法。

对风险的属性以及突发的、可能造成的影响进行评估后，应判断采取的措施是否合适。如果合适，那么应给出实施查验或应对的地点、方式和时间。

不同的风险需要不同的应对方式，如经认证的经营者之间的贸易风险就比其他贸易小，而有些货流早就被确定为高风险货物。因此，欧盟不支持对货物百分之百进行扫描或监管，认为监管措施的比重应与风险评估相当。

---

① 关于这一点，普华永道的研究表明“各个层面（如国家层面各组织间、成员国与欧盟层面、欧盟层面各组织间）的情报和信息交换仍有进步空间”。

② 《欧盟对外贸易和内部贸易统计年鉴1958～2010》，第16页。

③ 世界经济论坛2012年发布的《关于解决供应链和运输风险的新模式——创建风险应对网络》，第9页。

④ “在这里‘安全’一词采用最广义的用法，不仅包括货物流动过程中影响公共安全的各种威胁（例如，各类犯罪、恐怖主义、非法贩运军火、生物产品或者爆炸物），还包括贸易中威胁公共安全、环境和消费者的货物所引起的对社会安全的威胁。”摘自《海关在整合外部边界管理中的作用》，欧委会（2003）第452号。

也门事件清晰表明，在制定欧盟海关供应链安全政策时需要考虑以下几个关键因素：风险缓解措施的时效性，多个成员国参与共同贸易活动的同一性及相互依赖性，事件的多部门参与和国际维度，以及国际贸易和供应链系统内各产业和利益相关方的核心利益。因此，有必要采取一种积极的、相互联系的方法，以应对风险管理中的诸多因素。

应对空运货物中装载爆炸物的风险，需要在第三国卸货前即采取行动。然而，像常用于资助犯罪或恐怖行动的非法贸易等容易产生安全和经济影响的其他风险，则需要在供应链上进一步加强监管。还有一些风险，可以通过更加有效的处置，对经营者造成最小的影响。在清关环节还将继续更加有效地监管众多金融和商业政策风险，如能提供更加详尽的数据和文件，也可在清关后通过稽查手段实施监管。此类监管布控离不开有效的风险分析。

早期风险评估有助于识别风险类型、程度和可能做出反应的范围。在货物抵达前（甚至在装货前）进行风险评估，有助于海关和其他执法部门采取多层次的风险应对方式，定位物流链上处置风险的最佳环节，保障欧盟成员国和公民安全。最佳的风险管理模式如下所示：

表 2：最佳风险管理流程：提前评估，适时介入（略）

1）装货前：直接威胁，如隐藏在货物中的爆炸装置，疾病的扩散；

2）欧盟首个入境点：第一环节未发现的直接威胁；

3）卸货地：边界地需控制的风险，如禁运货物或危险品，非法贸易；

4）最终目的地：无须早期监管，如符合产品安全规则、金融审计。

这种主动的风险管理模式需要一年 365 天对供应链进行一天 24 小时、一周 7 天不间断的实时监控。享有供应链完整带来共同利益的各方都要参与其中。此外，还要制定一个推动进程的框架。守法企业必须提供用于风险分析的供应链相关信息。为便利多部门间的协调及欧盟内部的信息共享需求，也可考虑设计一个组织架构。同时，还要考虑如何处理从第三方国家获取的信息。

这种方式强调，为精确定位风险、分析商业供应链货流，海关应加大有关信息、数据源和工具的整合力度。例如，区分保障公民安全和更广义的反欺诈（包括货物走私）的风险管理方式，似乎是低效且适得其反的。

缺少统一的风险管理方法不利于有计划、有针对性地利用有限的资源，同时，也暴露出欧盟层面风险管理的薄弱。

四、欧盟海关风险管理的未来之路

对途经欧盟边界的货流实施风险管理的效果和效能不仅关系到欧盟公民的安全、健康和幸福，也关系到欧盟及其成员国的贸易、经济和金融利益。多重的挑战需要多样的、整合的解决之法来弥补现行方式中已知的不足。

（一）确保贸易数据的质量、可及性和融合性

1. 数据质量（发货人、运输方式、收货人）

基于高级别工作组在加强空运货物安全方面所做的工作，欧盟立法和货物信息提前申报系统也要有所适应，以确保用于高效风险分析所需数据的可及性。其中，包括贸易和货流背后真正参与各方的信息，用于甄别和电子风险分析的货物的详尽信息，协调制度（HS）编码简介（至少要为商业用途货物提供）。

紧急情况下，承运人和其他各方提供上述信息所需的备案工作应及时到位。不同的商业模式要有所区分（如海运集装箱、空运快件和邮政运输）。欧盟在制定规则时应考虑企业经营者和中小企业承担的行政压力。同时，还应考虑如何进一步发展和提升国际标准。

2. 相关各海关部门都能获取信息

供应链货流的风险评估越早进行，越能更好地针对已识别风险调整监管措施，以适应物流过程。必须尽快记录下贸易数据，以便有效进行风险分析和管理。

多个成员国应能同时获取信息，并能灵活使用、管理和开发有关信息。备案方式的变化可使各方从不同成员国获取的信息汇总融合。实现这一方式的最佳成本效益方法值得探索。

（二）企业经营者的参与

保障供应链安全符合企业和政府部门的共同利益。

1. 欧盟经认证经营者制度（AEO）

经认证经营者制度（AEO）在欧盟的成功实施确保了对企业经营者投资的认可和企业高额利润的持续增长。

在欧盟内部，与供应链风险评估和缓解有关的非海关组织和监管部门实现AEO互认，会成为企业经营者的一个重要经济利益源。同样，海关在其他领域（如空运立法领域的监管机构）得到类似欧盟层面的（全部或部分）认可能够有效提升风险布控效能。

扩大欧盟AEO国际互认带来的利益，以及第三国制定的、类似的双边互认项目也应作为重点考虑。

2. 与守法企业配合布控非法贸易

经营者的全力参与让我们看到了进一步提升风险管理能够带来的巨大益处。通过提升经营者提供高质量信息的意识及增长供应链知识，便于更好地识别供应链上的薄弱环节和威胁。

有关部门应以风险分析为目的，开发经营者可提供的有价值的信息。

（三）应对风险管理的能力差异

成员国不仅在信息分析能力上存在差异，提供的信息层级也有所不同，这些差别亟须解决。可以考虑在成员国和欧盟层面开展联合行动。

1. 成员国层面

有必要开展能力建设，弥补各成员国间存在的差异。把各国的电子风险监管方式调成统一的技术规格，保障所需标准的实现。同时，应确保有足够的资源完成每天24小时的风险管理，在风险布控、处置方面提供高质量的专家技术（例如，通过培训来实现）。

2. 欧盟层面

各成员国采取行动将有助于在国家层面缩小风险分析能力的差异。然而，仅仅做到这点还不足以解决全部问题。欧盟范围内的风险管理往往伴随着因地理位置和国际物流链属性所造成的信息流的不完整。

在欧盟层面，更有效地实现所有外部边界监管点的风险管理目标需要更好地整合成员国海关的能力和资源。认识并遵循地方、区域和国家风险管理的特点，额外的欧盟层面的能力建设可以作为各国行动动态、有效的补充，包括实时利用电子风险引擎作为国家技术能力和资源能力发展的补充，解决各成员国共同面临的威胁和风险。欧盟层面的能力具体包括：

——在危机或其他情势下，确保适当的同一风险标准或者欧盟层面的风险画像能够直接应用于欧盟层面的数据分析，而不是通过27个国家的风险系统来实现。

——提升甄别共同风险的能力，确保在外部边界应用同一方式处理。

——提升国际供应链的透明度，确保在外部边界层面不漏掉一个重要风险信息。

——提升更快速地识别国境外非法贸易网络的能力，更加系统地解决转运和港口运输风险。

——实现更加有效的外部边界数据质量管理、风险评估和审查。

——提供与其他部门和第三国间的信息共享平台。

应充分挖掘即将实施的《海关2020年发展计划》（the Customs 2020 programme）所带来的机遇。例如，以专家团的形式，将成员国海关专家派驻到常设地点。在欧盟层面整合上述资源，有助于解决信息流的不完整，克服与各成员国风险管理能力差异伴生的问题，确保电子风险分析和管理的同一标准。

（四）与其他部门、组织的协作

海关需要与其他部门更有体系、系统的配合与协作，尤其要确保能在欧盟层面更好地处置风险，这是从也门事件中吸取的主要教训之一。特别是：

——更加顺畅地从特定团体获取与货流有关的严重威胁和风险信息、情报，并能立即应用于货物信息提前申报系统。信息的类型和传输方式应确保同一风险管理获得最佳效果。当然，这取决于相关部门（包括海关部门）的结构和组织背景，需由这些部门一致同意后决定。

——海关应当参与欧盟层面的供应链安全风险评估，确保与海关风险管理一致。

信息如能在欧盟层面实时、统一、快速地应用，那么，这些安排的附加值就会大幅提升。因为这样可以确保以最快的速度应对同样的威胁和风险，克服上述已知的差异。

（五）国际合作

有效的风险管理取决于强有力的双边和多边国际合作。与主要贸易伙伴开展紧密合作有助于扩充知识和信息，同时也有利于在全球范围内宣传风险管理的方法和技术。

欧盟应主动与主要贸易伙伴和邻国开展信息交换，促进贸易伙伴互认计划，通过官员互访推动人员的联合培训，制定同一标准；与其他参与欧盟海关安全领域的伙伴共同完成已开展的制定风险管理同一框架的工作。最后，欧盟还应继续在世界海关组织（WCO）、国际民用航空组织（ICAO）、国际海事组织（IMO）和万国邮政联盟（UPU）等多边组织中，支持针对风险管理和供应链安全标准（如SAFE）的国际合作，包括所有货物的离港前信息、信息交换、贸易伙伴计划和查验技术。

五、结束语

实施有效的风险管理符合企业经营者、欧盟各成员国及其公民的共同利益。海关与企业经营者应更加紧密地配合，以获取用于风险分析的高质量数据，便利合法贸易，更加有效地打击非法贸易。此外，海关与其他部门和组织间更加系统的风险信息交换和协作，以及更加紧密的国际合作，都将提升供应链的安全性和完整性。

在实施具体行动方案加强海关风险管理前，欧盟委员会在此请理事会、欧洲议会、欧洲经济和社会委员会对本建议中提出的方法给予考虑。

AEO发展现状和未来走向

2005年6月，世界海关组织（WCO）第105/106次年会通过了《全球贸易安全与便利标准框架》（以下简称《标准框架》）。此后，世界各经济体海关纷纷建立起自身的AEO制度，并在此基础上开展了广泛的AEO互认合作。

一、世界海关AEO发展现状

（一）世界主要经济体海关建立起AEO制度

AEO制度作为世界海关组织的重要制度，倡导海关与企业加强合作，分担安全责任，并对符合条件的企业提供简化通关手续、定期报告、延迟交税和提高信誉等便利措施，以较少的资源投入取得持续和长期的效果。

截至2012年年底，世界海关组织（WCO）177个成员中已有166个签署了实施《标准框架》意向书。中国、中国香港、中国台湾、美国、欧盟、日本、韩国、新加坡、马来西亚、印度、阿尔及利亚、安道尔、阿根廷、加拿大、哥伦比亚、哥斯达尼加、多米尼加、危地马拉、以色列、约旦、肯尼亚、墨西哥、新西兰、挪威、瑞士、津巴布韦、哈萨克斯坦等27个经济体海关建立了AEO制度。其中，欧盟27个成员国建立了统一的AEO制度。此外，博茨瓦纳、智利、马其顿、摩洛哥、秘鲁、突尼斯、土耳其、乌拉圭等8个经济体海关正在建立AEO制度。巴西、埃及、萨尔瓦多、印度尼西亚、卢旺达、塞内加尔、塞尔维亚、坦桑尼亚、泰国、越南等10个经济体海关建立了与AEO项目类似的守法便利项目。

可以看出，世界上主要经济体都建立起或正在建立AEO制度，且越来越多经济体开始建立AEO制度。

（二）越来越多的经济体海关开展了AEO互认合作

AEO互认是指在建立起AEO制度的海关之间，对各自认证的AEO企业予以相互认可并给予相应的通关便利措施的一种制度安排，是减少重复认证并促进国际供应链安全与便利的有效途径。

截至2012年年底，全球共签署20个AEO互认协议/安排。其中，2007年签署的有美国—新西兰，2008年签署的有日本—新西兰、美国—加拿大、美国—约旦，2009年签署的有美国—日本、欧盟—挪威、欧盟—瑞士，2010年签署的有日本—加拿大、加拿大—韩国、加拿大—新加坡、欧盟—日本、韩国—新加坡、韩国—美国，2011年签署的有安道尔—欧盟、日本—韩国、韩国—新西兰、日本—新加坡，2012年签署的有欧盟—美国、中国—新加坡、美国—中国台湾。

其中，美国签署了7个，日本签署了6个，欧盟和韩国各签署了5个，加拿大和新加坡各签署了4个，新西兰签署了3个，安道尔、挪威、瑞士、约旦、中国台湾和中国各签署1个。

另外，我国与美国、欧盟、日本、韩国、中国台湾、中国香港，日本与马来西亚，中国香港与韩国之间，印度与韩国、以色利与韩国、新西兰与新加坡、挪威与瑞士、新加坡与美国、美国与以色列之间的14个AEO互认磋商正在进行之中。

AEO互认已成为世界海关开展国际合作的重点项目。

（三）以世界海关组织（WCO）为首的国际社会大力推动AEO制度和AEO互认实施

世界海关组织（WCO）是AEO制度的制定和倡导者，在AEO制度和AEO互认方面做了大量工作：制定AEO制度的相关标准和程序等一揽子技术性文件，成立AEO国际专业顾问队伍，经常性举办全球或区域性AEO论坛和培训，定期召开工作组会议研究解决AEO最新前沿问题等。世界其他经济体海关也通过各种方式大力推动AEO制度的发展和完善。美国和日本海关向多个国家提供供应链安全项目的能力建设，新加坡海关牵头建立了旨在使AEO企业在贸易发生中断之后快速恢复运作的“贸易恢复计划（TRP）”，欧盟海关在海关全球网络（GNC）下牵头建立了AEO应用模块，中韩海关牵头开展了AEO互认经济效益研究等。

二、中国海关 AEO 发展现状

（一）建立起中国海关的 AEO 制度

一是将 AEO 制度转化为国内制度。2008 年 4 月 1 日起施行的《中华人民共和国海关企业分类管理办法》（以下简《分类办法》和相关配套文件，将 AEO 制度关于守法、贸易安全和海关与商界的合作伙伴关系等实体要求，以及贸易便利措施、验证程序纳入其中，具体转化了 AEO 制度为国内制度。AA 类企业的标准和条件与世界海关组织（WCO）的 AEO 制度相关要求一致，是中国海关的 AEO 企业。2011 年对《分类办法》进行了修订，对 AA 类企业的标准进行了完善，使之与世界海关组织（WCO）的 AEO 标准更加一致。截至 2013 年 3 月底，我国共有 AA 类企业 2545 家。

二是实施了 AA 类企业认证制度。出台了《海关验证稽查暂行办法》，明确通过稽查方式验证 AA 类企业的原则、程序、方法和内容等；出台了《海关验证稽查作业标准》，确定了稽查验证作业的四大类 35 个指标的稽查验证测试体系。

三是开发了企业信息管理的计算机系统。全面整合、汇总企业基础信息、进出口业务信息、不良信息和外部门管理信息，形成企业信息档案和动态数据库，提高对企业认证的准确性和一致性，并把分类结果转化为通关参数加以应用。该系统 2009 年 8 月上线运行，升级版于 2012 年 10 月投入使用。

四是在海关总署和各直属海关层面，采取多种形式，广泛开展 AEO 制度的对内和对外的宣传和培训，提高 AEO 制度的认知度。

（二）务实开展 AEO 互认

一是推进与欧盟、美国、韩国、新加坡、中国台湾、中国香港等主要贸易伙伴的 AEO 互认合作。2012 年 6 月，与新加坡海关签署了我国海关第一个 AEO 互认安排，在帮助我国企业实施“走出去”战略提供支持方面走出了重要的一步。与欧盟海关完成了 AEO 制度的书面比对和实地验证观摩，并进入到互认安排法律文本的磋商阶段；与韩国海关完成了 AEO 互认安排签署前的所有磋商工作；与中国台湾、日本海关制定了联合互认路线图，并开展了 AEO 制度比对；与美国海关启动了 AEO 互认磋商，并进行了 AEO 制度比对。2013 年将与韩国、欧盟、中国台湾、中国香港等海关签署 AEO 互认安排。

二是与俄罗斯、澳大利亚、印度、南非、巴西、瑞士、蒙古、阿根廷、墨西哥、哈萨克斯坦等金砖国家和其他经济体进行了 AEO 互认方面的初步接触。

三是积极介绍中国海关 AEO 制度，主动参与国际合作。通过世界海关组织（WCO）会议、APEC 会议、中国—东盟海关论坛、哈萨克斯坦 AEO 国际论坛等多边合作渠道，积极宣传中国海关实施 AEO 制度的做法和经验，帮助尚未实施 AEO 制度的国家建立 AEO 制度并在此基础上开展 AEO 互认合作。参与世界海关组织牵头的 AEO 互认经济效益研究项目，与韩国海关共同开展 AEO 互认放行时间研究，以及与美国、韩国、欧盟、新加坡、日本共同参与了 AEO 和 AEO 互认经济效益问卷调查。

三、世界海关 AEO 未来走向

（一）未来 5~10 年 AEO 制度和互认合作面临大发展

认识到 AEO 制度和互认合作对全球供应链安全与便利方面的突出作用，世界各经济体海关主动加快了实施步伐。可以预见，未来 5~10 年，将迎来 AEO 制度和互认合作的大发展时期。

（二）AEO 制度和互认合作在保证供应链安全和提供便利方面将发挥更大的作用

AEO 制度包含了海关与企业的合作、海关与海关之间的合作等方面的内容，在有效配置自身资源和充分利用各方力量，提高海关管理效能方面还有很大的挖掘空间。企业也希望享受到更多实际而有效的便利措施。因此世界海关在积极推进的同时，致力于协调和简化海关程序，实现供应链安全与便利的平衡。

（三）推动 AEO 制度与其他相关安全制度的融合

目前 AEO 制度仅是海关内部的制度，尚未被其他政府部门广泛认可，保证供应链安全与便利的目标仅靠海关一家难以实现，必须联合其他政府部门共同推进。因此，推动 AEO 制度与其他政府部门如航空管理部门、港务部门等相关制度的融合将是下一阶段的发展趋势。目前世界海关组织已经与国际民用航空组织开展这方面的合作。

四、中国海关 AEO 未来走向

（一）完善企业分类管理制度，落实 AEO 互认后的通关便利措施

一是建立统一的企业注册登记制度，逐步扩展 AEO 企业的评定范围，将仓储企业、运输企业、中介、场站等供应链所有节点的经营者纳入，归口统一管理。

二是研究风险、信用评估与 AEO 制度的有机结合，提高 AEO 企业评定标准、认证程序和持续性管理的科学性和有效性，保证 AEO 企业的守法程度和贸易安全水平。

三是结合目前进行的综合监管体系的顶层设计，研究落实 AEO 互认后能够提供的整个供应链更多实际而有效的便利措施，并监控和评估。

（二）加强与企业和其他政府部门的合作，扩大 AEO 制度的影响力和实际效果

一是强化与企业的合作伙伴关系，提高广大企业参与 AEO 制度的积极性，扩大 AEO 成员数量，充分发挥 AEO 制度在促进守法便利和贸易安全方面的作用。

二是加大 AEO 制度的宣传力度，提高社会认知度和影响力，为中国企业实施“走出去”战略提供有力支持。

三是联合航空、港务等其他供应链安全管理部门，共同打造安全和便利的供应链管理体系。

（三）科学规划中国海关 AEO 互认整体战略

在综合考虑受益程度、地缘因素和操作性等因素后，优先发展以下几类互认合作：

一是我方受益多的互认合作，如美国、欧盟、中国香港等，是我主要出口贸易伙伴，且我方为贸易顺差方，互认合作我方受益更大。

二是单方承认我国 AEO 资格的主要贸易伙伴，如俄罗斯和澳大利亚，此类国家虽未建立 AEO 制度，但承认我国 AEO 企业资格并给予便利措施。

三是操作性强的周边国家和地区，如韩国、中国台湾、日本、印度、哈萨克斯坦等，此类国家和地区均在我周边，与我方贸易往来密切，互认合作可扩大我方影响。

（四）积极开展 AEO 国际推广工作，为中国企业顺利进入互认方市场创造有利条件

考虑到 AEO 制度和国际互认对中国企业实施“走出去”战略的重要作用，中国海关要积极参与 AEO 国际推广的相关工作。如对上合组织、金砖国家、东盟、非洲等中国企业“走出去”的重点新兴市场国家，通过提供培训和技术援助等形式，提高对方对中国海关 AEO 制度的认可度，积极促成 AEO 互认或单方承认我国 AEO 企业资格，为中国企业顺利进入互认国市场创造有利条件。

企业信息篇

QIYE XINXI PIAN

说明：

1.“企业信息篇”收录的企业信息为2012年当年企业登记的信息，企业主营范围中所涉及的有关单证的有效期为2012年登记时的有效期。

2. 表中部分法人、日常联系人电话为手机号码，为保护个人隐私，凡手机号码均隐去中间4位数字。

进出口货物收发货人

北京关区

企业名称	中国新时代科技有限公司			海关编码	1101919016	所属海关	北京关区
通讯地址	北京市东城区朝阳门北大街1号新保利大厦25层B区					邮政编码	100010
评定时间	2009.9.16	注册日期	1993.12.28	报关有效期	2014.12.28	注册资本	10000万人民币
法人姓名	张连生	电　　话	010－84197080	日常联系人	高维华	电　　话	010－84192276
主营范围	许可经营项目：无。一般经营项目：进出口业务，机械设备、电子产品、化工原料（危险品除外）、通讯设备及器材、仪器仪表、电子计算机及辅助设备、成套设备、汽车零配件、建筑装饰材料、橡胶及橡胶制品、家用电器、办公设备及用品、照相器材、针纺织品、家具的销售和仓储。						

企业名称	中国黄金集团公司			海关编码	1101919040	所属海关	北京关区
通讯地址	北京市东城区柳荫公园南街1号					邮政编码	100011
评定时间	2012.3.13	注册日期	1992.11.16	报关有效期	2014.11.16	注册资本	200000万人民币
法人姓名	孙兆学	电　　话	010－84129882	日常联系人	顾乡	电　　话	010－84123038
主营范围	许可经营项目：对外派遣与其实力、规模、业绩相适应的国外工程项目所需的劳务人员（有效期至2013年4月21日）。一般经营项目：组织黄金系统的地址勘查、生产、冶炼、工程招标，黄金生产的副产品及其制品的销售、仓储，承担本行业的各类国外承包工程及工程所需设备、材料的出口，进出口业务，技术咨询、技术服务。						

企业名称	中粮集团有限公司			海关编码	1101919151	所属海关	北京关区
通讯地址	北京市朝阳区朝阳门南大街8号					邮政编码	100020
评定时间	2011.7.5	注册日期	1993.12.1	报关有效期	2014.12.1	注册资本	123530万人民币
法人姓名	宁高宁	电　　话	010－85006618	日常联系人	张光辉	电　　话	010－85006059
主营范围	许可经营项目：粮食收购，批发（非实物方式）预包装食品（有效期至2013年9月9日），境外期货业务（品种范围以许可证为准，有效期至2012年12月16日）。一般经营项目：进出口业务（自营及代理），从事对外咨询服务，广告、展览及技术交流业务，酒店的投资管理，房地产开发经营，物业管理、物业代理，自有房屋出租。						

企业名称	中土畜雪莲股份有限公司			海关编码	1101919177	所属海关	北京关区
通讯地址	北京市东城区安定门外大街208号					邮政编码	100011
评定时间	2009.6.16	注册日期	1999.3.18	报关有效期	2014.3.18	注册资本	17500万人民币
法人姓名	王震	电　　话	010－85018231	日常联系人	李晓枫	电　　话	139××××0587
主营范围	自营和代理除国家组织统一联合经营的出口商品和国家实行核定公司经营的进口商品以外的其他商品及技术的进出口业务，经营进料加工和“三来一补”业务，经营对销贸易和转口贸易，畜产品、化工原料及产品、五金交电、针纺织品、百货、木材、机械电子设备、计算机及办公设备、通讯设备的销售，服装面料技术检测，经济信息咨询，会议服务，承办展览展示活动，计算机软件开发，技术服务。						

企业名称	中纺粮油进出口有限责任公司			海关编码	1101919224	所属海关	北京关区
通讯地址	北京市东城区建国门内大街19号中纺大厦9007					邮政编码	100005
评定时间	2011. 7. 5	注册日期	2002. 5. 13	报关有效期	2014. 5. 13	注册资本	30000万人民币
法人姓名	王进	电　　话	010－65285007	日常联系人	虞跃	电　　话	010－65285100
主营范围	许可经营项目：粮食收购。一般经营项目：进出口业务，建筑材料、装饰材料、轻纺织品、日用百货、五金交电、化工材料（不含危险化学品）、机械设备、工艺美术品的销售，货物仓储，与上述业务相关的咨询服务，饲料及其添加剂的销售，大蒜的收购及销售。						

企业名称	中国神华能源股份有限公司			海关编码	1101919246	所属海关	北京关区
通讯地址	北京市东城区安定门西滨河路22号					邮政编码	100011
评定时间	2010. 4. 12	注册日期	2004. 12. 30	报关有效期	2014. 12. 30	注册资本	1988962万人民币
法人姓名	张喜武	电　　话	010－58131616	日常联系人	侯建英	电　　话	189××××9033
主营范围	许可经营项目：煤矿开采，煤炭经营。一般经营项目：项目投资，煤炭的洗选、加工，矿产品的开发与经营，专有铁路内部运输，电力生产，开展煤炭、铁路、电力经营的配套服务，船舶的维修，能源与环保技术开发与利用，技术转让、技术咨询、技术服务，进出口业务，化工产品、化工材料、建筑材料、机械设备的销售，物业管理。						

企业名称	北京远东罗斯蒙特仪表有限公司			海关编码	1101930348	所属海关	北京关区
通讯地址	北京市东城区和平里北街6号					邮政编码	100013
评定时间	2009. 6. 15	注册日期	1996. 5. 7	报关有效期	2014. 5. 7	注册资本	500万美元
法人姓名	斯考特·奥森	电　　话	010－58652588	日常联系人	张盼	电　　话	139××××5639
主营范围	生产工业用传感器、变送器、传感器用产品、传感用零配件、变送器用产品、变送器零配件，销售自产产品，代理（拍卖除外）、批发、零售他人及关联公司生产的工业用传感器、变送器、传感器用产品、传感器零配件、变送器用产品、变送器零配件产品，提供上述产品的安装、调试、维修、技术咨询、技术培训。						

企业名称	佳能（中国）有限公司			海关编码	1101940118	所属海关	北京关区
通讯地址	北京市东城区金宝街89号金宝大厦地下三层					邮政编码	100005
评定时间	2008. 12. 2	注册日期	1997. 11. 11	报关有效期	2014. 11. 11	注册资本	5605万美元
法人姓名	小泽秀树	电　　话	010－85139999	日常联系人	张卉	电　　话	010－85139742
主营范围	（一）在国家允许外商投资的领域依法进行投资。（二）在中国境内设立科研开发中心或部门，从事新产品及高新技术的研究开发，转让其研究开发成果，并提供相应的技术服务。（三）受所投资的企业的书面委托（经董事会一致通过），向其所投资的企业提供下列服务：1. 协助或代理其所投资的企业从国内外采购该企业自用的机器设备、办公设备和生产所需的原材料、元器件、零部件；2. 在国内外销售其所投资企业生产的产品，并提供售后服务；3. 为其所投资企业提供运输、						

主营范围	仓储等综合服务；4. 在外汇管理部门的同意和监督下，在其所投资企业之间平衡外汇；5. 协助其所投资企业招聘人员并提供技术培训、市场开发及咨询；6. 协助其所投资企业寻求贷款及提供担保。（四）为其投资者及其子公司提供咨询服务。（五）以代理、经销或设立出口采购机构（包括内部机构）的方式出口境内商品，并可按有关规定办理出口退税。（六）为其所投资企业的产品的国内经销商、代理商，以及与投资性公司、其母公司或其关联公司签有技术转让协议的国内公司、企业提供相关的技术培训。（七）购买所投资企业生产的产品进行系统集成后在国内外销售，如所投资企业生产的产品不能完全满足系统集成需要，允许其在国内外采购系统集成配套产品。（八）在其所投资企业投产前或其所投资企业新产品投产前，为进行产品市场开发，允许投资性公司从其母公司进口与其所投资企业生产产品相关的母公司产品在国内试销。（九）为其所投资业提供机器和办公设备的经营性租赁服务，或依法设立经营性租赁公司。（十）为其投资者生产的产品提供售后服务。（十一）进口并在国内销售投资者及其控股的关联公司的产品。（十二）进口为所投资企业、投资者所属公司集团的母公司产品提供维修服务所需的原辅材料及零、配件。（十三）承接境内外企业的服务外包业务。（十四）根据有关规定，从事物流配送服务。（十五）经中国银行业监督管理委员会批准，设立财务公司，向投资性公司及其所投资企业提供相关服务，从事物流配送服务。（十六）经商务部批准，从事境外工程承包业务和境外投资，设立融资租赁公司并提供相关服务。（十七）从事货物进出口或技术出口业务。（十八）从事商品（特定商品除外）的佣金代理（拍卖除外）、批发、零售。（二十一）经外汇管理机关批准，对境内关联公司的外汇资金进行集中管理，在境内银行开立离岸账户集中管理境外关联公司外汇资金和境内关联公司经外汇管理机关批准用于境外放款的外汇资金。（二十二）从事医疗器械（具体内容与医疗器械经营企业许可证一致）的进口、销售及售后服务业务。（二十三）从事上述产品相关的技术培训、咨询服务、维修服务、售后服务。

企业名称	艾默生（北京）仪表有限公司			海关编码	1101940180	所属海关	北京关区
通讯地址	北京市东城区和平里北街6号EK楼5层					邮政编码	100013
评定时间	2009. 6. 15	注册日期	2002. 8. 7	报关有效期	2014. 8. 7	注册资本	600万美元
法人姓名	马克·舒马赫	电　话	010－58652666	日常联系人	张盼	电　话	139××××5639
主营范围	设计、生产、组装控制仪表的生产设备及其配件；自产产品安装、调试、维修和技术咨询；销售自产产品；代理、批发他人及关联公司生产的工业用传感器、变送器、传感器用品、传感器零配件、变送器用品、变送器零配件产品，并提供以上产品的安装、调试、维修、技术咨询、技术培训。（涉及配额许可证管理、专项规定管理的商品，按照国家有关规定办理。）						

企业名称	华展鑫荣国际招标代理（北京）有限公司			海关编码	1101960222	所属海关	北京关区
通讯地址	北京市东城区北三环东路36号环球贸易中心B座2503－09					邮政编码	100029
评定时间	2010. 11. 17	注册日期	2005. 8. 3	报关有效期	2014. 8. 3	注册资本	3700万人民币
法人姓名	杨瑞	电　话	010－59575100	日常联系人	王海龙	电　话	139××××2315
主营范围	许可经营项目：销售医疗器械。一般经营项目：招标代理，国际货运代理，货物进出口，代理进出口，技术进出口，仓储服务，销售重油。						

企业名称	国信招标集团股份有限公司			海关编码	1102910087	所属海关	北京关区
通讯地址	北京市海淀区首体南路22号楼10层					邮政编码	100044
评定时间	2011.8.29	注册日期	2002.2.6	报关有效期	2014.2.6	注册资本	19500万人民币
法人姓名	袁炳玉	电　　话	010－88354433	日常联系人	李亮	电　　话	137××××5138
主营范围	许可经营项目：无。一般经营项目：国内招标与投标服务；国内资金采购；机电产品的国际招标业务；工程管理，投资，商务及其他经济信息咨询；工程及设备安装监理；高新技术项目、实业项目的投资；自营和代理各类商品及技术的进出口业务，但国家限定公司经营或禁止进出口的商品及技术除外；经营进料加工和“三来一补”业务；经营对销贸易和转口贸易；承办国内高新技术成果及产品展览，相关业务人员培训。(未取得行政许可的项目除外。)						

企业名称	中国船舶重工国际贸易有限公司			海关编码	1102919020	所属海关	北京关区
通讯地址	北京市西城区月坛北小街10号					邮政编码	100861
评定时间	2009.9.16	注册日期	1993.1.18	报关有效期	2014.1.18	注册资本	43200万人民币
法人姓名	董强	电　　话	010－88475627	日常联系人	马鑫	电　　话	010－59518071
主营范围	许可经营项目：对外派遣与其实力、规模、业绩相适应的境外工程所需的劳务人员。一般经营项目：军用船舶产品和技术出口，对外军用船舶工程承包；船舶及船用设备、海洋工程及设备的设计、研制、生产、维修、租赁、销售；进出口业务；承包境外海洋石油及相关工程和境内国际招标工程；对外提供工程勘察和设计及相关的咨询服务；承包冶金、石化、建筑、电站、城建、港口工程；水利工程设备的销售；废旧船舶销售；物业管理。						

企业名称	中国原子能工业有限公司			海关编码	1102919056	所属海关	北京关区
通讯地址	北京市西城区远华街9号楼					邮政编码	100032
评定时间		注册日期	1992.11.25	报关有效期	2014.11.25	注册资本	6459万人民币
法人姓名	刘春胜	电　　话	010－66297011	日常联系人	刘旭东	电　　话	139××××6671
主营范围	许可经营项目：无。一般经营项目：进出口业务，举办经济技术展览会，对外经济贸易咨询服务及技术交流，招标代理业务，五金交电、化工产品（不含危险化学品）、针纺织品、日用百货、建筑材料、仪器仪表、汽车配件的销售和仓储。						

企业名称	中国石油技术开发公司			海关编码	1102919062	所属海关	北京关区
通讯地址	北京市西城区德胜门东大街8号5层1－4					邮政编码	100029
评定时间		注册日期	1992.12.15	报关有效期	2014.12.15	注册资本	44347万人民币
法人姓名	毕跃明	电　　话	010－84080718	日常联系人	朱爽	电　　话	134××××8142
主营范围	许可经营项目：对外派遣实施境外工程所需的劳务人员，危险化学品经营（有效期至2013年11月29日）。一般经营项目：进出口业务，易货贸易、寄售业务，承办海运、铁路运输、航空运输、公路运输进出口货物的国际运输代理业务，设备租赁、招标代理业务，对外经济技术交流，技术咨询、技术服务、技术转让和技术合作开发，承包境外石油化工工程，小轿车销售。						

企业名称	中国石油工程建设公司			海关编码	1102919059	所属海关	北京关区
通讯地址	北京市西城区六铺炕街6号					邮政编码	100011
评定时间	2008. 12. 2	注册日期	2002. 11. 17	报关有效期	2014. 11. 17	注册资本	240956万人民币
法人姓名	侯浩杰	电　　话	010－58192906	日常联系人	温常花	电　　话	010－58192996
主营范围	许可经营项目：对外派遣实施境外工程所需的劳务人员（有效期至2013年8月18日）。一般经营项目：境内外石油天然气、石油化工、工业与民用建筑工程、道路、市政、电力工程的咨询、规划、设计、勘察、项目管理、安装，施工总承包及设计、采购、施工（EPC），工程地质、岩土工程、工程监理、工程造价、安全环保技术服务、咨询，物资、工程招标及招标代理，进出口业务，工业新工艺、新技术和计算机软、硬件开发、咨询、服务、转让，各类石油石化设备、轻型结构、钢结构的设计、制造、安装，工程机械、机电产品、化工产品（不含危险化学品）、建筑材料、金属材料、轻工产品、家用电器、日用百货的销售。						

企业名称	中国兵工物资集团有限公司			海关编码	1102919076	所属海关	北京关区
通讯地址	北京市海淀区车道沟10号院科技1号楼四、五层					邮政编码	100089
评定时间	2009. 4. 20	注册日期	1994. 7. 2	报关有效期	2014. 7. 2	注册资本	217337万人民币
法人姓名	白长治	电　　话	010－68962928	日常联系人	管巍	电　　话	139××××7280
主营范围	许可经营项目：兵工系统内汽油、煤油、柴油批发业务，经营危险化学品（许可范围以许可证为准，有效期至2012年5月24日）。一般经营许可：金属材料、重油、机电产品、成套设备、建筑材料、化工产品（危险化学品除外）、汽车的销售，进出口业务，与上述业务相关的技术咨询、信息服务，五金交电、针纺织品、橡胶制品、塑料制品、电子产品及通信设备、体育用品、服装、百货、皮革及制品、文教用具、纸、纸制品的销售，电子产品的研发、生产及销售，摩托车的维修及租赁。						

企业名称	中设国际贸易有限责任公司			海关编码	1102919107	所属海关	北京关区
通讯地址	北京市西城区广安门外大街178号					邮政编码	100055
评定时间	2010. 4. 22	注册日期	1995. 5. 26	报关有效期	2014. 5. 26	注册资本	800万人民币
法人姓名	向军	电　　话	010－63452245	日常联系人	李晶	电　　话	010－64352245
主营范围	许可经营项目：无。一般经营项目：经营和代理经贸部批准的进出口业务，经营易货贸易和转口贸易业务，承办中外合资经营、合作生产和“三来一补”业务，销售机械电器设备、汽车（不含9座以下乘用车）、金属材料、金属矿石、矿产制品、金属制品、建筑材料、装饰材料、机械电器设备、化工产品、医疗器械、工艺美术品、电子计算机软硬件及外部设备、百货、针纺织品、重油，专业承包，信息咨询（中介除外），技术开发、技术转让、技术服务。						

企业名称	中化国际招标有限责任公司			海关编码	1102919142	所属海关	北京关区
通讯地址	北京市西城区复兴门外大街 A2 号中化大厦					邮政编码	100045
评定时间	2008. 12. 2	注册日期	1997. 7. 11	报关有效期	2014. 7. 11	注册资本	3577 万人民币
法人姓名	王铁林	电　　话	010－59369353	日常联系人	孟鼎坤	电　　话	010－59368001
主营范围	许可经营项目：批发兼零售预包装食品（有效期至 2014 年 5 月 18 日）。一般经营项目：经营国际金融组织贷款项下国际招标采购业务，从事利用国外贷款和国内资金采购机电产品的国际招标业务和其他国际招标采购业务；工程、货物、服务项目招投标代理业务；进出口业务；百货、针纺织品、日用杂品五金交电、电子计算机及外部设备、工艺美术品、家具、机械电器设备、建筑材料、黑色金属材料、化工产品及材料（不含危险化学品）、轻工材料、石油制品、润滑油、润滑脂、畜产品、饲料的销售；与上述业务相关的咨询服务；展览、广告和技术交流；节能减排相关的技术服务，节能咨询服务；小轿车销售；仓储及物流服务；设备维修服务。						

企业名称	中化塑料有限公司			海关编码	1102919255	所属海关	北京关区
通讯地址	北京市西城区复兴门外大街 A2 号中华大厦 703 室					邮政编码	100045
评定时间	2011. 12. 28	注册日期	2004. 2. 13	报关有效期	2014. 2. 13	注册资本	20000 万人民币
法人姓名	张晓雷	电　　话	010－88078798	日常联系人	张景	电　　话	
主营范围	许可经营项目：批发预包装食品、乳制品（不含婴幼儿配方乳粉）（食品流通许可证有效期至 2014 年 6 月 14 日），销售危险化学品（凭危险化学品经营许可证经营，不带存储设施经营。危险化学品经营许可证有效期至 2015 年 3 月 18 日）。一般经营项目：货物进出口，技术进出口，代理进出口，承办中外合资经营、合作生产业务。						

企业名称	北京松下普天通信设备有限公司			海关编码	1102930048	所属海关	北京关区
通讯地址	北京市顺义区天竺空港工业区天柱东路 19 号					邮政编码	101312
评定时间	2009. 2. 4	注册日期	1992. 12. 5	报关有效期	2014. 12. 5	注册资本	2494 万美元
法人姓名	王忠夫	电　　话	010－62683012	日常联系人	杨荷	电　　话	010－57203068
主营范围	设计、生产、销售无线电寻呼机、移动电话机和有线电话产品及其零部件产品，自产产品的维修、技术咨询、技术培训，销售自产产品。						

企业名称	北京索爱普天移动通信有限公司			海关编码	1102930399	所属海关	北京关区
通讯地址	北京市顺义区天竺空港工业区 A 区天柱西路					邮政编码	101312
评定时间	2008. 12. 2	注册日期	2002. 5. 22	报关有效期	2016. 1. 20	注册资本	3000 万美元
法人姓名	邢炜	电　　话	010－80481188	日常联系人	李艳红	电　　话	010－80481188
主营范围	许可经营项目：生产和制造电脑、平板电脑、电子产品（不含表面处理作业）；蜂窝移动通信系统及产品，包括 GSM 基地站和手持机，TACS 基地站和手持机，蜂窝移动通信系统的电源，移动交换中心及其他系统元件和配套设备及相关设备；工装夹具及零配件。一般经营项目：提供该合营公司系统产品的售前、售中、售后服务（包括网络设计等），从事非配额许可证管理、非专营商品的收购出口业务，从事该合营公司产品的工业化设计工作，销售自产产品。						

企业名称	万宝矿产有限公司			海关编码	1104919040	所属海关	北京关区
通讯地址	北京市丰台区科学城星火路10号2号楼528室					邮政编码	100070
评定时间	2011.12.20	注册日期	2005.2.24	报关有效期	2014.8.27	注册资本	130000万人民币
法人姓名	陈德芳	电　　话	010－63209380	日常联系人	郝媛	电　　话	010－63209336
主营范围	许可经营项目：矿石及矿产品加工。一般经营项目：项目投资，投资管理，货物进出口，技术进出口，代理进出口。						

企业名称	北京中物振华贸易有限公司			海关编码	1104960006	所属海关	北京关区
通讯地址	北京市西城区半步桥街13号甲602室					邮政编码	100054
评定时间	2011.12.5	注册日期	2002.10.22	报关有效期	2014.10.22	注册资本	5000万人民币
法人姓名	周文	电　　话	010－59070366	日常联系人	张兆恒	电　　话	010－59070366
主营范围	许可经营项目：无。一般经营项目：销售化工产品、建筑材料、道路沥青、装饰材料、金属材料、通讯设备、机电设备、计算机及外围设备；技术开发、转让及培训；企业形象策划服务；为商品展览展示提供服务；经济信息咨询（不含中介服务）；仓储服务；自营和代理各类商品及技术的进出口，但国家限定公司经营或禁止进出口的商品和技术除外。						

企业名称	中国航空技术北京有限公司			海关编码	1105910050	所属海关	北京关区
通讯地址	北京经济技术开发区宏达北路16号6号楼					邮政编码	100040
评定时间	2009.11.18	注册日期	1994.5.30	报关有效期	2014.5.30	注册资本	30000万人民币
法人姓名	刁伟程	电　　话	010－84971031	日常联系人	胡中	电　　话	136××××8598
主营范围	许可经营项目：无。一般经营项目：货物进出口、代理进出口、技术进出口，投资及投资管理，物业管理，销售建筑材料、汽车配件、金属材料，承包境外机电行业工程和境内国际招标工程，对外派遣实施上述境外工程所需的劳务人员。						

企业名称	北京铜牛进出口有限公司			海关编码	1105910056	所属海关	北京关区
通讯地址	北京市朝阳区金台里甲9号（铜牛大厦）4层					邮政编码	100026
评定时间	2009.6.15	注册日期	1993.11.18	报关有效期	2014.11.18	注册资本	2000万人民币
法人姓名	张为民	电　　话	010－52081288	日常联系人	薛继红	电　　话	010－52081266
主营范围	许可经营项目：货运险，仓储货物的财产保险。一般经营范围：自营和代理各类商品及技术的进出口业务，但国家限定公司经营或禁止进出口的商品及技术除外；经营进料加工和“三来一补”业务；经营对销贸易和转口贸易；承办中外合资经营、合作生产；销售日用品、针纺织品、服装、鞋帽、工艺品、玩具、文具用品、体育用品、化工产品（不含危险化学品）。						

企业名称	瑞钢联集团有限公司			海关编码	1105910279	所属海关	北京关区
通讯地址	北京市东城区朝阳门北大街1号北京新保利大厦19层（电梯层23层）A、B区					邮政编码	100027
评定时间	2009. 9. 16	注册日期	2003. 9. 17	报关有效期	2014. 9. 17	注册资本	20000万人民币
法人姓名	游振武	电　　话	010－84193866	日常联系人	杨珂	电　　话	158××××1066
主营范围	货物进出口、技术进出口、代理进出口，销售建筑材料、装饰材料、金属材料、生铁、钢材及其压延产品、矿产品、木材、五金交电、机械设备、电器设备、汽车配件、化工产品（不含危险化学品及一类易制毒化学品）、润滑油、润滑脂、百货、焦碳、纸浆，仓储服务，经济信息咨询（不含中介），劳务服务。						

企业名称	中国国际石油化工联合有限责任公司			海关编码	1105919023	所属海关	北京关区
通讯地址	北京市朝阳区朝阳门北大街22号8层					邮政编码	100728
评定时间	2009. 11. 18	注册日期	1993. 5. 7	报关有效期	2014. 5. 7	注册资本	300000万人民币
法人姓名	戴照明	电　　话	010－59966526	日常联系人	赵胜兰	电　　话	010－59966526
主营范围	自营和代理各类商品及技术的进出口业务，包括原油、成品油的进出口（其他国家规定的专营进出口商品和国家禁止进出口的特殊商品除外）；经营进料加工和“三来一补”业务；开展对销和转口贸易；境外期货业务。						

企业名称	国航进出口有限公司			海关编码	1105919117	所属海关	北京关区
通讯地址	北京市顺义区首都机场国航基地四号					邮政编码	100621
评定时间	2009. 9. 16	注册日期	1993. 9. 24	报关有效期	2014. 9. 24	注册资本	9508万人民币
法人姓名	郑保安	电　　话	010－64599951	日常联系人	郭凯	电　　话	136××××9360
主营范围	自营和代理各类商品及技术的进出口业务，但国家限定公司经营或禁止进出口的商品及技术除外；经营进料加工和“三来一补”业务；经营转口贸易和对销贸易；购销金属材料、五金交电、建筑材料、装饰材料、工艺美术品；技术咨询，技术服务；仓储服务；自有房产的物业管理（出租写字间）；汽车销售（不含小轿车）；飞行器租赁。						

企业名称	中粮粮油有限公司			海关编码	1105919128	所属海关	北京关区
通讯地址	北京市朝阳区朝阳门南大街8号7层					邮政编码	100005
评定时间	2011. 1. 7	注册日期	1995. 5. 17	报关有效期	2014. 5. 17	注册资本	56783万人民币
法人姓名	栗明	电　　话	010－85019022	日常联系人	姜鑫	电　　话	010－85019040
主营范围	许可经营项目：粮食收购，批发（非实物方式）预包装食品（有效期至2015年3月21日）。一般经营项目：进出口业务，饲料、饲料添加剂、针纺织品、机械电器设备、纸张的销售，信息咨询。						

企业名称	中国石化国际事业有限公司			海关编码	1105919057	所属海关	北京关区
通讯地址	北京市朝阳区朝阳门北大街中国石化大厦5－6层					邮政编码	100101
评定时间	2009. 2. 24	注册日期	1992. 11. 26	报关有效期	2014. 11. 26	注册资本	140000万人民币
法人姓名	蒋振盈	电　话	010－59960606	日常联系人	柏舟	电　话	137××××2772
主营范围	货物进出口、技术进出口、代理进出口，销售石油及化工产品、机械设备、电气仪表、汽车配件、木材、建筑材料、金属材料、汽车（含小轿车）、化肥，石油化工及其产品的存储、运输（仅限分公司经营），利用国外贷款和国内资金采购机电产品的国际招标业务和其他国际国内招标业务，技术改造项目设备招标及相关服务，承办国际金融组织贷款项目下的国际招标采购业务，承包境外工程和境内国际招标工程，对外派遣实施上述境外工程所需的劳务人员，承办展览展示业务，组织国内企业出国（境）参、办展，境外期货业务，设备租赁，煤炭批发（限分支机构经营）。						

企业名称	中国出国人员服务总公司			海关编码	1105919061	所属海关	北京关区
通讯地址	北京市朝阳区惠新东街4号					邮政编码	100029
评定时间	2009. 6. 16	注册日期	1992. 12. 11	报关有效期	2014. 12. 11	注册资本	50000万人民币
法人姓名	盛华	电　话	010－84638281	日常联系人	池学锋	电　话	010－84642758
主营范围	许可经营项目：经营免税外汇商品业务，向境外派遣各类劳务人员（不含海员，有效期至2017年11月1日），批发（非实物方式）预包装食品、乳制品（含婴幼儿配方乳粉）（有效期至2014年4月19日）。一般经营项目：向境外企业、新闻、贸易等组织驻华机构的常驻人员和外商企业的外方常驻人员提供自用安家物品，向驻外机构提供生活物资，进出口贸易，化妆品、钢铁、金属材料、机械设备、电子产品、计算机及软件、办公设备、汽车及汽车配件的销售，纺织品、针织品及原料的销售，绢纺原料的销售，旅游、商务、出国人员涉外事务的咨询，计算机技术服务，会展服务，代办仓储运输手续，房屋租赁，物业管理，家用电器的保修、维修及配件零售。						

企业名称	中航国际航空发展有限公司			海关编码	1105919093	所属海关	北京关区
通讯地址	北京市朝阳区北辰东路18号中航技大厦6层					邮政编码	100101
评定时间	2008. 12. 2	注册日期	1994. 8. 18	报关有效期	2014. 9. 18	注册资本	49000万人民币
法人姓名	张辉	电　话	010－84809053	日常联系人	郑辉	电　话	010－84808974
主营范围	经营本系统所产运输工具、机械设备的出口业务；经营本系统所需运输工具、机械设备的进口业务；接受本系统单位的委托，代理上述进出口业务；经营本系统技术进出口业务；承办中外合资、合作生产业务；承办来料加工、来样加工、来件装配业务；开展补偿贸易业务；经营与原苏联、东欧国家易货贸易业务；从事对外咨询服务、展览、技术交流业务；经贸部批准的其他商品的进出口业务；经营或代理除国家组织统一联合经营的16种出口商品和实行核定公司经营的12种进口商品以外的其他商品的进出口业务；代理货物运输保险；购销机械电器设备（汽车除外）、五金交电化工产品。（未取得专项许可的项目除外。）						

企业名称	中国乡镇企业总公司			海关编码	1105919152	所属海关	北京关区
通讯地址	北京市朝阳区农展南路5号京朝大厦八层					邮政编码	100026
评定时间	2009.7.13	注册日期	1995.5.30	报关有效期	2014.5.30	注册资本	6351万人民币
法人姓名	史明山	电　　话	010－59193829	日常联系人	李红印	电　　话	136××××0877
主营范围	许可经营项目：海洋渔业系统内汽油、煤油、柴油的批发（有效期至2015年6月21日），医疗器械的经营（具体项目以许可证为准，有效期至2015年6月16日），农作物种子的进出口（有效期至2013年4月1日），草种经营（有效期至2015年1月24日），批发（非实物方式）预包装食品、散装食品（含水产品）（有效期至2013年2月28日）。一般经营项目：钢材、有色金属、轻纺和化工原料及产品、矿产品、建筑材料、木材、机电设备、仪器、五金交电、汽车、摩托车及零配件、饲料及农畜产品、化肥的经营，绿化工程设计、施工，机电设备招标和招标代理，进出口业务，室内、外装饰装潢，组织园林设计，绿化工程的设计、施工，提供与主营业务有关的咨询服务、信息服务。						

企业名称	中航技国际经贸发展有限公司			海关编码	1105919158	所属海关	北京关区
通讯地址	北京市朝阳区慧忠路5号B座2001、2002、2003、2005、2006、2007					邮政编码	100101
评定时间	2011.7.5	注册日期	1996.11.14	报关有效期	2014.11.14	注册资本	6000万人民币
法人姓名	彭牧	电　　话	010－84891601	日常联系人	濮玥	电　　话	138××××1181
主营范围	销售建筑材料、装饰材料、汽车、机电设备、五金交电、化工材料、计算机软硬件及辅助设备、仪器仪表、针纺织品、日用百货，经营或代理除国家组织统一联合经营的16种出口商品及国家实行核定公司经营的12种进口商品以外的其他商品和技术的进出口业务，承办中外合资经营、合作生产及“三来一补”、易货贸易、对销贸易业务，从事对外经济贸易信息咨询服务及技术交流业务，国际招标及工程招标代理业务。						

企业名称	中国交通进出口总公司			海关编码	1105919200	所属海关	北京关区
通讯地址	北京市朝阳区建国路118号招商局大厦6层					邮政编码	100022
评定时间	2009.6.15	注册日期	1993.12.31	报关有效期	2014.12.31	注册资本	5352万人民币
法人姓名	何玉龙	电　　话	010－65678866	日常联系人	张黎	电　　话	136××××3772
主营范围	许可经营项目：对外派遣实施境外工程所需的劳务人员（有效期至2009年12月31日）。一般经营项目：进出口业务；对外经济技术交流业务；交通设备的销售、租赁；船舶、汽车等交通运输设备及配件，建筑材料及产品，化工产品及产品，五金材料及产品，筑路和养护设备及沥青，重油，电子产品，通讯设备及材料，印刷设备，轻工，纺织设备，成套机械设备，汽车，日用百货的销售；对外修船业务；招标代理业务。						

企业名称	中信国际招标有限公司			海关编码	1105919214	所属海关	北京关区
通讯地址	北京市朝阳区北苑路 108 号 A12 楼 102 室					邮政编码	100016
评定时间	2011. 12. 5	注册日期	2001. 6. 20	报关有效期	2014. 6. 20	注册资本	3000 万人民币
法人姓名	王建芝	电　　话	010 - 64939765	日常联系人	曾可珍	电　　话	136 × × × × 8622
主营范围	机电产品国际招标代理，工程招标代理，货物和服务招标、竞争性谈判、询价等采购代理业务，政府采购咨询服务，货物进出口，技术进出口，代理进出口，项目投资，投资管理，资产管理，信息咨询，建设工程项目管理。						

企业名称	中海石油化工进出口有限公司			海关编码	1105919216	所属海关	北京关区
通讯地址	北京市东城区朝阳门北大街 25 号 9 层（901 ~ 919）					邮政编码	100027
评定时间	2009. 12. 25	注册日期	2001. 7. 23	报关有效期	2014. 7. 23	注册资本	63771 万人民币
法人姓名	孙大陆	电　　话	010 - 84250879	日常联系人	王海明	电　　话	139 × × × × 2267
主营范围	许可经营项目：成品油（柴油、汽油、航空煤油、蜡油、石脑油、燃料油等）国营贸易进口经营业务。一般经营项目：自营和代理各类商品及技术的进出口业务（国家限定公司经营或禁止进出口的商品及技术除外），经营进料加工和“三来一补”业务，经营对销贸易和转口贸易。						

企业名称	北京飞机维修工程有限公司			海关编码	1105930284	所属海关	北京关区
通讯地址	北京市顺义区首都国际机场					邮政编码	100621
评定时间	2011. 12. 5	注册日期	1992. 12. 17	报关有效期	2014. 12. 30	注册资本	18753 万美元
法人姓名	蔡剑江	电　　话	010 - 64593233	日常联系人	张伟	电　　话	139 × × × × 8250
主营范围	为国内外用户维护、维修和翻新飞机和发动机，包括辅助动力装置和附件；地面设备的制造和修理；为国内外航空公司提供机务勤务保证；派遣工程技术人员在外站提供维修和技术服务；发动机、附件和其他部件的分包管理；器材管理；维修开发；人员培训；技术咨询服务；校验服务；工程服务。						

企业名称	北京松下控制装置有限公司			海关编码	1105930620	所属海关	北京关区
通讯地址	北京市朝阳区酒仙桥路 14 号					邮政编码	100016
评定时间	2009. 6. 15	注册日期	1994. 3. 7	报关有效期	2014. 3. 7	注册资本	3380 万美元
法人姓名	刘会阳	电　　话	010 - 64351155 - 7266	日常联系人	刘志红	电　　话	010 - 64351155 - 7230
主营范围	开发设计、生产控制装置和零部件，机械加工及模具制造，销售自产产品，上述产品的批发，提供相关的服务、技术咨询及售后服务，货物进出口。（涉及配额、许可证管理和专项规定管理的商品按照国家有关规定办理。）						

企业名称	诺基亚通信有限公司			海关编码	1105930838	所属海关	北京关区
通讯地址	北京市经济技术开发区东环中路5号					邮政编码	100176
评定时间	2008.12.2	注册日期	1995.10.19	报关有效期	2014.10.19	注册资本	13820万美元
法人姓名	JAMES LIN	电　　话	010－87114508	日常联系人	康瑜	电　　话	136××××3082
主营范围	开发、生产、销售移动通信手机和网络基础设施（包括基站、交换设备、固定宽带接入设备、无线接入设备和数字集群系统设备），为自产产品提供售后服务、技术支持和其他客户服务（包括提供零配件、配套设备、元器件及维修服务），国内采购商品的批发及零售，进口与合资公司生产的产品同类的商品进行批发及零售。						

企业名称	北京ABB电气传动系统有限公司			海关编码	1105931251	所属海关	北京关区
通讯地址	北京市朝阳区酒仙桥北路甲10号D区1号					邮政编码	100016
评定时间	2009.6.16	注册日期	2004.6.7	报关有效期	2014.6.7	注册资本	500万美元
法人姓名	方秦	电　　话	010－84566688	日常联系人	李涌峰	电　　话	158××××8359
主营范围	生产各类电气传动装置，控制系统工程成套设备的设计、维修、服务及技术培训，销售自产产品。						

企业名称	中国惠普有限公司			海关编码	1105931437	所属海关	北京关区
通讯地址	北京市朝阳区建国路112号					邮政编码	100022
评定时间	2011.1.26	注册日期	2010.11.5	报关有效期	2013.11.5	注册资本	1000万美元
法人姓名	符标榜	电　　话	010－65643888	日常联系人	葛萍	电　　话	138××××0938
主营范围	研制开发、生产制造（包括委托加工）包括计算机硬件、软件及其外围设备，相关配套系列产品及零部件在内的电子产品及其他惠普产品（外商投资限制类及国家有专项规定的除外）；进口、经营并向国内外客户直接或通过渠道销售上述本企业产品、国内外惠普或其他厂商生产的品牌电子产品及其他相关配套产品，经营业务包括对上述产品的进口、出口、仓储、批发、零售、佣金代理、维修服务、技术咨询与技术转让（受配额许可证管理或专营商品除外）；惠普及其他品牌电子及其他产品的维修与维护服务，技术咨询与技术转让；计算机系统集成，网络工程设计、施工、布线，设备安装、调试及技术服务；对国内外客户及惠普的关联公司提供公司基础设施、职能部门（如IT机房、呼叫、客户服务、打印文传、财务或商务流程运作中心）外包服务，开发和讲授与上述各项产品和服务有关的技术与商务培训课程；经营性租赁业务，包括计算机硬件、软件及外围设备在内的电子产品和其他设备的租赁和对租赁物品的残值处理，提供上列租赁物品的技术咨询、支持与维修等相关的租赁服务。						

企业名称	松下电器（中国）有限公司			海关编码	1105940705	所属海关	北京关区
通讯地址	北京市朝阳区景华南街5号远洋光华中心C座3层、6层					邮政编码	100025
评定时间	2011.8.29	注册日期	2003.3.4	报关有效期	2014.3.4	注册资本	10万美元
法人姓名	大泽英俊	电　　话	010－65626100	日常联系人	崔萌	电　　话	010－65626840
主营范围	（一）在中国对电器、电子及其他鼓励和允许类产业进行投资。（二）研究、开发、制造民用和工业用电子电器产品、设备及其零部件、元器件，并在国内外销售本公司生产的产品（上述两项内容待具体产品及项目确定后，按有关法律规定逐项另行报批）。（三）受所投资企业（包括投资本公司在中国大陆投资的企业，以下简称企业）董事会的书面委托（经董事会全体成员一致同意），为其提供以下业务：1. 协助或代理其所投资的企业从国内外采购该企业自用的机器、设备和生产所需的原材料、元器件、零部件；2. 在国内外市场以代理或经销的方式销售其所投资企业生产的产品，并提供售后服务；3. 为其所投资企业提供运输、仓储等综合性服务；4. 人才培训，市场开发及咨询服务；5. 协助企业招收、招聘人员；6. 在外汇管理部门的同意和监督下，谋求企业之间的外汇平衡；7. 协助企业寻求贷款及提供担保。（四）为其投资者提供咨询服务，为其关联公司提供与其投资有关的市场信息、投资政策等咨询服务。（五）依照国家有关规定，以代理、经销或设立出口采购机构（包括内部机构）的方式出口境内商品，并可按有关规定办理出口退税。（六）从事新产品及高新技术的研究开发，转让其研究成果，并提供相应的技术服务。（七）为其所投资企业的产品的国内经销商、代理商，以及与投资性公司、其母公司或其关联公司签有技术转让协议的国内公司、企业提供相关的技术培训。（八）购买企业的产品进行系统集成后在国内外销售，如果企业生产的产品不能完全满足系统集成需要，可以在国内外采购系统集成本套产品。（九）进口并在国内销售（不含零售）投资者所属公司集团的母公司及其控股关联企业的产品。（十）经中国银行业监督管理委员会批准，向投资性公司及其所投资企业提供相关财务服务。（十一）为其所投资企业提供机器和办公设备的经营性租赁服务或依法提供经营性租赁服务，或依法设立经营性赁公司。（十二）为所进口的产品提供售后服务。（十三）进口为企业、投资者所属公司集团的母公司的产品提供维修服务所需的原辅材料及零、配件。（十四）承接境内外企业的服务外包业务。（十五）根据有关规定，从事物流配送服务。（十六）经中国银行业监督管理委员会批准，设立财务公司，向本公司及企业提供相关财务服务。（十七）经商务部批准，从事境外工程承包业务和境外投资，设立融资租赁公司并提供相关服务。（十八）委托境内其他企业生产加工本公司或投资者的产品并在国内外销售。（十九）从事电子通信设备、仪器仪表、文化、办公、机械、普通机械专用设备等有关产品（特种商品除外）的批发、佣金代理（拍卖除外）、进出口及其相关配套业务。						

企业名称	冠捷科技（北京）有限公司			海关编码	1105941047	所属海关	北京关区
通讯地址	北京市朝阳区酒仙桥路10号					邮政编码	100016
评定时间	2008.12.2	注册日期	2006.1.10	报关有效期	2015.1.10	注册资本	32000万人民币
法人姓名	宣建生	电　　话	010－64326699－8150	日常联系人	常志新	电　　话	010－64326699－8149
主营范围	许可经营项目：生产彩色显示器、液晶数字电视、等离子数字电视机、显像管数字电视机、投影仪、多媒体产品网络产品，塑料加工，制造电子产品及工模具。一般经营项目：开发、销售彩色显示器、液晶数字电视、等离子数字电视机、显像管数字电视机、投影仪、多媒体产品网络产品，销售自产产品，上述产品同类商品的进口批发业务，国内采购商品（特定商品除外）的批发业务，提供相关配套服务。						

企业名称	电装（中国）投资有限公司			海关编码	1105940715	所属海关	北京关区
通讯地址	北京市朝阳区东三环北路5号1幢518室					邮政编码	100004
评定时间	2011.7.5	注册日期	2003.4.14	报关有效期	2014.4.14	注册资本	26610万美元
法人姓名	山田升	电　　话	13803050531	日常联系人	周方圆	电　　话	010－65908337－688
主营范围	（一）在国家允许外商投资的领域依法进行投资。（二）以代理、经销或设立出口采购机构的方式出口境内商品。（三）购买投资企业生产的产品进行系统集成后在国内外销售。（四）在投资企业投产前或其新产品投产前，为进行产品市场开发，从公司投资者进口并在国内试销与投资企业生产产品相关的公司投资者产品。（五）为投资企业提供机器和办公设备的经营性租赁服务，或依法设立经营性租赁公司。（六）在所投资领域内设立科研开发中心部门，从事新产品及高新技术的研究开发，转让其研究开发成果，并提供相应的技术服务。（七）为投资企业产品的国内经销商、代理商，以及与公司、公司投资者或其关联公司签有技术转让协议的国内公司、企业提供相关的技术培训。（八）为公司投资者提供咨询服务，为关联公司提供与其投资有关的市场信息、投资政策等咨询服务。（九）为公司投资者生产的产品提供售后服务。（十）受公司所投资企业的书面委托（经董事会一致通过），向所投资企业提供下列服务：1. 协助或代理投资企业从国内外采购其自用机器设备，办公设备，生产所需的原材料、元器件、零部（配）件；2. 在国内外市场以代理方式及（或）经销方式销售投资企业生产的产品并提供售后服务；3. 协助投资企业招聘人员并提供技术培训、市场开发及咨询；4. 为投资企业提供产品生产、销售和市场开发过程中的技术支持、员工培训、企业内部人事管理等服务；5. 协助投资企业寻求贷款及提供担保；6. 在外汇管理部门的同意和监督下，在投资企业之间平衡外汇；7. 为投资企业提供运输、仓储等综合服务。（十一）公司在境内销售从母公司进口的产品（不包括零售）。（十二）从事母公司及其控股关联公司的产品及同类产品的进口、批发及出口业务，国内采购商品（特种商品除外）的批发及出口业务。						

企业名称	宝马（中国）汽车贸易有限公司			海关编码	1105941016	所属海关	北京关区
通讯地址	北京市朝阳区东三环北路霞光里18号佳程广场B座28层					邮政编码	100027
评定时间	2009.5.22	注册日期	2005.11.23	报关有效期	2014.11.23	注册资本	2500万欧元
法人姓名	史登科	电　　话	010－84558000	日常联系人	文锐	电　　话	151××××1216
主营范围	作为宝马集团BMW（宝马）、MINI（迷你）和ROLIS－ROYCE（劳斯莱斯）品牌进口汽车在国内的总经销商，从事BMW（宝马）、MINI（迷你）和ROLIS－ROVCE（劳斯莱斯）品牌非中国制造的汽车和摩托车及上述品牌原装零部件的进口、销售（不含零售）、市场营销及服务，进口并经营BMW（宝马）、MINI（迷你）和ROLLS－ROYCE（劳斯莱斯）生活方式用品，其他相关配套业务（包括存货管理、发送服务、存贮仓储服务、产品促销、营销，包括维修保养在内的售后服务，培训服务，经销商网络管理）以及商务咨询服务，销售BMW（宝马）、MINI（迷你）和ROLLS－ROYCE（劳斯莱斯）品牌二手车，销售并出口中国本地生产的用于BMW（宝马）、MINI（迷你）和ROLLS－ROYCE（劳斯莱斯）品牌汽车的零部件。						

企业名称	三星（中国）投资有限公司		海关编码	1105941006	所属海关	北京关区
通讯地址	北京市朝阳区建国路118号航华科贸中心招商局大厦2208－13单元				邮政编码	100022
评定时间	2013. 7. 18	注册日期	2005. 11. 4	报关有效期	2014. 11. 4	注册资本	16330万美元
法人姓名	朴载淳	电　话	010－65689988	日常联系人	朴长默	电　话	010－65689988－5400
主营范围	（一）在国家允许外商投资的领域依法进行投资。（二）受其所投资企业的书面委托（经董一会一致通过），向其提供下列服务：1. 以代理或经销的方式销售其所投资企业生产的产品，采购该企业的机器设备、办公设备和生产所需要的原材料、元器件、零部件，并提供售后服务；2. 在国家外汇管理部门的同意和监督下，在其所投资企业之间平衡外汇；3. 协助所投资企业招聘人员并在公司内设立研修中心，为其提供技术培训、市场开发和咨询服务；4. 为其所投资企业提供运输、仓储等综合服务；5. 协助其所投资企业寻求贷款及提供担保。（三）在公司内部建立研究与开发中心，从事其投资领域内的技术研究与开发工作。（四）依照国家有关规定，以代理、经销或设立出口采购机构（包括内部机构）的方式出口境内商品，并可按有关规定办理出口退税。（五）为其投资者提供咨询服务。（六）为其关联公司提供与其投资有关的市场信息、投资政策等咨询服务。（七）购买所投资企业生产的产品进行系统集成后在国内外销售，如所投资企业生产的产品不能完全满足系统集成需要，则在国内外采购系统集成配套产品，但所购买的系统集成配套产品的价值不应超过系统集成所需全部产品价值的50%。（八）为其所投资企业的产品的国内经销商、代理商，以及与公司、其母公司或其关联公司签有技术转让协议的国内公司、企业提供相关的技术培训。（九）为其所投资企业提供机器和办公设备的经营性租凭服务。（十）为其母公司生产的产品提供售后服务。（十一）进口并在国内销售跨国公司的产品。（十二）进口为所投资企业、跨国公司的产品提供维修服务所需的原辅材料及零、配件。（十三）承接境内外企业的服务外包业务。（十四）根据有关规定，从事物流配送服务。（十五）经中国银行业监督管理委员会批准，设立财务公司，向公司及所投资企业提供相关财务服务。（十六）经商务部批准，从事境外工程承包业务和境外投资，设立融资租赁公司或其他经营性租赁公司并提供相关服务。（十七）进口并在国内销售［批发、佣金代理（拍卖除外）］国家允许范围内的商品，在国内采购并销售［批发、佣金代理（拍卖除外）］国家允许范围内的商品。						

企业名称	路易达孚（北京）贸易有限责任公司		海关编码	1105941043	所属海关	北京关区
通讯地址	北京市朝阳区东三环中路1号环球金融中心东楼14层01～04单元及06～11单元				邮政编码	100022
评定时间		注册日期	2005. 12. 28	报关有效期	2014. 12. 28	注册资本	5000万美元
法人姓名	陈涛	电　话	010－58693666	日常联系人	胡刚	电　话	
主营范围	许可经营项目：从事预包装食品、散装食品、乳制品（含婴幼儿配方乳粉）的批发及进出口（不含配额、许可证、专项规定管理商品）（食品流通许可证有效期至2014年7月7日）。一般经营项目：从事谷物、农副产品、有色金属、聚合物和化工产品（不包括化肥、成品油和原油）的批发，从事谷物、农副产品、有色金属、聚合物和化学产品的进出口（不含配额、许可证、专项规定管理商品），铜、铝、橡胶原材料及相关产品的批发及进出口（上述涉及配额许可证管理、专项管理规定的商品按照国家有关规定办理），提供佣金代理业务及服务。						

企业名称	徕卡测量系统贸易（北京）有限公司		海关编码	1105941262	所属海关	北京关区
通讯地址	北京市朝阳区朝阳门外大街16号中国人寿大厦2002～2005室				邮政编码	100020
评定时间	2012. 3. 13	注册日期	2006. 11. 2	报关有效期	2014. 11. 2	注册资本	100万美元
法人姓名	杜滨	电　话	010－85691818	日常联系人	皮新丽	电　话	138××××7291
主营范围	从事国产和进口测量设备、航空相机遥感设备、GIS专用软件，以及用于实现3D空间数据采集、可视化和处理的其他产品、系统及其附件、零部件、软件的批发和进出口，并为中国及海外用户提供售后服务及技术咨询、培训和技术服务。（涉及配额许可证管理、专项规定管理的商品按照国家有关规定办理。）					

企业名称	戴姆勒东北亚零部件贸易服务有限公司		海关编码	1105941678	所属海关	北京关区
通讯地址	北京市朝阳区望京街8号院戴姆勒大厦9层901号				邮政编码	100004
评定时间	2013. 3. 15	注册日期	2008. 7. 18	报关有效期	2014. 7. 18	注册资本	2200万美元
法人姓名	华立新	电　话	010－84172148	日常联系人	肖真	电　话	138××××7538
主营范围	批发汽车零部件及其附属产品、汽车专用工具、品牌汽车生活用品（包括服装、鞋帽、工艺品），货物进出口，技术服务、技术交流，上述产品的技术培训。（涉及配额许可证管理、专项规定管理的商品按照国家有关规定办理。）					

企业名称	国投中鲁果汁股份有限公司		海关编码	1106319002	所属海关	北京关区
通讯地址	北京市丰台区科兴路7号205室				邮政编码	100070
评定时间	2010. 8. 6	注册日期	2001. 8. 15	报关有效期	2014. 8. 15	注册资本	20170万人民币
法人姓名	郝建	电　话	010－88009001	日常联系人	吴楠	电　话	136××××7777
主营范围	许可经营项目：生产浓缩果蔬汁、饮料，农副产品的深加工（限分公司经营）。一般经营项目：农业生物产业项目的投资；经营本企业和成员企业自产产品及技术的出口业务，本企业和成员企业生产所需的原辅材料、仪器仪表、机械设备、零配件及技术的进口业务（国家限定公司经营和国家禁止进出口的商品除外）；经营进料加工和“三来一补”业务；办公用房出租，商业用房出租。					

企业名称	中海油中石化联合国际贸易有限责任公司		海关编码	1106919249	所属海关	北京关区
通讯地址	北京市东城区朝阳门北大街25号中国海油大厦902－906室				邮政编码	100013
评定时间	2009. 12. 25	注册日期	2004. 4. 12	报关有效期	2014. 4. 12	注册资本	20000万人民币
法人姓名	孙大陆	电　话	010－84522888	日常联系人	王永明	电　话	139××××7882
主营范围	许可经营项目：经营原油进口业务，经营成品油出口业务。一般经营项目：货物进出口，技术进出口，代理进出口。					

企业名称	西门子工厂自动化工程有限公司			海关编码	1105942817	所属海关	北京关区
通讯地址	北京市朝阳区酒仙桥东路一号					邮政编码	100016
评定时间		注册日期	1993. 10. 12	报关有效期	2014. 10. 12	注册资本	350 万欧元
法人姓名	秦政	电　　话	010－84597001	日常联系人	李丹	电　　话	010－84597064
主营范围	许可经营项目：生产工厂自动化所需的电控柜与相关的自动化产品，中、低压电柜，国内外工厂自动化工程项目中的机械产品。一般经营项目：开发、研制工厂自动化所需的电控柜与相关的自动化产品，承接国内外工厂自动化工程设计、软件编制、安装调试及相关服务，承揽国内外工厂自动化工程项目中的机械产品的设计、装配、安装调试及相关服务，受西门子公司的委托对其自动化产品进行售前技术支持和售后服务，研制开发和设计中、低压电柜并进行售后服务，销售自产产品，开展西门子自动化产品的技术咨询与培训，出口在维修业务中已更换的西门子自动化产品的部件，工厂自动化产品及生产所需的相关产品的批发和进出口。（涉及配额、许可证管理、专项规定管理的商品按照国家有关规定办理。）						

企业名称	中国电子进出口总公司			海关编码	1108919050	所属海关	北京关区
通讯地址	北京市海淀区复兴路甲 23 号电子大楼					邮政编码	100036
评定时间	2009. 6. 15	注册日期	1994. 4. 6	报关有效期	2014. 4. 6	注册资本	69422 万人民币
法人姓名	陈旭	电　　话	010－68296190	日常联系人	闫蓓	电　　话	136××××7325
主营范围	许可经营项目：向境外派遣与其实力、规模、业绩相适应的国外工程项目的劳务人员（有效期至 2018 年 2 月 16 日）。一般经营项目：进出口业务；承办对外贸易展览展销；招标代理业务；承包与其实力、规模、业绩相适应的国外工程项目；小轿车销售；与以上业务有关的仓储、包装业务，技术咨询、技术服务；信息服务；汽车零配件的销售；物业管理，房屋设施的维修，承揽室内装修和装修材料的销售；房屋出租；保洁服务及保洁材料销售；家用电器维修；计算机网络系统集成，计算机软件及外部设备的研制、销售；燃料油、重油产品的销售。						

企业名称	中国国际图书贸易集团有限公司			海关编码	1108919052	所属海关	北京关区
通讯地址	北京市海淀区车公庄西路 35 号					邮政编码	100048
评定时间	2011. 12. 20	注册日期	1993. 8. 7	报关有效期	2014. 8. 7	注册资本	35000 万人民币
法人姓名	孟祥杰	电　　话	010－68433005	日常联系人	李涛	电　　话	139××××9146
主营范围	许可经营项目：图书总发行、批发、零售，图书、期刊、报纸的零售，音像制品、图书、报纸、期刊、电子文献、缩微制品的进口业务。一般经营项目：货物进出口，代理进出口，技术进出口，承办中外合作生产（出版）业务，承办展览展示活动，技术推广，缩微制品、工艺品（金、银饰品除外）、轻工业品的海外寄售，自有房屋出租，销售工艺品、乐器、服装、摄影器材、舞台设备、演出器材、印刷器材、仪器仪表及文化、办公用机械。						

企业名称	中国仪器进出口（集团）公司			海关编码	1108919068	所属海关	北京关区
通讯地址	北京市西城区西直门外大街 6 号					邮政编码	100044
评定时间	2011. 7. 5	注册日期	1992. 11. 23	报关有效期	2014. 11. 23	注册资本	15000 万人民币
法人姓名	安丰收	电　　话	010－88316008	日常联系人	徐睿	电　　话	136××××4912
主营范围	许可经营项目：医疗器械（二类、三类）的经营（范围见许可证，有效期至 2015 年 4 月 13 日），销售 V 类放射源（有效期至 2012 年 8 月 29 日），向境外派遣各类劳务人员（不含海员，有效期至 2017 年 9 月 1 日）。一般经营项目：广播电视设备、电子产品、通讯设备、计算机设备、网络设备及软件、安防产品、安保产品、风力及水力发电设备、污水处理设备、垃圾处理设备、太阳能产品的销售，进出口业务，从事对外咨询服务，技术交流，仪器仪表维修，招标代理业务，主办境内外经济技术展览会，设备租赁，家电、日用百货、五金器材、仪器仪表的销售，安防产品的技术服务，信息系统集成，仓储服务。						

企业名称	中国技术进出口总公司			海关编码	1108919071	所属海关	北京关区
通讯地址	北京市西三环北路 21 号久凌大厦					邮政编码	100089
评定时间	2013. 5. 7	注册日期	1993. 12. 24	报关有效期	2014. 12. 24	注册资本	30000 万人民币
法人姓名	唐毅	电　　话	010－63348823	日常联系人	王燕	电　　话	136××××5856
主营范围	许可经营项目：向境外派遣劳务人员（不含海员，有效期至 2011 年 10 月 26 日），批发（非实物方式）预包装食品、乳制品（不含婴儿配方乳粉）（有效期至 2014 年 8 月 30 日）。一般经营项目：进出口业务，承办国（境）外各类工程项目和境内国际招标工程，国（境）外承包工程和海外企业所需设备材料出口，经营国内外工程承包，项目投资咨询服务，对外经济贸易咨询服务，展览、技术交流及技术服务，技术和成套设备的寄售和维修服务，国内外招标业务，广告设计、制作、发布，铁精粉、钢材、建材、纺织品、轻工产品、木材及制品的销售。						

企业名称	中技国际招标公司			海关编码	1108919100	所属海关	北京关区
通讯地址	北京市丰台区西四环南路 101 号（园区）					邮政编码	100070
评定时间	2010. 6. 30	注册日期	1993. 12. 18	报关有效期	2014. 12. 18	注册资本	3000 万人民币
法人姓名	刘德冰	电　　话	010－63349895	日常联系人	姚玮	电　　话	138××××6125
主营范围	办理国际和国内招标业务，从事国内外咨询服务，技术培训及技术交流业务，货物进出口，技术进出口，自营和代理进出口，承担土建工程及有关的重要设备、材料采购招标的代理业务，经营材料加工和“三来一补”业务，经营对销贸易和转口贸易、法律。（行政法规、国务院决定禁止的，不得经营；法律、行政法规、国务院决定规定应经许可的，经审批机关批准并经工商行政管理机关登记注册后方可经营；法律、行政法规、国务院决定未规定许可的，自主选择经营项目开展经营活动。）						

企业名称	中国电子器材总公司			海关编码	1108919118	所属海关	北京关区
通讯地址	北京市海淀区复兴路49号					邮政编码	100036
评定时间	2009.5.22	注册日期	1995.7.6	报关有效期	2014.7.6	注册资本	10600万人民币
法人姓名	穆国强	电话	010-68207762	日常联系人	王际红	电话	133××××2114
主营范围	许可经营项目：医疗器械销售（产品范围以许可证为准，有效期限至2015年7月25日），组办本行业企业出国（境）参、办经济贸易展览会，普通运输（有效期至2013年3月16日）。一般经营项目：电子整机（含无线电通讯机、广播通讯设备）、电子元器件及材料、电子仪器仪表、电子产品（含彩电批发、零售）、计算机及外部设备、空白录像带、电子成套设备的销售和代购、代销；电子系统工程设计、安装；电子产品展览，举办境内对外经济技术展览会；承办展览（销）会广告设计，制作路牌、印刷品、影视广告，代理制作广告的发布业务；进出口业务；家电维修；包装材料、建筑装修材料、机电设备、五金交电、化工产品、针纺织品、日用百货、服装、办公设备、文化用品、照像器材、工艺美术品（金、银饰品除外）的销售；仓储运输；与上述业务有关的技术咨询、技术培训、技术服务和信息服务；摄影，扩印，打字；汽车销售；计算机、电子、通信的技术开发、技术转让。						

企业名称	联想进出口有限公司			海关编码	1108919156	所属海关	北京关区
通讯地址	北京市海淀区中关村东路66号甲1号楼10层1003室					邮政编码	100080
评定时间	2009.2.24	注册日期	1997.7.15	报关有效期	2014.7.15	注册资本	1176万人民币
法人姓名	许国兵	电话	010-62800299	日常联系人	刘丽华	电话	139××××8915
主营范围	许可经营项目：无。一般经营项目：销售电子产品，货物进出口、技术进出口、代理进出口，销售电子产品。(未取得行政许可的项目除外)						

企业名称	中国进口汽车贸易有限公司			海关编码	1108919225	所属海关	北京关区
通讯地址	北京市海淀区中关村南三街6号北楼					邮政编码	100190
评定时间	2013.1.18	注册日期	2006.1.9	报关有效期	2014.1.9	注册资本	81812万人民币
法人姓名	贾屹	电话	010-82169166	日常联系人	刘勤玉	电话	010-82169363
主营范围	许可经营项目：无。一般经营项目：各类进口汽车、国产车、二手车及其配件的销售，进出口业务，自有房屋出租，信息交流，仓储服务，国内货运代理。						

企业名称	通用国际贸易有限责任公司			海关编码	1108919245	所属海关	北京关区
通讯地址	北京市朝阳区劲松九区910楼					邮政编码	100021
评定时间	2012.6.4	注册日期	2002.7.3	报关有效期	2014.7.3	注册资本	13000万人民币
法人姓名	王晖	电话	010-87763564	日常联系人	林群	电话	010-87763564
主营范围	许可经营项目：对外派遣境外机电工程所需的劳务人员（有效期至2012年12月10日）。一般经营项目：进出口业务，承包境外机电工程和境内国际招标工程。						

企业名称	中国医药对外贸易公司	海关编码	1108919226	所属海关	北京关区
通讯地址	北京市朝阳区惠新东街4号			邮政编码	100029
评定时间	2008. 12. 2	注册日期	2000. 1. 11	报关有效期	2014. 11. 17
注册资本	28050万人民币				
法人姓名	严兵	电　　话	010－62026699	日常联系人	贺晓福
电　　话	010－82074521				
主营范围	许可经营项目：医疗器械经营（经营范围以许可证为准，有效期至2015年12月13日），批发（非实物方式）预包装食品（有效期至2013年8月9日），经营保健食品（有效期至2016年1月10日），危险化学品经营（经营范围以许可证为准，有效期至2015年5月13日），药品批发（经营范围以许可证为准，有效期值2014年11月29日）。一般经营项目：医药行业对外咨询及技术交流，进出口业务，汽车销售，承包境外医药行业工程和境内国际招标工程，货物仓储，公共保税库的投资与管理，房屋租赁，设备租赁，化妆品销售，计算机软硬件及外部设备销售，计算机系统集成服务。				

企业名称	中粮饲料有限公司	海关编码	1108919254	所属海关	北京关区
通讯地址	北京市西城区南大安胡同6号四层			邮政编码	100035
评定时间	2013. 3. 15	注册日期	2003. 9. 5	报关有效期	2014. 9. 5
注册资本	2480万人民币				
法人姓名	刘晓雨	电　　话	133××××8233	日常联系人	从利军
电　　话	133××××8233				
主营范围	许可经营项目：粮食收购，批发粮油食品，经营饲料。一般经营项目：饲料原辅材料的购销、仓储、加工；机械设备、包装物品的加工、制造、销售，饲料添加剂、建筑材料、装饰材料、钢材、机电设备、汽车（小轿车除外）及配件、计算机及办公用品、日用百货、五金交电、针纺织品、服装鞋帽、照相器材、文化用品、工艺美术品、电子产品的仓储和销售，粮油的仓储，粮油包装储运器材、检化验机具仪器的销售，经营和代理各类商品和技术的进出口（国家限定公司经营或禁止进出口的商品和技术除外），与以上业务相关的咨询、信息服务，国内举办展览、展示，物业管理，房屋出租。				

企业名称	中航技进出口有限责任公司	海关编码	1113219005	所属海关	北京关区
通讯地址	北京市经济技术开发区西环南路18号			邮政编码	100176
评定时间	2012. 4. 5	注册日期	2009. 5. 31	报关有效期	2015. 5. 31
注册资本	100000万人民币				
法人姓名	马志平	电　　话	010－84808015	日常联系人	张朝阳
电　　话	137××××2503				
主营范围	许可经营项目：无。一般经营项目：航空器及相关装备、配套系统等产品的国际市场开拓，国际技术合作及相关产品的维修保障和服务，进出口业务，航空工业及相关行业的投资，设备的开发，仓储，展览服务，相关业务的技术转让、咨询和技术服务。				

企业名称	北京星宇车科技有限公司	海关编码	1116940058	所属海关	平谷海关
通讯地址	北京市平谷区兴谷路28号			邮政编码	101200
评定时间	2010. 4. 12	注册日期	2004. 5. 8	报关有效期	2015. 5. 8
注册资本	2800万美元				
法人姓名	李命根	电　　话	010－69958500	日常联系人	赵星花
电　　话	010－69958500－291				
主营范围	生产汽车零部件及用于制造汽车零部件的精冲模、模具标准件、夹具、精密在线测量仪器，提供设计技术、工程技术的咨询服务，销售自产产品。				

企业名称	北京华阳服装厂			海关编码	1116950001	所属海关	平谷海关
通讯地址	北京市平谷区夏各庄镇夏各庄村北街84号					邮政编码	101213
评定时间	2009.9.16	注册日期	2002.5.22	报关有效期	2015.5.22	注册资本	1000万人民币
法人姓名	见立荣	电　话	010－60913175	日常联系人	见军红	电　话	010－61990588
主营范围	制造服装，销售服装服饰、日用百货、针纺织品，经营本企业自产产品及相关技术的出口业务，承办中外合资经营、合作生产及开展“三来一补”业务等。						

企业名称	北京赤尾时装有限公司			海关编码	1118940014	所属海关	平谷海关
通讯地址	北京密云县密云镇大唐庄村					邮政编码	101500
评定时间	2009.6.17	注册日期	2002.5.22	报关有效期	2015.5.24	注册资本	683万美元
法人姓名	赤尾秀树	电　话	010－85802207	日常联系人	车相日	电　话	010－85802209
主营范围	生产服装，销售自产产品。						

企业名称	北京科园信海医药经营有限公司			海关编码	1106360087	所属海关	京中关村
通讯地址	北京市丰台区科学城航丰路11号					邮政编码	100071
评定时间	2011.4.22	注册日期	2005.10.19	报关有效期	2014.10.19	注册资本	30000万人民币
法人姓名	于锐	电　话	010－83632603	日常联系人	张琳	电　话	010－83632550
主营范围	许可经营项目：货物运输，货物专用运输（冷藏保鲜）；批发中成药、化学原料药、化学药制剂、抗生素、生物制品、生化药品、疫苗、体外诊断试剂、第二类精神药品制剂、蛋白同化制剂和肽类激素、医疗器械。一般经营项目：批发五金交电、建筑材料、百货；技术开发，技术服务，劳务服务；技术咨询，信息咨询；组织体育交流活动；人员培训；货物进出口，代理进出口，技术进出口。						

企业名称	首钢日电电子有限公司			海关编码	1107930014	所属海关	京中关村
通讯地址	北京市石景山区八大处路45号					邮政编码	100144
评定时间	2008.12.2	注册日期	1997.4.24	报关有效期	2015.4.24	注册资本	2075000万日本元
法人姓名	强伟	电　话	010－58980808	日常联系人	高志耕	电　话	135××××6677
主营范围	设计、开发和制造集成电路及大规模集成电路产品，从事本公司产品的销售及售后服务业务。						

企业名称	中电科技国际贸易有限公司			海关编码	1108319007	所属海关	京中关村
通讯地址	北京市西城区五路通北街5号院2号楼					邮政编码	100120
评定时间	2010.4.22	注册日期	2002.8.15	报关有效期	2014.8.15	注册资本	27000万人民币
法人姓名	赵明	电　话	010－82209116	日常联系人	刘娇	电　话	010－82209229
主营范围	许可经营项目：对外派遣与其实力、规模、业绩相适应的境外工程所需的劳务人员。一般经营项目：进出口业务；招投标业务；承包工程；雷达及配套设备、电子产品、通信器材及设备的研发、生产及销售；汽车（含小轿车）、摩托车及零配件、机械设备、计算机及辅助设备、纺织品、服装及日用品、文具、家用电器、五金交电、金属产品、体育用品及器材、建材及化工产品（不含危险化学品）、家具及室内装修材料的销售；贸易经纪与代理；国内展览展示；对外贸易咨询；仓储服务；农、林、牧、渔的技术咨询服务；技术开发，技术转让，技术推广，技术咨询，技术服务。						

企业名称	联想（北京）有限公司			海关编码	1108340221	所属海关	京中关村
通讯地址	北京市海淀区上地信息产业基地创业路6号					邮政编码	100085
评定时间	2009.2.4	注册日期	1998.8.21	报关有效期	2015.8.21	注册资本	17548万港币
法人姓名	杨元庆	电　话	010－58869242	日常联系人	潘傲青	电　话	
主营范围	许可经营项目：无。一般经营项目：研发、生产、维修和测试电子计算机及其零部件、电子计算机外部设备、软件、信息系统及网络产品、电子信息产品及通讯设备、办公自动化设备、仪器仪表及文化办公用机械、电器印刷设备，委托加工、维修、测试税控收款机、税控器、家用视听设备、打印机复印机用墨，上述商品、办公家具的批发零售、佣金代理（拍卖除外）和进出口，自产产品出租，网络系统集成，数据管理服务，客户支援服务，工业产品设计服务，网页设计服务，软件服务，技术开发、技术咨询、技术培训服务，科技交流和推广服务，管理咨询服务，技术进出口，回收批发废旧电子产品，网络储存产品的推广和代理。						

企业名称	神州数码（中国）有限公司			海关编码	1108340289	所属海关	京中关村
通讯地址	北京市海淀区上地九街9号数码科技广场一段7层A区					邮政编码	100085
评定时间	2012.12.17	注册日期	2002.5.24	报关有效期	2015.5.24	注册资本	100000万港币
法人姓名	郭为	电　话	010－62694633	日常联系人	禹淋	电　话	010－62694633
主营范围	许可经营项目：批发医疗器械III、II类，医用电子仪器设备，医用高频仪器设备，体外循环及血液处理设备，植入器材，植入性人工器官，支架，医用卫生材料及敷料，医用高分子材料及制品II类，物理治疗及康复设备，手术室、急救室、诊疗室设备及器具，病房护理设备及器具。一般经营项目：研究、开发计算机硬件、软件系统配套零件，网络产品，多媒体产品，电子信息产品及通讯产品；办公自动化设备、仪器仪表、电气及印刷照排设备、计算机应用系统的安装和维修；自产产品的技术咨询、技术服务、技术转让、技术培训；经营自产产品的出口业务；代理销售计算机硬件、软件及外围设施；商务电子信息服务，商务信息咨询、管理信息咨询服务；开发、设计和生产税控收款机；销售自产产品。（不涉及国营贸易管理商品，涉及配额、许可证管理商品的按国家有关规定办理申请手续，未经专项审批的项目除外。）						

企业名称	瑞萨半导体（北京）有限公司			海关编码	1108340540	所属海关	京中关村
通讯地址	北京市海淀区上地信息产业基地8街7号					邮政编码	100085
评定时间		注册日期	2003.6.11	报关有效期	2014.6.11	注册资本	9044万美元
法人姓名	森健人	电　话		日常联系人	黄春燕	电　话	010－57525050
主营范围	设计、开发和制造半导体及其相关软件产品，在国内外销售本公司产品并提供售后服务，承接半导体的委托生产业务。						

企业名称	北京华油国际物流工程服务有限公司			海关编码	1108910232	所属海关	京中关村
通讯地址	北京市海淀区牡丹园北里3号楼1707号（住宅）					邮政编码	100101
评定时间		注册日期	2002.11.12	报关有效期	2014.11.12	注册资本	3500万人民币
法人姓名	陈冬梅	电　话	010－82035230	日常联系人	郭晓丽	电　话	138××××9282
主营范围	货物运输，承办海运、空运进出口货物的国际运输代理业务；自营和代理各类商品及技术的进出口，但国家限定公司经营或禁止进出口的商品和技术除外；销售汽车（不含小轿车）；仓储服务；零售汽车配件、机械设备、金属材料、石油制品、化工产品（不含危险化学品及一类易制毒化学品）；汽车租赁。(未取得行政许可的项目除外)						

企业名称	熊猫（北京）国际信息技术有限公司			海关编码	1108910310	所属海关	京中关村
通讯地址	北京市海淀区曙光花园中路11号北京农科大厦A座710室					邮政编码	100097
评定时间	2011.7.5	注册日期	2004.8.3	报关有效期	2014.8.3	注册资本	2000万人民币
法人姓名	孙苏辉	电　话	010－51501658	日常联系人	吕福君	电　话	139××××6846
主营范围	许可经营项目：无。一般经营项目：技术推广，货物进出口，技术进出口，代理进出口。(法律、行政法规、国务院决定禁止的，不得经营；法律、行政法规、国务院决定规定应经许可的，经审批机关批准并经工商行政管理机关登记注册后方可经营；法律、行政法规、国务院决定未规定许可的，自主选择经营项目开展经营活动。)						

企业名称	北京铁总物通国际贸易有限公司			海关编码	1108910462	所属海关	京中关村
通讯地址	北京市海淀区中关村南大街甲18号院1－4号楼D座13－13D					邮政编码	100081
评定时间	2012.4.5	注册日期	2006.7.7	报关有效期	2015.7.7	注册资本	5000万人民币
法人姓名	宋玉芳	电　话	010－62153809	日常联系人	汪浩	电　话	
主营范围	许可经营项目：无。一般经营项目：货物进出口，技术进出口，代理进出口，投资与资产管理，销售非金属矿石及制品、金属矿石、金属材料、建筑材料、机械设备、电子产品，经济贸易咨询。(未取得行政许可的项目除外)						

企业名称	中国电子器件工业有限公司			海关编码	1108910696	所属海关	京中关村
通讯地址	北京市海淀区复兴路甲 65 号					邮政编码	100036
评定时间	2011. 12. 20	注册日期	2009. 5. 21	报关有效期	2015. 5. 21	注册资本	19404 万人民币
法人姓名	杨学林	电　话	010－68211166	日常联系人	张志良	电　话	139××××2509
主营范围	Ⅲ类：医用电子仪器仪表设备，医用光学器具、仪器及内窥设备，医用超声仪器及有关设备，医用激光仪器设备，医用高频仪器设备，医用磁共振设备，医用 X 射线设备，医用 X 射线附属设备及部件，医用化验和基础设备器具，体外循环及血液处理设备，手术室、急救室、诊疗室设备及器具，医用高分子材料及制品。Ⅱ类：物理治疗及健康设备。体外检验分析器，病房护理设备及器具的经营，电子元器件、设备、专用材料、电子产品及应用产品的设计、开发、生产、销售、售后服务及维修，电子器件系统工程的总承包，承办组织进出口货源和配套服务，进出口业务，五金交电、通讯器材、计算机及外部设备、钢材、木材、建筑材料、照明设备、仪器仪表、一般化工材料、办公用品及设备、服装、百货的销售，与上述业务有关的技术咨询、技术服务、信息服务，物业管理。						

企业名称	北京中原合聚经贸有限公司			海关编码	1108960012	所属海关	京中关村
通讯地址	北京市海淀区花园路 B3 号南路 1012 房间					邮政编码	100191
评定时间	2010. 8. 6	注册日期	2001. 12. 13	报关有效期	2015. 12. 13	注册资本	1000 万人民币
法人姓名	方之宁	电　话	010－62355630	日常联系人	雷霆	电　话	010－62355630
主营范围	许可经营项目：销售医疗器械Ⅱ、Ⅲ类（以“医疗器械经营企业许可证”核定的范围为准），批发危险化学品（以“危险化学品经营许可证”核定的范围为准）。一般经营项目：销售化工产品（不含一类易制毒化学品）、机械设备、计算机、软件及辅助设备、针纺织品、日用品、五金、交电、工艺品、金属材料、建筑材料，技术开发、技术转让、技术咨询、技术服务，计算机技术培训，技术进出口、货物进出口、代理进出口。（未取得行政许可的项目除外）						

企业名称	北京正元创新国际贸易有限公司			海关编码	1108961248	所属海关	京中关村
通讯地址	北京市海淀区复兴路 31 号 31 号楼 209、210 室					邮政编码	100036
评定时间	2011. 8. 29	注册日期	2006. 12. 20	报关有效期	2015. 12. 20	注册资本	200 万人民币
法人姓名	张丽华	电　话	010－68132552	日常联系人	刘宝宏	电　话	010－68233882
主营范围	法律、行政法规、国务院决定禁止的，不得经营；法律、行政法规、国务院决定规定应经许可的，经审批机关批准并经工商行政管理机关登记注册后方可经营；法律、行政法规、国务院决定未规定许可的，自主选择经营项目开发经营活动。						

企业名称	北京德尔福万源发动机管理系统有限公司			海关编码	1113230073	所属海关	京开发区
通讯地址	北京市经济技术开发区同济北路 6 号一层					邮政编码	100176
评定时间	2009. 6. 15	注册日期	1997. 12. 25	报关有效期	2014. 12. 23	注册资本	1600 万美元
法人姓名	白美璋	电　　话	010 - 58081730	日常联系人	李彦辉	电　　话	010 - 58081730
主营范围	许可经营项目：生产汽车发动机电子控制系统及关键零部件。一般经营项目：销售自产产品，提供汽车零部件技术服务，技术咨询。						

企业名称	利乐包装（北京）有限公司			海关编码	1113230107	所属海关	京开发区
通讯地址	北京市经济技术开发区东环南路 15 号					邮政编码	100176
评定时间	2012. 3. 13	注册日期	2003. 7. 1	报关有效期	2014. 7. 1	注册资本	3000 万欧元
法人姓名	殷长勋	电　　话	021 - 32174688	日常联系人	信涛	电　　话	010 - 67887117
主营范围	许可经营项目：生产无菌包装材料、设备、原材料及辅助材料。一般经营项目：销售自产产品，经营性租赁利乐饮料和乳制品加工及包装设备，上述产品及零配件的批发，进出口业务（涉及配额许可证管理、专项规定管理的商品按照国家有关规定办理），上述产品和配套设备的安装、调试、维修、保养，技术咨询、技术培训、技术服务，提供售后服务。						

企业名称	北京京东方光电科技有限公司			海关编码	1113230109	所属海关	京开发区
通讯地址	北京市北京经济技术开发区西环中路 8 号					邮政编码	100176
评定时间	2009. 9. 16	注册日期	2003. 8. 19	报关有效期	2014. 8. 19	注册资本	64911 万美元
法人姓名	陈炎顺	电　　话	139 × × × × 1026	日常联系人	刘志水	电　　话	158 × × × × 3255
主营范围	许可经营项目：生产薄膜晶体管液晶显示器件。一般经营项目：技术开发、技术咨询、技术服务，研发、设计薄膜晶体管液晶显示器件，销售自产产品，薄膜晶体管液晶显示器件、液晶显示器、液晶电视及电子显示产品的批发，进出口业务（涉及配额许可证管理、专项规定管理的商品按国家有关规定办理）。						

企业名称	北京世元达电子技术有限公司			海关编码	1113230130	所属海关	京开发区
通讯地址	北京市经济技术开发区永昌南路 34 号					邮政编码	100176
评定时间	2011. 7. 5	注册日期	2004. 10. 27	报关有效期	2013. 10. 27	注册资本	450 万美元
法人姓名	金雄	电　　话	139 × × × × 5330	日常联系人	刘添锦	电　　话	134 × × × × 9936
主营范围	许可经营项目：生产 LED 灯具、背光源、显示器、广告用超薄灯箱及零部件。一般经营项目：开发 LED 灯具、背光源、显示器、广告用超薄灯箱及零部件，销售自产产品，提供技术咨询、技术服务、技术培训。						

企业名称	SMC（中国）有限公司			海关编码	1113240003	所属海关	京开发区
通讯地址	北京市经济技术开发区兴盛街甲2号					邮政编码	100176
评定时间	2008.12.2	注册日期	1995.6.6	报关有效期	2014.6.6	注册资本	2100000万日本元
法人姓名	薄井郁二	电　　话	010－67876024	日常联系人	郭连生	电　　话	010－67882328
主营范围	生产加工及研发各种气动元件、装置及辅助元件，低功率电磁控制阀，机电一体化元件工业自动化装置、元件，各种过滤装置；提供以上各种产品的售后服务；销售自产产品；从事非配额许可证管理、非专营商品的收购出口业务；普通货运；仓储；进口母公司生产的，与公司产品配套的其他气动元件并在中国国内批发。						

企业名称	三洋能源（北京）有限公司			海关编码	1113240044	所属海关	京开发区
通讯地址	北京市经济技术开发区永昌中路16号					邮政编码	100176
评定时间	2011.1.7	注册日期	2000.12.28	报关有效期	2014.5.22	注册资本	14207万美元
法人姓名	后藤胜城	电　　话	010－67873434－202	日常联系人	谢承宁	电　　话	010－67873434－222
主营范围	许可经营项目：生产锂离子电池（包括锂离子聚合物电池）及电池零配件。一般经营项目：开发锂离子电池（包括锂离子聚合物电池）及电池零配件，销售自产产品，开发二次电池（包括镍镉电池、镍氢电池、锂离子电池、锂离子聚合物电池、锂二次电池）用充电器、充电器模具和零配件及二次电池、锂一次电池用模具和零配件，电池、电池材料及零配件、电池制造设备及零件、电池模具的批发、佣金代理（拍卖除外）、进出口业务（涉及配额许可证管理、专项规定管理的商品按照国家有关规定办理），提供上述产品的维修、技术咨询、技术服务、技术培训。						

企业名称	北京三箭和众鼎电子有限公司			海关编码	1113240063	所属海关	京开发区
通讯地址	北京市经济技术开发区锦绣街甲16号					邮政编码	100176
评定时间	2011.12.5	注册日期	2001.10.8	报关有效期	2014.10.8	注册资本	2600万美元
法人姓名	高瑞三	电　　话	010－6787788－8011	日常联系人	张颢薰	电　　话	010－67877788－8311
主营范围	许可经营项目：生产底片塑胶按键、塑料按键、导电硅胶零配件及配套包装工具。一般经营项目：底片塑胶按键、塑料按键、导电硅胶零配件及配套包装工具的研究、开发，销售自产产品，提供以上产品的技术咨询、技术服务和技术转让。						

企业名称	威讯联合半导体（北京）有限公司			海关编码	1113240064	所属海关	京开发区
通讯地址	北京市经济技术开发区同济中路17号					邮政编码	100176
评定时间	2009. 12. 9	注册日期	2001. 11. 1	报关有效期	2015. 11. 1	注册资本	3800万美元
法人姓名	王大卫	电　话	010－67879977	日常联系人	倪海兵	电　话	010－67879977－6955
主营范围	开发、生产、测试、加工集成电路产品及专用设备、仪器、材料，销售自产产品，自产产品的安装、调试、维护、技术咨询、技术服务。						

企业名称	松下电气机器（北京）有限公司			海关编码	1113240081	所属海关	京开发区
通讯地址	北京市经济技术开发区同济北路1号					邮政编码	100176
评定时间	2009. 6. 16	注册日期	2002. 7. 4	报关有效期	2015. 7. 4	注册资本	4000万美元
法人姓名	木村进吾	电　话	010－87858423	日常联系人	费燕	电　话	010－87858463
主营范围	许可经营项目：生产和加工电气机械器具、医疗器具（中国医疗器具产品分类目录第三类产品除外）及零件。一般经营项目：批发电气机械器具、医疗器具（中国医疗器具产品分类目录第三类产品除外）及零件，提供上述产品的安装、调试、维修、技术咨询、技术培训及售后服务。						

企业名称	北京光宝移动电子电信部件有限公司			海关编码	1113240102	所属海关	京开发区
通讯地址	北京市经济技术开发区景园街15号					邮政编码	100176
评定时间	2011. 4. 22	注册日期	2003. 5. 15	报关有效期	2014. 5. 15	注册资本	1600万美元
法人姓名	萨瑞斯	电　话	010－67812000	日常联系人	李冉	电　话	010－67812313
主营范围	许可经营项目：生产电子、电信、计算机和医疗器械行业用注塑零件，金属冲压件，部件，组装件，塑料件及金属零件用模具和工具，以及上述产品的自动化装配线。一般经营项目：开发和设计电子、电信、计算机和医疗器械行业用注塑零件，金属冲压件，部件，组装件，塑料件及金属零件用模具和工具，以及上述产品的自动化装配线；销售自产产品；自产产品的安装、调试、技术培训、技术咨询服务；提供管理咨询服务（限非专项许可业务）。						

企业名称	艾尼克斯电子（北京）有限公司			海关编码	1113240171	所属海关	京开发区
通讯地址	北京市北京经济技术开发区科创二街9号新城工业园A6号					邮政编码	100023
评定时间	2012.4.5	注册日期	2005.9.16	报关有效期	2014.9.16	注册资本	750万欧元
法人姓名	派特里·赫林	电　话	010－67892929－201	日常联系人	马明	电　话	010－67892929－136
主营范围	开发和生产三维CAD、CAT、CAM、CAE及其他计算应用系统、软件产品，半导体及元器件所需的专用材料，精密在线测量仪器，安全生产和环境保护测试工具的新技术设备，水质和烟雾在线探测工具的新技术设备，水文资料收集、处理传送及洪水警告的工具和设备，新型仪表零件和材料；销售自产产品；上述产品的批发、佣金代理（拍卖除外）、进出口业务（涉及配额许可证管理、专项规定管理的商品按照国家有关规定办理）；提供技术咨询、技术服务。						

企业名称	安迅（北京）金融设备系统有限公司			海关编码	1113240274	所属海关	京开发区
通讯地址	北京市经济技术开发区宏达北路22号					邮政编码	100176
评定时间	2009.11.18	注册日期	2008.5.30	报关有效期	2014.5.30	注册资本	3064万美元
法人姓名	张如欣	电　话	010－59573896	日常联系人	曹虹	电　话	010－58262215
主营范围	许可经营项目：无。一般经营项目：开发和生产自动柜员机、自动柜员机亭、支付及零售用自动化设备及其零部件，销售自产产品，自动柜员机、自动柜员机亭、支付及零售用自动化设备、计算机整机、计算机软件及上述设备零部件的批发、佣金代理（拍卖除外）、进出口业务（涉及配额许可证管理、专项规定管理的商品按照国家有关规定办理），提供自动柜员机、自动柜员机亭、支付及零售自动化设备的商务咨询、技术咨询、技术服务和计算机及网络技术服务。						

企业名称	冠捷显示科技（中国）有限公司			海关编码	1113240325	所属海关	京开发区
通讯地址	北京市经济技术开发区经海三路106号					邮政编码	100016
评定时间	2013.2.18	注册日期	2010.8.6	报关有效期	2014.8.6	注册资本	2000万美元
法人姓名	谢继琮	电　话	010－64326699	日常联系人	常志新	电　话	010－64326699－8149
主营范围	许可经营项目：生产液晶数字电视、液晶显示器、等离子数字电视、液晶显示模组及零部件和半成品，生产用工模具，塑料加工。一般经营项目：开发液晶数字电视、液晶显示器、等离子数字电视及零部件和半成品，生产用工模具，销售自产产品，上述产品的批发、进出口业务（涉及专项规定管理的商品按国家有关规定办理），技术咨询、技术服务、技术转让。						

企业名称	北京京东方茶谷电子有限公司			海关编码	1113260079	所属海关	京开发区
通讯地址	北京市经济技术开发区西环中路8号2号楼M区三层					邮政编码	100176
评定时间	2013.7.18	注册日期	2005.4.20	报关有效期	2014.4.20	注册资本	3724万人民币
法人姓名	赵铮骁	电　话	159××××5065	日常联系人	曹雪娇	电　话	139××××8314
主营范围	许可经营项目：生产新型平板显示器及配件。一般经营项目：技术开发、技术咨询、技术转让、技术服务，销售自产产品。						

企业名称	诺基亚（中国）投资有限公司			海关编码	1113240265	所属海关	京开发区
通讯地址	北京市经济技术开发区东环中路5号办公楼二层					邮政编码	100176
评定时间	2011. 1. 7	注册日期	2008. 2. 22	报关有效期	2014. 2. 22	注册资本	3000万美元
法人姓名	Esko Aho	电　话	86-10-87118888	日常联系人	吴菁	电　话	139××××7424
主营范围	（一）在通讯、电子工业领域从事投资和/或再投资。（二）建立科研开发中心或部门，从事与通讯、电子技术和产品有关的研究和开发，转让其研究开发成果并提供相应的技术服务。（三）受所投资企业的书面委托（经董事会一致通过），向其提供下列服务：1. 协助或代理所投资企业从国内外采购或进口该企业自用的机器设备、办公设备和生产所需的原材料、组件、零部件和备件；2. 从国内购买并向所投资企业供应该企业自用的机器设备、办公设备和生产所需的原材料、组件、零部件和备件；3. 以代理或经销方式在中国境内外销售其所投资企业生产的产品，并为该等产品提供应用和销售服务；4. 向所投资企业提供市场开发和相关咨询服务；5. 为所投资企业提供运输、仓储等综合服务；6. 协助所投资企业招聘人员并提供技术培训；7. 协助所投资企业寻求贷款并为其提供担保；8. 在外汇管理部门的同意和监督下，在其所投资企业之间平衡外汇。（四）为其所投资企业的产品的国内经销商、代理商，以及与投资性公司、其母公司签订有技术转让协议的国内公司、企业提供相关的技术培训。（五）购买所投资企业生产的产品进行系统集成后在国内外销售，并在国内外采购系统集成配套产品。（六）从公司进口少量与所投资企业生产产品相同的、相似的非进口配额管理的产品在国内试销。（七）在中国境内收购不涉及出口配额、出口许可证的商品出口。（八）为投资者提供咨询服务。（九）国内采购商品的批发及零售。（十）进口母公司及其控股的关联公司的产品及同类的商品进行批发和零售。						

企业名称	纽朗包装机械（北京）有限公司			海关编码	1113940055	所属海关	京开发区
通讯地址	北京市大兴区黄村镇康庄路口东					邮政编码	102600
评定时间	2013. 7. 18	注册日期	1995. 12. 20	报关有效期	2014. 12. 20	注册资本	827万美元
法人姓名	近藤清吉	电　话	010-61271688-101	日常联系人	杨丽莹	电　话	010-61271688-122
主营范围	生产医药产品、化工产品、商品用包装设备，制造高技术含量特种工业缝纫机、全自动灌包机、印刷机（多色柔版，凸、凹、胶印）、制袋机，销售自产产品，自产产品的售后服务。						

企业名称	北京华腾橡塑乳胶制品有限公司			海关编码	1114910083	所属海关	京开发区
通讯地址	北京市通州区台湖镇北神树村东光机电一体化产业基地兴光五街6号					邮政编码	101111
评定时间	2009. 6. 16	注册日期	2008. 5. 12	报关有效期	2014. 5. 12	注册资本	13040万人民币
法人姓名	董宝印	电　话	010-81501888	日常联系人	李伟	电　话	010-81502534
主营范围	许可经营项目：制造乳胶品及杂品、乳胶制品、再生橡胶、橡胶制品专用设备及模具、建筑材料、塑料制品、汽车配件，加工橡胶专业设备及模具、仪器仪表，货物运输。一般经营项目：修理和安装橡胶专业设备及模具、仪器仪表，销售乳胶制品、橡胶制品及杂品、塑料制品、橡胶乳胶原材料、汽车配件、建筑材料、橡胶专用设备及模具、百货，货物进出口业务。						

企业名称	北京博格华纳汽车传动器有限公司			海关编码	1114930278	所属海关	京开发区
通讯地址	北京市通州区潞城中路 5 号					邮政编码	101117
评定时间		注册日期	2001. 2. 22	报关有效期	2014. 2. 22	注册资本	376 万美元
法人姓名	百乐斯	电　　话	139××××4602	日常联系人	邢永刚	电　　话	139××××4602
主营范围	许可经营项目：制造汽车扭矩管理系统和传动产品、分动器、自动变速箱、智能扭矩管理系统（ITM）、粘性连轴器、动力转换装置和其他汽车动力产品，以及上述产品的零部件。一般经营项目：开发汽车扭矩管理系统和传动产品、分动器、自动变速箱、智能扭矩管理系统（ITM）、粘性连轴器、动力转换装置和其他汽车动力产品，以及上述产品的零部件；提供技术服务；销售自产产品。						

企业名称	北京通美晶体技术有限公司			海关编码	1114940095	所属海关	京开发区
通讯地址	北京市通州区工业开发东二街 4 号					邮政编码	101113
评定时间	2009. 6. 16	注册日期	1999. 1. 14	报关有效期	2014. 1. 14	注册资本	3013 万美元
法人姓名	莫里斯．杨	电　　话	010－61562241	日常联系人	纪维	电　　话	135××××4236
主营范围	许可经营项目：生产单晶抛光片及相关的半导体材料和超纯元素。一般经营项目：研究和开发单晶抛光片及相关的半导体材料和超纯元素，销售自产产品，从事半导体材料与产品的批发、佣金代理（拍卖除外）、进出口（不涉及国营贸易管理商品，涉及配额、许可证管理商品的按照国家有关规定办理申请），提供咨询、技术和售后服务。						

企业名称	北京岱摩斯变速器有限公司			海关编码	1114940125	所属海关	京开发区
通讯地址	北京市通州区中关村科技园通州园 光机电一体化产业基地嘉创路 2 号					邮政编码	101111
评定时间	2011. 12. 5	注册日期	2003. 6. 13	报关有效期	2014. 6. 20	注册资本	11173 万美元
法人姓名	朴在俊	电　　话	010－51652212－1101	日常联系人	杨振华	电　　话	010－51652212－2403
主营范围	许可经营项目：制造汽车变速器及汽车关键零部件。一般经营项目：销售汽车变速器及汽车关键零部件，提供产品售后维修服务及相关技术培训，技术咨询，货物进出口，代理进出口，技术进出口。（不涉及国营贸易管理商品，涉及配额、许可证管理商品的，按照国家有关规定办理申请）						

企业名称	北京顺美服装股份有限公司			海关编码	1111930045	所属海关	京顺义办
通讯地址	北京市顺义区顺平路 505 号					邮政编码	101300
评定时间	2009. 6. 15	注册日期	2002. 5. 22	报关有效期	2015. 4. 22	注册资本	6000 万人民币
法人姓名	吴耀新	电　　话	010－69441618	日常联系人	王小勇	电　　话	010－69441618
主营范围	许可经营项目：生产服装、服饰、皮鞋、箱包、领带、毛衣及服装辅料。一般经营项目：在境内外市场销售自产产品。						

企业名称	北京泛美服装有限公司			海关编码	1111930462	所属海关	京顺义办
通讯地址	北京市顺义区平各庄顺通路29号					邮政编码	101300
评定时间	2009.2.4	注册日期	2002.8.20	报关有效期	2015.8.20	注册资本	833万美元
法人姓名	刘玉凯	电　　话	010－89444498	日常联系人	张亚强	电　　话	010－89497726
主营范围	生产服装、服饰，销售自产产品。						

企业名称	北京现代汽车有限公司			海关编码	1111930468	所属海关	京顺义办
通讯地址	北京市顺义区林河工业开发区顺通路18号					邮政编码	101300
评定时间	2009.11.18	注册日期	2002.10.17	报关有效期	2014.4.2	注册资本	90007万美元
法人姓名	徐和谊	电　　话	010－89490802	日常联系人	黄名健	电　　话	139××××4943
主营范围	许可经营项目：生产轿车、RV（RECREATION VEHICLE）、卡车整车、发动机及其零部件。一般经营项目：设计、开发和销售轿车、RV（RECREATION VEHICLE）、卡车整车、发动机及其零部件；为合资公司生产并销售的产品提供售后服务；为进行上述业务之目的，合资公司可以在法律允许的范围内从事与其相关的其他业务。						

企业名称	北京大发正大有限公司			海关编码	1111930533	所属海关	京顺义办
通讯地址	北京市顺义区杨镇地区杜庄村北					邮政编码	101309
评定时间	2009.9.16	注册日期	2006.4.28	报关有效期	2015.4.28	注册资本	2869万美元
法人姓名	崔文广	电　　话	010－52040099	日常联系人	王芸	电　　话	010－52040050
主营范围	许可经营项目：饲养父母代种鸡和商品肉鸡，卵孵化肉鸡及家禽产品，屠宰、加工白条鸡、分割鸡、西装鸡、肉鸡熟食制品，以猪肉、牛肉、羊肉为主要原料的熟食制品及肉类制品、速冻食品（工业产品生产许可证有效期至2013年12月10日），加工、生产饲料、饲料原料、添加剂。一般经营项目：销售自产产品，货物进出口、技术进出口及代理进出口（营业期限至2021年11月12日）。						

企业名称	北京恩布拉科雪花压缩机有限公司			海关编码	1111930547	所属海关	京顺义办
通讯地址	北京市顺义区北京天竺空港工业区B区裕华路29号					邮政编码	101312
评定时间	2013.5.7	注册日期	2007.1.22	报关有效期	2016.1.22	注册资本	9415万美元
法人姓名	李玎	电　　话	010－82259651	日常联系人	高杰	电　　话	152××××8307
主营范围	许可经营项目：生产制冷密封压缩机及其零部件。一般经营项目：维修自产的制冷密封式压缩机及其零部件，销售自产产品。						

企业名称	北京嘉寓门窗幕墙股份有限公司			海关编码	1111930549	所属海关	京顺义办
通讯地址	北京市顺义区牛栏山牛富路1号					邮政编码	101301
评定时间		注册日期	2007.4.12	报关有效期	2014.4.12	注册资本	21720万人民币
法人姓名	陈其泽	电　话	010－69419258	日常联系人	侯京伟	电　话	010－69412626
主营范围	许可经营项目：制造金属门窗、防火门、防盗门、塑钢门窗、木质门窗，建筑幕墙加工。一般经营项目：专业承包，装横设计，建筑幕墙的设计、安装，销售自产产品。						

企业名称	罗森伯格亚太电子有限公司			海关编码	1111940074	所属海关	京顺义办
通讯地址	北京市顺义区北京天竺空港工业区B区安详路3号					邮政编码	101300
评定时间	2009.9.16	注册日期	2002.5.22	报关有效期	2014.4.9	注册资本	750万美元
法人姓名	罗汉	电　话	010－80481995	日常联系人	李燕	电　话	010－80481995
主营范围	许可经营项目：生产无线通讯电子配件产品。一般经营项目：研发无线通讯电子配件产品，销售自产产品。						

企业名称	洪进（北京）体育用品有限公司			海关编码	1111940112	所属海关	京顺义办
通讯地址	北京市顺义区杨镇顺平路沙岭段95号					邮政编码	101309
评定时间	2010.4.12	注册日期	2002.5.22	报关有效期	2014.5.22	注册资本	1000万美元
法人姓名	洪锡重	电　话	010－61443807	日常联系人	昝晓丽	电　话	135××××3801
主营范围	许可经营范围：生产摩托车头盔、摩托车体育用品、工程塑料。一般经营范围：销售自产产品。						

企业名称	江河创建集团股份有限公司			海关编码	1111960179	所属海关	京顺义办
通讯地址	北京市顺义区牛汇北五街5号					邮政编码	101300
评定时间	2011.7.5	注册日期	2006.6.5	报关有效期	2016.6.8	注册资本	112000万人民币
法人姓名	刘载望	电　话	010－60411166	日常联系人	李文超	电　话	010－60411166－8882
主营范围	许可经营项目：制造各类幕墙、门窗、钢结构产品，加工各类玻璃、铝材、石材、钢材、金属五金制品等建筑装饰材料，对外派遣实施本公司境外工程所需的劳务人员。一般经营项目：专业承包，建筑幕墙工程设计，建筑装饰设计，销售各类幕墙、门窗、钢结构产品，销售各类玻璃、铝材、石材、钢材、金属五金制品等建筑装饰材料，技术咨询、技术服务，货物进出口、技术进出口、代理进出口，承包境外建筑幕墙工程和境内国际招标工程，上述境外工程所需的设备、材料出口，技术开发。						

企业名称	玛氏食品（中国）有限公司			海关编码	1115940019	所属海关	京顺义办
通讯地址	北京市怀柔区雁栖经济开发区					邮政编码	101407
评定时间	2009.9.16	注册日期	2002.5.22	报关有效期	2015.5.22	注册资本	6100万美元
法人姓名	易瀚博	电　话	010－61667410	日常联系人	高峰	电　话	138××××8046
主营范围	研制和生产食品、宠物食品和宠物护理产品（须国家专门审批的除外）；开发食品、宠物食品和宠物护理产品（须国家专门审批的除外）；销售自产产品；以批发的方式在国内销售和进出口非自产的食品、宠物食品、宠物护理产品及其他同类产品，但须国家专门审批的除外；技术支持，技术咨询，商务咨询。						

天津关区

企业名称	天津万泰进出口贸易有限公司		海关编码	1202910027	所属海关	天津海关
通讯地址	天津市河东区九纬路 103 号				邮政编码	300171
评定时间	2011. 8. 11	注册日期	2002. 8. 28	报关有效期	2014. 8. 28	注册资本	1010 万人民币
法人姓名	于一起	电　　话	022 - 24228888	日常联系人	耿立敏	电　　话	022 - 24228801
主营范围	自营和代理各类商品和技术的进出口，但国家限定公司经营或禁止进出口的商品和技术除外；针纺织品、服装批发、预包装食品、酒、饮料的批发兼零售；商品展览、展示；计算机软件开发及服务；房屋租赁，资产经营与管理；以自有资金对外投资，投资咨询服务。					

企业名称	天津市浩瑞矿产有限公司		海关编码	1202936258	所属海关	天津海关
通讯地址	天津市河东区红星路向阳楼三号路 21 号二层东侧				邮政编码	300051
评定时间	2010. 11. 30	注册日期	2008. 2. 26	报关有效期	2014. 2. 26	注册资本	4380 万美元
法人姓名	赵文凯	电　　话	022 - 23305117	日常联系人	刘璐	电　　话	022 - 23305117
主营范围	矿产品加工配送，焦炭、化工产品、金属材料及制品的生产、销售及其相关的技术开发与服务，其他进出口业务（无进口商品分销业务）。					

企业名称	天津力神电池股份有限公司		海关编码	1204311166	所属海关	天津海关
通讯地址	天津滨海高新技术产业开发区华苑产业区兰苑路 6 号				邮政编码	300384
评定时间	2008. 10. 15	注册日期	2000. 2. 3	报关有效期	2014. 2. 22	注册资本	125000 万人民币
法人姓名	郑长波	电　　话	022 - 23868801	日常联系人	周津华	电　　话	022 - 23866780
主营范围	电池、充电器、超级电容器、太阳能电池组件、太阳能储能产品、风光储能产品和储能电子元器件的原材料、元器件、半成品、产成品、生产设备、仪器、配套产品的研制、生产和销售，与之相关的技术咨询、转让，工程承揽业务和进出口业务；太阳能电站项目的开发、设计、管理，与之相关的技术咨询；合同能源管理服务；自有房屋租赁；电子设备、机械设备及电池相关设备的租赁业务；经营进料加工和“三来一补”业务。					

企业名称	天津世纪五矿贸易有限公司			海关编码	1204311561	所属海关	天津海关
通讯地址	华苑产业区物华道2号海泰火炬创业园C座403室					邮政编码	300384
评定时间	2009.11.24	注册日期	2003.10.29	报关有效期	2014.10.29	注册资本	1200万人民币
法人姓名	董玉柱	电　　话	022－28248648	日常联系人	董泽民	电　　话	022－28242148
主营范围	金属材料及制品、机械设备、电器设备、化工、矿产品的批发兼零售；自营和代理各类商品和技术的进出口，但国家限定公司经营或禁止进出口的商品和技术除外；商业信息咨询、服务；自有房屋租赁；肉类、水产品批发；预包装食品批发。						

企业名称	天津三美电机有限公司			海关编码	1204340175	所属海关	天津海关
通讯地址	天津新技术产业园区华苑产业区（环外）海泰华科大街1号					邮政编码	300384
评定时间	2008.10.15	注册日期	1992.6.3	报关有效期	2014.6.3	注册资本	4083万美元
法人姓名	森部茂	电　　话	022－24371221	日常联系人	李晶	电　　话	022－24371221－208
主营范围	生产、销售音频调谐器、视频调谐器、调整解调器、电源器件、光盘驱动器、发送接收模块，以及非配额许可证管理、非专营商品的收购出口业务。						

企业名称	天津爱普生有限公司			海关编码	1204932406	所属海关	天津海关
通讯地址	天津市南开区红旗路北草坝计算机工业小区					邮政编码	300190
评定时间	2008.10.15	注册日期	1989.6.16	报关有效期	2014.6.23	注册资本	275101万日本元
法人姓名	小池清文	电　　话	022－24461956	日常联系人	朱斌	电　　话	022－27616647
主营范围	生产、销售打印机用打字头及打印机的关键件。						

企业名称	天津一汽丰田发动机有限公司			海关编码	1211935455	所属海关	天津海关
通讯地址	天津市西青区杨柳青西青道266号					邮政编码	300380
评定时间	2009.10.19	注册日期	1996.11.12	报关有效期	2014.11.12	注册资本	24801万美元
法人姓名	金毅	电　　话	022－27025878	日常联系人	刘颖博	电　　话	022－27025878
主营范围	汽车用发动机、铸件和其他零部件及其组件的设计、开发和制造，在国内外市场的销售及售后服务。						

企业名称	天津富奥电装空调有限公司			海关编码	1211936235	所属海关	天津海关
通讯地址	天津市西青经济开发区					邮政编码	300385
评定时间	2009. 11. 24	注册日期	2004. 3. 30	报关有效期	2014. 3. 30	注册资本	1225 万美元
法人姓名	叶凡	电　　话	0431－84686200	日常联系人	郦然	电　　话	022－23889188－243
主营范围	汽车用空调一体单元（HVAC）的装配、生产，汽车用 A/C 系统的配套组装、销售，上述商品及模具、生产及检验设备、工具的进口、批发及售后服务，试验设备、工具的租赁，提供项目试验服务及相关业务咨询服务。						

企业名称	中芯国际集成电路制造（天津）有限公司			海关编码	1211940356	所属海关	天津海关
通讯地址	天津市西青经济开发区兴华道 19 号					邮政编码	300385
评定时间	2008. 10. 15	注册日期	2003. 11. 12	报关有效期	2014. 11. 13	注册资本	69000 万美元
法人姓名	张文义	电　　话	021－38610000	日常联系人	于淼	电　　话	022－23700066
主营范围	半导体集成电路芯片制造、针测及测试，与集成电路有关的开发和设计服务、技术服务，光掩膜制造、测试封装，销售自产产品，提供以上相关服务，自有房屋租赁。						

企业名称	天津松下电子部品有限公司			海关编码	1211940549	所属海关	天津海关
通讯地址	天津市西青经济技术开发区兴华五支路 1 号					邮政编码	300385
评定时间	2013. 2. 25	注册日期	2012. 6. 19	报关有效期	2015. 6. 19	注册资本	800000 万日本元
法人姓名	大野茂	电　　话	022－83983088－1105	日常联系人	冯晓朝	电　　话	022－83983088－3828
主营范围	电子元器件及其材料的设计、开发、制造、加工、组装、销售，以及相关售后服务、技术服务和咨询；公司自产产品的同类商品及相关产品、材料的批发、佣金代理和相关的进出口业务。						

企业名称	天津中联进出口贸易有限公司			海关编码	1212960015	所属海关	天津海关
通讯地址	天津市津南区葛沽镇滨海工业园区					邮政编码	300352
评定时间	2009. 1. 6	注册日期	2004. 4. 20	报关有效期	2014. 4. 20	注册资本	28200 万人民币
法人姓名	张立华	电　　话	022－28681999	日常联系人	柴树满	电　　话	022－28685771
主营范围	各类商品及相关技术的进出口业务，钢材、矿石、矿粉、金属制品、化工产品、橡胶制品、塑料制品、机械设备的批发和零售，煤炭、焦碳的批发和零售。						

企业名称	天津阿尔斯通水电设备有限公司			海关编码	1213935030	所属海关	天津海关
通讯地址	天津市北辰区高峰路					邮政编码	300400
评定时间	2009. 10. 30	注册日期	1995. 6. 21	报关有效期	2014. 6. 21	注册资本	5418 万美元
法人姓名	杨国威	电　话	022－26832560	日常联系人	张巍	电　话	022－26813220
主营范围	设计、生产、销售水轮发电机组成套设备、辅助设备及其零部件，设计开发相关新产品，承揽其他机械产品的加工，提供相关的技术咨询服务，从事自有设备的租赁。						

企业名称	伍德沃德（天津）控制器有限公司			海关编码	1213940118	所属海关	天津海关
通讯地址	天津市北辰区新技术产业园区北辰科技工业园内红旗路西					邮政编码	300410
评定时间	2009. 3. 6	注册日期	1997. 8. 11	报关有效期	2014. 8. 11	注册资本	210 万美元
法人姓名	颜执中	电　话	022－26308828	日常联系人	赵群	电　话	022－26308828－5210
主营范围	设计、开发、制造、集成和销售控制系统、燃料喷射系统和相关产品及备件，相关咨询和技术服务。						

企业名称	天津鑫山家具有限公司			海关编码	1216940095	所属海关	天津海关
通讯地址	天津市静海经济开发区					邮政编码	301600
评定时间	2009. 6. 26	注册日期	2009. 2. 11	报关有效期	2014. 7. 4	注册资本	1200 万美元
法人姓名	白麒麟	电　话	022－68689981	日常联系人	赵锡志	电　话	022－68689990
主营范围	生产、销售金属家具。						

企业名称	天津市南风贸易有限公司			海关编码	1207211529	所属海关	津开发区
通讯地址	天津经济技术开发区第二大街 27 号 A 座 404 室					邮政编码	300457
评定时间	2009. 11. 24	注册日期	2003. 7. 11	报关有效期	2014. 7. 11	注册资本	503 万人民币
法人姓名	王耀刚	电　话	022－84180682	日常联系人	穆莉	电　话	022－84180683
主营范围	自营和代理各类商品和技术的进出口，但国家限定公司经营或禁止进出口的商品和技术除外；化肥批发；工业生产用二类 1 项易燃气体、二类 2 项不燃气体、二类 3 项有毒气体、三类 1 项低闪点液体、三类 2 项中闪点液体、三类 3 项高闪点液体、四类 1 项易燃固体、四类 2 项自燃物品、四类 3 项遇湿易燃物品、五类 1 项氧化剂、五类 2 项有机过氧化物、六类 1 项毒害品、八类 1 项酸性腐蚀品、八类 2 项碱性腐蚀品、八类 3 项其他腐蚀品（剧毒、监控、一类易制毒化学品除外）（凭许可证在有效期内经营）。（国家有专营、专项规定的按专营专项规定办理。）						

企业名称	天津三星视界移动有限公司			海关编码	1207230012	所属海关	津开发区
通讯地址	天津经济技术开发区微电子工业区微四路25号					邮政编码	300385
评定时间	2009.1.6	注册日期	2004.8.3	报关有效期	2014.8.3	注册资本	6720万美元
法人姓名	李善镕	电　话	022－23808821	日常联系人	冯璐	电　话	022－23808412
主营范围	移动通信显示器件、其他电子产品显示器件及其相关产品的开发、设计、生产和销售，并提供相关的技术咨询服务；移动通信显示器件及其他电子产品显示器件的相关零配件、半成品、成品的批发、零售（不设店铺）。						

企业名称	天津乐金渤海化学有限公司			海关编码	1207230036	所属海关	津开发区
通讯地址	天津经济技术开发区第四大街59号2－102					邮政编码	300457
评定时间	2009.10.30	注册日期	2005.3.30	报关有效期	2014.3.16	注册资本	10000万美元
法人姓名	孙玉东	电　话	010－22352913	日常联系人	张连雨	电　话	
主营范围	开发、生产、制造氯乙烯、二氯乙烷、烧碱、盐酸、氢气、次氯酸钠、蒸汽、水及相关副产品，销售自产产品；仓储及自有厂房租赁；工业用水处理。（以上经营范围涉及行业许可的，凭许可证件在有效期限内经营，国家有专项专营规定的按规定办理。）						

企业名称	奥的斯电梯（中国）有限公司			海关编码	1207230068	所属海关	津开发区
通讯地址	天津经济技术开发区第九大街71号					邮政编码	300457
评定时间	2009.3.6	注册日期	2006.1.10	报关有效期	2014.12.25	注册资本	20000万人民币
法人姓名	曹立志	电　话	022－28101188	日常联系人	宋兴艳	电　话	022－28101638
主营范围	研究、开发、设计、生产、加工、集成、推广、销售、安装和维修、保养、改造用于各种住宅楼、商用楼、医院、购物中心、展览馆，以及港口、地铁、火车站、机场等建筑和公共场所的货运和客运电梯、自动扶梯、自动人行道、杂物梯及相关传送装置，屏蔽门、动力门，以及以上产品的控制柜、门机及操纵盘等数控系统、交流伺服电机装置、永磁同步电机及用于永磁同步电机的定转子和冲片等新型机电元件、缓冲器（含液压缓冲器）及其他相关产品及零部件；从事同类或类似商品的进出口、批发、零售及佣金代理（拍卖除外）。						

企业名称	天津三星泰科光电子有限公司			海关编码	1207230146	所属海关	津开发区
通讯地址	天津经济技术开发区微电子工业区微六路11号K017					邮政编码	300457
评定时间	2011.2.22	注册日期	2009.1.19	报关有效期	2015.1.19	注册资本	1000万美元
法人姓名	郑淳贤	电　话	010－76023350	日常联系人	苏琦	电　话	022－23887788－8341
主营范围	研究、开发、设计、生产、销售手机摄像头、电子元器件，以及移动通讯、数码照相机及相关零部件，视频展示台、监控系统及零部件、光学仪器、精密电机及相关产品，并提供售后服务；安全技术防范系统的设计、销售、安装、维修，以及同类产品的进出口及批发业务（以上商品进出口不涉及国营贸易、进出口配额许可证、出口配额招标、出口许可证等商品，其他专项规定管理的商品按照国家有关规定办理）。						

企业名称	天津雅马哈电子乐器有限公司			海关编码	1207232365	所属海关	津开发区
通讯地址	天津经济技术开发洞庭路130号					邮政编码	300457
评定时间	2008.10.15	注册日期	1989.2.20	报关有效期	2014.1.27	注册资本	225000万日本元
法人姓名	饭塚朗	电　　话	022－59815000－419	日常联系人	孙莉莉	电　　话	022－59815000－428
主营范围	生产、销售乐器并提供售后服务。						

企业名称	中粮北海粮油工业（天津）有限公司			海关编码	1207232445	所属海关	津开发区
通讯地址	天津经济技术开发区					邮政编码	300457
评定时间	2009.11.24	注册日期	2002.3.11	报关有效期	2014.3.7	注册资本	5156万美元
法人姓名	吕军	电　　话	022－66581813	日常联系人	谭良	电　　话	022－66581798
主营范围	生产、加工、销售各类油籽、油料、动植物油脂；生产、销售各种规格的油脂、粮油食品、饲料和深加工产品的包装材料。（以上经营范围涉及行业许可的，凭许可证件在有效期限内经营，国家有专项专营规定的按规定办理。）						

企业名称	天津三星电子有限公司			海关编码	1207234240	所属海关	津开发区
通讯地址	天津经济技术开发区第四大街12号					邮政编码	300457
评定时间	2008.10.15	注册日期	1994.3.3	报关有效期	2014.3.2	注册资本	19295万美元
法人姓名	金圣植	电　　话	022－23961234－1000	日常联系人	茹冀燕	电　　话	022－66298507
主营范围	激光视盘机、功放、音箱、摄像机、数码照相机、液晶显示模组、显示器、监视器、新型平板显示器件、数字和模拟彩色电视机、投影设备、计算机及相关产品和零部件的开发、设计、制造、销售、维修和科技咨询服务，上述及同类产品的进出口、批发、零售（不设店铺）；货物进出口；三星电子产品展示。						

企业名称	天津三星光电子有限公司			海关编码	1207234361	所属海关	津开发区
通讯地址	天津经济技术开发区洞庭路133号					邮政编码	300385
评定时间	2008.10.15	注册日期	1994.5.18	报关有效期	2014.5.6	注册资本	2500万美元
法人姓名	孙荣泽（SON YOUNG-TAKE）	电　　话	022－27619068	日常联系人	于宁	电　　话	022－23887788－8348
主营范围	生产、销售照相机、摄像机、移动电话终端、视频展示台、监控系统及零配套件、光学仪器、精密电机，并提供售后服务，与上述同类产品的进口及批发业务；SAMSUNG牌贴片机、涡轮空气压缩机维修服务；从事非配额许可证管理、非专营商品的收购出口业务；电子产品加工及组装项目。（以上经营范围涉及行业许可的，凭许可证件在有效期限内经营，国家有专项专营规定的按规定办理。）						

企业名称	天津津住汽车线束有限公司			海关编码	1207234892	所属海关	津开发区
通讯地址	天津经济技术开发区洞庭路21号					邮政编码	300112
评定时间	2009. 3. 19	注册日期	1995. 1. 31	报关有效期	2014. 1. 27	注册资本	7500万人民币
法人姓名	牧户政已	电　　话	022－87912668－149	日常联系人	郭永霞	电　　话	022－87912668
主营范围	生产、销售汽车线束及其零部件，汽车电子控制系统输入、输出部件；开发研制新型汽车汽车线束产品，并对产品进行售后维修服务；汽车线束产品及相关材料、设备的进出口、批发、零售（不设店铺）。						

企业名称	天津阿尔卑斯电子有限公司			海关编码	1207235114	所属海关	津开发区
通讯地址	天津经济技术开发区微电子工业区微七路1号					邮政编码	300385
评定时间	2008. 10. 15	注册日期	1995. 9. 25	报关有效期	2014. 9. 25	注册资本	1700万美元
法人姓名	勾坂行男	电　　话	022－83982577	日常联系人	任桂娟	电　　话	022－83982577－313
主营范围	生产、加工、销售精密模具、精密电子元器件、液晶显示器，生产、组装计算机输入设备及上述相关产品的零配件，与上述产品相关生产设备、工器具的生产、销售。						

企业名称	普利司通（天津）轮胎有限公司			海关编码	1207235119	所属海关	津开发区
通讯地址	天津经济技术开发区洞庭一街2号					邮政编码	300400
评定时间	2008. 10. 15	注册日期	1995. 9. 29	报关有效期	2014. 9. 29	注册资本	10594万美元
法人姓名	吉村匡（YOSHIMURA TADASU）	电　　话	022－26881111	日常联系人	张漉	电　　话	022－26881176
主营范围	子午线轮胎及相关产品的研究、开发、生产、销售，并提供相关的售后服务、技术咨询服务及仓储服务。						

企业名称	亚光耐普罗精密注塑（天津）有限公司			海关编码	1207235154	所属海关	津开发区
通讯地址	天津经济技术开发区洞庭路131号					邮政编码	300385
评定时间	2009. 5. 27	注册日期	1995. 11. 10	报关有效期	2014. 11. 10	注册资本	1226万美元
法人姓名	CHIU，KUO－HUNG（邱国宏）	电　　话	022－23886000	日常联系人	王维忠	电　　话	022－23886000－623
主营范围	设计、生产、销售精密注模塑料产品，注模塑料业务所使用的铸模、相关设备，新型塑料电子元器件，并提供相关服务						

企业名称	天津三星电机有限公司			海关编码	1207235155	所属海关	津开发区
通讯地址	天津经济技术开发区西区夏青路80号					邮政编码	300210
评定时间	2008. 10. 15	注册日期	1994. 2. 26	报关有效期	2014. 2. 12	注册资本	9333万美元
法人姓名	权祥勋	电　　话	022－28303333	日常联系人	孟红	电　　话	022－28303333
主营范围	研究、开发、生产、销售新型电子元器件，包括移动通讯、卫星通讯、计算机、办公自动化、数字化视听产品等用贴片元件，计算机光盘驱动器用电机、声表面滤波器、激光二极管、烧结ND磁石（瓷缸）、霍尔器件、陶瓷滤波器、电机、调谐器、混合集成电路等关联部品，无线电子价格标签的生产、销售，并提供相关技术服务；片式多层瓷介电容器（LCC）生产用材料的生产及销售；国内外采购电子零部件的批发、出口及售后服务。（以上经营范围涉及行业许可的，凭许可证件在有效期限内经营，国家有专项专营规定的按规定办理。）						

企业名称	天津燕桥焊接材料有限公司			海关编码	1207235271	所属海关	津开发区
通讯地址	天津经济技术开发区中信工业区					邮政编码	300300
评定时间	2010. 10. 26	注册日期	1996. 2. 12	报关有效期	2014. 1. 27	注册资本	1000万人民币
法人姓名	侯胜昌	电　　话	022－24997375	日常联系人	张春艳	电　　话	022－24997375
主营范围	生产、销售焊条、焊丝、焊粉、水玻璃及相关产品。						

企业名称	天津乐金大沽化学有限公司			海关编码	1207235349	所属海关	津开发区
通讯地址	天津经济技术开发区海晶工业区					邮政编码	300455
评定时间	2008. 10. 15	注册日期	1996. 5. 16	报关有效期	2014. 5. 16	注册资本	4840万美元
法人姓名	孙玉东	电　　话	022－25386666－230	日常联系人	李鑫	电　　话	022－25386666－236
主营范围	生产、销售PVC树脂并提供相关的技术服务。						

企业名称	天津南华制鞋有限公司			海关编码	1207235382	所属海关	津开发区
通讯地址	天津经济技术开发区洞庭二街24号					邮政编码	300140
评定时间	2009. 3. 6	注册日期	1996. 6. 21	报关有效期	2014. 6. 21	注册资本	3610万人民币
法人姓名	吴旭峰	电　　话	022－26362815	日常联系人	张琰	电　　话	022－26360076
主营范围	生产、销售各种鞋及制鞋的各种材料，皮革制品和皮革机械，皮革化工产品；相关技术测试（须经行业主管部门批准方可进行）及咨询服务。						

企业名称	天津三星视界有限公司			海关编码	1207235419	所属海关	津开发区
通讯地址	天津经济技术开发区					邮政编码	301700
评定时间	2008. 10. 15	注册日期	1996. 9. 13	报关有效期	2014. 9. 13	注册资本	10470 万美元
法人姓名	BYUN JAETAE（卞在泰）	电　话	022－82129971	日常联系人	吴在荣	电　话	022－82129971－5717
主营范围	开发、设计、生产锂离子电池、动力电池、极板及配套件（易燃、易爆、危险化学品除外），从事公司产品的销售和售后服务。（以上经营范围涉及行业许可的，凭许可证件在有效期限内经营，国家有专项专营规定的按规定办理。）						

企业名称	天津富士通天电子有限公司			海关编码	1207235477	所属海关	津开发区
通讯地址	天津经济技术开发区黄海二街 5 号					邮政编码	300457
评定时间	2008. 10. 15	注册日期	1996. 12. 10	报关有效期	2014. 12. 10	注册资本	1372 万美元
法人姓名	井上宏幸	电　话	022－25328520	日常联系人	颜秀芹	电　话	022－25328520－118
主营范围	汽车电子产品及相关零部件的制造、加工、销售、修理及相关服务，与上述产品相关的设备、模具、工装夹具等的制造、销售、修理，并提供相关服务；上述产品及相关产品、零部件的批发、零售（不设店铺）、进出口、佣金代理（拍卖除外）。（以上经营范围涉及行业许可的，凭许可证件在有效期限内经营，国家有专项专营规定的按规定办理。）						

企业名称	天津津亚电子有限公司			海关编码	1207235610	所属海关	津开发区
通讯地址	天津经济技术开发区南海路 95 号					邮政编码	300457
评定时间	2009. 6. 10	注册日期	1997. 10. 29	报关有效期	2014. 10. 29	注册资本	6200 万美元
法人姓名	贝原邦辉	电　话	022－59826188	日常联系人	张娟	电　话	022－59826188
主营范围	开发、生产、销售电子通信器材，LED（发光二极管）照明设备，电子元器件，机电设备及相关测试仪，注塑产品，模具，机械设备及其零部件，新型平板显示器件，数字电视机，数字音、视频编码设备，数码相机，多媒体播放器，新型仪表元器件和材料，电子产品控制器及变流器，汽车电子产品，高压输变电数控设备，无汞碱锰电池、动力镍氢电池及充电器；太阳能电池及其相关产品的批发、零售业务（不设店铺）；提供以上相关项目的咨询服务。						

企业名称	三星高新电机（天津）有限公司			海关编码	1207235979	所属海关	津开发区
通讯地址	天津市经济技术开发区					邮政编码	300385
评定时间	2008. 10. 15	注册日期	2001. 3. 30	报关有效期	2014. 3. 25	注册资本	3242 万美元
法人姓名	赵琪湜	电　　话	022 – 28303333	日常联系人	孟红	电　　话	022 – 28303333 – 1317
主营范围	研究、开发、生产、销售新型电子元器件，包括移动通讯、卫星通讯、计算机、办公自动化用贴片元件，电子双层电容器、片式电阻、滤波器、激光半导体、振发器、行输出变压器、高压线圈、铝电解电容器、叠层薄膜电容器和片式铝电解电容、背光单元模组、混合集成电路、计算机光盘驱动器用电机、振子、微型电机等相关联部品，并提供相关技术服务；国内外采购电子零部件的批发、出口及售后服务。						

企业名称	天津一汽丰田汽车有限公司			海关编码	1207235985	所属海关	津开发区
通讯地址	天津经济技术开发区内第九大街 81 号					邮政编码	300457
评定时间	2009. 3. 6	注册日期	2001. 4. 12	报关有效期	2014. 4. 12	注册资本	40803 万美元
法人姓名	徐建一	电　　话	022 – 66230666	日常联系人	田一东	电　　话	022 – 66230666 – 2404
主营范围	乘用车及其零部件的开发、制造，以及合营公司产品在国内外市场的销售和售后服务；汽车零部件（整车除外）的批发（不设店铺）、佣金代理（拍卖除外）、维修、售后服务及其他相关服务。						

企业名称	天津三星通信技术有限公司			海关编码	1207235998	所属海关	津开发区
通讯地址	天津经济技术开发区微电子区					邮政编码	300385
评定时间	2010. 3. 25	注册日期	2001. 5. 22	报关有效期	2014. 4. 27	注册资本	10400 万美元
法人姓名	金赫喆	电　　话	022 – 83969600 – 1000	日常联系人	王海鹰	电　　话	022 – 83969600 – 1310
主营范围	开发、生产、销售移动电话终端、数据通信多媒体产品、接入网络通信系统设备、通讯网新技术设备、宽带综合业务数字网设备、新型电子元器件、电话机、便携式微型计算机、照相机，上述产品及相关零部件的批发及进出口，并提供相关的技术咨询和服务。（以上经营范围涉及行业许可的，凭许可证件在有效期限内经营，国家有专项专营规定的按规定办理。）						

企业名称	京瓷（天津）太阳能有限公司			海关编码	1207236175	所属海关	津开发区
通讯地址	天津经济技术开发区相安路 11 号					邮政编码	300457
评定时间	2010. 6. 17	注册日期	2003. 7. 15	报关有效期	2014. 7. 15	注册资本	3020 万美元
法人姓名	KITAMURA NOBUO（北村信夫）	电　　话	022 – 59856200	日常联系人	韩秀玲	电　　话	022 – 59856232
主营范围	高科技绿色能源太阳能电池组件、太阳能发电系统及应用商品的设计、开发、制造、销售，以及相应的安装工程，并提供相关售后服务、技术服务及咨询服务。						

企业名称	京瓷（中国）商贸有限公司			海关编码	1207236216	所属海关	津开发区
通讯地址	天津经济技术开发区翠园别墅3号					邮政编码	300457
评定时间	2012.11.9	注册日期	2003.4.11	报关有效期	2014.3.24	注册资本	1000万美元
法人姓名	YAMAGUCHI GORO（山口悟郎）	电　　话	022-25459388	日常联系人	陈建鹏	电　　话	022-28459388-105
主营范围	通信设备、电子产品、办公用品、光学产品、陶瓷产品、太阳能产品等产品的批发、零售，自营产品的维修及其他相关配套服务和其他相关咨询服务，组织国内产品出口，自营产品的进出口业务和佣金代理业务（拍卖除外）。其中，涉及特种行业经营的商品和配额、许可证管理的进出口商品，应当按照国家有关规定办理审批手续。						

企业名称	SEW-工业减速机（天津）有限公司			海关编码	1207240104	所属海关	津开发区
通讯地址	天津经济技术开发区第七大街46号					邮政编码	300457
评定时间	2010.8.30	注册日期	2002.6.20	报关有效期	2014.6.20	注册资本	8156万美元
法人姓名	Mr. Jurgen D. Blickle	电　　话	022-25322612	日常联系人	于磊	电　　话	022-25322612-8228
主营范围	生产、制造、销售电子专用设备、多轴联动的数控系统及伺服装置等相关配套设备，减速机、减速电机及其零部件，并提供相关技术咨询服务。						

企业名称	出光润滑油（中国）有限公司			海关编码	1207240205	所属海关	津开发区
通讯地址	天津经济技术开发区泰华路81号					邮政编码	300457
评定时间	2010.10.26	注册日期	2003.9.30	报关有效期	2014.9.30	注册资本	1006万美元
法人姓名	河下一郎	电　　话	022-25201874	日常联系人	李梅莹	电　　话	022-23321671
主营范围	研究、开发石油添加剂新技术，生产、销售石油添加剂新产品、高性能润滑油，润滑油再生，并提供相关的技术咨询和售后服务；与上述产品同类商品的进出口及国内商品的批发业务、佣金代理（拍卖除外），其他相关配套服务。（涉及配额许可证管理、专项规定管理的商品按国家有关规定办理。）						

企业名称	天津丰田通商钢业有限公司			海关编码	1207240246	所属海关	津开发区
通讯地址	天津经济技术开发区华阳路15号					邮政编码	300457
评定时间	2010.10.26	注册日期	2004.3.12	报关有效期	2014.3.7	注册资本	2746万美元
法人姓名	村田稔	电　　话	022-66230050	日常联系人	赵欣	电　　话	022-66230050-231
主营范围	镀锌及耐高腐蚀性铝锌合金板、涂层及彩涂板的生产、加工、销售，钢板切割加工、销售，钢材的进出口、批发和佣金代理（拍卖除外）业务，并提供相关的技术咨询和服务；自有房屋租赁。（以上经营范围涉及行业许可的凭许可证件，在有效期限内经营，国家有专营、专项规定的按规定办理。）						

企业名称	飞思卡尔半导体（中国）有限公司			海关编码	1207240253	所属海关	津开发区
通讯地址	天津经济技术开发区第四大街80号天大科技园A1区三楼					邮政编码	300457
评定时间	2008.10.15	注册日期	2004.4.16	报关有效期	2014.4.14	注册资本	28400万美元
法人姓名	Randy Allen Hyzak	电　话	022-85686566	日常联系人	何琛	电　话	022-85686566
主营范围	设计、开发和制造集成电路芯片；在国内外销售本公司产品；为进行市场测试进口并销售少量其母公司生产的高新技术产品，为本公司产品及进口的飞思卡尔产品提供售后服务；在中国境内采购或代理出口不涉及出口配额、出口许可证管理的商品；直接提供与飞思卡尔业务有关的联络、市场和技术咨询服务，以及为飞思卡尔组织统一的市场推广活动（不包括广告业务），提供管理咨询服务及相关服务；进口公司自产产品同类商品的批发、零售（固定地点）、佣金代理（拍卖除外）业务；国内采购商品（特种商品除外）的批发、零售（固定地点）、佣金代理（拍卖除外）业务；提供相关配套服务。						

企业名称	天津摩比斯汽车零部件有限公司			海关编码	1207240276	所属海关	津开发区
通讯地址	天津经济技术开发区第九大街12号					邮政编码	300456
评定时间	2009.1.6	注册日期	2004.7.14	报关有效期	2014.7.8	注册资本	1800万美元
法人姓名	安炯俊	电　话	022-25291110	日常联系人	刘晓艳	电　话	022-25299650
主营范围	生产、加工、研发、销售汽车电子控制制动防抱死系统、安全气囊及其他汽车电子设备，上述产品及同类商品的批发、零售（不设店铺，不涉及进出口），并提供相关技术咨询及售后服务。						

企业名称	富士康（天津）精密工业有限公司			海关编码	1207240343	所属海关	津开发区
通讯地址	天津经济技术开发区南海路207号					邮政编码	300457
评定时间	2009.1.6	注册日期	2005.6.20	报关有效期	2014.6.20	注册资本	5280万美元
法人姓名	熊乃斌	电　话	022-59811688	日常联系人	赵成	电　话	022-59831688-013
主营范围	开发、生产、加工、销售及维修第三代及后续移动通信系统手机，新型电子元器件，移动通信系统、基站、交换设备及数字集群系统设备及其零部件，电子产品测试仪器，数字照相机及关键件，以及与以上产品相关的模具，并提供相关的技术咨询和售后服务。（以上经营范围涉及行业许可的凭许可证件，在有效期限内经营，国家有专项专营规定的按规定办理。）						

企业名称	维斯塔斯风力技术（中国）有限公司			海关编码	1207240372	所属海关	津开发区
通讯地址	天津经济技术开发区西区新兴路9号					邮政编码	300462
评定时间	2009.3.19	注册日期	2005.10.13	报关有效期	2014.10.28	注册资本	13364万美元
法人姓名	JENS TOMMERUP	电　话	022-59826831	日常联系人	侯欣	电　话	010-59232102
主营范围	研究和开发节约能源技术和产品；组装及制造风力发电设备及其零部件，包括叶片、机舱、塔身、控制系统；进出口、批发、零售（不设店铺）和佣金代理（拍卖除外）上述同类产品；提供与安装、维修和维护风力发电设备及风力发电站建设相关的服务，以及提供相关售后服务。						

企业名称	天津电装电子有限公司			海关编码	1207240350	所属海关	津开发区
通讯地址	天津经济技术开发区洞庭路166号					邮政编码	300457
评定时间	2009.3.6	注册日期	1998.3.9	报关有效期	2014.3.4	注册资本	4741万美元
法人姓名	白崎慎二	电　　话	022－25327684	日常联系人	李罡	电　　话	022－25327684
主营范围	用于混合动力汽车、电动汽车、插电式混合动力汽车的电池管理系统、点击管理系统、DC/DC变压器、大功率电子器件和其他相关电子产品及其零部件、汽车用组合仪表、柴油机燃油泵及其他底盘控制系统、车身电子控制系统等汽车电子控制装置，包括电子控制燃油喷射装置在内的汽车发动机控制系统，其他汽车相关电子产品及其构成零部件、附带零部件的生产、销售、进出口、采购、批发、零售（不设店铺）及售后服务，并提供相关技术服务。（以上经营范围涉及行业许可的，凭许可证件在有效期限内经营，国家有专项专营规定的按规定办理。）						

企业名称	大陆汽车系统（天津）有限公司			海关编码	1207240455	所属海关	津开发区
通讯地址	天津经济技术开发区渤海路2号					邮政编码	300457
评定时间	2009.1.6	注册日期	2006.12.4	报关有效期	2015.11.27	注册资本	6000万美元
法人姓名	JAY K. KUNKEL	电　　话	022－25292255	日常联系人	候琳	电　　话	022－25327415
主营范围	研究、开发、设计、制造汽车电子、控制单元，车身电子、车载信息处理产品，动力传动总成产品，汽车制动总成产品和电子防抱死制动系统，构成汽车产品所需的其他相关设备；在国内外销售［批发、零售和佣金代理（拍卖除外）］本公司制造的产品及同类商品，委托境内其他企业生产加工的产品及同类产品；进口同类商品和产品；为上述产品和商品提供维修服务、售后服务和其他相关服务。						

企业名称	霍尼韦尔环境自控产品（天津）有限公司			海关编码	1207240528	所属海关	津开发区
通讯地址	天津经济技术开发区南海路158号J014					邮政编码	300457
评定时间	2011.11.29	注册日期	2008.5.15	报关有效期	2014.4.19	注册资本	500万美元
法人姓名	盛伟立	电　　话	022－25320745－301	日常联系人	高影	电　　话	022－25320745
主营范围	研究、设计、生产、销售关于环境和燃烧控制的产品；提供有关加热、通风、冷却和冷冻、空气净化、分区、加湿、除湿、空调、开关、传感器和控制器、地板采暖、水处理、阀门、太阳能集热板、太阳能控制器、太阳能热水器、太阳能工程、光伏电池板、光伏电站（离网及并网）、智能电网能源管理产品、工业及家居燃烧过程控制产品（包括但不限于热水器、采暖、锅炉）和集成产品解决方案；印刷电路板的生产及销售；机电类产品的进出口、批发；提供安装调试、保养、维修 、技术培训及相关配套服务。（以上经营范围涉及行业许可的凭许可证件，在有效期限内经营，国家有专营专项规定的按规定办理。）						

企业名称	天津三星 LED 有限公司			海关编码	1207240564	所属海关	津开发区
通讯地址	天津市经济技术开发区微电子工业区微四路 6 号					邮政编码	300385
评定时间	2012. 5. 24	注册日期	2009. 4. 30	报关有效期	2015. 4. 30	注册资本	8000 万美元
法人姓名	文点柱	电　话	022－59831688－013	日常联系人	李立弟	电　话	022－23885588－2315
主营范围	研究、开发、生产、销售新型电子元器件、移动通讯、平板电视、液晶显示器、与照明设备相关的激光半导体、背光单元模组、LED 照明设备，并提供相关技术服务；上述同类产品的批发、零售、进出口及售后服务（不设店铺）。						

企业名称	摩托罗拉移动技术（中国）有限公司			海关编码	1207240590	所属海关	津开发区
通讯地址	天津经济技术开发区第四大街 10 号					邮政编码	300457
评定时间	2012. 2. 10	注册日期	2010. 1. 26	报关有效期	2016. 1. 26	注册资本	3000 万美元
法人姓名	FRANK MENG	电　话	010－84733369	日常联系人	韩建明	电　话	022－25326431
主营范围	研究、开发、设计、制造通讯整机和系统产品（包括传呼机、双向无线电、数字终端机）及零部件，汽车电子、控制单元、车身电子、车载信息处理产品、动力传动总成产品和其他需包含汽车产品的相关设备，计算机硬件、软件及其相关系统设备，宽带系统产品；委托境内其他企业生产、加工上述产品或其母公司和关联公司产品；提供嵌入式计算机市场服务；有关计算机、通讯系统产品的安装（不含土木工程）、系统集成及优化服务；销售［批发、零售、佣金代理（拍卖除外）］条码扫描器、扫描引擎、移动数据终端、无线射频识别技术产品、有线或无线网络和通信设备；销售［批发、零售、佣金代理（拍卖除外）］本公司产品、母公司和关联公司产品及其同类产品，委托境内其他企业生产、加工的产品及其同类商品；为本公司产品、本公司销售的产品、母公司和关联公司产品及本公司产品同类的产品提供维修服务、售后服务及其他相关服务；直接提供与本公司业务及其母公司和关联公司业务有关的研发服务、市场和技术的咨询服务，以及为本公司及其母公司和关联公司进行统一的市场推广活动（不包括广告业务）、管理咨询服务及相关服务。						

企业名称	诺基亚西门子通信（天津）有限公司			海关编码	1207240610	所属海关	津开发区
通讯地址	天津经济技术开发区第四大街 10 号 A 区					邮政编码	300457
评定时间	2013. 4. 15	注册日期	2010. 11. 26	报关有效期	2013. 11. 26	注册资本	15000 万人民币
法人姓名	Bert Sagebaum	电　话	010－84055084	日常联系人	李宏大	电　话	022－25325050－2405
主营范围	从事与通讯、电子技术和相关产品有关的研究开发、生产和销售；转让其研究开发成果并提供相应的技术服务；通讯和电子设备、产品、零部件、配件的进出口、批发业务和零售（不设店铺），并提供安装、维修服务和售后服务；提供技术支持、技术培训、技术咨询、技术测试；承接其母公司和关联企业的服务外包业务。（以上经营范围涉及行业许可的，凭许可证件在有效期限内经营，国家有专项专营规定的按规定办理。）						

企业名称	天津矢崎汽车配件有限公司			海关编码	1207244111	所属海关	津开发区
通讯地址	天津经济技术开发区洞庭路 138 号					邮政编码	300457
评定时间	2008. 10. 15	注册日期	1988. 5. 16	报关有效期	2014. 4. 19	注册资本	1963 万美元
法人姓名	冈田弘次	电话	022－25323538－220	日常联系人	加藤满	电话	022－25325341
主营范围	汽车机线、汽车仪表、汽车轧线部品及其模具、电线的设计、制造、销售、检测和销售后的修理服务（不含国家禁止和限制的项目），上述自产产品的原料及部件、同类产品的批发、零售（不设店铺）、佣金代理、进出口及售后服务。（以上经营范围涉及行业许可的，凭许可证件在有效期限内经营，国家有专项专营规定的按规定办理。）						

企业名称	霍尼韦尔（天津）有限公司			海关编码	1207246309	所属海关	津开发区
通讯地址	天津经济技术开发区南海路 156 号津滨发展通厂 21 栋					邮政编码	300042
评定时间	2010. 12. 17	注册日期	2011. 4. 26	报关有效期	2014. 4. 26	注册资本	1000 万美元
法人姓名	陈文法	电话	022－25320745	日常联系人	司巍	电话	022－25320745
主营范围	用于楼宇、工业、商业及其他领域自动控制产品及系统，包括用于楼宇智能自控的消防、安保产品及系统的设计、开发、组装、制造、加工、销售；为上述产品及系统提供培训、技术咨询及服务、调试、维护及保养、升级改造；配件及零件加工、配件及零件销售，并为本公司产品及进口的霍尼韦尔产品提供售后服务；提供建筑智能化系统集成、设计、安装，楼宇智能化系统总包施工管理，售后服务及能源咨询服务，包括合同能源管理服务，节能方案的设计、改造，可再生能源、生态城市建设的技术咨询与工程服务及其他服务。（以上经营范围涉及行业许可的，凭许可证件在有效期限内经营，国家有专项专营规定的按规定办理。）						

企业名称	天津新兴数字电子有限公司			海关编码	1207246508	所属海关	津开发区
通讯地址	天津市东丽区经济开发区					邮政编码	300300
评定时间	2009. 4. 9	注册日期	1994. 6. 23	报关有效期	2014. 6. 23	注册资本	1550 万美元
法人姓名	郑圭亨	电话	022－24983091	日常联系人	金勇春	电话	022－24983090－220
主营范围	小型电子产品、模具、相关零配件的生产、销售及技术咨询服务，非本公司生产的相关产品采购出口（许可证、配额产品除外）。						

企业名称	SEW－传动设备（天津）有限公司			海关编码	1207246655	所属海关	津开发区
通讯地址	天津经济技术开发区内					邮政编码	300457
评定时间	2009. 1. 6	注册日期	1994. 8. 11	报关有效期	2014. 8. 11	注册资本	3350 万美元
法人姓名	JURGEN D. BLICKLE	电话		日常联系人	李莹莹	电话	022－59836622
主营范围	生产、制造电动机、减速机、减速器，伺服装置、制动器及其零部件，相关机电配套设备；销售本公司产品并提供相关技术咨询服务。						

企业名称	PPG 涂料（天津）有限公司			海关编码	1207246796	所属海关	津开发区
通讯地址	天津经济技术开发区黄海路 192 号					邮政编码	300457
评定时间	2009. 3. 6	注册日期	1994. 9. 13	报关有效期	2014. 9. 13	注册资本	2550 万美元
法人姓名	吴春平	电　话	022－25323470	日常联系人	李晨霞	电　话	022－66206116
主营范围	研究、开发、生产、加工及销售适用于汽车、工业和其他领域的涂料，并从事技术及售后服务，以及上述产品的同类商品的进出口和批发零售（涉及危险化学品的以危险化学品生产许可证项目为准）。（以上经营范围涉及行业许可的，凭许可证件在有效期限内经营，国家有专项专营规定的按规定办理。）						

企业名称	浦项（天津）钢材加工有限公司			海关编码	1207247074	所属海关	津开发区
通讯地址	天津经济技术开发区韩国工业团地内					邮政编码	300457
评定时间	2009. 3. 6	注册日期	1995. 1. 6	报关有效期	2014. 1. 6	注册资本	2170 万美元
法人姓名	甘圭植	电　话	010－51666677－120	日常联系人	李涛	电　话	022－25617034
主营范围	镀锌及耐高腐蚀性铝锌合金板、涂层板的加工，钢材切割加工，销售公司自产产品，并提供相关的技术咨询和服务；上述产品及同类商品的批发、零售（不设店铺）、进出口（上述涉及配额、许可证管理和专项规定管理的商品按照国家有关规定办理）；自有厂房（限黄海路 168 号地块）及设备的租赁；国内国际货物运输代理业务及仓储业务。（以上经营范围涉及行业许可的，凭许可证件在有效期限内经营，国家有专项专营规定的按规定办理。）						

企业名称	诺和诺德（中国）制药有限公司			海关编码	1207247106	所属海关	津开发区
通讯地址	天津经济技术开发区南海路					邮政编码	300457
评定时间	2008. 10. 15	注册日期	1995. 1. 20	报关有效期	2014. 1. 12	注册资本	38780 万美元
法人姓名	Kare Schultz	电　话	139××××6185	日常联系人	魏丽媛	电　话	022－65286693
主营范围	经行业主管部门批准后，生产、销售胰岛素及胰岛素笔式释放器，化学类、生物化学类、基因工程药品，包括糖尿病、妇女保健和生长保健药品，并提供售后服务；上述产品说明书、包装物及释放器部件的进出口、批发、零售（不设店铺）；胰岛素及胰岛素笔式释放器，化学类、生物化学类、基因工程药品，包括糖尿病、妇女保健和生长保健药品的市场和技术咨询服务、市场推广活动（不包括广告业务）、企业管理咨询及相关服务；在上述领域内研制和开发新产品。						

企业名称	通用半导体（中国）有限公司			海关编码	1207247474	所属海关	津开发区
通讯地址	天津经济技术开发区第六大街 88 号					邮政编码	300457
评定时间	2008. 10. 15	注册日期	1995. 9. 4	报关有效期	2014. 9. 12	注册资本	7080 万美元
法人姓名	Tan Cheng Poh@ Christopher Tan	电　话	022－25291088	日常联系人	韩家骏	电　话	022－25291088
主营范围	研制、开发、生产、加工、销售电子元器件及半导体分离元器件及其新产品，新型电子元器件（含片式元器件及电力电子元器件），并从事技术咨询服务及售后服务。						

企业名称	卓轮（天津）机械有限公司			海关编码	1207248755	所属海关	津开发区
通讯地址	天津经济技术开发区第十一大街79号					邮政编码	300457
评定时间	2011. 3. 22	注册日期	1997. 10. 28	报关有效期	2014. 10. 28	注册资本	229万美元
法人姓名	叶柏东	电　　话	022－66231856	日常联系人	魏莉	电　　话	022－66231856
主营范围	生产、销售减速机及派生的卷扬机和回转机构，汽车用铸锻毛坯件，汽油机、柴油机用涡轮增压器，并提供相关的售后服务。						

企业名称	西迪斯（天津）电子有限公司			海关编码	1207249625	所属海关	津开发区
通讯地址	天津经济技术开发区睦宁路1号					邮政编码	300457
评定时间	2008. 10. 15	注册日期	1999. 2. 12	报关有效期	2014. 1. 10	注册资本	3270万美元
法人姓名	Vinod M Khilnani	电　　话	022－65201818	日常联系人	周斌	电　　话	022－65201661
主营范围	研究、设计、开发、制造用于通讯终端和系统产品及其他产品的电子产品及元器件，包括但不限于石英、晶体、陶瓷及振荡器产品，销售公司自产产品并提供售后服务。						

企业名称	博爱（中国）膨化芯材有限公司			海关编码	1207249849	所属海关	津开发区
通讯地址	天津经济技术开发区第七大街四十九号					邮政编码	300457
评定时间	2009. 1. 6	注册日期	1999. 11. 3	报关有效期	2014. 11. 3	注册资本	2860万美元
法人姓名	SILVERIO BARANZANO	电　　话	022－25329333	日常联系人	王丽香	电　　话	022－59889315
主营范围	研究、开发、生产主要用于妇女卫生巾用品的吸湿产品、纸尿布用吸水芯材料、高质量的湿润擦拭产品，销售自产产品并提供相关技术咨询服务；非织造布及其加工制品，相关原材料及其相关产品的进出口及批发。						

企业名称	美克国际家私（天津）制造有限公司			海关编码	1207260792	所属海关	津开发区
通讯地址	天津经济技术开发区第七大街53号					邮政编码	300457
评定时间	2009. 7. 13	注册日期	1998. 4. 7	报关有效期	2014. 4. 1	注册资本	8280万人民币
法人姓名	寇卫平	电　　话	022－59818888	日常联系人	史瑶	电　　话	022－59818088
主营范围	法律、法规、国务院决定禁止的不得经营；应经审批的，未获批准前不得经营；法律、法规、国务院决定未规定审批的，自主经营。国家有专营专项规定的，按专营专项规定办理。						

企业名称	壳牌（天津）石油化工有限公司		海关编码	1207947170	所属海关	津开发区
通讯地址	天津滨海新区塘沽区天津港南疆开发区南三路 286 号				邮政编码	300452
评定时间	2013. 6. 13	注册日期	1995. 3. 10	报关有效期	2015. 2. 20	注册资本	3456 万美元
法人姓名	黄志昌	电　　话	010－65054501	日常联系人	高亮	电　　话	022－25703188
主营范围	生产和加工润滑油产品、沥青产品及其相关产品，销售上述产品并提供售后服务，以及向其他企业提供仓储服务、技术咨询等服务；矿产品（铁矿石、原油、盐除外）、化学工业品及其相关产品、其他壳牌关联公司产品（成品油及化学危险品除外）及相关配套产品的进出口；国内采购、批发、佣金代理（拍卖除外）及其他相关配套业务。（上述涉及配额、许可证管理和专项规定管理的产品，按照国家有关规定办理。）					

企业名称	埃克森美孚（天津）石油有限公司		海关编码	1207947260	所属海关	津开发区
通讯地址	天津市塘沽区新港南港路 2486 号				邮政编码	300452
评定时间	2009. 5. 27	注册日期	1995. 4. 21	报关有效期	2014. 4. 21	注册资本	2528 万美元
法人姓名	张松彬	电　　话	0065－68858836	日常联系人	祝滨	电　　话	022－25607221
主营范围	生产、制造调配润滑油、润滑脂，相关石化产品的加工及上述产品的销售，基础油、润滑油、润滑脂、乳化脂、添加剂和埃克森美孚关联公司产品的批发、进出口、佣金代理（拍卖除外）和技术进口，向公司其他关联企业提供石化产品有关的技术咨询和仓储服务。					

企业名称	中海石油（中国）有限公司		海关编码	1207949807	所属海关	津开发区
通讯地址	天津市塘沽石油新村				邮政编码	100027
评定时间	2008. 10. 15	注册日期	1999. 11. 29	报关有效期	2014. 11. 29	注册资本	2000000 万人民币
法人姓名	杨华	电　　话	010－84521198	日常联系人	李燕艳	电　　话	010－84521773
主营范围	海上石油天然气的勘探、开发、生产、仓储和销售（包括合作油气田外国合同者在境内销售的分成油），与海上石油天然气的勘探、开发和生产相关的科技研究、技术咨询、技术服务和技术转让。					

企业名称	雅士佳（天津）汽车零件有限公司		海关编码	1208944012	所属海关	津开发区
通讯地址	天津市滨海新区汉沽紫东街 88 号				邮政编码	300480
评定时间	2009. 3. 19	注册日期	1992. 4. 15	报关有效期	2014. 4. 17	注册资本	800 万美元
法人姓名	W. T. 柏洛璧	电　　话	022－25694026	日常联系人	马会娜	电　　话	138××××2738
主营范围	生产、加工、销售各类汽车零件及其他机械加工产品，并提供相关技术咨询及服务。（国家有专营专项规定的，按专营专项规定办理。）					

企业名称	天津富士达自行车有限公司		海关编码	1210934643	所属海关	津机场办
通讯地址	天津市东丽区军粮城道口南				邮政编码	300301
评定时间	2008. 10. 15	注册日期	1994. 9. 16	报关有效期	2014. 9. 16	注册资本	1170 万美元
法人姓名	赵丽华	电　话	022－84360719	日常联系人	卢丽虹	电　话	022－24365856
主营范围	生产和销售各类自行车、电动车、汽油机助力车及其零部件、健身运动器材、铁木家具，自有房屋租赁。						

企业名称	天津电装电机有限公司		海关编码	1210940147	所属海关	津机场办
通讯地址	天津市东丽经济开发区六经路 3 号				邮政编码	300300
评定时间	2009. 5. 27	注册日期	1995. 12. 29	报关有效期	2014. 12. 29	注册资本	13800 万人民币
法人姓名	臼井定广	电　话	022－58885600－203	日常联系人	张彬	电　话	022－58885600
主营范围	发电机、起动机及传感器在内的汽车电子控制装置及零部件的制造、销售、维修，上述产品的进出口、销售（批发）、采购及售后服务。（上述涉及国家专项管理规定的商品，按照有关规定办理。）						

企业名称	天津国际物流中心		海关编码	1207411541	所属海关	津保税区
通讯地址	天津港保税区津滨大道 169 号				邮政编码	300461
评定时间	2010. 1. 11	注册日期	2003. 10. 16	报关有效期	2014. 10. 16	注册资本	900 万人民币
法人姓名	宫书毅	电　话	022－66273591	日常联系人	田勃	电　话	022－66270381
主营范围	国际贸易及简单加工，物流分拨与配送，保税仓储，国际货物运输代理服务（海、陆、空运）；汽车经营（不含小轿车），机电产品、纺织服装、建材、环保产品、钢材、石化产品（不含成品油）的经营；自营和代理各类商品和技术的进出口，但国家限定公司经营或禁止进口的商品和技术除外；房屋租赁；以上相关的咨询服务。（国家有专项专管规定的，按规定执行。）						

企业名称	天津华铁隆津泰储运有限公司		海关编码	1207434803	所属海关	津保税区
通讯地址	天津港保税区新港大道 155 号				邮政编码	300461
评定时间	2010. 10. 26	注册日期	2004. 7. 30	报关有效期	2014. 7. 30	注册资本	2000 万美元
法人姓名	霍红光	电　话	022－25764145	日常联系人	冯静	电　话	022－25763466
主营范围	承办海运、空运、陆运进出口货物的国际运输代理业务，包括揽货、订舱、仓储、中转、集装箱拼装拆箱、结算运杂费、报关、报验、保险、相关的运输服务及咨询业务；普通货运、货物专用运输（集装箱）。						

企业名称	东方瑞泰（天津）国际物流有限公司			海关编码	1207435992	所属海关	津保税区
通讯地址	天津港保税区海滨六路58号					邮政编码	300461
评定时间	2010.3.3	注册日期	2004.8.6	报关有效期	2014.8.8	注册资本	160万美元
法人姓名	郭越悦	电　话	022－25762669－800	日常联系人	王宪国	电　话	022－25762669－802
主营范围	国际贸易，保税货物仓储，物流配送，简单加工，商品展示，经济技术咨询服务，电子产品及零部件、印刷设备及耗材、保温棉的批发和进出口。						

企业名称	亚实动力系统（天津）有限公司			海关编码	1207440121	所属海关	津保税区
通讯地址	天津港保税区（空港）西二道2号					邮政编码	300461
评定时间	2013.1.17	注册日期	2004.12.27	报关有效期	2014.12.27	注册资本	1907万美元
法人姓名	PAUL STARKS	电　话	022－58871888	日常联系人	连代军	电　话	022－58871818
主营范围	制造、组装和销售柴油、燃气及燃气涡轮发电机组及以上相关零部件，并提供相关的售后服务；国际贸易。						

企业名称	天津叶水福物流有限公司			海关编码	1207440202	所属海关	津保税区
通讯地址	天津港保税区新港大道196号					邮政编码	300461
评定时间	2010.1.11	注册日期	2005.4.15	报关有效期	2014.4.15	注册资本	300万美元
法人姓名	叶进强	电　话	022－59837777	日常联系人	闫洪胜	电　话	022－59837200
主营范围	专业物流方案设计及咨询服务，保税货物仓储、装卸、加工、包装、配送、信息处理及相关的物流一体化服务，国际贸易，简单加工，代办保税仓储，提供以上相关的咨询服务，货物联运及代理服务，普通货运。						

企业名称	嘉里粮油（天津）有限公司			海关编码	1207440378	所属海关	津保税区
通讯地址	天津港保税区津滨大道95号					邮政编码	300461
评定时间	2010.12.17	注册日期	2005.6.9	报关有效期	2014.6.9	注册资本	3160万美元
法人姓名	穆彦魁	电　话	022－25763250	日常联系人	王志鹏	电　话	135××××7861
主营范围	生产、加工、精炼及分装各类植物油和各类动植物油脂产品；生产人造黄油、起酥油及各类食品和非食品工业特种油脂（以上不包括许可证管理的品种），生产供食用油及油脂包装用的包装材料；经营各类动植物油脂的仓储业务和保税仓储业务；国际贸易；为集团内企业提供产品的分拨服务；食用植物油油料、油脂、食品及食品添加剂的批发、佣金代理（拍卖除外）、进出口及其他相关配套业务。（涉及配额、许可证管理和专项规定管理的商品按国家有关规定办理。）						

企业名称	天津新龙桥工程塑料有限公司		海关编码	1207440540	所属海关	津保税区
通讯地址	天津港保税区东方大道166号305室				邮政编码	300452
评定时间	2010. 1. 11	注册日期	2004. 12. 23	报关有效期	2014. 12. 23	注册资本	3500万美元
法人姓名	廖振铎	电　话	022－66287785	日常联系人	谢辉	电　话	022－66287790
主营范围	生产和销售一般级及工程级聚苯乙烯工程塑料及其制品、加工品，并提供相关技术服务及咨询服务。						

企业名称	丰田通商（天津）有限公司		海关编码	1207448782	所属海关	津保税区
通讯地址	天津港保税区海滨八路171号				邮政编码	300461
评定时间	2010. 9. 14	注册日期	2005. 2. 23	报关有效期	2014. 2. 23	注册资本	200万美元
法人姓名	KONDO TAKAHIRO	电　话	022－23317430	日常联系人	彭兴兰	电　话	022－23317430－606
主营范围	承办海运、陆运、空运进出口货物的国际运输代理业务，包括仓储中转、运输咨询、报关、报验、报检、相关的短途运输业务；国际贸易，简单加工；代办保税货物仓储；物流配套服务、汽车技术服务；高科技产品的研制、引进、开发、转让、展示；丰田通商销售的设备的安装工程，设备及其附带器具维修（不含汽车维修）；各种机械设备及零部件、汽车零部件；电气电子通信设备及其元器件、各种仪器仪表及测量设备、计算机及计算机软件、通信系统、金属材料、有色金属及其制品、塑料及其制品、化工产品、合成树脂、橡胶制品、纺织原料、纺织制品、服装鞋帽、旅游制品、各种纤维原料及其制品、皮革、纸浆、纸及其制品、五金交电、农用机械、文化用品、建材、贱金属、合成橡胶、工程机械及工厂内专用机动车辆、润滑油的批发、零售及进出口、佣金代理业务（拍卖除外）；钢材及其制品、贵金属的进口、批发业务，并提供相关咨询服务及售后服务。以下产品限分支机构经营：预包装食品、散装食品、粮食及其制品、罐头、水产品及其制品、调味料、豆制品、水果蔬菜制品、面包改良剂批发兼零售。（以上商品进出口不涉及国营贸易。进出口配额许可证、出口配额招标、出口许可证等商品，其他专项规定管理的商品按照国家有关规定办理。以上经营范围涉及行业许可的，凭许可证件在有效期限内经营，国家有专项专营规定的按规定办理。）						

企业名称	亚实履带（天津）有限公司		海关编码	1207448798	所属海关	津保税区
通讯地址	天津港保税区海滨九路169				邮政编码	300461
评定时间	2010. 10. 26	注册日期	2004. 12. 24	报关有效期	2014. 12. 24	注册资本	3448万美元
法人姓名	KENNETHJAM ESHOEFLING	电　话	022－59882808	日常联系人	刘伟	电　话	022－59882192
主营范围	生产、组装、销售农业、建筑、开矿和工业设备的底盘部件及其他配件，提供相关售后服务和咨询服务，承接加工业务。						

企业名称	雪佛龙（天津）润滑油有限公司			海关编码	1207448839	所属海关	津保税区
通讯地址	天津港保税区东方大道32号					邮政编码	300461
评定时间	2012.2.10	注册日期	2006.8.23	报关有效期	2015.8.23	注册资本	3610万美元
法人姓名	张一陆	电　话	010－58126300	日常联系人	李畅	电　话	022－25761818－320
主营范围	以石化产品为主的仓储、生产、包装和销售；国际贸易；润滑油、润滑脂、燃油系统清洁剂、防冻剂等石油化工产品的进出口分销业务；从事国内采购的石油化工产品及从事公司或控股的关联公司进口的同类商品（国家有专门规定的商品除外）的佣金代理（拍卖除外）、批发及进出口业务，以及有关的技术咨询、培训及售后服务。（涉及配额许可证管理、专项规定管理的商品，按国家有关规定办理。）						

企业名称	中冀斯巴鲁（天津）汽车销售有限公司			海关编码	1207460441	所属海关	津保税区
通讯地址	天津港保税区津滨大道199号					邮政编码	300461
评定时间	2010.11.30	注册日期	2008.4.8	报关有效期	2014.4.8	注册资本	15000万人民币
法人姓名	李金勇	电　话	022－25760016	日常联系人	王宏宇	电　话	022－25763564
主营范围	进口斯巴鲁品牌汽车及汽车零配件的经营，经济贸易咨询服务，货物及技术的进出口，自有房屋租赁（国家法律法规禁止的除外）。						

企业名称	天津普林电路股份有限公司			海关编码	1210919099	所属海关	津保税区
通讯地址	天津空港物流加工区航海路53号					邮政编码	300308
评定时间	2010.4.27	注册日期	2006.1.25	报关有效期	2016.3.8	注册资本	24585万人民币
法人姓名	由华东	电　话	022－24895666	日常联系人	时丽艳	电　话	022－24895666－2029
主营范围	生产、销售双面和多层印刷电路板.						

企业名称	天津达祥精密工业有限公司			海关编码	1215940108	所属海关	武清海关
通讯地址	天津新技术产业园区武清开发区					邮政编码	301700
评定时间	2009.3.6	注册日期	2003.6.27	报关有效期	2014.4.17	注册资本	3800万美元
法人姓名	陈友三	电　话	022－82289920	日常联系人	徐传新	电　话	022－82289920－6309
主营范围	生产并销售耐热钢材质的涡轮增压器，连体排气管涡轮增压器，轿车用排气管，汽油机用涡轮增压器，蠕墨高硅钼涡轮增压器与排气管，汽车用铸锻毛坯件及涡轮增压器；发动机零部件的制造、加工、装配及销售，相关高新产品的开发与技术咨询服务。						

企业名称	天津天狮生物发展有限公司			海关编码	1215930041	所属海关	武清海关
通讯地址	天津市武清开发区新源道 16 号					邮政编码	301700
评定时间	2010. 6. 17	注册日期	2008. 3. 17	报关有效期	2014. 3. 17	注册资本	1000 万美元
法人姓名	李宝兰	电　　话	022－82124400	日常联系人	何振忠	电　　话	022－82137157
主营范围	生物工程技术的开发、转让、咨询服务；生产、销售保健食品（天狮牌营养高钙冲剂、天狮牌舒糖高钙冲剂、天狮牌儿童型营养高钙冲剂、天狮牌梦珍冲剂、天狮牌爽咽粒粒饮、天狮牌卵磷脂高钙胶囊、天狮牌锌补品、天狮牌益康胶囊、天狮牌甲壳质胶囊、天狮牌虫草菌丝体胶囊、天狮牌活力康胶囊、天狮牌螺旋藻胶囊、天狮牌三高丹舒胶囊、天狮牌维康软胶囊、天狮牌减肥茶、天狮牌降脂茶）、其他食品（袋泡茶系列、蛋白粉、高钙味素、纯蛇粉胶囊、松花粉胶囊、火麻仁油软胶囊、富硒茶、番茄红片、高钙奶粉、沙棘油软胶囊、双纤片、多维白咖啡、藏蒜精胶囊、美丰胶囊、鳗鱼油软胶囊、果聚糖、纤秀纤维胶囊、口健爽、海参素）、日化产品、化妆品、仪器仪表、不锈钢制品及上述产品生产线的配套设施，并提供技术咨询服务；受企业委托对企业员工进行培训。（以上经营范围涉及行业许可的，凭许可证件在有效期限内经营，国家有专项专营规定的按规定办理。）						

企业名称	天津磁化电子有限公司			海关编码	1215940240	所属海关	武清海关
通讯地址	天津新技术产业园区武清开发区泉兴路 6 号					邮政编码	301700
评定时间	2009. 4. 22	注册日期	2009. 2. 26	报关有效期	2015. 2. 26	注册资本	1280 万美元
法人姓名	金粲容	电　　话	022－82124241	日常联系人	李阳	电　　话	022－82124241
主营范围	生产、销售新型电子元器件（含片式元器件）、其他电子产品及包装产品，提供相关技术咨询服务，非配额许可证管理商品、非专管商品的收购出口业务。						

企业名称	天津杰麦多乐器有限公司			海关编码	1215944433	所属海关	武清海关
通讯地址	天津市武清区经济开发区					邮政编码	301700
评定时间	2008. 10. 15	注册日期	1993. 1. 12	报关有效期	2014. 2. 1	注册资本	3006 万美元
法人姓名	李界寿	电　　话	022－82122742	日常联系人	王爱华	电　　话	022－82122742
主营范围	生产并销售乐器、乐器支架及塑料制品配件、管乐器、打击乐器、弦乐器、簧乐器、音响喇叭、音箱、扩音器及其压铸件、鼓皮、鼓框、盒子、电子产品、五金零件、金属零部件、车辆装饰品，不锈钢产品和金属表面的抛光及电镀加工。						

企业名称	天津大真空有限公司			海关编码	1215945628	所属海关	武清海关
通讯地址	天津新技术产业园区武清开发区					邮政编码	301700
评定时间	2008. 10. 15	注册日期	1993. 10. 7	报关有效期	2014. 7. 7	注册资本	497000 万日本元
法人姓名	森本敏幸	电　　话	022－60686800－783	日常联系人	张义	电　　话	022－60686800－694
主营范围	生产、销售水晶制品、陶瓷制品、光学制品、五金、电子产品，上述商品和所需原材料、消耗品的批发、零售及进出口。（上述涉及配额许可证管理、专项规定管理的商品，按照国家有关规定办理。）						

企业名称	光宝电子（天津）有限公司			海关编码	1215947522	所属海关	武清海关
通讯地址	天津新技术产业园区武清开发区					邮政编码	301700
评定时间	2008.10.15	注册日期	1995.9.25	报关有效期	2014.9.25	注册资本	45404万美元
法人姓名	宋恭源	电　话	022－82193000	日常联系人	安姝伊	电　话	022－82193000－8601
主营范围	主要从事生产光电、电源供应器、变压器、二极体显示器及其他发光二极体和相关机器设备等；在国内外销售本企业产品并进行售后服务。						

企业名称	天津富禄通信技术有限公司			海关编码	1215947525	所属海关	武清海关
通讯地址	天津新技术产业园区武清开发区					邮政编码	301700
评定时间	2009.1.6	注册日期	1995.9.26	报关有效期	2014.9.27	注册资本	2250万美元
法人姓名	金钟圭	电　话	022－82120846－100	日常联系人	张培颖	电　话	022－82120846－161
主营范围	通信技术开发、生产、加工，销售电子报警器、通讯机器及配件。						

企业名称	丹佛斯（天津）有限公司			海关编码	1215947662	所属海关	武清海关
通讯地址	天津新技术产业园区武清开发区福源道5号					邮政编码	301700
评定时间	2008.10.15	注册日期	1995.9.28	报关有效期	2014.4.8	注册资本	4206万美元
法人姓名	Mogens Terp Paulsen	电　话	045－74882717	日常联系人	杨德红	电　话	022－82197155
主营范围	研究、开发、生产、销售阀门、工业控制产品、自动控制产品、传动装置、压缩机及相关产品，以及供热、通风制冷、空调及水控制产品、系统、组件和部件；技术咨询服务、售后服务；出口及其他相关业务。（上述涉及配额许可证管理、专项规定管理的商品，按照国家有关规定办理。）						

企业名称	戴纳派克（中国）压实摊铺设备有限公司			海关编码	1215949923	所属海关	武清海关
通讯地址	天津新技术产业园区武清开发区泉旺路					邮政编码	301700
评定时间	2009.5.27	注册日期	1999.8.26	报关有效期	2014.2.1	注册资本	500万美元
法人姓名	龚元相	电　话	022－82118000	日常联系人	王博	电　话	022－29503083
主营范围	建筑机械，包括但不限于混凝土设备，破碎机，筛网给料机与破碎系统及压路机，摊铺机，轻型设备，矿山、矿物处理设备，散装物料输送设备，以及上述设备的零配件的生产、组装、销售和租赁，并提供咨询服务、售后服务，与上述产品相关的工艺、工程设计和安装指导，以及维修、大修服务；上述同类相关产品的进出口、批发、佣金代理（拍卖除外）和其他相关配阿特拉斯科普柯（中国）投资有限公司规定管理的商品按照国家有关规定办理。						

企业名称	天津金轮自行车集团有限公司			海关编码	1215950437	所属海关	武清海关
通讯地址	天津市武清区南蔡村镇					邮政编码	301709
评定时间	2009. 11. 24	注册日期	1999. 10. 15	报关有效期	2014. 10. 11	注册资本	6970 万人民币
法人姓名	杨茂秀	电　话	022 - 29411107	日常联系人	高敬	电　话	022 - 82108000
主营范围	自行车及其零件、电器元件、制冷设备的制造、加工，喷烤漆加工，电动自行车组装、加工、销售，日用百货、服装鞋帽、纺织品、化妆品、灯具、文具、体育用品、工艺美术品、装饰装修材料、建筑材料、化工产品（危险品及易制毒品除外）、五金、电器设备、通讯器材、计算机及辅助设备、铁木家具的销售，零售烟，房屋建筑工程施工，从事广告业务、会议服务、展览展示服务，自行车、电动自行车技术的开发、咨询、转让，汽车（小轿车除外）销售，货物及技术进出口（法律、行政法规另有规定的除外），普通货运。（以上经营范围涉及行业许可的，凭许可证件在有效期内经营，国家有专项专营规定的按规定办理。）						

企业名称	空中客车（天津）总装有限公司			海关编码	1210630001	所属海关	天津滨海新区综合保税区
通讯地址	天津空港经济区综合保税区西九道 2 号					邮政编码	300308
评定时间	2013. 5. 16	注册日期	2009. 1. 6	报关有效期	2015. 1. 6	注册资本	6000 万欧元
法人姓名	徐岗	电　话	022 - 84906197	日常联系人	于萌	电　话	022 - 24809949
主营范围	接受完全装配并经测试的飞机部件，向空中客车公司提供总装服务，包括飞机的总装、喷漆、测试和飞行测试，并向飞机交付中心移交经组装和测试的总装线飞机。						

石家庄关区

企业名称	河北省纺织品进出口股份有限公司		海关编码	1301910118	所属海关	石家庄关
通讯地址	河北省石家庄市西三庄街42号				邮政编码	050000
评定时间	2013. 2. 25	注册日期	1999. 6. 2	报关有效期	2014. 6. 2	注册资本	2000万人民币
法人姓名	孔爱民	电话	0311－83868837	日常联系人	薛辉	电话	
主营范围	经营本企业产品。						

企业名称	河北钢铁集团有限公司		海关编码	1301910288	所属海关	石家庄关
通讯地址	河北省石家庄市裕华西路40号				邮政编码	050000
评定时间	2013. 2. 25	注册日期	2009. 4. 8	报关有效期	2015. 4. 8	注册资本	2000000万人民币
法人姓名	王义芳	电话	0311－66778886	日常联系人	王文革	电话	138××××8400
主营范围	对所投资企业资产进行运营管理；冶金技术研发及咨询服务；资产租赁；钢铁、炉料销售；国内劳务派遣；其他投资兴业，包括钢铁及其深加工行业，钒钛及其深加工行业，采矿业，国际、国内贸易，房地产开发，机电设备制造及机械加工业，餐饮服务业，再生资源利用行业，建筑安装行业，物流服务行业，煤化工行业，旅游业；金属及非金属矿石、焦炭、耐火材料的销售；自营、代理商品和技术进出口业务（国家限制或禁止经营的除外）。						

企业名称	中化河北有限公司		海关编码	1301915012	所属海关	石家庄关
通讯地址	河北省石家庄市联盟路707号中化大厦				邮政编码	050072
评定时间	2009. 1. 13	注册日期	1992. 11. 13	报关有效期	2014. 11. 13	注册资本	47332万人民币
法人姓名	姚学俊	电话	0311－85028828	日常联系人	邢春燕	电话	0311－85028848
主营范围	经营矿产品、精细化工品和磁材原料。						

企业名称	河北机械进出口有限公司		海关编码	1301915013	所属海关	石家庄关
通讯地址	河北省石家庄市泰华街181号				邮政编码	050051
评定时间	2013. 2. 25	注册日期	1992. 11. 17	报关有效期	2014. 11. 18	注册资本	2260万人民币
法人姓名	欧建军	电话	0311－87055960	日常联系人	董力明	电话	0311－85022212
主营范围	自营和代理各类商品和技术的进出口业务（国家限定公司经营或者禁止进出口的商品和技术除外）；钢材、工程机械设备的销售，国内招投标代理，自有房屋租赁；三类中6823－2彩色超声成像设备及超声介入/腔内诊断设备、6828－1医用磁共振成像设备（MRI）、6830－4X射线计算机断层摄影设备（CT）、6832－1医用高能射线治疗设备、6845－4血液净化设备、6854－2呼吸设备，二类医疗器械（助听器除外）的销售（有效期至2016年9月18日）；承包与其实力、规模、业绩相适应的国外工程项目，对外派遣实施上述境外工程所需的劳务人员。（法律、法规及国务院决定禁止或者限制的事项不得经营；需其他部门审批的事项，待批准后方可经营）						

企业名称	河北省机械设备进出口公司			海关编码	1301915018	所属海关	石家庄关
通讯地址	河北省石家庄市合作路71号					邮政编码	050051
评定时间	2009.10.30	注册日期	1992.12.5	报关有效期	2014.12.5	注册资本	1473万人民币
法人姓名	任远	电　话	0311－88615692	日常联系人	董保刚	电　话	0311－88615685
主营范围	自营和代理各类商品及技术的进出口业务（国家规定的专营进出口商品和国家禁止进出口的特殊商品除外），经营进料加工和“三来一补“业务，开展对销贸易和转口贸易。兼营：自有房屋租赁，纺织品、土产日杂、五金交电、日用百货、建材、钢材、铬矿石、汽车零配件、机械零配件、化工原料（法律、法规、国务院决定禁止或需审批的除外）、钨合金的批发和零售。						

企业名称	河北东明牛皮制革有限公司			海关编码	1301920055	所属海关	石家庄关
通讯地址	河北省辛集市制革工业区					邮政编码	052360
评定时间	2011.9.19	注册日期	2006.9.12	报关有效期	2015.9.12	注册资本	600万美元
法人姓名	谢胜虎	电　话	0311－83298969	日常联系人	田海潮	电　话	
主营范围	生产皮革、胶原、裘革、革皮服装，销售自产产品。						

企业名称	河北轻工进出口集团股份有限公司			海关编码	1301950037	所属海关	石家庄关
通讯地址	河北省石家庄市友谊北大街钟久路26号					邮政编码	050072
评定时间	2008.11.19	注册日期	1999.1.14	报关有效期	2013.12.9	注册资本	3750万人民币
法人姓名	孙新强	电　话	0311－87732008	日常联系人	曹树军	电　话	0311－7043893
主营范围	自营和代理各类商品和技术的进出口业务（ 国家有限制的除外），办公设备的批发、零售，酒类商品的批发（有效期至2013年12月31日），自有房屋租赁，煤炭批发经营（许可证有效期至2016年5月26日）。						

企业名称	河北钢铁集团敬业钢铁有限公司			海关编码	1301950126	所属海关	石家庄关
通讯地址	河北省平山县南甸镇					邮政编码	050400
评定时间	2013.2.25	注册日期	2003.12.1	报关有效期	2014.12.1	注册资本	10000万人民币
法人姓名	王国太	电　话	0311－2888888	日常联系人	张志刚	电　话	0311－2873758
主营范围	炼钢，轧钢，制氧，制氮；氧气、氮气、钢渣的批发、零售；废旧金属收购（非生产性）；铁矿沙进口、销售，仅出口贸易（涉及专项审批的未经审批不得经营）。						

企业名称	河北明迈特贸易有限公司		海关编码	1301960801	所属海关	石家庄关
通讯地址	河北省石家庄新华区新华路 337 号				邮政编码	050000
评定时间	2010. 12. 1	注册日期	2004. 9. 24	报关有效期	2014. 9. 24	注册资本	3000 万人民币
法人姓名	扈克标	电　话	0311 - 85202811	日常联系人	扈克标	电　话	0311 - 5202819
主营范围	五金、钢材、金属制品、矿产品（国控除外）、机械设备、针纺织品、服装、食品、饮料的零售和批发；自营和代理各类商品和技术的进出口，但国家限定公司经营或禁止进出口的商品及技术除外。（法律、法规规定需专项审批的，在未批准前不得开展经营活动。）					

企业名称	河北方达国际贸易有限责任公司		海关编码	1301961256	所属海关	石家庄关
通讯地址	河北省石家庄市西三庄街 42 号				邮政编码	050071
评定时间	2013. 2. 25	注册日期	2005. 10. 19	报关有效期	2014. 10. 19	注册资本	800 万人民币
法人姓名	李笑军	电　话	0311 - 85275858	日常联系人	王西国	电　话	0311 - 85274511
主营范围	初级农产品、毛皮制品（国家限制除外）、针纺织品、服装、五金、建材（木材除外）、工艺美术品、日用百货、汽车饰品、机械设备、电子产品的销售，自营和代理各类商品和技术进出口业务，预包装食品的批发与零售。					

企业名称	石家庄盛华企业集团有限公司		海关编码	1301962566	所属海关	石家庄关
通讯地址	河北省正定县诸福屯村西南				邮政编码	050800
评定时间	2013. 2. 25	注册日期	2008. 10. 29	报关有效期	2014. 10. 28	注册资本	3200 万人民币
法人姓名	彭新华	电　话		日常联系人	陈伟刚	电　话	
主营范围	生产精密铸造件、机械零件、汽车零件及其他各类零部件，阀门的加工制造；各类商品和技术的进出口（不另附进出口商品目录），但国家限定公司经营或禁止进出口的商品及技术除外。					

企业名称	河北华泰纸业有限公司		海关编码	1301963223	所属海关	石家庄关
通讯地址	河北省赵县石塔西路				邮政编码	051530
评定时间	2013. 2. 25	注册日期	2009. 12. 30	报关有效期	2015. 12. 30	注册资本	149170 万人民币
法人姓名	田居龙	电　话	0311 - 84955555 - 241	日常联系人	田居龙	电　话	0311 - 84955555 - 241
主营范围	新闻纸和其他印刷用纸的生产及上述产品的进出口业务。					

企业名称	石家庄鸿鹰塑料制品有限公司			海关编码	1301964642	所属海关	石家庄关
通讯地址	河北省石家庄市和平路685号					邮政编码	050000
评定时间	2012.2.23	注册日期	2012.2.3	报关有效期	2015.2.3	注册资本	1000万人民币
法人姓名	郝俊杰	电　　话	0311－85386003	日常联系人	刘艳菊	电　　话	0311－83603027
主营范围	生产PVC手套；经营本企业自产产品及技术的出口业务，以及本企业所需的机械设备、零配件、原辅材料及技术的进口业务。（法律、法规及国务院决定禁止或者限制的事项不得经营；需其他部门审批的事项，待批准后方可经营）						

企业名称	秦皇岛金海粮油工业有限公司			海关编码	1303230493	所属海关	秦皇岛关
通讯地址	河北省秦皇岛市海港区海滨路35号丙码头					邮政编码	066002
评定时间	2008.11.19	注册日期	2000.7.17	报关有效期	2014.7.13	注册资本	35075万人民币
法人姓名	邢录珍	电　　话	0335－3094941	日常联系人	牛犇	电　　话	0335－3097184
主营范围	生产、加工、销售食用植物油（全国工业产品许可证有效期至2015年3月26日）、饲料；大豆深加工、仓储、中转、销售（中华人民共和国农业转基因生物加工许可证有效期至2015年5月），销售油籽、大豆相关产品包装材料，从事非配额许可证管理、非专营商品的收购出口业务。						

企业名称	秦皇岛金海食品工业有限公司			海关编码	1303240157	所属海关	秦皇岛关
通讯地址	河北省秦皇岛经济技术开发区东区金海道1号					邮政编码	066206
评定时间	2012.9.3	注册日期	2002.7.19	报关有效期	2014.7.19	注册资本	5950万美元
法人姓名	穆彦魁	电　　话	0335－3097174	日常联系人	赵倩	电　　话	0335－5087533
主营范围	大米的分装、销售（全国工业产品生产许可证有效期至2015年4月12日），其他粮食加工品（谷物碾磨加工品、谷物加工品）（全国工业产品生产许可证有效期至2014年4月10日）、豆制品（其他豆制品）（全国工业产品生产许可证有效期至2014年1月17日）、食品添加剂、单一饲料、食用植物油（全精炼、半精炼）（全国工业产品生产许可证有效期至2015年9月28日）、饮料（固体饮料）（全国工业产品生产许可证有效期至2014年5月18日）的加工、销售，食品用塑料容器（全国工业产品生产许可证有效期至2016年5月16日）的生产、销售，仓储服务。						

企业名称	山海关船舶重工有限责任公司			海关编码	1303910046	所属海关	秦皇岛关
通讯地址	河北省秦皇岛市山海关经济技术开发区船厂路1号					邮政编码	066206
评定时间	2013.2.25	注册日期	1997.8.1	报关有效期	2014.8.1	注册资本	92143万人民币
法人姓名	王长洲	电　　话	0335－5088008	日常联系人	王丹蕊	电　　话	0335－5088005
主营范围	许可经营项目：桥式起重机B级、C级，门式起重机C级的制造（形式、型号/参数按起重机械特种设备制造许可证从事经营活动）（特种设备制造许可证有效期至2014年9月26日）；门式起重机A级、门座起重机A级的制造（形式、型号/参数按起重机械特种设备制造许可证从事经营活动）（特种设备制造许可证有效期至2014年10月18日）；桥式起重机、门式起重机、门座起重机（级别A）的安装、改造、维修（特种设备安装改造维修许可证有效期至2016年1月14日），按秦皇岛市港航管理局核发的港口经营许可证从事经营活动（港口经营许可证有效期至2016年3月8日），拆船（按秦皇岛市环境保护局秦环审函［2010］27号批复从事经营活动）。一般经营项目（项目中属于禁止经营和许可经营的除外）：金属船舶、海洋工程结构物的设计制造、修理，金属结构设计制造，机械加工、工业产品（危险化学品除外）的存储、分装，热镀锌、钢材、建材、焦炭、焊接材料、有色金属（专营除外）、机电设备（专营除外）、电线电缆的销售及相关货物的进出口、技术进出口业务。						

企业名称	唐山钢铁集团有限责任公司			海关编码	1302910004	所属海关	唐山海关
通讯地址	河北省唐山市路北区滨河路9号					邮政编码	063016
评定时间	2008.11.19	注册日期	1992.12.13	报关有效期	2014.12.13	注册资本	514303万人民币
法人姓名	于勇	电　　话	0315－2702096	日常联系人	李卫国	电　　话	0315－2793399
主营范围	资产经营；外经外贸；冶金技术开发、咨询、服务；机电修理；建材（木材及石灰除外）；托幼；职业技工；教育培训。以下限子公司、分支经营：矿山开采；焦化产品；钢铁冶炼；钢材轧制；其他黑色金属冶炼及其压延加工；耐火材料制品制造；建筑安装；工程设计研究；普通货运，危险货物运输（2类1项，2类2项，第3类）（许可至2015年10月11日）；货运站（场）经营（仓储，配载，理货，信息服务，装卸）（有效期限至2016年3月18日）；液化石油气销售；各种工业气体，煤气，二次及多次能源、资源再利用产品的生产和销售；机械设备及其零部件修理；劳务输出；电子产品、建材（木材、石灰除外）、钢材、日用杂品、五金、汽车的批发、零售；信息技术管理及相关咨询；计算机软件开发，硬件集成及系统服务；计算机及辅助设备、办公设备、计算机耗材、工业自动化控制系统装置、通讯设备的批发、零售；焦炭、煤焦油、纯苯、甲苯、二甲苯、重苯、苯酚的生产、销售；住宿，生活美容，理发，正餐；预包装食品零售，日用品、针纺织品、陶瓷制品、烟酒零售，国内版图书零售；洗衣服务。（以上各项涉及法律、法规专项审批的，未经批准，不得经营。）						

企业名称	山特维克工具制造（廊坊）有限公司			海关编码	1310940006	所属海关	廊坊海关
通讯地址	河北省廊坊经济技术开发区					邮政编码	065001
评定时间	2013.2.25	注册日期	1993.7.26	报关有效期	2014.3.9	注册资本	3190万美元
法人姓名	张志强	电　　话	010－65399888	日常联系人	邸俊香	电　　话	0316－6068223
主营范围	生产、加工、组装和销售精密数控加工用高速超硬刀具、切削工具、钻机工具、锯及工具、钢制标准件、硬质合金非标准件、特种陶瓷制品、食品及化工加工机械，相关产品的技术服务和培训。						

企业名称	惠达卫浴股份有限公司			海关编码	1302910067	所属海关	唐山海关
通讯地址	河北省唐山市丰南区黄各庄镇惠达路7号					邮政编码	063307
评定时间	2013. 3. 19	注册日期	1999. 3. 31	报关有效期	2014. 4. 1	注册资本	21000万人民币
法人姓名	王惠文	电　　话	0315－8191865	日常联系人	李艳敏	电　　话	0315－8191786
主营范围	生产和销售卫生陶瓷制品、建筑陶瓷制品、卫生陶瓷洁具配件、整体浴室、整体橱柜、建筑装饰、装修材料，本企业自产的陶瓷产品、建材产品的出口，本企业生产、科研所需的原辅材料、机械设备、仪器、仪表及零配件的进口业务，木制门窗批发、零售，普通货运（经营至2016年3月12日），网上销售本公司自产的产品。						

企业名称	富士康精密电子（廊坊）有限公司			海关编码	1310940301	所属海关	廊坊海关
通讯地址	河北省廊坊经济技术开发区友谊路18号					邮政编码	065000
评定时间	2013. 2. 25	注册日期	2007. 5. 15	报关有效期	2016. 5. 17	注册资本	29550万美元
法人姓名	李哲生	电　　话	0316－5898888	日常联系人	王浩远	电　　话	0316－5898888
主营范围	开发、生产、加工新型电子元器件，移动通信系统、手机、基站、交换设备及数字集群系统设备及其零部件，便携性微型计算机、轻型平板显示器及其零部件，电子产品测试仪器，数字照相机及其关键件，以及与以上产品相关的模具，并提供相关的技术咨询与售后服务；销售本公司自产产品；上述产品的同类商品的批发、进出口（涉及配额许可证管理、专项规定管理的商品，按国家有关规定办理）、佣金代理业务（拍卖除外）。						

企业名称	定州东方铸造有限公司			海关编码	1306930364	所属海关	保定海关
通讯地址	河北省定州市砖路镇砖路村					邮政编码	073007
评定时间	2009. 1. 13	注册日期	1998. 12. 25	报关有效期	2015. 12. 25	注册资本	6200万人民币
法人姓名	陈占营	电　　话	0312－2633128	日常联系人	杨聪敏	电　　话	0312－2690909
主营范围	生产黑色、有色金属铸件（不含金、银稀有金属），销售本公司产品，从事非配额许可证、非专营商品收购出口业务，并可以参加自产产品的出口配额招标。						

企业名称	河北泛美服装有限公司			海关编码	1309930356	所属海关	沧州海关
通讯地址	河北省沧州市献县工业区					邮政编码	062250
评定时间	2013. 2. 25	注册日期	2006. 5. 10	报关有效期	2015. 3. 29	注册资本	3863万人民币
法人姓名	刘玉凯	电　　话	0317－4617000	日常联系人	冀雅迅	电　　话	0317－4617209
主营范围	生产服装、服饰、鞋帽，销售本公司产品。						

企业名称	巨力索具股份有限公司			海关编码	1306960366	所属海关	保定海关
通讯地址	河北省保定市徐水县巨力路					邮政编码	072550
评定时间	2009.1.13	注册日期	2005.1.6	报关有效期	2014.1.6	注册资本	96000万人民币
法人姓名	杨建忠	电　　话	0312－8777777	日常联系人	吴双	电　　话	0312－8608803
主营范围	钢丝绳，钢丝绳索具，钢丝，钢绞线，化纤类索具，捆绑索具，牵引索具，缆绳，链条，链条索具，冶金吊夹具，吊梁，建筑钢拉杆，抽油杆及其接箍，石油钻杆及其接头，桥梁建筑缆索，锻压类索具，桥式、门式、冶金起重机，抓斗，滑车，滑轮，石油吊环，汽车配件，索具制造设备的生产和销售；金属材料和产品的检测（以认可证书核定为准，限分支机构经营）及检测实验设备的研发、制造；预应力工程专业承包（以认可资质证书为准）；钢铁材料、化纤材料、有色金属材料的销售；货物和技术的进出口业务（国家禁止的除外）。						

企业名称	新兴铸管股份有限公司			海关编码	1304910063	所属海关	石家庄海关驻邯郸办事处
通讯地址	河北省武安市上洛阳村北					邮政编码	056300
评定时间	2013.2.25	注册日期	2002.1.25	报关有效期	2014.3.14	注册资本	191687万人民币
法人姓名	张同波	电　　话	0310－5792312	日常联系人	叶茂林	电　　话	0310－4050093
主营范围	离心球墨铸铁管、灰铁排水管、新型复合管材及配套管件，铸造及机械设备及相关产品，焦炭及其副产品粗笨，焦油，农用化肥硫胺等，氧气制备及其副产品氩气、氮气的生产和销售（安全生产许可证有效期至2014年10月11日）；钢铁冶炼及压延加工；钢铁、铸管生产过程的副产品及相关辅助材料的销售；与上述业务相关的技术开发、技术服务、工程设计、工程建设承包（凭资质证书经营）；受托代收电费服务；货物和技术的进出口（国家限定公司经营或禁止进出口的商品和技术除外）；与上述业务相关的原材料（铁矿石、铁精粉、烧结矿、球团矿、焦炭、焦粉、焦粒）、合金料、钢材的销售。						

太原关区

企业名称	富士康精密电子（太原）有限公司			海关编码	1401230013	所属海关	并关监管
通讯地址	山西省太原市经济技术开发区龙飞街一号					邮政编码	030032
评定时间		注册日期	2006. 9. 8	报关有效期	2015. 8. 6	注册资本	47350 万美元
法人姓名	林政辉	电　　话	0755 - 28128988	日常联系人	高志军	电　　话	136 × × × × 9301
主营范围	开发、生产、加工新型电子元器件，移动通信系统、基站、交换设备及数字集群系统设备及其零部件，电子产品测试仪器，数字照相机及关键件，第三代及后续移动通信系统手机、基站、核心网设备及网络检测设备，以及上述产品相关的模具；提供相关的技术咨询与售后服务，并销售公司自产产品；从事上述相关产品的进出口业务。						

企业名称	鸿富晋精密工业（太原）有限公司			海关编码	1401240003	所属海关	并关监管
通讯地址	山西省太原市经济技术开发区龙飞街 1 号					邮政编码	030006
评定时间	2008. 10. 15	注册日期	2002. 9. 26	报关有效期	2014. 8. 8	注册资本	41000 万美元
法人姓名	洪志谦	电　　话	0351 - 7198188	日常联系人	高志军	电　　话	136 × × × × 9301
主营范围	生产新型合金材料、精密模具、新型电子元器件、便携式计算机及上述产品的零配件，新型建筑材料、铝合金建筑型材、建筑门窗及建筑幕墙、汽车、电子相关铝合金零组件；销售本公司产品；生产经营新型环保节能灯具；生产、经营金属显示器外壳、金属汽车零组件；生产、经营及安装金属建筑材料；销售公司自产产品并提供售后服务；生产、销售桶装饮用水。						

企业名称	富士康精密电子（太原）有限公司			海关编码	1401240005	所属海关	并关监管
通讯地址	山西省太原市经济技术开发区龙飞街一号					邮政编码	030032
评定时间	2013. 1. 18	注册日期	2006. 9. 8	报关有效期	2015. 8. 6	注册资本	13050 万美元
法人姓名	林政辉	电　　话	0755 - 28128988	日常联系人	高志军	电　　话	136 × × × × 9301
主营范围	开发、生产、加工新型电子元器件，移动通信系统、基站、交换设备及数字集群系统设备及其零部件，电子产品测试仪器，数字照相机及关键件，第三代及后续移动通信系统手机、基站、核心网设备及网络检测设备，以及上述产品相关的模具；提供相关的技术咨询与售后服务，并销售公司自产产品；从事上述相关产品的进出口业务。						

企业名称	太原钢铁（集团）国际经济贸易有限公司			海关编码	1401910005	所属海关	并关监管
通讯地址	山西省太原市尖草坪 2 号					邮政编码	030003
评定时间	2011. 2. 28	注册日期	1993. 1. 1	报关有效期	2013. 12. 5	注册资本	50000 万人民币
法人姓名	高祥明	电　　话	0351 – 3019446	日常联系人	高志刚	电　　话	0351 – 3017634
主营范围	本企业生产所需原辅材料、设备、技术、所产产品相关技术的进出口（以批准的进出口商品目录为准）；出口与本企业自产产品配套的相关或同类的商品（仅限钢铁产品、生产、化工机电、焦炭）；承办本企业中外合资经营、合作生产、来料来样加工及补偿贸易业务；对东欧及原苏联的易货贸易；主营项目的国内批发零售；钢材进口；自营和代理各类商品及技术的进出口业务，但国家限定公司经营或禁止进出口的商品及技术除外；经营进料加工和“三来一补”业务；经营转口贸易和对销贸易；可从事利用国内资金采购机电产品的国际招标业务（凭资质证经营）。						

企业名称	山西煤炭进出口集团有限公司			海关编码	1401910025	所属海关	并关监管
通讯地址	山西省太原市长风街 115 号					邮政编码	030002
评定时间	2008. 10. 15	注册日期	1993. 12. 1	报关有效期	2014. 8. 2	注册资本	200000 万人民币
法人姓名	郭海	电　　话	0351 – 4645016	日常联系人	卫娟	电　　话	0351 – 4645039
主营范围	许可经营项目：煤炭、焦炭的储运；煤炭批发经营，通过铁路经销焦炭。一般经营项目：煤炭、焦炭及副产品的出口业务，自营和代理除国家组织统一联合经营的出口商品和国家实行核定公司经营的进口商品以外的其他商品和技术的进出口业务，开展“三来一补”、进料加工业务，经营对销贸易和转口贸易，投资兴办煤炭、焦炭生产企业，外事咨询服务，房地产开发，批发、零售日用百货和建材。						

企业名称	山西天利丰瑞贸易有限公司			海关编码	1401910154	所属海关	并关监管
通讯地址	山西省太原市迎泽区水西门街 67 号					邮政编码	030002
评定时间	2011. 12. 5	注册日期	2002. 2. 25	报关有效期	2014. 2. 27	注册资本	500 万人民币
法人姓名	郑毅平	电　　话	0351 – 2387685	日常联系人	闫青	电　　话	0351 – 2387697
主营范围	一般经营项目：有色金属、废旧物资的销售（国家禁止的除外），钢材、矿产品（除国家专控外）、塑料制品、化工产品（除火工及化学危险品）、日用百货、科教仪器、工艺美术品（除金银饰品）、土产日杂、针纺织品、服装、工矿机械配件、普通机械、电器机械、建材、生铁、计算机、办公自动化设备、五金交电、汽车配件的销售，计算机安装，进出口业务。（法律、法规禁止经营的，不得经营；需获审批的，未经批准前不得经营；许可项目在许可证有效期限内经营。）						

企业名称	太原重工股份有限公司			海关编码	1401910172	所属海关	并关监管
通讯地址	山西省太原高新技术产业开发区（万柏林区玉河街53号）					邮政编码	030024
评定时间	2009.11.4	注册日期	2002.9.9	报关有效期	2014.9.10	注册资本	37217万人民币
法人姓名	王创民	电　话	0351-6364198	日常联系人	邱英杰	电　话	0351-6365141
主营范围	制造和销售火车轴、冶金、轧钢、锻压、起重、非标设备、加压气化炉、压力容器、工矿配件、油膜轴承、精密锻件、结构件、齿轮及汽车变速箱，机电技术服务，机械设备安装、调试、修理、改造，经营本企业自产产品的出口业务和本企业所需的机械设备、零配件、原辅材料的进口业务（国家限定公司经营或禁止进出口的商品及技术除外），公路汽车货运，挖掘设备、减速机、钢轮产品的销售，国际货物运输代理业务，钢锭、铸件、热处理件、制模、包装、精铸设备、精铸材料的生产、销售和技术服务，工业炉窑的技术服务，铸锻件、热处理件和冶炼技术咨询服务，综合技术开发服务，电子计算机应用及软件开发，电气自动化成套设备的设计、制造、安装及销售。						

企业名称	山西太钢不锈钢股份有限公司			海关编码	1401910225	所属海关	并关监管
通讯地址	山西省太原市尖草坪街2号					邮政编码	030003
评定时间	2011.9.20	注册日期	2005.10.28	报关有效期	2014.7.21	注册资本	569624万人民币
法人姓名	李晓波	电　话	0351-3017701	日常联系人	谷传利	电　话	0351-3017567
主营范围	不锈钢及其他钢材、钢坯、钢锭、黑色金属，铁合金，金属制品的生产和销售；钢铁生产所需原辅材料的国内贸易和进出口；批发和零售建材、普通机械及配件、电器机械及器材；技术咨询服务，冶金技术开发、转让，冶金新技术新产品、新材料的推广；铁矿及伴生矿的生产、销售；化肥的生产和销售；生产和销售电子产品、仪器、仪表、称重系统；工业自动化工程、工业电视的设计安装、计量、检测；代理通讯业务收费业务；为公司承揽连接至公用通信网的用户通信管道、用户通信线路、综合布线及其配套的设备工程建设业务；工程设计、施工；承包本行业境外工程和境内国际招标，以及所需的设备、材料和零配件的进出口；对外派遣本行业工程生产及服务的劳务人员。						

企业名称	首钢长治钢铁有限公司			海关编码	1404910002	所属海关	并关监管
通讯地址	山西省长治市故县东大街9号					邮政编码	046031
评定时间	2011.12.5	注册日期	1994.4.25	报关有效期	2014.4.10	注册资本	70000万人民币
法人姓名	郭士强	电　话	0355-5085118	日常联系人	郭蓉芳	电　话	0355-5084374
主营范围	钢铁冶炼，钢压延加工，矿山开采加工，煤焦生产、耐火材料生产等；紧固件制品、金属制品、合金材料制品、五金交电制品、电器机械的制造；化工产品、建材的生产；房地产开发；铁路、公路客货运输（铁路运输仅限自备列）；住宿餐饮服务；劳务输出及进出口业务；技术开发咨询及设计咨询。						

企业名称	山西中阳钢铁有限公司			海关编码	1409950004	所属海关	并关监管
通讯地址	山西省中阳县北郊区					邮政编码	033400
评定时间	2011. 12. 5	注册日期	2003. 4. 10	报关有效期	2014. 3. 10	注册资本	60000 万人民币
法人姓名	袁玉珠	电　话	0358－5033488	日常联系人	王廷强	电　话	0358－5033474
主营范围	冶炼生铁、钢，销售钢材，经营本企业自产产品的出口业务和本企业所需的机械设备、零配件、原辅材料的进口业务。						

企业名称	汾州裕源土特产品有限公司			海关编码	1409960042	所属海关	并关监管
通讯地址	山西省汾军高速汾阳西出口（裕园产业园）					邮政编码	032200
评定时间	2011. 12. 5	注册日期	2005. 1. 31	报关有效期	2015. 4. 7	注册资本	5000 万人民币
法人姓名	俞翠萍	电　话	0358－7597028	日常联系人	刘涛	电　话	0358－7236853
主营范围	农副产品、干鲜果品、蔬菜的加工和销售，粮油制品、禽蛋的收购、加工、销售，水产品、日用杂品、茶叶的零售，卷烟、雪茄烟的零售，本企业自产产品及技术的出口业务和企业所需的机械设备、零配件、原辅材料及技术的进口业务（国家限定公司经营或禁止进出口的商品及技术除外）。						

企业名称	大同煤矿集团有限责任公司			海关编码	1402910013	所属海关	大同海关
通讯地址	山西省大同市矿区新平旺					邮政编码	037003
评定时间	2011. 11. 9	注册日期	1997. 12. 15	报关有效期	2014. 12. 13	注册资本	1703464 万人民币
法人姓名	张有喜	电　话	0352－7051456	日常联系人	秦玮玮	电　话	0352－7868440
主营范围	一般经营项目：煤炭的生产加工，机械制造，工程建筑施工，工业设备（含锅炉、电梯）的安装、租赁。生铁冶炼，建材生产，仪器仪表的制造、维修，专网通讯，饮用及工业用水的生产、销售，煤矿工程的设计及技术咨询，林木种植，园林绿化工程，房地产开发，饮食、住宿、文化娱乐服务，医疗服务，地质水文勘测，经营本企业自产产品及相关技术的出口业务，经营本企业生产、科研所需的原辅材料、机械设备、仪器仪表、零配件及相关技术的进口业务，经营本企业的进料加工和“三来一补”业务（上述经营范围中，按许可证、特行证经营，而证件又直接核发给公司所属分支机构的，仅限相应持证单位经营，其他单位不得经营），煤炭资源生产经营管理（仅限分支机构经营），物业管理，污水处理，供暖设备安装、维修服务。						

企业名称	山西海鑫国际钢铁有限公司			海关编码	1412930074 1412960321	所属海关	侯马海关
通讯地址	山西省闻喜县东镇					邮政编码	043801
评定时间	2008. 10. 15	注册日期	2000. 4. 21	报关有效期	2014. 4. 26	注册资本	87329 万人民币
法人姓名	李兆会	电　话	0359－7309000	日常联系人	柴恩泽	电　话	0359－7308965
主营范围	生产销售生铁、钢及制品，大宗物料仓储。						

企业名称	中煤平朔集团有限公司			海关编码	1406910013	所属海关	大同海关
通讯地址	山西省朔州朔城区平朔生活区					邮政编码	036006
评定时间	2011. 11. 9	注册日期	2008. 11. 3	报关有效期	2013. 12. 31	注册资本	1607829 万人民币
法人姓名	高建军	电　　话	0349－2050928	日常联系人	陈超华	电　　话	0349－2054876
主营范围	许可经营项目：煤炭开采，电力生产（仅限下属分支机构经营），煤炭销售，进出口业务（国家专项审批的除外），农、林、牧产品开发与经营；食品仓储。一般经营项目：煤炭、铁路、新能源项目的投资与管理，煤化工产品的生产与销售（不含危险品），煤矸石、粉煤灰系列产品的开发与经营，煤矿机械设备的研发、制造与销售，工程设计、勘察、建设施工、招投标代理的咨询服务，矿产品及伴生资源（除国家限制品）应用开发与经营，房地产开发经营与物业管理，一般仓储（除危险品），建筑材料的生产与销售。						

企业名称	富晋精密工业（晋城）有限公司			海关编码	1405930037	所属海关	侯马海关
通讯地址	山西省晋城经济技术开发区					邮政编码	048026
评定时间	2008. 10. 15	注册日期	2008. 7. 17	报关有效期	2014. 7. 15	注册资本	40300 万美元
法人姓名	洪志谦	电　　话	0356－2181888	日常联系人	陈庚申	电　　话	0356－2181888
主营范围	电子零组件的精密模具零组件、自动化机械精密零组件、金属模具零组件等工业用精密模具的开发、设计、生产和销售；模具专业人才培训；开发、生产、销售半导体元器件专用材料，自动化机器人及其关键零组件，新型电子元器件、电子专用设备、陶瓷原料的标准化精制及精密塑胶制品，并提供售后服务；数字照相机及关键件的开发与生产；自动化设备（含高档数控机床、模治具设备、光通讯装用设备、影像专用设备）及关键零组件的开发、设计、生产、销售、配套服务；劳务派遣（仅限中国境内富士康科持集团内部使用）。						

呼和浩特关区

企业名称	内蒙古伊利实业集团股份有限公司			海关编码	1501910643	所属海关	呼和浩特
通讯地址	内蒙古自治区呼和浩特市金川开发区金四路8号					邮政编码	010031
评定时间	2009.5.31	注册日期	1998.6.12	报关有效期	2015.4.20	注册资本	79932万人民币
法人姓名	潘刚	电话	0471－3350013	日常联系人	矫月	电话	0471－3350070
主营范围	乳制品制造，食品、饮料加工；农畜产品及饲料加工，牲畜、家禽饲养；经销食品、饮料加工设备；生产和销售包装材料及包装用品、五金工具、化工产品（专营除外）、农副产品、日用百货；汽车货物运输；饮食服务；经营本企业产的乳制品、食品、畜禽产品、饮料；进口本企业生产、科研所需的原辅材料、机械设备、仪器仪表及零配件，经营乳制品及乳品原料；经营本企业自产产品及相关技术的出口业务。						

企业名称	创维电子（内蒙古）有限公司			海关编码	1501930283	所属海关	呼和浩特
通讯地址	内蒙古自治区呼和浩特经济技术开发区如意区东区远六纬路南					邮政编码	010010
评定时间	2013.8.7	注册日期	2005.3.25	报关有效期	2015.4.12	注册资本	1000万美元
法人姓名	杨东文	电话	0755－26010001	日常联系人	闫树珍	电话	0471－3383058－8021
主营范围	从事各种型号的彩色电视机、监视器、显示器、视听器材、通讯器材、声光电子玩具、与彩色电视机配套的接插件、注塑件、包装材料、五金配件及新型电子元器件的研发、生产、销售及售后服务，从事兼容数字电视、高清晰度电视、数字播放器、接入网络信息系统设备的研发、生产、销售及售后服务，以旧换新电器电子产品的销售及回收，家用电器产品的批发、进出口及相关配套业务。						

企业名称	金河生物科技股份有限公司			海关编码	1501960287	所属海关	呼和浩特
通讯地址	内蒙古自治区托克托县新坪路71号					邮政编码	010020
评定时间	2013.8.7	注册日期	2006.1.12	报关有效期	2015.1.12	注册资本	10892万人民币
法人姓名	王东晓	电话	0471－8511111	日常联系人	徐能灵	电话	0471－6510364
主营范围	一般经营项目：预混剂（金霉素全发酵）、原料药（盐酸金霉素）、饲用金霉素、盐霉素预混剂、莫能菌素预混剂（抗生素发酵）、非无菌原料药（土霉素、四环素）的生产，种植业，养殖业，对外贸易。						

企业名称	内蒙古北方重型汽车股份有限公司			海关编码	1502930002	所属海关	包头海关
通讯地址	内蒙古自治区包头稀土高新技术产业开发区					邮政编码	014033
评定时间	2010.12.23	注册日期	1993.1.1	报关有效期	2014.4.30	注册资本	17000万人民币
法人姓名	李建平	电话	0472－3331166	日常联系人	高源海	电话	0472－3331144
主营范围	生产、销售“特雷克斯”各种不同型号的非公路自卸岛筒运机、装载机、推土机等工程机械及相应的零部件，上述产品的售后服务，进出口贸易。						

企业名称	包头华鼎铜业发展有限公司			海关编码	1502930035	所属海关	包头海关
通讯地址	内蒙古自治区包头稀土高新区希望工业园区					邮政编码	014010
评定时间	2008. 12. 18	注册日期	2004. 11. 20	报关有效期	2014. 4. 23	注册资本	5296 万美元
法人姓名	王贺平	电　话	0472－2293818	日常联系人	张永智	电　话	0472－2293899
主营范围	铜矿冶炼及其附属产品的冶炼，加工和产成品的销售，国内贸易，实业投资，仓储，咨询服务。						

企业名称	内蒙古鄂尔多斯国际贸易有限公司			海关编码	1512910002	所属海关	鄂尔多斯海关
通讯地址	内蒙古自治区鄂尔多斯市东胜区达拉特南路 102 号					邮政编码	017000
评定时间	2009. 3. 24	注册日期	1997. 12. 4	报关有效期	2014. 8. 26	注册资本	4000 万人民币
法人姓名	訾计生	电　话	0477－8543633	日常联系人	赵瑞恒	电　话	0477－8543633
主营范围	许可经营项目：无。一般经营项目：经营鄂尔多斯集团新生产产品及相关技术的出口业务；经营鄂尔多斯集团生产所需的原辅材料、设备技术的进出口业务；经营鄂尔多斯集团中外合资经营、合作生产业务：承办本企业来料加工、来样加工、来件装配业务；开展本企业补偿贸易业务；出口本企业自产产品配套的相关或同类的商品（仅限纺织品）；公司自产产品碳化硅和玻化砖的出口；自营和代理各类商品和技术的进出口，但国家限定公司经营或禁止进出口的商品和技术除外。（经营范围中涉及专项审批的，凭专项审批证件经营；法律、行政法规、国务院决定规定应经许可的，未获许可不得生产经营。）						

沈阳关区

企业名称	沈阳华晨金杯汽车有限公司			海关编码	2101930012	所属海关	沈阳海关
通讯地址	辽宁省沈阳市大东区东望街39号					邮政编码	110044
评定时间	2010. 8. 24	注册日期	1993. 12. 25	报关有效期	2014. 12. 25	注册资本	44416万美元
法人姓名	祁玉民	电　　话	024－31666666	日常联系人	田鑫	电　　话	024－31666713
主营范围	设计制造和销售各种轻型客车、轿车及其零部件（含进口件），并提供售后服务；进口或在国内购买所需的生产设备及轻型客车、轿车零部件；改装各种轻型客车、轿车，开发有关技术咨询服务项目；开展与上述经营有关的其他经济活动。						

企业名称	上海通用（沈阳）北盛汽车有限公司			海关编码	2101930017	所属海关	沈阳海关
通讯地址	辽宁省沈阳市大东区北大营街15号					邮政编码	110015
评定时间	2009. 3. 26	注册日期	1992. 11. 28	报关有效期	2014. 11. 28	注册资本	22700万美元
法人姓名	李添泽	电　　话	024－88345678	日常联系人	宋军	电　　话	024－88345678
主营范围	生产和销售汽车及其零部件，并提供售后服务；进口或在国内购买生产设备及汽车零部件；开展与上述经营有关的其他活动。						

企业名称	华晨宝马汽车有限公司			海关编码	2101933478	所属海关	沈阳海关
通讯地址	辽宁省沈阳市大东区山嘴子路14号					邮政编码	110044
评定时间	2010. 8. 24	注册日期	2003. 6. 16	报关有效期	2014. 6. 16	注册资本	17400万美元
法人姓名	吴小安	电　　话	024－84556453	日常联系人	张欣荣	电　　话	024－88201183－6257
主营范围	生产宝马桥车及其发动机、零部件和配件；销售自己生产的产品，并就其产品提供售后服务（包括备件）；自营和代理各类商品和技术的进出口业务（国家限定公司经营或禁止进出口的商品及技术除外）；批发、零售汽车零部件、配件、车上用品及宝马生活方式用品；从事汽车生产销售相关配套业务，包括技术咨询、技术服务、加工服务、存货管理、发送服务、存储仓储服务、产品促销、营销、包括维修保养在内的售后服务、培训服务及经销商网络管理。						

企业名称	德科斯米尔（沈阳）汽车配件有限公司			海关编码	2101941300	所属海关	沈阳海关
通讯地址	辽宁省沈阳市大东区文官街6号					邮政编码	110003
评定时间	2012.6.25	注册日期	2003.9.29	报关有效期	2014.9.29	注册资本	510万美元
法人姓名	齐格菲尔德·安哥勒	电　　话	024－84553930	日常联系人	李彤	电　　话	024－84553930
主营范围	汽车线束、汽车电子设备系统、组合仪表、内饰品、装饰品和其他汽车配件的生产；生产产品包装材料、辅助工具、零部件；办公礼品及计算机软件、硬件的开发和生产。						

企业名称	锦州中石油国际事业有限公司			海关编码	2107910010	所属海关	锦州海关
通讯地址	辽宁省锦州市古塔区重庆路2段7号					邮政编码	121001
评定时间	2009.4.1	注册日期	2002.5.22	报关有效期	2014.5.22	注册资本	660万人民币
法人姓名	张红岩	电　　话	010－68041188	日常联系人	吕福升	电　　话	0416－4154573
主营范围	自营和代理各类商品和技术的进出口，但国家限定公司经营或禁止进出口的商品和技术除外；钢材、建筑材料、电子计算机、矿产品、耐火材料、现代办公用品、石油制品（法律、法规实行许可经营或限制品种的除外）销售；商业经济与代理；国际货运代理业务；化工产品仓储；易燃液体（除成品油）、毒害品销售；仪器仪表、分析仪器、机械设备租赁；化工产品（危险品仅限丁二烯、丙烯、甲基叔丁基醚、苯、甲苯、二甲苯、混合苯、苯乙烯、异丙醇、丁酮、硫磺、苯酐、液碱、三乙烯四胺、燃料油、乙醇、石脑油、丁烯、异丁烯、抽余油、四乙烯五胺，以上项目经营期限至2015年3月6日）、化肥、沥青的销售。						

企业名称	特变电工沈阳变压器集团有限公司			海关编码	2101210029	所属海关	沈开发区
通讯地址	辽宁省沈阳经济技术开发区开发大路32号					邮政编码	110141
评定时间	2012.5.10	注册日期	2004.2.18	报关有效期	2014.2.18	注册资本	100800万人民币
法人姓名	叶军	电　　话	024－25698888	日常联系人	曹洪	电　　话	024－25698250
主营范围	变压器、电抗器的设计、制造、销售、安装、维修服务；自营和代理各类商品和技术的进出口，但国家限定公司经营或禁止进出口的商品和技术除外；经营本企业的进料加工和“三来一补”业务；承包境外与出口自产设备相关的工程和境内国际招标工程；上述境外工程所需的设备、材料出口；对外派遣实施上述境外工程所需的劳务人员；输配电及控制设备技术开发、咨询服务、成果转让。						

企业名称	贝卡尔特—沈阳钢帘线有限公司			海关编码	2101230259	所属海关	沈开发区
通讯地址	辽宁省沈阳经济技术开发区昆明湖街四号					邮政编码	110141
评定时间	2010. 11. 10	注册日期	1998. 4. 7	报关有效期	2014. 4. 30	注册资本	4800 万美元
法人姓名	马国运	电　话	25815788	日常联系人	宋悦	电　话	024－25389402
主营范围	橡胶加固用钢丝、钢丝帘线的开发、制造、加工、销售，以及技术支持、技术服务；拉丝模加工；盘条、拉丝模、钻石模、零配件、辅助性原材料的进出口、批发、佣金代理（拍卖除外）。（涉及配额、许可证管理、专项规定管理的商品，按照国家有关规定办理。）						

企业名称	沈阳李尔汽车座椅内饰系统有限公司			海关编码	2101230354	所属海关	沈开发区
通讯地址	辽宁省沈阳经济技术开发区开发大路6甲2号					邮政编码	110141
评定时间	2013. 4. 7	注册日期	2003. 6. 25	报关有效期	2015. 5. 31	注册资本	300 万美元
法人姓名	沈毅	电　话	021－38527800－8329	日常联系人	吴雪迪	电　话	
主营范围	制造、加工、组装、销售车辆用坐椅、内饰件、组合仪表板及相关零部件，提供售后服务。						

企业名称	沈阳中光电子有限公司			海关编码	2101240008	所属海关	沈开发区
通讯地址	辽宁省沈阳经济技术开发区四号街16号					邮政编码	110141
评定时间	2009. 4. 1	注册日期	1992. 8. 22	报关有效期	2014. 5. 31	注册资本	655 万美元
法人姓名	李康实	电　话	024－25395888	日常联系人	侯杰	电　话	024－25395475
主营范围	半导体元件、事务自动化设备等电子元件及器材的生产和销售。						

企业名称	米其林沈阳轮胎有限公司			海关编码	2101240186	所属海关	沈开发区
通讯地址	辽宁省沈阳经济技术开发区沈新路15号					邮政编码	110141
评定时间	2009. 4. 1	注册日期	1995. 12. 26	报关有效期	2014. 12. 26	注册资本	58389 万美元
法人姓名	万能毅	电　话	024－25505000－8809	日常联系人	王海龙	电　话	024－86035896
主营范围	制造、加工、委托加工、组装、营销、销售和经销轮胎（包括但不限于子午轿车轮胎、轻卡轮胎、卡车和公共汽车轮胎）、轮胎组件、相关的橡胶产品和辅助产品，并就此等产品提供售后服务；翻新子午线卡车和公共汽车轮胎。						

企业名称	渤海船舶重工有限责任公司			海关编码	2114910012	所属海关	葫芦岛关
通讯地址	辽宁省葫芦岛市龙港区锦葫路132号					邮政编码	125004
评定时间	2010.3.8	注册日期	1997.11.27	报关有效期	2014.5.7	注册资本	155520万人民币
法人姓名	李天宝	电　　话	0429－2792001	日常联系人	陈占夺	电　　话	0429－2792246
主营范围	船舶制造等。						

企业名称	葫芦岛锌业股份有限公司			海关编码	2114910017	所属海关	葫芦岛关
通讯地址	辽宁省葫芦岛市龙港区锌厂路24号					邮政编码	125003
评定时间	2010.3.8	注册日期	2001.10.16	报关有效期	2015.4.30	注册资本	88109万人民币
法人姓名	许健	电　　话	0429－2101816	日常联系人	李征毅	电　　话	0429－2181816
主营范围	锌锭及其制品等。						

大连关区

企业名称	中床进出口大连有限公司			海关编码	2102210084	所属海关	大连海关
通讯地址	辽宁省大连市开发区怡海园15号					邮政编码	116600
评定时间	2008. 10. 15	注册日期	1999. 1. 19	报关有效期	2014. 1. 22	注册资本	5000万人民币
法人姓名	刘俐波	电　话	0411－82810777	日常联系人	刘立波	电　话	0411－82810666
主营范围	自营和代理各类商品和技术的进出口，但国家限定公司经营或禁止进出口的商品和技术除外。						

企业名称	东芝大连有限公司			海关编码	2102240029	所属海关	大连海关
通讯地址	辽宁省大连经济技术开发区鞍山街6号					邮政编码	116600
评定时间	2009. 2. 3	注册日期	1992. 11. 15	报关有效期	2014. 11. 15	注册资本	840000万日本元
法人姓名	隅田敏	电　话	0411－87614111	日常联系人	周飞	电　话	0411－87614111
主营范围	生产电动机、泵、彩色电视机用偏转线圈，印刷线路板组件及录放像机用磁鼓组件，电磁延迟线，声表面波滤波器等电器机械器具及电子零部件、元器件等，医疗器械部件、组件；螺旋扫描X射线CT装置，采用了可进行数字图像处理的高频变频技术的医用X射线装置，以彩色数字为首的超声波诊断仪、全自动免疫检查等生物化学分析装置的生产及销售；从事非配额许可证管理、非专营商品的收购出口业务；电动机设计业务及映像机器设计业务；计算机用高频调谐器，用于数字照相机、数字移动电话、数字式映像机器的实装基板及线路板的生产和销售；制动器电动机的生产和销售；数字音、视频编解码设备的生产及销售（自产产品销售）；医疗器械设计开发业务；电子元器件、电路板的批发。（不涉及国营贸易管理商品，涉及配额、许可证管理商品的，按国家有关规定办理申请。）						

企业名称	日本电产（大连）有限公司			海关编码	2102240033	所属海关	大连海关
通讯地址	辽宁省大连经济技术开发区东北五街2号					邮政编码	116600
评定时间	2008. 10. 15	注册日期	1992. 2. 14	报关有效期	2014. 2. 20	注册资本	3650万美元
法人姓名	辰野仁司	电　话	0411－87310202	日常联系人	谭广辉	电　话	0411－87310202－361
主营范围	生产小型电机、轴流风机、电源装置，上述产品的零部件及模具的开发、制作，自产产品的销售，汽车零部件、配件的制造，货物、技术进出口。（进口商品分销和法律、行政法规禁止的项目除外，法律、行政法规限制的项目取得许可证后方可经营。）						

企业名称	大连西太平洋石油化工有限公司			海关编码	2102230068	所属海关	大连海关
通讯地址	辽宁省大连经济技术开发区海青岛					邮政编码	116600
评定时间	2008. 10. 15	注册日期	1992. 11. 15	报关有效期	2014. 11. 15	注册资本	25800 万美元
法人姓名	于国文	电　　话	0411 – 87510012	日常联系人	郎岩松	电　　话	0411 – 87506620
主营范围	生产、销售石油产品和石油化工产品。						

企业名称	斯大精密（大连）有限公司			海关编码	2102240020	所属海关	大连海关
通讯地址	辽宁省大连经济技术开发区黄海街 2 号					邮政编码	116600
评定时间	2008. 10. 15	注册日期	1995. 11. 15	报关有效期	2014. 11. 15	注册资本	6789 万美元
法人姓名	杉浦启之	电　　话	0411 – 87611535	日常联系人	何珩	电　　话	0411 – 87611535 – 3300
主营范围	制造并销售自产的圆点字模打印机、电子蜂鸣器、精密加工零件、听写机器、数控机床及零部件产品、语音传声器和接收器、传感器、模具产品，从事非配额许可证管理、非专营商品的收购出口，注塑成形产品、冲压加工产品、电子产品，计算机及其外部设备的零部件的加工和制造，通讯器材部件的加工制造，机电一体化设备的零部件的加工和制造，自有房屋的出租。						

企业名称	万宝至马达大连有限公司			海关编码	2102240036	所属海关	大连海关
通讯地址	辽宁省大连经济技术开发区哈尔滨路 41 号					邮政编码	116600
评定时间	2009. 2. 3	注册日期	1992. 11. 15	报关有效期	2014. 11. 15	注册资本	650000 万日本元
法人姓名	龟井高	电　　话	0411 – 87611111	日常联系人	赵晶	电　　话	0411 – 876111 – 578
主营范围	生产和销售微型马达和零配件，生产微型马达用的专用设备、模具、工夹具，承接适量的钢板剪切和发泡盒的带料加工，从事公司产品的销售及售后服务，从事非许可证管理、非专营商品的收购出口。						

企业名称	大连藤洋钢材加工有限公司			海关编码	2102240077	所属海关	大连海关
通讯地址	辽宁省大连经济技术开发区东北三街 23 号					邮政编码	116600
评定时间	2008. 10. 15	注册日期	1993. 8. 21	报关有效期	2014. 8. 21	注册资本	93504 万日本元
法人姓名	田川正之	电　　话	0411 – 87610373	日常联系人	王丽波	电　　话	0411 – 87610373
主营范围	金属制品加工，电子专用设备配件加工，工模具加工，金属制品工模具加工技术服务，钢板（卷材）、硬质合金的国内外采购、国内批发。						

企业名称	欧姆龙（大连）有限公司			海关编码	2102240054	所属海关	大连海关
通讯地址	辽宁省大连经济技术开发区松江路3号					邮政编码	116600
评定时间	2009. 2. 3	注册日期	1991. 12. 19	报关有效期	2014. 12. 19	注册资本	239340万日本元
法人姓名	见置昌弘	电　　话	0411－87614222	日常联系人	石峰	电　　话	186××××0376
主营范围	研究、开发、生产、销售电子血压计、电子体温计、低周波治疗器、印刷配线板、计步器、体脂肪计、按摩器、吸入器、睡眠计等电子类治疗诊察康复类产品，医用电子仪器设备，手术室、急救室、诊疗室设备及器具，家庭用美容、保健电器具（涉及II、III类医疗器械的，取得许可证后方可经营）；上述机器附属零部件的生产、维修服务、技术服务、技术咨询、技术转让；金属、塑料工具设备的设计、加工、生产、销售（涉及行政许可的须凭许可证经营）；上述产品及同类商品的批发、零售（不设店铺）（涉及配额许可证管理、专项规定管理的商品，应按国家有关规定办理）；货物进出口，技术进出口。（不含进口分销，法律、行政法规禁止的项目除外；法律、行政法规限制的项目取得许可证后方可经营。）						

企业名称	TDK大连电子有限公司			海关编码	2102240069	所属海关	大连海关
通讯地址	辽宁省大连经济技术开发区淮河西路68号					邮政编码	116600
评定时间	2008. 10. 15	注册日期	1992. 11. 15	报关有效期	2014. 11. 15	注册资本	6682万美元
法人姓名	臼井秀明	电　　话	0411－87314455	日常联系人	李奕	电　　话	0411－87314455－316
主营范围	铁氧体材料，铁氧体磁心，线圈，滤波器，彩色显示器用偏转线圈，传输变压器，功率放大器用绝缘体，片状陶瓷电容及有机EL（电子有机冷光显示屏），可录类光盘等电子零部件、元器件的生产和研究开发，以及向国内外企业提供技术服务业务；上述产品及相关产品的批发、零售（不设店铺）、佣金代理（拍卖除外）；货物出口。（法律、行政法规禁止的项目除外；法律、行政法规限制的项目取得许可证后方可经营。）						

企业名称	柯尼卡美能达精密光学（大连）有限公司			海关编码	2102240103	所属海关	大连海关
通讯地址	辽宁省大连经济技术开发区东北二街20号					邮政编码	116600
评定时间	2008. 10. 15	注册日期	1994. 7. 29	报关有效期	2014. 7. 29	注册资本	330000万日本元
法人姓名	中村富夫	电　　话	0411－87622575	日常联系人	隋春芳	电　　话	0411－87622575
主营范围	光学关联制品及数码相机的制造，上述商品的批发（涉及配额许可证管理、专项规定管理的商品应按国家有关规定办理）；货物进出口、技术进出口。（进口商品分销和法律、行政法规禁止的项目除外，法律、行政法规限制的项目取得许可证后方可经营。）						

企业名称	辉瑞制药有限公司			海关编码	2102240799	所属海关	大连海关
通讯地址	辽宁省大连经济技术开发区大庆路22号					邮政编码	116600
评定时间	2009.12.10	注册日期	2009.9.7	报关有效期	2015.9.7	注册资本	5040万美元
法人姓名	吴晓滨	电　　话	0411－87615400	日常联系人	毕莉丽	电　　话	0411－88011281
主营范围	生产经营化学药品原料药、制剂药，畜用化学药品原料药、制剂药，农用杀菌剂，植物生长激素，微生物农药原料药及医疗器械；货物进出口、技术进出口。（进口商品分销和法律、行政法规禁止的项目除外，法律、行政法规限制的项目取得许可证后方可经营。）						

企业名称	大连通世泰建材有限公司			海关编码	2102240673	所属海关	大连海关
通讯地址	辽宁省大连经济技术开发区东北大街25号					邮政编码	116600
评定时间	2008.10.15	注册日期	2001.5.25	报关有效期	2014.5.25	注册资本	4350万美元
法人姓名	板桥繁雄	电　　话	0411－87643871	日常联系人	王海燕	电　　话	138××××8016
主营范围	生产新型室内外建筑装饰装修材料、产品及配件，建筑门窗、建筑幕墙、建筑用型材（包括铝合金）及配件，室内木制建材（包括地板）及配件，整体浴室、系列厨房及配件，钢质防火门、木质防火门、钢木质防火门及其他材质防火门，外墙材料及产品，安全玻璃，相关设备、相关模具，与上述所有业务有关的材料、产品和配件（法律、行政法规禁止的项目除外，法律、行政法规限制的项目取得许可证后方可经营）；销售自产产品并进行相关产品的技术开发；从事非配额许可证管理、非专营商品的收购出口业务；从事软件技术开发业务，从事室内外建筑装饰装修材料及同类产品的批发、零售业务；产品的机械性能检测、环境检测及后续服务（涉及行政许可的须凭许可证经营）；纸箱（商标标志）印制。						

企业名称	大连东芝电视有限公司			海关编码	2102240901	所属海关	大连海关
通讯地址	辽宁省大连经济技术开发区鞍山街8号					邮政编码	116600
评定时间	2013.6.14	注册日期	2012.2.21	报关有效期	2015.2.21	注册资本	9606万美元
法人姓名	柴田淳志	电　　话	0411－87624888－1888	日常联系人	孙飞	电　　话	0411－87624888－1182
主营范围	从事彩色电视机、DVD产品及此类产品的组件、软件和相关产品的技术开发，产品的设计、制造；从事本公司各种产品的销售和产品售后维修服务；与上述产品同一品种的产品的批发、零售（不开设店铺）；从事非配额许可证管理、非特别规定管理产品的采购与出口业务；从事东芝品牌的电子电器产品、设备及其产品的部件的批发或佣金代理，以及伴随上述内容所涉及的进出口、售后服务及附属业务（上述中与配额许可证管理及专营规定管理相关的产品，要遵循国家的相关规定，需要行政部门批准的事项以营业执照为准）；货物、技术进出口。（进口商品分销和法律、行政法规禁止的项目除外，法律、行政法规限制的项目取得许可后方可经营。）						

企业名称	大连经济技术开发区汇远经贸有限公司			海关编码	2102260031	所属海关	大连海关
通讯地址	辽宁省大连经济技术开发区东北大街38号					邮政编码	116600
评定时间	2011. 5. 26	注册日期	2003. 5. 29	报关有效期	2014. 5. 29	注册资本	1050万人民币
法人姓名	李铁民	电话	0411－87616710	日常联系人	肖传波	电话	155××××0078
主营范围	自营和代理各类商品和技术的进出口，但国家限定公司经营或禁止进出口的商品和技术除外；日用百货、五金交电、汽车配件、电器空调、化工商品（易燃易爆危险品除外）销售；计算机软件研究开发；经济信息咨询（专项审批除外）。						

企业名称	大连华信计算机技术股份有限公司			海关编码	2102330180	所属海关	大连海关
通讯地址	辽宁省大连市高新园区七贤岭高新街6号					邮政编码	116023
评定时间	2009. 9. 25	注册日期	2001. 10. 15	报关有效期	2014. 10. 15	注册资本	13470万人民币
法人姓名	刘军	电话	0411－85995241	日常联系人	陈姝娟	电话	135××××2603
主营范围	计算机、通讯、电子技术的开发、研制及经营，引进计算机、通讯、电子技术开发及咨询服务。						

企业名称	大连爱丽思欧雅玛工贸有限公司			海关编码	2102440164	所属海关	大连海关
通讯地址	辽宁省大连保税区工业仓储小区113－16					邮政编码	116600
评定时间	2010. 11. 30	注册日期	1996. 5. 27	报关有效期	2014. 5. 27	注册资本	1500万美元
法人姓名	大山繁生	电话	0411－87572999	日常联系人	刘铁英	电话	133××××1176
主营范围	保税区内国际贸易、转口贸易，加工、仓储，商品展销，软件开发。						

企业名称	大连爱丽思生活用品有限公司			海关编码	2102540007	所属海关	大连海关
通讯地址	辽宁省大连出口加工区IIA－23					邮政编码	116600
评定时间	2010. 11. 30	注册日期	2001. 4. 16	报关有效期	2014. 4. 16	注册资本	1500万美元
法人姓名	大山晃弘	电话	0411－87572999	日常联系人	刘铁英	电话	0411－87572999－3606
主营范围	家具、宠物用品、园林用机械设备、办公设备、LED电器制品及其他生活用品加工，商品展示、仓储，本企业物品物流，软件开发。						

企业名称	东北中石油国际事业有限公司			海关编码	2102911039	所属海关	大连海关
通讯地址	辽宁省大连保税区国际贸易中心 E 座 1401 室					邮政编码	116001
评定时间	2010. 4. 19	注册日期	1995. 12. 29	报关有效期	2014. 12. 29	注册资本	14000 万人民币
法人姓名	张红岩	电　　话	0411 – 82643888	日常联系人	白欣鑫	电　　话	139 × × × × 1399
主营范围	经营进出口业务，“三来一补”业务，易货贸易；仓储，公路运输；石化产品、机电仪器产品的引进销售及技术服务，粮油、饲料、土畜产品、建筑材料、五交化商品、百货、液化气的销售；化肥、重油、渣油销售；原油销售业务；LNG 国际贸易（不含仓储及运输）。						

企业名称	辽宁时代万恒股份有限公司			海关编码	2102912005	所属海关	大连海关
通讯地址	辽宁省大连市中山区港湾街 7 号					邮政编码	116001
评定时间	2008. 10. 15	注册日期	1992. 11. 15	报关有效期	2014. 11. 15	注册资本	10600 万人民币
法人姓名	王忠岩	电　　话	0411 – 82798002	日常联系人	王玲	电　　话	0411 – 82798007
主营范围	自营和代理各类商品及技术的进出口业务（国家规定的专营进出口商品和国家禁止进出口等特殊商品除外），上述商品的研究、设计、开发和内销业务；项目投资及投资项目管理；服装加工生产；仓储服务；写字间出租及物业管理。						

企业名称	大化国际经济贸易公司			海关编码	2102913013	所属海关	大连海关
通讯地址	辽宁省大连甘井子区甘欣街 3 号					邮政编码	116031
评定时间	2008. 10. 15	注册日期	1992. 11. 15	报关有效期	2014. 11. 15	注册资本	6000 万人民币
法人姓名	隗治洪	电　　话	0411 – 86671168	日常联系人	张庆华	电　　话	139 × × × × 0348
主营范围	自营和代理各类商品和技术的进出口业务（不另附进出口商品目录，国家规定的专营进出口商品和国家禁止进出口等特殊商品除外），经营进料加工和“三来一补”业务，开展对销贸易和转口贸易，化肥、塑料制品的销售。兼营：对外派遣上劳务人员。						

企业名称	大连中远船务工程有限公司			海关编码	2102930618	所属海关	大连海关
通讯地址	辽宁省大连市甘井子区大连湾中远路 80 号					邮政编码	116113
评定时间	2008. 10. 15	注册日期	1993. 8. 1	报关有效期	2014. 8. 1	注册资本	12789 万美元
法人姓名	王宇航	电　　话	0411 – 87121234	日常联系人	何燕	电　　话	138 × × × × 1928
主营范围	建设港口船坞基地，船舶修理，集装箱修理，拆船，港口装卸、储运，海洋岸外工程设备修理，造船。						

企业名称	大连船舶重工集团有限公司		海关编码	2102913258	所属海关	大连海关
通讯地址	辽宁省大连市西岗区沿海街1号				邮政编码	116005
评定时间	2008.10.15	注册日期	2006.1.13	报关有效期	2015.1.13	注册资本	371814万人民币
法人姓名	刘征	电话	0411－84487312	日常联系人	赵艳	电话	0411－84483539
主营范围	各种船舶、海洋工程及其配套设备的开发、设计、建造、修理、改装、销售；各类机电设备、压力容器、玻璃钢制品、金属结构件及其配件的设计、制造、安装、销售；钢材、木材的加工、销售；工程项目的科研论证、技术咨询；专利、非专利技术及其他工业产权的转让、许可使用和技术服务；承包境外船舶行业工程及境内国际招标工程；上述境外工程所需设备、材料出口，以及上述境外工程所需劳务人员的对外派遣、输出；对外产业投资和引进技术，经济信息咨询，提供劳务；设备、设施、场地租赁；汽车大修；危险货物运输，普通货运，大件运输，搬运装卸，道路运输，土石方运输。						

企业名称	大连中远川崎船舶工程有限公司		海关编码	2102913284	所属海关	大连海关	
通讯地址	辽宁省大连旅顺经济开发区顺达路1号				邮政编码	116052	
评定时间	2013.1.15	注册日期	2007.12.26	报关有效期	2013.10.9	注册资本	262000万人民币
法人姓名	徐凯	电话	0411－39368103	日常联系人	孙建新	电话	0411－39368103
主营范围	船舶的设计、制造、销售、修理（不含军用船舶）；承包境外机电工程和境内国际招标工程；境外承包工程所需设备、材料的出口，对外派遣境外工程所需劳务人员，其他相关业务（以上经营项目涉及行政许可的，取得许可证后方可经营）；货物、技术进出口。（法律、行政法规禁止的项目除外，法律、行政法规限制的项目取得许可证后方可经营。）						

企业名称	中国华录·松下电子信息有限公司		海关编码	2102931237	所属海关	大连海关	
通讯地址	辽宁省大连高新技术产业园区七贤岭华路1号				邮政编码	116023	
评定时间	2009.2.3	注册日期	1994.7.1	报关有效期	2014.7.4	注册资本	2400000万日本元
法人姓名	陈润生	电话	0411－84790599	日常联系人	陈道伟	电话	139××××7181
主营范围	录像机整机及关键件、光碟产品（VCD及CD播放机、DVD播放机及刻录机、BD播放机及刻录机的整机）及关键件（含无线数据传输功能的产品及关键件）、投影机产品及关键件（含无线数据传输功能的产品及关键件）、家庭影院及关键件（含无线数据传输功能的产品及关键件），上述光碟产品以外的光碟产品的关键件，数字AV网络系统领域的其他产品及关键件（含无限数据传输功能的产品及关键件）的设计、开发、生产、销售及售后服务。						

企业名称	大连中远川崎船舶工程有限公司			海关编码	2102933138	所属海关	大连海关
通讯地址	辽宁省大连旅顺经济开发区顺达路 1 号					邮政编码	116052
评定时间		注册日期	2007. 12. 26	报关有效期	2013. 12. 26	注册资本	262000 万人民币
法人姓名	徐凯	电　　话	0411 - 39368103	日常联系人	孙建新	电　　话	0411 - 39368103
主营范围	船舶的设计、制造、销售、修理（不含军用船舶）；承包境外机电工程和境内国际招标工程；境外承包工程所需设备、材料的出口，对外派遣境外工程所需劳务人员，其他相关业务（以上经营项目涉及行政许可的，取得许可证后方可经营）；货物、技术进出口。（法律、行政法规禁止的项目除外，法律、行政法规限制的项目取得许可证后方可经营。）						

企业名称	大连今冈船务工程有限公司			海关编码	2102941043	所属海关	大连海关
通讯地址	辽宁省大连市旅顺经济技术开发区兴港路 16 号					邮政编码	116041
评定时间	2008. 10. 15	注册日期	2003. 2. 25	报关有效期	2014. 2. 25	注册资本	12240 万美元
法人姓名	桧垣和幸	电　　话	0411 - 82557663	日常联系人	吴涛	电　　话	158 × × × × 7028
主营范围	船舶设计制造及修理，船用舾装件、各种钢结构件和船舶分段制造（不含特种船和高性能船舶的修理、设计与制造，涉及行政许可的须凭许可证经营）；码头和其他港口设施经营，以及在港区内从事货物装卸、驳运、仓储经营；船舶建造配套设备、港口运输配套设备、大件运搬装置的制造；气体过滤装置的批发；货物、技术进出口（进品商品分销和法律、行政法规禁止的项目除外，法律、行政法规限制的项目取得许可证后方可经营）；汽车驱动桥总成、空气悬架的制造和销售（限自产产品）。						

企业名称	大连阿尔卑斯电子有限公司			海关编码	2102941983	所属海关	大连海关
通讯地址	辽宁省大连市金州区汉正路 6 号					邮政编码	116100
评定时间	2009. 8. 19	注册日期	2008. 12. 5	报关有效期	2014. 12. 5	注册资本	1836 万美元
法人姓名	勾坂行男	电　　话	0411 - 87687110	日常联系人	邱倩	电　　话	137 × × × × 6410
主营范围	各种系列电位器、电子元器件、车载电子部件及专用设备和模具的生产及售后服务、技术服务，技术开发和技术（自有自用）的进出口。						

企业名称	大杨集团有限责任公司			海关编码	2102950037	所属海关	大连海关
通讯地址	辽宁省普兰店市杨树房经济开发小区					邮政编码	116214
评定时间	2010. 4. 19	注册日期	1993. 3. 23	报关有效期	2014. 3. 23	注册资本	18000 万人民币
法人姓名	李桂莲	电　　话	0411 - 82561888	日常联系人	滕运顺	电　　话	0411 - 87622081
主营范围	服装制造，机械、化工、电子产品加工、制造，纺织印染，商业贸易，进出口贸易（以上均在许可范围内），向境外提供劳务（不含海员），因特网信息服务业务。						

企业名称	本钢集团国际经济贸易有限公司			海关编码	2105910002	所属海关	丹东海关
通讯地址	辽宁省本溪市平山区人民路铁路街25号					邮政编码	117000
评定时间	2008. 10. 15	注册日期	1993. 1. 11	报关有效期	2013. 12. 17	注册资本	10000万人民币
法人姓名	汪澍	电　话	0414－2829603	日常联系人	赫长兴	电　话	0414－2824911
主营范围	货物及技术进出口。						

企业名称	营口东盛实业有限公司			海关编码	2108931148	所属海关	营口海关
通讯地址	辽宁省营口高新技术产业开发区站前工业园区青花大街88号					邮政编码	115000
评定时间	2012. 11. 22	注册日期	2007. 1. 18	报关有效期	2015. 1. 18	注册资本	130万美元
法人姓名	文起东	电　话	0417－4899555	日常联系人	刘宁	电　话	0417－4896884
主营范围	生产塑料制品、气球、纸制品，进出口业务（不含进口商品分销）。						

企业名称	鞍钢集团国际经济贸易公司			海关编码	2103910049	所属海关	鞍山海关
通讯地址	辽宁省鞍山市铁东区南中华路322号					邮政编码	114002
评定时间	2008. 10. 15	注册日期	1992. 11. 26	报关有效期	2014. 11. 26	注册资本	34612万人民币
法人姓名	张晓刚	电　话	0412－6723080	日常联系人	吕东宁	电　话	0412－6324258
主营范围	自营和代理各类商品及技术的进出口业务，国家规定的专营进出口商品和国家禁止出口等特殊商品除外；经营进料加工和“三来一补”业务，开展直销贸易和转口贸易；承包境外工业、民用建筑工程和境内国际招标工程所需设备材料等。						

长春关区

企业名称	大陆汽车电子（长春）有限公司			海关编码	2201340022	所属海关	长春海关
通讯地址	吉林省长春市经济开发区武汉路 1981 号					邮政编码	130012
评定时间	2008. 10. 23	注册日期	1995. 5. 25	报关有效期	2014. 4. 7	注册资本	36306 万人民币
法人姓名	蒋孔克	电　话	0431 - 84684600	日常联系人	王磊	电　话	0431 - 84684383
主营范围	生产、开发汽车电子、电气、机械及电子机械产品部件，家用电子控制部件，汽车电子燃油喷射系统产品。						

企业名称	长春海德世汽车拉索有限公司			海关编码	2201340060	所属海关	长春海关
通讯地址	吉林省长春市高新开发区超群街 2723 号					邮政编码	130012
评定时间	2013. 4. 18	注册日期	2008. 1. 18	报关有效期	2014. 1. 24	注册资本	4582 万人民币
法人姓名	张本焱	电　话	0431 - 89685211	日常联系人	芦伟	电　话	0431 - 89685311
主营范围	生产、销售车用操纵拉索、玻璃升降器、遥控操作系统的有关零部件。（以上各项国家法律、法规禁止的不得经营，应经专项审批的项目未获批准之前不得经营。）						

企业名称	吉林粮食集团进出口有限公司			海关编码	2201910187	所属海关	长春海关
通讯地址	吉林省长春市春城大街 1515 号					邮政编码	130062
评定时间	2011. 6. 16	注册日期	2011. 4. 20	报关有效期	2014. 4. 20	注册资本	5000 万人民币
法人姓名	左洪生	电　话	0411 - 66991808	日常联系人	宋海东	电　话	0431 - 88790168
主营范围	粮食、油脂、油料、饲料及农副产品的购销，自营吉林省玉米、大米的出口业务，接受委托代理黑龙江、辽宁省、内蒙古自治区玉米和大米的出口业务，境外期货业务。						

企业名称	吉林省福达集团有限公司			海关编码	2201918010	所属海关	长春海关
通讯地址	吉林省长春市朝阳区西民主大街355号					邮政编码	130061
评定时间	2008. 12. 18	注册日期	1995. 8. 21	报关有效期	2014. 3. 14	注册资本	1008万人民币
法人姓名	程晓东	电　话	0431-85082117	日常联系人	张俊杰	电　话	0431-85082117
主营范围	自营和代理各类商品及技术的进出口业务（不另附进出口商品目录），包括进口钢材，其他国家规定的专营进出口商品和国家禁止进出口等特殊商品除外；经营进料加工和“三来一补”业务，开展对销贸易和转口贸易；钢材、铜、铝、橡胶、服装、五金、针织品的批发、零售、代购、代销；煤炭的批发、零售；计算机软件开发；商务信息咨询；种植业。						

企业名称	中国第一汽车集团进出口有限公司			海关编码	2201918046	所属海关	长春海关
通讯地址	吉林省长春市东风大街3025号					邮政编码	130011
评定时间	2008. 12. 18	注册日期	1995. 8. 16	报关有效期	2014. 4. 19	注册资本	120000万人民币
法人姓名	金毅	电　话	0431-85730908	日常联系人	陈鏐	电　话	0431-85736015
主营范围	经营一汽集团所生产的运输工具、仪器仪表等商品和技术出口业务，经营一汽集团所需机械设备、仪器仪表等商品和技术的进口业务，承办本集团中外合资、合作、来料、来样、来件、装配，补偿贸易及易货贸易。						

企业名称	长春长客进出口有限公司			海关编码	2201918080	所属海关	长春海关
通讯地址	吉林省长春市绿园区青荫路5号					邮政编码	130062
评定时间	2008. 12. 18	注册日期	1997. 1. 1	报关有效期	2014. 4. 14	注册资本	2000万人民币
法人姓名	董晓峰	电　话	0431-87902022	日常联系人	张苑	电　话	0431-87831656
主营范围	自营和代理各类商品和技术的进出口，但国家限定公司经营或禁止进出口的商品和技术除外。						

企业名称	一汽—大众汽车有限公司			海关编码	2201930032	所属海关	长春海关
通讯地址	吉林省长春市东风大街					邮政编码	130011
评定时间	2008. 10. 23	注册日期	1993. 8. 24	报关有效期	2014. 4. 6	注册资本	1822200万人民币
法人姓名	徐建一	电　话	0431-85731107	日常联系人	柴胜	电　话	0431-85990931
主营范围	生产德国大众、奥迪ABCD级系列轿车、奥迪V6系列发动机及其总成、零部件，并销售自产产品，提供售后服务。						

企业名称	伟巴斯特车顶系统（长春）有限公司			海关编码	2201940808	所属海关	长春海关
通讯地址	吉林省汽车产业开发区富奥大路1398号					邮政编码	130011
评定时间	2013.3.5	注册日期	2009.7.23	报关有效期	2015.7.23	注册资本	235万美元
法人姓名	贺雷德	电　　话	021－33577001	日常联系人	苏志奇	电　　话	0431－85742138
主营范围	汽车天窗、加热器的生产、组装、研发及售后服务。						

企业名称	吉林庆达数码有限公司			海关编码	2203930097	所属海关	长春海关
通讯地址	吉林省四平市经济开发区大路1680号					邮政编码	136001
评定时间	2010.9.20	注册日期	2005.1.6	报关有效期	2016.4.9	注册资本	17788万人民币
法人姓名	杨继泽	电　　话	0434－6981118	日常联系人	李丽君	电　　话	0434－6180157
主营范围	生产可录类光盘及其包装桶和包装纸箱。						

企业名称	嘉吉生化有限公司			海关编码	2217940007	所属海关	长春海关
通讯地址	吉林省松原市江南工业开发区					邮政编码	138000
评定时间	2011.1.24	注册日期	2010.12.23	报关有效期	2013.12.23	注册资本	179900万人民币
法人姓名	刘军	电　　话	0438－2779100	日常联系人	佟佰生	电　　话	0438－87817172
主营范围	生产玉米加工产品及副产品，从事新产品的研究开发；在国内外市场上销售企业自产产品，并提供相关的售后服务，配套发电，批发粮油、化肥；预包装食品、散装食品的批发、零售。						

企业名称	临江市对外经济贸易进出口公司			海关编码	2206910008	所属海关	临江海关
通讯地址	吉林省临江市新市街广厦综合楼（临江市大街567号）					邮政编码	134600
评定时间	2013.7.28	注册日期	1994.11.30	报关有效期	2014.4.30	注册资本	1000万人民币
法人姓名	王朝福	电　　话	0439－5229221	日常联系人	王传亮	电　　话	0439－5229221
主营范围	自营和代理各类商品及技术的进出口业务（国家规定的专营进出口商品和国家禁止进出口等特殊商品除外）；经营进料加工和“三来一补”业务；经营对销贸易和转口贸易；经营打单服务、土特产品、废钢铁、废有色金属。						

企业名称	通化钢铁集团进出口有限公司			海关编码	2205910018	所属海关	集安海关
通讯地址	吉林省通化四浑公路（通化经济开发区冶金产业园区）					邮政编码	134003
评定时间	2008. 10. 23	注册日期	1999. 1. 28	报关有效期	2015. 1. 6	注册资本	22000万人民币
法人姓名	马卫旭	电　话	0431－88623388	日常联系人	高有德	电　话	0431－88623359
主营范围	自营和代理各类商品及技术的进出口业务（不另附进出口商品目录，国家规定的专营进出口商品和国家禁止进出口等特殊商品除外），经营进料加工和“三来一补”业务，仓储。						

企业名称	通化东宝进出口有限公司			海关编码	2205950005	所属海关	集安海关
通讯地址	吉林省通化县东宝新村					邮政编码	134123
评定时间	2008. 12. 18	注册日期	2003. 9. 18	报关有效期	2014. 4. 15	注册资本	1000万人民币
法人姓名	程建华	电　话	0435－5087126	日常联系人	蒋红	电　话	0435－5087567
主营范围	国内商业（涉及专项审批的按照审批范围经营）；自营和代理各类商品和技术的进出口，但国家限定公司经营或禁止进出口的商品和技术除外。						

企业名称	吉林恩智浦半导体有限公司			海关编码	2202330009	所属海关	吉林海关
通讯地址	吉林省吉林市高新区深圳街99号					邮政编码	132013
评定时间	2008. 12. 18	注册日期	2004. 3. 8	报关有效期	2015. 2. 8	注册资本	1500万美元
法人姓名	韩毅	电　话	0432－4601111－9063	日常联系人	赵颖	电　话	0432－4601111－9063
主营范围	开发、设计、生产、销售半导体产品，并提供相关的售后服务。						

企业名称	吉林吉恩镍业股份有限公司			海关编码	2202910029	所属海关	吉林海关
通讯地址	吉林省磐石市红旗岭镇红旗大街54号					邮政编码	132311
评定时间	2010. 1. 11	注册日期	1997. 5. 8	报关有效期	2014. 4. 28	注册资本	76334万人民币
法人姓名	吴术	电　话	0432－65610644	日常联系人	米海祥	电　话	0432－65610580
主营范围	镍、铜、钴、硫的冶炼及副产品加工，经营本企业自产产品及相关技术的出口业务，经营本企业生产、科研所需的原辅材料、机械设备、仪器仪表、零配件及相关技术的进口业务，经营本企业的进料加工和“三来一补”业务，工业硫酸生产，镍矿开采。						

企业名称	吉林华微电子股份有限公司			海关编码	2202910064	所属海关	吉林海关
通讯地址	吉林省吉林市深圳街99号					邮政编码	132013
评定时间	2008.12.18	注册日期	2000.12.21	报关有效期	2014.4.14	注册资本	67808万人民币
法人姓名	夏增文	电　　话	0432－4687137	日常联系人	石运来	电　　话	0432－4678411
主营范围	半导体分立器件、集成电路、电力电子产品、汽车电子产品、自动化仪表、电子元件、应用软件的设计、开发、制造与销售；经营本企业自产产品及相关技术的出口业务，国家限定公司经营或禁止出口的商品除外；经营本企业生产、科研所需的原辅材料、机械设备、仪器仪表、零配件及相关技术的进出口业务，国家限定公司经营或禁止进口的商品除外；经营本企业进料加工和“三来一补”业务；氢气、氧气、压缩空气、氮气的生产、销售。						

企业名称	吉林化纤股份有限公司			海关编码	2202910080	所属海关	吉林海关
通讯地址	吉林省吉林市九站街516－1号					邮政编码	132101
评定时间	2008.12.18	注册日期	2003.4.28	报关有效期	2014.5.17	注册资本	37825万人民币
法人姓名	王进军	电　　话	0432－63502350	日常联系人	王彦刚	电　　话	0432－63502350
主营范围	粘胶纤维、合成纤维及其深加工品；机械设备、仪表安装（凭资质证书经营）；工业控制系统组态安装；经营本企业自产产品的出口业务和本企业所需的机械设备、零配件、原辅材料的进出口业务，但国家限定公司经营或禁止进出口的商品及技术除外；进出口贸易（国家限定品种除外）。						

企业名称	吉林炭素进出口公司			海关编码	2202918024	所属海关	吉林海关
通讯地址	吉林省吉林市哈达湾和平街9号					邮政编码	132002
评定时间	2010.1.11	注册日期	1992.12.17	报关有效期	2014.4.28	注册资本	5000万人民币
法人姓名	朱国斌	电　　话	0432－62749078	日常联系人	李江	电　　话	0432－62749977
主营范围	经营本企业自产和电产品、成套设备及同类机电产品相关技术的出口业务，经营本企业生产、科研所需的原辅材料、机电设备、仪器仪表、零配件及相关技术的进出口业务，承办“三来一补”业务。						

企业名称	吉林昊宇电气股份有限公司			海关编码	2202960321	所属海关	吉林海关
通讯地址	吉林省吉林市江南乡裕民村					邮政编码	132013
评定时间	2011.3.31	注册日期	2008.5.8	报关有效期	2014.5.13	注册资本	30000万人民币
法人姓名	孙国奎	电　　话	0432－66931503	日常联系人	胡秀梅	电　　话	0432－64630412
主营范围	生产制造石油化工、电力企业所需的各种管件［压力管道元件仅限A（1）（3）级钢制无缝管件、B2级钢制有缝管件］，制造属于电厂辅助设备的高温炉烟管道、声波吹灰器，压力容器的制造（仅限D1第一类压力容器，D2第二类低、中压容器）。						

企业名称	天池集团有限公司	海关编码	2210961045	所属海关	延吉海关
通讯地址	吉林省和龙市同心东路73号			邮政编码	133500
评定时间	2009.2.11	注册日期	2004.1.30	报关有效期	2014.4.18
注册资本	5000万人民币				
法人姓名	赵长寿	电话	0433－2500803	日常联系人	姜红宇
电话	0433－2500804				
主营范围	针纺织品、农副产品（不含国家专营项目）、电子产品、普通机械、五金、交电、工艺美术品（不含金银首饰）、日用百货、建筑材料的销售；自营和代理各类商品和技术的进出口（冶金矿产品及国家限制或禁止进出口的商品及技术除外），通过边境小额贸易方式向毗领国家开展各类商品及技术的进出口业务（冶金矿产品及国家限制或禁止进出口的商品及技术除外）；保税仓库货物；仓储。				

企业名称	延吉秀爱食品有限公司	海关编码	2218940014	所属海关	延吉海关
通讯地址	吉林省延吉市长白山东路1767号			邮政编码	133000
评定时间	2009.2.11	注册日期	2004.8.17	报关有效期	2015.4.20
注册资本	806万美元				
法人姓名	本多秀光	电话	0433－2828778	日常联系人	王丽洁
电话	0433－2856575				
主营范围	坚果、干果的加工、销售，果脯、冰激凌（分支机构经营）批发、零售。				

哈尔滨关区

企业名称	哈药集团股份有限公司			海关编码	2301910035	所属海关	哈尔滨关
通讯地址	黑龙江省哈尔滨市南岗区昆仑商城隆顺街2号					邮政编码	150010
评定时间	2010.1.6	注册日期	1993.7.22	报关有效期	2014.8.15	注册资本	191748万人民币
法人姓名	张利君	电　　话	0451－86668433	日常联系人	王秀岩	电　　话	130××××0958
主营范围	自营和代理各类商品和技术的进出口，但国家限定公司经营或禁止进出口的商品和技术除外。						

企业名称	黑龙江省哈尔滨安博威飞机工业有限公司			海关编码	2301931300	所属海关	哈尔滨关
通讯地址	哈尔滨市哈平路集中区烟台路1号					邮政编码	150066
评定时间	2008.10.17	注册日期	2003.4.29	报关有效期	2014.3.29	注册资本	2500万美元
法人姓名	郭殿满	电　　话	0451－86580112	日常联系人	徐敬田	电　　话	0451－53908999
主营范围	一般经营项目：在中国生产ERJ145系列飞机，包括ERJ145系列飞机、零售件和地面支持设备的生产、销售；包括大修和维护在内的售后支援。						

企业名称	齐齐哈尔二机床（集团）有限责任公司			海关编码	2302910064	所属海关	齐齐哈尔
通讯地址	黑龙江省齐齐哈尔市龙沙区永安大街239号					邮政编码	161005
评定时间	2012.12.10	注册日期	2004.3.25	报关有效期	2015.2.3	注册资本	73766万人民币
法人姓名	周辉	电　　话	0452－2426301	日常联系人	孟娜	电　　话	
主营范围	一般经营项目：金属切削机床、锻压机械、纺织工业机械、石油设备、金属模具、液压件、铸件的制造；机械加工；设备改造及维修；经营本企业自产产品及技术的出口业务和本企业所需的机械设备、零配件、原材料及技术的进口业务，但国家限定公司经营或禁止进出口的商品及技术除外；房屋租赁。						

企业名称	中国第一重型机械股份公司			海关编码	2302919009	所属海关	齐齐哈尔
通讯地址	黑龙江省齐齐哈尔市富拉尔基区红宝石办事处厂前路9号					邮政编码	161042
评定时间	2012.12.10	注册日期	2009.1.14	报关有效期	2014.12.13	注册资本	653800万人民币
法人姓名	吴生富	电　　话	0452－6810777	日常联系人	张力	电　　话	0452－6810044
主营范围	许可经营项目：压力容器（仅限单层），第三类低、中压容器（有效期至2014年4月20日）。一般经营项目：重型机械及成套设备、金属制品的设计、制造、安装、修理，金属冶炼及加工，金属材料的销售，工业气体制造及销售，冶金工程设计，技术咨询服务，承包境外成套工程及境内国际招标工程，进出口业务。						

企业名称	中国石油技术开发大庆公司			海关编码	2306910006	所属海关	大庆海关
通讯地址	黑龙江省大庆市龙凤区卧里屯大庆石油化工总厂					邮政编码	163714
评定时间	2012. 10. 12	注册日期	1991. 12. 27	报关有效期	2014. 12. 27	注册资本	220 万人民币
法人姓名	魏文涛	电　话	0459－6761388	日常联系人	孙会举	电　话	0459－6760529
主营范围	许可经营项目：经营石油系统所产化工类、机械设备等商品的出口业务，机械设备、仪器仪表等商品的进出口业务，代理本系统单位的进出口业务，经营进出口业务（按对外经济贸易合作部批准文件执行）。						

企业名称	大庆中石油国际事业有限公司			海关编码	2306910022	所属海关	大庆海关
通讯地址	黑龙江省大庆市高新区火炬新街40号					邮政编码	163316
评定时间	2008. 11. 12	注册日期	2002. 11. 6	报关有效期	2015. 11. 6	注册资本	10000 万人民币
法人姓名	丛云波	电　话	0459－8178560	日常联系人	张弛	电　话	0459－8178524
主营范围	许可经营项目：批发（无仓储）丙酮、甲苯、易燃液体：1，2－二甲苯、1，3－二甲苯、1，4－二甲苯、2－丁酮、苯、苯乙烯、甲醇、甲基苯、甲基叔丁基醚、焦油，如：煤焦油、壬烷及其异构体、石脑油、石油原油、松焦油、乙醇、乙腈、乙醛、正丁醇、正己烷、正戊烷、正辛烷、压缩气体及液化气体：1，3－丁二烯、1－丁烯、有毒品：丙烯酰胺、易燃固体、自燃和遇湿易燃物品：硫磺、三氯化钛、腐蚀品：氢氧化钠、硝酸、乙酸、正磷酸（见“危险化学品经营许可证”，有效期至2016年7月8日）；原油销售（见“原油销售经营批准证书”，有效期至2018年5月6日）。一般经营项目：自营和代理各类商品和技术的进出口，但国家限定公司经营或禁止进出口的商品和技术除外。						

企业名称	哈尔滨汽轮机厂有限责任公司			海关编码	2301916173	所属海关	哈开发区
通讯地址	黑龙江省哈尔滨市南岗区高科技生产基地3号楼					邮政编码	150046
评定时间	2011. 12. 8	注册日期	1997. 11. 24	报关有效期	2014. 11. 24	注册资本	85972 万人民币
法人姓名	陈冬石	电　话	0451－82952355	日常联系人	陈卫国	电　话	
主营范围	一般经营项目：电站汽轮机、核电汽轮机、工业汽轮机、燃气轮机、船用汽轮机、汽轮机辅机、各类风机及透平机械类设备、低温核供热装置、自动化控制系统、粮油食品机械、电站成套设备、风力发电设备、新型发电设备，以及以上产品和备品配件的制造、安装调试、检修、技术服务、技术转让；机械产品加工；高新技术的开发及高新技术产品的生产、销售，以及与开发项目配套产品的销售（以上项目国家有规定的除外）；外经贸部批准的进出口经营项目。						

上海关区

企业名称	上海宝钢国际经济贸易有限公司		海关编码	3112915001	所属海关	吴淞海关
通讯地址	上海市浦东新区浦电路 370 号				邮政编码	200122
评定时间	2009. 1. 6	注册日期	1993. 8. 17	报关有效期	2014. 1. 28	注册资本	224888 万人民币
法人姓名	姚林龙	电　　话	021－58350000	日常联系人	邱来恩	电　　话	021－56114225
主营范围	自营和代理经外经贸部批准的商品和技术进出口，钢材、废铜、废钢进口，进料加工和“三来一补”业务，对销、转口贸易，国外承包工程劳务合作，国际招标，国内商业及物资供销（除专项规定），废钢、煤炭、燃料油水路货运代理，船舶代理，化学危险品（限批发）工程招标，代理天然橡胶进口（上述经营范围涉及许可经营的凭许可证经营）。						

企业名称	宝山钢铁股份有限公司		海关编码	3112915006	所属海关	吴淞海关
通讯地址	上海市宝山区富锦路 885 号				邮政编码	201900
评定时间	2008. 10. 31	注册日期	2001. 3. 14	报关有效期	2014. 2. 18	注册资本	1751200 万人民币
法人姓名	何文波	电　　话	021－58358888	日常联系人	邱来恩	电　　话	021－56114162
主营范围	钢铁冶炼加工，电力煤炭工业气体生产，码头仓储、运输等，与钢铁相关的业务技术开发、技术转让、技术服务和技术管理咨询服务，汽车修理，商品和技术的进出口，有色金属冶炼及压延加工，工业炉窑化工原料及产品的生产和销售、金属矿石、煤炭、钢铁、非金属矿石装卸港区服务、水路货运代理、水路货物装、卸联运船舶代理、国外承包工程劳务合作、国际招标工程招标代理，国内贸易、对销转口贸易、废钢、煤炭、燃料油、化学危险品（限批发）（限分支机构经营）机动车安检。						

企业名称	上海新格有色金属有限公司		海关编码	3112920015	所属海关	吴淞海关
通讯地址	上海市宝山区富联三路 369 号				邮政编码	201906
评定时间	2008. 10. 31	注册日期	1993. 2. 4	报关有效期	2014. 1. 30	注册资本	5780 万美元
法人姓名	黄耀滨	电　　话	021－36041818	日常联系人	吴敏菁	电　　话	021－36041818
主营范围	各种金属废料拆解、分选，铜铝锌合金锭熔炼、制造，铜铝型材的铸造、挤压，销售自产产品，上述同类商品的批发、进出口，提供相关配套服务。（涉及非配额许可证管理、专项规定管理的商品，按照国家有关规定办理；涉及许可经营的凭许可证经营。）						

企业名称	上海三菱电梯有限公司		海关编码	3111230051	所属海关	闵开发区
通讯地址	上海市闵行区江川路 811 号				邮政编码	200245
评定时间	2008. 10. 31	注册日期	1986. 12. 2	报关有效期	2014. 12. 1	注册资本	15527 万美元
法人姓名	范秉勋	电　　话	021－64303030	日常联系人	曹铭宇	电　　话	021－62293030
主营范围	生产电梯、自动扶梯、自动人行道，大楼自动化管理和安保系统，销售自产产品，提供相应的安装、改造和维修保养，配套销售日本三菱高档电梯相关产品。（涉及行政许可的，凭许可证经营。）						

企业名称	上海中集冷藏箱有限公司			海关编码	3112935072	所属海关	吴淞海关
通讯地址	上海市宝山区罗南镇工业开发区					邮政编码	201908
评定时间	2008. 10. 31	注册日期	1995. 7. 17	报关有效期	2014. 6. 17	注册资本	3100 万美元
法人姓名	李锐庭	电　　话	021 - 56010088	日常联系人	苏钧	电　　话	021 - 56010088
主营范围	研究、开发、生产冷藏集装箱、冷藏车和保温车的冷藏保温装置，其他特种集装箱及其零部件；销售自产产品；提供有关的技术咨询、维修服务。（涉及许可经营的凭许可证经营。）						

企业名称	上海东圣电子进出口有限公司			海关编码	3112955006	所属海关	吴淞海关
通讯地址	上海市宝山区罗店镇月罗公路 2255 号					邮政编码	201908
评定时间	2010. 1. 8	注册日期	2000. 6. 1	报关有效期	2015. 4. 19	注册资本	500 万人民币
法人姓名	钱培胜	电　　话	021 - 66865928	日常联系人	王叔平	电　　话	021 - 56973886 - 145
主营范围	经营和代理各类商品及技术的进出口业务，但国家限定公司经营或禁止进出口的商品及技术除外。						

企业名称	中美上海施贵宝制药有限公司			海关编码	3111230053	所属海关	闵开发区
通讯地址	上海市闵行区剑川路 1315 号					邮政编码	200240
评定时间	2010. 7. 28	注册日期	1995. 1. 12	报关有效期	2014. 1. 16	注册资本	1844 万美元
法人姓名	杨苏鸣	电　　话	021 - 64302740	日常联系人	寿旺祥	电　　话	021 - 64301747
主营范围	制造药品，在国内外市场销售自产产品，并独立进行经营、推广，经营进口和出口等业务。（涉及许可经营的，凭许可证经营。）						

企业名称	欧诺法装饰材料（上海）有限公司			海关编码	3111240219	所属海关	闵开发区
通讯地址	上海市闵行经济技术开发区文井路 469 号					邮政编码	200245
评定时间	2011. 11. 22	注册日期	2000. 2. 14	报关有效期	2014. 1. 28	注册资本	1122 万美元
法人姓名	Frank Paul Robers	电　　话	021 - 64307800	日常联系人	孙晓宇 涂兰	电　　话	021 - 64307800 - 2301
主营范围	生产新型装饰装修材料和新型防水材料，并销售自产的产品；上述产品同类商品的批发、进出口、佣金代理（拍卖除外），并提供相关配套服务。（不涉及国营贸易管理商品，涉及配额、许可证管理、专项规定、质检、安检管理要求的，需按照国家有关部门规定取得许可证后开展经营业务；涉及行政许可的，凭许可证经营。）						

企业名称	上海米其林轮胎有限公司			海关编码	3111240246	所属海关	闵开发区
通讯地址	上海市闵行区剑川路 2915 号					邮政编码	201103
评定时间	2010. 7. 9	注册日期	2001. 3. 23	报关有效期	2014. 3. 23	注册资本	111320 万人民币
法人姓名	Philippe Verneuil	电　　话	021 – 22190888	日常联系人	王又勤	电　　话	021 – 22190888
主营范围	制造、加工高级子午线轮胎，与轮胎相关的钢丝及其他与轮胎相关的产品；销售自产产品并提供相关服务。（涉及许可经营的凭许可证经营。）						

企业名称	上海虎生电子电器有限公司			海关编码	3111340004	所属海关	闵开发区
通讯地址	上海市闵行区陈行镇三鲁路 4228 号					邮政编码	201114
评定时间	2009. 3. 5	注册日期	2006. 11. 27	报关有效期	2015. 11. 27	注册资本	835 万美元
法人姓名	林裕原	电　　话	021 – 64290660	日常联系人	赵丽云 陶华美	电　　话	021 – 64290660 – 215
主营范围	生产小家电用品（产品出口不涉及许可证管理范围）、煤元炉、调整机、料理架、空气清净机、净水器、冰水筒及其配件、卫星接收器的零配件，销售自产产品，从事非配额许可证管理、非专营商品的收购出口业务。（涉及许可经营的凭许可证经营。）						

企业名称	柯惠医疗器材制造（上海）有限公司			海关编码	3111541433	所属海关	闵开发区
通讯地址	上海市闵行区漕河泾出口加工区浦星路 789 号 10 号楼					邮政编码	201114
评定时间	2013. 7. 9	注册日期	2007. 2. 5	报关有效期	2016. 2. 5	注册资本	1350 万美元
法人姓名	王艳	电　　话	021 – 24082471	日常联系人	许彦琛	电　　话	021 – 24082494
主营范围	生产和装配医用缝合材料及粘合剂，医用高频仪器设备，腹部外科手术器械，手术室、急救室、诊疗设备及器具；从事医疗器材的研发；销售自产产品；提供技术咨询和产品售后服务。						

企业名称	东方国际创业浦东服装进出口有限公司			海关编码	3122210120	所属海关	浦东海关
通讯地址	上海市浦东新区东园三村 335 号 1001 室					邮政编码	200120
评定时间	2009. 9. 4	注册日期	1994. 1. 30	报关有效期	2014. 1. 30	注册资本	1000 万人民币
法人姓名	瞿元庆	电　　话	021 – 58872400	日常联系人	杨忠芳	电　　话	021 – 58872400
主营范围	经营阿拉伯袍裤和服装、纺织品出口，服装、服装面料、纺织品进口（按 1992 年 4 月章程），以及其他三类商品；承办上述进出口代理，中外合资合作和“三来一补”业务，对销贸易经贸咨询；国内商业批发、零售（除专项规定）。						

企业名称	上海东裕物资有限公司			海关编码	3122210351	所属海关	浦东海关
通讯地址	上海市浦东新区归昌路258号304室					邮政编码	200129
评定时间	2011.7.22	注册日期	1995.11.23	报关有效期	2014.11.23	注册资本	3900万人民币
法人姓名	田宏	电　　话	021－58200621	日常联系人	柳青	电　　话	021－51313527
主营范围	上海市外经贸委批准的进口业务、出口业务，承办“三来一补”业务，仓储（除危险品），国际货运代理，金属材料、化工原料及产品、冶金炉料、五金交电、百货、纺织原料、纺织品、汽车（含轿车）、汽车配件、摩托车经销，经济信息咨询、房地产信息咨询（以上咨询除经纪外），室内装潢。（企业经营涉及行政许可的，凭许可证经营。）						

企业名称	上海新发展进出口贸易实业有限公司			海关编码	3122210380	所属海关	浦东海关
通讯地址	上海市浦东新区张杨路601号6M室					邮政编码	200120
评定时间	2011.1.13	注册日期	1996.2.17	报关有效期	2014.2.17	注册资本	1000万人民币
法人姓名	蒋琪民	电　　话	021－51119888	日常联系人	吴鹏	电　　话	021－51386079
主营范围	自营和代理各类商品及技术的进出口业务，国家规定的专营进出口商品和国家禁止进出口等特殊商品除外；食品销售管理（非实物方式，有效期至2012年8月26日）、百货、服装、皮革制品、办公用品、化妆品、玩具的销售；经营进料加工和“三来一补”业务；开展对销贸易和转口贸易；承办中外合资、合作业务；商务咨询服务（除经纪）；国际货运代理；物流服务及管理。（以上涉及许可经营的凭许可证经营。）						

企业名称	上海市轻工业品进出口有限公司			海关编码	3122210408	所属海关	浦东海关
通讯地址	上海市浦东新区东园三村335号2402室					邮政编码	200063
评定时间	2011.7.8	注册日期	2000.3.30	报关有效期	2014.3.30	注册资本	7800万人民币
法人姓名	戴志伟	电　　话	021－63191010	日常联系人	朱耀祥	电　　话	021－62859900
主营范围	经营和代理轻工业品、服装等商品的进出口业务，承办中外合资经营、合作生产及“三来一补”业务，从事对外贸易咨询业务，国内商业业务（除国家专项规定外），仓储（除危险品外）。（涉及许可经营的凭许可证经营。）						

企业名称	上海浦东国际机场进出口有限公司			海关编码	3122210414	所属海关	浦东海关
通讯地址	上海浦东机场纬一路100号					邮政编码	201202
评定时间	2012.12.26	注册日期	1996.5.15	报关有效期	2014.5.15	注册资本	1000万人民币
法人姓名	陈维龙	电　　话	021－63293763	日常联系人	毕蕾	电　　话	021－63293763
主营范围	上海市外经贸委批准的进出口业务，自用成品油进口业务，上海市政府采购招标中介业务，国内机电设备招标代理业务，国内贸易（除专项规定外）。						

企业名称	上海船厂船舶有限公司			海关编码	3122210464	所属海关	浦东海关
通讯地址	上海市浦东新区即墨路1号					邮政编码	200120
评定时间	2009.2.2	注册日期	1997.1.16	报关有效期	2014.1.16	注册资本	97693万人民币
法人姓名	周建能	电　话	021－65410100	日常联系人	张中一	电　话	021－65129641
主营范围	船舶、普通机械钢结构件、空调制冷设备、五金工具、机电配件、起重机械、电子产品、电器设备、通讯器材、木制品的制造、销售及修理，建筑装饰业务，涂装装潢，外经贸部批准的自营进出口业务，开展本企业“三来一补”业务，附设分支机构。（涉及许可经营的凭许可证经营。）						

企业名称	上海东松国际贸易有限公司			海关编码	3122210519	所属海关	浦东海关
通讯地址	上海市浦东新区花木镇高科西路1862号					邮政编码	201204
评定时间	2013.7.9	注册日期	1997.11.25	报关有效期	2015.7.15	注册资本	1500万人民币
法人姓名	钟伟民	电　话	021－63230480	日常联系人	王卫江	电　话	021－63230480
主营范围	从事货物及技术的进出口业务，国际招标，国内贸易（除专项规定外），汽车（含小轿车）的销售，政府采购代理，食用农产品（不含生猪产品）、食品添加剂的销售，货运代理，装卸服务，仓储（除危险品），自有设备租赁（不得从事金融租赁），商务咨询（不得从事经纪），会展会务服务，预包装食品（含冷冻冷藏，不含熟食卤味）、乳制品（含婴幼儿配方乳粉）的批发（凭许可证经营），危险化学品（范围详见许可证），医疗器械、煤炭的销售。（企业经营涉及行政许可的，凭许可证件经营。）						

企业名称	上海通贸国际供应链管理有限公司			海关编码	3122210536	所属海关	浦东海关
通讯地址	上海市浦东新区世纪大道211号2202室					邮政编码	200122
评定时间	2012.3.14	注册日期	1998.3.30	报关有效期	2014.3.30	注册资本	7000万人民币
法人姓名	陈骅	电　话	021－62721234	日常联系人	林福根	电　话	021－62721234
主营范围	供应链管理；计算机、网络信息技术专业领域内的技术开发、技术咨询、技术服务、技术转让；从事货物与技术的进出口、转口贸易，开展“三来一补”业务；承办海运、空运进出口货物的国际运输代理业务，包括揽货、订舱、仓储、中转、集装箱拼装拆箱、结算运杂费、报关、报验、保险、相关的短途运输服务及咨询业务；办理国际快递业务（信件及具有信件性质的物品除外）；道路货物运输（普通货物）；工艺礼品、日用百货、通信及电子设备材料的销售；会展服务；通信工程施工（按许可资质经营）；自有机械设备及房屋的融物租赁；卷烟及雪茄烟的零售（限分支机构经营）；附设分支机构；批发预包装食品（不含熟食卤味，冷冻冷藏；含酒类）。（企业经营涉及行政许可的，凭许可证件经营。）						

企业名称	上海海外国际贸易有限公司			海关编码	3122210541	所属海关	浦东海关
通讯地址	上海市浦东新区浦东大道1539号1101室A座					邮政编码	200135
评定时间	2009.7.6	注册日期	1998.5.14	报关有效期	2014.5.14	注册资本	1000万人民币
法人姓名	徐成武	电　　话	021－65950017	日常联系人	倪志强	电　　话	021－65950295
主营范围	经营和代理除国家组织统一联合经营的出口商品和国家实行核定经营的进口商品以外的商品及技术的进出口业务，经营“三来一补”和进料加工业务，经营对销、转口贸易，外贸咨询，经营国内贸易批发（除专项规定）、零售业务。						

企业名称	沪东重机有限公司			海关编码	3122210594	所属海关	浦东海关
通讯地址	浦东新区浦东大道2851号346幢					邮政编码	200129
评定时间	2010.4.6	注册日期	1999.3.24	报关有效期	2014.3.24	注册资本	240000万人民币
法人姓名	江民达	电　　话	021－51310000－8001	日常联系人	俞韦华	电　　话	021－58713807
主营范围	船用柴油机及备配件、铸锻件的设计、制造和销售，电站设备、工程机械成套设备、机电设备的设计、制造、安装、维修及相关的技术咨询和技术服务，非标准钢结构制作，从事货物与技术的进出口业务。（涉及行政许可的，凭许可证经营。）						

企业名称	上海远洋国际贸易有限公司			海关编码	3122210671	所属海关	浦东海关
通讯地址	上海市浦东新区乳山路227号3楼D－423室					邮政编码	200135
评定时间	2009.11.16	注册日期	2000.5.18	报关有效期	2014.5.18	注册资本	1000万人民币
法人姓名	孙定山	电　　话	021－65469900	日常联系人	何培娜	电　　话	021－65469900
主营范围	经营和代理按上海市外经贸委核准的进出口业务，承办中外合资、合作生产业务，开展“三来一补”业务，经营转口贸易和对销贸易，船舶、化工原料及产品（除危险品）、百货、五金交电、建筑装潢材料、机电设备、仪器仪表及配件、针纺织品、金属材料、工艺品、珠宝、金银首饰、钻石的销售，室内装潢。（以上项目涉及许可经营的，凭许可证经营。）						

企业名称	沪东中华造船（集团）有限公司			海关编码	3122210769	所属海关	浦东海关
通讯地址	上海市浦东新区浦东大道2851号					邮政编码	200129
评定时间	2008.10.31	注册日期	2001.8.7	报关有效期	2014.8.7	注册资本	76094万人民币
法人姓名	孙云飞	电　　话	021－58712603－6800	日常联系人	沈尉	电　　话	021－58713222－2635
主营范围	军、民用船舶，海洋工程，船用柴油机的设计、制造、服务及修理；160吨及以下桥式起重机，600吨及以下门式起重机，高层建筑钢结构，桥梁及大型钢结构，市政工程建筑，金属结构，网架工程（壹级）的制造、安装及施工；经外经贸部批准的自营进出口业务及进料加工、“三来一补”业务；机械设备设计、制造；工业设备工程安装、修理；一级起重机械安装；船用配件的设计、制造、服务及修理；铸钢件生产；承包与其实力、规模、业绩相适应的国外工程项目，对外派遣实施上述境外工程所需的劳务人员。（企业经营涉及行政许可的，凭许可证件经营。）						

企业名称	上海外高桥造船有限公司			海关编码	3122210856	所属海关	浦东海关
通讯地址	上海浦东新区外高桥洲海路3001号					邮政编码	200137
评定时间	2008.10.31	注册日期	2002.1.9	报关有效期	2014.1.9	注册资本	286000万人民币
法人姓名	黄永锡	电　　话	021－38864500	日常联系人	叶俊炜	电　　话	021－38864500－8324
主营范围	船舶、港口机械、起重运输机械、压力容器、冶金矿山设备、水利电力设备、石油化工设备、钢结构件的设计、制造、修理；海洋工程、建筑桥梁、机电、成套工程、船舶相关材料设备的销售；经营本企业自产产品及技术的出口业务，经营本企业生产科研所需的原辅材料、仪器仪表、机械设备、零配件及技术的进口业务，国家限定公司经营或禁止进出口的商品及技术除外；经营进料加工和“三来一补”业务及以上相关咨询服务。						

企业名称	上海丝绸集团股份有限公司			海关编码	3122211067	所属海关	浦东海关
通讯地址	上海市浦东新区世纪大道1500号					邮政编码	200122
评定时间	2011.11.22	注册日期	2003.1.27	报关有效期	2014.1.27	注册资本	10000万人民币
法人姓名	徐伟民	电　　话	021－64662288	日常联系人	顾慧慧	电　　话	021－64662288
主营范围	国内贸易（除专项规定），实业投资，企业管理；自营和代理各类商品和技术的进出口，但国家限定公司经营或禁止进出口的商品及技术除外。						

企业名称	上海海棕榈进出口有限公司			海关编码	3122211136	所属海关	浦东海关
通讯地址	上海市浦东新区海高路137号1幢1A73室					邮政编码	200137
评定时间	2011.8.26	注册日期	2003.7.15	报关有效期	2014.7.15	注册资本	500万人民币
法人姓名	易淑坤	电　　话	021－58358803－801	日常联系人	张宏杰	电　　话	021－58358803－809
主营范围	自营和代理各类商品和技术的进出口，但国家限定公司经营或禁止进出口的商品和技术除外；汽车配件、金属材料、普通机械、电器机械及器材、五金交电、通信器材、电子产品、化工产品及原料（除危险品）、建筑材料、木材、服装、针纺织品及原料（除棉花收购）、百货的销售；咨询服务；货运代理；仓储服务（除危险品）；预包装食品（含冷冻冷藏，不含熟食卤味）、乳制品（含婴幼儿配方乳粉）的批发［非实物方式（凭许可证）］；国际货运代理。（企业经营涉及行政许可的，凭许可证件经营。）						

企业名称	上海外联发进出口有限公司			海关编码	3122211217	所属海关	浦东海关
通讯地址	上海市浦东新区花山路1199号C区21层					邮政编码	200131
评定时间	2013.4.3	注册日期	2004.6.10	报关有效期	2014.6.10	注册资本	500万人民币
法人姓名	蒋琪民	电　　话	021－51119888	日常联系人	黄婧	电　　话	021－51386079
主营范围	经营各类商品和技术的进出口，但国家限定公司经营或禁止进出口的商品及技术除外；医疗器械（凭许可证经营）、预包装食品（不含熟食卤味，冷冻冷藏）的销售（凭许可证经营）；咨询服务。（企业经营涉及行政许可的，凭许可证件经营。）						

企业名称	东方国际集团上海家纺有限公司			海关编码	3122211224	所属海关	浦东海关
通讯地址	上海市浦东新区东方路135号10－12层					邮政编码	200120
评定时间	2012. 8. 31	注册日期	2004. 7. 19	报关有效期	2014. 6. 28	注册资本	5400万人民币
法人姓名	钟伟民	电　　话	021－65218500	日常联系人	高卉青	电　　话	021－65218500
主营范围	国内贸易，经营各类商品和技术的进出口（国家限定公司经营或禁止进出口的商品及技术除外），商务服务，房屋租赁，以及以上相关业务的咨询服务。（除经纪外，涉及许可经营的凭许可证经营。）						

企业名称	昆仑国际贸易有限公司			海关编码	3122211240	所属海关	浦东海关
通讯地址	上海市浦东新区北张家浜路68号					邮政编码	200120
评定时间	2013. 5. 24	注册日期	2005. 1. 27	报关有效期	2014. 1. 27	注册资本	1000万人民币
法人姓名	王晖	电　　话	021－33830833	日常联系人	颜一方	电　　话	021－33830833－601
主营范围	一般经营项目：进出口贸易，棉花、橡胶、木材、有色金属、黑色金属的销售，实业投资，企业收购兼并，技术开发及技术转让，上述业务的咨询与咨询服务。						

企业名称	上海汉森环宇进出口有限公司			海关编码	3122211321	所属海关	浦东海关
通讯地址	上海市浦东新区昌里路335号4层412室					邮政编码	200126
评定时间	2010. 4. 21	注册日期	2006. 12. 18	报关有效期	2015. 12. 18	注册资本	3000万人民币
法人姓名	尹国华	电　　话	021－62130620	日常联系人	林辉	电　　话	021－62130619
主营范围	从事货物和技术的进出口业务，手帕、服装服饰、纺织品及原辅料（除棉花收购）、机电设备、五金交电、文体用品、化妆品、化工原料及产品（危险品限批发，详见许可证）、建筑装潢材料、汽车配件的销售，预包装食品（含冷冻冷藏，熟食卤味）、乳制品（含婴幼儿配方乳粉）的批发（凭许可证经营），酒、茶叶、食用农产品、食品添加剂、第一类医疗器械、卫生洁具、宠物用品、工艺礼品、民用游艇、钢材的销售，包装设计，以及以上相关业务的咨询服务（除经纪外），实业投资，附设分支机构。（企业经营涉及行政许可的，凭许可证件经营。）						

企业名称	上海江南长兴造船有限责任公司			海关编码	3122211333	所属海关	浦东海关
通讯地址	上海市崇明县长兴镇长兴江南大道2468号					邮政编码	201913
评定时间	2010. 5. 20	注册日期	2007. 3. 21	报关有效期	2016. 3. 21	注册资本	230911万人民币
法人姓名	顾逖泉	电　　话	021－66996001	日常联系人	叶俊炜	电　　话	021－38864500－8324
主营范围	船舶、船舶设备、港口机械、机械电子设备、冶金矿山设备、水利电力设备、石油化工设备、钢结构、起重机械的销售、设计、制造、改造、安装、维修，以及以上自有设备的租赁；船舶、船用设备、海洋工程项目的投资；从事货物及技术的进出口业务；造船和钢结构专用领域的技术开发、技术转让、技术服务、技术咨询。（企业经营涉及行政许可的，凭许可证件经营。）						

<table>
<tr><td>企业名称</td><td colspan="3">上海江南长兴重工有限责任公司</td><td>海关编码</td><td>3122211335</td><td>所属海关</td><td>浦东海关</td></tr>
<tr><td>通讯地址</td><td colspan="5">上海市浦东新区浦东大道 1 号 2203 室</td><td>邮政编码</td><td>201913</td></tr>
<tr><td>评定时间</td><td>2010. 11. 22</td><td>注册日期</td><td>2007. 5. 9</td><td>报关有效期</td><td>2016. 5. 9</td><td>注册资本</td><td>242488 万人民币</td></tr>
<tr><td>法人姓名</td><td>林鸥</td><td>电　　话</td><td>021－66994616</td><td>日常联系人</td><td>曹为</td><td>电　　话</td><td>021－66993753</td></tr>
<tr><td>主营范围</td><td colspan="7">钢结构、港口机械、机械电子设备、船舶、船用设备、冶金矿山设备、水利电力设备、石油化工设备的销售、设计、制造、修理，以及以上自有设备的租赁；船舶、海洋工程项目的投资；从事货物及技术的进出口业务；造船和钢结构专业领域内的技术开发、技术转让、技术服务、技术咨询。（涉及许可经营的，凭许可证经营。）</td></tr>
</table>

<table>
<tr><td>企业名称</td><td colspan="3">中石化国际事业上海有限公司</td><td>海关编码</td><td>3122211423</td><td>所属海关</td><td>浦东海关</td></tr>
<tr><td>通讯地址</td><td colspan="5">上海市浦东新区杨高北路 528 号 14 幢 1E17 室</td><td>邮政编码</td><td>200137</td></tr>
<tr><td>评定时间</td><td>2013. 7. 2</td><td>注册日期</td><td>2010. 8. 17</td><td>报关有效期</td><td>2016. 8. 17</td><td>注册资本</td><td>2000 万人民币</td></tr>
<tr><td>法人姓名</td><td>沈荣民</td><td>电　　话</td><td>021－58503832</td><td>日常联系人</td><td>凌梅</td><td>电　　话</td><td>021－58503832</td></tr>
<tr><td>主营范围</td><td colspan="7">从事货物及技术的进出口业务，石油制品（除成品油）、化工产品（危险化学品范围详见许可证）、机械设备、电气仪表、汽车配件、木材、建筑材料、金属材料，化肥的销售，仓储（除危险品外），展览展示服务，自有设备租赁（不得从事金融租赁）。（企业经营涉及行政许可的，凭许可证件经营。）</td></tr>
</table>

<table>
<tr><td>企业名称</td><td colspan="3">上海贝尔股份有限公司</td><td>海关编码</td><td>3122230089</td><td>所属海关</td><td>浦东海关</td></tr>
<tr><td>通讯地址</td><td colspan="5">上海市浦东新区金桥出口加工区宁桥路 388 号</td><td>邮政编码</td><td>201206</td></tr>
<tr><td>评定时间</td><td>2008. 10. 31</td><td>注册日期</td><td>1993. 3. 1</td><td>报关有效期</td><td>2014. 3. 1</td><td>注册资本</td><td>575909 万人民币</td></tr>
<tr><td>法人姓名</td><td>袁欣</td><td>电　　话</td><td>021－58541240</td><td>日常联系人</td><td>顾俊</td><td>电　　话</td><td>021－38433229</td></tr>
<tr><td>主营范围</td><td colspan="7">科研开发、设计、制造并在国内外销售各类信息网络及交换网络、移动通信网络、数据通信网络、接入网络、各类信息通信终端和光电传输网络；网络管理及应用；企业和社区信息通信网络系统及超大规模集成电路和其他因特网产品，包括日后问世的各类新一代信息通信网络和相关产品，但不包括海底光缆及空间卫星通信产品；为上述各类产品和网络系统提供科研开发、销售、工程设计、安装维护和售后服务等；承包境外机电和境内国际招标工程。上述境外工程所需的设备材料出口，对外派遣实施上述境外工程所需的劳务人员。（涉及许可经营的凭许可证经营。）</td></tr>
</table>

企业名称	上海皇冠制罐有限公司			海关编码	3122230350	所属海关	浦东海关
通讯地址	上海市浦东新区金桥出口加工区金湘路800号					邮政编码	201206
评定时间	2011.2.25	注册日期	1993.1.30	报关有效期	2014.1.30	注册资本	1400万美元
法人姓名	虞晓芳	电　　话	021-58995108	日常联系人	陈幸	电　　话	021-58995108
主营范围	生产销售自产产品，产品边角料和回收的废罐的出口，印刷普通商标（不含人用药品及烟草制品商标印刷），销售自产产品。（涉及许可经营的凭许可证经营。）						

企业名称	诺基亚西门子通信（上海）有限公司			海关编码	3122230814	所属海关	浦东海关
通讯地址	上海市浦东新区川桥路777号					邮政编码	201206
评定时间	2008.12.5	注册日期	1994.3.28	报关有效期	2014.3.28	注册资本	10000万欧元
法人姓名	王强	电　　话	021-61011688	日常联系人	蔡志平	电　　话	021-61011963
主营范围	生产和销售无线基站设备、移动用户终端设备、公众移动通信系统设备、数字通信产品、数字网络系统设备、无绳电话产品，以及相关的工程设计、施工、安装、开通和维护业务；维修诺基亚、西门子通信移动终端产品，无线基站设备，公众移动通信系统设备，数字通信产品，数字网络系统设备及西门子无绳电话产品；从事非配额许可证管理、非专营商品的收购出口业务，各类电器设备（含零配件）及各类电子元器件的国内外销售［批发、进出口、佣金代理（拍卖除外）］，并提供相关的配套服务。（涉及行政许可的，凭许可证经营。）						

企业名称	上海振华重工（集团）股份有限公司			海关编码	3122231355	所属海关	浦东海关
通讯地址	上海市浦东新区浦东南路3470号					邮政编码	200125
评定时间	2008.10.31	注册日期	1996.6.17	报关有效期	2014.6.17	注册资本	337715万人民币
法人姓名	周纪昌	电　　话	021-82016655	日常联系人	龚晓亮	电　　话	021-51382704
主营范围	设计、建造和安装大型港口装卸系统和设备、海上重型装备、工程机械、工程船舶和大型金属结构件及部件、配件、船舶修理，自产起重机租赁业务，销售公司自产产品，可用整机运输专用船从事国际海运，钢结构工程专业承包。（涉及许可经营的凭许可证经营。）						

企业名称	上海夏普电器有限公司			海关编码	3122231435	所属海关	浦东海关
通讯地址	上海市浦东新区金港路558号					邮政编码	201206
评定时间	2008.12.5	注册日期	1998.5.14	报关有效期	2014.5.14	注册资本	6325万美元
法人姓名	黄峰	电　　话	021-58341111	日常联系人	莫宏敏	电　　话	021-58341111-3602
主营范围	空调机器、电冰箱、洗衣机、微波炉、电饭锅、电烤箱、电热水瓶、空气净化器、除湿机、吸尘器等家用电器产品及相关零部件的生产、销售，以及同类商品的批发和进出口业务。（涉及行政许可的，凭许可证经营。）						

企业名称	上海纪元微科电子有限公司			海关编码	3122231441	所属海关	浦东海关
通讯地址	上海市浦东新区郭守敬路351号					邮政编码	201203
评定时间	2008.10.31	注册日期	1995.11.1	报关有效期	2014.11.1	注册资本	2500万美元
法人姓名	邵礼群	电　话	021－50801128	日常联系人	沈贤竣	电　话	021－50801128－618
主营范围	半导体器件和相关产品的封装、测试，在国内外市场销售公司产品并提供相关服务。（涉及许可经营的凭许可证经营。）						

企业名称	上海日立家用电器有限公司			海关编码	3122231478	所属海关	浦东海关
通讯地址	上海市浦东新区金桥出口加工区金湘路1100号					邮政编码	200062
评定时间	2009.3.5	注册日期	1995.12.8	报关有效期	2014.12.8	注册资本	4867万美元
法人姓名	飯塚慎一	电　话	021－51782188	日常联系人	范涌	电　话	021－50316868
主营范围	开发、生产空调器、洗衣机、冰箱、其他家用电器、家用电器零部件和电机、相关工具与模具，销售自产产品，与自产产品同类的商品的批发、零售、进出口、佣金代理（拍卖除外），并提供相应售后服务。（不涉及国营贸易管理商品，涉及配额、许可证管理商品的，按国家有关规定办理申请；涉及行政许可的凭许可证经营。）						

企业名称	上海索广映像有限公司			海关编码	3122231594	所属海关	浦东海关
通讯地址	上海市浦东新区川沙路3777号					邮政编码	201201
评定时间	2009.2.2	注册日期	1996.2.5	报关有效期	2014.2.5	注册资本	10258万美元
法人姓名	今村昌志	电　话	021－58388800	日常联系人	丁文	电　话	021－58388800－152
主营范围	设计和开发、组装、制造家用影视设备、彩色显像管、高分辨率显示器及显示管、视频投影机、广播电视节目制作设备（不含国家限制或禁止类产品及有专项规定的产品）、应用电视设备、电子计算机外部设备、电视会议系统、网络摄像设备等产品及相关的零部件，在国内外销售公司产品并提供售后服务，从事非配额许可证管理、非专营商品的收购出口业务。（涉及许可经营的凭许可证经营。）						

企业名称	上海乐金广电电子有限公司			海关编码	3122231741	所属海关	浦东海关
通讯地址	上海市金桥出口加工区云桥路600号					邮政编码	201206
评定时间	2008.10.31	注册日期	1996.11.13	报关有效期	2014.11.13	注册资本	1357万美元
法人姓名	金文实	电　话	021－58542752	日常联系人	赵明官	电　话	021－58545500－3101
主营范围	生产监控监视设备，卫星公共接收电视前端设备，录像机，激光影碟机，数字照相机，数字音、视频编解码设备，大容量光、磁盘驱动器，数字摄录机，电脑产品及光驱机芯，激光头等音频视频电子产品；销售自产产品；从事非配额许可证管理、非专营商品的收购出口业务。（涉及行政许可的，凭许可证经营。）						

企业名称	联合汽车电子有限公司			海关编码	3122231545	所属海关	浦东海关
通讯地址	上海市浦东新区榕桥路555号					邮政编码	201206
评定时间	2009.5.15	注册日期	1996.1.10	报关有效期	2014.1.10	注册资本	120000万人民币
法人姓名	陈虹	电　话	021－61688888	日常联系人	夏海旭	电　话	021－58992288
主营范围	开发、匹配和生产用于车辆的电子控制系统（汽油发动机管理系统，汽车车身电子和传动控制系统）及其零部件，混合动力汽车和电动汽车的动力系统（包含电力电子、电机、电池组和电池管理系统）及其零部件（不包括电池单元），以及为此所需的生产和维修的设备和工具；销售自产产品；自产产品和同类产品的批发、进出口和佣金代理（拍卖除外）；提供相关市场开发、技术开发、咨询及售后服务等配套服务。（不涉及国营贸易管理商品，涉及配额、许可证管理商品的，按国家有关规定办理申请；涉及许可经营的凭许可证经营。）						

企业名称	上海通用汽车有限公司			海关编码	3122231784	所属海关	浦东海关
通讯地址	上海市浦东新区申江路1500号					邮政编码	201206
评定时间	2008.10.31	注册日期	1997.6.23	报关有效期	2014.6.23	注册资本	108300万美元
法人姓名	TIMOTHY EBY LEE（李添泽）	电　话	021－28902890	日常联系人	吴澄	电　话	021－28902890
主营范围	制造汽车、发动机、变速箱及其零部件，在国内外市场销售本公司及其国内投资企业制造的上述产品及其维修配件，从事上述产品的同类产品（《汽车品牌销售管理实施办法》规定的商品除外）的批发、零售（不开设店铺）、佣金代理（拍卖除外）及进出口代理业务，品牌汽车销售（作为通用汽车公司授权的总经销商从事别克BUICK、雪佛兰CHEVROLET、凯迪拉克CADILLAC、萨博SAAB进口车及其配件的进口，国内批发业务及政府采购，集团客户的零售业务），从事二手车经销业务，从事非配额许可证管理、非专营商品的收购出口业务，提供上述车辆的租赁和售后服务，与上述业务相关的技术咨询和培训服务。（涉及许可经营的凭许可证经营。）						

企业名称	上海克虏伯不锈钢有限公司			海关编码	3122231855	所属海关	浦东海关
通讯地址	上海市浦东新区通耀路21号					邮政编码	200126
评定时间	2009.1.6	注册日期	1998.8.24	报关有效期	2014.8.24	注册资本	42890万美元
法人姓名	楼定波	电　话	021－38874881－5212	日常联系人	张韫	电　话	021－38874887－5212
主营范围	生产不锈钢和不锈钢产品，在国内外市场销售和经销自产产品，并提供相关技术咨询、技术服务和售后服务。（涉及许可经营的凭许可证经营。）						

企业名称	上海松下等离子显示器有限公司			海关编码	3122232003	所属海关	浦东海关
通讯地址	上海市浦东新区金穗路1398号					邮政编码	201206
评定时间	2010.8.16	注册日期	2001.1.20	报关有效期	2014.1.20	注册资本	16500万美元
法人姓名	黄峰	电　话	021－24122651	日常联系人	黄健平	电　话	021－38712211
主营范围	PDP屏、模块及各种应用PDP的显示器，彩色电视机等相关产品及其零部件的开发、生产；销售自产产品并提供售后服务。（涉及许可经营的凭许可证经营。）						

企业名称	上海理光数码设备有限公司			海关编码	3122232165	所属海关	浦东海关
通讯地址	上海市浦东新区金桥出口加工区金港路 887 号					邮政编码	201206
评定时间	2009. 4. 2	注册日期	2003. 11. 19	报关有效期	2014. 11. 19	注册资本	4234 万美元
法人姓名	加藤荣一	电　　话	021 – 58549000	日常联系人	王海燕	电　　话	021 – 58549000 – 2216
主营范围	新型打印装置、数码办公设备及相关零部件、消耗品的生产加工；精冲模、精密型腔模、模具标准的设计、制造；销售自产产品，提供相关的技术支持、技术咨询及配套计算机网络的系统集成服务；提供售后服务；多余厂房出租及配套物业管理（限关联企业）。（涉及许可证的凭许可证经营。）						

企业名称	日月光半导体（上海）有限公司			海关编码	3122232467	所属海关	浦东海关
通讯地址	上海市张江高科技园区金科路 2300 号					邮政编码	201203
评定时间	2010. 4. 21	注册日期	2002. 12. 3	报关有效期	2015. 9. 30	注册资本	107525 万人民币
法人姓名	张虔生	电　　话	021 – 50805888	日常联系人	郭佳杰	电　　话	021 – 50805888 – 5238
主营范围	研究、开发、生产和销售发光二极体、印刷电路板及光电子器材（包含其他电视摄影机）等新型电子元器件，销售自产产品，半导体原材料及半导体生产设备的批发、佣金代理（拍卖除外）和进出口，提供其他相关配套服务。（涉及行政许可的凭许可证经营。）						

企业名称	环旭电子股份有限公司			海关编码	3122232468	所属海关	浦东海关
通讯地址	上海市张江高科技园区集成电路产业区张东路 1558 号					邮政编码	201203
评定时间	2009. 1. 19	注册日期	2003. 3. 3	报关有效期	2014. 3. 3	注册资本	101172 万人民币
法人姓名	张洪本	电　　话	021 – 58966996	日常联系人	黄添一	电　　话	021 – 58966996 – 83230
主营范围	提供电子产品设计制造服务（DMS）；设计、生产、加工新型电子元器件，计算机高性能主机板，无线网络通信元器件，计算机高性能主机板，无线网络通信元器件，移动通信产品及模块、零配件；维修以上产品，销售自产产品，并提供相关的技术咨询服务；电子产品、通讯产品及相关零配件的批发和进出口，并提供相关配套服务。（涉及行政许可的，凭许可证经营。）						

企业名称	上海兰生大宇有限公司			海关编码	3122238800	所属海关	浦东海关
通讯地址	上海市峨山路 613 号 11 幢 B525 室					邮政编码	200021
评定时间	2009. 3. 5	注册日期	1997. 8. 25	报关有效期	2014. 8. 25	注册资本	10000 万人民币
法人姓名	汪海	电　　话	021 – 63190088	日常联系人	章伟芳	电　　话	021 – 63190088
主营范围	自营和代理除国家统一经营的出口商品和核定经营的进口商品以外的商品及技术进出口业务（含转口贸易），进料加工和“三来一补”，在外汇平衡下，经营进口商品国内批发，出口商品按不超过年出口额 5% 的比例转国内批发。（涉及许可经营的凭许可证经营。）						

企业名称	欧姆龙（上海）有限公司			海关编码	3122240133	所属海关	浦东海关
通讯地址	上海市浦东新区金桥出口加工区金吉路789号					邮政编码	201206
评定时间	2009.2.2	注册日期	1994.9.23	报关有效期	2014.9.23	注册资本	6950万美元
法人姓名	池添贵司	电　　话	021－50509988	日常联系人	蒉虹敏	电　　话	021－50509988
主营范围	新型仪表元器件和材料、新型电子元器件、控制系统及用于以上各项产品的生产设备的研究、开发、生产，并销售自产产品；上述产品同类商品及相关零配件、控制系统用软件的批发、进出口、佣金代理（拍卖除外），并提供系统集成服务；自产产品及欧姆龙集团产品的相关技术咨询、维修服务和售后服务及其他配套业务；在上海浦东新区金桥出口加工区金吉路789号内从事自有生产用房出租。（涉及行政许可的，凭许可证经营。）						

企业名称	诺信（中国）有限公司			海关编码	3122240213	所属海关	浦东海关
通讯地址	上海市张江高科技园区郭守敬路137号					邮政编码	201203
评定时间	2011.11.22	注册日期	2008.10.7	报关有效期	2014.10.7	注册资本	560万美元
法人姓名	GREGORY P. MERK	电　　话	021－58568855	日常联系人	李兵	电　　话	021－58568855－826
主营范围	生产喷涂、涂布设备及零配件，销售自产产品，上述产品的批发及进出口，并提供相关的配套维修，产品开发，技术咨询服务。（涉及行政许可的，凭许可证经营。）						

企业名称	柯达电子（上海）有限公司			海关编码	3122240216	所属海关	浦东海关
通讯地址	上海市浦东新区金桥出口加工区川桥路1510号第6、7幢通用厂房					邮政编码	201206
评定时间	2009.1.6	注册日期	1995.11.21	报关有效期	2014.11.21	注册资本	2920万美元
法人姓名	LOIS LEBEGUE	电　　话	021－58841818	日常联系人	赵佳	电　　话	021－50321010－6139
主营范围	生产一次性、传统式和数字式照相机，民用及专业照相器材，影像设备，冲印设备，电脑直接制版机和相关电子产品及零部件；销售自产产品并提供相关技术咨询和技术服务；上述产品同类商品的批发、进出口、佣金代理（拍卖除外）；系统集成并提供相关配套服务；影像设备及精密仪器的维修；从事新产品和新技术的研发和引进，现有产品的维护和改进，研发成果的转让，并提供技术咨询及技术服务。（涉及行政许可的，凭许可证经营。）						

企业名称	上海原宿电器有限公司			海关编码	3122240283	所属海关	浦东海关
通讯地址	上海市浦东新区王桥工业区王桥路431号					邮政编码	201200
评定时间	2011.11.22	注册日期	2008.12.30	报关有效期	2014.12.30	注册资本	400万美元
法人姓名	小宫刚彦	电　　话	021－58387810	日常联系人	顾群华	电　　话	021－58382313
主营范围	生产电子基板、充电电池、充电器、电视教育游戏机、吸尘器及配套的零部件，销售自产产品，电子产品及配件、橡塑制品的批发、佣金代理（拍卖除外）、进出口，并提供上述相关业务的售后服务、技术咨询服务。（不涉及国营贸易管理，涉及配额、许可证管理商品的，按国家有关规定办理申请；涉及行政许可的，凭许可证经营。）						

企业名称	三井高科技（上海）有限公司			海关编码	3122240292	所属海关	浦东海关
通讯地址	上海市浦东新区金桥出口加工区新金桥路 2001 号					邮政编码	201206
评定时间	2009. 2. 2	注册日期	1996. 7. 4	报关有效期	2014. 7. 4	注册资本	3000 万美元
法人姓名	HIDEKI MATSUO（松尾秀树）	电　话	021－58996160	日常联系人	胡青蓉	电　话	021－58996160
主营范围	生产高精度精密模具、集成电路引线框架、各类控制电机金属芯、电子元器件、精密磨床，销售自产产品，从事母公司、母公司下属子公司、关联公司生产的上述产品及与上述产品相关的零部件、附属品的进出口及批发业务，并提供相关技术咨询、技术服务和售后服务；商务信息咨询，企业管理咨询，营销策划咨询。（涉及行政许可的，凭许可证经营。）						

企业名称	远纺工业（上海）有限公司			海关编码	3122240336	所属海关	浦东海关
通讯地址	上海市浦东新区东方路 800 号宝安大厦 33 楼					邮政编码	200122
评定时间	2008. 10. 31	注册日期	1997. 1. 30	报关有效期	2014. 1. 31	注册资本	24280 万美元
法人姓名	张立德	电　话	021－68751888	日常联系人	吴博洋	电　话	138××××6451
主营范围	制造、加工聚脂切片、涤纶棉、涤纶丝及配套的后加工产品，并销售公司自产产品；从事与自产产品同类商品及上下游产品（危险化学品除外）、乙二醇精对苯二甲酸间苯二甲酸的批发、佣金代理（拍卖除外）；上述商品和技术的进出口，并提供技术咨询服务和售后服务。（涉及许可证管理的凭许可证经营。）						

企业名称	上海惠普有限公司			海关编码	3122240460	所属海关	浦东海关
通讯地址	上海市张江高科技园区金科路 2727 号（A 栋 1－3 楼，B 栋，C 栋 1 楼 3 楼）					邮政编码	201203
评定时间	2008. 10. 31	注册日期	1998. 7. 20	报关有效期	2016. 8. 3	注册资本	2600 万美元
法人姓名	FOO PIAU PHANG（符标榜）	电　话	010－65643888	日常联系人	秦春	电　话	021－20836035
主营范围	受惠普公司和其下属公司、关联公司的书面委托，在中国向其提供下列服务：投资经营决策，资金运作和财务管理，运营管理，研究开发和技术支持，承接惠普内部的共享服务及境外公司的服务外包，员工培训与管理；从事计算机产品、成像及打印产品、企业服务存储和网络产品、移动通信终端及相关配套系列产品、电子信息产品、可视电话会议设备及相关配套系列产品、外围设备、零配件及相关软件产品的批发、互联网销售（包括零售）、直接或通过渠道销售、进出口、仓储、佣金代理（拍卖除外）；研制、加工、组装、生产（包括委托加工）上述产品及其零配件，并提供维修与维护服务、技术咨询与技术转让（受配额许可证管理或专营商品除外）；对上述产品的系统集成、设备安装、调试、应用、咨询，提供技术解决方案和其他相关配套服务（详见营业执照）。						

企业名称	巴斯夫应用化工有限公司		海关编码	3122240631	所属海关	浦东海关
通讯地址	上海市浦东新区江心沙路300号				邮政编码	200137
评定时间	2008. 10. 31	注册日期	2000. 5. 19	报关有效期 2014. 5. 19	注册资本	141600万人民币
法人姓名	关志华	电　　话	021－23203002	日常联系人 陈杰	电　　话	021－38655234
主营范围	生产有机颜料、染料、纺织和皮革助剂、耐火液压助剂、丙稀酸分散体和丙烯酸共聚物、金属络合物染料、树脂产品，工程塑料及工艺催化剂，销售自产产品；向巴斯夫关联公司提供公用工程、基础设施的富余能力服务（包括蒸气和铜炉给水），以及相关技术服务；在中国境内设立科研开发中心或部门，从事新产品及高新技术的研究开发，转让其研究开发成果，并提供相应的技术服务。（涉及许可经营的凭许可证经营。）					

企业名称	中芯国际集成电路制造（上海）有限公司		海关编码	3122240755	所属海关	浦东海关
通讯地址	上海市张江高科技园区张江路18号				邮政编码	201203
评定时间	2008. 10. 31	注册日期	2001. 1. 21	报关有效期 2016. 3. 31	注册资本	174000万美元
法人姓名	张文义	电　　话	021－38610000	日常联系人 蒋小华	电　　话	021－38610000
主营范围	半导体（硅片及各类化合物半导体）集成电路芯片制造、针测及测试，与集成电路有关的开发、设计服务及技术服务，光掩膜制造、测试封装，销售自产产品。（涉及许可经营的凭许可证经营。）					

企业名称	日月光封装测试（上海）有限公司		海关编码	3122240775	所属海关	浦东海关
通讯地址	上海市浦东张江高科技园区郭守敬路669号六楼				邮政编码	201203
评定时间	2010. 12. 24	注册日期	2001. 2. 21	报关有效期 2015. 1. 25	注册资本	20358万美元
法人姓名	张洪本	电　　话	021－50801060	日常联系人 龚金新	电　　话	021－50801060
主营范围	半导体（硅片及化合物半导体）集成电路元器件的晶圆针测、测试及封装；封装、测试的设备及软硬件设计开发；电脑软硬件设计；可靠性测试；生产光电子器件等新型电子元器件；销售自产产品及提供相关的技术服务及咨询，半导体原材料的批发、佣金代理（拍卖除外）和进出口，并提供其他相关配套服务。（不涉及国营贸易管理商品，涉及配额、许可证管理商品的，按国家有关规定办理申请；涉及行政许可的，凭许可证经营。）					

企业名称	上海宏力半导体制造有限公司		海关编码	3122240784	所属海关	浦东海关
通讯地址	上海市浦东新区张江高科技园区哈雷路288号				邮政编码	201203
评定时间	2008. 10. 31	注册日期	2000. 12. 20	报关有效期 2014. 12. 20	注册资本	90000万美元
法人姓名	傅文彪	电　　话	021－50808888	日常联系人 陈丽嘉	电　　话	021－50808888
主营范围	集成电路有关的硅片制造、针测、包装及测试，集成电路有关的开发、设计，光掩膜制作、制造、测试、封装等全系列服务，销售自产产品。（涉及许可经营的凭许可证经营。）					

企业名称	展讯通信（上海）有限公司		海关编码	3122240898	所属海关	浦东海关
通讯地址	上海市张江高科技园区祖冲之路2288弄展讯中心1号楼				邮政编码	201203
评定时间	2012. 2. 8	注册日期	2001. 8. 27	报关有效期	2014. 8. 27	注册资本	2010万美元
法人姓名	LIYOU LEO LI	电　　话	021－50802727	日常联系人	张红琴	电　　话	021－50802727
主营范围	无线移动通信集成电路、基带、射频，多媒体芯片和相关数字电视芯片的开发、制作；计算机软件、移动通信协议软件、数字处理软件的开发、制作；销售自产产品，提供相关技术咨询和技术服务；上述同类产品的批发、进出口、佣金代理（拍卖除外）。（涉及行政许可的凭许可证经营。）						

企业名称	泰克科技（中国）有限公司			海关编码	3122240951	所属海关	浦东海关
通讯地址	上海市浦东新区新金桥出口加工区川桥路1227号					邮政编码	201206
评定时间	2009. 3. 5	注册日期	2001. 11. 23	报关有效期	2014. 11. 23	注册资本	1200万美元
法人姓名	朱铁军	电　　话	021－50312000	日常联系人	杨志宏	电　　话	186××××6182
主营范围	软件的设计、开发，电子产品及零部件的设计、开发、生产（包括电子光学仪器，通讯仪器、视频测试仪器和测量设备，计算机硬件，芯片），销售自产产品，并提供相关的技术咨询和技术服务（包括校准、维修服务）；上述同类商品的批发、进出口、佣金代理（拍卖除外），并提供相关的配套服务。（不涉及国营贸易管理商品，涉及配额、许可证管理商品的，按国家有关规定办理申请；涉及行政许可的，凭许可证经营。）						

企业名称	富士胶片（中国）投资有限公司			海关编码	3122240977	所属海关	浦东海关
通讯地址	上海市浦东新区银城中路68号2801室					邮政编码	200120
评定时间	2011. 11. 22	注册日期	2001. 12. 29	报关有效期	2014. 12. 29	注册资本	21340万美元
法人姓名	中嶋成博	电　　话	021－50106000	日常联系人	朱琪	电　　话	021－50106000
主营范围	（一）在国家允许外商投资的领域进行投资。（二）受投资公司所投资企业的书面委托（经董事会一致通过），向其提供下列服务：1. 协助或代理其所投资企业从国内外采购该企业自用的机器设备、办公设备和生产所需的原材料、元器件、零部件，在国内外销售公司所投资企业生产的产品，并提供售后服务；2. 在国内外市场以经销的方式销售所投资企业生产的产品，并提供售后服务；3. 在国家外汇管理部门的同意和监督下，安排组织和协调其所投资的企业之间的外汇平衡；4. 为所投资企业提供产品生产、销售和市场开发过程中的技术支持、员工培训、企业内部人事管理等服务；5. 协助其所投资企业寻求必要的银行贷款及提供担保；6. 为其所投资企业提供运输、仓储等综合服务；7. 经中国银行业监督管理委员会批准，向其所投资设立的企业提供财务支持；8. 为其所投资企业提供机器和办公设备的经营性租赁。（三）向公司投资方及其相关联企业提供咨询并服务。（四）在中国境内设立科研开发中心或部门，从事新产品及高新技术的研究开发，转让其研究开发成果，并提供相应的技术服务；研发、制作医疗应用软件（详见营业执照）。						

企业名称	泰瑞达（上海）有限公司			海关编码	3122241025	所属海关	浦东海关
通讯地址	上海市浦东新区桂桥路1201号52地块10栋					邮政编码	201206
评定时间	2008. 10. 31	注册日期	2002. 3. 19	报关有效期	2014. 3. 19	注册资本	570万美元
法人姓名	MICHAEL ALLEN BRADLEY	电　　话	021－38424668	日常联系人	沈彦闻	电　　话	021－38424668－639
主营范围	设计、开发、生产仪用接插件、移动通信系统交换设备、检测仪器与设备及相关软件，销售自产产品，提供本集团产品的维修、售后服务和技术咨询、非自产上述产品及其同类商品的批发、佣金代理（拍卖除外）和进出口业务，提供相关技术服务和售后服务；检测仪器与设备的租凭。（涉及行政许可的，凭许可证经营。）						

企业名称	亚东石化（上海）有限公司			海关编码	3122241401	所属海关	浦东海关
通讯地址	上海市浦东新区东方路800号32楼3201室					邮政编码	200122
评定时间	2011. 11. 22	注册日期	2003. 5. 29	报关有效期	2014. 5. 29	注册资本	19731万美元
法人姓名	张立德	电　　话	021－68751888	日常联系人	熊一芳	电　　话	021－68751888
主营范围	生产和销售精对苯二甲酸，销售自产产品；从事自产产品的同类产品、化纤原料及上下游产品（特殊商品和危险品除外）、对二甲苯（PX）、冰醋酸（HAC）、乙二醇、聚酯切片、涤纶长丝、涤纶短纤的批发（涉及危险化学品经营的限批发易燃液体、高闪点液体、腐蚀品（酸性腐蚀品），不包括剧毒化学品，住所地不准存放危险化学品）、佣金代理（拍卖除外）、进出口，并提供相关配套业务。（涉及配额、许可证或国家专项规定管理规定的，应按国家有关规定报批并凭证经营；涉及行政许可的凭许可证经营。）						

企业名称	奇华顿日用香精香料（上海）有限公司			海关编码	3122241490	所属海关	浦东海关
通讯地址	上海市浦东新区张江高科技园区李时珍路298号					邮政编码	201203
评定时间	2011. 1. 13	注册日期	2003. 10. 15	报关有效期	2014. 10. 15	注册资本	775万美元
法人姓名	HELGE HEINRICH STOBBE	电　　话	021－28931200	日常联系人	徐丽莉	电　　话	021－28931293
主营范围	生产日用香精和食用香精化合物，生产香水类产品，销售自产产品，与上述产品同类商品（特定商品除外）的批发、佣金代理（拍卖除外）和进出口业务，相关辅助咨询服务、技术咨询服务、技术研究开发及自有技术成果的转让。（涉及行政许可的，凭许可证经营。）						

企业名称	格科微电子（上海）有限公司			海关编码	3122241620	所属海关	浦东海关
通讯地址	上海市张江高科技园区盛夏路560号2幢第11层整层、第12层整层					邮政编码	201203
评定时间	2011. 5. 27	注册日期	2004. 4. 2	报关有效期	2014. 4. 2	注册资本	180万美元
法人姓名	赵立新	电　　话	021－51083755	日常联系人	杨玉霞	电　　话	021－51083755－8851
主营范围	集成电路及相关电子产品的设计、研发、测试，图像传感器的生产；销售自产产品，并提供相关技术咨询与技术服务。（涉及许可经营的凭许可证经营。）						

企业名称	巴斯夫（中国）有限公司			海关编码	3122241734	所属海关	浦东海关
通讯地址	上海市浦东新区江心沙路300号					邮政编码	200127
评定时间	2010. 10. 9	注册日期	2004. 7. 23	报关有效期	2014. 7. 23	注册资本	14000万美元
法人姓名	关志华	电　　话	021－20393600	日常联系人	陈杰	电　　话	021－20391906
主营范围	（一）在化学工业及相关工业领域进行投资或再投资。（二）受巴斯夫投资企业书面委托（经董事会一致通过），向其提供相关服务（具体内容详见批准证书）。（三）在中国境内收购不涉及出口配额、出口许可证管理的商品出口。（四）向公司投资者、巴斯夫附属公司提供有偿的顾问和协调服务。（五）向非关联方提供与经营活动相关的环保、健康和安全领域内的咨询服务和业务支持。（六）为巴斯夫投资企业产品的国内经销商、代理商，以及与公司、投资者或其关联公司签有技术转让协议的国内公司、企业提供相关技术培训。（七）在巴斯夫投资企业投产前或新产品投产前，为进行产品市场开发，进口相关产品在国内试销；委托境内其他企业生产、加工其产品或投资者产品并在国内外销售。（八）在中国境内设立科研开发中心或部门，从事新产品及高新技术的研究开发，转让其研究开发成果，并提供相应的技术服务。（九）为其所投资企业提供机器和办公设备的经营性租赁服务。（内容详见营业执照。）						

企业名称	巴斯夫聚氨酯特种产品（中国）有限公司			海关编码	3122242087	所属海关	浦东海关
通讯地址	上海市浦东新区江心沙路300号					邮政编码	200137
评定时间	2011. 5. 27	注册日期	2005. 7. 26	报关有效期	2015. 1. 19	注册资本	27290万人民币
法人姓名	JIAN FENG LOU	电　　话	021－20393600	日常联系人	陈杰	电　　话	021－20391906
主营范围	工程塑料、合成材料、聚氨酯及其生产原料和聚氨酯橡胶产品的研发、生产；销售自产产品，转让自研成果，提供相关的技术应用和咨询服务；从事与上述产品同类的商品（特定商品包括成品油除外）的进出口、批发、佣金代理（拍卖除外）及其他相关配套业务。（不涉及国营贸易管理商品，涉及配额、许可证、危险化学品经营的，需按国家有关规定取得相应许可证后开展经营业务；涉及行政许可的，凭许可证经营。）						

企业名称	上海京瓷电子有限公司			海关编码	3122242197	所属海关	浦东海关
通讯地址	上海市浦东新区金桥出口加工区新金桥路2077号					邮政编码	201206
评定时间	2009. 7. 6	注册日期	2005. 10. 26	报关有效期	2014. 10. 26	注册资本	1732060万日本元
法人姓名	久芳彻夫	电　　话	021－58997777	日常联系人	费景春	电　　话	021－58997777
主营范围	生产新型电子元器件、半导体、元器件专用材料，以及其专用的辅助工具、模具等；销售自产产品，并提供相关技术及咨询服务。（涉及行政许可的凭许可证经营。）						

企业名称	上海华虹NEC电子有限公司			海关编码	3122242350	所属海关	浦东海关
通讯地址	上海市浦东新区川桥路1188号					邮政编码	201206
评定时间	2008.10.31	注册日期	2006.3.1	报关有效期	2015.3.1	注册资本	86208万美元
法人姓名	傅文彪	电　　话	021－38829909	日常联系人	陈苏海	电　　话	021－38829909－3226
主营范围	设计、开发、制造（硅片加工）、销售大规模集成电路产品，并提供相关技术支持，经营其他相关业务。（涉及许可经营的凭许可证经营。）						

企业名称	通用电气药业（上海）有限公司			海关编码	3122242391	所属海关	浦东海关
通讯地址	上海市浦东新区张江高科技园区牛顿路1号					邮政编码	201203
评定时间	2009.11.16	注册日期	2006.3.22	报关有效期	2015.3.22	注册资本	3215万美元
法人姓名	李庆	电　　话	021－38954500－2511	日常联系人	徐文锦	电　　话	021－38954500
主营范围	生产非离子型造影剂、离子型造影剂、药品制剂和营养补充剂，销售自产产品。（涉及许可经营的凭许可证经营。）						

企业名称	宜家（中国）投资有限公司			海关编码	3122243315	所属海关	浦东海关
通讯地址	上海市浦东新区沪南路2038号2楼200室					邮政编码	201619
评定时间	2011.2.10	注册日期	2007.11.20	报关有效期	2013.11.20	注册资本	22442万美元
法人姓名	MARTIN HANSSON	电　　话	021－33955987	日常联系人	胡宗贤	电　　话	021－37610258－8359
主营范围	（一）在国家法律鼓励和允许外商投资范围内进行投资。（二）受公司所投资企业的书面委托（经董事会一致通过），向所投资企业提供下列服务：1. 协助或代理本公司所投资企业从国内外采购该企业自用的机器设备、办公设备和生产所需的原材料、元器件、零部件，在国内外销售本公司所投资企业生产的产品，并提供售后服务；2. 在外汇管理部门的同意和监督下，在所投资企业之间平衡外汇；3. 为所投资企业提供产品生产、销售和市场开发过程中的技术支持、员工培训、企业内部人事管理等服务；4. 协助所投资企业寻求贷款及提供担保。（三）在中国境内设立科研开发中心或部门，从事新产品及高新技术的研究开发，转让其研究开发成果，并提供相应的技术服务。（四）为投资方及其关联公司提供咨询服务。（五）承接投资方和关联公司的服务外包业务。（六）委托境内其他企业生产、加工其产品或其母公司产品并在国内外销售。（七）从事家具、家居用品、器具及玩具、绿色植物、食品、饮料、酒类、大型家用电器、设备包装及相关材料，以及任何与所有上述产品有关的零部件和原材料的批发、进出口及售后服务。（八）允许公司依法设立的分公司在公司的业务范围内从事经营活动。（涉及行政许可的凭许可证经营。）						

企业名称	葛兰素史克（上海）医药研发有限公司			海关编码	3122243497	所属海关	浦东海关
通讯地址	上海市张江高科技园区哈雷路 898 弄 3 号					邮政编码	201203
评定时间	2012. 2. 8	注册日期	2008. 3. 13	报关有效期	2014. 3. 13	注册资本	1600 万美元
法人姓名	MOHAMED M. SLAOUI	电　　话	021 - 58954617	日常联系人	陈澍敏	电　　话	021 - 68868335 - 212
主营范围	医学、药物和生物技术药品及其相关技术的研发，医学、药物和生物技术药品研发的技术成果转让，提供与医学、药物和生物技术药品研发的技术成果转让相关的技术咨询及服务，以及以委托或联合开发形式和其他科研机构实施研发项目。（涉及行政许可的，凭许可证经营。）						

企业名称	上海上实外联发进出口有限公司			海关编码	3122250085	所属海关	浦东海关
通讯地址	上海市浦东新区张江镇张衡路 1999 号 7 幢 5 - 55，56					邮政编码	201210
评定时间	2011. 11. 22	注册日期	2003. 2. 26	报关有效期	2014. 2. 26	注册资本	180 万人民币
法人姓名	徐峰	电　　话	021 - 58698008	日常联系人	陈鲍明	电　　话	021 - 58698008
主营范围	自营和代理各类商品和技术的进出口，但国家限定公司经营或禁止进出口的商品及技术除外；机电设备、仪器仪表、汽车配件、化工原料（除危险品）、针纺织品、建筑材料、装潢材料、办公用品、医疗器械（经营范围详见许可证，有效期至 2011 年 12 月 11 日）的销售；食品销售管理（非实物方式，有效期至 2012 年 12 月 21 日）；仪器仪表的维修、仓储；自有设备的租赁（除危险品）。（企业经营涉及行政许可的，凭许可证件经营。）						

企业名称	上海泓明供应链有限公司			海关编码	3122260284	所属海关	浦东海关
通讯地址	上海市浦东新区上丰路 700 号 6 幢 126 室					邮政编码	200120
评定时间	2011. 12. 28	注册日期	2002. 7. 15	报关有效期	2014. 7. 15	注册资本	5000 万人民币
法人姓名	曹明	电　　话	021 - 50366118	日常联系人	王秋香	电　　话	021 - 50367858
主营范围	供应链管理服务，从事货物及技术的进出口业务，展览、展示服务，计算机软硬件开发、设计、销售（除计算机信息系统安全专用产品外），系统集成及提供信息技术服务，保税仓库（凭许可证），货运代理，物流服务（不得从事运输），国际货运代理，工业专用设备及部件的销售、维修、仓储（除危险品），实业投资，投资咨询及以上相关业务的咨询服务（除经纪外）。（企业经营涉及行政许可的，凭许可证件经营。）						

企业名称	上海怡亚通供应链有限公司			海关编码	3122265600	所属海关	浦东海关
通讯地址	上海市浦东新区金粤路202号1幢5楼A座					邮政编码	201206
评定时间	2010.10.9	注册日期	2006.5.24	报关有效期	2015.5.24	注册资本	35000万人民币
法人姓名	周国辉	电　话	0755－88393333	日常联系人	洪斯捷	电　话	021－38575328
主营范围	从事货物和技术的进出口业务，燃料油（不含化学危险品）、计算机及配件、机电产品、仪表仪器、通信设备及相关产品、电子元器件、钢材、建材、五金工具、化工原料（除危险化学品、监控化学品、烟花爆竹、民用爆炸物品、易制毒化学品外）、百货、橡塑制品、汽车零配件、医疗器械（一类）、酒、预包装食品（含熟食卤味，冷冻冷藏，凭许可证经营）的销售，仓储（除危险品），物业管理，自有房屋租赁，供应链管理，货物运输代理，第三方物流服务（不得从事运输），以及上述有关业务的咨询服务（除经纪）。（企业经营涉及行政许可的，凭许可证件经营。）						

企业名称	上海合冠供应链有限公司			海关编码	3122266210	所属海关	浦东海关
通讯地址	上海市浦东新区牡丹路60号514－515室					邮政编码	201204
评定时间	2010.4.6	注册日期	2007.4.19	报关有效期	2016.4.19	注册资本	5000万人民币
法人姓名	黄壮勉	电　话	021－39155000	日常联系人	杨晨宏	电　话	021－39155000
主营范围	从事货物和技术的进出口业务，计算机及配件、机电产品、仪器仪表、通信设备及相关产品、电子元器件、钢材、矿产品（除专项审批外）、汽车零部件、五金工具、化工原料及产品（除危险化学品、监控化学品、烟花爆竹、民用爆炸物品、易制毒化学品外）、百货、橡塑制品、纺织原料及产品（除棉花收购外）、鞋帽、工艺品、家用电器、家具及其他木制品的销售，仓储（除危险品），物流服务，以上相关业务的咨询服务，食品销售管理（非实物方式，凭许可证经营），珠宝首饰的销售，国际货运代理。（企业经营涉及行政许可的，凭许可证件经营。）						

企业名称	上海威盛国际物流有限公司			海关编码	3122267111	所属海关	浦东海关
通讯地址	上海市浦东新区杨园南路116号3幢301室					邮政编码	201203
评定时间	2012.3.14	注册日期	2008.12.15	报关有效期	2014.12.15	注册资本	1000万人民币
法人姓名	毛嘉元	电　话	021－68795252	日常联系人	吕彦祺	电　话	021－58407551
主营范围	国际货运代理，从事货物和技术的进出口业务，仓储（除危险品），以及以上相关业务的咨询服务。（涉及许可经营的凭许可证经营。）						

企业名称	中国烟草上海进出口有限责任公司			海关编码	3101915092	所属海关	卢湾监管
通讯地址	上海延安东路 500 号					邮政编码	200001
评定时间	2009. 1. 6	注册日期	2000. 2. 28	报关有效期	2014. 2. 28	注册资本	5846 万人民币
法人姓名	吴菊民	电　话	021 – 61667007	日常联系人	徐铮烈	电　话	021 – 61667007
主营范围	烟草及其制品、烟草行业专用物资、专用机械及配套物资的进出口，从事货物及技术的进出口业务，企业投资及资产管理，仓储，自有房屋租赁，物业管理，承包国内外烟厂工程建设项目，技术服务，熏蒸，国内贸易（除专项规定）。						

企业名称	上海汽车进出口有限公司			海关编码	3103915005	所属海关	卢湾监管
通讯地址	上海市威海路 489 号 7 – 8 层					邮政编码	200041
评定时间	2011. 3. 10	注册日期	1997. 5. 8	报关有效期	2014. 5. 8	注册资本	40000 万人民币
法人姓名	陈德美	电　话	021 – 22011888	日常联系人	姜毅	电　话	021 – 28936916
主营范围	自营和代理除国家组织统一联合经营的出口商品和国家实行核定公司经营的进口商品以外的商品及技术进出口业务，钢材进口，船舶进口；经营“三来一补”业务，对销贸易、转口贸易，机械用润滑油，木材，经贸咨询服务，国内贸易（除专项规定），汽车（含小轿车），化工产品（除危险化学品、监控化学品、烟花爆竹、民用爆炸物品、易制毒化学品外）。（企业经营涉及行政许可的，凭许可证件经营。）						

企业名称	江南造船（集团）有限责任公司			海关编码	3103915011	所属海关	卢湾监管
通讯地址	上海市高雄路 2 号					邮政编码	200011
评定时间	2009. 2. 2	注册日期	1997. 1. 7	报关有效期	2015. 2. 11	注册资本	144180 万人民币
法人姓名	陈小津	电　话	021 – 66994660	日常联系人	何可人	电　话	135 ×××× 5318
主营范围	军工产品、船舶修造，各类机电设备、相关技术与劳务及经贸部批准的自营进出口业务（按章程），压力容器、起重机械钢结构制造。						

企业名称	上海环宇进出口有限公司			海关编码	3103915047	所属海关	卢湾监管
通讯地址	上海市黄浦区瞿溪路 691 号 1 号楼 405 室					邮政编码	200023
评定时间	2012. 12. 26	注册日期	2005. 6. 14	报关有效期	2014. 6. 14	注册资本	1500 万人民币
法人姓名	王毅	电　话	021 – 64385050	日常联系人	黄梅	电　话	021 – 64385050 – 116
主营范围	从事货物及技术的进出口业务，国内商业批发（除专项规定外）。（涉及行政许可的，凭许可证经营。）						

企业名称	上海三电贝洱汽车空调有限公司			海关编码	3103935031	所属海关	卢湾监管
通讯地址	上海市马当路347号					邮政编码	200025
评定时间	2009.5.15	注册日期	1993.1.1	报关有效期	2014.1.1	注册资本	2984万美元
法人姓名	胡茂元	电话	021-22011888	日常联系人	李新宁	电话	021-63843220-321
主营范围	开发生产汽车空调系统、发动机冷却系统、压缩机、蒸发箱、冷凝器、储液器、散热器、暖风机、软管油冷器、中冷器等总成及零部件，销售自产产品并提供维修服务。						

企业名称	中国航空技术上海有限公司			海关编码	3106915085	所属海关	卢湾监管
通讯地址	上海市静安区江宁路212号28层A室					邮政编码	200041
评定时间	2013.5.17	注册日期	2008.3.13	报关有效期	2014.3.13	注册资本	40100万人民币
法人姓名	孙燕	电话	021-52895259	日常联系人	林洁敏	电话	021-52895532
主营范围	经营和代理除国家组织统一联合经营的16种出口商品和实行核定公司经营的12种进口商品以外的其他进出口业务，承办中外合资合作、“三来一补”业务，技术进出口，对销及转口贸易，承包境外机电工程和境内国际招标工程，上述境外工程所需的设备材料出口对外派遣上述境外工程所需劳务人员。（涉及行政许可的凭许可证经营。）						

企业名称	上海沪南对外经济有限公司			海关编码	3117910003	所属海关	奉贤海关
通讯地址	上海市奉贤区南桥镇远东路143号					邮政编码	201400
评定时间	2013.5.15	注册日期	1999.8.4	报关有效期	2014.8.4	注册资本	150万人民币
法人姓名	张德美	电话	021-33659061	日常联系人	代磊	电话	021-33659065
主营范围	自理和代理除国家组织统一联合经营的出口商品和国家实行核定公司经营的进口商品以外的其他商品及技术的进出口业务，经营进料加工和“三来一补”业务，经营对销贸易和转口贸易，劳务输出，招标招商引资，商检代理报验服务（金属材料、机电产品、五金工具、建筑材料、化工产品，有毒易制毒及危险品除外）。（上述经营范围涉及许可经营的，凭许可证经营。）						

企业名称	上海联吉合纤有限公司			海关编码	3117910016	所属海关	奉贤海关
通讯地址	上海市星火开发区明城路195号					邮政编码	201419
评定时间	2011.1.13	注册日期	1996.7.9	报关有效期	2016.7.9	注册资本	38953万人民币
法人姓名	成建国	电话	139××××6050	日常联系人	胡克麒	电话	021-57505480
主营范围	生产和销售聚酯切片和聚酯短纤维，从事货物及技术的进出口业务。（企业经营涉及行政许可的，凭许可证件经营。）						

企业名称	上海通用电气广电有限公司			海关编码	3117930401	所属海关	奉贤海关
通讯地址	上海市奉贤区奉浦工业区奉浦大道 111 号					邮政编码	201400
评定时间	2009. 11. 25	注册日期	1999. 11. 25	报关有效期	2014. 11. 25	注册资本	2750 万美元
法人姓名	陈炜	电　　话	021 - 67101911	日常联系人	支明	电　　话	021 - 67101860
主营范围	生产电气控制设备及节能变压器销售，公司自产产品。（涉及许可经营的凭许可证经营。）						

企业名称	先锋高科技（上海）有限公司			海关编码	3117940120	所属海关	奉贤海关
通讯地址	上海市工业综合开发区奉浦北路 1 号					邮政编码	201401
评定时间	2008. 10. 31	注册日期	2000. 12. 29	报关有效期	2014. 12. 29	注册资本	4000 万美元
法人姓名	森谷浩一	电　　话	021 - 67104188	日常联系人	周晓洵	电　　话	021 - 67104188
主营范围	生产大容量数字式光盘存储器产品、车用多功能 DVD 产品及相关零部件，销售自产产品；从事高级数字化电子产品及生产技术的研究和开发，并提供相关技术支持及售后服务；从事非配额许可证管理、非专营商品的收购出口业务，与上述产品同类商品的进出口、批发、佣金代理（拍卖除外）提供相关配套业务。（不涉及国营贸易管理商品，涉及配额许可证管理的商品，按照国家有关规定办理申请；涉及许可经营的，凭许可证经营。）						

企业名称	湛新树脂（上海）有限公司			海关编码	3117940173	所属海关	奉贤海关
通讯地址	上海市奉区庄行镇姚新路 251 - 301 号					邮政编码	201415
评定时间	2010. 4. 6	注册日期	1998. 5. 19	报关有效期	2014. 5. 19	注册资本	4500 万美元
法人姓名	丁志刚	电　　话	0231 - 64048011	日常联系人	吕红	电　　话	021 - 57466585
主营范围	生产高性能涂料和各种涂料用树脂和添加剂，各种配方树脂，聚合物添加剂，表面活性剂，冶金和选矿用化学品，乳液用单体及聚合物、中间体及稳定剂，磷化氢及其衍生物，异氰酸酯类产品，聚氨酯类产品，丙烯腈和丙烯酰胺类产品，粘合剂和压敏胶，高级工程材料（包括复合材料和预浸料）；销售自产产品；与上述产品同类产品（特定商品除外）的进出口、批发和佣金代理（拍卖除外）业务。（涉及行政许可经营的凭许可证经营。）						

企业名称	上海闵行国际物流中心有限公司			海关编码	3111915028	所属海关	莘庄海关
通讯地址	上海市闵行区莘庄工业区金都路 3688 号					邮政编码	201108
评定时间	2010. 12. 24	注册日期	2005. 8. 24	报关有效期	2014. 8. 24	注册资本	7000 万人民币
法人姓名	朱光权	电　　话	021 - 34305180	日常联系人	俞爱群	电　　话	021 - 34305180
主营范围	仓储；经营物业管理，搬运装卸服务，货物包装服务，货运代理及相关咨询服务；商务咨询（咨询类项目除经纪外）；电子产品、五金交电、家用电器、化工产品（除危险品）的销售；从事货物及技术的进出口业务。						

企业名称	上海明芳汽车零件有限公司			海关编码	3111930179	所属海关	莘庄海关
通讯地址	上海市闵行区七莘路1357号					邮政编码	201100
评定时间	2009.3.5	注册日期	1995.11.23	报关有效期	2014.11.23	注册资本	1650万美元
法人姓名	陆建新	电　　话	021－64921394	日常联系人	朱玮	电　　话	021－34153875
主营范围	生产各类汽车座椅零件、其他汽车零件及五金零件、家电配件、模具，销售自产产品。（涉及行政许可的，凭许可证经营。）						

企业名称	上海索广电子有限公司			海关编码	3111930403	所属海关	莘庄海关
通讯地址	上海市闵行区剑川路930号					邮政编码	200240
评定时间	2008.12.5	注册日期	1996.5.31	报关有效期	2016.5.16	注册资本	1600万美元
法人姓名	石塚茂树	电　　话	021－64359600－633	日常联系人	顾晔	电　　话	021－64359600－322
主营范围	生产摄像录像一体机、激光视盘机、数码相机、数字录放机和其他音频视频电子产品、通讯产品、电脑产品及其生产设备与零组件，销售自产产品和相关零组件，提供索尼相关产品的维修技术服务，从事非配额许可证管理、非专营商品的收购出口业务。						

企业名称	上海实达精密不锈钢有限公司			海关编码	3111930507	所属海关	莘庄海关
通讯地址	上海市闵行区华锦路291号					邮政编码	201108
评定时间	2011.11.22	注册日期	1995.12.26	报关有效期	2014.12.26	注册资本	9656万美元
法人姓名	崔健	电　　话	021－26034368	日常联系人	施家伟	电　　话	021－24087738
主营范围	生产精密不锈钢、黑色金属板带及制品，销售自产产品，以及提供上述同类商品的进出口、批发、佣金代理（拍卖除外）业务。（涉及行政许可的凭许可证经营。）						

企业名称	上海氯碱化工股份有限公司			海关编码	3111935015	所属海关	莘庄海关
通讯地址	上海市闵行区龙吴路4747，4800号					邮政编码	200241
评定时间	2010.5.20	注册日期	1993.1.1	报关有效期	2014.1.1	注册资本	115640万人民币
法人姓名	李军	电　　话	021－64340000	日常联系人	吴浩峰	电　　话	021－64341529
主营范围	生产烧碱、氯、氟和聚氯乙烯系统化工原料及加工产品，化工机械设备，生产用化学品，原辅材料，包装材料；货物运输，销售自产产品及自产产品的同类商品；与自产产品同类的商品的进出口、批发、佣金代理（不含拍卖），并提供相关配套服务。（以上经营范围涉及配额许可证管理、危险化学品管理及专项规定管理的商品，按照国家有关规定办理；涉及许可经营的凭许可证经营。）						

企业名称	上海福伊特水电设备有限公司			海关编码	3111935037	所属海关	莘庄海关
通讯地址	上海市闵行区江川路555号					邮政编码	200240
评定时间	2011.11.7	注册日期	1995.8.9	报关有效期	2014.8.9	注册资本	4333万美元
法人姓名	郑建华	电　　话	021－34059888	日常联系人	杨平	电　　话	021－24089850
主营范围	生产大型抽水蓄能式、贯流式等各型水轮发电机组、调速励磁控制系统等相关的配套设备，销售自产产品，并提供相关产品的技术安装调试和咨询服务。（涉及许可经营的凭许可证经营。）						

企业名称	巴斯夫上海涂料有限公司			海关编码	3111935047	所属海关	莘庄海关
通讯地址	上海市颛桥镇光华路521号					邮政编码	201108
评定时间	2009.3.27	注册日期	1996.1.10	报关有效期	2014.1.10	注册资本	25528万人民币
法人姓名	黄志勇	电　　话	021－64895250	日常联系人	袁靖	电　　话	021－64895250
主营范围	生产OEM汽车涂料、汽车零部件涂料和摩托车涂料产品，销售自产产品并提供技术和咨询服务，从事上述产品同类商品的进出口、批发、佣金代理（拍卖除外）及其他配套服务。						

企业名称	三菱电机上海机电电梯有限公司			海关编码	3111935120	所属海关	莘庄海关
通讯地址	上海市闵行区中春路1211号					邮政编码	201109
评定时间	2010.11.22	注册日期	2002.8.22	报关有效期	2014.8.22	注册资本	5300万美元
法人姓名	范秉勋	电　　话	021－34093030	日常联系人	顾建平	电　　话	138××××3868
主营范围	电梯及大楼管理系统及其零部件的制造及销售，电梯、自动扶梯、自动人行道及大楼管理系统的相关产品及零部件的销售，提供有关上述所有设备的非标工程设计、安装、改造质量、管理维修保养等服务（涉及许可经营的凭许可证经营），以及上述所有设备相关的应用开发、要素技术开发（包括软件开发）等受托的开发。						

企业名称	奥特斯（中国）有限公司			海关编码	3111945022	所属海关	莘庄海关
通讯地址	上海市金都路5000号					邮政编码	201108
评定时间	2008.12.5	注册日期	2001.6.4	报关有效期	2014.6.4	注册资本	15189万欧元
法人姓名	ANDREAS MARTIN GERSTENMAYER	电　　话	021－24080000	日常联系人	邓仁俊	电　　话	021－24080152
主营范围	生产印刷电路板及其他高密度微积体电子组件，其中包括高密度互联机线路板、超微孔线路板、高效能线路板、多层线路板、超薄线路板、柔韧线路板、有机芯片载体SC平台高密度双层线路板、高效能内层零件嵌入线路板、其他高密度微积体电子组件；销售自产产品并提供相关售后服务，包括技术咨询、技术支持、维修及维护。						

企业名称	晟碟半导体（上海）有限公司			海关编码	3111945106	所属海关	莘庄海关
通讯地址	上海市闵行区江川东路388号					邮政编码	200241
评定时间	2012.8.31	注册日期	2006.9.18	报关有效期	2015.9.18	注册资本	17300万美元
法人姓名	JUDY BRUNER	电　话	138××××2668	日常联系人	潘婷婷	电　话	021-60905995
主营范围	设计、研发、测试、封装及生产半导体集成电路器件及产品，销售自产产品，并提供相关的技术及咨询服务。（涉及行政许可的凭许可证经营。）						

企业名称	上海安普泰科电子有限公司			海关编码	3104330048	所属海关	漕河泾发
通讯地址	上海市漕河泾新兴技术开发区桂平路668号					邮政编码	200233
评定时间	2008.10.31	注册日期	1992.3.31	报关有效期	2014.4.28	注册资本	1950万美元
法人姓名	于志亮	电　话	136××××6850	日常联系人	高健	电　话	021-24071069
主营范围	生产制造电子电气光电和无线元件连接器与互连系统（以及相关产品），并制造高精度冲压模具、塑料铸模、螺旋机器零件、备用工具零部件和应用工夹具（及相关的机器和产品），以及董事会不时决定的其他产品（需经审批部门批准），在国际和国内市场上销售自产产品，并为自制产品提供服务；研究开发国际和国内市场需要的各类电子元器件及专用工具和设备。（涉及许可经营的凭许可证经营。）						

企业名称	上海先进半导体制造股份有限公司			海关编码	3104330051	所属海关	漕河泾发
通讯地址	上海市虹漕路385号					邮政编码	200233
评定时间	2008.10.31	注册日期	1995.8.11	报关有效期	2014.3.9	注册资本	153423万人民币
法人姓名	陈建明	电　话	021-64851900	日常联系人	王庆军	电　话	021-64851900-5603
主营范围	集成电路和半导体芯片的制造、针测、封装、测试及相关服务，与集成电路有关的开发、设计服务、技术服务与咨询，光掩膜制造，在国内外销售公司产品及就公司产品提供售后服务。（涉及许可经营的凭许可证经营。）						

企业名称	英华达（上海）电子有限公司			海关编码	3104340043	所属海关	漕河泾发
通讯地址	上海市桂箐路7号					邮政编码	200233
评定时间	2008.12.5	注册日期	2002.7.8	报关有效期	2014.4.8	注册资本	3540万美元
法人姓名	张景嵩	电　话	021-64853668	日常联系人	朱小溪	电　话	021-54315593
主营范围	开发、设计、生产计算机、计算器、电子字典与记忆卡片、电子笔记本、电子翻译机、电子资料库、电话机、答录机、无线通讯产品、计算机服务器、数字照相机、数字放声设备、移动通信系统（含GSM/TD-SCDMA制式手机）等及其相关产品（包括其零部件），提供电子技术开发及技术服务，从事非配额许可证管理商品、非专营商品的收购出口业务。						

企业名称	东方航空进出口有限公司			海关编码	3122210001	所属海关	上海浦东机场综合保税区
通讯地址	上海市浦东新区浦东国际机场货运业务楼 403 室					邮政编码	200335
评定时间	2011. 10. 21	注册日期	1993. 7. 28	报关有效期	2014. 7. 28	注册资本	8000 万人民币
法人姓名	翟大仁	电　　话	021－62696601	日常联系人	唐新权	电　　话	021－62680431
主营范围	航空器及零附件、机上用品、生产所需原辅材料、机械设备、仪器仪表、特种车辆的进出口、仓储、寄售、报关，集团产品内销，承包境外航空工程和境内国际招标工程，上述境外工程所需的设备、材料出口；对外派遣航空行业的劳务人员；国内贸易（除专项审批外）；汽车销售（含小轿车经营）；仓储租赁；航空器材及其他设备租赁（金融租赁除外）；食品销售管理（非实物方式）；酒类批发。（企业经营涉及行政许可的凭许可证件经营。）						

企业名称	东方航空进出口有限公司			海关编码	3122630008	所属海关	上海浦东机场综合保税区
通讯地址	上海市浦东机场综合保税区闻居路 1333 号公共服务中心一期 B 区七层 719/716 室、720/721 室					邮政编码	201202
评定时间	2011. 10. 20	注册日期	1993. 7. 28	报关有效期	2014. 7. 28	注册资本	8000 万人民币
法人姓名	唐建国	电　　话	021－62696601	日常联系人	唐新权	电　　话	021－62680431
主营范围	航空器及零附件、机上用品、生产所需原辅材料、机械设备、仪器仪表、特种车辆的进出口、仓储、寄售、报关，集团产品内销，承包境外航空工程和境内国际招标工程，上述境外工程所需的设备、材料出口；对外派遣航空行业的劳务人员；国内贸易（除专项审批外）；汽车销售（含小轿车经营）；仓储租赁；航空器材及其他设备租赁（金融租赁除外）；食品销售管理（非实物方式）；酒类批发。（企业经营涉及行政许可的凭许可证件经营。）						

企业名称	上海皮尔博格有色零部件有限公司			海关编码	3107935128	所属海关	嘉定海关
通讯地址	上海市云岭东路 570 号					邮政编码	200062
评定时间	2011. 11. 22	注册日期	2001. 3. 27	报关有效期	2014. 3. 27	注册资本	1936 万美元
法人姓名	张海涛	电　　话	021－67071888	日常联系人	王诚玮	电　　话	021－67071888
主营范围	开发、生产、组装用于汽车和其他行业的有色铸造零部件、模块、模具和工具（包括气缸盖，进气模块，排气再循环系统，机油泵、水泵及真空泵），销售自产产品。（涉及许可经营的凭许可证经营。）						

企业名称	上海先锋电声器材有限公司			海关编码	3114920058	所属海关	嘉定海关
通讯地址	上海市嘉定区江桥镇星华公路 642 号					邮政编码	201812
评定时间	2008. 10. 31	注册日期	1995. 7. 17	报关有效期	2014. 6. 3	注册资本	6770 万美元
法人姓名	真见孝志	电　　话	021－69133300	日常联系人	赵海鹰	电　　话	021－69135767
主营范围	生产数字录放机、数字放声设备、电子专用设备、五金冲压件、注塑件和工业自动化设备及相关零配件、工模具，销售自产产品并提供售后服务；上述产品的同类商品的批发、进出口、佣金代						

企业名称	上海科世达—华阳汽车电器有限公司			海关编码	3114930344	所属海关	嘉定海关
通讯地址	上海市嘉定区安亭镇园高路77号					邮政编码	201814
评定时间	2011. 3. 10	注册日期	1995. 5. 9	报关有效期	2014. 4. 27	注册资本	4178万欧元
法人姓名	ANDREA Skostal	电　　话	021－59570077	日常联系人	姚洁	电　　话	021－59570077－8531
主营范围	生产汽车电子设备系统，销售本公司自产产品及提供售后服务，收购非配额、非专营商品出口，自产产品及同类商品的批发、进出口、佣金代理（拍卖除外）并提供相关配套服务。（涉及配额许可证管理、专项规定管理的商品，按照国家有关规定办理；涉及行政许可的，凭许可证经营。）						

企业名称	德尔福派克电气系统有限公司			海关编码	3114930401	所属海关	嘉定海关
通讯地址	上海市嘉定区安亭镇园国路60号					邮政编码	201814
评定时间	2011. 1. 13	注册日期	1995. 9. 5	报关有效期	2014. 7. 22	注册资本	4536万美元
法人姓名	艾博彬	电　　话	021－59563300	日常联系人	彭梅	电　　话	021－39585038
主营范围	设计、生产、开发和销售汽车线束系统、连接器系统、电缆系统和其他汽车相关零部件，并提供与产品相关的工程技术和售后服务；从事非配额许可证管理和非专营商品收购的出口业务；自产产品的同类商品的批发、进出口。（涉及许可经营的凭许可证经营。）						

企业名称	上海荣威塑胶工业有限公司			海关编码	3114930509	所属海关	嘉定海关
通讯地址	上海市嘉定区封浜镇曹安路3065号					邮政编码	201812
评定时间	2011. 11. 22	注册日期	1999. 6. 25	报关有效期	2014. 5. 25	注册资本	1653万美元
法人姓名	刘峰	电　　话	021－69135588	日常联系人	何福敏	电　　话	137××××5664
主营范围	生产PVC薄膜、塑胶玩具及文体旅游用品，销售本公司自产产品。						

企业名称	凤凰光学（上海）有限公司			海关编码	3114930670	所属海关	嘉定海关
通讯地址	上海市嘉定区胜辛北路2199号					邮政编码	201807
评定时间	2010. 11. 22	注册日期	2004. 4. 22	报关有效期	2014. 2. 21	注册资本	12500万人民币
法人姓名	缪建新	电　　话	021－59966888	日常联系人	王敏	电　　话	021－59966888
主营范围	开发、生产数字照相机及关键件，数字投影仪镜头及关键件，手机照相模组及关键件，光电开关，光电子器件，激光打印及扫描仪表等电脑外围设备，精密注塑件；模具设计与制作；销售自产产品。（涉及行政许可的凭许可证经营。）						

企业名称	上海采埃孚变速器有限公司			海关编码	3114930692	所属海关	嘉定海关
通讯地址	上海市嘉定工业区叶城路 488 号					邮政编码	201822
评定时间	2010. 4. 21	注册日期	2004. 10. 14	报关有效期	2014. 10. 11	注册资本	1659 万欧元
法人姓名	杨春保	电　　话	021 – 59165858 – 3000	日常联系人	徐建明	电　　话	021 – 69529636
主营范围	乘用轿车自动变速箱和相关产品及其零部件的生产、组装、测试，销售本公司自产产品。（涉及许可经营的凭许可证经营。）						

企业名称	上海大众动力总成有限公司			海关编码	3114930738	所属海关	嘉定海关
通讯地址	上海市嘉定工业区城北路					邮政编码	201807
评定时间	2011. 11. 22	注册日期	2005. 6. 14	报关有效期	2014. 6. 1	注册资本	150830 万人民币
法人姓名	UWE THESLING	电　　话	021 – 59545678	日常联系人	朱曾勇	电　　话	138 × × × × 7704
主营范围	装配、制造、销售合资公司生产的汽车发动机总成及其零部件（包括研发），并向主机厂提供售后服务。（涉及行政许可的凭许可证经营。）						

企业名称	上海皮尔博格有色零部件有限公司			海关编码	3114930939	所属海关	嘉定海关
通讯地址	上海市嘉定工业区兴贤路 1288 号					邮政编码	201815
评定时间	2011. 11. 21	注册日期	2001. 3. 27	报关有效期	2014. 3. 27	注册资本	1936 万美元
法人姓名	张海涛	电　　话	021 – 67071888	日常联系人	王诚玮	电　　话	021 – 67071832
主营范围	开发、生产、组装用于汽车和其他行业的有色铸造零部件、模块、模具和工具（包括气缸盖，进气模块，排气再循环系统，机油泵、水泵及真空泵），销售自产产品。（涉及许可经营的凭许可证经营。）						

企业名称	上海大众汽车有限公司			海关编码	3114935024	所属海关	嘉定海关
通讯地址	上海市安亭洛浦路 63 号					邮政编码	201805
评定时间	2008. 10. 31	注册日期	1993. 1. 2	报关有效期	2013. 11. 5	注册资本	1060000 万人民币
法人姓名	胡茂元	电　　话	021 – 22010601	日常联系人	李兵	电　　话	021 – 69564600
主营范围	开发、制造、销售汽车及其零部件、配件、附件，并提供售后服务；出口汽车及其零部件、附件和冲压模具；进口汽车零部件、配件等。（涉及许可经营的凭许可证经营。）						

企业名称	富士通将军（上海）有限公司			海关编码	3114940094	所属海关	嘉定海关
通讯地址	上海市嘉定区回城南路1720号					邮政编码	201821
评定时间	2008. 10. 31	注册日期	1994. 12. 30	报关有效期	2014. 12. 5	注册资本	7600万美元
法人姓名	小宅俊行	电　话	021－59161476	日常联系人	刘骏	电　话	021－59161476－259
主营范围	生产各类空调器（机）产品及其配套零部件，销售自产产品，并从事空调器（机）产品及其相关制造技术的开发研究；从事非配额许可证管理、非专营商品的收购出口业务。（涉及许可证经营的凭许可证经营。）						

企业名称	吉利德显示元器件（上海）有限公司			海关编码	3114940360	所属海关	嘉定海关
通讯地址	上海市嘉定区马陆镇北管村浏翔公路东侧					邮政编码	201801
评定时间	2013. 4. 17	注册日期	2000. 8. 12	报关有效期	2014. 7. 19	注册资本	160万美元
法人姓名	吉见浩一	电　话	021－69155144	日常联系人	徐云晟	电　话	021－69155144－804
主营范围	生产液晶显示器零部件和新型电子元器件，销售本公司自产产品。（涉及行政许可的，凭许可证经营。）						

企业名称	上海惠亚电子有限公司			海关编码	3114940381	所属海关	嘉定海关
通讯地址	上海市嘉定区南翔镇西开发区惠亚8号					邮政编码	201802
评定时间	2009. 4. 2	注册日期	2000. 11. 16	报关有效期	2014. 10. 26	注册资本	2000万美元
法人姓名	卫博达	电　话	021－69179000	日常联系人	孙利华	电　话	021－69172145
主营范围	研发、生产、加工光交叉连接设备、IP数据通信系统、汽车电子装置、电力电子器件、数字交叉连接设备、数据通信多媒体设备，组装服装加工用数控设备及机械电子设备，销售本公司自产产品，上述产品同类商品及相关零配件的批发、进出口、佣金代理（拍卖除外），并提供相关配套服务。（不涉及国营贸易管理商品，涉及配额、许可证管理商品的，按照国家有关规定办理申请；涉及行政许可的，凭许可证经营。）						

企业名称	乔山健康科技（上海）有限公司			海关编码	3114940390	所属海关	嘉定海关
通讯地址	上海市嘉定区马陆园区希望路535号					邮政编码	201801
评定时间	2008. 10. 31	注册日期	2000. 12. 19	报关有效期	2014. 11. 8	注册资本	3050万美元
法人姓名	罗崑泉	电　话	021－59101515	日常联系人	赵海华	电　话	021－59101515－110
主营范围	生产健身器材，医疗康复器材（需审批的医疗器械除外）及相关配件，健身器材，医疗康复器材专用模具，销售本企业自产产品；与上述产品的同类商品（特定商品除外）的进出口、批发、零售（限分支机构）、佣金代理（拍卖除外）及相关配套业务，提供相关技术咨询服务。（不涉及国营贸易管理商品；涉及配额、许可证管理商品的，按照国家有关规定办理申请；涉及行政许可的，凭许可证经营。）						

企业名称	伟创力电子科技（上海）有限公司			海关编码	3114940584	所属海关	嘉定海关
通讯地址	上海市嘉定区马陆镇永盛路77号2幢					邮政编码	201801
评定时间	2011.2.22	注册日期	2002.3.15	报关有效期	2014.2.15	注册资本	3000万美元
法人姓名	MANN Ymarimuthu	电　　话	021－39158000	日常联系人	傅佳	电　　话	021－39158291
主营范围	生产和研发新型打印装置，新型电子元器件，数字音、视频编解码设备，移动通信系统基站、交换设备及数字集群系统设备，高端路由器，千兆比以上网络交换机，宽带接入网通信系统设备，IP数据通信系统，电子设备，IC卡读写机具，汽车电子产品，测试仪器；销售本公司自产产品，并提供相关电子产品的维修及售后服务；研发电子学习机和相关测试设备；企业管理咨询、市场信息咨询（市场调查除外）、技术咨询、技术服务，转让研发成果；从事本公司自产产品的同类商品、电子元器件、组装件、电池、风扇、焊线机器零部件的批发、进出口、佣金代理（拍卖除外），并提供相关配套服务。（不涉及国营贸易管理商品；涉及配额、许可证管理商品的，按照国家有关规定办理申请；涉及行政许可的，凭许可证经营。）						

企业名称	萨帕铝热传输（上海）有限公司			海关编码	3114940770	所属海关	嘉定海关
通讯地址	上海市嘉定区娄塘镇嘉唐公路1111号					邮政编码	201807
评定时间	2009.1.6	注册日期	2003.3.13	报关有效期	2014.1.31	注册资本	5584万美元
法人姓名	马越寒	电　　话	021－59541111－3390	日常联系人	孙旭霞	电　　话	021－59541111
主营范围	生产汽车垫交换器用复合和非复合铝合金垫传输带材，利用本厂边角料生产其他铝合金材料产品，销售自产产品。（涉及许可经营的凭许可证经营。）						

企业名称	舍弗勒贸易（上海）有限公司			海关编码	3114941374	所属海关	嘉定海关
通讯地址	上海市嘉定区安拓路1号1幢2层					邮政编码	201804
评定时间	2011.12.14	注册日期	2006.9.20	报关有效期	2015.9.20	注册资本	1383万欧元
法人姓名	BRUNOkrauss	电　　话	021－39576666	日常联系人	王金侠	电　　话	0512－53958828
主营范围	用于汽车和其他车辆，铁路机车，航空器，通用机械，高精度装置和其他设备的滚动轴承，轴颈轴承，辅助装置及其他元件、部件、零部件，以及用于生产上述产品的机器和设备的批发、佣金代理（拍卖除外）、进出口，以委托加工的方式提供上述产品的深加工，修复、维修和检修服务、提供售后服务、咨询服务和其他相关服务。（不涉及国营贸易管理商品；涉及配额、许可证管理商品的，按照国家有关规定办理申请；涉及行政许可的，凭许可证经营。）						

企业名称	紘华电子科技（上海）有限公司			海关编码	3114941464	所属海关	嘉定海关
通讯地址	上海市嘉定区马陆镇陈宝路66弄8号					邮政编码	201801
评定时间	2013. 4. 17	注册日期	2007. 5. 22	报关有效期	2016. 5. 21	注册资本	2000万美元
法人姓名	李聪结	电　话	021－39156689	日常联系人	俞铭泽	电　话	021－39156520
主营范围	设计、研发、封装、测试、生产电子电器元器件、电子电器系统集成产品、通讯产品、影像处理产品、LED照明电器、计算机及其应用软件、家用电器、办公电器及相关产品，上述产品及同类商品（音像、出版物除外）的批发、进出口、佣金代理（拍卖除外），并提供安装及维修服务等相关配套服务。（不涉及国营贸易管理商品；涉及配额、许可证管理商品的，按照国家有关规定办理申请；涉及行政许可的，凭许可证经营。）						

企业名称	上海外高桥保税区玖益物资贸易有限公司			海关编码	3122410752	所属海关	外高桥关
通讯地址	上海市外高桥保税区加太路78号					邮政编码	200131
评定时间	2012. 9. 27	注册日期	1996. 6. 13	报关有效期	2014. 7. 18	注册资本	1690万美元
法人姓名	蔡宏图	电　话	021－58680100	日常联系人	朱虹	电　话	021－50640172
主营范围	自营和代理各类商品和技术的进出口，但国家限定公司经营或禁止进出口的商品及技术除外；保税区内企业间的贸易及代理；仓储（除危险品），保税区内运输；货运代理服务；海上、航空、陆路国际货运代理业务；商业性简单加工及商务咨询服务；空调维修、保养及相关服务；物业务管理，房屋租赁；附设分支机构，下列仅限分支机构经营：林木苗圃内对各种林木林苗的种植和培育，草及观赏植物、食品、日用杂品的销售，餐饮服务。（企业经营涉及行政许可的，凭许可证件经营。）						

企业名称	上海外高桥国际物流有限公司			海关编码	3122410895	所属海关	外高桥关
通讯地址	上海市外高桥保税区日樱北路499号					邮政编码	200131
评定时间	2012. 5. 22	注册日期	1997. 12. 15	报关有效期	2014. 11. 16	注册资本	3033万人民币
法人姓名	蒋琪民	电　话	021－51119888	日常联系人	吴鹏	电　话	021－51386079
主营范围	自营和代理各类商品和技术的进出口，但国家限定公司经营或禁止进出口的商品及技术除外；保税区企业间贸易及代理；商业性加工；铁路延伸服务；承办海运、陆运进出口货物的国际运输代理业务，包括揽货、订舱、仓储、中转、集装箱拼拆箱、结算运杂费、报关、报验、保险、相关的短途运输及咨询服务（除经纪）；货物搬运及装卸；设备（融物）租赁；协助上海出入境检验检疫局外高桥保税区办事处在日樱北路（航津路）查验场地开展检验检疫查验辅助服务，协助上海外高桥保税区海关在日樱北路（航津路）查验场地开展海关查验辅助服务；预包装食品（不含熟食卤味，冷冻冷藏）的销售。（涉及许可经营的凭许可证经营。）						

企业名称	上海保税商品交易市场第二市场有限公司	海关编码	3122411054	所属海关	外高桥关
通讯地址	上海市外高桥保税区港澳路 389 号 5 号厂房 5 层 C 部位			邮政编码	300131
评定时间	2012. 5. 7	注册日期	1999. 7. 5	报关有效期	2014. 8. 11	注册资本	880 万人民币
法人姓名	蒋琪民	电　话	021 - 50483053	日常联系人	赵惠敏	电　话	021 - 50483053
主营范围	保税商品的现货交易，现货合同转让，配套设施及后勤服务；保税区内仓储及租赁业务；从事货物及技术进出口业务；转口贸易，保税区内企业间的贸易及代理；区内商业性简单加工；商务咨询服务，经济信息咨询服务，投资咨询服务，财务咨询服务，代理记账服务，企业管理咨询服务（除经纪）及企业登记代理服务（附设分支机构）；人才推荐，人才招聘，人才咨询。（涉及许可经营的，凭许可证经营。）				

企业名称	上海外高桥医药分销中心有限公司			海关编码	3122411311	所属海关	外高桥关
通讯地址	上海市外高桥保税区富特西一路 439 号 1 号楼 A 部位					邮政编码	200131
评定时间	2012. 5. 7	注册日期	2001. 10. 8	报关有效期	2014. 9. 15	注册资本	2000 万人民币
法人姓名	李云章	电　话	021 - 58681218	日常联系人	傅立莱	电　话	021 - 58681218 - 303
主营范围	药品、医疗器械、兽药、保健品、酒类、食品、乳制品（含婴幼儿配方乳粉）的销售；国际贸易；保税区内仓储（除危险品），分拨，商品展示，商业性简单加工及咨询服务；从事货物和技术的进出口；医疗器械融物租赁；企业登记代理。（涉及许可证的，凭许可证经营。）						

企业名称	上海新金桥国际物流分拨有限公司			海关编码	3122411356	所属海关	外高桥关
通讯地址	上海市浦东新区外高桥保税区韩城路 189 号 1 号楼					邮政编码	200131
评定时间	2012. 8. 31	注册日期	2003. 11. 24	报关有效期	2015. 11. 24	注册资本	1000 万人民币
法人姓名	赵进	电　话	021 - 50318856	日常联系人	王敏江	电　话	021 - 50463199
主营范围	经营各类商品和技术的进出口（不另附进出口商品目录），但国家限定公司经营或禁止进出口的商品及技术除外；以汽车（不含轿车）为主的国际贸易，转口贸易，仓储，分拨、分拣业务，保税区内企业间的贸易代理；保税区内商业性简单加工及商务咨询服务（除经纪外，附设分支机构）。（涉及许可经营的，凭许可证经营。）						

企业名称	上海外联发国际物流有限公司			海关编码	3122411373	所属海关	外高桥关
通讯地址	上海市外高桥保税区冰克路500号					邮政编码	200131
评定时间	2012.5.22	注册日期	2004.11.10	报关有效期	2014.11.8	注册资本	2069万人民币
法人姓名	蒋琪民	电话	021-51119888	日常联系人	柴如发	电话	021-50672196
主营范围	区内仓储、运输及相关的服务；承办海运、空运进出口货物，国际展品、私人物品及过境货物的国际运输代理业务，包括揽货、托运、订舱、仓储、中转、集装箱装拆箱、结算及交付运杂费、报关、报检、保险、相关的短途运输服务；从事货物进出口业务，保税区企业间的贸易及区内贸易代理；区内商业性简单加工及贸易，房产，商务咨询服务（除经纪）；区内配套设卖品部及餐饮服务；进行进出口货物查验场地内的相关配套服务；装卸，货运代理服务。（涉及许可经营的，凭许可证经营。）						

企业名称	上海畅联国际物流股份有限公司			海关编码	3122411388	所属海关	外高桥关
通讯地址	上海市外高桥保税区冰克路500号5-6幢					邮政编码	200131
评定时间	2013.3.11	注册日期	2001.6.26	报关有效期	2014.6.26	注册资本	21000万人民币
法人姓名	徐峰	电话	021-20895888	日常联系人	秦平	电话	021-20895888
主营范围	仓储、分拨、配送业务及仓库管理，自有物业租赁业务；普通货运；国际海上货物运输代理，航空国际货物运输代理服务，国际公路货物运输代理服务，道路货物运输代理服务；保税区内商品展示及会务服务，商业性简单加工及商品维修；商务、物流业务咨询服务（除经纪外）；从事货物及技术的进出口业务；转口贸易，保税区内企业间的贸易；国内航空货运销售代理。（企业经营涉及行政许可的，凭许可证件经营。）						

企业名称	上海通晨物流有限公司			海关编码	3122411402	所属海关	外高桥关
通讯地址	上海市外高桥保税区富特北路289号					邮政编码	200131
评定时间	2013.1.15	注册日期	2008.1.16	报关有效期	2014.1.16	注册资本	555万人民币
法人姓名	杨笑宇	电话	021-58664117	日常联系人	华顺达	电话	021-58664117
主营范围	保税区内仓储业务，货物装卸服务，货运代理服务；仓储业务（限分支机构经营）；国际贸易，转口贸易；从事技术与货物的进出口业务；保税区内商业性简单加工及商务咨询服务（除经纪外）。（涉及许可经营的，凭许可证经营。）						

企业名称	上海高扬国际烟草有限公司			海关编码	3122430262	所属海关	外高桥关
通讯地址	上海市外高桥保税区富特北路88号					邮政编码	200131
评定时间	2013.1.15	注册日期	1993.9.23	报关有效期	2014.8.25	注册资本	4500万美元
法人姓名	周永森	电　　话	021－61666868	日常联系人	梅峻	电　　话	021－61666132
主营范围	生产、销售烟草制品及烟草专用设备和材料；国际贸易（与国内非保税区有外贸经营权企业的贸易），国内保税区企业间的贸易，区内进出口代理；仓储，运输；在受让土地使用权地块内的房产经营；技术咨询服务；矿泉水生产及销售。（涉及许可经营的，凭许可证经营。）						

企业名称	上海虹日国际电子有限公司			海关编码	3122430440	所属海关	外高桥关
通讯地址	上海市外高桥保税区富特东三路76号32号厂房3层东部位					邮政编码	200131
评定时间	2009.2.2	注册日期	1997.8.1	报关有效期	2014.8.1	注册资本	500万美元
法人姓名	顾晓春	电　　话	021－58206022	日常联系人	孙雍	电　　话	021－58206022
主营范围	区内以电子产品、半导体产品、塑料制品及其零部件为主的仓储、分拨业务及商业性简单加工，与各类电子产品、半导体产品、塑料制品及其零部件有关的国际贸易，转口贸易及贸易咨询和相关技术咨询服务；保税区企业间的贸易，区内贸易及非保税区有外贸经营权的中国企业间的贸易；电子产品、半导体产品、塑料制品及其零部件批发、佣金代理（拍卖除外）及其他相关配套业务；上述产品及技术的进出口业务。（涉及配额许可证管理、专项规定管理的商品，按照国家有关规定办理；涉及许可经营的，凭许可证经营。）						

企业名称	上海恩坦华汽车门系统有限公司			海关编码	3122430545	所属海关	外高桥关
通讯地址	上海市外高桥保税区富特中路401号					邮政编码	200131
评定时间	2012.5.28	注册日期	2001.9.13	报关有效期	2014.8.24	注册资本	600万美元
法人姓名	LON A OFF ENBACHER	电　　话	021－50462288	日常联系人	严华	电　　话	021－50462288
主营范围	开发、生产汽车门锁执行器、汽车门锁、一体化门锁系统、汽车门系统，销售自产产品，并提供相关技术咨询和售后服务；上述产品及同类商品的批发、佣金代理（拍卖除外）、进出口及其他相关配套服务；保税区内国际贸易，转口贸易，保税区企业间贸易及区内贸易代理，区内仓储（危险品除外）及保税商品展示。（不涉及国营贸易管理商品，涉及配额、许可证管理商品的，按国家有关规定办理申请；涉及许可经营的，凭许可证经营。）						

企业名称	上海药明康德新药开发有限公司			海关编码	3122430678	所属海关	外高桥关
通讯地址	上海市外高桥保税区富特中路288号1号楼					邮政编码	200131
评定时间	2012.5.7	注册日期	2002.5.16	报关有效期	2015.5.16	注册资本	2980万美元
法人姓名	李革	电　话	021－50463716	日常联系人	徐一兵	电　话	136××××9609
主营范围	保税区内合成药物性小分子化合物和化合物库、精细化工产品的制造、加工，新药、计算机软件及数据库的开发、研制，组合化学、药品相关的咨询服务；经营本企业自产产品的进出口业务和本企业所需的机械设备、零配件、原辅材料的进口业务（不另附进出口商品目录），但国家限定公司经营或禁止进出口的商品及技术除外；自有批租土地的房产开发经营。（涉及许可经营的凭许可证经营。）						

企业名称	上海通运国际物流有限公司			海关编码	312243K001	所属海关	外高桥关
通讯地址	上海市外高桥保税区新灵路588号					邮政编码	200131
评定时间	2011.12.14	注册日期	2009.4.2	报关有效期	2015.1.17	注册资本	400万美元
法人姓名	凌根华	电　话	021－65958000	日常联系人	尤佳	电　话	021－65958661
主营范围	承办海运、空运进出口货物及私人物品的国际运输代理业务，包括揽货、订舱、仓储、中转、集装箱拼装拆箱、结算运杂费、报关、报验、保险、相关的短途运输服务及咨询业务、集装箱堆场业务；保税区仓储业务及进出口商品的包装分级，加工整理业务；仓储及商业性简单加工；保税区范围内的国际贸易，转口贸易，保税区企业间的贸易及区内贸易代理业务；无船承运业务。（涉及许可经营的凭许可证经营。）						

企业名称	日东电工（上海浦东新区）有限公司			海关编码	3122440398	所属海关	外高桥关
通讯地址	上海市外高桥保税区富特北路217号第1－2层A部位					邮政编码	200131
评定时间	2012.5.7	注册日期	1995.1.23	报关有效期	2014.1.23	注册资本	300万美元
法人姓名	有本雅彦	电　话	021－52081777	日常联系人	虞佶	电　话	021－58663802
主营范围	保税区内研究、开发、生产高分子复合材料系列产品，销售自产产品并提供上述产品及其生产设备的技术咨询和技术支持；保税区内保管仓库及分拨业务；国际贸易，转口贸易，保税区企业间的贸易及贸易代理；通过国内有进出口经营权的企业代理与非保税区企业从事贸易业务；区内保税商品的展示、商业性简单加工及商务咨询服务；上述产品同类商品的批发、佣金代理（拍卖除外），以及其他相关配套业务；上述货物及技术的进出口业务。（涉及许可经营的须凭许可证经营。）						

企业名称	统能克斯工贸（上海）有限公司			海关编码	3122440436	所属海关	外高桥关
通讯地址	上海市外高桥保税区港澳路 271 号					邮政编码	200131
评定时间	2012. 5. 7	注册日期	1995. 3. 25	报关有效期	2014. 3. 25	注册资本	250 万美元
法人姓名	松井周生	电　　话	021 - 50480302	日常联系人	张伟	电　　话	021 - 50480302
主营范围	区内吸烟环境系统系列产品、室内空气调节装置、室内空气卫生装置、防灾储备箱及上述产品零部件的生产，销售自产产品并提供相关售后服务；国际贸易，转口贸易，保税区企业间的贸易及区内贸易代理；货物及技术进出口（不含分销及国家禁止项目）。（涉及许可经营的凭许可证经营。）						

企业名称	通用电气医疗系统贸易发展（上海）有限公司			海关编码	3122440524	所属海关	外高桥关
通讯地址	上海市外高桥保税区意威路 96 号 1 幢					邮政编码	200131
评定时间	2012. 5. 7	注册日期	1995. 6. 13	报关有效期	2014. 6. 13	注册资本	110 万美元
法人姓名	夏学军	电　　话	021 - 58692900	日常联系人	邵唯祎	电　　话	021 - 58692900
主营范围	电气、电子与工业设备，医疗设备，实验仪器，生物试剂（除医用、兽用生物试剂和药品外），化学试剂（危险品除外），通用电气集团所产产品及系统集成产品以及其相关零部件，配套试剂的批发、租赁、进出口和佣金代理（拍卖除外）及其相关配套业务，采购用于租赁的设备及租赁设备的残值处理和维修，上述经营产品的仓储分拨、安装、装配、测试、调试、维修和保养等售后服务；产品翻新，商业性简单加工；产品研发，培训，市场营销和咨询，技术交流；保税区内国际贸易。（不涉及国营贸易管理商品，涉及配额、许可证管理商品的，按国家有关规定办理申请；涉及许可经营的，凭许可证经营。）						

企业名称	惠普信息技术研发（上海）有限公司			海关编码	3122440669	所属海关	外高桥关
通讯地址	上海市外高桥保税区加枫路 20 号三层，四层东南部					邮政编码	200131
评定时间	2008. 10. 31	注册日期	1995. 12. 26	报关有效期	2014. 12. 6	注册资本	4500 万美元
法人姓名	FOO PIAU PHANG（符标榜）	电　　话	010 - 65643888	日常联系人	秦春	电　　话	021 - 28982818
主营范围	从事信息技术，打印和影像及其他有关领域的软硬件产品（含配套产品，外围设备及零部件，软件及其他电子信息类产品），材料，工艺，全球市场和技术等的研究开发、试验，新产品试生产，研究成果的转让和许可，以及前述相关的技术合作、技术咨询和技术服务，研究开发，测试；全球市场研究等业务管理中心；为惠普产品（包括母公司和关联公司）提供集成、安装（不含涉及资质的安装）、调试、应用、维护、咨询、技术解决方案等技术服务。（涉及许可经营的凭许可证经营。）						

企业名称	松下电器机电（中国）有限公司			海关编码	3122440803	所属海关	外高桥关
通讯地址	上海市外高桥保税区马吉路88号C区7、8号楼					邮政编码	200131
评定时间	2012.5.7	注册日期	1996.6.5	报关有效期	2014.6.5	注册资本	1295万美元
法人姓名	日置吉光	电话	021-38552001	日常联系人	张力	电话	021-38552109
主营范围	松下集团及关联企业产品（含软件）的仓储、销售业务；松下产品的设计、研发、测试、销售、维修及售后服务；松下产品的保税展示；技术支持，技术服务，技术培训及简易加工；国际贸易，转口贸易，保税区企业间的贸易及贸易代理，与保税区内外有进出口权企业间的直接贸易；保税区内物流业务；向松下集团及其他企业提供相关中国业务的经营管理、财务、技术、人事、培训的咨询业务；高科技产品的研究开发，并提供综合技术解决方案；电子部件及器件（半导体、显示器件、电动压缩机）、汽车零部件（汽车音响、导航设备、摄像监视系统等）、工厂自动化设备及备件等的批发、佣金代理（拍卖除外）和其他相关配套业务；商品和技术的进出口业务。（涉及许可经营的凭许可证经营。）						

企业名称	天田国际工贸（上海）有限公司			海关编码	3122440841	所属海关	外高桥关
通讯地址	上海市外高桥保税区富特东二路500号28号楼B部位					邮政编码	200131
评定时间	2012.5.7	注册日期	1998.7.2	报关有效期	2014.7.21	注册资本	50万美元
法人姓名	KOJIMA SHUICHI（儿岛修一）	电话	021-62404104	日常联系人	金睿	电话	021-50460543
主营范围	设计、开发、加工、组装、销售模具、扳金加工机械和锯床、锯条，并提供相关产品的售后服务；区内仓储、商品展示及区内模具修理；国际贸易，转口贸易，保税区企业间的贸易及区内贸易代理；贸易和有关技术咨询及培训服务；上述产品同类商品的批发、进出口业务，并提供相关配套服务。（涉及许可经营的凭许可证经营。）						

企业名称	伟创力（上海）金属件有限公司			海关编码	3122440877	所属海关	外高桥关
通讯地址	上海市外高桥保税区GFM13-10地块标准厂房15					邮政编码	200131
评定时间	2012.5.7	注册日期	1996.9.2	报关有效期	2014.8.16	注册资本	200万美元
法人姓名	MANNY MARIMUTHU	电话	021-22761880	日常联系人	陈霞	电话	021-50483061
主营范围	区内金属元件、模具、电子元器件的制造、冲压、组装和售后服务；电脑、电路板的测试、维修服务；国际贸易，保税区企业间的贸易及区内贸易代理；区内仓储及商业性简单加工。（涉及许可经营的凭可证经营。）						

企业名称	上海国际商业机器工程技术有限公司			海关编码	3122441071	所属海关	外高桥关
通讯地址	上海外高桥保税区港澳路389号					邮政编码	200131
评定时间	2009.2.2	注册日期	1997.4.1	报关有效期	2014.3.5	注册资本	500万美元
法人姓名	戴泽棠	电　话	021－60924816	日常联系人	郭荣	电　话	021－28997242
主营范围	生产、销售以IBM公司为主的信息技术产品；以IBM公司产品为主的仓储分拨业务，商业简单加工及产品展示；国际贸易，转口贸易，保税区企业间的贸易及区内贸易代理，与非保税区拥有外贸进出口权的企业进行直接贸易；信息系统、计算机系列和相关产品的维修、售后服务及相关技术服务，信息技术开发及系统集成、重建和备援服务；提供计算机信息系统、网络系统的开发、设计、安装、运维管理及其他相关服务，提供计算机数据处理和制表服务，以及计算机实时服务和计算机分时服务；投资咨询，管理信息和技术咨询，以及市场策划、贸易咨询及保税区内的物流服务；提供半导体、集成电路、软硬件系统相关的技术咨询与技术设计服务；建筑智能化项目施工。（涉及建筑业资质要求的，需在取得相应资质后开展经营业务；涉及许可经营的，凭许可证经营。）						

企业名称	德尔福（上海）动力推进系统有限公司			海关编码	3122441076	所属海关	外高桥关
通讯地址	上海市外高桥保税区希雅路150号					邮政编码	200131
评定时间	2011.5.27	注册日期	1997.4.3	报关有效期	2014.4.3	注册资本	1600万美元
法人姓名	KEN CAO	电　话	021－50460940	日常联系人	袁达喆	电　话	139××××7026
主营范围	设计、生产汽车、摩托车发动机零部件，电子控制燃油喷射系统，后续处理系统及有关零部件；油泵的委托加工；销售自产产品及德尔福集团内的公司生产的产品；上述产品及同类产品的批发、进出口、佣金代理（拍卖除外）及相关配套业务；提供技术工程服务和售后服务；从事上海外高桥保税区内仓储、贸易代理和贸易咨询服务；相关产品的分拨，国际贸易，转口贸易和保税区内企业间的贸易，保税区内商业性简单加工；从事保税区内自置房产的经营。（不涉及国营贸易管理商品；涉及配额、许可证管理、专项规定管理的商品，按照国家有关规定办理；涉及许可经营的，凭许可证经营。）						

企业名称	依必安派特风机（上海）有限公司			海关编码	3122441112	所属海关	外高桥关
通讯地址	上海市外高桥保税区华京路418（B）号					邮政编码	200131
评定时间	2013.1.15	注册日期	1997.5.5	报关有效期	2014.5.16	注册资本	120万美元
法人姓名	THOMAS BORST	电　话	021－50460183	日常联系人	鲍琼康	电　话	021－50460183
主营范围	电动机、风机的生产性加工和销售；区内仓储业务及商品展示；国际贸易，转口贸易，保税区企业间的贸易及区内贸易代理；技术及贸易咨询服务。（涉及许可经营的凭许可证经营。）						

企业名称	明尼苏达矿业制造（上海）国际贸易有限公司		海关编码	3122441352	所属海关	外高桥关
通讯地址	上海市外高桥保税区英伦路858号				邮政编码	200131
评定时间	2009.11.16	注册日期 1998.1.13	报关有效期	2014.1.13	注册资本	70万美元
法人姓名	余俊雄	电话 021－62753535	日常联系人	陈黎	电话	021－50483535
主营范围	保税区内从事以3M公司产品（包括医疗器械产品、精密投影镜头产品）为主的物流、仓储分拨业务，以及相关产品和设备的维修、售后服务、技术检测、国际贸易，转口贸易，保税区企业间的贸易，区内贸易代理及贸易咨询；保税区内商业性简单加工，保税区内咨询及培训服务；化工产品（特种化学品除外）、塑胶制品（天然橡胶除外）、纺织制品（棉花除外）、石料制品、贱金属制品、电气设备及其零部件、光学产品、医疗器械设备及其零部件、过滤产品的批发、佣金代理（拍卖除外）、进出口及其他相关配套业务。（不涉及国营贸易管理商品；涉及配额、许可证管理、专项规定管理的商品按照国家有关规定办理；涉及许可经营的凭许可证经营。）					

企业名称	伊顿流体动力（上海）有限公司		海关编码	3122441388	所属海关	外高桥关
通讯地址	上海市外高桥保税区爱都路388号				邮政编码	200131
评定时间	2012.8.31	注册日期 1998.2.27	报关有效期	2014.3.6	注册资本	210万美元
法人姓名	SHYAM PONNAPPA KAMBEYANDA	电话 021－38503435	日常联系人	孙燕冰	电话	021－38503477
主营范围	设计、开发、装配、制造、加工和销售高质量液压系统、静液压传动装置、液压泵和马达及其他液压零部件；上述产品同类商品的批发及进出口业务（涉及配额许可证管理、专项规定管理的商品按照国家有关规定办理）；提供贸易及技术咨询、培训及售后服务；国际贸易，转口贸易，保税区企业间的贸易及区内贸易代理；区内仓储业务及商品展示。（涉及许可经营的凭许可证经营。）					

企业名称	上海莫仕连接器有限公司		海关编码	3122441621	所属海关	外高桥关
通讯地址	上海市外高桥保税区英伦路889号				邮政编码	200131
评定时间	2010.12.24	注册日期 1998.2.24	报关有效期	2014.7.24	注册资本	3900万美元
法人姓名	WISDOM LIN	电话 021－50480889	日常联系人	殷丽	电话	021－50480889
主营范围	电子连接器及其相关产品的设计、开发、生产制造和销售，相关产品的技术咨询及售后服务；国际贸易，区内贸易及区内贸易代理，通过国内有进出口经营权的企业代理与非保税区企业从事贸易业务；区内仓储及商业性简单加工；贸易咨询服务。（涉及许可经营的凭许可证经营。）					

企业名称	刻意创键计算机配套设备（上海）有限公司			海关编码	3122441662	所属海关	外高桥关
通讯地址	上海市外高桥保税区希雅路6号通用厂房二层A部位					邮政编码	200131
评定时间	2012.9.27	注册日期	1998.9.8	报关有效期	2014.9.8	注册资本	170万美元
法人姓名	CRAIG D. GATES	电　　话	021－50460756	日常联系人	薄健	电　　话	021－50460756
主营范围	设计、生产、销售电子线路板、计算机外围设备、电子游戏机、电源开关等电子产品和设备，并提供相关产品的技术支持、维修及售后服务；区内仓储（除危险品）及商业展示；国际贸易，转口贸易，保税区企业间的贸易；货物及技术进出口。（不含分销及国家禁止项目，涉及许可经营的，须凭许可证经营。）						

企业名称	索尼物流贸易（中国）有限公司			海关编码	3122441677	所属海关	外高桥关
通讯地址	上海市外高桥保税区马吉路88号11号楼					邮政编码	200131
评定时间	2011.12.28	注册日期	1998.9.14	报关有效期	2014.9.6	注册资本	750万美元
法人姓名	EZURE YOSHITO（江連淑人）	电　　话	021－28912097	日常联系人	董萌	电　　话	021－28912097
主营范围	受母公司授权，为其关联公司提供物流、贸易业务管理及相关的管理咨询服务；从事保税区内仓储、物流业务，以索尼产品为主的培训、展示、技术开发、售后服务，以索尼产品为主的技术、商务咨询服务；保税区内国际贸易，转口贸易，保税区企业间的贸易及区内贸易代理，区内商业性简单加工，从事进出中华人民共和国港口货物运输的无船承运业务；数码产品零部件、计算机零部件、投影机零部件、显示器单元及零部件、音响设备及其零部件、索尼相关产品的维修部件、电子电气产品的批发、佣金代理（拍卖除外）及相关配套业务（不涉及国营贸易管理商品，涉及配额、许可证管理商品的，按国家有关规定办理申请），索尼相关液晶电视、数码产品、视频及音频产品的零部件，组装配件及维修部件的委托加工；上述委托加工相关的冲压模具、成型模具及相关的辅助制造工具的租赁业务；承办海运、空运、陆运进出口货物，国际展品及私人物品的国际运输代理业务，包括揽货、订舱、仓储、中转、集装箱拼装拆箱、结算运杂费、报关、报验、保险、相关的短途运输服务及咨询业务；道路普通货物运输及国内公路货代，仓储（不含危险品），以及相关咨询服务，国内速递（仅限索尼品牌产品及其相关产品）。（涉及许可经营的凭许可证经营。）						

企业名称	英格索兰机械（上海）有限公司			海关编码	3122441738	所属海关	外高桥关
通讯地址	上海市外高桥保税区希雅路301号21号楼					邮政编码	200131
评定时间	2012.5.7	注册日期	1998.12.2	报关有效期	2014.11.3	注册资本	100万美元
法人姓名	宋振宁	电　　话	021－22081288	日常联系人	沈文倩	电　　话	021－50461415
主营范围	空压机整机及零配件、气动工具、手掌识别系统及相关产品的生产、加工组装，销售自产产品及销售英格索兰系统内的产品；上述产品的同类商品的批发、进出口、佣金代理（拍卖除外），机械设备及手掌识别系统的安装、调试、维修及售后服务；空压机整机、气动工具及手掌识别系统的租赁；区内仓储及商品展示；国际贸易，转口贸易，保税区企业间的贸易。（不涉及国营贸易管理商品，涉及配额、许可证管理、专项规定管理的商品按照国家有关规定办理；涉及许可经营的，须凭许可证经营。）						

企业名称	埃地沃兹贸易（上海）有限公司			海关编码	3122441757	所属海关	外高桥关
通讯地址	上海市外高桥保税区富特北路23号					邮政编码	200131
评定时间	2012. 5. 7	注册日期	1998. 12. 30	报关有效期	2014. 12. 13	注册资本	1060万美元
法人姓名	NEIL LAVENDER JONES	电　　话	4001119618	日常联系人	景凌曦	电　　话	186××××0371
主营范围	以工业气体、真空设备和其他有关设备为主的区内仓储、分拨、测试和售后服务，维修业务；国际贸易及区内企业间贸易；区内商业性简单加工及贸易，技术咨询；润滑剂、硫化橡胶（硬质橡胶除外）的其他制品、钢铁制品、机械设备及其零部件、电气设备、测量控制仪器及其零部件的批发、佣金代理（拍卖除外）、进出口及其他相关配套业务。（涉及配额许可证管理、专项规定管理的商品，按照国家有关规定办理；涉及许可经营的，凭许可证经营。）						

企业名称	上海近铁国际物流有限公司			海关编码	3122441782	所属海关	外高桥关
通讯地址	上海市外高桥保税区澳尼路588号67号厂房					邮政编码	200131
评定时间	2010. 10. 9	注册日期	1999. 2. 8	报关有效期	2014. 2. 20	注册资本	140万美元
法人姓名	YOSHIHIRO SHIRAI（白井由浩）	电　　话	021－62084088	日常联系人	刘林林	电　　话	021－50481616－1841
主营范围	保税区内以电子产品为主的仓储（除危险品）业务，商业性简单加工及相关产品的售后服务；保税区内国际贸易，转口贸易，保税区企业间的贸易；保税区内贸易代理及贸易咨询服务；货物运输保险兼业代理，道路普通货物运输，道路货物专运输（冷藏保鲜，集装箱）；承办海运、空运进出口货物的国际运输代理业务，包括揽货、订舱、仓储（除危险品）、中转、集装箱拼装拆箱、结算运杂费、报关、报验、保险、相关的短途运输服务及咨询业务。（涉及许可证经营的凭许可证经营。）						

企业名称	惠普贸易（上海）有限公司			海关编码	3122441811	所属海关	外高桥关
通讯地址	上海市外高桥保税区加枫路20号一层					邮政编码	200131
评定时间	2008. 10. 31	注册日期	1999. 3. 10	报关有效期	2014. 3. 10	注册资本	320万美元
法人姓名	符标榜	电　　话	021－28938888	日常联系人	方卫红	电　　话	021－28938758
主营范围	从事计算机设备、打印设备和影像设备及相关零部件、软件产品的批发、佣金代理（拍卖除外）、进出口及其他相关配套业务；以上述产品和其他电子及信息技术类产品为主的区内仓储分拨业务，产品维修及售后服务；国际贸易，转口贸易，保税区企业间贸易及贸易代理；区内商业性简单加工；贸易及技术咨询服务、技术开发及系统集成服务。（涉及配额许可证管理、专项规定管理的商品按照国家有关规定办理；涉及许可经营的，凭许可证经营。）						

企业名称	康明斯发动机（上海）贸易服务有限公司			海关编码	3122441874	所属海关	外高桥关
通讯地址	上海市外高桥保税区日樱北路353号9号楼底层A部位					邮政编码	200131
评定时间	2012.5.7	注册日期	1999.4.12	报关有效期	2014.6.30	注册资本	20万美元
法人姓名	YOSHINOBU MARC GOTOH	电　话	021－61693006	日常联系人	施中庆	电　话	021－61693051
主营范围	国际贸易，转口贸易，保税区内企业间的贸易及区内贸易代理；区内商业性简单加工，技术咨询及培训；贸易咨询服务；仓储服务；发动机、发电机、发电机组及其系统和零部件的批发、佣金代理（拍卖除外）、进出口及其相关的配套服务。（不涉及国营贸易管理商品，涉及配额、许可证管理、专项规定管理的商品按照国家有关规定办理，涉及许可经营的凭许可证经营。）						

企业名称	奥林巴斯贸易（上海）有限公司			海关编码	3122441895	所属海关	外高桥关
通讯地址	上海市外高桥保税区泰谷路185号第三层E、F部位					邮政编码	200131
评定时间	2009.1.6	注册日期	1999.7.5	报关有效期	2014.8.31	注册资本	100万美元
法人姓名	渡边和弘（WATANABE KAZUHIRO）	电　话	021－58667171	日常联系人	金冕	电　话	021－58667171
主营范围	保税区内以精密及光学仪器产品及零部件、医疗器械及零部件为主的仓储、分拨业务及维修、展示、促销、技术培训、售后服务；国际贸易，转口贸易，保税区企业间的贸易及贸易代理；保税区内商业性简单加工；医疗器械及其零部件（限许可证许可范围）、精密和光学仪器产品及零部件、影像产品及零部件、化学产品（限许可证经营，易制毒化学品、特殊化学品除外）、家具、机电产品的批发、进出口、佣金代理（拍卖除外），并提供相关配套业务；医疗器械经营性租赁（限许可证许可范围）。（不涉及国营贸易管理商品，涉及配额、许可证管理、专项规定管理的商品按照国家有关规定办理，涉及许可经营的凭许可证经营。）						

企业名称	岛津企业管理（中国）有限公司			海关编码	3122441936	所属海关	外高桥关
通讯地址	上海市外高桥保税区富特西一路381号汤臣园区A1楼第6层B部位					邮政编码	200131
评定时间	2012.5.7	注册日期	1999.8.23	报关有效期	2014.8.23	注册资本	800万美元
法人姓名	古沢宏二	电　话	021－22013888	日常联系人	姚炜箐	电　话	021－22013888
主营范围	受岛津集团及其在国内外所设立企业的委托，向其提供下列服务：投资经营决策，市场营销服务，资金运作与财务管理，技术支持与研究开发，信息服务，员工培训与管理，承接集团内部的共享服务和境外公司的服务外包；从事医疗器械、精密分析仪器、工业用泵、工业用锅炉产品的进出口、批发、佣金代理（拍卖除外），并提供相关配套服务；保税区内以医疗器械、精密分析仪器、工业用泵、工业用锅炉产品和相关产品及零备件为主的仓储、分拨业务及相关产品的技术服务；保税区内国际贸易，转口贸易，保税区企业间的贸易及贸易代理；保税区内商业性简单加工，保税区内商品展示及商务咨询服务。（不涉及国营贸易管理商品，涉及配额、许可证管理商品的按国家有关规定办理申请，涉及许可经营的凭许可证经营。）						

企业名称	易格斯拖链轴承仓储贸易（上海）有限公司			海关编码	3122441938	所属海关	外高桥关
通讯地址	上海市外高桥保税区德堡路11号46号厂房A部位					邮政编码	200131
评定时间	2012. 5. 7	注册日期	1999. 8. 23	报关有效期	2014. 8. 23	注册资本	100万美元
法人姓名	NEHRING HARALD	电　　话	021－51303100	日常联系人	夏峥嵘	电　　话	021－51303169
主营范围	拖链、轴承和电缆及其相关配套产品的批发、进出口、佣金代理（拍卖除外）及其相亲配套业务，区内以上述产品为主的仓储、分拨业务及相关产品售后服务的技术培训；国际贸易，保税区企业间的贸易，区内贸易代理及贸易咨询；区内商业性简单加工；区内商品展示。（不涉及国营贸易管理商品，涉及配额、许可证管理，专项规定管理的商品按照国家有关规定办理，涉及许可经营的凭许可证经营。）						

企业名称	希革斯贸易（上海）有限公司			海关编码	3122441944	所属海关	外高桥关
通讯地址	上海市外高桥保税区富特东一路350号					邮政编码	200131
评定时间	2012. 5. 7	注册日期	1999. 8. 31	报关有效期	2014. 11. 22	注册资本	300万美元
法人姓名	松下宇一郎（MATSUSHITA UICHIRO）	电　　话	021－58661600	日常联系人	罗张伟	电　　话	021－58661170
主营范围	区内以电子电器产品及零部件为主的仓储、分拨业务；国际贸易，转口贸易，保税区企业间贸易及区内贸易代理；贸易咨询服务；区内商业性简单加工；塑料及其制品、橡胶制品、纸制品、贱金属制品、机械器具、电气设备及其零件、光学产品、液晶装置的批发、佣金代理（拍卖除外）、进出口及其他相关配套业务。（涉及配额许可证管理、专项规定管理的商品按照国家有关规定办理，涉及许可经营的凭许可证经营。）						

企业名称	上海贝尔信息产品有限公司			海关编码	3122441997	所属海关	外高桥关
通讯地址	上海市外高桥保税区巴圣路275号41号楼第一层西部					邮政编码	200131
评定时间	2012. 5. 7	注册日期	1999. 11. 9	报关有效期	2014. 11. 3	注册资本	232万美元
法人姓名	EMANUELE CAVALLARO	电　　话	021－50554550	日常联系人	陈捷	电　　话	021－50481200－626
主营范围	研究、开发、设计、制造计算机信息网络及交换网络设备、移动通信网络设备、数据通信网络设备、接入网络设备、信息通信终端和光电传输网络设备；上述产品同类商品的批发、进出口、佣金代理（拍卖除外），并为上述各类产品提供维护、维修、售后服务、技术咨询、技术培训等相关配套业务；保税区内仓储、物流业务；软件产品的开发、生产和销售；国际贸易，保税区企业间的贸易，保税区内贸易代理及咨询服务；保税区内商业性简单加工及保税区商品展示。（不涉及国营贸易管理商品，涉及配额、许可证管理、专项规定管理的商品按照国家有关规定办理，涉及许可经营的凭许可证经营。）						

企业名称	沙伯基础创新塑料（上海）有限公司			海关编码	3122442019	所属海关	外高桥关
通讯地址	上海市外高桥保税区爱都路 58 号					邮政编码	200131
评定时间	2010. 10. 9	注册日期	1999. 12. 16	报关有效期	2014. 11. 22	注册资本	2696 万美元
法人姓名	尹泽生	电　　话	021－50460000－3310	日常联系人	宓继来	电　　话	021－50460000－5608
主营范围	热塑性工程塑料产品、塑料合金、板材、薄膜和其他相关产品的研制、开发、生产（含委托加工）、销售和提供售后服务、咨询；与上述产品同类商品（特定商品除外）的进出口、批发、佣金代理（拍卖除外），并提供相关附属服务；保税仓储以及技术许可转让；国际贸易，转口贸易，保税区企业间的贸易及贸易代理；区内商业性简单加工，区内商务咨询。（涉及配额许可证管理、专项规定管理的商品按照国家有关规定办理，涉及许可经营的凭许可证经营。）						

企业名称	上海杰世腾连接器有限公司			海关编码	3122442045	所属海关	外高桥关
通讯地址	上海市外高桥保税区富特南路 55 号					邮政编码	200131
评定时间	2009. 3. 27	注册日期	2000. 1. 24	报关有效期	2014. 1. 31	注册资本	5800 万美元
法人姓名	吉村正雄	电　　话	021－50481976	日常联系人	方自力	电　　话	021－50481976
主营范围	连接器、冲压件、注塑件、电子电器部件、连接器制造设备工具（精密模具、组装机器、检测机器仪器等）及其零部件的加工制造、研究开发，销售自产产品；上述产品和技术的国际贸易、转口贸易及贸易咨询服务；上述产品和技术的批发、佣金代理（拍卖除外）、进出口及其他相关配套业务；上述产品的区内仓储、展示、技术培训及售后服务；区内受让地块内房产经营业务。（涉及许可经营的凭许可证经营。）						

企业名称	安迪苏生命科学制品（上海）有限公司			海关编码	3122442078	所属海关	外高桥关
通讯地址	上海市外高桥保税区杨高北路 2001 号 F 区 1 地块展示交易中心楼第一层 C 部位					邮政编码	200131
评定时间	2011. 12. 28	注册日期	2000. 3. 13	报关有效期	2014. 3. 13	注册资本	70 万美元
法人姓名	JEAN－MARC DUBLANC	电　　话	021－61696988	日常联系人	蔡隽	电　　话	021－58309998－203
主营范围	区内以药品、农化制品、动物营养品和生物制品（疫苗）为主的仓储、分拨业务和提供相关产品的售后服务及技术，管理方面的支持，培训和咨询服务；国际贸易，转口贸易，保税区企业间的贸易及区内贸易代理；通过与国内有进出口经营权的企业签订贸易代理合同，可与非保税区企业从事贸易业务；区内商业性简单加工；农化制品、动物营养品和生物制品的批发、进出口、佣金代理（拍卖除外）以及其他相关辅助服务，技术咨询和商业咨询服务。（涉及配额许可证管理、专项规定管理的商品按照国家有关规定办理，涉及许可经营的凭许可证经营。）						

企业名称	瑞表企业管理（上海）有限公司			海关编码	3122442135	所属海关	外高桥关
通讯地址	上海市外高桥保税区富特北路399号加工厂房第四层B部位					邮政编码	200131
评定时间	2010.11.22	注册日期	2000.5.29	报关有效期	2014.5.29	注册资本	200万美元
法人姓名	GEORGES NICOLAS HAYEK	电　　话	021－24125000、24125327	日常联系人	陈为	电　　话	021－24145144
主营范围	受母公司及其所投资企业委托，为其提供下列服务：投资经营决策服务，市场营销服务，财务管理服务，信息技术支持，技术开发服务，员工培训与管理服务；钟表及其零部件，品牌相关纪念品，珠宝首饰（毛钻，裸钻除外），工艺品（文物除外），化妆品，香水，办公用品，皮具，服装，配饰，箱包，鞋帽，运动用品，食品，饮料（含酒精饮料），日用杂货，电子电器，半导体器件，模具及通讯产品的进出口、批发、零售、佣金代理（拍卖除外），并提供相关配套业务、商务咨询、技术支持和售后服务（以上商品进出口不涉及国营贸易、进出口配额许可证、出口配额招标、出口许可证等专项管理的商品），提供和体育赛事有关的计时，计分及数据处理的技术支持服务，在保税区内以上述产品为主的仓储（危险品除外）和分拨业务及售后维修服务和技术支持；保税区内国际贸易，转口贸易，保税区企业间的贸易及贸易代理。（涉及许可经营的凭许可证经营。）						

企业名称	维兰德金属（上海）有限公司			海关编码	3122442219	所属海关	外高桥关
通讯地址	上海市外高桥保税区富特中路399号					邮政编码	200131
评定时间	2012.5.28	注册日期	2000.8.29	报关有效期	2014.8.2	注册资本	600万美元
法人姓名	BERND HEINRICH DAUTEL	电　　话	021－51536805	日常联系人	刘浏	电　　话	021－51536805
主营范围	生产、加工、金属制品，销售自产产品，相关产品的技术咨询和售后服务，国际贸易，转口贸易，保税区企业间的贸易及区内贸易代理；通过国内有进出口经营权的企业代理，与非保税区企业从事贸易业务；区内商品展示。（涉及许可经营的凭许可证经营。）						

企业名称	阿科玛（上海）化工有限公司			海关编码	3122442220	所属海关	外高桥关
通讯地址	上海市外高桥保税区富特东二路500号28号楼底层D部位					邮政编码	200131
评定时间	2012.5.7	注册日期	2000.8.28	报关有效期	2014.8.28	注册资本	20万美元
法人姓名	DOMINIQUE NAMER	电　　话	021－61476888	日常联系人	汤吉丰	电　　话	021－61476888－255
主营范围	区内以化工产品和塑料产品为主的仓储、分拨业务；国际贸易，转口贸易，保税区企业间的贸易及贸易代理，区内商业性简单加工及商品展示，贸易咨询服务；化工产品和塑料产品的批发，前述产品的进出口、佣金代理（拍卖除外），提供相关配套服务。（涉及配额许可证管理、专项规定管理的商品按照国家有关规定办理，涉及许可经营的凭许可证经营。）						

企业名称	柯惠医疗器材国际贸易（上海）有限公司			海关编码	3122442262	所属海关	外高桥关
通讯地址	上海外高桥保税区法赛路556号2幢102部位					邮政编码	200131
评定时间	2012.5.22	注册日期	2000.10.26	报关有效期	2014.10.20	注册资本	350万美元
法人姓名	ALEX YUSHAO GU	电　话	021－24010100	日常联系人	李艳玲	电　话	021－24125718
主营范围	区内以医疗器材为主的仓储、分拨业务及相关产品的技术服务；国际贸易，转口贸易，保税区内企业间的贸易及贸易代理；区内商业性简单加工及贸易咨询服务；医疗器械的批发、进出口、佣金代理（拍卖除外）、安装维修、技术培训等相关配套业务；为母公司集团内所有关联企业提供关于该关联企业产品的咨询服务。（以上业务不得涉及国营贸易管理商品，涉及配额、许可证管理、专项规定管理的商品按照国家有关规定办理，涉及许可经营的凭许可证经营。）						

企业名称	安靠封装测试（上海）有限公司			海关编码	3122442400	所属海关	外高桥关
通讯地址	上海市外高桥保税区英伦路111号					邮政编码	200131
评定时间	2009.2.2	注册日期	2001.3.27	报关有效期	2016.9.7	注册资本	18100万美元
法人姓名	JOANNE SOLOMON	电　话	001－480821－5000	日常联系人	赵西京	电　话	021－50644590
主营范围	集成电路产品的封装、测试、加工业务，销售自产产品；区内以集成电路产品为主的仓储、分拨业务及相关产品的售后服务、咨询、技术维修及研发；区内商业性简单加工及商品展示；国际贸易，转口贸易，保税区企业间的贸易及区内贸易代理；通过国内有进出口经营权的企业代理与非保税区企业从事贸易业务。（涉及许可经营的凭许可证经营。）						

企业名称	藤仓电子（上海）有限公司			海关编码	3122442457	所属海关	外高桥关
通讯地址	上海市外高桥保税区日樱北路199号56号第一层A部位，第二层A部位，第三层A部位和第四层A部位					邮政编码	200131
评定时间	2012.5.7	注册日期	2001.4.28	报关有效期	2014.4.28	注册资本	1200万美元
法人姓名	市川康雄	电　话	021－50461771	日常联系人	周宇华	电　话	021－50461771
主营范围	电子配线系统及其零部件的生产、加工、组装、销售自产产品；相关产品的仓储、分拨业务及技术咨询和售后服务；国际贸易，转口贸易，保税区企业间的贸易及贸易代理；通过国内有进出口经营权的企业代理与非保税区企业从事贸易业务；区内商业性简单加工及商品展示。						

企业名称	魏德米勒电联接（上海）有限公司			海关编码	3122442487	所属海关	外高桥关
通讯地址	上海市外高桥保税区韩城路101号63号厂房A部位					邮政编码	200131
评定时间	2011.5.27	注册日期	2001.6.6	报关有效期	2014.6.6	注册资本	398万美元
法人姓名	VOLPERT BRIEL	电话	021－22195033	日常联系人	史志斌	电话	021－50463008
主营范围	电联接器件及相关产品的设计、研发；机器、机械器具、电机、电器设备及其零件、手工工具、精密仪器及其零件、塑料制品、贱金属制品、纸制品、化学产品（危险化学品、易制毒化学品、特种化学品除外）的批发，佣金代理（拍卖除外），进出口及相关配套业务；区内以电联接器件及相关产品为主的仓储和分拨业务；区内提供电联接器元件及相关产品的维修、售后服务和技术支持；国际贸易，转口贸易，保税区企业间的贸易及区内贸易代理；区内商业性简单加工及贸易咨询服务。（不涉及国营贸易管理商品，涉及配额、许可证管理、专项规定管理的商品按照国家有关规定办理，涉及许可经营的凭许可证经营。）						

企业名称	依必安派特电气（上海）有限公司			海关编码	3122442520	所属海关	外高桥关
通讯地址	上海市外高桥保税区F13地块					邮政编码	200131
评定时间	2013.1.15	注册日期	2001.6.29	报关有效期	2014.7.29	注册资本	889万美元
法人姓名	THOMAS WAGNER	电话	021－50460183	日常联系人	鲍琼康	电话	021－50460183
主营范围	电子、通讯等行业用温度控制装置的生产，电动机、风机的加工，自产产品的销售、检测维修及相关售后服务（包括技术咨询、技术培训）；区内仓储（除危险品外）业务，商业性简单加工及商品展示；国际贸易，转口贸易，保税区企业间的贸易及贸易代理；通过国内有进出口经营权的企业代理与非保税区企业从事贸易，贸易咨询服务。（涉及许可经营的凭许可证经营。）						

企业名称	汎韩物流（上海）有限公司			海关编码	3122442630	所属海关	外高桥关
通讯地址	上海市外高桥保税区日阪路301号第三层					邮政编码	200131
评定时间	2013.1.15	注册日期	2001.9.11	报关有效期	2014.7.28	注册资本	100万美元
法人姓名	YOO CHANG GON	电话	021－51536805	日常联系人	严晓林	电话	021－50482643
主营范围	保税区内仓储（除危险品）物流及提供相关物流服务；保税区内国际贸易，转口贸易，保税区企业间的贸易及区内贸易代理；货物及技术进出口（不含分销及国家禁止项目）；区内商业性简单加工；区内商务咨询服务；无船承运业务，承办海运、空运进出口货物的国际运输代理业务，包括揽货、订舱、仓储（除危险品）、中转、集装箱拼装拆箱、报关、报检及相关的短途运输服务、道路普通货运（详见许可证，有效期至2010年8月9日）。（涉及许可经营的凭许可证经营。）						

企业名称	宇达电脑（上海）有限公司			海关编码	3122442712	所属海关	外高桥关
通讯地址	上海市外高桥保税区富特北路129号第二层全部位					邮政编码	200131
评定时间	2012.5.22	注册日期	2001.11.8	报关有效期	2014.11.22	注册资本	100万美元
法人姓名	何继武	电　　话	021-58681198	日常联系人	徐勤	电　　话	021-58681198
主营范围	保税区内生产、组装计算机、计算机部件及外围设备，销售自产产品；保税区内以计算机配件及无线网络产品设备，移动通讯产品及设备相关产品为主的仓储、分拨、测试、维修、展示及相关产品的技术咨询和售后服务；国际贸易，转口贸易，保税区内企业间的贸易及贸易代理；通过国内有进出口经营权的企业代理与非保税区企业从事贸易业务；货物及技术进出口（不含分销及国家禁止项目）；保税区内商业性简单加工及商务咨询服务。（涉及许可经营的凭许可证经营。）						

企业名称	住化电子材料科技（上海）有限公司			海关编码	3122442714	所属海关	外高桥关
通讯地址	上海市外高桥保税区希雅路69号15号楼第一层B部位					邮政编码	200131
评定时间	2012.8.31	注册日期	2001.11.26	报关有效期	2014.11.16	注册资本	778万美元
法人姓名	SASAKI YASUAKI 佐佐木康彰	电　　话	021-50462296-103	日常联系人	卜培娟	电　　话	021-50462296-103
主营范围	保税区内光学用多功能薄膜的生产加工及光学用多功能薄膜加工设备、器械（斜角剪切机、压力贴合机、半裁机、万能剪切机、重绕机）的制造；金属镓的精制、加工；应用于液晶面板及半导体前制程的溅射靶材与靶材衬底的贴合加工，以及其他有关液晶显示器用零部件的制造；销售自产产品；保税区内以上述产品为主的仓储、分拨业务及相关的技术咨询和售后服务；保税区内商业性简单加工；国际贸易，转口贸易，保税区内企业间的贸易及区内贸易代理；通过国内有进出口经营权的企业代理与非保税区企业从事贸易业务。（不涉及国营贸易管理商品，涉及配额、许可证管理、专项规定管理的商品按照国家有关规定办理，涉及许可经营的凭许可证经营。）						

企业名称	日通国际物流（上海）有限公司			海关编码	3122442880	所属海关	外高桥关
通讯地址	上海市外高桥保税区德堡路11号第一层					邮政编码	200131
评定时间	2010.10.9	注册日期	2002.3.1	报关有效期	2014.3.1	注册资本	81万美元
法人姓名	和田贵志	电　　话	021-50483301	日常联系人	马丽萍	电　　话	021-50483301
主营范围	承办海运、陆运、空运进出口货物、国际展品、私人物品及过境货物的国际货物的国际货物运输代理业务，包括揽货、订舱、托运、仓储、中转、集装箱拼装拆箱、结算运杂费、报关、报验、报检、保险、相关的短途运输服务及运输咨询业务，道路普通货运；保税区内仓储物流、货物运输业务及相关咨询服务；保税区内国际贸易，保税区内转口贸易，保税区内企业间的贸易及区内贸易代理；通过国内有进出口经营权的企业代理与非保税区企业从事贸易业务；保税区物流及贸易咨询业务；保税区内商业性简单加工；保税区内商品展示。（涉及许可经营的凭许可证经营。）						

企业名称	威雅利电子（上海）有限公司			海关编码	3122443040	所属海关	外高桥关
通讯地址	上海市外高桥保税区希雅路69号16#楼5层B部位					邮政编码	200131
评定时间	2012. 5. 7	注册日期	2002. 5. 21	报关有效期	2014. 6. 3	注册资本	700万美元
法人姓名	梁振华	电话	021－52989498	日常联系人	史黎波	电话	021－52989498
主营范围	电子元器件及其相关配套的零配件的批发、佣金代理（拍卖除外）、进出口及其他相关配套业务；保税区内以电子元器件为主的仓储、分拨业务，国际贸易，转口贸易，保税区内企业间的贸易及区内贸易代理；保税区内商业性简单加工；保税区内商务咨询服务。（涉及配额许可证管理、专项规定管理的商品按照国家有关规定办理，涉及许可经营的凭许可证经营。）						

企业名称	帝人化成复合塑料（上海）有限公司			海关编码	3122443293	所属海关	外高桥关
通讯地址	上海市外高桥保税区华京路310号					邮政编码	200131
评定时间	2009. 3. 27	注册日期	2002. 9. 13	报关有效期	2014. 8. 16	注册资本	1780万美元
法人姓名	福田善夫（FUKUDA YOSHIO）	电话	021－50480230	日常联系人	杨德勇	电话	021－50480230
主营范围	保税区内树脂和树脂制品及化学品的生产、加工和销售，上述产品同类商品的批发、进出口，佣金代理（拍卖除外），技术咨询，售后服务以及其他相关配套业务（危险品、特种化学品、易制毒产品除外）；相关产品的技术咨询服务；保税区内仓储业务和商品展示，国际贸易，转口贸易，保税区企业间的贸易及贸易代理。（涉及配额许可证管理、专项规定管理的商品按照国家有关规定办理，涉及许可经营的凭许可证经营。）						

企业名称	赫斯基注塑系统（上海）有限公司			海关编码	3122443343	所属海关	外高桥关
通讯地址	上海市外高桥保税区巴圣路101号					邮政编码	200131
评定时间	2012. 8. 31	注册日期	2002. 10. 17	报关有效期	2014. 10. 9	注册资本	1800万美元
法人姓名	GERARDO CHIAIA	电话	021－50484800	日常联系人	刘全芳	电话	021－50484800
主营范围	保税区内研究、开发、生产、加工和组装注塑设备、模具、自动化机械设备及其零配件，并提供相关技术咨询、技术培训和售后服务；上述产品的批发、进出口、佣金代理（不含拍卖）及其他相关配套业务，维修和测试上述产品；保税区内仓储分拨业务；国际贸易，转口贸易，保税区企业间的贸易及贸易代理；区内保税商品的展示和商务咨询服务。（涉及配额许可证管理、专项规定管理的商品按照国家有关规定办理，涉及许可经营的凭许可证经营。）						

企业名称	乾景国际物流（上海）有限公司	海关编码	3122443509	所属海关	外高桥关
通讯地址	上海市外高桥保税区富特北路 318 号			邮政编码	200131

评定时间	2013. 1. 15	注册日期	2003. 1. 8	报关有效期	2014. 1. 8	注册资本	105 万美元
法人姓名	萩村奈奈绪	电　话	021 - 58683868	日常联系人	陆隽弢	电　话	021 - 58683868
主营范围	保税区内仓储、物流业务，保税区内自有房产的经营业务；国际贸易，转口贸易，保税区企业间的贸易及区内贸易代理；通过国内有进出口经营权的企业代理与非保税区企业从事贸易业务；保税区内商务咨询服务。（涉及许可经营的凭许可证经营。）						

企业名称	六发（上海）国际贸易有限公司	海关编码	3122443859	所属海关	外高桥关
通讯地址	上海市外高桥保税区新灵路 118 号 312 室			邮政编码	200131

评定时间	2013. 4. 3	注册日期	2003. 6. 2	报关有效期	2014. 6. 2	注册资本	20 万美元
法人姓名	颜宇河	电　话	0512 - 65650830	日常联系人	王启明	电　话	0512 - 65650830
主营范围	国际贸易，转口贸易，保税区企业间的贸易及贸易代理；保税区内商业性简单加工；保税区内商务咨询服务；化工产品（除危险品、特种化学品及易制毒产品）、塑料制品、机电产品的批发、佣金代理（拍卖除外）及提供相关配套业务。（涉及配额许可证管理、专项规定管理的商品按照国家有关规定办理，涉及许可经营的凭许可证经营。）						

企业名称	藤仓（中国）有限公司	海关编码	3122444020	所属海关	外高桥关
通讯地址	上海市外高桥保税区华京路 8 号 510 室			邮政编码	200131

评定时间	2012. 5. 7	注册日期	2003. 8. 5	报关有效期	2014. 8. 5	注册资本	4900 万美元
法人姓名	渡边茂	电　话	021 - 68413636 - 117	日常联系人	张效青	电　话	021 - 68413636 - 102
主营范围	（一）在国家鼓励和允许外商投资的领域依法进行投资。（二）受公司所投资企业的书面委托（经董事会一致通过），向其提供下列服务：1. 协助和代理公司所投资企业从国内外采购该企业自用的机器设备、办公设备和生产所需的原材料、元器件、零部件和在国内外销售其所投资企业生产的产品，并提供售后服务；2. 在外汇管理部门的同意和监督下，在其所投资企业之间平衡外汇；3. 为公司所投资企业提供产品生产、销售和市场开发过程中的技术支持、员工培训、企业内部人事管理服务；4. 协助公司所投资企业寻求贷款及提供担保。（三）在中国境内设立科研开发中心或部门，从事新产品及高新技术的研究开发，转让其研究开发成果，并提供相应的技术服务，通讯光纤、光缆和电缆及其附件的研究开发。（四）为其投资方提供咨询服务，为其关联公司提供与其投资有关的市场信息、投资政策等咨询服务。（五）承接其母公司和关联公司的服务外包业务。（六）承接境外公司的服务外包业务。（七）国际贸易，转口贸易，保税区企业间贸易及区内贸易代理；通讯光纤、光缆和电缆及其附件、原材料和设备、印刷电路板、电子产品、塑料和橡胶（天然橡胶除外）及其制品的批发、佣金代理（拍卖除外）、进出口及相关配套业务；区内商业性简单加工及区内商品展示；区内贸易咨询服务。（涉及配额许可证管理、专项规定管理的商品按照国家有关规定办理，涉及许可经营的凭许可证经营。）						

企业名称	优特联运物流（上海）有限公司	海关编码	3122444235	所属海关	外高桥关
通讯地址	上海市外高桥保税区美桂南路331号57号楼第二层北部位			邮政编码	200131
评定时间	2013.1.15	注册日期	2003.11.6	报关有效期	2014.11.8	注册资本	110万美元
法人姓名	何焯勤	电　　话	021－61329222	日常联系人	司徒耀权	电　　话	021－61329369
主营范围	保税区内仓储、物流业务；保税区内以电子产品、医疗设备及零部件为主的分拨业务，相关产品的售后服务；国际贸易，转口贸易，保税区企业间的贸易及贸易代理；货物及技术进出口（不含分销及国家禁止项目）；保税区内商业性简单加工；保税区内商务咨询服务。（涉及许可经营的凭许可证经营。）				

企业名称	小松产业机械（上海）有限公司			海关编码	3122444329	所属海关	外高桥关
通讯地址	上海市外高桥保税区冰克路500号B区E3部位					邮政编码	200131
评定时间	2012.5.7	注册日期	2003.12.11	报关有效期	2014.12.14	注册资本	20万美元
法人姓名	铃木英生	电　　话	021－62267272	日常联系人	计晓磊	电　　话	021－62267272
主营范围	机械设备、机床、工业机器人及零部件商品的进出口、批发、委托加工、佣金代理（拍卖除外）及相关配套业务；以小松产业机械产品为主的仓储（除危险品）、分拨业务，以及相关产品的售后服务和技术咨询；国际贸易，转口贸易，保税区内企业间贸易及区内贸易代理；保税区内商业性简单加工及商务咨询服务。（不涉及国营贸易管理商品，涉及配额、许可证管理商品的按国家有关规定办理申请，涉及许可经营的凭许可证经营。）						

企业名称	爱博斯迪科化学（上海）有限公司			海关编码	3122444407	所属海关	外高桥关
通讯地址	上海市外高桥保税区美桂南路332号					邮政编码	200131
评定时间	2011.4.12	注册日期	2004.1.19	报关有效期	2014.1.21	注册资本	500万美元
法人姓名	吴兵	电　　话	021－38984800－2118	日常联系人	洪远	电　　话	021－38984800－2101
主营范围	保税区内研发、生产电子用高科技化学产品（粘合剂、封装材料、涂料），以及上述同类化工产品（除危险品、特种化学品及易制毒产品外）及配套机械设备的批发业务、佣金代理（不含拍卖）、进出口业务及相关配套业务，国际贸易，转口贸易，保税区内企业间的贸易及区内贸易代理；保税区内商业性简单加工；保税区内商务咨询服务；保税区内仓储业务。（涉及配额许可证管理、专项规定管理的商品按照国家有关规定办理，涉及许可经营的凭许可证经营。）						

企业名称	陶氏化学（上海）有限公司			海关编码	3122444702	所属海关	外高桥关
通讯地址	上海市外高桥保税区泰谷路 185 号一层 D 座					邮政编码	200131
评定时间	2012. 5. 7	注册日期	2004. 6. 7	报关有效期	2014. 6. 7	注册资本	20 万美元
法人姓名	PETER SYKES（石博韬）	电　　话	021－38511888	日常联系人	洪璐	电　　话	021－38512171
主营范围	保税区内以化学品、化工产品、塑料及农药产品为主的分拨、展示、技术咨询及售后服务；保税区内仓储（除危险品）、物流业务；国际贸易，转口贸易，保税区企业间的贸易及贸易代理；通过国内有进出口经营权的企业代理与非保税区企业从事贸易业务；贸易咨询业务；保税区内商业性简单加工，化学品、化工产品、塑料、农药产品和建筑材料等相关产品的批发、进出口、佣金代理（拍卖除外）及其他相关配套业务。（不涉及国营贸易管理商品，涉及配额、许可证管理、专项规定管理的商品按照国家有关规定办理，涉及许可经营的凭许可证经营。）						

企业名称	乌中冶金制品（上海）有限公司			海关编码	3122444926	所属海关	外高桥关
通讯地址	上海市外高桥保税区富特西一路 139 号 602，603 室					邮政编码	200131
评定时间	2012. 9. 27	注册日期	2004. 9. 6	报关有效期	2014. 8. 18	注册资本	20 万美元
法人姓名	NURLAN R. MUSSIN	电　　话	021－58406550	日常联系人	张刚	电　　话	021－58406550
主营范围	保税区内以冶金制品为主的仓储、分拨业务及相关产品的售后服务；国际贸易，转口贸易，保税区企业间的贸易及区内贸易代理；货物及技术进出口（不含分销及国家禁止项目）；保税区内商业性简单加工；保税区内商务咨询服务。（涉及许可经营的凭许可证经营。）						

企业名称	金士顿科技（上海）有限公司			海关编码	3122445095	所属海关	外高桥关
通讯地址	上海市外高桥保税区英伦路 1 号					邮政编码	200131
评定时间	2012. 5. 7	注册日期	2004. 12. 2	报关有效期	2014. 11. 8	注册资本	3000 万美元
法人姓名	王之	电　　话	021－50480128	日常联系人	林普宁	电　　话	021－50480128－3701
主营范围	保税区内生产存储模块及数码产品相关零部件，相关产品的研发，销售自产产品；区内仓储、分拨业务及相关产品的售后服务，咨询，技术维修；国际贸易，转口贸易，保税区企业间的贸易及贸易代理；通过国内有进出口经营权的企业代理与非保税区企业从事贸易业务；货物及技术进出口（不含分销及国家禁止项目）；区内商业性简单加工及商务咨询服务。（以上范围涉及许可经营的须凭许可证经营。）						

企业名称	欧姆龙电子部件贸易（上海）有限公司			海关编码	3122445275	所属海关	外高桥关
通讯地址	上海市外高桥保税区华京路8号办公楼721室					邮政编码	200131
评定时间	2012.8.31	注册日期	2005.3.22	报关有效期	2014.3.31	注册资本	350万美元
法人姓名	富田昭博（TOMITA AKIHIRO）	电　　话	021－68595919－100	日常联系人	王晓峰	电　　话	021－68595919
主营范围	电子机械部件、传感器、液晶显示器用背光源、计算机软硬件产品（音像制品除外）的批发、佣金代理（拍卖除外）、进出口及其他相关配套业务；计算机软件的设计、开发、制作及其维护（除计算机信息系统安全专用产品）；提供相关的技术咨询、技术服务，自有研发成果的技术转让；国际贸易，转口贸易，保税区企业间的贸易及区内贸易代理；保税区内商业性简单加工；贸易咨询服务。（涉及配额许可证管理、专项规定管理的商品按照国家有关规定办理，涉及许可经营的凭许可证经营。）						

企业名称	上海日东光学有限公司			海关编码	3122445594	所属海关	外高桥关
通讯地址	上海市外高桥保税区日樱北路210号					邮政编码	200131
评定时间	2012.8.31	注册日期	2005.8.10	报关有效期	2014.8.19	注册资本	1320万美元
法人姓名	牧山修已	电　　话	021－50464133	日常联系人	邢振海	电　　话	021－50464133
主营范围	保税区内研究、开发、生产光学薄膜，销售自产产品并提供上述产品及其生产设备的技术咨询和技术支持；保税区内保管仓库及分拨业务；国际贸易，转口贸易，保税区企业间的贸易及区内贸易代理；通过国内有进出口经营权的企业代理与非保税区企业从事贸易业务；区内保税商品的展示，商业性简单加工及商务咨询服务。（涉及许可经营的凭许可证经营。）						

企业名称	康德乐（上海）医药物流营运有限公司			海关编码	3122445760	所属海关	外高桥关
通讯地址	上海市外高桥保税区巴圣路275号39#楼第一层西部位					邮政编码	200131
评定时间	2012.5.7	注册日期	1998.9.14	报关有效期	2014.8.18	注册资本	101万美元
法人姓名	ERIC VON ZWISLER	电　　话	021－53060001	日常联系人	吴晓峰	电　　话	021－38134929
主营范围	区内以医药产品为主的仓储（除危险品）及分拨业务；区内商业性简单加工业务；国际贸易，通过国内有进出口经营权的企业代理与非保税区企业从事贸易业务；保税区企业间的贸易及贸易代理；贸易咨询服务。（涉及许可经营的凭许可证经营。）						

企业名称	统宝光电显示系统（上海）有限公司			海关编码	3122445934	所属海关	外高桥关
通讯地址	上海市外高桥保税区巴圣路 272－2 号					邮政编码	200131
评定时间	2012. 5. 22	注册日期	2006. 1. 23	报关有效期	2015. 2. 7	注册资本	2100 万美元
法人姓名	ANDREAS PETRUS LAMBERT KREBBERS	电　　话	021－50481188	日常联系人	丁宝飞	电　　话	021－50481188
主营范围	研发、生产液晶体显示器（LCD）、显示器组件、汽车配套电子元件和其他相关电子产品，销售自产产品，并提供相关售后服务；区内进行国际贸易（转口贸易），区内贸易代理，通过有进出口权的企业与非保税区企业进行贸易，区内仓储分拨，运输和简单商业性加工，提供管理咨询服务。（涉及行政许可的凭许可证经营。）						

企业名称	埃地沃兹真空泵制造（上海）有限公司			海关编码	3122446049	所属海关	外高桥关
通讯地址	上海市外高桥保税区富特北路 29 号 A 部位					邮政编码	200131
评定时间	2012. 5. 7	注册日期	2006. 4. 6	报关有效期	2015. 3. 22	注册资本	40 万英镑
法人姓名	NEIL ANTHONY LAVENDER JONES	电　　话	4001119618	日常联系人	景凌曦	电　　话	186××××0371
主营范围	保税区内真空泵及其系统的设计、研发、加工、测试，销售自产产品并提供上述产品的售后服务、技术咨询；国际贸易，转口贸易，保税区企业间的贸易及贸易代理；货物及技术进出口（不含分销及国家禁止项目）。（以上范围涉及许可经营的凭许可证经营。）						

企业名称	瞻航物流（上海）有限公司			海关编码	3122446179	所属海关	外高桥关
通讯地址	上海外高桥保税区富特北路 516 号					邮政编码	200131
评定时间	2012. 5. 7	注册日期	2006. 7. 20	报关有效期	2015. 6. 21	注册资本	108 万美元
法人姓名	刘伟康	电　　话	021－50460713－104	日常联系人	杨蕾	电　　话	021－50460713－104
主营范围	保税区仓储（除危险品）、物流业务；保税区内国际贸易，转口贸易，保税区企业间的贸易及区内贸易代理；保税区内商业性简单加工；橡塑制品、金属制品、电机、电气设备和及其零部件、纺织制品（原材料除外）、木制制品（原木除外）、仪器仪表及其零部件、化工产品（不含危险品）、纸制品、家居用品的批发、佣金代理（拍卖除外）、进出口及其他相关配套业务；承办海运、陆运、空运进出口货物、国际展品、私人物品及过境货物的国际货物运输代理业务，包括揽货、订舱、托运、仓储、包装、集装箱拼装拆箱、分拨、中转、结算运杂费、报关、报验、报检、保险、相关的短途运输服务及运输咨询业务；保税区内商务咨询服务。（不涉及国营贸易管理商品，涉及配额，许可证管理商品的，按国家有关规定办理申请，涉及许可经营的凭许可证经营。）						

企业名称	英特乐传送带（上海）有限公司			海关编码	3122446295	所属海关	外高桥关
通讯地址	上海市外高桥保税区日京路 150 号 23 号仓库 2 层 201 部位					邮政编码	200131
评定时间	2012. 5. 7	注册日期	2006. 11. 30	报关有效期	2015. 11. 30	注册资本	150 万美元
法人姓名	DONALD B. OSBORNE	电　　话	021－51118410	日常联系人	龚一	电　　话	021－51118485
主营范围	开发、生产传送带、传送机及相关配件，销售自产产品，并提供相关的技术咨询和售后服务（包括安装服务）；上述同类产品的批发、佣金代理（拍卖除外）、进出口及其他配套业务。（不涉及国营贸易管理商品，涉及配额、许可证管理商品的，按国家有关规定办理申请，涉及许可经营的凭许可证经营。）						

企业名称	联想（上海）电子科技有限公司			海关编码	3122446359	所属海关	外高桥关
通讯地址	上海市外高桥保税区芬菊路 199 号 68 号厂房					邮政编码	200131
评定时间	2010. 5. 20	注册日期	2007. 3. 15	报关有效期	2016. 3. 15	注册资本	542 万美元
法人姓名	杨元庆	电　　话	010－58868808	日常联系人	史文杰	电　　话	021－50166931
主营范围	研发、生产计算机硬件、软件系统及配套零部件，网络产品，多媒体产品，电子信息产品及通讯产品（掌上电脑、个人信息助理），办公自动化设备［打印机、扫描机、传真机、投影仪，数码相机（不涉及内销标贴）］，销售自产产品；上述产品的同类商品的批发及进出口、佣金代理（拍卖除外）及相关配套业务，计算机应用系统的安装和维修，提供相关的技术咨询、技术服务和技术转让；保税区内以电子产品为主的仓储、分拨业务（除危险品外）及相关产品的维修、测试、售后服务、商业性简单加工；国际贸易，转口贸易及贸易咨询。（不涉及国营贸易管理商品，涉及配额、许可证管理、专项规定管理的商品按照国家有关规定办理，涉及许可经营的凭许可证经营。）						

企业名称	莫仕商贸（上海）有限公司			海关编码	3122446444	所属海关	外高桥关
通讯地址	上海市外高桥保税区台中南路 2 号新贸楼 343 室					邮政编码	200131
评定时间	2013. 1. 15	注册日期	2007. 7. 10	报关有效期	2016. 7. 10	注册资本	210 万美元
法人姓名	洪俊英	电　　话	021－50480889	日常联系人	殷丽	电　　话	021－50480889
主营范围	保税区内国际贸易，转口贸易，保税区企业间的贸易及区内贸易代理；保税区内仓储及商业性简单加工；保税区内商务咨询服务；电子连接器及其相关产品及零部件、电机、电气设备及零部件的批发、佣金代理（拍卖除外）、进出口及其他相关配套业务。（涉及配额许可证管理、专项规定管理的商品按照国家有关规定办理，涉及许可经营的凭许可证经营。）						

企业名称	大赛璐药物手性技术（上海）有限公司			海关编码	3122446793	所属海关	外高桥关
通讯地址	上海市外高桥保税区希雅路 69 号 16 号楼 5 层 C 部位					邮政编码	200131
评定时间	2012. 5. 7	注册日期	2007. 9. 30	报关有效期	2014. 9. 6	注册资本	1000 万人民币
法人姓名	DIETER HECKMANN	电　　话	021 – 50460086	日常联系人	郭蔚如	电　　话	021 – 50460086 – 205
主营范围	手性化合物的合成、制备，手性色谱技术的开发，相关技术咨询及服务；手性色谱柱、手性色谱填料、化合物原料及中间体的批发、佣金代理（拍卖除外）、进出口及相关配套业务；国际贸易，转口贸易，保税区企业间的贸易及贸易代理；保税区内商业性简单加工；保税区内商务咨询服务。（涉及配额许可证管理、专项规定管理的商品按照国家有关规定办理，涉及许可经营的凭许可证经营。）						

企业名称	住化电子管理（上海）有限公司			海关编码	3122447052	所属海关	外高桥关
通讯地址	上海市外高桥保税区华京路 2 号 417 室					邮政编码	200131
评定时间	2012. 5. 22	注册日期	2009. 3. 25	报关有效期	2015. 9. 24	注册资本	200 万美元
法人姓名	SASAKI YASUAKI 佐佐木康彰	电　　话	021 – 50462296	日常联系人	卜培娟	电　　话	021 – 50462296 – 103
主营范围	受母公司及其所投资企业的委托，提供投资经营决策和管理咨询服务，市场营销服务，财务管理服务，资金管理，产品采购的质量监控和管理服务，员工培训和管理服务，技术支持；承接本公司集团内部的共享服务及境外公司的服务外包；电子产品，贱金属及其制品（钢铁除外），塑料及其制品，化工原料及其制品（危险化学品限许可证核定的范围，在符合条件的场所存放燃气、剧毒化学品、特定种类危险化学品除外），机器，机械器具，光学、照相仪器、设备及其零部件，精密仪器、设备及其零部件的批发、佣金代理（拍卖除外）、进出口及其他相关配套业务；保税区内以上述产品为主的仓储、分拨业务和相关产品的技术咨询和售后服务；塑料、化工原料及其制品的研究开发；国际贸易，转口贸易，保税区企业间的贸易及区内贸易代理；保税区内商业性简单加工；保税区内贸易咨询服务及保税区内商品展示。（以上商品进出口不涉及国营贸易，进出口配额许可证、出口配额招标、出口许可证等专项管理的商品，涉及许可经营的凭许可证经营。）						

企业名称	克康（上海）排气控制系统有限公司			海关编码	3122447088	所属海关	外高桥关
通讯地址	上海市外高桥保税区富特西三路 77 号 6 幢一层					邮政编码	200131
评定时间	2012. 8. 31	注册日期	2009. 6. 30	报关有效期	2015. 6. 7	注册资本	250 万美元
法人姓名	FERNANDO J. TURNER	电　　话	021 – 51166500	日常联系人	陆雯	电　　话	021 – 51166507
主营范围	汽车和摩托车催化转换器及其零部件、汽车排气控制系统及其零部件、尾气净化剂的生产加工、组装、设计开发，销售自产产品及本集团内生产的产品，并提供相关产品的技术咨询、技术培训、工程服务和售后服务；区内以汽车排气控制系统及其零部件为主的仓储、分拨业务；商业性简单加工及商品展示；国际贸易，转口贸易，保税区企业间的贸易及区内贸易代理；通过国内有进出口经营权的企业代理与非保税区企业从事贸易业务；商务咨询服务。（涉及配额许可证管理、专项规定管理的商品按照国家有关规定办理，涉及许可经营的凭许可证经营。）						

企业名称	东芝物流（上海）有限公司		海关编码	3122447089	所属海关	外高桥关
通讯地址	上海市外高桥保税区意威路 280 号 F23 地块 76#仓库一层及二层 A 部位				邮政编码	200131
评定时间	2012.5.28	注册日期	2009.6.30	报关有效期	2015.5.29	注册资本	150 万美元
法人姓名	山中尚美	电　　话	021－50465388	日常联系人	袁名界	电　　话	021－50465388
主营范围	承办海运、陆运、空运进出口货物、国际展品、私人物品及过境货物的国际运输代理业务，包括揽货、托运、订舱、中转、集装箱拼装拆箱、结算运杂费、报关、报验、保险、相关的短途运输服务及运输咨询业务；保税区内仓储（除危险品）、物流咨询业务；保税区内商业性简单加工；从事货物及技术进出口业务；保税区内国际贸易，转口贸易，保税区内企业间的贸易及区内贸易代理；商品展示及贸易咨询服务。（涉及许可经营的凭许可证经营。）						

企业名称	安捷伦科技（上海）有限公司		海关编码	3122447375	所属海关	外高桥关
通讯地址	上海市外高桥保税区英伦路 412 号				邮政编码	200131
评定时间	2012.3.31	注册日期	2001.3.12	报关有效期	2015.3.6	注册资本	1526 万美元
法人姓名	MICHAEL RAYMOND MC MULLEN	电　　话	021－20209000	日常联系人	罗卓希	电　　话	021－20209072
主营范围	研究开发、生产化学分析仪器、自动测试仪器、通信测试设备及生命科学产品，研究开发、制作软件产品，销售自产产品；从事国际贸易，货物及技术进出口（不含分销及国家禁止项目），仓储（除危险品）和分销服务；提供技术支持、维修及其他相关配套业务。（涉及许可经营的凭许可证经营。）						

企业名称	上海大田物流有限公司		海关编码	3122460105	所属海关	外高桥关
通讯地址	上海市外高桥保税区美盛路 168 号 6 层				邮政编码	200131
评定时间	2012.8.31	注册日期	2002.9.9	报关有效期	2014.8.30	注册资本	1710 万人民币
法人姓名	王树盛	电　　话	021－58682236	日常联系人	陶炜	电　　话	021－58682236
主营范围	保税区内仓储、运输业务；航空国际货物运输代理业务，陆路国际货物运输代理业务，海上国际货物运输代理业务；经营各类商品和技术的进出口（不另附进出口的商品），但国家限定公司经营或禁止进出口的商品及技术除外；转口贸易，保税区企业间的贸易；保税区内商业性简单加工及商务咨询服务。（涉及许可经营的凭许可证经营。）						

企业名称	上海恩诺物流有限公司		海关编码	3122460170	所属海关	外高桥关
通讯地址	上海市外高桥保税区日阪路 301 号底层 3 室				邮政编码	200131
评定时间	2010.12.24	注册日期	2003.7.10	报关有效期	2014.7.10	注册资本	1000 万人民币
法人姓名	韩春	电　　话	021－35013360	日常联系人	王伟	电　　话	021－35013360
主营范围	海上国际货物运输代理服务，航空国际货物运输代理服务，公路国际货物运输代理服务；保税区内仓储、运输业务；从事货物及技术的进出口业务；转口贸易，保税区内企业间的贸易及代理；保税区内商业性简单加工及商务咨询服务（除经纪外），医疗器械（详见许可证）。（企业经营涉及行政许可的，凭许可证件经营。）						

企业名称	上海怡世翔物流有限公司			海关编码	3122460171	所属海关	外高桥关
通讯地址	上海市外高桥保税区德堡路379号60号楼第一层东部位					邮政编码	200131
评定时间	2011. 8. 26	注册日期	2003. 7. 10	报关有效期	2014. 3. 26	注册资本	100万人民币
法人姓名	刘鸿静	电　　话	021－58680186	日常联系人	陈证	电　　话	021－58680186
主营范围	保税区内物流业务；从事货物及技术的进出口业务；转口贸易，保税区内企业间的贸易及代理；从事机械、电子、电脑及通讯器材产品领域内的“四技”服务；保税区内商业性简单加工及商务咨询服务（除经纪）；附设分支机构。（涉及许可经营的凭许可证经营。）						

企业名称	上海东方久信集团有限公司			海关编码	3122460319	所属海关	外高桥关
通讯地址	上海市外高桥保税区马吉路28号1908室					邮政编码	200131
评定时间	2011. 11. 22	注册日期	2005. 3. 8	报关有效期	2014. 3. 8	注册资本	10000万人民币
法人姓名	张逢春	电　　话	021－58694239	日常联系人	郑慧明	电　　话	021－58698899－504
主营范围	普通货物运输（货运五级）；承办海运、空运进出口货物的国际运输代理业务，包括揽货、订舱、仓储、中转、集装箱拼装拆箱、结算运杂费、报关、报验、保险、运输咨询业务；从事计算机软硬件开发，计算机网络工程；从事货物与技术进出口业务，转口贸易，保税区内企业间的贸易及代理；乳制品（含婴幼儿配方乳粉）、预包装食品（含冷冻冷藏，不含熟食卤味）的销售。（企业经营涉及行政许可的，凭许可证件经营。）						

企业名称	上海新郁宁物流有限公司			海关编码	3122460611	所属海关	外高桥关
通讯地址	上海市外高桥保税区福特北路240号二层部位					邮政编码	200131
评定时间	2013. 1. 15	注册日期	2007. 12. 27	报关有效期	2013. 11. 30	注册资本	1000万人民币
法人姓名	王雅军	电　　话	021－58683991	日常联系人	郁玉民	电　　话	021－58683991
主营范围	保税区内仓储、分拨业务，货物装卸服务；从事货物出口业务，转口贸易，保税区企业间的贸易及贸易代理；保税区内商业性简单加工及商务咨询服务（除经纪外）。（涉及许可经营的凭许可证经营。）						

企业名称	上海外高桥保税物流园区嘉里大通物流有限公司			海关编码	3122710007	所属海关	外高桥关
通讯地址	上海市外高桥保税物流园区申非路C1－4部位					邮政编码	200131
评定时间	2012. 5. 7	注册日期	2007. 2. 17	报关有效期	2016. 2. 17	注册资本	500万人民币
法人姓名	陈锦宾	电　　话	010－84546808	日常联系人	朱英杰	电　　话	021－31330069
主营范围	保税区内仓储、物流业务；国际贸易，转口贸易，保税区内企业间的贸易及代理；从事货物与技术的进出口业务；保税区内商业性简单加工及商品展示。（涉及许可经营的凭许可证经营。）						

企业名称	世天威物流（上海外高桥保税物流园区）有限公司			海关编码	3122740003	所属海关	外高桥关
通讯地址	上海市外高桥保税物流园区申亚路1号A幢2层C座					邮政编码	200137
评定时间	2013.6.14	注册日期	2005.4.7	报关有效期	2014.4.16	注册资本	2800万美元
法人姓名	TEO CHEE KHNG	电话	021-38751600	日常联系人	林洁莺	电话	021-68402666
主营范围	承办海运、陆运、空运进出口货物、国际展品、私人物品及过境货物的国际运输代理业务，包括揽货、订舱、仓储、中转、集装箱拼装拆箱、结算杂费、报关、报验、保险、相关的短途运输服务及运输咨询服务；国内货运代理，无船承运业务；以有色金属、稀有金属、铁合金、农产品及化工产品为主的仓储（除危险品）业务及商业性简单加工；保税区内国际贸易，转口贸易，保税区企业间的贸易及贸易代理。（涉及许可经营的凭许可证经营。）						

企业名称	上海尼赛拉传感器有限公司			海关编码	3109935066	所属海关	杨浦监管
通讯地址	上海市汶水东路888号1号楼					邮政编码	200434
评定时间	2009.2.2	注册日期	1993.1.2	报关有效期	2014.1.2	注册资本	14781万人民币
法人姓名	郭英	电话	021-65928888	日常联系人	李健	电话	021-65928183
主营范围	开发、生产传感器、滤光片、电子磁性器件及有关产品，安全防范等系统的设计和安装工程，与上述业务有关的技术开发、转让和服务，销售自产产品。（涉及许可经营的凭许可证经营。）						

企业名称	上海凤凰进出口有限公司			海关编码	3110915032	所属海关	杨浦监管
通讯地址	上海市高阳路168号					邮政编码	200080
评定时间	2010.12.24	注册日期	1998.2.20	报关有效期	2014.2.18	注册资本	2900万人民币
法人姓名	王朝阳	电话	021-31351918	日常联系人	王珺	电话	021-31351913
主营范围	自营和代理各类商品及技术的进出口业务（不另附进出口商品目录），但国家限定公司经营和国家禁止进出口的商品及技术除外；经营进料加工和“三来一补”业务；开展对销贸易和转口贸易。（凡涉及许可经营的凭许可证经营。）						

企业名称	中国金山联合贸易有限责任公司			海关编码	3119915001	所属海关	金山海关
通讯地址	上海市金山区金一东路1号金山宾馆南8楼					邮政编码	200540
评定时间	2009.4.7	注册日期	1993.1.2	报关有效期	2013.12.31	注册资本	2500万人民币
法人姓名	戎光道	电话	021-57941941	日常联系人	李伟力	电话	021-52376599
主营范围	从事货物进出口及技术进出口业务，经营化工原料及产品（危险品详见许可证）。（涉及行政许可的凭许可证经营。）						

企业名称	巴斯夫护理化学品（上海）有限公司		海关编码	3119920047	所属海关	金山海关
通讯地址	上海市金山卫镇板桥西路 2449 号				邮政编码	201512
评定时间	2011. 1. 13	注册日期	2001. 7. 2	报关有效期	2014. 7. 9	注册资本	5830 万美元
法人姓名	郑大庆	电　　话	021－23203005	日常联系人	孙玉清	电　　话	021－37501015
主营范围	生产销售天然或合成油脂化学品和聚合物及它们的衍生物、混合物和深加工产品，并提供有关服务；与上述产品同类的商品（成品油除外）、食品［限批发非实物方式预包装食品（含冷冻冷藏，不含熟食卤味）］及食品添加剂的批发、佣金代理（拍卖除外）、进出口及其他相关配套服务。（涉及行政许可的凭许可证经营。）					

企业名称	上海亨井联接件有限公司		海关编码	3119940070	所属海关	金山海关
通讯地址	上海市金山区亭林镇亭卫公路 9655 号				邮政编码	201505
评定时间	2008. 10. 31	注册日期	1999. 12. 15	报关有效期	2014. 12. 15	注册资本	900 万美元
法人姓名	张颖	电　　话	021－57231575	日常联系人	杨缨	电　　话	021－57231575
主营范围	生产通讯线、电脑线、联接器件、接插件、室内外天线及其零配件、游乐器主机及摇杆、电脑键盘、转换器、数据处理器、鼠标、手机天线、充电器及改性塑胶粒及塑胶外壳、模具制造、读卡机、指纹辨别器，生产网络卡、PC 卡、USB 卡、低功率无线局线网路卡、数据机、调试解调机、桥接器、电脑周边设备，销售公司自产产品，并从事非配额许可证管理、非专营商品的收购出口业务。（涉及行政许可的凭许可证经营。）					

企业名称	上海向隆电子科技有限公司		海关编码	3119940095	所属海关	金山海关
通讯地址	上海市金山区山阳镇亭卫公路 1468 号				邮政编码	201508
评定时间	2009. 2. 2	注册日期	2002. 5. 9	报关有效期	2014. 3. 11	注册资本	2000 万美元
法人姓名	李满祥	电　　话	021－57241712	日常联系人	胡美玲	电　　话	021－57241289
主营范围	生产钢模制品、计算机周边设备、键盘、电子接插件及配套的塑料制品，销售自产产品。（涉及许可经营的凭许可证经营。）					

企业名称	上海东洋电装有限公司		海关编码	3118920016	所属海关	松江海关
通讯地址	上海市松江区荣乐东路 1988 号				邮政编码	201613
评定时间	2008. 10. 31	注册日期	1995. 11. 10	报关有效期	2014. 9. 30	注册资本	2385 万美元
法人姓名	小出洁	电　　话	021－57741332	日常联系人	黄晓峰	电　　话	021－57741332
主营范围	生产销售摩托车及汽车零部件、通用接配线及其开关、精冲模、精密型腔模、模具标准件产品；自产产品及同类商品的进出口、分销、佣金代理（拍卖除外），并提供相关配套业务；汽车、摩托车技术研究设计开发中心。（涉及配额许可证管理、专项规定管理、质检、安检管理的按照国家有关规定办理，涉及许可经营的凭许可证经营。）					

企业名称	上海意力速电子工业有限公司			海关编码	3118920031	所属海关	松江海关
通讯地址	上海市松江荣乐东路2388号					邮政编码	201600
评定时间	2008. 10. 31	注册日期	1993. 6. 30	报关有效期	2014. 1. 11	注册资本	3230万美元
法人姓名	笹森公彰	电　　话	021－57742968	日常联系人	沈连萍	电　　话	021－57742968
主营范围	生产电子仪器连接器及其配套附件，从事非配额许可证管理、非专营商品的收购出口业务，销售自产产品。（涉及许可经营的凭许可证经营。）						

企业名称	上海比亚迪有限公司			海关编码	3118930433	所属海关	松江海关
通讯地址	上海市松江工业区1129号地块					邮政编码	201611
评定时间	2010. 6. 23	注册日期	2002. 10. 9	报关有效期	2014. 6. 20	注册资本	6350万美元
法人姓名	王传福	电　　话	021－57778888	日常联系人	陈慧	电　　话	021－57778888
主营范围	生产锂离子电池及其零部件和部件、新型平板显示器件、新型电子元器件及相关零配件，汽车饰件模具设计、制造，手机整机及零部件设计、研发与技术转让，有色金属复合材料、新型合金材料生产及深加工，太阳能电池组件制造，销售公司自产产品。（涉及配额、许可证、专项规定、质检、安检等管理要求的，需按照国家有关规定取得相应许可证后开展经营业务；涉及行政许可的凭许可证经营。）						

企业名称	上海纳博特斯克液压有限公司			海关编码	3118935038	所属海关	松江海关
通讯地址	上海市松江区荣乐东路905号					邮政编码	201613
评定时间	2011. 4. 12	注册日期	1996. 8. 13	报关有效期	2014. 8. 5	注册资本	1450万美元
法人姓名	葛志伟	电　　话	021－58995378	日常联系人	郁冬	电　　话	021－57741831－430
主营范围	液压装置、减速装置及其部件的设计、制造，销售自产产品和服务；从事上述产品及其同类商品（特定商品除外）的批发、佣金代理（拍卖除外）、进出口业务，并提供相关配套服务。（涉及配额许可证管理、专项规定管理的商品按照国家有关规定办理，涉及行政许可的凭许可证经营。）						

企业名称	延锋伟世通汽车电子有限公司			海关编码	3118935050	所属海关	松江海关
通讯地址	上海市松江区美能达路300号					邮政编码	201600
评定时间	2011. 11. 22	注册日期	2001. 8. 24	报关有效期	2013. 11. 26	注册资本	1970万美元
法人姓名	Daniel Linder	电　　话	021－33323004	日常联系人	张筠欢	电　　话	021－37742056
主营范围	生产汽车和摩托车电子、仪表，销售自产产品；自产产品及同类商品的批发、进出口和佣金代理（拍卖除外），并提供相关技术配套服务。（涉及行政许可的凭许可证经营。）						

企业名称	上海凯虹电子有限公司			海关编码	3118940066	所属海关	松江海关
通讯地址	上海市松江区新桥镇东首					邮政编码	201612
评定时间	2012.2.1	注册日期	1995.11.4	报关有效期	2014.10.14	注册资本	4350万美元
法人姓名	宋恭源	电话	021-57647888	日常联系人	施英	电话	021-67860000-7906
主营范围	生产表面贴装型（SMD）之功率分离器件及集成电路产品，销售公司自产产品，从事非配额许可证管理、非专营商品收购出口业务。（涉及许可经营的凭许可证经营。）						

企业名称	上海大赛璐塑料工业有限公司			海关编码	3118940085	所属海关	松江海关
通讯地址	上海市松江县泗泾镇松江第136号地块					邮政编码	201601
评定时间	2012.8.31	注册日期	1994.12.22	报关有效期	2014.10.27	注册资本	900万美元
法人姓名	八木幹夫	电话	021-57619381	日常联系人	胡道敏	电话	021-57619381
主营范围	生产和进料加工塑料粉料、粒料、制品、乳液及助剂（以不涉及出口许可证商品管理的产品为准），销售自产产品及技术服务。（涉及许可经营的凭许可证经营。）						

企业名称	上海美维电子有限公司			海关编码	3118940172	所属海关	松江海关
通讯地址	上海市松江工业区江田东路200号					邮政编码	201613
评定时间	2008.10.31	注册日期	1995.12.15	报关有效期	2014.11.8	注册资本	6750万美元
法人姓名	唐庆年	电话	021-37747201	日常联系人	赵郁	电话	021-37747373
主营范围	研发、生产各类新型电子元器件，销售自产产品。（涉及行政许可的凭许可证经营。）						

企业名称	上海旭福电子有限公司			海关编码	3118940200	所属海关	松江海关
通讯地址	上海市松江区洞泾镇工业开发区振业路6号					邮政编码	201619
评定时间	2009.7.6	注册日期	1993.2.1	报关有效期	2015.1.18	注册资本	2600万美元
法人姓名	宋恭源	电话	021-57671670	日常联系人	张斌	电话	021-57671670-213
主营范围	生产新型电子元器件（片式元器件、电力电子器件）及晶片、晶粒等半导体专用材料零部件，来料加工晶片、晶粒等半导体专用材料零部件，销售自产产品和零部件。（涉及许可经营的凭许可证经营。）						

企业名称	箭牌糖类（上海）有限公司			海关编码	3118940618	所属海关	松江海关
通讯地址	上海市松江工业区松胜路888号					邮政编码	201613
评定时间	2010. 5. 20	注册日期	2001. 9. 14	报关有效期	2014. 7. 14	注册资本	4600万美元
法人姓名	ELLEN O'DONNELL KOLLAR	电　　话	021－37738302	日常联系人	江骏	电　　话	021－37738382
主营范围	糖类等农作物优质高产新品种新技术的开发，生产食品添加剂、糖果及巧克力，销售自产产品。（涉及行政许可的，凭许可证经营。）						

企业名称	大同利美特（上海）有限公司			海关编码	3118940772	所属海关	松江海关
通讯地址	上海市松江方塔北路618号					邮政编码	201613
评定时间	2009. 11. 16	注册日期	1994. 8. 3	报关有效期	2014. 9. 27	注册资本	5608万美元
法人姓名	塚原淳	电　　话	021－57740088	日常联系人	俞志贤	电　　话	021－57740088
主营范围	设计、生产（含织染和后整理加工）高级毛纺织品、针织品、服装和服饰，销售自产产品，与上述产品同类商品的进出口、批发、零售、佣金代理（拍卖除外），并提供相关配套服务。（不涉及国营贸易管理商品、涉及配额、许可证管理商品的按国家有关规定办理申请，涉及行政许可的凭许可证经营。）						

企业名称	台积电（中国）有限公司			海关编码	3118940992	所属海关	松江海关
通讯地址	上海市松江区文翔路4000号					邮政编码	201616
评定时间	2009. 1. 6	注册日期	2003. 8. 28	报关有效期	2014. 8. 18	注册资本	59600万美元
法人姓名	曾繁城	电　　话	139××××3186	日常联系人	曾繁城	电　　话	021－57768000－2328
主营范围	线宽0. 35微米及以下大规模集成电路生产，光掩膜的制造、针测、封装、测试及相关服务，与集成电路有关的开发、设计服务、技术服务与咨询，销售公司自产产品并提供技术、售后服务。（涉及许可经营的凭许可证经营。）						

企业名称	上海建伍电子有限公司			海关编码	3118941019	所属海关	松江海关
通讯地址	上海市松江区荣乐东路2160号					邮政编码	201613
评定时间	2009. 1. 6	注册日期	2003. 10. 16	报关有效期	2015. 1. 31	注册资本	1350万美元
法人姓名	吹田隆	电　　话	021－57741800	日常联系人	周怡	电　　话	021－57742496
主营范围	制造音响设备及器材、映视设备及器材、打印设备、导航产品、通信器材产品、防爆对讲机及其相关的零部件，从事非配额许可证管理、非专营商品的收购出口业务，销售公司自产产品并提供售后服务。（涉及许可经营的凭许可证经营。）						

企业名称	富士迈半导体精密工业（上海）有限公司			海关编码	3118941136	所属海关	松江海关
通讯地址	上海市松江工业区西部科技园区文吉路500号					邮政编码	201616
评定时间	2013.6.21	注册日期	2004.5.19	报关有效期	2014.9.14	注册资本	1200万美元
法人姓名	刘应光	电　　话	021－37731888	日常联系人	闫冉	电　　话	137××××1139
主营范围	研发、生产和加工电子专用设备、测试仪器、工模具、新型电子元器件，制造数字电视机、数字摄录机、数字录放机、宽带接入网通信系统设备、LED照明装置；销售公司自产产品，提供相关软件开发、维修和技术咨询服务，精密仪器、设备维修和技术咨询服务；上述产品同类商品的进出口业务、批发业务、佣金代理（拍卖除外）及其他相关配套业务。（涉及行政许可的凭许可证经营。）						

企业名称	柯尼卡美能达光学仪器（上海）有限公司			海关编码	3118941519	所属海关	松江海关
通讯地址	上海市松江工业区美能达路368号					邮政编码	201600
评定时间	2008.10.31	注册日期	2006.10.8	报关有效期	2015.9.8	注册资本	1495万美元
法人姓名	中村富夫	电　　话	021－57741620	日常联系人	林海	电　　话	021－5741620－518
主营范围	生产加工数码照相机关键件，各类镜头及光学产品，大屏幕彩色投影显示器用光学引擎，新型电子元器件，光电子器件，高密度数字光盘机用关键件；销售自产产品，提供相关技术服务。（涉及行政许可的凭许可证经营。）						

企业名称	上海塔汇针织厂			海关编码	3118955001	所属海关	松江海关
通讯地址	上海市松江区李塔汇镇塔汇路61号					邮政编码	201617
评定时间	2011.11.22	注册日期	1999.5.11	报关有效期	2014.4.19	注册资本	3008万人民币
法人姓名	虞剑芬	电　　话	136××××0386	日常联系人	虞剑芬	电　　话	021－57846156
主营范围	经营针织服装、床上用品、服饰、纺织品、五金、家用电器（产品不涉及许可证范围）、塑料制品、电工器材，经营本企业和本企业成员企业自产产品及相关技术的出口业务，经营本企业和本企业成员企业生产、科研所需的原辅材料、机械设备、仪器仪表、零配件及相关技术的进口业务，经营本企业的进料加工和“三来一补”业务。（范围中涉及许可经营的凭许可证经营。）						

企业名称	上海保隆工贸有限公司			海关编码	3118961069	所属海关	松江海关
通讯地址	上海市松江区洞泾镇沈砖公路5500号1幢2楼					邮政编码	201619
评定时间	2010.6.23	注册日期	2007.4.28	报关有效期	2016.3.3	注册资本	2000万人民币
法人姓名	张祖秋	电　　话	021－57690000	日常联系人	代小壮	电　　话	021－31273333
主营范围	销售汽配、机电产品、电子元件、化工原料及产品（除危险品外）、机械化设备及配件、五金交电、网络设备、金属材料、建材、工艺品（除金银），机械设备安装（除特种设备），仓储（除危险品），从事货物及技术的进出口业务。（上述经营范围涉及行政许可的，凭许可证经营。）						

企业名称	上海晨兴希姆通电子科技有限公司			海关编码	3120930591	所属海关	青浦海关
通讯地址	上海青浦工业园区胜利路888号（崧泽大道10055号）					邮政编码	201799
评定时间	2011. 9. 26	注册日期	2009. 3. 24	报关有效期	2015. 3. 24	注册资本	20000万人民币
法人姓名	唐融融	电　话	021－69212333	日常联系人	俞晓凤	电　话	021－69213856
主营范围	设计、开发、生产液晶显示模块等新型平板显示器件，数字音、视频编解码设备，移动通信产品及相关软件产品；销售自产产品并提供相关技术服务和售后服务。（企业经营涉及行政许可的凭许可证件经营。）						

企业名称	上海美蓓亚精密机电有限公司			海关编码	3120940017	所属海关	青浦海关
通讯地址	上海市青浦区金泽镇沪青平公路8313号					邮政编码	201721
评定时间	2008. 10. 31	注册日期	2001. 12. 11	报关有效期	2014. 12. 11	注册资本	23906万美元
法人姓名	望月淳一	电　话	021－59290113	日常联系人	常艳	电　话	021－59293680
主营范围	生产、加工、检测、维修精密轴承、精密机械零部件、微电机、计测仪器、橡胶加工制品、电子仪表等机电产品及部件、新型平板显示器及部件，销售自产产品，提供售后服务、技术服务，维修非自产上述相关产品；从事上述同类商品及其零部件，汽车制动系统，转向系统等车用零部件，航空用轴承，电气设备，机械器具等机电产品，通讯设备，电子产品，各类模具；上述商品的零部件和钢材的批发、进出口、佣金代理（拍卖除外）并提供检测、维修、技术咨询等相关配套服务。（涉及许可经营的凭许可证经营，涉及规定管理的商品按国家有关规定办理。）						

企业名称	上海服良时装有限公司			海关编码	3120940040	所属海关	青浦海关
通讯地址	上海市青浦区重固镇北青公路9478号					邮政编码	201707
评定时间	2010. 5. 20	注册日期	1994. 6. 14	报关有效期	2014. 6. 14	注册资本	285万美元
法人姓名	打越昌次	电　话	021－59703186	日常联系人	汪毅	电　话	021－59705930
主营范围	生产各类服装、服饰和承接服装、服饰及其辅料的仓储业务，销售公司自产产品，从事非配额许可证管理、非专营商品的收购出口业务。（涉及许可经营的凭许可证经营。）						

企业名称	星科金朋（上海）有限公司			海关编码	3120940048	所属海关	青浦海关
通讯地址	上海市青浦区徐泾镇华徐路188号					邮政编码	201702
评定时间	2009. 3. 5	注册日期	1994. 7. 18	报关有效期	2014. 7. 18	注册资本	26910万美元
法人姓名	LEE YIK CHOONG	电　话	021－59765858	日常联系人	徐莺	电　话	021－59765858－2152
主营范围	生产以半导体元器件为主的电子元器件，提供相关技术服务，销售自产产品。（涉及许可经营的凭许可证经营。）						

企业名称	上海奂鑫电子有限公司			海关编码	3120940153	所属海关	青浦海关
通讯地址	上海市青浦区华新镇北青公路 4469 号					邮政编码	201705
评定时间	2009. 2. 2	注册日期	1999. 3. 30	报关有效期	2014. 3. 30	注册资本	720 万美元
法人姓名	徐鸿钧	电　　话	021 – 59770666	日常联系人	吴莲英	电　　话	021 – 59770666
主营范围	生产电子零配件、塑料制品、不涉及出口许可证管理范围的铜线、铜箔丝、电线、电缆、电话线、塑胶粒、电话插头、插座、连接器、计算器、手提电脑包及其他箱包，便携式计算机产品的加工及配套组装，销售公司自产产品，从事非配额许可证管理、非专营商品的收购出口业务。（涉及行政许可的凭许可证经营。）						

企业名称	上海英济电子塑胶有限公司			海关编码	3120940212	所属海关	青浦海关
通讯地址	上海市青浦工业园区新业路 885 号					邮政编码	201700
评定时间	2010. 7. 28	注册日期	1994. 4. 23	报关有效期	2014. 4. 23	注册资本	1550 万美元
法人姓名	徐文麟	电　　话	021 – 69211111	日常联系人	周承欢	电　　话	021 – 69211111
主营范围	生产电脑、电子、电器用塑胶零组件，精密模具，工具，夹具，光盘驱动器，电脑鼠标器扫描器摇杆器及相关电脑周边产品；电子线路板的加工；销售公司自产产品。（涉及行政许可的凭许可证经营。）						

企业名称	上海美津浓有限公司			海关编码	3120940932	所属海关	青浦海关
通讯地址	上海市青浦区朱家角镇沈砖公路 505 号					邮政编码	201714
评定时间	2011. 11. 22	注册日期	2007. 7. 12	报关有效期	2016. 7. 12	注册资本	1500 万美元
法人姓名	七條毅（TAKESHI SHICHI JO）	电　　话	021 – 59835888	日常联系人	王佳峰	电　　话	021 – 59835888 – 1801
主营范围	开发、设计、生产、加工体育用品，销售公司自产产品，并从事上述产品的商业性检测服务，以及提供体育用品和相关设备的技术咨询服务。（涉及行政许可的凭许可证经营。）						

企业名称	上海金发科技发展有限公司			海关编码	3120965305	所属海关	青浦海关
通讯地址	上海市青浦区朱家角镇工业园区康园路 88 号					邮政编码	201714
评定时间	2010. 1. 8	注册日期	2004. 7. 15	报关有效期	2015. 10. 9	注册资本	37000 万人民币
法人姓名	梁荣朗	电　　话	021 – 69835766	日常联系人	于祥剑	电　　话	021 – 69835513
主营范围	塑料、化工产品、日用机械、金属制品新材料和新产品的开发研究、技术服务、技术转让，塑料、日用机械、金属制品新材料和新产品的加工、销售，粘合剂、高分子材料及其助剂的销售；经营本企业自产产品的出口业务和本企业所需的机械设备、零配件、原辅材料的进口业务（不另附进出口商品目录），但国家限定公司经营或禁止进出口的商品及技术除外。（涉及许可经营的凭许可证经营。）						

企业名称	上海中船三井造船柴油机有限公司			海关编码	3116230002	所属海关	南汇海关
通讯地址	上海市浦东新区新元南路6号					邮政编码	201306
评定时间	2011.11.22	注册日期	2007.8.29	报关有效期	2016.8.19	注册资本	70600万人民币
法人姓名	钱德英	电话	021-61186666	日常联系人	高峰	电话	021-61186666-8912
主营范围	船用低速柴油机、发电用低速柴油机及设备、配件的设计、制造、销售及维修、机电设备的设计、制造、销售及维修、相关的技术服务与咨询、自营进出口业务、在港区内从事货物装卸、驳运、仓储经营；起重机械设备的现场维修及保养等技术服务。（涉及行政许可的凭许可证经营。）						

企业名称	卡哥特科工业（中国）有限公司			海关编码	3116240004	所属海关	南汇海关
通讯地址	上海市浦东新区新元南路550号					邮政编码	201306
评定时间	2011.11.22	注册日期	2005.5.25	报关有效期	2016.8.8	注册资本	1400万美元
法人姓名	PEKKA JUHANI VAURAMO	电话	021-61184900	日常联系人	左宏斌	电话	021-61184900
主营范围	船舶、海洋石油、港口、林业和废物处理等机械装运设备及其备件和零配件的开发、设计、制造，起重机械和场（厂）内车辆的开发、设计、制造、安装、改造和维修，销售公司自产产品，并提供相关的售后及技术咨询服务；上述同类产品的批发、佣金代理（拍卖除外）、进出口业务及相关配套服务。（不涉及国营贸易管理商品，涉及配额、许可证管理商品的按国家有关规定办理申请，涉及行政许可的凭许可证经营。）						

企业名称	上海开联制衣厂有限公司			海关编码	3116920072	所属海关	南汇海关
通讯地址	上海市浦东新区新场镇申江南路5700号					邮政编码	201314
评定时间	2008.12.5	注册日期	1993.1.1	报关有效期	2013.12.1	注册资本	554万美元
法人姓名	胡兆康	电话	021-68151682	日常联系人	唐志国	电话	021-68155701
主营范围	生产高、中档服装及户外运动服饰、手套、脚套、帽子、睡袋、包装袋，销售自产产品；上述产品同类商品的批发、佣金代理（拍卖除外）、进出口，提供配套服务。（不涉及国营贸易管理，涉及配额、许可证管理商品的按国家有关规定办理申请，涉及许可经营的凭许可证经营。）						

企业名称	上海延锋江森座椅有限公司			海关编码	3116930331	所属海关	南汇海关
通讯地址	上海市浦东康桥工业区康安路669号					邮政编码	201315
评定时间	2008.10.31	注册日期	2001.10.15	报关有效期	2014.9.22	注册资本	2477万美元
法人姓名	马振刚	电话	021-68079111	日常联系人	田茵	电话	021-68079110
主营范围	设计、开发、生产汽车座椅、顶蓬、遮阳板、顶饰系统及以上产品的部件，并提供以上产品的技术工程服务，从事非配额许可证管理、非专营商品的收购出口业务，销售自产产品。（涉及许可经营的凭许可证经营。）						

企业名称	上海纳铁福传动轴有限公司			海关编码	3116935021	所属海关	南汇海关
通讯地址	上海市浦东新区康桥路950号					邮政编码	201315
评定时间	2009.3.27	注册日期	1993.1.2	报关有效期	2013.12.23	注册资本	8925万欧元
法人姓名	沈建华	电　话	021－58121690	日常联系人	周震宇	电　话	136××××9018
主营范围	生产各种车用等速万向节、等速传动轴、万向节、传动轴、其他传动系列产品及锻件和零部件，销售自产产品并提供产品的国内售后服务。(涉及许可经营的凭许可证经营。)						

企业名称	上海施耐德配电电器有限公司			海关编码	3116935030	所属海关	南汇海关
通讯地址	上海市浦东康桥工业开发区康桥路833号					邮政编码	201315
评定时间	2009.3.27	注册日期	1996.1.3	报关有效期	2013.12.29	注册资本	1100万美元
法人姓名	范晓莉	电　话	021－52397070	日常联系人	张激武	电　话	021－58122222－327
主营范围	生产低压空气断路器、低压盘柜（包括半成品及零配件），销售自产产品。(涉及许可经营的凭许可证经营。)						

企业名称	上海西门子医疗器械有限公司			海关编码	3116940378	所属海关	南汇海关
通讯地址	上海市康桥工业区康士路21号					邮政编码	201315
评定时间	2011.11.22	注册日期	2006.9.22	报关有效期	2014.9.14	注册资本	2949万美元
法人姓名	WALTER MAERZEND-ORFER	电　话	021－38895000	日常联系人	夏良	电　话	021－38895308
主营范围	研发、设计、制造、销售、租赁、安装、维修及翻新公司产品，包括但不限于计算机断层扫描设备，心血管及X射线产品，超声诊断仪及其他医疗设备和零配件，自产产品零部件系统集成，并提供技术和咨询服务；以上产品同类商品的批发、佣金代理（拍卖除外）、进出口及其他相关配套业务。(涉及行政许可的凭许可证经营。)						

企业名称	威宏电子（上海）有限公司			海关编码	3116940423	所属海关	南汇海关
通讯地址	上海市浦东新区康桥工业区沪南公路2502号123室					邮政编码	201315
评定时间	2013.6.14	注册日期	2007.7.2	报关有效期	2016.5.31	注册资本	13291万美元
法人姓名	王庆贤	电　话	021－68187999	日常联系人	诸金芳	电　话	021－68187999－7303
主营范围	研发、设计、生产、组装电子计算机、掌上电脑、手机（100%外销）及上述产品的零组件和配件，设计、开发计算机软件，销售公司自产产品，并提供相关的技术咨询和技术服务。(涉及行政许可的凭许可证经营。)						

企业名称	安特金属成形（上海）有限公司			海关编码	3116940283	所属海关	南汇海关
通讯地址	上海市南汇工业园区宣黄公路819号					邮政编码	201300
评定时间	2009.9.4	注册日期	2004.10.25	报关有效期	2014.9.22	注册资本	1800万美元
法人姓名	ANG TONG HUAT	电　话	021－38286688－8888	日常联系人	顾燕萍	电　话	021－38286688－1518
主营范围	设计、生产汽车用驱动桥总成、变速器、滤清器（三滤）、等速万向节、减震器、专用高强度紧固件、汽车零件及汽车模具（含冲模、注塑模、模压模）、夹具（焊接夹具、检验夹具等）、数字音视频编解码设备、数字有线电视系统设备、高档服务器及相关零配件、电子电器设备的相关零配件（侧板、框架、支架、底盖等），提供相关售后服务；上述产品及同类产品的批发、进出口、佣金代理（拍卖除外）。（涉及配额许可证管理、专项规定管理的商品按照国家有关规定办理，涉及行政许可的凭许可证经营。）						

企业名称	昌硕科技（上海）有限公司			海关编码	3116940310	所属海关	南汇海关
通讯地址	上海市浦东康桥工业区沪南路2502号					邮政编码	201315
评定时间	2009.3.5	注册日期	2005.6.22	报关有效期	2016.4.19	注册资本	30800万美元
法人姓名	张天宝	电　话	021－38113768	日常联系人	卢瑟琴	电　话	021－38113768
主营范围	研发、生产、组装卫星通信系统设备，卫星导航定位接收设备及关键零部件，手机，第三代及后续移动通信手机、基站、核心网设备及网络检测设备，大、中型电子计算机，便携式微型电子计算机，高档服务器，大容量光、磁盘驱动器及其部件，新型打印设备（激光、喷墨打印机），数字电视、数字音视频编码设备及其相关零部件，车载电子技术及装置（包含汽车信息系统和导航系统），网络通信设备，高端路由器，新型电子元器件，数字照相机及关键件；销售自产产品，提供售后服务及相关技术服务；以上产品及其相关零部件的批发、佣金代理（拍卖除外），相关产品的维修、物流服务及相关信息技术服务；工业设计、产品设计（外观设计、结构设计、电路设计及平面设计等）、展览（示）设计；进出口业务，并提供相关的配套业务。（涉及行政许可的凭许可证经营。）						

企业名称	上海宏和电子材料有限公司			海关编码	3116940471	所属海关	南汇海关
通讯地址	上海市浦东康桥工业区沪南公路2502号306室					邮政编码	201315
评定时间	2009.1.6	注册日期	2001.10.15	报关有效期	2014.8.16	注册资本	6400万美元
法人姓名	谢坤洲	电　话	021－38299688－5001	日常联系人	陈秀华	电　话	021－38299688－6804
主营范围	生产电子级玻璃纤维布，销售自产产品。（涉及许可经营的凭许可证经营。）						

企业名称	上海迈润国际贸易有限公司			海关编码	3116962035	所属海关	南汇海关
通讯地址	上海市浦东新区广丹路 222 弄 6 号					邮政编码	201318
评定时间	2012. 9. 27	注册日期	2003. 9. 18	报关有效期	2015. 8. 3	注册资本	200 万人民币
法人姓名	沈宏	电　　话	021 - 68558399 - 201	日常联系人	何芳平	电　　话	021 - 68558399 - 209
主营范围	自营和代理各类商品和技术的进出口，但国家限定公司经营或禁止进出口的商品和技术除外；机械设备、通讯设备、建材、五金交电、计算机及配件、金属材料、汽配、化工原料及产品（除危险品）、百货、针纺织品的销售。（涉及许可经营的凭许可证经营。）						

企业名称	上海市纺织原料公司			海关编码	3107915005	所属海关	普陀区站
通讯地址	上海市长寿路 652 号					邮政编码	200060
评定时间	2012. 3. 14	注册日期	1995. 10. 27	报关有效期	2014. 10. 27	注册资本	18070 万人民币
法人姓名	郑伯华	电　　话	021 - 62771600	日常联系人	盛挺	电　　话	021 - 62984873
主营范围	销售纺织原料及产品、化纤原料及制品、化工原料及产品（除危险化学品、监控化学品、烟花爆竹、民用爆炸物品、易制毒化学品外）、日用百货、建筑材料、木材、钢材、畜牧产品、机械设备、通信设备及相关产品、电子产品、五金交电、摩托车及配件、家具、文教用品、花卉、电器设备、化妆品、金属材料及制品、矿产品（除专项）、珠宝首饰，食品销售管理（非实物方式），零售酒类（不含散装酒），从事各类货物及技术的进出口业务，自有房屋租赁。（涉及行政许可经营的凭许可证经营。）						

企业名称	高斯图文印刷系统（中国）有限公司			海关编码	3107935115	所属海关	普陀区站
通讯地址	上海市云岭东路 286 号					邮政编码	200062
评定时间	2012. 8. 31	注册日期	1997. 5. 16	报关有效期	2014. 5. 16	注册资本	13268 万人民币
法人姓名	刘国平	电　　话	021 - 52804762	日常联系人	袁炯	电　　话	021 - 52804153
主营范围	印刷机械及其零部件的研发、生产、销售、维修（除特种设备）、安装，从事货物及技术的进出口业务。（企业经营涉及行政许可的凭许可证件经营。）						

企业名称	迅达（中国）电梯有限公司			海关编码	3108945012	所属海关	普陀区站
通讯地址	上海市汶水路 40 号					邮政编码	200072
评定时间	2008. 10. 31	注册日期	2003. 8. 14	报关有效期	2014. 8. 14	注册资本	56460 万人民币
法人姓名	郑瑞恒	电　　话	021 - 56650991	日常联系人	朱荣强	电　　话	021 - 56650991
主营范围	生产、开发、安装、保养、维修和改造电梯、自动扶梯、自动人行道及其辅助设备和零部件，设计新产品和开发相关技术，销售迅达牌的上述产品。（涉及许可证的凭许可证经营。）						

企业名称	威旭半导体（上海）有限公司			海关编码	3108945028	所属海关	普陀区站
通讯地址	上海市江场西路501号					邮政编码	200436
评定时间	2009.2.2	注册日期	2006.4.4	报关有效期	2015.4.4	注册资本	3810万美元
法人姓名	罗继宗	电　　话	021－56030910－6800	日常联系人	阎峰	电　　话	021－56030910－6126
主营范围	主要从事研制开发，生产新型电子元器件，销售自产产品并提供售后服务。（涉及行政许可的，凭许可证经营。）						

企业名称	上海新联纺进出口有限公司			海关编码	3105915011	所属海关	长宁区站
通讯地址	上海市愚园路1341号					邮政编码	200050
评定时间	2009.7.6	注册日期	1985.2.26	报关有效期	2014.2.26	注册资本	10000万人民币
法人姓名	黄勤	电　　话	021－62511532	日常联系人	刘强	电　　话	021－62511525
主营范围	上海市外经贸委批准的进出口业务（按章程），实业投资，房地产开发，经营国内贸易（除专项规定外），信息咨询。						

企业名称	中化农化有限公司			海关编码	3105915023	所属海关	长宁区站
通讯地址	上海市河南南路33号17层－19层					邮政编码	200002
评定时间	2009.3.5	注册日期	1993.1.2	报关有效期	2014.1.2	注册资本	68000万人民币
法人姓名	李彬	电　　话	021－63289888	日常联系人	刘忠诚	电　　话	021－63289888
主营范围	从事货物及技术的进出口业务；物业管理；农药经营；化工原料及产品经营；原粮，成品粮，油料，油脂及其副产品，金属材料，燃料油，汽车（含轿车）及零、配件进口经营权；仓储（限分公司经营）。（企业经营涉及行政许可的凭许可证件经营。）						

企业名称	东方国际创业股份有限公司			海关编码	3105915026	所属海关	长宁区站
通讯地址	上海市浦东新区向城路58号二层A座					邮政编码	200336
评定时间	2009.9.4	注册日期	1999.3.24	报关有效期	2014.3.24	注册资本	32000万人民币
法人姓名	蔡鸿生	电　　话	021－62789999	日常联系人	张路　吴洁　陈竹	电　　话	021－62789999－3606、1601、1804
主营范围	自营和代理除国家统一组织或核定经营的进出口商品以外的商品和技术进出口业务，“三来一补”业务和进料加工，生物、医药、化工产品的开发、生产、销售，国际货代，转口贸易等。						

企业名称	上海新康电子有限公司			海关编码	3105935042	所属海关	长宁区站
通讯地址	上海市长宁路 865 号					邮政编码	200050
评定时间	2008. 10. 31	注册日期	1993. 9. 21	报关有效期	2014. 9. 21	注册资本	5310 万美元
法人姓名	CHRISTOPHER TAN	电　　话	021－59926999	日常联系人	李宏芩	电　　话	136××××3710
主营范围	生产表面安装的功率电子器件和其他器件，销售自产产品。						

企业名称	上海东方航空食品有限公司			海关编码	3105935066	所属海关	长宁区站
通讯地址	上海市虹桥路 2550 号					邮政编码	200335
评定时间	2009. 1. 6	注册日期	1993. 1. 2	报关有效期	2014. 1. 2	注册资本	2960 万美元
法人姓名	杨旭	电　　话	021－51133660、68331134	日常联系人	张业	电　　话	136××××2839
主营范围	为中国民航及外航公司提供餐食、饮料和劳务；接受国内城市的订单，提供餐食饮料制作，餐食原料服务。						

企业名称	蝶理（中国）商业有限公司			海关编码	3105940313	所属海关	长宁区站
通讯地址	上海市延安西路 2201 号上海国际贸易中心 1201 室					邮政编码	200336
评定时间	2011. 8. 26	注册日期	2005. 9. 7	报关有效期	2014. 9. 7	注册资本	700 万美元
法人姓名	井上邦久	电　　话	021－62191925	日常联系人	杨菲	电　　话	021－62190096
主营范围	纺织原料及制品，化工品，机械设备和化工制造设备及成套设备，太阳电池，矿产品（铁矿石除外），塑料及其制品，橡胶及其制品（天然橡胶除外），木及木制品，木炭（详见营业执照）。						

企业名称	上海松下半导体有限公司			海关编码	3104935168	所属海关	徐汇区站
通讯地址	上海市漕溪路 258 弄 25 号					邮政编码	200233
评定时间	2008. 10. 31	注册日期	1995. 4. 20	报关有效期	2014. 4. 20	注册资本	872932 万日本元
法人姓名	倪子泓	电　　话	021－64821608	日常联系人	车欣	电　　话	021－64821608
主营范围	生产民用半导体，销售自产产品。（涉及许可经营的凭许可证经营。）						

企业名称	达功（上海）电脑有限公司			海关编码	3118540001	所属海关	松江加工
通讯地址	上海市松江出口加工区三庄路 68 号					邮政编码	201613
评定时间	2010. 7. 28	注册日期	2000. 12. 25	报关有效期	2014. 12. 25	注册资本	12810 万美元
法人姓名	黄健堂	电　话	021－37748168	日常联系人	朱慧	电　话	021－37748168
主营范围	生产主机板、微型计算机、高档服务器、掌上电脑、新型平板显示器、液晶电视、接入网通信系统设备、移动通信系统手机、网络电话、多媒体终端、数字摄录机、数字录放机、数字照相机、数字音视频编解码设备、数字多媒体存储播放设备（MP3、MP4）、收音机、电子专用设备、测试仪器及以上产品的相关半成品和零部件，销售公司自产产品，并为自有产品及集团内企业产品提供维修测试服务；电子产品的生产技术、品质保证、产品开发、应用功能的研究、开发和中试（包括与国内科研院所合作研发），转让自研成果，与本公司研发成果技术转让有关的技术咨询、技术服务；商业性检测；相关精密仪器和设备维修，售后服务；进出口业务、批发业务、佣金代理（拍卖除外）及相关其他配套业务；相关信息处理服务和有关咨询业务。						

企业名称	达丰（上海）电脑有限公司			海关编码	3118540002	所属海关	松江加工
通讯地址	上海市松江出口加工区三庄路 58 弄 2 号					邮政编码	201613
评定时间	2010. 7. 28	注册日期	2000. 12. 7	报关有效期	2014. 12. 7	注册资本	12005 万美元
法人姓名	黄健堂	电　话	021－37818168	日常联系人	陈耀振	电　话	021－37818168
主营范围	生产主机板、微型计算机、高档服务器、掌上电脑、新型平板显示器、液晶电视、接入网通信系统设备、移动通信系统手机及以上产品的相关半成品和零部件，销售本公司自产产品；从事非配额许可管理、非专营商品的收购出口业务；相关精密仪器和设备的维修、售后服务；电子产品的生产技术、品质保证、产品开发、应用功能的研究、开发及中试（包括与国内科研院所合作开发），转让自研成果，与本公司研发成果技术转让有关技术咨询、技术服务；商业性检测；上述产品的进出口业务、批发业务、佣金代理（除拍卖外）及相关的其他配套业务；相关信息处理服务和有关资讯业务。（涉及许可经营的凭许可证经营。）						

企业名称	豪威半导体（上海）有限责任公司			海关编码	3118540006	所属海关	松江加工
通讯地址	上海市松江区茸华路 211 号					邮政编码	201611
评定时间	2013. 5. 24	注册日期	2001. 3. 16	报关有效期	2014. 4. 30	注册资本	3000 万美元
法人姓名	XIAOYING HONG	电　话	021－57749288	日常联系人	吴冰	电　话	021－57749288
主营范围	生产 CMOS 图像传感器、图像感应集成芯片及相关零部件和模具，硅基液晶产品及相关零部件；销售公司自产产品；提供上述产品的商业性检测、仓储服务。（涉及许可经营的许可证经营。）						

企业名称	达人（上海）电脑有限公司			海关编码	3118540011	所属海关	松江加工
通讯地址	上海市松江出口加工区茸江路68号A、B、C栋					邮政编码	201613
评定时间	2010.7.28	注册日期	2001.3.16	报关有效期	2014.3.16	注册资本	990万美元
法人姓名	黄健堂	电　话	021－37748168	日常联系人	朱慧	电　话	021－37748168
主营范围	生产主机板、微型计算机、高档服务器、新型平板显示器、液晶电视、接入网通信系统设备、电话手机、卫星导航定位接收设备、数码产品、高技术电池、存储系统及设备、信息识别处理终端系统、多媒体终端、电子专用设备、测试测量和检验仪器、电子产品及以上产品的半成品和相关产品，销售公司自产产品，并提供售后服务；计算机网络设备、计算机软件的设计、开发、制作；电子产品的生产技术、品质保证、产品开发、应用功能的研究、开发及中试（包括与国内科研院所合作研发）、转让自研成果，与本公司研发成果技术转让有关的技术咨询、技术服务；商业性检测；上述产品的进出口业务、批发业务、佣金代理（拍卖除外）及相关其他配套业务；相关信息处理和有关咨询业务。						

企业名称	友达光电（上海）有限公司			海关编码	3118540054	所属海关	松江加工
通讯地址	上海市松江出口加工区三庄路58弄3号					邮政编码	201613
评定时间	2011.5.27	注册日期	2003.6.5	报关有效期	2014.6.5	注册资本	10800万美元
法人姓名	彭双浪	电　话	0512－62588800	日常联系人	杨勇	电　话	021－37818800
主营范围	液晶显示屏等新型显示器件和以上产品的相关零部件制造及相关产品的组装，相关精密仪器和设备维修，并提供技术及售后服务，销售公司自产产品；提供同类商品的批发、进出口、佣金代理（拍卖除外）；在出口加工区内从事商业性检测和维修业务。（涉及许可的凭许可证经营。）						

企业名称	国基电子（上海）有限公司			海关编码	3118540055	所属海关	松江加工
通讯地址	上海市松江工业区南乐路1925号					邮政编码	201613
评定时间	2010.7.28	注册日期	2003.7.25	报关有效期	2014.7.25	注册资本	7340万美元
法人姓名	黄干	电　话	021－61206688－21001	日常联系人	张东北	电　话	021－6120668－21303
主营范围	研发、生产、加工新型电子元器件［片式电子元器件（信号滤波器），电力电子器件（数位/宽频调制解调器、逆变器、直流转直流源供应器、交流转直流电源供应器），光电子器件，敏感元器件及传感器生产（光纤数字收发模块，光收发转换器光发射模块用光次组件，光接收模块用光次组件，光发射/接收模块用电次组件，激光器筒形封装，光接收筒形封装，光电集线器），功率放大器，低噪声放大器，无线传输模块］，数字音、视频编解码设备［STB机顶盒，用户端接入媒体网关（IAD、MTA），视讯电话，语音分线器］，网络通信系统设备，异步转移模式（ATM）及IP数据通信系统，网络交换机，路由器，数字微波同步系列传达输设备，光同步、光交叉系列传输连接设备，笔记本电脑外壳及模块，液晶显示器外壳及模块，手机外壳及模块，电脑散热装置及模块，精密模具及模具标准件；线缆、连接器、电子零件及上述产品的零配件生产和相关软件的开发，销售公司自产产品，并提供售后技术咨询服务；精密仪器、设备维修与售后服务。（涉及行政许可的凭许可证经营。）						

企业名称	上海凯虹科技电子有限公司		海关编码	3118540063	所属海关	松江加工
通讯地址	上海市松江出口加工区松开III－10地块1号标准厂房				邮政编码	201612
评定时间	2013.4.17	注册日期	2004.7.1	报关有效期	2014.7.1	注册资本	1850万美元
法人姓名	宋恭源	电　话	021－57748686	日常联系人	毕勇	电　话	021－57748686－7910
主营范围	生产表面贴装型（SMD）的功率分离器及集成电路产品，半导体功能模块，多芯片组合封装，裸装芯片封装，大功率器件封装；销售公司自产产品并提供售后技术服务。（涉及许可经营的凭许可证经营。）						

企业名称	达伟（上海）物流仓储有限公司		海关编码	3118540084	所属海关	松江加工
通讯地址	上海市松江出口加工区三庄路58弄9号				邮政编码	201613
评定时间	2010.7.28	注册日期	2006.7.6	报关有效期	2014.7.6	注册资本	950万美元
法人姓名	黄健堂	电　话	021－37818168	日常联系人	陈耀振	电　话	021－37818168
主营范围	提供仓储服务；承办海运、陆运、空运进出口货物、国际展品、私人物品及过境货物的国际运输代理业务，包括揽货、托运、订舱、仓储、中转、集装箱拆箱、结算运杂费、报关、报检、报验、保险、相关的短途运输服务及运输咨询业务；国内货物的运输代理业务；普通货物装卸、产品整理、分拣包装及流通加工；电子、通信设备及其半成品和零部件的维修服务、进出口业务、批发业务、佣金代理（拍卖除外）及与保税物流相关的其他配套业务；相关信息处理服务和有关咨询服务。（涉及配额许可证管理、专项规定管理的商品按照国家有关规定办理。）						

企业名称	上海基森仓储有限公司		海关编码	3118560096	所属海关	松江加工
通讯地址	上海市松江区茸华北路268号				邮政编码	201610
评定时间	2011.5.27	注册日期	2007.10.26	报关有效期	2013.10.26	注册资本	2750万人民币
法人姓名	张绮	电　话	139××××2682	日常联系人	杨婷婷	电　话	021－67748193
主营范围	仓储及自有房屋的租赁，货物运输代理，从事货物及技术的进出口业务，电子产品、电脑软件的技术开发，企业管理咨询（除经纪外）。（上述经营范围涉及行政许可的，凭许可证经营。）						

企业名称	保思乐紧固件（上海）有限公司		海关编码	3118541001	所属海关	上海松江出口加工区B区
通讯地址	上海市松江出口加工区B区111－1号地块				邮政编码	201613
评定时间	2011.11.22	注册日期	2004.11.2	报关有效期	2014.10.13	注册资本	1600万美元
法人姓名	Guenther R. Kram	电　话	021－84763470	日常联系人	史晟梅	电　话	021－57856055
主营范围	加工和生产紧固件及其工具和其他相关产品，销售公司自产产品，并提供技术咨询服务。（涉及许可经营的凭许可证经营。）						

企业名称	上海欧菲滤清器有限公司			海关编码	3120530006	所属海关	上海青浦 出口加工区
通讯地址	上海市青浦区北青公路8228号二区28号					邮政编码	201707
评定时间	2011. 12. 28	注册日期	2005. 5. 31	报关有效期	2014. 4. 26	注册资本	500万美元
法人姓名	乔基奥· 基隆迪	电　　话	021－59703309－ 181	日常联系人	刘欣	电　　话	021－59701188－ 321
主营范围	开发、设计、生产汽车滤清器（三滤）及相关配件，销售公司自产产品，并提供产品售后服务和技术支持。（涉及行政许可的，凭许可证经营。）						

企业名称	创见资讯（上海）有限公司			海关编码	3117540002	所属海关	上海闵行 出口加工区
通讯地址	上海市奉贤区闵行出口加工区中央大道1号					邮政编码	201400
评定时间	2012. 3. 14	注册日期	2005. 4. 19	报关有效期	2014. 4. 18	注册资本	3460万美元
法人姓名	束崇政	电　　话	021－33655000	日常联系人	金琼	电　　话	021－33655000
主营范围	生产扩充内存模块外接式存储装置、内存、外接式内存、硬盘及相关存储类设备，销售公司自产产品，上述产品原物料及半成品的批发、进出口。（涉及行政许可的凭许可证经营。）						

企业名称	赫科玛电缆（上海）有限公司			海关编码	3117540005	所属海关	上海闵行 出口加工区
通讯地址	上海市闵行出口加工区1－2号地块					邮政编码	201401
评定时间	2011. 8. 26	注册日期	2006. 1. 25	报关有效期	2015. 1. 25	注册资本	370万美元
法人姓名	ESA VEIJALAINEN	电　　话	021－33655333	日常联系人	刘雪慧	电　　话	138××××6612
主营范围	开发、设计、组装、制造、生产电子光纤电缆及相关的电缆产品，销售自产产品并提供售后服务；上述同类产品及其相关原材料、附件、机器设备、半成品的进出口、批发、佣金代理、拍卖除外）。（涉及行政许可的凭许可证经营。）						

企业名称	英顺达科技有限公司			海关编码	3111540001	所属海关	上海漕河泾 出口加工区
通讯地址	上海市闵行区浦星路699号					邮政编码	201114
评定时间	2010. 12. 24	注册日期	2004. 2. 9	报关有效期	2014. 2. 4	注册资本	5000万美元
法人姓名	李诗钦	电　　话	021－64298888	日常联系人	黄强	电　　话	138××××2032
主营范围	设计、开发、生产中大型电子计算机，携带式微型计算机，微机计算机，高档服务器，新型电子元器件，数字电视机，移动通信设备（即交换设备），数字音、视频编解码设备，数字有线电视系统设备，游戏机及上述产品的零部件与模块；销售自产产品，提供产品售后服务。（涉及许可经营的凭许可证经营。）						

企业名称	英华达（上海）科技有限公司			海关编码	3111540002	所属海关	上海漕河泾出口加工区
通讯地址	上海市漕河泾出口加工区内浦星路789号1－3幢					邮政编码	201114
评定时间	2011.1.17	注册日期	2004.4.1	报关有效期	2014.4.1	注册资本	7700万美元
法人姓名	张景嵩	电　话	021－54336899	日常联系人	朱小溪	电　话	021－54336899
主营范围	开发、设计、生产计算机、计算器，无线通讯产品（网络通讯产品）及零部件制造，数字照相机、数字放声设备（多媒体录放装置）及零部件制造，移动通讯设备及零部件制造，电话机，录音机，个人数字助理（PDA）及其相关零部件，车载无线电导航设备及零部件制造，有线与无线刷卡系统设备及零部件制造，数字多媒体影音设备及零部件制造，提供电子技术开发及技术服务，销售自产产品，保税物流，自产产品维修，商业性检测。（涉及行政许可的凭许可证经营。）						

企业名称	拜耳材料科技（中国）有限公司			海关编码	3119948009	所属海关	上海海关驻化学工业区办事处
通讯地址	上海市漕泾上海化学工业区目华路82号					邮政编码	201507
评定时间	2011.1.28	注册日期	2005.8.16	报关有效期	2014.8.16	注册资本	123168万美元
法人姓名	Michael koenig	电　话	021－61468888	日常联系人	聂清	电　话	021－61466948
主营范围	开发、生产聚碳酸酯，双酚A，碳酸二苯酯及聚碳酸酯与其他聚合物的掺混料，MDI、TDI、PEI、PET组合料，改性MDI及相关的中间产品，涂料、粘合剂及其副产品；销售自产产品；生产氯并销售自产的富余氯；从事上述产品、其他化学产品及化学加工设备的进出口、批发、佣金代理（拍卖除外），提供相关技术服务和售后服务，以及提供公用设施和基础设施服务（如水、蒸汽服务等）；提供咨询服务；从事与所有上述化学产品有关的新产品及技术的研究开发。（涉及许可经营的凭许可证经营。）						

企业名称	英源达科技有限公司			海关编码	3111540004	所属海关	上海漕河泾出口加工区
通讯地址	上海漕河泾出口加工区浦星路789号					邮政编码	201114
评定时间	2010.12.24	注册日期	2005.5.8	报关有效期	2014.5.8	注册资本	5000万美元
法人姓名	李诗钦	电　话	021－64298888	日常联系人	黄强	电　话	138××××2032
主营范围	设计、开发、生产中大型电子计算机，携带式微型计算机，高档服务器，新型电子元器件，移动通讯终端设备，车载、手持导航设备及零部件（100%外销），数字电视机，数字音、视频编译码设备，数字有线电视系统设备，数码照相机，监视器，（数字）摄录设备，感应读卡器，数字对讲设备及上述产品的零部件及模块；销售自产产品，并提供产品的技术咨询及售后服务。（涉及行政许可的凭许可证经营。）						

企业名称	英业达科技有限公司			海关编码	3111540003	所属海关	上海漕河泾出口加工区
通讯地址	上海市漕河泾出口加工区浦星路 789 号					邮政编码	201114
评定时间	2010. 12. 24	注册日期	2004. 6. 22	报关有效期	2014. 6. 22	注册资本	5000 万美元
法人姓名	李诗钦	电　　话	021 – 64298888	日常联系人	陆莉娜	电　　话	021 – 64298888 – 5311
主营范围	设计、开发、生产大中型电子计算机，便携式微型计算机，高档服务器，新型电子元器件，数字电视机，数字音、视频编译码设备，数字有线电视系统设备；销售自产产品，并提供产品售后服务。（涉及许可经营的凭许可证经营。）						

企业名称	上海赛科石油化工有限责任公司			海关编码	3119938001	所属海关	上海海关驻化学工业区办事处
通讯地址	上海市化学工业区 A1、A2、A3、B1 地块					邮政编码	201507
评定时间	2011. 2. 10	注册日期	2005. 7. 11	报关有效期	2014. 7. 11	注册资本	90144 万美元
法人姓名	王治卿	电　　话	021 – 37990088	日常联系人	王敏	电　　话	021 – 37990088 – 2949
主营范围	生产乙烯、聚乙烯、苯乙烯、聚苯乙烯、丙烯、丙烯腈、聚丙烯、丁二烯、芳烃及副产品；销售上述产品，并提供售后服务及相关的技术咨询；从事聚合物应用开发，并向供应商和加工商提供附属公用工程服务。（涉及许可经营的凭许可证经营。）						

企业名称	上海联恒异氰酸酯有限公司			海关编码	3119938005	所属海关	上海海关驻化学工业区办事处
通讯地址	上海市上海化学工业区神工路 127 号					邮政编码	201507
评定时间	2013. 1. 15	注册日期	2005. 7. 28	报关有效期	2014. 7. 28	注册资本	93308 万人民币
法人姓名	JOHNNY CHI WAH KWAN	电　　话	021 – 37508000	日常联系人	程根权	电　　话	021 – 37508040
主营范围	生产苯胺、硝基苯、粗 MDI 和相关产品，销售自产产品，以及向上海亨斯迈聚氨酯有限公司和上海巴斯夫聚氨酯有限公司提供相关的技术服务和基础设施及公用设施服务。（如水、蒸汽服务等）。（涉及许可经营的凭许可证经营。）						

企业名称	璐彩特国际（中国）化工有限公司			海关编码	3119948001	所属海关	上海海关驻化学工业区办事处
通讯地址	上海市漕泾上海化学工业园区 A1 – 1 地块					邮政编码	201507
评定时间	2011. 2. 10	注册日期	2003. 12. 3	报关有效期	2014. 11. 14	注册资本	3860 万美元
法人姓名	刘锡金	电　　话	021 – 12345678	日常联系人	陈燕	电　　话	021 – 64268899 – 259
主营范围	生产、销售甲基丙烯酸甲酯单体；当公司甲基丙烯酸甲酯单体装置生产有问题时，销售公司生产的富余的丙酮氢醇；当公司生产原料氢氰酸供应不足时，进口丙酮氢醇作为公司生产甲基丙烯酸甲酯单体的原料。（涉及许可经营的凭许可证经营。）						

南京关区

企业名称	益海（连云港）粮油工业有限公司		海关编码	3207230165	所属海关	连云港关
通讯地址	江苏省连云港经济技术开发区黄海大道东路1号				邮政编码	222042
评定时间	2008. 10. 15	注册日期	2000. 11. 23	报关有效期	2015. 11. 13	注册资本	45522万人民币
法人姓名	孙立家	电　话	0518－82387256	日常联系人	寇中伟	电　话	0518－82387256
主营范围	许可经营项目：粮食、蔬菜及其他相关植物产品的储藏深加工，蛋白饲料的开发、生产，棕榈油及其衍生产品（起酥油）的深加工，销售上述自产产品。一般经营项目：大豆制品及其副产品的生产、加工、仓储，食品塑料包装制品的生产，销售上述自产产品，植物油仓储。						

企业名称	大陆汽车电子（连云港）有限公司			海关编码	3207240045	所属海关	连云港关
通讯地址	江苏省连云港经济技术开发区宋跳工业区高新四路17号					邮政编码	222006
评定时间	2012. 4. 23	注册日期	1997. 3. 26	报关有效期	2015. 3. 26	注册资本	1533万美元
法人姓名	马场璋	电　话	0518－85617860	日常联系人	邵世凤	电　话	0518－85617860
主营范围	许可经营项目：无。一般经营项目：ABS防滑制动系统传感器、传感器线圈、电源装置及其他车用传感器、汽车用主动与被动式安全系统产品的生产、开发、测试技术及实验服务，销售自产产品；从事自产产品及相关产品、机器设备的进出口及批发业务。						

企业名称	南通中集顺达集装箱有限公司			海关编码	3206930008	所属海关	南通海关
通讯地址	江苏省南通市港闸区城港路169号1幢					邮政编码	226003
评定时间	2013. 4. 12	注册日期	1992. 12. 5	报关有效期	2015. 4. 9	注册资本	770万美元
法人姓名	张宝清	电　话	138××××8992	日常联系人	周建国	电　话	139××××2670
主营范围	集装箱。						

企业名称	南通中远船务工程有限公司			海关编码	3206930028	所属海关	南通海关
通讯地址	江苏省南通市中远路1号					邮政编码	226006
评定时间	2010. 12. 16	注册日期	1993. 8. 25	报关有效期	2015. 2. 9	注册资本	12323万美元
法人姓名	王宇航	电　话	0513－85056211	日常联系人	王文田	电　话	0513－85056460
主营范围	建造、销售、修理各类船舶（含本公司修造船舶的试航）、海洋工程装备；建造、销售港口及起重机械（国家限制的除外），对外提供船舶、海洋工程装备的技术转让、设计和咨询服务，生产、销售陆用、船用金属结构件、船舶配件，仓储（涉及许可证的，凭许可证经营）及相关配套服务，承包境外机电工程和境内国际招标工程，上述境外工程所需的设备、材料出口，对外派遣实施上述境外工程所需的劳务人员。						

企业名称	南通醋酸纤维有限公司			海关编码	3206930060	所属海关	南通海关
通讯地址	江苏省南通市钟秀东路27号					邮政编码	226008
评定时间	2009.1.22	注册日期	1990.8.1	报关有效期	2015.3.20	注册资本	30370万美元
法人姓名	刘敬如	电　话	0513－83560512－2702	日常联系人	陆炜	电　话	0513－81082111－2312
主营范围	纤维制品的生产、销售。						

企业名称	南通中远川崎船舶工程有限公司			海关编码	3206930353	所属海关	南通海关
通讯地址	江苏省南通临江路117号					邮政编码	226005
评定时间	2009.5.11	注册日期	1999.1.18	报关有效期	2015.2.1	注册资本	146220万人民币
法人姓名	神林伸光	电　话	0513－83530572	日常联系人	张永平	电　话	138××××5581
主营范围	建造、销售、检修船舶等（详见营业执照）。						

企业名称	南通中集特种运输设备制造有限公司			海关编码	3206930356	所属海关	南通海关
通讯地址	江苏省南通港闸经济开发区芦泾港村一组					邮政编码	226003
评定时间	2013.4.12	注册日期	1999.4.30	报关有效期	2015.4.9	注册资本	1000万美元
法人姓名	张宝清	电　话	138××××8992	日常联系人	周建国	电　话	139××××2670
主营范围	生产、销售和修理各类介质的特种槽、罐，以及各类专用贮、运设备及其部件；国内货运代理。						

企业名称	江苏中新资源集团有限公司			海关编码	3206962009	所属海关	南通海关
通讯地址	江苏省南通市通州区先锋镇苏家埭村七组					邮政编码	226316
评定时间	2009.4.2	注册日期	2002.1.25	报关有效期	2015.5.14	注册资本	7452万人民币
法人姓名	朱卫强	电　话	0513－86676288	日常联系人	于海	电　话	0513－80165819
主营范围	许可经营项目：剧毒化学品［丙烯醛；丙烯腈；丙炔醇（炔丙醇）；3,4－二甲基吡啶；重铬酸钠；氰化钠；氰化钾；二氧化苄；丙酮氰醇（氰丙醇）；4－氨基吡啶；三氯氧磷；三氯化磷；氯乙酸］，其他危险化学品；第3类易燃液体，第4类易燃固体，自燃物品和遇湿易燃物品，第5类氧化剂和有机过氧化物，第6类1项毒害品，第8类腐蚀品（所有品种和类项不得储存）的批发。一般经营项目：腈纶毛条、绒线、针织绒线、针织品、仿丝棉、针刺绵、床上用品制造、加工、棉织品、化纤制品、羊毛制品及其原辅材料加工、销售；染料、印染助剂（除化学危险品）、纺织机械及配件、服装、鞋帽、绣品、五金交电、建材、塑料制品、日用百货、面料的销售；染色；从事上述商品的进出口业务。（有专项规定的从其规定。）						

企业名称	南通中集罐式储运设备制造有限公司			海关编码	3206930450	所属海关	南通海关
通讯地址	江苏省南通市城港路159号					邮政编码	226003
评定时间	2009.6.10	注册日期	2003.8.28	报关有效期	2015.4.5	注册资本	2500万美元
法人姓名	赵庆生	电话	0755－26802828	日常联系人	林燕	电话	0513－85066195
主营范围	设计、开发、生产和销售石化产品等介质的移动、固定、储运设备及部件，并提供相关设备的维修、保养、翻新、销售和服务。						

企业名称	江苏联发纺织股份有限公司			海关编码	3206935136	所属海关	南通海关
通讯地址	江苏省南通市海安县城东镇恒联路88号					邮政编码	226600
评定时间	2011.12.28	注册日期	2003.1.13	报关有效期	2015.2.7	注册资本	21580万人民币
法人姓名	薛庆龙	电话	0513－88859158	日常联系人	于拥军	电话	0513－8859169
主营范围	生产和销售色纱、纤维、纱线、色织布、纺织品、服装及相关产品，自有厂房、设备租赁。						

企业名称	南亚塑胶工业（南通）有限公司			海关编码	3206940061	所属海关	南通海关
通讯地址	江苏省南通崇川经济开发区（外环东路101号）					邮政编码	226008
评定时间	2009.4.2	注册日期	1996.3.25	报关有效期	2015.3.13	注册资本	7420万美元
法人姓名	吴钦仁	电话	0513－89100101	日常联系人	胡福昇	电话	0513－89100101
主营范围	生产和销售PVC胶皮、胶布、纸管、塑料类建筑防水卷材及废料粉碎加工、PU合成皮、PP不织布、起毛布、PU合成树脂、PU和PVC表面处理剂、印墨、色膏、PU建材、印刷电路板，煤洁净燃烧电站的建设、经营。						

企业名称	南通润邦重机有限公司			海关编码	3206960855	所属海关	南通海关
通讯地址	江苏省南通市船舶配套工业园区荣盛路88号					邮政编码	226013
评定时间	2013.3.11	注册日期	2007.5.10	报关有效期	2016.5.10	注册资本	15000万人民币
法人姓名	吴建	电话	0513－80101000	日常联系人	王晓玲	电话	0513－80108635
主营范围	港口机械、压力容器及锅炉设备、重型钢结构件、船舶配套钢结构件及设备工程钢结构件的生产、销售，以及售后服务与技术指导；起重机械的制造、销售、安装、改造、维修及其配件的销售；经营本企业自产产品及技术的出口业务和本企业所需的机械设备、零配件、原辅材料及技术的进出口业务（国家限定公司经营或禁止进出口的商品及技术除外）。（经营范围中涉及国家专项审批的，需办理专项审批后方可经营。）						

企业名称	南通海星电子股份有限公司			海关编码	3206962888	所属海关	南通海关
通讯地址	江苏省南通市通州区平潮镇通扬南路518号					邮政编码	226361
评定时间		注册日期	1998.3.13	报关有效期	2015.3.6	注册资本	15600万人民币
法人姓名	严季新	电　话	0513－86726100	日常联系人	金文慧	电　话	0513－86726116
主营范围	生产销售电极箔（化成箔、腐蚀箔）、电极箔生产设备及备件。						

企业名称	苏州新宁公共保税仓储有限公司			海关编码	3205331799	所属海关	苏州海关
通讯地址	江苏省苏州高新区珠江路515号					邮政编码	215129
评定时间	2012.4.23	注册日期	2004.8.27	报关有效期	2014.4.14	注册资本	100万美元
法人姓名	王雅军	电　话	0512－57427308	日常联系人	钱蓉辉	电　话	0512－66612357
主营范围	许可经营项目：进口货物的仓储。一般经营项目：集装箱堆存及有关配套业务，保税仓库内货物的代理报关、报检业务，库区货物的分级、分装、挑选、制贴商标、整理，货物配送等。（涉及许可证的凭许可证经营。）						

企业名称	苏州佳世达电通有限公司			海关编码	3205341024	所属海关	苏州海关
通讯地址	江苏省苏州市新区珠江路169号					邮政编码	215011
评定时间	2008.12.24	注册日期	1993.7.12	报关有效期	2014.1.10	注册资本	7400万美元
法人姓名	吴清模	电　话	0512－66658800－1570	日常联系人	吴效先	电　话	0512－66658800－1570
主营范围	许可经营项目：二类医疗器械［6821医用电子仪器设备，6840临床检验分析仪器（不含体外诊断试剂）］的批发、采购。一般经营项目：研发、生产液晶显示器，等离子显示器，电脑及周边产品，数字交叉连接设备，异步传输模式集成存取设备，多速率数字用户线路由器，SDHIP/ATM路由器，本地多点分配接入系统（LMDS）等接入网系统设备，大容量光、磁盘驱动器及其部件，移动通信终端产品（含GSM、CDMA），数字电视，LED灯具及以上产品的零组件；销售自产产品并提供相关的售后服务；以上产品的同类商品的批发、采购；血压计、家用血糖仪、血糖试纸条的批发、采购。						

企业名称	苏州日本电波工业有限公司			海关编码	3205341038	所属海关	苏州海关
通讯地址	江苏省苏州市苏州新区竹园路20号					邮政编码	215011
评定时间	2009.7.28	注册日期	1994.2.23	报关有效期	2015.6.4	注册资本	4720万美元
法人姓名	竹内宽	电　话	0512－68252355	日常联系人	钱慧	电　话	0512－68058271
主营范围	设计、生产、销售水晶片、水晶振动子、各种电子机器、人造水晶、水溶性结晶及融液水晶等系列产品，以上产品同类商品的采购、批发及销售业务。						

企业名称	迪睿合电子材料（苏州）有限公司			海关编码	3205341045	所属海关	苏州海关
通讯地址	江苏省苏州市苏州高新技术产业开发区竹园路19号					邮政编码	215011
评定时间	2008.12.1	注册日期	1994.4.1	报关有效期	2013.11.25	注册资本	3815万美元
法人姓名	安藤尚	电　　话	0512－68252005－200	日常联系人	万芳	电　　话	0512－68252005－241
主营范围	生产销售异方性导电膜、挠性印刷线路板及相关的电子电气元器件、触摸屏等新型平板显示器件、水处理剂、高性能热传导膜。						

企业名称	苏州板硝子电子有限公司			海关编码	3205341085	所属海关	苏州海关
通讯地址	江苏省苏州市苏州新区珠江路106号					邮政编码	215011
评定时间	2008.12.1	注册日期	1995.9.7	报关有效期	2014.8.12	注册资本	502200万日本元
法人姓名	藤卷和彦	电　　话	0512－68259171	日常联系人	顾玲	电　　话	0512－68091255
主营范围	生产、销售平面镶嵌液晶显示板用基板玻璃、办公机器用玻璃板、办公机器及通讯用光学系列微型特种玻璃材料，研发、生产高强度玻璃线束等高性能无机非金属复合材料及其制品，销售自产产品并提供相关技术和售后服务，从事高强度玻璃线束等高性能无机非金属复合材料及其制品的进出口、批发业务。						

企业名称	苏州富士胶片映像机器有限公司			海关编码	3205341090	所属海关	苏州海关
通讯地址	江苏省苏州市苏州新区长江路138号					邮政编码	215011
评定时间	2009.7.28	注册日期	1995.10.6	报关有效期	2015.5.18	注册资本	8950万美元
法人姓名	富田武宪	电　　话	0512－68251188	日常联系人	倪佳	电　　话	0512－68251188－280
主营范围	许可经营项目：生产二类6831医用X射线附属设备及部件，6830医用X射线设备、6840临床检验分析仪器，6822医用光学器具、仪器及内窥镜设备。一般经营项目：生产以上一次性成像照相机、电子照相机为主和各类照相机、各种电子映像机器及其元器件、一次性快速成像胶片及其关联材料、一类医疗器械及部件、动物用检验分析仪器及部件，提供产品售后服务，从事以上同类产品的收购及批发及修理业务。						

企业名称	晶端显示精密电子（苏州）有限公司			海关编码	3205341119	所属海关	苏州海关
通讯地址	苏州高新区金枫路168号					邮政编码	215004
评定时间	2008.10.15	注册日期	1996.2.17	报关有效期	2013.12.21	注册资本	12600万美元
法人姓名	山田滋敏	电　　话	0512－68257002	日常联系人	罗玮	电　　话	0512－68257002
主营范围	开发、设计、生产液晶显示器、半导体等电子应用机械类产品和相关零部件，销售本公司自产产品及进行售后服务；进出口同类产品；清洗用于防尘车间的防尘衣物；为外部公司提供各种物质成分、种类、构造等相关分析业务；以承接服务外包方式提供系统应用管理和维护、信息技术支持、软件开发、数据处理等相关业务流程的服务。（涉及配额及许可证管理、专项规定管理的商品应按国家有关规定办理。）						

企业名称	国巨电子（中国）有限公司			海关编码	3205341121	所属海关	苏州海关
通讯地址	江苏省苏州市苏州新区竹园路 10 号					邮政编码	215011
评定时间	2010. 12. 16	注册日期	1996. 3. 20	报关有效期	2015. 3. 29	注册资本	19298 万美元
法人姓名	颜荣昆	电　话	0512 –68255568 –2100	日常联系人	王育红	电　话	0512 –68255568 –2401
主营范围	研究、开发、生产贴片式电阻器，积体陶瓷电容器、电感器，浆料及其他贴片式被动电子元器件等新型电子元器件及相关产品，销售自产产品并提供相关技术和售后服务；以上产品同类商品的采购、批发业务。						

企业名称	苏州佳世达光电有限公司			海关编码	3205341310	所属海关	苏州海关
通讯地址	江苏省苏州市新区珠江路 169 号					邮政编码	215011
评定时间	2008. 12. 1	注册日期	2000. 8. 15	报关有效期	2016. 6. 3	注册资本	1246 万美元
法人姓名	吴清模	电　话	0512 –66658800	日常联系人	石晶	电　话	0512 –66658800 –1184
主营范围	研发、生产各类光电器件，新型打印装置（激光、喷墨打印机），数码相机，光驱、光盘刻录机、DVD 光驱等光驱产品，数码投影仪，数字电视机，新型平板显示器件，无线通讯终端产品，电子阅读器，多媒体路由器及其相关产品，数字化视频光盘播放机等数字视频信号录制、重放设备，塑胶产品，MP3 播放器，以及上列产品的零组件（上列产品不涉及国家外商投资产业指导目录中限制类和禁止类产品），销售自产产品并提供相关的售后服务；以上产品的同类商品的批发、采购。（不涉及国营贸易管理商品，涉及配额、许可证管理商品的按国家有关规定办理申请。）						

企业名称	毅嘉电子（苏州）有限公司			海关编码	3205341430	所属海关	苏州海关
通讯地址	江苏省苏州市苏州新区金山路 118 号					邮政编码	215011
评定时间	2009. 6. 10	注册日期	2001. 12. 25	报关有效期	2014. 12. 16	注册资本	8700 万美元
法人姓名	黄丽玲	电　话	0512 –68082626 –1100	日常联系人	周蓉	电　话	0512 –68082626 –2114
主营范围	研发、生产新型仪表和通讯用柔性线路板，控制面板等新型仪表元器件和材料，精密模具，光电装换器件等数字照相机的关键零部件及相关产品；研发、生产各类精密铝镁合金成型产品等新型材料；自行研制模具产品；销售自产产品并提供相关技术和销售服务。						

企业名称	豪雅光电科技（苏州）有限公司			海关编码	3205341621	所属海关	苏州海关
通讯地址	江苏省苏州市苏州高新区泰山路 229 号					邮政编码	215129
评定时间	2012. 12. 7	注册日期	2003. 6. 6	报关有效期	2014. 4. 29	注册资本	2600 万美元
法人姓名	奥村徹也	电　话	0512 –66650752	日常联系人	蒋亚华	电　话	0512 –66650752
主营范围	各类数字相机，大容量光、磁盘驱动器，光通讯等光电产品用精密镜头、镜头组件、光学玻璃制品及其关键部件的研究开发、设计和制造；精密光学镜头、玻璃加工模具等相关设备的加工制造；销售自产产品；提供相关的技术和售后服务。						

企业名称	无锡高新物流中心有限公司			海关编码	3202311071	所属海关	无锡海关
通讯地址	江苏省无锡市高浪东路1号					邮政编码	214028
评定时间	2013. 5. 16	注册日期	2005. 9. 6	报关有效期	2014. 9. 6	注册资本	44570万人民币
法人姓名	朱斌	电　　话	0510－85201919	日常联系人	张晨宇	电　　话	0510－85201526
主营范围	许可经营项目：普通货运，综合货运站（场）（仓储）。一般经营项目：搬运装卸，货运代理（代办，凭许可证经营）；设备租赁；国际货运代理；自营各类商品和技术的进出口业务，但国家限定企业经营或禁止进出口的商品和技术除外；经海关批准可进入保税仓库存放货物（凭海关保税仓储注册登记证书经营）；负载进出口加工区的项目投资，标准厂房租赁，园区物业管理服务；经济信息咨询服务；国内贸易。（上述经营范围中涉及行政许可的，经许可后方可经营；涉及专项审批的，经批准后方可经营。）						

企业名称	无锡夏普电子元器件有限公司			海关编码	3202330019	所属海关	无锡海关
通讯地址	江苏省无锡市国家高新技术产业开发区54号地块					邮政编码	214028
评定时间	2009. 11. 10	注册日期	1995. 1. 14	报关有效期	2014. 1. 14	注册资本	3150万美元
法人姓名	菅野信行	电　　话	0510－85215290	日常联系人	贾梅	电　　话	0510－85215290－5207
主营范围	开发、生产、加工液晶显示装置及其配套零部件，用于有线电视、卫星电视接收机、液晶电视、计算机的高科技调谐器及一般电子调谐器，射频调制器，激光拾音器及其配套零部件，高性能电源，高频信号分配器，电子部品的贴片，新型电子元器件，数字照相机关键件，卫星导航定位接收设备及关键部件，发光二极管照明器具（限分公司经营）；从事上述产品的批发、佣金代理（拍卖除外）、进出口业务。（以上商品进出口不涉及国营贸易管理商品，涉及配额、许可证管理商品的，按国家有关规定办理申请。）						

企业名称	博世汽车柴油系统股份有限公司			海关编码	3202330049	所属海关	无锡海关
通讯地址	江苏省无锡新区新华路17号					邮政编码	214028
评定时间	2011. 11. 30	注册日期	1995. 7. 28	报关有效期	2014. 7. 28	注册资本	20000万美元
法人姓名	BOHLER KLAUS	电　　话	0510－85333888	日常联系人	陈玲	电　　话	0510－85338984
主营范围	柴油燃油喷射系统、尾气后处理系统及其组件的开发、制造、应用、销售和服务，以及其他相关咨询服务；汽油系统高压泵体的制造；以批发的方式在国内销售、进口及出口非自产的柴油燃油喷射系统、尾气后处理系统及其组件；柴油燃油喷射系统及其组件的再制造业务。						

企业名称	索尼数字产品（无锡）有限公司			海关编码	3202341124	所属海关	无锡海关
通讯地址	江苏省无锡国家高新技术产业开发区 64 号地块					邮政编码	214028
评定时间	2013. 3. 11	注册日期	2005. 12. 9	报关有效期	2014. 12. 9	注册资本	6372 万美元
法人姓名	佐藤裕之	电　　话	0510－85288000	日常联系人	姚琦峰	电　　话	0510－85288157
主营范围	开发、生产、加工数字照相机及关键件、移动通信设备零部件、数字技术产品、液晶显示板等新型显示器件、电荷耦合器件（CCD）、锂离子二次电池及其他电池、音视产品、液晶投影仪、记录媒体、多媒体网络产品、计算机及其外围设备、软件开发、信息和广播电视设备及其集成系统（硬件和软件）、新型电力电子元器件、半导体光电专用材料、电子电器设备、仪器工模具、环保新材料及装置（以上产品中，国家禁止生产的产品除外），提供信息和广播电视设备集成系统相关的咨询、设计、技术服务（包括安装、组织培训、教育），从事非配额许可证管理、非专营商品的收购出口，数字照相机及其零部件、摄像机及其零部件、液晶显示板等新型显示器件、锂离子二次电池及其零部件的批发、零售，提供企业管理咨询服务和技术咨询服务；提供索尼产品的维修服务。						

企业名称	海太半导体（无锡）有限公司			海关编码	3202630003	所属海关	无锡海关
通讯地址	江苏省无锡市新区出口加工区 K5、K6 地块					邮政编码	214028
评定时间	2013. 3. 11	注册日期	2009. 11. 18	报关有效期	2015. 11. 18	注册资本	17500 万美元
法人姓名	顾斌	电　　话	0510－81158000	日常联系人	孙露倩	电　　话	0510－81158228
主营范围	半导体产品的探针测试、封装、封装测试，模块装配和模块测试。						

企业名称	敦南微电子（无锡）有限公司			海关编码	3202640014	所属海关	无锡海关
通讯地址	江苏省无锡出口加工区 J7、J8 号地块					邮政编码	214028
评定时间	2010. 12. 16	注册日期	2004. 11. 1	报关有效期	2014. 11. 1	注册资本	3000 万美元
法人姓名	宋恭源	电　　话	0510－85316900	日常联系人	沈伟	电　　话	0510－85316900
主营范围	新型电子元器件、半导体分立器件、半导体集成电路晶片、半导体集成电路的设计、生产、封装，计算机辅助测试及其技术服务。						

企业名称	无锡杰夫电声有限公司			海关编码	3202966245	所属海关	无锡海关
通讯地址	江苏省锡山区锡北镇八士芙蓉桥堍					邮政编码	214192
评定时间	2011. 12. 28	注册日期	2008. 8. 1	报关有效期	2014. 8. 1	注册资本	4980 万人民币
法人姓名	蒋正祥	电　　话	0510－83780389	日常联系人	尹长萍	电　　话	0510－83781398
主营范围	电子元器件及电子产品的研发、设计、加工、制造及销售；塑料制品、普通机械、模具的生产；数控金属切削加工；经营本企业和本企业成员企业自产产品及相关技术的出口业务（国家限定公司经营或禁止出口的商品除外），经营本企业和本企业成员企业生产、科研所需要的原辅材料、机械设备、仪器仪表、零配件及相关技术的进出口业务（国家限定公司经营或禁止进口的商品除外），经营本企业的进料加工和“三来一补”业务。（上述经营范围涉及行政许可的凭有效许可证明经营。）						

企业名称	江苏国泰亿达实业有限公司	海关编码	3215910113	所属海关	张家港关
通讯地址	张家港市杨舍镇人民中路 125 号（国泰新世纪广场）B1901－2401			邮政编码	215600

评定时间	2013. 8. 5	注册日期	1999. 12. 7	报关有效期	2014. 11. 30	注册资本	8800 万人民币
法人姓名	才东升	电　　话	0512－58696108	日常联系人	陆菁	电　　话	0512－58696556
主营范围	批发、零售贸易，自营和代理各类商品及技术的进出口业务，服装、针织类的制造、加工、销售。						

企业名称	江苏国泰国华实业有限公司	海关编码	3215910116	所属海关	张家港关
通讯地址	江苏省张家港市人民路国泰大厦 15－17 楼			邮政编码	215600

评定时间	2011. 12. 28	注册日期	2000. 11. 2	报关有效期	2014. 11. 2	注册资本	11800 万人民币
法人姓名	张子燕	电　　话	0512－58673288	日常联系人	黄华	电　　话	0512－58696668
主营范围	自营和代理各类商品及技术的进出口业务（但国家限定公司经营或禁止进出口的商品及技术除外），针纺织品、百货的批发、零售，纺织品检整，服装、毛衫的制造、加工、销售。						

企业名称	江苏澳洋顺昌股份有限公司	海关编码	3215930527	所属海关	张家港关
通讯地址	江苏省张家港市杨舍镇新泾中路 10 号			邮政编码	215618

评定时间	2008. 10. 15	注册日期	2002. 11. 8	报关有效期	2014. 10. 21	注册资本	36480 万人民币
法人姓名	沈学如	电　　话	0512－58160000	日常联系人	王丽	电　　话	0512－58161292
主营范围	从事冷轧钢板的涂层生产及涂层板、镀锌板、铝合金板等金属材料的加工，电子元器件专用材料的开发、生产，提供原材料供给方案的技术服务，销售、仓储、配送自产产品。（外资比例低于 25%。）						

企业名称	张家港市易华塑料有限公司	海关编码	3215950209	所属海关	张家港关
通讯地址	江苏省张家港市杨舍镇工业开发区			邮政编码	215600

评定时间	2010. 2. 9	注册日期	1999. 12. 21	报关有效期	2014. 11. 29	注册资本	308 万人民币
法人姓名	孙永华	电　　话	0512－58686080	日常联系人	张静雯	电　　话	0512－58699107
主营范围	PVC 塑料地砖、贴墙板、离型纸、塑料片材的生产、回收，出口本企业自产的塑料地砖、贴墙板、离型纸、人造革、塑料片材等塑料制品，进出口本企业生产、科研所需的原辅材料、机械设备、仪器仪表、零配件、塑料管材。						

企业名称	江苏沙钢国际贸易有限公司			海关编码	3215950214	所属海关	张家港关
通讯地址	江苏省锦丰镇沙钢大厦五楼					邮政编码	215625
评定时间	2010. 4. 16	注册日期	2002. 9. 2	报关有效期	2014. 9. 3	注册资本	100000 万人民币
法人姓名	王兴红	电　　话	0512－58568263	日常联系人	黄英	电　　话	0512－58568263
主营范围	许可经营项目：预包装食品的批发和零售。一般经营项目：自营和代理各类商品和技术的进出口。						

企业名称	永祺（常州）车业有限公司			海关编码	3204340007	所属海关	常州海关
通讯地址	江苏省常州新北区通江中路 689 号					邮政编码	213000
评定时间	2011. 12. 28	注册日期	2000. 7. 11	报关有效期	2014. 6. 14	注册资本	2210 万美元
法人姓名	张泰山	电　　话	0519－69883888	日常联系人	盛娟	电　　话	0519－69883888
主营范围	从事纺机配件的设计、制造；提供技术咨询和售后服务；从事自行车、电动自行车、三轮车、电动三轮车、滑板车、电动滑板车、电动车整车及其零部件、摩托车零配件的制造、维修；销售自产产品；从事自行车、电动自行车、摩托车及其零配件的进出口业务和国内批发业务。（不涉及国营贸易商品，涉及配额、许可证管理商品的，按照国家有关规定办理申请。）						

企业名称	常州大华进出口（集团）有限公司			海关编码	3204910110	所属海关	常州海关
通讯地址	江苏省常州市关河西路 180 号					邮政编码	213002
评定时间	2012. 4. 27	注册日期	1998. 7. 9	报关有效期	2014. 2. 16	注册资本	2000 万人民币
法人姓名	凌子学	电　　话	0519－86183000	日常联系人	刘小丽	电　　话	0519－86183039
主营范围	自营和代理除国家组织统一联合经营的出口商品和国家实行核定公司经营的进出口商品以外的其他商品及技术的进出口业务，经营“三来一补”业务，组织出口货源的收购、调拨、仓储业务，国内贸易业务、经济技术交流及咨询服务，工业生产资料（除专项规定）销售。						

企业名称	常州宝菱重工机械有限公司			海关编码	3204930676	所属海关	常州海关
通讯地址	江苏省常州市高新技术产业开发区					邮政编码	213022
评定时间	2010. 11. 30	注册日期	1995. 12. 28	报关有效期	2015. 2. 13	注册资本	7300 万美元
法人姓名	智西巍	电　　话	021－56604945	日常联系人	杭蕾	电　　话	0519－83258678
主营范围	冶金设备（包含薄板坯连铸机）及其备品备件的研发、设计、制造及销售，普通机械设备及其备品备件的研发、设计、制造及销售。						

企业名称	常州昌瑞汽车部品制造有限公司			海关编码	3204932023	所属海关	常州海关
通讯地址	江苏省常州钟楼经济开发区香樟路 68 号					邮政编码	213000
评定时间	2010. 11. 30	注册日期	2004. 7. 28	报关有效期	2014. 5. 10	注册资本	800 万美元
法人姓名	张文昌	电　　话	0519 – 83903558	日常联系人	陈波	电　　话	0519 – 83902215
主营范围	汽车安全气囊、坐椅坐套、汽车装饰布及其他汽车部品的生产，落料再生粒子的生产（限分支机构生产），销售自产产品。						

企业名称	常州旭荣针织印染有限公司			海关编码	3204941028	所属海关	常州海关
通讯地址	江苏省常州市天宁区青洋北路 132 号					邮政编码	213018
评定时间	2011. 12. 28	注册日期	2006. 3. 8	报关有效期	2015. 2. 20	注册资本	2998 万美元
法人姓名	黄庄芳容	电　　话	0519 – 88806969	日常联系人	马文	电　　话	0519 – 88806969
主营范围	从事高档针织面料的织染及后整理加工，服装、服饰的生产；销售自产产品；高档针织面料的研究开发；服装、服饰的进出口及国内采购、批发和零售业务。（不涉及国营贸易管理商品，涉及配额、许可证管理商品的，按国家有关规定办理申请。）						

企业名称	兴勤（常州）电子有限公司			海关编码	3204943027	所属海关	常州海关
通讯地址	江苏省武进高新技术工业园内					邮政编码	213161
评定时间	2012. 2. 7	注册日期	1996. 3. 28	报关有效期	2014. 3. 3	注册资本	2126 万美元
法人姓名	隋台中	电　　话	0519 – 86578999	日常联系人	丁向琴	电　　话	0513 – 68281800
主营范围	许可经营项目：无。一般经营项目：从事压敏电阻器、热敏电阻器及其电子陶瓷元器件、电脑传感器、汽车传感器、家电传感器及其配件、线材及其配件的制造，销售自产产品；从事压敏电阻器、热敏电阻器及其电子陶瓷元器件、电脑传感器、汽车传感器、家电传感器及其配件、保险丝及其配件、二极管及其配件、太阳光电接线盒的进出口、国内采购、批发业务（不涉及国营贸易管理商品，涉及配额、许可证管理商品的，按国家有关规定办理申请）。						

企业名称	江苏贝尔装饰材料有限公司			海关编码	3204943143	所属海关	常州海关
通讯地址	江苏省常州市武进区横林镇工业集中区					邮政编码	213000
评定时间	2013. 1. 5	注册日期	2005. 12. 23	报关有效期	2015. 12. 24	注册资本	420 万美元
法人姓名	张小玲	电　　话	0519 – 8506622	日常联系人	周琴	电　　话	0519 – 88500102
主营范围	新型建筑装饰材料（复合强化地板、钢地板）、PVC 地板、竹木制品、家具的制造和加工，销售自产产品。						

企业名称	瑞声光电科技（常州）有限公司			海关编码	3204943165	所属海关	常州海关
通讯地址	江苏省常州市武进高新技术产业开发区常澧路 8 号					邮政编码	213167
评定时间	2012. 12. 13	注册日期	2006. 6. 9	报关有效期	2015. 4. 9	注册资本	9280 万美元
法人姓名	吴国林	电　　话	0519 - 83052018	日常联系人	王雪明	电　　话	139 ×××× 3681
主营范围	研究开发、制造数字相机及关键件、新型电子元器件（光电子器件、片式元器件、敏感元器件及传感器、频率控制与选择元件、混合集成电路、新型机电元件）、直线电机、平面电机。						

企业名称	瓦卢瑞克曼内斯曼无缝钢管（常州）有限公司			海关编码	3204945105	所属海关	常州海关
通讯地址	江苏省常州市新北区新民东路 88 号					邮政编码	213000
评定时间	2011. 12. 20	注册日期	2005. 10. 19	报关有效期	2016. 7. 26	注册资本	15034 万美元
法人姓名	ULRICH MENNE	电　　话	0519 - 85171000	日常联系人	杨娟	电　　话	0519 - 85171067
主营范围	开发、设计和生产机车车辆主要部件和特种无缝钢管，提供相关技术及咨询服务。						

企业名称	常州天合光能有限公司			海关编码	3204945156	所属海关	常州海关
通讯地址	江苏省常州市新北区电子产业园天合路 2 号					邮政编码	213000
评定时间	2010. 1. 11	注册日期	2007. 4. 2	报关有效期	2016. 3. 17	注册资本	42000 万美元
法人姓名	高纪凡	电　　话	0519 - 85176808	日常联系人	钱佳萍	电　　话	0519 - 85176733
主营范围	太阳能光伏电站设备制造，太阳能光伏电站设备及系统装置安装；多晶铸锭、单晶硅棒、硅片、太阳能电池片、光伏组件的制造；太阳能、光能技术开发；销售自产产品；从事多晶硅、机械设备、太阳能光伏电站设备及系统集成装置的进出口和国内批发业务；从事太阳能电站的建设和经营（取得相关资质后方可开展经营）。（不涉及国营贸易商品，涉及配额、许可证管理商品的，按照国家有关规定办理申请。）						

企业名称	常州艾贝服饰有限公司			海关编码	3204961756	所属海关	常州海关
通讯地址	江苏省常州市天宁区青洋北路 69 号					邮政编码	213021
评定时间	2012. 8. 31	注册日期	2012. 4. 18	报关有效期	2015. 4. 18	注册资本	1655 万人民币
法人姓名	刘泽明	电　　话	183 ×××× 0815	日常联系人	杨志雄	电　　话	138 ×××× 8626
主营范围	服装、服饰、箱包、针纺织品及面辅料的制造及销售，自营和代理各类商品和技术的进出口业务（但国家限定公司经营或禁止进出口的商品和技术除外）。						

企业名称	江苏洛基木业有限公司			海关编码	3204963035	所属海关	常州海关
通讯地址	江苏省常州市武进区横林镇北工业集中区					邮政编码	213103
评定时间	2012. 2. 2	注册日期	2003. 3. 25	报关有效期	2014. 3. 4	注册资本	2180万人民币
法人姓名	沈鸣生	电　　话	0519－88505888	日常联系人	王加磊	电　　话	0519－88508919
主营范围	装饰板、复合强化地板、实木复合强化地板、实木地板、PVC塑胶地板、木门、木线条的制造；装饰纸的加工；自营和代理各类商品及技术的进出口业务，但国家限定企业经营或禁止进出口的商品和技术除外。						

企业名称	常州亿晶光电科技有限公司			海关编码	3204966410	所属海关	常州海关
通讯地址	江苏省金坛市尧塘镇金武路18号					邮政编码	213213
评定时间	2013. 1. 21	注册日期	2012. 5. 15	报关有效期	2015. 5. 15	注册资本	35860万人民币
法人姓名	荀建华	电　　话	0519－82588888	日常联系人	荀建华	电　　话	0519－82588888
主营范围	单晶硅（单晶硅棒、单晶硅片）、多晶硅、石英制品、太阳能电池片及组件的研发生产；单晶炉、电控设备的生产；销售自产产品；太阳能光伏发电系统，太阳能、风能、柴油发电互补发电系统工程的设计、安装、施工、承包、转包项目；相关设备的研发和国内批发业务及其配套服务；太阳能发电；国内采购光伏材料的出口业务。（不涉及国营贸易管理商品，涉及配额、许可证管理商品的，按国家有关规定办理申请。）						

企业名称	金东纸业（江苏）股份有限公司			海关编码	3211931356	所属海关	镇江海关
通讯地址	江苏省镇江大港兴港东路8号					邮政编码	212132
评定时间	2008. 12. 24	注册日期	1997. 6. 10	报关有效期	2014. 6. 10	注册资本	1381348万人民币
法人姓名	黄志源	电　　话	0511－88998888	日常联系人	张鹏飞	电　　话	0511－88998650
主营范围	许可经营项目：道路货物运输，招待所住宿服务。一般经营项目：生产加工各类纸浆、纸张、纸板、纸制品、医疗影像专用相纸、化工产品（危险化学品除外）、机械设备及相关产品、按林纸一体化建设的化学机械木浆，并销售上述自产产品，提供售后服务及技术咨询服务，以及相关技术的开发，转让；货物装卸；水电汽生产供应；环保代处理服务；粉煤灰的综合利用及其制成品的销售；浆、纸、纸制品及原辅材料检验服务；自有厂房和设施设备的租赁；工业观光服务；从事木片、纸浆、纸及纸制品，化工材料（不含危险化学品）的批发、代理及进出口业务；转口贸易；货物仓储服务（不含危险化学品）。（上述经营范围涉及到国家专项审批的，应办理专项审批后方可经营。）						

企业名称	江苏领先电子有限公司			海关编码	3211946115	所属海关	镇江海关
通讯地址	江苏省镇江市丹徒新城韦家巷99号					邮政编码	212143
评定时间	2011. 5. 13	注册日期	2003. 1. 9	报关有效期	2014. 1. 9	注册资本	863万美元
法人姓名	林弘育	电　　话	0511－84565918	日常联系人	宾松翠	电　　话	0511－84565086
主营范围	生产变压器、整流器、充电器、电话语音系统、线材、塑胶制品、电源供应器、电子式安定器、LED灯驱动器、照明灯具、LED光源及其他电子产品，销售本公司生产的产品。						

企业名称	南京 LG 新港显示有限公司			海关编码	3201932598	所属海关	新生圩关
通讯地址	江苏省南京经济技术开发区尧新大道 346 号					邮政编码	210038
评定时间	2009. 4. 2	注册日期	1998. 2. 19	报关有效期	2014. 2. 20	注册资本	2392 万美元
法人姓名	具浩男	电　话	025－85575570	日常联系人	谭云峰	电　话	025－85801568
主营范围	设计、生产各种显示器及显示器零部件，各种平板数字电视机及平板数字电视机零部件，个人电脑及个人电脑零部件；销售自产产品并提供相关服务；公司自产产品的同类个人电脑、电视机、显示器零部件、模具、夹具等商品的进出口及批发业务。（涉及法律、法规禁止经营的不得经营，涉及许可证经营的凭许可证经营。）						

企业名称	仕达利恩（南京）光电有限公司			海关编码	3201943055	所属海关	新生圩关
通讯地址	江苏省南京经济技术开发区恒飞路 31 号					邮政编码	201202
评定时间	2010. 4. 16	注册日期	2003. 2. 20	报关有效期	2015. 2. 20	注册资本	1000 万美元
法人姓名	YOON JANG HAN	电　话	025－85804862	日常联系人	吴海勇	电　话	025－85804862－8036
主营范围	研发、生产 TFT－LCD 背光模组（B/L 模块），加工精冲模、精密型腔模、模具及标准件和 TFT－LCD 用各类高精密金属元器件、零组件，TFT－LCD 用背光灯（LAMP）组装；销售自产产品，并提供相关服务。						

企业名称	喜星电子（南京）有限公司			海关编码	3201943060	所属海关	新生圩关
通讯地址	江苏省南京经济技术开发区兴友路 30 号					邮政编码	210046
评定时间	2009. 4. 2	注册日期	2003. 3. 3	报关有效期	2014. 3. 4	注册资本	3400 万美元
法人姓名	柳哲坤	电　话	025－85804300	日常联系人	季建友	电　话	025－85804300－8412
主营范围	研究、开发、生产 TFT－LCD 背光模组、背光零组件、TFT－LCD 模组、显示器及零部件、平板数字电视机及平板数字电视机零部件，销售自产产品并提供相关服务。						

企业名称	博西华电器（江苏）有限公司			海关编码	3201948022	所属海关	新生圩关
通讯地址	江苏省南京市经济技术开发区尧新大道208号					邮政编码	210046
评定时间	2010. 11. 30	注册日期	2004. 12. 3	报关有效期	2014. 12. 3	注册资本	6300万美元
法人姓名	柯赫	电　　话	025－85439988－1000	日常联系人	陈惠敏	电　　话	025－8543988－2400
主营范围	开发、生产并销售家用电器和燃气用具，如灶具（电气、燃气）、烤箱（电气、燃气）、微波炉、蒸汽炉、炊具（电气、燃气）、加温器、消毒柜、抽油烟机、吸尘器、熨斗、电水壶、吐司机、咖啡壶、搅拌器、食品加工器、热水器、洗衣机、干衣机、洗衣干衣机；开发、生产并销售家用电器的电动发动机，以及上述所有产品各自的部件、备件及元器件；为上述产品提供售后服务；研究和开发家用电器产品并提供相关技术咨询和技术转让；从事上述同类产品及其部件、备件及元器件的进出口、批发及佣金代理业务。						

企业名称	阿特拉斯科普柯（南京）建筑矿山设备有限公司			海关编码	3201948040	所属海关	新生圩关
通讯地址	江苏省南京经济技术开发区恒泰路2号					邮政编码	210033
评定时间	2012. 12. 13	注册日期	2005. 12. 13	报关有效期	2015. 12. 13	注册资本	2060万美元
法人姓名	骆建星	电　　话	025－86967676	日常联系人	梅秀青	电　　话	025－86967657
主营范围	生产隧道挖掘机、矿用装载机、露天凿岩设备及其他相关设备，销售自产产品并提供相关服务；从事上述自有工程机械设备的租赁业务；从事上述产品的研发、自研技术的转让和技术服务；从事上述同类商品及其零部件、润滑油、润滑脂的进出口及批发业务。（涉及法律、法规禁止经营的不得经营，涉及许可证经营的凭许可证经营。）						

企业名称	南京夏普电子有限公司			海关编码	3201948042	所属海关	新生圩关
通讯地址	江苏省南京经济技术开发区尧新路318号					邮政编码	210038
评定时间	2011. 11. 30	注册日期	2005. 12. 23	报关有效期	2014. 12. 23	注册资本	10058万美元
法人姓名	菅野信行	电　　话	025－85573714－202	日常联系人	蒋益忠	电　　话	025－85573714－224
主营范围	研究、开发、生产模拟、数字电视机，液晶显示器，TFT-LCD模组等新型平板显示器件，大屏幕彩色投影显示器用光学引擎、光源及整机，数字摄录产品，数字录放机及放声设备；销售自产产品并提供相应售后服务；从事上述同类产品及其零部件的进出口、批发及佣金代理（拍卖除外）业务；机电相关的技术咨询、指导服务及商务咨询服务；自有房屋租赁；非政府配额管理商品和非专管商品的采购再出口业务。（不涉及国营贸易管理商品，涉及配额、许可证管理商品的，按国家有关规定办理申请。）						

企业名称	南京瀚宇彩欣科技有限责任公司			海关编码	3201948122	所属海关	新生圩关
通讯地址	江苏省南京经济技术开发区恒飞路18号					邮政编码	210038
评定时间	2011.12.19	注册日期	2011.9.28	报关有效期	2014.9.28	注册资本	12400万美元
法人姓名	焦佑麒	电　　话	025－85803888	日常联系人	聂则山	电　　话	025－85803888－2889
主营范围	研发、生产TFT－LCD平板显示屏用触控屏、TFT－LCD平板显示屏、覆盖玻璃、显示屏材料、平板计算机、笔记本计算机、数字电视机、智能型手机、卫星导航定位接收设备、数字相框、广告机显示屏和其零件及其他相关产品；销售自产产品，并提供上述产品及零组件的维修等相关服务。						

企业名称	盐城国际妇女时装有限公司			海关编码	3209930027	所属海关	盐城海关
通讯地址	江苏省盐城市青年东路8号					邮政编码	224002
评定时间	2013.1.21	注册日期	1993.1.18	报关有效期	2014.3.18	注册资本	1500万美元
法人姓名	季卫兵	电　　话	0515－88333908	日常联系人	吴东海	电　　话	0515－88333908－3700
主营范围	生产内衣、成衣、睡衣、泳装、休闲服、运动服及其他服装、服装辅助件，并销售本公司自产产品；与本公司自产产品同类商品的批发、零售、佣金代理（拍卖除外）。						

企业名称	扬州大洋造船有限公司			海关编码	3210932393	所属海关	扬州海关
通讯地址	江苏省扬州市广陵区李典镇新坝沈王村					邮政编码	225006
评定时间	2009.3.2	注册日期	2004.1.17	报关有效期	2014.1.17	注册资本	5280万美元
法人姓名	梁小雷	电　　话	0514－89789108	日常联系人	尹延可	电　　话	0514－89789154
主营范围	许可经营项目：承包境外钢质船舶的设计与建造工程和境内国际招标工程，上述境外工程所需要的设备、材料出口，对外派遣实施上述境外工程所需要的劳务人员。						

企业名称	扬州英谛车材实业有限公司			海关编码	3210941589	所属海关	扬州海关
通讯地址	江苏省扬州市宝塔南路5号					邮政编码	225009
评定时间	2008.12.24	注册日期	2000.12.12	报关有效期	2014.12.12	注册资本	1765万美元
法人姓名	翁文钟	电　　话	0514－87812768	日常联系人	姚正永	电　　话	0514－87812768－7002
主营范围	生产车用散热器及汽车配件、各种中冷器，销售本公司生产的产品，热交换系统的研发。						

企业名称	创利皮革（扬州）有限公司		海关编码	3210941641	所属海关	扬州海关
通讯地址	江苏省扬州市开发区金山东路111号				邮政编码	225131
评定时间	2010.1.11	注册日期	2001.11.14	报关有效期	2014.11.14	注册资本	1200万美元
法人姓名	潘用达	电　话	0514－87526222	日常联系人	蔡冰冰	电　话	0514－87526588
主营范围	生产加工皮革及制成品，销售本公司自产产品。						

企业名称	可瑞尔科技（扬州）有限公司			海关编码	3210941682	所属海关	扬州海关
通讯地址	江苏省扬州市开发区兴扬路28号					邮政编码	225009
评定时间	2009.4.2	注册日期	2002.4.24	报关有效期	2014.4.24	注册资本	500万美元
法人姓名	张廖泉	电　话	0514－87961819	日常联系人	高爱红	电　话	0514－87961819
主营范围	研发、制造传感器、衡器及其延伸产品，销售本公司自产产品。						

企业名称	江苏世纪天虹纺织有限公司			海关编码	3203940060	所属海关	徐州海关
通讯地址	江苏省徐州睢宁县府前西街33号					邮政编码	221000
评定时间	2009.4.2	注册日期	2000.8.23	报关有效期	2014.5.3	注册资本	1039万美元
法人姓名	汤道平	电　话	0516－88332625	日常联系人	郭艳	电　话	0516－88332625
主营范围	许可经营项目：收购、加工、经营棉花。一般经营项目：生产纱、坯布、印染布、针织服装，销售自产产品，棉花批发，纺织原料、纱线、坯布、印染布等纺织品的进出口、批发。						

企业名称	卡特彼勒（徐州）有限公司			海关编码	3203942032	所属海关	徐州海关
通讯地址	江苏省徐州金山桥经济开发区南区					邮政编码	221004
评定时间	2012.2.2	注册日期	2010.10.19	报关有效期	2013.10.19	注册资本	9300万美元
法人姓名	Robert P. Glinke	电　话	0516－87736688	日常联系人	陈光辉	电　话	0516－87736512
主营范围	生产液压挖掘机、履带式推土机及相关土方和工程机械产品和零部件，销售自产产品，并提供销售服务及有关的咨询服务；从事用于上述产品的非自产零部件、维护保养工具的批发、佣金代理（拍卖除外）、进出口及其他相关业务。（不涉及国营贸易管理商品，涉及配额、许可证管理商品的，按国家有关规办理申请。）						

企业名称	徐州富山医疗制品有限公司			海关编码	3203947008	所属海关	徐州海关
通讯地址	江苏省邳州市议堂镇滨河工业园（滨河路东、江阴路北）					邮政编码	221000
评定时间	2013.7.19	注册日期	2006.8.25	报关有效期	2015.4.6	注册资本	2600万美元
法人姓名	CURTIS PETER HAMANN	电　　话	0516－86590666	日常联系人	黄莹	电　　话	0516－86590666
主营范围	生产医用PVC手套及相关手套，销售自产产品，从事医用PVC手套和相关手套的批发及进出口。						

企业名称	江苏蓝丰生物化工股份有限公司			海关编码	3203960245	所属海关	徐州海关
通讯地址	江苏省新沂经济开发区苏化路1号					邮政编码	221400
评定时间	2012.12.4	注册日期	2005.1.11	报关有效期	2014.4.26	注册资本	21312万人民币
法人姓名	杨振华	电　　话	0516－8986558	日常联系人	马德文	电　　话	0516－8983752
主营范围	许可经营项目：杀虫剂原药及剂型、杀菌剂原料及剂型、除草剂原药及剂型、化工产品（其中危险化学品按安全生产许可证许可范围经营）的生产、销售、出口。一般经营项目：进口本公司生产、科研所需的原辅材料、机械设备、仪器仪表及零配件，农膜销售，农药、化工产品生产技术的转让，氧气销售（限分支机构经营）。						

企业名称	法尔胜集团进出口有限公司			海关编码	3216910619	所属海关	江阴海关
通讯地址	江苏省江阴市澄江中路165号					邮政编码	214400
评定时间	2009.6.10	注册日期	1997.3.12	报关有效期	2014.4.18	注册资本	10000万人民币
法人姓名	刘翔	电　　话	0510－86907777	日常联系人	陈桂军	电　　话	0510－86118826
主营范围	自营和代理各类商品及技术的进出口业务，但国家限定企业经营或禁止进出口的商品和技术除外。						

企业名称	中船澄西船舶修造有限公司			海关编码	3216910620	所属海关	江阴海关
通讯地址	江苏省江阴市临港新城衡山路1号					邮政编码	214433
评定时间	2008.11.11	注册日期	1997.3.12	报关有效期	2015.3.27	注册资本	76000万人民币
法人姓名	胡金根	电　　话	0510－81668888	日常联系人	吉宏飞	电　　话	0510－6117585－31
主营范围	船舶的修造、拆解，船舶拆解物资的回收，海洋工程装备的制造、修理，钢结构工程的施工，钢结构的制造、修理，起重机械、机电设备制造及其他加工业务，高空作业车、工程车辆、机电设备的修理，拆船物资的销售，船舶工程技术的开发、培训、咨询服务，船舶工程的设计。						

企业名称	江苏兴业塑化股份有限公司			海关编码	3216930843	所属海关	江阴海关
通讯地址	江苏省江阴市周庄镇澄鹿路1388号					邮政编码	214423
评定时间	2008. 12. 24	注册日期	2000. 1. 6	报关有效期	2014. 5. 6	注册资本	21000万人民币
法人姓名	薛纪良	电　　话	0510－86229858	日常联系人	张妮	电　　话	0510－86229995
主营范围	生产PBT、PET树脂及其制品，销售本公司产品。						

企业名称	江苏爱康科技股份有限公司			海关编码	3216932213	所属海关	江阴海关
通讯地址	江苏省江阴市华士工业集中区红苗园区勤丰路1015号					邮政编码	214425
评定时间	2013. 1. 6	注册日期	2012. 3. 9	报关有效期	2015. 3. 9	注册资本	30000万人民币
法人姓名	邹承慧	电　　话	0512－82553988	日常联系人	徐佳	电　　话	0510－68973663
主营范围	研究、开发、生产、加工太阳能器材专用高档五金件、太阳能发电安装系统、太阳能发电板封装膜，太阳能发电系统的设计、施工，从事铝锭的批发及进出口业务。（不涉及国营贸易管理商品，涉及配额、许可证管理商品的按国家有关规定办理申请，涉及专项审批的经批准后方可经营。）						

企业名称	帝斯曼工程塑料（江苏）有限公司			海关编码	3216940904	所属海关	江阴海关
通讯地址	江苏省江阴经济工发区蟠龙山路18号					邮政编码	214432
评定时间	2008. 10. 15	注册日期	2000. 10. 31	报关有效期	2015. 9. 21	注册资本	5900万美元
法人姓名	MICHAEL	电　　话	0510－86198201	日常联系人	曹红珍	电　　话	0510－86198256
主营范围	生产化工产品（限工程塑料），并提供相关的技术服务和应用开发支持；从事与公司自产产品同类的化工产品（限合成材料）的批发业务。（涉及配额许可证管理、专项规定管理的商品应按国家有关规定办理。）						

企业名称	江阴福汇纺织有限公司			海关编码	3216941138	所属海关	江阴海关
通讯地址	江苏省江阴市萧山路9号					邮政编码	214434
评定时间	2009. 7. 28	注册日期	2002. 6. 27	报关有效期	2014. 4. 30	注册资本	11000万美元
法人姓名	夏松芳	电　　话	0510－86406888－8166	日常联系人	柳康成	电　　话	0510－86406888－8828
主营范围	从事高档针织面料的织染及后整理加工，针织服装的生产；新型纺织机械的研发及生产；从事与公司自产产品同类的纺织品及服装的批发、零售；从事纺织机械及其零配件的批发、进出口业务。（不涉及国营贸易管理商品，涉及配额、许可证管理商品的，按照国家有关规定办理申请。）						

企业名称	阿法拉伐（江阴）设备制造有限公司			海关编码	3216941996	所属海关	江阴海关
通讯地址	江苏省江阴霞客镇峭岐人民路 465 号					邮政编码	214408
评定时间	2013. 1. 21	注册日期	2005. 8. 17	报关有效期	2014. 4. 15	注册资本	1200 万美元
法人姓名	GORAN MATHIASSON	电　　话	0510－86561280	日常联系人	姚丹	电　　话	0510－85861280－212
主营范围	生产板式换热器、钎焊换热器、板片密封垫、卧式离心机、清洗枪、高速分离机，销售自产产品并提供相关技术服务。（涉及行政许可的，凭有效许可证明经营。）						

企业名称	江苏扬子江船厂有限公司			海关编码	3216942419	所属海关	江阴海关
通讯地址	江苏省江阴市鲥鱼港路 38 号					邮政编码	214431
评定时间	2008. 12. 1	注册日期	2006. 10. 11	报关有效期	2015. 8. 22	注册资本	62260 万人民币
法人姓名	任元林	电　　话	0510－86858909	日常联系人	潘婷	电　　话	0510－86858909
主营范围	从事 5. 5 万吨以下船舶的制造、修理和拆解；大型钢结构及起重机械、带式输送机械产品的制造和加工；气瓶充装，无缝气瓶检验；提供相关的技术咨询及售后服务。						

企业名称	江苏阳光股份有限公司			海关编码	3216950057	所属海关	江阴海关
通讯地址	江苏省江阴市新桥镇马嘶桥					邮政编码	214426
评定时间	2008. 12. 24	注册日期	1999. 12. 8	报关有效期	2015. 11. 20	注册资本	178334 万人民币
法人姓名	陈丽芬	电　　话	0510－86121888	日常联系人	王海平	电　　话	0510－86121888－6212
主营范围	呢绒、毛纱、毛线、针纺织品、服装、纺织机械及配件的制造、销售，毛洗净分梳，纺织原料（不含棉花、蚕茧）、金属材料、建筑用材料、装饰装修材料、五金、电子产品、通讯及广播电视设备（不含卫星电视广播地面接收设施及发射装置）、玻璃的销售，自营和代理各类商品及技术的进出口业务（国家限定企业经营或禁止进出口的商品及技术除外）。						

企业名称	江阴市红柳被单厂有限公司			海关编码	3216950600	所属海关	江阴海关
通讯地址	江苏省江阴市花东路 15 号					邮政编码	214432
评定时间	2009. 5. 11	注册日期	1996. 1. 2	报关有效期	2014. 2. 18	注册资本	6500 万人民币
法人姓名	黄建钧	电　　话	0510－86282002	日常联系人	朱缨璇	电　　话	0510－86282561
主营范围	床上用品和装饰布的染色，印花制造、加工；被单布、装饰布、纯棉坯布、涤棉坯布的销售；发电，供气（仅供本公司内部使用）；自营和代理各类商品及技术的进出口业务，但国家限定企业经营或禁止进出口的商品和技术除外。						

企业名称	江阴市舒乐家用纺织品有限公司			海关编码	3216950964	所属海关	江阴海关
通讯地址	江苏省江阴市花东路11号					邮政编码	214432
评定时间	2013.3.11	注册日期	2001.5.11	报关有效期	2014.2.18	注册资本	580万人民币
法人姓名	韩洪华	电话	0510-86282341	日常联系人	王涛	电话	0510-86273622
主营范围	针织品、纺织品的销售；自营和代理各类商品及技术的进出口业务，但国家限定企业经营或禁止进出口的商品及技术除外。						

企业名称	江阴市新暨阳石油有限公司			海关编码	3216961062	所属海关	江阴海关
通讯地址	江苏省江阴市临港新城夏港街道滨江西路2号7幢308室					邮政编码	214431
评定时间	2011.11.30	注册日期	2002.1.21	报关有效期	2015.2.21	注册资本	10000万人民币
法人姓名	胡祖芬	电话	0510-86898758	日常联系人	朱宏伟	电话	0510-86895105
主营范围	汽油、柴油、燃料油、化工产品的批发，润滑油、化工原料、纺织原料、纺织品、五金交电、橡胶制品、金属材料、建筑材料、装潢材料、机械设备、电子产品、汽车的销售。						

企业名称	江阴市金桥化工有限公司			海关编码	3216961209	所属海关	江阴海关
通讯地址	江苏省华东石化物资交易市场（江阴市林港新城夏港街道滨江西路2号1号楼201室）					邮政编码	214431
评定时间	2008.12.24	注册日期	2002.12.10	报关有效期	2014.4.20	注册资本	5000万人民币
法人姓名	孙芳	电话	0510-86409676	日常联系人	杨柯	电话	0510-86409683
主营范围	许可经营项目：危险化学品的批发（凭危险化学品经营许可证经营）。一般经营项目：化工产品（不含危险品）、燃料油、润滑油、基础油、金属材料、五金工具、纺织面料、仪器仪表及其他机械设备、建材的销售；自营和代理各类商品及技术的进出口业务，但国家限定企业经营或禁止进出口的商品和技术除外。						

企业名称	江苏吉鑫风能科技股份有限公司			海关编码	3216961896	所属海关	江阴海关
通讯地址	江苏省江阴市云亭镇工业园区					邮政编码	214422
评定时间	2013.2.19	注册日期	2005.4.27	报关有效期	2015.4.25	注册资本	45080万人民币
法人姓名	包士金	电话	0510-6018228	日常联系人	孟丹	电话	0510-86157362
主营范围	自营和代理各类商品及技术的进出口业务，国家限定公司经营或禁止进出口的商品及技术除外；钢铁铸件制造；铸件的热处理；汽车发动机零部件、五金件的制造、加工；液压机械设备、建筑机械设备、纺织机械设备、五金加工机械设备的制造、加工、销售。						

企业名称	江苏省华贸进出口有限公司			海关编码	3216961991	所属海关	江阴海关
通讯地址	江苏省江阴临港新城申港镇镇澄路 1298 号					邮政编码	214400
评定时间	2008. 12. 1	注册日期	2005. 8. 17	报关有效期	2014. 8. 5	注册资本	8000 万人民币
法人姓名	汤国华	电　　话	0510－86876991	日常联系人	徐建国	电　　话	0510－68876991
主营范围	自营和代理各类商品及技术的进出口，但国家限定公司经营或禁止进出口的商品和技术除外；机械设备、五金交电、电子产品、针织品、纺织品、服装、建材、化工产品（不含危险品）、金属及金属矿的销售。						

企业名称	三星电子（苏州）半导体有限公司			海关编码	3205240009	所属海关	苏工业区
通讯地址	江苏省苏州工业园区金鸡湖路 15 号					邮政编码	215021
评定时间	2009. 5. 11	注册日期	1995. 1. 20	报关有效期	2014. 1. 20	注册资本	27000 万美元
法人姓名	JAIKYEONG SHINN	电　　话	185××××9085	日常联系人	蒋伟	电　　话	0512－67611121－5469
主营范围	生产半导体产品，销售本公司所生产的产品。						

企业名称	力成科技（苏州）有限公司			海关编码	3205240020	所属海关	苏工业区
通讯地址	江苏省苏州工业园区星海街 33 号					邮政编码	215021
评定时间	2008. 11. 11	注册日期	1995. 9. 25	报关有效期	2014. 9. 25	注册资本	7200 万美元
法人姓名	吉红斌	电　　话	0512－62523333	日常联系人	蔡高翔	电　　话	
主营范围	组装、测试集成电路和电子器件，销售所生产的产品并提供相关服务。						

企业名称	瑞萨半导体（苏州）有限公司			海关编码	3205240038	所属海关	苏工业区
通讯地址	江苏省苏州工业园区中新大道西 176 号					邮政编码	215021
评定时间	2008. 10. 15	注册日期	1995. 12. 22	报关有效期	2014. 12. 22	注册资本	4323 万美元
法人姓名	山田充	电　　话	0512－67626056－1000	日常联系人	钱寒冰	电　　话	0512－67626056－2107
主营范围	开发、设计、制造半导体及相关产品，销售其产品，以及提供售后服务。						

企业名称	安德鲁电信器材（中国）有限公司			海关编码	3205240042	所属海关	苏工业区
通讯地址	江苏省苏州工业园区苏虹西路 68 号					邮政编码	215021
评定时间	2012. 8. 31	注册日期	2011. 12. 26	报关有效期	2014. 12. 26	注册资本	3434 万美元
法人姓名	MICHAEL DAVID COPPIN	电　话	0512 - 67610069	日常联系人	戴志红	电　话	0512 - 67635370
主营范围	研究、开发、测试、装配、加工、生产波导管、射屏电缆、连接器及其附件，通讯、天气、空中交通管制天线及附件，功放器、滤波器及相关产品，手机附件，以及其他在中国不受禁止的相关产品，并提供安装和其他售后服务；从事非配额许可证管理商品、非专管商品的收购出口业务。						

企业名称	金红叶纸业集团有限公司			海关编码	3205240068	所属海关	苏工业区
通讯地址	江苏省苏州工业园区金胜路 1 号					邮政编码	215126
评定时间	2009. 11. 10	注册日期	1996. 3. 29	报关有效期	2014. 3. 29	注册资本	88565 万美元
法人姓名	JACKSON WIJAYA LIMANTARA（黄杰胜）	电　话	0512 - 62810228	日常联系人	耿静	电　话	0512 - 62832354
主营范围	生产各种涂布白卡纸、卷筒卫生纸、餐巾纸、面巾纸、手巾纸、婴儿纸尿布、卫生巾、湿巾纸、短衬裤等纸制品及相关产品，并销售其产品；出租本公司自有多余标准厂房（出租对象仅限于与本公司生产经营直接关联的或集团内部的企业）；本公司生产产品的同类商品、纸浆、无纺布制品、办公用纸、文具用品、日化用品、小家电、日杂用品、机械设备的批发、进出口、转口贸易、佣金代理（拍卖除外）及相关业务。						

企业名称	伟创力电子技术（苏州）有限公司			海关编码	3205240081	所属海关	苏工业区
通讯地址	江苏省苏州工业园区苏茜路 9 号					邮政编码	215021
评定时间	2011. 5. 13	注册日期	1996. 3. 29	报关有效期	2014. 3. 29	注册资本	33522 万美元
法人姓名	MANNY MARIMUTHU	电　话	0512 - 67612300	日常联系人	杨卫兴	电　话	0512 - 67612300 - 3208
主营范围	制造印刷电路板组件及系统集成产品，并销售其产品；承接国内外客户印刷电路板及其他电子组件的加工装配；从事数字移动终端产品及整机的加工与组装；从事非配额许可证管理商品、非专营商品的收购出口业务；提供计算机、通信设备、精密仪器及元件的维修、维护、技术咨询、技术服务。						

企业名称	联建（中国）科技有限公司			海关编码	3205240177	所属海关	苏工业区
通讯地址	江苏省苏州工业园区苏虹西路99号					邮政编码	215021
评定时间	2008.10.15	注册日期	1999.12.2	报关有效期	2014.12.2	注册资本	15300万美元
法人姓名	黄显雄	电话	0512－62868178	日常联系人	江奇铭	电话	0512－62568178－3740
主营范围	研发、设计、制造新型平板显示器及其相关电子零组件、五金配件及相关产品，销售本公司产品并提供维修及相关服务，从事非配额许可证管理商品、非专管商品的收购出口业务，从事与本公司同类商品的批发、佣金代理及进出口业务。						

企业名称	晶端显示器件（苏州）有限公司			海关编码	3205240219	所属海关	苏工业区
通讯地址	江苏省苏州工业园区中新大道西162号					邮政编码	215021
评定时间	2009.5.11	注册日期	2000.9.28	报关有效期	2014.9.27	注册资本	4500万美元
法人姓名	墨川一成	电话	0512－67610111－100	日常联系人	高红侠	电话	0512－67610111－510
主营范围	显示器件产品及设备、治工具类产品的设计，制造及销售本公司所生产的产品并提供售后服务及其他相关服务，从事以上领域本公司同类商品的批发、进出口业务。						

企业名称	天弘（苏州）科技有限公司			海关编码	3205240233	所属海关	苏工业区
通讯地址	江苏省苏州工业园区苏虹中路448号					邮政编码	215021
评定时间	2013.3.11	注册日期	2001.1.20	报关有效期	2014.1.20	注册资本	4000万美元
法人姓名	YAP KHEOK JOO	电话	0512－62588111	日常联系人	方睿	电话	0512－62588111－3510
主营范围	电子产品制造服务和研发，包括印刷线路板组装，底板及电缆组装，注塑，金属加工（冲压，成型，镀漆）；电脑及电脑周边产品、服务器、通讯器材及网络系统、数控产品的整机、干式激光成像仪的制造、服务及维修，销售本公司生产的产品，并提供以上产品和相关产品的仓储服务；从事非配额许可证管理商品、非专营商品的收购出口业务；从其母公司或关联公司进口非配额管理的产品在国内外试销（进口数量与价值需经原审批机构批准）。						

企业名称	友达光电（苏州）有限公司			海关编码	3205240272	所属海关	苏工业区
通讯地址	江苏省苏州工业园区苏虹中路398号					邮政编码	215027
评定时间	2008.12.1	注册日期	2001.8.7	报关有效期	2014.8.7	注册资本	27800万美元
法人姓名	彭双浪	电话	0512－62588800－1860	日常联系人	杨勇	电话	0512－62588800－1530
主营范围	研发、制造、组装液晶显示屏等新型显示器件、液晶显示器、液晶电视、触摸控制玻璃、薄膜电晶体液晶显示面板（触控产品及3D产品）；以上产品相关零组件的组装；销售本企业所生产的产品，并提供相关技术及售后服务、维修，并自有多余厂房出租（出租对象仅限于与本公司生产经营直接关联的或集团内部的企业）；合同能源管理。						

企业名称	和舰科技（苏州）有限公司		海关编码	3205240306	所属海关	苏工业区
通讯地址	江苏省苏州工业园区星华街333号				邮政编码	215025
评定时间	2008.11.11	注册日期	2001.12.13	报关有效期	2014.12.13	注册资本	38000万美元
法人姓名	尤朝生	电　　话	0512－65931299	日常联系人	周智慧	电　　话	0512－65931299
主营范围	研究、开发、设计、制造集成电路；各种半导体零组件，包括混合电路（HYBRID CIRCUIT）、集成电路（IC）卡及电路模块；微处理器、外围支持的零组件及系统产品，包括密着型影像传感器（CIS）、液晶显示器（LCD），半导体记忆体记忆零组件及其系统产品；太阳能电池及其相关之系统模组与产品。集成电路测试与包装；光罩制作；在国内外销售本公司的产品并提供相关服务；从事本公司生产产品的同类商品的批发、佣金代理（拍卖除外）及相关业务；相关半导体工程设计咨询、工程管理咨询、经营管理咨询及相关配套服务。						

企业名称	苏州智能泰克有限公司		海关编码	3205240371	所属海关	苏工业区
通讯地址	江苏省苏州工业园区扬东路180号				邮政编码	215021
评定时间	2009.6.10	注册日期	2002.6.17	报关有效期	2014.6.17	注册资本	470万美元
法人姓名	森田常夫	电　　话	0512－62745855	日常联系人	陆宗萍	电　　话	0512－62745855－609
主营范围	开发、生产数码相机、液晶投影仪、视频展示台及其他光学设备和部品，销售本公司所生产的产品并提供售后服务；以上领域的非本公司生产同类产品的批发及进出口业务；提供ERP系统产品的佣金代理（拍卖除外）及相关技术服务。						

企业名称	苏州三星显示有限公司		海关编码	3205240476	所属海关	苏工业区
通讯地址	江苏省苏州工业园区方洲路318号				邮政编码	215123
评定时间	2008.10.15	注册日期	2002.12.13	报关有效期	2014.12.12	注册资本	19000万美元
法人姓名	YOUNGCHAN KWEON	电　　话	0512－62530188	日常联系人	陈春阳	电　　话	0512－62530188－8650
主营范围	设计、生产、加工液晶显示器及其相关产品，销售本公司产品并提供售后服务，从事电子产品的维修服务。						

企业名称	威刚科技（苏州）有限公司		海关编码	3205240636	所属海关	苏工业区
通讯地址	江苏省苏州工业园区新发路28号				邮政编码	215021
评定时间	2009.5.11	注册日期	2004.2.17	报关有效期	2014.2.17	注册资本	4000万美元
法人姓名	王根旺	电　　话	0512－65930886	日常联系人	陈琳	电　　话	0512－65930886
主营范围	内存模块及闪存记忆体、计算机外设产品、灯具及LED节能照明装置的研发、生产、组装、测试、维修，销售本公司所生产的产品并提供相关服务；从事本公司生产产品的同类商品和电子元器件、包装物的批发、佣金代理（拍卖除外）、进出口及相关配套业务；自有多余厂房出租。						

企业名称	超威半导体技术（中国）有限公司			海关编码	3205240681	所属海关	苏工业区
通讯地址	江苏省苏州工业园区苏桐路 88 号					邮政编码	215021
评定时间	2008. 10. 15	注册日期	2004. 4. 29	报关有效期	2014. 4. 29	注册资本	13338 万美元
法人姓名	DEVINDER KUMAR	电　　话	0512 – 62528383	日常联系人	陆蕊	电　　话	0512 – 62528383 – 7636
主营范围	生产集成电路和电子元件，销售本公司所生产的产品并提供有关的售后服务及相关服务，以及为相关产品提供技术服务；自有多余厂房出租。						

企业名称	江苏理士电池有限公司			海关编码	3208940029	所属海关	淮安海关
通讯地址	江苏省淮安市金湖县工业园区神华大道北侧、同泰大道西侧					邮政编码	211600
评定时间	2009. 2. 17	注册日期	2003. 3. 13	报关有效期	2015. 2. 24	注册资本	3925 万美元
法人姓名	印海燕	电　　话	0517 – 86986351	日常联系人	尹勇军	电　　话	0517 – 86986305
主营范围	铅酸免维护蓄电池、镍氢电池、锂电池、镍镉电池、充电器、控制器及相关的注塑、模具、汽车配件、电动车及其配件、铁路机车车辆用蓄电池配件、机电设备及配件、应急灯的设计开发和生产，销售本公司产品及报废电池的收集回收，蓄电池的安装调试，电池温控柜、节能服务的技术支持和咨询。						

企业名称	南京爱立信熊猫通信有限公司			海关编码	3201331654	所属海关	南京现场
通讯地址	江苏省南京高新开发区 15 幢 716 室					邮政编码	211100
评定时间	2008. 12. 24	注册日期	1993. 12. 30	报关有效期	2014. 12. 30	注册资本	2090 万美元
法人姓名	MATS H OLSSON	电　　话	025 – 52101188	日常联系人	赵锐	电　　话	025 – 52101188
主营范围	制造、安装、销售蜂房移动电话产品和通信系统设备及其附件，并提供售后服务；承包境外机电工程和境内国际招标工程；上述境外工程所需的设备、材料出口；对外派遣实施上述境外工程所需的劳务人员；维修境内外爱立信移动通信系统产品。						

企业名称	常熟三爱富中昊化工新材料有限公司			海关编码	3214930840	所属海关	常熟海关
通讯地址	江苏省常熟经济开发区氟化工业园兴虞路 10 号					邮政编码	215522
评定时间	2012. 8. 31	注册日期	2011. 10. 21	报关有效期	2014. 5. 31	注册资本	10000 万人民币
法人姓名	金健	电　　话	0512 – 52322022	日常联系人	蒋克勤	电　　话	0512 – 52322022
主营范围	许可经营项目：危险化学品生产［氟化氢（无水）、氯二氟甲烷、1,1 – 二氟乙烷、二氟氯乙烷、盐酸、氢氟酸、氟硅酸、乙炔（溶于介质的）、四氟乙烯（抑制了的）、六氟丙烷、八氟环丁烷］。一般经营项目：含氟精细化工的技术开发、技术转让、技术服务、技术咨询；氟利昂气瓶检测；改性聚四氟乙烯抗低落剂（AD541）及配套 PTFE（聚四氟乙烯分散乳液）销售；从事货物及技术进出口业务，但国家限定公司经营或禁止进出口的商品及技术除外。（外资比例小于 25%）						

企业名称	夏普办公设备（常熟）有限公司			海关编码	3214940017	所属海关	常熟海关
通讯地址	江苏省常熟经济开发区黄河路					邮政编码	215500
评定时间	2009. 4. 2	注册日期	1993. 12. 7	报关有效期	2015. 3. 31	注册资本	5440 万美元
法人姓名	伊藤惠造	电　　话	0512－52856037	日常联系人	徐成桃	电　　话	0512－52844650
主营范围	研究、开发、设计、生产复印机、打印机等办公设备、传真机、便携式微型计算机、电子收款机、POS 系统终端、新型平板显示器及监测器、线路板组件，以及上述产品的有关零部件（含墨粉，载体，感光鼓等耗材）、相关软件的技术开发；销售自产产品并提供相应的售后服务和技术咨询服务；本公司自产产品的同类商品（含零部件、选购件、耗材等）的批发、佣金代理（拍卖除外）、进出口及其他相关配套业务。（上述涉及配额、许可证管理及专项管理的商品，根据国家有关规定办理）。						

企业名称	芬欧汇川（中国）有限公司			海关编码	3214940051	所属海关	常熟海关
通讯地址	江苏省常熟经济技术开发区兴业路 2 号					邮政编码	215536
评定时间	2008. 10. 15	注册日期	1995. 12. 21	报关有效期	2014. 5. 31	注册资本	64871 万美元
法人姓名	PERTTI JUHANI SALMINEN	电　　话	021－62881919	日常联系人	龚越纯	电　　话	0512－52295110
主营范围	生产、加工、销售各类纸品、纸板及其他纸类产品，本企业的蒸汽、电力供应，自用物资和自产产品的装卸、运输；从事各类纸品、纸板及其他纸类产品、纸浆，胶合板、锯材、木材加工产品及木塑复合材料制成品的批发、佣金代理（不含拍卖）及进出口业务（不涉及国营贸易管理商品，涉及配额、许可证管理的，按国家有关规定办理申请）；以服务外包方式从事集团公司内关联企业的财务、税务、人力资源管理、法律咨询、产品的研究与开发、系统应用管理和维护、信息技术支持管理、市场开发，以及与生产相关的原材料、机器设备及零部件的采购等服务。						

企业名称	常熟华新特殊钢有限公司			海关编码	3214940089	所属海关	常熟海关
通讯地址	江苏省常熟市海虞镇海阳路 2 号					邮政编码	215519
评定时间	2008. 11. 11	注册日期	1998. 9. 28	报关有效期	2015. 5. 31	注册资本	9700 万美元
法人姓名	张文春	电　　话	0512－52102800	日常联系人	吴月芳	电　　话	0512－52102518
主营范围	从事特殊钢管、棒、线材、不锈钢钢丝绳、镍基无缝钢管、钛合金无缝钢管、高档建筑五金件、水暖器材及相关管道零件、工模具的开发、设计、生产。						

企业名称	烨辉（中国）科技材料有限公司			海关编码	3214940158	所属海关	常熟海关
通讯地址	江苏省常熟市经济开发区沿江工业区烨辉路 1 号					邮政编码	215536
评定时间	2008. 11. 11	注册日期	2002. 6. 26	报关有效期	2015. 5. 31	注册资本	20532 万美元
法人姓名	吴林茂	电　　话	0512－52298888－8000	日常联系人	时洲艳	电　　话	0512－52298355
主营范围	生产酸洗涂油卷板、冷轧卷板、镀锌卷板、彩涂卷板及其他相关制品，热轧卷板的批发及进出口业务。						

企业名称	江苏新宁现代物流股份有限公司			海关编码	3223930513	所属海关	昆山海关
通讯地址	江苏省昆山市张浦镇阳光西路 760 号					邮政编码	215300
评定时间	2010. 11. 30	注册日期	1997. 2. 24	报关有效期	2014. 4. 29	注册资本	9000 万人民币
法人姓名	王雅军	电　　话	0512－57427308	日常联系人	曹建东	电　　话	0512－57367388
主营范围	进出口货物的仓储，集装箱堆存及有关配套业务；保税仓库内货物的代理报关、报检、运输代理业务；库内货物的分级、分装、挑选、贴商标、制标签、整理等；供应链管理技术转让，技术开发与相关的技术咨询、技术服务业务等。（实际许可证的凭许可证生产经营。）						

企业名称	沪士电子股份有限公司			海关编码	3223930612	所属海关	昆山海关
通讯地址	江苏省昆山市黑龙江北路 55 号					邮政编码	215301
评定时间	2008. 12. 1	注册日期	2003. 4. 4	报关有效期	2014. 3. 27	注册资本	139513 万人民币
法人姓名	吴礼淦	电　　话	0512－57356888	日常联系人	龚亚芳	电　　话	0512－57356122
主营范围	生产单、双面及多层电路板，电路板组装产品，电子设备使用的连接线和连接器等产品及同类和相关产品的批发、进出口业务；公司产品售后维修及技术服务。						

企业名称	富士康（昆山）电脑接插件有限公司			海关编码	3223940025	所属海关	昆山海关
通讯地址	江苏省昆山开发区高科技工业园北门路 999 号					邮政编码	215300
评定时间	2008. 12. 24	注册日期	1998. 5. 20	报关有效期	2014. 6. 3	注册资本	4460 万美元
法人姓名	何有明	电　　话	0512－57785888	日常联系人	王玉红	电　　话	0512－57790998
主营范围	研制、生产、加工用于电脑及电脑周边设备，服务器、手机及网络通讯设备，音像、影视设备等，以及汽车电气系统的新型机电组件，光电子器件等新型电子元器件，游戏机配套用接插件（不含整机），仪用接插件等新型仪表元器件，精冲模、精密型腔模、模具标准件及上述产品的零配件，线缆及线缆组件；塑胶粒及其再生处理；太阳能光伏电池零组件；销售自产产品。以下产品限分公司生产：节庆用饰品、装饰灯及其零配件。						

企业名称	牧田（中国）有限公司			海关编码	3223940152	所属海关	昆山海关
通讯地址	江苏省昆山市开发区黄浦江路 288 号					邮政编码	215300
评定时间	2009. 5. 11	注册日期	1994. 2. 1	报关有效期	2014. 3. 31	注册资本	8000 万美元
法人姓名	金子哲久	电　　话	0512－57707710	日常联系人	蒋晓燕	电　　话	0512－57707710
主营范围	生产电动工具、气动工具、引擎工具及其零部件；生产农业机具、吸尘器、高压清洗器、抽水机、小型柴油发电机、各类电动自行车，以及与电动工具、气动工具、引擎工具相关的生产设备；销售自产产品，提供相关售后服务；对上述产品及其相关的产品和附属品进行开发、试验，并可开展非配额许可证管理、非专营商品的收购出口业务；从事与本企业生产产品的同类商品的商业批发和相关批发及相关进出口业务，并提供相关技术服务。						

企业名称	四海电子（昆山）有限公司			海关编码	3223940155	所属海关	昆山海关
通讯地址	江苏省昆山市开发区青阳南路312号					邮政编码	215300
评定时间	2008.11.11	注册日期	1994.6.15	报关有效期	2014.8.12	注册资本	3600万美元
法人姓名	PAK KEUNG CHAN	电　话	0512－57714449	日常联系人	李颖纯	电　话	0512－57714449
主营范围	许可经营项目：二类6821医用电子仪器设备、6831医用X射线附属设备及部件，销售自产产品。一般经营项目：制造商业自动化设备的部件和产品；制造IC卡读写机；制造、加工电脑主机板及电脑系统产品和部件、印刷电路板组合、新型电子元器件和光电器件、计算机应用系统、数字电缆机顶盒、背光板（后板）、安全报警系统产品及部件、汽车电子零件组件、部分医用电子仪器设备、医用Y射线附属设备及部件，系统集成，电线、电缆的组装和装配，开发其他相关软件；销售公司自产产品，并为公司生产的产品和与此类似的产品提供设计安装和售后服务。						

企业名称	利乐包装（昆山）有限公司			海关编码	3223940158	所属海关	昆山海关
通讯地址	江苏省昆山开发区顺帆南路208号					邮政编码	215301
评定时间	2008.12.1	注册日期	1994.4.20	报关有效期	2014.4.22	注册资本	4510万美元
法人姓名	STEVE YIN	电　话	0512－57717725	日常联系人	梁静	电　话	0512－57717725
主营范围	许可经营项目：承印商标。一般经营项目：从事融资租赁业务；生产、销售包装材料及制品，生产、组装、销售、安装、维修及经营性租赁利乐饮料和乳制品加工及包装设备，并提供技术培训；从事与本企业生产同类产品及相关零部件的商业批发和进出口业务；提供相关的售后服务和配套业务，包括维修保养等技术服务和技术支持。						

企业名称	仁宝电脑工业（中国）有限公司			海关编码	3223940317	所属海关	昆山海关
通讯地址	江苏省昆山市开发区同丰东路988号					邮政编码	215300
评定时间	2009.5.11	注册日期	1996.10.10	报关有效期	2014.5.6	注册资本	3700万美元
法人姓名	许胜雄	电　话	0512－57713333	日常联系人	周晓刚	电　话	0512－57713333－23411
主营范围	生产影像监视器、液晶监视器、笔记本电脑、塑胶外壳及相关零部件，销售公司自产产品并提供售后服务。						

企业名称	昆山中辰矽晶有限公司			海关编码	3223940667	所属海关	昆山海关
通讯地址	江苏省昆山开发区高科技工业园汉浦路303号					邮政编码	215300
评定时间	2010.11.30	注册日期	1999.9.7	报关有效期	2014.3.31	注册资本	2500万美元
法人姓名	姚宕梁	电　话	0512－57781262	日常联系人	郁志刚	电　话	0512－57770432
主营范围	生产加工硅晶圆、硅晶粒等硅晶产品，微电子技术产品，高级整流器、变阻器、热电子元件等产品；销售自产产品；从事与本企业生产的同类产品及蓝宝石晶片的商业批发、佣金代理（拍卖除外）、进出口业务。						

企业名称	研华科技（中国）有限公司			海关编码	3223940878	所属海关	昆山海关
通讯地址	江苏省昆山市玉山镇汉浦路600号					邮政编码	215316
评定时间	2008.11.11	注册日期	2000.11.28	报关有效期	2014.3.19	注册资本	4165万美元
法人姓名	刘克振	电　　话	0512－57775666	日常联系人	万里霞	电　　话	0512－57775666
主营范围	制造大中型电子计算机、商业用电子计算机及其周边设备，小型专用工业电子计算机及其周边设备、零组件，敏感元器件及传感器，计算机辅助系统（CAD、CAT、CAM、CAE），电子信息、通信系统网络技术；各类平面显示器及显示屏，工业控制及自动化软件，以及以上产品的安装、调试和售后服务；设立研发中心，从事上述产品的研究与开发；销售自产产品；对上述产品及同类产品提供全球性维修和相关的技术咨询服务；从事本企业生产的同类产品及相关材料、零配件的商业批发及进出口业务。（不涉及国营贸易管理商品，涉及配额、许可证管理的商品的，按国家有关规定办理申请。）						

企业名称	万福阁家具（昆山）有限公司			海关编码	3223941286	所属海关	昆山海关
通讯地址	江苏省昆山经济技术开发区太湖南路8号					邮政编码	215300
评定时间	2009.7.28	注册日期	2002.2.9	报关有效期	2014.3.7	注册资本	1200万美元
法人姓名	TODD WANEK	电　　话	0512－86168001	日常联系人	黄春梅	电　　话	0512－86168008
主营范围	设计、开发、生产和加工（使用供应材料和进口材料，包括但不限于织物、皮革、木材、玻璃、金属和石材）各种家具，家具相关产品、部件，聚氨酯泡沫、金属制品及配件，以及各种室内装潢面料、装饰材料及家居产品和部件，提供上述产品的技术支持和售后服务；销售自产产品；从事本企业生产同类产品及相关产品的商业批发、零售、佣金代理（拍卖除外）和进出口业务，并提供配套服务；提供仓储服务（不含运输）。						

企业名称	微盟电子（昆山）有限公司			海关编码	3223941302	所属海关	昆山海关
通讯地址	江苏省昆山开发区前进东路88号					邮政编码	215300
评定时间	2008.10.15	注册日期	2002.3.7	报关有效期	2014.4.16	注册资本	5100万美元
法人姓名	黄金请	电　　话	0512－57718888	日常联系人	倪艳丹	电　　话	0512－57718888－1082
主营范围	生产研发大、中、小型各类服务器，光电产品（光驱、DVD－ROM的光驱、CD－RW的光盘刻录机、LCD显示器），笔记本电脑、电脑主机板、显示卡、电脑、掌上型电脑、机顶盒、电脑游戏机（100%出口）、各种软件及各类电脑相关零配件，通讯产品（高端路由器、调制解调器、无线传输装置、讯号调节卡）及各种介面卡，电视卡、电视盒，大容量光、磁盘驱动器及其部件，数字录放机、数字放声设备，便携式多媒体录放机、多功能MP3播放机、优盘、便携式DVD播放机，网络电话、网络闸道器；销售自产产品并提供相关技术咨询、网络工程及售后服务（国家限制和禁止生产的电子通讯类产品除外）。						

企业名称	富港电子（昆山）有限公司			海关编码	3223941375	所属海关	昆山海关
通讯地址	江苏省昆山市锦溪镇正崴西路6号					邮政编码	215324
评定时间	2008.12.1	注册日期	2002.5.9	报关有效期	2014.5.5	注册资本	2700万美元
法人姓名	林坤煌	电　话	0512－57235288	日常联系人	杨燕鹏	电　话	0512－57235288
主营范围	生产手机、笔记本电脑用动力镍氢、锂离子等高新技术绿色电池，智能型传感器等新型电子元器件制造，液晶显示屏等TFT－LCD平板显示屏及显示屏材料制造，塑胶成型模具等非金属模具制造，CDMA等第三代及后续移动通信系统手机开发制造，汽车空调电子传感器等电子控制系统输入部件制造；无限传输蓝牙等数字微波同步系列传输设备，仪用接插件等新型仪表元器件，硬盘等大容量光、磁盘驱动器及其部件的开发与制造；销售自产产品。						

企业名称	连展科技电子（昆山）有限公司			海关编码	3223941719	所属海关	昆山海关
通讯地址	江苏省昆山市张浦镇花园路东侧					邮政编码	215321
评定时间	2010.2.9	注册日期	2003.4.30	报关有效期	2014.6.24	注册资本	1640万美元
法人姓名	林肇聪	电　话	0512－57446168	日常联系人	顾冰	电　话	0512－57446168－6217
主营范围	生产仪用接插件及高频极细同轴线，高频频率器件手机天线、GPS天线、笔记本电脑天线等新型电子元器件，锂离子电池、动力镍氢电池、燃料电池等高技术绿色电池，LED产品；手机及移动通信终端设备的设计、研发、生产；销售自产产品及相关售后技术服务（以上均不含专营、专控、专卖商品及限制项目）。						

企业名称	东阳精密机器（昆山）有限公司			海关编码	3223942337	所属海关	昆山海关
通讯地址	江苏省昆山市经济技术开发区高鼎路188号					邮政编码	215333
评定时间	2009.7.28	注册日期	2005.1.26	报关有效期	2014.3.28	注册资本	1000万美元
法人姓名	岛仓武	电　话	0512－57721885	日常联系人	徐子超	电　话	0512－57721885
主营范围	设计、开发、生产高档建筑五金件、精冲模、模具标准件，销售自产产品及进行组装，并提供售后服务。（涉及许可证的凭许可证生产经营。）						

企业名称	江苏恒力化纤股份有限公司			海关编码	3225930565	所属海关	吴江海关
通讯地址	江苏省吴江市盛泽镇南麻工业区恒力路1号					邮政编码	215226
评定时间	2010.1.11	注册日期	2002.12.19	报关有效期	2015.7.15	注册资本	220800万人民币
法人姓名	陈建华	电　话	0512－63838999	日常联系人	张利萍	电　话	0512－63838177
主营范围	生产纤维用聚酯和差别化化学纤维，销售本公司自产产品。						

企业名称	江苏盛虹科技股份有限公司			海关编码	3225930568	所属海关	吴江海关
通讯地址	江苏省苏州吴江市盛泽纺织科技示范园					邮政编码	216000
评定时间	2010. 1. 11	注册日期	2003. 2. 13	报关有效期	2014. 11. 7	注册资本	299274 万人民币
法人姓名	缪汉根	电　　话	0512－63501700	日常联系人	尉云燕	电　　话	0512－63578060
主营范围	差别化化学纤维的研发、生产，化工产品及原料（不含危险化学品和易制毒品）的销售，从事机器设备的批发、佣金代理（拍卖除外）及进出口业务。						

企业名称	华映视讯（吴江）有限公司			海关编码	3225930735	所属海关	吴江海关
通讯地址	江苏省吴江经济技术开发区江兴东路 555 号					邮政编码	215217
评定时间	2010. 4. 26	注册日期	2010. 2. 26	报关有效期	2016. 2. 26	注册资本	12000 万美元
法人姓名	许翼材	电　　话	0512－63406789	日常联系人	费芬红	电　　话	0512－63406789－2239
主营范围	平板显示器、笔记本电脑、液晶电视及液晶显示屏模组制造、维修与销售，从事非配额许可证管理、非专营商品的收购出口业务，提供管理与技术咨询服务。						

企业名称	高创（苏州）电子有限公司			海关编码	3225940073	所属海关	吴江海关
通讯地址	江苏省吴江市松陵镇中山北路 1700 号					邮政编码	215200
评定时间	2008. 11. 11	注册日期	1998. 10. 6	报关有效期	2015. 3. 20	注册资本	1770 万美元
法人姓名	董强	电　　话	0512－63456336	日常联系人	吴超	电　　话	0512－63456336－1512
主营范围	新型显示器（平板显示器）、可兼容数字电视、液晶显示高档微型计算机、大屏幕液晶投影电视机等新型通讯电子产品及上述各类产品的零组件的生产，本公司自产产品的销售；从事非配额许可证管理、非专营商品的收购出口业务，并可参加自产产品的出口配额招标。						

企业名称	中达电子（江苏）有限公司			海关编码	3225940109	所属海关	吴江海关
通讯地址	江苏省吴江经济技术开发区江兴东路 1688 号					邮政编码	215200
评定时间	2008. 11. 11	注册日期	2000. 1. 13	报关有效期	2015. 7. 14	注册资本	4000 万美元
法人姓名	郑崇华	电　　话	0512－63406008	日常联系人	毛德维	电　　话	139××××2189
主营范围	生产电子专用设备、测试仪器、工模具，计算机数字信号处理系统及板卡，无线局域网（广域网）设备，交流调频压牵引装置，无线通信模块，新型电子元器件，第三代及后续移动通信基站设备；研发、制造制冷空调设备及关键零部件，冷水机组、机房空调、空气处理装置、空调用电子控制系统、恒温恒湿机及其零部件；本公司自产产品的销售；从事电子产品、设备的批发及进出口业务；提供机电产品、电子产品及其他工业产品的质量分析、监测，有害物质分析，质量改善指导及相关技术服务；提供技术咨询和维修服务。（不涉及国营贸易管理商品，涉及配额、许可证管理商品的，按国家有关规定办理申请。）						

企业名称	大同电子科技（江苏）有限公司			海关编码	3225940113	所属海关	吴江海关
通讯地址	江苏省吴江经济开发区江陵北路123号					邮政编码	215200
评定时间	2008. 12. 24	注册日期	2000. 1. 27	报关有效期	2015. 3. 27	注册资本	2540万美元
法人姓名	纪辉镜	电　话	0512－63401328－3545	日常联系人	沈红红	电　话	0512－63401328－2216
主营范围	生产与销售新型显示器（平板显示器）、可兼容数字电视、桌上电脑、笔记型电脑、平面显示板、主基板、高压包、家用电器及上述产品之CKD、SKD组件、数字音/视频编译码设备（语言学习机、DVD播放器、MP3）和其他新型资讯通信电子产品及相关软件，可从事非配额许可证管理、非专营商品的收购出口业务。						

企业名称	亚旭电子科技（江苏）有限公司			海关编码	3225940246	所属海关	吴江海关
通讯地址	江苏省吴江经济技术开发区交通路1388号					邮政编码	215200
评定时间	2008. 12. 1	注册日期	2001. 9. 26	报关有效期	2015. 3. 27	注册资本	9000万美元
法人姓名	林成贵	电　话	0512－3425188	日常联系人	钟秋丽	电　话	0512－63487188
主营范围	许可经营项目：医疗器械产品制造（二类6840临床检验分析仪器）。一般经营项目：数字录放机制造，数字放声设备制造，数字音、视频编解码设备制造，数字有线电视系统设备制造，便携式微型计算机制造，大容量光、磁盘驱动器及其部件开发与制造：软件产品开发、生产，高密度数字光盘机用关键件开发与生产，10千兆比/秒以上光同步系列传输设备制造，宽带接入网通信系统设备制造，异步转移模式（ATM）及IP数据通信系统设备制造，高端路由器、千兆比以上网络交换机开发、制造，移动通信系统（含GSM、CDMA、DCS1800、DECT、IMT2000等）手机、基站、交换设备及数字集群系统设备制造，第三代及后续移动通信系统手机、基站、核心网设备及网络检测设备的开发与制造，大屏幕彩色投影显示器用光学引擎、光源、投影屏、高清晰度投影管和微显投影设备模块等关键件制造，高速、容量100TB及以上存储系统和智能化存储设备制造，新型电子元器件制造，新型机电元件、敏感元器件及传感器、频率控制及选择元件、光电子器件制造；卫星导航定位接收设备及关键部件制造，无线局域网（广域网）设备制造，图形图像识别和处理系统制造，电量量测产品制造（具有无线通信功能），集成电路设计，线宽0.18微米及以下大规模数字集成电路制造，0.8微米及以下模拟、数模集成电路制造、BGA、PGA、CSP、MCM等先进封装与测试，计算机及其零部件制造，音视频、家电产品及其关键件制造；销售本公司自产产品及自产产品之修理修配；对外贸易经营业务（无进口商品分销业务）。						

企业名称	瑞仪光电（苏州）有限公司			海关编码	3225940314	所属海关	吴江海关
通讯地址	江苏省吴江经济技术开发区江兴东路1621号					邮政编码	215200
评定时间	2010. 2. 9	注册日期	2002. 5. 22	报关有效期	2015. 7. 2	注册资本	9300万美元
法人姓名	王本钦	电　话	0512－63415378	日常联系人	陈其仁	电　话	0512－63415378
主营范围	新型电子元器件（光电子器件）、TFT-LCD平板显示屏及显示屏材料（导光板、背光模组、真空成型盒、塑胶框、膜片）、光学零组件的研发、生产，本公司自产产品的销售并提供相关售后维修服务；从事与本公司生产产品同类商品的批发及进出口业务。（不涉及国营贸易管理商品，涉及配额、许可证管理商品的，按国家有关规定办理申请。）						

企业名称	辅讯光电工业（苏州）有限公司			海关编码	3225940357	所属海关	吴江海关
通讯地址	江苏省吴江经济技术开发区锦湖路399号					邮政编码	215200
评定时间	2011.12.28	注册日期	2002.10.25	报关有效期	2015.6.11	注册资本	3500万美元
法人姓名	邱逢梁	电　　话	0512－63403418	日常联系人	朱雪冬	电　　话	0512－63403418－5601
主营范围	生产新型平板显示器件、新型电子元器件（光电器件）、照明灯具及其周边零组件与控制系统，本公司自产产品的销售；从事本公司同类产品及其原辅材料的批发及进出口业务。（涉及配额及许可证管理、专项规定管理的商品应按国家有关规定办理。）						

企业名称	泰金宝电子（苏州）有限公司			海关编码	3225940371	所属海关	吴江海关
通讯地址	江苏省吴江经济开发区（江兴东路2288号）					邮政编码	215200
评定时间	2008.11.11	注册日期	2002.11.25	报关有效期	2015.7.5	注册资本	2718万美元
法人姓名	许胜雄	电　　话	0512－63407000	日常联系人	李仲伟	电　　话	0512－63407000
主营范围	电源供应器，移动外接式硬盘，新型打印装置，新型平板显示器件，数字照相机，数字录放机，便携式微型计算机，宽带接入网通信系统设备，移动通信系统（含GSM、CDMA、DCS1800、PHS、DECT、IMT2000）手机、基站、交换设备及数字集群系统设备，数字电视机，新型电子元器件，大容量光磁盘驱动器及其部件，上述产品之CKD（零件组成半成品）、SKD组件（以零件方式成套散件）的研发并生产；本公司自产产品的销售；技术进出口、货物进出口。						

企业名称	泰金宝光电（苏州）有限公司			海关编码	3225940518	所属海关	吴江海关
通讯地址	江苏省吴江经济开发区（江兴东路2288号）					邮政编码	215200
评定时间	2008.11.11	注册日期	2004.1.12	报关有效期	2015.7.5	注册资本	4130万美元
法人姓名	沈轼荣	电　　话	0512－63407000	日常联系人	李仲伟	电　　话	0512－63407000
主营范围	LED灯、新型打印装置、新型平板显示器件、数字照相机、数字电视机、数字录放机；便携式微型计算机、宽带接入网通信系统设备、新型电子元器件、大容量光磁盘驱动器及其部件，以及上述产品之CKD（零件组成半成品）、SKD组件（以零件方式成套散件）的生产；同类商品的收购出口业务；本公司自产产品的销售。						

企业名称	长富不锈钢中心（苏州）有限公司			海关编码	3226930506	所属海关	太仓海关
通讯地址	江苏省太仓经济开发区广州东路7号					邮政编码	215400
评定时间	2011.2.10	注册日期	1995.12.19	报关有效期	2014.12.19	注册资本	1800万美元
法人姓名	水元公二	电　　话	0081－33281629－1	日常联系人	蔡晓红	电　　话	0512－53590800
主营范围	加工各种钢材及有色金属（铜板，铝板），销售公司自产产品，从事本公司生产的同类商品的批发、进出口业务，金属材料信息咨询。（不涉及国营贸易管理商品，涉及配额、许可证管理商品的，按国家有关规定办理申请。）						

企业名称	太仓中化环保化工有限公司			海关编码	3226930644	所属海关	太仓海关
通讯地址	江苏省太仓港港口开发区石化区滨江南路18号					邮政编码	215433
评定时间	2011.11.30	注册日期	2005.11.28	报关有效期	2014.11.28	注册资本	41300万人民币
法人姓名	王水耀	电　话	0512－53713188	日常联系人	邢丽	电　话	0512－53713117
主营范围	许可经营项目：研发、生产氟氯烃替代物HFC－134a（四氟乙烷）和HFC－125（五氟乙烷）等相关产品，销售自产产品，四氢呋喃的生产（凭安全生产许可证核定的范围经营）。一般经营项目：氢氟烃混合制冷剂R410A、催化剂及其他精细化工产品和高分子新型材料的生产、销售，相关生产技术及信息的研究、开发与服务，空余厂房出租。						

企业名称	苏州华苏塑料有限公司			海关编码	3226930678	所属海关	太仓海关
通讯地址	江苏省太仓港港口开发区石化区（浏家港）华苏东路8号					邮政编码	215433
评定时间	2008.11.11	注册日期	2007.1.5	报关有效期	2016.1.5	注册资本	3800万美元
法人姓名	ROBERT FORD BUESINGER	电　话	0512－53647369	日常联系人	沈海英	电　话	0512－53645089
主营范围	生产以氯乙烯为原料的聚氯乙烯树脂和塑料制品及相关产品，并在国内外市场上销售上述产品。						

企业名称	玖龙纸业（太仓）有限公司			海关编码	3226930679	所属海关	太仓海关
通讯地址	江苏省太仓市港口开发区浮桥镇杨林河北					邮政编码	215434
评定时间	2011.11.30	注册日期	2007.1.18	报关有效期	2016.1.18	注册资本	45072万美元
法人姓名	张茵	电　话	0512－53703888	日常联系人	焦晓光	电　话	0512－53703888
主营范围	生产高档纸和纸板（不含新闻纸）及配套建设自备热电厂，自备兼公用码头（限分公司经营），销售公司自产产品。（以上涉及许可经营的凭许可证经营。）						

企业名称	怡球金属资源再生（中国）股份有限公司			海关编码	3226930735	所属海关	太仓海关
通讯地址	江苏省太仓市浮桥镇沪浮璜公路88号					邮政编码	215434
评定时间	2013.5.16	注册日期	2009.11.25	报关有效期	2015.11.25	注册资本	41000万人民币
法人姓名	黄崇胜	电　话	0512－53703988	日常联系人	张晓洁	电　话	0512－53703988－822
主营范围	生产、加工新型合金材料和各类新型有色金属材料、黑色金属材料及其制品，环保机械设备、熔炼设备、分选设备；销售公司自产产品；从事与本企业生产的同类商品及矿产品的进出口、批发业务（不含铁矿石、氧化铝、铝土矿；不涉及国营贸易管理商品，涉及配额、许可证管理商品的，按国家有关规定办理申请。）						

企业名称	天顺风能（苏州）股份有限公司			海关编码	3226930738	所属海关	太仓海关
通讯地址	江苏省太仓经济开发区宁波东路28号					邮政编码	215400
评定时间	2011.12.20	注册日期	2010.1.7	报关有效期	2016.1.7	注册资本	20575万人民币
法人姓名	严俊旭	电　　话	0512－81606988	日常联系人	徐健峰	电　　话	0512－82783126
主营范围	从事设计、生产加工各类电力设备（风力发电设备）、船舶设备、起重设备（新型港口机械）、锅炉配套设备，销售公司自产产品，并提供相关技术咨询、技术服务。						

企业名称	克恩－里伯斯（太仓）有限公司			海关编码	3226940020	所属海关	太仓海关
通讯地址	江苏省太仓经济开发区南京东路88－8号					邮政编码	215400
评定时间	2011.11.30	注册日期	1993.8.20	报关有效期	2014.8.20	注册资本	749万欧元
法人姓名	UDO SCHNELL	电　　话	0512－53578996	日常联系人	周小莉	电　　话	0512－53283402
主营范围	许可经营项目：生产二类6841医用化验和基础设备器具（一次性采血针），销售公司自产产品。一般经营项目：生产汽车安全带弹簧及其系列产品，活塞环配件，各类精密模具、夹具及冲压件，电器组件，各类针织元件，剪切钢带，园林机械，柴油机燃油泵及五金件；生产加工真空淬火件、渗碳件、氮化件、普照通淬火件；销售公司自产产品。						

企业名称	星光印刷（苏州）有限公司			海关编码	3226940133	所属海关	太仓海关
通讯地址	江苏省太仓市浏河镇沪太新路98号					邮政编码	215431
评定时间	2011.12.28	注册日期	2002.5.9	报关有效期	2014.5.9	注册资本	2000万美元
法人姓名	林光如	电　　话	0512－53600111	日常联系人	胡艳	电　　话	0512－53600916
主营范围	许可经营项目：生产包装装潢印刷品（包括商标标识、广告宣传单、广告宣传品及产品包装装潢），销售公司自产产品。一般经营项目：无。						

企业名称	特灵空调系统（中国）有限公司			海关编码	3226940495	所属海关	太仓海关
通讯地址	江苏省太仓市苏州东路88号					邮政编码	215400
评定时间	2011.2.10	注册日期	2002.5.13	报关有效期	2014.5.13	注册资本	5909万美元
法人姓名	宋振宁	电　　话	021－22081688	日常联系人	黄小娟	电　　话	0512－53597509
主营范围	研究、开发、设计、生产采暖、通风、大型中央空调产品，中小型商用及家用空调产品，空调控制及楼宇自动化控制产品及相关零部件；加工、销售空调产品及其相关零部件；从事上述产品，以及食品和水产品德贮藏、保鲜、运输设备，运输用发电机组，冷藏、冷却、冷冻设备，冷藏展示陈列设备，制热设备，空气调节设备，节能设备，相关制冷和控制系统及其相关产品的批发、零售、佣金代理（拍卖除外）及进出口业务；提供检测、调试、工程、安装、培训、咨询、维修等售后服务和技术服务。（不涉及国营贸易管理商品，涉及配额、许可证管理商品的，按国家有关规定办理申请。）						

企业名称	太仓阿尔派电子有限公司			海关编码	3226940559	所属海关	太仓海关
通讯地址	江苏省太仓经济开发区广州西路1号					邮政编码	215400
评定时间	2011.2.10	注册日期	2002.10.16	报关有效期	2014.10.16	注册资本	2500万美元
法人姓名	水野直树	电　话	0512-53568111	日常联系人	张莉	电　话	0512-53568111
主营范围	汽车电子设备系统、汽车通讯设备及汽车导航系统产品及相关产品和零部件的组装、加工、生产，销售公司自产产品并提供产品售后技术服务，从事本企业生产的同类商品的进出口、批发业务。（不涉及国营贸易管理商品，涉及配额、许可证管理商品的，按国家有关规定办理申请。）						

企业名称	丰武光电（苏州）有限公司			海关编码	3226940728	所属海关	太仓海关
通讯地址	江苏省太仓市沙溪镇岳王工业开发区新港中路218号					邮政编码	215437
评定时间	2013.1.6	注册日期	2004.6.10	报关有效期	2014.6.10	注册资本	1673万美元
法人姓名	田中肇	电　话	0512-53304280	日常联系人	周丽倩	电　话	0512-53307296
主营范围	许可经营项目：包装装潢印刷品印刷。一般经营项目：生产新型平板显示器件（LCD-TFT导光板、塑框、背光模组）、数码相机关键件（外装零部件及机构组件等）及精密电子制品的零部件、电子专用工模具（外装零件、机构零件及LCD-TFT导电板、塑框、背光模组等产品的模具）、数字摄录机、数字录放机、汽车用塑料零部件，销售公司自产产品；从事本企业生产的同类商品的进出口、批发及佣金代理（拍卖除外）业务。（不涉及国营贸易管理商品，涉及配额、许可证管理商品的，按国家有关规定办理申请。）						

企业名称	孚尔默（太仓）机械有限公司			海关编码	3226940730	所属海关	太仓海关
通讯地址	江苏省太仓经济开发区朝阳东路12号					邮政编码	215400
评定时间	2013.5.16	注册日期	2004.6.17	报关有效期	2014.6.17	注册资本	175万欧元
法人姓名	STEFAN BRAND	电　话	0512-3572870-12	日常联系人	科凡	电　话	139××××8640
主营范围	开发、制造三轴以上联动的数控机床、数控系统及伺服装置，销售公司自产产品；并提供相关咨询、售后服务等；从事与本企业生产的同类产品的进出口、批发业务。						

企业名称	耐克体育（中国）有限公司			海关编码	3226940872	所属海关	太仓海关
通讯地址	江苏省苏州市太仓经济开发区广州西路88号					邮政编码	215400
评定时间	2013.1.5	注册日期	2005.12.2	报关有效期	2014.12.2	注册资本	28043万人民币
法人姓名	CRAIG RYAN CHEEK	电　话	021-52882388	日常联系人	张玉敏	电　话	0512-52882775
主营范围	从事鞋类、服装、运动配饰、运动设备等运动产品及相关产品的零售业务、批发业务、进出口业务，以相关的仓储、装卸、加工、包装、配送，以及相关的货运代理、信息处理、咨询等现代物流（不含道路运输）。						

企业名称	江苏申久化纤有限公司			海关编码	3226950033	所属海关	太仓海关
通讯地址	江苏省太仓市鹿河新明村					邮政编码	215428
评定时间	2011. 2. 10	注册日期	2003. 5. 29	报关有效期	2014. 4. 30	注册资本	25000 万人民币
法人姓名	沈彭斐	电　　话	0512－53824636	日常联系人	是宇舟	电　　话	0512－53824636
主营范围	生产、加工、销售（含出口）化纤丝、聚酯切片及弹力丝织物；进口本企业所需的原辅材料、机械设备、仪器仪表、零配件及其相关技术，但国家限定或禁止进出口的商品及技术除外；经销聚酯化纤产品、聚酯原辅材料；自有设备及房屋租赁。						

企业名称	太仓市同维电子有限公司			海关编码	3226960401	所属海关	太仓海关
通讯地址	江苏省太仓市陆渡镇江南路 89 号					邮政编码	215412
评定时间	2013. 7. 5	注册日期	2009. 6. 30	报关有效期	2015. 6. 30	注册资本	20500 万人民币
法人姓名	汪大维	电　　话	0512－53288766	日常联系人	周婉芝	电　　话	0512－53661766
主营范围	研发、生产、加工、销售宽带通信设备、无线通信设备、网络设备、机顶盒、计算机板卡，经销计算机软硬件、电子产品；自营和代理各类商品和技术的进出口业务，但国家限定企业经营或禁止进出口的商品和技术除外。						

企业名称	三洋能源（苏州）有限公司			海关编码	3205932765	所属海关	苏吴县办
通讯地址	江苏省苏州市吴中区胥口镇孙武路 86 号					邮政编码	215164
评定时间	2008. 12. 24	注册日期	2000. 11. 3	报关有效期	2015. 5. 7	注册资本	18547 万美元
法人姓名	中堀真介	电　　话	0512－66210838	日常联系人	俞峻峰	电　　话	0512－66210838－3800
主营范围	一般经营项目：镍镉电池、镍氢电池、动力镍氢电池、锂离子电池等和这些电池的电池组，以及使用这些电池的电动剃刀、手提电灯等各种电器、充电器及零部件的开发、制造、销售、维修等业务和进出口业务（不含分销业务）。						

企业名称	远东服装（苏州）有限公司			海关编码	3205942151	所属海关	苏吴县办
通讯地址	江苏省苏州吴中经济开发区天灵路 88 号					邮政编码	215128
评定时间	2009. 5. 11	注册日期	2010. 1. 18	报关有效期	2016. 1. 18	注册资本	2600 万美元
法人姓名	胡正隆	电　　话	0512－65951888	日常联系人	陈雁	电　　话	0512－65951888
主营范围	生产销售各类针织服装、梭织服装、寝饰用品和服装配件，从事自产产品、织物面料、织染面料及同类产品的批发、进出口业务，从事日用百货、电讯器材、数码产品、箱包袋类、陶瓷玻璃器皿的批发业务。（涉及配额许可证管理、专项规定管理的商品应按国家有关规定办理。）						

企业名称	迎新科技（中国）有限公司		海关编码	3205942375	所属海关	苏吴县办
通讯地址	江苏省苏州市吴中区角直镇浦澄中路666号				邮政编码	215127
评定时间	2009.7.28	注册日期	2001.9.17	报关有效期 2015.8.18	注册资本	2950万美元
法人姓名	赖文贤	电　话	0512－65045666	日常联系人 顾美霞	电　话	0512－65045666－6161
主营范围	研发生产销售新型电子元器件（含片式元器件）及电力电子元器件，电子专用设备、仪器、工模具的制造，精冲模、精密型腔模、模具标准件、非金属制品模具和LED产品的制造及销售，上述产品及同类产品的进出口、批发、佣金代理业务（拍卖业务除外）。					

企业名称	禾邦电子（苏州）有限公司	海关编码	3205942499	所属海关	苏吴县办
通讯地址	江苏省苏州市相城区黄埭镇潘阳工业园			邮政编码	215143

评定时间	注册日期	报关有效期	注册资本
2013.7.19	2002.4.28	2014.4.26	1100万美元

法人姓名	电　话	日常联系人	电　话
郑敦仁	0512－65719988	林昭银	0512－65719988

主营范围：生产新型电子元器件（片式元器件、敏感元器件及传感器、频率控制与选择元件、混合集成电路、电力电子器件、光电子器件、新型机电元件、高密度互连积层板、多层挠性板、刚挠印刷电路板及封装载板）；RFID芯片的开发与制造，民用卫星零部件的制造，卫星导航定位接收设备及关键部件的制造，无线导购（广域网）设备的制造；销售公司自产产品；从事与本企业生产相同产品的批发及进出口业务。（以上商品不涉及国营贸易，涉及许可证管理、专项规定管理的按国家有关规定办理。）

企业名称	苏州住电装有限公司	海关编码	3205942582	所属海关	苏吴县办
通讯地址	江苏省苏州市相城区黄埭镇潘阳工业园春秋路15号			邮政编码	215143

评定时间	注册日期	报关有效期	注册资本
2008.11.11	2002.8.2	2016.7.5	4275万美元

法人姓名	电　话	日常联系人	电　话
牧户政己	0512－65718111	王少伟	0512－65718111－208

主营范围：新型仪表元器件和材料、新型机电元件、汽车电子设备系统的制造和销售。

企业名称	韩华新能源（启东）有限公司	海关编码	3224940161	所属海关	通启东办
通讯地址	江苏省启东经济开发区林洋路888号			邮政编码	226200

评定时间	注册日期	报关有效期	注册资本
2012.12.13	2007.3.16	2016.1.18	49400万美元

法人姓名	电　话	日常联系人	电　话
KI JOON HONG	0513－83601332	祁兵	0513－83601332

主营范围：节约能源技术的研发，制造、销售多晶及单晶硅片、光伏组件、光伏电池、太阳能幕墙，光伏复位及配套设备、太阳能光伏系统、光伏建筑一体化的安装、调试，进出口业务，太阳能发电（非配额许可证管理商品、非专管商品的收购出口业务，不含分销业务和国内贸易）。

企业名称	新浦化学（泰兴）有限公司			海关编码	3212941199	所属海关	泰州海关 驻泰兴办事处
通讯地址	江苏省泰兴市经济开发区疏港路1号					邮政编码	225400
评定时间	2008. 10. 15	注册日期	1995. 12. 30	报关有效期	2016. 4. 5	注册资本	17550万美元
法人姓名	曾宪相	电　　话	0523－82565666	日常联系人	汪小妹	电　　话	0523－82565666
主营范围	许可经营项目：危险化学品的生产［硝基苯、苯胺、盐酸、离子膜烧碱、液氯、氢气（压缩的）、氯乙烯、二氯乙烷、次氯酸钠溶液（含有效氯＞5%）、苯乙烯］，销售本企业所生产的产品（含中间产品和副产品：蒸汽、纯水、液氮、液氧、甲苯、乙苯）；危险化学品的批发［苯、乙烯（液化的）、硫酸］；自备热电厂；在港区内从事货物装卸经营（按“港口经营许可证”许可的范围经营）；危险化学品［乙烯、苯、1，2二氯乙烷（EDC）］的仓储。						

企业名称	江苏中丹化工进出口有限公司			海关编码	3212950511	所属海关	泰州海关 驻泰兴办事处
通讯地址	江苏省泰兴市虹桥镇中丹路1号					邮政编码	225400
评定时间	2009. 7. 28	注册日期	2002. 1. 11	报关有效期	2015. 12. 21	注册资本	1000万人民币
法人姓名	张家庆	电　　话	0523－87483288	日常联系人	孙敏	电　　话	0523－87983201
主营范围	许可经营项目：化工产品批发（不含监控化学品，其中涉及危险化学品经营项目的，按“危险化学品经营许可证”所列范围经营），预包装食品零售。一般经营项目：化工设备、机电及零部件的批发、零售，自营和代理各类商品及技术的进出口业务（国家限定公司经营或禁止进出口的商品及技术除外），经营进料加工和“三来一补”业务，经营对销贸易和转口贸易。						

企业名称	江苏润邦重工股份有限公司			海关编码	3206230175	所属海关	南通关办
通讯地址	江苏省南通经济技术开发区振兴西路9号					邮政编码	226010
评定时间	2008. 10. 15	注册日期	2004. 5. 13	报关有效期	2015. 3. 7	注册资本	36000万人民币
法人姓名	吴建	电　　话	0513－85328600	日常联系人	肖锋	电　　话	0513－68281800
主营范围	生产、销售、安装重型钢结构、船舶机械及其设备、工程钢结构、智能型立体停车系统，提供售后服务与技术指导。						

企业名称	嘉吉粮油（南通）有限公司			海关编码	3206240166	所属海关	南通关办
通讯地址	江苏省南通市经济江苏开发区同兴路1号					邮政编码	226009
评定时间	2010. 1. 11	注册日期	2006. 1. 11	报关有效期	2014. 8. 14	注册资本	7320万美元
法人姓名	陈立新	电　　话	0513－85966708	日常联系人	马桂萍	电　　话	0513－85966061
主营范围	加工、销售大豆等油料作物及其副产品，生产、销售高性能淀粉涂料，为生产上述产品所需要的原料的国内、国外采购，提供与上述产品有关的市场及技术咨询服务，粮食、植物油的仓储服务，玉米的批发和佣金代理。（不涉及国营贸易管理商品，涉及配额、许可证管理商品的，按国家有关规定办理申请。）						

企业名称	统宝光电（南京）有限公司			海关编码	3201942929	所属海关	南京海关驻江宁经济技术开发区办事处
通讯地址	江苏省南京市江宁经济技术开发区佛城西路93号					邮政编码	211100
评定时间	2008.10.15	注册日期	2001.10.23	报关有效期	2014.10.23	注册资本	14200万美元
法人姓名	ANDREAS PETRUS LAMBERT KREBBERS	电话	025-51181688	日常联系人	王莹	电话	025-51181688-8545
主营范围	许可经营项目：无。一般经营项目：低温多晶硅薄膜电晶体液晶显示器（LTPS TFI LCD），扭曲向列型液晶显示器（TN/STN LCD），新型平板显示器件，背光模块，液晶显示器及相关零组件和其他新型显示器件的生产及进出口、批发业务，销售自产产品并提供相关技术及售后服务。						

企业名称	雅柯斯发电机（常州）有限公司			海关编码	3204540002	所属海关	常州海关驻出口加工区办事处
通讯地址	江苏省常州新北区出口加工区新纬一路					邮政编码	213000
评定时间	2011.12.28	注册日期	2007.3.13	报关有效期	2016.3.15	注册资本	440万美元
法人姓名	NECATI BAYKAL	电话	0519-85150205	日常联系人	傅丽霞	电话	0519-85601277
主营范围	许可经营项目：无。一般经营项目：从事发电机组的制造及售后服务，销售自产产品。						

企业名称	光宝科技（常州）有限公司			海关编码	3204541001	所属海关	江苏武进出口加工区
通讯地址	武进高新技术产业开发区阳湖路88号（出口加工区）					邮政编码	213164
评定时间	2013.1.21	注册日期	2010.2.12	报关有效期	2016.2.12	注册资本	7000万美元
法人姓名	宋恭源	电话	0519-83068888	日常联系人	陈达立	电话	0519-83068888
主营范围	开发、生产、加工、装配电源供应器、变压器、新型电子元器件、电脑配件（包括电脑键盘、鼠标、触控面板、输入装置）、高速网络卡、调制解调器、无线网络设备、蓝牙模块，销售自产产品，提供相关的技术咨询及精密仪器、设备的维修和售后服务。						

企业名称	江苏千仞岗服饰有限公司			海关编码	3217960160	所属海关	宿迁海关
通讯地址	江苏省宿迁市泗阳县经济开发区（东区）					邮政编码	223700
评定时间	2013.5.16	注册日期	2006.6.20	报关有效期	2015.5.22	注册资本	5280万人民币
法人姓名	宗仁元	电话	0527-5378988	日常联系人	宗仁元	电话	0527-5378988
主营范围	羽绒制品、服装的制造、加工、销售；经营本企业自产产品及技术的出口业务；经营本企业生产、科研所需的原辅材料、仪器仪表、机械设备、零配件及技术的进出口业务，但国家限定公司经营和国家禁止进出口的商品及技术除外；经营进料加工和“三来一补”业务。						

企业名称	名硕电脑（苏州）有限公司			海关编码	3205641024	所属海关	苏州高新技术产业开发区综合保税区
通讯地址	江苏省苏州新区金枫路 233 号					邮政编码	215011
评定时间	2012. 12. 21	注册日期	2011. 9. 29	报关有效期	2014. 9. 29	注册资本	22859 万美元
法人姓名	吴宗达	电　　话	0512 – 66616188	日常联系人	陈礼庆	电　　话	0512 – 66616188 – 6270
主营范围	从事电脑及电脑应用系统、笔记本电脑及电脑主机板、光驱、硬盘及其部件、附加卡、电源供应器等电脑周边产品，PDA，多功能（扫描、传真、复印）新型打印机（喷墨、激光），ADSL 与 Cable Modem 等高新技术产品，数字音视频解码等消费性电子产品，车用导航器等汽车电子，液晶电视等家用电器相关产品和零部件的检测、生产、组装、销售、维修和研发、中试，以及自行研发成果的转让、技术咨询和服务，并提供售后服务；从事上述相关产品、零部件的批发、佣金代理（拍卖除外）、进出口贸易等业务；在苏州新区出口加工区开展卫星电视接收设施加工贸易业务。（不涉及国营贸易管理商品，涉及配额、许可证管理商品的，按照国家有关规定办理申请。）						

企业名称	昆山飞力仓储服务有限公司			海关编码	3223630001	所属海关	昆山综合保税区
通讯地址	江苏省昆山综合保税区新竹路 58 号					邮政编码	215300
评定时间	2011. 6. 14	注册日期	2011. 1. 17	报关有效期	2014. 1. 17	注册资本	123 万美元
法人姓名	吴有毅	电　　话	0512 – 66085888	日常联系人	王佩芳	电　　话	0512 – 57028588
主营范围	许可经营范围：预包装食品批发。一般经营范围：承包海运、陆运、空运进出口货物的国际运输代理业务，包括揽运、托运、订舱、仓储、中转、物流分拨、集装箱拼装拆箱、结算运杂费、报关、报检、保险、相关的短途运输服务及运输咨询业务；监管运输；保税商品简单加工；转口贸易，保税企业间贸易及进出口贸易；物流信息咨询。						

企业名称	牧田（昆山）有限公司			海关编码	3223640011	所属海关	昆山综合保税区
通讯地址	江苏省昆山综合保税区楠梓路					邮政编码	215300
评定时间	2011. 6. 14	注册日期	2011. 1. 17	报关有效期	2014. 1. 17	注册资本	2500 万美元
法人姓名	金子哲久	电　　话	0512 – 57707710	日常联系人	金子哲久	电　　话	0512 – 57707710
主营范围	生产电动工具、气动工具、木工机械、引擎及其零部件；生产农业机具、引擎工具、吸尘器、高压清洗器、抽水机、小型柴油发电机、各类电动自行车，以及与电动工具、气动工具、引擎工具相关的生产设备；销售自产产品并提供售后服务；从事进出口业务（不含分销业务）。						

企业名称	纬新资通（昆山）有限公司			海关编码	3223640063	所属海关	昆山综合保税区
通讯地址	江苏省昆山综合保税区第一大道					邮政编码	215300
评定时间	2012.6.6	注册日期	2011.1.18	报关有效期	2014.1.18	注册资本	2800万美元
法人姓名	黄柏溥	电　　话	0512－57367888	日常联系人	单平安	电　　话	158××××1682
主营范围	许可经营项目：无。一般经营项目：生产、研发、维修、销售各式电子计算机及其外部设备、配套产品、存储设备，电子计算机应用产品，计算机网络设备，数字视听设备（影视设备、音响设备、放声设备等），通信设备（通信传输设备、交换设备、终端设备及移动通信设备等），游戏机，高频头、降频头，电子专用设备、测试仪器，通用仪器仪表，新型电子元器件，GPS导航仪，以及前述产品之产成品、半成品、组件、零部件、配套件；前述产品相关的技术咨询、售后有偿服务；前述产品及其组件、零部件、配套件、包装材料的批发、进出口及其相关配套业务；自用研究开发及生产设备的进出口业务；软件的开发、生产、销售及技术咨询服务。						

企业名称	昆山世远物流有限公司			海关编码	3223660001	所属海关	昆山综合保税区
通讯地址	江苏省昆山综合保税区中央大道89号8号仓库					邮政编码	215300
评定时间	2011.11.3	注册日期	2011.1.10	报关有效期	2014.1.10	注册资本	8000万人民币
法人姓名	陆惠英	电　　话	0512－55186718	日常联系人	叶许红	电　　话	0512－83636700－1121
主营范围	许可经营项目：无。一般经营项目：承办海运、陆运、空运国际运输代理业务，包括揽货、托运、订舱、仓储、中转、集装箱拼箱拆箱、结算运杂费、报关、报检、保险、相关的运输咨询业务；代订票务；汽车租赁；自营和代理各类商品及技术的进出口业务；货运业务过程中的简单加工修理业务（不含许可经营项目）。						

企业名称	昆山正天物流有限公司			海关编码	3223660002	所属海关	昆山综合保税区
通讯地址	江苏省昆山综合保税区中央大道99号4号仓库C单元					邮政编码	215300
评定时间	2013.3.11	注册日期	2011.1.17	报关有效期	2014.1.17	注册资本	500万人民币
法人姓名	唐明贤	电　　话	0512－50330707	日常联系人	薛振华	电　　话	0512－50330707
主营范围	许可经营项目：无。一般经营项目：承办海运、陆运、空运进出口货物的国际运输代理业务，包括揽货、订舱、仓储、集装箱拼装拆箱、结算运杂费、报关、报检、相关的短途运输及运输咨询业务；保税商品简单加工，转口贸易；保税企业间贸易及进出口贸易；物流信息咨询。						

企业名称	昆山天隽物流有限公司			海关编码	3223660003	所属海关	昆山综合保税区
通讯地址	江苏省昆山综合保税区中央大道89号12号仓库A－B单元					邮政编码	215301
评定时间	2013.3.11	注册日期	2011.1.19	报关有效期	2014.1.19	注册资本	500万人民币
法人姓名	李步广	电　　话	0512－62868700	日常联系人	王春燕	电　　话	18912660101
主营范围	许可经营项目：道路普通货运。一般经营项目：承办海运、陆运、空运进出口货物的国际运输代理业务，包括揽货、订舱、仓储、中转、集装箱拼装拆箱、结算运杂费、报关、报检、保险、相关的短途运输服务及运输咨询业务；货物及技术的进出口业务；对代理的仓储物品进行检测及上门维修。						

企业名称	昆山安凯物流有限公司			海关编码	3223660005	所属海关	昆山综合保税区
通讯地址	江苏省昆山综合保税区中央大道89号10号仓库					邮政编码	215300
评定时间	2013.1.21	注册日期	2011.1.19	报关有效期	2014.1.19	注册资本	1000万人民币
法人姓名	靳海滨	电　　话	0512－50350186	日常联系人	朱东涛	电　　话	0512－57152982
主营范围	承办海运、空运、陆运进出口货物的国际运输代理业务，包括揽货、订仓、仓储、中转、报关、报检、保险、相关短途运输业务及咨询业务；自营及代理各类商品与技术进出口；贸易中转、分批、配送服务；仓储服务代理，对代理的仓储物品进行上门检测服务；物流信息咨询。						

企业名称	昆山新宁物流有限公司			海关编码	3223660006	所属海关	昆山综合保税区
通讯地址	江苏省昆山综合保税区B区桂林路69号					邮政编码	215300
评定时间	2011.3.25	注册日期	2011.1.17	报关有效期	2014.1.17	注册资本	6000万人民币
法人姓名	王雅军	电　　话	0512－57427308	日常联系人	顾林超	电　　话	0512－57367388
主营范围	许可经营项目：道路普通货运。一般经营项目：承办海运、陆运、空运进出口货物的国际运输代理业务，包括揽货、托运、订舱、仓储、中转、分拨、集装箱拼箱拆箱、结算运杂费、报关、报检、保险、相关短途运输服务及配送服务；货物及技术的进出口业务；物品快递服务。						

杭州关区

企业名称	杭州海康威视数字技术股份有限公司			海关编码	3301330039	所属海关	杭州海关
通讯地址	浙江省杭州市西湖区马塍路36号					邮政编码	310012
评定时间	2011.5.30	注册日期	2008.2.20	报关有效期	2014.1.18	注册资本	200861万人民币
法人姓名	陈宗年	电　　话	0571-88075998	日常联系人	梅勇	电　　话	0571-87006022
主营范围	电子产品的研发、生产，销售自产产品；提供技术服务，电子设备安装，电子工程及智能系统工程的设计、施工及维护（国家禁止和限制的项目除外）。						

企业名称	UT斯达康通讯有限公司			海关编码	3301340036	所属海关	杭州海关
通讯地址	浙江省杭州市滨江区春波路1576号3号楼					邮政编码	310012
评定时间	2009.3.10	注册日期	2002.5.14	报关有效期	2014.3.11	注册资本	9800万美元
法人姓名	黄照晨	电　　话	0571-81928888	日常联系人	万仲亮	电　　话	0571-81928888-0227
主营范围	设计、开发、配套、生产、销售、安装高科技通讯设备软件、硬件，包括电信综合数字和宽带接入网系统、光传输设备、智能网系统、个人通讯及多媒体、数据和信息网络及其他通讯系统终端设备（国家限制和禁止的项目除外，涉及许可证的凭证经营）；提供本公司产品的维修、技术咨询、技术服务；从事非配额许可证管理、非专营商品的收购出口业务。						

企业名称	杭州华三通信技术有限公司			海关编码	3301340066	所属海关	杭州海关
通讯地址	浙江省杭州市高新技术产业开发区之江科技工业园六和路310号华为杭州生产基地					邮政编码	310053
评定时间	2009.3.10	注册日期	2003.11.12	报关有效期	2014.8.26	注册资本	8000万美元
法人姓名	MATTHEW GERALD GREENLY	电　　话	010-65643888	日常联系人	李萍	电　　话	0571-86762347
主营范围	软件开发生产，高端路由器、中低端路由器、千兆比以上网络交换机、百兆以太网交换机、宽带接入网通信系统设备（XDSL数字用户线路、CABLE有线电缆、FTTH光纤到户和多媒体视讯接入设备）、IP数据通信系统设备（IP网络防火墙等安全设备、IP网关等媒体通信设备）、网关、网管系统及配套设备的研究、开发、生产和销售，提供相关的技术咨询和售后服务。						

企业名称	杭州市轻工工艺纺织品进出口有限公司			海关编码	3301910001	所属海关	杭州海关
通讯地址	浙江省杭州市西湖科技经济园区西园一路6号					邮政编码	310030
评定时间	2011.12.30	注册日期	1992.12.17	报关有效期	2014.10.25	注册资本	5000万人民币
法人姓名	张为民	电　话	0571－88901001	日常联系人	柴相士	电　话	0571－88901043
主营范围	经营进出口业务。						

企业名称	浙江省纺织品进出口集团有限公司			海关编码	3301910045	所属海关	杭州海关
通讯地址	浙江省杭州市中河中路165号					邮政编码	310001
评定时间	2013.8.8	注册日期	1992.12.22	报关有效期	2014.10.26	注册资本	6480万人民币
法人姓名	黄道领	电　话	0571－87075888	日常联系人	葛李卫	电　话	0571－87075888－237
主营范围	许可经营项目：预包装食品（详见“食品流通许可证”，有效期至2015年6月14日）。一般经营项目：经营进出口业务（范围详见外经贸部门批文）；纺织品及原料、服装、日用百货、家用电器、橡胶及制品、五金交电、化工产品（不含危险品）、机电设备、家用电器、土畜产品（不含食品）、工艺美术品（除黄金饰品外）、包装材料、办公自动化设备、金属制品、纸浆、农副产品（不含食品）、有色金属材料（贵金属除外）及制品、黑色金属、石油制品（不含成品油及化学危险品），以及汽车、摩托车、电动自行车零配件的销售；技术咨询服务；房地产资讯服务；自有房屋租赁，物业管理；实业投资，投资管理；经济信息咨询。（上述经营范围不含国家法律、法规规定禁止、限制和许可经营的项目。）						

企业名称	浙江惠灵对外贸易有限责任公司			海关编码	3301910224	所属海关	杭州海关
通讯地址	浙江省杭州下城区中山北路308号					邮政编码	310003
评定时间		注册日期	1999.6.23	报关有效期	2014.4.6	注册资本	3088万人民币
法人姓名	高秉学	电　话	0571－85773988	日常联系人	杨奇军	电　话	0571－85773809
主营范围	许可经营项目：经营进出口业务［其中烟花爆竹范围详见“烟花爆竹经营（批发）许可证”，有效期至2014年6月19日］，预包装食品、乳制品（含婴幼儿配方乳粉）、酒类的销售（“食品流通许可证”，有效期至2015年9月24日），危险化学品经营（范围详见“危险化学品经营许可证”，有效期至2014年8月7日）。一般经营项目：公司出口商品的外转内和进口商品的国内销售，建筑装饰材料、金属材料、百货、五金交电、纺织品、化工产品（不含危险品）、日用杂品的销售，经营国家允许的其他国内贸易业务，经营信息咨询（不含证券、期货咨询），仓储（不含危险品），包装业务。（上述经营范围不含国家法律、法规规定禁止、限制和许可经营的项目。）						

企业名称	浙江中大技术进口有限公司			海关编码	3301910218	所属海关	杭州海关
通讯地址	浙江省杭州市西湖大道58号华顺大厦15楼					邮政编码	310009
评定时间	2011.3.9	注册日期	1999.5.17	报关有效期	2014.4.19	注册资本	2000万人民币
法人姓名	韩企胜	电　话	0571－87826828	日常联系人	徐恒杰	电　话	0571－87824962
主营范围	经营进出口业务，机械设备、电子设备、化工产品（不含危险品）、轻纺织品、金属材料、木材、纸浆、仪器仪表、土畜产品、工艺品、百货、汽车（含小轿车）、摩托车、汽车配件、医疗器械的销售，实业投资开发。						

企业名称	浙江惠隆对外贸易有限责任公司			海关编码	3301910225	所属海关	杭州海关
通讯地址	浙江省杭州下城区中山北路308号					邮政编码	310003
评定时间	2011.12.7	注册日期	1999.6.24	报关有效期	2014.4.6	注册资本	3021万人民币
法人姓名	高秉学	电　话	0571－85773988	日常联系人	杨奇军	电　话	0571－85773809
主营范围	许可经营项目：预包装食品、乳制品（含婴幼儿配方乳粉）的销售（"食品流通许可证"，有效期至2012年7月20日）。一般经营项目：经营进出口业务（详见外经贸部批文和进出口企业资格证书），公司出口商品的外转内和进口商品的国内销售，建筑装饰材料、金属材料、百货、五金交电、纺织品、化工产品（不含危险品及易制毒化学品）、日用杂品的销售，经营国家允许的其他国内贸易业务，经营信息咨询（不含证券、期货咨询），仓储（不含危险品），包装业务。（上述经营范围不含国家法律法规规定禁止、限制和许可经营的项目。）						

企业名称	浙江省电力物资供应公司			海关编码	3301910277	所属海关	杭州海关
通讯地址	浙江省杭州市凤起路378号					邮政编码	310003
评定时间	2009.12.31	注册日期	2008.3.5	报关有效期	2014.1.30	注册资本	5414万人民币
法人姓名	徐峰林	电　话	0571－51214908	日常联系人	徐建斌	电　话	0571－51214911
主营范围	经营金属材料、建筑材料、机电设备及配件、木材，电力生产建设所需主（辅）机成套设备的投标、招标，房产租赁，仓储业务，经营进出口业务（范围详见外经贸批文）。						

企业名称	浙江省茶叶集团股份有限公司			海关编码	3301910288	所属海关	杭州海关
通讯地址	浙江省杭州市庆春路135号1、2层					邮政编码	310006
评定时间	2011.11.14	注册日期	1981.7.2.	报关有效期	2014.4.18	注册资本	10000万人民币
法人姓名	施建强	电　话	0571－85053588	日常联系人	谢孝印	电　话	0571－85053416
主营范围	茶叶加工机械及配件、服装、针纺织品、农副产品及土特产品（不含食品）、工艺美术品、金属材料、建筑材料、百货、五金机电、化工原料及产品（不含危险品及易制毒化学品）、通讯器材、仪器仪表、机电设备的销售，实业投资，仓储服务（不含危险品），技术咨询服务，经营进出口业务。（国家法律法规禁止、限制、许可经营的项目除外。）						

企业名称	杭芝机电有限公司			海关编码	3301930139	所属海关	杭州海关
通讯地址	浙江省杭州市教工路27号					邮政编码	310012
评定时间	2009.3.10	注册日期	1992.12.6	报关有效期	2014.10.8	注册资本	70000万日本元
法人姓名	隅田敏	电话	0571－88072428	日常联系人	宋慧萍	电话	0571－88072428－1296
主营范围	信息、通信系统，电子元器件，强电设备，家用电器，办公设备，空调等电子机械产品及所使用的材料、零（部）件，工夹模具，设备，车用空调风扇马达的制造、批发、进出口业务；第二类医用X射线附属设备及附件（X射线影像增强器，旋转阳极X射线管）的制造（上述经营范围中涉及前置审批项目的，在批准的有效期内方可经营）；计算机软件开发；管理咨询服务。（以上商品进出口不涉及国营贸易、进出口配额许可证、出口配额招标、出口许可证等专项管理的商品，涉及其他专项规定管理的商品按国家有关规定办理。）						

企业名称	国际香料香精（杭州）有限公司			海关编码	3301930918	所属海关	杭州海关
通讯地址	浙江省杭州市建德市洋溪街道国香路88号					邮政编码	311600
评定时间	2009.3.10	注册日期	1994.2.7	报关有效期	2013.12.7	注册资本	3242万美元
法人姓名	ROBERTUS JOHANNES MARIA EDELMAN	电话	0571－64743488	日常联系人	盖昊	电话	0571－64797377
主营范围	生产和经营香料、香精、香水等产品（包括一类易制毒化学品，具体详见许可证）。						

企业名称	浙江正泰太阳能科技有限公司			海关编码	3301932080	所属海关	杭州海关
通讯地址	浙江省杭州市滨江区滨安路1335号1幢					邮政编码	310052
评定时间	2011.11.14	注册日期	2006.12.27	报关有效期	2015.12.25	注册资本	26245万美元
法人姓名	南存辉	电话	0577－62877777	日常联系人	倪赛赛	电话	139××××3729
主营范围	研究晶体硅和薄膜太阳能电池，电池组件，光伏发电系统设备；生产多晶硅光伏电池，单晶硅光伏电池，晶硅光伏电池组件；销售自产产品；系统集成软件开发。						

企业名称	浙江物产国际贸易有限公司			海关编码	3301932199	所属海关	杭州海关
通讯地址	浙江省杭州市凯旋路445号					邮政编码	310020
评定时间	2010.12.17	注册日期	2010.11.17	报关有效期	2013.11.17	注册资本	48329万人民币
法人姓名	袁仁军	电话	0571－87051191	日常联系人	刘双桅	电话	0571－87051191
主营范围	矿产品、建材、化工产品（不含危险品和易制毒化学品）、矿物油（不含成品油）、汽车的批发、佣金代理（拍卖除外）和进出口业务，废旧金属制品的回收。（涉及配额、许可证等专项规定的按国家有关规定办理。）						

企业名称	杭州福星工贸有限公司		海关编码	3301960251	所属海关	杭州海关
通讯地址	浙江省杭州市拱墅区德胜路385号（银都大厦22、23楼）				邮政编码	310015
评定时间	2012.2.29	注册日期	2003.2.14	报关有效期	2014.11.22	注册资本	500万人民币
法人姓名	赵军	电　　话	0571－88397522	日常联系人	林雪琴	电　　话	0571－88398075
主营范围	服装、服饰、针织品、纺织品及原料、工艺品、玩具、文教用品、五金工具、电子产品的销售，货物进出口。（含下属分支机构经营范围。）						

企业名称	利尔达科技集团股份有限公司			海关编码	3301962651	所属海关	杭州海关
通讯地址	浙江省杭州市拱墅区和睦院18幢A区1201室					邮政编码	310011
评定时间	2012.12.28	注册日期	2007.2.14	报关有效期	2016.1.7	注册资本	7000万人民币
法人姓名	叶文光	电　　话	135××××5678	日常联系人	刘丽霞	电　　话	138××××4907
主营范围	许可经营项目：第二类增值电信业务中的信息服务业务（限互联网信息服务业务，不包含新闻、出版、教育、医疗保健、药品和医疗器械、文化、广播电影电视节目和电子公告等内容的信息服务，增值电信业务经营许可证有效期至2017年7月23日），电子产品的生产、加工。一般经营项目：单片机、集成电路、计算机软硬件、网络产品、电子产品、物联网的技术开发、技术服务，电子产品的销售，货物进出口，成年人的非证书劳动职业技能培训（涉及前置审批的项目除外），其他无须报经审批的一切合法项目。						

企业名称	杭州巨星科技股份有限公司			海关编码	3301963158	所属海关	杭州海关
通讯地址	浙江省杭州市江干区九环路35号					邮政编码	310019
评定时间	2013.2.21	注册日期	2007.11.21	报关有效期	2013.10.25	注册资本	50700万人民币
法人姓名	仇建平	电　　话	0571－81601188	日常联系人	蒋宋元	电　　话	0571－81601390
主营范围	五金工具、塑料制品的生产，五金产品、五金工具、木工工具、建筑工具、电动工具、塑料制品、灯具、手电筒、文教用品、家具、户外用品、包装材料、激光测量仪、钻切工具、汽车配件、电子产品、电气设备及零件、机电设备、金属制品、办公用品、日用品的销售，广告制作、代理，经营进出口业务。（法律、行政法规禁止经营的项目除外，法律、行政法规限制经营的项目取得许可证后方可经营。）						

企业名称	浙江省科学器材进出口有限责任公司			海关编码	3301963257	所属海关	杭州海关
通讯地址	浙江省杭州市天目山路97号					邮政编码	310007
评定时间	2013.5.30	注册日期	2008.1.23	报关有效期	2014.1.12	注册资本	2000万人民币
法人姓名	唐吉昌	电　　话	0571－87978056	日常联系人	韩钟燕	电　　话	0571－87979981
主营范围	经营进出口业务（范围详见外经贸部门批文），机电设备、金属材料、建筑材料、化学纤维、化工原料及产品（不含危险品）、五金交电、照相器材、办公自动化设备、科学器材的销售，技术咨询，科学器材设备的维修，从事放射性同位素工作（范围详见许可证，有效期至2012年10月31日），经营医疗器械（范围详见“医疗器械经营企业许可证”，有效期至2012年10月9日）。						

企业名称	杭州娃哈哈保健食品有限公司			海关编码	3301964661	所属海关	杭州海关
通讯地址	浙江省杭州清泰街160号					邮政编码	310009
评定时间	2011.11.14	注册日期	2010.2.25	报关有效期	2016.2.25	注册资本	19968万人民币
法人姓名	宗庆后	电　　话	0571－86032866	日常联系人	顾小洪	电　　话	0571－86032866
主营范围	许可经营项目：批发兼零售预包装食品，乳制品（含婴幼儿配方乳粉），乳制品（不含婴幼儿配方乳粉）（有效期至2014年1月3日）；普通货运（本单位运输，有效期至2013年3月18日）。一般经营项目：批发、零售农副产品（除食品）、食品添加剂、塑料原料（除化学危险品及易制毒化学品外）、机械设备及配件、包装材料；收购本公司销售所需的农副产品（限直接向第一产业的原始生产者收购）；货物进出口；含下属分支机构经营范围。（法律、行政法规禁止的项目除外，法律、行政法规限制的项目取得许可后方可经营，上述经营范围不含国家法律、法规规定禁止、限制和许可经营的项目。）						

企业名称	杭州福斯特光伏材料股份有限公司			海关编码	3301965922	所属海关	杭州海关
通讯地址	浙江省临安市锦北街道保锦路					邮政编码	311300
评定时间	2013.2.21	注册日期	2011.7.8	报关有效期	2014.7.8	注册资本	34200万人民币
法人姓名	林建华	电　　话	0571－61076678	日常联系人	孙明冬	电　　话	0571－63812086
主营范围	许可经营项目：无。一般经营项目：EVA太阳能电池胶膜、太阳能电池背板、热熔胶膜（热熔胶）、热熔网膜（双面胶）、服装辅料（衬布）的生产，销售本公司生产的产品，新材料、新能源、新设备的技术开发，经营进出口业务。（上述经营范围不含国家法律、法规规定禁止、限制和许可经营的项目。）						

企业名称	温州帝邦鞋业有限公司			海关编码	3303930333	所属海关	温州海关
通讯地址	浙江省温州市双屿中国鞋都产业园区帝邦工业园					邮政编码	325007
评定时间	2010.4.23	注册日期	1999.5.24	报关有效期	2014.5.24	注册资本	275万美元
法人姓名	谢仁兴	电　话	139××××6888	日常联系人	陈欢乐	电　话	0577-88756662
主营范围	生产、销售皮鞋及皮革制品。						

企业名称	温州市冠盛汽车零部件集团股份有限公司			海关编码	3303930586	所属海关	温州海关
通讯地址	浙江省温州市瓯海高新技术产业园区高翔路1号					邮政编码	325005
评定时间	2010.8.16	注册日期	2006.2.14	报关有效期	2014.2.14	注册资本	12000万人民币
法人姓名	周家儒	电　话	0577-86291680	日常联系人	林奇帼	电　话	0577-86291831
主营范围	制造、销售汽车零配件、石化设备配件、摩托车零配件。						

企业名称	巨一集团有限公司			海关编码	3303960018	所属海关	温州海关
通讯地址	浙江省温州中国鞋都产业园区					邮政编码	325007
评定时间	2009.3.24	注册日期	1999.3.23	报关有效期	2014.3.23	注册资本	10500万人民币
法人姓名	李爱莲	电　话	0577-88338339	日常联系人	王晓鸥	电　话	0577-88035656
主营范围	鞋、皮革制品、塑料制品、汽摩配件的制造、销售；化妆品、建筑材料、金属材料、日用百货、工艺品、帽、箱包、手表、服装、服装饰品、针纺织品、家用电器、化工原料（不含危险化学品）的销售；对房地产业、采矿业的投资；自有房屋出租；经济信息咨询（不含证券、期货咨询）服务；货物进出口，技术进出口。（上述经营范围不含国家法律、法规规定禁止、限制和许可经营的项目。）						

企业名称	东艺鞋业有限公司			海关编码	3303963224	所属海关	温州海关
通讯地址	浙江省温州市鹿城区双屿前陈鞋都一期24号地块					邮政编码	325007
评定时间	2009.9.15	注册日期	2008.3.18	报关有效期	2014.3.18	注册资本	5000万人民币
法人姓名	陈国荣	电　话	139××××2558	日常联系人	章丽双	电　话	0577-88050113
主营范围	生产销售皮鞋、皮鞋半成品（鞋包、大底、中底、鞋扣、鞋带及零配件）、皮具、皮革制品，非配额许可证管理、非专营商品的收购出口业务，仓储业务，货物进出口。（国家法律、行政法规禁止的除外，国家法律、行政法规限制的项目取得许可证后方可经营。）						

企业名称	泰马鞋业有限公司			海关编码	3303965215	所属海关	温州海关
通讯地址	浙江省温州市鹿城区仰义街道沿繁路35号					邮政编码	325000
评定时间	2011.11.21	注册日期	2010.8.19	报关有效期	2016.8.19	注册资本	12000万人民币
法人姓名	廖跃	电　　话	0577－88058888	日常联系人	蔡林琼	电　　话	0577－88058881
主营范围	许可经营项目：普通货运（在道路运输经营许可证有效期内经营）。一般经营项目：皮鞋、皮件、特种劳动防护用品（凭有效许可证经营）的制造、加工、销售；货物进出口，技术进出口；自有房产出租。（上述经营范围不含国家法律、法规规定禁止、限制和许可经营的项目。）						

企业名称	中国水产舟山海洋渔业公司			海关编码	3309913129	所属海关	舟山海关
通讯地址	浙江省舟山市普陀区沈家门街道兴海路1号（普陀区平阳浦）					邮政编码	316101
评定时间	2011.8.15	注册日期	2003.2.14	报关有效期	2013.12.15	注册资本	29100万人民币
法人姓名	胡世保	电　　话	0580－8139007	日常联系人	方致远	电　　话	0580－8139323
主营范围	许可经营项目：水产加工品、速冻食品、其他水产加工品、罐头的制造、销售（“全国工业产品生产许可证”有效期至2013年12月4日，具体详见“全国工业产品生产许可证”）。一般经营项目：海洋捕捞，水产养殖；渔轮渔机修造，绳网加工；本公司自产的食品（含水产品及其制品）、饲料的出口，生产所需机械设备、船用仪器仪表、原辅材料、船舶、渔网渔具的进出口业务；承办“三来一补“ 业务；电力转售 ；航道疏浚工程；货物及技术进出口。						

企业名称	浙江九洲药业股份有限公司			海关编码	3311950273	所属海关	台州海关
通讯地址	浙江省台州市椒江外沙路99号					邮政编码	318000
评定时间	2008.12.1	注册日期	1994.2.25	报关有效期	2014.3.7	注册资本	7420万人民币
法人姓名	花轩德	电　　话	0576－88827501	日常联系人	许肖红	电　　话	0576－88827057
主营范围	化学原料药、电子设备、化工机械的制造、加工；腋菌清的生产、销售（非药品）；化工原料（不含化学危险品）、机械设备、仪器仪表零配件、普通机械、钢材、建材、五金交电、轻纺原料、百货的销售；化工产品研究；技术信息咨询；经营进出口业务（详见外经贸部批文）。						

企业名称	市下控股有限公司			海关编码	3323961285	所属海关	台州海关
通讯地址	浙江省台州市黄岩经济开发区北院大道19号					邮政编码	318027
评定时间	2013.3.12	注册日期	2002.1.10	报关有效期	2014.1.20	注册资本	5037万人民币
法人姓名	李冠军	电　话	139××××9369	日常联系人	胡富良	电　话	0576－89181890
主营范围	国家法律、法规和政策允许的投资业务，喷雾器、塑料制品、机械化农业及园艺机具、清洗机、模具、计算机及网络设备、其他电子设备、汽车配件、摩托车配件（不含发动机）、自动机械手、发电机、水泵、阀门、机械零部件、其他服装加工专用设备、塑料加工专用设备、太阳能热水器、木制、铁制工艺品、鞋帽服装、船用环保设备、家用制冷电器具、空气调节器、家用美容和保健电器具（以上项目涉及许可证的，凭许可证经营）的制造、销售，包装装潢，其他印刷品印刷（许可证有效期至2008年底），房地产开发（凭资质证书经营），技术进出口和货物进出口。（法律、行政法规禁止项目及需前置审批项目除外，法律、行政法规限制的项目，取得许可证后方可经营。）						

企业名称	浙江古纤道新材料股份有限公司			海关编码	3306931691	所属海关	绍兴海关
通讯地址	浙江省绍兴市袍江工业区越东路2号					邮政编码	312000
评定时间	2009.3.13	注册日期	2004.3.5	报关有效期	2014.2.21	注册资本	48000万人民币
法人姓名	施建强	电　话	0575－88130693	日常联系人	喻城	电　话	0575－88130693
主营范围	生产改性聚酯切片、涤纶工业丝及其他涤纶制品、锦纶纤维及制品；销售自产产品，聚酯切片原辅材料、化工原料及产品（除化学危险品）的销售；无储存批发经营1，4－二甲苯及甲醇（经营场所不得存放危险化学品，危险化学品经营许可证有效期至2015年11月15日）；佣金代理（拍卖除外）及进出口业务（上述商品进出口不涉及国营贸易、进出口配额许可证、出口配额招标、出口许可证等专项管理的商品）。（上述经营范围不含国家法律法规规定禁止、限制和许可经营的项目。）						

企业名称	浙江绍兴三圆石化有限公司			海关编码	3306932221	所属海关	绍兴海关
通讯地址	浙江省绍兴袍江工业区越秀路（越秀路与启圣路交叉口）					邮政编码	312075
评定时间	2011.1.11	注册日期	2005.8.25	报关有效期	2014.7.26	注册资本	2610万美元
法人姓名	钟建明	电　话	0575－05755839	日常联系人	吴水刚	电　话	0575－35396300
主营范围	生产、销售多功能改性聚丙烯原料及农膜。						

企业名称	浙江远东新聚酯有限公司			海关编码	3306953706	所属海关	绍兴海关
通讯地址	浙江省绍兴县滨海工业区					邮政编码	312073
评定时间	2009. 3. 13	注册日期	2000. 11. 15	报关有效期	2014. 10. 19	注册资本	30600 万人民币
法人姓名	周吉元	电　　话	0575－85625398	日常联系人	赵亮	电　　话	0575－85621535
主营范围	许可经营项目：无。一般经营项目：生产化纤原料、纺织品；经营本企业自产产品及技术的出口业务，经营本企业生产所需的原辅材料、仪器仪表、机械设备、零配件及技术的进口业务（国家限定公司经营和国家禁止进出口的商品及技术除外）；经营进料加工和“三来一补”业务；农作物种植，水产养殖；代理货物进出口（法律、行政法规禁止的除外）。（经营范围中涉及许可证的项目凭证生产、经营，上述经营范围不含国家法律法规规定禁止、限制和许可经营的项目。）						

企业名称	升华集团德清华源颜料有限公司			海关编码	3305930416	所属海关	湖州海关
通讯地址	浙江省德清县钟管镇山水渡					邮政编码	313220
评定时间	2009. 10. 23	注册日期	1996. 1. 23	报关有效期	2014. 1. 25	注册资本	450 万美元
法人姓名	竺增林	电　　话	0572－8400999	日常联系人	许春芳	电　　话	0571－85812160
主营范围	生产氧化铁颜料、涂料（除化学危险品外），非配额许可证管理、非专营商品的收购出口业务，余热发电。（涉及许可证或专项审批的凭证或审批后经营。）						

企业名称	浙江德清华丝纺织有限公司			海关编码	3305930579	所属海关	湖州海关
通讯地址	浙江省德清县武康镇凯喜雅工业园 2 号					邮政编码	313200
评定时间	2009. 11. 16	注册日期	2002. 2. 5	报关有效期	2013. 12. 3	注册资本	240 万美元
法人姓名	凌人才	电　　话	0572－8085228	日常联系人	许晓红	电　　话	0572－8080243
主营范围	生产和销售服装及纺织品（不涉及出口许可证和配额管理商品）。						

企业名称	浙江尤夫高新纤维股份有限公司			海关编码	3305930666	所属海关	湖州海关
通讯地址	浙江省湖州市和孚镇工业园区					邮政编码	313017
评定时间	2011. 11. 28	注册日期	2003. 11. 4	报关有效期	2014. 3. 21	注册资本	18323 万人民币
法人姓名	茅惠新	电　　话	0572－2833666	日常联系人	汪国成	电　　话	139××××8860
主营范围	生产差别化 FDY 聚酯纤维及特种工业用布、聚酯线带，销售本公司生产产品。						

企业名称	浙江泰普森休闲用品有限公司			海关编码	3305930946	所属海关	湖州海关
通讯地址	浙江省德清县武康镇北湖东街860号					邮政编码	313200
评定时间	2009. 10. 23	注册日期	2008. 2. 22	报关有效期	2014. 2. 22	注册资本	1200万美元
法人姓名	杨宝庆	电　话	0571－28906101	日常联系人	黄盈	电　话	0571－28887288
主营范围	轻金属家具、钓鱼用品、箱包、体育用品、鞋帽、服装及相关塑料制品的生产、加工、销售。（涉及许可经营的凭许可证经营。）						

企业名称	浙江诺力机械股份有限公司			海关编码	3305960014	所属海关	湖州海关
通讯地址	浙江省湖州市长兴县经济开发区经一路528号					邮政编码	313100
评定时间	2013. 8. 8	注册日期	2003. 4. 17	报关有效期	2014. 4. 15	注册资本	3800万人民币
法人姓名	丁毅	电　话	0572－6210781	日常联系人	上官泽彦	电　话	0572－6210610
主营范围	仓储设备、液压搬运机械、塑料机械及模具、五金工具、煤矿机械配件、节能荧光灯、照明器材、电子电器的制造、加工、销售，叉车的设计、制造、销售（凭有效许可证件经营），经营进出口业务（范围详见“进出口企业资格证书”）。						

企业名称	浙江恒林椅业股份有限公司			海关编码	3305960042	所属海关	湖州海关
通讯地址	浙江省递铺镇阳光工业园三区雾山寺村					邮政编码	313300
评定时间	2009. 11. 16	注册日期	2001. 11. 1	报关有效期	2014. 7. 20	注册资本	6000万人民币
法人姓名	王江林	电　话	0572－5227368	日常联系人	钱玉兰	电　话	0572－5227561
主营范围	钢塑制品、转椅配件、办公家具、竹木制品的制造、销售；汽车货运；经营本企业自产产品及技术的出口业务，经营本企业生产、科研所需的原辅材料、机械设备、仪器仪表、零配件及技术的进口业务（国家限定公司经营和国家禁止进出口的商品及技术除外）；经营进料加工和“三来一补”业务。						

企业名称	浙江中新毛纺织有限公司			海关编码	3305960070	所属海关	湖州海关
通讯地址	浙江省湖州市织里镇大港路888号					邮政编码	313008
评定时间	2010. 8. 20	注册日期	2002. 5. 30	报关有效期	2014. 5. 30	注册资本	5168万人民币
法人姓名	邱淦新	电　话	0572－3186133	日常联系人	陈洁	电　话	135××××2519
主营范围	羊（毛、绒）收购，洗毛、梳绒、制条、防缩、丝光、染色、纺纱，羊毛制品、羊绒制品、针织服装的制造加工、批发零售，自营和代理各类商品及技术的进出口业务。（涉及行政许可的凭行政许可证件经营。）						

企业名称	浙江美欣达印染集团股份有限公司			海关编码	3305960498	所属海关	湖州海关
通讯地址	浙江省湖州市美欣达路588号					邮政编码	313000
评定时间	2008. 12. 1	注册日期	2005. 4. 13	报关有效期	2014. 4. 1	注册资本	8112万人民币
法人姓名	芮勇	电　　话	139××××9902	日常联系人	张鹤	电　　话	137××××7572
主营范围	经营进出口业务（详见外经贸部批文），各类纺织品、服装的印染、制造、加工、销售，房屋租赁。						

企业名称	浙江先登电工器材股份有限公司			海关编码	3305960509	所属海关	湖州海关
通讯地址	浙江省湖州市双林镇阳道工业区湖盐公路旁					邮政编码	313012
评定时间	2013. 5. 14	注册日期	2005. 4. 21	报关有效期	2014. 4. 7	注册资本	1219万人民币
法人姓名	干梅林	电　　话	0572－3485566	日常联系人	陈奇奇	电　　话	135××××3124
主营范围	电磁线、无氧圆铜杆、电工机械、电器元件的制造、销售，金属材料、建筑材料、化工原料（不含危险品）的销售，经营进出口业务（详见浙江省经贸厅批文）。						

企业名称	浙江久立特材科技股份有限公司			海关编码	3305960607	所属海关	湖州海关
通讯地址	浙江省湖州市双林镇镇西					邮政编码	313012
评定时间	2013. 2. 17	注册日期	2005. 10. 20	报关有效期	2014. 10. 8	注册资本	20800万人民币
法人姓名	周志江	电　　话	0572－7362028	日常联系人	张伶俐	电　　话	0572－7362181
主营范围	不锈钢焊接管、不锈钢无缝管、金属管材、水暖器材的制造、销售，金属材料（除稀贵金属外）、纸张的销售。						

企业名称	浙江德华兔宝宝进出口有限公司			海关编码	3305960896	所属海关	湖州海关
通讯地址	浙江省德清县洛舍镇杨树湾工业园区东直街588号					邮政编码	313218
评定时间	2011. 11. 28	注册日期	2007. 4. 12	报关有效期	2016. 4. 13	注册资本	5000万人民币
法人姓名	陆利华	电　　话	0572－8406868	日常联系人	陈敏	电　　话	0572－8822029
主营范围	人造板、装饰贴面板、其他装饰材料、竹木制品的进出口业务，原木、板材的进出口业务。（上述经营范围不含国家法律法规规定禁止、限制和许可经营项目。）						

企业名称	浙江升华拜克生物股份有限公司			海关编码	3305961430	所属海关	湖州海关
通讯地址	浙江省德清县钟管工业区横塘桥路81号					邮政编码	313220
评定时间	2009.4.27	注册日期	2009.4.16	报关有效期	2015.3.28	注册资本	40555万人民币
法人姓名	张文骏	电话	0572－8400308	日常联系人	曾新	电话	0572－8402869
主营范围	马杜霉素、阿维菌素、伊维菌素、迪克拉苏、盐霉素兽药、农药原料药及制品，相关饲料添加剂的生产、销售，锆系列产品、亚磷酸二甲酯、盐酸、氯甲烷、亚磷酸的生产、销售（仅限下属锆谷分公司生产销售），兽药生产（范围详见“中华人民共和国兽药生产许可证”，有效期至2011年3月8日），肥料生产，热电联供（均凭有关许可证经营），出口本企业自产的医药及化工产品，进口本企业生产、科研所需的原辅材料、机械设备、仪器仪表及零配件（凭外经贸部批准文件）。						

企业名称	浙江华友钴业股份有限公司			海关编码	3304931243	所属海关	嘉兴海关
通讯地址	浙江省桐乡经济开发区二期梧振路18号					邮政编码	314500
评定时间	2011.12.7	注册日期	2004.2.24	报关有效期	2014.1.13	注册资本	44419万人民币
法人姓名	陈雪华	电话	0573－88589955	日常联系人	徐学良	电话	0573－88588769
主营范围	研发、生产、销售钴、镍、铜氧化物，钴、镍、铜盐类，钴、镍、铜金属及制品，钴粉、镍粉、铜粉，钴酸锂，氯化铵；金属矿产品和粗制品的进口及进口佣金代理，生产设备进口及进口佣金代理（上述涉及配额、许可证及专项规定管理的商品按国家有关规定办理）；对外承包工程业务（范围详见“中华人民共和国对外承包工程资格证书”）。						

企业名称	浙江卫星石化股份有限公司			海关编码	3304931386	所属海关	嘉兴海关
通讯地址	浙江省嘉兴市嘉兴工业园区步焦路2号					邮政编码	314004
评定时间	2013.8.8	注册日期	2005.8.24	报关有效期	2014.7.22	注册资本	40000万人民币
法人姓名	马国林	电话	0573－83285628	日常联系人	高寒芳	电话	0573－83285523
主营范围	丙烯酸、丙烯酸甲酯、丙烯酸乙酯、丙烯酸正丁酯、丙烯酸异辛酯、丙烯酸及酯类重组分、织物涂层胶（以上产品凭有效的“嘉兴市危险化学品生产、储存批准证书”生产）、高吸水性树脂、喷水（汽）织机防水浆料、小雪胶片的生产，丙烯、乙醇、丁醇、异丁醇、2－辛醇、对苯二酚的批发及其进出口业务（“危险化学品经营许可证”有效期至2015年7月25日）。（以上商品进出口不涉及国营贸易、进出口配额许可证、出口配额招标、出口许可证等专项管理的商品。）						

企业名称	浙江景兴板纸有限公司			海关编码	3304931490	所属海关	嘉兴海关
通讯地址	浙江省平湖市曹桥街道九里亭景兴工业园区					邮政编码	314214
评定时间	2010.12.28	注册日期	2009.7.14	报关有效期	2016.3.23	注册资本	4450万美元
法人姓名	朱在龙	电话	0573－85966256	日常联系人	章爱其	电话	0573－85960318
主营范围	高档纸、纸板（绿色环保再生纸、特种纸及其他纸品）、纸制品及造纸原料的制造、销售。						

企业名称	韩泰轮胎有限公司			海关编码	3304940069	所属海关	嘉兴海关
通讯地址	浙江省嘉兴市经济开发区东方路					邮政编码	314000
评定时间	2011.4.7	注册日期	1996.3.21	报关有效期	2014.3.25	注册资本	19953万美元
法人姓名	李秀日	电　　话	021－82161100	日常联系人	韩官克	电　　话	0573－82161370
主营范围	载重汽车和公共汽车、轻型载重汽车、轿车、工程车、农业车辆等各种车辆用子午线轮胎、内胎及相关产品的研制、生产，在国内外销售公司自产产品并提供售后服务。						

企业名称	斯比泰电子（嘉兴）有限公司			海关编码	3304940379	所属海关	嘉兴海关
通讯地址	浙江省嘉兴经济开发区禾平路标准厂房3号厂房					邮政编码	314001
评定时间	2010.1.4	注册日期	2003.1.6	报关有效期	2013.11.4	注册资本	1310万美元
法人姓名	宗政叶	电　　话	0573－82224999	日常联系人	周伟来	电　　话	0573－82220259
主营范围	新型电力电子器件（低功率稳压电源、移动通信系统手机和交换设备的控制板卡）的开发与制造；大容量磁盘驱动器部件的开发与制造；数字照相机及关键件（控制电器）的开发与生产；计算机辅助工程（CAE）系统及其他计算机应用系统的制造（个人电子助理、电子收款终端、掌上电脑、工业控制器）。（不涉及配额及许可证管理。）						

企业名称	日本电产科宝电子（浙江）有限公司			海关编码	3304940386	所属海关	嘉兴海关
通讯地址	浙江省平湖经济开发区繁荣路519号					邮政编码	314200
评定时间	2010.12.28	注册日期	2003.1.27	报关有效期	2014.1.5	注册资本	1720万美元
法人姓名	森田英夫	电　　话	0573－85097022	日常联系人	俞燕	电　　话	0573－85097010
主营范围	设计、生产、销售控制用旋转电机、电路零件、合金制控制器、压力传感器及零部件。						

企业名称	帝人聚碳酸酯有限公司			海关编码	3304940442	所属海关	嘉兴海关
通讯地址	浙江省嘉兴市乍浦经济开发区雅山西路888号					邮政编码	314201
评定时间	2009.5.5	注册日期	2003.7.1	报关有效期	2014.5.25	注册资本	9000万美元
法人姓名	福田善夫	电　　话	0573－85583321	日常联系人	应东明	电　　话	0573－85583025
主营范围	聚碳酸酯树脂及其他树脂、塑料制品、化学品的生产、销售（不含化学危险品和易制毒品）。						

企业名称	嘉兴敏惠汽车零部件有限公司			海关编码	3304940474	所属海关	嘉兴海关
通讯地址	浙江省嘉兴市南湖区亚中路 1 号					邮政编码	314000
评定时间	2012. 10. 11	注册日期	2003. 9. 2	报关有效期	2014. 7. 21	注册资本	9351 万美元
法人姓名	秦荣华	电　话	0573 - 82585062	日常联系人	沈琴	电　话	0573 - 82585036
主营范围	生产、销售汽车关键零部件、制动器总成、驱动桥总成，汽车灯具、后视镜、后尾、密封件，汽车装饰用金属、塑料工艺品（不含金饰品）；汽车关键零部件（不含发动机）的设计与研发；自有房屋出租。						

企业名称	恒诺微电子（嘉兴）有限公司			海关编码	3304940628	所属海关	嘉兴海关
通讯地址	浙江省嘉兴市秀洲区新塍镇工业园					邮政编码	314015
评定时间	2011. 1. 13	注册日期	2004. 7. 19	报关有效期	2014. 6. 15	注册资本	4000 万美元
法人姓名	理查德·大卫·韩	电　话	0573 - 83528000	日常联系人	裘丽琴	电　话	0573 - 83528000
主营范围	片式元器件、混合集成电路、光电子器件、新型机电元件的开发、生产和销售，半导体封装，微电子组装及相关的光机电产品的生产和销售。						

企业名称	玛氏食品（嘉兴）有限公司			海关编码	3304940844	所属海关	嘉兴海关
通讯地址	浙江省嘉兴经济技术开发区圣堂路 505 号					邮政编码	314001
评定时间	2011. 12. 7	注册日期	2005. 11. 14	报关有效期	2014. 10. 24	注册资本	3000 万美元
法人姓名	麦伟坚	电　话	010 - 61667410	日常联系人	潘东妮	电　话	0573 - 83938666
主营范围	糖果制品（巧克力及巧克力制品）的生产（凭“全国工业产品生产许可证”经营，有效期至 2013 年 2 月 8 日）、研究，经营糖果、巧克力的原料、制成品和半制成品的进出口业务。（上述商品进出口不涉及国营贸易、进出口配额许可证、出口配额招标、出口许可证等专营管理的商品。）						

企业名称	浙江景兴纸业股份有限公司			海关编码	3304961221	所属海关	嘉兴海关
通讯地址	浙江省平湖市曹桥街道九里亭景兴工业园区					邮政编码	314214
评定时间	2011. 1. 30	注册日期	2006. 8. 14	报关有效期	2015. 7. 28	注册资本	109395 万人民币
法人姓名	朱在龙	电　话	0573 - 85960318	日常联系人	叶高其	电　话	0573 - 85960318
主营范围	许可经营项目：无。一般经营项目：绿色环保再生纸、特种纸及其他纸品和纸制品、造纸原料的制造、销售。（上述经营范围不含国家法律法规规定禁止、限制和许可经营的项目。）						

企业名称	浙江嘉欣丝绸股份有限公司			海关编码	3304950113	所属海关	嘉兴海关
通讯地址	浙江省嘉兴市中山东路 88 号					邮政编码	314000
评定时间	2010. 12. 28	注册日期	2001. 2. 27	报关有效期	2014. 2. 26	注册资本	26033 万人民币
法人姓名	周国建	电　　话	0573－82737803	日常联系人	周欣莹	电　　话	0573－82737803
主营范围	许可经营项目：无。一般经营项目：经营茧（不含鲜茧收购）、丝、绸商品；制丝；纺织品的织造、印染；服装、金属小五金、铝制品的生产、销售；纺织机械及配件、纺织品、丝绸制品、办公用品、皮革制品、工艺品（除金、银饰品外）、染化料、印染助剂、玩具、劳保用品、日用百货、农副产品（不含食品）的销售；仓储服务；技术咨询服务；企业营销策划服务，旅游服务（不含旅行社）；展销、展览；受委托代收付水、电、蒸汽、排污费用；房屋及设备租赁；经营进出口业务（国家法律法规禁止、限制的除外）。（上述经营范围不含国家法律法规规定禁止、限制和许可经营的项目。）						

企业名称	乐金电子（杭州）有限公司			海关编码	3301230096	所属海关	杭经开关
通讯地址	浙江省杭州经济技术开发区 23 号大街 9 号					邮政编码	310018
评定时间	2009. 2. 1	注册日期	2004. 3. 24	报关有效期	2014. 1. 29	注册资本	1200 万美元
法人姓名	宋小春	电　　话	0571－86729128	日常联系人	李秀稳	电　　话	0571－86729118－1026
主营范围	研究、生产空白录像带、可移动存储器、IT 附属类产品（包括键盘、鼠标、音箱、耳机、耳麦及 MP3）、显示器原材料（增光扩散膜）、太阳能电池片电极浆料、水处理膜、闪存卡（安全数码卡）、数字多媒体播放器（“杭州市污染物排放许可证”有效期至 2013 年 12 月 28 日）、PDP Panel 电极浆料、3D 眼镜、阴极射线反应膜（CRF 膜）、透明导电膜（AWF 膜）、防窥膜（经向环保部门排污申报后方可经营），销售本公司生产的产品，从事电池隔膜、与以上产品同类的商品及相关零部件和附件的批发及进出口业务，提供相关的售后服务。（以上商品进出口不涉及国营贸易、进出口配额许可证、出口配额招标、出口许可证等专项管理的商品。）						

企业名称	杭州松下家用电器有限公司			海关编码	3301230121	所属海关	杭经开关
通讯地址	浙江省杭州经济技术开发区松下杭州工业园（松乔街 6 号）					邮政编码	310018
评定时间	2008. 12. 1	注册日期	2006. 4. 29	报关有效期	2015. 4. 29	注册资本	300000 万日本元
法人姓名	秦吉强	电　　话	0571－88265350	日常联系人	张琪	电　　话	0571－81632872
主营范围	生产、销售洗衣机，干衣机和洗碗机（生产场地另设）及其部件，与上述产品同类商品（特定商品除外）的采购、批发及进出口业务，家用电器的佣金代理（拍卖除外），经营进出口业务（不含进口商品分销业务）。						

企业名称	浙江恒逸聚合物有限公司		海关编码	3316950077	所属海关	杭关萧办
通讯地址	浙江省杭州市萧山区衙前镇顶漾村成虎路81-5号				邮政编码	311209
评定时间	2009.3.23	注册日期	2001.3.13	报关有效期	2014.3.13	注册资本	25000万人民币
法人姓名	方贤水	电话	0571-82797888	日常联系人	胡巧娟	电话	0571-82759905
主营范围	生产、加工、销售聚酯切片、POY丝、化纤原料、纺织面料、服装；经营本企业自产产品及技术的出口业务；经营本企业所需的原辅材料、仪器仪表、机械设备、零配件及技术的进口业务，但国家限定公司经营和国家禁止进出口的商品及技术除外；经营进料加工和"三来一补"业务。						

企业名称	浙江纳爱斯化工股份有限公司		海关编码	3310950022	所属海关	丽水海关
通讯地址	浙江丽水市上水南3号				邮政编码	323000
评定时间	2009.11.16	注册日期	2000.9.5	报关有效期	2014.9.5	注册资本	3000万人民币
法人姓名	庄启传	电话	0578-2179983	日常联系人	吕彤	电话	0578-2264941
主营范围	日用化工、洗涤用品、化妆品、包装用品的制造、销售，化工原料（不含危险品）的销售。						

企业名称	浙江凯恩特种材料股份有限公司		海关编码	3310950029	所属海关	丽水海关
通讯地址	浙江省遂昌县凯恩路1008号				邮政编码	323300
评定时间	2013.3.12	注册日期	2001.1.19	报关有效期	2014.1.19	注册资本	46763万人民币
法人姓名	计皓	电话	0578-8123563	日常联系人	许丽萍	电话	0578-8110075
主营范围	许可经营项目：无。一般经营项目：电子材料、纸及纸制品的制造、加工、销售，造纸原料化工产品（不含化学危险品）的销售。（上述经营范围不含国家法律法规规定禁止、限制和许可经营的项目。）						

企业名称	浙江能福旅游用品有限公司		海关编码	3310960543	所属海关	丽水海关
通讯地址	浙江省龙泉市工业小区				邮政编码	323700
评定时间	2011.12.9	注册日期	2008.6.20	报关有效期	2014.6.20	注册资本	5000万人民币
法人姓名	李能福	电话	0578-7115568	日常联系人	季知霞	电话	0578-7114890
主营范围	制造、销售旅游用品、太阳伞系列产品及其原材料、竹木制品、五金配件。（凭有效许可证经营。）						

企业名称	浙江明旺乳业有限公司			海关编码	3308930229	所属海关	衢州海关
通讯地址	浙江省衢州经济开发区东港工业园区东港三路9号					邮政编码	324022
评定时间	2013.7.4	注册日期	2005.9.6	报关有效期	2014.9.6	注册资本	7910万美元
法人姓名	林镇世	电　　话	0570－8581122	日常联系人	何俐琳	电　　话	0570－8581122
主营范围	生产乳制品［液体乳（调制乳），有效期至2014年3月3日］，生产饮料（蛋白饮料类，果汁和蔬菜汁，其他饮料类，有效期至2015年9月16日），金属包装制品（厚度0.3毫米以下）的生产、加工及销售，批发兼零售预包装食品、乳制品（不含婴幼儿配方乳粉）、酒、饮料、其他食品（有效期至2014年8月21日）。						

企业名称	浙江明旺乳业有限公司			海关编码	3308940038	所属海关	衢州海关
通讯地址	浙江省衢州经济开发区东港工业园区东港三路9号					邮政编码	324022
评定时间	2013.7.4	注册日期	2005.9.6	报关有效期	2014.9.6	注册资本	7910万美元
法人姓名	林镇世	电　　话	0570－8581122	日常联系人	何俐琳	电　　话	0570－8581122
主营范围	生产乳制品［液体乳（调制乳），有效期至2014年3月3日］，生产饮料（蛋白饮料类，果汁和蔬菜汁，其他饮料类，有效期至2015年9月16日），金属包装制品（厚度0.3毫米以下）的生产、加工及销售，批发兼零售预包装食品、乳制品（不含婴幼儿配方乳粉）、酒、饮料、其他食品（有效期至2014年8月21日）。						

企业名称	浙江通天星集团股份有限公司			海关编码	3308950006	所属海关	衢州海关
通讯地址	浙江省衢州市荷花一路39号					邮政编码	324000
评定时间	2011.4.18	注册日期	1999.4.29	报关有效期	2014.4.29	注册资本	12652万人民币
法人姓名	郑继行	电　　话	0570－3089588	日常联系人	汪晓萍	电　　话	0570－3089710
主营范围	皮革及制品、包装箱、造纸材料、机械及配件、化工（不含危险品）、建筑材料的生产、销售，包装材料的印刷。						

企业名称	杭州益利素勒精线有限公司			海关编码	3301949105	所属海关	杭关余办
通讯地址	浙江省杭州市余杭区瓶窑镇小岭头					邮政编码	311115
评定时间	2008.11.26	注册日期	2004.6.4	报关有效期	2014.5.16	注册资本	4000万美元
法人姓名	Bernt Gramann	电　　话	0571－88520788	日常联系人	胡丽娟	电　　话	0571－88520788
主营范围	生产精细和超精细漆包线，开发高新科技电气和电子部件，并提供售后技术服务。经营精细和超精细漆包线批发及其进出口业务，经营进出口业务。（不含除精细和超精细漆包线以外的进口商品分销。）						

企业名称	欧文斯科宁复合材料（中国）有限公司			海关编码	3301949229	所属海关	杭关余办
通讯地址	浙江省杭州市余杭区余杭经济开发区东湖北路116－32号					邮政编码	310022
评定时间	2012. 10. 30	注册日期	2009. 3. 23	报关有效期	2015. 3. 26	注册资本	6250万美元
法人姓名	Marcio Anacleto Sandri	电　话	138××××9266	日常联系人	陈绚	电　话	0571－88130808－5616
主营范围	玻璃纤维及玻璃纤维制品的研究、开发、生产、销售，玻璃纤维技术的开发，玻璃纤维设备的生产，上述产品有关原料和设备的采购、佣金代理（拍卖除外）、批发、进出口，并提供相应的技术服务和技术咨询。上述范围不含涉及配额、许可证及专项规定管理的商品。						

企业名称	杭州杰丰服装有限公司			海关编码	3301959005	所属海关	杭关余办
通讯地址	浙江省杭州市余杭区南苑街道联胜村					邮政编码	311100
评定时间	2010. 4. 8	注册日期	1998. 7. 3	报关有效期	2015. 3. 22	注册资本	1550万人民币
法人姓名	高礼根	电　话	138××××5678	日常联系人	葛林芳	电　话	0571－86156539
主营范围	生产服装、服饰、床上用品。出口本企业自产的服装（国家组织统一联合经营的16种出口商品除外），进口本企业生产和科研所需的原辅材料、机械设备、仪器仪表及零配件（国家实行核定公司经营的14种进口商品除外）。以上含下属分公司经营范围。						

企业名称	杭州诺邦无纺股份有限公司			海关编码	3301969099	所属海关	杭关余办
通讯地址	浙江省杭州市余杭区运河镇兴旺工业城					邮政编码	311102
评定时间	2011. 12. 30	注册日期	2003. 10. 21	报关有效期	2016. 1. 13	注册资本	3000万人民币
法人姓名	任建华	电　话	0571－89176112	日常联系人	沈珍	电　话	0571－89170665
主营范围	无纺布的生产、销售，货物进出口，其他无需报经审批的一切合法项目。						

企业名称	杭州日月电子有限公司			海关编码	3301937006	所属海关	杭富阳办
通讯地址	浙江省富阳市鹿山街道日月大道2号					邮政编码	311407
评定时间	2009. 3. 20	注册日期	2000. 1. 18	报关有效期	2014. 1. 6	注册资本	345万美元
法人姓名	汪丁成	电　话	0571－63323572	日常联系人	俞丽莉	电　话	0571－63344995
主营范围	组装、加工微型电机。						

企业名称	杭州科宝电子有限公司			海关编码	3301937073	所属海关	杭富阳办
通讯地址	浙江省富阳市鹿山街道日月大道2号					邮政编码	311407
评定时间	2009.3.20	注册日期	2002.12.5	报关有效期	2014.11.1	注册资本	100万美元
法人姓名	汪丁成	电　　话	0571－63323572	日常联系人	王志艳	电　　话	0571－63322289
主营范围	电子元器件的生产。						

企业名称	浙江今飞凯达轮毂股份有限公司			海关编码	3307930336	所属海关	金华海关
通讯地址	浙江省金华市工业园区仙华南街800号					邮政编码	321000
评定时间	2012.10.10	注册日期	2005.3.14	报关有效期	2014.3.14	注册资本	16600万人民币
法人姓名	葛炳灶	电　　话	0579－82523262	日常联系人	陈志英	电　　话	0579－82523423
主营范围	汽车摩托车轮毂及组件的生产、销售，机械模具的开发、设计、制造。（凡涉及许可证和专项审批的，凭证件经营。）						

企业名称	浙江哈尔斯真空器皿股份有限公司			海关编码	3307960098	所属海关	金华海关
通讯地址	浙江省永康经济开发区哈尔斯路1号					邮政编码	321301
评定时间	2012.10.10	注册日期	2001.9.18	报关有效期	2014.9.18	注册资本	9120万人民币
法人姓名	吕强	电　　话	0579－87230703	日常联系人	易红清	电　　话	0579－89295381
主营范围	制造、加工、销售不锈钢真空器皿、不锈钢制品、塑料制品、机械设备（除发动机），销售玻璃陶瓷制品，经营进出口业务。（上述经营范围不含国家法律法规规定禁止、限制和许可经营的项目。）						

企业名称	浙江保康轮毂制造有限公司		海关编码	3307930368 330796739P	所属海关	金华海关
通讯地址	浙江省金华市武义县王宅镇江南工业区				邮政编码	321205
评定时间	2012.10.10	注册日期	2006.4.21	报关有效期	2015.4.21	注册资本	2000万人民币
法人姓名	应警辉	电　话	0579-89086689	日常联系人	方肖裕	电　话	0579-89086689
主营范围	汽车、摩托车、电动车配件的研发、加工、制造与销售，汽车、摩托车用铸、锻造毛坯件的制造，铝合金加工制造（除汽车、摩托车发动机），产品售后服务及经营本企业的进料加工和“三来一补”业务，经营本企业自营进出口业务。（上述经营范围不含国家法律法规规定禁止、限制和许可经营的项目。）						

企业名称	兰溪市博远金属有限公司		海关编码	3314960142	所属海关	金华海关
通讯地址	浙江省兰溪市兰江街道创业大道9号				邮政编码	321100
评定时间	2012.12.21	注册日期	2006.7.20	报关有效期	2015.7.20	注册资本	5000万人民币
法人姓名	徐浩杰	电　话	0579-88948880	日常联系人	杨海涛	电　话	0579-88948880
主营范围	再生铝合金锭、铝铸件、铜制品、五金工具、汽车配件（发动机除外）的生产，非生产性废铝的购销，货物及技术进出口业务。（上述经营范围不含国家法律法规规定禁止、限制和许可经营的项目。）						

企业名称	横店集团东磁股份有限公司		海关编码	3319950045	所属海关	金华海关
通讯地址	浙江省东阳市横店工业区				邮政编码	322118
评定时间	2012.12.21	注册日期	2002.6.3	报关有效期	2014.6.3	注册资本	41090万人民币
法人姓名	何时金	电　话	0579-86554528	日常联系人	蒋江明	电　话	0579-86554528
主营范围	许可经营项目：为接待本公司客人提供餐饮、住宿、舞厅、卡拉OK服务（凭许可证经营）。一般经营项目：磁性器材、电池、电子产品、晶体硅太阳能电池片的生产、销售，净水器、水处理设备、空气净化器的销售，高科技产品的开发及技术咨询，实业投资，货物及技术进出口业务（范围详见外经贸部门批文）。（上述经营范围不含国家法律法规规定禁止、限制和许可经营的项目。）						

企业名称	浙江贝克曼股份有限公司		海关编码	3318930125	所属海关	义乌海关
通讯地址	浙江省义乌市大陈特色工业小区				邮政编码	322011
评定时间	2010.1.11	注册日期	2003.10.10	报关有效期	2014.10.10	注册资本	6000万人民币
法人姓名	李兴林	电　话	0579-85999049	日常联系人	蒋永文	电　话	0579-85997398
主营范围	服装生产、销售及染色（坯布）（凡涉及许可证和专项审批的，凭证件经营）。						

企业名称	华鸿控股集团有限公司			海关编码	3318950010	所属海关	义乌海关
通讯地址	浙江省义乌市佛堂镇义南工业园区大士路 1 号					邮政编码	322000
评定时间	2011. 3. 15	注册日期	2000. 6. 13	报关有效期	2014. 6. 13	注册资本	5000 万人民币
法人姓名	王爱香	电　　话	0579－85781188	日常联系人	吴丽娜	电　　话	0579－85780286
主营范围	一般经营项目：皮鞋、皮革制品、鞋材、服装、服饰、金属模具的研发、设计、制造、销售；其他日用品、五金制品、家用电器的销售；货物进出口，技术进出口。（上述经营范围不含国家法律法规规定禁止、限制和许可经营的项目。）						

企业名称	金帝集团有限公司			海关编码	3303260263	所属海关	温经开关
通讯地址	浙江省温州经济技术开发区滨海二道 1288 号					邮政编码	325025
评定时间	2010. 2. 26	注册日期	2012. 12. 3	报关有效期	2015. 12. 3	注册资本	11158 万人民币
法人姓名	诸建勇	电　　话	0577－56999999	日常联系人	方红雪	电　　话	0577－56999999
主营范围	一般经营项目：皮鞋、皮革制品、鞋材、服装、服饰、金属模具的研发、设计、制造、销售；其他日用品、五金制品、家用电器的销售；货物进出口，技术进出口。（上述经营范围不含国家法律法规规定禁止、限制和许可经营的项目。）						

企业名称	浙江瑞和进出口有限公司			海关编码	3303960487	所属海关	温州海关 驻乐清办事处
通讯地址	浙江省乐清经济开发区纬十九路 221 号 1 号楼 5～6 层					邮政编码	325600
评定时间	2011. 11. 17	注册日期	2003. 1. 29	报关有效期	2014. 1. 28	注册资本	3000 万人民币
法人姓名	陈红胜	电　　话	0577－62663601	日常联系人	张巨秋	电　　话	0577－62663603
主营范围	许可经营项目：批发兼零售预包装食品、散装食品、乳制品（含婴幼儿配方乳粉）、酒类（食品流通许可证有效期至 2016 年 3 月 20 日），批发氯乙烯（抑制了的）、三环锡（含量＞55％）、三唑锡（危险化学品经营许可证有效期至 2013 年 12 月 28 日）。一般经营项目：销售食用农产品，经营货物及技术的进出口业务，提供仓储保管服务。（上述经营范围不含国家法律法规规定禁止、限制和许可经营的项目。）						

企业名称	浙江正泰电器股份有限公司			海关编码	3303960670	所属海关	温州海关 驻乐清办事处
通讯地址	浙江省乐清市北白象镇正泰工业园区正泰路 1 号					邮政编码	325603
评定时间	2010. 4. 22	注册日期	2003. 10. 28	报关有效期	2014. 10. 28	注册资本	100500 万人民币
法人姓名	南存辉	电　　话	0577－62777777	日常联系人	郑海湖	电　　话	0577－62877777－8733
主营范围	研发、设计、制造、加工、安装、调试、销售低压电器及元器件、切割及焊接设备、电子元器件、电源类产品、电力金具、电力整流器，并提供相关技术服务；经营进出口业务（国家法律法规禁止和限制的除外）。						

企业名称	浙江奥康鞋业股份有限公司			海关编码	3303961123	所属海关	温州海关 驻乐清办事处
通讯地址	浙江省永嘉县瓯北镇东瓯工业区奥康工业园					邮政编码	325101
评定时间	2013. 6. 5	注册日期	2004. 9. 24	报关有效期	2014. 9. 24	注册资本	31998 万人民币
法人姓名	王振滔	电　　话	0577 - 67284444	日常联系人	李海军	电　　话	0577 - 21823335
主营范围	生产、销售鞋及制鞋材料、皮具、服装，经营进出口业务（国家法律法规禁止、限制的除外），提供仓储服务、售后服务。						

企业名称	致远控股集团有限公司			海关编码	3303962209	所属海关	温州海关 驻乐清办事处
通讯地址	浙江省乐清市虹桥镇邬家桥村石埭山					邮政编码	325608
评定时间	2011. 11. 17	注册日期	2006. 9. 7	报关有效期	2015. 9. 7	注册资本	36000 万人民币
法人姓名	林明光	电　　话	0577 - 61313821	日常联系人	叶萍	电　　话	0577 - 61366292
主营范围	对实业的投资，对房地产的投资，铜、铝机械加工、销售，废旧金属的回收，货物及技术进出口。（法律、行政法规规定国家禁止的项目除外；法律、行政法规规定国家限制的项目，须取得许可后方可经营。）						

企业名称	温州鹏程控股集团有限公司			海关编码	3303962544	所属海关	温州海关 驻乐清办事处
通讯地址	浙江省温州市永嘉县瓯北镇千石工业区					邮政编码	325101
评定时间	2011. 11. 17	注册日期	2007. 2. 28	报关有效期	2016. 2. 26	注册资本	10010 万人民币
法人姓名	陈寿清	电　　话	0577 - 67915555	日常联系人	刘艳红	电　　话	0577 - 67280077
主营范围	许可经营项目：危险化学品的批发、零售（详见危险化学品经营许可证）（在危险化学品经营许可证有效期限内经营），道路运输经营（详见道路运输经营许可证）（在道路运输经营许可证有效期限内经营）。						

企业名称	浙江司太立制药股份有限公司			海关编码	3311961915	所属海关	台州海关 驻临海办事处
通讯地址	浙江省仙居县现代工业集聚区司太立大道 1 号					邮政编码	317300
评定时间	2012. 3. 9	注册日期	2003. 7. 28	报关有效期	2013. 12. 29	注册资本	9000 万人民币
法人姓名	胡锦生	电　　话	0576 - 87721162	日常联系人	李柏成	电　　话	0576 - 87718627
主营范围	原料药（碘海醇、盐酸左氧氟沙星）的制造，左氧氟沙星、碘佛醇、碘曲伦、碘克沙醇的中间体的制造、销售，本企业自产产品的出口和本企业所需的机械设备、零配件、原辅材料的进口（但国家限定公司经营或禁止进出口的商品及技术除外）。						

企业名称	浙江永强集团股份有限公司			海关编码	3311965033	所属海关	台州海关 驻临海办事处
通讯地址	浙江省临海市前江南路1号					邮政编码	317000
评定时间	2011. 3. 10	注册日期	2007. 9. 7	报关有效期	2016. 8. 16	注册资本	47818 万人民币
法人姓名	谢建勇	电　　话	0576－85956001	日常联系人	许柳萍	电　　话	0576－85956065
主营范围	户外用品及家具、遮阳用品、工艺品、金属铁制品的制造、销售，货物及技术进出口业务，投资管理。						

企业名称	台州宝利特鞋业有限公司			海关编码	3311930436	所属海关	台州海关 驻温岭办事处
通讯地址	浙江省温岭市泽国镇牧屿欧风路					邮政编码	317523
评定时间	2008. 12. 1	注册日期	1995. 12. 15	报关有效期	2014. 3. 2	注册资本	458 万美元
法人姓名	陈华根	电　　话	0576－86472528	日常联系人	陈华根	电　　话	139××××2532
主营范围	生产、销售鞋、鞋零配件。						

企业名称	利欧集团股份有限公司			海关编码	3311961208	所属海关	台州海关 驻温岭办事处
通讯地址	浙江省温岭市滨海镇利欧路1号					邮政编码	317503
评定时间	2011. 2. 24	注册日期	2001. 10. 12	报关有效期	2014. 8. 3	注册资本	31964 万人民币
法人姓名	王相荣	电　　话	0576－89988888	日常联系人	邵星芝	电　　话	0576－89986362
主营范围	泵、园林机械、清洁机械设备、电机、汽油机、阀门、模具、五金工具、电气控制柜、成套供水设备、农业机械、机械设备、环保设备、电器零部件及相关配件的生产、销售，货物及技术进出口业务，实业投资。（上述经营范围不含国家法律法规规定禁止、限制和许可经营的项目。）						

企业名称	浙江清源水暖洁具有限公司			海关编码	3311932101	所属海关	台州海关 驻玉环办事处
通讯地址	浙江省玉环县机电工业园区					邮政编码	317602
评定时间	2009. 7. 6	注册日期	2003. 12. 15	报关有效期	2014. 7. 12	注册资本	288 万美元
法人姓名	蒋连法	电　　话	0576－87242877	日常联系人	陈慧卿	电　　话	0576－87242877
主营范围	生产、销售水暖洁具、五金塑料制品。						

企业名称	浙江苏泊尔股份有限公司		海关编码	3311937511	所属海关	台州海关驻玉环办事处
通讯地址	浙江省玉环县大麦屿经济开发区				邮政编码	317604
评定时间	2009. 11. 23	注册日期	2009. 9. 21	报关有效期	2015. 9. 21	注册资本	63498 万人民币
法人姓名	苏显泽	电　话	0571 - 86858686	日常联系人	游银柳	电　话	0576 - 87338379
主营范围	厨房用具、不锈钢制品、日用五金、小型家电及炊具的制造、销售、技术开发，货物及技术进出口业务（范围详见“中华人民共和国进出口企业资格证书”），电器安装及维修服务。						

企业名称	浙江嘉利珂钴镍材料有限公司			海关编码	3306935633	所属海关	绍兴海关驻上虞办事处
通讯地址	浙江省杭州湾上虞工业园区					邮政编码	312369
评定时间	2011. 11. 22	注册日期	2004. 11. 17	报关有效期	2014. 10. 8	注册资本	2699 万美元
法人姓名	邵佰煊	电　话	0575 - 82739638	日常联系人	王爱君	电　话	0575 - 82739638
主营范围	四氧化三钴、氧化钴、草酸钴、氯酸钴、碳酸钴、硫酸钴、金属钴（块状）、电解钴、氯化钴、硫酸镍、氧化镍、氢氧化亚钴、电积铜、钴酸锂的生产，金属制品的批发、佣金代理（拍卖除外）、进出口业务。（上述凡涉及配额、许可证及专项规定管理的商品，按国家有关规定办理。）						

企业名称	浙江金盾压力容器有限公司			海关编码	3306935939	所属海关	绍兴海关驻上虞办事处
通讯地址	浙江省上虞市小越镇前田村					邮政编码	312367
评定时间	2012. 11. 27	注册日期	2007. 1. 8	报关有效期	2016. 1. 7	注册资本	3429 万人民币
法人姓名	周建灿	电　话	0575 - 82031248	日常联系人	舒建莉	电　话	0575 - 82713158
主营范围	煤气钢瓶及消防配件、灭火器、钢瓶的制造（凡涉及许可证制度的，凭证经营）。						

企业名称	浙江金科过氧化物股份有限公司			海关编码	3306964010	所属海关	绍兴海关驻上虞办事处
通讯地址	浙江省杭州湾上虞工业园区					邮政编码	312369
评定时间	2012. 10. 18	注册日期	2007. 7. 16	报关有效期	2016. 7. 5	注册资本	7950 万人民币
法人姓名	朱志刚	电　话	0575 - 82735662	日常联系人	王李华	电　话	0575 - 82735662
主营范围	许可经营项目：过碳酸钠（SPC）、食品级液态二氧化碳的生产（“安全生产许可证”有效期至2016年11月1日）。一般经营项目：过碳酸钠、过硼酸钠的研发，三嗪次胺基己酸系列产品、醋酸钠系列产品的研发、生产、销售，其他化工产品的研发及销售（危险化学品及易制毒品除外），进出口业务贸易。（上述经营范围不含国家法律法规规定禁止、限制和许可经营的项目。）						

企业名称	浙江省诸暨市对外经济贸易有限公司			海关编码	3322914001	所属海关	绍兴海关 驻诸暨办事处
通讯地址	浙江省诸暨市陶朱街道西二环路288号外贸大厦					邮政编码	311800
评定时间	2012. 10. 30	注册日期	1993. 5. 19	报关有效期	2014. 4. 21	注册资本	300万人民币
法人姓名	王一峰	电　　话	0575－80705251	日常联系人	寿松	电　　话	0575－87015388
主营范围	许可经营项目：房地产开发经营。一般经营项目：货物及技术的进出口业务。（上述经营范围不含国家法律法规规定禁止、限制和许可经营的项目。）						

企业名称	浙江富润进出口有限公司			海关编码	3322914216	所属海关	绍兴海关 驻诸暨办事处
通讯地址	浙江省诸暨市艮塔西路128号					邮政编码	311800
评定时间	2012. 9. 20	注册日期	2000. 6. 15	报关有效期	2014. 6. 3	注册资本	500万人民币
法人姓名	何海清	电　　话	0575－87227760	日常联系人	沈年	电　　话	0575－87105053
主营范围	从事货物及技术的进出口业务（法律法规禁止的，不得经营；应经审批的，未获准前不得经营），纺织原料、针纺织品、五金交电、建筑材料、机械设备、计算机、橡胶制品、百货、化工产品（化学危险品、易制毒品、监控化学品除外）、矿产品（贵稀金属除外）的经销，定型包装食品（含冷冻食品）、非直接入口散装食品（冷冻和冷藏食品除外）的经营（有效期至2015年5月27日）。						

企业名称	浙江雅迪纤维有限公司			海关编码	3322930301	所属海关	绍兴海关 驻诸暨办事处
通讯地址	浙江省诸暨市陶朱街道望云西路50号					邮政编码	311800
评定时间	2012. 10. 30	注册日期	2007. 6. 7	报关有效期	2016. 5. 17	注册资本	3206万美元
法人姓名	戴叶飞	电　　话	138××××5988	日常联系人	叶丽娜	电　　话	136××××3923
主营范围	生产环保型差别化功能化学纤维，销售自产产品（法律、法规禁止或需经审批的除外）。						

企业名称	浙江海亮股份有限公司			海关编码	3322934285	所属海关	绍兴海关 驻诸暨办事处
通讯地址	浙江省诸暨市店口镇工业区					邮政编码	311814
评定时间	2009. 3. 13	注册日期	2004. 1. 19	报关有效期	2014. 1. 10	注册资本	77402万人民币
法人姓名	冯亚丽	电　　话	0575－87069730	日常联系人	章海平	电　　话	0575－87069981
主营范围	铜管、铜板带、铜箔及其他铜制品的制造、加工。						

企业名称	浙江美邦纺织有限公司			海关编码	3322934443	所属海关	绍兴海关驻诸暨办事处
通讯地址	浙江省诸暨市陶朱街道兴业五路8号					邮政编码	311800
评定时间	2009. 11. 20	注册日期	2003. 10. 15	报关有效期	2014. 7. 5	注册资本	5656万美元
法人姓名	陈立峰	电　　话	139××××8919	日常联系人	陈黎燕	电　　话	0575－88699592
主营范围	生产和销售高档提花针织面料、无缝针织内衣及其他针织品。						

企业名称	浙江蒂娜尔时装有限公司			海关编码	3322944330	所属海关	绍兴海关驻诸暨办事处
通讯地址	浙江省诸暨市陶朱街道协和西路5号					邮政编码	311800
评定时间	2011. 11. 22	注册日期	2002. 9. 28	报关有效期	2014. 9. 29	注册资本	450万美元
法人姓名	野坂铁郎	电　　话	0081－77655－7700	日常联系人	王少桦	电　　话	159××××2033
主营范围	生产、销售经编面料、女士内衣及服饰。						

企业名称	浙江盾安国际贸易有限公司			海关编码	3322960464	所属海关	绍兴海关驻诸暨办事处
通讯地址	浙江省诸暨市店口镇工业区中央路1号					邮政编码	311083
评定时间	2011. 11. 22	注册日期	2008. 4. 23	报关有效期	2014. 3. 21	注册资本	2000万人民币
法人姓名	葛亚飞	电　　话	0575－87113698	日常联系人	傅丹锋	电　　话	0575－87113688
主营范围	许可经营项目：批发兼零售预包装食品、散装食品、乳制品（含婴幼儿配方乳粉）、酒类（有效期至2015年11月26日）。一般经营项目：经营进出口业务，批发兼零售制冷设备、制冷控制元器件、汽车零部件、机械检测设备、仪器仪表、家用电器、电子产品、金属材料（贵稀金属除外）、五金配件、燃器具配件、建筑装潢材料（木材除外）、工艺美术品、化工产品（化学危险品、监控化学品、易制毒品除外）、文具用品。（上述经营范围不含国家法律法规规定禁止、限制和许可经营的项目。）						

企业名称	浙江大东南股份有限公司			海关编码	3322964351	所属海关	绍兴海关驻诸暨办事处
通讯地址	浙江省诸暨市城西工业区					邮政编码	311809
评定时间	2011. 4. 18	注册日期	2003. 1. 24	报关有效期	2014. 1. 4	注册资本	60351万人民币
法人姓名	黄飞刚	电　　话	0575－87380002	日常联系人	姚元植	电　　话	0575－87211535
主营范围	生产、销售塑料薄膜、塑料包装制品、服装、纺织品，经营进出口业务。						

企业名称	浙江万丰摩轮有限公司			海关编码	3306937148	所属海关	绍兴海关 驻新嵊办事处
通讯地址	浙江省绍兴市新昌县高新技术产业园区					邮政编码	312500
评定时间	2010. 3. 30	注册日期	2008. 9. 11	报关有效期	2014. 8. 30	注册资本	13800 万人民币
法人姓名	陈滨	电　　话	0575－86298388	日常联系人	张建国	电　　话	0575－86295926
主营范围	开发、生产、销售摩托车铝合金车轮及相关零部件，并提供售后服务。						

企业名称	达利丝绸（浙江）有限公司			海关编码	3306947154	所属海关	绍兴海关 驻新嵊办事处
通讯地址	浙江省绍兴市新昌县南岩高新技术开发区					邮政编码	312500
评定时间	2011. 12. 22	注册日期	2002. 12. 27	报关有效期	2014. 11. 4	注册资本	5000 万美元
法人姓名	林平	电　　话	0575－86288001	日常联系人	任兰君	电　　话	0575－86588028
主营范围	复合丝及差别化纤维、绸缎、服装、丝绸制品及装饰品的生产、销售，绸缎及原料的后处理，经营服装辅料（法律法规规定禁止或须经审批的项目除外）。						

企业名称	美盛文化创意股份有限公司			海关编码	3306967181	所属海关	绍兴海关 驻新嵊办事处
通讯地址	浙江省绍兴市新昌县南岩高新技术开发区					邮政编码	312500
评定时间	2012. 9. 20	注册日期	2010. 4. 19	报关有效期	2016. 4. 19	注册资本	9350 万人民币
法人姓名	赵小强	电　　话	0575－86280066	日常联系人	章芹芹	电　　话	0575－86558222
主营范围	动漫衍生产品的设计开发，动漫饰品、节日礼品及工艺品的设计开发、生产和销售，动漫制作，服装、工艺品辅助材料的生产、销售，货物及技术的进出口业务。（上述经营范围不含国家法律法规规定禁止、限制和许可经营的项目。）						

企业名称	海宁佳联沙发有限公司			海关编码	3313930241	所属海关	嘉兴海关 驻海宁办事处
通讯地址	浙江省海宁市长安镇环镇北路南					邮政编码	314408
评定时间	2012. 10. 30	注册日期	2002. 10. 21	报关有效期	2014. 9. 15	注册资本	1032 万美元
法人姓名	曹静玉	电　　话	0573－87411782	日常联系人	李敏	电　　话	0573－87406269
主营范围	生产、销售纺织布、沙发套及沙发、家具、皮革服装及其他缝纫制品，经营进出口业务（不含进口商品分销业务）。						

企业名称	兄弟科技股份有限公司		海关编码	3313960020	所属海关	嘉兴海关 驻海宁办事处
通讯地址	浙江省海宁市周王庙镇联民村蔡家石桥3号				邮政编码	314407
评定时间	2011. 12. 30	注册日期	2001. 6. 18	报关有效期	2014. 6. 1	注册资本	21340万人民币
法人姓名	钱志达	电　　话	0573－87530111	日常联系人	李林炎	电　　话	0573－87012626
主营范围	许可经营项目：生产维生素（Ⅰ、Ⅱ类）：维生素K3、二甲基嘧啶醇亚硫酸甲萘醌、亚硫酸氢烟酰胺甲萘醌；生产维生素（Ⅰ类）：烟酸、烟酰胺（饲料添加剂生产许可证有效期至2016年1月27日止）；食品添加剂的生产（凭有效许可证经营）。一般经营项目：皮革化工产品的技术研究、技术开发及技术咨询服务；化工产品（不含危险化学品和易制毒化学品）的生产、销售，建材、装饰材料、日用百货的销售；经营进出口业务（上述经营范围不含国家法律法规规定禁止、限制和许可证经营的项目。）						

企业名称	海宁蒙努集团有限公司		海关编码	3313960023	所属海关	嘉兴海关 驻海宁办事处
通讯地址	浙江省海宁市海宁经济开发区由拳路500号				邮政编码	314400
评定时间	2012. 10. 18	注册日期	2001. 8. 9	报关有效期	2014. 7. 14	注册资本	5000万人民币
法人姓名	邹格兵	电　　话	0573－87269168	日常联系人	岳建祥	电　　话	0573－87271872
主营范围	批发、零售沙发、沙发套、家具、服装、革皮、纺织品、鞋帽、畜产品、百货、机械电子设备、颜料、染料、化工产品（均不含危险品），总部大楼开发经营，自营和代理各类商品及技术的进出口业务（但国家限定公司经营或禁止进出口的商品及技术除外），经营进料加工和“三来一补”业务，开展对销贸易和转口贸易。（上述经营范围不含国家法律法规规定禁止、限制和许可经营的项目。）						

宁波关区

企业名称	中石化国际事业宁波有限公司			海关编码	3302911036	所属海关	镇海海关
通讯地址	浙江省宁波市镇海区蛟川街道俞范					邮政编码	315207
评定时间	2013. 6. 21	注册日期	2010. 8. 5	报关有效期	2016. 8. 5	注册资本	5000 万人民币
法人姓名	陈可美	电　　话	0574－27668665	日常联系人	叶美丽	电　　话	0574－27668681
主营范围	许可经营项目：批发危险化学品。一般经营项目：自营和代理各类货物及技术的进出口业务（但国家限定经营或禁止进出口的货物和技术除外），批发、零售化工产品、机械设备、电气仪表、汽车配件、木材、建筑材料、金属材料。（上述经营范围不含国家法律法规规定禁止、限制和许可经营的项目。）						

企业名称	宁波新翔液体化工仓储有限公司			海关编码	3302931003	所属海关	镇海海关
通讯地址	浙江省宁波市镇海区后大街 338 号					邮政编码	315200
评定时间	2010. 1. 20	注册日期	2002. 12. 26	报关有效期	2014. 12. 27	注册资本	700 万人民币
法人姓名	庄日青	电　　话	0574－27695880	日常联系人	张德功	电　　话	0574－27695091
主营范围	许可经营项目：在镇海港区内从事二甲苯、正丁醇、异丁醇、异丙醇、正丙醇、甲醇、乙醇、乙二腈的储存。一般经营项目：液体化工产品的装卸，液体化工产品（除危险化学品）的储存。						

企业名称	宁波宁翔液化储运码头有限公司			海关编码	3302931085	所属海关	镇海海关
通讯地址	浙江省宁波市镇海区后大街 338 号					邮政编码	315200
评定时间	2010. 1. 20	注册日期	1993. 12. 27	报关有效期	2014. 12. 27	注册资本	1225 万人民币
法人姓名	庄日青	电　　话	0574－27695388	日常联系人	张德功	电　　话	0574－27695091
主营范围	许可经营项目：码头和其他港口设施的经营，在港区内从事货物装卸，甲苯、二甲苯、正丁醇、异丁醇、正丙醇、甲醇、二乙醇胺、液碱、混丙醇、乙醇、二甲基甲酰胺、冰醋酸、醋酸肝、醋酸乙烯、丙醋酸丁脂、甲基丙烯酸甲脂、醋酸丁脂、醋酸正丙脂、甲基异丁甲基酮、乙二腈、苯酚、苯胺的储存。一般经营项目：普通液体化工产品的储存。						

企业名称	宁波宁兴液化储运有限公司			海关编码	3302931200	所属海关	镇海海关
通讯地址	浙江省宁波市镇海威远路111号					邮政编码	315200
评定时间	2010. 1. 20	注册日期	2001. 8. 28	报关有效期	2014. 8. 4	注册资本	100万美元
法人姓名	黄建	电　话	0574－87287288	日常联系人	王悦	电　话	0574－27694911
主营范围	许可经营项目：在镇海招宝山路1号镇海港区化工区域内从事危险液体化工产品（限危险化学品生产、储存批准证书批准种类）的储存。一般经营项目：液体化工产品的装卸，液体化工产品（危险化学品除外）的储存，液体化工成品的信息服务。						

企业名称	宁波阿尔卑斯电子有限公司			海关编码	3302941324	所属海关	镇海海关
通讯地址	浙江省宁波市镇海区蛟川街道金元路299号					邮政编码	315221
评定时间	2010. 4. 8	注册日期	2008. 11. 3	报关有效期	2014. 11. 4	注册资本	4307万美元
法人姓名	勾坂行男	电　话	010－65393690	日常联系人	吴晓东	电　话	0574－86599700－331
主营范围	音响用磁头、VTR用磁头、摄像机用磁头和磁鼓、轻触开关等新型电子元器件（敏感元器件、片式元器件）和硬盘驱动器、硬盘磁头等大容量光、磁盘驱动器及其部件，以及其他电器、电子器件和零部件（国家限制类除外）的设计、生产、销售。						

企业名称	宁波亿泰控股集团股份有限公司			海关编码	3302210012	所属海关	甬开发区
通讯地址	开发区联合区域伦敦楼					邮政编码	315803
评定时间	2013. 4. 18	注册日期	2000. 9. 29	报关有效期	2014. 8. 16	注册资本	5000万人民币
法人姓名	陈伟明	电　话	0574－86783659	日常联系人	李寅	电　话	0574－87190816
主营范围	承包境外机电工程和境内国际招标工程，出口上述境外工程所需的设备、材料，对外派遣实施上述境外工程所需的劳务人员，经营援外物资项目，批发预包装食品、乳制品，经营煤炭批发（在许可证有效期限内经营）。						

企业名称	宁波钢铁有限公司			海关编码	3302210025	所属海关	甬开发区
通讯地址	浙江省宁波市北仑区临港二路168号					邮政编码	315800
评定时间	2012. 11. 21	注册日期	2006. 8. 8	报关有效期	2015. 7. 5	注册资本	560000万人民币
法人姓名	崔健	电　话	0574－86859000	日常联系人	贺承天	电　话	0574－86859022
主营范围	钢铁冶炼及冷轧板、热轧板、镀锌板的生产，自营和代理货物及技术的进出口业务（但国家限定公司经营或禁止进出口的货物及技术除外），冶金、催化的技术开发、咨询。						

企业名称	浙江新景进出口有限公司			海关编码	3302210027	所属海关	甬开发区
通讯地址	浙江省宁波开发区金融贸易大楼 22 层 B1 号房					邮政编码	315080
评定时间	2012. 11. 30	注册日期	2006. 12. 14	报关有效期	2015. 11. 7	注册资本	2000 万人民币
法人姓名	夏祥敏	电　　话	0574 – 87731348	日常联系人	蒋新芝	电　　话	0574 – 87700441
主营范围	自营和代理各类货物及技术的进出口业务（国家限定公司经营或禁止进出口的货物及技术除外）。						

企业名称	宁波亚洲浆纸业有限公司			海关编码	3302230156	所属海关	甬开发区
通讯地址	浙江省宁波经济技术开发区青峙工业区					邮政编码	315803
评定时间	2011. 1. 10	注册日期	2003. 2. 27	报关有效期	2014. 1. 5	注册资本	47592 万人民币
法人姓名	黄志源	电　　话	0574 – 87464811	日常联系人	葛伟明	电　　话	0574 – 87464811
主营范围	纸及纸板（含纸制品）的制造、加工，自产产品的销售，纸张、纸板及纸制品的批发。						

企业名称	浙江逸盛石化有限公司			海关编码	3302230163	所属海关	甬开发区
通讯地址	浙江省宁波市北仑区港口路 8 号					邮政编码	315803
评定时间	2013. 2. 22	注册日期	2003. 4. 28	报关有效期	2014. 3. 29	注册资本	35470 万美元
法人姓名	邱建林	电　　话	0574 – 86230666	日常联系人	卓亚君	电　　话	0574 – 86230666
主营范围	精对苯二甲酸（PTA）的生产，自营和代理各类产品和技术的进出口，第 3 类易燃液体（1，4 – 二甲苯）、第 8 类腐蚀品（乙酸（含量 > 80%））的国内批发（在许可证有效期限内经营）。（不涉及国营贸易管理商品；涉及配额、许可证管理商品的，按国家有关规定办理申请。）						

企业名称	宁波新桥化工有限公司			海关编码	3302240082	所属海关	甬开发区
通讯地址	浙江省宁波市北仑区金鸡山路 98 号					邮政编码	315803
评定时间	2009. 3. 6	注册日期	1996. 3. 21	报关有效期	2014. 3. 15	注册资本	3650 万美元
法人姓名	廖振铎	电　　话	0574 – 86228264	日常联系人	朱芹燕	电　　话	0574 – 86228932
主营范围	工程塑料（可发性聚苯乙烯与通用级聚苯乙烯及其制品）的生产、加工，呋喃树脂的制造、加工及咨询服务，自营货物的运输。						

企业名称	宁波新力包装材料有限公司			海关编码	3302240158	所属海关	甬开发区
通讯地址	浙江省宁波市北仑区笠山路23号					邮政编码	315803
评定时间	2010.12.17	注册日期	2002.1.30	报关有效期	2014.1.10	注册资本	438万美元
法人姓名	林子建	电　话	0574-86224995	日常联系人	乐玲芬	电　话	0574-86224995
主营范围	包装材料、包装用品等的制造。						

企业名称	宁波申洲针织有限公司			海关编码	3302240203	所属海关	甬开发区
通讯地址	浙江省宁波经济技术开发区大港工业城					邮政编码	315800
评定时间	2009.11.3	注册日期	2002.10.29	报关有效期	2014.10.11	注册资本	11600万美元
法人姓名	马建荣	电　话	0574-86981001	日常联系人	王伟	电　话	0574-86980154
主营范围	高档织物面料（针织品、梭织品）的织染及后整理加工，服装、家用纺织品、鞋、帽的制造加工等。						

企业名称	宁波高林银箭机电有限公司			海关编码	3302240364	所属海关	甬开发区
通讯地址	浙江省宁波北仑龙潭山路16号					邮政编码	315806
评定时间	2010.1.21	注册日期	2005.7.5	报关有效期	2014.5.9	注册资本	3650万美元
法人姓名	陈文斌	电　话	0574-86115888	日常联系人	周文伟	电　话	0574-86115888-2701
主营范围	高技术含量的特种工业用缝纫机的生产，高技术含量的工业缝纫机马达及相关零配件的生产，缝纫机及缝纫机马达、桌板、脚架和相关零配件的批发，自营和代理各种商品和技术的进出口业务，但国家限定和禁止的除外。						

企业名称	三星重工业（宁波）有限公司			海关编码	3302246026	所属海关	甬开发区
通讯地址	浙江省宁波市北仑区港口路18号					邮政编码	315803
评定时间	2011.12.2	注册日期	1995.12.28	报关有效期	2014.10.11	注册资本	8338万美元
法人姓名	郑源泰	电　话	0574-86226688	日常联系人	李洪俊	电　话	0574-86226688
主营范围	造船（包括船用零件、部件、设备和船体分段），拆船，钢制结构物、建筑机械（起重机械除外），环保设备制造，机械铸造，从事上述产品同类商品的批发、进出口、佣金代理（拍卖除外）。						

企业名称	浙江太平洋化学有限公司			海关编码	3302246044	所属海关	甬开发区
通讯地址	浙江省宁波市北仑区					邮政编码	315800
评定时间	2009. 12. 8	注册日期	1998. 4. 21	报关有效期	2014. 4. 11	注册资本	5209 万美元
法人姓名	PETER SYKES	电　　话	0574－86177483	日常联系人	屈翔	电　　话	136××××7434
主营范围	生产聚醚、反渗透膜元件，销售自产产品，对销售的产品提供售后服务、技术服务及相关的咨询服务。						

企业名称	宁波宁星工贸实业有限公司			海关编码	3302260009	所属海关	甬开发区
通讯地址	浙江省宁波开发区新矸太平洋花园 B 座 606 室					邮政编码	315010
评定时间	2012. 9. 20	注册日期	2002. 1. 22	报关有效期	2013. 12. 22	注册资本	500 万人民币
法人姓名	沙力	电　　话	0574－87245219	日常联系人	林浩	电　　话	0574－87245219
主营范围	许可经营项目：批发兼零售预包装食品（在许可证有效期限内）。一般经营项目：批发、零售服饰、化妆品、工艺品、餐具、玻璃器皿、办公用品、通讯器材，自营和代理各类商品及技术的进出口业务（国家限定公司经营或禁止进出口的商品及技术除外），经营进料加工和“三来一补”业务，经营对销贸易和转口贸易。						

企业名称	宁波优胜国际贸易有限公司			海关编码	3302260128	所属海关	甬开发区
通讯地址	浙江省宁波市开发区联合区域圣港楼 A315B 室					邮政编码	315800
评定时间	2012. 11. 21	注册日期	2005. 12. 14	报关有效期	2014. 11. 3	注册资本	500 万人民币
法人姓名	陈勇珍	电　　话	0574－27970000	日常联系人	奚晶	电　　话	0574－27833904
主营范围	自营和代理各类货物和技术的进出口业务，但国家限定公司经营或禁止进出口的货物和技术除外。						

企业名称	宁波前程家居股份有限公司			海关编码	3302260132	所属海关	甬开发区
通讯地址	浙江省宁波市北仑区戚家山街道渎江路 8 号 4 号楼 203 室					邮政编码	315803
评定时间	2012. 11. 21	注册日期	2005. 12. 20	报关有效期	2014. 10. 20	注册资本	3000 万人民币
法人姓名	李晨	电　　话	0574－87792200	日常联系人	唐明红	电　　话	0574－87791890
主营范围	自营和代理各类货物及技术的进出口业务，矿产品、建材、化工产品、文化体育用品及器材、纺织原料及产品、服装、日用百货、农畜产品、机械设备、五金交电、电子产品、家居用品的批发、零售。						

企业名称	宁波凯越国际贸易有限公司			海关编码	3302260152	所属海关	甬开发区
通讯地址	浙江省宁波市开发区联合区域东区1幢401室					邮政编码	315800
评定时间	2012.11.30	注册日期	2006.2.22	报关有效期	2015.2.3	注册资本	2000万人民币
法人姓名	汤一浒	电　　话	0574-27904444	日常联系人	吕诚	电　　话	0574-27833737
主营范围	纺织原料及产品、服装、工艺品等的批发、零售。						

企业名称	宁波美博进出口有限公司			海关编码	3302912001	所属海关	甬开发区
通讯地址	浙江省宁波市北仑区新碶街道大港中路58号					邮政编码	315040
评定时间	2012.11.21	注册日期	2001.3.28	报关有效期	2014.1.24	注册资本	500万人民币
法人姓名	梅飞珍	电　　话	0574-86802618	日常联系人	黄玲亚	电　　话	0574-86802621
主营范围	许可经营项目：批发兼零售预包装食品（在许可证件有效期限内经营）。一般经营项目：经营和代理各类商品及技术的进出口业务（国家限定公司经营或禁止进出口的商品及技术除外），经营进料加工和“三来一补”业务，经营对销贸易和转口贸易。						

企业名称	宁波成路纸品制造有限公司			海关编码	3302932157	所属海关	甬开发区
通讯地址	浙江省宁波市北仑区庐山西路45号					邮政编码	315806
评定时间	2011.11.8	注册日期	2007.3.19	报关有效期	2016.3.11	注册资本	2500万人民币
法人姓名	黄伟良	电　　话	0574-86188181	日常联系人	陆倍倍	电　　话	0574-86188126
主营范围	许可经营项目：普通货运，出版物、包装装潢、其他印刷品的印刷。						

企业名称	贝发集团股份有限公司			海关编码	3302932169	所属海关	甬开发区
通讯地址	浙江省宁波市北仑区江南东路298号					邮政编码	315801
评定时间	2009.2.16	注册日期	2008.4.9	报关有效期	2014.3.11	注册资本	12000万人民币
法人姓名	邱智铭	电　　话	0574-56786188	日常联系人	乐剑芬	电　　话	0574-86186502
主营范围	文教办公用品、体育用品、玩具、工艺美术品、鞋帽、五金工具、塑料制品、日用金属制品、包装制品的制造，灯具、服装、洗浴用品、家具、家居用品、汽车配件、家电、园林工具、办公设备、塑料粒子、有色金属的批发（以上商品进出口不涉及国营贸易、进出口配额许可证、出口配额招标、出口许可证等专项管理的商品）。						

企业名称	宁波赛尔国际贸易有限公司		海关编码	3302962012	所属海关	甬开发区
通讯地址	浙江省宁波市北仑区横河路22号5幢606室				邮政编码	315040
评定时间	2012.11.21	注册日期	2001.12.5	报关有效期	2014.11.2	注册资本	518万人民币
法人姓名	徐平炬	电　话	0574－87729000	日常联系人	徐平炬	电　话	0574－87729000
主营范围	自营和代理各类商品及技术的进出口业务（国家限定公司经营或禁止进出口的商品及技术除外），经营进料加工和“三来一补”业务，经营对销贸易和转口贸易，经营农副产品收购，提供社会经济咨询服务，提供装卸服务、仓储服务，经营自有房屋及设备的出租业务。						

企业名称	宁波萌恒工贸有限公司		海关编码	3302962031	所属海关	甬开发区
通讯地址	浙江省宁波市北仑区横河路22号5幢611				邮政编码	315010
评定时间	2009.3.6	注册日期	2002.5.30	报关有效期	2014.4.15	注册资本	5280万人民币
法人姓名	王春华	电　话	0574－87198000	日常联系人	毛春波	电　话	0574－87198000
主营范围	自营和代理各类商品和技术的进出口业务（国家限定公司经营或禁止进出口的商品和技术除外）。						

企业名称	宁波海洋纺织品有限公司		海关编码	3302962178	所属海关	甬开发区
通讯地址	浙江省宁波市北仑区横河路22号5幢401室				邮政编码	315000
评定时间	2012.5.22	注册日期	2003.12.8	报关有效期	2014.10.24	注册资本	1350万人民币
法人姓名	王刚强	电　话	0574－87857155	日常联系人	陈雁	电　话	0574－87857171
主营范围	批发、零售纺织原料及产品（国家统一经营的除外）、工艺品，自营和代理各类商品和技术的进出口业务（国家限定公司经营或禁止进出口的商品和技术除外），提供咨询服务（商品信息咨询除外），经营厂房租赁业务。（上述经营范围不含国家法律法规规定禁止、限制和许可经营的项目。）						

企业名称	宁波思逸倍欣进出口有限公司		海关编码	3302962326	所属海关	甬开发区
通讯地址	浙江省宁波市北仑区新矸大港中路58号				邮政编码	315800
评定时间	2012.2.8	注册日期	2007.7.10	报关有效期	2016.7.4	注册资本	500万人民币
法人姓名	李斌	电　话	0574－86802608	日常联系人	勉丽燕	电　话	0574－86811537
主营范围	批发、零售日用品，自营和代理各类货物和技术的进出口业务。						

企业名称	宁波美联外贸服务有限公司			海关编码	3302962379	所属海关	甬开发区
通讯地址	浙江省宁波市北仑区新矸镇大港中路58号					邮政编码	315800
评定时间	2012.2.8	注册日期	2008.6.16	报关有效期	2014.5.30	注册资本	100万人民币
法人姓名	张亿珍	电　话	0574－86802665	日常联系人	俞莉平	电　话	0574－86802664
主营范围	许可经营项目：批发兼零售预包装、乳制品（含婴幼儿配方乳粉）。						

企业名称	宁波万华聚氨酯有限公司			海关编码	3302218004	所属海关	大榭海关
通讯地址	浙江省宁波大榭开发区万华工业园内					邮政编码	315812
评定时间	2013.1.4	注册日期	2006.5.17	报关有效期	2015.3.27	注册资本	93600万人民币
法人姓名	廖增太	电　话	0574－86716588	日常联系人	张峰	电　话	0574－86716731
主营范围	许可经营项目：开发、生产聚氨酯及助剂、异氰酸酯及衍生产品，生产光气、甲醛、液氧、液氮、盐酸、压空。一般经营项目：销售聚氨酯及助剂、异氰酸酯及衍生产品，提供技术、咨询服务，自营和代理货物和技术的进出口业务（国家限制经营或禁止进出口的货物和技术除外）。						

企业名称	远大物产集团有限公司			海关编码	3302916001	所属海关	大榭海关
通讯地址	浙江省宁波市大榭金莹贸易楼					邮政编码	315812
评定时间	2012.10.10	注册日期	1999.10.13	报关有效期	2014.6.21	注册资本	15000万人民币
法人姓名	金波	电　话	0574－87724164	日常联系人	姜泽甜	电　话	0574－87731583
主营范围	许可经营项目：第3类易燃液体（低闪点液体、中闪点液体、高闪点液体）、第6类毒害品和感染性物品（毒害品）、第8类腐蚀品（酸性腐蚀品）（剧毒品、一类易制毒化学品、成品油除外）。一般经营项目：经营和代理除国家统一组织联合经营的16种出口商品和国家规定的一类进出口商品以外的商品的进出口业务。						

企业名称	宁波大华电器有限公司			海关编码	3312930410	所属海关	甬驻余办
通讯地址	浙江省余姚市肖东工业园区					邮政编码	315400
评定时间	2012.9.29	注册日期	2003.1.6	报关有效期	2015.3.9	注册资本	1052万美元
法人姓名	罗建元	电　话	0574－62829901	日常联系人	金淑滢	电　话	0574－62593268
主营范围	制造吸尘器、电机、塑料制品、电子元件（除国家限制外商投资项目）、家用电器及配件，自营和代理货物和技术的进出口业务（国家限定经营或禁止进出口的货物和技术除外），无进口商品分销业务。						

企业名称	宁波舜宇光电信息有限公司			海关编码	3312930510	所属海关	甬驻余办
通讯地址	浙江省余姚市舜宇路66－68号					邮政编码	315400
评定时间	2010.8.10	注册日期	2005.12.20	报关有效期	2014.8.8	注册资本	883万美元
法人姓名	叶辽宁	电　　话	0574－62532166	日常联系人	顾燕萍	电　　话	0574－62530824
主营范围	光电信息技术的研究、开发、应用。手机模组、集成电路、光电信息产品的制造、加工。自营和代理各类商品和技术的进出口业务（国家限定经营和禁止进出口的商品和技术除外），无进口商品分销业务。						

企业名称	车王电子（宁波）有限公司			海关编码	3312940057	所属海关	甬驻余办
通讯地址	浙江省余姚工业开发A区远东工业城					邮政编码	315400
评定时间	2011.12.2	注册日期	1995.1.19	报关有效期	2015.5.3	注册资本	2097万美元
法人姓名	蔡裕成	电　　话	0574－62760669	日常联系人	郭美琴	电　　话	0574－62760669－340
主营范围	数字音、视频编辑解码设备、电子专用设备、工模具、电子控制燃油喷射系统及其他汽车电子设备的系统制造。						

企业名称	宁波富佳实业有限公司			海关编码	3312940193	所属海关	甬驻余办
通讯地址	浙江省余姚经济开发区（西）区					邮政编码	315400
评定时间	2012.2.28	注册日期	2003.7.29	报关有效期	2015.4.20	注册资本	1000万美元
法人姓名	王跃旦	电　　话	0574－62819145	日常联系人	王蕾	电　　话	0574－62814627
主营范围	非金属制品模具的设计制造，新型电子元器件及其他电子元器件、线路板、吸尘器及其他家电、电机、改性塑料、塑料制品的制造，各类商品和技术的进出口（国家限定经营和禁止进出口的商品和技术除外），有色金属材料及延压制品的批发。（涉及配额许可证管理、专项规定管理的商品和技术，按照国家有关规定办理）。						

企业名称	华鑫化纤科技集团有限公司			海关编码	3312940253	所属海关	甬驻余办
通讯地址	浙江省余姚市姚北化工新区经十路1号					邮政编码	315490
评定时间	2008.11.7	注册日期	2005.3.3	报关有效期	2015.8.5	注册资本	8350万美元
法人姓名	张静智	电　　话	0574－62288888	日常联系人	汪丹	电　　话	0574－62268603
主营范围	纤维、非纤维用聚酯及聚酯切片、涤纶纤维、化纤原料的制造，纤维新材料的研发。						

企业名称	宁波大叶园林设备有限公司			海关编码	3312940313	所属海关	甬驻余办
通讯地址	浙江省余姚市锦凤路58号					邮政编码	315400
评定时间	2012.4.20	注册日期	2006.4.5	报关有效期	2015.2.24	注册资本	1316万美元
法人姓名	叶晓波	电　话	0574－62692979	日常联系人	毛建飞	电　话	0574－62677555
主营范围	制造、加工园林机械及配件、农业机具、园林机具、电动工具、清洁设备、农林节水喷洒系列设备、电器配件、电机、塑料制品、电子元器件、汽油机及模具，自营和代理各类货物和技术的进出口业务，无进口商品分销业务。（不涉及国营贸易管理商品，涉及配额、许可证管理商品的，按国家有关规定办理申请。）						

企业名称	浙江舜宇光学有限公司			海关编码	3312940338	所属海关	甬驻余办
通讯地址	浙江省余姚市舜宇路66－68号					邮政编码	315400
评定时间	2010.8.10	注册日期	2006.8.11	报关有效期	2015.6.15	注册资本	23500万人民币
法人姓名	叶辽宁	电　话	0574－62538088	日常联系人	王维	电　话	0574－62530023
主营范围	制造、加工光学元器件、光电信息产品。自营和代理各类商品和技术的进出口业务，但国家限定经营或禁止进出口的商品和技术除外，无进口商品分销业务。						

企业名称	宁波耀泰电器有限公司			海关编码	3312940362	所属海关	甬驻余办
通讯地址	浙江省余姚市远东工业城CN8					邮政编码	315400
评定时间	2012.6.14	注册日期	2007.1.29	报关有效期	2016.1.11	注册资本	800万美元
法人姓名	诸越华	电　话	0574－62760800	日常联系人	施维君	电　话	0574－62760538
主营范围	照明灯具、灯具配件、新型电子元器件、电器产品的制造、加工。						

企业名称	余姚市心雨洁具有限公司			海关编码	3312960260	所属海关	甬驻余办
通讯地址	浙江省余姚市陆埠镇五马工业园区					邮政编码	315420
评定时间	2011.12.2	注册日期	2003.9.22	报关有效期	2015.8.18	注册资本	658万人民币
法人姓名	沈海桥	电　话	0574－62386158	日常联系人	周立红	电　话	0574－62385995
主营范围	制造、加工、销售卫生洁具、塑料配件、五金配件、电动工具、模具。经营本企业自产产品及技术的出口业务和本企业所需的机械设备、零配件、原辅材料及技术的进口业务，但国家限定公司经营或禁止进出口的商品及技术除外。						

企业名称	宁波世茂铜业股份有限公司			海关编码	3312961062	所属海关	甬驻余办
通讯地址	浙江省余姚市小曹娥滨海产业园区曹朗水库					邮政编码	315400
评定时间	2011. 1. 5	注册日期	2007. 12. 21	报关有效期	2013. 12. 1	注册资本	11200 万人民币
法人姓名	李象高	电　　话	137××××0710	日常联系人	李雅君	电　　话	0574－62458428
主营范围	铜冶炼，经营紫铜业，电线、电缆、接插件、铜棒、铜板、电机、电磁线的制造加工。自营和代理货物和技术的进出口业务，但国家限定经营或禁止进出口的货物和技术除外。						

企业名称	宁波西摩电器进出口有限公司			海关编码	3312962442	所属海关	甬驻余办
通讯地址	浙江省余姚市新建北路 737－1 号					邮政编码	315400
评定时间	2008. 11. 7	注册日期	1999. 9. 20	报关有效期	2015. 9. 9	注册资本	500 万人民币
法人姓名	董越君	电　　话	0574－62829628	日常联系人	吴丽敏	电　　话	0574－62829620
主营范围	自营和代理各类商品及技术的进出口业务，但国家规定的专营进出口商品和国家禁止进出口的商品等除外。经营进料加工和“三来一补”业务，开展对销贸易和转口贸易。经批准的进出口商品目录：粮油食品、土产畜产品、纺织丝绸、服装、工艺品、轻工业品、医药品、机电产品、运输工具。						

企业名称	宁波富达进出口有限公司			海关编码	3312962514	所属海关	甬驻余办
通讯地址	浙江省余姚市朗霞街道余姚工业园区纬三路 128 号					邮政编码	315480
评定时间	2008. 11. 7	注册日期	1998. 11. 6	报关有效期	2014. 3. 14	注册资本	500 万人民币
法人姓名	魏利	电　　话	0574－62150178	日常联系人	魏益萍	电　　话	0574－58127312
主营范围	自营和代理货物和技术的进出口业务，但国家限定经营或禁止进出口的货物和技术除外。						

企业名称	宁波格莱特休闲用品有限公司			海关编码	3312962595	所属海关	甬驻余办
通讯地址	浙江省余姚市黄家埠镇回龙村					邮政编码	315466
评定时间	2011. 10. 21	注册日期	2008. 3. 21	报关有效期	2014. 2. 17	注册资本	5000 万人民币
法人姓名	王华军	电　　话	0574－62010068	日常联系人	陈维维	电　　话	0574－62010846
主营范围	制造、加工户外休闲家具、休闲凉篷、室内休闲家具、塑料工艺品、五金制品、家用电器。自营和代理货物和技术的进出口业务，但国家限定经营或禁止进出口的货物和技术除外。						

企业名称	慈溪宏一电子有限公司			海关编码	3320930259	所属海关	甬驻慈办
通讯地址	浙江省慈溪市观海卫镇工业园东区三海路12号					邮政编码	315314
评定时间	2008. 11. 7	注册日期	1994. 4. 26	报关有效期	2014. 8. 7	注册资本	1328万美元
法人姓名	沈国强	电　　话	0574－63668956	日常联系人	孙文俊	电　　话	0574－63668956
主营范围	电子元件、电器配件、塑料制品、金属制品、家用电器、电线、电源插头、插座、定时器（限家庭用）、微电机及其他电机、灯具的制造、批发，自营和代理各类商品和技术的进出口业务（国家限定经营或禁止进出口的商品和技术除外），光电子器件的研究、开发、制造、销售，五金工具、塑料原料、铜材料的批发，普通货物仓储。（不涉及国营贸易管理商品；涉及配额、许可证管理商品的，按国家有关规定办理申请。）						

企业名称	宁波金轮进出口有限公司			海关编码	3320950001	所属海关	甬驻慈办
通讯地址	浙江省慈溪市宗汉镇庙山村上笆里村（金轮开发区）					邮政编码	315301
评定时间	2008. 11. 7	注册日期	1993. 11. 25	报关有效期	2014. 11. 4	注册资本	3000万人民币
法人姓名	陆汉振	电　　话	0574－63218968	日常联系人	胡金媛	电　　话	0574－63218968
主营范围	自营和代理各类商品和技术的进出口业务，但国家限定公司经营或禁止进出口的商品和技术除外。						

企业名称	宁波喜尔美厨房用品有限公司			海关编码	3320950157	所属海关	甬驻慈办
通讯地址	浙江省慈溪市龙山镇龙头场村					邮政编码	315311
评定时间	2012. 11. 21	注册日期	2001. 6. 14	报关有效期	2014. 6. 16	注册资本	500万人民币
法人姓名	周国荣	电　　话	0574－63784169	日常联系人	周国荣	电　　话	0574－63784169
主营范围	许可经营项目：普通货运服务。一般经营项目：日用精铝制品、不锈钢制品、铁锅、不锈钢锅、不粘锅、五金配件的制造、加工，货物和技术的进出口（国家限定公司经营或禁止进出口的货物和技术除外）。						

企业名称	宁波新海电气股份有限公司			海关编码	3320960221	所属海关	甬驻慈办
通讯地址	浙江省慈溪市崇寿镇永清南路8号					邮政编码	315300
评定时间	2013. 4. 18	注册日期	2004. 6. 11	报关有效期	2014. 5. 23	注册资本	15028万人民币
法人姓名	黄新华	电　　话	136××××7765	日常联系人	张科	电　　话	139××××1454
主营范围	打火机、点火枪、模具、电器配件、电子元件、塑料制品、文具的制造，家用电器、打火机、点火枪、模具的批发、零售。自营和代理货物和技术的进出口业务，但国家限定公司经营或禁止进出口的货物或技术除外。						

企业名称	宁波市慈溪进出口股份有限公司		海关编码	3320962400	所属海关	甬驻慈办
通讯地址	浙江省慈溪市浒山寺山路外贸大厦				邮政编码	315300
评定时间	2013. 4. 18	注册日期	1991. 1. 9	报关有效期	2013. 12. 15	注册资本	18500 万人民币
法人姓名	柴晨穗	电　话	0574－63886702	日常联系人	任月娥	电　话	0574－63886621
主营范围	许可经营项目：向境外派遣各类劳务人员（不含海员），批发、零售预包装食品（以上经营项目在许可证件有效期限内经营）。一般经营项目：自营和代理货物和技术的进出口业务（国家限定经营或禁止进出口的货物和技术除外），批发、零售工艺美术品、针纺织品、服装、五金机械、化工产品、土畜产品、电子产品、玩具、棉纱，制造五金、轴承、服装、鞋、小家电（限另地分支经营），提供仓储服务、房屋租赁。（上述经营范围不含国家禁止、限制和许可经营的项目。）					

企业名称	宁波华翔进出口有限公司		海关编码	3302915006	所属海关	象山海关
通讯地址	浙江省象山县西周镇镇安路				邮政编码	315722
评定时间	2011. 8. 26	注册日期	2000. 1. 28	报关有效期	2014. 1. 10	注册资本	500 万人民币
法人姓名	郑才玉	电　话	0574　－87496699	日常联系人	黄琛琛	电　话	158××××2003
主营范围	自营和代理各类货物和技术的进出口业务（国家限定公司经营或禁止进出口的货物和技术除外），经营机械设备的租赁业务。					

企业名称	宁波天韵食品有限公司		海关编码	3302935188	所属海关	象山海关
通讯地址	浙江省象山县丹城九顷村				邮政编码	315700
评定时间	2013. 8. 9	注册日期	2002. 12. 26	报关有效期	2014. 11. 23	注册资本	6000 万人民币
法人姓名	陈霖	电　话	0574－65791388	日常联系人	陆杰军	电　话	0574－65659100
主营范围	许可经营项目：果蔬罐头、果冻的生产（在许可证件有效期内经营）。一般经营项目：自营和代理各类货物和技术的进出口业务（不涉及国营贸易管理产品；涉及配额许可证管理产品的，按国家有关规定办理申请；无进口分销权）。					

企业名称	宁波富毅华进出口有限公司		海关编码	3302965013	所属海关	象山海关
通讯地址	浙江省象山县丹西街道工业园区园中路 170 号				邮政编码	315700
评定时间	2013. 8. 9	注册日期	2000. 3. 31	报关有效期	2014. 3. 7	注册资本	1000 万人民币
法人姓名	俞富存	电　话	139××××0822	日常联系人	俞富存	电　话	139××××0822
主营范围	许可经营项目：无。一般经营项目：水产品初加工；五金、机械、针纺织品、棉织品的批发、零售；自营和代理各类货物和技术的进出口，但国家限定公司经营或禁止进出口的货物和技术除外。（上述经营范围不含国家法律法规规定禁止、限制和许可经营的项目。）					

企业名称	宁波中瑞进出口有限公司			海关编码	3302965054	所属海关	象山海关
通讯地址	浙江省象山县工业示范园区					邮政编码	315010
评定时间	2012. 11. 21	注册日期	2002. 10. 28	报关有效期	2014. 9. 13	注册资本	500 万人民币
法人姓名	吴海鹰	电　话	136××××4226	日常联系人	汪文芳	电　话	0574－87660057
主营范围	批发、零售针纺织品、轻纺原料、机电产品（汽车除外）、五金产品，自营和代理各类货物和技术的进出口业务（国家限定公司经营或禁止进出口的货物和技术除外）。						

企业名称	浙江启鑫新能源科技股份有限公司			海关编码	3302965303	所属海关	象山海关
通讯地址	浙江省象山县经济开发区滨海工业区					邮政编码	315700
评定时间	2012. 11. 21	注册日期	2006. 10. 20	报关有效期	2015. 9. 11	注册资本	15000 万人民币
法人姓名	励小伟	电　话	136××××1668	日常联系人	梁萍萍	电　话	0574－25758838
主营范围	太阳能电池板、灯具的研制研发、制造、加工，太阳能晶片、太阳能电池板、硅片、灯具、自动化电子设备的批发、零售，太阳能设备、工艺品、文具、箱包、家用电器的制造、加工、批发、零售，日用品的批发、零售，货物和技术的进出口（国家限定或禁止进出口的货物和技术除外）。						

企业名称	宁波飞日水产实业有限公司			海关编码	3302965538	所属海关	象山海关
通讯地址	浙江省象山县石浦镇兴港西路 1 号					邮政编码	315731
评定时间	2013. 7. 5	注册日期	2010. 5. 26	报关有效期	2016. 5. 26	注册资本	1195 万人民币
法人姓名	谢定飞	电　话	136××××4123	日常联系人	董佩佩	电　话	134××××3526
主营范围	许可经营项目：速冻食品［速冻其他食品（速冻肉制品）］、罐头（畜禽水产罐头）的制造、加工（在许可证件有效期内经营）。一般经营项目：海洋水产产业工程技术研发及相关技术咨询服务；农产品质量跟踪追溯；自营和代理各类货物和技术的进出口，但国家限定公司经营或禁止进出口的货物和技术除外。（上述经营范围不含国家法律法规规定禁止、限制和许可经营的项目。）						

企业名称	宁波奇美物流有限公司			海关编码	3302540028	所属海关	宁波保税区海关驻出口加工区办事处
通讯地址	浙江省宁波出口加工区 0311－3 地块					邮政编码	315800
评定时间	2012. 5. 22	注册日期	2008. 5. 9	报关有效期	2014. 4. 11	注册资本	400 万美元
法人姓名	郭国祥	电　话	0574－86865999	日常联系人	张薇	电　话	0574－86865999
主营范围	提供普通货物的仓储服务，提供液晶显示器、液晶电视整机、液晶面板及零部件的维修服务，经营国际货运理代业务，经营自建厂房租赁业务。						

企业名称	中化宁波（集团）有限公司		海关编码	3302910017	所属海关	宁波海关 驻鄞州办事处
通讯地址	浙江省宁波市海曙区江厦街21号				邮政编码	315000
评定时间	2011.1.10	注册日期	1987.1.31	报关有效期	2014.1.31	注册资本	20000万人民币
法人姓名	杜克平	电　　话	010－59568069	日常联系人	陆蒋	电　　话	0574－87260145
主营范围	自营和代理货物和技术的进出口业务，但国家限定经营或禁止进出口的货物和技术除外。					

企业名称	宁波中华纸业有限公司		海关编码	3302930111	所属海关	宁波海关 驻鄞州办事处
通讯地址	浙江省宁波市海曙区段塘镇丁家街108号				邮政编码	315011
评定时间	2008.11.7	注册日期	1993.2.16	报关有效期	2014.1.30	注册资本	184881万人民币
法人姓名	黄志源	电　　话	0574－87458001	日常联系人	王锋雷	电　　话	0574－87458625
主营范围	各类纸张、纸板、纸制品的设计、制造、加工和销售，有关机械产品的生产（限制类产品除外）及公司自用原辅材料的运输。					

企业名称	宁波名古屋工业有限公司		海关编码	3302933365	所属海关	宁波海关 驻鄞州办事处
通讯地址	浙江省宁波市鄞县塘溪镇黄岭				邮政编码	315142
评定时间	2011.9.16	注册日期	2001.6.29	报关有效期	2014.6.29	注册资本	120万美元
法人姓名	董阿能	电　　话	0574－88311111	日常联系人	王国英	电　　话	0574－88316111
主营范围	金属制品、五金零件的制造、加工。					

企业名称	宁波如意股份有限公司		海关编码	3302934186	所属海关	宁波海关 驻鄞州办事处
通讯地址	浙江省宁海县城关桃源北路656号				邮政编码	315600
评定时间	2010.4.9	注册日期	2005.6.16	报关有效期	2014.6.17	注册资本	5000万人民币
法人姓名	储吉旺	电　　话	0574－65552001	日常联系人	郑娜	电　　话	0574－6552016
主营范围	制造、加工拉紧器、手动液压搬运车、撬棍、锁扣、风动工具、平台车、电动车、电瓶车，销售自产产品。					

企业名称	重机（宁波）精密机械有限公司			海关编码	3302943162	所属海关	宁波海关 驻鄞州办事处
通讯地址	浙江省宁波市鄞州区姜山镇茅山工业小区					邮政编码	315193
评定时间	2011.9.16	注册日期	2001.8.29	报关有效期	2014.8.29	注册资本	516万美元
法人姓名	後藤博文	电　话	0574－88467346	日常联系人	林剑勇	电　话	0574－88467346
主营范围	制造高技术含量的特种工业缝纫机，制造、加工精密机械及其零部件、马达，自营和代理各类商品和技术的进出口业务。（不涉及国营贸易管理商品；涉及配额、许可证管理商品的，按国家有关规定办理申请。）						

企业名称	宁波旷世居家用品有限公司			海关编码	3302943685	所属海关	宁波海关 驻鄞州办事处
通讯地址	浙江省宁波市鄞州区古林镇包家村					邮政编码	315176
评定时间	2011.12.2	注册日期	2009.10.26	报关有效期	2015.10.26	注册资本	500万美元
法人姓名	王瑛	电　话	0574－88008816	日常联系人	赵娜	电　话	0574－88008840
主营范围	蜡制品、烛台、金属制品（除集装箱）、玻璃制品、陶瓷制品、木制品、文具、家具、灯具、卫生洁具、清洁用具、家用纺织品、纸制品、工艺品的制造、加工，空气清新剂、空气加香剂、香熏制品的包装加工。						

企业名称	宁波金田铜业（集团）股份有限公司			海关编码	3302950026	所属海关	宁波海关 驻鄞州办事处
通讯地址	浙江省宁波市江北区慈城城西西路1号					邮政编码	315034
评定时间	2012.12.26	注册日期	1999.3.16	报关有效期	2014.3.16	注册资本	121497万人民币
法人姓名	楼国强	电　话	0574－87597289	日常联系人	王烨	电　话	0574－87190763
主营范围	自营和代理货物和技术的进出口业务，但国家限定经营或禁止进出口的货物和技术除外。						

企业名称	宁波瑞生世纪进出口有限公司			海关编码	3302966305	所属海关	宁波海关 驻鄞州办事处
通讯地址	浙江省宁波市江北区人民路585号（5－1）室					邮政编码	315020
评定时间	2012.11.30	注册日期	2007.6.7	报关有效期	2016.6.7	注册资本	500万人民币
法人姓名	董德甫	电　话	0574－87355299	日常联系人	周科娜	电　话	0574－87653181
主营范围	自营和代理各类货物和技术的进出口业务（国家限定经营或禁止进出口的货物和技术除外），批发、零售金属、五金、机械设备、塑料制品、建材、服装、纺织原料、工艺品、化工原料及产品、电子产品、电子元器件、木材、家具、化妆品、皮革制品。（上述经营范围不含国家禁止、限制和许可经营的项目。）						

企业名称	宁波李氏实业有限公司			海关编码	3302963197	所属海关	宁波海关 驻鄞州办事处
通讯地址	浙江省宁波市鄞州区横溪镇					邮政编码	315135
评定时间	2013. 7. 9	注册日期	2003. 3. 20	报关有效期	2014. 3. 24	注册资本	200 万人民币
法人姓名	李建崇	电　　话	0574－88473437	日常联系人	杨琳琳	电　　话	136××××2903
主营范围	喷枪、喷涂机、电动往复泵、机械配件、金属制品、建筑材料、机电设备、化工原料及产品、日用百货的批发、零售；自营或代理货物和技术的进出口，但国家限制经营或禁止进出口的货物和技术除外。（上述经营范围不含国家法律法规、规定禁止、限制和许可经营的项目。）						

企业名称	中基宁波集团股份有限公司			海关编码	33029639FS	所属海关	宁波海关 驻鄞州办事处
通讯地址	浙江省宁波市鄞州区天童南路 666 号					邮政编码	315199
评定时间		注册日期	2000. 4. 5	报关有效期	2014. 4. 5	注册资本	20000 万人民币
法人姓名	周巨乐	电　　话	0574－87425501	日常联系人	周芳军	电　　话	0574－87423238
主营范围	许可经营项目：承包境外机电工程和境内国际招标工程，出口上述境外工程所需的设备和材料，向境外派遣各类劳务人员（不含海员）；经营第 3 类易燃液体（低、中、高闪点液体），第 4 类易燃固体、自燃物品和遇湿易燃物品，第 5 类氧化剂和有机过氧化物，第 6 类毒害品和感染性物品，第 8 类腐蚀品（酸性、碱性和其他腐蚀品）（除剧毒品，一类易制毒品，成品油外）；经营燃料油的进口业务。（上述经营范围在许可证件有效期内经营。） 一般经营项目：自营和代理货物及技术的进出口业务（国家限定经营或禁止进出口的货物及技术除外），批发、零售农畜产品、纺织、服装及日用品、文化、体育用品及器材、矿产品、建材及化工产品、机械设备、五金交电及电子产品、重油，实业投资，工程建筑，工程招标代理，提供普通货物仓储服务，提供企业管理服务、实业投资咨询服务、贸易咨询服务、商品信息咨询服务。（上述经营范围不含国家禁止、限制和许可经营的项目。）						

企业名称	宁波弘生进出口有限公司			海关编码	3302968057	所属海关	宁波海关 驻鄞州办事处
通讯地址	浙江省宁波市海曙区碶闸街 58 号 29 楼					邮政编码	315010
评定时间	2012. 10. 9	注册日期	2004. 4. 27	报关有效期	2014. 3. 21	注册资本	500 万人民币
法人姓名	马海健	电　　话	0574－27871899	日常联系人	余彦婷	电　　话	0574－27871859
主营范围	自营和代理各类商品和技术的进出口业务（国家限定公司经营或禁止进出口的商品和技术除外），批发、零售、代购代销百货、针纺织品及原材料、五金工具、建筑材料、装饰材料。						

企业名称	爱伊美集团有限公司			海关编码	3321910005	所属海关	宁波海关驻鄞州办事处
通讯地址	浙江省奉化市南山北路9号					邮政编码	315503
评定时间	2009.11.4	注册日期	1995.5.5	报关有效期	2014.5.5	注册资本	8000万人民币
法人姓名	付志存	电话	0574-88914888	日常联系人	张志敏	电话	0574-88914808
主营范围	自营和代理各类商品和技术的进出口业务（国家限定或禁止经营的商品和技术除外），制造、加工、批发、零售服装。						

企业名称	宁波奥克斯进出口有限公司			海关编码	3352960788	所属海关	宁波海关驻鄞州办事处
通讯地址	浙江省宁波市鄞州区龙观乡桓村					邮政编码	315191
评定时间	2012.11.21	注册日期	2012.2.27	报关有效期	2015.2.27	注册资本	25000万人民币
法人姓名	钱旭峰	电话	0574-88072555	日常联系人	陈伟	电话	0574-88220592
主营范围	自营和代理各类商品及技术的进出口业务，但国家限定公司经营或禁止进出口的商品及技术除外。						

合肥关区

企业名称	芜湖新联造船有限公司	海关编码	3402910053	所属海关	芜湖海关
通讯地址	安徽省芜湖市三山经济开发区峨溪路1号			邮政编码	241001
评定时间	2010.12.30	注册日期	2004.12.22	报关有效期	2013.12.22
注册资本	20000万人民币				
法人姓名	刘有节	电　　话	0553－3935270	日常联系人	李冰雄
电　　话	0553－3935388				
主营范围	造、修船，承接海洋工程，成套设备、机电产品、机械的制造，承接钢结构工程；采购与销售汽车与铸造类设备材料，自营和代理各类商品和技术的进出口业务（国家限定公司经营或禁止进出口的商品和技术除外），经营来料加工和有色金属铸造业务，提供船舶设计咨询技术服务。				

企业名称	安徽华茂进出口有限责任公司			海关编码	3408910023	所属海关	安庆海关
通讯地址	安徽省安庆市纺织南路80号					邮政编码	246018
评定时间	2009.9.15	注册日期	1999.3.31	报关有效期	2015.4.30	注册资本	2000万人民币
法人姓名	王卫国	电　　话	0556－5919892	日常联系人	许海粟	电　　话	0556－5919809
主营范围	自营和代理各类商品和技术的进出口业务（国家限制公司经营或禁止进出口的商品和技术除外），提供货物仓储服务。						

企业名称	安庆帝伯格茨活塞环有限公司			海关编码	3408930126	所属海关	安庆海关
通讯地址	安徽省安庆市经济技术开发区迎宾大道16号区					邮政编码	246003
评定时间	2011.11.23	注册日期	1996.3.28	报关有效期	2014.3.29	注册资本	2800万美元
法人姓名	潘一新	电　　话	0556－5305739	日常联系人	冷皓	电　　话	0556－5305728
主营范围	生产和销售活塞环及内燃机配件，从事相关业务。						

企业名称	安徽鸿润（集团）股份有限公司			海关编码	3408950002	所属海关	安庆海关
通讯地址	安徽省桐城经济开发区兴源东路18号					邮政编码	231400
评定时间	2011.2.23	注册日期	1997.9.22	报关有效期	2015.4.30	注册资本	7062万人民币
法人姓名	夏吉国	电　　话	0556－6204424	日常联系人	赵凤珍	电　　话	
主营范围	羽绒制品、皮革制品、服装、塑料制品、纺织品、针织品、机械、电子产品（不含地面卫星接收和发射产品）、玻璃纤维的生产和销售，棉花收购，日用百货的销售。经营本企业自产产品的出口业务和本企业所需的机械设备、零配件、原辅材料的进口业务，但国家限定公司经营或禁止进出口的商品及技术除外。						

企业名称	安徽天鹅科技实业（集团）有限公司			海关编码	3408960004	所属海关	安庆海关
通讯地址	安徽省岳西县天堂镇回龙社区（安徽天鹅工业园）					邮政编码	246600
评定时间	2013.2.26	注册日期	2001.5.16	报关有效期	2015.4.30	注册资本	5100万人民币
法人姓名	储荣生	电　　话	0556－2179818	日常联系人	王玲	电　　话	136××××0805
主营范围	许可经营项目：房地产开发、销售，物业管理（凭资质证书经营）。一般经营项目：经营本企业自产的纺织工艺制品、服装、轻工业品、纸箱、塑料制品的出口业务，生产和销售自产的电源供器模组、充电器、高性能电源、计算机系统配套零部件、液晶平面显示器及其配套零部件、片式电感，经营本企业所需的原辅材料、机械设备、零配件及相关技术的进口业务（国家限定公司经营或禁止出口的商品除外），经营本企业的进料加工和“三来一补”业务，批发、零售建筑材料，制造、销售鞋帽、石材，提供物流信息咨询服务，计算机软件开发，生态农业开发。						

企业名称	安庆市恒昌机械制造有限责任公司			海关编码	3408960019	所属海关	安庆海关
通讯地址	安徽省安庆市经济开发区小孤山路5号					邮政编码	246005
评定时间	2012.2.2	注册日期	2002.11.11	报关有效期	2015.5.9	注册资本	1000万人民币
法人姓名	吕兆荣	电　　话	0556－5351948	日常联系人	代颖	电　　话	0556－5357442
主营范围	机械制造，模具制造，经营本企业自产产品的出口业务和本企业所需的机械设备、零配件、原辅材料的进口业务，但国家限定公司经营或禁止进出口的商品及技术除外。						

企业名称	安庆申洲进出口有限公司			海关编码	3408960419	所属海关	安庆海关
通讯地址	安徽省安庆市望江县经济开发区通港					邮政编码	246200
评定时间	2013.2.26	注册日期	2010.7.13	报关有效期	2016.7.12	注册资本	500万人民币
法人姓名	马建荣	电　　话	0556－7160818	日常联系人	郑元炳	电　　话	0556－7160818
主营范围	批发纺织、服装及日用品，自营和代理各类商品及技术的进出口业务。（国家限定公司经营或禁止进出口的商品及技术除外；应经审批的，未获审批前不得经营。）						

企业名称	安徽久工科技实业有限责任公司			海关编码	3405960372	所属海关	马鞍山海关
通讯地址	安徽省和县历阳工业园区					邮政编码	238200
评定时间	2011.12.30	注册日期	2011.10.18	报关有效期	2014.10.18	注册资本	500万人民币
法人姓名	韩道虎	电　　话	0565－5322690	日常联系人	罗俊洋	电　　话	0565－5388388
主营范围	经营本企业自产产品及技术的出口业务和本企业所需的机械设备、零配件、原辅材料及技术的进口业务，但国家限定经营或禁止进出口的商品和技术除外。						

企业名称	黄山永新股份有限公司		海关编码	3409930002	所属海关	黄山海关	
通讯地址	安徽省黄山市徽州区徽州东路 188 号				邮政编码	245900	
评定时间	2011. 2. 23	注册日期	1993. 1. 4	报关有效期	2015. 3. 30	注册资本	32576 万人民币
法人姓名	江继忠	电　　话	0559 - 3518188	日常联系人	徐晓黎	电　　话	0559 - 3514001
主营范围	生产经营真空镀膜、塑胶彩印复合软包装材料，生产和销售自产的新型药品包装材料、精细化工产品等高新技术产品。						

企业名称	黄山锦峰实业有限公司		海关编码	3409960004	所属海关	黄山海关	
通讯地址	安徽省黄山市徽州区徽州东路 25 号				邮政编码	245061	
评定时间	2011. 11. 23	注册日期	2001. 11. 1	报关有效期	2015. 4. 6	注册资本	1000 万人民币
法人姓名	章锦文	电　　话	0559 - 3516630	日常联系人	杨永红	电　　话	0559 - 3516630
主营范围	合成树脂、化学助剂、塑料产品的生产、销售，化工产品及原料（除危险品）的销售，经营本企业和本企业成员企业自产产品及相关技术的出口业务，经营本企业和本企业成员企业生产、科研所需的原辅材料、机械设备、仪器仪表、零配件及相关技术的进口业务（国家限定公司经营或禁止进出口的商品除外），经营本企业的进料加工和“三来一补”业务。						

企业名称	安徽恒远化工有限公司		海关编码	3409960021	所属海关	黄山海关	
通讯地址	安徽省黄山市徽州区循环经济园紫金路 16 号				邮政编码	245000	
评定时间	2010. 8. 19	注册日期	2003. 8. 18	报关有效期	2014. 3. 17	注册资本	1200 万人民币
法人姓名	程振朔	电　　话	0559 - 3516666	日常联系人	吴晨晖	电　　话	0559 - 3516666
主营范围	生产和销售环氧树脂、聚酯树脂、化工助剂，经营本企业自产产品及技术的出口业务和本企业所需的原辅材料、机械设备、仪器仪表、零配件及其相关技术的进口业务（国家限定经营或禁止进出口的商品及技术除外）。						

企业名称	黄山嵊峰针织有限公司		海关编码	3409960158	所属海关	黄山海关	
通讯地址	安徽省黄山市黄山经济开发区徽光路				邮政编码	245000	
评定时间	2012. 5. 7	注册日期	2008. 1. 23	报关有效期	2014. 1. 24	注册资本	1000 万人民币
法人姓名	宣汉光	电　　话	0559 - 2552168	日常联系人	何利明	电　　话	132 ×××× 0688
主营范围	制造棉、化纤针织品，销售纺织品、针织品及原料，从事商品出口业务（国家禁止经营、限制经营和指定经营的商品除外）。						

企业名称	蚌埠凤凰滤清器有限责任公司			海关编码	3403330007	所属海关	蚌埠海关
通讯地址	安徽省蚌埠市高新区黄山大道南					邮政编码	233000
评定时间		注册日期	2008. 12. 5	报关有效期	2014. 10. 31	注册资本	4500 万人民币
法人姓名	巫界树	电　　话	0552－2055189	日常联系人	寇卫国	电　　话	0552－2055189
主营范围	生产和销售自产的滤清器及汽车零配件。						

企业名称	安徽丰原国际贸易有限公司			海关编码	3403910043	所属海关	蚌埠海关
通讯地址	安徽省蚌埠市胜利西路 777 号					邮政编码	233010
评定时间	2012. 12. 24	注册日期	2002. 6. 18	报关有效期	2014. 6. 18	注册资本	6000 万人民币
法人姓名	贺威	电　　话	0552－4092880	日常联系人	贺威	电　　话	0552－4092880
主营范围	许可经营项目：预包装食品、乳制品的批发（以上项目有效经营期限至 2014 年 4 月 21 日止）。一般经营项目：自营和代理商品及技术的进出口业务，经营进料加工和“三来一补”业务，饲料、饲料添加剂的经营及进出口贸易，开展对销和转口贸易。（以上项目前置许可的及国家禁止经营的除外）						

企业名称	安徽泰格生物技术股份有限公司			海关编码	3403910064	所属海关	蚌埠海关
通讯地址	安徽省蚌埠市曹山路 59 号					邮政编码	233000
评定时间	2013. 5. 22	注册日期	2008. 12. 8	报关有效期	2014. 12. 8	注册资本	6500 万人民币
法人姓名	朱云	电　　话	0552－7121012	日常联系人	姚岚	电　　话	0552－4095809
主营范围	饲料添加剂的生产、销售［维生素（I）L－抗坏血酸－2－磷酸酯、VC 维生素（II），VC、酸度调节剂（II），甲酸、乳酸、柠檬酸］。以上有效经营期限至 2014 年 6 月 30 日止。						

企业名称	安徽丰原国际货运有限公司			海关编码	3403910067	所属海关	蚌埠海关
通讯地址	安徽省蚌埠市胜利西路 777 号					邮政编码	233010
评定时间	2013. 5. 22	注册日期	2010. 3. 18	报关有效期	2016. 3. 18	注册资本	1000 万人民币
法人姓名	徐建国	电　　话	0552－4093359	日常联系人	杨艳	电　　话	0552－4035100
主营范围	许可经营项目：预包装食品、散装食品的经营及进出口，煤炭的经营及进出口，危险化学品［包括易燃液体、毒害品、腐蚀品（具体产品见附件）］的经营及进出口。（以上许可经营项目，凭许可证件在有效经营期限内生产经营。）一般经营项目：承办海运、空运进出口货物的国际代理业务，包括揽货、订舱、仓储、中转、集装箱拼装拆箱、结算运杂费、报验、相关的短途运输服务及运输咨询业务；食品添加剂、饲料、饲料添加剂、木材及设备、包装材料、建筑材料、电子产品、塑料制品、玻璃制品、化工产品（不含危险化学品及易制毒制品）、化妆品、炭化料、水产品、矿产品、有色金属、重油、肉类（不含肉类熟制品及肉类罐头）、饲料用乳清粉的经营及进出口。（以上不含前置行政许可项目。）						

企业名称	蚌埠凤凰滤清器有限责任公司			海关编码	3403930167	所属海关	蚌埠海关
通讯地址	安徽省蚌埠市高新区黄山大道南					邮政编码	233000
评定时间	2013. 2. 18	注册日期	2008. 12. 5	报关有效期	2014. 10. 31	注册资本	2500 万人民币
法人姓名	巫界树	电　话	158××××8881	日常联系人	陈登宇	电　话	158××××8881
主营范围	生产和销售自产的滤清器及汽车零配件。						

企业名称	铜陵有色金属集团控股有限公司			海关编码	3407910002	所属海关	铜陵海关
通讯地址	安徽省铜陵市长江西路					邮政编码	244000
评定时间	2008. 11. 28	注册日期	1998. 7. 13	报关有效期	2015. 7. 13	注册资本	453160 万人民币
法人姓名	韦江宏	电　话	0562－5860014	日常联系人	吴雅丽	电　话	0562－5860909
主营范围	有色金属的采选、冶炼、加工，地质勘查、设计、研发，硫化工、精细化工，机械制造，房地产经营，铁路、公路、水路、码头、仓储物流服务，建筑安装与矿山工程建设，以上行业的投资与管理，硫酸生产，进出口业务（限《进出口企业资格证书》所列经营范围），境外期货业务（限铜），境外有色金属工程承包和境内国际工程招标，信息技术、有线电视服务，报纸出版发行。（以上经营项目涉及专项许可或审批的，均凭有效的批准文件或许可证经营。）						

企业名称	铜陵有色金属集团股份有限公司			海关编码	3407910019	所属海关	铜陵海关
通讯地址	安徽省铜陵市长江西路					邮政编码	244000
评定时间	2011. 11. 23	注册日期	2000. 3. 1	报关有效期	2015. 3. 1	注册资本	129436 万人民币
法人姓名	韦江宏	电　话	0562－5860135	日常联系人	吴雅丽	电　话	0562－5860909
主营范围	铜、铁、硫金矿的采选，有色金属的冶炼及压延加工，金、银、稀有贵金属的冶炼及压延加工，铁球团、硫酸、硫酸铜、电子产品的生产、加工、销售，电气机械和器材、普通机械、电缆盘的制造，废旧金属的收购、加工，自产产品的出口，生产所需的机械设备、零配件、原辅材料的进口，承接加工贸易和补偿贸易业务，生活饮用水制水、供水（限动力厂经营），矿产品、钢材、化工产品（不含危险品）的销售，信息技术（不含互联网经营）、有线电视服务产品的经营及广告业务。（以上经营范围中需要许可证的，一律凭证经营。）						

企业名称	金隆铜业有限公司			海关编码	3407930068	所属海关	铜陵海关
通讯地址	安徽省铜陵市金山路					邮政编码	244021
评定时间	2008. 11. 28	注册日期	1995. 8. 11	报关有效期	2014. 8. 11	注册资本	80204 万人民币
法人姓名	杨军	电　话	0562－2834350	日常联系人	束亚君	电　话	0562－3863188
主营范围	生产经营铜系列产品及冶炼副产品（黄金和白银的销售，须按国家有关规定办理）。						

企业名称	铜陵洁雅生物科技股份有限公司			海关编码	3407960008	所属海关	铜陵海关
通讯地址	安徽省铜陵市狮子山经济开发区地质大道528号					邮政编码	244000
评定时间	2012.12.7	注册日期	2001.12.27	报关有效期	2013.12.30	注册资本	3000万人民币
法人姓名	蔡英传	电　　话	0562－6861620	日常联系人	许丽娟	电　　话	0562－6820775
主营范围	生物萃取技术（除食品、药品）的开发、应用及技术转让，卫生用品的研发、生产及销售（湿巾、卫生湿巾的《消毒产品生产企业卫生许可证》有效期至2014年3月25日），护肤类化妆品的研发、生产、销售（《化妆品生产企业卫生许可证》有效期至2016年1月12日）。经营本企业自产产品及技术的出口业务和本企业生产所需的原辅材料、仪器仪表、机械设备、零配件及技术的进口业务（国家限定公司经营和国家禁止进出口的商品及技术除外），经营进料加工和“三来一补”业务。						

企业名称	安徽铜冠有色金属（池州）有限责任公司			海关编码	3416210001 3416260013	所属海关	池州海关
通讯地址	安徽省池州市清风西路139号					邮政编码	247000
评定时间	2011.1.30	注册日期	2007.7.31	报关有效期	2016.7.31	注册资本	30000万人民币
法人姓名	梁克明	电　　话	0566－2038400	日常联系人	李新	电　　话	0566－2038480
主营范围	铜、铅、锌、钼等有色金属的采选，有色金属的冶炼，选矿产品的加工，化工产品（不含化学危险品）的制造、加工，硫酸、氧气的生产、销售（凭危险化学品生产许可证经营），本企业自产产品及相关技术的进出口。						

企业名称	安徽省龙溪外贸麻油制造有限公司			海关编码	3416960020	所属海关	池州海关
通讯地址	安徽省东至县大渡口工业园区					邮政编码	247210
评定时间	2012.2.2	注册日期	2003.11.11	报关有效期	2014.7.19	注册资本	1000万人民币
法人姓名	叶发泽	电　　话	0566－8907021	日常联系人	钱叶胜	电　　话	138××××9796
主营范围	许可经营项目：食用油、农副产品（棉花除外）的加工、销售。一般经营项目：经营本企业自产产品及技术的出口业务和本企业所需的机械设备、零配件、原辅材料及技术的进口业务，但国家限定公司经营或禁止进出口的商品及技术除外。（凭有效许可证经营）						

企业名称	安徽应流机电股份有限公司			海关编码	3401230021	所属海关	合肥现场
通讯地址	安徽省合肥市经济技术开发区民营科技经济园齐云路26号					邮政编码	230601
评定时间	2011.4.20	注册日期	2011.3.25	报关有效期	2014.3.25	注册资本	32000万人民币
法人姓名	杜应流	电　　话	0551－3821999	日常联系人	杜敏	电　　话	138××××8108
主营范围	通用设备、工程机械设备、交通运输设备零部件的制造、销售与技术开发。						

企业名称	日立建机（中国）有限公司		海关编码	3401940235 3401240057	所属海关	合肥现场	
通讯地址	安徽省合肥南郊新城 8 号信箱				邮政编码	231202	
评定时间	2008. 11. 28	注册日期	1998. 12. 10	报关有效期	2015. 4. 10	注册资本	150000 万人民币
法人姓名	水谷努	电　　话	0551－3847094	日常联系人	姚玥	电　　话	0551－3847094
主营范围	生产、销售挖掘机、起重机及其他建设机械、零部件，批发工程机械零部件。						

企业名称	安徽国风塑业股份有限公司		海关编码	3401310017	所属海关	合肥现场	
通讯地址	安徽省合肥国家高新技术产业开发区天智路 36 号				邮政编码	230088	
评定时间	2011. 11. 23	注册日期	2002. 2. 7	报关有效期	2015. 5. 18	注册资本	42048 万人民币
法人姓名	黄琼宜	电　　话	0551－62753509	日常联系人	胡旭红	电　　话	0551－62753559
主营范围	一般经营项目：塑胶建材及附件、塑料薄膜、其他塑料制品、非金属材料及金属制品（不含有色金属、稀有金属和贵金属）的制造、销售，塑料门窗的制造、安装及售后服务，企业自产产品及相关技术的出口（国家限定公司经营或禁止出口的商品除外），企业生产、科研所需的原辅材料、仪器仪表、机械设备、零配件及技术的进口（国家限定公司经营或禁止进口的商品除外）。						

企业名称	安徽省服装进出口股份有限公司		海关编码	3401910015	所属海关	合肥现场	
通讯地址	安徽省合肥市长江中路 436 号				邮政编码	230022	
评定时间	2012. 12. 7	注册日期	1993. 1. 15	报关有效期	2015. 3. 31	注册资本	7500 万人民币
法人姓名	李明菊	电　　话	0551－2832088	日常联系人	余立兵	电　　话	0551－3631168
主营范围	许可经营项目：预包装食品、乳制品（含婴幼儿配方乳粉）的销售。一般经营项目：经营进出口业务，经营五金、矿产品、化工产品、钢铁及其制品的仓储、包装服务，组织本省企业的出国（境）参、办经济贸易展览会，经营纺织品检验检测业务。						

企业名称	安徽鸿宇包装进出口有限责任公司		海关编码	3401910108	所属海关	合肥现场	
通讯地址	安徽省合肥市金寨路 327 号				邮政编码	230061	
评定时间	2012. 12. 7	注册日期	1999. 6. 22	报关有效期	2015. 4. 9	注册资本	260 万人民币
法人姓名	孙维舫	电　　话	0551－2828528	日常联系人	露荣	电　　话	0551－2827392
主营范围	自营和代理各类商品及技术的进出口业务（国家规定专营进出口商品和国家禁止进出口商品除外），经营进料加工，开展对销贸易和转口贸易，经营房屋租赁和物业管理。销售日用品、钢材、木材、纸浆、纸张、建材、五金电器、酒。						

企业名称	安徽江淮汽车股份有限公司			海关编码	3401910151	所属海关	合肥现场
通讯地址	安徽省合肥市东流路176号					邮政编码	230022
评定时间	2012.11.23	注册日期	2001.2.19	报关有效期	2015.4.27	注册资本	41400万人民币
法人姓名	左延安	电　　话	0551－2296666	日常联系人	朱惠敏	电　　话	0551－3415133
主营范围	经营汽车产品。						

企业名称	安徽天彩丝绸有限公司			海关编码	3401910239	所属海关	合肥现场
通讯地址	安徽省合肥市包河区金寨路118号					邮政编码	230022
评定时间	2010.3.8	注册日期	2007.4.10	报关有效期	2016.3.30	注册资本	600万人民币
法人姓名	江涛	电　　话	0551－3643072	日常联系人	张清	电　　话	
主营范围	各类商品和技术的进出口业务（国家限制禁止的除外），茧丝绸及制品、纺织品的加工销售，轻工产品、机械电子产品、化工产品（不含危险品）、日用百货的销售，天然彩色茧、丝生物技术及环保纤维的研制开发与技术引进、推广、转让及技术服务。						

企业名称	安徽安粮实业发展有限公司			海关编码	3401910255	所属海关	合肥现场
通讯地址	安徽省合肥市金寨路389号盛安广场13楼					邮政编码	230061
评定时间	2011.11.23	注册日期	2008.10.14	报关有效期	2014.10.14	注册资本	10000万人民币
法人姓名	石红	电　　话		日常联系人	曹光伟	电　　话	0551－2831063
主营范围	粮油（除稻谷、大米）、食品、果蔬、畜禽、园艺、水产品的科研、开发、种植、养殖、收购、加工（限分支机构）、销售、仓储、运输（限分支机构），小麦、皮棉的销售，焦炭、钢材、金属材料、矿产品、炉料、水泥和混凝土、纺织服装、包装材料、化工原料（除危险品）的销售。自营和代理各类商品及技术的进出口业务，经营对外贸易和转口贸易。（以上范围中，国家限定公司经营或禁止进出口商品及技术除外。）						

企业名称	巢湖维尔服饰有限公司		海关编码	3401940408	所属海关	合肥现场
通讯地址	安徽省巢湖经济技术开发区金巢大道 8 号				邮政编码	238000
评定时间	2011. 11. 23	注册日期	2011. 9. 19	报关有效期	2014. 10. 17	注册资本	250 万美元
法人姓名	徐建中	电　　话	0565 - 2856218	日常联系人	孙萍	电　　话	0565 - 2856218
主营范围	生产和销售服装、针纺织品、床上用品，经营绣花加工业务，自营和代理各类商品及技术的进出口业务。（国家限定企业经营或禁止进出口的商品和技术除外；不含分销及其他国家禁止、限制类项目；涉及专项审批的，凭有效许可证明经营。）						

企业名称	安徽轻工国际贸易股份有限公司		海关编码	3401950065	所属海关	合肥现场
通讯地址	安徽省合肥市蜀山区梅山路 19 号				邮政编码	230022
评定时间	2009. 1. 15	注册日期	2004. 12. 16	报关有效期	2015. 12. 16	注册资本	2441 万人民币
法人姓名	柳夕良	电　　话	0551 - 2818629	日常联系人	李柳芳	电　　话	0551 - 2818629
主营范围	许可经营项目：危险化学品、医疗器械的销售。一般经营项目：自营和代理轻工、机电、纺织服装（国家法律法规禁止的除外）等各类商品和技术的进出口业务，销售工艺品、针纺织品、服装鞋帽、粮油制品、百货、五金交电、化工产品（不含危险品）、土畜产品、汽车（不含小轿车）及零配件，提供仓储、运输（为本企业）、包装服务。						

企业名称	安徽省佳宝玩具（集团）有限公司		海关编码	3401960002	所属海关	合肥现场
通讯地址	安徽省合肥市龙岗工业区 B 区				邮政编码	231633
评定时间	2011. 11. 23	注册日期	1998. 12. 14	报关有效期	2015. 5. 3	注册资本	1008 万人民币
法人姓名	徐忠心	电　　话	0551 - 7679551	日常联系人	牛忠文	电　　话	0551 - 7671648
主营范围	本企业自产的玩具、人造毛毯、包装制品出口，工艺礼品、服装鞋帽、玩偶、玩具辅料、包装材料、针纺织品、节日用品、宠物用品、寝具用品、娱乐用品、地毯及其他铺地制品的生产、销售。						

企业名称	安徽工艺贸易进出口有限公司		海关编码	3401960032	所属海关	合肥现场
通讯地址	安徽省合肥市阜南路 168 号				邮政编码	230061
评定时间	2008. 11. 28	注册日期	2002. 3. 22	报关有效期	2014. 1. 14	注册资本	800 万人民币
法人姓名	薛颖	电　　话	0551 - 2819246	日常联系人	张立传	电　　话	0551 - 2819734
主营范围	自营和代理各类商品和技术的进出口业务（国家限定公司经营或禁止进出口的商品和技术除外），经营房屋租赁，经营百货、服装的销售。						

企业名称	中达电子（芜湖）有限公司		海关编码	3402540005	所属海关	芜湖海关驻出口加工区办事处
通讯地址	安徽省芜湖市九华北路68号出口加工区				邮政编码	241009
评定时间	2013. 7. 31	注册日期	2012. 12. 3	报关有效期	2015. 12. 3	注册资本	13400万美元
法人姓名	柯子兴	电　话	0553－5773008	日常联系人	柯子兴	电　话	0553－5773008
主营范围	生产和销售电子专用设备、测试仪器、工模具、新型电子光电子元器件、新型显示器件、数字电视机、太阳能源电子元器件、计算机散热风扇、照明相关产品（含镇流器、电源驱动器、变压器、点火器、控制组件及相关部件）、LED相关产品（含灯管模块与配件）、自动化机器设备、家用电器电源、控制板及线盘、磁性元器件、汽车电子零组器件，各种电器控制及电路保护装置的组装及零件加工。自营和代理各类商品和技术的进出口业务，但国家限定或禁止企业经营的商品和技术除外。						

福州关区

企业名称	华映光电股份有限公司			海关编码	3501233375	所属海关	马尾海关
通讯地址	福建省福州马尾科技园区兴业路1号					邮政编码	350015
评定时间	2009. 5. 18	注册日期	2002. 3. 20	报关有效期	2014. 2. 28	注册资本	232553 万人民币
法人姓名	康国财	电　　话	0591－88022139	日常联系人	李丹	电　　话	139××××8998
主营范围	开发、设计、生产单色显像管、单色显示管、彩色显示管、彩色显像管、电子枪、管面涂布材料、平板显示产品及其相关零部件，批发平板显示产品及相关零部件。						

企业名称	福建华映显示科技有限公司			海关编码	3501233682	所属海关	马尾海关
通讯地址	福建省福州马尾科技园区77号地					邮政编码	350015
评定时间	2010. 4. 13	注册日期	2010. 3. 25	报关有效期	2016. 3. 25	注册资本	3000 万美元
法人姓名	唐远生	电　　话	0591－83971357	日常联系人	王光炉	电　　话	0591－88022760
主营范围	从事新型平板显示器件、液晶显示屏、模组及零部件的研发、设计、生产、销售和售后服务（销售限于自产产品；涉及审批许可项目的，只允许在审批许可的范围和有效期限内从事生产经营）。						

企业名称	福州开发区钜联鞋业有限公司			海关编码	3501243338	所属海关	马尾海关
通讯地址	福建省福州市马尾区上歧路1号					邮政编码	350015
评定时间	2013. 1. 16	注册日期	2001. 1. 10	报关有效期	2014. 1. 12	注册资本	400 万美元
法人姓名	梅村建二	电　　话	0591－28322888	日常联系人	李晓媚	电　　话	0591－28322888
主营范围	生产运动鞋。						

企业名称	福耀玻璃工业集团股份有限公司			海关编码	3501934016	所属海关	福清海关
通讯地址	福建省福清市福耀工业村					邮政编码	350301
评定时间	2008. 10. 14	注册日期	1994. 6. 21	报关有效期	2014. 6. 21	注册资本	200299 万人民币
法人姓名	曹德旺	电　　话	0591－85383777	日常联系人	林虹	电　　话	0591－85363366
主营范围	生产汽车玻璃、装饰玻璃和其他工业技术玻璃，并提供玻璃安装、售后服务；开发和生产经营特种优质浮法玻璃，包括超薄玻璃、薄玻璃、透明玻璃、着色彩色玻璃；统一协调管理集团内各成员公司的经营活动和代购代销成员公司的原辅材料和产品；协助所属企业招聘人员、提供技术培训及咨询等有关业务；生产玻璃塑胶包边总成、塑料、橡胶制品；包装木料加工。（国家禁止外商投资的行业除外；国家限制外商投资的行业或有特殊规定的，须依法履行相关程序；涉及审批许可项目的，只允许在审批许可的范围和有效期限内从事生产经营）。						

企业名称	福建华冠光电有限公司			海关编码	3501934742	所属海关	福清海关
通讯地址	福建省福清市元洪路上郑					邮政编码	350301
评定时间	2010.4.28	注册日期	2005.9.9	报关有效期	2016.3.25	注册资本	2250万美元
法人姓名	吴炳昌	电　话	0591－28388888	日常联系人	王天峰	电　话	0591－38751080
主营范围	从事新型平板显示器件、液晶显示产品、模组及产品零部件的开发、设计、生产和售后服务（涉及审批许可项目的，只允许在审批许可的范围和有效期限内从事生产经营）。						

企业名称	福州隆诚实业有限公司			海关编码	3501934835	所属海关	福清海关
通讯地址	福建省福清市江阴经济开发区					邮政编码	350309
评定时间	2012.9.3	注册日期	2012.8.15	报关有效期	2015.8.15	注册资本	1000万人民币
法人姓名	施清流	电　话	0591－85965577	日常联系人	陈锦绣	电　话	0591－85965577
主营范围	仓储，货物装卸，废旧塑料的回收、再利用，生产再生塑料产品的生产再生，自产产品的销售。（涉及审批许可项目的，只允许在审批许可的范围和有效期限内从事生产经营。）						

企业名称	明达工业（福建）有限公司			海关编码	3501944029	所属海关	福清海关
通讯地址	福建省福清宏路上郑融侨工业区					邮政编码	350301
评定时间	2009.5.18	注册日期	1990.10.1	报关有效期	2014.10.1	注册资本	4580万美元
法人姓名	徐天培	电　话	0591－85380111	日常联系人	黄玲	电　话	0591－86953369
主营范围	生产塑料制品、合成橡胶、工业橡胶及塑料合金，其他金属制品、有机化学产品、合成材料、合成纤维、纺织、纸制品、废旧塑料消解，以及利用档织物面料的织染色以后整理加工。						

企业名称	南方铝业（中国）有限公司			海关编码	3501944092	所属海关	福清海关
通讯地址	福建省福清市融侨经济技术开发区					邮政编码	350301
评定时间	2009.5.18	注册日期	1992.7.9	报关有效期	2014.7.9	注册资本	4114万美元
法人姓名	林文光	电　话	0591－85375071	日常联系人	张崇辉	电　话	0591－85380393
主营范围	生产散热器用复合铝箔、其他复合铝箔、中高压阴极电容铝箔、PS铝合金板、蒙皮铝合金板等有色金属复合材料、新型合金材料。						

企业名称	福建捷联电子有限公司			海关编码	3501944583	所属海关	福清海关
通讯地址	福建省福清市融侨经济技术开发区					邮政编码	350301
评定时间	2009. 5. 18	注册日期	2002. 6. 14	报关有效期	2014. 6. 14	注册资本	4500 万美元
法人姓名	宣建生	电　话	0591－85285555	日常联系人	陈妍	电　话	0591－85285555
主营范围	生产和销售电脑及其周边设备、新型平板显示器件（液晶显示屏、液晶显示器、等离子显示器）、数字电视机（液晶电视、等离子电视、视频投影机）、显像管显示器、监视器、其他显示产品及其半成品、套件、零配件等，经营电子产品的维修业务。（涉及审批许可项目的，只允许在审批许可的范围和有效期限内从事生产经营。）						

企业名称	睿鸿光电科技（福建）有限公司			海关编码	3501944833	所属海关	福清海关
通讯地址	福建省福清市融侨经济技术开发区					邮政编码	350300
评定时间	2011. 6. 1	注册日期	2007. 4. 3	报关有效期	2016. 4. 3	注册资本	2300 万美元
法人姓名	陈志铭	电　话	0591－85537798－8889	日常联系人	叶贤华	电　话	0591－85537798－8308
主营范围	从事新型平板显示器件、液晶显示产品、模组及零配件、LED 能源和太阳能源（含照明灯具）技术、薄膜太阳能电池、汽车零配件及周边零配件的开发、设计、生产，多晶硅的研发改良应用，肉食品加工及储藏新设备的研发、生产、制造，销售自产产品。（涉及审批许可项目的，只允许在审批许可的经营范围和有效期限内从事生产经营。）						

企业名称	福建永强力加动力设备有限公司			海关编码	3501944852	所属海关	福清海关
通讯地址	福建省福清市阳下镇洪宽工业村					邮政编码	350323
评定时间	2013. 7. 30	注册日期	2007. 7. 13	报关有效期	2016. 7. 13	注册资本	1490 万美元
法人姓名	卓本与	电　话	0591－85191158－8001	日常联系人	陈祯	电　话	0591－85191500
主营范围	动力机械（柴油机、节能柴油机、汽油机、电动机、发电机、节能发电机、发电机组、舷外机、船用柴油机齿轮箱机组、灯塔式发电机组），农业机械（电泵、水泵、水泵机组、耕作机、拖拉机），园林机械（割草机、草坪机、喷雾机、喷粉机、清洗机），食品加工机械（碾米机、脱谷机），低压配电柜（含技术信息咨询），五金，机房噪音及污染环保控制工程（含施工）开发、生产及其相关部件的设计、加工和售后服务。（涉及专项许可的，须取得许可后方可经营。）						

企业名称	福建康宏股份有限公司			海关编码	3501964598	所属海关	福清海关
通讯地址	福建省福清市元洪工业区					邮政编码	350314
评定时间	2011. 6. 1	注册日期	2002. 11. 12	报关有效期	2014. 11. 12	注册资本	10000 万人民币
法人姓名	王志强	电　话	0591－85587362	日常联系人	曾丽红	电　话	0591－85587362
主营范围	生产加工豆粕、食用油。						

企业名称	福安远东华美电机有限公司		海关编码	3508944596	所属海关	宁德海关
通讯地址	福建省福安市秦溪洋工业园区				邮政编码	355000
评定时间	2013. 2. 21	注册日期	2010. 10. 8	报关有效期	2013. 10. 8	注册资本	5000 万人民币
法人姓名	陈鉴明	电　　话	189××××9999	日常联系人	陈婧洁	电　　话	
主营范围	生产电动机、发电机（不含国家限制品种）、水泵系列产品及其配套件（未取得前置审批项目的批准文件、证件，不得从事该项目的生产经营）。						

企业名称	福安市闽东安波电器有限公司		海关编码	350896138A	所属海关	宁德海关
通讯地址	福建省福安市秦溪洋工业园区				邮政编码	355000
评定时间	2011. 12. 5	注册日期	1996. 3. 22	报关有效期	2014. 3. 22	注册资本	1000 万人民币
法人姓名	陈少波	电　　话	0593－6510756	日常联系人	吴树通	电　　话	0593－6510766
主营范围	生产 YTD 系列伺服微特电机及其他电器产品（以上经营范围凡涉及国家审批许可证项目的，只允许在审批许可的范围和有效期限内从事生产经营）。						

企业名称	泰格工业集团有限公司		海关编码	3508964104	所属海关	宁德海关
通讯地址	福建省福安市阳头工业南路 42 号				邮政编码	355000
评定时间	2009. 5. 18	注册日期	2004. 8. 18	报关有效期	2014. 8. 18	注册资本	23168 万人民币
法人姓名	黄华堂	电　　话	0593－6319555	日常联系人	沈秀芳	电　　话	0593－2560608
主营范围	电机制造、销售，对制造业、房地产业、建筑业、金融业、住宿与餐饮业、旅游业、租赁和商务服务业、批发和零售业的投资，仓储（不含危险品），酒店管理，纺织服装、鞋帽、体育用品、九座以上乘用车、汽车零配件、五金、电子产品、化工产品（不含危险化学品、不含易制毒化学品）、金属材料、建材、日用百货、橡胶制品的销售，货物或技术的进出口。（国家禁止或限制进出口的货物或技术除外；以上经营范围涉及许可经营项目的，应在取得有关部门的许可后方可经营。）						

企业名称	福建福安闽东亚南电机有限公司		海关编码	3508964195	所属海关	宁德海关
通讯地址	福建省福安市阳泉景林路 14 号				邮政编码	355019
评定时间	2011. 12. 5	注册日期	2005. 11. 18	报关有效期	2014. 11. 18	注册资本	5208 万人民币
法人姓名	郭健	电　　话	0593－2771777	日常联系人	阎杨	电　　话	0593－2589578
主营范围	生产单、三相发电机、发电机组、电动机、水泵及电机电器配件（以上经营范围涉及许可经营项目的，应在取得有关部门的许可后方可经营）。						

企业名称	福建宁德核电有限公司			海关编码	3508964328	所属海关	宁德海关
通讯地址	福建省福鼎市江滨北路266号（核电大厦）					邮政编码	355200
评定时间	2011.3.23	注册日期	2007.6.13	报关有效期	2016.6.13	注册资本	792000万人民币
法人姓名	胡文泉	电　　话	0593-5656668	日常联系人	王艳姣	电　　话	0593-5656363
主营范围	核电站投资、建设与经营，发电。（以上经营范围涉及许可经营项目的，应在取得有关部门的许可后方可经营。）						

企业名称	福建省青山纸业股份有限公司			海关编码	3504917578	所属海关	三明海关
通讯地址	福建省福州市鼓楼区五一北路171号新都会花园广场16层					邮政编码	365506
评定时间	2009.5.18	注册日期	1997.8.7	报关有效期	2014.8.7	注册资本	106184万人民币
法人姓名	徐宗明	电　　话	0598-5656261	日常联系人	邓海燕	电　　话	0598-5658253
主营范围	纸浆、纸和纸制品的生产和销售，工业生产资料、百货、日用杂货、建筑材料、木材及产品的销售。对外贸易，轻工技术咨询，技术服务。						

企业名称	三和进出口贸易（三明）有限公司			海关编码	3504967823	所属海关	三明海关
通讯地址	福建省三明市沙县畔溪（三明高新技术产业开发区金沙园）					邮政编码	365500
评定时间	2012.5.30	注册日期	2004.6.22	报关有效期	2014.6.23	注册资本	2000万
法人姓名	赵逸平	电　　话	0598-5847886	日常联系人	吴秀玉	电　　话	139××××2576
主营范围	自营和代理各类商品和技术的进出口，但国家限定公司经营或禁止进出口的商品和技术除外。（以上经营范围凡涉及国家有专项专营规定的从其规定）						

企业名称	福建三明市外贸发展有限公司			海关编码	3504967846	所属海关	三明海关
通讯地址	福建省三明市梅列区江滨新村42幢801室					邮政编码	365000
评定时间	2009.11.17	注册日期	2004.10.22	报关有效期	2014.10.22	注册资本	516万人民币
法人姓名	叶德俊	电　　话	0598-8271666	日常联系人	刘爱华	电　　话	0598-8273066
主营范围	自营或代理商品和技术的进出口业务（国家限定公司经营或禁止进出口的商品和技术除外），销售汽车（除小轿车）及汽车配件，汽车美容。（以上项目国家有专项规定的，从其规定。）						

企业名称	福建鼎盛五金制品有限公司			海关编码	3503927119 3503937119	所属海关	莆田海关
通讯地址	福建省莆田市涵江区江口镇锦江路					邮政编码	351115
评定时间	2009.5.18	注册日期	2004.4.19	报关有效期	2014.4.19	注册资本	7507万港币
法人姓名	王伟樑	电话	0594－3683306	日常联系人	陈缨鹏	电话	0594－3683306
主营范围	铝卷片材加工如冷轧、表面清洗、内外涂布、切片及分条等，铝材深加工贸易拉盖及铝瓶铝罐的生产及销售等，金属包装制品的进出口业务等，精冲模具的研发及生产线的设计、更新及组装等。(涉及审批许可项目的，只允许在批准许可的范围和有效期限内从事经营活动。)						

企业名称	福建协丰鞋业有限公司			海关编码	3503936001	所属海关	莆田海关
通讯地址	福建省莆田市荔城区西天尾镇洞湖口					邮政编码	351131
评定时间	2009.6.4	注册日期	1992.12.2	报关有效期	2014.12.2	注册资本	1500万美元
法人姓名	Peter Nickerson	电话	0594－2894210	日常联系人	吴细霞	电话	0594－2894210
主营范围	生产各种鞋类、鞋类半成品、鞋类配件、运动服装、帽子、袜子、包、袋、运动保护用品及配套产品，鞋材加工、网板制作，经营货物、技术进出口业务（不含进口商品分销业务；凡涉及审批许可项目的，只允许在审批许可的范围和有效期限内从事经营活动。)						

企业名称	莆田新果鞋业有限公司			海关编码	3503936005	所属海关	莆田海关
通讯地址	福建省莆田市涵江区梧塘镇（在涵江区集奎村设立生产经营点）					邮政编码	351119
评定时间	2009.5.18	注册日期	1988.8.8	报关有效期	2014.8.8	注册资本	2470万人民币
法人姓名	吴庆喜	电话	0594－3991179	日常联系人	吴建新	电话	0594－3991178
主营范围	生产各类男女轻便鞋、运动鞋（涉及审批许可项目的，只允许在审批许可的范围和有效期限内从事经营活动)。						

企业名称	福建荔丰鞋业开发有限公司			海关编码	3503936073	所属海关	莆田海关
通讯地址	福建省莆田市涵江区梧塘镇沁溪北街888号					邮政编码	351119
评定时间	2009.5.18	注册日期	1992.12.2	报关有效期	2014.12.2	注册资本	1500万美元
法人姓名	Peter Nickerson	电话	0594－3991998	日常联系人	黄郁坤	电话	0594－3991998
主营范围	生产各种鞋类、鞋类半成品、鞋类配件，各种运动服装、帽子、袜子，包、袋，各种运动保护用品及配套产品；从事鞋材加工，经营货物、技术的进出口业务。						

企业名称	福建省莆田协丰模具有限公司			海关编码	3503936246	所属海关	莆田海关
通讯地址	福建省莆田市荔城区西天尾镇洞湖口					邮政编码	351131
评定时间	2012. 5. 30	注册日期	1992. 12. 30	报关有效期	2014. 12. 30	注册资本	500 万美元
法人姓名	Peter Nickerson	电　话	0594 - 2894210	日常联系人	谢文英	电　话	0594 - 2894243
主营范围	制造和维修模具、斩刀、楦头，射出品及金属零件加工，货物和技术进出口业务。						

企业名称	福建佳通轮胎有限公司			海关编码	3503937200	所属海关	莆田海关
通讯地址	福建省莆田市秀屿区笏石红埔工业区					邮政编码	351146
评定时间	2009. 5. 18	注册日期	2005. 6. 27	报关有效期	2014. 6. 27	注册资本	10670 万美元
法人姓名	李怀靖	电　话	0594 - 5898268	日常联系人	陈振源	电　话	0594 - 5898385
主营范围	生产斜交轮胎、子午线系列轮胎、汽车内胎、摩托车内外胎、自行车内外胎、人力车内外胎及相关橡胶制品，销售自产产品。（凡涉及审批许可项目的，只允许在审批许可的范围和有效期限内从事经营活动。）						

企业名称	福建省安特半导体有限公司			海关编码	3503947037	所属海关	莆田海关
通讯地址	福建省莆田市涵江区赤港华侨经济开发区					邮政编码	351117
评定时间	2009. 5. 18	注册日期	2002. 6. 12	报关有效期	2014. 6. 12	注册资本	1200 万美元
法人姓名	NG HON KEE	电　话	0594 - 3791649	日常联系人	陈建雄	电　话	0594 - 3791649
主营范围	生产集成电路、IC 卡（凡涉及审批许可项目的，只允许在审批许可的范围和有效期内从事经营活动）。						

企业名称	福建鼎盛五金制品有限公司			海关编码	3503947119	所属海关	莆田海关
通讯地址	福建省莆田市涵江区江口镇锦江路					邮政编码	351115
评定时间	2009. 5. 18	注册日期	2004. 4. 19	报关有效期	2014. 4. 19	注册资本	7500 万港币
法人姓名	王伟樑	电　话	0594 - 3688800	日常联系人	陈海峰	电　话	0594 - 3683306
主营范围	生产及研发精冲模、模具标准件、金属容器，并提供产品技术咨询服务。（涉及审批许可项目的，只允许在批准许可的范围和有期内从事活动。）						

<table>
<tr><td>企业名称</td><td colspan="3">福建省南纸股份有限公司</td><td>海关编码</td><td>3507918865</td><td>所属海关</td><td>南平海关</td></tr>
<tr><td>通讯地址</td><td colspan="5">福建省南平市滨江北路 177 号</td><td>邮政编码</td><td>353000</td></tr>
<tr><td>评定时间</td><td>2009. 5. 18</td><td>注册日期</td><td>1999. 6. 23</td><td>报关有效期</td><td>2014. 5. 30</td><td>注册资本</td><td>72142 万人民币</td></tr>
<tr><td>法人姓名</td><td>黄金镖</td><td>电　　话</td><td>0591 - 7553133</td><td>日常联系人</td><td>曾阳春</td><td>电　　话</td><td>0599 - 8808436</td></tr>
<tr><td>主营范围</td><td colspan="7">新闻纸、纸制品、纸浆、林产化工产品（不含危险化学品）、电器机械及器材的制造、销售，工业生产资料（不含九座以下乘用车）、化工产品（不含危险化学品）、建筑材料的批发、零售、代购、代销，人才培训，技术咨询，轻工技术服务，对外贸易，林木种子种植，树苗种植，林木种植，木材的采购、销售，造纸营林技术咨询服务，住宿服务。</td></tr>
</table>

<table>
<tr><td>企业名称</td><td colspan="3">福建南平南孚电池有限公司</td><td>海关编码</td><td>3507938064</td><td>所属海关</td><td>南平海关</td></tr>
<tr><td>通讯地址</td><td colspan="5">福建省南平市工业路 109 号</td><td>邮政编码</td><td>353000</td></tr>
<tr><td>评定时间</td><td>2009. 5. 18</td><td>注册日期</td><td>1988. 10. 10</td><td>报关有效期</td><td>2014. 2. 20</td><td>注册资本</td><td>3997 万美元</td></tr>
<tr><td>法人姓名</td><td>MARK S. Bertolami</td><td>电　　话</td><td>0599 - 8735632</td><td>日常联系人</td><td>张弓</td><td>电　　话</td><td>0599 - 8710289</td></tr>
<tr><td>主营范围</td><td colspan="7">生产、销售各类电池及电器具。</td></tr>
</table>

<table>
<tr><td>企业名称</td><td colspan="3">赢创嘉联白炭黑（南平）有限公司</td><td>海关编码</td><td>3507939482</td><td>所属海关</td><td>南平海关</td></tr>
<tr><td>通讯地址</td><td colspan="5">福建省南平市新建路 136 号嘉联大厦</td><td>邮政编码</td><td>353000</td></tr>
<tr><td>评定时间</td><td>2013. 5. 10</td><td>注册日期</td><td>2006. 4. 6</td><td>报关有效期</td><td>2014. 4. 30</td><td>注册资本</td><td>8769 万人民币</td></tr>
<tr><td>法人姓名</td><td>卢元健</td><td>电　　话</td><td>0599 - 8635960</td><td>日常联系人</td><td>江锦绣</td><td>电　　话</td><td>0599 - 8601615</td></tr>
<tr><td>主营范围</td><td colspan="7">制造白炭黑、硅酸盐以及主要专用于合资公司自身生产白炭黑所用的硅酸钠，在国内和国际市场上销售自产产品，并为合资产品提供售后服务。</td></tr>
</table>

<table>
<tr><td>企业名称</td><td colspan="3">浦城正大生化有限公司</td><td>海关编码</td><td>3507938522</td><td>所属海关</td><td>武夷山关</td></tr>
<tr><td>通讯地址</td><td colspan="5">福建省浦城县城关正大路 305 号</td><td>邮政编码</td><td>353400</td></tr>
<tr><td>评定时间</td><td>2013. 6. 3</td><td>注册日期</td><td>1995. 9. 22</td><td>报关有效期</td><td>2014. 9. 19</td><td>注册资本</td><td>10000 万人民币</td></tr>
<tr><td>法人姓名</td><td>潘长青</td><td>电　　话</td><td>0599 - 2827008</td><td>日常联系人</td><td>兰小君</td><td>电　　话</td><td>0599 - 2822604</td></tr>
<tr><td>主营范围</td><td colspan="7">生产、销售饲料金霉素、盐酸盐、盐霉素等相关产品。</td></tr>
</table>

企业名称	绿康生化股份有限公司			海关编码	3507949213	所属海关	武夷山关
通讯地址	福建省浦城县南浦生态工业园区 19 号					邮政编码	354300
评定时间	2013. 5. 10	注册日期	2007. 5. 31	报关有效期	2014. 6. 15	注册资本	9000 万人民币
法人姓名	赖潭平	电　　话	0599－2846599	日常联系人	冯真武	电　　话	0599－2846599
主营范围	生产杆菌钛锌系列预混剂。						

企业名称	建阳市碧全工艺品有限公司			海关编码	3507969230	所属海关	武夷山关
通讯地址	福建省建阳市麻沙镇尚书岭 20 号					邮政编码	354204
评定时间	2011. 12. 5	注册日期	2004. 7. 29	报关有效期	2014. 3. 14	注册资本	500 万人民币
法人姓名	徐道新	电　　话	139××××5999	日常联系人	樊子建	电　　话	0599－5550968
主营范围	生产竹、木、铁、塑料、布、纸、陶瓷、玻璃工艺品（以上经营范围凡涉及国家有专项专营的从其规定）。						

企业名称	中铝瑞闽铝板带有限公司			海关编码	3501213610	所属海关	福现业处
通讯地址	福建省福州市经济技术开发区 13 号小区					邮政编码	350015
评定时间	2009. 5. 18	注册日期	2007. 11. 1	报关有效期	2013. 11. 3	注册资本	159388 万人民币
法人姓名	丁海燕	电　　话	0591－83688585	日常联系人	林莉	电　　话	135××××5107
主营范围	生产铝、镁及其合金加工产品，从事对外贸易。						

企业名称	福建爱普生有限公司			海关编码	3501233302	所属海关	福现业处
通讯地址	福建省马尾快安标准厂房 A1. 2					邮政编码	350015
评定时间	2011. 6. 1	注册日期	1998. 8. 22	报关有效期	2014. 8. 22	注册资本	700 万美元
法人姓名	小池清文	电　　话	0591－83973030	日常联系人	孙庭津	电　　话	0591－83973030
主营范围	研究、开发及生产喷墨打印机、各种新型打印机及其他信息处理设备、配件，销售自产产品，提供售后的维修、技术服务。（不含国家限制产品及涉及配额许可证管理品种。）						

企业名称	福州华映视讯有限公司			海关编码	3501233421	所属海关	福现业处
通讯地址	福建省福州马尾科技园区兴业路1号					邮政编码	350015
评定时间	2009.11.17	注册日期	2004.3.8	报关有效期	2014.3.3	注册资本	520万美元
法人姓名	许翼材	电　话	0591－83971357	日常联系人	张清红	电　话	138××××5370
主营范围	平板显示产品及相关零部件的开发、设计、生产及售后服务。						

企业名称	福州开发区福禄鞋业有限公司			海关编码	3501243326	所属海关	福现业处
通讯地址	福建省福州开发区青州路3号					邮政编码	350015
评定时间	2013.1.16	注册日期	2000.1.25	报关有效期	2014.1.21	注册资本	1100万美元
法人姓名	梅村建二	电　话	0591－3688888	日常联系人	李小媚	电　话	0591－28322888
主营范围	生产运动鞋。						

企业名称	福建省长乐市对外贸易公司			海关编码	3501912518	所属海关	福现业处
通讯地址	福建省长乐市吴航镇资圣路57号1幢2层					邮政编码	350200
评定时间	2010.3.1	注册日期	1995.2.15	报关有效期	2014.2.15	注册资本	689万人民币
法人姓名	郑超	电　话	0591－28922179	日常联系人	张春明	电　话	0591－28922179
主营范围	进出口机械设备、仪器仪表、化工产品、纺织品、轻工业品、服装、医药保健品及食品，出口土畜产品、非金属矿产品和工艺品，承办来料加工、来样加工、来件装配业务。						

企业名称	福建省船舶工业集团公司			海关编码	3501912733	所属海关	福现业处
通讯地址	福建省福州市群众路27号					邮政编码	350005
评定时间	2009.5.18	注册日期	1992.12.24	报关有效期	2016.3.24	注册资本	37287万人民币
法人姓名	赵金杰	电　话	0591－83305191	日常联系人	林宇仁	电　话	0591－83357331
主营范围	自营和代理各类商品及技术的进出口业务（国家限定公司经营或禁止进出口的商品和技术除外），经营进料加工和“三来一补”业务，开展对销贸易和转口贸易。对造船、修船、拆船、钢结构件业的投资与管理。船舶及其辅机、电子产品及通信设备、工业生产资料、建筑材料、五金、交电、化工、百货的批发和零售。						

企业名称	福建省旅游贸易公司			海关编码	3501912741	所属海关	福现业处
通讯地址	福建省福州市五一北路1号力宝天马广场13层					邮政编码	350001
评定时间	2013. 1. 18	注册日期	1992. 12. 3	报关有效期	2014. 12. 3	注册资本	1500万人民币
法人姓名	李翼	电　　话	0591－87553388	日常联系人	林舒	电　　话	0591－87532193
主营范围	纺织品、百货、日用杂货、五金、交电、化工（不含危险品）、建筑材料、农业机械、饲料（不含添加剂）、工业生产资料（不含汽车）、工艺美术品的批发兼零售，对外贸易，信息服务，预包装食品的批发兼零售（有效期至2014年3月27日）。（以上经营范围涉及许可证经营项目的，应在取得有关部门的许可后方可经营。）						

企业名称	国投京闽（福建）工贸有限公司			海关编码	3501916143	所属海关	福现业处
通讯地址	福建省福州市湖头街89号双安城10号楼1层					邮政编码	350025
评定时间	2009. 5. 18	注册日期	2002. 9. 2	报关有效期	2014. 9. 2	注册资本	10000万人民币
法人姓名	钟荣辉	电　　话	0591－83757758	日常联系人	李玉华 王虎	电　　话	0591－83757758
主营范围	自营和代理各类商品和技术的进出口业务（国家限定公司经营和禁止进口的商品和技术除外），经营进料加工和“三来一补”业务，经营对销贸易和转口贸易。						

企业名称	闽侯闽兴编织品有限公司			海关编码	3501930139	所属海关	福现业处
通讯地址	福建省闽侯县白沙镇仙山边56号					邮政编码	350001
评定时间	2009. 5. 18	注册日期	1990. 4. 12	报关有效期	2014. 4. 12	注册资本	1877万美元
法人姓名	林水俤	电　　话	0591－87118197	日常联系人	何霄清	电　　话	0591－87118205
主营范围	生产草、竹、柳、藤、芒、木、铁、玻璃等工艺制品，圣诞礼品，铁家具，木家具，铁木结构家具及包装纸箱。从事非配额许可证管理，非专营商品的收购出口业务并参加自产产品的出口配额招标。						

企业名称	福建万丰鞋业有限公司			海关编码	3501930220	所属海关	福现业处
通讯地址	福建省闽侯县青口镇					邮政编码	350119
评定时间	2009. 5. 18	注册日期	1989. 12. 1	报关有效期	2014. 12. 1	注册资本	1295万美元
法人姓名	PETER NICKERSON	电　　话	0591－22762288	日常联系人	李水仙	电　　话	0591－22785005
主营范围	生产各种鞋类、鞋类半成品、鞋类配件，生产各种运动服装、帽子、袜子、包、袋，生产各种运动保护用品及配套产品，鞋材加工，从事货物、技术进出口（不含境内分销）等。（涉及审批许可项目的，只允许在审批许可的范围和有效期限内从事生产经营。）						

企业名称	福建三丰鞋业有限公司			海关编码	3501930403	所属海关	福现业处
通讯地址	福建省福州市仓山区城门镇城门街399号					邮政编码	350018
评定时间	2009.5.18	注册日期	1992.12.2	报关有效期	2014.12.2	注册资本	1500万美元
法人姓名	Peter Nickerson	电　话	0591－83497668	日常联系人	张惠华	电　话	0591－83497668
主营范围	生产各种鞋类、鞋类半成品、鞋类配件，生产各种运动服装、帽子、袜子、包、袋，生产各种运动保护用品及配套产品，鞋材加工，从事货物、技术进出口（不含进口分销）业务。（涉及审批许可项目的，只允许在审批许可的范围和有效期内从事生产经营。）						

企业名称	福建源光电装有限公司			海关编码	3501931699	所属海关	福现业处
通讯地址	福建省福州市仓山区白湖亭仓山科技园2区4号					邮政编码	350007
评定时间	2009.5.18	注册日期	1993.9.14	报关有效期	2014.9.14	注册资本	560万美元
法人姓名	王来春	电　话	0591－83432949	日常联系人	江美兰	电　话	0591－83449234
主营范围	生产电子装置制造（汽车发动机控制系统、车身电子控制系统等系列）及汽车组合线束，塑胶配件等零部件制造。（涉及审批许可项目的，只允许在审批许可的范围和有效期内从事生产经营。）						

企业名称	福建嘉达纺织股份有限公司			海关编码	3501932924	所属海关	福现业处
通讯地址	福建省福州市福飞南路198号					邮政编码	350003
评定时间	2009.5.18	注册日期	2001.11.18	报关有效期	2014.10.18	注册资本	15004万人民币
法人姓名	徐嘉伟	电　话	0591－87720678	日常联系人	陈祈慧	电　话	0591－87720678、87718915
主营范围	研制、开发和生产各种适用民用及工业用的棉、化纤等各类纯纺及混纺纱线、高档织物面料、高仿真化纤面料、工业用特种纺织品，销售自产产品。						

企业名称	福建省金纶高纤股份有限公司			海关编码	3501936511	所属海关	福现业处
通讯地址	福建省长乐市滨海工业区					邮政编码	350206
评定时间	2009.11.17	注册日期	2004.7.2	报关有效期	2014.7.2	注册资本	58000万人民币
法人姓名	郑宝佑	电　话	0591－28763299	日常联系人	张培芳	电　话	0591－28763338
主营范围	日产1200吨大容量熔体直纺差别化化学纤维等高新技术化纤生产。						

企业名称	福建日立工机有限公司			海关编码	3501940164	所属海关	福现业处
通讯地址	福建省福州市福兴投资区湖塘					邮政编码	350014
评定时间	2010. 12. 21	注册日期	1992. 12. 18	报关有效期	2014. 12. 18	注册资本	2250 万美元
法人姓名	田下文雄	电　话	0591－83628429	日常联系人	吴慧玲	电　话	0591－83628429
主营范围	生产各种电动工具、气动工具、引擎工具、食品机械、吸尘器、空压机、电子计算机用打印机、离心机、真空泵，销售维修自行生产的产品，从事非配额许可证管理，非专营商品的收购出口业务。						

企业名称	福建顺大运动用品有限公司			海关编码	3501940176	所属海关	福现业处
通讯地址	福建省福州市鼓山乡福兴投资区					邮政编码	350014
评定时间	2009. 5. 18	注册日期	1991. 8. 7	报关有效期	2014. 8. 7	注册资本	2600 万美元
法人姓名	梅林建二	电　话	0591－3621791	日常联系人	张瑜	电　话	138××××1716
主营范围	生产运动鞋材。						

企业名称	福州高意通讯有限公司			海关编码	3501942568	所属海关	福现业处
通讯地址	福建省福州市晋安区福兴大道 39 号					邮政编码	350014
评定时间	2010. 1. 5	注册日期	2001. 7. 16	报关有效期	2014. 7. 16	注册资本	8500000 万美元
法人姓名	Vincent D. Mattera	电　话	0591－88052810	日常联系人	李传滨	电　话	0591－83548156
主营范围	研制、开发、生产、加工光电子器件、宽带接入网通信系统设备、半导体元器件专用材料。						

企业名称	连江清禄鞋业有限公司			海关编码	3501946160	所属海关	福现业处
通讯地址	福建省福州市连江县敖江投资区					邮政编码	350500
评定时间	2013. 1. 16	注册日期	2002. 10. 16	报关有效期	2014. 10. 15	注册资本	6800 万美元
法人姓名	梅村建二	电　话	0591－28322888	日常联系人	林震	电　话	0591－83688888
主营范围	生产各种运动鞋、鞋面、鞋底、鞋类材料及各种运动用品、服饰、器材等系列产品（涉及审批许可项目的，只允许在审批许可的范围和有效期内从事生产经营）。						

企业名称	福建正盛日用品有限公司			海关编码	3501949514	所属海关	福现业处
通讯地址	福建省福州市仓山区盖山投资区高南路1号					邮政编码	350026
评定时间	2009. 5. 18	注册日期	1996. 8. 14	报关有效期	2014. 8. 14	注册资本	1010万美元
法人姓名	郑世平	电　　话	0591－83417856	日常联系人	郭海东	电　　话	0591－83466372
主营范围	生产钢木家具、日用工艺品（产品100%外销，出口不含许可证品种）。						

企业名称	福建锦江科技有限公司			海关编码	3501949585	所属海关	福现业处
通讯地址	福建省长乐市空港工业区					邮政编码	350212
评定时间	2012. 2. 8	注册日期	2010. 4. 6	报关有效期	2016. 4. 6	注册资本	55000万人民币
法人姓名	陈飞	电　　话	0591－28630118	日常联系人	陈莺娇	电　　话	139××××1991
主营范围	差别化化学纤维等高新技术化纤的生产，化纤原料、化纤产品的仓储，单线生产能力日产100吨及以上聚酰胺的生产。（以上经营范围涉及国家有专项专营规定的，从其规定。）						

企业名称	福建富的乐运动用品有限公司			海关编码	3501949682	所属海关	福现业处
通讯地址	福建省福州市鼓山镇福兴投资区福兴路					邮政编码	350011
评定时间	2009. 5. 18	注册日期	1995. 12. 22	报关有效期	2014. 12. 25	注册资本	600万美元
法人姓名	苏清禄	电　　话	0591－83622728	日常联系人	陈晓梅	电　　话	138××××4619
主营范围	生产各种高尔夫球鞋、运动鞋、鞋面、鞋材和鞋类系列产品，各种手套产品，高尔夫球具用品。						

企业名称	奥普迪斯光学机电（福州）有限公司			海关编码	3501949737	所属海关	福现业处
通讯地址	福建省福州市仓山区盖山投资区32米规划路东南侧					邮政编码	350001
评定时间	2009. 5. 18	注册日期	1995. 12. 1	报关有效期	2014. 12. 1	注册资本	2170万美元
法人姓名	李泳源	电　　话	0591－83447400－501	日常联系人	翁艳清	电　　话	139××××7914
主营范围	DVD光头、CDR光头等激光读取头，定时器，磁头，磁卡读数组件及编码器，代用货币读数组件及编码器，音乐铃，新型电子元器件及相关数字音、视频编解码设备，新型机电元件，光电子器件的生产。						

企业名称	福建省新世纪经贸发展有限公司			海关编码	3501966111	所属海关	福现业处
通讯地址	福建省福州市鼓楼区古田路中美大厦7层					邮政编码	350005
评定时间	2009. 5. 18	注册日期	2002. 8. 1	报关有效期	2014. 8. 1	注册资本	0万人民币
法人姓名	江旗学	电　　话	0591－87112133	日常联系人	池翔翔	电　　话	0591－83339080
主营范围	预包装食品、散装食品（有效期至2013年4月26日）、五金交电产品、日用百货、化工产品（不含危险品）、普通机械、建筑装饰材料、纺织产品、电子产品、饲料的批发，仓储服务，对外贸易。（以上经营范围涉及许可经营项目的，应在取得有关部门的许可后方可经营。）						

企业名称	福建碧全工艺品有限公司			海关编码	3501966506	所属海关	福现业处
通讯地址	福建省福州市建新镇金岩路157号					邮政编码	350002
评定时间	2012. 2. 8	注册日期	2004. 4. 27	报关有效期	2014. 5. 16	注册资本	500万人民币
法人姓名	林枝全	电　　话	0591－83859555	日常联系人	王雪华	电　　话	0591－83859555－661
主营范围	生产和销售竹、木、铁、塑料、玻璃、布、纸、密度板等工艺品，经营本企业自产产品及技术的出口业务和本企业生产所需的原辅材料、机械设备、零配件及技术的进口业务（国家限定公司经营和国家禁止进出口的商品及技术除外），经营进料加工和“三来一补”业务。（以上经营范围涉及国家有专项专营规定的，从其规定。）						

企业名称	福建省长乐市创造者锦纶实业有限公司			海关编码	3501966548	所属海关	福现业处
通讯地址	福建省长乐市漳兴工业区					邮政编码	350209
评定时间	2012. 2. 8	注册日期	2004. 2. 12	报关有效期	2014. 2. 12	注册资本	28800万人民币
法人姓名	王社会	电　　话	0591－8625795	日常联系人	陈莺娇	电　　话	139××××1991
主营范围	生产、经营锦纶丝及针织布料，销售化纤设备及零配件、辅料、化纤原料，经营本企业生产所需的原辅材料，机械设备，零配件及技术的进口业务（国家限定公司经营和国家禁止进出口的商品及技术除外），经营进料加工和“三来一补”业务。（以上经营范围涉及许可经营项目的，应在取得有关部门的许可后方可经营。）						

企业名称	福建省福维尔进出口有限公司			海关编码	3501966640	所属海关	福现业处
通讯地址	福建省福州市鼓楼区五四路国际大厦8－9层					邮政编码	350003
评定时间	2011. 6. 1	注册日期	2004. 4. 21	报关有效期	2014. 4. 21	注册资本	5220万人民币
法人姓名	张英	电　　话	139××××9367	日常联系人	杨桦	电　　话	0591－87810258
主营范围	自营和代理各类商品及技术的进出口业务，但国家限定公司经营或禁止进出口的商品及技术除外。						

企业名称	福州碧全贸易有限公司			海关编码	3501966668	所属海关	福现业处
通讯地址	福建省福州市仓山区建新镇金岩路157号1号楼					邮政编码	350007
评定时间	2012.2.8	注册日期	2004.5.19	报关有效期	2014.5.19	注册资本	200万人民币
法人姓名	张祚干	电　话	0591－83859555	日常联系人	苏小红	电　话	130××××2239
主营范围	自营和代理各类商品和技术的进出口业务，但国家限定公司经营或禁止进出口的商品和技术除外。						

企业名称	福州盛科电器有限公司			海关编码	3501967929	所属海关	福现业处
通讯地址	福建省福州市鼓楼区华林路246号永鸿城（鸿源大厦）510室					邮政编码	350003
评定时间	2012.5.30	注册日期	2006.11.29	报关有效期	2015.11.29	注册资本	108万人民币
法人姓名	俞小思	电　话	0591－87840685	日常联系人	严希峥	电　话	0591－87825767
主营范围	批发、代购及代销机电产品、家用电器、电子产品、五金、交电（不含电动自行车）、电子计算机及配件、仪器仪表、建筑装璜材料、百货、工艺美术品、纺织品、化工原料（不含危险品），自营和代理各类商品和技术的进出口业务，但国家限定公司经营或禁止进出口的商品和技术除外。（以上经营范围中凡涉及行政许可的项目，应在取得有关部门批准后方可经营。）						

厦门关区

企业名称	福建省永春县对外贸易公司			海关编码	3505919001	所属海关	泉州海关
通讯地址	福建省永春县桃城镇桃城路 2 号					邮政编码	362600
评定时间	2009. 12. 22	注册日期	1996. 10. 7	报关有效期	2014. 4. 13	注册资本	529 万人民币
法人姓名	林建新	电　　话	0595 – 23882611	日常联系人	李毅	电　　话	0595 – 23882386
主营范围	自营和代理国家允许的商品及技术的进出口业务，承办中外合资经营、合作生产业务，开展“三来一补”业务。						

企业名称	福建高利宝装饰礼品有限公司			海关编码	3505930620	所属海关	泉州海关
通讯地址	福建省泉州市丰泽区东海滨城工业园 EA – 21					邮政编码	362000
评定时间	2013. 1. 25	注册日期	2003. 4. 10	报关有效期	2014. 4. 10	注册资本	2900 万人民币
法人姓名	陈双白	电　　话	0595 – 22902808	日常联系人	黄绿璇	电　　话	0595 – 22901808
主营范围	生产五金装饰品。						

企业名称	福建联合石油化工有限公司			海关编码	3505932209	所属海关	泉州海关
通讯地址	福建省泉州市泉港区福建联合石油化工有限公司厂区办公楼内					邮政编码	362800
评定时间	2010. 2. 9	注册日期	2007. 4. 20	报关有效期	2016. 3. 25	注册资本	1330600 万人民币
法人姓名	陆东	电　　话	0595 – 87799290	日常联系人	南桦	电　　话	0595 – 27355824
主营范围	汽油、航煤、煤油、液化石油气、石脑油（溶剂油）、丙烯、甲基叔丁基醚、硫磺、液氨、乙烯、苯、对二甲苯、丁二烯、甲苯、混合二甲苯、白油料、正丁烷、1 – 丁烯、混合碳四（液态）、重芳烃、乙苯、苯乙烯、裂解碳五、裂解碳玖、二氧化碳的生产、加工（安全生产许可证有效期至 2014 年 12 月 23 日），在企业内销售本企业生产的产品（不含成品油零售业务），非危化品的石油、石化产品的生产、加工、销售，进出口并在国内批发汽油、煤油、柴油，进出口并在国内批发和零售液化石油气、非危化品的石油、石化产品（上述危化证有效期至 2016 年 3 月 14 日，国家另有规定的，从其规定），从事与合营公司相关的研究开发、工程服务和向客户提供技术服务，GC2 级压力管道设计、安装（特种设备安装改造维修许可证有效期至 2015 年 11 月 15 日），第一类压力容器及第二类低、中压容器的制造（特种设备制造许可证有效期至 2015 年 11 月 14 日）。（以上涉及审批许可项目的，只允许在审批许可的范围和有效期内从事生产经营。）							

企业名称	福建恒安集团有限公司			海关编码	3505933015	所属海关	泉州海关
通讯地址	福建省晋江市安海镇恒安工业城					邮政编码	362261
评定时间	2011.11.15	注册日期	1993.5.13	报关有效期	2015.5.13	注册资本	51141万人民币
法人姓名	施文博	电　话	0595-85708888	日常联系人	郭燕丽	电　话	0595-85507965
主营范围	生产妇幼卫生用品、不干胶、无纺布、塑料包装袋、个人卫生用品（出口不含配额许可证管理品种）、食品日化产品（未取得许可证，不得从事生产经营），代购代销成员企业原辅材料和产品，并协调管理成员企业的经营活动。（涉及审批许可项目的，只允许在审批许可的范围和有效期限内从事生产经营。）						

企业名称	梅花伞业股份有限公司			海关编码	3505933865	所属海关	泉州海关
通讯地址	福建省晋江市东石镇金瓯工业区					邮政编码	362271
评定时间	2013.1.25	注册日期	2006.6.23	报关有效期	2015.6.23	注册资本	8294万人民币
法人姓名	王安邦	电　话	0595-85817955	日常联系人	颜乙金	电　话	0595-85599010
主营范围	生产雨伞、伞骨配件、服装、塑料制品、包袋、帐篷（出口不含配额许可证管理品种），从事矿产品、有色金属、化工产品（不含危险化学品）、预包装食品、机械设备的批发。（涉及审批许可项目的，只允许在审批许可的范围和有效期限内从事生产经营。）						

企业名称	福建泉州南星大理石有限公司			海关编码	3505935259	所属海关	泉州海关
通讯地址	福建省南安市水头镇海都新区					邮政编码	362342
评定时间	2009.3.24	注册日期	2001.4.24	报关有效期	2014.4.24	注册资本	10000万人民币
法人姓名	蔡金星	电　话	0595-86986308	日常联系人	吴芯霞	电　话	0595-86860079
主营范围	生产石板材、石雕工艺品及荒料石（不含寿山石）。						

企业名称	环球石材（福建）有限公司			海关编码	3505935276	所属海关	泉州海关
通讯地址	福建省南安市水头镇福山二期项目区					邮政编码	362342
评定时间	2011.9.6	注册日期	2008.6.20	报关有效期	2014.6.18	注册资本	2200万美元
法人姓名	朱新胜	电　话	0595-26907823	日常联系人	王建中	电　话	0595-26907821、22066100
主营范围	生产加工轻质高强多功能墙体材料、高档环保装饰装修材料，以及建筑装饰石材、石板及工艺石材制品，仓储（不含危险化学品及国家专营专控产品）。（以上经营范围涉及许可经营项目的，应在取得有关部门的许可后方可经营。）						

企业名称	福建和诚鞋业有限公司			海关编码	3505940953	所属海关	泉州海关
通讯地址	福建省泉州市洛江区双阳街道					邮政编码	362012
评定时间	2013. 3. 14	注册日期	2002. 3. 5	报关有效期	2014. 3. 28	注册资本	2220 万美元
法人姓名	林文智	电　话	0595－22061868	日常联系人	沈燕雪	电　话	
主营范围	生产鞋类系列产品、鞋类半成品，裁刀加工和材料贴合。						

企业名称	泉州红瑞兴纺织有限公司			海关编码	3505941132	所属海关	泉州海关
通讯地址	福建省泉州经济技术开发区					邮政编码	362000
评定时间	2010. 2. 9	注册日期	2004. 6. 17	报关有效期	2014. 6. 17	注册资本	300 万美元
法人姓名	庄碧双	电　话	0595－85677778	日常联系人	庄碧双	电　话	0595－85677778
主营范围	生产针织布、服装（不含漂染及出口配额许可证管理品种）（以上经营范围凡涉及许可经营项目的，应在取得有关部门的许可后方可经营）。						

企业名称	福建省华菲皮革制品有限公司			海关编码	3505941149	所属海关	泉州海关
通讯地址	福建省泉州市丰泽区北峰工业区丰盈路 28 号					邮政编码	362000
评定时间	2011. 6. 27	注册日期	2004. 9. 24	报关有效期	2015. 9. 24	注册资本	65 万美元
法人姓名	吴丽明	电　话	0595－22883850	日常联系人	林雅虹	电　话	0595－22895915
主营范围	生产鞋、手套、包、袋及服装。						

企业名称	菲莉集团（福建）有限公司			海关编码	3505941171	所属海关	泉州海关
通讯地址	福建省晋江市池店镇工业区					邮政编码	362212
评定时间	2009. 2. 4	注册日期	2005. 2. 5	报关有效期	2014. 2. 5	注册资本	10000 万港币
法人姓名	杨建辉	电　话	0595－85984888	日常联系人	杨建辉	电　话	0595－85985888
主营范围	生产各种家具、厨具及配件、寝具用品、服装鞋帽，协调成员企业的经营活动，代购代销成员企业的原辅材料。（涉及审批许可项目的，只允许在审批许可的范围和有效期限内从事生产经营。）						

企业名称	泉州福海粮油工业有限公司			海关编码	3505942192	所属海关	泉州海关
通讯地址	福建省泉州市泉港区沙格码头					邮政编码	362804
评定时间	2009. 2. 4	注册日期	2002. 4. 2	报关有效期	2014. 4. 1	注册资本	1700 万美元
法人姓名	穆彦魁	电　　话	0595－36168001	日常联系人	蔡梅英	电　　话	0595－87098079
主营范围	销售起酥油、人造奶油、人造黄油等制品（《食品流通许可证》有效期限至 2015 年 09 月 26 日）；食用植物油及饲料用大豆粕、菜籽粕等粕类产品的生产及其配套的包装材料（食品用塑料容器）的相关业务；粮食及其制品、面粉、食用油产品的批发、仓储、中转业务。（以上商品进出口不涉及国营贸易、进出口配额许可证、出口配额招标、出口许可证等专项管理的商品）；《全国工业产品生产许可证》有效期至 2016 年 5 月 18 日，《全国工业产品生产许可证 2》有效期限至 2016 年 9 月 2 日。）						

企业名称	福建百宏聚纤科技实业有限公司			海关编码	3505944486	所属海关	泉州海关
通讯地址	福建省晋江市龙湖镇枫林工业区					邮政编码	362241
评定时间	2010. 2. 9	注册日期	2004. 9. 16	报关有效期	2014. 9. 16	注册资本	47499 万美元
法人姓名	施天佑	电　　话	0595－85229999	日常联系人	王金瑜	电　　话	0595－88299999
主营范围	生产差别化化学纤维。						

企业名称	福建集成伞业有限公司			海关编码	3505944589	所属海关	泉州海关
通讯地址	福建省晋江市永和镇工业园区					邮政编码	362271
评定时间	2010. 2. 9	注册日期	2006. 7. 24	报关有效期	2015. 7. 24	注册资本	6000 万港币
法人姓名	黄文集	电　　话	0595－88071660	日常联系人	陈秀美	电　　话	0595－88071660
主营范围	生产晴雨伞、雨具、聚酰亚胺保鲜膜、EVA 环保农用薄膜、PVC 塑料胶布、胶片和塑料文具制品（以上经营环卫凡涉及国家专项专营规定的，从其规定）。						

企业名称	福建省德化协发光洋陶器有限公司			海关编码	3505948033	所属海关	泉州海关
通讯地址	福建省德化县城关龙津路南段 27 号					邮政编码	362500
评定时间	2013. 4. 27	注册日期	2002. 6. 10	报关有效期	2014. 6. 11	注册资本	4480 万人民币
法人姓名	陆镇源	电　　话	0595－23557900	日常联系人	林黎明	电　　话	0595－23557901
主营范围	生产和销售陶瓷产品及相关原辅材料和配件。						

企业名称	福建泉州顺美集团有限责任公司			海关编码	3505958009	所属海关	泉州海关
通讯地址	福建省德化县城关东环路顺德工业园					邮政编码	362500
评定时间	2013.4.8	注册日期	1998.11.23	报关有效期	2014.11.24	注册资本	5100 万人民币
法人姓名	郑泽洽	电　话	0595－23513118	日常联系人	徐海燕	电　话	0595－23525008
主营范围	生产加工、制造及销售工艺美术瓷、日用瓷、建筑陶瓷、卫生瓷、树脂制品、紫砂制品、包装用品、纸制品、塑料制品、橡胶制品、木竹制品、精制瓷土、藤草制品、针纺织品、石材、日用杂品、家具，制造销售蜡制品，销售玻璃制品，生物工程技术的引进、研究及咨询服务，销售陶瓷生产原辅材料、电子产品及配件、机械设备，饮食服务等。自营和代理各类商品和技术的进出口业务，经营进料加工和“三来一补”业务，经营对销贸易和转口贸易。（以上项目国家有专项规定的，从其规定。）						

企业名称	泉州市丽达针织制衣有限公司			海关编码	3505960011	所属海关	泉州海关
通讯地址	福建省泉州市清蒙科技工业区（4－4）号					邮政编码	362005
评定时间	2011.6.27	注册日期	2002.7.8	报关有效期	2014.7.8	注册资本	500 万人民币
法人姓名	陈鼎静	电　话	0595－22418198	日常联系人	陈鼎静	电　话	0595－22418182
主营范围	制造、加工、销售服装、针纺织，经营本企业自产产品及技术的出口业务，经营本企业生产所需的原辅材料、仪器、仪表、机械设备、零配件及技术的进口业务，经营进料加工和“三来一补”业务。						

企业名称	泉州市恒鑫国际进出口有限公司			海关编码	3505960063	所属海关	泉州海关
通讯地址	福建省泉州市丰泽区丰泽街东方银座 7 幢 1101 室					邮政编码	362000
评定时间	2011.8.24	注册日期	2004.3.17	报关有效期	2016.3.17	注册资本	800 万人民币
法人姓名	施养解	电　话	0595－22353886	日常联系人	施众人	电　话	0595－22353886
主营范围	自营和代理各类商品和技术的进出口业务，但国家限定公司经营或禁止进出口的商品和技术除外（以上经营范围凡涉及国家有专项专营规定的，从其规定）。						

企业名称	福建省晋江市进出口有限公司			海关编码	3505963012	所属海关	泉州海关
通讯地址	福建省晋江市五里经济开发区（斯兰商贸中心）					邮政编码	362200
评定时间	2008.12.26	注册日期	2003.6.11	报关有效期	2014.4.2	注册资本	5000 万人民币
法人姓名	黄胜伟	电　话	0595－85692643	日常联系人	洪家银	电　话	0595－85639070
主营范围	自营和代理除国家组织统一联合经营的出口商品和国家实行核定公司经营的进口商品以外的其他商品及技术的进出口业务，经营进料加工和“三来一补”业务，经营对销贸易和转口贸易，仓储（不含危险品）。批发甲苯二异氰酸酯、二氯甲烷、甲苯苯乙烯、多次甲基多本基异氰酸酯、辛酸亚锡、氟里昂、二苯基甲烷二异氰酸酯、鞋用胶水，危险货物运输（3 类），危险货物运输（6 类 1 项）。						

企业名称	福建省闽发铝业股份有限公司			海关编码	3505965001	所属海关	泉州海关
通讯地址	福建省南安市南美综合开发区					邮政编码	362300
评定时间	2011. 2. 12	注册日期	2000. 1. 26	报关有效期	2014. 1. 28	注册资本	12880万人民币
法人姓名	黄天火	电　　话	0595－86288615	日常联系人	陈锋	电　　话	0595－86279728
主营范围	铝制品、五金制品及模具、幕墙、门窗的设计、制作、安装，镁合金制品的加工、销售，经营本企业和本企业成员企业自产产品及相关技术的出口业务，经营本企业和本企业成员企业生产、科研所需的原辅材料、机械设备、仪器仪表、零配件及相关技术的进口业务，经营本企业的进料加工和“三来一补”业务，房地产开发，旅游业投资。（以上经营范围不含国家禁止或需审批的项目。）						

企业名称	南安市水头康利石材有限公司			海关编码	3505965521	所属海关	泉州海关
通讯地址	福建省南安市水头西锦工业区					邮政编码	362300
评定时间	2013. 4. 15	注册日期	2008. 9. 9	报关有效期	2014. 9. 9	注册资本	8000万人民币
法人姓名	郑宇	电　　话	0595－86997788	日常联系人	黄丽菲	电　　话	0595－86997788
主营范围	从事石板材（不含寿山石雕）的加工，从事建筑幕墙的工程设计与施工（凭资质证书开展经营活动），自营和代理各类商品和技术的进出口业务，但涉及前置许可、国家限定公司经营或禁止进出口的商品和技术除外。（以上经营范围涉及许可经营项目的，应在取得有关部门的许可后方可经营。）						

企业名称	福建省德化臻峰陶瓷有限公司			海关编码	3505968005	所属海关	泉州海关
通讯地址	福建省德化县世科村碳湖坂					邮政编码	362500
评定时间	2013. 4. 27	注册日期	1999. 9. 9	报关有效期	2014. 9. 9	注册资本	860万人民币
法人姓名	李传芳	电　　话	0595－23586009	日常联系人	李传芳	电　　话	0595－23535055
主营范围	美术瓷、日用瓷、树脂工艺品、腊制、藤草等工艺品的制造、销售。						

企业名称	福建省石狮市通达电器有限公司			海关编码	3511940164	所属海关	泉州海关
通讯地址	福建省石狮市蚶江石湖路通达工业园					邮政编码	362700
评定时间	2010. 10. 27	注册日期	1993. 2. 12	报关有效期	2014. 2. 12	注册资本	12000万港币
法人姓名	王亚南	电　　话	0595－88686188	日常联系人	王经育	电　　话	0595－88688090
主营范围	生产各种混合集成电路、光电子器件、新型机电元件、小家电、电器装饰件。						

企业名称	福建省漳州市对外贸易有限责任公司			海关编码	3506910002	所属海关	漳州海关
通讯地址	福建省漳州市新华北路32号外贸大厦					邮政编码	363000
评定时间	2009.1.19	注册日期	1989.11.6	报关有效期	2014.11.6	注册资本	4133万人民币
法人姓名	蔡浩革	电话	0596－2922394	日常联系人	邱艺卿	电话	0596－2943837
主营范围	自营和代理各类商品及技术的进出口业务（国家规定的专营进出口商品和国家禁止进出口商品除外），经营进料加工和“三来一补”业务，开展对销贸易和转口贸易，仓储，房屋出租。						

企业名称	漳州灿坤实业有限公司			海关编码	3506930217	所属海关	漳州海关
通讯地址	福建省漳州台商投资区灿坤工业园					邮政编码	361006
评定时间	2009.3.24	注册日期	2002.8.6	报关有效期	2014.8.6	注册资本	16000万美元
法人姓名	简德荣	电话	0596－6699055	日常联系人	王志春	电话	0596－6699691
主营范围	开发、生产家电产品、新型电子元器件（电力电子器件、敏感元器件及传感器）、轻工产品、现代化办公用品、通讯器材、数码产品、房车车厢、健身器材、医疗器械（不含B超器械）（不含前置审批许可项目）、游艺设备（不含特种设备）、电子乐器、各种灯具及照明装置（含LED灯、太阳能、风光互补LED灯）等机电产品。设计制造与上述产品相关的模具，加工制造有色金属复合材料、新型合金材料，销售本公司自产产品及半成品，承揽本公司经营范围内的进料加工、“三来一补”业务（不包括国家限制及禁止类和进出口配额许可证管理品种）从事咖啡、米团、面团等食品的批发，各类家电产品的批发、售后服务及技术服务。（商品进出口不涉及国营贸易、进出口配额许可证、出口配额指针、出口许可证等专项管理的商品；涉及审批许可项目的，只允许在审批许可的范围和有效期限内从事生产经营。）						

企业名称	信华食品（漳州）有限公司			海关编码	3506940195	所属海关	漳州海关
通讯地址	福建省漳州市金峰工业区前山小区					邮政编码	363000
评定时间	2008.12.26	注册日期	1995.12.27	报关有效期	2014.3.26	注册资本	800万美元
法人姓名	杨博仁	电话	0596－2568888	日常联系人	黄小玲	电话	0596－2568888
主营范围	加工食品、家禽、农副产品（仅限分拣、去皮、剥壳、粉碎、清洗、切割、冷冻、打蜡、分级、包装）。（出口不涉及配额许可证管理品种；涉及审批许可项目的，只允许在审批许可的范围和有效期限内从事生产经营。）						

企业名称	长春化工（漳州）有限公司			海关编码	3506941065	所属海关	漳州海关
通讯地址	福建省漳州台商投资区龙池工业园					邮政编码	363107
评定时间	2009. 1. 19	注册日期	2004. 12. 28	报关有效期	2015. 7. 6	注册资本	7700 万美元
法人姓名	郑正	电　　话	0596 - 6269086	日常联系人	朱红	电　　话	0596 - 6269206 - 205
主营范围	从事工程塑料及塑料合金、印刷电路用覆铜板、聚对苯二甲酸丁二醇酯（PBT）的生产加工（不含危化品），从事上述产品、半成品及同类产品的批发，承揽本公司经营范围内“三来一补”业务。（以上商品进出口不涉及国营贸易、进出口配额许可证、出口配额招标、出口许可证等专项管理的商品；以上经营范围涉及审批许可的，只允许在审批许可范围和有效期限内从事生产经营活动。）						

企业名称	华阳电业有限公司			海关编码	3506941136	所属海关	漳州海关
通讯地址	福建省漳州龙海市隆教乡白坑村					邮政编码	363105
评定时间	2008. 12. 26	注册日期	1996. 6. 15	报关有效期	2014. 6. 15	注册资本	79500 万美元
法人姓名	王瑞季	电　　话	0596 - 6891295 - 6001	日常联系人	沈文生	电　　话	0596 - 3936133
主营范围	漳州后石电厂的建设和营运，为船舶提供码头设施，在港区内提供货物装卸、仓储服务（自用）。（以上涉及前置审批许可项目的，只允许在审批许可的范围和有效期限内从事生产经营。）						

企业名称	漳州市陈字贸易有限公司			海关编码	3506960038	所属海关	漳州海关
通讯地址	福建省漳州市南昌东路丽园广场 1 幢 22 层					邮政编码	363000
评定时间	2009. 8. 25	注册日期	2003. 10. 27	报关有效期	2014. 10. 27	注册资本	900 万人民币
法人姓名	陈俊兴	电　　话	0596 - 2936406	日常联系人	蔡惠兰	电　　话	0596 - 2958316
主营范围	自营和代理商品及技术的进出口业务，但涉及前置许可审批项目、国家限制及禁止进出口的商品和技术除外。（以上经营范围涉及许可经营项目的，应在取得有关部门的许可后方可经营。）						

企业名称	金冠（龙海）塑料包装有限公司			海关编码	3506961185	所属海关	漳州海关
通讯地址	福建省漳州龙池开发区					邮政编码	363107
评定时间	2010. 12. 13	注册日期	2010. 12. 6	报关有效期	2013. 12. 6	注册资本	1408 万人民币
法人姓名	傅丽芬	电　　话	0596 - 6796001	日常联系人	傅丽芬	电　　话	0596 - 6766198
主营范围	生产各类塑料包装制品、包装装潢印刷品（不含出版物印刷）、纸制品包装（不含国家限制品种），包装装潢印刷品、其他印刷品。（以上经营范围涉及许可经营项目的，应在取得有关部门的许可后方可经营。）						

企业名称	福建省东山县海魁水产集团有限公司			海关编码	3506948140	所属海关	东山海关
通讯地址	福建省东山经济技术开发区					邮政编码	363400
评定时间	2009.8.25	注册日期	2008.5.4	报关有效期	2014.4.29	注册资本	11388 万人民币
法人姓名	陈振魁	电　话	0596－5887609	日常联系人	沈吉勇	电　话	0596－5888611
主营范围	盐渍水产品、畜禽水产罐头、速冻肉制品以及水产品的加工（仅限于挑选、分级、去皮、脱壳、冷冻、包装）。（全国工业产品生产许可证有效期至 2014 年 1 月 17 日。以上涉及前置审批许可项目的，只允许在审批许可的范围和有效期限内开展生产经营。）						

企业名称	恒安（中国）卫生用品有限公司			海关编码	3505933871	所属海关	泉州海关 驻石狮办事处
通讯地址	福建省晋江市五里工业园区					邮政编码	362261
评定时间	2010.2.9	注册日期	2006.11.7	报关有效期	2015.11.7	注册资本	1200 万美元
法人姓名	施文博	电　话	0595－85708888	日常联系人	庄丽云	电　话	135××××0821
主营范围	生产高档纸、高档纸尿片、高档纸尿裤等妇幼卫生用品系列产品。						

企业名称	晋江市锦福化纤聚合有限公司			海关编码	3505944385	所属海关	泉州海关 驻石狮办事处
通讯地址	福建省晋江市英林镇锦江工业区					邮政编码	362256
评定时间	2010.2.9	注册日期	2002.10.21	报关有效期	2015.10.21	注册资本	5888 万美元
法人姓名	洪天排	电　话	0595－85416999	日常联系人	张佳雄	电　话	137××××3075
主营范围	生产差别化纤维，服装、针织布、复合超细旦纤维、化纤布及化纤前期精细加工（不含漂染及出口配额许可证管理品种）。						

企业名称	中国新兴厦门进出口公司			海关编码	3502110146	所属海关	厦高崎办
通讯地址	福建省厦门市思明区湖滨北路振兴大厦 11 楼					邮政编码	361012
评定时间	2009.2.4	注册日期	1987.7.25	报关有效期	2014.7.25	注册资本	1758 万人民币
法人姓名	洪思发	电　话	0592－5075619	日常联系人	连春玉	电　话	0592－5075626
主营范围	主营：自营和代理除国家组织统一联合经营的出口商品和国家实行核定公司经营的进口商品以外的其他商品及技术的进出口业务（不另附进出口商品目录）；开展“三来一补”业务和进料加工业务；经营对销贸易和转口贸易。（以上经营范围涉及许可经营项目的，应在取得相关部门的许可后方可经营）。 兼营：批发和零售纺织品、百货、矿产品、金属材料、五金交电化工（不含化学危险物品）、机械电子设备；从事水产品及农副产品的收购（不含粮食）。						

企业名称	厦门国贸船舶进出口有限公司			海关编码	3502110687	所属海关	厦高崎办
通讯地址	福建省厦门市思明区湖滨南路388号国贸大厦14层B室之一					邮政编码	361004
评定时间	2009.2.4	注册日期	2001.9.10	报关有效期	2014.9.10	注册资本	2000万人民币
法人姓名	高少镛	电话	0592-5898610	日常联系人	黄丽萍	电话	0592-5898998
主营范围	自营和代理除国家组织统一联合经营的出口商品和国家实行核定公司经营的进口商品以外的其他商品及技术的进出口业务，经营加工贸易、对销贸易、转口贸易业务，承办船舶信息咨询服务。(以上经营范围涉及许可经营项目的，应在取得相关部门的许可后方可经营。)						

企业名称	厦门新技术集成有限公司			海关编码	3502130336	所属海关	厦高崎办
通讯地址	福建省厦门市湖里区枋湖工业区枋湖西路139号					邮政编码	361009
评定时间	2008.12.26	注册日期	1993.6.8	报关有效期	2014.6.8	注册资本	800万美元
法人姓名	李基天	电话	0592-5773666-80	日常联系人	梁莉花	电话	0592-5774572
主营范围	从事家具、家居类用品及相关配件、室内建材和装饰类制品、户外休闲用品的生产、经营及其相关产品的研究与开发，并提供产品售后服务。从事各类商品和技术的进出口业务，但国家限定进出口的商品和技术除外（不含分销业务）。						

企业名称	厦门太古飞机工程有限公司			海关编码	3502130364	所属海关	厦高崎办
通讯地址	福建省厦门高崎国际机场东侧埭辽路20号					邮政编码	361006
评定时间	2011.8.24	注册日期	1993.8.3	报关有效期	2014.8.3	注册资本	4150万美元
法人姓名	邓健荣	电话	0592-5737608	日常联系人	王金明	电话	0592-5737157
主营范围	飞机及飞机部件的维修、改装、拆分及检测，飞机零部件的生产、制造、组装，飞机机队及零部件的管理，航空工程服务，航空维修人员的培训，航空维修相关软件的开发及销售，各类飞机零部件及相关航材的进出口、批发、零售，仓储经营服务，从事其他与民用航空工业有关的或有助此等业务发展的各种经营活动。(以上经营范围涉及许可经营项目的，应在取得相关部门的许可后方可经营。)						

企业名称	联想移动通信科技有限公司			海关编码	3502130817	所属海关	厦高崎办
通讯地址	福建省厦门火炬高新区信息光电园岐山北二路999号					邮政编码	361009
评定时间	2009.6.30	注册日期	2005.3.4	报关有效期	2014.3.4	注册资本	18750万人民币
法人姓名	杨元庆	电话	010-58868808	日常联系人	洪明文	电话	0592-2166540
主营范围	研发、生产、维修、测试移动通信产品、电子信息产品、电子计算机、家用视听设备、家用电器及上述产品零部件、外部设备、软件、信息系统及网络产品，开展与上述各项相关的技术引进、从事技术开发合作、技术转让，技术进出口，提供技术开发、技术服务、技术咨询。(以上经营范围涉及许可经营项目的，应在取得有关部门的许可后方可经营。)						

企业名称	厦门华侨电子股份有限公司			海关编码	3502130534	所属海关	厦高崎办
通讯地址	福建省厦门市湖里区湖里大道22号					邮政编码	361006
评定时间	2009. 2. 4	注册日期	1995. 7. 4	报关有效期	2014. 7. 4	注册资本	52320万人民币
法人姓名	王炎元	电　　话	0592－3157205	日常联系人	徐莲英	电　　话	0592－3157255
主营范围	生产制造以下产品：视听设备，包括彩色电视机、交互式电视机、高清晰度电视机、音响（含收音、录放音设备）、激光视听（VCD、DVD等）；通信设备，包括电话机、无绳电话机、可视电话机、全球通等移动手持机及通信系统工程；计算机及外设，彩色监视器，多媒体计算机；五金、注塑、模具、变压器、电路板等基础配套部件。公司自产产品的维修及销售服务，各类商品和技术的进出口（不另附进出口商品目录；国家限定公司经营或禁止进出口的商品及技术除外），信息家电产品、技术开发及转让、技术咨询和技术服务，计算机软件开发、应用，税控机、税控打印、税控找印机、税控器、银税一体机的开发、生产、销售及服务。（以上经营范围涉及许可经营项目的，应在取得有关部门的许可后方可经营。）						

企业名称	厦门建松电器有限公司			海关编码	3502140954	所属海关	厦高崎办
通讯地址	福建省厦门火炬高技术产业开发区创新路17号					邮政编码	361006
评定时间	2012. 9. 3	注册日期	1995. 12. 14	报关有效期	2014. 12. 14	注册资本	3600万美元
法人姓名	洪敏弘	电　　话	0592－5677888	日常联系人	缪允民	电　　话	0592－5677836
主营范围	各种新型电子元器件及其零部件、便携式微型计算机、各种类型马达及其零部件和半成品，小型冷却风扇、电容器、数字音频和视频系统设备、监视器、汽车用空调机、扬声器、音箱、制面包机、果汁机、数字电视、电磁炉、空调器、烘烤器（电烤箱）、咖啡机、三明治烤盘、热水壶、烤面包机、手提式搅拌机、台式搅拌机（附容器）、数字电视机、车用数字监视系统（含摄像头）、车用卫星导航定位接收设备及关键部件、车用数字监视系统（含摄像头）及其零部件和半成品的生产、加工、销售及其售后服务；电子产品的研究、开发；电子专用设备、测试设备、工模具的设计、制造、维修。						

企业名称	叶水福物流（厦门）有限公司			海关编码	3502141665	所属海关	厦高崎办
通讯地址	福建省厦门市火炬高新区信息光电园围里路2号盛业楼					邮政编码	361001
评定时间	2009. 3. 24	注册日期	2004. 4. 7	报关有效期	2014. 4. 7	注册资本	60万美元
法人姓名	叶进国	电　　话	0592－5738001	日常联系人	万峙波	电　　话	0592－5623395
主营范围	仓储服务，物流供应链方案设计及系统配置，电子产品的进出口，电子产品和化工产品（不含危险品和监控产品）的批发，道路普通货运（有效期限2010年2月2日至2022年2月1日）。（以上商品不涉及国营贸易管理商品；涉及许可证管理商品的，按国家有关规定办理申请；以上商品经营范围涉及许可经营项目的，应在取得有关部门的许可后方可经营。）						

企业名称	厦门合力成进出口有限公司			海关编码	3502160119	所属海关	厦高崎办
通讯地址	福建省厦门市湖里区湖里大道兴湖商务大厦6A1－1					邮政编码	361006
评定时间	2011. 2. 15	注册日期	1999. 9. 30	报关有效期	2014. 9. 30	注册资本	5000万人民币
法人姓名	姚国庆	电　话	0592－5696066	日常联系人	张维伟	电　话	0592－6030333
主营范围	经营各类商品和技术的进出口业务（不另附进出口商品目录），但国家限定公司经营的进出口商品和技术除外。批发和零售国家允许经营的矿产品、化工材料（不含危险化学品、监控化学品）、金属材料、建筑材料、机械电子设备、工艺美术品（不含金银首饰），收购农副产品（不含粮食和种子），批发和零售进口果露酒（有效期至2014年3月31日），批发预包装食品（有效期至2014年7月4日）。（以上经营范围涉及许可经营项目的，应在取得有关部门的许可后方可经营。）						

企业名称	厦门市海得信进出口有限公司			海关编码	3502160435	所属海关	厦高崎办
通讯地址	福建省厦门市思明区金榜路101号301室					邮政编码	361001
评定时间	2009. 1. 19	注册日期	2001. 9. 25	报关有效期	2014. 9. 25	注册资本	500万人民币
法人姓名	赵庆涛	电　话	0592－5822119	日常联系人	林仙花	电　话	0592－5822096
主营范围	批发和零售纺织品、工艺品、机械电子设备、服装、鞋帽、建筑材料、汽车配件、摩托车配件、国家政策允许经营的矿产品、化工材料（不含化学危险品）、金属材料、五金交电、百货，收购农副产品（不含粮食和种子），自营和代理除国家组织统一联合经营的出口商品和国家实行核定公司经营的进口商品以外的其他商品及技术的进出口业务，经营加工贸易、对销贸易、转口贸易业务。（以上经营范围涉及许可经营项目的，应在取得有关部门的许可后方可经营。）						

企业名称	福建同发食品集团有限公司			海关编码	3502161403	所属海关	厦高崎办
通讯地址	福建省厦门市思明区塔埔东路166号20层2001单元					邮政编码	361008
评定时间	2010. 2. 9	注册日期	2004. 4. 13	报关有效期	2014. 4. 13	注册资本	8000万人民币
法人姓名	江永康	电　话	0592－3666656	日常联系人	曾妙清	电　话	0592－3666651
主营范围	批发和零售预包装食品（有效期至2016年7月29日），批发进口果露酒（有效期至2014年3月31日），批发纺织品、日用百货、五金交电、化工材料（须经前置审批许可的项目除外）、建筑材料、汽车零配件、纸张、工艺品、服装鞋帽，经营各类商品和技术的进出口业务（不另附进出口商品目录；国家限定公司经营或禁止进出口的商品及技术除外），经营鲜冻畜禽、水产品，批发和零售初级农产品。（以上经营范围涉及许可经营项目的，应在取得有关部门的许可后方可经营。）						

企业名称	厦门松下电子信息有限公司		海关编码	3502340009	所属海关	厦高崎办
通讯地址	福建省厦门火炬高新区火炬园火炬路15号				邮政编码	361006
评定时间	2008. 12. 26	注册日期	1994. 9. 28	报关有效期	2014. 9. 28	注册资本	1450万美元
法人姓名	北尾一朗	电　　话	0592－5702600	日常联系人	何海河	电　　话	0592－5702661
主营范围	从事各种音响、映像商品和相关商品及其零部件的生产及以上同类商品的批发、进出口及佣金代理（除拍卖），并提供相关配套业务（如涉及配额、许可证管理及专项管理的商品，按国家有关规定办理）。（以上经营范围涉及许可经营项目的，应在取得有关部门的许可后方可经营。）					

企业名称	利胜电光源（厦门）有限公司		海关编码	3502340016	所属海关	厦高崎办
通讯地址	福建省厦门火炬高技术开发区马垄路2号				邮政编码	361006
评定时间	2008. 12. 26	注册日期	1995. 1. 18	报关有效期	2014. 1. 18	注册资本	4866万美元
法人姓名	胡安华	电　　话	0592－5757105	日常联系人	黄萍	电　　话	0592－5757134
主营范围	开发、生产电子节能灯及相配套的灯管、塑料、五金制品、电子变压器、电子镇流器、灯具等其他产品，制造水处理控制设备、油污处理设备，设计和制造各类塑胶、五金模具，提供电光源产品的测试及相关的技术咨询，经营日常用品的进出口业务。（不涉及国营贸易管理的商品；涉及配额、许可证管理商品的，按国家有关规定办理申请。）					

企业名称	瑞声达听力技术（中国）有限公司		海关编码	3502340027	所属海关	厦高崎办
通讯地址	福建省厦门火炬高技术产业开发区创新路15号				邮政编码	361006
评定时间	2011. 2. 12	注册日期	1996. 9. 28	报关有效期	2014. 9. 28	注册资本	3400万人民币
法人姓名	LARS KARE VIKSMOEN	电　　话	0592－5607141	日常联系人	游锦绣	电　　话	0592－2636907
主营范围	生产组装并研究开发各型助听器及其零部件、头戴耳机、听力测试仪，经营以上产品的批发和进出口业务（国家禁止经营的商品除外），从事产品回收和利用，提供产品售后服务、技术咨询服务。（以上经营范围涉及许可经营项目的，应在取得有关部门的许可后方可经营。）					

企业名称	厦门厦工国际贸易有限公司		海关编码	3502116001	所属海关	厦海沧办
通讯地址	福建省厦门市集美区灌口南路801号				邮政编码	361023
评定时间	2010. 2. 10	注册日期	2006. 11. 28	报关有效期	2015. 11. 28	注册资本	6100万人民币
法人姓名	林娜	电　　话	0592－2058125	日常联系人	庄灵	电　　话	0592－5822382
主营范围	批发、零售（不含商场零售）工程机械及其零配件、金属材料、汽车零配件、五金交电、建筑材料、化工材料（不含危险化学品及监控化学品），经营各类商品和技术的进出口业务（不另附进出口商品目录），但国家限定公司经营或禁止进出口的商品及技术除外，未涉及前置许可的其他经营项目。（以上经营范围涉及许可经营项目的，应在取得有关部门的许可后方可经营。）					

企业名称	翔鹭石化股份有限公司			海关编码	3502937032	所属海关	厦海沧办
通讯地址	福建省厦门海沧区南海路1180号					邮政编码	361026
评定时间	2008. 12. 26	注册日期	2001. 3. 12	报关有效期	2014. 10. 27	注册资本	334000万人民币
法人姓名	王江明	电　话	0592－6808210	日常联系人	蔡民锋	电　话	0592－6808250
主营范围	精对苯二甲酸（PTA）、工业甲醇（ME）、醋酸甲脂（MA）的生产、加工和销售，精对苯二甲酸（PTA）、对二甲苯（PX）、醋酸（Acetic Acid）、醋酸异丁酯（IBA）的进出口及批发（涉及配额许可证管理、专项规定管理的商品，按照国家有关规定办理），从事仓储业务（不含危险化学品）。						

企业名称	来福太（厦门）塑胶制品有限公司			海关编码	3502945250	所属海关	厦海沧办
通讯地址	福建省厦门市海沧区东孚镇山边路568号					邮政编码	361027
评定时间	2009. 2. 4	注册日期	2003. 3. 17	报关有效期	2014. 2. 28	注册资本	2240万美元
法人姓名	BARRY MOWER	电　话	0592－6366800	日常联系人	戴冰	电　话	0592－6366865
主营范围	生产、加工塑胶、金属制品和模具，相关产品的研究和开发。						

企业名称	厦门TDK有限公司			海关编码	3502946073	所属海关	厦海沧办
通讯地址	福建省厦门市集美区同集南路321－339号					邮政编码	361021
评定时间	2009. 11. 2	注册日期	1994. 8. 4	报关有效期	2014. 9. 6	注册资本	9482万美元
法人姓名	坂本典正	电　话	0592－6150333－200	日常联系人	林立兴	电　话	0592－6150333－170
主营范围	加工、生产新型电子元器件、组件、配件，设立研发中心，从事电子材料、元器件、组件、配件的研究开发业务及向国外企业提供技术服务业务。从事非配额许可证管理、非专营商品的收购出口业务及为本公司研发中心进行其研发产品的市场调试，进口销售少量其母公司生产的高新技术产品。						

企业名称	明达实业（厦门）有限公司			海关编码	3502947010	所属海关	厦海沧办
通讯地址	福建省厦门市海沧区翁角路858号					邮政编码	361026
评定时间	2009. 3. 24	注册日期	1995. 12. 26	报关有效期	2014. 6. 17	注册资本	9156万美元
法人姓名	徐天培	电　话	0592－6512222	日常联系人	陈艳	电　话	0592－6893831
主营范围	塑料制品、橡胶制品、其他金属制品、电气机械及器材、有机化学产品、合成材料、合成纤维、纺织、纸制品、包装装潢印刷（待取得相关许可证后方能经营）的生产，上述自产产品的回收、分拣、监测、维修、再利用，明达实业工业园的开发建设与配套服务，化学原料及化学产品（不含危险化学品和监控化学品）的生产，非金属矿物制品的生产，专用设备制造，电子及高技术绿色电池的生产，研究开发中心。（以上经营范围涉及许可经营项目的，应在取得有关部门的许可后方可经营。）						

企业名称	厦门正新实业有限公司			海关编码	3502947093	所属海关	厦海沧办
通讯地址	福建省厦门市海沧区新阳街道新顺路 15 号					邮政编码	361009
评定时间	2010. 4. 20	注册日期	2004. 6. 28	报关有效期	2014. 4. 20	注册资本	4500 万美元
法人姓名	陈秀雄	电　　话	0592 – 6211606	日常联系人	陈建	电　　话	0592 – 6211606 – 527
主营范围	生产轮胎内外胎、人力车内外胎、子午线轮胎和再生胶、胶料、胶带等橡胶制品，加工制造橡胶机械、模具和相关配件。						

企业名称	厦门钢宇工业有限公司			海关编码	3502947102	所属海关	厦海沧办
通讯地址	福建省厦门市海沧区东孚镇东孚工业区					邮政编码	361027
评定时间	2008. 12. 26	注册日期	2003. 9. 24	报关有效期	2014. 7. 15	注册资本	3000 万美元
法人姓名	李明宗	电　　话	0592 – 6311888	日常联系人	林燕玲	电　　话	0592 – 6311888
主营范围	生产加工各种运动健身器材、室内外家具、老人电动车、厨房器具、液晶电视及其零配件，批发钢铁管、钢铁板、塑料米和模具及各种运动健身器材。						

企业名称	厦门通士达照明有限公司			海关编码	3502938156	所属海关	厦同安办
通讯地址	福建省厦门市同安区美溪道 676 号					邮政编码	361100
评定时间	2010. 2. 9	注册日期	2000. 6. 1	报关有效期	2014. 5. 6	注册资本	37040 万人民币
法人姓名	黄东文	电　　话	0592 – 7263603	日常联系人	林国平	电　　话	0592 – 7263603
主营范围	节能光源产品的开发、研究和生产，照明设备的设计和制造，含汞废旧灯管的回收和处理，相关技术咨询服务。						

企业名称	高时（厦门）石业有限公司			海关编码	3502948477	所属海关	厦同安办
通讯地址	福建省厦门市同安区大同街道朝元路 999 号					邮政编码	361100
评定时间	2009. 2. 4	注册日期	2001. 11. 1	报关有效期	2014. 10. 28	注册资本	3000 万美元
法人姓名	高忠麟	电　　话	0592 – 7223836	日常联系人	刘叔飞	电　　话	0592 – 7229728
主营范围	各种石材产品的生产和加工，各种石材的批发和进出口。（国家禁止经营商品除外；上述涉及配额许可证、专项规定管理的商品，按国家有关规定办理。）						

企业名称	ECCO（厦门）有限公司			海关编码	3502948608	所属海关	厦同安办
通讯地址	福建省厦门市同安区城南工业区					邮政编码	361100
评定时间	2009. 1. 19	注册日期	2004. 10. 15	报关有效期	2014. 10. 14	注册资本	0万美元
法人姓名	FLEMMING LARSEN	电　　话	0592－7194999	日常联系人	吴圣材	电　　话	0592－7194813
主营范围	从事新技术皮革加工，包括皮革后整饰加工等工序；从事新技术制鞋和皮革半成品及成品的生产；从事中国生产的ECCO牌产品的仓储业务。（以上经营范围涉及许可经营项目的，应在取得有关部门的许可后方可经营。）						

企业名称	友达光电（厦门）有限公司			海关编码	3502949290	所属海关	厦同安办
通讯地址	福建省厦门市翔安区火炬高新区（翔安）产业区翔安北路1689号					邮政编码	361102
评定时间	2009. 10. 28	注册日期	2006. 3. 31	报关有效期	2015. 3. 31	注册资本	25000万美元
法人姓名	彭双浪	电　　话	0592－7888800	日常联系人	黄丽珍	电　　话	0592－7888800－1928
主营范围	从事液晶显示屏、液晶显示器、液晶电视等新型显示器件及光电周边产品与相关零部件的生产、加工及组装，从事触控显示器、触控系统、触控组件、触控屏幕、触控技术、应用软件、硬件、触控相关周边配件的研发、生产，提供相关技术及售后服务（含非本企业所生产的同类产品的维修），从事上述同类产品的销售，合同能源管理。						

企业名称	厦门中禾实业有限公司			海关编码	3502968098	所属海关	厦同安办
通讯地址	福建省厦门市同安区城南工业园区					邮政编码	361100
评定时间	2010. 2. 9	注册日期	2003. 7. 29	报关有效期	2014. 7. 29	注册资本	18000万人民币
法人姓名	陈跃钳	电　　话	0592－7579998	日常联系人	李坤灵	电　　话	0592－7579986
主营范围	食用植物油（全精炼）的生产（有效期至2015年9月15日），豆粕的销售，大豆的收购、销售，房地产开发与经营及管理，物业服务，承接土石方工程（不含开采），各类商品和技术的进出口（不另附进出口商品目录），本企业自产产品及技术的出口和本企业所需的机械设备、零配件、原辅材料及技术的进口（不另附进出口商品目录），但国家限定公司经营或禁止进出口的商品及技术除外。（以上经营范围涉及许可经营项目的，应在取得有关部门的许可后方可经营。）						

南昌关区

企业名称	巨石集团九江有限公司			海关编码	3604910057	所属海关	九江海关
通讯地址	江西省九江市出口加工区锦绣大道6号					邮政编码	332005
评定时间	2008.10.27	注册日期	2003.1.21	报关有效期	2015.1.21	注册资本	70600万人民币
法人姓名	杨国明	电话	0792-8252016	日常联系人	黄声朋	电话	0792-8252006
主营范围	玻璃纤维、复合材料、工程塑料及制品、玻璃纤维的化工原料、玻璃纤维设备及配件的生产、销售（以上项目涉及行政许可的，凭行政许可证经营）。						

企业名称	赛得利（江西）化纤有限公司			海关编码	3604940107	所属海关	九江海关
通讯地址	江西省九江市姑塘镇					邮政编码	332017
评定时间	2010.9.20	注册日期	2002.8.29	报关有效期	2014.8.29	注册资本	11360万美元
法人姓名	AUG HUI TIONG EUGENE	电话	159××××9070	日常联系人	张建江	电话	0792-8920825
主营范围	以差别化化学纤维为主的化纤生产，并销售自产产品。						

企业名称	江西旭阳雷迪高科技股份有限公司			海关编码	3604960321	所属海关	九江海关
通讯地址	江西省九江经济开发区出口加工区外锦绣大道					邮政编码	332000
评定时间	2011.12.13	注册日期	2008.7.7	报关有效期	2014.7.7	注册资本	47900万人民币
法人姓名	骆鸿	电话	0792-2161710	日常联系人	王薇	电话	152××××8040
主营范围	多晶硅产品（除原矿）的开发、生产和销售，单晶硅产品（除原矿）的开发、生产和销售，太阳能电池及相关产品的开发、生产和销售，新能源、新材料的开发、生产和销售，货物及技术的进出口。（以上项目国家有专项规定的除外，凡涉及行政许可的须凭许可证经营。）						

企业名称	江西昌河铃木汽车有限责任公司			海关编码	3602930068	所属海关	景德镇关
通讯地址	江西省景德市新厂东路206号					邮政编码	333002
评定时间	2008.10.27	注册日期	1995.4.5	报关有效期	2014.4.5	注册资本	31180万美元
法人姓名	邹文超	电话	0798-8466066	日常联系人	李文晖	电话	0798-8462500
主营范围	开发、生产系列轿车、系列微型汽车、汽车发动机及其零部件，向国内外市场销售自产产品并提供必要的售后服务。						

企业名称	崇义章源钨业股份有限公司			海关编码	3607960560	所属海关	赣州海关
通讯地址	江西省崇义县城塔下					邮政编码	341300
评定时间	2011.12.13	注册日期	2000.8.23	报关有效期	2014.8.23	注册资本	42821万人民币
法人姓名	黄泽兰	电　话	0797-3823888	日常联系人	吴金凤	电　话	135××××9693
主营范围	许可经营项目：钨精选、钨矿地下开采（限分支机构经营）、钨冶炼，锡、铜、铋、钼加工（限在许可证有效期内经营），钨精矿及其冶炼产品（仲钨酸铵、钨粉末系列）、硬质合金、锡、铜、铋、钼精矿经营（限许可证有效期内经营），压缩气体生产（限许可证有效期内经营）。一般经营项目：出口钨、锡、铜、铋、钼系列产品（国家禁止经营和限止经营的商品和技术除外），开展“三来一补”业务，经销冶金矿山配件、化工产品（除危化品）、模具、五金，进口本企业生产所需的原辅材料、机械设备、仪器仪表、零配件及相关技术，水力发电，造林、营林、木材采伐。（以上项目国家有专项规定的，按规定办理。）						

企业名称	赣州虔东稀土集团股份有限公司			海关编码	3607960680	所属海关	赣州海关
通讯地址	江西省赣州市章贡区水东镇虔东大道289号					邮政编码	341001
评定时间	2013.5.24	注册日期	2003.3.13	报关有效期	2014.3.13	注册资本	15000万人民币
法人姓名	龚斌	电　话	0797-8463338-8001	日常联系人	钟志慧	电　话	0797-8463338
主营范围	许可经营项目：稀土原矿灼烧、稀土化合物及稀土金属产品、稀土深加工产品、稀土新材料的生产与销售，稀土高科技应用产品开发、生产与销售。（以上凭矿产品许可证经营、加工许可证经营，有效期至2014年4月）。 一般经营项目：出口本企业生产的产品及技术（国家限止和禁止的项目除外），进口本企业生产、科研所需的原辅材料、机械设备、仪器仪表及零配件（国家限止和禁止的项目除外），生产、销售冶金、机械、化工产品（除危险品），分析检测、技术咨询。（从事以上经营项目，国家法律、法规、政策有专项规定的从其规定。）						

企业名称	友利电电子（江西）有限公司			海关编码	3610940218	所属海关	吉安海关
通讯地址	江西省吉安市吉州区工业园					邮政编码	343000
评定时间	2008.12.3	注册日期	2002.7.8	报关有效期	2014.7.2	注册资本	800万美元
法人姓名	小林一郎	电　话	0796-8226632	日常联系人	皮延平	电　话	138××××6537
主营范围	生产、加工、销售有线及无线通讯半成品及产成品、普通及液晶电视机、车载显示器及道路电子收费机。（以上项目涉及许可的，凭有效许可证经营；国家有专项规定的除外。）						

企业名称	红板（江西）有限公司			海关编码	3610940287	所属海关	吉安海关
通讯地址	江西省井冈山经济开发区					邮政编码	343100
评定时间	2010.11.30	注册日期	2007.8.6	报关有效期	2016.8.6	注册资本	37397万港币
法人姓名	叶森然	电　话	0796-8403665	日常联系人	李冬艳	电　话	139××××0320
主营范围	新型电子元器件的生产和销售（以上项目涉及许可的，凭有效许可证经营；国家有专项规定的除外）。						

企业名称	江西井冈山盛泰通讯技术有限责任公司			海关编码	3610960333	所属海关	吉安海关
通讯地址	江西省吉安市高新技术产业开发区					邮政编码	343100
评定时间	2010. 9. 20	注册日期	2006. 11. 28	报关有效期	2015. 11. 28	注册资本	20000 万人民币
法人姓名	蔡镇滨	电　　话	0796－8403853	日常联系人	罗丽平	电　　话	159××××3520
主营范围	电子、通讯产品及软件的设计、开发、生产及销售，进出口业务（以对外贸易经营者备案登记为准）。						

企业名称	百利精密刀具（南昌）有限公司			海关编码	3601340029	所属海关	南昌海关驻高新技术产业开发区办事处
通讯地址	江西省南昌高新技术开发区火炬七路 88 号					邮政编码	330096
评定时间	2012. 3. 13	注册日期	2007. 12. 10	报关有效期	2013. 12. 10	注册资本	5310 万美元
法人姓名	陶嘉莉	电　　话	0791－82059888	日常联系人	徐微茜	电　　话	0791－82059888－6251
主营范围	生产和销售半导体封装用高速、超硬精密切削工具、自动化生产与检测设备、零件、切削研磨用金钢石砂轮，研发、生产和销售碳化钨棒材、超微粒硬质合金材料（微粉）、塑胶制品。（以上项目国家有专项规定的除外。）						

企业名称	江西省地质矿产开发总公司			海关编码	3601910987	所属海关	南昌海关驻高新技术产业开发区办事处
通讯地址	江西省南昌市站前路 56 号					邮政编码	330002
评定时间	2010. 2. 10	注册日期	2004. 3. 19	报关有效期	2014. 6. 10	注册资本	855 万人民币
法人姓名	黄小海	电　　话	0791－6114262	日常联系人	何惠琴	电　　话	0791－86114262
主营范围	矿产品及制品、企业自产竹木及其制品、地毯、箱包、矿山机械设备、不受配额许可证限制的其他三类商品的出口，本企业生产科研所需的原辅材料、机械设备、仪器仪表零配件的进口。（国家实行核定公司经营的 14 种商品除外。）						

企业名称	江西蓝海国际贸易有限公司			海关编码	3601911008	所属海关	南昌海关驻高新技术产业开发区办事处
通讯地址	江西省南昌市阳明路 310 号					邮政编码	330008
评定时间	2009. 11. 27	注册日期	1994. 7. 12	报关有效期	2014. 7. 12	注册资本	13000 万人民币
法人姓名	罗小平	电　　话	0791－86895253	日常联系人	刘洋	电　　话	0791－86894969
主营范围	国内贸易，进出口贸易（实行国营贸易管理货物的进出口业务除外），租赁，音像制品的批发，国内版图书和电子出版物的批发兼零售，图书、只读光盘及交互光盘的进出口业务，印刷设备的安装、调试及修理，技术服务及咨询，会展服务，设备维修，电子计算机技术服务，腐蚀品的批发（许可证有效期至 2014 年 8 月 25 日），煤炭的批发经营（许可证有效期至 2014 年 12 月 22 日）。（以上项目国家有专项许可的除外。）						

企业名称	泰豪科技股份有限公司			海关编码	3601911448	所属海关	南昌海关驻高新技术产业开发区办事处
通讯地址	江西省南昌高新开发区清华泰豪大楼					邮政编码	330096
评定时间	2012. 3. 13	注册日期	2000. 4. 11	报关有效期	2014. 4. 11	注册资本	50033 万人民币
法人姓名	毛勇	电　　话	0791－88102672	日常联系人	黄晓燕	电　　话	0791－85985295
主营范围	电力信息及自动化产品、电子产品及通信设备、输变电配套设备、发电机及发电机组、电动机及配套设备、环保及节能产品、高新技术产品的开发、生产、销售、维修，高科技项目咨询及高新技术转让与服务，建筑智能化工程、网络信息系统工程、电气自动化工程、中央空调工程、环保及节能工程的承接和综合技术服务，防盗报警、闭路电视监控工程的设计、安装，输变配电等电力工程的设计、安装、调试及维修，计算机产品、空调产品、汽车（小轿车除外）的销售，房屋及设备租赁，本企业自产产品及相关技术的出口业务（国家组织统一经营的出口商品除外），本企业生产科研所需的原辅材料、机械设备、仪器仪表、零配件及相关技术的进口业务（国家实行核定公司经营的进口商品除外），本企业的进料加工和“三来一补”业务，国际工程承包和境内国际招标工程业务，上述境外工程所需的设备、材料的出口，对外派遣实施上述境外工程所需的劳务人员。（以上项目国家有专项许可的，凭证经营。）						

企业名称	江西省恒生制衣有限公司			海关编码	3601911568	所属海关	南昌海关驻高新技术产业开发区办事处
通讯地址	江西省南昌市昌东工业区昌东三路66号					邮政编码	330012
评定时间	2012. 4. 11	注册日期	2002. 1. 11	报关有效期	2014. 1. 11	注册资本	200 万人民币
法人姓名	游敬	电　　话	0791－86517319	日常联系人	胡珍	电　　话	0791－86517319
主营范围	服装、服装半成品、服装面料及辅料的加工、制造及销售（以上项目国家有专项规定的除外）。						

企业名称	江西稀有稀土金属钨业集团进出口有限公司			海关编码	3601912020	所属海关	南昌海关驻高新技术产业开发区办事处
通讯地址	江西省南昌市北京西路118号					邮政编码	330046
评定时间	2012. 3. 13	注册日期	2005. 3. 28	报关有效期	2014. 3. 24	注册资本	10000 万人民币
法人姓名	廖新庚	电　　话	0791－86203668	日常联系人	张激	电　　话	0791－86203662
主营范围	对外贸易经营（实行国营贸易管理货物的进出口业务除外），国内商业批发贸易。（以上项目国家有专项规定的除外。）						

企业名称	江西江铃进出口有限责任公司			海关编码	3601932694	所属海关	南昌海关驻高新技术产业开发区办事处
通讯地址	江西省南昌市迎宾中大道 319 号（江西中南建设工程集团公司）					邮政编码	330001
评定时间	2008. 10. 27	注册日期	2008. 8. 26	报关有效期	2014. 8. 26	注册资本	3361 万人民币
法人姓名	夏英杰	电　　话	0791 - 86738769	日常联系人	胡著斌	电　　话	0791 - 86738769
主营范围	经营和代理各类商品及技术的进出口业务，销售及投资机械类等产品并提供相关服务，商品物流、包装。（有专项规定管理的商品，按照国家有关规定办理。）						

企业名称	泰丰轮胎（江西）有限公司			海关编码	3601941319	所属海关	南昌海关驻高新技术产业开发区办事处
通讯地址	江西省南昌市上海路 639 号					邮政编码	330029
评定时间	2008. 10. 27	注册日期	1997. 1. 8	报关有效期	2014. 1. 8	注册资本	6700 万美元
法人姓名	马述健	电　　话	0791 - 88310138	日常联系人	刘玉兰	电　　话	0791 - 88310138
主营范围	生产各种轮胎及橡胶制品（斜胶轮胎除外），销售自产产品，批发各种非自产轮胎（含斜胶胎）及橡胶制品，批发与轮胎生产相关的原、物料（天然胶除外）、机器设备、零配件，从事上述所有商品的进出口销售。（以上项目国家有专项规定的除外）						

企业名称	捷德（中国）信息科技有限公司			海关编码	3601942416	所属海关	南昌海关驻高新技术产业开发区办事处
通讯地址	江西省南昌市高新技术开发区火炬大街					邮政编码	330096
评定时间	2008. 10. 27	注册日期	2006. 11. 22	报关有效期	2015. 11. 22	注册资本	1142 万美元
法人姓名	Roland Savoi	电　　话	0791 - 88100708	日常联系人	罗姝华	电　　话	0791 - 88101596
主营范围	设计、研发、制造及销售各类卡、卡系统和系统组件、相关装置、器械、材料和技术，提供相关服务等。						

企业名称	新余钢铁股份有限公司			海关编码	3605930086	所属海关	新余海关
通讯地址	江西省新余市冶金路					邮政编码	338001
评定时间	2012. 11. 22	注册日期	2004. 3. 11	报关有效期	2014. 3. 9	注册资本	139343 万人民币
法人姓名	熊小星	电　　话	0790 - 6293811	日常联系人	黄煜	电　　话	0790 - 6293443
主营范围	生产经营各类锰铁、生铁、矽铁、钢材、钢丝和钢绞线、铝包钢线、电线、电缆、CATV 有线电视传输线、OPGW 光纤复合电缆及延伸产品，制造与销售化工产品、设备，经营与本企业相关的进出口业务及“三来一补”业务，从事本企业附属产品易燃液体、压缩气体、液化气体的销售（凭许可证经营）、技术咨询及服务。						

企业名称	新余远东纺织有限公司		海关编码	3605960073	所属海关	新余海关
通讯地址	新余市高新区东兴北路				邮政编码	338003
评定时间	2010. 5. 27	注册日期	2008. 8. 22	报关有效期	2014. 8. 23	注册资本	12600 万人民币
法人姓名	蔡长春	电　话	0790 - 6442901	日常联系人	毛霞	电　话	0790 - 6491815
主营范围	生产经营纺织品，经营本企业自产产品的出口业务，经营本企业生产所需要的原辅材料、仪器仪表、机械设备、零配件及技术的进口业务，经营来料加工和“三来一补”业务，代理纺织品及原辅料的进出口。（国家有专项规定除外。）						

企业名称	上高裕盛工业有限公司		海关编码	3608940367	所属海关	新余海关
通讯地址	江西省宜春市上高县锦江镇油籽洞				邮政编码	336400
评定时间	2013. 7. 3	注册日期	2005. 7. 6	报关有效期	2014. 7. 6	注册资本	2924 万美元
法人姓名	胡明进	电　话	0795 - 2527366	日常联系人	李基雄	电　话	0795 - 2527366
主营范围	加工处理猪、牛、羊皮及皮革后整饰新技术，生产和销售鞋类制品。						

企业名称	瀚森科技（江西）有限公司		海关编码	3604540003	所属海关	九江海关驻出口加工区办事处
通讯地址	江西省九江出口加工区内				邮政编码	332000
评定时间	2010. 9. 20	注册日期	2007. 11. 21	报关有效期	2013. 11. 3	注册资本	600 万美元
法人姓名	黄旭锋	电　话	0792 - 8798903	日常联系人	王炎忠	电　话	0792 - 8799862
主营范围	GPS（卫星导航定位接收设备）、车充、手机、PDA 产品、MP4、塑胶制品、蓝牙及相关产品、家电产品、光电半导体、发光二极管、照明及相关产品、GPS 跟踪器的研发、制造、销售及以上项目的检测和维修。（以上项目国家有专项规定的除外，涉及行政许可的凭许可证经营。）						

企业名称	江西凤凰光学进出口有限公司		海关编码	3609910153	所属海关	南昌海关驻上饶办事处
通讯地址	江西省上饶市光学路 1 号				邮政编码	334000
评定时间	2008. 10. 27	注册日期	2000. 4. 28	报关有效期	2014. 4. 28	注册资本	600 万人民币
法人姓名	朱可建	电　话	0793 - 8260533	日常联系人	毛大华	电　话	0793 - 8260341
主营范围	自营和代理各类商品和技术的进出口业务，但国家限定公司经营或禁止进出口的商品和技术除外。						

企业名称	江西铜业股份有限公司			海关编码	3606930073	所属海关	南昌海关 驻上饶办事处
通讯地址	江西省贵溪市冶金大道 15 号					邮政编码	335424
评定时间	2008. 10. 27	注册日期	1997. 7. 9	报关有效期	2014. 6. 24	注册资本	346273 万人民币
法人姓名	李保民	电　　话	0701－3777221	日常联系人	曾立民	电　　话	0701－3777221
主营范围	有色金属、稀贵金属的采、选、冶炼、加工及相关技术服务，有色金属矿、稀贵金属、非金属矿、有色金属及相关副产品的冶炼、压延加工与深加工。与上述业务相关的硫化工及其延伸产品、精细化工产品，选矿药剂、橡胶制品，毒害品、腐蚀品、压缩气体、液化气体的生产和加工。自产产品的销售及售后服务、相关的咨询服务和业务，岩土边坡、测量与涵、隧道工程，地质勘查与施工，机电、土木建筑维修与装潢，汽车与工程机械维修、流动式起重机械维修，钢丝增强液压橡胶软管组合件生产，合金耐磨产品铸造，矿山、冶炼专业设备制造、加工、安装、维修与销售，涂装、保温、防腐工程，工业设备清洗，货运代理、仓储（危险品除外），从事境外期货套期保值业务。代理进出口业务（不涉及国营贸易、进出口配额许可证，出口配额招标、出口许可证等专项规定管理的商品）。（安全生产许可证有效期至 2014 年 8 月 3 日，矿产资源勘查许可证有效期至 2014 年 11 月 29 日，东同矿、银山矿、德兴矿、城门山矿、武山铜矿、永平铜矿、德兴矿富家坞矿的采矿许可证有效期分别到 2018 年 12 月 19 日、2028 年 12 月 19 日、2027 年 7 月、2014 年 11 月 22 日、2013 年 12 月 16 日、2020 年 9 月、2016 年 10 月。）						

青岛关区

企业名称	万华化学集团股份有限公司			海关编码	3706918476	所属海关	烟台海关
通讯地址	山东省烟台市幸福南路7号					邮政编码	264002
评定时间	2008.12.3	注册日期	2000.7.10	报关有效期	2014.3.25	注册资本	216233万人民币
法人姓名	丁建生	电　　话	0535－3388088	日常联系人	陈玉玲	电　　话	0535－3388002
主营范围	前置许可经营项目：安全许可证范围内化学危险品的生产（有效期至2014年10月29日），许可证范围内铁路专用线经营，第21类、第3类（不含成品油）、第81类危险化学品（所有各类均不含剧毒、监控化学品、易制毒、易制爆化学品）的批发（禁止储存，有效期至2016年4月29日）。一般经营项目：聚氨酯及助剂、异氰酸酯及衍生产品的开发、技术服务及相关技术人员培训，批准范围内的自营进出口业务，化学产品（不含危险化学品）的销售。						

企业名称	烟台绮丽集团有限公司			海关编码	3706919758	所属海关	烟台海关
通讯地址	山东省烟台市芝罘区朝阳街80号					邮政编码	264001
评定时间	2008.12.3	注册日期	1996.9.28	报关有效期	2014.6.30	注册资本	6000万人民币
法人姓名	李春芳	电　　话	0535－6607888	日常联系人	宇志忠	电　　话	0535－6607979
主营范围	服装、纺织品、抽纱制品、水产品、轻工产品、化工产品（不含化学危险品）、文体用品、五金、土畜产品、建材的批发、零售，仓储服务，租赁经营业务，许可范围内的进出口业务，服装生产。						

企业名称	益海（烟台）粮油工业有限公司			海关编码	3706938599	所属海关	烟台海关
通讯地址	山东省烟台市芝罘区港湾大道100号					邮政编码	264000
评定时间	2008.12.3	注册日期	2001.2.9	报关有效期	2013.12.22	注册资本	27020万人民币
法人姓名	纪少波	电　　话	0535－6505323	日常联系人	王明辉	电　　话	0535－6505321
主营范围	从事各类油籽、食用植物油（工业产品生产许可证有效期至2015年3月9日）、粮食及其相关产品的深加工、仓储（不含国家出口许可证管理的商品），并销售上述自产产品，生产上述产品有关的塑料包装制品，批发大米、面粉和食用油产品（国内采购，不含进出口业务，食品流通许可证有效期至2013年10月11日）。						

企业名称	烟台北方安德利果汁股份有限公司			海关编码	3706939699	所属海关	烟台海关
通讯地址	山东省烟台市牟平经济开发区安德利大街18号					邮政编码	264100
评定时间	2008.12.3	注册日期	1996.5.7	报关有效期	2013.12.24	注册资本	42655万人民币
法人姓名	王安	电　　话	0535－4218988	日常联系人	郝岩涛	电　　话	151××××8898
主营范围	各种原浆果汁、果蔬汁、果品、果干、蔬菜的生产和销售，铁制包装品、生活饮用水的加工和销售，果渣的综合利用。						

企业名称	烟台汇城电子有限公司			海关编码	3706947367	所属海关	烟台海关
通讯地址	山东省烟台市芝罘区荣尧街 8 号					邮政编码	264000
评定时间	2008. 12. 3	注册日期	2003. 6. 18	报关有效期	2015. 4. 19	注册资本	156 万美元
法人姓名	高秀好	电　　话	0535－2110388	日常联系人	李军	电　　话	0535－2110390
主营范围	新型电子元器件、耳机及耳机线材、手机耳机、CD 耳机、随身听耳机、手机铃声扬声器及手机相关部件、片式元器件、频率控制与选择元件的生产，上述所列自产产品的销售。						

企业名称	烟台矢崎汽车配件有限公司			海关编码	3706948630	所属海关	烟台海关
通讯地址	山东省烟台市福山高新技术产业区永达街西首					邮政编码	265500
评定时间	2008. 12. 3	注册日期	2001. 3. 30	报关有效期	2013. 11. 4	注册资本	1540 万美元
法人姓名	小川环	电　　话	0535－6329901－120	日常联系人	李春	电　　话	0535－6329901
主营范围	汽车机线、汽车仪表、汽车机线部品及其模具的设计、制造、销售、检测和销售后的修理服务（不含国家禁止和限制的项目）。						

企业名称	烟台铁姆肯有限公司			海关编码	3706949649	所属海关	烟台海关
通讯地址	山东省烟台市芝罘区青年路 7 号					邮政编码	264000
评定时间	2008. 12. 3	注册日期	2001. 6. 1	报关有效期	2015. 2. 13	注册资本	3298 万美元
法人姓名	PETER M SPROSON（施博胜）	电　　话	021－61138068	日常联系人	邵文臻	电　　话	0535－6242411－6286
主营范围	从事滚动轴承及其零部件、配件和轴承工程、模具及其零部件、配件的设计、制造、装配、内外销及相关的技术服务。						

企业名称	烟台北方家用纺织品有限公司			海关编码	3706960464	所属海关	烟台海关
通讯地址	山东省烟台市福山区汇福街 137 号					邮政编码	265500
评定时间	2008. 12. 3	注册日期	2002. 8. 5	报关有效期	2014. 1. 4	注册资本	1200 万人民币
法人姓名	张剑波	电　　话	0535－6330754	日常联系人	赵宏	电　　话	0535－6307641
主营范围	经营针纺织品、机械设备零配件及技术的进出口业务（国家实行限定公司经营的进口商品除外），经营本企业的进料加工和“三来一补”业务。						

企业名称	烟台华科食品有限公司	海关编码	3706968081	所属海关	烟台海关
通讯地址	山东省烟台市芝罘区环海路29号			邮政编码	264000
评定时间	2008.12.3	注册日期	2002.12.18	报关有效期	2014.10.18	注册资本	500万人民币
法人姓名	韩明侍	电　　话	0535－6815864	日常联系人	刘鹏	电　　话	0535－6816330
主营范围	水产品、肉及肉制品、蔬菜制品、面试制品的加工、批发与零售。冷藏仓储，普通机械、家具、金属材料、化工产品的批发与零售，商品及技术的进出口，本企业生产科研所需的原辅料、机械设备、仪器仪表及零配件的进出口。				

企业名称	山东东方海洋科技股份有限公司			海关编码	3706968894	所属海关	烟台海关
通讯地址	山东省烟台市莱山区澳柯玛大街18号					邮政编码	264003
评定时间	2008.12.3	注册日期	2002.2.6	报关有效期	2013.10.26	注册资本	24385万人民币
法人姓名	车轼	电　　话	0535－6720000	日常联系人	车轼	电　　话	0535－6729188
主营范围	前置许可经营项目：海水动植物养殖、育苗、育种。一般经营项目：水产新技术、新成果的研究、推广应用，水产技术培训、咨询服务，水产品、果品、蔬菜、肉禽蛋的冷藏、储存、加工（初级）、收购、销售，本企业自产产品及技术的出口和本企业生产、科研所需的原辅材料、仪器仪表、机械设备、零配件及技术的进口（国家限定公司经营和国家禁止进出口的商品及技术除外），经营进料加工和“三来一补”业务，海上、航空、陆路国际货运代理业务，货运代理、信息配载、仓储理货，登记证书范围内保税货物的仓储业务，自建房屋租赁经营业务，木质包装盒、纸和纸板容器、塑料包装箱及容器的加工、生产和销售。						

企业名称	烟台龙大食品有限公司			海关编码	3724930209	所属海关	烟台海关
通讯地址	山东省莱阳市龙旺庄镇庙后					邮政编码	265231
评定时间	2008.12.3	注册日期	1997.4.16	报关有效期	2013.12.16	注册资本	280万美元
法人姓名	宫学斌	电　　话	0535－7718686	日常联系人	于志涛	电　　话	0535－7717088
主营范围	生产和销售各种果品、蔬菜及其制品，冷冻鲜活水产品，罐头食品，粮油制品。（以上涉及配额许可证管理、专项管理的商品，按国家有关规定办理。）						

企业名称	中煤能源山东有限公司			海关编码	3711910109	所属海关	日照海关
通讯地址	山东省日照市天津路135号					邮政编码	276826
评定时间	2008.12.3	注册日期	1999.7.26	报关有效期	2014.5.14	注册资本	1000万人民币
法人姓名	李长立	电　　话	0633－8396166	日常联系人	张卫东	电　　话	0633－8396101
主营范围	煤炭的批发（有效期至2013年12月31日），易燃液体（成品油除外）、有毒品（剧毒品除外）、压缩气体及液化气体、易燃固体、自燃和遇湿易燃物品的批发（无储存）（危险化学品经营许可证有效期至2014年1月23日），房屋租赁，机电设备（不含汽车）、焦炭、煤炭制品、矿产品、化工产品（不含危险化学品、监控化学品及国家专营专控经营产品）的销售，普通商品和技术的进出口，但国家限定公司经营或禁止进出口的商品和技术除外。（以上范围涉及许可证经营的，凭有效许可证经营。）						

企业名称	亚太森博（山东）浆纸有限公司			海关编码	3711930732	所属海关	日照海关
通讯地址	山东省日照开发区北京路					邮政编码	276800
评定时间	2008. 12. 3	注册日期	2000. 5. 22	报关有效期	2014. 5. 26	注册资本	527107 万人民币
法人姓名	黄春雨	电　　话	0633－3361111	日常联系人	费捷	电　　话	0633－3369265
主营范围	生产浆、纸、纸板和相关产品，销售自产产品，纸浆、溶解浆、纸、纸板及其他纸类产品的进出口批发业务，自备电厂的并网发电和网上电力销售（电力业务许可证有效期至 2030 年 7 月 5 日），造林，码头港口设施经营，港区内从事货物装卸、仓储，船舶港口服务业务经营，为船舶提供岸电（港口经营许可证有效期至 2014 年 3 月 21 日），提供相关的技术咨询、技术培训和技术转让。（以上不涉及国营贸易管理商品；涉及配额、许可证管理的商品，按照国家有关规定办理；涉及许可证经营的，凭有效许可证开展经营活动。）						

企业名称	日照荣兴食品有限公司			海关编码	3711931050	所属海关	日照海关
通讯地址	山东省日照市山东路中段北侧（高科园科技路中段西侧）					邮政编码	276800
评定时间	2008. 12. 3	注册日期	2004. 2. 2	报关有效期	2014. 2. 12	注册资本	1006 万人民币
法人姓名	吕元萌	电　　话	189××××7777	日常联系人	韦庆满	电　　话	0633－8331651
主营范围	水产品、肉类食品、蔬菜制品、食品调料的加工、销售（凭有效食品卫生许可证开展经营活动）。						

企业名称	日照佳食食品有限公司			海关编码	3711931435	所属海关	日照海关
通讯地址	山东省日照市昭阳北路西侧（市高科园内）					邮政编码	276800
评定时间	2009. 11. 23	注册日期	2005. 8. 25	报关有效期	2014. 8. 25	注册资本	2400 万人民币
法人姓名	村上贞夫	电　　话	0633－8829011	日常联系人	李涛	电　　话	0633－8829097
主营范围	初级食用水产品、初级食用农产品的加工、销售，普通商品的进出口（不含进口分销业务）。（以上范围涉及许可证经营的，凭有效许可证经营 。）						

企业名称	日照佳苑食品有限公司			海关编码	3711931711	所属海关	日照海关
通讯地址	山东省日照市海口路 1 号					邮政编码	276826
评定时间	2011. 5. 17	注册日期	2006. 11. 8	报关有效期	2015. 11. 10	注册资本	375 万美元
法人姓名	刘乃春	电　　话	0633－8328201	日常联系人	房玲贤	电　　话	0633－8328201
主营范围	初级食用水产品的加工、销售，蔬菜种植，普通商品的进出口（不含进口商品的分销业务）。（以上范围涉及许可证经营的，凭有效许可证经营。）						

企业名称	日照昌华海产食品有限公司			海关编码	3711933070	所属海关	日照海关
通讯地址	山东省日照市岚山安东卫街道办驻地					邮政编码	276807
评定时间	2012. 5. 18	注册日期	2012. 5. 3	报关有效期	2015. 5. 3	注册资本	10367 万美元
法人姓名	张爱华	电　　话	0633－2682999	日常联系人	李妍妍	电　　话	0633－2682969
主营范围	水产加工品（冻鱼糜制品，全国工业产品生产许可证有效期至2015年6月18日）的生产，速冻食品（速冻调制食品，全国工业产品生产许可证有效期至2015年9月21日）的生产，饲料的销售，农产品、土畜产品的采购及批发（国家限制外商投资的产品除外），预包装食品（仅限食用植物油及相关产品、淀粉、葡萄酒）的批发（食品流通许可证有效期至2016年3月27日），塑料、金属（铁、铜）、化工产品（不含危险化学品及监控化学品等国家专项许可产品）的进出口和批发业务，大豆、木浆、纸浆的进口和批发业务。（以上不涉及国营贸易管理商品；涉及配额、许可证管理的商品，按照国家有关规定办理；以上范围涉及许可证经营的，凭有效许可证经营。）						

企业名称	日照钢铁控股集团有限公司			海关编码	3711950966	所属海关	日照海关
通讯地址	山东省日照市滨海路600号					邮政编码	276826
评定时间	2012. 5. 3	注册日期	2003. 7. 4	报关有效期	2014. 7. 7	注册资本	80000 万人民币
法人姓名	杜双华	电　　话	0633－6181078	日常联系人	陈淑民	电　　话	0633－6188382
主营范围	煤炭的批发经营（许可证有效期至2013年12月31日），发电，黑色金属的冶炼、压延、加工，冶金产品及副产品、冶金辅助材料、铁合金、五金工具、焦炭的生产、销售，建筑材料（不含化学危险品）、工程机械设备、汽车及其配件（九座以下乘用车除外）的销售，硫酸铵的生产、销售（凭有效许可证经营），普通货物和技术的进出口，但国家限定公司经营或禁止进出口的商品及技术除外。（以上范围涉及许可证经营的，凭有效许可证经营。）						

企业名称	山东华龙纺织有限公司			海关编码	3711960807	所属海关	日照海关
通讯地址	山东省五莲县城解放路156号					邮政编码	262300
评定时间	2009. 2. 1	注册日期	2003. 1. 28	报关有效期	2014. 1. 14	注册资本	2580 万人民币
法人姓名	丁宏利	电　　话	0633－5323986	日常联系人	杨乐英	电　　话	138××××9608
主营范围	纺纱、织布、针织品、服装的生产、销售，棉花的收购加工，本企业自产的沙、布、针织品、服装及相关技术的出口业务，本企业所需的原辅材料、机械设备、仪器仪表、零配件及相关技术的进口业务（国家限定公司经营或禁止进出口的商品及技术除外），房屋租赁业务。（以上范围涉及许可证经营的，凭有效许可证生产经营）。						

企业名称	莒县华洋塑料制品有限公司			海关编码	3711960860	所属海关	日照海关
通讯地址	山东省莒县刘官庄镇驻地					邮政编码	276512
评定时间	2009. 11. 23	注册日期	2002. 5. 22	报关有效期	2014. 6. 3	注册资本	1060 万人民币
法人姓名	刘贵方	电　话	0633－6781086	日常联系人	方晓燕	电　话	0633－6787869
主营范围	包装装潢印刷品的印刷（印刷经营许可证有效期至2014年3月31日止），包装袋及橡塑制品、塑料原料（不含化学危险品）的销售，本企业自产产品及技术的出口，本企业生产、科研所需的原辅材料、仪器仪表、机械设备、零配件及技术的进口。（国家限定公司经营和国家禁止进出口的商品及技术除外；涉及许可经营的，凭有效许可证经营。）						

企业名称	日照中港粮油有限公司			海关编码	3711960921	所属海关	日照海关
通讯地址	山东省日照市日照港中港区					邮政编码	276826
评定时间	2011. 11. 15	注册日期	2003. 2. 28	报关有效期	2014. 3. 16	注册资本	1000 万人民币
法人姓名	苗仲林	电　话	0633－7387286	日常联系人	夏翠	电　话	0633－8387558
主营范围	批发散装食品（食品流通许可证有效期至2016年4月25日），从事危险货物储存（棕榈油、棕榈硬脂、毛豆油，许可证有效期至2013年6月30日），在港区内从事货物装卸、驳运、仓储（许可证有效期至2013年9月27日），钢材、沥青、电解铜、矿产品、化工原料（易制毒化学品和危险化学品及国家专项许可产品除外），经营普通货物的进出口业务，但国家限定公司经营或禁止进出口的商品及技术除外。（以上范围涉及许可证经营的，凭有效许可证经营。）						

企业名称	山东万宝贸易有限公司			海关编码	3711960988	所属海关	日照海关
通讯地址	山东省日照市天津路51号					邮政编码	276826
评定时间	2009. 2. 1	注册日期	2004. 1. 21	报关有效期	2014. 1. 24	注册资本	5030 万人民币
法人姓名	辛为华	电　话	0633－3888678	日常联系人	曹雨	电　话	136××××8175
主营范围	自营和代理各类商品和技术的进出口业务，但国家限定公司经营或禁止进出口的商品和技术除外。						

企业名称	日照中瑞物产有限公司			海关编码	3711960996	所属海关	日照海关
通讯地址	山东省日照市南路48号（物资局院内办公楼三楼）					邮政编码	276800
评定时间	2009. 2. 1	注册日期	2003. 10. 9	报关有效期	2014. 10. 9	注册资本	10223 万人民币
法人姓名	高华忠	电　话	0633－2216771	日常联系人	李业伍	电　话	0633－2216773
主营范围	农（水）产品（不含食品）、日用杂品、钢材、陶瓷、仪表仪器、机电产品（小轿车除外）、化工产品、燃料油（不含闪点在60度以下的燃料油，无储运）的销售，普通商品的进出口，但国家限定公司经营或禁止进出口的商品除外。（以上范围不含危险化学品、易制毒化学品及国家专项经营产品；涉及许可证经营的，凭有效许可证经营。）						

企业名称	山东华信工贸有限公司			海关编码	3711961279	所属海关	日照海关
通讯地址	山东省日照市银川路南端					邮政编码	276826
评定时间	2012. 5. 3	注册日期	2004. 12. 21	报关有效期	2014. 5. 17	注册资本	10000 万人民币
法人姓名	拜文汇	电　　话	139××××7649	日常联系人	苗银娟	电　　话	139××××8043
主营范围	自营和代理各类商品及技术的进出口业务，但国家限定公司经营或禁止进出口的商品和技术除外。（以上范围需许可证经营的，凭有效许可证经营。）						

企业名称	日照美佳科苑食品有限公司			海关编码	3711961301	所属海关	日照海关
通讯地址	山东省日照市滨州路以北、枣庄路以西					邮政编码	276800
评定时间	2009. 11. 23	注册日期	2005. 1. 28	报关有效期	2014. 1. 13	注册资本	1200 万人民币
法人姓名	郭晓华	电　　话	0633－2982197	日常联系人	房玲贤	电　　话	0633－2982197
主营范围	速冻蔬菜的加工、销售（仅限出口）（出口食品生产企业备案证明有效期至 2013 年 10 月 18 日），冷冻鱼类、虾类、雪蟹的加工、销售（仅限出口）（出口食品生产企业备案证明有效期至 2014 年 2 月 24 日），初级农（水）产品的加工、销售，五金交电、日用百货、建材、化工产品、机电产品（汽车除外）的销售，普通商品和技术的进出口，但国家限定公司经营或禁止进出口的商品和技术除外。（以上范围不含危险化学品、易制毒及国家专项许可产品；需许可的，凭有效许可证经营。）						

企业名称	山东晨曦集团有限公司			海关编码	3711962190	所属海关	日照海关
通讯地址	山东省日照市莒县刘官庄镇驻地					邮政编码	276512
评定时间	2011. 12. 22	注册日期	2009. 2. 4	报关有效期	2015. 2. 4	注册资本	18000 万人民币
法人姓名	邵仲毅	电　　话	0633－6163918	日常联系人	李德芬	电　　话	0633－6163001
主营范围	压缩气体及液化气体、易燃液体（成品油除外）的批发（无储存）（危化证有效期至 2013 年 6 月 20 日），乙烯、丙烯、丙二烯、苯、甲苯、二甲苯的生产、销售（安全生产许可证有效期至 2013 年 5 月 27 日），编织袋、塑料制品、橡胶制品、塑料原料（不含化学危险品）、五金、建材、纸浆、纸张的销售，普通商品的进出口，但国家限制经营或禁止进出口的商品除外。（以上范围涉及许可经营的，凭有效许可证书经营。）						

企业名称	日照美加水产食品有限公司			海关编码	3711962229	所属海关	日照海关
通讯地址	山东省日照市海滨一路 119 号					邮政编码	276826
评定时间	2009. 4. 20	注册日期	2009. 4. 8	报关有效期	2015. 4. 8	注册资本	400 万人民币
法人姓名	李淑利	电　　话	0633－8805693	日常联系人	房玲贤	电　　话	0633－8805693
主营范围	加工、销售冷冻调理水产品（仅限出口）（出口食品生产企业备案证明有效期至 2015 年 10 月 31 日），销售初级农（水）产品，销售五金交电、日用百货、建材、化工产品、机电产品（汽车除外），经营普通商品和技术的进出口业务，但国家限定公司经营或禁止进出口的商品和技术除外。（以上范围不含危险化学品、易制毒及国家专项许可产品；需许可的，凭有效许可证经营。）						

企业名称	烟台双塔食品股份有限公司			海关编码	3706931131 3706951131	所属海关	龙口海关
通讯地址	山东省招远市金岭寨里					邮政编码	265404
评定时间	2011. 11. 15	注册日期	1993. 5. 20	报关有效期	2014. 3. 11	注册资本	21600 万人民币
法人姓名	杨君敏	电　　话	0535－8372188	日常联系人	王丽娜	电　　话	0535－8372188
主营范围	许可经营项目：预包装食品及散装食品的批发和零售（有效期至 2014 年 6 月 8 日），食用菌菌种的生产和销售（有效期至 2015 年 7 月 12 日），豌豆蛋白粉、淀粉及淀粉制品的销售（有效期至 2015 年 3 月 9 日）。一般经营项目：初级农产品、食用菌、饲料的销售，进出口业务。						

企业名称	山东金宝电子股份有限公司			海关编码	3706931655	所属海关	龙口海关
通讯地址	山东省招远市温泉路 128 号					邮政编码	265400
评定时间	2008. 12. 3	注册日期	1993. 12. 30	报关有效期	2014. 1. 26	注册资本	32280 万人民币
法人姓名	王茂瑞	电　　话	0535－8113176	日常联系人	孙永军	电　　话	0535－8116277
主营范围	生产和销售铜箔、覆铜板、印刷电路板、绝缘板及相关电子材料产品。						

企业名称	山东玲珑轮胎股份有限公司			海关编码	3706931794	所属海关	龙口海关
通讯地址	山东省招远市金龙路 777 号					邮政编码	265400
评定时间	2008. 12. 3	注册日期	1994. 9. 10	报关有效期	2014. 5. 13	注册资本	100000 万人民币
法人姓名	王锋	电　　话	0535－8215990	日常联系人	马良	电　　话	0535－8246980
主营范围	生产和销售轮胎、橡胶制品。						

企业名称	贺利氏（招远）贵金属材料有限公司			海关编码	3706931897	所属海关	龙口海关
通讯地址	山东省招远市玲珑路 238 号					邮政编码	265400
评定时间	2008. 12. 4	注册日期	1995. 9. 25	报关有效期	2016. 2. 23	注册资本	12610 万人民币
法人姓名	本德·施登赫	电　　话	0535－8158799	日常联系人	康杰	电　　话	0535－8158799
主营范围	生产和销售键合丝、溅射靶材、蒸发材料、焊粉。						

企业名称	山东隆基机械股份有限公司			海关编码	3718931753	所属海关	龙口海关
通讯地址	山东省龙口市外向型经济开发区					邮政编码	265700
评定时间	2011.5.17	注册日期	1994.6.30	报关有效期	2014.5.12	注册资本	12000万人民币
法人姓名	张海燕	电　话	0535－8836928	日常联系人	孙殿峰	电　话	0535－8846227
主营范围	生产、销售盘式制动器总成、制动毂、制动盘、轮毂、刹车片、刹车蹄片、锻件、铸件及木具、塑料、纸盒包装制品。						

企业名称	龙口市泛林水泥有限公司			海关编码	3718931850	所属海关	龙口海关
通讯地址	山东省龙口市诸由观镇					邮政编码	265705
评定时间	2008.12.4	注册日期	1995.3.24	报关有效期	2014.3.23	注册资本	10156万人民币
法人姓名	张培良	电　话	0535－8561147	日常联系人	周广仁	电　话	0535－8561336
主营范围	生产和销售各种高标号水泥。						

企业名称	龙口新龙食油有限公司			海关编码	3718941815	所属海关	龙口海关
通讯地址	山东省龙口市新港路39号					邮政编码	265700
评定时间	2008.12.5	注册日期	2008.11.11	报关有效期	2014.10.28	注册资本	2000万美元
法人姓名	马汉斯·阿斯拉尼	电　话	0535－8857263	日常联系人	宋绪成	电　话	0535－8857861
主营范围	生产、加工初榨油、食用油及其附属产品，经营大豆的进出口业务（不含进口商品分销业务），销售公司自产产品。						

企业名称	龙口海盟机械有限公司			海关编码	3718942086	所属海关	龙口海关
通讯地址	山东省龙口市黄山海盟工业园					邮政编码	265716
评定时间	2008.12.4	注册日期	2008.8.13	报关有效期	2014.7.28	注册资本	902万美元
法人姓名	丹尼尔·托马斯·赛德洛克	电　话	0535－8887000	日常联系人	孙亚娉	电　话	0535－8887005
主营范围	生产、销售制动盘、制动毂、盘式制动器总成及其他车用制动系统部件。						

企业名称	龙口市东海贸易有限公司			海关编码	3718952298	所属海关	龙口海关
通讯地址	山东省龙口市东江镇南山村					邮政编码	265718
评定时间	2009. 2. 1	注册日期	2001. 11. 5	报关有效期	2014. 7. 8	注册资本	500 万人民币
法人姓名	王艳丽	电话	0535 – 8666526	日常联系人	李会	电话	0535 – 8616156
主营范围	销售纺织品、服装、家具、建材、化工产品（不含化学危险品）、娱乐用品、五金、家电通讯器材（不含移动电话）、仪器、仪表、日用百货、文体用品，自营和代理各类商品及技术的进出口业务（国家限定公司经营或禁止进出口的商品及技术除外），经营进料加工和“三来一补”业务，经营对销贸易和转口贸易，提供仓储服务（不含危险品）。						

企业名称	道恩集团有限公司			海关编码	3718962162	所属海关	龙口海关
通讯地址	山东省龙口开发区东首					邮政编码	265703
评定时间	2011. 3. 9	注册日期	1999. 3. 31	报关有效期	2015. 6. 6	注册资本	10600 万人民币
法人姓名	于晓宁	电话	0535 – 8866577	日常联系人	刘元祥	电话	0535 – 8867968
主营范围	前置许可经营项目：苯酚、煤炭的销售。一般经营项目：合成树脂、染料、合成橡胶、钛白粉、天然胶、矿产品、仪器仪表、五金、矿产品、土木建筑材料、服装、纺织品、钢材、铝型材、工艺礼品、石油焦、工业用水的销售，各类商品和技术的进出口，成品油的零售，仓储，货物装卸服务，房屋、场地、设备的租赁。						

企业名称	三星电子（山东）数码打印机有限公司			海关编码	3710330259	所属海关	威海海关
通讯地址	山东省威海市火炬高技术产业开发区三星路					邮政编码	264209
评定时间	2008. 12. 3	注册日期	1993. 6. 16	报关有效期	2014. 1. 26	注册资本	3079 万美元
法人姓名	郑志鎬	电话	0631 – 5626868	日常联系人	蔡淑梅	电话	0631 – 5626868
主营范围	生产传真机、打印机及通信电子产品，销售本公司产品，从事非本公司生产的上述产品的批发、佣金代理（拍卖除外）及相关进出口业务（国家有特殊规定的除外）。						

企业名称	山东华菱电子有限公司			海关编码	3710330866	所属海关	威海海关
通讯地址	山东省威海高技术产业开发区火炬路 159 号					邮政编码	264209
评定时间	2008. 12. 3	注册日期	1995. 12. 13	报关有效期	2014. 11. 29	注册资本	1600 万美元
法人姓名	门洪强	电话	0631 – 5698009	日常联系人	林向荣	电话	0631 – 5698009
主营范围	开发、设计及制造热敏打印头（TPH）及配套电子零部件产品，从事本公司产品的销售和售后服务，从事新产品和相关产品的研发。						

企业名称	威海光威集团有限责任公司			海关编码	3710350838	所属海关	威海海关
通讯地址	山东省威海市世昌大道265号					邮政编码	264209
评定时间	2008.12.3	注册日期	1995.10.18	报关有效期	2014.10.9	注册资本	13000万人民币
法人姓名	陈亮	电　　话	0631－5298617	日常联系人	宫娟	电　　话	0631－5298617
主营范围	渔具系列产品及相关设备的生产和销售，体育用品、化工材料（化学危险品除外）、碳纤维复合材料及系列产品、机电产品、木材、土特产品（不含国家专控品种）的销售，金属表面处理，经国家对外贸易经济合作部批准范围内的进出口业务。						

企业名称	山东环球渔具股份有限公司			海关编码	3710910235	所属海关	威海海关
通讯地址	山东省威海市世昌大道292号					邮政编码	264200
评定时间	2008.12.3	注册日期	1993.5.31	报关有效期	2014.3.10	注册资本	4400万人民币
法人姓名	周新良	电　　话	0631－3656038	日常联系人	郝志强	电　　话	0631－3656103
主营范围	渔具及配套产品、生产设备、化纤及塑料、玻璃钢制品、碳纤维制品、纺织品的制造、销售、咨询、服务，建筑材料、金属材料、木材、五金交电化工（不含易燃易爆危险品）、塑料原料、机械电子设备的批发、零售，房屋租赁业务，批准范围内的进出口业务。						

企业名称	威海纺织集团进出口有限责任公司			海关编码	3710910366	所属海关	威海海关
通讯地址	山东省威海市解放路7号					邮政编码	264200
评定时间	2010.2.9	注册日期	1993.9.22	报关有效期	2014.8.10	注册资本	5000万人民币
法人姓名	朱立华	电　　话	0631－5220654	日常联系人	李颖	电　　话	0631－5189562
主营范围	从事备案范围内的货物和技术的进出口，承包境外机电工程和境内国际招标工程，从事上述境外工程所需设备、材料的出口，对外派遣实施上述工程所需的劳务人员，销售纺织品及原料、布匹、针纺织品、服装、鞋帽、床上用品、化工品、船舶、机械、设备、钢板、铁矿石、铜（含废铜）。						

企业名称	威海市联桥国际合作集团有限公司			海关编码	3710911210	所属海关	威海海关
通讯地址	山东省威海高技术产业开发区吉林路106－2号					邮政编码	264200
评定时间	2009.2.1	注册日期	1999.2.10	报关有效期	2014.1.11	注册资本	3000万人民币
法人姓名	慕镕键	电　　话	0631－5689321	日常联系人	刘珊	电　　话	0631－5685059
主营范围	向境外派遣各类劳务人员（不含海员），承包与其实力、规模、业绩相适应的国外工程项目，对外派遣实施上述境外工程所需的劳务人员，从事备案范围内货物和技术的进出口，凭资质从事房地产开发与经营，通用机械制造。（法律、行政法规和国务院决定禁止经营的项目除外；法律、行政法规和国务院决定限制经营的项目，取得许可证件后经营。）						

企业名称	三角轮胎股份有限公司			海关编码	3710911216	所属海关	威海海关
通讯地址	山东省威海市青岛中路56号					邮政编码	264200
评定时间	2008.12.3	注册日期	1999.3.17	报关有效期	2014.2.25	注册资本	60000万人民币
法人姓名	丁玉华	电　　话	0631－5322767	日常联系人	林小彬	电　　话	0631－5315631
主营范围	轮胎、橡胶制品、橡胶机械及仪器仪表、化工产品（不含化学危险品）、尼龙帘线、钢丝帘线轮胎原辅材料的研制、生产、销售及技术服务，备案范围内的进出口业务，化工工程的设计、安装（须凭资质证书经营），机械设备及房屋的租赁、仓储（不含化学危险品）、装卸及物流服务，企业管理咨询服务，再生物资回收与批发（不含危险废物及须经许可的项目）。						

企业名称	威海山花华宝地毯有限公司			海关编码	3710930042	所属海关	威海海关
通讯地址	山东省威海市和平路113号					邮政编码	264200
评定时间	2013.1.4	注册日期	1993.2.3	报关有效期	2014.1.7	注册资本	1509万美元
法人姓名	刘新惠	电　　话	0631－5219988	日常联系人	伏云	电　　话	0631－5233109
主营范围	生产和销售各种机织地毯及地毯安装附属材料，研究开发机织地毯系列产品。						

企业名称	山东鲁菱果汁有限公司			海关编码	3710930049	所属海关	威海海关
通讯地址	山东省乳山市胜利街168号					邮政编码	264599
评定时间	2008.12.3	注册日期	1993.2.23	报关有效期	2014.2.28	注册资本	1178万美元
法人姓名	郝建	电　　话	0631－6624346	日常联系人	李志强	电　　话	0631
主营范围	生产和销售饮料（果汁及蔬菜汁类）。						

企业名称	威海威东日综合食品有限公司			海关编码	3710930501	所属海关	威海海关
通讯地址	山东省威海经济技术开发区香港路15号					邮政编码	264205
评定时间	2008.12.3	注册日期	1993.12.28	报关有效期	2014.11.16	注册资本	800万美元
法人姓名	香川雅思	电　　话	0631－5925718	日常联系人	丛美媛	电　　话	0631－5966132
主营范围	海产品、蔬菜及食品的综合加工与销售。						

企业名称	威海大宇电子有限公司			海关编码	3710930807	所属海关	威海海关
通讯地址	山东省威海经济技术开发区香港路26号					邮政编码	264200
评定时间	2008.12.3	注册日期	1995.7.3	报关有效期	2014.6.8	注册资本	400万美元
法人姓名	田晓东	电　　话	0631－5986385	日常联系人	马呈娟	电　　话	0631－5986385－258
主营范围	生产彩色显示器、计算机整机、彩色电视机及相关电子零部件，销售本企业产品并提供售后服务。						

企业名称	豪顿华工程有限公司			海关编码	3710930850	所属海关	威海海关
通讯地址	山东省威海经济技术开发区老集村					邮政编码	264205
评定时间	2010.5.27	注册日期	1995.12.5	报关有效期	2014.11.11	注册资本	1200万美元
法人姓名	伊恩布兰德	电　　话	010－66419988	日常联系人	王淑莲	电　　话	0631－5969957
主营范围	设计、生产和销售风机、空气预热器及配套部件，并提供售后维修服务。						

企业名称	威海星地电子有限公司			海关编码	3710930950	所属海关	威海海关
通讯地址	山东省威海高技术产业开发区火炬五街34号					邮政编码	264209
评定时间	2008.12.3	注册日期	1996.4.16	报关有效期	2013.12.31	注册资本	454万美元
法人姓名	谷亮	电　　话	0631－5231031	日常联系人	梁英丽	电　　话	0631－5690375－8021
主营范围	生产各种连接线、激光及喷墨打印机、传真机装置、配套线路板装配，销售本公司产品。						

企业名称	威海富电电子部品有限公司			海关编码	3710940655	所属海关	威海海关
通讯地址	威海市环翠区温泉镇					邮政编码	264206
评定时间	2008.12.3	注册日期	1994.6.22	报关有效期	2014.6.17	注册资本	985万美元
法人姓名	李硕淳	电　　话	0631－5366807	日常联系人	何波	电　　话	0631－5366807
主营范围	生产手机用扬声器、受话器、耳机、麦克风、片式电子元器件、敏感元器件、频率控制元件、混合集成电路，生产线圈、变压器、蜂音器及其配套原材料，销售本公司产品。（涉及许可证或国家专项规定的，须凭许可证经营或按专项规定经营。）						

企业名称	山东东鑫电子有限公司			海关编码	3710942519	所属海关	威海海关
通讯地址	山东省威海市蓬莱路296号					邮政编码	264203
评定时间	2008.12.3	注册日期	2004.8.3	报关有效期	2014.7.19	注册资本	1900万美元
法人姓名	徐鸿钧	电　话	0631－5780666	日常联系人	刘娜	电　话	132××××7021
主营范围	激光打印机、喷墨打印机、计算机、传真机、扫描仪、液晶电视外壳及成品等相关零部件的生产，注塑、冲压模具的开发制作，塑胶粒、婴儿车的制作，安全座椅的制作，汽机车配件、手提包、箱包的制造，铜线、电线、电缆、电源线、电话线、电脑连接线、电话插头、插座、连接器的制作及销售。						

企业名称	文登信亚机电有限公司			海关编码	3726941108	所属海关	威海海关
通讯地址	山东省文登市深圳路1－2号					邮政编码	264400
评定时间	2009.2.1	注册日期	1997.11.7	报关有效期	2014.10.27	注册资本	480万美元
法人姓名	申尊秀	电　话	0631－8088680	日常联系人	赛向伟	电　话	0631－8088680
主营范围	生产和销售汽车连结器及各种插头、插座、电动机及喇叭零部件。						

企业名称	文登市森鹿制革有限公司			海关编码	3726951000	所属海关	威海海关
通讯地址	山东省文登市米山路173号					邮政编码	264400
评定时间	2008.12.3	注册日期	1996.11.15	报关有效期	2014.10.27	注册资本	1890万人民币
法人姓名	张锦卫	电　话	0631－8251667	日常联系人	徐平	电　话	0631－8259223
主营范围	经营各种服装革、革制品的进出口业务。						

企业名称	文登市芸祥绣品有限公司			海关编码	3726951424	所属海关	威海海关
通讯地址	山东省文登市昆嵛北路92号					邮政编码	264400
评定时间	2008.12.3	注册日期	2000.8.24	报关有效期	2014.7.29	注册资本	518万人民币
法人姓名	王忠胜	电　话	0631－8355298	日常联系人	孙同林	电　话	0631－8080561
主营范围	抽纱、刺绣工艺品、服装、纤缝制品、毛衫的制造，纺织品、针织品、家具的制造及销售，布料、包装箱、喷胶棉、化纤制品、纸箱、塑料袋的加工及销售，本企业自产的工艺品、抽纱品、家用纺织品及服装服饰品的出口，本企业生产、科研所需的原辅材料、机械设备、仪器仪表及零配件的进口。（涉及许可经营的，须凭许可证经营。）						

企业名称	鸿富泰精密电子（烟台）有限公司	海关编码	3706538911	所属海关	烟台海关驻出口加工区B区办事处
通讯地址	山东省烟台经济技术开发区嘉兴路8号			邮政编码	264006
评定时间	2009.8.25	注册日期	2009.5.14	报关有效期	2015.5.9	注册资本	14800万美元
法人姓名	林逸松	电　　话	0535-3820000	日常联系人	李强	电　　话	136××××8580
主营范围	生产大中型电子计算器、便携式计算器、新型电子元器件、新型仪表元器件、电子专用设备、精冲模、模具标准件、数据通信多媒体系统、游戏机、大容量光（磁）盘内存、光盘驱动器、数字录放机、DVD播放器、便携式DVD播放机、数字照相机、复印机及上述产品的零配件，并从事上述公司非自产产品（游戏机除外）的进出口、批发及相关配套业务（不含专营、专控、专卖商品及限制项目）。						

企业名称	鸿富锦精密电子（烟台）有限公司			海关编码	3706548892	所属海关	烟台海关驻出口加工区B区办事处
通讯地址	山东省烟台经济技术开发区出口加工区B区					邮政编码	264006
评定时间	2011.3.9	注册日期	2007.4.10	报关有效期	2016.4.12	注册资本	7080万美元
法人姓名	林瑞祥	电　　话	0535-2168888	日常联系人	李强	电　　话	0535-2168888-7958
主营范围	开发、生产大中型计算机、便携式计算机、新型电子元器件、新型仪表元器件、电子专用设备、精冲模具、模具标准件及上述产品的零部件，并销售上述公司自产产品。开发、生产、经营新型游戏机（100%出口）、大容量光（磁）盘存储器、光盘驱动器、数字录放机、DVD播放器、便携式DVD播放机、数字照相机、电子玩具、血糖计［生产地址为烟台开发区嘉兴路8号，限II类临床检验分析仪器（6840），有效期至2017年11月29日］，上述产品的零配件。提供计算机、便携式计算机、服务器、游戏机、光电器材、数据及语言交换机、路由器、通讯及网络用相关卡板、移动电话、液晶显示器、便携式DVD播放机、数字相机、投影机、大容量光（磁）盘存储器、光盘驱动器、数字录放机、多功能音乐播放器、电子玩具等相关电子产品、血糖计及其零组件和配件包的检测、维修、简单加工包装及售后增值服务。从事五金件、电子零件、塑料零件、金属零件、包装材料、治具的批发及其进出口业务。（不涉及国营贸易管理商品；涉及配额、许可证管理商品的，按国家有关规定办理。）						

企业名称	荣成泰祥食品股份有限公司			海关编码	3727930471	所属海关	荣成海关
通讯地址	山东省荣成市石岛镇渔岛路218号					邮政编码	264309
评定时间	2008.12.3	注册日期	1994.11.11	报关有效期	2014.8.27	注册资本	7500万人民币
法人姓名	于建洋	电　　话	0631-7368888	日常联系人	车明键	电　　话	0631-7519666
主营范围	速冻调制食品的加工与销售，冷冻水产品、肉类的仓储服务。						

企业名称	黄海造船有限公司		海关编码	3727910597	所属海关	荣成海关	
通讯地址	山东省荣成市石岛黄海中路 18 号				邮政编码	264309	
评定时间	2008. 12. 4	注册日期	1997. 10. 29	报关有效期	2014. 11. 6	注册资本	50000 万人民币
法人姓名	张灿刚	电　　话	0631－7377051	日常联系人	宋大伟	电　　话	0631－7373009
主营范围	设计和制造各种船舶，设计和修造各种船用机械、渔业机械、钢结构件，经营进出口业务（国家禁限的除外），批发零售钢材、木材、五金交电、船舶备件，房屋出租。以下限分公司经营：制造各种船舶、船舶分段、船舶仓口盖、船舶舾装件、钢结构件，木材加工及销售，木制品和家具的制造与销售，船舶内装的设计、制造、安装及销售，餐饮、住宿，经销日用百货、饮料、烟，内科医疗。						

企业名称	固铂成山（山东）轮胎有限公司		海关编码	3727931248	所属海关	荣成海关	
通讯地址	山东省荣成市南山北路 98 号				邮政编码	264300	
评定时间	2008. 12. 4	注册日期	2006. 1. 12	报关有效期	2014. 8. 25	注册资本	7680 万美元
法人姓名	Allen Tsaur	电　　话	0631－7518820	日常联系人	马永华	电　　话	0631－7523222
主营范围	设计、开发、生产和销售载重子午胎、普通结构轮胎、半钢子午线客车轮胎和半钢子午线轻型卡车轮胎及相关产品，为上述产品提供技术支持和服务。（涉及须审批、许可经营的，凭有效许可证件经营。）						

企业名称	荣成伽耶船业有限公司		海关编码	3727941059	所属海关	荣成海关	
通讯地址	山东省荣成市俚岛镇驻地				邮政编码	264317	
评定时间	2008. 12. 3	注册日期	2004. 5. 12	报关有效期	2014. 2. 14	注册资本	3387 万美元
法人姓名	闵庚焕	电　　话	0631－7737130	日常联系人	徐薇	电　　话	0631－7737130
主营范围	船舶、船舶部件及钢结构的设计、制造、销售（不包括特种船和高性能船），船舶检修。						

企业名称	三星重工业（荣成）有限公司		海关编码	3727941279	所属海关	荣成海关	
通讯地址	山东省荣成市俚岛镇草岛寨				邮政编码	264317	
评定时间	2010. 12. 20	注册日期	2006. 5. 23	报关有效期	2015. 2. 18	注册资本	14730 万美元
法人姓名	郑源泰	电　　话	0631－7737000	日常联系人	王莉莉	电　　话	
主营范围	制造船体分段和相关产品（含钢制结构物），研发中心（自动化水平、焊接技术、涂装技术、舾装技术及其他相关领域开发），船舶用材料加工及其产品配送，工作水深大于 600 米的浮式钻井系统及海上石油钻采相关设备制造，码头及其他港口设施经营，在港区内从事货物装卸（港口经营许可证有效期至 2015 年 3 月 20 日）。						

企业名称	青岛怡坤物流有限公司			海关编码	3702450831	所属海关	青保税区
通讯地址	山东省青岛保税区吉隆坡路11号					邮政编码	266555
评定时间	2010. 12. 20	注册日期	1998. 3. 16	报关有效期	2014. 2. 21	注册资本	860万人民币
法人姓名	崔强	电　话	0532－86769556	日常联系人	潘国生	电　话	0532－86767257
主营范围	国际贸易，转口贸易，区内企业之间贸易及贸易项下加工整理；仓储服务及相关业务代理，装卸服务，国际货运代理，报关，报检；烟叶及附产品的国际分拨和保税仓储。（以上范围须经许可经营的，须凭许可证经营。）						

企业名称	青岛尚世通国际物流有限公司			海关编码	3702461833	所属海关	青保税区
通讯地址	山东省青岛保税区北京路45号东侧1、2号仓库附房					邮政编码	266555
评定时间	2010. 12. 20	注册日期	2003. 10. 29	报关有效期	2014. 6. 30	注册资本	550万人民币
法人姓名	陈慧杰	电　话	0532－86767837	日常联系人	李霞	电　话	0532－86768867
主营范围	代理报关、报检，国际、国内货运代理及相关业务咨询服务，物流分拨（不含运输），仓储，装卸服务，国际贸易，转口贸易，区内企业之间贸易及贸易项下加工整理，自营和代理各类商品和技术的进出口业务。（以上范围须经许可经营的，须凭许可证经营。）						

企业名称	济宁如意印染有限公司			海关编码	3708910080	所属海关	济宁海关
通讯地址	山东省济宁市太白楼西路					邮政编码	272021
评定时间	2008. 12. 4	注册日期	1994. 7. 18	报关有效期	2014. 10. 17	注册资本	5862万人民币
法人姓名	孙利明	电　话	0537－2273099	日常联系人	荣维华	电　话	0537－3209881
主营范围	棉布及化纤布的印染，印染布、服装、染化料及助剂（不含危险品）、染整机械的生产，销售，印染技术、微机软件的开发、销售，棉制品、化纤制品的制造，纺织原料、纺织制品的销售。（涉及许可经营的，须凭许可证或批准文件经营）。						

企业名称	山东山推工程机械进出口有限公司			海关编码	3708913007	所属海关	济宁海关
通讯地址	山东省济宁市高新区327国道58号					邮政编码	272023
评定时间	2008. 12. 3	注册日期	1999. 6. 25	报关有效期	2014. 1. 12	注册资本	20000万人民币
法人姓名	程兆鸿	电　话	0537－2909606	日常联系人	高萍萍	电　话	0537－2909285
主营范围	自营和代理各类商品及技术的进出口业务（国家规定专营进出口商品和国家禁止进出口特殊商品除外），销售五金及工矿产品、金属材料（不含稀有金属）、电子产品、工程机械及配件、专用作业车及汽车底盘改装车，经营工程机械维修、租赁业务，承办“三来一补”业务，开展对销贸易和转口贸易，承办展览展示服务。（需专项许可经营的项目，凭批准文件或许可证件经营。）						

企业名称	山东济宁如意毛纺织股份有限公司			海关编码	3708913040	所属海关	济宁海关
通讯地址	山东省济宁市高新区如意工业园					邮政编码	272149
评定时间	2008. 12. 3	注册日期	2001. 5. 15	报关有效期	2014. 8. 15	注册资本	16000 万人民币
法人姓名	邱亚夫	电　话	0537－2311818	日常联系人	黄翔	电　话	0537－7973343
主营范围	纺织品、服装、纺织机械及配件、纺织原料及辅料等相关产品的生产、销售，备案范围内的进出口业务。						

企业名称	小松山推工程机械有限公司			海关编码	3708930446	所属海关	济宁海关
通讯地址	山东省济宁市吴泰闸东路 69 号					邮政编码	272123
评定时间	2008. 12. 3	注册日期	1995. 8. 25	报关有效期	2014. 8. 25	注册资本	2100 万美元
法人姓名	王子光	电　话	0537－2363081	日常联系人	田朔	电　话	0537－2363521
主营范围	生产和销售液压挖掘机等工程机械及零部件（含装配车载通信终端），提供生产产品的售后服务，经营工程机械及零部件的收购出口业务。（涉及许可经营的，凭许可证经营。）						

企业名称	山东凯赛生物科技材料有限公司			海关编码	3708933052	所属海关	济宁海关
通讯地址	山东省济宁高新技术开发区 327 国道南外环路东					邮政编码	272073
评定时间	2008. 12. 3	注册日期	2001. 10. 11	报关有效期	2014. 10. 17	注册资本	30000 万人民币
法人姓名	杜宜军	电　话	0537－2080023	日常联系人	张通	电　话	0537－2080023
主营范围	生物技术产品（不含药品、食品、食品添加剂、饲料、饲料添加剂等实行许可证管理的产品）的开发、生产，自产产品的销售，生物技术的研究、开发。（涉及许可经营的，凭许可证经营。）						

企业名称	山东彩桥驾驶室有限公司			海关编码	3708933075	所属海关	济宁海关
通讯地址	山东省济宁市高新技术产业开发区 327 国道 58 号					邮政编码	272023
评定时间	2009. 8. 13	注册日期	2003. 1. 30	报关有效期	2014. 11. 10	注册资本	1893 万人民币
法人姓名	孙甲利	电　话	0537－2986006	日常联系人	段光	电　话	0537－2986006
主营范围	生产挖掘机、推土机、压路机等工程机械的驾驶室、地板架总成和板金件喷涂，销售本公司产品。（涉及许可经营的，凭许可证明经营。）						

企业名称	山东赛瓦特动力设备有限公司		海关编码	3708933123	所属海关	济宁海关
通讯地址	山东省济宁高新区黄屯镇（济宁装备业基地 D1、D4 车间）				邮政编码	272041
评定时间	2010. 5. 27	注册日期	2006. 4. 25	报关有效期	2015. 2. 28	注册资本	3000 万港币
法人姓名	杜维	电　　话	0755－2817538	日常联系人	吉明建	电　　话	0537－2780750
主营范围	生产发动机组及配套设备（不含机动车发动机），销售本公司产品及提供相关技术服务。（涉及许可经营的，凭许可证明经营。）						

企业名称	临沂蓝玫瑰华星钻石首饰有限公司		海关编码	3715931305	所属海关	临沂海关
通讯地址	山东省沂水县城南环路 168 号				邮政编码	276400
评定时间	2008. 12. 4	注册日期	1998. 2. 23	报关有效期	2014. 3. 10	注册资本	121 万美元
法人姓名	刘玉增	电　　话	0539－2232765	日常联系人	李云	电　　话	0539－2232765
主营范围	加工和销售钻石。						

企业名称	山东银凤股份有限公司		海关编码	3715932198	所属海关	临沂海关
通讯地址	山东省临沂市金雀山路 105 号				邮政编码	276017
评定时间	2011. 12. 22	注册日期	2005. 6. 24	报关有效期	2014. 5. 13	注册资本	3349 万人民币
法人姓名	赵春田	电　　话	0539－8251257	日常联系人	钟胜昕	电　　话	0539－8251203
主营范围	陶瓷、机械磁性材料、无机非金属材料的生产、销售及技术服务，资格证书范围内的自营进出口业务。						

企业名称	山东新港企业集团有限公司		海关编码	3715932354	所属海关	临沂海关
通讯地址	山东省临沂市兰山区南坊镇				邮政编码	276037
评定时间	2010. 5. 27	注册日期	2008. 6. 2	报关有效期	2014. 4. 1	注册资本	5800 万人民币
法人姓名	姜开凤	电　　话	0539－2951018	日常联系人	周慧	电　　话	0539－2950898
主营范围	生产和销售胶合板、贴面板、木业制品、树脂胶。						

企业名称	临沂澳美纺织有限公司			海关编码	3715942419	所属海关	临沂海关
通讯地址	山东省临沂市河东区工业园					邮政编码	276000
评定时间	2012.2.16	注册日期	2011.8.22	报关有效期	2014.8.22	注册资本	9200 万人民币
法人姓名	李英让	电　　话	0539－8076606	日常联系人	李希庆	电　　话	0539－8076262
主营范围	生产和销售混纺纱、涤棉纱、棉布、涤棉、棉纱布、麻棉纱布、人棉、漂染、灯芯绒、针织品、抽纱制品、床上用品、服装。						

企业名称	山东三维油脂集团股份有限公司			海关编码	3715961479	所属海关	临沂海关
通讯地址	山东省临沂市兰山区半程镇					邮政编码	276036
评定时间	2010.12.20	注册日期	2000.6.14	报关有效期	2014.3.4	注册资本	6000 万人民币
法人姓名	张增运	电　　话	186××××5330	日常联系人	毛存丽	电　　话	0539－7166596
主营范围	豆粕的生产，花生、大豆的加工和销售，许可证范围内的进出口业务，食用植物油的生产、加工。						

企业名称	山东华盛农业药械有限责任公司			海关编码	3715961535	所属海关	临沂海关
通讯地址	山东省临沂市高新区中天路 1 号					邮政编码	276000
评定时间	2008.12.3	注册日期	2001.2.16	报关有效期	2014.3.16	注册资本	5037 万人民币
法人姓名	陈秀明	电　　话	0539－8488602	日常联系人	王亮	电　　话	0539－8488977
主营范围	机械化农业及园艺机具、建筑工程用机械、营林及木竹采伐机械、发电机及发电机组、汽油机的设计、研发、生产、销售，上述产品零部件的生产、销售，批准范围内的自营进出口业务。						

企业名称	山东佳美食品工业有限公司			海关编码	3716940252	所属海关	青菏泽办
通讯地址	山东省菏泽市沙土镇					邮政编码	274000
评定时间	2008.12.3	注册日期	1994.12.28	报关有效期	2014.12.21	注册资本	4200 万美元
法人姓名	游昭明	电　　话	0530－5770185	日常联系人	王方起	电　　话	
主营范围	生产经营饮料（果汁及蔬菜汁类，有效期至 2014 年 7 月 13 日）、罐头（果蔬罐头，有效期至 2013 年 5 月 20 日）。						

企业名称	山东尚舜化工有限公司			海关编码	3716940294	所属海关	青菏泽办
通讯地址	山东省单县经济技术开发区					邮政编码	274300
评定时间	2008.12.3	注册日期	2007.4.17	报关有效期	2016.4.14	注册资本	35000万人民币
法人姓名	徐承秋	电　　话	0530－4681625	日常联系人	陈春美	电　　话	0530－4686360
主营范围	化工产品的制造、销售（涉及许可证管理的商品，凭许可证生产经营）。						

企业名称	山东省曹普工艺有限公司			海关编码	3716940316	所属海关	青菏泽办
通讯地址	山东省曹县青菏办事处青菏路2888号					邮政编码	274400
评定时间	2013.1.4	注册日期	2010.7.6	报关有效期	2015.4.6	注册资本	2900万美元
法人姓名	李金亮	电　　话		日常联系人	程大领	电　　话	0530－3430928
主营范围	草柳制品、户外家具、户外伞、帐篷、秋千、沙滩椅等休闲家居用品的生产、加工、销售，软体家具、家具配件、家具辅料、木制品、圣诞节工艺用品、工艺品的生产、加工、销售（许可证有效期至2015年4月28日）。						

企业名称	山东佳农果蔬有限公司			海关编码	3716961374	所属海关	青菏泽办
通讯地址	山东省巨野县金山路西鸿鹏路北					邮政编码	274900
评定时间	2011.9.28	注册日期	2002.1.29	报关有效期	2013.11.11	注册资本	6100万人民币
法人姓名	刘自杰	电　　话	0530－8253004	日常联系人	崔慧娅	电　　话	0530－8327200
主营范围	果蔬、仪器仪表、机械设备的进出口，果蔬的挑拣包装。（以上范围涉及行政许可的，须凭许可证或批准的文件经营。）						

企业名称	枣庄华润纸业有限公司			海关编码	3704940005	所属海关	青枣庄办
通讯地址	山东省枣庄市山亭区富川路93号					邮政编码	277200
评定时间	2008.12.3	注册日期	1999.2.24	报关有效期	2014.1.18	注册资本	4496万美元
法人姓名	张辉	电　　话	0632－8861993	日常联系人	王伟	电　　话	0632－8861993
主营范围	石膏板护面纸、白牛卡纸、工业用变性淀粉的生产、销售（以上涉及许可经营的，凭许可证经营）。						

企业名称	山东海之杰纺织有限公司		海关编码	3704940028	所属海关	青枣庄办
通讯地址	山东省枣庄经济开发区西昌路6号				邮政编码	277100
评定时间	2008.12.3	注册日期	2006.12.19	报关有效期	2015.12.21	注册资本	2138万美元
法人姓名	阿齐兰·阿·阿齐兰	电　话	0632－3687529	日常联系人	马翠	电　话	0632－3687509
主营范围	纺织品、服装、纺织面料的生产和销售。						

企业名称	山东日盈食品有限公司		海关编码	3725930006	所属海关	青枣庄办
通讯地址	山东省滕州市洪绪镇团结村				邮政编码	277512
评定时间	2011.12.22	注册日期	2005.6.3	报关有效期	2014.4.8	注册资本	4000万人民币
法人姓名	王宏岳	电　话	0632－5868618	日常联系人	马西刚	电　话	0632－5868737
主营范围	肉及肉制品（预制肉制品、熟肉制品）的加工、销售，果蔬制品（水果、蔬菜、食用菌、藻类）的收购、加工、销售，畜禽养殖、销售。（以上涉及许可经营的，凭许可证经营。）						

企业名称	山东腾达不锈钢制品有限公司		海关编码	3725940009	所属海关	青枣庄办
通讯地址	山东省滕州市经济开发区益康大道东侧				邮政编码	277500
评定时间	2008.12.3	注册日期	2006.2.6	报关有效期	2014.7.1	注册资本	9057万港币
法人姓名	陈正德	电　话	133××××9228	日常联系人	孔胜男	电　话	0632－5677966
主营范围	不锈钢制品、不锈钢材料、新型合金特种材料、标准件、汽车配件、模具、金属成型机床、机床零部件、不绣钢压延设备的制造、加工、销售。（以上涉及许可经营的，凭许可证经营。）						

企业名称	山东雄狮建筑装饰工程有限公司		海关编码	3725950003	所属海关	青枣庄办
通讯地址	山东省滕州市腾飞路699号（经济开发区）				邮政编码	277500
评定时间	2011.12.22	注册日期	2008.3.10	报关有效期	2014.2.24	注册资本	3025万人民币
法人姓名	王永胜	电　话	0632－5886001	日常联系人	陈伟国	电　话	139××××0163
主营范围	承包境内、外建筑幕墙、建筑装饰装修、金属门窗工程及境内国际招标工程，从事建筑幕墙的勘测、咨询、设计和监理项目，经营上述境外工程所需设备、材料的出口业务，对外派遣实施上述境外工程所需的劳务人员，金属结构制造，金属门窗制造、销售及设计，技术玻璃制品制造，建筑用石加工，劳务输出，建筑安装业。（以上项目凭对外承包工程经营资格证书经营，有效期至2012年12月23日；以上内容涉及许可经营的，取得法定的许可证后方可经营。）						

企业名称	山东鲁化天诚贸易有限公司			海关编码	3725953146	所属海关	青枣庄办
通讯地址	山东省滕州市木石镇驻地					邮政编码	277527
评定时间	2011. 12. 22	注册日期	2003. 12. 31	报关有效期	2014. 11. 8	注册资本	800万人民币
法人姓名	李云	电　　话		日常联系人	孙红	电　　话	
主营范围	前置许可项目：硫酸、盐酸、醋酸酐、丙酮、甲苯、硝酸、氢氧化钠、二甲胺、环氧乙烷、丙烯、乙烯、一甲胺、氨、甲醚、氧、氮、氩、硫化氢、六亚甲基四胺、硫磺、环已酮、苯、乙醇、2－丙醇、乙酸乙酯、1，1－二氯乙烷、乙酸正丁酯、乙酸乙烯酯、正丁醇、1，2－二甲苯、苯乙烯、N，N－二甲基甲酰胺、甲醇、苯胺、硝基苯、苯酚、二氯甲烷的销售（以上无储存，有效期至2014年4月25日），煤炭批发经营（有效期至2013年12月31日）。一般经营项目：5－7号燃料油（不含有生物柴油）、化工产品（不含危险品）、化肥、建材、五金、纺织品、服装、机电产品的销售，自营和代理各类商品和技术的进出口业务。（以上涉及许可经营的，凭许可证经营。）							

企业名称	山东瑞宇蓄电池有限公司			海关编码	3725960017	所属海关	青枣庄办
通讯地址	山东省滕州市南沙河镇笃山口（枣木公路南150米）					邮政编码	277500
评定时间	2011. 12. 22	注册日期	2006. 9. 5	报关有效期	2015. 8. 6	注册资本	1000万人民币
法人姓名	赵恒祥	电　　话	0632－5699999	日常联系人	张成	电　　话	0632－5699999
主营范围	前置许可经营项目：普通货运（道路运输经营许可证有效期至2014年8月8日）。一般经营项目：蓄电池、蓄电池材料及零部件的生产和销售及相关产品的进出口。（以上项目中属化学危险的除外；涉及许可经营的，凭许可证经营。）						

企业名称	山东风轮轮胎有限公司			海关编码	3725960041	所属海关	青枣庄办
通讯地址	滕州经济开发区恒源路东侧					邮政编码	277522
评定时间	2011. 12. 22	注册日期	2007. 4. 26	报关有效期	2016. 4. 21	注册资本	9500万人民币
法人姓名	侯贺莉	电　　话	0632－2680599	日常联系人	姜德选	电　　话	0632－2682999
主营范围	生产和销售轮胎，经营本企业自产产品及技术的出口业务，经营本企业生产科研所需的原辅材料、仪器仪表、机械设备、零配件及技术的进口业务，但国家限定公司经营和国家禁止进出口的商品及技术除外。（以上项目中法律、法规禁止经营的，不得经营；涉及许可经营的，凭许可证经营。）						

企业名称	青岛海信国际营销股份有限公司			海关编码	3702219979	所属海关	青开发区
通讯地址	山东省青岛开发区前湾港路218号					邮政编码	266071
评定时间	2011. 12. 22	注册日期	2008. 2. 20	报关有效期	2014. 2. 9	注册资本	2000万人民币
法人姓名	于淑珉	电　　话	0532－80878801	日常联系人	解同胜	电　　话	0532－80878520
主营范围	货物进出口，技术进出口，企业营销策划，承办中外合资、合作生产业务，承办“三来一补”业务。						

企业名称	滕州市三合机械股份有限公司			海关编码	3725962083	所属海关	青枣庄办
通讯地址	山东省滕州市益康大道南路318号					邮政编码	277500
评定时间	2011.12.22	注册日期	2002.7.9	报关有效期	2014.1.11	注册资本	585万人民币
法人姓名	徐夫成	电　　话	0632－5958077	日常联系人	孙露露	电　　话	0632－5958077
主营范围	生产的销售各类机床、机床附件、锻压机械、电动工具、农机设备、五金电料、仪器仪表，经营本企业自产产品及技术的出口业务和本企业生产、科研所需的原辅材料、仪器仪表、机械设备、零配件及技术的进口业务（国家限定公司经营和国家禁止进出口的商品及技术除外），经营农副产品（不含粮、棉）的收购。（以上项目中法律、法规禁止经营的，不得经营；涉及许可经营的，凭有效批准文件经营。）						

企业名称	海洋石油工程（青岛）有限公司			海关编码	3702219980	所属海关	青开发区
通讯地址	山东省青岛经济技术开发区连江路492号					邮政编码	266520
评定时间	2011.3.9	注册日期	2006.12.1	报关有效期	2015.11.3	注册资本	300000万人民币
法人姓名	史佑	电　　话	0532－86758208	日常联系人	李挺	电　　话	0532－86758120
主营范围	海洋油气开发工程及配套工程的建设与安装，石油工业工程建筑；石油天然气工程设计，舾装，油气处理工程建设及修缮；钢结构工程建设与安装；卷管，阳极铸造；NDT检验业务；海上构筑物安装；海洋工程、建筑工程、基础工程检测、监测、安全评估、设计维修；水上结构、管线检修；水下检测及潜水工程服务；货物进出口，技术进出口（法律、行政法规禁止的项目除外；法律、行政法规限制的项目，取得许可后方可经营）；承包境外海洋石油工程和境内国际招标工程；承包上述境外工程的勘测、咨询、设计和监理项目；上述境外工程所需设备、材料的出口；对外派实施上述境外工程所需的劳务人员；国内沿海普通货船运输、特种起重设备制造（以上范围筹建，筹建期不得开展经营活动）；船舶制造（不含渔业船舶及国家专项审批的船舶）。（涉及经许可经营的，凭许可证经营。）						

企业名称	青岛北海船舶重工有限责任公司			海关编码	3702219981	所属海关	青开发区
通讯地址	山东省青岛市经济技术开发区漓江东路369号					邮政编码	266520
评定时间	2009.2.1	注册日期	2006.1.12	报关有效期	2015.1.9	注册资本	182073万人民币
法人姓名	陈境	电　　话	0532－86756187	日常联系人	朱桂花	电　　话	0532－86756185
主营范围	船舶制造，船舶修理，玻璃钢艇制造，玻璃钢制品制造，船用甲板机械制造、安装，非标准机械设备制造，海上平台制造、修理，金属结构桥架、罐制造，机械加工、技术服务及售后服务，进出口业务，起重、运输、国际集装箱运输服务，起重设备，船舶油污水、垃圾回收，油舱清洗作业，工业三废综合利用，仪器仪表检测修理，无损检测，增压器维修服务，防腐热喷涂加工。						

企业名称	青岛浦项不锈钢有限公司			海关编码	3702239624	所属海关	青开发区
通讯地址	山东省青岛市经济技术开发区昆仑山北路200号					邮政编码	266510
评定时间	2008.12.4	注册日期	2002.12.17	报关有效期	2014.8.25	注册资本	8990万美元
法人姓名	金俊值	电　　话	0532－86837030	日常联系人	于宝凯	电　　话	0532－86837043
主营范围	冷轧不锈钢薄板产品的生产和销售（限销售本企业产品；涉及许可经营的，凭许可证经营）。						

企业名称	青岛南涯电子有限公司			海关编码	3702240067	所属海关	青开发区
通讯地址	山东省胶南市灵山卫街道办事处灵海北路109号					邮政编码	266427
评定时间	2009.8.13	注册日期	1992.1.5	报关有效期	2013.12.7	注册资本	1868万美元
法人姓名	崔民	电　　话	0532－83183600－200	日常联系人	薛彩虹	电　　话	0532－83183600－631
主营范围	生产和销售电子元器件。						

企业名称	青岛豪雅光电子有限公司			海关编码	3702249552	所属海关	青开发区
通讯地址	山东省青岛经济技术开发区松花江路66号					邮政编码	266555
评定时间	2008.12.4	注册日期	2001.12.21	报关有效期	2015.6.15	注册资本	961万美元
法人姓名	安俊日	电　　话	0532－86760998	日常联系人	陈红旗	电　　话	0532－86760996
主营范围	生产和销售玻璃盖片、图像传感器用玻璃盖片、图像传感器用色彩补证玻璃、滤光玻璃、光纤通信用零部件、光源产品、光纤维器械等高科技电子产品和零部件，并兼营上述产品的进出口贸易、货物批发、佣金代理。（涉及许可经营的，凭许可证经营。）						

企业名称	圣度（中国）电子有限公司			海关编码	3702249681	所属海关	青开发区
通讯地址	山东省青岛经济技术开发区峨眉山路1008号					邮政编码	266500
评定时间	2008.12.3	注册日期	2003.8.4	报关有效期	2014.6.9	注册资本	3180万美元
法人姓名	崔昶镇	电　　话	0532－86720520－2185	日常联系人	任佰安	电　　话	0532－86720520－2036
主营范围	办公信息自动化设备及相关配件、消耗品的生产、销售（只限销售本企业生产的产品），商品进出口（不含进口商品分销业务）。（以上范围涉及许可经营的，凭许可证经营。）						

企业名称	青岛海华纤维有限公司			海关编码	3702249775	所属海关	青开发区
通讯地址	山东省青岛经济技术开发区淮河东路北侧					邮政编码	266555
评定时间	2009. 11. 23	注册日期	2004. 4. 30	报关有效期	2014. 4. 15	注册资本	360000 万日本元
法人姓名	天知秀介	电　　话	0532－86911860	日常联系人	徐志爱	电　　话	0532－86911860
主营范围	蛋白纤维及其他特种纤维的生产。						

企业名称	青岛澳柯玛进出口有限公司			海关编码	3702259521	所属海关	青开发区
通讯地址	山东省青岛经济技术开发区前湾港路 315 号					邮政编码	266500
评定时间	2008. 12. 4	注册日期	2001. 5. 14	报关有效期	2014. 4. 19	注册资本	15000 万人民币
法人姓名	唐兴运	电　　话	0532－88961717	日常联系人	陈波	电　　话	0532－88962906
主营范围	货物和技术的进出口业务，国际贸易经纪服务。						

企业名称	青岛经济技术开发区海尔电器产业有限公司			海关编码	3702259769	所属海关	青开发区
通讯地址	山东省青岛经济技术开发区海尔工业园					邮政编码	266555
评定时间	2009. 2. 1	注册日期	2006. 5. 9	报关有效期	2015. 4. 10	注册资本	1000 万人民币
法人姓名	杨绵绵	电　　话	0532－88938999	日常联系人	周岩	电　　话	133××××0910
主营范围	家用电器的制造和销售，仓储服务，货物进出口，技术进出口，国际贸易经纪服务。（法律、行政法规禁止经营的，不得经营；法律、行政法规限制经营的，取得许可证后方可经营。）						

企业名称	赛轮股份有限公司			海关编码	3702269632	所属海关	青开发区
通讯地址	山东省青岛经济技术开发区江山中路西侧（高新技术工业园）					邮政编码	266555
评定时间	2009. 2. 1	注册日期	2003. 1. 17	报关有效期	2013. 12. 29	注册资本	20000 万人民币
法人姓名	杜玉岱	电　　话	0532－86916388	日常联系人	崔立鹏	电　　话	0532－86760209
主营范围	轮胎、橡胶制品、机械设备、模具、化工产品的研发、生产、销售、安装及相关服务，轮胎的研发生产技术软件的开发及其他相关技术的开发、销售及相关服务，货物进出口，技术进出口。						

企业名称	青岛海王纸业股份有限公司			海关编码	3702919284	所属海关	青开发区
通讯地址	山东省青岛市胶南市海王路 342 号					邮政编码	266400
评定时间	2011. 11. 15	注册日期	1997. 1. 28	报关有效期	2014. 2. 9	注册资本	4000 万人民币
法人姓名	冷玉喜	电　话	0532－86171652	日常联系人	肖常胜	电　话	0532－86115432
主营范围	各类高、中档机制纸的生产制造，进出口业务（按外经贸部核准范围经营）。						

企业名称	青岛中集集装箱制造有限公司			海关编码	3702939407	所属海关	青开发区
通讯地址	山东省青岛经济技术开发区黄河东路 1 号					邮政编码	266300
评定时间	2008. 12. 3	注册日期	1999. 2. 11	报关有效期	2013. 12. 16	注册资本	2784 万美元
法人姓名	吴发沛	电　话	0532－86935968	日常联系人	褚强	电　话	0532－86935967
主营范围	设计、制造各种尺寸的国际标准集装箱及配件（产品 100% 外销），并提供相应服务。						

企业名称	凯欧弼（青岛）医用器材有限公司			海关编码	3702939417	所属海关	青开发区
通讯地址	山东省胶南市珠峰街 71 号					邮政编码	266400
评定时间	2008. 12. 4	注册日期	1999. 3. 25	报关有效期	2014. 4. 18	注册资本	800 万美元
法人姓名	Felix Fremerey	电　话	0532－86185817	日常联系人	崔晓丽	电　话	0532－86185817
主营范围	医用卫生、保健材料和敷料的开发、生产、销售及咨询服务。（医疗器械生产许可证有效期至 2015 年 6 月 8 日；涉及许可经营的，须凭许可证经营。）						

企业名称	青岛新东洋计电有限公司			海关编码	3702949722	所属海关	青开发区
通讯地址	山东省青岛胶南市海滨工业园					邮政编码	266400
评定时间	2008. 12. 3	注册日期	2003. 8. 21	报关有效期	2014. 8. 19	注册资本	500 万美元
法人姓名	宋昌洙	电　话	0532－85137962	日常联系人	魏玉梅	电　话	
主营范围	混合集成电路、电子电力器件、新型机电元件、燃料电池的生产。						

企业名称	青岛中集冷藏箱制造有限公司			海关编码	3722939011	所属海关	青开发区
通讯地址	山东省胶州市经济技术开发区东外环路 12 号					邮政编码	266300
评定时间	2008. 12. 3	注册日期	1999. 4. 28	报关有效期	2014. 4. 22	注册资本	8685 万美元
法人姓名	黄田化	电　　话	0532 – 82279978	日常联系人	高敦正	电　　话	0532 – 81121196
主营范围	生产冷藏箱及其配件，并提供相关技术和服务（产品 100% 出口）。（涉及许可经营的，凭许可证经营。）						

企业名称	青岛中集特种冷藏设备有限公司			海关编码	3722939944	所属海关	青开发区
通讯地址	山东省胶州市经济技术开发区东外环路 12 号					邮政编码	266300
评定时间	2008. 12. 3	注册日期	2004. 8. 16	报关有效期	2014. 4. 22	注册资本	1150 万美元
法人姓名	黄田化	电　　话	0532 – 82279978	日常联系人	高敦正	电　　话	0532 – 81121196
主营范围	生产各种冷藏箱、保温箱、铝质集装箱和厢式半挂车及其配件，并提供售后维修和服务。（涉及许可经营的，凭许可证经营。）						

企业名称	青岛福生食品有限公司			海关编码	3722942939	所属海关	青开发区
通讯地址	山东省胶州市兰州东路台湾工业园					邮政编码	266300
评定时间	2009. 2. 1	注册日期	1994. 12. 27	报关有效期	2014. 11. 24	注册资本	13850 万人民币
法人姓名	钟玉华	电　　话	0532 – 88266001	日常联系人	付春	电　　话	135 × × × × 7958
主营范围	生产冷冻及保鲜蔬菜、冷冻水产品、合成食品、调味品、干燥食品、保鲜水产品、罐头食品、罐装食品、面食品、调理食品（不含出口许可证管理食品），生产鱼粉（非食用品、非饲料），冷库仓储。（涉及许可经营的，须凭许可证经营。2012 年 2 月 7 日增加备案仓储地址一处：胶州市胶东办事处小麻湾东村冷冻仓库。）						

企业名称	尼得科电机（青岛）有限公司			海关编码	3722949194	所属海关	青开发区
通讯地址	山东省胶州市经济技术开发区兰州东路 688 号					邮政编码	266300
评定时间	2008. 12. 4	注册日期	2001. 6. 26	报关有效期	2014. 6. 13	注册资本	1160 万美元
法人姓名	Patrick Kevin Murphy	电　　话	0532 – 87273331	日常联系人	张涛	电　　话	0532 – 87273331
主营范围	从事高新技术、高效节能电机、驱动器、控制器、自动驱动系统等工业重大技术设备的研究、开发、生产及相关的售后服务和技术服务，经营以上产品及相关产品、配套产品的进口批发和收购出口业务。（涉及许可经营的，凭许可证经营。）						

企业名称	阿法拉伐（青岛）工业有限公司			海关编码	3722949424	所属海关	青开发区
通讯地址	山东省胶州市广州北路86号					邮政编码	266300
评定时间	2009. 2. 17	注册日期	2008. 9. 28	报关有效期	2014. 8. 22	注册资本	5000万人民币
法人姓名	NIELS TVED-ERGAARD LARSEN	电　　话	0532－82296414	日常联系人	潘强	电　　话	0532－82296497
主营范围	船用辅助锅炉的全套设备、热交换器、压力容器（按取得的许可证范围经营）和相关设备及零配件的工程、设计、生产、销售（限本公司产品）及服务。（涉及许可经营的，凭许可证经营。）						

企业名称	青岛华天车辆有限公司			海关编码	3752969668	所属海关	青开发区
通讯地址	山东省胶南市隐珠镇工业园					邮政编码	266431
评定时间	2011. 7. 4	注册日期	2011. 5. 26	报关有效期	2014. 5. 26	注册资本	2360万人民币
法人姓名	刘桂平	电　　话	0532－83196518	日常联系人	刘珂君	电　　话	0532－83196518
主营范围	生产手推车系列产品（包括金属制品、塑料制品、橡胶制品、木制品及包装制品），机械制造，货物进出口。（涉及许可经营的，凭许可证经营。）						

企业名称	蓬莱巨涛海洋工程重工有限公司			海关编码	3706936021	所属海关	蓬莱海关
通讯地址	山东省蓬莱市外向型工业加工区					邮政编码	265609
评定时间	2011. 11. 15	注册日期	2004. 12. 17	报关有效期	2014. 11. 4	注册资本	4350万美元
法人姓名	王立山	电　　话	0535－5980095	日常联系人	葛梅	电　　话	0535－5980012
主营范围	海洋石油和天然气生产开发设施、港口机械、石油化工设备以及钢结构的设计、制造、安装和维修，海事后勤服务，码头及堆场服务。（涉及许可经营的，凭法定的许可证经营。）						

企业名称	蓬莱汇洋食品有限公司			海关编码	3706936060	所属海关	蓬莱海关
通讯地址	山东省蓬莱市外向型加工区					邮政编码	265607
评定时间	2008. 12. 4	注册日期	2001. 10. 22	报关有效期	2014. 10. 25	注册资本	1310万美元
法人姓名	王轰	电　　话	0535－5605609	日常联系人	张淑丽	电　　话	0535－5989696
主营范围	生产、加工、销售各种水果、蔬菜、肉制品、水产品及面点食品。						

企业名称	山东圣豪家纺有限公司		海关编码	3706936102	所属海关	蓬莱海关	
通讯地址	山东省蓬莱市西城临港工业区				邮政编码	265601	
评定时间	2008.12.3	注册日期	2003.6.12	报关有效期	2014.4.7	注册资本	350 万美元
法人姓名	姜乃刚	电　　话	0535－3351999	日常联系人	姜玉彬	电　　话	0535－3352000
主营范围	生产和销售家用纺织品、床上用品、毛纺织品、毛毯、纺纱（不增加新的生产规模）、染线和相关原辅料及其附属包装制品（不含国家纺织品配额管理的商品）。						

企业名称	南车青岛四方机车车辆股份有限公司		海关编码	3702918007	所属海关	青机场关	
通讯地址	山东省青岛市城阳区锦宏东路 88 号				邮政编码	266111	
评定时间	2008.12.4	注册日期	2006.7.28	报关有效期	2015.7.28	注册资本	400379 万人民币
法人姓名	张在中	电　　话	0532－87801818	日常联系人	叶云红	电　　话	0532－87805723
主营范围	铁路机车、客车、城市轨道交通设备的设计、制造、修理、销售、租赁，铁路机车、客车、城市轨道交通设备配件的制造与销售，机车车辆技术服务，机械加工，铆焊加工，铸造件的销售，热处理，计量检定测试，理化检验测验，销售测量设备，经营本企业进出口业务和本企业所需机械设备、零配件、原辅材料的进出口业务（国家限定公司经营或禁止进出口的商品除外），经营本企业进料加工和“三来一补”业务。						

企业名称	青岛隆源水产品有限公司		海关编码	3702930547	所属海关	青机场关	
通讯地址	山东省青岛市城阳区城阳街道双元路东侧				邮政编码	266109	
评定时间	2008.12.4	注册日期	1992.11.1	报关有效期	2014.4.11	注册资本	612 万人民币
法人姓名	刘卫卫	电　　话	0532－87909908	日常联系人	袁宪成	电　　话	139××××3331
主营范围	水产品初加工（产品 100% 外销），水产品、蔬菜冷藏，自有房屋租赁。						

企业名称	青岛乐金浪潮数字通信有限公司		海关编码	3702938019	所属海关	青机场关	
通讯地址	山东省青岛市城阳区丹山工业园				邮政编码	266107	
评定时间	2008.12.4	注册日期	2003.8.7	报关有效期	2014.6.21	注册资本	1500 万美元
法人姓名	辛卫华	电　　话	0532－86689890	日常联系人	朴美花	电　　话	150××××3777
主营范围	无线通信设备（不含卫星接收设备）、数字信息终端以及其他相关产品的研发、生产、销售及售后服务，与本企业产品同类的产品及相关零部件、附件的批发及进出口。（涉及许可经营的，凭许可证经营。）						

企业名称	青岛迦南美地家居用品有限公司			海关编码	3702938111	所属海关	青机场关
通讯地址	山东省青岛市城阳区青大工业园（棘洪滩街道）					邮政编码	266001
评定时间	2010. 7. 29	注册日期	2005. 7. 13	报关有效期	2014. 3. 14	注册资本	32 万美元
法人姓名	任健	电　　话	139××××7788	日常联系人	王志磊	电　　话	0532－82885953
主营范围	纺织品、床上用品和纺缝用品的制造加工，货物进出口（不含进口商品分销业务），纺织产品的后整理加工业务，经济信息咨询业务（不含法律咨询、社会调查、市场调查、资信调查和评级服务）。						

企业名称	青岛大农服装有限公司			海关编码	3702943229	所属海关	青机场关
通讯地址	山东省青岛市城阳区上马街道					邮政编码	266112
评定时间	2008. 12. 4	注册日期	1995. 9. 5	报关有效期	2014. 8. 31	注册资本	2148 万美元
法人姓名	朴桂成	电　　话	0532－87811701	日常联系人	王晓倩	电　　话	0532－87811921
主营范围	生产化纤及其他纤维的纺纱、针织、染色、寝装、服装和皮革产品，经营货物进出口业务（不含进口商品分销业务）。						

企业名称	乐星电子科技（青岛）有限公司			海关编码	3702947173	所属海关	青机场关
通讯地址	山东省青岛市城阳区夏庄街道正阳路南侧					邮政编码	266108
评定时间	2011. 3. 9	注册日期	2007. 2. 6	报关有效期	2016. 2. 8	注册资本	579 万美元
法人姓名	赵昊济	电　　话	0532－80962220	日常联系人	江大桥	电　　话	0532－80962228
主营范围	生产电子、电气及光纤设备的连接器和内部连接设备，电源转换及注塑、冲压、继电器、存储的控制系统，组合部件和系统以及相关的应用工具和设备；提供日常维护和售前售后服务；开发和研制新品种。（产品 60% 外销；涉及许可经营的，凭许可证经营。）						

企业名称	青岛迪世亚制钢有限公司			海关编码	3702947787	所属海关	青机场关
通讯地址	山东省青岛城阳区流亭街道双元路					邮政编码	266108
评定时间	2011. 3. 9	注册日期	2011. 2. 9	报关有效期	2014. 2. 9	注册资本	1300 万美元
法人姓名	洪厦宗	电　　话	0532－87716901	日常联系人	王伟环	电　　话	0532－87716901
主营范围	新型合金材料的制造及其相关产品的压延加工，碳纤维及其高新技术化纤的制造（产品 70% 外销），合金材料、碳纤维、化纤材料及相关产品的批发。						

企业名称	青岛世门皮革有限公司			海关编码	3702947837	所属海关	青机场关
通讯地址	山东省青岛市城阳区刺洪滩街道双元路西侧					邮政编码	266106
评定时间	2011.3.9	注册日期	2005.4.8	报关有效期	2014.3.25	注册资本	1076万美元
法人姓名	朴殷宽	电　　话	0532-87908115-101	日常联系人	赵长星	电　　话	0532-87908115-109
主营范围	高档真皮女式包的制造，皮革新技术后整理加工。（产品100%外销。）						

企业名称	太平洋恩利食品有限公司			海关编码	3702947934	所属海关	青机场关
通讯地址	山东省青岛市城阳区红岛街道垂丰路1号					邮政编码	266108
评定时间	2010.5.27	注册日期	2005.7.29	报关有效期	2014.7.29	注册资本	11700万美元
法人姓名	郑风英	电　　话	0532-83818888	日常联系人	孙玉红	电　　话	139××××5837
主营范围	预制冷冻水产品及其制品（食品卫生许可证有效期至2013年3月18日）的生产加工，海产品开发，空罐、饲料、包装物的制造，上述产品的进出口、批发业务，委托加工业务，货物仓储。						

企业名称	青岛安普泰科电子有限公司			海关编码	3702948006	所属海关	青机场关
通讯地址	山东省青岛市城阳区环海经济技术开发区（车间：株洲路110号）					邮政编码	266108
评定时间	2008.12.4	注册日期	1996.3.30	报关有效期	2014.3.25	注册资本	3500万美元
法人姓名	石国辉	电　　话	138××××3520	日常联系人	杨鹏	电　　话	136××××7553
主营范围	生产电子、电气及光纤设备的连接器和内部连接装置、电源转换，注塑、冲压、继电器、存储和控制系统，组合部件和系统（和有关设备）以及相关的应用工具和设备（和相应的装置）；电镀的生产和加工业务；提供日常维护和售前售后服务；开发和研制新品种，产品内外销售（限销售本公司产品）。						

企业名称	青岛图南工艺品有限公司			海关编码	3702948083	所属海关	青机场关
通讯地址	山东省青岛市城阳区夏庄街道华仙路中段					邮政编码	266109
评定时间	2008.12.4	注册日期	2011.7.5	报关有效期	2014.7.5	注册资本	532万美元
法人姓名	金英坤	电　　话	0532-89225353	日常联系人	王晓明	电　　话	135××××3729
主营范围	金属人造首饰（产品70%外销）。						

企业名称	青岛富元电子有限公司			海关编码	3702948100	所属海关	青机场关
通讯地址	山东省青岛市城阳区惜福镇街道正阳东路东端					邮政编码	266109
评定时间	2008.12.4	注册日期	1997.10.8	报关有效期	2014.10.9	注册资本	500万美元
法人姓名	朴喆柱	电　　话	0532－66739801	日常联系人	王宏伟	电　　话	0532－66739820
主营范围	生产数字摄录机、耳机、麦克风、键盘、手机与照相机的零部件及相关电子零部件产品，制作模具。						

企业名称	青岛马士基集装箱工业有限公司			海关编码	3702948186	所属海关	青机场关
通讯地址	山东省青岛市城阳区流亭镇苇山村二路					邮政编码	266108
评定时间	2008.12.4	注册日期	1998.12.22	报关有效期	2014.6.7	注册资本	3380万美元
法人姓名	PETER KROGH NYMAND	电　　话	0532－87725410	日常联系人	孙晓静	电　　话	0532－87726745
主营范围	制造干箱集装箱、冷冻集装箱、特制集装箱及其他集装箱、冷机、冷机配件、相关设备、集装箱、运输设备配件、附件，从事集装箱、冷机的维修、装配和改造业务，相关技术开发、技术服务和售后服务，销售自产产品。						

企业名称	青岛维德思服装有限公司			海关编码	3702948303	所属海关	青机场关
通讯地址	山东省青岛市城阳区流亭工业园					邮政编码	266108
评定时间	2008.12.4	注册日期	2011.3.28	报关有效期	2014.3.28	注册资本	235万美元
法人姓名	金炳元	电　　话	137××××0797	日常联系人	金永哲	电　　话	139××××5791
主营范围	生产加工衬衣、裤子及休闲服（产品70%外销）。						

企业名称	青岛协成光学有限公司			海关编码	3702948316	所属海关	青机场关
通讯地址	山东省青岛市城阳区流亭工业园					邮政编码	266108
评定时间	2008.12.4	注册日期	2000.4.29	报关有效期	2014.4.22	注册资本	600万美元
法人姓名	李华莲	电　　话	0532－87719951	日常联系人	崔京飞	电　　话	0532－87719953
主营范围	新型电子元器件（含片式元器件）及电力电子元器件的生产（产品70%外销）。						

企业名称	浦铁（青岛）钢材加工有限公司			海关编码	3702948939	所属海关	青机场关
通讯地址	山东省青岛市城阳区丹山工业园					邮政编码	266107
评定时间	2011. 3. 9	注册日期	2002. 11. 29	报关有效期	2014. 11. 4	注册资本	912 万美元
法人姓名	朴岛山	电　　话	0532－89656001	日常联系人	李超	电　　话	0532－89656031
主营范围	加工生产热轧不锈钢板、冷轧不锈钢板、冷轧板、热轧板、锡钢片、线材、管材、镀铝板、热镀锌板、电镀锌板、镀铝锌板、彩涂板、镀锌及耐高腐蚀性铝锌合金板、涂层板金属材料，销售自产产品（产品 30% 外销）并提供经济咨询服务，从事与本企业加工生产同类产品的商品批发业务。						

企业名称	青岛喜盈门进出口有限公司			海关编码	3702952793	所属海关	青机场关
通讯地址	山东省青岛市城阳区绣城路 177 号					邮政编码	266109
评定时间	2008. 12. 4	注册日期	1992. 11. 2	报关有效期	2014. 9. 5	注册资本	3000 万人民币
法人姓名	崔莲莲	电　　话	0532－85729439	日常联系人	徐金霞	电　　话	0532－85770900
主营范围	有色金属（不含贵金属）、钢材、五金交电、家用电器、建筑材料、洗涤用品、针棉织品、日用百货、燃料油、润滑油、油脂、化工产品（不含危险化学品）、棉花、棉纱的进出口、批发、零售，货物仓储（不含危险品）。						

企业名称	山东环日集团有限公司			海关编码	3706955056	所属海关	莱州海关
通讯地址	山东省莱州市土山镇					邮政编码	261413
评定时间	2008. 12. 3	注册日期	1999. 3. 25	报关有效期	2014. 3. 21	注册资本	5500 万人民币
法人姓名	潘书昌	电　　话	0535－2331030	日常联系人	潘书磊	电　　话	0535－2331056
主营范围	制造加工钢材、铜材、刹车盘、家具、家电、橡胶制品、钢瓶、阀门、轮胎、电机，经营本企业自产机电产品、橡胶产品、五金产品、化工产品、成套设备及相关技术的出口业务，经营本企业生产科研所需的原辅材料、机械设备、仪器仪表、零配件的进口业务。						

企业名称	青岛海信进出口有限公司			海关编码	3702910079	所属海关	青岛大港
通讯地址	山东省青岛市经济技术开发区团结路 18 号					邮政编码	266071
评定时间	2008. 12. 4	注册日期	1995. 6. 5	报关有效期	2014. 5. 25	注册资本	1000 万人民币
法人姓名	林澜	电　　话	0532－83878888	日常联系人	谢同胜	电　　话	189××××8587
主营范围	经营和代理各类商品及技术的进出口业务，但国家限定公司经营或禁止进出口的商品及技术除外；承办中外合资、合作生产业务；承办“三来一补”业务。						

企业名称	青岛海尔国际贸易有限公司			海关编码	3702910086	所属海关	青岛大港
通讯地址	山东省青岛市高科园海尔路海尔园内					邮政编码	266101
评定时间	2008. 12. 4	注册日期	1998. 7. 1	报关有效期	2014. 5. 24	注册资本	2000万人民币
法人姓名	武克松	电　　话	0532－88938023	日常联系人	刘守义	电　　话	133××××0890
主营范围	自营和代理各类商品和技术的进出口业务，但国家限定公司经营或禁止进出口的商品和技术除外。						

企业名称	青岛益佳土畜产进出口有限公司			海关编码	3702910102	所属海关	青岛大港
通讯地址	山东省青岛市市南区香港中路6号A－11					邮政编码	266071
评定时间	2009. 2. 1	注册日期	1993. 12. 7	报关有效期	2014. 11. 13	注册资本	500万人民币
法人姓名	滕惠丽	电　　话	0532－85918518	日常联系人	刘英	电　　话	0532－85918509
主营范围	自营和代理各类商品及技术的进出口业务，但国家限定公司或禁止进出口的商品及技术除外（不另附进出口商品目录）；经营进料加工和“三来一补”业务；经营对销贸易和转口贸易。						

企业名称	青岛凤凰印染有限公司			海关编码	3702911249	所属海关	青岛大港
通讯地址	山东省青岛市李沧区永平路4号					邮政编码	266041
评定时间	2008. 12. 4	注册日期	1993. 5. 14	报关有效期	2014. 5. 17	注册资本	526万人民币
法人姓名	戴守华	电　　话	0532－84661327	日常联系人	李港	电　　话	186××××5989
主营范围	经营本企业自产产品及相关技术的出口业务，经营本企业生产、科研所需的原辅材料、机械设备、仪器仪表、零部件及相关技术的进口业务，经营开展“三来一补”业务。						

企业名称	青岛钢铁进出口有限公司			海关编码	3702912756	所属海关	青岛大港
通讯地址	山东省青岛市市南区汇泉路17号东海大厦公寓15层					邮政编码	266071
评定时间	2008. 12. 4	注册日期	1994. 7. 29	报关有效期	2014. 4. 25	注册资本	3000万人民币
法人姓名	姜功	电　　话	0532－83887870	日常联系人	刘秉慧	电　　话	0532－83887870
主营范围	许可经营项目：煤炭批发经营（煤炭经营资格证有效期至2015年12月31日）。一般经营项目：货物和技术的进出口业务，国际货运代理，钢材、建筑材料、汽车及配件（不含小汽车）、机电设备（不含小汽车）、五金交电、化工产品（不含危险品）、装饰材料、冶金炉料的批发和零售。（以上范围涉及许可经营的，须凭许可证经营。）						

企业名称	青岛海湾集团进出口有限公司		海关编码	3702914323	所属海关	青岛大港
通讯地址	山东省青岛市市南区香港中路20号黄金广场北楼1519室				邮政编码	266002
评定时间	2008.12.4	注册日期	1998.5.14	报关有效期	2014.5.17	注册资本	300万人民币
法人姓名	郭汉光	电　　话	0532－85022568	日常联系人	李洪	电　　话	0532－85022558
主营范围	进出口业务（按外经贸部核定的商品目录经营）；经营汽油、柴油、润滑油、化工原料（不含危险品）、五金、建筑材料、油漆（以上范围需经许可经营的，须凭许可证经营）。					

企业名称	山东省东方国际贸易股份有限公司		海关编码	3702914403	所属海关	青岛大港
通讯地址	山东省青岛市太平路51号				邮政编码	266002
评定时间	2009.2.1	注册日期	1998.9.7	报关有效期	2014.2.21	注册资本	5000万人民币
法人姓名	赵广敏	电　　话	0532－82971853	日常联系人	王雪	电　　话	0532－82971840
主营范围	自营和代理除国家组织统一联合经营的出口商品和国家实行核定公司经营的进口商品以外的其他商品及技术的进出口业务，经营进料加工和“三来一补”业务，经营对销贸易和转口贸易，从事房屋租赁，提供仓储服务（不含化学危险及易燃易爆物品）、货物装卸服务（不含化学危险品）、企业管理咨询服务、商品信息咨询服务。					

企业名称	山东锦茂国际有限公司		海关编码	3702914523	所属海关	青岛大港
通讯地址	山东省青岛市香港中路89号				邮政编码	266071
评定时间	2009.2.1	注册日期	1999.4.6	报关有效期	2014.1.28	注册资本	1500万人民币
法人姓名	张健	电　　话	0532－83090659	日常联系人	李涧	电　　话	0532－83090658
主营范围	针纺织品、服装、机电产品、建筑材料、工艺美术品（不含金银首饰）、农副产品（不含专营产品）、矿产品（不含法律行政法规限制产品）、化工产品（不含化学危险物品）的批发、零售，仓储服务（不含化学危险物品），批准范围内的商品及技术进出口业务，进料加工和“三来一补”业务；网络信息服务，针纺织品、服装、工艺美术品（不含金银首饰）的加工。					

企业名称	海信集团有限公司		海关编码	3702914705	所属海关	青岛大港
通讯地址	山东省青岛市市南区东海西路17号				邮政编码	266071
评定时间	2008.12.4	注册日期	1999.12.9	报关有效期	2015.4.27	注册资本	80617万人民币
法人姓名	周厚健	电　　话	0532－83878888	日常联系人	李皖玉	电　　话	0532－83878888
主营范围	国有资产委托营运；电视机、影碟机、音响、广播电视设备、空调器、电子计算机、电话、通讯产品、网络产品、电子产品的制造、销售；产品相关软件及技术的开发、咨询。自营进出口业务，对外经济技术合作业务；产权交易自营、经纪、信息服务。					

企业名称	新华锦集团山东锦丰国际贸易有限公司			海关编码	3702914969	所属海关	青岛大港
通讯地址	山东省青岛市太平路51号					邮政编码	266001
评定时间	2009. 2. 1	注册日期	2000. 9. 6	报关有效期	2014. 3. 21	注册资本	1000万人民币
法人姓名	柳鹏飞	电　　话	0532－85967265	日常联系人	邢玉平	电　　话	0532－66062788
主营范围	纺织原料（不含专营产品）、化工产品（不含化学危险品）、建筑材料、工艺美术品（不含金饰品）的批发、零售，仓储服务（不含化学危险品），工艺美术品（不含金银首饰）的加工，批准范围内的自营和代理商品及技术的进出口业务，进料加工和“三来一补”业务，对销贸易和转口贸易。						

企业名称	青岛新兴东方进出口有限责任公司			海关编码	3702915395	所属海关	青岛大港
通讯地址	山东省青岛市市南区香港中路18号（福泰广场）B－17层					邮政编码	266071
评定时间	2009. 2. 1	注册日期	2001. 9. 27	报关有效期	2014. 9. 5	注册资本	5000万人民币
法人姓名	叶炳师	电　　话	0532－85733007	日常联系人	田福利	电　　话	0532－85769951
主营范围	许可经营项目：煤炭批发经营（煤炭经营资格证书有效期至2013年12月31日）。一般经营项目：钢材、木材、建筑材料、装饰材料、防水材料、纺织品、化工原料及制品（不含危险品）、机电产品、五金、交电、劳保用品、服装、日用百货、汽车（不含小轿车）及配件的批发、零售、代购、代销，进出口业务（许可范围内经营）。（涉及许可经营的，凭许可证经营。）						

企业名称	新华锦集团山东海锦国际贸易有限公司			海关编码	3702916868	所属海关	青岛大港
通讯地址	山东省青岛市香港中路20号黄金广场北楼九层					邮政编码	266071
评定时间	2009. 2. 1	注册日期	2003. 10. 13	报关有效期	2014. 8. 17	注册资本	500万人民币
法人姓名	邱文立	电　　话	0532－85021130	日常联系人	逄渤	电　　话	0532－85021359
主营范围	自营和代理各类商品和技术的进出口业务，但国家限定公司经营或禁止进出口的商品和技术除外。						

企业名称	青岛啤酒股份有限公司			海关编码	3702930083	所属海关	青岛大港
通讯地址	山东省青岛市登州路56号					邮政编码	266023
评定时间	2008. 12. 4	注册日期	1993. 11. 25	报关有效期	2014. 11. 11	注册资本	130822万人民币
法人姓名	李桂荣	电　　话	0532－85711119	日常联系人	彭勇	电　　话	135××××0751
主营范围	啤酒制造，啤酒技术研究，自营进出口业务，开发转让、咨询服务。						

企业名称	青岛渤海农业发展有限公司			海关编码	3702930215	所属海关	青岛大港
通讯地址	山东省青岛市崂山区山东头路58号盛和大厦2号楼15层					邮政编码	266000
评定时间	2012.5.3	注册日期	2006.3.6	报关有效期	2014.12.14	注册资本	8000万人民币
法人姓名	舒忠峰	电话	0532-83265555	日常联系人	兰峰	电话	139××××2009
主营范围	高蛋白植物粕及其副产品、相关包装材料的生产、加工、销售和配套仓储服务。						

企业名称	海克斯康测量技术（青岛）有限公司			海关编码	3702932066	所属海关	青岛大港
通讯地址	山东省青岛市高科技工业园株州路188号					邮政编码	266045
评定时间	2010.7.29	注册日期	1993.11.12	报关有效期	2014.9.7	注册资本	940万美元
法人姓名	诺伯特·汉克	电话	0532-88702188	日常联系人	王庶	电话	133××××8617
主营范围	生产、销售、开发坐标测量机、测量仪器、相关产品及各种配件，并提供相关应用培训、技术服务、升级改造服务、咨询服务及测量设备有关的其他服务；批发及进出口坐标测量机、测量仪器、相关产品及各种配件。(涉及许可经营的，凭许可证经营。)						

企业名称	亨斯迈纺织染化（青岛）有限公司			海关编码	3702933222	所属海关	青岛大港
通讯地址	山东省青岛市四方区兴隆路86号					邮政编码	266031
评定时间	2009.2.1	注册日期	1995.9.19	报关有效期	2014.7.28	注册资本	2500万美元
法人姓名	BARTHO-LOMEW GRIFFIN	电话	0532-83757701	日常联系人	李赢男	电话	138××××5247
主营范围	生产和销售纺织染料、中间体和助剂，提供与纺织染料相关的技术支持和咨询服务。						

企业名称	青岛朗讯科技通讯设备有限公司			海关编码	3702933375	所属海关	青岛大港
通讯地址	山东省青岛高科技工业园株洲路159号					邮政编码	266101
评定时间	2008.12.4	注册日期	1995.11.29	报关有效期	2014.10.26	注册资本	3300万美元
法人姓名	范建军	电话	0532-88702000	日常联系人	李朝利	电话	186××××5638
主营范围	研究、开发、生产、工程设计、装配、安装5ESS-2000型数字交换系统及数字程控交换机的其他相关通讯产品。						

企业名称	青岛金王应用化学股份有限公司			海关编码	3702934025	所属海关	青岛大港
通讯地址	山东省即墨市环保产业园					邮政编码	266071
评定时间	2008.12.4	注册日期	1997.3.3	报关有效期	2014.1.17	注册资本	4734万美元
法人姓名	陈索斌	电　话	0532-85718989	日常联系人	魏翠丽	电　话	0532-85718989
主营范围	新型聚合物基质复合体烛光材料及其制品的开发、生产、销售和相关的技术合作、技术咨询服务，玻璃制品、工艺品、聚合蜡、合成蜡、液体蜡、石蜡、蜡油、人造蜡及相关制品、家具及饰品、洗发护发及沐浴用品、美容护肤化妆品系列、家庭清洁用品及合成香料等的生产、销售。						

企业名称	青岛凤凰东翔印染有限公司			海关编码	3702936986	所属海关	青岛大港
通讯地址	山东省莱西市水集工业园					邮政编码	286600
评定时间	2009.2.1	注册日期	2003.11.4	报关有效期	2014.10.23	注册资本	1032万美元
法人姓名	戴守华	电　话	0532-84661327	日常联系人	刘海滨	电　话	130××××7640
主营范围	生产印染布、服装、缝纫制品和深加工产品（产品100%外销；涉及许可证经营的，凭许可证经营）。						

企业名称	青岛星电电子有限公司			海关编码	3702940541	所属海关	青岛大港
通讯地址	山东省青岛市李沧区重庆中路946号					邮政编码	266043
评定时间	2008.12.3	注册日期	1994.10.24	报关有效期	2014.10.14	注册资本	860万美元
法人姓名	古桥健士	电　话	0532-84817830	日常联系人	长谷川真司	电　话	138××××6015
主营范围	生产开关、插座、耳机喇叭、键盘、电子游戏机、电动机、液晶、手提电话、天线及电子电器产品零部件、新型电子元器件（含片式元器件）及电力电子元器件、新型电子眼镜（含3D系列眼镜）、遥控器。						

企业名称	青岛耐克森轮胎有限公司			海关编码	3702940696	所属海关	青岛大港
通讯地址	山东省莱西市姜山镇驻地					邮政编码	266603
评定时间	2011.9.28	注册日期	2006.2.20	报关有效期	2015.1.13	注册资本	12217万美元
法人姓名	姜丙中	电　话	0532-82471220	日常联系人	崔在镇	电　话	0532-82471231
主营范围	半钢丝轿车用子午轮胎及关联橡胶产品（产品50%外销）的生产，轮胎的批发（涉及配额、许可证管理、国家专项规定管理的产品，按照国家有关规定办理），轮胎制造技术及橡胶产品的研发（涉及许可经营的，凭许可证经营）。						

企业名称	青岛裕洋电子有限公司			海关编码	370294099F	所属海关	青岛大港
通讯地址	山东省青岛市莱西经济开发区南京路西龙口路北					邮政编码	266600
评定时间	2013.7.22	注册日期	2012.9.4	报关有效期	2015.9.4	注册资本	150 万美元
法人姓名	赵昭彦	电　　话	0532－87710632	日常联系人	张思萌	电　　话	0532－84718837
主营范围	稳压电源电路板、LED 照明灯、LED 显示器的设计、开发和生产。（产品 70% 外销；涉及许可经营的，凭许可证经营。）						

企业名称	青岛泰光制鞋有限公司			海关编码	3702943387	所属海关	青岛大港
通讯地址	山东省莱西市李权庄镇工业园区					邮政编码	266604
评定时间	2010.2.9	注册日期	1995.12.5	报关有效期	2014.12.3	注册资本	2300 万美元
法人姓名	闵丙璱	电　　话	0532－86491140	日常联系人	周志坚	电　　话	0532－86491141
主营范围	生产旅游鞋，制作自用生产设备和模具。（产品 100% 外销；涉及配额许可证管理、专项规定管理的，按照国家有关规定办理；涉及许可经营的，凭许可证经营。）						

企业名称	青岛永昌因特皮革有限公司			海关编码	3702945213	所属海关	青岛大港
通讯地址	山东省莱西市沽河工业园					邮政编码	266600
评定时间	2009.2.1	注册日期	2001.4.26	报关有效期	2014.4.8	注册资本	2000 万美元
法人姓名	宋东铉	电　　话	0532－88452657	日常联系人	李芊	电　　话	134××××4667
主营范围	猪、牛、羊蓝温皮新技术加工及皮革后整饰新技术加工，皮革及皮革制品的生产加工。（产品 70% 外销）						

企业名称	青岛成信马达有限公司			海关编码	3702945757	所属海关	青岛大港
通讯地址	山东省青岛市李沧区郑庄工业园					邮政编码	266100
评定时间	2008.12.4	注册日期	2002.5.29	报关有效期	2014.4.15	注册资本	550 万美元
法人姓名	裴星佑	电　　话	0532－87605885	日常联系人	于莉莉	电　　话	139××××5578
主营范围	从事高新技术、高效节能精密电机、自动驱动系统及相关新型机电元件的生产及销售，经营货物的进出口业务（不含进口分销）。						

企业名称	海尔集团电器产业有限公司			海关编码	3702954522	所属海关	青岛大港
通讯地址	山东省青岛市高科园海尔路海尔工业园中心大楼四楼					邮政编码	266101
评定时间	2008.12.4	注册日期	1999.4.5	报关有效期	2014.3.30	注册资本	10000万人民币
法人姓名	杨绵绵	电　　话	0532－88939999	日常联系人	张秀玉	电　　话	0532－88939797
主营范围	销售家用电器，经营进出口业务（按外经贸部核准的进出口商品目录）。						

企业名称	青岛朗基实业有限公司			海关编码	3702960736	所属海关	青岛大港
通讯地址	山东省青岛市市南区山东路2号华仁国际大厦24层B区					邮政编码	266071
评定时间	2012.5.3	注册日期	2004.7.15	报关有效期	2014.6.3	注册资本	200万人民币
法人姓名	李丽敏	电　　话	0532－86676666	日常联系人	赵莉	电　　话	0532－86676666
主营范围	建筑装饰材料、五金交电、化工产品（不含危险品）、橡胶制品、文化办公用品、日用百货、服装鞋帽、土产杂品、劳保用品、农副产品（不含粮油）、机电产品、矿产品、工艺品、玻璃制品、通讯器材（不含卫星地面接收及无线发射装置）、针纺织品、汽车（不含小轿车）、有色金属（不含稀贵金属）的批发、零售，机械产品设计，金属材料的改进和研发，货物和技术的进出口（国家禁止的除外；国家限制经营的，凭许可经营）。以下限分支机构经营：机械、五金产品、机电产品、服装、纺织品的生产、加工。						

企业名称	青岛雅福达进出口有限公司			海关编码	3702962320	所属海关	青岛大港
通讯地址	山东省青岛市市南区中山路44－60号3010室					邮政编码	266001
评定时间	2011.9.28	注册日期	2005.9.23	报关有效期	2014.3.22	注册资本	1000万人民币
法人姓名	程瓒	电　　话	0532－82023578	日常联系人	程瓒	电　　话	0532－82023578
主营范围	许可经营项目：预包装食品、乳制品（含婴幼儿配方乳粉）的批发（食品流通许可证有效期至2014年10月8日）。一般经营项目：货物进出口和技术进出口（法律、行政法规禁止的项目除外；法律、行政法规限制的项目，取得许可后方可经营），玩具、建材、包装材料、机电设备及备件、机械设备及备件纺织品、服装鞋帽、有色金属、日用品、办公用品、装饰材料、电线电缆、五金、化工原料及产品（不含危险品）、电子产品、金属制品、矿产品（国家禁止或限制的除外）、塑料制品、钢材、工艺品、纸浆、饲料、水果、化肥的批发。（以上涉及许可经营的，凭许可证经营。）						

企业名称	新华锦集团山东海川工艺发制品有限公司			海关编码	3702962686	所属海关	青岛大港
通讯地址	山东省青岛市南京路66号中天恒商务大厦8－9楼					邮政编码	266071
评定时间	2010.2.9	注册日期	2006.1.23	报关有效期	2014.11.9	注册资本	1300万人民币
法人姓名	刘笃平	电　　话	0532－85023533	日常联系人	官建萍	电　　话	0532－85023533
主营范围	发制品、草柳苇制品的加工、销售，许可范围内的各类商品及技术的进出口业务，纺织品、工艺美术品、日用百货、机电产品、家具、服装的销售，商品信息咨询，劳务服务，物业管理。						

企业名称	青岛如隆国际贸易有限公司			海关编码	3702966435	所属海关	青岛大港
通讯地址	山东省青岛市市南区山东路 40 号					邮政编码	266071
评定时间	2013. 1. 4	注册日期	2003. 5. 21	报关有效期	2014. 3. 22	注册资本	1000 万人民币
法人姓名	侯松涛	电　　话	0532－85013222	日常联系人	呼廷岫	电　　话	0532－85010511
主营范围	自营和代理各类商品和技术的进出口业务，但国家限定公司经营或禁止进出口的商品和技术除外。						

企业名称	青岛金黄海集装箱有限公司			海关编码	3728920001	所属海关	青岛大港
通讯地址	山东省即墨市大信镇大金家					邮政编码	266229
评定时间	2013. 4. 15	注册日期	2003. 11. 27	报关有效期	2014. 11. 3	注册资本	268 万美元
法人姓名	金延玉	电　　话	0532－82538082	日常联系人	乔明晓	电　　话	0532－82538167
主营范围	特种集装箱、标准集装箱的制造，拖车车盘钢结构及配套件、铆焊件、冲压件、金属结构件、机械、新型平板显示器、港口新型集装箱自装自卸车及配套件的加工、制造。						

企业名称	青岛贵华针织有限公司			海关编码	3728931789	所属海关	青岛大港
通讯地址	山东省即墨市贵华路 7 号					邮政编码	266200
评定时间	2008. 12. 4	注册日期	1993. 10. 18	报关有效期	2014. 10. 17	注册资本	1057 万美元
法人姓名	宫成安	电　　话	0532－88513718	日常联系人	宋显俊	电　　话	133××××8677
主营范围	生产缝制品及针织面料。						

企业名称	青岛亚是加食品有限公司			海关编码	3728941305	所属海关	青岛大港
通讯地址	山东省即墨市烟青路 300 号					邮政编码	266200
评定时间	2008. 12. 12	注册日期	2008. 9. 5	报关有效期	2014. 8. 9	注册资本	573 万美元
法人姓名	香川雅司	电　　话	0532－88531937	日常联系人	江敦亮	电　　话	0532－85550208
主营范围	蔬菜、预制水产品、熟制水产品、预制肉制品、熟制肉制品、面制品、米制品、蛋制品的生产加工和冷冻冷藏（允许收购出口食品包装用纸箱、塑料制品及食品加工调理机械，不含出口配额许可证管理产品。卫生许可证有效期到 2011 年 6 月 13 日。涉及许可经营的，凭许可证经营。）						

企业名称	青岛永元体育用品有限公司			海关编码	3728945185	所属海关	青岛大港
通讯地址	山东省即墨市崂山一路97号					邮政编码	266200
评定时间	2008.12.3	注册日期	2001.4.4	报关有效期	2014.2.11	注册资本	2500万美元
法人姓名	成耆鹤	电　话	0532－88504500	日常联系人	艾春影	电　话	0532－88504173
主营范围	生产、销售、经营、加工运动服、鞋帽、手套、包等体育用品。						

企业名称	青岛高丽钢线有限公司			海关编码	3728945388	所属海关	青岛大港
通讯地址	山东省即墨市青威路北城西四路西，（青岛服装工业园内）					邮政编码	266200
评定时间	2008.12.4	注册日期	2001.11.29	报关有效期	2014.10.13	注册资本	4300万美元
法人姓名	韩相德	电　话	0532－88590118	日常联系人	辛明彬	电　话	0532－87569252
主营范围	生产和销售子午线轮胎用钢丝帘线等特种钢丝新材料。						

企业名称	创新科技（山东青岛）有限公司			海关编码	3728945917	所属海关	青岛大港
通讯地址	山东省即墨省级高新技术产业开发区创新1路1号					邮政编码	266216
评定时间	2008.12.4	注册日期	2002.8.26	报关有效期	2014.3.8	注册资本	1460万美元
法人姓名	刘镇鹏	电　话	0532－84560333	日常联系人	矫学群	电　话	0532－84560333
主营范围	设计、开发与生产电子计算机周边、电子通讯、数字多媒体产品及设备，经营货物进出口业务。						

企业名称	青岛即发进出口有限公司			海关编码	3728954209	所属海关	青岛大港
通讯地址	山东省即墨市城北三路4号					邮政编码	266221
评定时间	2008.12.4	注册日期	1997.12.16	报关有效期	2014.11.29	注册资本	1000万人民币
法人姓名	陈玉兰	电　话	0532－85918210	日常联系人	周学宗	电　话	0532－85918213
主营范围	经营和代理各类商品和技术的进出口业务，但国家限定公司经营或禁止进出口的商品和技术除外。						

企业名称	青岛雪达集团有限公司			海关编码	3728954555	所属海关	青岛大港
通讯地址	山东省即墨市南泉镇					邮政编码	266231
评定时间	2012. 5. 3	注册日期	1999. 5. 25	报关有效期	2014. 5. 6	注册资本	1037 万人民币
法人姓名	张世安	电　　话	0532－82571015	日常联系人	高复琳	电　　话	135××××0899
主营范围	制造针棉织品、化纤针织品、玩具、织布，出口本企业自产的丝、棉、毛、麻、化纤及其他针织品、服装，进口本企业生产、科研所需的原辅材料、机械设备、零配件、仪器仪表。						

企业名称	青岛黄海集装箱厂有限公司			海关编码	3728955726	所属海关	青岛大港
通讯地址	山东省即墨市大信镇大金家村					邮政编码	266229
评定时间	2013. 4. 15	注册日期	2008. 5. 23	报关有效期	2014. 5. 30	注册资本	3380 万人民币
法人姓名	金继华	电　　话	0532－82538082	日常联系人	乔明晓	电　　话	0532－82538167
主营范围	金属集装箱的制造，拖车车盘钢结构及配套件、冲压件、铆焊件、金属结构件、机械的加工制造，进出口业务，经营橡塑制品，制鞋。						

企业名称	森泰达集团有限公司			海关编码	3728966424	所属海关	青岛大港
通讯地址	山东省即墨市大信镇天山三路					邮政编码	266229
评定时间	2012. 5. 3	注册日期	2008. 9. 27	报关有效期	2014. 9. 30	注册资本	5000 万人民币
法人姓名	秦龙	电　　话	0532－68968815	日常联系人	秦龙	电　　话	0532－68968815
主营范围	货物和技术的进出口（但国家禁止及限定公司经营的项目除外），批发和零售橡胶制品、轮胎、化工产品及原料（不含危险品），仓储配送，自有资金对外投资及运营管理，自有建筑工程机械租赁，轮胎制造。以下限分支经营：汽车维修、旧机动车经营。（以上范围涉及许可经营的，凭许可证经营。）						

企业名称	青岛三莹电子有限公司			海关编码	3729943006	所属海关	青岛大港
通讯地址	山东省平度外向型工业加工区					邮政编码	266700
评定时间	2008. 12. 4	注册日期	1995. 3. 9	报关有效期	2014. 2. 21	注册资本	4820 万美元
法人姓名	边东俊	电　　话	0532－88382040	日常联系人	胡晗	电　　话	0532－85700180
主营范围	生产和加工新型电子元器件及其专用材料和电子专用设备（产品 50% 外销）。						

企业名称	烟台泰和新材料股份有限公司			海关编码	3706218905	所属海关	烟开发区
通讯地址	山东省烟台经济技术开发区黑龙江路10号					邮政编码	264006
评定时间	2008.12.3	注册日期	1998.12.3	报关有效期	2014.12.6	注册资本	39156万人民币
法人姓名	孙茂健	电　话	0535－6371291	日常联系人	张军岩	电　话	0535－6382822
主营范围	氨纶、芳纶系列产品的制造、销售，纺织品、日用百货、金属材料、建筑材料、化工产品的批发、零售，备案范围内的进出口业务。						

企业名称	浪潮乐金数字移动通信有限公司			海关编码	3706237905	所属海关	烟开发区
通讯地址	山东省烟台经济开发区长江路228号					邮政编码	264006
评定时间	2008.12.4	注册日期	2002.2.21	报关有效期	2014.5.13	注册资本	3000万美元
法人姓名	辛卫华	电　话	133××××0758	日常联系人	李杰	电　话	0535－6118780
主营范围	CDMA（码分多址）移动电话、GSM移动电话、移动信息终端技术及其他相关产品的研发、生产、销售和售后服务。						

企业名称	烟台正海电子网板股份有限公司			海关编码	3706239899	所属海关	烟开发区
通讯地址	山东省烟台开发区珠江路21号					邮政编码	264006
评定时间	2008.12.4	注册日期	1995.10.26	报关有效期	2014.10.25	注册资本	25000万人民币
法人姓名	秘波海	电　话	0535－6378866	日常联系人	张黎	电　话	0535－6378866－6109
主营范围	生产和销售彩色显像管用荫罩、显示管用荫罩及相关电子产品，并提供售后技术服务。						

企业名称	乐金电子部品（烟台）有限公司			海关编码	3706247019	所属海关	烟开发区
通讯地址	山东省烟台经济技术开发区台北北路36号					邮政编码	264000
评定时间	2008.12.4	注册日期	2004.9.7	报关有效期	2014.8.26	注册资本	4340万美元
法人姓名	朴昌坤	电　话	0535－3976001	日常联系人	辛静	电　话	0535－3976280
主营范围	研发、生产、销售本公司液晶显示器件、数码摄像模块、翻盖组件、微型马达、新型电子元器件，并从事电子产品、器件和元件的批发和进出口业务。						

<table>
<tr><td>企业名称</td><td colspan="3">大宇造船海洋（山东）有限公司</td><td>海关编码</td><td>3706247056</td><td>所属海关</td><td>烟开发区</td></tr>
<tr><td>通讯地址</td><td colspan="5">山东省烟台经济技术开发区</td><td>邮政编码</td><td>264006</td></tr>
<tr><td>评定时间</td><td>2010. 12. 20</td><td>注册日期</td><td>2005. 11. 2</td><td>报关有效期</td><td>2014. 9. 26</td><td>注册资本</td><td>7990 万美元</td></tr>
<tr><td>法人姓名</td><td>高英烈</td><td>电　话</td><td>0535 – 3082200</td><td>日常联系人</td><td>胡卫东</td><td>电　话</td><td>0535 – 3083235</td></tr>
<tr><td>主营范围</td><td colspan="7">船舶用船段和有关产品（港口经营许可证有效期至 2013 年 9 月 24 日）的研究、开发和生产，石油钻采专用设备的设计、制作、安装、施工（国家有专项规定的除外），其他与之相关的业务，公司自产产品的销售。</td></tr>
</table>

<table>
<tr><td>企业名称</td><td colspan="3">宏华胜精密电子（烟台）有限公司</td><td>海关编码</td><td>3706247068</td><td>所属海关</td><td>烟开发区</td></tr>
<tr><td>通讯地址</td><td colspan="5">山东省烟台经济技术开发区长沙街 18 号</td><td>邮政编码</td><td>264006</td></tr>
<tr><td>评定时间</td><td>2008. 12. 4</td><td>注册日期</td><td>2006. 3. 20</td><td>报关有效期</td><td>2015. 2. 15</td><td>注册资本</td><td>8580 万美元</td></tr>
<tr><td>法人姓名</td><td>陈玉元</td><td>电　话</td><td>0535 – 2168888</td><td>日常联系人</td><td>李强</td><td>电　话</td><td>0535 – 2168888 – 79588</td></tr>
<tr><td>主营范围</td><td colspan="7">研究、开发、生产大中型电子计算器、便携式计算器、新型电子元器件、新型仪表元器件、电子专用设备、精冲模、模具标准件、柔性线路板及上述产品的零配件，并销售公司自产产品。</td></tr>
</table>

<table>
<tr><td>企业名称</td><td colspan="3">富士康精密电子（烟台）有限公司</td><td>海关编码</td><td>3706247079</td><td>所属海关</td><td>烟开发区</td></tr>
<tr><td>通讯地址</td><td colspan="5">山东省烟台经济技术开发区 A – 7 小区</td><td>邮政编码</td><td>264006</td></tr>
<tr><td>评定时间</td><td>2011. 12. 22</td><td>注册日期</td><td>2006. 7. 3</td><td>报关有效期</td><td>2015. 4. 20</td><td>注册资本</td><td>4100 万美元</td></tr>
<tr><td>法人姓名</td><td>郑光杰</td><td>电　话</td><td>0535 – 2168888</td><td>日常联系人</td><td>李强</td><td>电　话</td><td>136 × × × × 8580</td></tr>
<tr><td>主营范围</td><td colspan="7">开发、生产、加工新型电子元器件、移动通信系统、基站、交换设备及数字集群系统设备及零部件、电子产品测试仪器、数字照相机及关键件及以上产品相关的模具，提供相关技术咨询与售后服务，销售公司自产产品。</td></tr>
</table>

<table>
<tr><td>企业名称</td><td colspan="3">烟台富华达精密电子有限公司</td><td>海关编码</td><td>3706247199</td><td>所属海关</td><td>烟开发区</td></tr>
<tr><td>通讯地址</td><td colspan="5">山东省烟台经济技术开发区 A – 7 小区</td><td>邮政编码</td><td>264006</td></tr>
<tr><td>评定时间</td><td>2013. 4. 15</td><td>注册日期</td><td>2010. 10. 9</td><td>报关有效期</td><td>2013. 10. 9</td><td>注册资本</td><td>1000 万美元</td></tr>
<tr><td>法人姓名</td><td>郑光杰</td><td>电　话</td><td>0535 – 3820000 – 78398</td><td>日常联系人</td><td>李强</td><td>电　话</td><td>0535 – 3820000 – 79588</td></tr>
<tr><td>主营范围</td><td colspan="7">开发、生产、经营新型平板显示器、新型电子元器件、液晶电视机、数字电视机、金属制品模具、模具标准件、工模具制造及上述产品的零部件，提供相关的技术咨询与售后服务，并从事公司自产产品的进出口、批发及相关配套业务。</td></tr>
</table>

企业名称	斗山机床（烟台）有限公司			海关编码	3706247428	所属海关	烟开发区
通讯地址	山东省烟台经济技术开发区斗山一路一号					邮政编码	264006
评定时间	2013.1.4	注册日期	2003.8.11	报关有效期	2014.8.16	注册资本	1000万美元
法人姓名	金泰亨	电　　话	0535－6935600	日常联系人	乔青永	电　　话	0535－6935721
主营范围	生产三轴以上联动的数控机床、数控系统及伺服装置、专用生产设备、自动化设备及相应配件，销售上述所列公司自产产品，提供相关售后服务。从事数控机床、数控系统及伺服装置、专用生产设备、自动化设备，上述产品所涉及的附属机械设备及相应配件，工具工装，量具量仪、原材料的进出口、批发、佣金代理和销后服务业务（国家有特殊规定的产品除外）。						

企业名称	烟台共同食品企业有限公司			海关编码	3706247470	所属海关	烟开发区
通讯地址	山东省烟台经济技术开发区嘉陵江路89号					邮政编码	264006
评定时间	2008.12.3	注册日期	2003.12.10	报关有效期	2014.2.22	注册资本	171万美元
法人姓名	张苏健	电　　话	0535－6118106	日常联系人	宋梅雪	电　　话	0535－6118106
主营范围	加工鱼类、贝类、虾蟹类、藻类水产品、果菜食品（以上限外销）、速冻食品，销售公司自产产品。						

企业名称	斗山工程机械（中国）有限公司			海关编码	3706249871	所属海关	烟开发区
通讯地址	山东省烟台开发区五指山路28号					邮政编码	264006
评定时间	2008.12.4	注册日期	1994.10.3	报关有效期	2014.9.23	注册资本	6422万美元
法人姓名	康又珪	电　　话	0535－6399005	日常联系人	李培江	电　　话	0535－6399103
主营范围	生产液压式挖掘机和叉车、水泥泵车、发电机组、柴油发动机、起重机、空气压缩机、工程机械零部件、精密机床、加工中心，销售公司自产产品并提供售后服务，从事工程机械、发电机组、精密机床、加工中心、柴油发动机及其相关零部件的进出口、批发、佣金代理和售后服务（国家有特殊规定的商品除外）。						

企业名称	泗水金益纸业有限公司			海关编码	3708930552	所属海关	济宁海关驻曲阜办事处
通讯地址	山东省泗水县金庄镇					邮政编码	273201
评定时间	2008.12.3	注册日期	1995.12.29	报关有效期	2016.4.11	注册资本	840万美元
法人姓名	孔凡岗	电　　话	0537－4036809	日常联系人	杨兴国	电　　话	0537－4036894
主营范围	生产经营无碳复写CF原纸、文化用纸。						

企业名称	太阳纸业有限公司			海关编码	3708931895	所属海关	济宁海关 驻曲阜办事处
通讯地址	山东省兖州市西关大街 66 号					邮政编码	272100
评定时间	2008. 12. 3	注册日期	1993. 11. 12	报关有效期	2014. 8. 8	注册资本	1249 万美元
法人姓名	李洪信	电　　话	0537－7928888	日常联系人	来佑伟	电　　话	0537－7928793
主营范围	生产、销售铜版纸及其制品，生产、销售纸及系列产品。（涉及许可经营的，凭许可证经营。）						

企业名称	兖州天章纸业有限公司			海关编码	3708933050	所属海关	济宁海关 驻曲阜办事处
通讯地址	山东省兖州市西关大街 66 号					邮政编码	272100
评定时间	2008. 12. 3	注册日期	2001. 9. 24	报关有效期	2014. 7. 1	注册资本	9146 万美元
法人姓名	李洪信	电　　话	0537－3412388	日常联系人	来偌伟	电　　话	0537－365870
主营范围	生产、销售白卡纸、烟卡纸等包装用纸及纸板，双面胶版纸、彩色打印纸、低定量涂布纸、铜版纸等高档信息用纸。						

企业名称	倍耐力轮胎有限公司			海关编码	3708936029	所属海关	济宁海关 驻曲阜办事处
通讯地址	山东省兖州市华勤工业园					邮政编码	272100
评定时间	2008. 12. 4	注册日期	2005. 7. 15	报关有效期	2015. 11. 12	注册资本	172115 万人民币
法人姓名	牛宜顺	电　　话	0537－5179079	日常联系人	彭芳	电　　话	0537－5179076
主营范围	全钢子午线轮胎、半钢子午线轮胎、钢丝帘线及相关产品的生产和销售，非自产子午线轮胎的批发、佣金代理（拍卖除外）、进出口和其他相关配套业务，高档摩托车子午线轮胎的生产和销售。						

企业名称	兖州中天纸业有限公司			海关编码	3708936066	所属海关	济宁海关 驻曲阜办事处
通讯地址	山东省兖州市西关大街 66 号					邮政编码	272100
评定时间	2010. 2. 9	注册日期	2006. 5. 26	报关有效期	2014. 5. 11	注册资本	5985 万美元
法人姓名	李洪信	电　　话	0537－3658888	日常联系人	来佑伟	电　　话	0537－3658708
主营范围	生产和销售激光打印纸等纸和纸制品。						

企业名称	万国纸业太阳白卡纸有限公司			海关编码	3708936068	所属海关	济宁海关 驻曲阜办事处
通讯地址	山东省兖州市西关大街66号					邮政编码	272100
评定时间	2010. 2. 9	注册日期	2006. 9. 22	报关有效期	2013. 10. 27	注册资本	32281万人民币
法人姓名	李洪信	电　话	0537－3898578	日常联系人	王飞飞	电　话	0537－3898910
主营范围	包装纸板和纸产品的制造、销售、营销、分销和研发，原材料、设备以及其他与经营有关材料的采购，造纸生产设施的运营管理与咨询服务（商务与技术），一般贸易及进出口贸易。						

企业名称	山东联诚汽车零件有限公司			海关编码	3708966337	所属海关	济宁海关 驻曲阜办事处
通讯地址	山东省兖州经济开发区创业路11号					邮政编码	272100
评定时间	2013. 4. 15	注册日期	2011. 12. 8	报关有效期	2014. 12. 8	注册资本	4259万人民币
法人姓名	郭元强	电　话	0537－3956800	日常联系人	王建光	电　话	0537－3956846
主营范围	生产和销售汽车零部件及配件，经营货物及技术的进出口业务（国家限定公司经营或禁止公司经营的除外）。（以上项目涉及许可经营的，凭许可证或批准文件经营。）						

济南关区

企业名称	山东省冶金设计院股份有限公司		海关编码	3701311863	所属海关	济南海关
通讯地址	山东省济南市高新开发区舜华路1969号				邮政编码	250101
评定时间	2011.6.6	注册日期	2004.12.28	报关有效期	2016.7.7	注册资本	34500万人民币
法人姓名	姚朝胜	电　话	0531－89703888	日常联系人	刘春青	电　话	0531－89703818
主营范围	前置许可经营项目：承包与其实力、规模、业绩相适应的国外工程项目，对外派遣实施上述境外工程所需的劳务人员。一般经营项目：工程勘察设计，工程总承包及总承包向下的设备材料的销售、施工、安装、调试、建造（不含特种设备安装调试）、工程监理、技术咨询、技术服务、环境影响评价（以上凭资质经营），房屋租赁。						

企业名称	山东松下电子信息有限公司		海关编码	3701332489 3701932489	所属海关	济南海关
通讯地址	山东省济南市高新区新泺大街312号				邮政编码	250101
评定时间	2008.12.3	注册日期	1995.12.6	报关有效期	2013.11.3	注册资本	2500万美元
法人姓名	上原宏敏	电　话	0531－88872686－201	日常联系人	牛健壮	电　话	0531－88872686－502
主营范围	彩色电视机、各种映像设备及电子部品、部件的研究开发、制造及售后服务，与上述公司产品同类及配套的非自产产品的批发、进出口和相关服务，本公司自产产品的销售。						

企业名称	中国重汽集团进出口有限公司		海关编码	3701343608	所属海关	济南海关
通讯地址	山东省济南市高新区经十东路济南出口加工区海关卡口办公楼305、307房间				邮政编码	250102
评定时间	2008.12.2	注册日期	2008.6.10	报关有效期	2014.6.2	注册资本	55500万人民币
法人姓名	刘伟	电　话	0531－85582987	日常联系人	黄玉国	电　话	0531－85582561
主营范围	经营批准范围内的进出口业务，对外承包工程（非工程建设类），提供自产产品售后服务，提供信息咨询服务，批发汽车及配件、电子机械设备、日用百货、五金交电、计算机及配件、装饰材料、计算机软件、建筑材料。（以上涉及配额许可证管理、专项管理的商品，按照国家有关规定办理。）						

企业名称	浪潮集团有限公司			海关编码	3701910803	所属海关	济南海关
通讯地址	山东省济南市历下区山大路224号					邮政编码	250014
评定时间	2010.2.9	注册日期	1993.3.11	报关有效期	2014.5.10	注册资本	41061万人民币
法人姓名	孙丕恕	电　话	0531－85106183	日常联系人	辛潇	电　话	0531－85106170
主营范围	计算机及软件、电子及通信设备（不含无线电发射设备）的生产、销售，许可证范围内的进出口业务，电器机械、五金交电的销售，计算机应用、出租及计算机人员的培训服务，智能化工程的设计、施工（凭资质证书经营），集成电路、半导体发光材料、管芯器件及照明应用产品的设计、开发、生产、销售、安装施工。						

企业名称	济南圣泉集团股份有限公司			海关编码	3701910849	所属海关	济南海关
通讯地址	山东省济南市章丘市刁镇工业经济开发区					邮政编码	250204
评定时间	2009.8.13	注册日期	1995.4.7	报关有效期	2014.3.11	注册资本	25749万人民币
法人姓名	唐一林	电　话	0531－83501200	日常联系人	冯磊	电　话	0531－83501230
主营范围	前置许可经营项目：呋喃树脂、糠醛、冷芯盒树脂的生产（有效期至2014年11月30日）；发电业务（有效期至2027年6月27日）；铸造用涂料、糠醇、固化剂的批发（无仓储；不含剧毒品、成品油、第一类易制毒和第二类监控化学品；有效期至2015年2月26日）。一般经营项目：登记证范围内的有机肥料的生产（有效期至2014年9月），聚氨酯、酚醛树脂、醋酸钠、清洗剂、防水剂、泡沫陶瓷过滤器、发热保温冒口套、木质素的生产、销售、技术服务及成果转让，备案范围内的进出口业务。						

企业名称	山东济南发电设备厂有限公司			海关编码	3701910974	所属海关	济南海关
通讯地址	山东省济南市历下区华信路18号					邮政编码	250100
评定时间	2011.12.22	注册日期	1998.2.5	报关有效期	2015.4.11	注册资本	6007万人民币
法人姓名	姜守国	电　话	0531－87075788	日常联系人	冯明	电　话	0531－87075603
主营范围	汽轮发电机主机、辅机及电机备件的制造、销售，汽轮机主机、辅机及备件的设计、制造、销售，锅炉及辅助设备的销售，电站设备成套技术咨询，本企业自产机电产品（除小轿车）、零配件、成套设备及相关技术的出口，本企业生产、科研所需的原辅材料、机械设备、仪器仪表、备品备件、零配件及技术的进口（国家实行核定公司经营的14种进口商品除外），开展本企业“三来一补”业务，房屋租赁。(须经审批的，未获批准前不得经营。)						

企业名称	山东钢铁股份有限公司			海关编码	3701911327	所属海关	济南海关
通讯地址	山东省济南市工业北路21号					邮政编码	250101
评定时间	2008.12.4	注册日期	2002.5.28	报关有效期	2014.4.26	注册资本	643630万人民币
法人姓名	任浩	电　　话	0531－67606789	日常联系人	李松鸽	电　　话	0531－88868337
主营范围	前置许可经营项目：许可证批准范围内的危险化学品生产、销售（禁止储存，有效期至2014年1月24日），煤气供应（有效期至2014年6月5日），发电，供热。一般经营项目：钢铁冶炼、加工及技术咨询服务，钢材、大锻件、焦炭及炼焦化产品、水渣和炼钢副产品的生产及销售，铁矿石及类似矿石的销售，自营进出口业务。						

企业名称	山东太古飞机工程有限公司			海关编码	3701933013	所属海关	济南海关
通讯地址	山东省济南市历城区遥墙镇机场园内					邮政编码	250107
评定时间	2008.12.3	注册日期	1999.1.25	报关有效期	2013.12.3	注册资本	20000万人民币
法人姓名	张幸福	电　　话	0531－85698999	日常联系人	姜海波	电　　话	0531－58802906
主营范围	民用飞机及部件（除整台发动机、螺旋桨以外的航空器部件）的维修、改造、检测，飞机附件与零部件的加工、制造，飞机维修工具、设备、器材的设计、加工、制作，飞机工程管理软件的开发，自制产品、软件的销售，航空地面勤务（不含前置许可管理的项目），民用航空器机型培训，飞机机队及零部件的管理服务，航空工程服务，计量服务，仓储经营服务。（不涉及国营贸易管理商品；涉及配额、许可证管理的，按国家有关规定办理申请；涉及许可证管理的凭许可证经营。）						

企业名称	山东冠世针织有限公司			海关编码	3701943485	所属海关	济南海关
通讯地址	山东省章丘市明水经济开发区东风工业园					邮政编码	250200
评定时间	2010.2.9	注册日期	2006.1.20	报关有效期	2015.1.9	注册资本	1755万美元
法人姓名	浜村真	电　　话	0531－83328782	日常联系人	庄向文	电　　话	0531－83328782－2013
主营范围	针织服装、纺织服装及辅料产品的设计、生产，本公司自产产品的销售，服装的批发和进出口（不含分销）。（不涉及国营贸易管理商品；涉及配额、许可证管理商品的，按国家有关规定办理申请；须经审批的，未获批准前不得经营。）						

企业名称	山东力诺进出口贸易有限公司			海关编码	3701961389	所属海关	济南海关
通讯地址	山东省济南市历城区经十东路30099号					邮政编码	250103
评定时间	2009.8.13	注册日期	2002.11.15	报关有效期	2014.3.9	注册资本	1500万人民币
法人姓名	周广彦	电　　话	0531－88729653	日常联系人	冯懿	电　　话	0531－88729187
主营范围	经营进出口业务，批发、零售玻璃制品、太阳能光伏系列产品、建筑材料、五金工具、日用品、针纺织品、服装、钢材、硼酸、硼砂、聚乙烯塑料袋、工艺品、机械设备、仪器仪表、太阳能系列产品，销售机械零配件并提供相关服务。（未取得专项许可的项目除外）						

企业名称	济南玫德铸造有限公司			海关编码	3701964424	所属海关	济南海关
通讯地址	山东省济南市平阴县南门路3号					邮政编码	250400
评定时间	2012.5.18	注册日期	2012.3.7	报关有效期	2015.3.7	注册资本	24320万人民币
法人姓名	孔令磊	电　　话	0531－87885005	日常联系人	陆书一	电　　话	0531－87885061
主营范围	许可经营项目：生产阀门、阀门铸造（有效期至2050年1月1日）。一般经营项目：制造玛钢管件、球铁沟槽管件、钢管接头接管、灰铸铁管件、钢管件、空调配件、电力金具、管路连接件、铸件、机械配件、螺栓螺母、橡胶圈，经营房屋租赁，销售冶金炉料、钢材、金属制品、五金交电、建材，经营进出口贸易。（须经审批的，未获批准前不得经营。）						

企业名称	山东海龙进出口有限责任公司			海关编码	3707911315	所属海关	潍坊海关
通讯地址	山东省维坊市寒亭区潍县北路518号					邮政编码	261100
评定时间	2008.12.3	注册日期	1995.11.3	报关有效期	2014.2.11	注册资本	6000万人民币
法人姓名	刘福荣	电　　话	139××××4420	日常联系人	王光兰	电　　话	131××××2393
主营范围	自营和代理各类商品及技术的进出口业务（不另附进出口商品目录），但国家规定的专营进出口商品和国家禁止进出口商品除外。经营进料加工和“三来一补”业务，开展对销贸易和转口贸易，销售粘胶纤维、帘帆布、针织服装。						

企业名称	山东潍柴进出口有限公司			海关编码	3707911616	所属海关	潍坊海关
通讯地址	山东省潍坊高新开发区福寿东街197号甲					邮政编码	261041
评定时间	2011.5.27	注册日期	2004.6.18	报关有效期	2014.5.9	注册资本	1000万人民币
法人姓名	江奎	电　　话	0536－8269988	日常联系人	王高磊	电　　话	0536－8582089
主营范围	前置许可经营项目：承包与其实力、规模、业绩相适应的国外工程项目，对外派遣实施上述境外工程所需的劳务人员（凭有效对外承包工程资格证书经营）。一般经营项目：自营和代理各类商品及技术的进出口业务（不另附进出口商品目录），但国家限定公司经营或禁止进出口的商品及技术除外；经营进料加工和“三来一补“业务；经营转口贸易和对销贸易。（以上范围不含法律法规和国家规定的禁止项目；其他依法需要取得许可方可经营的项目，凭相关许可经营。）						

企业名称	潍坊韩一皮革服装有限公司			海关编码	3707930982	所属海关	潍坊海关
通讯地址	山东省潍坊市坊子区六马路66号					邮政编码	261200
评定时间	2008.12.3	注册日期	1994.9.3	报关有效期	2013.12.20	注册资本	26万美元
法人姓名	刘山云	电　　话	0536－7661650	日常联系人	宋洪涛	电　　话	0536－7661650
主营范围	服装的加工和销售。						

企业名称	潍坊亚星化学股份有限公司		海关编码	3707931395	所属海关	潍坊海关	
通讯地址	山东省潍坊市寒亭区民主街529号				邮政编码	261100	
评定时间	2008.12.3	注册日期	1996.12.9	报关有效期	2014.6.15	注册资本	4508万人民币
法人姓名	孙树声	电　　话	0536－8591026	日常联系人	谷晓东	电　　话	0536－7532168
主营范围	生产经营烧碱、氯化聚乙烯、液氯、水合肼、ADC发泡剂、非药品易制毒化学品盐酸（安全生产许可证有效期至2014年5月22日）；技术开发、服务及转让；生产经营热力、灰渣制品等。						

企业名称	新旭电子（潍坊）有限公司		海关编码	3707941390	所属海关	潍坊海关	
通讯地址	山东省潍坊市坊子区凤凰大街6号				邮政编码	261206	
评定时间	2008.12.3	注册日期	1995.12.26	报关有效期	2014.11.4	注册资本	221万美元
法人姓名	菅野高延	电　　话	0536－7652111	日常联系人	衣明娟	电　　话	0536－7652111
主营范围	电线、磁片、耳机、话筒、电线连器（接插件）、电子零部件的生产、加工，本公司产品的销售，进出口业务（不含分销）。（上述范围涉及许可经营的，按许可证核定的范围及国家有关规定执行。）						

企业名称	孚日集团股份有限公司		海关编码	3707952349	所属海关	潍坊海关	
通讯地址	山东省高密市孚日街1号				邮政编码	261500	
评定时间	2008.10.20	注册日期	2002.4.4	报关有效期	2014.3.9	注册资本	93848万人民币
法人姓名	孙日贵	电　　话	138××××1000	日常联系人	单秋娟	电　　话	138××××1000
主营范围	生产和销售毛巾系列产品、纺织品、针织品、床上用品、服装、工艺品，经营本企业自产产品及技术的出口业务和本企业生产、科研所需的原辅材料、仪器仪表、机械设备、零配件及技术的进口业务（国家限定公司经营和国家禁止进出口的商品及技术除外），经营进料加工和“三来一补”业务。						

企业名称	山东佰宜纺织有限公司		海关编码	3707962764	所属海关	潍坊海关	
通讯地址	山东省潍坊高新区玉清东街15789号（海关大楼12层）				邮政编码	261061	
评定时间	2010.2.9	注册日期	2003.7.31	报关有效期	2014.6.21	注册资本	2000万人民币
法人姓名	范凤鸾	电　　话	0536－8585286	日常联系人	潘春红	电　　话	0536－8585286
主营范围	销售针纺织品、日用百货、土产杂品、畜产品、服装鞋帽、轻工机械、建筑材料、五金交电、纸张、工艺品、浓缩饲料、配合饲料（以上不含法律法规规定的前置审批和限制经营项目）；自营各类商品和技术的进出口业务，但国家限定公司经营或禁止进出口的商品和技术除外。						

企业名称	潍坊美城食品有限公司			海关编码	3707966386	所属海关	潍坊海关
通讯地址	山东省潍坊市潍城区宝通街278号					邮政编码	261053
评定时间	2012. 2. 21	注册日期	2010. 8. 13	报关有效期	2016. 8. 13	注册资本	2474万人民币
法人姓名	郑培文	电　话	0536－8910281	日常联系人	郑培文	电　话	0536－8910281
主营范围	前置许可经营项目：速冻食品（速冻肉制品）的加工（有效期至2014年7月27日），商品代鸡饲养。一般经营项目：初级农产品的销售，货物进出口，本公司产品的销售。（以上范围不含国家法律法规禁止或限制性项目；须资质许可的，凭资质许可证开展经营。）						

企业名称	中铝（山东）国际贸易有限公司			海关编码	3703312031	所属海关	淄博海关
通讯地址	山东省淄博市张店区南定镇五公里路1号					邮政编码	255086
评定时间	2008. 12. 3	注册日期	2001. 7. 26	报关有效期	2014. 7. 26	注册资本	1000万人民币
法人姓名	李东光	电　话	0533－2945202	日常联系人	杨淑军	电　话	0533－2945202
主营范围	自营和代理各类商品及技术的进出口业务（国家限定公司经营或禁止进出口商品及技术除外），经营进料加工和“三来一补”业务，开展对销贸易和转口贸易。						

企业名称	淄博张钢制铁铸管有限公司			海关编码	3703312268	所属海关	淄博海关
通讯地址	山东省淄博市张店区中心路176号					邮政编码	255007
评定时间	2008. 12. 3	注册日期	2002. 8. 12	报关有效期	2014. 8. 12	注册资本	46616万人民币
法人姓名	董杰吉	电　话	0533－3152660	日常联系人	张京禄	电　话	0533－3152521
主营范围	生铁、离心球墨铸铁管、铸管管件、高炉煤气的生产、销售，生铁、离心球墨铸铁管、含铁料、水渣、焦炭的批发零售，矿来料加工、进料加工，供热，本企业自产产品及技术的出口和本企业所需的原辅材料、仪器仪表、机械设备、零配件及技术的进口（国家限定公司经营或禁止进出口的商品及技术除外），经营本企业的进料加工和“三来一补”业务。（以上经营范围须审批或许可经营的，凭审批手续或许可证经营。）						

企业名称	山东省药用玻璃股份有限公司			海关编码	3703911710	所属海关	淄博海关
通讯地址	山东省淄博市沂源县药玻路1号					邮政编码	256100
评定时间	2011. 9. 28	注册日期	1998. 8. 6	报关有效期	2014. 8. 6	注册资本	25738万人民币
法人姓名	柴文	电　话	0533－3242312	日常联系人	唐乃强	电　话	0533－3243561
主营范围	前置许可经营项目：注册证范围内的药品包装材料和容器的生产、销售（凭注册证书经营），许可证范围内医疗器械的生产、销售（有效期至2014年6月29日），成品油的零售（有效期至2010年7月4日），包装装潢印刷品的印刷（有效期至2014年3月31日）。一般经营项目：日用玻璃制品的生产、销售，纸箱的加工、销售，玻璃生产专用设备的制造、销售，翻砂铸造，汽车货运，批准范围内的进出口业务。						

企业名称	鲁泰纺织股份有限公司			海关编码	3703930116	所属海关	淄博海关
通讯地址	山东省淄博市高新技术开发区铭波路 11 号					邮政编码	255086
评定时间	2008.12.4	注册日期	1990.5.10	报关有效期	2014.5.10	注册资本	100895 万人民币
法人姓名	刘石祯	电　话	0533－5188888	日常联系人	张兰	电　话	0533－3586656
主营范围	生产棉纱、色织布、衬衣、服装饰品、保健内衣、纺织品及配套产品，在国内外市场销售本公司自产产品，提供售后服务，经营非配额许可证管理、非专营商品的收购出口业务，经营酒店、宾馆、餐饮服务。（以上经营范围须审批或许可经营的，凭审批手续或许可证经营。）						

企业名称	山东鲁维制药有限公司			海关编码	3703930309	所属海关	淄博海关
通讯地址	山东省淄博市淄川区双凤工业园					邮政编码	255190
评定时间	2011.11.15	注册日期	2007.3.23	报关有效期	2016.3.23	注册资本	800 万美元
法人姓名	马基永	电　话	0533－5332996	日常联系人	冯作合	电　话	0533－5332996
主营范围	生产 2－酮基－L－古龙酸、古龙酸钠（监控化学品生产企业产品核准证书有效期至 2014 年 3 月 7 日），维生素 C 原料药（药品生产许可证有效期至 2015 年 12 月 31 日），抗坏血酸钠、抗坏血酸钙；饲料添加剂、包衣抗坏血酸 、抗坏血酸磷酸酯试生产；销售本公司生产的产品。（以上经营范围须审批或许可经营的，凭审批手续或许可证经营）。						

企业名称	淄博大桓九宝恩皮革集团有限公司			海关编码	3703931913	所属海关	淄博海关
通讯地址	山东省淄博市桓台县索镇张北路 186 号					邮政编码	256400
评定时间	2008.12.3	注册日期	2000.8.29	报关有效期	2014.8.29	注册资本	5000 万人民币
法人姓名	周国祥	电　话	0533－8161343	日常联系人	王妮娟	电　话	0533－8409703
主营范围	皮革及皮革制品的生产；皮革及皮革制品，与皮革及皮革制品生产相关的原材料、包装材料、机械设备和备品备件，明胶、明胶制品及其副产品，与明胶、明胶制品及其副产品生产相关的原材料、包装材料、机械设备和备品备件的批发、销售及进出口业务。						

企业名称	淄博鑫利金属制品有限公司			海关编码	3703932020	所属海关	淄博海关
通讯地址	山东省淄博市临淄区凤凰镇					邮政编码	255418
评定时间	2009.2.1	注册日期	2001.6.20	报关有效期	2014.6.20	注册资本	3260 万人民币
法人姓名	路林	电　话	0533－7682777	日常联系人	路建辉	电　话	0533－7680788
主营范围	生产金属管路配件，销售本公司生产的产品。（以上经营范围须审批或许可经营的，凭审批手续或许可证经营。）						

企业名称	山东蓝帆塑胶股份有限公司			海关编码	3703932376	所属海关	淄博海关
通讯地址	山东省淄博市齐鲁化学工业区清田路21号					邮政编码	255000
评定时间	2011.9.28	注册日期	2003.3.20	报关有效期	2016.3.20	注册资本	24000万人民币
法人姓名	刘文静	电　话	0533－7480087	日常联系人	郭红敏	电　话	0533－7480107
主营范围	生产加工PVC手套及其他塑料制品、粒料，销售本公司生产的产品。批发丁腈手套、乳胶手套、纸浆模塑制品、一类医疗器械产品。（不涉及国营贸易管理商品；涉及配额、许可证及专项规定管理的商品，按国家有关规定办理。）						

企业名称	鲁丰织染有限公司			海关编码	3703932818	所属海关	淄博海关
通讯地址	山东省淄博市淄川区黄家铺镇胶王路北					邮政编码	255100
评定时间	2010.2.9	注册日期	2004.8.2	报关有效期	2014.8.2	注册资本	70616万人民币
法人姓名	刘石祯	电　话	0533－5188888	日常联系人	张兰	电　话	0533－3586657
主营范围	纺织印染产品的生产、销售，纱线、服装服饰产品的批发。（以上经营范围须审批或许可经营的，凭审批手续或许可证经营。）						

企业名称	淄博联昱纺织有限公司			海关编码	3703942063	所属海关	淄博海关
通讯地址	山东省淄博市高青清河经济区工业一路六号					邮政编码	256301
评定时间	2012.9.5	注册日期	2001.9.20	报关有效期	2014.9.20	注册资本	1539万美元
法人姓名	林兆兴	电　话	0533－6312200	日常联系人	杜涛	电　话	0533－6312240
主营范围	高档织物面料的织染及后整理加工（以上经营范围须审批或许可经营的，凭审批手续或许可证经营）。						

企业名称	淄博宝恩家私有限公司			海关编码	3703942223	所属海关	淄博海关
通讯地址	山东省淄博市桓台县205国道东甘家路段					邮政编码	256400
评定时间	2008.12.3	注册日期	2002.7.8	报关有效期	2014.7.8	注册资本	765万美元
法人姓名	周国祥	电　话	0533－8181841	日常联系人	程梅青	电　话	0533－8409704
主营范围	生产加工真皮沙发、沙发套、座椅套、皮汽车座垫、皮衣、皮裤、皮手套，销售本公司生产的产品，经营进出口业务（不含分销）。（以上经营范围须审批或许可经营的，凭审批手续或许可证经营。）						

企业名称	淄博兰雁集团有限责任公司			海关编码	3703951198	所属海关	淄博海关
通讯地址	山东省淄博市周开发区恒通路 885 号					邮政编码	255300
评定时间	2008. 12. 3	注册日期	2005. 12. 28	报关有效期	2014. 12. 28	注册资本	19600 万人民币
法人姓名	盛文中	电话	0533－6428190	日常联系人	刘玉萍	电话	0533－6428191
主营范围	生产和销售纺纱、色织布、印染布、无纺布、针织品、巾被、床上用品、服装、服饰、鞋帽、纺织机械及配件、服装设备及配件，销售皮棉、纸塑制品、包装制品，设计、制作、发布、代理国内各类广告业务，经营货物进出口业务。（法律、行政法规禁止经营的项目除外；法律、行政法规限制经营的项目，取得许可后经营。）						

企业名称	山东宏信化工股份有限公司			海关编码	3703951602	所属海关	淄博海关
通讯地址	山东省淄博市周村区新建西路 10 号					邮政编码	255300
评定时间	2011. 8. 29	注册日期	1997. 2. 17	报关有效期	2014. 2. 17	注册资本	21800 万人民币
法人姓名	周祖俊	电话	0533－6239886	日常联系人	赵衍峰	电话	0533－6239807
主营范围	许可经营项目：生产邻苯二甲酸酐、邻苯二甲酸二（异）丁酯、邻苯二甲酸二辛（壬）酯、苯甲酸、对苯二甲酸二辛酯、810 酯、顺丁稀二酸水溶液、反丁烯二酸、不饱和聚酯树脂、顺丁烯二酸酐、PVC 手套（限分支机构），生产、销售邻二甲苯、正丁醇、异丁醇、苯、苯乙烯（以上五项允许储存，危险化学品经营许可证有效期至 2015 年 1 月 17 日）。一般经营项目：货物进出口。（以上经营范围须审批或许可经营的，凭审批手续或许可证经营。）						

企业名称	山东博汇纸业股份有限公司			海关编码	3703951859	所属海关	淄博海关
通讯地址	山东省淄博市桓台县马桥镇工业路北首					邮政编码	256405
评定时间	2008. 12. 3	注册日期	2000. 4. 24	报关有效期	2014. 4. 24	注册资本	50462 万人民币
法人姓名	杨延智	电话	0533－8539099	日常联系人	张连良	电话	0533－8534412
主营范围	胶印纸、书写纸、包装纸、纸板、造纸木浆的生产、销售，批准范围内的自营进出口业务及“三来一补”业务。						

企业名称	南金兆集团有限公司			海关编码	3703962367	所属海关	淄博海关
通讯地址	山东省淄博市临淄区凤凰镇南金村					邮政编码	255419
评定时间	2008. 12. 4	注册日期	2003. 3. 5	报关有效期	2014. 3. 5	注册资本	50000 万人民币
法人姓名	段玉锋	电话	0533－7602123	日常联系人	周倩	电话	0533－7602123
主营范围	矿山机械及配件、劳保护品、焦碳的销售，货物的进出口（法律、行政法规禁止经营的项目除外；法律、行政法规限制经营的项目，取得许可后经营），磁铁石选矿、球团烧结、生铁冶炼、炉前铸造、炼钢、自备发电（以上六项仅限控股子公司经营）。（上述经营范围须审批或许可经营的，凭审批手续或许可证经营。）						

企业名称	山东东岳化工有限公司			海关编码	3703961655	所属海关	淄博海关
通讯地址	山东省淄博市桓台县唐山镇					邮政编码	256401
评定时间	2010.6.9	注册日期	1997.10.15	报关有效期	2015.11.11	注册资本	34000万人民币
法人姓名	庞峰	电　话	0533－8220867	日常联系人	张艳	电　话	0533－8220509
主营范围	前置许可经营项目：绿色制冷剂系列产品（R22、R32、R142b、R134a、R152a、R143a、R600a、R125混合物）、1，1－二氟乙烷（R152a）、硫酸、盐酸、氯二氟甲烷、氟化氢、氟化氢铵、二氯乙烷、氟硅酸、氢氟酸、1，1，1－三氟乙烷（R142a）、二氟氯乙烷（R142b）、氯乙烯（以上范围安全生产许可证有效期至2014年1月20日，氯乙烯监控化学品生产企业产品核准证书有效期至2013年11月8日，氯二氟甲烷、二氟氯乙烷、1，1－二氟乙烷三项监控化学品生产化学品生产特别许可证有效期至2017年8月31日）、四氟乙烷、四氟乙烷、二氟甲烷（以上两项监控化学品生产化学品生产特别许可证有效期至2017年8月31日）、聚氯乙烯的生产、销售。一般经营项目：货物进出口。（法律、行政法规禁止经营的项目除外；法律、行政法规限制经营的项目，取得许可证后经营。）						

企业名称	山东清源集团有限公司			海关编码	3703961769	所属海关	淄博海关
通讯地址	山东省淄博市临淄区金岭镇西首					邮政编码	255410
评定时间	2011.11.15	注册日期	1999.8.4	报关有效期	2014.8.4	注册资本	63000万人民币
法人姓名	马之清	电　话	0533－7481666	日常联系人	赵艳	电　话	0533－7487711
主营范围	前置许可经营项目：沥青、腊油、重油、溶剂油、润滑油（含基础油）、机油、建筑材料、塑料制品、油毛毡的生产和销售，沥青及其制品、建筑材料、塑料制品的出口，本企业生产、科研所需的原辅材料、机械设备的进口，进料加工业务，塑料制品及塑料制品设备的研发、制造、检测，柴油、汽油的零售（为办理分支机构手续用），批准范围内的铁路专用线运输，货物及技术进出口业务，危险化学品经营许可证许可经营范围内的危险化学品批发（禁止储存），煤炭批发经营。（须经许可经营的，须凭许可证生产经营）。 一般经营项目：钢材的销售。						

企业名称	山东泰山轮胎有限公司			海关编码	3709912101	所属海关	泰安海关
通讯地址	山东省肥城市泰西大街001号					邮政编码	271600
评定时间	2008.12.3	注册日期	1995.3.31	报关有效期	2014.4.21	注册资本	5000万人民币
法人姓名	翟远新	电　话	0538－3269699	日常联系人	刘宾宾	电　话	0538－3269464
主营范围	汽车轮胎、农业轮胎、工程机械轮胎、橡胶制品、轮胎汽门咀的生产、销售，机械加工，橡胶、炭黑、促进剂、防老剂、金属材料（有色金属除外）、建材、汽车（小轿车除外）废旧物资（废旧金属除外）的销售，轮胎及原材料的进出口。						

企业名称	泰山玻璃纤维有限公司			海关编码	3709912376	所属海关	泰安海关
通讯地址	山东省泰安市经济开发区					邮政编码	271000
评定时间	2008.12.3	注册日期	2001.4.23	报关有效期	2015.4.19	注册资本	193471 万人民币
法人姓名	唐志尧	电　　话	0538－6622018	日常联系人	于红	电　　话	0538－6626707
主营范围	前置许可经营项目：氧气、氮气、液氧、液氮、液氩的生产、销售（有效期至2016年2月24日）普通货运（有效期至2016年6月27日）。一般经营项目：无碱玻璃纤维及制品的制造及销售，金属制品、铝合金制品的加工及销售，机械设备制造、加工、销售及维修，商品及技术的进出口（国家限定公司经营和国家禁止进出口的商品及技术除外）。						

企业名称	山东石横特钢集团有限公司			海关编码	3709952616	所属海关	泰安海关
通讯地址	山东省肥城市石横镇					邮政编码	271612
评定时间	2011.5.27	注册日期	2004.1.13	报关有效期	2015.8.6	注册资本	100000 万人民币
法人姓名	纪伟	电　　话	0538－3692512	日常联系人	王兆磊	电　　话	0538－3693127
主营范围	铁合金冶炼，炼钢，钢压延加工，钢材销售，炼铁，对工业的投资（不含金融及国家控制类），进出口资格证书范围内的进出口业务，安全生产许可证批准范围内的氧气、氩气、氮气生产，餐饮服务，煤炭批发（凭许可证经营），综合利用节能发电。（以上涉及许可经营的，须凭各类许可生产经营。）						

企业名称	山东华泰纸业股份有限公司			海关编码	3705952012	所属海关	东营海关
通讯地址	山东省东营市广饶县大王镇					邮政编码	257335
评定时间	2008.12.3	注册日期	1999.4.19	报关有效期	2014.4.25	注册资本	116756 万人民币
法人姓名	李建华	电　　话	0546－7798703	日常联系人	付军良	电　　话	139××××3105
主营范围	造纸、纸制品及纸料加工，热电、化工产品（不含化学危险品）及机械制造、销售，纸浆的生产、销售，批准范围内的本企业自产产品及相关技术的进出口。						

企业名称	山东恒丰橡塑有限公司			海关编码	3705952054	所属海关	东营海关
通讯地址	山东省东营市广饶县大王镇李桥西					邮政编码	257335
评定时间	2008.12.3	注册日期	2000.12.14	报关有效期	2014.12.6	注册资本	22000 万人民币
法人姓名	李圣法	电　　话	137××××3288	日常联系人	李云霞	电　　话	0546－6893626
主营范围	生产和销售全钢子午胎、天然橡胶、合成橡胶等，经营本企业自产产品及技术的出口业务（国家统一联合经营的商品除外），经营本企业生产、科研所需的原辅材料、仪器仪表、机械设备、零配件及技术的进口业务，经营本企业的进料加工和“三来一补”业务。						

企业名称	山东科瑞石油装备有限公司			海关编码	3705962300	所属海关	东营海关
通讯地址	山东省东营市东营区胜利工业园科三路					邮政编码	257000
评定时间	2013. 2. 22	注册日期	2004. 6. 25	报关有效期	2014. 7. 5	注册资本	10000 万人民币
法人姓名	杨宪	电　　话	0546－8179179	日常联系人	张金燕	电　　话	0546－8179179
主营范围	石油机械设备、机电设备（不含专控）的生产、销售，电机、发电机组、汽车（不含小轿车）、石油测控设备、仪器仪表、钢材、化工产品（不含危险品）、石油助剂（不含危险品）、泵、锅炉、常压电器、压缩机、污水处理设备的销售，石油地面工程，污水处理技术服务，石油新技术开发及服务，网络工程（不含互联网），货物进出口业务，石油钻采装备及配套设备（石油钻机、采油机械设备、空分设备、油气工艺设备、井口设备）的制造、销售，石油技术服务。（涉及许可经营的，凭许可证经营。）						

企业名称	山东万达宝通轮胎有限公司			海关编码	3705962357	所属海关	东营海关
通讯地址	山东省东营市永莘路68号					邮政编码	257506
评定时间	2008. 12. 3	注册日期	2004. 11. 19	报关有效期	2014. 11. 3	注册资本	40000 万人民币
法人姓名	寇汝强	电　　话	0546－2073518	日常联系人	刘玲玲	电　　话	0546－2062089
主营范围	汽车轮胎、工程轮胎、农用轮胎的生产和销售，乘用车轮胎、摩托车轮胎、特种轮胎、内胎、垫带、胶囊、轮毂等橡胶制品及配件的销售，一般经营项目商品的进出口。（国家限制或禁止经营的除外；涉及法律法规需经审批的，须凭许可证经营。）						

企业名称	中冶纸业银河有限公司			海关编码	3714914025	所属海关	济南海关驻聊城办事处
通讯地址	山东省临清市西门里街					邮政编码	252600
评定时间	2008. 12. 3	注册日期	2000. 7. 18	报关有效期	2014. 6. 13	注册资本	65440 万人民币
法人姓名	李树俭	电　　话	0635－2433812	日常联系人	李长青	电　　话	0635－2437949
主营范围	生产、销售机制纸、纸制品，按进出口企业资格证书核准的经营范围从事进出口业务。						

企业名称	中色奥博特铜铝业有限公司			海关编码	3714914728	所属海关	济南海关驻聊城办事处
通讯地址	山东省临清市东二环路					邮政编码	252600
评定时间	2012. 5. 3	注册日期	2009. 12. 24	报关有效期	2015. 12. 24	注册资本	55680 万人民币
法人姓名	刘占海	电　　话	0635－2531058	日常联系人	姚秀彩	电　　话	0635－2531986
主营范围	制造加工铜材料、铝材料；经营本企业自产产品及技术的出口业务和本企业所需的机械设备、零配件、原辅料及技术的进口业务，但国家限定公司经营或禁止进出口的商品及技术除外。						

企业名称	茌平信发华宇氧化铝有限公司		海关编码	3714934317	所属海关	济南海关 驻聊城办事处	
通讯地址	山东省茌平县城西七公里				邮政编码	252100	
评定时间	2009. 2. 1	注册日期	2005. 12. 19	报关有效期	2014. 12. 16	注册资本	2975 万美元
法人姓名	张学信	电　　话	0635 – 4713888	日常联系人	张树振	电　　话	0635 – 2986026
主营范围	氧化铝的生产与经营。						

企业名称	临清三和纺织集团有限公司		海关编码	3714964048	所属海关	济南海关 驻聊城办事处	
通讯地址	山东省临清市大桥街 1050 号				邮政编码	252600	
评定时间	2008. 12. 4	注册日期	2001. 8. 6	报关有效期	2014. 12. 9	注册资本	16000 万人民币
法人姓名	宛秋生	电　　话	0635 – 2341578	日常联系人	张欣	电　　话	0635 – 2431316
主营范围	生产、加工、销售纺纱、染纱、织布、印染布、巾被，经营本企业自产产品及技术的出口业务（国家统一联合经营的商品除外），经营企业生产、科研所需的原辅材料、仪器仪表、机械设备、零配件及技术的进口业务（国家实行核定公司经营的进口商品除外），经营本企业的进料加工和“三来一补”业务。						

企业名称	阳谷祥光铜业有限公司		海关编码	3714964245	所属海关	济南海关 驻聊城办事处	
通讯地址	山东省阳谷县石佛镇祥光路 1 号				邮政编码	252325	
评定时间	2009. 8. 13	注册日期	2005. 3. 16	报关有效期	2014. 10. 31	注册资本	473000 万人民币
法人姓名	刘学景	电　　话	0635 – 6778667	日常联系人	余静	电　　话	0635 – 6555193
主营范围	许可经营项目：煤炭批发经营（煤炭经营资格证有效期至 2013 年 12 月 31 日）、余热发电、销售，硫酸、氧、氩、氮的生产、销售（安全生产许可证有效期至 2016 年 11 月 1 日）。一般经营项目：有色金属、贵金属、有色金属合金及相关副产品的冶炼、压延、加工与深加工及其技术的研发、应用、推广、销售，矿渣综合利用，金、银、铜、铂、钯、铼制工艺品、装饰品、塑料制品的加工、销售（国家法律、法规禁止生产经营的除外；需前置审批的，未取得经营许可证之前不得经营），本企业自产产品及技术的出口，本企业所需的机械设备、零配件、原辅材料及技术的进出口（但国家限定公司经营或禁止进口的商品及技术除外），原辅材料仓储、租赁。						

企业名称	山东金麒麟股份有限公司		海关编码	3713911118	所属海关	德州海关	
通讯地址	山东省乐陵市阜乐路 999 号				邮政编码	253600	
评定时间	2008. 12. 3	注册日期	2000. 4. 12	报关有效期	2014. 3. 11	注册资本	13700 万人民币
法人姓名	孙忠义	电　　话	0534 – 2119878	日常联系人	孙健	电　　话	0534 – 2119768
主营范围	制动摩擦材料及制品的研发、制造、销售，汽车、火车、工程机械制动产品的生产、经营，汽车、火车、工程机械制动产品所需原材料、零配件的经营与维修，货物及技术的进出口。						

企业名称	山东华鲁恒升化工股份有限公司			海关编码	3713911194	所属海关	德州海关
通讯地址	山东省德州市天衢西路24号					邮政编码	253024
评定时间	2009. 2. 1	注册日期	2000. 10. 17	报关有效期	2014. 5. 5	注册资本	95363万人民币
法人姓名	常怀春	电　　话	0534－2465010	日常联系人	王红斌	电　　话	0534－2465118
主营范围	许可经营项目：安全生产许可证批准范围内的化工产品的生产、销售（有效期至2014年6月18日），许可证范围内的发电业务（有效期至2029年8月16日），许可证范围内的供热业务（有效期至2016年6月25日）。一般经营项目：化学肥料（不含前置审批项目）的生产、销售，备案范围内的进出口业务，协议并网供电业务，技术推广服务。						

企业名称	山东福田药业有限公司			海关编码	3713930892	所属海关	德州海关
通讯地址	山东省德州市禹城市南环路666号					邮政编码	251200
评定时间	2009. 2. 1	注册日期	2008. 5. 26	报关有效期	2014. 5. 27	注册资本	2771万美元
法人姓名	王星云	电　　话	0534－7266351	日常联系人	孙书超	电　　话	158××××3586
主营范围	木糖、木糖醇及其衍生产品的开发、生产，氢气的生产，原材料所需农副产品（不含粮食、棉花、鲜茧）的收购，自产产品的销售。						

企业名称	德州元济纺织有限公司			海关编码	3713940317	所属海关	德州海关
通讯地址	山东省德州市顺河西路16号					邮政编码	253002
评定时间	2008. 12. 4	注册日期	2004. 3. 29	报关有效期	2014. 2. 17	注册资本	2797万美元
法人姓名	徐元豪	电　　话	0534－2421749	日常联系人	王志英	电　　话	0534－2421749
主营范围	原棉化纤纺纱、织布、染整、成衣及相关产品的生产、加工、销售。						

企业名称	山东莱钢永锋钢铁有限公司			海关编码	3713960314	所属海关	德州海关
通讯地址	山东省齐河经济开发区					邮政编码	251100
评定时间	2010. 2. 9	注册日期	2004. 3. 31	报关有效期	2015. 8. 25	注册资本	83104万人民币
法人姓名	刘锋	电　　话	0534－5759999	日常联系人	薛清华	电　　话	0531－82910707
主营范围	配套炼铁炼钢系统工程，钢压延加工，工业项目投资（不含金融、期货、证券），建材、钢材、木材、机电设备（不含小轿车）的销售，五金配件、型钢、板带钢、炼钢炼铁副产品的生产、销售，动力供应，技术合作。经营本企业自产产品及技术的出口业务和本企业所需的机械设备、零配件、原辅材料及技术的进口业务，但国家限定公司经营或禁止进出口的商品及技术除外。						

企业名称	希努尔男装股份有限公司			海关编码	3723938888	所属海关	潍诸城办
通讯地址	山东省诸城市东环路 58 号					邮政编码	262200
评定时间	2011. 7. 4	注册日期	2008. 10. 8	报关有效期	2014. 9. 29	注册资本	20000 万人民币
法人姓名	王桂波	电　　话	0536－6327882	日常联系人	高惠娟	电　　话	0536－6325212
主营范围	高中档西服、衬衣及服饰的制造，本公司自产产品的销售，面辅料的物理测试和理化检测，本公司商品的周转及服务。（上述范围不含国家限制、淘汰和禁止事项；涉及许可经营的，按许可证核定的经营范围及国家有关规定执行。）						

企业名称	诸城市服装针织进出口有限责任公司			海关编码	3723951263	所属海关	潍诸城办
通讯地址	山东省诸城市广场路 16 号					邮政编码	262200
评定时间	2008. 12. 3	注册日期	1995. 6. 15	报关有效期	2014. 6. 15	注册资本	5000 万人民币
法人姓名	马春凤	电　　话	0536－6213645	日常联系人	管清明	电　　话	0536－6112218
主营范围	加工和销售针织服装，经营进出口业务。						

企业名称	山东滨州亚光毛巾有限公司			海关编码	3712912252	所属海关	济南海关驻滨州办事处
通讯地址	山东省滨州市滨城区滨北镇梧桐六路 89 号					邮政编码	256651
评定时间	2008. 12. 3	注册日期	2002. 7. 26	报关有效期	2014. 7. 20	注册资本	11072 万人民币
法人姓名	王红星	电　　话	0543－3512399	日常联系人	张明明	电　　话	135××××9345
主营范围	前置经营许可项目：棉花加工、销售（有效期至 2015 年 8 月 31 日）。一般经营项目：本企业生产的毛巾及毛巾类制品、棉纺织品、化纤制品、服装及技术的出口，本企业生产、科研所需要的原材料、仪器、仪表、机械设备、零配件及技术的进口，但国家限定公司经营和国家禁止进出口的商品及技术除外。						

企业名称	愉悦家纺有限公司			海关编码	3712912643	所属海关	济南海关驻滨州办事处
通讯地址	山东省滨州高新技术产业开发区新二路 1 号					邮政编码	256623
评定时间	2008. 12. 3	注册日期	2004. 3. 8	报关有效期	2014. 2. 17	注册资本	10000 万人民币
法人姓名	刘曰兴	电　　话	0543－3288188	日常联系人	王向进	电　　话	0543－3610452
主营范围	前置许可经营项目：棉花加工。一般经营项目：棉花的购销，纺纱、织布、染整、经编、针织、服装、家纺用品、化工产品（危险化学品、监控化学品、易制毒化学品除外）、染料、印染助剂、装饰材料、包装材料的生产、加工、销售，新产品的技术开发、技术服务及技术转让，备案范围内的进出口业务。						

企业名称	阳信长威电子有限公司			海关编码	3712940362	所属海关	济南海关驻滨州办事处
通讯地址	山东省滨州市阳信县河流镇					邮政编码	251807
评定时间	2008. 12. 3	注册日期	1993. 11. 23	报关有效期	2015. 4. 16	注册资本	3300 万美元
法人姓名	王秀亭	电　话	0543－8691092	日常联系人	刘俊霞	电　话	0543－8691089
主营范围	制造和销售半导体元件、条码打印机、条码打印纸。						

企业名称	魏桥纺织股份有限公司			海关编码	3712951672	所属海关	济南海关驻滨州办事处
通讯地址	山东省邹平县魏桥镇齐东路 34 号					邮政编码	256212
评定时间	2008. 12. 3	注册日期	1998. 1. 23	报关有效期	2014. 2. 14	注册资本	119439 万人民币
法人姓名	张红霞	电　话	0543－4161171	日常联系人	赵星	电　话	0543－4161160
主营范围	棉纺、织布、印染、针织品、服装的生产、加工、销售，批准范围内的自营进出口业务，棉花的收购与加工，棉花的销售。						

企业名称	莱芜钢铁股份有限公司			海关编码	3720912426	所属海关	济南海关驻莱芜办事处
通讯地址	山东省莱芜市钢城区新兴路 21 号					邮政编码	271104
评定时间	2008. 12. 4	注册日期	2002. 3. 20	报关有效期	2014. 4. 14	注册资本	92227 万人民币
法人姓名	陈启祥	电　话	0634－6822100	日常联系人	刘奉霞	电　话	0634－6894311
主营范围	生铁、钢锭、钢坯、钢材、大锻件、焦炭、水渣、炼焦化产品及炼钢副产品的生产、销售，发电（有效期至 2028 年 8 月 24 日），供热（凭资质证书经营），资格证书范围内的经营进出口业务。						

企业名称	山东泰山钢铁集团有限公司			海关编码	3720952816	所属海关	济南海关驻莱芜办事处
通讯地址	山东省莱芜市新甫路 1 号					邮政编码	271100
评定时间	2010. 12. 20	注册日期	2005. 3. 21	报关有效期	2014. 5. 4	注册资本	60000 万人民币
法人姓名	王守东	电　话	0634－6119431	日常联系人	田峰	电　话	0634－6193986
主营范围	生铁、钢坯、钢材、水泥、铸造产品、焦炭及煤化工产品、电、氧气、液氧、氩气、液氩、氮气的生产和销售，新材料的研制与开发，餐饮、文化娱乐、汽车货运（限分公司经营）。经营本企业自产产品及技术的出口业务（国家统一联合经营的商品除外），经营本企业生产、科研所需的原辅材料、仪器仪表、机械设备、零配件及技术的进口业务（国家实行核定公司经营的进口商品除外），经营本企业的进料加工的“三来一补”业务。						

企业名称	山东慧通轮胎有限公司			海关编码	3720962637	所属海关	济南海关 驻莱芜办事处
通讯地址	山东省莱芜市莱城区鲁中东大街76号					邮政编码	271100
评定时间	2013. 4. 23	注册日期	2004. 3. 24	报关有效期	2014. 3. 21	注册资本	3000万人民币
法人姓名	谭永兵	电　　话	139××××3666	日常联系人	鞠宇	电　　话	0634－8868015
主营范围	生产和销售轮胎、橡胶制品，批发和零售轮胎用原料（化学品除外），经营本企业自产产品及技术的出口业务和本企业所需的机械设备、零配件、原辅材料及技术的进口业务，但国家限定公司经营或禁止进出口的商品及技术除外。						

企业名称	寿光富康制药有限公司			海关编码	3707931658	所属海关	潍坊海关 驻寿光办事处
通讯地址	山东省寿光市经济技术开发区					邮政编码	262700
评定时间	2008. 12. 3	注册日期	1997. 7. 18	报关有效期	2014. 5. 16	注册资本	140万美元
法人姓名	杨维国	电　　话	0536－5101708	日常联系人	宋燕	电　　话	0536－5107696
主营范围	生产、销售原料药（甲氧苄啶）、原料药（磺胺甲噁唑）、原料药（盐酸二甲双胍、奥美拉唑、伊曲康唑、盐酸丁咯地尔、氯氮平、兰索拉唑、泮托拉唑钠）、片剂（氯氮平分散片）、ODB（2－苯胺基－3－甲基－6－二丁氨基荧烷）、溴化钠、甲醇钠甲醇溶液、保健食品（藻中宝牌螺维素片）；批发（无储存）硫酸、盐酸、有毒品［1，2－二溴乙烷、1－氯－3－溴丙烷、溴（化）乙烷］、易燃液体（1－溴丙烷、1－溴丁烷、2－溴丙烷）。						

企业名称	山东晨鸣纸业集团股份有限公司			海关编码	3707931689	所属海关	潍坊海关 驻寿光办事处
通讯地址	山东省寿光市圣城街595号					邮政编码	262700
评定时间	2008. 12. 3	注册日期	1997. 10. 21	报关有效期	2014. 10. 24	注册资本	206205万人民币
法人姓名	陈洪国	电　　话	0536－5280000	日常联系人	孙晓娥	电　　话	0536－2156775
主营范围	机制纸、纸板等纸品和造纸原料、造纸机械的生产、加工、销售（国家禁止外商投资的行业除外；国家限制外商投资的行业或有特殊规定的，须依法履行相关程序）。						

郑州关区

企业名称	郑州明泰实业有限公司		海关编码	4101331845	所属海关	郑州海关
通讯地址	河南省郑州高新开发区长椿路6号				邮政编码	450001
评定时间	2011. 11. 23	注册日期	2006. 4. 5	报关有效期	2014. 10. 27	注册资本	7000万人民币
法人姓名	马星星	电　　话	0371－67898602	日常联系人	马星星	电　　话	0371－67898715
主营范围	印刷用PS版、食品包装箱、铝箔、合金板的生产、销售和技术服务（法律法规禁止的，不得经营；法律法规规定应经审批，未获批准前不得经营）。						

企业名称	河南中孚实业股份有限公司		海关编码	4101910125	所属海关	郑州海关
通讯地址	河南省巩义市新华路31号				邮政编码	451250
评定时间	2008. 11. 19	注册日期	1997. 7. 4	报关有效期	2014. 7. 4	注册资本	65726万人民币
法人姓名	贺怀钦	电　　话	0371－64569099	日常联系人	张宴瑞	电　　话	0371－64569117
主营范围	电解铝、铝材、炭素的生产、销售，城市集中供热。经营本企业自产产品及相关技术的出口业务，经营本企业生产、科研所需的原辅材料、机械设备、仪器仪表、零配件及相关技术的进口业务，经营本企业的进料加工“三来一补”业务。（以上范围中凡涉及专项许可的项目，凭许可证和有关批准文件经营。）						

企业名称	河南商贸集团有限公司		海关编码	4101912950	所属海关	郑州海关
通讯地址	河南省郑州市文化路115号				邮政编码	450003
评定时间	2013. 6. 17	注册日期	2010. 4. 16	报关有效期	2016. 4. 16	注册资本	20000万人民币
法人姓名	孙哲	电　　话		日常联系人	王飞龙	电　　话	
主营范围	政府授权国有资产的经营与管理，国内商品贸易，商品及技术的进出口业务（国家限定公司经营或者禁止进出口的商品及技术除外）。承包与其实力、规模、业绩相适应的国外工程项目，对外派遣实施上述境外工程所需的劳务人员，承办商品交易会、洽谈会，会展。（以上范围凡须审批的，未获批准前不得经营。）						

企业名称	郑州思念食品有限公司		海关编码	4101941858	所属海关	郑州海关
通讯地址	河南省郑州市金水区西沙路东侧				邮政编码	450011
评定时间	2011. 11. 23	注册日期	2006. 4. 13	报关有效期	2015. 4. 9	注册资本	6600 万美元
法人姓名	李伟	电　　话	0371 – 65697086	日常联系人	李晓光	电　　话	0371 – 65696548
主营范围	速冻食品及冰淇淋的生产、加工及销售。						

企业名称	河南广汇进出口有限公司		海关编码	4101950406	所属海关	郑州海关
通讯地址	河南省郑州市郑州市民航路 19 号 11 层 16、17 号				邮政编码	450008
评定时间	2013. 8. 1	注册日期	2002. 5. 24	报关有效期	2014. 5. 21	注册资本	300 万人民币
法人姓名	李珂	电　　话	0371 – 5615885	日常联系人	李珂	电　　话	0371 – 5615885
主营范围	自营和代理各类商品及技术的进出口业务，但国家限定公司经营或禁止进出口的商品及技术除外（不另附进出口商品目录）。						

企业名称	河南省新利进出口贸易有限公司		海关编码	4101950532	所属海关	郑州海关
通讯地址	河南省郑州市郑东新区商务外环路 17 号 25 层 2509 号				邮政编码	450008
评定时间	2012. 11. 16	注册日期	2003. 4. 9	报关有效期	2014. 4. 9	注册资本	300 万人民币
法人姓名	薛山民	电　　话	0371 – 65570810	日常联系人	陈宏凯	电　　话	0371 – 65786136
主营范围	货物和技术的进出口业务，电子产品、建筑材料、机电设备、机械设备的销售，货物包装，企业营销策划。（上述范围中，国家法规规定应经审批的项目，取得许可证或相关审批文件后，方可经营。）						

企业名称	河南省国贸招标有限公司		海关编码	4101950566	所属海关	郑州海关
通讯地址	河南省郑州市文化路 115 号				邮政编码	450003
评定时间	2009. 11. 27	注册日期	2003. 8. 1	报关有效期	2014. 8. 4	注册资本	1051 万人民币
法人姓名	高洪敏	电　　话	0371 – 69131992	日常联系人	张晓程	电　　话	0371 – 69131997
主营范围	招标代理、工程设计、项目管理、造价咨询、工程监理、科技信息服务、国际进出口贸易、国内贸易。						

企业名称	河南中旭国际招标有限公司			海关编码	4101950587	所属海关	郑州海关
通讯地址	河南省郑州市郑东新区商务外环路29号9层0909号					邮政编码	450008
评定时间	2011.9.29	注册日期	2003.9.4	报关有效期	2014.9.4	注册资本	1001万人民币
法人姓名	李核	电话	0371－65862087	日常联系人	李予梅	电话	0371－5087115
主营范围	自营和代理各类商品及技术的进出口业务，但国家限定公司经营或禁止进出口的商品及技术除外。						

企业名称	河南明泰铝业股份有限公司			海关编码	4101960654	所属海关	郑州海关
通讯地址	河南省巩义市回郭镇开发区					邮政编码	451200
评定时间	2011.11.23	注册日期	2003.11.17	报关有效期	2014.11.17	注册资本	40100万人民币
法人姓名	马延义	电话	0371－67898602	日常联系人	化磊	电话	0371－4236255
主营范围	经营本企业自产产品及技术的出口业务和本企业所需的机械设备、零配件、原辅材料及技术的进口业务，但国家限定公司经营或禁止进出口的商品及技术除外。						

企业名称	河南阳光国际贸易有限公司			海关编码	4101961059	所属海关	郑州海关
通讯地址	河南省郑州市经七路23号					邮政编码	450002
评定时间	2011.2.22	注册日期	2004.12.24	报关有效期	2014.12.24	注册资本	1000万人民币
法人姓名	郭文胜	电话	0371－63617727	日常联系人	李素云	电话	0371－3937533
主营范围	自营和代理各类商品及技术进出口业务（国家规定的专营进出口商品和国家禁止进出口商品除外），经营对销、转口贸易，销售农副产品（国家专控商品除外）、饲料、畜牧产品。						

企业名称	舞阳钢铁有限责任公司			海关编码	4104910010	所属海关	郑州海关
通讯地址	河南省舞阳市湖滨大道西段					邮政编码	462500
评定时间	2008.11.19	注册日期	1996.4.4	报关有效期	2014.4.4	注册资本	233478万人民币
法人姓名	贾国生	电话	0375－8111139	日常联系人	王玲华	电话	0375－8111887
主营范围	黑色金属冶炼及压延加工，冶金炉料，工程建筑等。						

企业名称	河南平高东芝高压开关有限公司			海关编码	4104930131	所属海关	郑州海关
通讯地址	河南省平顶山市建设路东段645号					邮政编码	467000
评定时间	2010.4.15	注册日期	2000.12.21	报关有效期	2014.12.30	注册资本	2500万美元
法人姓名	庞庆平	电　　话	0375－3988811	日常联系人	孙景平	电　　话	0375－3988836
主营范围	从事各种单体罐式SF6断路器、复合式气体绝缘开关以及SF6封闭组合电器的设计、装配、试验。销售自产产品及零部件。						

企业名称	河南平高电气股份有限公司			海关编码	4104950054	所属海关	郑州海关
通讯地址	河南省平顶山市南环东路22号					邮政编码	467001
评定时间	2010.10.28	注册日期	2004.6.4	报关有效期	2014.6.4	注册资本	81897万人民币
法人姓名	李永河	电　　话	0375－3804009	日常联系人	张顺利	电　　话	0375－3804101
主营范围	制造、销售高压开关设备、控制设备及其配件（按国家有关规定），提供咨询服务（国家专项规定的除外），经营本企业自产产品及相关技术的进出口业务（国家限定公司经营或禁止进出口的商品及技术除外），投资及投资管理。						

企业名称	新乡化纤股份有限公司			海关编码	4107910045	所属海关	郑州海关
通讯地址	河南省新乡市凤泉区锦园路					邮政编码	453011
评定时间	2011.2.22	注册日期	2000.4.6	报关有效期	2014.4.6	注册资本	63786万人民币
法人姓名	陈玉林	电　　话	0373－3978888	日常联系人	陈纪章	电　　话	0373－3978941
主营范围	经营本企业自产产品及相关技术的出口业务；经营本企业生产、科研所需的原辅材料、机械设备、仪器仪表、零配件及相关技术的进口业务；经营本企业的进料加工和“三来一补”业务。粘胶纤维、合成纤维的销售，纱、线、纺织品的制造、染整等深加工和销售，花岗岩板材的加工、销售，副产品元明粉的销售。（以上范围中凡涉及国家专项规定的，凭有关证书经营。）						

企业名称	河南新飞家电有限公司			海关编码	4107930136	所属海关	郑州海关
通讯地址	河南省新乡市开发区风华路16号街坊					邮政编码	453002
评定时间	2009.11.6	注册日期	1994.9.22	报关有效期	2014.9.22	注册资本	9900万人民币
法人姓名	阮健平	电　　话	0373－3371111	日常联系人	卫春玲	电　　话	0373－3371684
主营范围	电冰箱、电冰柜、空调器、洗衣机、小家电等系列产品的制造与销售（涉及行政许可项目的，凭许可证经营）。						

企业名称	河南新飞电器有限公司			海关编码	4107930203	所属海关	郑州海关
通讯地址	河南省沂新乡市北干道370号					邮政编码	453002
评定时间	2009. 11. 6	注册日期	1996. 4. 10	报关有效期	2014. 4. 10	注册资本	66864万人民币
法人姓名	阮健平	电　　话	0373－3371111	日常联系人	卫春玲	电　　话	0373－3371684
主营范围	电冰箱、电冰柜等系列电器产品的制造和销售，空调器、洗衣机、小家电等系列电器产品的委托制造和销售。						

企业名称	风神轮胎股份有限公司			海关编码	4108910001	所属海关	郑州海关
通讯地址	河南省焦作市焦东南路48号					邮政编码	454003
评定时间	2008. 11. 19	注册日期	1993. 5. 13	报关有效期	2014. 5. 18	注册资本	37494万人民币
法人姓名	王锋	电　　话	0391－3999011	日常联系人	胡博	电　　话	0391－3999100
主营范围	生产和销售轮胎，经营本企业生产的轮胎及相关技术的出口业务，经营本企业生产所需原辅材料、机械设备、零配件、仪器仪表及相关技术的进口业务。						

企业名称	河南省中原内配股份有限公司			海关编码	4108910005	所属海关	郑州海关
通讯地址	河南省孟州市韩愈大街146号					邮政编码	454750
评定时间	2011. 5. 27	注册日期	1994. 1. 10	报关有效期	2014. 1. 10	注册资本	11762万人民币
法人姓名	薛德龙	电　　话	0391－8190221	日常联系人	赵飞	电　　话	0391－8199299
主营范围	制造、经销活塞、气缸套及相关内燃机配件、设备，经营本企业自产产品及技术的出口业务，经营本企业生产、科研所需的原辅材料、机械设备、仪器仪表、零配件及相关技术的进口业务，经营本企业的进料加工和“三来一补”业务。						

企业名称	焦作隆丰皮草企业有限公司			海关编码	4108940244	所属海关	郑州海关
通讯地址	河南省孟州市西工业区5号					邮政编码	454751
评定时间	2010. 8. 25	注册日期	2008. 6. 24	报关有效期	2014. 6. 24	注册资本	35000万人民币
法人姓名	王和平	电　　话	0391－8511111	日常联系人	王和平	电　　话	0391－8518867
主营范围	生产、销售裘皮革制品。						

企业名称	多氟多化工股份有限公司			海关编码	4108950107	所属海关	郑州海关
通讯地址	河南省焦作市中站区焦克路南侧					邮政编码	454191
评定时间	2011. 8. 26	注册日期	2001. 5. 29	报关有效期	2014. 5. 29	注册资本	22256 万人民币
法人姓名	李世江	电　　话	0391－2802245	日常联系人	侯中建	电　　话	0391－2956980
主营范围	无机盐、无机酸、助剂、合金材料及制品的生产，LED 节能产品的生产，电子数码产品、锂离子电池及材料的技术开发及销售，计算机软件的开发与服务，自营进出口业务。						

企业名称	河南瑞美真发股份有限公司			海关编码	4110930120	所属海关	郑州海关
通讯地址	河南省许昌市许由路 69 号					邮政编码	461000
评定时间	2011. 9. 29	注册日期	1999. 8. 2	报关有效期	2014. 8. 2	注册资本	7500 万人民币
法人姓名	张曦鹤	电　　话	138××××9928	日常联系人	陈永旺	电　　话	139××××9028
主营范围	生产、销售各种人发、化纤发制品。						

企业名称	河南瑞贝卡发制品股份有限公司			海关编码	4110950016	所属海关	郑州海关
通讯地址	河南省许昌县瑞贝卡大道 666 号					邮政编码	461100
评定时间	2010. 1. 21	注册日期	2000. 2. 16	报关有效期	2014. 2. 16	注册资本	94332 万人民币
法人姓名	郑有全	电　　话	0374－5136999	日常联系人	李静	电　　话	0374－5136597
主营范围	生产、销售发制品系列产品并提供相关技术服务，生产、销售复合纤维材料（纤维发丝）产品，经营本企业自产产品及技术的出口业务，经营本企业生产、科研所需的原辅材料、机械设备、仪器仪表、零配件及相关技术的进口业务，经营本企业的进料加工和“三来一补”业务，销售纺织品、美容美发类日用品。（以上经营范围中凡须审批的，未获审批前不得经营。）						

企业名称	许昌冰洋实业有限公司			海关编码	4110950074	所属海关	郑州海关
通讯地址	河南省许昌市经济技术开发区					邮政编码	461000
评定时间	2010. 10. 28	注册日期	2003. 3. 31	报关有效期	2014. 4. 1	注册资本	4015 万人民币
法人姓名	白振杰	电　　话	0374－3188999	日常联系人	刘莹	电　　话	0374－3181111
主营范围	经营本企业自产产品及技术的出口业务和本企业所需的机械设备、零配件、原辅材料及技术的进口业务，但国家限定公司经营或禁止进出口的商品及技术除外。						

企业名称	河南君元发业有限公司		海关编码	4110960250	所属海关	郑州海关
通讯地址	河南省许昌市魏都区民营科技园区发制品小区				邮政编码	461000
评定时间	2011. 7. 22	注册日期	2008. 1. 9	报关有效期	2014. 1. 9	注册资本	1200 万人民币
法人姓名	张军照	电　　话		日常联系人	陈遂晨	电　　话	0374－8386777
主营范围	生产、销售发制品及系列产品并提供相关技术服务，经营本企业自产产品及相关技术的出口业务（凭备案文件经营）。						

企业名称	许昌恒源发制品股份有限公司			海关编码	4110960303	所属海关	郑州海关
通讯地址	河南省许昌市经济技术开发区					邮政编码	461000
评定时间	2009. 4. 20	注册日期	2009. 2. 4	报关有效期	2015. 1. 16	注册资本	12200 万美元
法人姓名	赵见栓	电　　话	0374－8316989	日常联系人	任战伟	电　　话	
主营范围	生产、销售人发制品、假发制品、饰品及其他附属产品并提供相关技术服务，自营本企业自产产品的出口业务，自营本企业生产、加工、科研所需的机械设备、零配件、发制品、饰品原辅材料的进口业务，经营本企业的进料加工和“三来一补”贸易业务，经营各类发制品原辅材料的国内营销。（以上范围凭备案文件经营）						

企业名称	许昌希瑞斯工艺发制品有限公司			海关编码	4110960472	所属海关	郑州海关
通讯地址	河南省许昌市魏都区营庄村					邮政编码	461000
评定时间	2012. 3. 28	注册日期	2011. 10. 17	报关有效期	2014. 10. 17	注册资本	3315 万人民币
法人姓名	牛俊茂	电　　话		日常联系人	孔海燕	电　　话	
主营范围	毛发、化纤发制品的加工和销售，货物和技术的出口业务（国家法律法规规定应经审批方可经营或禁止进出口的货物和技术除外）。						

企业名称	河南济源钢铁（集团）有限公司			海关编码	4120910008	所属海关	郑州海关
通讯地址	河南省济源市虎岭产业集聚区					邮政编码	454650
评定时间	2009. 12. 1	注册日期	2000. 7. 18	报关有效期	2014. 7. 18	注册资本	35000 万人民币
法人姓名	李玉田	电　　话	0391－6688001	日常联系人	岳鸿伟	电　　话	0391－6688164
主营范围	经营本企业自产产品及相关技术的出口业务，但国家限定公司经营或禁止进出口的商品及技术除外（不另附进出口商品目录）。						

企业名称	河南豫光金铅股份有限公司			海关编码	4120910015	所属海关	郑州海关
通讯地址	河南省济源市荆梁南街1号					邮政编码	454650
评定时间	2008.12.22	注册日期	2001.1.15	报关有效期	2014.5.16	注册资本	29525万人民币
法人姓名	杨安国	电　话	0391－6665991	日常联系人	刘建明	电　话	0391－6665808
主营范围	有色金属冶炼及经营（国家有专项审批的除外），化工原料（不含化学危险品及易燃易爆品）的销售，贵金属冶炼（以上范围按国家有关规定）。本企业自产产品的出口，本企业生产、科研所需的原辅材料、机械设备、仪器仪表及零配件的进口，商品及技术的进出口，境外期货套期保值业务，硫酸、氧（压缩的）、氮（压缩的）、氧（液化的）、氩（液化的）的生产、销售（凭许可证经营）。						

企业名称	河南豫光锌业有限公司			海关编码	4120930087	所属海关	郑州海关
通讯地址	河南省济源市莲东村北					邮政编码	454650
评定时间	2008.12.22	注册日期	2004.11.10	报关有效期	2014.11.5	注册资本	10000万人民币
法人姓名	李长军	电　话	0371－6665991	日常联系人	刘建明	电　话	0391－6665808
主营范围	锌冶炼及副产品硫酸、海绵镉、锌合金综合利用。						

企业名称	洛阳栾川钼业集团股份有限公司			海关编码	4103910021	所属海关	洛阳海关
通讯地址	河南省栾川县城君山西路					邮政编码	471500
评定时间	2011.11.23	注册日期	1994.5.18	报关有效期	2014.4.21	注册资本	101523万人民币
法人姓名	吴文君	电　话	0379－66819855	日常联系人	陈海燕	电　话	0379－66819751
主营范围	钨钼系列产品的采选、冶炼、深加工，钼系列产品、化工产品（不含化学危险品、易燃易爆易制毒品）的出口，生产所需原辅材料、机械设备、仪器仪表、零配件的进口，住宿、饮食服务（限具有资格的分支机构经营）。						

企业名称	中信重工机械股份有限公司			海关编码	4103910620	所属海关	洛阳海关
通讯地址	河南省洛阳市涧西区建设路206号					邮政编码	471039
评定时间	2011.2.22	注册日期	2008.2.25	报关有效期	2014.1.21	注册资本	274000万人民币
法人姓名	任沁新	电　话	0379－64088888	日常联系人	吴小东	电　话	0379－64088648
主营范围	设计、制造和销售重型成套机械设备及零部件、铸锻件，承包境外与出口自产设备相关的工程和境内国际招标工程，承包境外机械工程的勘测、咨询、设计和监理项目，经营上述境外工程所需的设备、材料的出口业务，从事货物和技术的进出口业务（国家法律法规规定应经审批许可经营或禁止进出口的货物和技术除外），对外派遣实施上述境外工程所需的劳务人员。（以上项目国家有专项规定的除外）						

企业名称	河南豫港龙泉铝业有限公司			海关编码	4103920304	所属海关	洛阳海关
通讯地址	河南省伊川县水寨镇					邮政编码	471316
评定时间	2010.10.28	注册日期	2002.1.24	报关有效期	2014.2.22	注册资本	63000万人民币
法人姓名	吴君芝	电话	0379－68311612	日常联系人	范卫国	电话	137××××1288
主营范围	合金铝、电解铝产品的生产，自产产品的销售。						

企业名称	洛阳尚德太阳能电力有限公司			海关编码	4103930345	所属海关	洛阳海关
通讯地址	河南省洛阳高新技术产业开发区华夏路					邮政编码	471003
评定时间	2011.11.23	注册日期	2006.2.28	报关有效期	2015.1.12	注册资本	32000万人民币
法人姓名	施正荣	电话	0379－65115651	日常联系人	石晓冬	电话	0379－65191012
主营范围	研究、生产、销售晶体硅太阳能电池及其发电产品，并提供相关技术服务。						

企业名称	炘源晶光伏科技（洛阳）有限公司			海关编码	4103930365	所属海关	洛阳海关
通讯地址	河南省洛阳市西工区洛阳工业园区纬六路					邮政编码	471041
评定时间	2011.11.23	注册日期	2007.11.7	报关有效期	2013.11.16	注册资本	4140万人民币
法人姓名	王秋梅	电话	0379－62186555	日常联系人	吴倩	电话	0379－62186998
主营范围	设计、制造和销售太阳能电池组件和太阳能路灯，并提供相关技术服务。						

企业名称	阿特斯光伏电力（洛阳）有限公司			海关编码	4103940352	所属海关	洛阳海关
通讯地址	河南省洛阳市洛龙区科技园赢洲路2号					邮政编码	471023
评定时间	2011.12.12	注册日期	2006.10.31	报关有效期	2015.11.3	注册资本	3800万美元
法人姓名	瞿晓铧	电话	0379－65623262	日常联系人	修璇	电话	
主营范围	设计、制造太阳能电池组件、太阳能电池片、太阳能硅棒、太阳能硅片、太阳能发电应用系统、太阳能电站及相关产品，销售自产产品并提供相关技术支持和售后服务。						

企业名称	灵宝鑫源果业有限责任公司			海关编码	4112910078	所属海关	洛阳海关
通讯地址	河南省灵宝市北区工业园区振兴路中段					邮政编码	472500
评定时间	2012.4.9	注册日期	2004.7.21	报关有效期	2014.6.29	注册资本	10000万人民币
法人姓名	李兴超	电　　话	0398－8639919	日常联系人	李佳佳	电　　话	133××××5918
主营范围	饮料（果汁及蔬菜汁类）的生产及销售（许可证有效期至2014年3月27日），货物和技术的进出口业务（国家法律法规规定应经审批方可经营或禁止进出口的货物和技术除外）。以下项目仅限分公司经营：汽油、煤油、柴油的零售。						

企业名称	南阳木兰花家纺股份有限公司			海关编码	4116910009	所属海关	南阳海关
通讯地址	河南省南阳市伏牛路南段（生态工业园）					邮政编码	473006
评定时间	2008.11.19	注册日期	1994.1.18	报关有效期	2013.12.13	注册资本	1092万人民币
法人姓名	李晓阳	电　　话	0377－67011020	日常联系人	胡英展	电　　话	0377－63125868
主营范围	生产、销售家用纺织品、纯棉布、化纤布、各类巾被系列产品，从事货物和技术进出口业务（国家法律、法规规定应经审批方可经营或禁止进出口的货物和技术除外）。						

企业名称	河南新野纺织股份有限公司			海关编码	4116910014	所属海关	南阳海关
通讯地址	河南省新野县城关镇书院路15号					邮政编码	473500
评定时间	2013.4.15	注册日期	1995.10.19	报关有效期	2014.10.19	注册资本	51975万人民币
法人姓名	魏学柱	电　　话	0377－66221552	日常联系人	李平梅	电　　话	0377－66212715
主营范围	加工销售棉纺、棉织品及服装，自营本企业及本企业成员企业自产产品的出口业务及生产、科研所需的机械设备、零配件、原辅材料的进口业务，经营本企业的进料加工和“三来一补”贸易业务。						

企业名称	南阳防爆集团股份有限公司			海关编码	4116910022	所属海关	南阳海关
通讯地址	河南省南阳市仲景北路22号					邮政编码	473008
评定时间	2009.2.16	注册日期	1996.11.4	报关有效期	2014.11.4	注册资本	33000万人民币
法人姓名	白照昊	电　　话	0377－63259201	日常联系人	宋淑军	电　　话	0377－63258349
主营范围	防爆电机、普通电机、核级电机、防暴发电机、汽轮发电机、电动发电机、风力发电机、防爆风机、普通风机、防爆电器及其配套产品的研发、制造、销售、修理、技术咨询和服务，成套机电设备安装（上述项目涉及许可项目的凭有效许可证经营，未获审批前不得经营），货物和技术进出口（国家法律、法规规定应经审批方可经营或禁止进出口的货物和技术除外）。						

企业名称	乐凯华光印刷科技有限公司			海关编码	4116910038	所属海关	南阳海关
通讯地址	河南省南阳市车站南路718号					邮政编码	473003
评定时间	2011. 2. 23	注册日期	1997. 10. 23	报关有效期	2016. 6. 3	注册资本	6000万人民币
法人姓名	滕方迁	电　话	0377－63862868	日常联系人	张义谦	电　话	0377－63863160
主营范围	经营本企业自产产品及技术的出口业务，代理出口将本企业自行研制开发的技术转让给其他企业所生产的产品，承办中外合资经营、合作生产及开展“三来一补”业务，经营本企业生产、科研所需要的原辅材料、机械设备、仪器仪表、备品备件、零配件及技术的进口业务。						

企业名称	河南天冠企业集团有限公司			海关编码	4116910048	所属海关	南阳海关
通讯地址	河南省南阳市天冠路1号					邮政编码	473000
评定时间	2010. 3. 2	注册日期	1993. 2. 2	报关有效期	2014. 2. 24	注册资本	17424万人民币
法人姓名	张晓阳	电　话	0377－63026688	日常联系人	万清建	电　话	0377－63036808
主营范围	销售化工产品（不含易燃易爆危险品），经营本企业和本企业成员企业自产产品及相关技术的出口业务，经营本企业和本企业成员企业生产、科研所需的原辅材料、机械设备、仪器仪表、零配件及相关技术的进口业务，经营本企业的进料加工和“三来一补”业务。						

企业名称	利达光电股份有限公司			海关编码	4116930190	所属海关	南阳海关
通讯地址	河南省南阳市工业南路508号					邮政编码	473003
评定时间	2008. 11. 19	注册日期	1995. 7. 7	报关有效期	2014. 7. 7	注册资本	19924万人民币
法人姓名	张守启	电　话	0377－63865508	日常联系人	张培建	电　话	0377－63865135
主营范围	光学零件、光学薄膜、光敏电阻、光学镜头、光学引擎、光学辅料、光电仪器及相关产品的研发、生产、销售和售后服务。						

企业名称	南阳二机石油装备（集团）有限公司			海关编码	4116930338	所属海关	南阳海关
通讯地址	河南省南阳市中州西路869号					邮政编码	473006
评定时间	2011. 5. 10	注册日期	2008. 6. 3	报关有效期	2014. 6. 2	注册资本	15369万人民币
法人姓名	杨汉立	电　话	0377－63577218	日常联系人	宋刚	电　话	
主营范围	石油钻采设备及配件、通用设备及配件的生产和销售，专业车辆改装、石油机械修理，自产设备及相关技术的出口，生产科研所需原材料、设备、配件及技术的进出口业务，电缆金属矿产品检验，住宿、餐饮（仅供分支机构使用）。						

企业名称	南阳汉冶特钢有限公司			海关编码	4116950187	所属海关	南阳海关
通讯地址	河南省南阳市西峡县回车镇古庄河村					邮政编码	474500
评定时间	2011.5.27	注册日期	2005.2.1	报关有效期	2014.7.5	注册资本	60000万人民币
法人姓名	朱书成	电　话	0377-69688202	日常联系人	张柯	电　话	150××××2788
主营范围	黑色金属冶炼，钢铁加工，制造、销售、自营和代理各类商品及技术的进出口业务（不另附商品进出口目录）。						

企业名称	安钢集团信阳钢铁有限责任公司			海关编码	4117910020	所属海关	南阳海关
通讯地址	河南省信阳市明港镇新民路34号					邮政编码	464194
评定时间	2010.3.2	注册日期	2000.3.27	报关有效期	2014.3.27	注册资本	21067万人民币
法人姓名	何殿洲	电　话	0376-8672458	日常联系人	王涛	电　话	0376-8672582
主营范围	生铁、钢坯、钢材、水泥、水渣、铁合金、机加工产品的生产和经营，汽车及运输、汽车配件及修理、住宿等三项分支机构经营，冶金器械维修，技术开发、咨询及培训，电子产品；经营本企业自产产品及相关技术的出口业务，经营本企业生产、科研所需的原辅材料、机械设备、仪器仪表、零配件及相关技术的进口业务；（国家限定公司经营和国家禁止进出口的商品及技术除外），经营本企业的进料加工和“三来一补”业务，氧气、氮气回收。（涉及许可证项目，凭证经营。）						

企业名称	河南安彩高科股份有限公司			海关编码	4105910043	所属海关	郑安阳办
通讯地址	河南省安阳市中州路南段					邮政编码	455000
评定时间	2011.11.23	注册日期	1999.12.29	报关有效期	2014.2.1	注册资本	44000万人民币
法人姓名	蔡志端	电　话	0372-3932916	日常联系人	李少民	电　话	138××××8116
主营范围	生产、销售彩电显像管玻壳、彩色显示器玻壳、节能灯，研制、开发电子特种玻璃新产品及新型显示技术，出口本企业自产的机电产品、成套设备及技术，进口本企业生产、科研所需的原辅材料、机械设备、仪器仪表及零配件。						

企业名称	安钢集团国际贸易有限责任公司			海关编码	4105910087	所属海关	郑安阳办
通讯地址	河南省安阳市铁西区					邮政编码	455004
评定时间	2010.7.16	注册日期	2001.11.23	报关有效期	2014.11.24	注册资本	10000万人民币
法人姓名	金海	电　话	0372-3122218	日常联系人	魏晓亮	电　话	0372-3122546
主营范围	铁矿产品、冶金产品（法律、法规规定需专项审批的除外）、机械设备、电子仪器、仪表、汽车配件、五金交电、废旧金属回收，自营和代理各类商品及技术进出口的业务（国家限定公司经营或禁止进出口的商品及技术除外），经营进料加工和“三来一补”业务、对销贸易和转口贸易、煤炭（凭有效证书经营）。						

企业名称	安阳钢铁股份有限公司			海关编码	4105910142	所属海关	郑安阳办
通讯地址	河南省安阳市殷都区梅元庄					邮政编码	455004
评定时间	2010.7.16	注册日期	2003.8.26	报关有效期	2014.11.24	注册资本	134549万人民币
法人姓名	王子亮	电　　话	0372－3121628	日常联系人	魏晓亮	电　　话	0372－3120237
主营范围	生产和经营冶金产品、副产品、钢铁延伸产品、无缝钢管、薄中板、冶金产品的原材料、化工产品（不含易燃易爆危险品），高速线材的销售，冶金技术开发、协作、咨询，实业投资（国家专项规定的除外）。轧钢、炼钢、炼铁、烧结矿石球团，经营本企业自产产品的出口业务和本企业所需的机械设备、零配件、原辅材料的进口业务（国家限定公司经营或禁止进出口的商品及技术除外）。（以上范围中凡涉及专项许可的项目，凭许可证和有关批准文件经营。）						

企业名称	河南新能光伏有限公司			海关编码	4105930155	所属海关	郑安阳办
通讯地址	河南省安阳市高新技术开发区长江大道东段					邮政编码	455000
评定时间	2011.11.23	注册日期	2008.7.24	报关有效期	2014.7.24	注册资本	6400万美元
法人姓名	胡伟健	电　　话	0372－2102003	日常联系人	孙波	电　　话	0372－2102003
主营范围	太阳能技术研发，太阳能电池、太阳能光伏照明系统、太阳能电池生产设备、电子设备及电子专用测试仪器的研发、生产和销售。						

企业名称	河南凯瑞数码股份有限公司			海关编码	4105930164	所属海关	郑安阳办
通讯地址	河南省安阳市高新技术产业开发区海河大道					邮政编码	455000
评定时间	2011.5.25	注册日期	2011.4.2	报关有效期	2014.4.2	注册资本	36620万人民币
法人姓名	刘惠森	电　　话	0372－2595989	日常联系人	唐德智	电　　话	0372－2595989
主营范围	生产可录类光盘。						

企业名称	安阳市豫北金铅有限责任公司			海关编码	4105950063	所属海关	郑安阳办
通讯地址	河南省安阳市宝莲寺镇南田村					邮政编码	455131
评定时间	2008.11.19	注册日期	2001.3.29	报关有效期	2015.6.22	注册资本	3000万人民币
法人姓名	唐成河	电　　话	0372－2748563	日常联系人	张爱恒	电　　话	0372－2748563
主营范围	回收处理旧铅蓄电池（凭有效许可证经营），生产销售电解铅及其他附属产品，出口本企业自产的电解铅，进口科研所需的原辅材料、机械设备（凭进出口企业资格证书、未取得许可证前不得经营），销售黄金、白银。						

企业名称	河南永达清真食品有限公司			海关编码	4105950232	所属海关	郑安阳办
通讯地址	河南省汤阴县汤上公路与京珠高速公路交叉					邮政编码	456150
评定时间	2011. 11. 23	注册日期	2005. 11. 30	报关有效期	2014. 11. 11	注册资本	16159 万人民币
法人姓名	冯永山	电　　话	0372－6239599	日常联系人	白玉河	电　　话	0372－6205680
主营范围	畜禽屠宰（不含生猪）、冷藏，肉制食品深加工，熟食制品和调理食品加工，速冻水饺加工销售，包装制品加工，畜禽良种繁育，兼营果品蔬菜及制品，经营本企业产品和所需用品和技术的进出口业务（国家法律法规规定应经审批方可经营或禁止进出口的货物和技术除外）。						

企业名称	河南省汤阴县永新助剂厂			海关编码	4105960126	所属海关	郑安阳办
通讯地址	河南省汤阴县白营乡北陈王村					邮政编码	456150
评定时间	2011. 11. 23	注册日期	2002. 9. 10	报关有效期	2014. 3. 30	注册资本	1227 万人民币
法人姓名	张迎宾	电　　话	0372－6213694	日常联系人	肖芳	电　　话	0372－6213694
主营范围	制造、销售各类助剂（国家有专项规定的除外），经营其他化工产品（国家有专项规定的除外）						

企业名称	安阳市岷山有色金属有限责任公司			海关编码	4105960140	所属海关	郑安阳办
通讯地址	河南省安阳市龙安区马投涧乡何大岷村					邮政编码	455132
评定时间	2011. 11. 23	注册日期	2003. 4. 22	报关有效期	2014. 3. 30	注册资本	5360 万人民币
法人姓名	何秋安	电　　话	0372－2725868	日常联系人	陈天涛	电　　话	0372－2726633
主营范围	生产粗铅、电解铅、金银阳极泥，改造、开发林果地，经营本企业自产产品的出口业务和本企业所需的机械设备、零配件、原辅材料的进口业务（国家限定公司经营或禁止进出口的商品及技术除外）。						

企业名称	河南三丰铜业有限责任公司			海关编码	4105960357	所属海关	郑安阳办
通讯地址	河南省安阳市龙安区南田村					邮政编码	455131
评定时间	2011. 11. 23	注册日期	2009. 4. 2	报关有效期	2015. 3. 12	注册资本	35881 万人民币
法人姓名	唐成河	电　　话	0372－2744888	日常联系人	蒋丹凤	电　　话	0372－2744895
主营范围	加工、销售铜板带材，从事货物和技术进出口业务（国家法律、法规应经审批方可经营或禁止经营进出口的货物和技术除外）。						

企业名称	鹤壁天海环球电器有限公司			海关编码	4106930143	所属海关	郑安阳办
通讯地址	河南省鹤壁市淇滨区淇滨大道215号					邮政编码	458030
评定时间	2011.12.12	注册日期	2007.3.9	报关有效期	2016.3.9	注册资本	0万人民币
法人姓名	张景堂	电话	0392－3314522	日常联系人	常志华	电话	0392－3333175
主营范围	开发、生产、销售汽车电子产品、汽车电线束、汽车零部件、工装模具。						

企业名称	中国石化集团中原石油勘探局			海关编码	4109910002	所属海关	郑安阳办
通讯地址	河南省濮阳市中原路					邮政编码	457001
评定时间	2008.11.19	注册日期	1996.1.4	报关有效期	2014.3.9	注册资本	50000万美元
法人姓名	孔凡群	电话	0393－4823311	日常联系人	许文茂	电话	0393－4821054
主营范围	主营石油、天然气及矿藏的勘探、开发、加工、综合利用和产品销售，石油物资和化工产品的制造、加工、销售，技术服务，客货运输，自产、境外工程所需品及技术出口，原辅材料、机械设备、仪器仪表、零配件及技术进口，承办“三来一补”，兼营承包境内外国际招标工程，对外派遣劳务，海外举办企业，住宿、餐饮、星级酒店配套服务（限分支机构）。						

企业名称	濮阳龙丰纸业有限公司			海关编码	4109910172	所属海关	郑安阳办
通讯地址	河南省濮阳市胜利西路西段路南科技大道东					邮政编码	457000
评定时间	2011.12.12	注册日期	2007.5.22	报关有效期	2014.10.9	注册资本	0万人民币
法人姓名	黄广胜	电话	0371－69158009	日常联系人	刘强	电话	0393－8961907
主营范围	速生丰产林的种植及销售，木浆、高档文化用纸、食品用纸的生产及销售，化工产品（不含易燃易爆危险品）的销售，货物和技术进出口业务（国家法律法规规定应经审批许可经营或禁止进出口的货物和技术除外）。						

企业名称	濮阳宏业汇龙化工有限公司			海关编码	4109930211	所属海关	郑安阳办
通讯地址	河南省濮阳市南乐县城北二公里					邮政编码	457400
评定时间	2013.3.14	注册日期	2007.2.2	报关有效期	2016.1.7	注册资本	4000万人民币
法人姓名	闫勇	电话	137××××3858	日常联系人	刘莉	电话	0393－8708358
主营范围	二氧化硫脲、过碳酸钠、过硼酸钠、四乙酰乙二胺、硫脲、强力还原剂的生产和销售。						

企业名称	家雄灯饰（濮阳）有限公司			海关编码	4109940201	所属海关	郑安阳办
通讯地址	河南省濮阳市城关镇铁丘路与工业区交叉口					邮政编码	457100
评定时间	2011. 12. 12	注册日期	2005. 8. 31	报关有效期	2014. 10. 20	注册资本	12000 万港币
法人姓名	杨家胜	电　　话	0393 – 3317888	日常联系人	雷洪梅	电　　话	0393 – 3317888
主营范围	生产、销售装饰灯泡、圣诞节日灯泡、灯串、节能灯、荧光灯、玻璃管、钨丝、镍铁铜合金丝、电子镇流器等照明产品及纸箱、塑服袋，进出口贸易业务。						

企业名称	中原总机石油设备有限公司			海关编码	4109950102	所属海关	郑安阳办
通讯地址	河南省濮阳市大庆路北端 465 号					邮政编码	457001
评定时间	2013. 4. 15	注册日期	2004. 11. 5	报关有效期	2014. 4. 10	注册资本	8476 万人民币
法人姓名	邓卫东	电　　话	137××××0111	日常联系人	刘功芳	电　　话	0393 – 5380046
主营范围	石油专用设备的生产、加工、销售，机电产品、金属原料、建筑材料、办公机具的销售，野营活动板房的组装，房屋设备租赁，水电暖安装，技术服务，咨询服务，进出口业务（国家限定公司经营或禁止进口的商品及技术除外）。						

企业名称	濮阳市光明化工有限公司			海关编码	4109950169	所属海关	郑安阳办
通讯地址	河南省濮阳市范县王楼乡西两公里					邮政编码	457000
评定时间	2011. 12. 12	注册日期	2007. 4. 30	报关有效期	2016. 3. 5	注册资本	2500 万人民币
法人姓名	陈聚恩	电　　话	0393 – 5972222	日常联系人	张晓全	电　　话	0393 – 6672019
主营范围	生产、销售 N – 甲基吡咯烷酮、N – 乙基吡咯烷酮、r – 丁内酯，对外贸易业务。						

企业名称	河南神火集团有限公司			海关编码	4113910018	所属海关	郑州海关驻商丘办事处
通讯地址	河南省商丘市永城市新城区光明路					邮政编码	476600
评定时间	2010. 10. 28	注册日期	1999. 3. 23	报关有效期	2014. 3. 23	注册资本	112575 万人民币
法人姓名	李崇	电　　话	0370 – 5113726	日常联系人	张海珍	电　　话	0370 – 5176235
主营范围	法律、法规禁止的，不得经营；法律、法规规定经审批的，未获批准前不得经营；未规定审批的，自主选择经营项目，开展经营活动。						

企业名称	漯河双汇进出口贸易有限责任公司			海关编码	4111930217	所属海关	周口海关
通讯地址	河南省漯河市召陵区双汇路1号					邮政编码	462000
评定时间	2009. 9. 9	注册日期	2008. 10. 24	报关有效期	2014. 9. 16	注册资本	837万人民币
法人姓名	张太喜	电　　话	0395－2622616	日常联系人	王瑞	电　　话	0395－2676511
主营范围	农产品、生鲜肉及冷冻生鲜肉、食品添加剂、豆粕、轻工业品、纺织品、非金属矿产品（不含煤炭等涉及专项行政审批产品）、化工产品（不含危险化学品、易制毒化学品及监控类化学品）、土畜干鲜产品、纸制品及木材制品、橡胶制品、包装制品、工艺品、机械设备、仪器仪表的贸易业务，仓储（不含涉及专项行政审批物品），预包装食品、乳制品（不含婴幼儿配方乳粉）批发（许可证有效期至2014年10月16日），货物和技术进出口（国家限定公司经营或禁止进出口的货物和技术除外）。						

企业名称	益海（周口）粮油工业有限公司			海关编码	4114930174	所属海关	周口海关
通讯地址	河南省周口市工农路南段20号					邮政编码	466000
评定时间	2009. 9. 9	注册日期	2000. 10. 26	报关有效期	2014. 11. 9	注册资本	0万人民币
法人姓名	牛余新	电　　话	0394－8221857	日常联系人	栾芳华	电　　话	0394－8373781
主营范围	农产品（大豆、花生、棉籽、棉花、油菜籽、葵花籽）的收购、批发，粮油加工制品的生产、销售及其包装物品和新技术的开发应用，面粉、大米、和食用油产品的批发。（国家有专项规定的，按规定办理。）						

企业名称	鸿富锦精密电子（郑州）有限公司			海关编码	4101630001	所属海关	郑州新郑 综合保税区
通讯地址	河南省郑州市航空港区振兴路东侧综合保税区					邮政编码	450000
评定时间	2013. 1. 17	注册日期	2011. 10. 19	报关有效期	2014. 10. 19	注册资本	50000万美元
法人姓名	林政辉	电　　话	0371－66282888	日常联系人	谢晓艳	电　　话	
主营范围	第三代及后续移动通信系统、手机、基站、核心网设备以及网络检测设备及其零组件、新型电子元器件、数字音、视频解码设备及其零部件的生产、经营，金属与非金属制品模具的设计、制造，以上产品的维修、仓储、批发、进出口及相关配套业务，保税仓储物流业务。						

企业名称	河南金利金铅有限公司			海关编码	4120950038	所属海关	焦作海关
通讯地址	河南省济源市承留南勋村					邮政编码	459000
评定时间	2011. 10. 25	注册日期	2006. 2. 15	报关有效期	2014. 2. 13	注册资本	45000万人民币
法人姓名	成全明	电　　话	0391－6894000	日常联系人	成慧慧	电　　话	0391－6894042
主营范围	冰铜、粗铅冶炼，电解铅生产销售，金银制品、贵金属销售，废铅渣、废电瓶回收，硫酸、压缩氧、压缩氮、压缩氧、液化氩生产销售，企业产品进出口业务，金属材料销售与进出口业务。						

武汉关区

企业名称	中国长江三峡集团公司			海关编码	4205910005	所属海关	宜昌海关
通讯地址	北京市崇文区广渠门内大街25号					邮政编码	443002
评定时间	2008.10.15	注册日期	1999.9.11	报关有效期	2015.4.10	注册资本	9210379万人民币
法人姓名	李永安	电　　话	0717－6762913	日常联系人	王文薇	电　　话	0717－6762913
主营范围	三峡工程的建设和经营管理，住宿业务的经营管理。						

企业名称	湖北神农磷业科技股份有限公司			海关编码	4218960001	所属海关	宜昌海关
通讯地址	湖北省神农架林区宋洛乡莲花村					邮政编码	442400
评定时间	2012.5.31	注册日期	2001.11.15	报关有效期	2015.5.17	注册资本	10000万人民币
法人姓名	陈长宏	电　　话	0717－6494299	日常联系人	朱正桂	电　　话	0717－6494299
主营范围	矿石的采选、加工及销售。						

企业名称	飞利浦汽车照明湖北有限公司			海关编码	4212947001	所属海关	荆州海关
通讯地址	湖北省松滋市新江口镇飞利浦路17号					邮政编码	434200
评定时间	2009.6.25	注册日期	2001.3.21	报关有效期	2014.3.15	注册资本	3282万美元
法人姓名	Klemens Brunner	电　　话	0716－6665208	日常联系人	吴林杰	电　　话	0716－6665355
主营范围	生产、销售汽车灯泡、摩托车灯泡、微泡、普通照明灯泡、特殊照明产品及相关零配件，从事同类照明产品及其零配件的批发，佣金代理（拍卖除外），商品进出口及其他相关配套业务。						

企业名称	湖北中航精机科技股份有限公司			海关编码	4206310013	所属海关	襄阳海关
通讯地址	湖北省襄阳市高新区追日路8号					邮政编码	441003
评定时间	2008.12.1	注册日期	2002.4.19	报关有效期	2015.4.22	注册资本	71629万人民币
法人姓名	王坚	电　　话	0710－3345433	日常联系人	邱家敏	电　　话	0710－3345796
主营范围	为各类飞行器、发动机配套的机载机电系统及设备的研制、生产、销售和服务，并为航天、兵器、船舶、电子信息等领域提供相应配套产品及服务，车船载系统、各类精冲制品及精密冲压模具、工业自动化与控制设备、机电设备及系统、电动车、制冷系统、信息系统及产品的研发、生产、销售及服务，本企业自产产品及技术的出口业务；本企业生产所需的原辅材料、仪器仪表、机械设备、零配件及技术的进口服务（国家限定公司经营和国家禁止进出口的商品及技术除外），进料加工和“三来一补”业务。						

企业名称	东风康明斯发动机有限公司			海关编码	4206930098	所属海关	襄阳海关
通讯地址	湖北省襄樊市高新技术产业开发区					邮政编码	441004
评定时间	2008. 12. 1	注册日期	1996. 5. 14	报关有效期	2014. 4. 15	注册资本	10062 万美元
法人姓名	Steven M Chapman	电　　话	0710－3399100	日常联系人	向姿颖	电　　话	0710－3399428
主营范围	开发和生产柴油发动机及其零部件，在国内外市场上销售合营公司自产产品，并提供售后服务。						

企业名称	湖北美岛服装有限公司			海关编码	4202930019	所属海关	黄石海关
通讯地址	湖北省黄石市金山大道东路 1 号（美岛工业园内）					邮政编码	435000
评定时间	2010. 9. 10	注册日期	1999. 9. 3	报关有效期	2014. 3. 17	注册资本	598 万美元
法人姓名	李萍	电　　话	0714－6390665	日常联系人	李锋	电　　话	0714－6392689
主营范围	生产、销售夹克衫、风衣、西服、男女时装、劳保防护用品等各类服装。						

企业名称	美尔雅服饰有限公司			海关编码	4202930038	所属海关	黄石海关
通讯地址	湖北省黄石市团城山开发区桂林南路 8 号小区					邮政编码	435000
评定时间	2008. 10. 15	注册日期	1993. 2. 6	报关有效期	2014. 3. 7	注册资本	1050 万美元
法人姓名	杨闻孙	电　　话	0714－6360288	日常联系人	张法万	电　　话	0714－6360323
主营范围	生产、销售服饰产品，兼营本公司所需原辅料及产品的自有车辆运输。						

企业名称	黄石美兴时装有限公司			海关编码	4202930153	所属海关	黄石海关
通讯地址	湖北省黄石市团城山开发区 8 号小区美尔雅工业园					邮政编码	435003
评定时间	2008. 12. 1	注册日期	1993. 6. 1	报关有效期	2014. 3. 30	注册资本	100 万美元
法人姓名	杨闻孙	电　　话	0714－6360288	日常联系人	谭韬	电　　话	0714－6360305
主营范围	生产、销售服装。						

企业名称	湖北新冶钢有限公司			海关编码	4202930188	所属海关	黄石海关
通讯地址	湖北省黄石市黄石大道 316 号					邮政编码	435001
评定时间	2008. 12. 1	注册日期	2004. 11. 15	报关有效期	2014. 4. 14	注册资本	33983 万美元
法人姓名	俞亚鹏	电　　话	0714 – 6297888 – 8035	日常联系人	郭政	电　　话	0714 – 6297888 – 8106
主营范围	生产、销售黑色、有色金属材料和相应的工业辅助材料，承接来料加工业务，钢铁冶炼、金属压延加工，制造钢坯、钢锭、钢材、钢管、球墨铸铁管及管件、焦炭、金属制品，制造和修理机械及仪表电器，制造和供应化工产品（不含危险品和限制类产品）。						

企业名称	东风本田汽车有限公司			海关编码	4201233005	所属海关	武汉沌口
通讯地址	湖北省武汉市经济技术开发区车城东路 283 号					邮政编码	430056
评定时间	2008. 10. 15	注册日期	1994. 1. 21	报关有效期	2014. 4. 24	注册资本	25000 万美元
法人姓名	周文杰	电　　话	027 – 84891843	日常联系人	付钢	电　　话	027 – 84286517
主营范围	设计、研制、制造和销售乘用车（包括轿车）及其零部件，并提供相关的售后服务；作为 HONDA CIVIC 及 HONDA INSIGHT（以下简称“进口乘用车”）进口整车在中国境内（除香港，澳门及台湾外）市场的总经销商，从“本田公司”进口并在国内销售（不含零售）“进口乘用车”及其零部件，包括向政府部门、外国使领馆、联合国机构、科研机构、高校以及其他特殊群体客户直接销售以上“进口乘用车”，并提供相关的售后服务。						

企业名称	神龙汽车有限公司			海关编码	4201233038	所属海关	武汉沌口
通讯地址	湖北省武汉市武汉经济技术开发区					邮政编码	430051
评定时间	2008. 10. 15	注册日期	1992. 6. 20	报关有效期	2014. 3. 31	注册资本	700000 万人民币
法人姓名	徐平	电　　话	027 – 84285527	日常联系人	梁宏	电　　话	027 – 84299484
主营范围	制造轿车、汽车发动机及相关零部件。						

企业名称	中冶南方工程技术有限公司			海关编码	4201316034	所属海关	武汉东湖新技术开发区海关
通讯地址	湖北省武汉市东湖新技术开发区大学园路 33 号					邮政编码	430223
评定时间	2012. 12. 25	注册日期	2008. 8. 21	报关有效期	2014. 8. 18	注册资本	162842 万人民币
法人姓名	项明武	电　　话	027 – 81998199	日常联系人	廖洪洋	电　　话	027 – 81996183
主营范围	各行业、各等级的建设工程总承包、工程咨询、工程设计、工程监理；项目管理、项目代建；环境影响评价；工程造价咨询；城市规划编制；压力容器、压力管道设计；机械设备、自动化控制系统的开发、研制、设备成套、设备制造、安装、调试；承包境外工程和境内国际招标工程；承包境外工程的勘测、咨询、设计和监理项目；上述境外工程所需的劳务人员、技术开发、技术转让、技术服务和培训、新工艺、新产品开发、推广；设计制作印刷品广告，利用自有《炼铁》杂志发布广告。（国家有专项规定的项目，须经审批后或凭有效许可证经营。）						

企业名称	冠捷显示科技（武汉）有限公司			海关编码	4201243035	所属海关	武汉沌口
通讯地址	湖北省武汉市经济技术开发区沌口小区11号					邮政编码	430056
评定时间	2008. 10. 15	注册日期	2004. 6. 22	报关有效期	2014. 2. 16	注册资本	1200万美元
法人姓名	宣建生	电　话	0591－5285555	日常联系人	黄青兰	电　话	027－68849680
主营范围	新型平板显示器件、数字电视机、显示管显示器及其半成品，套件，零配件生产和销售。						

企业名称	名幸电子（武汉）有限公司			海关编码	4201243047	所属海关	武汉沌口
通讯地址	湖北省武汉市经济技术开发区神龙大道9号					邮政编码	430056
评定时间	2012. 9. 20	注册日期	2005. 8. 17	报关有效期	2014. 2. 18	注册资本	14880万美元
法人姓名	名屋佑一郎	电　话	027－84890000	日常联系人	张嶷霆	电　话	027－84890000－320
主营范围	IVH型、BUILD UP型高密度互连积层板、多层挠性板、刚挠板、封装载板、电子集成电路板等各种多层印刷线路板的制成品和半成品的生产、设计、加工，集成电路板所涉及到的相关电子类产品的半成品、成品的组装，印刷线路板的插装，各类印刷线路板生产用设备、夹具、钻头、金属掩膜等工具的设计、加工、生产、销售和转让，本企业产品的销售，自产三废物的处理生产。						

企业名称	武钢集团国际经济贸易总公司			海关编码	4201912015	所属海关	武汉海关现场业务处
通讯地址	湖北省武汉市青山和平大道945号					邮政编码	430081
评定时间	2008. 10. 15	注册日期	1994. 4. 5	报关有效期	2014. 3. 18	注册资本	36940万人民币
法人姓名	朱江悦	电　话	027－86569418	日常联系人	常恩满	电　话	027－86532706
主营范围	技术进出口，货物进出口，代理进出口业务（不含国家禁止或限制进出口的货物或技术），钢铁及副产品、金属矿及非金属矿、合金、金属材料、电工电料、电线电缆、建筑材料、耐火材料、机电设备、仪器仪表、化工产品（不含其他危险品）的销售，汽车销售（不含小轿车），汽车租赁，机电产品国际招标（乙级），煤炭、压缩气体及液化气体、易燃液体、易燃固体、自燃物品及遇湿易燃物品、氧化剂、有毒品、腐蚀品、三氯甲烷、丙酮、高锰酸钾、盐酸、硫酸、汽油、煤油、柴油的批发，散装食品、预包装食品的批发零售。（涉及国家有专项规定的项目，经审批后方可经营。）						

企业名称	中国长江航运集团对外经济技术合作总公司			海关编码	4201914091	所属海关	武汉海关现场业务处
通讯地址	湖北省武汉市江汉路26号正信大厦22楼					邮政编码	430013
评定时间	2009. 2. 13	注册日期	1998. 5. 4	报关有效期	2014. 4. 21	注册资本	10300万人民币
法人姓名	李文德	电　话	027－82703016	日常联系人	陈露	电　话	027－82703260
主营范围	开展对外经济合作业务，向国（境）外派遣工程、生产及服务行业的劳务人员，自营和代理各类商品及进出口业务（国家规定的专营进出口商品和国家禁止进出口等特殊商品除外），经营进料加工和“三来一补”业务，开展对销贸易和转口贸易。						

企业名称	武汉川崎船用机械有限公司			海关编码	4201935062	所属海关	武汉海关 现场业务处
通讯地址	湖北省武汉市青山区武东路43号					邮政编码	430084
评定时间	2009.3.2	注册日期	1995.12.12	报关有效期	2014.11.14	注册资本	11000万日本元
法人姓名	何纪武	电　　话	027－86410133	日常联系人	朱锦华	电　　话	027－86410134
主营范围	生产、销售川崎回转装置（KST）、川崎侧向推进器（TPU）及其他船用机械产品。						

企业名称	中石化长江燃料有限公司			海关编码	4201914585	所属海关	武汉海关 现场业务处
通讯地址	湖北省武汉市江岸区四维街旅顺路1号					邮政编码	430010
评定时间	2012.2.7	注册日期	2006.9.8	报关有效期	2015.2.7	注册资本	108000万人民币
法人姓名	刘祖荣	电　　话	027－51277985	日常联系人	蒋世荣	电　　话	021－63778530
主营范围	汽油、煤油、柴油、燃料油、润滑油、石油制品、淡水的销售、仓储，长江干线及直流省际普通货船、油船运输，技术进出口，货物进出口，代理进出口业务（不含国家禁止或限制进出口的货物或技术），国际航行船舶保税油料供应，房屋及船舶租赁，与上述业务有关的咨询服务、中介服务（国家有专项规定的项目经审批或持有效许可证方可经营），日用百货、烟酒副食饮料便利店的经营和船舶配件及物料、劳保用品、文体用品的销售（仅供持证分支机构使用）。						

企业名称	武汉航达航空科技发展有限公司			海关编码	4201964927	所属海关	武汉海关 现场业务处
通讯地址	湖北省武汉市东湖区金银湖难三街12号					邮政编码	430040
评定时间	2011.3.4	注册日期	2005.7.21	报关有效期	2014.7.27	注册资本	2300万人民币
法人姓名	谢德刚	电　　话	027－68853889	日常联系人	王志宇	电　　话	027－68853689
主营范围	航空产品、机场设备、机电产品、自动化仪表及控制工程的研制、生产、销售、维修及技术咨询服务（国家有专项规定的经审批后方可经营），货物及技术进出口（不含国家禁止或限制进出口的货物或技术）。						

企业名称	武汉烽火国际技术有限责任公司			海关编码	4201316023	所属海关	武汉东湖新技术 开发区海关
通讯地址	湖北省武汉市洪山区邮科院路88号					邮政编码	430074
评定时间	2012.7.31	注册日期	2008.4.23	报关有效期	2014.4.19	注册资本	4000万人民币
法人姓名	吕卫平	电　　话	027－87693526	日常联系人	刘涛	电　　话	027－87693526
主营范围	光纤通信、数据通信、无线通信和相关通信技术、信息技术的开发及相关产品的制造和销售，系统集成及相关产品的销售，相关工程的设计、施工、技术服务，对项目投资，自营和代理各类产品和技术的进出口业务（国家禁止经营的产品除外）。						

企业名称	武汉华工科贸有限公司			海关编码	4201316024	所属海关	武汉东湖新技术开发区海关
通讯地址	湖北省武汉市东湖开发区华中科技园华工科技本部大楼					邮政编码	430223
评定时间	2010.6.25	注册日期	2008.4.24	报关有效期	2014.4.20	注册资本	1000万人民币
法人姓名	闵大勇	电　话	027－87180201	日常联系人	吕银洁	电　话	027－87180120－8881
主营范围	开发、研制、销售电子产品通信设备、光电子产品及设备、机械制造设备和相关成套设备，销售包装材料，自营和代理各类商品和技术的进出口。						

企业名称	武汉光迅科技股份有限公司			海关编码	4201336121	所属海关	武汉东湖新技术开发区海关
通讯地址	湖北省武汉市洪山区邮科院路88号					邮政编码	430074
评定时间	2010.2.23	注册日期	2008.4.23	报关有效期	2014.3.25	注册资本	16000万人民币
法人姓名	童国华	电　话	027－87691600	日常联系人	刘涛	电　话	027－87691667
主营范围	信息科技领域光、电器件技术及产品的研制、生产、销售和相关技术服务（国家有专项规定的从其规定）。						

企业名称	鸿富锦精密工业（武汉）有限公司			海关编码	4201336140	所属海关	武汉东湖新技术开发区海关
通讯地址	湖北省武汉市东湖新技术开发区光谷二路特一号富士康科技园					邮政编码	430205
评定时间	2010.5.28	注册日期	2008.12.30	报关有效期	2014.12.14	注册资本	29280万美元
法人姓名	陈聪汉	电　话	027－59880388	日常联系人	郑跃华	电　话	027－59880388
主营范围	开发、生产经营精密模具、大中型电子计算机、便携式微型计算、新型平板显示器、新型电子元器件、计算机数字信号处理系统及板卡制造、数字照相机、投影机、工程塑料及其制品、打印机、打印机墨盒、多媒体电话、多维立体眼镜、摄像机、数字电视机、第三代及后续移动通讯系统手机、多媒体录制及播放器、数字音视频系统、五金塑料加工制品、游戏机（100%出口）、自动化设备、线体及辅助模治具、各类非标机械设备、收款机、自动售货机、商用制冷制热设备及电机、电脑网络终端产品（含系统集成）、电子标签、高技术绿色电池及上述产品的相关零组件；上述产品的同类商品的进出口、批发业务及相关配套服务（不含国家专营专控专卖商品及限制项目和有特殊规定的商品，许可证管理商品凭许可证生产经营）；废旧塑料的消解和再利用；为云运营、云计算提供技术服务与咨询；电脑软硬件的开发与销售、佣金代理（拍卖除外，国家有专项规定的从其规定）。						

企业名称	湖北美阳服装有限公司			海关编码	4207930046	所属海关	武汉东湖新技术开发区海关
通讯地址	湖北省鄂州市凤凰路23号					邮政编码	436000
评定时间	2009.8.17	注册日期	1992.11.21	报关有效期	2014.10.8	注册资本	120万美元
法人姓名	杨立康	电　话	0711－3867169	日常联系人	朱候林	电　话	0711－3866360
主营范围	生产和销售服装，非配额许可证管理，非专营商品的收购业务。（国家有专项审批规定的，未取得相关审批文件，不得经营。）						

长沙关区

企业名称	特变电工衡阳变压器有限公司		海关编码	4304911061	所属海关	衡阳海关
通讯地址	湖南省衡阳市白沙洲				邮政编码	421007
评定时间	2010. 12. 13	注册日期	2000. 4. 11	报关有效期	2014. 4. 11	注册资本	143860 万人民币
法人姓名	李建华	电话	024 - 25698070	日常联系人	胡芳	电话	0734 - 8498461
主营范围	变压器、电抗器、互感器和中央空调的设计、制造、销售及安装维修服务，电力电子产品、高低压电器、机电产品、环保设备、橡胶制品的生产、销售，电力设备安装，饮食服务，公司内物业管理及维修服务，百货销售，园林绿化设计、施工，出口木质包装热处理。						

企业名称	湖南宇腾有色金属股份有限公司			海关编码	4311962092	所属海关	长沙海关 驻郴州办事处
通讯地址	湖南省郴州市北湖区石盖塘工业小区					邮政编码	423025
评定时间	2012. 9. 6	注册日期	2009. 1. 7	报关有效期	2015. 1. 7	注册资本	21600 万人民币
法人姓名	谢志刚	电话	0735 - 2791138	日常联系人	朱明	电话	0735 - 2792854
主营范围	电解铅、黄丹、三盐、二盐、硅酸铅、红丹、复合盐、黄金、白银、精铋、锑、砷及其氧化物、冰铜、铜、氧化锌、硫酸锌、氯化锌、铅锑合金、铟、锗、镓、铅精矿、硫酸、碲、聚乙烯蜡、硬脂酸盐的生产及销售，压缩氧、液氧的批发及仓储，进口本公司生产所需的原材料及本公司所产成品的出口业务。（以上经营项目国家禁止经营的除外；须行政许可的，凭许可证经营。）						

企业名称	湖南维胜科技电路板有限公司			海关编码	4301330027	所属海关	长沙海关
通讯地址	湖南省长沙市经济技术开发区东二路 10 号					邮政编码	410100
评定时间	2009. 2. 27	注册日期	1994. 1. 4	报关有效期	2013. 12. 18	注册资本	1700 万美元
法人姓名	陈炳羲	电话	0731 - 82879960	日常联系人	邓杰	电话	0731 - 82879960 - 1803
主营范围	生产和销售印刷电路板、电子器件、印刷板设备和其他电子外围设备，装配电路板。						

企业名称	威胜集团有限公司			海关编码	4301340495	所属海关	长沙海关
通讯地址	湖南省长沙市高新技术产业开发区桐梓坡西路468号					邮政编码	410205
评定时间	2012.3.29	注册日期	2000.5.25	报关有效期	2014.5.25	注册资本	60000万人民币
法人姓名	吉为	电　　话	0731－88619888	日常联系人	王湘惠	电　　话	0731－88619928
主营范围	生产本企业制造计量器具（许可证核定范围内的产品，有效期至2015年5月22日），研究、开发电子远传电表、水表、燃气表及其集抄系统和上述产品的销售，计算机软件的开发、生产及产品自销，节能环保产品、低压智能化配电监控和保护产品的研究、开发、生产、销售和推广应用，家用插头、插座的研发、生产、销售，机电设备的安装及工程服务，投资咨询与服务。（涉及审批及许可证经营的，凭批准文件及许可证经营。）						

企业名称	湖南裳海迪瑞特制革服装有限公司			海关编码	4301931672	所属海关	长沙海关
通讯地址	湖南省长沙市长沙县金井镇新街66号（金长路63号）					邮政编码	410144
评定时间	2009.3.26	注册日期	1999.3.25	报关有效期	2014.3.25	注册资本	1000万人民币
法人姓名	周建坤	电　　话	0731－86202192	日常联系人	周洁	电　　话	0731－86202191
主营范围	生产服装、皮革、皮革制品及产品自销。						

企业名称	湖南维胜科技有限公司			海关编码	4301931755	所属海关	长沙海关
通讯地址	湖南省长沙市经济技术开发区东二路10号					邮政编码	410100
评定时间	2009.2.27	注册日期	2003.11.7	报关有效期	2014.11.15	注册资本	500万美元
法人姓名	陈炳羲	电　　话	0731－82870888	日常联系人	王芬莉	电　　话	0731－82870888
主营范围	生产、装配、销售挠性电路板及相关的组装类电子产品。						

企业名称	湖南泰嘉新材料科技股份有限公司			海关编码	4301931839	所属海关	长沙海关
通讯地址	湖南省望城经济开发区泰嘉路68号					邮政编码	410200
评定时间	2011.7.4	注册日期	2005.6.30	报关有效期	2014.6.30	注册资本	10500万人民币
法人姓名	方鸿	电　　话	0731－88051648－8398	日常联系人	刘晓敏	电　　话	0731－88051648－8214
主营范围	双金属复合材料及其锯切产品的生产，锯切加工服务、锯切技术服务，锯床等机电一体化产品的研制、开发与生产，产品自销及进出口业务（不含进口分销业务；涉及许可证经营的，凭许可证经营）。						

企业名称	蓝思科技股份有限公司			海关编码	4301931899	所属海关	长沙海关
通讯地址	湖南省浏阳市生物医药园					邮政编码	410300
评定时间	2011.11.10	注册日期	2008.11.7	报关有效期	2014.11.7	注册资本	60600万人民币
法人姓名	周群飞	电　话	0731-83282488	日常联系人	任雪华	电　话	0731-83282488
主营范围	研发、生产与销售光学镜片、玻璃制品、金属配件、TFT-LCD、PDP、OLED、FED平板显示屏、3D显示屏及显示屏材料制造，触控开关面板及模组。						

企业名称	湖南朝日五内衣有限公司			海关编码	4301940390	所属海关	长沙海关
通讯地址	湖南省长沙市雨花区环保科技园正大路48号					邮政编码	410116
评定时间	2009.3.26	注册日期	1999.10.15	报关有效期	2014.10.15	注册资本	375万美元
法人姓名	朝比奈延弘	电　话	0731-85597607	日常联系人	楚琳	电　话	0731-85586250
主营范围	生产各式针织内衣、服装、工艺品、玩偶、玩偶服饰及政策允许的工艺品，以及上述产品的自销。						

企业名称	博世汽车部件（长沙）有限公司			海关编码	4301940511	所属海关	长沙海关
通讯地址	湖南省长沙市经济技术开发区漓湘中路26号					邮政编码	410100
评定时间	2009.10.19	注册日期	2004.12.29	报关有效期	2014.12.29	注册资本	6950万美元
法人姓名	Jose Mauro Mendes Pelosi	电　话	0731-82929266	日常联系人	舒采刚	电　话	0731-82929266
主营范围	汽车部件、汽车电子设备系统的生产、研发、应用、销售，用于生产汽车部件以及用于生产轻工、电动、包装、建筑、流体机械零部件的专用机器设备的生产、销售，并提供相关的咨询和服务，以批发、零售方式在国内销售，进口和出口非自产的汽车部件、汽车电子设备系统，用于生产汽车部件以及用于生产轻工、电动、包装、建筑、流体机械零部件的专用机器设备及同类产品并提供相关配套服务。						

企业名称	远大空调有限公司			海关编码	4301960173	所属海关	长沙海关
通讯地址	湖南省长沙市远大城					邮政编码	410138
评定时间	2009.8.11	注册日期	2003.4.8	报关有效期	2014.4.8	注册资本	20000万人民币
法人姓名	张跃	电　话	0731-84086688	日常联系人	熊丽娟	电　话	0731-84086447
主营范围	直燃溴化锂冷温水机、溴冷机与溴化锂制冷系统相配套的产品、能源设备的研究、开发、生产和销售及相关的技术服务，机械设备及器材、建筑材料、卫生洁具、电子计算机、电气机械及器材的研究、开发、生产和销售；自营经批准的进出口业务，中央空调系统设计，机电设备的安装、调试和运行管理服务；空气净化机、新风机、中央空调及末端、家用空调、户式空调、带空气检测功能的移动手机及相关产品的研发、生产、销售、服务。（须许可证的产品，凭许可证经营。）						

企业名称	湖南中联国际贸易有限责任公司			海关编码	4301960183	所属海关	长沙海关
通讯地址	湖南省长沙市银盆南路307号					邮政编码	410000
评定时间	2008.10.20	注册日期	2003.6.12	报关有效期	2014.6.12	注册资本	5000万人民币
法人姓名	陈培亮	电　话	0731－88997291	日常联系人	蒋静静	电　话	0731－88997223
主营范围	销售机械、电子设备、汽车（不含小轿车）及零配件、五金、交电、化工产品（不含危险品及监控化学品）、针纺织品、办公用品、建筑装饰材料（不含硅硐胶）、仪器仪表、金属材料、矿产品（不含煤炭）、农副产品，经营商品和技术的进出口业务（国家法律，法规禁止和限制的除外）。						

企业名称	湖南省茶业集团股份有限公司			海关编码	4301960551	所属海关	长沙海关
通讯地址	湖南省长沙市芙蓉区隆平高科技园隆园一路19号湘茶高科技产业园					邮政编码	410125
评定时间	2011.12.29	注册日期	1999.3.18	报关有效期	2014.3.18	注册资本	11000万人民币
法人姓名	周重旺	电　话	0731－82222271	日常联系人	丁年华	电　话	0731－85818286
主营范围	茶叶（绿茶、红茶、花茶、白茶、黑茶、乌龙茶、袋泡茶）的分装（有效期至2014年4月17日），预包装食品批发兼零售（有效期至2014年3月21日），国家法律、法规允许的农副产品（不含食品）、轻工产品、机电产品、建筑装饰材料、五金、交电、百货、化工产品（不含危险品及监控化学品）销售，经营进出口业务（国家限制和禁止的除外）。						

企业名称	三一汽车制造有限公司			海关编码	4301961275	所属海关	长沙海关
通讯地址	湖南省长沙市经济技术开发区三一工业城					邮政编码	410100
评定时间	2013.7.24	注册日期	2013.3.29	报关有效期	2016.3.29	注册资本	100830万人民币
法人姓名	易小刚	电　话	0731－85831297	日常联系人	唐美燕	电　话	0731－84031999－526
主营范围	汽车及其零部件的制造，汽车（不含小轿车）及其零部件的销售，在许可证核定范围内从事起重机械及其零部件的制造与销售，建筑工程机械、停车库、通用设备、机电设备、塑料机械及其零部件、金属制品、橡胶制品、电子产品、钢丝增强液压橡胶软管和软管组合件的生产、销售、维修，建筑工程机械租赁服务，国家法律、法规允许的五金、矿产品、金属材料的销售，商品和技术的进出口业务（国家法律法规禁止和限制的除外）。						

企业名称	株洲时代新材料科技股份有限公司			海关编码	4302313002	所属海关	株洲海关
通讯地址	湖南省株洲市高新技术开发区黄河南路					邮政编码	412007
评定时间	2012.9.6	注册日期	2002.9.9	报关有效期	2016.6.15	注册资本	51734万人民币
法人姓名	曾鸿平	电　话	139××××9195	日常联系人	陈创	电　话	0731－22837727
主营范围	橡塑元件开发，橡胶、塑料模具制造，风力发电机组零配件及复合材料制品开发、设计、制造、销售，桥梁支座、伸缩缝、铁路配件、橡胶制品、塑料制品、胶木制品和机械零配件生产、加工并提供技术咨询服务，电器机械及器材、百货、五金、交电、胶木制品及法律法规允许的金属材料、化工原料的销售，建筑工程隔震减震产品、聚氨脂材料制品的开发、设计、制造、销售。						

企业名称	株洲硬质合金进出口有限责任公司			海关编码	4302910028	所属海关	株洲海关
通讯地址	湖南省株洲市茨菇塘					邮政编码	412000
评定时间	2008.12.23	注册日期	1988.1.1	报关有效期	2014.1.1	注册资本	3000万人民币
法人姓名	吴国根	电　话	0731－28261442	日常联系人	廖芳	电　话	0731－28261977
主营范围	自理和代理除国家禁止进出口的商品以外的其他各类商品的进出口贸易，承办合资合作和“三来一补”业务，经营对销贸易、转口贸易和技术贸易。						

企业名称	湖南株冶火炬金属进出口有限公司			海关编码	4302913006	所属海关	株洲海关
通讯地址	湖南省株洲市石峰区清水塘					邮政编码	412004
评定时间	2008.12.23	注册日期	2001.7.24	报关有效期	2014.6.24	注册资本	8000万人民币
法人姓名	张建伟	电　话	0731－28391215	日常联系人	徐向春	电　话	0731－28391215
主营范围	自营和代理各类商品及技术的进出口业务，进料加工和“三来一补”业务，对销贸易和转口贸易。						

企业名称	株洲南车时代电气股份有限公司			海关编码	4302933015	所属海关	株洲海关
通讯地址	湖南省株洲市石峰区时代路					邮政编码	412001
评定时间	2012.1.30	注册日期	2005.11.22	报关有效期	2013.11.19	注册资本	108426万人民币
法人姓名	丁荣军	电　话	0731－28498370	日常联系人	周琳	电　话	0731－28493495
主营范围	研究、开发、生产、销售轨道交通牵引变流装置、列车网络通讯产品、工业自动化设备、安全监控装置、测控技术及产品、大功率电力电子器件、印制电路板、复合母排及相关电力电子类产品、控制用计算机产品及软件，销售计算机网络无线通讯设备，设计、施工安全防范工程（凭本企业有效许可证书），自营和代理商品和技术的进出口业务（国家法律法规禁止和限制的除外），提供相关技术开发、服务、培训及计算机网络系统集成、计算机软件开发服务。						

企业名称	郴州华录数码科技有限公司			海关编码	4311510001	所属海关	长沙海关驻郴州出口加工区办事处
通讯地址	湖南省郴州市苏仙区白露塘镇出口加工区					邮政编码	423000
评定时间	2011.11.23	注册日期	2007.10.29	报关有效期	2013.10.21	注册资本	13000万人民币
法人姓名	陈润生	电　话	0735－2877716	日常联系人	宋娜	电　话	0735－2489999
主营范围	家用影视设备通讯设备（不含卫星地面接收设施）、计算机及配套设备、计算机软件及相关产品的研究、技术开发、技术集成、生产、服务、销售，法律法规允许的进出口业务。（以上项目未取得国家专项审批的除外。）						

企业名称	台达电子（郴州）有限公司	海关编码	4311540001	所属海关	长沙海关驻郴州出口加工区办事处
通讯地址	湖南省郴州市出口加工区			邮政编码	423000
评定时间	2011.11.23	注册日期	2007.11.9	报关有效期	2013.11.9	注册资本	6300万美元
法人姓名	柯子兴	电　　话	0735－2659608	日常联系人	刘海波	电　　话	0735－2659608
主营范围	生产新型电子组件（片式元器件、贴片电感、电感组件及传感器、互感器、新型机电组件、微型马达组件）、变压器、电源感应器、日光灯稳压器、网络卡、网络卡零件、电源转接器、显示器基板、混膜线路板、扫描器、电脑基座组装（外壳、电源供应器、软式磁盘机、电源线、唯读光盘机、附加卡）、直流电源转换器、唯读光盘机及其配件（涉及出口许可证除外）、微型直流风扇、温度感应器、二极体、电阻、充电器、充电电池、充电电池半成品、不间断电源器、开关电源器、不间断电源基板、开关电源基板、变频器、滤波器、电压控制振荡器、显示器（彩电显示器除外）、微型数字式处理机、微型计算机、新型显示器（平板液晶投影显示器、液晶投影机）、新型显示器件（平板显示器）、数字有线电视系统设备（有线数字电视接收机）、铁芯、端子线、电感元件、电感器、网络滤波器、电线连接器、电线电缆零配件等，销售自产产品。				

广州关区

企业名称	广东豪美铝业股份有限公司			海关编码	4418930352	所属海关	清远海关
通讯地址	广东省清远市高新技术产业开发区泰基工业城					邮政编码	511450
评定时间	2013. 3. 11	注册日期	2004. 9. 9	报关有效期	2014. 9. 9	注册资本	16500 万人民币
法人姓名	董卫峰	电　　话	0763－3699777	日常联系人	唐康健	电　　话	0763－3699791
主营范围	合金型材料的生产、加工、销售。						

企业名称	清远市广硕鞋业有限公司			海关编码	4418933047	所属海关	清远海关
通讯地址	广东省清远市清新县太和工业区					邮政编码	511800
评定时间	2009. 1. 15	注册日期	2001. 12. 21	报关有效期	2014. 12. 9	注册资本	2500 万美元
法人姓名	张荣梧	电　　话	0763－6865888	日常联系人	黄学伟	电　　话	186××××8229
主营范围	生产、销售运动鞋、制鞋材料及运动用品（护具、护垫、护套、毛巾、护齿）。						

企业名称	广东先导稀材股份有限公司			海关编码	4418933060	所属海关	清远海关
通讯地址	广东省清远市清新县禾云工业区（鱼坝公路旁）					邮政编码	511875
评定时间	2011. 7. 26	注册日期	2003. 7. 29	报关有效期	2014. 6. 22	注册资本	37677 万人民币
法人姓名	朱世会	电　　话	0763－5672883	日常联系人	刘光海	电　　话	139××××8500
主营范围	研发、生产、销售硒、碲、镉、铋、锑、钴、镓、铟、砷、铅、锡、铜、金、银、铂、钯、铑、铱、锇、钌稀有金属、贵金属、高纯金属及其化合物、工艺品、器件、零件、高纯电子材料、饲料添加剂。						

企业名称	新玛基（清远）实业有限公司			海关编码	4418942051	所属海关	清远海关
通讯地址	广东省清远市清城区龙塘镇S253线旁长丰工业区					邮政编码	511540
评定时间	2010. 7. 1	注册日期	2005. 4. 20	报关有效期	2014. 4. 8	注册资本	3000万美元
法人姓名	周月琴	电　话	0763－3692088	日常联系人	白超荣	电　话	0763－3692088
主营范围	生产、加工、销售各类家用电力器具及配件、印刷线路板、电源线。						

企业名称	清远大中塑胶制品有限公司			海关编码	4418943031	所属海关	清远海关
通讯地址	广东省清远市清新县太和四号区					邮政编码	511800
评定时间	2009. 1. 15	注册日期	1998. 9. 7	报关有效期	2014. 8. 29	注册资本	16500万港币
法人姓名	郑松立	电　话	0763－5851888	日常联系人	彭家峰	电　话	0763－5851888
主营范围	生产经营铝合金百页窗帘、塑料百页窗帘、布窗帘、木窗帘、木制装饰杆及其他塑料工业制品，木制配及包装材料的生产（涉及珍贵树种原木加工的产品除外），从事非配额许可证管理、非专营商品的收购出口业务及自有厂房的出租（含仓储服务）业务。						

企业名称	万邦（清新）鞋业有限公司			海关编码	4418943049	所属海关	清远海关
通讯地址	广东省清远市太平镇工业区					邮政编码	511853
评定时间	2008. 10. 31	注册日期	2001. 7. 12	报关有效期	2014. 6. 20	注册资本	3000万美元
法人姓名	陈进镛	电　话	0763－5772688	日常联系人	彭毅生	电　话	0763－5772688
主营范围	研发、生产、加工、销售各类鞋产品、鞋类半成品、鞋材及配套包装类产品（不含印刷工序）。						

企业名称	诚展（清远）鞋业有限公司			海关编码	4418943097	所属海关	清远海关
通讯地址	广东省清远市清新县太和镇八片路16号					邮政编码	511800
评定时间	2012. 9. 27	注册日期	2004. 3. 16	报关有效期	2014. 2. 23	注册资本	2000万美元
法人姓名	张荣梧	电　话	0763－6865858	日常联系人	张智林	电　话	0763－6865858－126
主营范围	生产、加工、销售各种鞋类、鞋类半成品。						

企业名称	佛冈建滔实业有限公司			海关编码	4418944001	所属海关	清远海关
通讯地址	广东省清远市佛冈县石角镇建滔路 1 号					邮政编码	511600
评定时间	2008. 10. 31	注册日期	1994. 3. 3	报关有效期	2014. 2. 25	注册资本	87810 万人民币
法人姓名	林家宝	电　话	0763－4275189	日常联系人	雷福新	电　话	0763－4286888
主营范围	生产和销售上胶敷铜箔及其系列产品。						

企业名称	建滔（佛冈）绝缘材料有限公司			海关编码	4418944010	所属海关	清远海关
通讯地址	广东省清远市佛冈县石角镇					邮政编码	511600
评定时间	2013. 6. 21	注册日期	1999. 11. 11	报关有效期	2014. 11. 3	注册资本	3612 万美元
法人姓名	林家宝	电　话	0763－4275189	日常联系人	雷福新	电　话	0763－4270188
主营范围	生产和销售覆铜箔积层板基纸及其系列产品。						

企业名称	约克广州空调冷冻设备有限公司			海关编码	4418944029	所属海关	清远海关
通讯地址	广东省清远市佛冈县龙山镇学田					邮政编码	511685
评定时间	2009. 11. 23	注册日期	1995. 11. 21	报关有效期	2014. 11. 7	注册资本	1000 万美元
法人姓名	林坚	电　话	0763－4681111	日常联系人	郭旭	电　话	0763－4688842
主营范围	从事各类供热、供冷、通风、冷冻、杀菌及改善空气质素设备的设计、制造、销售和售后服务以及大型压缩机的生产和销售（国家外商投资产业指导目录中的限制类产品除外），并提供有关的项目设计、施工、安装、测试及维修服务，以及从事有关上述各项任何必需或附属的其他活动。						

企业名称	时代（英德）皮具制品有限公司			海关编码	4418948033	所属海关	清远海关
通讯地址	广东省英德市东华镇东宝工业区（地号 051301009）					邮政编码	511506
评定时间	2013. 5. 14	注册日期	2009. 4. 20	报关有效期	2015. 4. 19	注册资本	27000 万港币
法人姓名	杨华强	电　话	0763－2630698	日常联系人	陈玉兰	电　话	0763－2630698
主营范围	生产、销售手袋，出租自有闲置厂房。						

企业名称	佛山市南海福和玩具有限公司			海关编码	4428920172	所属海关	南海海关
通讯地址	广东省佛山市南海区盐步河西					邮政编码	528247
评定时间	2009.1.15	注册日期	1995.12.20	报关有效期	2014.12.20	注册资本	7000万港币
法人姓名	林键锋	电　话	0757-85775547	日常联系人	潘永钊	电　话	0757-85761736
主营范围	生产经营各类塑料玩具、注塑模具、压注模具、节日礼品、日用塑料制品、注塑电子产品，产品内外销售。						

企业名称	佛山市南海美泰精密压铸有限公司			海关编码	4428920192	所属海关	南海海关
通讯地址	广东省佛山市南海区狮山镇官窑镇永安东路					邮政编码	528237
评定时间	2009.1.15	注册日期	1998.12.22	报关有效期	2013.11.6	注册资本	1270万美元
法人姓名	ARUN KUMAR KOCHAR	电　话	0757-85888999	日常联系人	陈雪华	电　话	0757-85898513
主营范围	生产经营合金玩具车、塑料合金产品及它玩具产品，产品全部外销。						

企业名称	广东伊立浦电器股份有限公司			海关编码	4428930951	所属海关	南海海关
通讯地址	广东省佛山市南海区松岗松夏工业园工业大道西					邮政编码	528234
评定时间	2009.1.15	注册日期	2006.9.27	报关有效期	2015.9.27	注册资本	15600万人民币
法人姓名	简伟文	电　话	0757-88374889	日常联系人	洪文	电　话	0757-88374646
主营范围	生产经营电饭煲、电开水器等家用小电器、模具及金属模压制品、商用厨房电器及设备，产品内外销售。						

企业名称	佛山市南海港利达光学制品有限公司			海关编码	4428940069	所属海关	南海海关
通讯地址	广东省佛山市南海区里水镇得胜村					邮政编码	528244
评定时间	2008.10.31	注册日期	1993.9.13	报关有效期	2014.9.13	注册资本	3125万港币
法人姓名	郭彦淳	电　话	00852-23896363	日常联系人	郭迪礼	电　话	139××××2050
主营范围	生产经营照相机、望远镜、塑料制品及照相机、望远镜的零部件、配套件，手提电话的零配件和电子游戏机的零配件，产品全部外销；生产、加工、销售数字照相机及关键件，产品内外销售；生产经营电光源制品及其零部件，投影机及其零部件，产品全部外销。						

企业名称	佛山中元创新实业有限公司			海关编码	4428940542	所属海关	南海海关
通讯地址	广东省佛山市南海区九江镇九江科技园3号					邮政编码	528203
评定时间	2012.1.18	注册日期	2004.9.13	报关有效期	2014.9.13	注册资本	800万港币
法人姓名	张伟强	电　话	0757-86582008	日常联系人	邓结仪	电　话	137××××1668
主营范围	研发、生产、经营通讯视听器材及其相关电子电器产品、五金塑料制品，五金家具制品，工艺制品，产品内外销售。						

企业名称	爱信精机（佛山）车身零部件有限公司			海关编码	4428940574	所属海关	南海海关
通讯地址	广东省佛山市南海高新产业园小塘园区三环西路A区5号					邮政编码	528222
评定时间	2010.5.19	注册日期	2005.1.11	报关有效期	2016.1.11	注册资本	2148万美元
法人姓名	川田武司	电　话	0757-86650323	日常联系人	张小莲	电　话	0757-86650323
主营范围	开发、制造、销售汽车电控天窗和其他汽车电子装置及有关汽车配件、电子控制系统的输入（传感器和采样系统）输出（执行器）部件、汽车座椅马达及其零配件，提供产品的售后服务（不含维修），产品内外销售。						

企业名称	佛山丰田纺织汽车零部件有限公司			海关编码	4428940628	所属海关	南海海关
通讯地址	广东省佛山市南海区狮山镇南海科技工业园北区					邮政编码	528225
评定时间	2012.2.17	注册日期	2005.6.29	报关有效期	2014.6.29	注册资本	960万美元
法人姓名	伊藤文隆	电　话	020-38781806 0757-81203998	日常联系人	甘许昌	电　话	0757-81203988
主营范围	高档五金件、汽车电子装置及相关零部件的开发、制造和销售，产品内外销售。						

企业名称	本田汽车零部件制造有限公司			海关编码	4428940694	所属海关	南海海关
通讯地址	广东省佛山市南海区南海经济开发区本田路1号					邮政编码	528200
评定时间	2010.10.29	注册日期	2005.10.25	报关有效期	2014.10.25	注册资本	20000万美元
法人姓名	SEIJI KURAISHI	电　话	0757-81198888-114	日常联系人	杨小姐	电　话	0757-81198888-114
主营范围	生产、销售汽车自动变速箱、手动变速箱及其零配件、汽车发动机关键零配件等汽车关键零部件，提供上述产品的售后服务，产品内外销售。						

企业名称	广东志高空调有限公司			海关编码	4428940781	所属海关	南海海关
通讯地址	广东省佛山市南海区里水镇胜利工业区					邮政编码	528244
评定时间	2009. 1. 15	注册日期	2006. 9. 8	报关有效期	2015. 9. 8	注册资本	99614 万人民币
法人姓名	李兴浩	电　　话	0757－85660293	日常联系人	黄建	电　　话	0757－85660293
主营范围	制造、加工、销售家用空调、冷柜、冰箱、电磁炉、微波炉、电炒锅、电压力锅、电饭煲（锅）、洗衣机、电风扇（国内销售）、烟机、消毒柜、太阳能热水器、碟机、豆浆机、榨汁机、多功能搅拌机、电热水壶、电暖器、暖风机、浴霸、电热水器、饮水机、电开水瓶、电开水桶、净水器等家用电器及音像设备、商用空调、燃气热水器、燃气灶具、电子计算机、除湿机、冷冻冷藏设备、制冰机、风幕机、空气源热泵热水器、太阳能复合动力空调机组、五金及塑料模具、塑胶制品、自动售货机、电缆切割机及上述产品的零配件，提供上述产品的售后服务，上述产品除电风扇全部内销外，其他产品内外销售。						

企业名称	东芝家用电器制造（南海）有限公司			海关编码	4428940928	所属海关	南海海关
通讯地址	广东省佛山市南海区狮山松岗松夏工业园科技西路					邮政编码	528234
评定时间	2010. 12. 1	注册日期	2005. 5. 8	报关有效期	2014. 6. 5	注册资本	2648 万美元
法人姓名	伊藤真纯	电　　话	0757－85212218	日常联系人	谭敏生	电　　话	0757－85212237
主营范围	家用电器节约能源开发技术及节能电冰箱、洗衣机及其零部件、附件的开发、生产、进出口以及自产产品的销售、售后服务，冰柜、葡萄酒储藏柜、洗涤干燥机、衣物干燥机、电饭煲、IH 电磁炉等厨房电器、吸尘器、空调、空气清新机、除湿机、加湿器等卫生电器及小家电的开发，上述产品的模具、夹具的开发、制造、进出口、销售，电冰箱、冰柜、葡萄酒储藏柜、洗衣机、洗涤干燥机、衣物干燥机、电饭煲、IH 电磁炉等厨房电器、吸尘器、空调、空气清新机、除湿机、加湿器等卫生电器及小家电的批发、售后服务、进出口及相关配套业务（不涉及国营贸易管理商品，涉及配额、许可证管理商品的，按国家有关规定办理申请），产品内外销售。						

企业名称	南海南新无纺布有限公司			海关编码	4428941066	所属海关	南海海关
通讯地址	广东省佛山市南海区桂城					邮政编码	528200
评定时间	2012. 8. 31	注册日期	2012. 7. 20	报关有效期	2015. 7. 20	注册资本	1200 万美元
法人姓名	Dennis edward Norman	电　　话	001－704－6975186	日常联系人	卢月英	电　　话	0757－86265058
主营范围	生产、加工、销售无纺布及其制品。						

企业名称	佛山市南海区昭信进出口有限公司			海关编码	4428950039	所属海关	南海海关
通讯地址	广东省佛山市南海区平洲南港大道昭信广场七楼					邮政编码	528251
评定时间	2010. 5. 19	注册日期	2001. 11. 16	报关有效期	2014. 11. 16	注册资本	500 万人民币
法人姓名	梁伟强	电　　话	0757 – 86772611	日常联系人	李大力	电　　话	0757 – 86772611
主营范围	自营和代理各类商品及技术的进出口业务，（国家限定公司经营或禁止进出口的商品及技术除外，不另附进出口商品目录），经营进料加工和“三来一补”业务，经营对外贸易和转口贸易。						

企业名称	佛山市南海中美玩具厂			海关编码	4428950044	所属海关	南海海关
通讯地址	广东省佛山市南海区官窑镇凤源西路					邮政编码	528237
评定时间	2009. 1. 15	注册日期	2002. 4. 19	报关有效期	2014. 4. 19	注册资本	466 万人民币
法人姓名	李贤佳	电　　话	0757 – 85881823	日常联系人	周永生	电　　话	0757 – 85890048
主营范围	生产和销售玩具公仔，经营本企业自产产品及技术的出口业务，经营本企业生产所需的原辅材料、仪器仪表、机械设备、零配件及技术的进口业务。（国家限定公司经营和国家禁止进出口的商品除外。）						

企业名称	广东时利和汽车实业集团有限公司			海关编码	4428960049	所属海关	南海海关
通讯地址	广东省佛山市南海区狮山镇小塘三环西					邮政编码	528222
评定时间	2012. 1. 18	注册日期	2002. 12. 11	报关有效期	2014. 12. 11	注册资本	2000 万人民币
法人姓名	徐桥华	电　　话	0757 – 86633868	日常联系人	王耀国	电　　话	0757 – 86633330
主营范围	加工，制造车底抗石击涂料、焊缝密封胶、汽车用密封粘合剂、玻璃清洗液、环保型制冷剂（危险化学品除外），皮革座椅套，销售汽车（小轿车除外）、汽车装饰品、汽车音响、汽车防盗器、汽车蓄电池、防冻液、制动液、发动机机油、变速箱油、防腐蜡（以上项目危险化学品剧毒品除外）、塑胶原料，经营本企业自产产品及技术出口业务，经营本企业生产所需的原辅材料、仪器仪表、机械设备、零配件及技术的进口业务（国家限定公司经营和国家禁止进出口的商品除外，不单列贸易方式），货物进出口技术进出口。（法律、行政法规禁止的项目除外；法律行政法规限制的项目，须取得许可证经营。）						

企业名称	广东东方精工科技股份有限公司			海关编码	4428960368	所属海关	南海海关
通讯地址	广东省佛山市南海区狮山大道北段					邮政编码	528225
评定时间	2013. 1. 18	注册日期	2005. 7. 14	报关有效期	2014. 7. 14	注册资本	17680 万人民币
法人姓名	唐灼林	电　　话	0757 – 86695476	日常联系人	邱业致	电　　话	0757 – 86695476
主营范围	加工、制造、销售纸箱印刷机及配件、通用机械及配件，货物进出口、技术进出口。（法律、行政法规禁止的项目除外；法律、行政法规限制的项目，须取得许可后方可经营。）						

企业名称	广州丰力橡胶轮胎有限公司			海关编码	4401917017	所属海关	从化海关
通讯地址	广东省从化市鳌头镇万力路3号					邮政编码	510940
评定时间	2009.11.23	注册日期	2008.4.15	报关有效期	2014.4.15	注册资本	44524万人民币
法人姓名	孙维元	电　话	020－37967800	日常联系人	邓光强	电　话	136××××8809
主营范围	生产、销售轮胎、橡胶制品及相关的设备和配件，提供技术咨询服务，经营本企业自产产品及相关技术的进出口业务，经营本企业生产、科研所需的原辅材料、机械设备、仪器、仪表、零配件及技术的进出口业务。						

企业名称	广州万宝集团冰箱有限公司			海关编码	4401917018	所属海关	从化海关
通讯地址	广东省从化市鳌头镇旗杆长腰岭106国道旁边					邮政编码	510935
评定时间	2010.5.6	注册日期	2009.4.17	报关有效期	2015.4.17	注册资本	10000万人民币
法人姓名	巨小平	电　话	135××××1742	日常联系人	王继杰	电　话	136××××0936
主营范围	家用电器及零配件的设计、制造、加工，家用电器的销售，电器产品的技术开发、技术改造、技术服务，货物进出口和技术进出口。（国家法律、法规禁止的项目除外；法律、法规限制的项目，取得许可证后方可经营。）						

企业名称	广汽日野汽车有限公司			海关编码	4401937108	所属海关	从化海关
通讯地址	广东省从化市明珠工业园区					邮政编码	510931
评定时间	2012.11.29	注册日期	2008.4.1	报关有效期	2014.4.1	注册资本	150000万人民币
法人姓名	袁仲荣	电　话	020－86385913	日常联系人	彭钟强	电　话	138××××4387
主营范围	开发研究、设计、生产商用车及底盘、发动机等零部件，销售自产产品并提供售后服务及相关咨询，培训服务。						

企业名称	镇泰（广州）实业有限公司			海关编码	4401947137	所属海关	从化海关
通讯地址	广东省从化市城郊街城鳌大道东路163号					邮政编码	510920
评定时间	2008.12.19	注册日期	2004.7.15	报关有效期	2014.7.15	注册资本	4560万美元
法人姓名	黄铁城	电　话	020－37996666	日常联系人	李丽谊	电　话	020－37901960
主营范围	生产、加工塑料、金属制品、各类玩具及礼品、各类模具、模胚及其配件、电子制品（国家限制的产品除外）、轻工塑料家用制品、旅游及儿童用品、家用电力器具、机械器具、机电产品及仪器、包装装潢印刷品印刷，销售本企业产品。（法律、法规禁止经营的，不得经营；专项规定管理的行业，按国家有关规定办理申请。）						

企业名称	从化东麟钻石有限公司	海关编码	4401947152	所属海关	从化海关
通讯地址	广东省从化市鳌头镇棋杆钻石大道（南门桥）			邮政编码	510935
评定时间	2009.5.12	注册日期	2005.3.31	报关有效期	2014.3.31
注册资本	1231 万美元				
法人姓名	邝华启	电　话	020－61796066－302	日常联系人	欧阳伟如
电　话	137××××5406				
主营范围	生产、加工、销售自产的钻石。				

企业名称	广州天马集团天马摩托车有限公司			海关编码	4401967029	所属海关	从化海关		
通讯地址	广东省从化市从樟路 3 号					邮政编码	510925		
评定时间	2009.5.12	注册日期	2004.9.17	报关有效期	2014.9.17	注册资本	8000 万人民币		
法人姓名	刘维嘉	电　话	020－87982688	日常联系人	张丽君	电　话	020－87986245		
主营范围	制造、加工、销售：摩托车及其配件、助力车，经营本企业自产产品及相关技术的出口业务，经营本企业生产、科研所需的原辅材料、机械设备、仪器仪表、零配件及相关技术的进口业务（国家限定公司经营和国家禁止进出口商品及技术除外），经营本企业的进料加工和“三来一补”业务。								

企业名称	金发科技股份有限公司			海关编码	4401363002	所属海关	广州萝岗
通讯地址	广东省广州市高新技术产业开发区科学城科丰路 33 号					邮政编码	510560
评定时间	2009.1.15	注册日期	2002.1.4	报关有效期	2014.1.4	注册资本	39516 万美元
法人姓名	袁志敏	电　话	020－62252688	日常联系人	宋子强	电　话	020－66221663
主营范围	塑料、化工产品、日用机械、金属制品新材料、新产品的开发、研究、加工、制造、技术服务、技术转让，废旧塑料的回收利用，房地产开发和经营，物业管理，利用自有资金投资，批发和零售贸易（国家专营专控商品除外），自营进出口业务（按穗外经贸［1999］227 号批复的范围经营）。（凡国家专营专控商品或项目除外。）						

企业名称	广州添利电子科技有限公司			海关编码	4401923777	所属海关	广州萝岗
通讯地址	广东省广州市萝岗区九佛西路 888 号					邮政编码	510555
评定时间	2009.1.15	注册日期	1993.4.10	报关有效期	2014.4.10	注册资本	7000 万美元
法人姓名	DANIEL J. WEBER	电　话	020－87490623	日常联系人	郭根福	电　话	020－87490174
主营范围	生产、加工多功能电路板、新型电子元器件、新型仪表元器件和材料、电子专用设备、测试仪器、工模具制造，线路板装配、IP 数据通信系统、数据通信多媒体系统设备及接入网通信系统设备、通信机柜，销售本企业产品，从事上述同类产品的进出口、批发业务。（法律、法规禁止经营的，不得经营；涉及许可经营的，凭许可证经营。）						

企业名称	卡尔蔡司光学（中国）有限公司			海关编码	4401924538	所属海关	广州萝岗
通讯地址	广东省广州市萝岗区九佛西路1389号					邮政编码	510555
评定时间	2012.2.21	注册日期	2009.3.13	报关有效期	2015.3.13	注册资本	2034万美元
法人姓名	RAYMUN-DJOHA-NNHEINEN	电　话	020－87490088	日常联系人	吴丽	电　话	020－87490032
主营范围	发展、研究、设计、制造、加工各类光学产品及相关设备，销售本企业产品。						

企业名称	广州摩恩水暖器材有限公司			海关编码	4401934022	所属海关	广州萝岗
通讯地址	广东省广州市天河区沙河上元岗					邮政编码	510507
评定时间	2009.5.12	注册日期	1995.7.17	报关有效期	2014.6.27	注册资本	610万美元
法人姓名	关玉东	电　话	020－83750352	日常联系人	胡德红	电　话	020－87157140
主营范围	生产水龙头、厨具、锁具、洁具等装潢五金配件，销售本企业产品，采购国内非配额许可证产品出口，为关联公司提供产品质量控制、售后服务及技术支持服务。（法律、法规禁止经营的，不得经营；涉及许可经营的，凭许可证经营。）						

企业名称	广州宏信塑胶工业有限公司			海关编码	4401943664	所属海关	广州萝岗
通讯地址	广东省广州市萝岗区云埔1号					邮政编码	510530
评定时间	2008.10.31	注册日期	2002.8.5	报关有效期	2014.8.5	注册资本	4000万美元
法人姓名	张振明	电　话	020－82266188	日常联系人	张明德	电　话	020－82266188
主营范围	生产聚氯乙烯（PVC）硬质胶布、硬质PVC颗粒、镀铝聚酯膜（PET膜）、镀铝聚丙烯膜（OPP膜），销售自产产品。						

企业名称	广州合诚实业有限公司			海关编码	4401964732	所属海关	广州萝岗
通讯地址	广东省广州市萝岗区云埔工业区云诚路8号					邮政编码	510530
评定时间	2013.4.28	注册日期	2005.4.5	报关有效期	2014.4.15	注册资本	2000万人民币
法人姓名	蒋文真	电　话	020－32067089	日常联系人	王大联	电　话	020－38870989
主营范围	技术研究、销售日用化学品、塑料原料、塑料辅助剂，货物进出口、技术进出口（法律、行政法规禁止的项目除外，法律、行政法规规定必须经审批的项目，经审批后方可经营），物业管理，生产塑料原料、塑料辅助剂，加工、销售植物蛋白、糙米粉、面包糕点预拌粉（有效期至2012年07月22日止），研发、生产调味料（半固态，有效期至2013年10月10日），批发兼零售预包装食品（米面制品、烘焙食品、豆制品、冷冻饮品、罐头、非酒精饮料、面粉，有效期至2014年5月26日），生产、批发、零售食品添加剂。（法律、行政法规禁止的项目除外；法律、行政法规规定必须经审批的项目，经审批后方可经营。）						

企业名称	广州市大阳摩托车有限公司		海关编码	4401918007	所属海关	花都海关
通讯地址	广东省广州市花都区永发大道12号				邮政编码	510800
评定时间	2010.12.1	注册日期	2001.5.16	报关有效期	2014.5.16	注册资本	5000万人民币
法人姓名	远勤山	电　话	020－86965499	日常联系人	骆帼仪	电　话	020－86965400
主营范围	生产、销售摩托车及其零配件（含摩托车发动机）、电动及人力自行车、三轮车及其配件、汽车零配件（不含发动机）。						

企业名称	广州市东风南方实业有限责任公司		海关编码	4401918028	所属海关	花都海关
通讯地址	广东省广州市花都区风神大道8号				邮政编码	510800
评定时间	2009.12.18	注册日期	2009.12.9	报关有效期	2015.12.9	注册资本	3000万人民币
法人姓名	陈昊	电　话	020－86869065	日常联系人	赵鑫	电　话	020－86866729
主营范围	自有房地产的出租、转让与管理，货物包装、仓储，物流信息咨询，货物进出口（法律、行政法规禁止的除外，法律、行政法规限制的须取得许可后方可经营），批发和零售贸易（国家专营专控商品除外）。						

企业名称	广州绿北洋皮革制品有限公司		海关编码	4401938256	所属海关	花都海关
通讯地址	广东省广州市花都区新华镇华兴工业区				邮政编码	510800
评定时间	2011.9.14	注册日期	2000.10.13	报关有效期	2014.10.13	注册资本	9200万人民币
法人姓名	李飚	电　话	020－36850429	日常联系人	尹玉娥	电　话	136××××5169
主营范围	牛蓝湿皮和皮革后整饰新技术加工、生产，销售本企业产品。						

企业名称	广州市国光电子科技有限公司		海关编码	4401938280	所属海关	花都海关
通讯地址	广东省广州市花都区新华街镜湖大道8号				邮政编码	510800
评定时间	2009.1.15	注册日期	2003.9.17	报关有效期	2016.3.11	注册资本	9200万人民币
法人姓名	郝旭明	电　话	020－28609988	日常联系人	黄伟成	电　话	020－28610076
主营范围	设计、生产、加工汽车电子设备系统、数字摄录机、数字录放机、数字放声设备、数字电视节目存储系统设备、MPEG码流记录设备、新型电子元器件、扬声器及其他高档电声器件、工程塑料及塑料合金，销售本企业产品。						

企业名称	国光电器股份有限公司			海关编码	4401938306	所属海关	花都海关
通讯地址	广东省广州市花都区新华街镜湖大道8号					邮政编码	510800
评定时间	2009.1.15	注册日期	2006.9.13	报关有效期	2015.9.13	注册资本	41690万人民币
法人姓名	周海昌	电　　话	020－28609168	日常联系人	黄伟成	电　　话	138××××4071
主营范围	研发、生产、销售电子元件、电声器件和音响设备、音箱、电脑配件、电视机配件及相关工程服务和售后服务，相关技术和商品的进出口，从事非配额许可证管理、非专营商品的收购出口，自有房屋、场地租赁。（法律、法规禁止经营的，不得经营；涉及许可证经营的，凭许可证经营。）						

企业名称	广州今仙电机有限公司			海关编码	4401948296	所属海关	花都海关
通讯地址	广东省广州市花都区花山镇华侨科技工业园内					邮政编码	510880
评定时间	2009.1.15	注册日期	2002.1.11	报关有效期	2014.1.11	注册资本	935万美元
法人姓名	足立隆	电　　话	020－86948778	日常联系人	侯秋好	电　　话	020－86948778
主营范围	开发、生产、加工汽车关键零部件、汽车的模具、夹具、铸锻毛坯件、车身电子控制系统，销售本企业产品，提供上述产品的维修及技术咨询服务。（法律、法规禁止的，不得经营；涉及许可经营项目的，凭许可证经营。）						

企业名称	广州永大不锈钢有限公司			海关编码	4401948557	所属海关	花都海关
通讯地址	广东省广州市花都区花山镇小布村					邮政编码	510880
评定时间	2009.11.23	注册日期	2005.10.14	报关有效期	2014.7.4	注册资本	2999万美元
法人姓名	曹坤莲	电　　话	020－86847851	日常联系人	钟香	电　　话	020－86847851
主营范围	生产、加工新型建筑材料、高档环保型装饰装修材料、有色金属复合材料、新型合金材料、高档建筑五金件、水暖器材及五金件，销售本企业产品。						

企业名称	广州宏昌胶粘带厂			海关编码	4401948608	所属海关	花都海关
通讯地址	广东省广州市花都区新华镇107国道华海工业区					邮政编码	510800
评定时间	2009.1.15	注册日期	2006.7.6	报关有效期	2015.7.6	注册资本	618万美元
法人姓名	冯广森	电　　话	020－86867028	日常联系人	张小雅	电　　话	020－86867028－3618
主营范围	生产、加工文具用品、BOPP等粘帖性胶粘带、压敏胶粘剂及相关化工产品，销售本企业产品。						

企业名称	广州轻出集团百货进出口有限公司			海关编码	4401913017	所属海关	广州海关现场业务处驻市政务中心监管点
通讯地址	广东省广州市长堤大马路87号					邮政编码	510120
评定时间	2009.5.12	注册日期	1993.11.1	报关有效期	2014.11.1	注册资本	143万美元
法人姓名	朱璞真	电　　话	020－83373900	日常联系人	何昌鑑	电　　话	020－83373900
主营范围	轻工产品、纺织品、工艺品、五金矿产、土产、畜产、化工机械、粮油食品、医药保健品及上述产品的原辅材料的进出口、代理进口、转口贸易，经营上述各类进出口商品的国内调拨、加工、收购、批发、零售，承办中外合资经营、合作产生业务，承办来料加工、来样加工、来料装配业务，开展补偿贸易业务（国家专营专控商品除外）。						

企业名称	广州轻出集团鑫诺进出口有限公司			海关编码	4401913018	所属海关	广州海关现场业务处驻市政务中心监管点
通讯地址	广东省广州市越秀区长堤路87号					邮政编码	510120
评定时间	2009.5.12	注册日期	2008.9.2	报关有效期	2014.9.2	注册资本	1500万人民币
法人姓名	陈镇周	电　　话	020－83337522	日常联系人	钟夏	电　　话	020－83194768
主营范围	轻工产品、纺织品、工艺品、五金矿产、土畜产、化工机械、粮油食品、医药保健品及上述产品原辅材料的进出口、代理进口、转口贸易，经营上述各类进出口商品的国内调拨、加工、批发、收购、零售，承办中外合资经营、合作生产业务，“三来一补”业务，仓储。						

企业名称	广州轻出集团文体用品进出口有限公司			海关编码	4401913022	所属海关	广州海关现场业务处驻市政务中心监管点
通讯地址	广东省广州市越秀区长堤87号					邮政编码	510120
评定时间	2011.8.3	注册日期	1992.12.28	报关有效期	2014.12.28	注册资本	160万美元
法人姓名	黎文婷	电　　话	020－83337855	日常联系人	黄学鸣	电　　话	020－83337522－8806
主营范围	轻工产品、纺织品、工艺品、五金矿产、土畜产、化工机械、粮油食品、医药保健品及上述产品原辅材料的进出口及代理进口、转口贸易，经营上述进出口商品的国内调拨、加工、收购、批发、零售，承办中外合资经营、合作生产和“三来一补”业务，运输、仓储及保税业务。						

企业名称	广州轻出集团恒瑞进出口有限公司			海关编码	4401913026	所属海关	广州海关现场业务处驻市政务中心监管点
通讯地址	广东省广州市越秀区长堤路87号10楼					邮政编码	510000
评定时间	2009.1.15	注册日期	1992.12.23	报关有效期	2014.12.23	注册资本	150万美元
法人姓名	杨其标	电话	020-83339145	日常联系人	黄诚阳	电话	020-83324203
主营范围	轻工产品、纺织品、工艺品、五金矿产、土畜产、化工机械、粮油食品、医药保健食品及上述产品的原辅材料的进出口、代理进口、转口贸易，经营上述各类进出口商品的国内调拔、加工、批发、零售、收购，承办中外合资经营、合作生产、“三来一补”业务，仓储服务（国家专营专控的商品或项目除外），销售燃料油（不含成品油，闪点高于60℃），批发酒类、预包装食品（主营乳制品，不包括婴幼儿奶粉、咖啡、可可、婴幼儿食品，有效期至2013年12月14日）。						

企业名称	广东省机械进出口股份有限公司			海关编码	4401913039	所属海关	广州海关现场业务处驻市政务中心监管点
通讯地址	广东省广州市越秀区东风东路726号					邮政编码	510800
评定时间	2011.11.11	注册日期	2008.7.15	报关有效期	2014.7.15	注册资本	2400万美元
法人姓名	李统安	电话	020-37658227	日常联系人	李露青	电话	020-37658333
主营范围	经营和代理船舶、成套设备等各类商品及技术的进出口，包括进口钢材（国家限定公司经营或禁止进出口的商品及技术除外），承包境外机电工程和境内国际招标工程，上述境外工程所需的设备、材料出口，向境外派遣各类劳务人员（不含海员，有效期至2017年11月30日），备案进口废钢、废铜、废铝、废纸、废塑料，提供运输机械维修和咨询服务、设备租赁服务，销售出口转内销商品（专营专控商品除外）、燃料油、汽车、电子计算机及配件、仪器仪表、建筑材料、工业生产资料（含小轿车，不含金及危险化学品），批发经营煤炭（有效期至2013年6月27日）。						

企业名称	广东省外贸开发公司			海关编码	4401913050	所属海关	广州海关现场业务处驻市政务中心监管点
通讯地址	广东省广州市天河区天河路351号广东外经贸大厦101、201单元15~18楼					邮政编码	510620
评定时间	2012.6.11	注册日期	1992.12.20	报关有效期	2014.12.20	注册资本	2943万人民币
法人姓名	黄铁明	电话	020-38819001	日常联系人	蔡兴军	电话	020-38805448
主营范围	货物及技术进出口（法律、行政法规禁止的项目除外，法律、行政法规限制的项目须取得许可证方可经营），自有办公楼租赁、物业管理、房产中介（由分支机构办照经营），煤炭批发零售。						

企业名称	中国图书进出口广州公司			海关编码	4401913147	所属海关	广州海关现场业务处驻市政务中心监管点
通讯地址	广东省广州市海珠区新港西路大江冲25号					邮政编码	510300
评定时间	2012.11.26	注册日期	1993.1.12	报关有效期	2014.1.12	注册资本	252万美元
法人姓名	栗淑萍	电话	020－34202259	日常联系人	叶凯君	电话	020－34200004
主营范围	经营和代理各类商品及技术的进出口业务（国家限定经营或禁止进出口的商品及技术除外），经营进料加工和“三来一补”业务，经营对销和转口贸易（按［2001］外经贸发展审函字第257号文经营）。						

企业名称	广东省土产进出口（集团）公司			海关编码	4401913155	所属海关	广州海关现场业务处驻市政务中心监管点
通讯地址	广东省广州市海珠区江南大道中108号					邮政编码	510240
评定时间	2011.1.25	注册日期	2008.12.26	报关有效期	2014.12.26	注册资本	17026万人民币
法人姓名	邓秋华	电话	020－84411531	日常联系人	雷磊	电话	020－84242322
主营范围	土产品、粮油、纺织品、轻工业品、工艺品等商品的出口和粮食、钢材、木材等商品的进口（具体商品按经贸部［92］第A19514号文和粤经贸进字［92］196号文经营），开展补偿贸易和转口贸易，农副产品（不含许可经营项目）收购，装卸搬运，煤炭批发和零售，化肥零售，危险化学品批发（无储存设施，具体经营项目按许可证经营，有效期至2014年9月21日止）。						

企业名称	广州轻出集团股份有限公司			海关编码	4401913174	所属海关	广州海关现场业务处驻市政务中心监管点
通讯地址	广东省广州市越秀区长堤大马路87号					邮政编码	510120
评定时间	2009.5.12	注册日期	1998.3.3	报关有效期	2014.3.3	注册资本	10000万人民币
法人姓名	卢业干	电话	020－83337522	日常联系人	朱展鹏	电话	020－83340192
主营范围	轻工业品、工艺品、家电设备、光电产品、纺织服装、五金矿产、化工产品、机械设备、粮油食品、工农具、运输工具、医药保健品、土畜产品（具体见穗外经贸进［1997］173号）的代理进口、转口贸易，经营上述进出口商品的国内调拨、加工、收购、批发、零售，承办中外合资经营、合作生产业务，承办来料加工、来料加工、来料装配业务，开展补偿贸易业务、运输、仓储及保税业务、包装装璜业务，旅游服务，场地出租（限长堤大马路87号7～12楼），场地出租（限越秀区长堤大马路87号1～6层）。（凡国家专营专控商品或项目除外。）						

企业名称	中国航空技术广州有限公司		海关编码	4401913200	所属海关	广州海关现场业务处驻市政务中心监管点
通讯地址	广东省广州市海珠区琶洲大道东1号保利国际广场南塔3、4楼				邮政编码	510308
评定时间	2011.1.10	注册日期	1993.1.26	报关有效期	2014.2.19	注册资本	4412万美元
法人姓名	杨方	电话	020－89899808	日常联系人	翁伟东	电话	020－89899927
主营范围	自营和代理各类商品及技术的进出口业务（国家规定的专营进出口商品和国家禁止的进出口等特殊商品除外），经营进料加工和“三来一补”业务，开发对销贸易和转口贸易，煤炭批发（有效期至2013年8月21日），销售医疗器械（具体按本公司有效许可证书经营，有效期至2014年4月20），医疗器械租赁，批发（无储存设施）危险化学品（具体按粤穗安经（乙）字［2011］001999号（2）号经营，有效期至2014年4月11日）、沥青产品、石油制品（不含成品油）。						

企业名称	广东省食品进出口集团公司		海关编码	4401913290	所属海关	广州海关现场业务处驻市政务中心监管点
通讯地址	广东省广州市越秀区东湖西路2号				邮政编码	510100
评定时间	2012.9.18	注册日期	2004.3.17	报关有效期	2014.3.17	注册资本	11177万人民币
法人姓名	魏高平	电话	020－83781896	日常联系人	莫德伟	电话	020－83781795
主营范围	自营和代理各类商品及技术的进出口业务（包括进口食糖商品，国家规定的专营进出口商品和国家禁止进出口等特殊商品除外），经营进料加工和“三来一补”业务，开展对销贸易和转口贸易，公路货运、至港澳航线货运，仓储。						

企业名称	广州无线电集团有限公司		海关编码	4401913298	所属海关	广州海关现场业务处驻市政务中心监管点
通讯地址	广东省广州市天河区黄埔大道西平云路163号				邮政编码	510656
评定时间	2010.1.18	注册日期	1993.1.12	报关有效期	2014.1.12	注册资本	55000万人民币
法人姓名	赵友永	电话	020－38699902	日常联系人	夏勇	电话	020－38699880
主营范围	经营授权管理的国有资产，出口本企业的产品，进出口本企业生产所需的设备及原辅材料，制造、加工通信设备、视频产品、音响设备、电工器材、无线电导航设备、电子测量仪器、电子玩具、电子防盗设备、计算机及配件、金属结构件、金属切削工具、模具、塑料制品，电子产品、通信产品、通信设备、机床设备、仪器仪表、机电产品及其配套工程的设计、安装、维修、技术咨询及技术服务，电子产品、计算机软硬件及零配件的制造、研究、开发、设计、销售及技术服务，批发和零售贸易（国家专营专控商品除外），房地产开发，房屋租赁、货物进出口、技术进出口。（法律、行政法规禁止的项目除外；法律、行政法规限制的项目，须取得许可证后方可经营）。						

企业名称	中国南航集团进出口贸易有限公司			海关编码	4401913358	所属海关	广州海关现场业务处驻市政务中心监管点
通讯地址	广东省广州市白云区白云机场内					邮政编码	510405
评定时间	2008.10.31	注册日期	1993.9.25	报关有效期	2014.9.25	注册资本	1500万人民币
法人姓名	曾子祥	电　话	020－86130218	日常联系人	刘庆晖	电　话	138××××0727
主营范围	航材设备及零备件寄售，出口民用航空器、飞机发动机及零配件、机载设备、地面航空保障设备及零备件、特种工、夹具、仪器仪表、橡胶制品，进口（国家规定一类商品除外）生产所需原辅材料、机械设备、零配件，代理进出口报关业务，提供劳务服务，代理机电产品招标业务，投资项目咨询、策划，销售百货、针纺织品、五金、交电、化工（易燃易爆品、化学危险品除外）、电脑及配件、仪器仪表、建筑材料、工艺美术品（除金银制品）、日用杂货（除烟花炮竹）、粮油、副食品、农副产品，航空技术咨询，货物仓储、中转，机械租赁、房屋租赁。（凡国家专营专控商品或项目除外。）						

企业名称	广州市虎头电池集团有限公司			海关编码	4401913550	所属海关	广州海关现场业务处驻市政务中心监管点
通讯地址	广东省广州市海珠区工业大道北132号内自编68号					邮政编码	510250
评定时间	2011.1.25	注册日期	2000.9.19	报关有效期	2015.4.30	注册资本	2259万美元
法人姓名	胡守斌	电　话	020－85555759	日常联系人	陈国庭	电　话	020－85578657
主营范围	研制、生产电池、机械设备、日用百货、家用电器、文体用品、计算机软件，批发和零售贸易（国家专营专控商品除外），货物进出口、技术进出口（法律、行政法规禁止的项目除外，法律、行政法规限制的项目须取得许可证后方可经营），经营来料加工和“三来一补”业务，批发预包装食品（食品流通许可证有效期至2015年10月10日）。						

企业名称	广州汽车集团商贸有限公司			海关编码	4401913555	所属海关	广州海关现场业务处驻市政务中心监管点
通讯地址	广东省广州市越秀区永泰路54号金晖楼首层					邮政编码	510095
评定时间	2009.5.12	注册日期	2000.11.7	报关有效期	2014.11.7	注册资本	61100万人民币
法人姓名	蒋平	电　话	020－83585498	日常联系人	梁文聪	电　话	020－83587438
主营范围	经营本企业自产的汽车、摩托车、改装车、自行车、车辆零部件以及技术的出口业务，经营本企业生产所需的原辅材料、仪器仪表、机械设备、零配件及技术的进口业务（国家限定公司经营和国家禁止进出口的商品及技术除外），经营进料加工和“三来一补”业务，钢材进口经营，批发和零售贸易（国家专营专控商品除外），技术咨询服务，销售汽车（含小轿车），汽车租赁、汽车展览服务，普通货运，货物包装、仓储，加工、销售汽车零配件及售后服务（仓储、加工由分支机构经营），回收、筛选金属边角料、包装材料。（凡国家专营专控商品或项目除外。）						

企业名称	广州交易会经济发展有限公司		海关编码	4401913644	所属海关	广州海关现场业务处驻市政务中心监管点
通讯地址	广东省广州市海珠区凤浦中路679号广交会大厦8楼南座				邮政编码	510335
评定时间	2011. 3. 25	注册日期	2002. 6. 18	报关有效期	2014. 6. 18	注册资本	75万美元
法人姓名	梁士华	电　话	020－26081901	日常联系人	苏德生	电　话	020－26081905
主营范围	自营和代理各类商品和技术的进出口（国家限制或禁止进出口的商品和技术除外）。批发和零售贸易（国家专营专控商品除外），冲印、照相，代办仓储、运输手续，承办展览，室内装饰及设计，制售冷热饮品，销售预包装食品、散装食品（以上项目限分支机构经营）。（经营范围涉及法律、行政法规禁止经营的，不得经营；涉及许可经营的，未获许可前不得经营。）						

企业名称	广东振戎能源有限公司		海关编码	4401913647	所属海关	广州海关现场业务处驻市政务中心监管点
通讯地址	广东省广州市天河区珠江新城华夏路8号合景国际金融广场第35层				邮政编码	510623
评定时间	2013. 3. 11	注册日期	2002. 7. 29	报关有效期	2014. 7. 29	注册资本	3000万美元
法人姓名	熊韶辉	电　话	020－38336000	日常联系人	谭清华	电　话	020－38336000
主营范围	批发煤炭、危险化学品（具体按粤穗安经（乙）字［2011］000764号（6）号经营）、预包装食品、散装食品（食用油、肉类熟食制品，面粉，烹调佐料）、乳制品（含婴幼儿配方乳粉）（以上项目按本公司有效许可证经营），销售石油制品（不含危险化学品）、汽车（不含实行汽车品牌销售管理的汽车）、焦油、矿产品（不含钨、锡、锑的出口贸易）、金银制品、有色金属、金属制品、水泥、天然橡胶、纺织品、日用百货、工艺美术品、农副产品、化肥、土畜产品（不含种畜）、电器机械设备、电子产品及通信设备（不含广播电视发射设施及接收设备），以自有资金进行实业投资，经营和代理各类商品及技术的进出口。（法律、行政法规禁止的项目除外；法律、行政法规限制的项目，须取得许可证后方可经营。）						

企业名称	广东广新五金矿产进出口有限公司		海关编码	4401913847	所属海关	广州海关现场业务处驻市政务中心监管点
通讯地址	广东省广州市越秀区东风东路774号4－6楼				邮政编码	510087
评定时间	2013. 4. 12	注册日期	2006. 8. 24	报关有效期	2015. 8. 24	注册资本	750万美元
法人姓名	王粤生	电　话	020－87337816	日常联系人	连伟佳	电　话	020－87337847
主营范围	货物进出口、技术进出口（法律、行政法规禁止的项目除外，法律、行政法规限制的项目须取得许可后方可经营），场地出租（限东风东路774号4～6层），批发和零售贸易（国家专营专控商品除外）。						

<table>
<tr><td>企业名称</td><td colspan="3">国义招标股份有限公司</td><td>海关编码</td><td>4401913892</td><td>所属海关</td><td>广州海关现场业务处驻市政务中心监管点</td></tr>
<tr><td>通讯地址</td><td colspan="5">广东省广州市越秀区东风东路 726 号 16 楼</td><td>邮政编码</td><td>510080</td></tr>
<tr><td>评定时间</td><td>2011. 2. 28</td><td>注册日期</td><td>2008. 1. 31</td><td>报关有效期</td><td>2014. 1. 31</td><td>注册资本</td><td>1374 万美元</td></tr>
<tr><td>法人姓名</td><td>詹国伟</td><td>电　话</td><td>020－37658268</td><td>日常联系人</td><td>张天</td><td>电　话</td><td>020－37658268</td></tr>
<tr><td>主营范围</td><td colspan="7">经营机电产品国际招标业务、工程招标代理业务、政府采购业务及各种货物和服务类招标代理业务，境外机电工程和境内国际招标工程，上述境外工程所需设备、材料出口，对外派遣实施上述境外工程所需劳务人员，货物进出口、技术进出口，销售燃料油。（上述项目法律、行政法规禁止的项目除外；法律，行政法规限制的项目，须取得许可后方可经营。）</td></tr>
</table>

<table>
<tr><td>企业名称</td><td colspan="3">广州珠江钢琴集团股份有限公司</td><td>海关编码</td><td>4401913931</td><td>所属海关</td><td>广州海关现场业务处驻市政务中心监管点</td></tr>
<tr><td>通讯地址</td><td colspan="5">广东省广州市荔湾区花地大道南渔尾西路</td><td>邮政编码</td><td>510388</td></tr>
<tr><td>评定时间</td><td>2013. 4. 12</td><td>注册日期</td><td>2009. 3. 10</td><td>报关有效期</td><td>2015. 3. 10</td><td>注册资本</td><td>7170 万美元</td></tr>
<tr><td>法人姓名</td><td>施少斌</td><td>电　话</td><td>020－81502729</td><td>日常联系人</td><td>张广斌</td><td>电　话</td><td>020－81507678</td></tr>
<tr><td>主营范围</td><td colspan="7">制造、加工、销售、修理钢琴、乐器（不含吉它、提琴）、电子设备、音响设备、工艺品、木制品及配件，产品技术开发及售后维修服务，乐器演奏及音乐文化培训，货物进出口、技术进出口。（法律、行政法规禁止的项目除外；法律、行政法规限制的项目，须取得许可后方可经营。）</td></tr>
</table>

<table>
<tr><td>企业名称</td><td colspan="3">广州奥的斯电梯有限公司</td><td>海关编码</td><td>4401933657</td><td>所属海关</td><td>广州海关现场业务处驻市政务中心监管点</td></tr>
<tr><td>通讯地址</td><td colspan="5">广东省广州市白云区北郊夏茅</td><td>邮政编码</td><td>510425</td></tr>
<tr><td>评定时间</td><td>2008. 10. 31</td><td>注册日期</td><td>1993. 2. 1</td><td>报关有效期</td><td>2014. 2. 1</td><td>注册资本</td><td>1200 万美元</td></tr>
<tr><td>法人姓名</td><td>腾逸博</td><td>电　话</td><td>022－28108866</td><td>日常联系人</td><td>何娟</td><td>电　话</td><td>020－28271201</td></tr>
<tr><td>主营范围</td><td colspan="7">制造、加工、销售、安装、改造及维修电梯、自动扶梯、自动人行道、屏蔽门及其零部件，以上产品的设计、技术咨询和售后服务，以上产品同类商品的批发、进出口、佣金代理（拍卖除外）业务。（涉及配额许可证经营、专项规定管理的商品，按照国家有关规定办理。）</td></tr>
</table>

企业名称	广州广船国际股份有限公司			海关编码	4401933983	所属海关	广州海关现场业务处驻市政务中心监管点
通讯地址	广东省广州市荔湾区芳村大道南40号					邮政编码	510382
评定时间	2008.10.31	注册日期	1995.2.28	报关有效期	2014.2.28	注册资本	965万美元
法人姓名	余宝山	电　话	020－81891712	日常联系人	叶春泽	电　话	020－81891712
主营范围	设计、加工、安装、销售船舶及其辅机、集装箱、金属结构及其构件、压力容器、普通机械、铸锻件通用零部件、玻璃钢制品、线路、管道、工具、家具，修理机械设备、船舶，拆船，勘察设计，自有技术转让，室内装饰，经营性租赁自产集装箱、船舶、设备，承包境外机电工程和境内国际招标工程，出口上述境外工程所需的设备及材料，对外派遣实施上述境外工程所需的劳务人员。						

企业名称	日立电梯（中国）有限公司			海关编码	4401934059	所属海关	广州海关现场业务处驻市政务中心监管点
通讯地址	广东省广州市天河区天河北路233号中信广场办公大楼62层					邮政编码	510613
评定时间	2010.1.18	注册日期	1995.12.4	报关有效期	2014.12.11	注册资本	6488万美元
法人姓名	池村敏郎	电　话	020－38066596	日常联系人	廖彩明	电　话	020－38793271、38793274
主营范围	研发、设计、制造、销售、安装、维修、保养、改造电梯、自动扶梯、自动人行道、杂物梯、立体停车场、建筑智能化系统工程、其他升降机及其零部件、零配件，以及上述产品与事业的技术培训、咨询服务，进口日立牌相关产品及相关零部件的批发，佣金代理（拍卖除外）及售后服务。[涉及许可经营项目的凭许可证经营，特种设备制造许可证（电梯）有效期限至2008年6月15日，特种设备安装改造维修许可证（电梯）有效期限至2009年11月3日]。						

企业名称	华南蓝天航空油料有限公司			海关编码	4401934202	所属海关	广州海关现场业务处驻市政务中心监管点
通讯地址	广东省广州市白云国际机场内航空加油站					邮政编码	510405
评定时间	2009.1.15	注册日期	1998.10.7	报关有效期	2015.1.30	注册资本	9613万美元
法人姓名	赵一芹	电　话	010－59890358	日常联系人	黄瑞冰	电　话	020－86581805
主营范围	建设中南地区（包括广州、汕头、湛江、梅县、桂林、北海、南宁、柳州、梧州、长沙、张家界、常德、武汉、宜昌、恩施和郑州市）在用和新建机场的油品储存、运输和供应设施，经营上述机场所需航油、清洗剂及各类机场地面车辆和机具所使用的油品的储存和运输（由分支机构经营）、采购、销售、加注业务及与以上主营业务有关的技术咨询和技术服务。						

企业名称	本田贸易（中国）有限公司			海关编码	4401944046	所属海关	广州海关现场业务处驻市政务中心监管点
通讯地址	广东省广州市天河区珠江新城华夏路10号富力中心写字楼第22层01A、02、03单元					邮政编码	510263
评定时间	2011. 2. 10	注册日期	2006. 6. 8	报关有效期	2015. 6. 8	注册资本	750万美元
法人姓名	三井一司	电　　话	020－87322399	日常联系人	姚元才	电　　话	020－87322399
主营范围	机动车零部件、机械机器和附带工装设备及零配件、钢材、化工原料、铝及其他有色金属、机动车生产所需的贵金属及其合成物、树脂原材料及着色料（国家禁止类除外）的进出口及批发（以上商品进出口不涉及国营贸易、进出口配额许可证、出口配额招标、出口许可证等专项管理的商品），设备、模具和工业器械及其相关零配件的租赁，技术进出口及转让（国家禁止类除外），报关报验、保险等进出口业务的代理和订舱、托运、仓储、包装、运输代理等服务以及运输费用结算等其他相关国际货物代理业务（国际快递除外），佣金代理（拍卖除外），其他相关配套服务。						

企业名称	广州荣诚鞋业有限公司			海关编码	4401944235	所属海关	广州海关现场业务处驻市政务中心监管点
通讯地址	广东省广州市白云区石井镇石沙公路300号					邮政编码	510430
评定时间	2010. 1. 18	注册日期	2007. 8. 23	报关有效期	2016. 8. 23	注册资本	500万美元
法人姓名	张荣梧	电　　话	020－66820000－882	日常联系人	罗永萍	电　　话	020－66820000
主营范围	生产、销售、加工各种鞋类、鞋类半成品及相关制品。						

企业名称	广州镇达玩具有限公司			海关编码	4401944570	所属海关	广州海关现场业务处驻市政务中心监管点
通讯地址	广东省广州市白云区嘉禾街鹤龙一路					邮政编码	510440
评定时间	2009. 6. 3	注册日期	2009. 5. 19	报关有效期	2015. 5. 19	注册资本	1100万美元
法人姓名	黄铁城	电　　话	020－86085638	日常联系人	李丽谊	电　　话	020－86085638
主营范围	生产、加工各类玩具及礼品、塑料、金属制品、儿童用品、旅游用品、文体用品、袋、玩具模具、日用纺织品、服装、电路板、轻工塑料家用制品及电子制品（国家限制的产品除外），销售本企业产品。						

企业名称	广州市合诚化学有限公司		海关编码	4401963140	所属海关	广州海关现场业务处驻市政务中心监管点
通讯地址	广东省广州市天河区体育东路羊城国际商贸中心西塔801－805室				邮政编码	510620
评定时间	2010.12.24	注册日期	2002.7.1	报关有效期	2014.7.1	注册资本	2900万人民币
法人姓名	蒋文真	电　　话	020－38870996	日常联系人	王大联	电　　话	020－38870989－316
主营范围	批发（无储存设施）甲醇、六甲基二硅醚、醇酸树酯、正硅酸乙酯、三聚氰胺甲醛树脂、聚氨脂树脂、硅钢片树脂、苯代三聚氰胺甲醛树脂、聚氨基甲酸酯树脂、氨基树脂、潮气固化型聚氨基甲酸脂、三聚氰胺树脂、不饱和聚酯树脂、不干性醇酸树酯（以二甲苯、200#溶剂油等为溶剂的）、丁酸改性酚醛树脂、干性醇酸树酯（以二甲苯、乙酸丁酯、200#溶剂油等为熔剂的）、甲醇改性三羟甲基三聚氰胺甲醛树脂、无油醇酸树脂、氟硅酸镁、甲（基）磺酸（剧毒品、成品油、液化石油气除外，有效期至2013年9月13日），批发和零售贸易（国家专营专控商品除外），化工产品开发、研制，自营和代理各类商品及技术的进出口业务（不另附进出口的商品和技术除外），经营进料加工和“三来一补”业务，经营对销贸易和转口贸易，生产塑料原料（另设分公司经营）。						

企业名称	广州倬亿贸易有限公司		海关编码	4401963529	所属海关	广州海关现场业务处驻市政务中心监管点
通讯地址	广东省广州市海珠区新港中路艺影街11号A2101－2104房				邮政编码	510310
评定时间	2012.9.27	注册日期	2003.11.17	报关有效期	2014.11.17	注册资本	101万人民币
法人姓名	熊维才	电　　话	139××××7601	日常联系人	李永美	电　　话	020－34050571
主营范围	批发贸易，货物进出口，技术进出口（须前置许可及专营专控的项目、商品除外）。						

企业名称	广州市森大贸易有限公司		海关编码	4401963788	所属海关	广州海关现场业务处驻市政务中心监管点
通讯地址	广东省广州市天河区龙口西路71号二楼201、224房				邮政编码	510630
评定时间	2013.5.13	注册日期	2004.4.20	报关有效期	2014.4.20	注册资本	601万美元
法人姓名	沈延昌	电　　话	020－38900963	日常联系人	盛晓华	电　　话	020－38900963
主营范围	批发和零售贸易（国家专营专控商品除外），自营和代理各类商品和技术的进出口（国家限定公司经营或禁止进出口的商品或技术除外）。						

企业名称	广州市佳祺实业有限公司		海关编码	4401964271	所属海关	广州海关现场业务处驻市政务中心监管点
通讯地址	广东省广州市海珠区洪德路2－6号1908室				邮政编码	510235
评定时间	2011.1.25	注册日期	2004.10.15	报关有效期	2014.10.15	注册资本	238万人民币
法人姓名	何方	电　话	020－34252791	日常联系人	何方	电　话	020－34252791
主营范围	批发和零售贸易（法律、法规、国务院决定禁止经营的及需审批的项目除外），货物进出口（法律、行政法规禁止的项目除外，法律、行政法规限制的项目须取得许可后方可经营），代办货物运输手续，加工、制造服装（仅限分支机构经营）。						

企业名称	广东迪美进出口贸易有限公司			海关编码	4401964608	所属海关	广州海关现场业务处驻市政务中心监管点
通讯地址	广东省广州市越秀区建设六马路33号2305房					邮政编码	510060
评定时间	2010.12.1	注册日期	2005.2.5	报关有效期	2014.2.5	注册资本	500万人民币
法人姓名	王若莘	电　话	020－83633819	日常联系人	梁泽文	电　话	020－83633819－806
主营范围	国内贸易（法律、法规禁止或限制的商品除外），钟表的维修服务及有关的商信息咨询服务，货物进出口、技术进出口。（法律、行政法规禁止的项目除外；法律、行政法规限制的项目，须取得许可后方可经营。）						

企业名称	广东惠而浦家电制品有限公司			海关编码	4422920479	所属海关	顺德海关
通讯地址	广东省佛山市顺德区北窖镇工业大道2号					邮政编码	528311
评定时间	2008.10.31	注册日期	1995.7.21	报关有效期	2014.7.21	注册资本	2398万美元
法人姓名	何泽绵	电　话	0757－28666168	日常联系人	刘龙华	电　话	0757－28666168－235
主营范围	生产微波炉和微波制品、多士炉、暖气机、电咖啡壶，电茶壶、多用途煮食炉、喷射烤炉、超声波制湿机、电炉、电烫斗、灯饰、热水器、电饭锅、滤水器、空调机、电磁炉、抽油烟机、各式家用电器零部件、五金模具、塑料模具及其配件（不含废旧塑料）。						

企业名称	佛山南兴果仁制品有限公司			海关编码	4422930387	所属海关	顺德海关
通讯地址	广东省佛山市顺德区龙江镇南坑路222号					邮政编码	528318
评定时间	2013.4.26	注册日期	1992.12.30	报关有效期	2014.12.30	注册资本	400万美元
法人姓名	邓惠娟	电　话	0757－23365603	日常联系人	谭彩云	电　话	0757－23880370
主营范围	生产、销售炒货食品及坚果制品。						

企业名称	海信容声（广东）冰箱有限公司			海关编码	4422930864	所属海关	顺德海关
通讯地址	广东省佛山市顺德区容桂容港路8号					邮政编码	528303
评定时间	2009. 2. 1	注册日期	1995. 12. 25	报关有效期	2014. 12. 25	注册资本	2680万美元
法人姓名	肖建林	电　话	0757－28361741	日常联系人	谭爱媚	电　话	0757－28361741
主营范围	生产经营电冰箱及其零配件、洗衣机和小家电及其零配件，从事道路普通货运业务。						

企业名称	广东新宝电器股份有限公司			海关编码	4422930877	所属海关	顺德海关
通讯地址	广东省佛山市顺德区勒流镇政和南路					邮政编码	528322
评定时间	2009. 1. 15	注册日期	1995. 12. 11	报关有效期	2014. 12. 11	注册资本	36600万人民币
法人姓名	郭建刚	电　话	0757－25333888	日常联系人	卓志勇	电　话	0757－25333800
主营范围	生产经营电蒸汽熨斗、搅拌机、咖啡壶、开水器、面包机等家用电器产品及模具、电机、电路板等电器产品散件、零配件、塑料制品，生产经营工程塑料、精密压铸件，从事产品设计、模具设计、嵌入式软件设计、认证测试等服务。						

企业名称	广东星浦钢材加工有限公司			海关编码	4422930933	所属海关	顺德海关
通讯地址	广东省佛山市顺德区北滘镇经济工业区					邮政编码	528311
评定时间	2008. 10. 31	注册日期	1997. 10. 24	报关有效期	2014. 10. 24	注册资本	1099万美元
法人姓名	曹浩建	电　话	0757－26330425	日常联系人	卢晓霞	电　话	0757－26330418
主营范围	钢材的高精度开料、深加工和销售，冷扎板、电镀锌板、镀铝锌板、镀铝板、矽钢板、不锈钢、酸洗板的批发和进出口。						

企业名称	佛山市威灵洗涤电机制造有限公司			海关编码	4422930954	所属海关	顺德海关
通讯地址	广东省佛山市顺德区北滘镇北滘居委会工业园港前路21号					邮政编码	528311
评定时间	2010. 12. 1	注册日期	1998. 9. 29	报关有效期	2014. 9. 29	注册资本	640万美元
法人姓名	蔡其武	电　话	0757－26333649	日常联系人	陈志永	电　话	0757－26333649
主营范围	生产、销售整流子电机及其他分马力电机。						

企业名称	广东冠盛塑胶有限公司			海关编码	4422931048	所属海关	顺德海关
通讯地址	广东省佛山市顺德区乐从镇良村工业区					邮政编码	528315
评定时间	2011. 2. 22	注册日期	2002. 2. 9	报关有效期	2014. 2. 9	注册资本	500 万美元
法人姓名	刘锦柱	电　　话	0757－28911099	日常联系人	袁意然	电　　话	0757－28783608
主营范围	生产经营塑料薄膜（不含废旧塑料）、人造制革。						

企业名称	佛山市顺德区富日交通机械有限公司			海关编码	4422931055	所属海关	顺德海关
通讯地址	广东省佛山市顺德区勒流镇黄连工业区港口路 1 号					邮政编码	528323
评定时间	2009. 1. 15	注册日期	2002. 4. 3	报关有效期	2015. 4. 3	注册资本	550 万美元
法人姓名	吴志强	电　　话	0757－25668888	日常联系人	梁玉崧	电　　话	0757－25666010
主营范围	生产经营半挂式环保垃圾车、半挂牵引车、半挂车油缸、拖头车鞍座、卡车悬挂、汽车卡车及半挂车车轴总成、盘式制动器总成、汽车及半挂车零部件、金属制品。						

企业名称	佛山市顺德区格兰仕微波炉电器有限公司			海关编码	4422931059	所属海关	顺德海关
通讯地址	广东省佛山市顺德区容桂街道容桂大道南 25 号					邮政编码	528305
评定时间	2008. 10. 31	注册日期	2002. 4. 15	报关有效期	2014. 4. 15	注册资本	380 万美元
法人姓名	梁昭贤	电　　话	0757－28886389	日常联系人	霍首元	电　　话	0757－23612857
主营范围	生产经营家用电器、磁控管、电路板、微动开关、五金配件、塑胶配件（不含废旧塑料）、塑料器皿（不含废旧塑料），从事模具出口业务，提供以上产品的安装维修及售后服务。						

企业名称	佛山市顺德区美的饮水机制造有限公司			海关编码	4422931340	所属海关	顺德海关
通讯地址	广东省佛山市顺德区北滘镇蓬莱路工业大道					邮政编码	528311
评定时间	2013. 4. 12	注册日期	2006. 12. 14	报关有效期	2015. 12. 14	注册资本	385 万美元
法人姓名	甄少强	电　　话	0757－19640709	日常联系人	赵龙	电　　话	0757－26333649
主营范围	生产经营日用电器、家用电器及上述产品的零配件。						

企业名称	佛山市顺德区保利达电器有限公司			海关编码	4422940070	所属海关	顺德海关
通讯地址	广东省佛山市顺德区伦教街道鸡洲村					邮政编码	528308
评定时间	2011.8.19	注册日期	1993.12.23	报关有效期	2014.12.23	注册资本	808 万美元
法人姓名	李金	电话	0757－27839573	日常联系人	林敏仪	电话	0757－27839573
主营范围	生产经营微型变压器、配电器、小型日用家电制品、手机电池及其零配件、电子电器配件、防盗监控系统、照明电器，产品全部外销。						

企业名称	佛山市顺德区安爱工业有限公司			海关编码	4422940106	所属海关	顺德海关
通讯地址	广东省佛山市顺德区勒流镇连杜工业区					邮政编码	528308
评定时间	2009.1.15	注册日期	1995.1.16	报关有效期	2014.1.16	注册资本	705 万美元
法人姓名	黄淳义	电话	0757－25528403	日常联系人	卢耀松	电话	0757－25528403
主营范围	生产经营自行车零件、轮椅、拐杖、四轮车、马桶椅、摩托车车手及其配件、碳纤维制品、新型合金材料，产品全部外销。						

企业名称	广东泰科电子有限公司			海关编码	4422940131	所属海关	顺德海关
通讯地址	广东省佛山市顺德区容桂街道容里工业区容奇大道东					邮政编码	528306
评定时间	2008.10.31	注册日期	1995.12.28	报关有效期	2014.12.28	注册资本	2050 万美元
法人姓名	连喜坤	电话	0757－28381395	日常联系人	徐贵金	电话	135××××0211
主营范围	生产经营电子、电气及光纤设备的连接器和内部连接装置、组合部件和系统（和有关装备）及相关的应用工具和设备（和相应的装置），进行非配额许可证管理、非专营商品的收购出口业务，印制电子和电器元件用标签（限于自用），并为其产品提供维修和售后服务，包装装潢印刷品印刷。						

企业名称	佛山市顺德区锡山家具有限公司			海关编码	4422940206	所属海关	顺德海关
通讯地址	广东省佛山市顺德区北滘镇北滘居委会工业园港前北路25号					邮政编码	528311
评定时间	2008.10.31	注册日期	1998.8.6	报关有效期	2014.8.6	注册资本	2223 万美元
法人姓名	王晓玉	电话	0757－26654949	日常联系人	彭庆华	电话	0757－26322661
主营范围	生产经营室外金属家具、复合塑木板材。						

企业名称	佛山市顺德区汉达精密电子科技有限公司			海关编码	4422940136	所属海关	顺德海关
通讯地址	广东省佛山市顺德区伦教街道熹涌兴华中路1号					邮政编码	528308
评定时间	2008. 10. 31	注册日期	1995. 12. 30	报关有效期	2014. 12. 30	注册资本	2780万美元
法人姓名	黄明汉	电　　话	0757－27727168	日常联系人	陈东	电　　话	0757－27727168
主营范围	生产经营计算机机箱及其零部件、便携式液晶显示器、汽车及电子类精密冲模具、精密注塑模具、模具精密零配件、模具组件、金属注塑、金属压铸、塑胶件、冲压件、模具加工、模具设计、模具维修服务、钢板裁切、耐温绝缘零配件、精密冲压模具、精密冲压连接器及插座、精密模具标准组件、铝镁合金面板基座，研发、设计、制造、加工、安装塑胶件，塑胶件的表面处理，真空离子溅镀设备及其精密治具，并提供售后服务，数字照相机及关键件，数字电视机及零件，大屏幕彩色投影显示器用光学引擎、光源、投影屏、高清晰度投影管等关键件，废旧塑料的消解和再利用，新型电子元器件，新型平板显示器件，中高分辨率彩色显像管、显示管及玻壳，精冲模，精密型腔模，模具标准件，非金属制品模具设计、制造，汽车、摩托车模具、夹具设计、制造，精密橡胶制品，自有物业租赁，仓储服务。						

企业名称	佛山市顺德区速连自行车配件有限公司			海关编码	4422940306	所属海关	顺德海关
通讯地址	广东省佛山市顺德区伦教街道北海工业区					邮政编码	528308
评定时间	2009. 1. 15	注册日期	2000. 11. 20	报关有效期	2014. 11. 20	注册资本	44万美元
法人姓名	STANLEY R. DAY	电　　话	0757－27738506	日常联系人	赖桂梅	电　　话	139××××9999
主营范围	生产经营自行车变速器及其他零配件，从事自行车零配件的批发、进出口业务。						

企业名称	广东松下环境系统有限公司			海关编码	4422940483	所属海关	顺德海关
通讯地址	广东省佛山市顺德高新区（容桂）朝桂南路2号					邮政编码	528305
评定时间	2010. 2. 8	注册日期	2003. 6. 23	报关有效期	2014. 6. 23	注册资本	2589万美元
法人姓名	花村嘉之	电　　话	0757－28396842	日常联系人	何庆添	电　　话	0757－28373218
主营范围	各类换气扇、抽油烟机、送风机、热交换器组件、风幕机、干燥机、吊扇等换气送风机器及与此相关的部件材料的设计开发、委托设计、制造、销售、售后服务、安装工程、系统咨询，各类空气清净机、除湿机、加湿机、风扇等家用电器产品及于此相关的部件材料的设计开发、制造、销售、售后服务，各类风扇马达的设计开发、制造、销售、售后服务，各类风机盘管机组、家庭用风机盘管、组合式空调机组、手机机站用冷却机组、集尘器等工业用空调机器及与此相关部件材料的设计开发、委托设计、制造、销售、售后服务、安装工程、系统咨询，各种环境工程技术的咨询服务，从事与公司自产产品的同类商品、电器机器及环境工程机器的批发、佣金代理、进出口。						

企业名称	广东威灵电机制造有限公司			海关编码	4422940671	所属海关	顺德海关
通讯地址	广东省佛山市顺德区北滘镇工业园十五、十六、十七区					邮政编码	528311
评定时间	2009. 1. 15	注册日期	2005. 3. 21	报关有效期	2014. 3. 21	注册资本	4881 万美元
法人姓名	蔡其武	电　　话	0757－23604666	日常联系人	甘露明	电　　话	0757－26339718
主营范围	生产经营塑封电机、铁壳电机、风轮、风机罩壳。						

企业名称	佛山市顺德区顺达电脑厂有限公司			海关编码	4422940848	所属海关	顺德海关
通讯地址	广东省佛山市顺德区伦教街道顺达路一号					邮政编码	528308
评定时间	2008. 10. 31	注册日期	2006. 11. 1	报关有效期	2015. 12. 29	注册资本	70940 万港币
法人姓名	林聪良	电　　话	0757－27753168	日常联系人	卢丽华	电　　话	0757－27753168－3709
主营范围	生产经营电脑主机、母板、介面卡、显示器、电源供应器、键盘、相关金属冲压件、母板维修服务、冲压模具、压铸模具、线材组件、连接器、电池组、测试治具、钢板裁切、小型变压器、液晶平面显示器、无线数据传输功能卡、数据通讯多媒体系统、多功能大容量伺服器、系统传输并多媒体系统装置、木制品、多媒体网络数字电视机、数字音视频编解码设备、多媒体网络数字录放机、塑胶件（不含废旧塑料）、塑胶模具、制造存储设备、IP 数据通信系统，开发制造高端路由器、千兆比以上网络交换机、超宽带通信设备、车载电子技术、自动变速箱、电子制动力分配系统、电子气门系统装置、电子油门，制造数字放声设备和数字影院制作、编辑、播放设备，制造收银机类产品，自有物业租赁，设备租赁。						

企业名称	佛山市顺德区联合电子有限公司			海关编码	4422941032	所属海关	顺德海关
通讯地址	广东省佛山市顺德区容桂街道桂新东路 4 号					邮政编码	528305
评定时间	2009. 12. 28	注册日期	2009. 12. 21	报关有效期	2015. 12. 21	注册资本	2160 万港币
法人姓名	冯伟兴	电　　话	0757－28378750	日常联系人	梁结容	电　　话	0757－28378750
主营范围	生产经营线路板、电线插头、开关、变压器、电源板及其他电子电器零部件、组装件、电子产品、移动电话、电视机、数码相框、显示器、电脑，提供相关的技术服务，从事公司自产产品及同类商品的零售、批发及进出口业务。						

企业名称	广东智拓进出口有限公司			海关编码	4422960168	所属海关	顺德海关
通讯地址	广东省佛山市顺德区容桂街道丰宁路 26 号					邮政编码	528303
评定时间	2011. 12. 2	注册日期	2003. 7. 29	报关有效期	2014. 7. 29	注册资本	500 万人民币
法人姓名	梁智峰	电　　话	0757－26381999	日常联系人	梁智民	电　　话	0757－26381999
主营范围	从事国内商业、物资供销业，自营和代理各类商品和技术的进出口。						

企业名称	广州汽车集团乘用车有限公司		海关编码	4423910045	所属海关	番禺海关
通讯地址	广东省广州市番禺区金山大道东路633号				邮政编码	511434
评定时间	2011.8.19	注册日期	2008.11.3	报关有效期	2014.11.3	注册资本	320000万人民币
法人姓名	袁仲荣	电　　话	020－39203615	日常联系人	徐瑾	电　　话	020－39206973
主营范围	自主品牌的轿车、其他类乘用车和发动机的生产、销售，汽车工程技术开发、转让、咨询，货物进出口、技术进出口（法律、行政法规禁止的项目除外，法律、行政法规规定必须经审批的项目，经审批后方可经营）。						

企业名称	广州市捷进制衣厂有限公司		海关编码	4423920121	所属海关	番禺海关
通讯地址	广东省广州市番禺区市桥街禺山西路363号联邦工业城A10幢、A9幢东半座首层、第二层，A8幢首层及第三层				邮政编码	511490
评定时间	2010.2.8	注册日期	1990.8.1	报关有效期	2014.8.1	注册资本	720万美元
法人姓名	陈享利	电　　话	020－84873338	日常联系人	林奇达	电　　话	020－84873338
主营范围	生产、加工、销售各类纺织制品、服装及辅料、附件，销售本企业产品。						

企业名称	广州市中德电控有限公司		海关编码	4423920414	所属海关	番禺海关
通讯地址	广东省广州市番禺区东环街桥兴路易兴工业村				邮政编码	511400
评定时间	2010.12.24	注册日期	1994.2.22	报关有效期	2014.2.22	注册资本	3000万港币
法人姓名	Geert Jan van der Meer	电　　话	020－84876119	日常联系人	符莉莉	电　　话	020－39305215
主营范围	生产电子产品（电子游戏机及其零配件除外）、电子镇流控制器、能源供应设备、线圈变压器、电子变压器、照明器具，销售本企业产品，研究、开发电子镇流控制器、能源供应设备、线圈变压器、电子变压器、照明器具、电子产品（电子游戏机及其零配件除外）。（经营范围涉及法律、行政法规禁止经营的，不得经营；涉及许可经营的，未获得许可前不得经营。）						

企业名称	松下·万宝（广州）压缩机有限公司		海关编码	4423930234	所属海关	番禺海关
通讯地址	广东省广州番禺区钟村万宝基地万宝北街36号				邮政编码	511495
评定时间	2009.2.1	注册日期	1993.11.22	报关有效期	2014.11.22	注册资本	11384万美元
法人姓名	周千定	电　　话	020－84778123	日常联系人	刘海英	电　　话	020－84778123－5106
主营范围	研发、生产房间空调器压缩机、汽车空调压缩机、洗衣机干衣及除湿用压缩机、热泵热水器用压缩机等所有民用领域热泵压缩机及其零部件，销售本公司产品，并提供产品售后服务。						

企业名称	松下万宝美健生活电器（广州）有限公司			海关编码	4423930273	所属海关	番禺海关
通讯地址	广东省广州市番禺区钟村万宝基地万宝北街33号					邮政编码	511495
评定时间	2009.1.15	注册日期	1994.5.9	报关有效期	2014.5.9	注册资本	3450万美元
法人姓名	周千定	电　话	020－22900333	日常联系人	李启宗	电　话	020－84773765
主营范围	设计、开发、生产美容、美发、保健、健身、日用轻便电器具及相关系列产品和零部件，销售本公司产品，提供售后服务，批发在中国生产和进口的美容、美发、保健、健身、日用轻便电器用具及相关系列产品和零部件，并提供维修、技术咨询及售后服务等相关配套业务，非配额许可证管理商品、非专营商品的收购出口业务（涉证项目除外）。						

企业名称	广州日宝钢材制品有限公司			海关编码	4423930275	所属海关	番禺海关
通讯地址	广东省广州市番禺区钟村万宝基地万宝中二街8号					邮政编码	510730
评定时间	2010.12.24	注册日期	1994.5.12	报关有效期	2014.5.12	注册资本	1550万美元
法人姓名	周千定	电　话	13902260591	日常联系人	陈琛	电　话	136××××5095
主营范围	生产、加工和销售各种钢材产品、有色金属产品及相关产品。						

企业名称	广州番禺巨大汽车音响设备有限公司			海关编码	4423930518	所属海关	番禺海关
通讯地址	广东省广州市番禺区大石街石北工业大道巨大德威工业园					邮政编码	511430
评定时间	2009.1.15	注册日期	1999.3.16	报关有效期	2014.2.4	注册资本	7161万港币
法人姓名	黄俊候	电　话	020－22900528	日常联系人	陈锡军	电　话	020－22900528－506
主营范围	研发、生产、加工液晶电视、显示器、液晶模组、平板电脑、其他计算机系列配套产品、家用音响、汽车音响、DVD机、各类视听设备配套电子产品，销售本企业产品（法律、法规禁止经营的不得经营，涉及配额、许可证管理、专项规定管理的商品按国家有关规定办理申请）。						

企业名称	广州松下空调器有限公司			海关编码	4423930528	所属海关	番禺海关
通讯地址	广东省广州市番禺区钟村万宝基地万宝北街28号					邮政编码	511495
评定时间	2009.1.15	注册日期	2001.12.29	报关有效期	2014.12.29	注册资本	4190万美元
法人姓名	周千定	电　话	020－89010088	日常联系人	田红燕	电　话	135××××9109
主营范围	设计、开发、加工、生产各种空调器、空调器相关产品及压缩机以外的有关零部件，销售本公司产品，提供售后服务，进行上述产品的同类产品的进出口及批发业务，管理非配额许可证，收购出口非专营商品。						

企业名称	明秀钻石（广州）有限公司			海关编码	4423940082	所属海关	番禺海关
通讯地址	广东省广州市番禺区石楼镇市莲花山保税加工区灵兴工业区3号					邮政编码	511447
评定时间	2008. 10. 31	注册日期	1992. 12. 28	报关有效期	2014. 12. 28	注册资本	1100万港币
法人姓名	陈圣泽	电　　话	020－4862362	日常联系人	邓结	电　　话	020－84862362
主营范围	生产、加工、销售钻石、玉器、宝石、腊模首饰工艺品、金属首饰工艺品。						

企业名称	广州市番禺利得鞋业有限公司			海关编码	4423940414	所属海关	番禺海关
通讯地址	广东省广州市番禺区南村镇里仁洞村银坑岗					邮政编码	511490
评定时间	2009. 1. 15	注册日期	1992. 12. 11	报关有效期	2014. 12. 11	注册资本	1402万美元
法人姓名	张健治	电　　话	020－84767888	日常联系人	朱庆云	电　　话	139××××7862
主营范围	生产、销售鞋类产品、鞋材。						

企业名称	番禺珠江钢管有限公司			海关编码	4423940640	所属海关	番禺海关
通讯地址	广东省广州市番禺区石基镇清河路					邮政编码	511450
评定时间	2009. 11. 23	注册日期	1993. 6. 7	报关有效期	2014. 6. 7	注册资本	120000万港币
法人姓名	陈昌	电　　话	020－84558888	日常联系人	梁秋明	电　　话	020－84558888
主营范围	高频直缝焊管、埋弧焊管、石油钢管、石油管件、石油套管、防腐涂层钢管、冷弯型钢等钢材深加工产品的生产，用于生产钢管、管件及防腐处理的成套设备的制造，本企业产品的销售、安装、施工，钢管、钢材批发及进出口，焊管、型钢等产品的加工。（法律、法规禁止经营的，不得经营；涉及配额、许可证管理、专项规定管理商品，按国家有关规定办理申请。）						

企业名称	奥林巴斯（广州）工业有限公司			海关编码	4423941305	所属海关	番禺海关
通讯地址	广东省广州市番禺区东环街蔡边二村大北路552号					邮政编码	511400
评定时间	2008. 10. 31	注册日期	2004. 2. 6	报关有效期	2014. 2. 6	注册资本	500万美元
法人姓名	冲村元卫	电　　话	020－84878978	日常联系人	全汝霞	电　　话	020－84878978
主营范围	开发、设计、制造数码照相机及其零配件、数码照相机存储器、可交换镜头等数码相机相关附属产品及其零配件、声音录放机及其零配件、集成电路板、显微镜、显微镜零配件及相关附属产品、Ⅱ类6822医用光学器具、仪器及内窥镜设备（在《医疗器械生产企业许可证》有效期内经营）、光电分析仪器及光电器材、精密模夹具、家具，在国内外市场自行销售自产产品及从事显微镜零配件的批发及进出口业务，提供自产产品的维修服务，从事技术研发、转让、咨询及信息技术服务。（法律、法规禁止经营的，不得经营；涉及许可经营的，凭许可证经营；涉及配额、许可证管理、专项规定管理的商品，按国家有关规定办理申请。）						

企业名称	广州中船龙穴造船有限公司			海关编码	4423915003 4430915003	所属海关	南沙海关
通讯地址	广东省广州市南沙区珠江管理区西路68号首层					邮政编码	511462
评定时间	2011.9.14	注册日期	2006.12.14	报关有效期	2015.12.14	注册资本	272000万人民币
法人姓名	韩广德	电　　话	020－36663333	日常联系人	叶春泽	电　　话	020－81891712－2623
主营范围	船舶、电气机械、普通机械、钢结构件的设计、制造、修理，批发和零售贸易（国家专营专控商品除外），货物进出口和技术进出口。（国家限定公司经营的项目除外。）						

企业名称	广汽丰田汽车有限公司			海关编码	4423935001 4430935001	所属海关	南沙海关
通讯地址	广东省广州市南沙区黄阁镇市南大道8号					邮政编码	511455
评定时间	2009.11.23	注册日期	2004.10.27	报关有效期	2013.10.27	注册资本	43570万美元
法人姓名	袁仲荣	电　　话	020－83151960	日常联系人	何宁	电　　话	020－39399862
主营范围	乘用车及其零部件的开发和制造，自产产品在国内外市场的营销、销售及售后服务，对经销商及汽车修理厂的经营指导、咨询及培训服务的提供。（涉证项目凭许可证经营。）						

企业名称	广汽丰田发动机有限公司			海关编码	4423935012 4430935012	所属海关	南沙海关
通讯地址	广东省广州市南沙区市南大道6号					邮政编码	511455
评定时间	2009.6.24	注册日期	2004.3.10	报关有效期	2016.3.10	注册资本	29122万美元
法人姓名	佐佐木昭	电　　话	020－39396590	日常联系人	徐茂洪	电　　话	020－39396590
主营范围	汽车用发动机及汽车用发动机零部件的制造及销售，该类发动机及发动机零部件的售后服务的提供。（法律、法规禁止经营的，不得经营；涉及许可经营的，凭许可证经营。）						

企业名称	粤海（番禺）石油化工储运开发有限公司			海关编码	4423935016 4430935016	所属海关	南沙海关
通讯地址	广州市南沙区黄阁镇粤海路1号（21万平方米）					邮政编码	511455
评定时间	2009.6.24	注册日期	1992.10.20	报关有效期	2013.10.20	注册资本	22000万人民币
法人姓名	张雷	电　　话	020－66603055	日常联系人	胡小婷	电　　话	020－66603067
主营范围	码头装卸（按危险货物港口作业认可证（穗）港字第0013号认可范围经营），保税仓储（具体项目按海关编号（南）关库字第04号登记证范围经营），成品油仓储（具体项目按油仓储证书第C44026号范围经营），化工品仓储（具体项目按穗安监危化储存备字［2010］0001号），物流仓储中心化工品仓储（具体按穗安监危化储存备字［2011］0059号经营），提供码头服务，船用油料、淡水、油污水处理及相应配套服务［具体项目按中华人民共和国港口经营许可证（粤穗）港经证（0024）号］。（经营范围涉及法律、法规禁止经营的，不得经营；涉及许可证经营的，凭许可证经营。）						

企业名称	广州喜利钻石首饰有限公司			海关编码	4423940243	所属海关	南沙海关
通讯地址	广东省番禺市大岗镇东流工业区					邮政编码	511470
评定时间	2008. 10. 31	注册日期	1994. 6. 17	报关有效期	2014. 6. 17	注册资本	150 万美元
法人姓名	姚文雄	电　　话	020－84931772	日常联系人	林国峰	电　　话	020－84931772
主营范围	加工天然钻石制品、钻石机器设备、工具、金银首饰及钟表，销售本企业产品。						

企业名称	镇泰（中国）工业有限公司			海关编码	4423940446	所属海关	南沙海关
通讯地址	广东省广州市番禺区榄核镇蔡新路 333 号					邮政编码	511480
评定时间	2008. 10. 31	注册日期	1996. 10. 4	报关有效期	2014. 10. 4	注册资本	4266 万美元
法人姓名	黄铁城	电　　话	020－39303930	日常联系人	梁赞豪	电　　话	020－39303666
主营范围	生产、加工各类玩具、玩具配件、玩具模具、电路板、干式电池制品、轻工塑料家用制品、电子制品、玩具及家用金属制品、五金制品、氧气面罩和按摩器及其配件，销售本企业产品（涉及配额许可证管理、专项规定管理的商品按国家有关规定办理）。（经营范围涉及法律、行政法规禁止经营的，不得经营；涉及许可经营的，未获得许可前不得经营。）						

企业名称	名幸电子（广州南沙）有限公司			海关编码	4423945072 4430945072	所属海关	南沙海关
通讯地址	广东省广州南沙经济技术开发区西部工业区广生路					邮政编码	511458
评定时间	2011. 11. 16	注册日期	1999. 1. 19	报关有效期	2014. 1. 19	注册资本	12080 万美元
法人姓名	名屋佑一郎	电　　话	020－84980000－301	日常联系人	龚相华	电　　话	020－84683150
主营范围	设计、加工、生产高密度互连积层板、多层挠性板、刚挠印刷电路板、封装载板及各种多层印刷线路板、各类印刷线路板生产用的夹具、钻头及其他工具，插装、生产印刷线路板，生产印刷线路板半成品及电子集成块线路板，组装集成电路板所涉及到的相关电子类产品的半成品、成品，销售本企业产品。（经营范围涉及法律、法规禁止经营的，不得经营；涉及许可证经营的，凭许可证经营。）						

企业名称	广州精工电子有限公司			海关编码	4423945158 4430945158	所属海关	南沙海关
通讯地址	广东省广州市南沙区黄阁镇乌洲村鸡谷山路 82 号					邮政编码	511455
评定时间	2012. 5. 14	注册日期	2012. 4. 12	报关有效期	2015. 4. 12	注册资本	1000 万美元
法人姓名	田中洋	电　　话	020－34093388	日常联系人	梁庆联	电　　话	020－34093388－233
主营范围	生产、加工新型液晶显示器、液晶产品、集成电路、手机及手表用锂电池、石英晶振、手表、钟表、钟芯、表芯、打印机及设备、电子调音器、电子零件、电子产品、精密零件、信息设备，销售本企业产品，从事上述产品及其零配件、配套商品的批发、进出口佣金代理（拍卖除外）及其他相关配套服务、产品技术研发和设计服务、产品售后服务、同类产品维修和相关的技术咨询、支持服务。（经营范围涉及法律、法规禁止经营的，不得经营；涉及许可证经营的，凭许可证经营。）						

企业名称	广东粤新海洋工程装备股份有限公司			海关编码	4423960018 4430960008	所属海关	南沙海关
通讯地址	广东省广州市番禺区大岗镇潭州马前村					邮政编码	511468
评定时间	2013. 3. 6	注册日期	2002. 4. 23	报关有效期	2014. 4. 23	注册资本	21000 万人民币
法人姓名	谭伟波	电　　话	020－34996666	日常联系人	朱秀芬	电　　话	020－34933322
主营范围	海洋工程作业平台、海洋工程配套设备、海洋工程作业船和辅助船的研发设计、制造、销售、租赁与修理维护，金属结构件的设计、制造与销售，承包境内机电工程，技术进出口、货物进出口（法律、法规禁止的项目除外，法律、法规限制的项目须得许可证后方可经营），建造、修理船舶（建造各尺度钢质渔业船舶，渔业船舶建造修理工厂认可证书有效期至2016年5月29日）。						

企业名称	广州市番禺创信鞋业有限公司			海关编码	4430940047	所属海关	南沙海关
通讯地址	广东省广州市南沙区榄核镇九比村九榄公路					邮政编码	511473
评定时间	2008. 10. 31	注册日期	1993. 5. 19	报关有效期	2016. 5. 19	注册资本	4280 万美元
法人姓名	吴振昌	电　　话	020－34931988－8068	日常联系人	侯石火	电　　话	020－34931988－6317
主营范围	生产各类鞋、鞋材、模具产品、箱包、橡塑胶制品，提供鞋材的保税储存业务，销售本企业产品，从事非配额许可证管理、非专营商品鞋类产品、鞋材、服装、包装及装饰材料、塑料、五金制品、化工品（危险化学品除外）的收购出口业务。（经营范围涉及法律、行政法规禁止经营的，不得经营；涉及许可经营的，未获许可前不得经营。）						

企业名称	广东风华高新科技股份有限公司			海关编码	4412910049	所属海关	肇庆海关
通讯地址	广东省肇庆市风华路18号风华电子工业城					邮政编码	526020
评定时间	2008. 10. 31	注册日期	1999. 9. 2	报关有效期	2014. 9. 2	注册资本	67097 万人民币
法人姓名	钟金松	电　　话	0758－2865148	日常联系人	胡耀晃	电　　话	13802497860
主营范围	研究、开发、生产、销售新型电子元器件、集成电路、电子材料、电子专用设备仪器及计算机网络设备，提供高新技术转让、咨询服务，经营本企业自产机电产品，出口成套设备及相关技术，进口科研所需原辅材料、机械设备、仪器仪表、备品备件、零配件及技术（按粤外经贸进字[1999]381号文经营），经营国内贸易（法律、行政法规、国务院决定禁止的，不得经营；法律、行政法规、国务院决定未规定许可的，自主选择经营项目开展经营活动），开发、经营房地产。						

企业名称	美亚（肇庆）金属制品有限公司			海关编码	4412940386	所属海关	肇庆海关
通讯地址	广东省肇庆市端州一路					邮政编码	526060
评定时间	2008. 10. 31	注册日期	2002. 3. 25	报关有效期	2014. 4. 30	注册资本	4310 万美元
法人姓名	伍建明	电　　话	0758－2770011	日常联系人	伦爱群	电　　话	0758－2770031
主营范围	生产经营各类不锈钢器皿及其配件、铝制品、电器产品、塑料电木、玻璃制品及其包装制品（不含印刷）、厨房用具、卫浴五金制品、家纺床上用品、家居摆设工艺品、陶瓷器具。						

企业名称	高要市中杰鞋业有限公司			海关编码	4412946146	所属海关	肇庆海关
通讯地址	广东省高要市南岸镇城西工业区					邮政编码	526100
评定时间	2008. 10. 31	注册日期	1998. 4. 30	报关有效期	2014. 4. 30	注册资本	2000 万美元
法人姓名	何荣宗	电　　话	0758 – 8363168	日常联系人	宁宾	电　　话	0758 – 8363183
主营范围	生产和销售自产的旅游鞋、运动鞋、休闲鞋、皮鞋和各类鞋面、半成品，产品 90% 外销。						

企业名称	新兴县欧亚不锈钢制品有限公司			海关编码	4429943015	所属海关	云浮海关
通讯地址	广东省云浮市新兴县新城镇陇塘工业开发区（即新城镇多宝路 2 号）					邮政编码	527400
评定时间	2009. 1. 15	注册日期	2006. 6. 21	报关有效期	2015. 6. 21	注册资本	2380 万美元
法人姓名	菲利蒲	电　　话	0766 – 2925928	日常联系人	廖敬伟	电　　话	135 × × × × 2983
主营范围	生产、销售不锈钢制品、铝制品和不锈钢压力锅、配套日用陶瓷、玻璃制品、电木制品、塑料制品、纸箱、不锈钢配件。						

企业名称	广东凌丰集团股份有限公司			海关编码	4429963008	所属海关	云浮海关
通讯地址	广东省云浮市新兴县广兴大道东凌丰工业园					邮政编码	527400
评定时间	2012. 2. 2	注册日期	2006. 6. 2	报关有效期	2015. 6. 2	注册资本	10448 万人民币
法人姓名	叶灿雄	电　　话	0766 – 2956613	日常联系人	李耀庆	电　　话	0766 – 2956632
主营范围	经营、生产、销售不锈钢系列产品、家用电器产品（不含国家禁止或限制的项目）及相关配件、设备、包装物（不含印刷）和指纹识别技术系列产品，以及适合于公司的其他项目，货物和技术进出口（法律、行政法规禁止的除外，法律、行政法规限制的项目需取得许可后方可经营），餐饮服务，旅游业（分支机构经营）。						

企业名称	佛山佛塑科技集团股份有限公司			海关编码	4406910085	所属海关	佛山海关
通讯地址	广东省佛山市禅城区汾江中路 85 号					邮政编码	528000
评定时间	2013. 8. 7	注册日期	2001. 7. 4	报关有效期	2014. 7. 4	注册资本	91883 万人民币
法人姓名	李曼莉	电　　话	0757 – 83985366	日常联系人	尹晓俊	电　　话	0757 – 83983281
主营范围	生产、销售各类高分子聚合物、塑料化工新材料、塑料制品、包装及印刷品复合制品、热缩材料、工程塑料制品、建筑及装饰材料等。						

企业名称	宗申·比亚乔佛山摩托车企业有限公司			海关编码	4406930451	所属海关	佛山海关
通讯地址	广东省佛山市禅城区振兴路					邮政编码	528000
评定时间	2011. 1. 25	注册日期	1995. 2. 9	报关有效期	2014. 2. 9	注册资本	2980 万美元
法人姓名	左宗申	电话	0757-82308288	日常联系人	吴健伟	电话	0757-82309515
主营范围	生产经营摩托车、踏板车、助动车和电动自行车整车、发动机和零配件及其售后服务，从事非自产的摩托车，踏板车和助动车整车、发动机和零配件的进出口，批发、零售业务，佣金代理，相关产品的售后服务。						

企业名称	汤姆森广东显示器件有限公司			海关编码	4406930536	所属海关	佛山海关
通讯地址	广东省佛山市季华六路 24 号					邮政编码	528000
评定时间	2008. 10. 31	注册日期	1996. 1. 10	报关有效期	2014. 1. 10	注册资本	21240 万美元
法人姓名	HARISH SOOD	电话	0757-22908688	日常联系人	李林	电话	0757-83984442
主营范围	制造、销售彩色显像管及彩色显像管、显示器件的零配件。						

企业名称	佛山电器照明股份有限公司			海关编码	4406930590	所属海关	佛山海关
通讯地址	广东省佛山市禅城区汾江北路 64 号					邮政编码	528000
评定时间	2008. 10. 31	注册日期	1998. 10. 27	报关有效期	2013. 10. 27	注册资本	97856 万人民币
法人姓名	钟信才	电话	0757-82966028	日常联系人	聂炎镜	电话	0757-82966080
主营范围	研究、开发、生产电光源产品、电光源设备、电光源配套器件、电光源原材料、灯具及配件、电工材料、机动车配件、家用电器、电器开关、插座、消防产品、通风及换气设备、LED 产品、锂离子电池及其材料，在国内外市场上销售上述产品，提供相关工程咨询服务。						

企业名称	腾龙光学（佛山）有限公司			海关编码	4406940061	所属海关	佛山海关
通讯地址	广东省佛山市城西工业开发区朗宝西路					邮政编码	528000
评定时间	2008. 10. 31	注册日期	1997. 10. 28	报关有效期	2014. 10. 28	注册资本	2500 万美元
法人姓名	小野守男	电话	0757-82982222	日常联系人	郭飞婵	电话	0757-82980622
主营范围	生产照相机、摄像机、数码照相机、监视照相机用镜头及各种精密光学仪器用镜头、CCTV 闭路电视监测器、各种精密光学镜头零配件、镜头零件加工治工具及模具、数字高亮度液晶投影机光电动力装置、数码照相机交换镜头、CCTV 照相机用镜头、数码投影机用镜头、数码摄像机用镜头、手提电话用数码镜头、电脑用数码镜头、车载安全用光学镜头组件、高精度模具、各种数码光学镜头用电子元件、汽车照明用装置及零配件，从事上述产品专用制造设备的装配、销售和售后维修服务，从事模具的研究和开发，从事镜头产品及相关组件、包装材料、零部件及辅助性生产用品的批发、零售及进出口业务。						

企业名称	欧司朗（中国）照明有限公司		海关编码	4406940120	所属海关	佛山海关
通讯地址	广东省佛山市工业北路1号				邮政编码	528000
评定时间	2008.10.31	注册日期	2002.5.22	报关有效期	2014.5.22	注册资本	3988万欧元
法人姓名	Shengpo Wu	电　话	021-53852620	日常联系人	管晓平	电　话	0757-86483038
主营范围	生产、加工、开发、销售电光源产品、各类灯具、相关控制器件和附属配件，提供公司产品的安装、维修、售后服务，组织相关的业务培训和咨询服务，从事上述同类商品的批发、佣金代理（拍卖除外）、进出口业务及相关的贸易咨询服务（不设店铺经营，涉限、涉证产品除外），向关联公司（包括海外）提供会计、财务管理等相关服务，生产、销售电光源生产设备，并提供技术支持。（以上经营范围涉及法律、行政法规限制项目的，须凭相关许可证经营。）						

企业名称	佛山华国光学器材有限公司			海关编码	4406940256	所属海关	佛山海关
通讯地址	广东省佛山市禅城区张槎长虹东路3号					邮政编码	528000
评定时间	2008.11.3	注册日期	2007.12.18	报关有效期	2013.12.18	注册资本	4840万美元
法人姓名	陈庆棋	电　话	0757-82960266	日常联系人	丁泽彬	电　话	0757-82965953
主营范围	生产经营光学器材透镜、光学镜头及组件、光学仪器及组件、投影机、数字照相机关键件（高精度光学镜片），产品内外销售。						

企业名称	利乐包装（佛山）有限公司			海关编码	4406940333	所属海关	佛山海关
通讯地址	广东省佛山市禅城区港口路13号					邮政编码	528041
评定时间	2008.10.31	注册日期	1995.1.13	报关有效期	2014.1.13	注册资本	6700万美元
法人姓名	STEVE YIN	电　话	0757-83301626	日常联系人	罗泽宽	电　话	0757-83831626
主营范围	生产经营利乐包装材料及制品，包装装潢印刷品印刷，从事利乐饮料和乳制品的加工和包装设备的经营性租赁业务，从事利乐饮料和乳制品的加工和包装设备及相关零部件的进出口、批发业务（不涉及国营贸易管理商品；涉及配额，许可证管理商品的，按国家有关规定办理），并提供相关设备的安装、维修业务（包括设备维修、保养等技术服务和培训业务）。						

企业名称	佛山市国星光电股份有限公司			海关编码	4406960717	所属海关	佛山海关
通讯地址	广东省佛山市禅城区华宝南路18号					邮政编码	528000
评定时间	2008.11.3	注册日期	2007.10.24	报关有效期	2013.10.24	注册资本	43000万人民币
法人姓名	王垚浩	电　话	0757-83980208	日常联系人	谭新华	电　话	0757-83985377
主营范围	制造、销售光电半导体器件、光电显示器件、LED显示屏、交通信号灯、光电半导体照明灯具灯饰、半导体集成电路、光电模组、电子调谐器及其他电子部件、组件，承接光电显示工程等。						

企业名称	广东溢达纺织有限公司			海关编码	4406944069	所属海关	高明海关
通讯地址	广东省佛山市高明区沧江出口加工区					邮政编码	528500
评定时间	2008.10.31	注册日期	2000.9.13	报关有效期	2014.9.13	注册资本	29300万美元
法人姓名	车克焘	电　　话	0757－88881000	日常联系人	麦智伟	电　　话	0757－88881000－2927
主营范围	生产和销售原纱、色纱、花灰纱、坯布、染色布、针织布、色织布、服装、服饰、床上用品、布包、毛巾、手帕、窗帘、各种制衣辅料、印花、塑料制品、包装材料，从事上述产品及金银制品、珠宝首饰、陶瓷制品、家具、工艺品、香水、化妆品、文具、笔等文化用品（不含图书、报纸、期刊、音像制品）、日用百货、玩具的批发、零售、进出口及相关配套业务（不涉及国营贸易管理商品；涉及配额、许可证管理商品的，按国家相关规定办理申请），包装装潢印刷品印刷（凭有效许可证经营），发电、供热（汽）、供水，从事电子商务（不得从事增值电信、金融业务）。						

企业名称	佛山明宝复合塑料有限公司			海关编码	4406947189	所属海关	三水码头
通讯地址	广东省佛山市三水区乐平镇西乐大道东25号					邮政编码	528137
评定时间	2013.3.11	注册日期	2007.6.28	报关有效期	2016.6.2	注册资本	80000万日本元
法人姓名	降矢寿之	电　　话	0757－87393030	日常联系人	朱盼盼	电　　话	0757－87393030－211
主营范围	工程塑料和塑料合金的生产、销售、技术咨询、检测及相关的所有配套服务，上述同类产品及其原料、添加剂和强化剂（危险化学品除外）的批发。（涉及专项规定管理的商品，按照国家有关规定办理。）						

企业名称	广东韶钢松山股份有限公司			海关编码	4402914005	所属海关	韶关海关
通讯地址	广东省韶关市曲江县马坝					邮政编码	512123
评定时间	2009.2.1	注册日期	2003.11.6	报关有效期	2014.11.6	注册资本	166952万人民币
法人姓名	余子权	电　　话	0751－8786100	日常联系人	林小平	电　　话	0751－8786115
主营范围	制造、加工、销售钢铁冶金产品、金属制品、焦炭、煤化工产品，提供技术开发、转让、引进与咨询服务，经营本企业自产产品及技术的出口业务和本企业所需的机械设备、零配件、原辅材料及技术的进口业务（国家限定公司经营或禁止进出口的商品及技术除外），进口废钢、废铜废铝、废纸、废塑料。						

企业名称	镇泰（广东）工业有限公司			海关编码	4402940023	所属海关	韶关海关
通讯地址	广东省韶关市武江区西郊六公里建设路西侧					邮政编码	512023
评定时间	2011.10.21	注册日期	1997.12.19	报关有效期	2014.12.19	注册资本	1050万美元
法人姓名	黄铁城	电　　话	00852－26800268	日常联系人	陈颂燕	电　　话	0751－8632680
主营范围	生产娃娃服装、塑料玩具、金属玩具、毛绒玩具、电子玩具、玩具模具、制衣、袋、日用纺织品、塑料制品及轻工制品，产品100%外销。						

企业名称	韶关旭日国际有限公司			海关编码	4402940061	所属海关	韶关海关
通讯地址	广东省韶关市沐溪工业园					邮政编码	512026
评定时间	2013. 4. 12	注册日期	2007. 9. 5	报关有效期	2015. 9. 5	注册资本	50000 万港币
法人姓名	陈广胜	电　　话	0751－8828888	日常联系人	欧奕平	电　　话	0751－8828888－1241
主营范围	生产塑料五金电子玩具、服装、手袋、背包、电子电视游戏机、摄录机、家电音响、文具用品、旅行袋、塑胶工模、游乐车、纸箱、鞋类和纸制品，产品内外销售。						

企业名称	政星塑料制品（河源）有限公司			海关编码	4416940010	所属海关	穗河源关
通讯地址	广东省河源市明珠科技工业园河源大道西面、力王大道南边					邮政编码	517000
评定时间	2009. 1. 15	注册日期	2002. 12. 6	报关有效期	2014. 12. 6	注册资本	1650 万美元
法人姓名	吴进龙	电　　话	0762－3837121	日常联系人	胡贤荣	电　　话	0762－3837121
主营范围	生产塑胶日用品、塑胶玩具、塑胶调味用具、家庭日用品、木器制品、金属制品、纺织制品，产品全部外销。						

企业名称	河源华嘉时装有限公司			海关编码	4416940026	所属海关	穗河源关
通讯地址	广东省河源市华嘉工业区					邮政编码	517000
评定时间	2009. 1. 15	注册日期	1995. 12. 10	报关有效期	2014. 12. 10	注册资本	520 万美元
法人姓名	庄成光	电　　话	0762－3210128	日常联系人	陈飞奔	电　　话	0762－3210127
主营范围	各种成衣生产及销售，产品内外销售。						

企业名称	河源龙记金属制品有限公司			海关编码	4416940086	所属海关	穗河源关
通讯地址	广东省河源市高新技术开发区龙记大道					邮政编码	517003
评定时间	2013. 5. 14	注册日期	2002. 12. 10	报关有效期	2014. 12. 10	注册资本	55087 万港币
法人姓名	邵玉龙	电　　话	0762－3210502	日常联系人	黄伟	电　　话	0762－3210502－8891
主营范围	生产、设计精密型腔模、模具标准件，销售公司自产产品。						

企业名称	宝嘉怡升制衣厂（河源）有限公司			海关编码	4416940117	所属海关	穗河源关
通讯地址	广东省河源大道 380－388 号					邮政编码	517000
评定时间	2009. 11. 23	注册日期	2002. 1. 22	报关有效期	2014. 1. 22	注册资本	12000 万港币
法人姓名	李国栋	电　　话	0762－3375698	日常联系人	陈华	电　　话	138××××3633
主营范围	各类型针梭织服装的生产和销售，高纺真化纤及高档织物面料的印染后整理加工，产品国内外销。						

企业名称	西可通信技术设备（河源）有限公司			海关编码	4416940182	所属海关	穗河源关
通讯地址	广东省河源市高新技术开发区					邮政编码	517000
评定时间	2009. 1. 15	注册日期	2004. 12. 8	报关有效期	2014. 12. 8	注册资本	4900 万美元
法人姓名	何宁宁	电　　话	0762－3601001	日常联系人	林育强	电　　话	0762－3601229
主营范围	生产、研发和销售自产的手机、移动通信设备、通信终端、数字数码电子设备、便携式微型计算机、精密工模具、新型电子元器件、第三代移动通信系统手机等产品及相关零部件、配套产品，产品 30% 外销。						

企业名称	精电（河源）显示技术有限公司			海关编码	4416940189	所属海关	穗河源关
通讯地址	广东省河源市河源大道南 128 号					邮政编码	517000
评定时间	2009. 1. 15	注册日期	2005. 3. 10	报关有效期	2014. 3. 10	注册资本	74150 万港币
法人姓名	蔡东豪	电　　话	0762－3683318	日常联系人	杨振英	电　　话	0762－3370070
主营范围	生产、销售平面显示片、显示模块及其他电子产品，产品内外销售。						

企业名称	龙川兴莱鞋业有限公司			海关编码	4416945001	所属海关	穗河源关
通讯地址	广东省龙川县新城开发区 5 号小区					邮政编码	517300
评定时间	2009. 1. 15	注册日期	2001. 6. 5	报关有效期	2014. 6. 5	注册资本	22000 万港币
法人姓名	黄世豪	电　　话	0762－6801858	日常联系人	聂敏	电　　话	0762－6801858
主营范围	制造、加工、经销各种鞋、鞋材，产品国内外销售。						

黄埔关区

企业名称	广州文冲船厂有限责任公司			海关编码	4401910028	所属海关	黄埔老港海关
通讯地址	广东省广州市黄埔区文船路 1 号					邮政编码	510727
评定时间	2008. 10. 17	注册日期	2001. 8. 3	报关有效期	2014. 3. 28	注册资本	88455 万人民币
法人姓名	殷学明	电　话	020 – 82389933	日常联系人	许奎	电　话	138 × × × × 2092
主营范围	船舶及辅机、通用设备、通用零配件、金属结构及构件、电站专用、炼油、化工管道、环保设备的设计、制造、安装、修理，海洋工程施工，本企业自产机电产品、成套设备及相关技术的出口业务，本企业生产、科研所需的原辅材料、机械设备、仪器仪表、备品备件、零配件配件及技术的进口业务（国家实业核定公司经营的 14 种商品除外），本企业“三来一补”业务，物资储存（含保税仓库），普通货运（有效期至 2015 年 4 月 18 日），装卸搬运货物。						

企业名称	广汽本田汽车有限公司			海关编码	4401930150	所属海关	黄埔老港海关
通讯地址	广东省广州市黄埔区广本路 1 号					邮政编码	510700
评定时间	2008. 10. 17	注册日期	1998. 8. 7	报关有效期	2015. 8. 9	注册资本	28329 万美元
法人姓名	付守杰	电　话	020 – 83151283	日常联系人	严国球	电　话	020 – 62803678
主营范围	开发、生产轿车及其零部件（不包括发动机和变速器零部件），销售自产轿车及其零部件等产品并提供相关售后服务，作为“本田公司”的 FIT HYBRID（飞度混合动力）及 HONDA CR – Z（本田 CR – Z）（以下统称“进口乘用车”）在中国境内（香港、澳门及台湾除外）的总经销商，从“本田公司”进口“进口乘用车”及其零部件，在中国境内进行销售（不含零售），向政府部门、有关机构、高校及其他集团消费者直接销售“进口乘用车”并提供售后服务。（法律、法规禁止的不得经营，凭有效许可证件、批准文件经营。）						

企业名称	东风本田发动机有限公司			海关编码	4401930151	所属海关	黄埔老港海关
通讯地址	广东省广州市黄埔横沙广本路 111 号					邮政编码	510700
评定时间	2008. 10. 17	注册日期	1998. 7. 1	报关有效期	2016. 7. 26	注册资本	12158 万美元
法人姓名	蔡玮	电　话	020 – 62803567	日常联系人	徐荣彪	电　话	020 – 62803528
主营范围	开发、生产轿车用发动机、变速器及其零部件，销售自产发动机、变速器等产品，并提供相应的售后服务。						

企业名称	广州南大地纺织服装有限公司			海关编码	4401921464	所属海关	新塘海关
通讯地址	广东省增城市沙埔镇工业开发区					邮政编码	511340
评定时间	2009. 8. 10	注册日期	1999. 8. 2	报关有效期	2014. 8. 2	注册资本	1178 万美元
法人姓名	吴毅强	电　话		日常联系人	吴旭坚	电　话	136 × × × × 0968
主营范围	生产各种色织布、服装辅料及各式服装，销售本企业产品（涉证产品除外）。						

企业名称	广元（广州）科技有限公司			海关编码	4401940185	所属海关	黄埔老港海关
通讯地址	广东省广州市黄埔区云埔工业区东诚片康达路9号					邮政编码	510760
评定时间	2008.10.17	注册日期	2002.5.15	报关有效期	2014.9.19	注册资本	2520万美元
法人姓名	简明仁	电　　话	020－82059033－315	日常联系人	牛文霞	电　　话	138××××2276
主营范围	生产、加工光电子器件、新型高精度多层、混合集成电路板新型电子元器件、柔性线路板，销售本企业产品（涉证产品除外），提供售后服务。（法律，法规禁止的，不得经营；涉及许可经营的，凭许可证经营。）						

企业名称	鸟取三洋电机（广州）有限公司			海关编码	4401930167	所属海关	黄埔老港海关
通讯地址	广东省广州市黄埔区兴达路3号					邮政编码	510760
评定时间	2008.10.17	注册日期	1995.12.15	报关有效期	2016.3.22	注册资本	2205万美元
法人姓名	三木清实	电　　话	020－82264302	日常联系人	王瑞华	电　　话	136××××4989
主营范围	研制、生产、加工办公设备类电子产品、通讯设备配套电子产品、汽车配套用电子产品，从事上述产品及其同类产品（国营贸易管理的商品除外）、配件的批发、零售（店铺另行报批）和进出口业务，提供产品售后服务、技术指导和技术服务，生产医疗器械（Ⅱ类：6857消毒和灭菌设备及器具）。（法律、法规禁止经营的，不得经营；涉及配额、许可证管理、专项规定管理的，商品按国家有关规定办理申请。）						

企业名称	广州务冠电子有限公司			海关编码	4401940200	所属海关	黄埔老港海关
通讯地址	广东省广州市黄埔区云埔工业区埔南路59号					邮政编码	510760
评定时间	2008.12.5	注册日期	2003.12.30	报关有效期	2015.7.13	注册资本	1520万美元
法人姓名	酒井纪之	电　　话	020－82253555	日常联系人	徐笑欢	电　　话	020－82253555
主营范围	开发、生产半导体、元器件专用材料、新型仪表元器件及材料、新型电子元器件，销售本企业产品，并提供相关的技术咨询服务，批发光学、照相、计量、检验等精密仪器及设备，钟表及上述产品的零件、附件，佣金代理（拍卖除外），从事进出口业务及其他相关配套业务（涉及配额许可证管理，专项规定的商品按国家有关规定办理），从事包贵金属制的首饰、仿首饰及其零件、附件的批发、佣金代理（拍卖除外）、进出口及其他相关配套业务（不设店铺，涉及配额许可证管理、专项规定管理的商品按照国家有关规定办理），从事钟表修理业务。（法律、法规禁止经营的，不得经营；涉及许可经营的，凭许可证经营。）						

企业名称	五羊—本田摩托（广州）有限公司			海关编码	4401931339	所属海关	新塘海关
通讯地址	广东省增城市新塘镇永和新新六路1号					邮政编码	511356
评定时间	2009.1.8	注册日期	2006.4.18	报关有效期	2015.4.18	注册资本	4900万美元
法人姓名	李少	电　　话	020－32989805	日常联系人	周家潮	电　　话	020－32989598
主营范围	生产摩托车及其零部件，销售本企业产品并提供售后服务。进口、批发、零售摩托车CB250P及其零配件。（涉及配额许可证管理、专项规定管理的商品，按照国家有关规定办理。）						

企业名称	广州电装有限公司			海关编码	4401931326	所属海关	新塘海关
通讯地址	广东省增城市永和镇汽车工业配件城					邮政编码	511356
评定时间	2011. 9. 29	注册日期	2003. 9. 22	报关有效期	2014. 9. 22	注册资本	2302 万美元
法人姓名	鹿村秋男	电　　话	020－80981198	日常联系人	麦四妹	电　　话	020－82981198
主营范围	组装、加工、生产汽车空调、铝散热器总成、散热器总成用电动风扇、冷凝器总成用电动风扇、客车单冷式空调及其他汽车零配件，销售本企业产品，并提供售后服务，批发、进出口本公司生产产品的同类商品，并提供售后服务（不设店铺；涉及配额许可证管理、专项规定管理的商品，按照国家有关规定办理）。						

企业名称	广州福耀玻璃有限公司			海关编码	4401931340	所属海关	新塘海关
通讯地址	广东省增城市新塘镇荔新公路段					邮政编码	511340
评定时间	2013. 2. 26	注册日期	2006. 7. 6	报关有效期	2014. 7. 6	注册资本	7500 万美元
法人姓名	曹德旺	电　　话	020－32876066	日常联系人	杨斌梅	电　　话	020－32876102
主营范围	生产无机非金属材料及制品的特种玻璃，销售本公司产品。						

企业名称	广州富盈金属制品有限公司			海关编码	4401941055	所属海关	新塘海关
通讯地址	广东省增城市石滩镇郑田村					邮政编码	511375
评定时间	2009. 8. 10	注册日期	1993. 6. 30	报关有效期	2014. 6. 30	注册资本	3700 万港币
法人姓名	黄金火	电　　话	020－82925353	日常联系人	黄铜	电　　话	020－82922155
主营范围	生产家具、建筑五金配件、小五金及塑料五金制品，销售本企业产品。						

企业名称	广州市新豪精密五金制品有限公司			海关编码	4401941320	所属海关	新塘海关
通讯地址	广东省增城市仙村镇岳湖村上围沙河社					邮政编码	511335
评定时间	2011. 12. 5	注册日期	2002. 11. 26	报关有效期	2014. 11. 26	注册资本	95900 万港币
法人姓名	刘兆聪	电　　话	020－82945929	日常联系人	李艳萍	电　　话	020－82947226
主营范围	生产大容量光、磁盘驱动器及其部件、精密轴承及各主机专用轴承、汽车关键零部件、灯具，销售本企业产品，经营自有物业出租。						

企业名称	广州晖腾纺织有限公司			海关编码	4401941325	所属海关	新塘海关
通讯地址	广东省增城市石滩镇岗贝村					邮政编码	511330
评定时间	2008.12.5	注册日期	2003.1.20	报关有效期	2014.1.20	注册资本	8050万港币
法人姓名	顾扬	电话	135××××6228	日常联系人	单广志	电话	136××××3342
主营范围	生产色纱、针织服装，销售本企业产品。（涉及许可经营的产品除外。）						

企业名称	荣阳铝业（中国）有限公司			海关编码	4401941467	所属海关	新塘海关
通讯地址	广东省增城市荔城镇西郊（市柑桔场内）					邮政编码	511300
评定时间	2009.8.10	注册日期	2006.4.28	报关有效期	2014.5.3	注册资本	6380万美元
法人姓名	潘孟潮	电话	020－82633588	日常联系人	罗剑增	电话	020－82827828
主营范围	生产、加工各种铝合金型材及铝合金型材模具、五金配件、电器产品、散热器及其零部件，并提供售后服务，销售本企业产品，经营普通货运业务。（法律、法规禁止经营的，不得经营；涉及许可经营的，凭许可证经营。）						

企业名称	广州侠哥鞋业有限公司			海关编码	4401941482	所属海关	新塘海关
通讯地址	广东省增城市三江镇元岗村					邮政编码	511325
评定时间	2012.1.5	注册日期	2004.10.22	报关有效期	2014.10.22	注册资本	2500万港币
法人姓名	张进荣	电话	020－82906980	日常联系人	张进荣	电话	020－82906980
主营范围	生产、加工鞋类制品，销售本企业产品。						

企业名称	广东生益科技股份有限公司			海关编码	4419930133	所属海关	东莞海关
通讯地址	广东省东莞市松山湖科技产业园区北部工业园工业西路5号					邮政编码	523039
评定时间	2009.8.10	注册日期	1994.8.2	报关有效期	2015.4.30	注册资本	109463万人民币
法人姓名	李锦	电话	0769－22271828	日常联系人	罗惠珍	电话	0769－22271828
主营范围	生产和销售覆铜板和粘结片、印刷线路板、陶瓷电子原件、液晶产品、电子级玻璃布、环氧树脂、铜箔、电子用挠性材料、显示材料、封装材料、绝缘材料。经营自有房屋出租。从事非配额许可证管理、非专营商品的收购出口业务。						

企业名称	东莞生益电子有限公司			海关编码	4419930486	所属海关	东莞海关
通讯地址	广东省东莞市东城区（同沙）科技工业园同振路33号					邮政编码	523000
评定时间	2010.12.27	注册日期	1985.8.2	报关有效期	2013.10.4	注册资本	60083万人民币
法人姓名	李锦	电　　话	0769－23153888	日常联系人	黎展亮	电　　话	0769－23153771
主营范围	许可经营项目：道路普通货运（取得许可后方可经营）。一般经营项目：生产和销售新型电子元器件（新型机电元件：多层印刷电路板），从事非配额许可证、非专营商品的收购及出口业务，经营货物和技术的进出口业务。（法律、行政法规禁止的项目除外；法律、行政法规限制的项目，须取得许可后方可经营。）						

企业名称	东莞东骏电器有限公司			海关编码	4419932217	所属海关	东莞海关
通讯地址	广东省东莞市南城区周溪村					邮政编码	523077
评定时间	2008.12.5	注册日期	1995.11.14	报关有效期	2014.11.14	注册资本	6088万人民币
法人姓名	欧润平	电　　话	0769－22401688	日常联系人	欧润平	电　　话	0769－22401688
主营范围	生产和销售变压器、变压器铁芯、变压器铁片、卷钢分条、电机铁芯（法律、行政法规限制的或许可经营的项目除外）。						

企业名称	东莞石龙京瓷有限公司			海关编码	4419932330	所属海关	东莞海关
通讯地址	东莞市石龙镇新城区京瓷路8号					邮政编码	523326
评定时间	2008.12.5	注册日期	1995.8.27	报关有效期	2015.4.30	注册资本	47220万港币
法人姓名	久芳彻夫	电　　话	0769－86119586	日常联系人	姚佩娴	电　　话	0769－86119578
主营范围	开发、生产和销售照相机、镜头、闪光灯及其零部件（照相机自产零部件达整机价值40%以上）、数码照相机及关键件、无机非金属材料及制品（特种陶瓷：高性能陶瓷工具、高性能复合材料、人工晶体；高性能切削工具）、新型电子元器件［敏感元器件（热敏记录头）、光电子器件（发光二极管记录头）、混合集成电路（LED、TPH彩色打印机机头的驱动电路）］、新型平板显示器件（液晶显示器）、无机非金属材料及制品（特种陶瓷：高性能民用品）、TFT－LCD平板显示屏、显示屏材料（背光源和驱动器）、精度2400dbi及以上高分辨率彩色打印机机头、打印机零部件，并提供相关的售后服务。生产和销售静电容量式触摸屏。						

企业名称	东莞理文造纸厂有限公司			海关编码	4419932671	所属海关	东莞海关
通讯地址	广东省东莞市中堂镇潢涌村					邮政编码	523000
评定时间	2011.12.5	注册日期	2010.11.1	报关有效期	2013.11.1	注册资本	15648万美元
法人姓名	李运强	电　　话	0769－88888168	日常联系人	洪仿志	电　　话	0769－88432168
主营范围	生产和销售纸及纸制品（不含卫生纸；在国内采购生产所需原材料的废纸）。						

企业名称	京瓷办公设备科技（东莞）有限公司			海关编码	4419932518	所属海关	东莞海关
通讯地址	广东省东莞市石龙镇方正东路3号					邮政编码	523326
评定时间	2008.12.5	注册日期	2001.12.30	报关有效期	2015.12.30	注册资本	5670万美元
法人姓名	驹口克已	电　　话	0769－86112525	日常联系人	袁锡基	电　　话	0769－86112525－1317
主营范围	生产和销售数码复印机、激光打印机等办公设备及相关零部件。从事数码复印机、激光打印机等办公设备及其相关零部件，数码复印机、激光打印机等办公设备及其相关零部件生产用的模具、设备、工具、治具以及相关配件的批发、进出口业务（不设店铺经营；涉及配额许可证管理、专项规定管理的业务，按国家有关规定办理）。生产和销售数码复印机、激光打印机等办公设备及其相关零部件生产用的模具、设备、工具、治具以及相关配件。从事相关技术支持和咨询等服务。（涉及国家限制的除外；涉及国家专项规定的，按有关规定办理。）						

企业名称	东莞三星电机有限公司			海关编码	4419940012	所属海关	东莞海关
通讯地址	广东省东莞市寮步镇横坑村					邮政编码	523413
评定时间	2010.12.27	注册日期	1993.8.16	报关有效期	2014.8.16	注册资本	6610万美元
法人姓名	林英焕	电　　话	0769－83305000－1111	日常联系人	廖新岳	电　　话	0769－83305000
主营范围	生产和销售新型电子元器件（片式元器件：多层瓷质电容；混合集成电路：光电集成电路；电力电子器件：交直流电源转换器、等离子电视显示屏专用稳压电源板；光电子器件；激光扫描单元、激光唱头、移动电话摄像头镜头；新型机电元件：硬盘驱动器马达组件、激光打印机马达、彩色合成用马达、多边激光扫描镜、聚焦促动器、微型齿轮马达、多向自控旋转马达组件、多向传感手轮组件、柔性线路插件）和大容量光、磁盘驱动器及其部件（含激光头反光镜片、大容量光盘刻录机、大容量光盘刻录机机芯、卡读写器）、精冲模和精密型腔模、开关型电源、注塑件、五金冲压件（涉及许可证产品除外）、移动电话充电器、光盘驱动器马达、散热风扇马达、电源供应器、稳压整流组件、变压器、光鼠标、硬盘底架、TFT－LCD显示屏材料（多路高压逆变电源板）、电感器。经营公司自产产品的同类商品的进口及其批发业务。从事国内采购商品（特种商品除外）的批发业务，并提供相关配套服务。						

企业名称	东莞友华电子有限公司			海关编码	4419940472	所属海关	东莞海关
通讯地址	广东省东莞市寮步镇富竹山村					邮政编码	523406
评定时间	2009.1.8	注册日期	1994.6.11	报关有效期	2014.6.11	注册资本	1030万美元
法人姓名	松本信行	电　　话	0769－83326171	日常联系人	庚建庆	电　　话	0769－83326171
主营范围	生产和销售天线及配套件、汽车用中继导线及配套件、电子元件及配件、新型电子元器件（新型机电元件：精密电子接插件）、电子元器件检测用工件夹具。从事天线及配套件（涉及卫星电视广播地面接收设施及其关键件等限制类产品除外）、汽车用中继导线及配套件、电子元件及配件、新型电子元器件的批发及进出口业务。（不设店铺，以上商品进出口不涉及国营贸易、进出口配额许可证、出口配额招标、出口许可证等专项管理的商品。）						

企业名称	台达电子（东莞）有限公司			海关编码	4419940353	所属海关	东莞海关
通讯地址	广东省东莞市石碣镇鹤田厦村					邮政编码	523290
评定时间	2012. 10. 22	注册日期	1994. 1. 10	报关有效期	2014. 1. 1	注册资本	9781 万美元
法人姓名	柯子兴	电　　话	0769－86631008	日常联系人	袁浩枝	电　　话	0769－86631008
主营范围	生产和销售变压器、电源供应器、日光灯稳压器、电源转接器、混模线路板（不含酸洗、腐蚀工序）、扫描器、直流电源转换器、温度感应器、充电器、充电电池、充电电池半成品、不间断电源器、开关电源器、变频器、电压控制振荡器、微型数字式处理机、微型计算机、新型显示器件（平板液晶投影显示器、液晶投影机、平板显示器）、数字有线电视系统设备（有线数字电视接收机）、新型电子元器件（片式元器件，贴片电感，敏感元器件及传感器，互感器，新型机电元件，微型马达组件、微型直流风扇，无刷化、智能化的微、轻、薄微特电机，无刷化电机、无刷化马达）、宽带接入网通讯系统设备（包括调制解调器、路由器、介面转换器、集线器、以太网交换器、分离器、网络卡及其配件）、高档服务器、电子零配件、精密模具、发光二极体照明模组、排风扇、风力发电机、五金制品、光学驱动模型、LED 路灯、散热器、散热片、集成器半成品、五金冲压件、矽（镍）钢片冲压件、五金模具、电子塑胶制品、大容量光、磁盘驱动器及其部件（移动存储器）、电子专用设备（包括变压器、滤波器、电感器、微型马达组件）、电子专用测试仪器（感测器）、电子专用工模具。从事电子产品、家用电器、通讯产品、网络产品、塑胶五金产品、电脑及周边设备的批发业务（不设店铺；不涉及国营贸易管理商品；涉及配额许可证管理、专项规定管理的商品，按国家有关规定办理）。从事 LED 照明产品应用的设计及安装业务（取得相关认证后方可经营）。						

企业名称	东莞铁和金属制品有限公司			海关编码	4419940725	所属海关	东莞海关
通讯地址	广东省东莞市南城区周溪隆溪工业区					邮政编码	523077
评定时间	2008. 10. 31	注册日期	1995. 9. 12	报关有效期	2014. 9. 12	注册资本	1000 万美元
法人姓名	鹤见吉晴	电　　话	0769－22401299	日常联系人	张旭彬	电　　话	0769－22401099
主营范围	生产和销售剪切、冲压复印机、打印机、微型电脑、电源箱、马达等的金属零配件、外壳及钢件等。（涉及许可证的项目，凭许可证经营。）						

企业名称	东莞裕元鞋业制品有限公司			海关编码	4419940A93	所属海关	东莞海关
通讯地址	广东省东莞市高埗镇裕元工业区					邮政编码	523286
评定时间	2013. 3. 15	注册日期	2012. 11. 29	报关有效期	2015. 11. 29	注册资本	17900 万人民币
法人姓名	赵永德	电　　话	0769－88875006	日常联系人	刘满攀	电　　话	0769－88875006
主营范围	筹办鞋类产品、鞋类半成品、模具制品项目，从事鞋类产品的批发及进出口业务。（涉限涉证及涉国家宏观调控行业除外；涉及配额许可证管理、专项规定管理的，按有关规定办理；筹办期不得经营。）						

企业名称	东莞宝成鞋业有限公司			海关编码	4419940A99	所属海关	东莞海关
通讯地址	广东省东莞市高埗镇裕元工业区					邮政编码	523286
评定时间	2013.3.15	注册日期	2012.11.30	报关有效期	2015.11.30	注册资本	17700万人民币
法人姓名	蔡汶宗	电　　话	0769－88874202	日常联系人	吴教柳	电　　话	0769－88879466
主营范围	筹办鞋类产品、鞋类半成品及配件、模制具项目，从事鞋类产品的批发及进出口业务。（涉限涉证及涉国家宏观调控行业除外；涉及国家专项规定的，按有关规定办理；筹办期不得经营。）						

企业名称	东莞裕盛鞋业有限公司			海关编码	4419940B02	所属海关	东莞海关
通讯地址	广东省东莞市黄江镇裕元工业区					邮政编码	523758
评定时间	2013.5.14	注册日期	2012.12.4	报关有效期	2015.12.4	注册资本	18400万人民币
法人姓名	唐牧民	电　　话	0769－83363017	日常联系人	刘国华	电　　话	0769－83363017
主营范围	生产和销售成品鞋、鞋类半成品及鞋材、模具产品，设立研发中心，从事鞋材、成品鞋、模具产品的研究和开发（涉限涉证及涉国家宏观调控行业除外；涉及国家专项规定的，按有关规定办理）。从事机器设备的批发及进出口业务（不含国营贸易管理商品；涉及配额许可证管理、专项规定管理的商品，按有关规定办理）。						

企业名称	东莞东聚电子电讯制品有限公司			海关编码	4419941012	所属海关	东莞海关
通讯地址	广东省东莞市石碣新城区三横路刘屋路段					邮政编码	511724
评定时间	2012.12.10	注册日期	1995.12.21	报关有效期	2014.12.21	注册资本	4264万美元
法人姓名	潘武龙	电　　话	0769－86631652	日常联系人	唐浩坤	电　　话	0769－86310914
主营范围	生产扫描器、电脑插线等电脑周边配件、插座、注塑产品、电话机用零配件、五金、塑胶模具、手提式电子游戏机、空气清新器、碎纸机、装钉机、除湿机、加温机、吸尘机、打孔机、幻灯机、电源延长插座、护贝机、收银机、芳香灯、过胶机、电子轨迹球、鼠标器、线路板（包括加值卡、控制卡）、控制器、充电电池、条码输入器、塑胶粒（塑胶料为新料）、镭射印表机、载波器、信息终端集成器、多功能事务机（产品内外销比例按批文执行）。经营电话线、电脑线等线材加工业务。（涉及许可证的项目，须领证后才能经营。）						

企业名称	东莞朝阳家俱有限公司			海关编码	4419941211	所属海关	东莞海关
通讯地址	广东省东莞市黄江镇星光管理区					邮政编码	523769
评定时间	2011.8.15	注册日期	1998.10.13	报关有效期	2014.10.13	注册资本	5300万港币
法人姓名	蔡尚志	电　　话	0769－83621515 83621519	日常联系人	凌锦珊	电　　话	137××××1397
主营范围	生产和销售家具（涉及许可证的项目，须领证后才能经营）。						

企业名称	达创科技（东莞）有限公司			海关编码	4419941241	所属海关	东莞海关
通讯地址	广东省东莞市石碣镇新城区					邮政编码	523308
评定时间	2012. 10. 22	注册日期	1998. 12. 11	报关有效期	2014. 12. 11	注册资本	3500 万美元
法人姓名	郑安	电　话	0769－86637008	日常联系人	林树壮	电　话	0769－86329008
主营范围	生产和销售宽带接入网通信系统设备（包括网路卡、集线器、路由器、介面转换器、调制解调器）、大容量光、磁盘驱动器及其部件（DVD 驱动器）、节约能源开发技术（电子式镇流器）、电子专用设备（包括电源供应器、电源转换器）、集线器半成品、路由器半成品、调制解调器半成品、介面转换器半成品、伺服器、主机板、千兆比以上网络交换机、数字录放机（包括无线数字影音播放机、无线多媒体播放机）、数字放声设备（无线数字音乐播放机）、IP 数据通信系统（可视电话）、数字音、视频编解码设备（视讯转换器）、卫星导航定位接收设备及关键部件。						

企业名称	台达电子电源（东莞）有限公司			海关编码	4419941273	所属海关	东莞海关
通讯地址	广东省东莞市石碣镇新城区					邮政编码	523308
评定时间	2010. 5. 14	注册日期	1999. 1. 26	报关有效期	2014. 1. 26	注册资本	4210 万美元
法人姓名	柯子兴	电　话	0769－86639008	日常联系人	刘柱康	电　话	0769－86329008－5520
主营范围	生产和销售电子专用设备（包括电源供应器、电源转换器、线圈）、直流电源转换器及其半成品、电源供应器半成品、电源转接器半成品、交流供应器、电源供应器铁壳、节约能源开发技术（电子式镇流器）、自动化机器设备、家用电器、线盘、高精度数字电压表、电流表（显示量程七位半以上）。						

企业名称	东莞华新电线电缆有限公司			海关编码	4419941460	所属海关	东莞海关
通讯地址	广东省东莞市大朗镇西牛陂工业区					邮政编码	523770
评定时间	2008. 10. 31	注册日期	2000. 1. 26	报关有效期	2014. 1. 20	注册资本	600 万美元
法人姓名	焦佑慧	电　话	0769－83195252	日常联系人	邓聪	电　话	139××××3037
主营范围	生产和销售裸铜杆、裸铜线（涉及许可证的项目除外）。产品内外销比例按批文规定执行。						

企业名称	泓凯电子科技（东莞）有限公司			海关编码	4419942004	所属海关	东莞海关
通讯地址	广东省东莞市黄江镇鸡啼岗村					邮政编码	523757
评定时间	2009. 6. 1	注册日期	2001. 7. 30	报关有效期	2014. 7. 30	注册资本	1230 万美元
法人姓名	张灿能	电　话	0769－83365942	日常联系人	姚慧	电　话	137××××7549
主营范围	生产和销售微型电脑及其周边设备、电子制品及配件、仪表仪器、五金塑胶制品、功能性主机板及网路卡、五金塑胶模具。（上述产品涉及出口许可证或限制类除外；生产过程不得含有酸洗、电镀等污染工序。）						

企业名称	先锋高科技（东莞）有限公司		海关编码	4419941682	所属海关	东莞海关
通讯地址	广东省东莞市寮步镇广东百业工业城				邮政编码	523000
评定时间	2009.9.23	注册日期	2000.11.23	报关有效期	2014.11.23	注册资本	3600万美元
法人姓名	中根伸芳	电　　话	0769－83238429	日常联系人	彭红春	电　　话	0769－83238429
主营范围	生产和销售光、磁盘驱动器及其部件（包括大容量DVD光碟机、DVD刻录机、DVD光碟机光学读写头、DVD刻录机光学读写头、其他精密光电器件），数字录放机，数字音、视频编解码设备（蓝光DVD数字录放机、蓝光DVD数字播放机），高密度数字光盘机用关键件（蓝光光学读写头、蓝光机芯），功放音箱一体机，音、视频设备及其部件，电子数码产品，通讯设备及其部件，自动化设备及其部件，汽车电子装置；从事与自产产品同类商品及其零部件的进出口、批发、生产管理咨询及其售后服务。（涉限涉证及涉国家宏观调控行业除外；涉及配额许可证管理、专项规定管理的，按有关规定办理。）						

企业名称	富相电子科技（东莞）有限公司		海关编码	4419942008	所属海关	东莞海关
通讯地址	广东省东莞市高埗镇低涌第三工业区				邮政编码	523270
评定时间	2013.1.31	注册日期	2001.10.11	报关有效期	2014.10.11	注册资本	15740万港币
法人姓名	潘梅玉	电　　话	0769－88737888	日常联系人	周明非	电　　话	0769－88737888－141
主营范围	生产和销售新型平板显示器件（液晶显示器件和背光模组）。（涉及许可证的项目，须领证后才能经营。）						

企业名称	陆逊梯卡华宏（东莞）眼镜有限公司		海关编码	4419942802	所属海关	东莞海关
通讯地址	广东省东莞市高步镇欧邓村				邮政编码	523270
评定时间	2009.12.7	注册日期	2002.9.28	报关有效期	2014.9.28	注册资本	9600万美元
法人姓名	路易吉·弗兰卡维拉	电　　话	0769－88870241－66491	日常联系人	萧永仗	电　　话	0769－88870241
主营范围	生产和销售眼镜及其零配件，内设配套电镀车间；生产和销售眼镜制造设备、模具，并提供相关售后服务；提供眼镜包装服务（不含印刷工序），为关联企业提供商务服务、仓储服务及物流协助服务。						

企业名称	东莞健益五金制品有限公司		海关编码	4419942872	所属海关	东莞海关
通讯地址	广东省东莞市茶山镇茶山工业园				邮政编码	523000
评定时间	2012.12.31	注册日期	2002.10.28	报关有效期	2015.10.28	注册资本	13300万港币
法人姓名	陈省炎	电　　话	0769－86648707	日常联系人	徐海珍	电　　话	0769－86648708
主营范围	生产和销售电子、电脑、电器等产品的周边五金零配件、塑胶零配件、模具、精冲模、模具标准件、大容量光、磁盘驱动器及其部件、高密度数字光盘机用关键件、数字照相机及关键件；设立研发机构，研究和开发DVD光驱五金件。						

企业名称	金霸王（中国）有限公司			海关编码	4419943862	所属海关	东莞海关
通讯地址	广东省东莞市南城区宏图高新技术开发区					邮政编码	523080
评定时间	2009. 1. 24	注册日期	2004. 3. 12	报关有效期	2014. 3. 12	注册资本	3141 万美元
法人姓名	施文圣	电　　话	0769－22403615	日常联系人	温会东	电　　话	0769－22403615
主营范围	生产和销售无汞碱锰电池、锂离子电池等高技术绿色电池，并从事相关的软件开发；经营无汞碱锰电池、锂电池、充电电池等绿色电池及配套的充电器，电筒的批发及进出口业务。（涉及配额许可证管理、专项规定管理的商品，按国家有关规定办理。）						

企业名称	天弘（东莞）科技有限公司			海关编码	4419944509	所属海关	东莞海关
通讯地址	广东省东莞松山湖科技产业园区北部科技工业园					邮政编码	523808
评定时间	2013. 5. 27	注册日期	2004. 12. 24	报关有效期	2014. 12. 24	注册资本	3250 万美元
法人姓名	叶克裕	电　　话	0769－22899333	日常联系人	孙礼聪	电　　话	0769－22899333
主营范围	生产和销售大中型电子计算机、便携式微型计算机、高档服务器（网络电脑多媒体机）、电子专用设备、测试仪器、工模具制造、宽带接入网通信系统设备（网络电脑多媒体机）、高端路由器、千兆比以上网络交换机、新型打印装置（激光、喷墨打印机）、大容量光、磁盘驱动器及其部件、新型电子元器件（混合集成电路）、高密度数字光盘机用关键件、精冲模、精密型腔模、模具标准件、汽车关键零部件、制动器总成、驱动桥总成、变速器、柴油机燃油泵、柴油机涡轮增压器、柴油车机外排放控制装置、滤清器（三滤）、等速万向节、减震器、组合仪表、专用高强度紧固件、数字电视机、数字摄录机、数字录放机、数字放声设备，并提供以上产品的维修及售后服务（涉及许可证的项目，须领证后方可经营）。开发、生产和销售第三代及后续移动通信系统手机、基站、核心网络设备以及网络检测设备，计算机数字信号处理系统及版卡。						

企业名称	东莞加玮华电子有限公司			海关编码	4419944772	所属海关	东莞海关
通讯地址	广东省东莞市东城区樟村					邮政编码	523109
评定时间	2009. 1. 8	注册日期	2005. 6. 22	报关有效期	2014. 6. 22	注册资本	5200 万港币
法人姓名	蔡镇雄	电　　话	0769－22257470	日常联系人	卢泽民	电　　话	0769－22257470
主营范围	生产和销售电子线路板、对讲机、音响、电脑零配件、传呼机、耳机、麦克风、音箱、电子玩具、电子防盗器、灯火开关遥控器、延迟器、电源控制器、交直流电转换器，产品内外销比例按批文执行。						

企业名称	柯尼卡美能达商用科技（东莞）有限公司			海关编码	4419945859	所属海关	东莞海关
通讯地址	广东省东莞市石龙镇新城市中心美能达路1号					邮政编码	523326
评定时间	2012.1.5	注册日期	2007.11.22	报关有效期	2013.11.22	注册资本	2000万美元
法人姓名	渥美浩三	电　　话	0769－86114300	日常联系人	钟斌	电　　话	0769－86114300
主营范围	研究、开发、设计、生产、销售新型打印装置及其关键部件、精冲模、精密型腔模，并提供相关技术咨询、安装及售后服务。						

企业名称	精成科技电子（东莞）有限公司			海关编码	4419949937	所属海关	东莞海关
通讯地址	广东省东莞市黄江镇裕元工业区					邮政编码	523758
评定时间	2011.10.26	注册日期	2011.5.12	报关有效期	2014.5.12	注册资本	6300万美元
法人姓名	李裕德	电　　话	0769－83625101	日常联系人	吴轻章	电　　话	0769－83625101
主营范围	生产和销售电脑、服务器、电子零配件；设立研发中心，从事电脑产品研究和开发。						

企业名称	南宝树脂（东莞）有限公司			海关编码	4419949958	所属海关	东莞海关
通讯地址	广东省东莞市黄江镇裕元工业区裕元2路4号					邮政编码	523758
评定时间	2011.10.26	注册日期	2011.5.20	报关有效期	2014.5.20	注册资本	180万美元
法人姓名	郭荣文	电　　话	0769－83363800	日常联系人	陈刚	电　　话	0769－83363800
主营范围	生产和销售鞋材、粉末涂料、合成粘合剂、油漆、油墨；设立研发机构，研究和开发鞋材产品。						

企业名称	广东省东莞市东联进出口有限公司			海关编码	4419960012	所属海关	东莞海关
通讯地址	广东省东莞市莞城城区工业大厦三楼					邮政编码	523000
评定时间	2008.12.5	注册日期	1998.11.10	报关有效期	2015.11.10	注册资本	800万人民币
法人姓名	胡灿林	电　　话	0769－22818780	日常联系人	庾翅鹏	电　　话	0769－22818781
主营范围	各类商品及技术的进出口（凭进出口企业资格证书经营），但国家限定公司经营或禁止进出口的商品及技术除外。进出口业务信息咨询，仓储（另设分支机构），国内商业（国家专营专控项目除外），智能卡与办公设备的开发与销售，出入境检验检疫报检的代理业务（凭有效资质证书经营）。						

企业名称	东莞市海华五金矿产进出口有限公司			海关编码	4419960056	所属海关	东莞海关
通讯地址	广东省东莞市运河东一路 192 号海华大厦					邮政编码	523000
评定时间	2008. 12. 5	注册日期	2002. 12. 2	报关有效期	2015. 4. 30	注册资本	1000 万人民币
法人姓名	刘建钧	电　　话	0769－22234310	日常联系人	吴俊飞	电　　话	0769－22243190
主营范围	销售五金交电、日用百货、金属、非金属矿产及其制品（国家专营、专卖、专控产品除外）、建筑材料，实业投资，自营和代理各类商品和技术的进出口业务（凭有效资格证经营），但国家限定公司经营或禁止进出口的商品和技术除外。						

企业名称	广东易事特电源股份有限公司			海关编码	4419960127	所属海关	东莞海关
通讯地址	广东省东莞市松山湖高新技术产业园区工业北路 6 号					邮政编码	523808
评定时间	2013. 1. 22	注册日期	2003. 8. 14	报关有效期	2015. 4. 30	注册资本	7806 万人民币
法人姓名	何思模	电　　话	0769－22897777－8002	日常联系人	喻芳	电　　话	0769－22898801
主营范围	研发、制造与销售不间断电源、应急电源、通信电源、电力一体化电源、工业节能及电能质量控制系统、智能充电系统；光伏组件、逆变器、控制器等分布式发电装置及智能微电网工程；嵌入式软件；整体机房；技术咨询与服务；货物进出口。（法律、行政法规规定禁止的项目除外；法律、行政法规规定限制的项目，须取得许可后方可经营。）						

企业名称	广东省东莞医药保健品进出口有限公司			海关编码	4419960209	所属海关	东莞海关
通讯地址	广东省东莞市南城区胜和路华凯大厦 801 室					邮政编码	523070
评定时间	2012. 1. 5	注册日期	1993. 2. 17	报关有效期	2015. 2. 17	注册资本	360 万人民币
法人姓名	罗志全	电　　话	0769－22802929	日常联系人	姚政	电　　话	0769－22802909
主营范围	自营和代理各类商品及技术的进出口业务（不另附进出口品目录），但国家规定的专营进出口商品和国家禁止进出口商品除外。经营进料加工和“三来一补”业务，开展对销贸易和转口贸易，本公司进出口商品内销业务，收购农副产品（不含国家专营）。						

企业名称	东莞市东糖集团有限公司			海关编码	4419960653	所属海关	东莞海关
通讯地址	广东省东莞市东城区主山莞樟路 8 号					邮政编码	523120
评定时间	2008. 12. 5	注册日期	2005. 3. 25	报关有效期	2015. 3. 25	注册资本	51813 万人民币
法人姓名	陈尧燊	电　　话	0769－22613928	日常联系人	宁波那	电　　话	0769－22613928
主营范围	制造糖、酵母、机制纸、磁性器件。火力发电，国内商业，物资供销业（除国家专营专卖）。经营和代理各类商品及技术的进出口业务，但国家限定公司经营或禁止进出口的商品及技术除外（凭有效许可证、资格证经营）。废纸收购（限自用）。						

企业名称	东莞市岭南进出口有限公司			海关编码	4419960697	所属海关	东莞海关
通讯地址	广东省东莞市寮步镇上屯北区工业区					邮政编码	523070
评定时间	2013.7.11	注册日期	2005.4.27	报关有效期	2015.4.27	注册资本	500万人民币
法人姓名	陈少杰	电　　话	0769－81197620	日常联系人	黄柏昌	电　　话	0769－82871912
主营范围	销售电脑配件、电子零配件、化工产品（不含危险化学品）、服装、机械、仪器、建材、百货、五金、交电、日用杂货、眼镜及配件。自营和代理各类商品和技术的进出口业务，但国家限定公司经营或禁止进出口的商品和技术除外。仓储（另设分支机构经营），普通货运（凭有效许可证经营），海上、陆路和航空的国际货运代理。						

企业名称	东莞生益电子有限公司			海关编码	4419960D33	所属海关	东莞海关
通讯地址	广东省东莞市东城区（同沙）科技工业园同振路33号					邮政编码	523000
评定时间	2013.7.8	注册日期	1985.8.2	报关有效期	2015.8.2	注册资本	60083万人民币
法人姓名	李锦	电　　话	0769－23153888	日常联系人	黎展亮	电　　话	0769－23153771
主营范围	许可经营项目：道路普通货运（取得许可后方可经营）。一般经营项目：生产和销售新型电子元器件（新型机电元件：多层印刷电路板），从事非配额许可证、非专营商品的收购及出口业务，经营货物和技术进出口业务。（法律、行政法规禁止的项目除外；法律、行政法规限制的项目，须取得许可后方可经营。）						

企业名称	东莞超信金属有限公司			海关编码	4469942026	所属海关	东莞海关
通讯地址	广东省东莞市寮步镇华南工业城					邮政编码	523405
评定时间	2012.8.2	注册日期	2012.2.27	报关有效期	2015.2.27	注册资本	1600万港币
法人姓名	吴松柏	电　　话	0769－83320898	日常联系人	王春义	电　　话	0769－83320898
主营范围	生产和销售铁制家具、木制家具、五金制品、塑胶制品、铝制品、不锈钢制品、竹木藤制品、家用电器（灯饰、风扇）、厨房用具（涉证或涉限除外），设立研发机构，研究和开发金属家具。						

企业名称	东莞种子制衣有限公司			海关编码	4469947303	所属海关	东莞海关
通讯地址	广东省东莞市高埗镇冼沙村工业区					邮政编码	523000
评定时间	2012.4.28	注册日期	2011.8.25	报关有效期	2014.8.25	注册资本	4100万港币
法人姓名	姚蔚	电　　话	0769－23180868	日常联系人	苏继和	电　　话	0769－23180868
主营范围	筹办胸围及其配件、内衣、内裤（不含漂染、洗水等污染性工序）项目。（筹办期不得经营。）						

企业名称	东莞普立万氯乙烯聚合体有限公司		海关编码	4419945746	所属海关	太平海关
通讯地址	广东省东莞市厚街镇赤岭村				邮政编码	584201
评定时间	2011.12.5	注册日期	2007.6.21	报关有效期	2016.6.21	注册资本	3500万人民币
法人姓名	朱圣旸	电　话	0769－85878800	日常联系人	温浓兴	电　话	0769－85878800
主营范围	生产和销售乙烯基化合物，从事聚氯乙烯粉、未塑化的聚氯乙烯、聚氯乙烯胶粒的批发及进出口业务。（不设店铺经营；不含仓储；涉及配额许可证管理、专项规定管理的商品，按国家有关规定办理。）						

企业名称	中名（东莞）电子有限公司		海关编码	4419947072	所属海关	太平海关
通讯地址	广东省东莞市虎门镇大宁村				邮政编码	523930
评定时间	2009.1.8	注册日期	1994.6.6	报关有效期	2014.6.6	注册资本	19000万港币
法人姓名	杨志雄	电　话	0769－85551612	日常联系人	刘文元	电　话	0769－85709916
主营范围	生产和销售家用小电器（涉及许可经营的除外）、电器零配件、电脑零配件、音频线、塑料制品、海绵制品。设立研发机构，研究和开发家用小电器。						

企业名称	东莞昆盈电脑制品有限公司		海关编码	4419947105	所属海关	太平海关
通讯地址	广东省东莞市厚街镇宝屯村				邮政编码	523691
评定时间	2013.2.26	注册日期	1995.2.22	报关有效期	2014.2.22	注册资本	12335万港币
法人姓名	卓世坤	电　话	0769－85825810－3460	日常联系人	郑庆祥	电　话	138××××4101
主营范围	生产和销售网络卡、电脑测试卡、音效卡、显示卡及相关介面装置、鼠标器、扫描器、多媒体影像、声音处理器、图文及资料传送器、电脑绘图输入器等微处理机零部件、微电脑体温计、微电脑血压计等个人健诊器、GPS定位仪器、电脑周边产品及其零配件、便携式电脑、眼镜、手表、移动通信系统（含GSM、CDMA等）手机、电脑电视卡、车载行车记录器、车载有线（无线）充电器、小家电及其零配件（电子清洁用品），提供电脑周边产品、机构电子零件的检测服务（不出具证书；涉及国家限制的除外；涉及国家专项规定的，按有关规定办理）。设立研发机构，研究和开发鼠标、读卡器。						

企业名称	新宝电机（东莞）有限公司		海关编码	4419947145	所属海关	太平海关
通讯地址	广东省东莞市虎门镇新联工业区				邮政编码	523917
评定时间	2013.7.11	注册日期	1995.10.1	报关有效期	2014.10.1	注册资本	2724万美元
法人姓名	陈连春	电　话	0769－85504417	日常联系人	向佑林	电　话	137××××1306
主营范围	生产和销售液晶显示屏线路转换板、新型平板显示器件（液晶显示屏用微型变压器——SMD TRANSFORMER）、新型电子元器件（电力电子器件：高效能整合型电源模组）、LED照明产品和组装集成电路板、数码摄像头、LED及LCD视频显示产品。设立研发机构，研发开发电子产品。						

企业名称	东莞安联电器元件有限公司			海关编码	4419947264	所属海关	太平海关
通讯地址	广东省东莞市虎门镇南面村					邮政编码	523910
评定时间	2013. 2. 26	注册日期	1997. 12. 24	报关有效期	2014. 12. 24	注册资本	340 万美元
法人姓名	法布雷诺·瓦伦蒂尼	电　　话	0769 - 88623888	日常联系人	吴喜锋	电　　话	0769 - 85500410 - 350
主营范围	生产和销售塑胶五金接插件、电器控制器、电子元器件和组装件、汽车开关和控制器、塑胶模具和冲压模具及相关产品，上述产品涉证涉限除外，并提供相关的售后服务。从事公司生产的同类商品的批发、零售、进出口及相关配套业务（不设店铺；涉及配额许可证管理、专项规定管理的商品，按照国家有关规定办理）。						

企业名称	东莞南栅利高文具制品厂有限公司			海关编码	4419947276	所属海关	太平海关
通讯地址	广东省东莞市虎门镇南栅第一工业区					邮政编码	523932
评定时间	2010. 4. 26	注册日期	1998. 5. 22	报关有效期	2014. 4. 5	注册资本	4640 万港币
法人姓名	杜振安	电　　话	0769 - 85561686	日常联系人	王启光	电　　话	0769 - 85561686
主营范围	生产和销售五金、塑胶文具配件，产品内外销比例按批文执行。（涉及许可证的项目，须领证后才能经营。）						

企业名称	明安运动器材（东莞）有限公司			海关编码	4419947321	所属海关	太平海关
通讯地址	广东省东莞市虎门镇龙眼村					邮政编码	523920
评定时间	2013. 5. 14	注册日期	1998. 11. 16	报关有效期	2014. 11. 16	注册资本	3562 万港币
法人姓名	郑锡坤	电　　话	0769 - 85555321	日常联系人	陈俊延	电　　话	0769 - 85557350
主营范围	生产和销售高尔夫运动器材用品、复合材料脚踏车零部件、复合材料电子零配件、复合材料电器零配件。						

企业名称	东莞三星视界有限公司			海关编码	4419947605	所属海关	太平海关
通讯地址	广东省东莞市厚街镇高科技工业园					邮政编码	523945
评定时间	2013. 1. 22	注册日期	2002. 1. 10	报关有效期	2014. 1. 10	注册资本	9170 万美元
法人姓名	李善镕	电　　话	0769 - 82901000	日常联系人	陈惠新	电　　话	0769 - 82901098
主营范围	生产和销售新型显示器件（平板显示器及显示屏）、新型电子元器件（含显像管用精密电子枪）、锂离子电池、新型平板显示器件、OLED 平板显示屏。						

企业名称	固邦（东莞）电器有限公司			海关编码	4419947613	所属海关	太平海关
通讯地址	广东省东莞市虎门镇怀德村					邮政编码	523920
评定时间	2013. 1. 22	注册日期	2002. 1. 18	报关有效期	2014. 1. 18	注册资本	0 万港币
法人姓名	陈林素珍	电　　话	0769－89135555	日常联系人	谢光玉	电　　话	0769－89135555
主营范围	生产和销售灯饰、五金塑胶制品、家用小电器、电子控制器、电源控制器、节日饰品、灯饰配件。						

企业名称	东莞创机电业制品有限公司			海关编码	4419948174	所属海关	太平海关
通讯地址	广东省东莞市厚街镇工业城创科路					邮政编码	523945
评定时间	2009. 12. 7	注册日期	2004. 11. 23	报关有效期	2014. 11. 23	注册资本	1900 万美元
法人姓名	邓联泰	电　　话	0769－82728888	日常联系人	叶沛华	电　　话	0769－82728888
主营范围	生产和销售电动装修及建筑工具、地板及地毯电动清洁工具、户外电动及内燃机推动的园艺工具、太阳能户外灯、刀具制品、手提电筒、电池组合、电子测量仪器、搅拌机、吸尘机、碎纸机及以上产品配件、园林机械、小家电（上述产品涉限或涉证的除外），并提供产品售后服务及为关联企业提供管理服务（涉限除外）。						

企业名称	东莞虎门南栅国际文具制造有限公司			海关编码	4419948205	所属海关	太平海关
通讯地址	广东省东莞市虎门镇南栅第一工业区					邮政编码	523932
评定时间	2008. 12. 5	注册日期	2005. 1. 7	报关有效期	2014. 1. 7	注册资本	1476 万美元
法人姓名	杜振安	电　　话	0769－85561686	日常联系人	王启光	电　　话	0769－85561686
主营范围	生产和销售文具及其零配件、五金零配件（不得含印刷工序）、文具夹制造设备。						

企业名称	东莞栢能电子科技有限公司			海关编码	4419949397	所属海关	太平海关
通讯地址	广东省东莞市厚街镇三屯村					邮政编码	523900
评定时间	2009. 9. 11	注册日期	2009. 7. 16	报关有效期	2015. 7. 16	注册资本	2160 万美元
法人姓名	王锡豪	电　　话	0769－85822002	日常联系人	温海波	电　　话	138××××9035
主营范围	生产和销售电脑及电脑周边设备、电子零部件、微型计算机、计算机处理板卡、电话机、电子收款机及周边设备、电子计步器、电子锁、显示板、打印机（涉限涉证及涉国家宏观调控行业除外，涉及国家专项管理规定的按有关规定办理），并提供自产产品的相关配套、咨询服务及设计服务。承接来料加工相关业务。设立研发机构，研究开发微型计算机、卫星导航定位接收器。						

企业名称	东莞励发制衣有限公司			海关编码	4469947018	所属海关	太平海关
通讯地址	广东省东莞市厚街镇三屯村					邮政编码	523900
评定时间	2011.9.7	注册日期	2011.6.13	报关有效期	2014.6.13	注册资本	2200万人民币
法人姓名	黎兆强	电话	0769－85822668	日常联系人	董建平	电话	0769－85822668
主营范围	生产和销售针、梳织服装。						

企业名称	明门（中国）幼童用品有限公司			海关编码	4419940124	所属海关	黄埔海关驻凤岗办事处
通讯地址	广东省东莞市清溪镇银湖工业区					邮政编码	523648
评定时间	2010.12.27	注册日期	1993.2.17	报关有效期	2016.1.15	注册资本	11750万美元
法人姓名	郑钦明	电话	0769－87733251	日常联系人	李茂和	电话	0769－87733251－6827
主营范围	生产婴儿手推车及其配件、婴儿围栏及其配件、学步车、餐椅、婴儿摇椅、座椅、棉被、背袋、各种玩具及零配件、五金塑料日用品、健身收腹机、拉力器、多功能健身器、跑步机、成人推车、轮椅及零配件、拐杖、病床及零配件、精冲模、精密型腔模、模具标准件、小家电、色母、色粉、橡塑制品、木制品、纸制品、纺织品、铁管、铝管、五金零配件、服装；从事婴儿手推车及其配件、婴儿围栏及其配件、学步车、餐椅、婴儿摇椅、座椅、棉被、背袋、各种玩具及零配件、五金塑料日用品、健身收腹机、拉力器、多功能健身器、跑步机、成人推车、轮椅及零配件、拐杖、病床及零配件、精冲模、精密型腔模、模具标准件、小家电、色母、色粉、橡塑制品、木制品、纸制品、纺织品、铁管、铝管、五金零配件、服装的批发、邮购及电视电话零售、互联网销售及进出口业务（不涉及国营贸易管理商品；涉及配额、许可证管理商品，涉及行业许可管理的，按国家有关规定办理申请）；承接婴儿汽车安全座椅、婴儿手推车、婴儿用品、小家电及上述产品之零配件的检测外包服务（不出具检测证书，涉限除外），并提供相关的咨询服务；设立研发中心，从事婴儿手推车及其配件、婴儿围栏及其配件、学步车、餐椅、婴儿摇椅、座椅、棉被、背袋、各种玩具及零配件、五金塑料日用品、健身收腹机、拉力器、多功能健身器、跑步机、成人推车、轮椅及零配件、拐杖、病床及零配件、精冲模、精密型腔模、模具标准件、小家电、色母、色粉、橡塑制品、木制品、纸制品、纺织品、铁管、铝管、五金零配件、服装等产品的研究和开发，并提供研发产品的相关配套服务。						

企业名称	东莞汇勋电器制品有限公司			海关编码	4419940228	所属海关	黄埔海关驻凤岗办事处
通讯地址	广东省东莞市塘厦镇宏业工业区湖景路30－32号					邮政编码	523710
评定时间	2011.12.5	注册日期	1995.12.26	报关有效期	2014.12.26	注册资本	37456万港币
法人姓名	Yew Cheng Teik（尤清德）	电话	0769－87880968	日常联系人	叶晓辉	电话	0769－87882264
主营范围	生产和销售小家电、宠物用品、电动毛发推剪等产品及半成品、五金及塑胶配件；从事小家电的质量检测（不出具检测证书）；从事小家电及其原材料和零配件的批发及进出口业务（不设店铺；涉及许可证管理或有专项规定的商品，按国家有关规定办理）；设立研发机构，研究和开发小家电产品。						

企业名称	东莞璋泰五金制品有限公司			海关编码	4419940242	所属海关	黄埔海关 驻凤岗办事处
通讯地址	广东省东莞市清溪镇新金山工业区					邮政编码	511746
评定时间	2008.10.31	注册日期	1993.7.27	报关有效期	2014.7.27	注册资本	21382 万港币
法人姓名	赵金和	电　　话	0769－87734183	日常联系人	谭太术	电　　话	0769－87734183
主营范围	生产和销售家具、自行车、婴儿车、雨伞、运动器材等配套焊管件、维修工具及五金配件，加工裁剪冷热轧铁件、镀锌铁件、矽钢片。从事自产产品及相关原材料的批发及进出口业务（不设店铺；不涉及国营贸易管理商品；涉及配额、许可证管理商品的，按国家有关规定办理）。						

企业名称	联业制衣（东莞）有限公司			海关编码	4419940346	所属海关	黄埔海关 驻凤岗办事处
通讯地址	广东省东莞市清溪镇渔樑围村					邮政编码	523645
评定时间	2011.5.11	注册日期	1994.1.10	报关有效期	2014.1.10	注册资本	37622 万港币
法人姓名	朱德雄	电　　话	0769－87738280	日常联系人	李炯尧	电　　话	0769－87738282
主营范围	生产和销售针、梳织服装，经营服装半制成品加工（含洗水工序），从事针、梭积服装和服装半成品的批发、进出口业务（不设店铺；不涉及国营贸易管理商品；涉及配额、许可证管理商品的，按国家相关规定办理申请）。						

企业名称	东莞永成电器制品厂有限公司			海关编码	4419940373	所属海关	黄埔海关 驻凤岗办事处
通讯地址	广东省东莞市清溪镇银星工业区					邮政编码	523656
评定时间	2009.12.7	注册日期	1994.1.25	报关有效期	2014.1.25	注册资本	32191 万港币
法人姓名	沈振权	电　　话	0769－87738870	日常联系人	沈婉琴	电　　话	0769－87738874
主营范围	生产和销售美容器、家庭用具、小型马达、数字电视机、小型家用电器、计算机类及通讯类电子产品、新能源太阳能设备。						

企业名称	东莞美时家具有限公司			海关编码	4419940487	所属海关	黄埔海关 驻凤岗办事处
通讯地址	广东省东莞市塘厦镇莲湖村					邮政编码	511752
评定时间	2011.12.5	注册日期	1993.11.28	报关有效期	2013.11.27	注册资本	14000 万港币
法人姓名	朱卓文	电　　话	0769－82031142	日常联系人	崔维芳	电　　话	0769－82031111
主营范围	生产和销售家具、厨具、装修材料、灯饰、地毯，提供本企业产品的售后服务，从事家具及其配件、办公家具及其配件、厨具及其配件、装修材料、地毯的批发及进出口业务（不设店铺经营；涉及配额许可证管理、专项规定管理的商品，按照国家有关规定办理）。设立研发机构，研究开发家具及其配件。						

企业名称	东莞欣鼎五金塑胶制品有限公司			海关编码	4419940682	所属海关	黄埔海关驻凤岗办事处
通讯地址	广东省东莞市清溪镇大埔工业区					邮政编码	523647
评定时间	2009. 3. 24	注册日期	1995. 5. 18	报关有效期	2014. 5. 18	注册资本	28973 万港币
法人姓名	曾春荣	电话	0769 – 87338888	日常联系人	温展宏 张胜台	电话	0769 – 87338888
主营范围	生产和销售家具、太阳伞、沙滩桌椅、配件、高档建筑五金件、水暖器材及五金件、塑胶小泳池、车蓬、帐篷、商场用展示架及秘书椅。从事道路普通货运、道路货物专用运输（集装箱）。						

企业名称	东莞超霸电池有限公司			海关编码	4419940798	所属海关	黄埔海关驻凤岗办事处
通讯地址	广东省东莞市塘厦镇宏业工业区					邮政编码	523710
评定时间	2009. 10. 30	注册日期	1993. 12. 19	报关有效期	2014. 12. 19	注册资本	10900 万港币
法人姓名	汤信源	电话	0769 – 87910215	日常联系人	黎金峦	电话	0769 – 87910215
主营范围	生产和销售碱性电池、充电电池、镍氢电极片。产品内外销比例按批文执行。（涉及许可证的项目，须领证后才能经营。）						

企业名称	东莞致力电脑有限公司			海关编码	4419940903	所属海关	黄埔海关驻凤岗办事处
通讯地址	广东省东莞市清溪镇金星工业区					邮政编码	523655
评定时间	2012. 3. 23	注册日期	1995. 12. 19	报关有效期	2015. 12. 19	注册资本	10050 万港币
法人姓名	宋恭源	电话	0769 – 87737730	日常联系人	陈建英	电话	0769 – 87737730
主营范围	生产和销售电脑配件（包括电脑机箱）、塑胶配件、五金配件、组装微型电脑（16 位以上）、主机板、电脑扬声器、数位式音乐播放机、五金割片、冲压件、模具标准件。产品内外销比例按批文执行。（涉及许可证的项目，须领证后才能经营。）						

企业名称	康舒电子（东莞）有限公司			海关编码	4419941220	所属海关	黄埔海关驻凤岗办事处
通讯地址	广东省东莞市塘厦镇宏业工业区					邮政编码	523710
评定时间	2009. 9. 23	注册日期	1998. 9. 15	报关有效期	2014. 9. 15	注册资本	5400 万美元
法人姓名	高青山	电话	0769 – 87915950	日常联系人	杨莉	电话	0769 – 87915950
主营范围	生产和销售通讯电子产品、小电器、LED 灯具、电力调度通迅设备产品，并提供相关配套服务。（涉限涉证及涉国家宏观调控行业除外；涉及配额许可证管理、专项规定管理的，按有关规定办理。）						

企业名称	东莞翊凯电器制品有限公司			海关编码	4419940909	所属海关	黄埔海关 驻凤岗办事处
通讯地址	广东省东莞市清溪镇青皇工业区					邮政编码	511746
评定时间	2011. 5. 11	注册日期	1996. 3. 26	报关有效期	2014. 3. 26	注册资本	1106 万美元
法人姓名	陈東学	电　　话	0769 – 86812999	日常联系人	陈文通	电　　话	0769 – 86812999
主营范围	生产和销售电脑机箱外壳、电源供应器、鼠标、键盘、显示器、音箱、纸箱、麦克风、耳机、散热器、不间断电源供应器、模具、微型电脑处理机、电脑主机板、电脑周边设备、五金、塑胶配件（涉证除外）、电子元器件（涉证、限产品除外）、扬声器、电源线、平板显示屏及其配件、平板显示器及其配件、发光二极管照明灯具、灯具零配件、半导体集成电路元器件之封装与测试、电器零配件。设立研发机构，研究和开发 TFT – LCD 生产自动化、照明灯具产品及其散热结构、电源节电技术、半导体集成电路封装与测试技术。						

企业名称	东莞立德电子有限公司			海关编码	4419940946	所属海关	黄埔海关 驻凤岗办事处
通讯地址	广东省东莞市塘厦第一工业区					邮政编码	523712
评定时间	2008. 10. 31	注册日期	1995. 11. 13	报关有效期	2014. 12. 30	注册资本	8050 万港币
法人姓名	林碧珍	电　　话	0769 – 87727748	日常联系人	周金年	电　　话	0769 – 87937106
主营范围	生产和销售变压器、整流器、充电器、电源供应器、半导体、元器件专用材料（多层线路板）、新型电子元器件（电力电子器件：电子式安定器、不间断电源）、锂离子电池、数字放声设备（激光唱机）、宽带接入网通信系统设备（网路卡）、交换设备（交换机）、高端路由器（路由器）、数字音、视频编解码设备、电子专用设备（电源供应器、电磁锁）、照明灯具。设立研发机构，研究开发照明灯具。						

企业名称	东莞致通电脑有限公司			海关编码	4419941111	所属海关	黄埔海关 驻凤岗办事处
通讯地址	广东省东莞清溪镇银湖工业区银山路第一排 C 座					邮政编码	523648
评定时间	2011. 11. 18	注册日期	1998. 5. 8	报关有效期	2014. 5. 8	注册资本	1417 万美元
法人姓名	宋恭源	电　　话	0769 – 87313021 – 101	日常联系人	叶惠娟	电　　话	0769 – 87313021 – 350
主营范围	生产和销售通信传输设备、通信交换设备、通信终端设备、移动通信及终端设备、其他通信设备、电子计算机整机、电子计算机网络设备、电子计算机外部设备、电子原件及组件、家用影视设备、家用音响设备、照相机及器材、其他输配电及控制设备、其他电子设备、电子玩具、训练健身器材、家用美容及保健电器具，并提供企业自产产品的售后服务。设立研发机构，研究和开发软件产品。（上述产品涉限者除外；涉及许可证的，必须领证后方可经营。）						

企业名称	实盈电子（东莞）有限公司			海关编码	4419941210	所属海关	黄埔海关驻凤岗办事处
通讯地址	广东省东莞市清溪镇三中金龙工业区					邮政编码	523651
评定时间	2010. 1. 7	注册日期	1998. 8. 25	报关有效期	2014. 8. 25	注册资本	53668 万港币
法人姓名	黄凰洲	电　话	0769 - 87318688	日常联系人	林沁柔	电　话	0769 - 87318688
主营范围	生产和销售精冲模、精密型腔模、模具标准件、新型电子元器件（新型机电元件：含微处理器承座连接器及其关键件、精密移动电话连接器及其关键件、网络通讯连接器）、电子专用设备、电脑周边线、电脑内部连接线、电脑周边配件；从事上述产品的批发及进出口业务；从事自有厂房出租业务。（涉限涉证及涉国家宏观调控行业除外；涉及配额许可证管理、专项规定管理的商品，按国家有关规定办理。）						

企业名称	瑞丰木业（东莞）有限公司			海关编码	4419941428	所属海关	黄埔海关驻凤岗办事处
通讯地址	广东省东莞市清溪镇大利管理区					邮政编码	523648
评定时间	2011. 8. 15	注册日期	1998. 7. 20	报关有效期	2014. 7. 20	注册资本	23500 万港币
法人姓名	梁厚镇	电　话	0769 - 86810723	日常联系人	陈雄辉 黄天就	电　话	138 ××××2156 135 ××××5128
主营范围	生产和销售各种家具（涉证除外），从事道路普通货运（凭许可证经营）。						

企业名称	东莞首富电子有限公司			海关编码	4419942707	所属海关	黄埔海关驻凤岗办事处
通讯地址	广东省东莞市樟木头镇东深大道银洋工业城					邮政编码	523620
评定时间	2009. 1. 8	注册日期	2002. 8. 29	报关有效期	2014. 8. 29	注册资本	5014 万港币
法人姓名	吴声甫	电　话	0769 - 87710688	日常联系人	梁文悦 杨志红	电　话	0769 - 87794499
主营范围	生产和销售电力电子器件（涉限涉证的除外）。						

企业名称	东莞新劲电子有限公司			海关编码	4419942775	所属海关	黄埔海关驻凤岗办事处
通讯地址	广东省东莞市塘厦镇宏业工业区					邮政编码	523833
评定时间	2013. 4. 9	注册日期	2002. 9. 19	报关有效期	2014. 9. 19	注册资本	8500 万港币
法人姓名	陈其镳	电　话	0769 - 87810780	日常联系人	施国辉	电　话	0769 - 87810780
主营范围	生产和销售大容量光、磁盘驱动器、电子专用设备（包括高密度电脑主板、微电子发生器）、移动通信系统（GSM）手机、新型仪表元器件（智能型仪用传感器、柔性线路板）、汽车电子装置（包括发动机控制系统、地盘控制系统、车身电子控制系统）、数字有线电视系统设备。						

企业名称	东莞东英电子工业有限公司			海关编码	4419943326	所属海关	黄埔海关驻凤岗办事处
通讯地址	广东省东莞市清溪镇三中村金龙工业区清凤大道					邮政编码	523651
评定时间	2009. 12. 7	注册日期	2003. 5. 30	报关有效期	2014. 5. 30	注册资本	6300 万港币
法人姓名	藤原繁树	电　　话	0769 – 87328201 – 201	日常联系人	靳仁军	电　　话	0769 – 87328201 – 205
主营范围	生产和销售数字录放机，大容量光、磁盘驱动器及其部件，电子测试仪器（包括 CD、DVD 检查测定器），复印机、打印机部件，银行自动柜员机部件，电子门锁部件，模具，音乐用电子产品及配件，录音器，遥控器，小家电及其配件，游戏机及其配件，灯具及其配件；提供相关产品售后服务；承接电池组装业务。生产和销售通讯设备及其部件，测量、检测仪器。（涉限涉证及涉国家宏观调控行业除外；涉及国家专项规定的，按有关规定办理。）						

企业名称	宝钜（中国）儿童用品有限公司			海关编码	4419943391	所属海关	黄埔海关驻凤岗办事处
通讯地址	广东省东莞市清溪镇银河工业区					邮政编码	523641
评定时间	2011. 12. 5	注册日期	2003. 6. 26	报关有效期	2014. 6. 26	注册资本	3788 万美元
法人姓名	郑丽玉	电　　话	0769 – 87893231	日常联系人	李新月 李新凤	电　　话	0769 – 87893231
主营范围	生产和销售婴儿手推车及其配件、婴儿围栏及其配件、学步车、餐椅、婴儿摇椅、座椅、棉被、背袋、各种玩具及零配件、五金塑胶日用品、健身收腹机、拉力器、多功能健身器、跑步机、成人推车、轮椅及零配件、拐杖、病床及零配件。						

企业名称	东莞汉平家具有限公司			海关编码	4419943830	所属海关	黄埔海关驻凤岗办事处
通讯地址	广东省东莞市清溪镇三中金龙工业区					邮政编码	523660
评定时间	2010. 4. 26	注册日期	2004. 2. 26	报关有效期	2014. 2. 26	注册资本	600 万美元
法人姓名	刘珍财	电　　话	0769 – 86814555	日常联系人	余金莲	电　　话	0769 – 86814555
主营范围	生产和销售家具。						

企业名称	广东粤林电气科技股份有限公司			海关编码	4419960832	所属海关	黄埔海关驻凤岗办事处
通讯地址	广东省东莞市清溪镇三中金龙工区					邮政编码	523651
评定时间	2013. 5. 14	注册日期	2005. 8. 12	报关有效期	2015. 8. 12	注册资本	5558 万人民币
法人姓名	邓会英	电　　话	0769 – 38912888	日常联系人	方琴	电　　话	0769 – 38912888
主营范围	研究、开发、生产、销售电脑机箱、各类电源供应器及电脑周边设备、铝制品、模具、五金制品，经营货物和技术的进出口业务。（法律、行政法规禁止的项目除外；法律、行政法规限制的项目，须取得许可后方可经营。）						

企业名称	东莞南星塑胶有限公司		海关编码	4419945624	所属海关	黄埔海关 驻凤岗办事处
通讯地址	广东省东莞市樟木头镇南山工业区				邮政编码	523636
评定时间	2011. 12. 5	注册日期	2007. 1. 11	报关有效期	2016. 1. 11	注册资本	16000 万港币
法人姓名	蔡香海	电　　话	0769－87123221	日常联系人	詹日富 赖汉珍	电　　话	0769－87123222
主营范围	生产和销售高密度聚乙烯袋（筒）、低密度聚乙烯袋（筒）、聚丙烯袋（筒）、再生塑料（只能用本企业的边角料加工成再生料）、塑胶喉管、彩盒、纸箱、一次性不织布制品（不含洗水、漂染等污染工序）；从事非配额许可证管理、非专营商品的收购出口业务、包装装潢印刷品印刷、道路货运专用运输（集装箱）、道路普通货运（凭许可证经营）。经营规模：厢式货运叁辆。设立研发机构，研究开发环保包装材料、食品包装材料、新型包装材料。						

企业名称	东莞市荣圣家具有限公司		海关编码	4419966643	所属海关	黄埔海关 驻凤岗办事处
通讯地址	广东省东莞市凤岗镇黄洞 村田心组东深二路黄洞段				邮政编码	523689
评定时间	2013. 2. 26	注册日期	2008. 1. 15	报关有效期	2015. 1. 15	注册资本	500 万人民币
法人姓名	何梅	电　　话	136××××2608	日常联系人	段红	电　　话	137××××7282
主营范围	生产和销售家具，经营货物和技术的进出口业务。（法律、行政法规禁止的项目除外；法律、行政法规限制的项目，须取得许可后方可经营。）						

企业名称	广州北方机电发展有限公司		海关编码	4401210057	所属海关	黄埔海关驻广州经济技术开发区办事处（广州保税区海关）
通讯地址	广东省广州经济技术开发区青年路沙湾二街 13、15 号 602A 室				邮政编码	510000
评定时间	2010. 7. 5	注册日期	2005. 1. 28	报关有效期	2016. 1. 28	注册资本	1800 万人民币
法人姓名	蔡文初	电　　话	020－37619618	日常联系人	吴岗平	电　　话	020－37619706
主营范围	货物和技术的进出口（法律、行政法规禁止的项目除外，法律、法规限制的项目，须取得许可证后方可经营）。光学、电子、机械产品的销售。光学、电子新材料及新产品的研究、开发及技术咨询。						

<table>
<tr><td>企业名称</td><td colspan="3">广州太平洋马口铁有限公司</td><td>海关编码</td><td>4401230182</td><td>所属海关</td><td>黄埔海关驻广州经济技术开发区办事处（广州保税区海关）</td></tr>
<tr><td>通讯地址</td><td colspan="5">广东省广州市经济技术开发区友谊路 102 号</td><td>邮政编码</td><td>510730</td></tr>
<tr><td>评定时间</td><td>2008. 10. 31</td><td>注册日期</td><td>1995. 5. 4</td><td>报关有效期</td><td>2014. 5. 4</td><td>注册资本</td><td>3600 万美元</td></tr>
<tr><td>法人姓名</td><td>SHINKAI KAZUMASA（新海一正）</td><td>电　　话</td><td>020－82220306</td><td>日常联系人</td><td>张培文</td><td>电　　话</td><td>020－82220309</td></tr>
<tr><td>主营范围</td><td colspan="7">制造、加工马口铁，剪切、加工其他钢板材；销售本公司产品，并提供有关产品的技术服务；从事马口铁、镀铬铁、覆膜铁等金属包装材料的批发、进出口及佣金代理（拍卖除外）业务（不涉及国营贸易管理商品；涉及配额、许可证管理商品的，按国家有关规定办理申请）；提供其他相关售后服务。</td></tr>
</table>

<table>
<tr><td>企业名称</td><td colspan="3">施耐德（广州）母线有限公司</td><td>海关编码</td><td>4401230227</td><td>所属海关</td><td>黄埔海关驻广州经济技术开发区办事处（广州保税区海关）</td></tr>
<tr><td>通讯地址</td><td colspan="5">广东省广州经济技术开发区东区骏业路 85 号</td><td>邮政编码</td><td>510530</td></tr>
<tr><td>评定时间</td><td>2010. 4. 26</td><td>注册日期</td><td>1996. 11. 13</td><td>报关有效期</td><td>2015. 3. 3</td><td>注册资本</td><td>730 万美元</td></tr>
<tr><td>法人姓名</td><td>Stéphane DARIEL</td><td>电　　话</td><td>020－28202828</td><td>日常联系人</td><td>彭志杨</td><td>电　　话</td><td>020－28202754</td></tr>
<tr><td>主营范围</td><td colspan="7">制造、装配配电母线槽、插入式配电盘、小型配电箱、配电盘、配电屏等配电设备及其零部件；销售本公司产品，并提供相关的售后服务；经营上述产品同类商品的批发、进出口、佣金代理（拍卖除外）业务及提供配套服务。（不涉及国营贸易管理商品；涉及配额、许可证管理商品的，按国家有关规定办理申请。）</td></tr>
</table>

<table>
<tr><td>企业名称</td><td colspan="3">广州昭和汽车零部件有限公司</td><td>海关编码</td><td>4401230233</td><td>所属海关</td><td>黄埔海关驻广州经济技术开发区办事处（广州保税区海关）</td></tr>
<tr><td>通讯地址</td><td colspan="5">广东省广州经济技术开发区东区宏明路 6 号</td><td>邮政编码</td><td>510760</td></tr>
<tr><td>评定时间</td><td>2010. 1. 7</td><td>注册日期</td><td>1995. 2. 13</td><td>报关有效期</td><td>2015. 2. 13</td><td>注册资本</td><td>6516 万美元</td></tr>
<tr><td>法人姓名</td><td>杉山伸幸</td><td>电　　话</td><td>020－82268480</td><td>日常联系人</td><td>梁克永</td><td>电　　话</td><td>020－82268289－290</td></tr>
<tr><td>主营范围</td><td colspan="7">生产汽车与摩托车减震器、汽车转向器及其零部件产品，销售本公司产品，从事上述同类产品汽车和摩托车零部件的各类型材、润滑油、设备及设备配件的批发和进出口业务（不设店铺经营；不涉及国营贸易管理产品；涉及配额、许可证管理商品的，按国家有关规定办理申请），提供产品售后服务。</td></tr>
</table>

企业名称	广州美亚股份有限公司			海关编码	4401230282	所属海关	黄埔海关驻广州经济技术开发区办事处（广州保税区海关）
通讯地址	广东省广州经济技术开发区永和经济管理区永和大道38号					邮政编码	511356
评定时间	2008.10.31	注册日期	1996.7.23	报关有效期	2015.7.23	注册资本	20000万人民币
法人姓名	罗汉	电话	020－32221688	日常联系人	钱碧彦	电话	020－32221688
主营范围	研究开发应用软件；加工制造钢管、钢板及其他金属制品；提供室内水电安装服务；销售本公司产品；从事钢管、钢板及其他金属制品、有色金属及其制品、汽车零部件、建筑材料的进出口、批发和佣金代理（拍卖除外）业务（不设店铺经营；不涉及国营贸易管理商品；涉及配额、许可证管理商品的，按国家有关规定办理申请）；从事技术进出口；提供相关技术服务、售后服务和咨询服务。						

企业名称	国际香料（中国）有限公司			海关编码	4401240015	所属海关	黄埔海关驻广州经济技术开发区办事处（广州保税区海关）
通讯地址	广东省广州经济技术开发区金华二街9号					邮政编码	510730
评定时间	2008.12.5	注册日期	1993.4.28	报关有效期	2014.4.28	注册资本	8962万美元
法人姓名	Eduardo III Dagondon Alejandrino	电话	021－60865500	日常联系人	罗华丽	电话	020－61079163
主营范围	生产、加工食品添加剂（液体香精、乳化香精、粉末香精，全国工业产品生产许可证有效期至2016年04月06日）、天然香料、合成香料、单离香料、各种芳香化学物和香精（日用）、调味料（固态，全国工业产品生产许可证有效期至2015年10月31日）；销售本公司产品；进行新产品的研究和开发；进行新技术的研究、开发、许可使用及转让；从事与公司自产及研发产品同类商品的采购、批发、佣金代理（拍卖除外）、进出口；提供企业经营、管理及技术的咨询服务；从事自有物业的出租。（不设店铺经营；不涉及国营贸易管理商品；涉及到配额、许可证管理商品的，按国家有关规定办理申请。）						

企业名称	箭牌糖果（中国）有限公司			海关编码	4401240018	所属海关	黄埔海关驻广州经济技术开发区办事处（广州保税区海关）
通讯地址	广东省广州经济技术开发区友谊路111号					邮政编码	510730
评定时间	2008.12.5	注册日期	1991.4.18	报关有效期	2014.4.18	注册资本	6149万美元
法人姓名	Ellen O'Donnell Kollar	电话	020－82218816	日常联系人	霍荣樟	电话	020－82088187
主营范围	加工和生产糖果制品（糖果）；推广和销售本公司产品；提供与糖果生产、推广或销售相关的技术、咨询和服务；从事自有设备租赁；研究开发与公司产品同类的相关产品；从事与公司同类商品的批发、进出口业务、佣金代理（拍卖除外）及其配套业务（涉及配额许可证管理、专项规定管理的产品，按国家规定办理）。（全国工业产品生产许可证有效期至2014年10月23日，食品流通许可证有效期至2014年03月24日。）						

企业名称	高露洁棕榄（中国）有限公司		海关编码	4401240067	所属海关	黄埔海关驻广州经济技术开发区办事处（广州保税区海关）
通讯地址	广东省广州经济技术开发区青年路338号				邮政编码	510730
评定时间	2008.10.31	注册日期	1996.5.4	报关有效期 2016.5.4	注册资本	4500万美元
法人姓名	Vinod Nambiar（卫诺德）	电　　话	020－85101888	日常联系人 谢芬	电　　话	020－82214468－239
主营范围	研发、生产、加工牙膏、口腔清洁用品、家庭清洁产品、织物保护产品、个人护理产品、宠物食品、宠物护理产品及有关原材料、包装材料；生产、加工上述促销配套产品；委托加工、销售高露洁棕榄公司在中国的其他投资项目生产的产品及国内企业生产加工的高露洁棕榄公司的商标的产品；在国内收购出口非配额许可证商品；经营上述同类产品和相关原材料、包装材料的批发、佣金代理（拍卖除外）、进出口及相关配套服务业务（不设店铺经营；涉及配额许可证管理、专项规定管理的商品，按国家有关规定办理）；提供仓储（易燃易爆、危险化学品除外）、管理咨询的相关服务；经营印刷包装装潢印刷品；经营医疗器械产品的批发、佣金代理（拍卖除外）、进出口业务及相关配套服务业务。（按医疗器械经营企业许可证许可范围经营；不设店铺经营；涉及行业许可管理的，按国家规定办理；以上商品进出口不涉及国营贸易、进出口配额许可证、出口配额招标、出口许可证等专项管理的商品。）					

企业名称	安美特（中国）化学有限公司		海关编码	4401240111	所属海关	黄埔海关驻广州经济技术开发区办事处（广州保税区海关）
通讯地址	广东省广州经济技术开发区永和经济区新庄二路73号				邮政编码	510290
评定时间	2011.12.5	注册日期	1998.4.30	报关有效期 2015.4.30	注册资本	5025万美元
法人姓名	李晋贤	电　　话	020－82975160	日常联系人 王颖	电　　话	020－82981645
主营范围	生产表面活性剂、电子专用设备、线路板用添加剂及废水处理用生物化学品（危险化学品除外）；生产三氧化铬（无水）（51519）、铬酸溶液（81031）、过氧化氢（20%≤含量≤60%）（51001）、影印油墨（33647）；销售本公司产品并提供售后服务；从事相关产品的进出口和批发业务。（不设店铺经营；涉及配额许可证管理、专项规定管理的商品，按照国家有关规定办理。）					

企业名称	捷普电子（广州）有限公司			海关编码	4401240197	所属海关	黄埔海关驻广州经济技术开发区办事处（广州保税区海关）
通讯地址	广东省广州经济技术开发区东区骏成路128号					邮政编码	510730
评定时间	2010. 4. 26	注册日期	2001. 9. 25	报关有效期	2014. 9. 25	注册资本	0万美元
法人姓名	FORBES I. J. ALEXANDER	电　　话	020－82266308	日常联系人	刘红	电　　话	186××××6448
主营范围	生产大中型电子计算机、数字磁带录放机、计算机辅助设计（三维CAD）、辅助测试（CAT）、辅助制造（CAM）、辅助工程（CAE）系统及其他计算机应用系统；开发、制造新型打印装置；生产、组装新型电子元器件及电力电子元器件、光电器件、敏感元器件及传感器、电子专用设备；从事医用成像设备（高场强超导型磁共振MRI、CT、X线计算机断层、B超等）关键部件的制造（涉及行政许可项目除外）；销售本公司产品；提供精密仪器设备的维修和售后服务；研发、生产精冲模、精密腔模、模具标准件（出口不含涉证产品）；从事公司生产产品同类商品及相关产品的批发、佣金代理（拍卖除外）、进出口业务及相关的配套业务。（涉及配额许可证管理、专项规定管理的商品，按国家有关规定办理。）						

企业名称	广州宝洁有限公司			海关编码	4401240199	所属海关	黄埔海关驻广州经济技术开发区办事处（广州保税区海关）
通讯地址	广东省广州经济技术开发区滨河路1号					邮政编码	510730
评定时间	2010. 1. 7	注册日期	1988. 9. 1	报关有效期	2015. 9. 1	注册资本	58092万美元
法人姓名	施文圣（SHANNAN STEVENSON）	电　　话	020－85186688	日常联系人	陈戈夫	电　　话	020－85183190
主营范围	生产、加工液体洗衣用品、纤维柔顺剂，餐具清洁用品和洗涤用品，个人清洁用品、香皂、沐浴液和洗发、护发、染发、烫发用品，护肤用品，化妆品，一次性婴儿尿片、成人失禁尿片、妇女卫生用品（包括卫生棉条）、卫生纸、纸巾、护儿湿巾，牙刷、牙膏/漱口水和其他口腔保健用品及其他牙科专业产品（专业口腔护理中心、口腔冲洗器），食品和饮料，刀片、保安刀片、刀架、剃须泡沫和其他剃须产品，个人护理用品（古龙水、刮胡泡、刮胡啫喱、须后润肤露、女用花香啫喱等），小家电（咖啡壶、咖啡豆研磨机、电烫斗、榨橙汁机、卷发器、直发器、热水壶、吹发器、耳温计、血压计、剃毛器等），电池，文具以及各类相关原料和包装物料。销售、分销公司产品。从事上述产品及相关产品的进出口、分销和批发业务（佣金代理、拍卖除外）。经营设备租赁。提供相关的商务咨询及售后服务。批发预包装食品（主营烘焙食品。）						

企业名称	三菱电机（广州）压缩机有限公司			海关编码	4401240268	所属海关	黄埔海关驻广州经济技术开发区办事处（广州保税区海关）
通讯地址	广东省广州经济技术开发区东江大道102号					邮政编码	510730
评定时间	2008.10.17	注册日期	1995.5.2	报关有效期	2014.5.2	注册资本	12222万美元
法人姓名	望月哲哉	电　　话	020－82223030	日常联系人	彭华	电　　话	020－82223030
主营范围	开发、设计、制造空调用压缩机产品及其关联产品；销售自产产品；从事空调用压缩机产品及其零部件的进出口、批发和佣金代理（拍卖除外）业务。（不涉及国营贸易管理商品；涉及配额、许可证管商品的，按国家有关规定办理申请。）						

企业名称	联众（广州）不锈钢有限公司			海关编码	4401240271	所属海关	黄埔海关驻广州经济技术开发区办事处（广州保税区海关）
通讯地址	广东省广州经济技术开发区东区联广路1号					邮政编码	510760
评定时间	2008.10.31	注册日期	2008.7.1	报关有效期	2014.7.1	注册资本	277718000美元
法人姓名	李必贤	电　　话	020－32108888	日常联系人	李宇	电　　话	020－32108260
主营范围	从事不锈钢冶炼；生产和加工冷、热轧不锈钢卷板及系列产品，并提供技术与售后服务。						

企业名称	广州斗原钢铁有限公司			海关编码	4401240284	所属海关	黄埔海关驻广州经济技术开发区办事处（广州保税区海关）
通讯地址	广东省广州经济技术开发区东区骏业路158号					邮政编码	510530
评定时间	2009.10.30	注册日期	2003.11.25	报关有效期	2013.11.25	注册资本	3457万美元
法人姓名	SEOK SANG SOO（石尚洙）	电　　话	020－32067991	日常联系人	潘福春	电　　话	020－32067920
主营范围	生产、加工系列金属板材，销售本公司产品并提供售后服务；从事上述产品及同类产品的进出口、批发零售和佣金代理（拍卖除外）业务。（不设店铺经营；涉及配额许可证管理、专项规定管理的商品，按国家有关规定管理。）						

企业名称	安利（中国）日用品有限公司			海关编码	4401240502	所属海关	黄埔海关驻广州经济技术开发区办事处（广州保税区海关）
通讯地址	广东省广州市经济技术开发区北围工业区一区					邮政编码	510730
评定时间	2008. 10. 31	注册日期	2008. 6. 4	报关有效期	2014. 6. 4	注册资本	12610 万美元
法人姓名	黄德荫	电　　话	020－85195678	日常联系人	雷颖	电　　话	020－85194915
主营范围	开发、生产、销售家庭清洁用品（含空气净化器）、个人护理及化妆品（“化妆品生产企业卫生许可证”有效期至2013年9月9日）、保健食品（“保健食品生产企业卫生许可证”有效期至2013年10月13日）、特殊营养食品（“卫生许可证”有效期至2012年7月16日）、维生素和矿物质营养补充食品、蛋白饮料和功能食品（该四项未取得前置许可文件，不得经营），厨房用具（含厨房净水器）及辅助产品等安利系列产品；研究开发新产品，提供与产品销售相关的服务；提供本公司和介绍本公司产品的刊物（不含前置许可项目）。以直销方式销售本企业生产的保健食品、化妆品、保洁用品（含空气净化器、乐新浴室浓缩清洁剂），母公司生产的小型厨具（含不锈钢软丝刷、中式不锈钢炒锅及厨房多用剪）。具体按商资批〔2006〕2250号“直销经营许可证”经营，具体产品名单以商务部直销行业管理信息系统网站公布的为准。（法律、法规禁止经营的不得经营，涉及许可经营的凭许可证经营。）						

企业名称	广州环球自行车工业有限公司			海关编码	4401240613	所属海关	黄埔海关驻广州经济技术开发区办事处（广州保税区海关）
通讯地址	广东省广州市经济技术开发区淡水三街1号					邮政编码	510730
评定时间	2008. 10. 23	注册日期	1990. 4. 17	报关有效期	2014. 4. 17	注册资本	540 万美元
法人姓名	林庆熙	电　　话	020－82213412	日常联系人	于少兵	电　　话	020－82211970
主营范围	生产自行车整车、电动自行车、液化气助力车及其车架和零配件系列产品及相似工艺的金属家具、健身器械等，承接中国境外的来料加工、来料装配、来图装配等业务，从事非配额许可证管理、非专营商品的收购出口业务，销售本公司产品。（涉证项目除外。）						

企业名称	索尼电子华南有限公司			海关编码	4401340007	所属海关	黄埔海关驻广州经济技术开发区办事处（广州保税区海关）
通讯地址	广东省广州高新技术产业开发区科学城神舟路7号					邮政编码	510660
评定时间	2013. 1. 22	注册日期	2004. 8. 9	报关有效期	2016. 8. 9	注册资本	4314 万美元
法人姓名	SUZUKI HIDEYUKI（铃木秀幸）	电　　话	0752－2606317	日常联系人	曹霞	电　　话	020－32111920
主营范围	开发、制造数字录放机，数字音、视频编解码设备，大容量光、磁盘驱动器及其部件，新型电子元器件（光电子器件、新型机电元件），高密度数字光盘机用关键件；销售本公司产品，并提供技术咨询及售后服务；提供国际科技信息咨询服务；高新技术、新产品的研究开发与企业孵化中心。						

企业名称	乐金显示（广州）有限公司			海关编码	4401340038	所属海关	黄埔海关驻广州经济技术开发区办事处（广州保税区海关）
通讯地址	广东省广州高新技术产业开发区科学城开泰大道59号					邮政编码	510663
评定时间	2011.5.11	注册日期	2006.8.2	报关有效期	2015.8.2	注册资本	24282万美元
法人姓名	SHIN SANG MUN（申相文）	电　话	020－32123038	日常联系人	王行礼	电　话	020－32123038
主营范围	研究、开发、生产新型平板显示器件系列产品及数字电视机、显示屏材料，销售本公司产品并提供相关技术及售后服务，从事相关产品的批发、进出口、佣金代理（拍卖除外）和维修服务（涉及许可证管理、专项规定管理的商品按国家有关规定办理），提供配套服务，自有工业厂房出租（法律、行政法规禁止的不得经营，法律、行政法规限制的凭有效许可证件、批准文件经营）。						

企业名称	广茂科技（广州）有限公司			海关编码	4401440179	所属海关	黄埔海关驻广州经济技术开发区办事处（广州保税区海关）
通讯地址	广东省广州保税区保盈大道6号					邮政编码	510730
评定时间	2010.12.27	注册日期	2003.5.6	报关有效期	2015.5.6	注册资本	1000万美元
法人姓名	王继贤	电　话	020－82219590	日常联系人	毕昕	电　话	020－8221168
主营范围	生产、加工电子产品，电脑主机、主机板、周边配件、零组件及电脑软件；销售本公司产品并提供售后服务；在保税区内从事国际贸易、保税仓储业务（涉证项目凭许可证经营）。						

企业名称	卡尔蔡司光学科技（广州）有限公司			海关编码	4401440263	所属海关	黄埔海关驻广州经济技术开发区办事处（广州保税区海关）
通讯地址	广东省广州保税区保盈大道88号					邮政编码	510730
评定时间	2013.8.6	注册日期	2007.3.27	报关有效期	2016.3.27	注册资本	973万欧元
法人姓名	MICHAEL PITTOLO	电　话	020－82057412	日常联系人	黄敏灵	电　话	020－82057391
主营范围	设计、制造光学眼镜片和相关模具、光学检测仪器，成镜装配，并销售本公司产品；在保税区内从事国际贸易、保税仓储业务（危险化学品、易燃易爆物品除外）。						

企业名称	东莞玖龙纸业有限公司			海关编码	4419939135	所属海关	新沙海关
通讯地址	广东省东莞市麻涌镇麻二村					邮政编码	523147
评定时间	2008.10.31	注册日期	2008.1.9	报关有效期	2014.1.9	注册资本	83318万美元
法人姓名	张茵	电　话	0769－88234888	日常联系人	张西英	电　话	0769－88234888
主营范围	生产和销售高档纸和纸板（新闻纸除外），在境内组织收购生产所需废纸作原料自用。						

企业名称	东莞顶志食品有限公司			海关编码	4419945844	所属海关	新沙海关
通讯地址	广东省东莞市麻涌镇新沙工业区					邮政编码	523142
评定时间	2012. 9. 18	注册日期	2007. 10. 24	报关有效期	2013. 10. 24	注册资本	1553 万美元
法人姓名	陈耀超	电　话	0769 - 88238230	日常联系人	慎思	电　话	0769 - 88238236
主营范围	生产加工（工艺包括浸出、精炼）和销售芝麻油、芝麻调和油、芝麻饼、食用芝麻及芝麻酱（不涉及芝麻调和油进口业务，涉及专项规定和许可管理的，按国家有关规定办理）。从事芝麻油、芝麻饼、芝麻籽、食用芝麻及芝麻酱等芝麻相关产品的批发及进口业务（不涉及国营贸易管理商品，涉及配额、许可证管理商品的，按国家有关规定办理申请）。从事芝麻油及芝麻相关产品的仓储业务。设立研发机构，研究和开发芝麻油及芝麻附属产品。产品内外销比例由董事会自行决定。						

企业名称	东莞劲胜精密组件股份有限公司			海关编码	4419927160	所属海关	黄埔海关驻长安办事处
通讯地址	广东省东莞市长安镇上角村					邮政编码	523878
评定时间	2012. 9. 4	注册日期	2008. 4. 25	报关有效期	2014. 4. 25	注册资本	10000 万人民币
法人姓名	王九全	电　话	0769 - 82288188	日常联系人	许跃	电　话	0769 - 82288188 - 392
主营范围	生产和销售塑胶制品、塑胶五金模具、精冲模、精密型腔模、模具标准件。						

企业名称	广东尼康照相机有限公司			海关编码	4419937414	所属海关	黄埔海关驻长安办事处
通讯地址	广东省东莞市长安镇霄边第二工业区					邮政编码	523849
评定时间	2008. 12. 5	注册日期	1996. 5. 27	报关有效期	2014. 5. 27	注册资本	300 万美元
法人姓名	兵藤幸夫	电　话	0769 - 85535435	日常联系人	陈利	电　话	0769 - 85535435
主营范围	生产、售销照相机、镜头、以上产品附属品及其零件。						

企业名称	东莞信泰光学有限公司		海关编码	4419940132	所属海关	黄埔海关驻长安办事处
通讯地址	广东省东莞市长安镇霄边村				邮政编码	523849
评定时间	2009. 1. 8	注册日期	1993. 2. 28	报关有效期	2014. 2. 28	注册资本	1660 万美元
法人姓名	赖以仁	电　话	0769－85535435	日常联系人	李俊梅	电　话	0769－85535435
主营范围	生产和销售光学产品及零部件，包括光学塑胶零件、光学用皮革（或人造革）袋套、光学镜片、精密光学电子零件、照相机、望远镜、瞄准器、摄影机零配件（不含机芯）、闪光灯、显微镜及零配件、数字照相机及关键件、非金属制品模具、精冲模、精密型腔模、模具标准件、电子专用设备、测试仪器、工模具（电子专用模具）、新型打印装置（激光、喷墨打印机）、600 万像素以上高性能数字单镜头反光照相机。					

企业名称	东莞乡源木器业有限公司		海关编码	4419940751	所属海关	黄埔海关驻长安办事处
通讯地址	广东省东莞市大岭山镇连平村				邮政编码	523808
评定时间	2008. 12. 5	注册日期	1995. 2. 14	报关有效期	2014. 2. 19	注册资本	4202 万港币
法人姓名	欧秋中	电　话	0769－83355145	日常联系人	侯占举	电　话	0769－83355145
主营范围	生产和销售贴面板、木薄片、木器制品，产品内外销比例按批文执行。					

企业名称	东莞台升家具有限公司		海关编码	4419940754	所属海关	黄埔海关驻长安办事处
通讯地址	广东省东莞市大岭山镇金桔村				邮政编码	523830
评定时间	2008. 12. 5	注册日期	1995. 10. 19	报关有效期	2014. 10. 19	注册资本	49734 万港币
法人姓名	郭山辉	电　话	0769－83352715	日常联系人	赖煜光	电　话	0769－83352715
主营范围	生产和销售家具、木制品，产品全部外销（涉及许可证的项目，须领证后才能经营）。					

企业名称	东莞谦华五金厂有限公司		海关编码	4419947071	所属海关	黄埔海关驻长安办事处
通讯地址	广东省东莞市长安镇霄边村				邮政编码	523851
评定时间	2008. 12. 5	注册日期	1994. 7. 22	报关有效期	2014. 7. 22	注册资本	10050 万港币
法人姓名	尹虹	电　话	0769－85539156	日常联系人	吴松林	电　话	0769－85539156
主营范围	生产和销售五金装饰品、钢管及裁剪铁片。					

企业名称	东莞广通事务机有限公司			海关编码	4419947165	所属海关	黄埔海关 驻长安办事处
通讯地址	广东省东莞市长安镇霄边管理区					邮政编码	523849
评定时间	2009.8.10	注册日期	1996.1.10	报关有效期	2014.1.10	注册资本	1110万美元
法人姓名	永井三知夫	电　　话	0769－85312190	日常联系人	陈利	电　　话	0769－85312190
主营范围	生产和销售扫描器及镭射印表机、复印机、传真机、扫描器、电脑、通信器、照相机、影像设备的零部件（以上产品涉证或限制类除外，生产以上产品不含电镀、酸洗、蚀刻等污染工序），新型电子元器件（敏感元器件及传感器），数字照相机关键件（电子回路基板）（涉及许可证的项目，须领证后才能经营）。						

企业名称	东莞精熙光机有限公司			海关编码	4419947166	所属海关	黄埔海关 驻长安办事处
通讯地址	广东省东莞市长安镇霄边第二工业区					邮政编码	523849
评定时间	2009.12.7	注册日期	1996.1.10	报关有效期	2014.1.7	注册资本	2068万美元
法人姓名	永井三知夫	电　　话	0769－85312190	日常联系人	罗锦	电　　话	0769－85312190
主营范围	生产和销售小型马达之精密金属及塑胶零配件、照相机塑胶外壳、光学仪器保护套、照相机、复印机主要零配件、传真机、扫描仪、呼叫器、读取头、硬碟机、导线加工、模具、电子门锁、照相机铝合金外壳、数字照相机、数字照相机关键件、非金属制品模具、精冲模、精密型腔模、模具标准件、五金零配件、塑胶零配件、电子产品保护套、箱包制品、数字电视信号接收器（不具备接收卫星信号功能）。						

企业名称	金宝电子（中国）有限公司			海关编码	4419947331	所属海关	黄埔海关 驻长安办事处
通讯地址	广东省东莞市长安镇沙头村					邮政编码	523866
评定时间	2011.6.10	注册日期	1999.1.22	报关有效期	2014.1.17	注册资本	11752万美元
法人姓名	许胜雄	电　　话	0769－85543178	日常联系人	杨张勇	电　　话	0769－85321555
主营范围	生产和销售计算器、翻译机、微型电脑主机板、缆线数据机、传真机、印表机、微型电脑、携带型电脑、音乐随身听、影像电话、室内无绳电话、卫星定位器、数码相机、电脑周边设备、录音笔、秒表、计步器、音乐录放机、影音播放器、数字录放机、数字摄录机、移动通信系统（含GSM、CDMA、DCS1800、PHS、DECT、IMT2000等）手机、新型电子元器件（敏感元器件及传感器、频率控制与选择元件）、新型打印装置（含激光、喷墨打印机）、数字照相机、便携式微型计算机、游戏卡（内容必须符合国家有关规定）、游戏机（不得含赌博成分）、打印装置零配件、收音机、手机、电子琴、无线宽带上网接入器、电子钱包、机顶盒（卫星电视解码器除外）、手提式电视机、手表、数码相框、音响产品、监控系统设备、网络接入设备、半导体生产测试设备、电子玩具、液晶电视机、电子元器件、显示器、小家电、投影机（涉限涉证及涉国家宏观调控行业除外，涉及国家专项规定的按有关规定办理），提供公司自产产品的售后服务。						

企业名称	先锋信泰（东莞）光学有限公司	海关编码	4419947445	所属海关	黄埔海关驻长安办事处
通讯地址	广东省东莞市长安镇霄边第二工业区			邮政编码	523849
评定时间	2009. 1. 8	注册日期	2000. 8. 29	报关有效期	2014. 8. 29
注册资本	1000 万美元				
法人姓名	赖以仁	电　　话	0769－85535435	日常联系人	陈利
电　　话	0769－85535435				
主营范围	生产和销售 DVD 光碟机，DVD 读写头，精密光电器件，其他精密光学零组件，大容量光、磁盘驱动器及其部件（包括 DVD 刻录机、DVD 刻录机光学读写头）。				

企业名称	东莞泰联光学有限公司	海关编码	4419947736	所属海关	黄埔海关驻长安办事处
通讯地址	广东省东莞市长安镇霄边村			邮政编码	523849
评定时间	2011. 12. 15	注册日期	1993. 4. 16	报关有效期	2014. 4. 16
注册资本	316 万美元				
法人姓名	赖以仁	电　　话	0769－85535435	日常联系人	陈利
电　　话	0769－85535435－6381				
主营范围	生产和销售照相机、光学零部件、闪光灯、光学镜头、显微镜及其零配件、投影机及其零配件、数字照相机及关键件、新型电子元器件（光电子器件、光纤传输器）、触屏数字转换器及其周边配套产品，提供相机售后服务、维修及有关技术咨询。				

企业名称	乐依文半导体（东莞）有限公司	海关编码	4419948268	所属海关	黄埔海关驻长安办事处
通讯地址	广东省东莞市长安镇振安路振安科技工业园			邮政编码	523850
评定时间	2013. 1. 22	注册日期	2005. 5. 19	报关有效期	2014. 5. 19
注册资本	6532 万美元				
法人姓名	李威叻	电　　话	0769－85428811	日常联系人	张爱华
电　　话	0769－85647345				
主营范围	生产和销售半导体（含半导体的设计、封装和测试），线宽 0. 18 微米及以下大规模数字集成电路，0. 8 微米及以下模拟、数模集成电路；提供 BGA、PGA、CSP、MCM 等先进封装与测试；设计集成电路，并提供相关的技术开发、技术转让和咨询服务。				

企业名称	东莞新溢眼镜制造有限公司	海关编码	4419948563	所属海关	黄埔海关驻长安办事处
通讯地址	广东省东莞市长安镇新民工业区新民路 121 号			邮政编码	523879
评定时间	2012. 3. 23	注册日期	2007. 7. 20	报关有效期	2016. 7. 20
注册资本	2900 万美元				
法人姓名	陈智燊	电　　话	0769－85540945	日常联系人	任文辉
电　　话	0769－85540945				
主营范围	生产和销售眼镜及其配件。设立研发中心，从事眼镜的研究开发。				

企业名称	东莞好景塑胶制品有限公司			海关编码	4419948802	所属海关	黄埔海关驻长安办事处
通讯地址	广东省东莞市长安镇厦岗村振安路复兴工业园					邮政编码	523870
评定时间	2013. 1. 22	注册日期	2011. 3. 18	报关有效期	2014. 3. 18	注册资本	15000万港币
法人姓名	陈细根	电　话	0769－85411083－110	日常联系人	王德权	电　话	0769－85411083－140
主营范围	生产和销售塑胶制品、塑胶五金制品（配套丝印、移印工序凭有效许可证经营）。						

企业名称	伟创力电源（东莞）有限公司			海关编码	4419948829	所属海关	黄埔海关驻长安办事处
通讯地址	广东省东莞市大岭山镇机械工业区					邮政编码	523817
评定时间	2012. 8. 9	注册日期	2012. 7. 13	报关有效期	2014. 5. 13	注册资本	1678万美元
法人姓名	曼尼	电　话	0769－85602828	日常联系人	孙美姣	电　话	0769－85602828
主营范围	生产和销售电子元器件及其配件、电子零部件（包括电源变换器、电源充电器、开关式电源供应器、输出导线、变压器、充电器、带电路板变压器）、电话机配件、手机配件、基站配件，提供产品的售后服务。						

企业名称	光宝电源科技（东莞）有限公司			海关编码	4419948861	所属海关	黄埔海关驻长安办事处
通讯地址	广东省东莞市长安镇上角社区振安路上角段1号					邮政编码	523878
评定时间	2012. 1. 11	注册日期	2011. 6. 29	报关有效期	2014. 6. 29	注册资本	1597万美元
法人姓名	宋恭源	电　话	0769－86070888	日常联系人	曾国权	电　话	0769－86078888
主营范围	研发、生产和销售电子零部件、电力电子元器件、电源供应器、变压器，提供上述产品的售后服务及技术咨询。						

企业名称	大东骏通（东莞）电子有限公司			海关编码	4419940400	所属海关	黄埔海关驻常平办事处
通讯地址	广东省东莞市常平镇土塘村					邮政编码	523581
评定时间	2010. 2. 21	注册日期	1994. 2. 23	报关有效期	2014. 2. 23	注册资本	32050万港币
法人姓名	李泰夏	电　话	0769－89201888	日常联系人	申幸锡	电　话	0769－38925950
主营范围	生产和销售组合音响、电子钟、耳筒机、收录机、收音机、伴唱机（含卡拉OK）、录像机、录音机芯（唱机机芯）、镭射唱盘、塑胶配件、塑胶制品、电子零配件、耳机、遥控器、数字录放机、热升华数码相片打印机、充电式电源组件、电源供给器、电源转换器和充电器、数码相框及零部件、数字放声设备、电视机零配件，从事自有厂房出租。						

企业名称	东莞航天电子有限公司			海关编码	4419940170	所属海关	黄埔海关 驻常平办事处
通讯地址	广东省东莞市常平镇土塘国际工业大道1号					邮政编码	523581
评定时间	2011.3.3	注册日期	1993.4.9	报关有效期	2014.4.9	注册资本	22190万港币
法人姓名	小林兼男	电　　话	0769－83392291	日常联系人	胡润明	电　　话	0769－21653501
主营范围	生产和销售电子连接器，电端子，传真机半成品，电话机充电器及日用小电器配件，移动通信系统（含GSM、CDMA、DCS1800、DECT、IMT2000等）手机，新型打印装置（多功能喷墨打印机），电话机，计算机周边产品，通讯产品制造专用设备，基板自动搬送设备，自动化、半自动化功能检查机，以及上述产品的零配件。从事线路板贴片、插件加工，经营数码显示装置、第三代及后续移动通信系统手机。以承接服务外包的方式从事软件开发等信息技术和业务流程外包服务。从事公司自产产品、同类商品的批发及进出口业务（不设店铺经营，涉及配额许可证管理、专项规定管理的商品按国家有关规定办理）。从事自有厂房的出租。生产和销售便携式微型计算机及其零部件。（涉限涉证及涉国家宏观调控行业除外，涉及国家专项规定的按有关规定办理。）						

企业名称	东莞金杯印刷有限公司			海关编码	4419940622	所属海关	黄埔海关 驻常平办事处
通讯地址	广东省东莞市常平镇土塘村金杯路8号					邮政编码	523581
评定时间	2012.3.12	注册日期	1994.8.13	报关有效期	2014.8.13	注册资本	20960万港币
法人姓名	杨金溪	电　　话	0769－83394888	日常联系人	黄晓阳	电　　话	0769－83394888
主营范围	生产和销售印刷塑料胶片，加工纸类印刷品、图书、报刊印刷、纸盒、彩盒，产品内外销比例按批文执行（涉及许可证的项目，须领证后才能经营）。						

企业名称	东莞顶锋金属制品有限公司			海关编码	4419940872	所属海关	黄埔海关 驻常平办事处
通讯地址	广东省东莞市东部工业园常平园区第三小区（白花沥）					邮政编码	523582
评定时间	2008.10.17	注册日期	1995.11.29	报关有效期	2014.11.29	注册资本	3875万港币
法人姓名	宫城圭一郎	电　　话	0769－83394631	日常联系人	木岛育人	电　　话	0769－83394631
主营范围	精密加工各种钢制品，精密剪切各种金属钢板及非钢金属件，批发各种钢制品、金属制品、金属钢板及非钢金属件（涉限及涉证者除外），不设店铺。						

企业名称	东莞安美时电子有限公司			海关编码	4419940897	所属海关	黄埔海关驻常平办事处
通讯地址	广东省东莞市常平镇麦元村工业区一街2号					邮政编码	523576
评定时间	2010.5.14	注册日期	1996.3.12	报关有效期	2014.3.12	注册资本	7114万美元
法人姓名	叶克裕	电话	0769-83394581	日常联系人	何锦文	电话	0769-3394581
主营范围	生产、销售和装配日用五金电子制品（不得含污染工序），数据通讯多媒体系统设备（先进数据型多媒体卡），网络通讯系统设备（电子讯号接驳系统），宽带接入网通信系统设备，电子专用设备（包括电源供应器、电源转接器、高中频放大器），新型打印装置（包括激光、喷墨打印机及功能控制板），移动通信系统基站（包括基站设备及功能控制板），大中型电子计算机，便携式微型计算机，高档服务器（含关键件），大容量光、磁盘驱动器及其部件，新型电子元器件（混合集成电路、电子储存器），移动通信系统（含GSM、CDMA、DCS1800、PHS、DECT、IMT2000等）手机（含关键件）；提供0.35微米及以下大规模集成电路（含测试）及大中型电子计算机、便携式微型计算机、高档服务器（含关键件）等产品的维修服务。产品内外销比例按批文执行。（涉及许可证的项目，须领证后才能经营。）						

企业名称	长青林电子（东莞）有限公司			海关编码	4419941276	所属海关	黄埔海关驻常平办事处
通讯地址	广东省东莞市桥头镇					邮政编码	511738
评定时间	2011.9.29	注册日期	1998.12.18	报关有效期	2014.12.18	注册资本	210万美元
法人姓名	林铅廷	电话	0769-83340851	日常联系人	游志祥	电话	0769-83340851
主营范围	生产电源线、电线、电缆、电脑周边配线、计时器、电源供应器、电源控制器、灯饰（酸洗及电镀工序除外）、塑胶组件、连接器，产品全部外销（涉及许可证的项目，须领证后才能经营）。						

企业名称	富港电子（东莞）有限公司			海关编码	4419941319	所属海关	黄埔海关驻常平办事处
通讯地址	广东省东莞市东坑镇工业大道					邮政编码	523455
评定时间	2010.2.21	注册日期	1999.5.10	报关有效期	2014.5.10	注册资本	54000万港币
法人姓名	卜庆藩	电话	0769-83382255	日常联系人	卢柱雄	电话	0769-83882225-36101
主营范围	生产和销售电子通讯零件、电线、电脑连接线、接插件、充电器组件及其塑胶五金配件、新型平板显示器件、软件产品开发（记忆卡）、无汞碱锰电池、动力镍氢电池、锂离子电池、DVD刻录器、手机用零配件、网络记录器、游戏机及其零配件（不含赌博成份）、数码摄录机及其零配件、鼠标及其零配件、变压器、电源供应器及其零配件、耳机、蓝牙产品及其零配件、摄像头及其零配件、吸塑罩、读卡器及其零配件、存储卡、录像机及其零配件、专业用多媒体伺服器及其零配件。						

企业名称	东莞德利信电子有限公司			海关编码	4419941482	所属海关	黄埔海关 驻常平办事处
通讯地址	广东省东莞市常平镇陈屋贝村					邮政编码	523582
评定时间	2010. 5. 14	注册日期	2000. 3. 30	报关有效期	2014. 3. 30	注册资本	8171 万港币
法人姓名	榎本吉美	电　　话	0769－83395111	日常联系人	李永耀	电　　话	0769－83395111
主营范围	生产和销售各种机芯产品（包括收录机机芯、激光唱机机芯、录像机机芯）、计算机驱动器配件、各类汽车音响组合机、数字放声设备，提供动画图片电脑设计及填色，提供上述经营项目的售后服务及技术咨询服务。设立研发机构，研究开发电子产品。生产和销售汽车音响机芯产品组合配件。从事设备租赁业务，电子产品及其零配件、包装材料、化工原料（不含危险化学品、不含仓储）的批发、进出口业务（不涉及国营贸易管理商品，涉及配额、许可证管理商品的，按国家有关规定办理申请）。生产和销售变流器、稳压电源（包括手机充电器）及其配件。						

企业名称	立维腾电子（东莞）有限公司			海关编码	4419941617	所属海关	黄埔海关 驻常平办事处
通讯地址	广东省东莞市桥头镇桥新工业园					邮政编码	523000
评定时间	2012. 9. 18	注册日期	2000. 9. 12	报关有效期	2014. 9. 12	注册资本	800 万美元
法人姓名	戴休赖萨达	电　　话	0769－81038888	日常联系人	林瑞隆	电　　话	0769－81038888
主营范围	生产和销售电子零配件、电器开关、电灯头、光纤、模具、布线系统及其相关的零配件，提供售后服务（涉限涉证及涉国家宏观调控行业除外，涉及国家专项规定的按有关规定办理）。设立研发机构，研究和开发上述产品。						

企业名称	东莞保利文塑胶制品有限公司			海关编码	4419941651	所属海关	黄埔海关 驻常平办事处
通讯地址	广东省东莞市常平镇桥沥南门村					邮政编码	523586
评定时间	2013. 2. 26	注册日期	2000. 10. 12	报关有效期	2014. 4. 30	注册资本	15738 万港币
法人姓名	郑钟伟	电　　话	0769－83989198	日常联系人	胡明霞	电　　话	0769－83757169
主营范围	生产和销售 PVC 胶布、PVC 松针、铁线制品、圣诞树铁角及铁管、吹气塑胶制品、波丽工艺制品、圣诞树工艺品，产品内外销比例按批文执行。						

企业名称	亿丰（东莞）制帘有限公司			海关编码	4419941670	所属海关	黄埔海关 驻常平办事处
通讯地址	广东省东莞市常平镇土塘村					邮政编码	523581
评定时间	2010. 5. 14	注册日期	2000. 11. 28	报关有效期	2014. 11. 28	注册资本	12000 万港币
法人姓名	许碧珠	电　　话	0769－83988300	日常联系人	黄炳寿	电　　话	0769－83988300
主营范围	生产和销售木制百叶窗、塑胶百叶窗、门框型百叶窗、窗帘配件、建筑用押条、室内装潢边条（生产过程不得含有电镀等污染工序），产品全部外销（涉及许可证的项目，须领证后才能经营）。						

企业名称	永泰电子（东莞）有限公司			海关编码	4419943143	所属海关	黄埔海关 驻常平办事处
通讯地址	广东省东莞市常平镇袁山贝村					邮政编码	523583
评定时间	2011. 11. 18	注册日期	2002. 7. 30	报关有效期	2014. 3. 19	注册资本	7650 万港币
法人姓名	许庆仁	电　话	0769－83918040	日常联系人	杨智	电　话	0769－83918040－8208
主营范围	生产和销售新型电子元器件（包括片式元器件、电力电子器件、光电子器件、新型机电元件：HDMI、DVIcable、MICRO USB、MHL 各系列带线连接器产品）。设立研发机构，研究、开发本企业产品及加工设备技术。						

企业名称	兆丰（东莞）制帘有限公司			海关编码	4419943918	所属海关	黄埔海关 驻常平办事处
通讯地址	广东省东莞市企石镇松园工业区					邮政编码	523500
评定时间	2011. 9. 29	注册日期	2004. 4. 2	报关有效期	2014. 4. 2	注册资本	37161 万港币
法人姓名	许碧珠	电　话	0769－86716666	日常联系人	黄炳寿	电　话	0769－8671666－137
主营范围	生产和销售百叶窗、罗马帘、布帘、窗帘零配件、建筑用饰条、木窗帘配件、相框、镜框、卷帘、浴帘、桌巾、床单、各式百叶门。						

企业名称	东莞家宝生活用品有限公司			海关编码	4419944733	所属海关	黄埔海关 驻常平办事处
通讯地址	广东省东莞企石镇东山村					邮政编码	523511
评定时间	2012. 3. 12	注册日期	2005. 4. 18	报关有效期	2014. 4. 18	注册资本	1230 万港币
法人姓名	邱锡鉠	电　话	0769－86786668	日常联系人	吕益军	电　话	0769－86786668
主营范围	生产和销售塑料披覆、塑料包装袋、塑料粉（聚乙烯除外）、铁线、铁网制品及五金制品。						

企业名称	东莞晶苑毛织制衣有限公司			海关编码	4419945486	所属海关	黄埔海关 驻常平办事处
通讯地址	广东省东莞市常平镇司马村					邮政编码	523570
评定时间	2008. 10. 17	注册日期	2006. 8. 31	报关有效期	2015. 8. 31	注册资本	25712 万港币
法人姓名	罗乐风	电　话	0769－83982212	日常联系人	曹宗贵	电　话	0769－83982212
主营范围	生产和销售毛衣、针织服装、袋类制品、针梳织制品（含印花工序）。外销产品不得使用第三国（或地区）的产地标签或中性包装转口到与中国签订双边纺织品协定的国家。						

企业名称	东莞技研新阳电子有限公司			海关编码	4419949876	所属海关	黄埔海关 驻常平办事处
通讯地址	广东省东莞市桥头镇邓屋工业区					邮政编码	523715
评定时间	2012. 10. 22	注册日期	2011. 4. 13	报关有效期	2014. 4. 13	注册资本	43320 万港币
法人姓名	塚本年治	电　　话	0769 – 83567352	日常联系人	黄秋兰	电　　话	0769 – 83567352
主营范围	生产和销售电器、电子产品、自动化设备、计量器具、电脑、通信设备（不含卫星电视接收器）、电动工具、LED 灯具、游戏机（不含赌博成分）及其零配件、电话机（获得入网许可后方可内销）、电子玩具、塑胶五金制品、信号读取装置、电子信号处理装置、液晶显示器、自动取款机（ATM）组件、检票售票设备组件、各类开关电源及充电器（涉限涉证及涉国家宏观调控行业除外，涉及国家专项规定的按有关规定办理）。设立研发中心，研究和开发电子产品。以服务外包形式为关联企业提供财务管理、品质管理、生产管理、经营管理服务，提供信息技术支持管理、物流管理、供应链的管理业务服务（涉限业务除外）。						

企业名称	北陆电气（广东）有限公司			海关编码	4419949930	所属海关	黄埔海关 驻常平办事处
通讯地址	广东省东莞市东坑镇角社村					邮政编码	523443
评定时间	2011. 8. 15	注册日期	2011. 5. 10	报关有效期	2014. 8. 10	注册资本	650 万美元
法人姓名	津田信治	电　　话	0769 – 83381868	日常联系人	邓王辉	电　　话	0769 – 83381868
主营范围	生产和销售各种电子元器件、电子零部件，并提供相关售后服务（涉及许可证的项目，须领证后才能经营）。						

企业名称	日精光电科技（东莞）有限公司			海关编码	44199499B6	所属海关	黄埔海关 驻常平办事处
通讯地址	广东省东莞市常平镇九江水村					邮政编码	523758
评定时间	2013. 1. 24	注册日期	2012. 9. 24	报关有效期	2015. 9. 24	注册资本	520 万美元
法人姓名	名倉勝美	电　　话	0852 – 23729220	日常联系人	黎伟成	电　　话	138 × × × × 2579
主营范围	生产和销售光学电子电器（五金塑胶配件）（涉限涉证及涉国家宏观调控行业除外，涉及国家专项规定的按有关规定办理）。						

企业名称	东莞沙田丽海纺织印染有限公司			海关编码	4419927140	所属海关	黄埔海关 驻沙田办事处
通讯地址	广东省东莞市沙田镇环保工业城					邮政编码	523999
评定时间	2009. 10. 30	注册日期	1996. 12. 2	报关有效期	2014. 12. 2	注册资本	30750 万港币
法人姓名	夏松芳	电　　话	0769 – 88866583	日常联系人	蔡禹奇	电　　话	0769 – 88866583
主营范围	从事高档织物面料的织染及整理加工（含高档色织布、高档染整布、高档染整印花布）。						

企业名称	东莞井上五金橡塑有限公司			海关编码	4419947186	所属海关	黄埔海关 驻沙田办事处
通讯地址	广东省东莞市沙田镇齐沙村					邮政编码	523997
评定时间	2009. 1. 24	注册日期	1996. 1. 16	报关有效期	2014. 1. 16	注册资本	10504 万港币
法人姓名	村川尚则	电　　话	0769 – 88863344	日常联系人	百茹丹	电　　话	138××××0921
主营范围	生产和销售印刷机、拷贝机、传真机用滚轮、气门嘴、工业用橡胶板、手推车轮（配套电镀车间）、办公文仪设备零部件、工业用五金橡塑胶材料制品、橡塑胶发泡和贴合材料制品，从事道路普通货运业务（凭许可证经营）。						

企业名称	富加宜连接器（东莞）有限公司			海关编码	4419947462	所属海关	黄埔海关 驻沙田办事处
通讯地址	广东省东莞市沙田镇齐沙村南围					邮政编码	523993
评定时间	2011. 5. 11	注册日期	2000. 9. 1	报关有效期	2014. 9. 1	注册资本	2180 万美元
法人姓名	罗汉	电　　话	0769 – 88682108	日常联系人	沈剑东	电　　话	0769 – 88682108
主营范围	开发、生产和销售新型电子元器件（新型机电元件含微处理器承座连接器、精密移动电话连接器、高新科技技术产品连接器、金属端子、塑胶本体，涉证、涉限产品除外），提供售后服务，并配套电镀工序。设立研发机构，从事新型电子元器件的研究开发及相关技术咨询服务。从事连接器、新型电子元器件（新型机电元件含微处理器承座连接器、精密移动电话连接器、高新科技技术产品连接器、金属端子、塑胶本体，涉证涉限产品除外）及上述产品零配件的批发、佣金代理（拍卖除外）、进出口业务及相关配套服务，并提供售后服务（不设店铺经营，涉及配额许可证管理、专项规定管理的商品，按国家有关规定办理）。						

企业名称	东莞升佳纺织有限公司			海关编码	4419948427	所属海关	黄埔海关 驻沙田办事处
通讯地址	广东省东莞市沙田镇义沙村					邮政编码	523998
评定时间	2013. 5. 14	注册日期	2006. 7. 24	报关有效期	2015. 7. 24	注册资本	200 万美元
法人姓名	蔡耀西	电　　话	0769 – 88860306	日常联系人	吴有明	电　　话	135××××4965
主营范围	生产和销售各种化纤针织布、服装。						

企业名称	东莞市同舟化工有限公司			海关编码	4419967010	所属海关	黄埔海关 驻沙田办事处
通讯地址	广东省东莞市沙田镇先锋管理区办公大楼					邮政编码	523006
评定时间	2009. 10. 30	注册日期	2002. 11. 6	报关有效期	2014. 11. 6	注册资本	15600 万人民币
法人姓名	成建平	电　　话	0769－22365555	日常联系人	林燊	电　　话	0769－22365555
主营范围	销售机械设备、五金矿产（国家专项专控除外）、建筑材料、轻工产品、重油、罐装润滑油、蓖麻油、燃料油，加工润滑油。从事货物进出口、技术进出口（法律、行政法规禁止的项目除外，法律、行政法规限制的项目取得许可后方可经营）。批发（不设储存）化工原料及其产品（按粤东安经（乙）字〔2003〕000045 号危险化学品经营许可证核定的范围经营，凭有效许可证经营）。						

企业名称	*东莞嘉财电业制造厂			海关编码	44199B1898	所属海关	黄埔海关 驻长安办事处
通讯地址	广东省东莞市大岭山镇矮岭冚村					邮政编码	523817
评定时间	2009. 10. 30	注册日期	1992. 4. 13	报关有效期	2015. 4. 9	注册资本	4600 万港币
法人姓名	刘增生	电　　话	18902601002	日常联系人	刘增生	电　　话	0769－83355075
主营范围	加工、生产、研发电子产品、数字卫星电视接收机，加工假发。（涉及许可证的项目，须领证后才能经营。）						

企业名称	*东莞横沥旭和电器制品厂			海关编码	44199BC701	所属海关	黄埔海关 驻常平办事处
通讯地址	广东省东莞横沥西城科技园					邮政编码	523460
评定时间	2011. 9. 29	注册日期	2005. 2. 4	报关有效期	2014. 6. 9	注册资本	1000 万港币
法人姓名	吴运良	电　　话	0769－88866544	日常联系人	林白华	电　　话	0769－88977188
主营范围	加工电器制品、纸箱、塑胶工模、吴金工模。木制工模、塑胶制品、五金制品、玩具制品、宠物制品、运动用品、文具首饰等非金银制品，日常生活物品等包装组合。						

企业名称	*东莞东城美尔敦塑胶电子厂			海关编码	44199B9429	所属海关	东莞海关
通讯地址	广东省东莞市东城区桑园社区狮长路 2 号					邮政编码	523119
评定时间	2010. 4. 26	注册日期	1998. 11. 23	报关有效期	2013. 11. 16	注册资本	17410 万港币
法人姓名	唐得俊	电　　话	0769－22252388	日常联系人	钟玉香	电　　话	0769－22252388
主营范围	加工塑胶玩具、电子玩具、水晶球，树脂制品、毛绒制品、木器制品、橡胶布手套（人造橡胶）、灯泡、保险丝、布袋、塑胶玩具（内有糖果）、文具包装、蜡烛饰品包装、玩具摩打包装出口，塑胶家庭用品、文具、塑胶制品及进出口吸塑包装、纸盒包装。（涉及许可证的项目，须领证后才能经营。）						

深圳关区

企业名称	中兴通讯股份有限公司			海关编码	4403111049	所属海关	深圳海关
通讯地址	广东省深圳市南山区粤海街道办高新技术产业园科技南路中兴通讯大厦					邮政编码	518057
评定时间	2008. 12. 19	注册日期	1998. 6. 5	报关有效期	2014. 6. 5	注册资本	286673 万人民币
法人姓名	侯为贵	电　　话	0755－26770000	日常联系人	张蕾	电　　话	0755－26770410
主营范围	兴办实业；经营国内商业、物资供销业、进出口业务，具体包括生产程控交换系统，多媒体通讯系统，通讯传输系统；研制、生产移动通信系统设备，卫星通讯、微波通讯设备，寻呼机，计算机软硬件；闭路电视、微波通信、信号自动控制、计算机信息处理、过程监控系统、防灾报警系统等项目的技术设计、开发、咨询、服务，铁路，地下铁路、城市轨道交通、公路、厂矿、港口码头、机场的有线无线通信等项目的技术设计、开发、咨询、服务（不含限制项目）；电子设备、微电子器件的购销（不含专营、专控、专卖商品）；承包境外通讯及相关工程和境内国际招标工程，上述境外工程所需的设备、材料进出口，对外派遣实施上述境外工程的劳务人员；电子系统设备的技术开发和购销（不含限制项目及专营、专控、专卖商品）；经营进出口业务（按贸发局核发的资格证执行）；电信工程专业承包（待取得资质证书后方可经营）；自有房屋租赁。						

企业名称	深圳长城开发科技股份有限公司			海关编码	4403110340	所属海关	深圳海关
通讯地址	广东省深圳市福田区华富街道办彩田路 7006 号					邮政编码	518031
评定时间	2011. 2. 17	注册日期	2010. 12. 17	报关有效期	2013. 12. 17	注册资本	131928 万人民币
法人姓名	谭文鋕	电　　话	0755－83032123	日常联系人	欧阳剑军	电　　话	0755－83032156
主营范围	开发、生产、经营计算机软、硬件系统及其外部设备，通讯设备，电子仪器仪表及其零部件、元器件、接插件和原材料；生产、经营家用商品电脑及电子玩具（以上生产项目均不含限制项目）；金融计算机软件模型的制作和设计；精密模具 CAD/CAM 技术、节能型自动化机电产品和智能自动化控制系统办公自动化设备、激光仪器、光电产品及金卡系统、光通讯系统和信息网络系统的技术开发和安装工程。商用机器（含税控设备、税控系统）、机顶盒、表计类产品（水表、气表等）、网络多媒体产品的开发、设计、生产、销售及服务，金融终端设备的开发、设计、生产、销售及服务，提供技术服务、售后服务及系统集成。经营进出口业务（法律、行政法规、国务院决定禁止的项目除外，限制的项目须取得许可后方可经营）。						

企业名称	深圳市中兴康讯电子有限公司			海关编码	4403111152	所属海关	深圳海关
通讯地址	广东省深圳市盐田区梅沙街道办大梅沙1号厂房					邮政编码	518057
评定时间	2008. 12. 19	注册日期	1998. 11. 23	报关有效期	2014. 11. 23	注册资本	5000 万人民币
法人姓名	张太峰	电　　话	0755 – 26770000	日常联系人	张蕾	电　　话	0755 – 26770410
主营范围	从事电子产品及其配件、集成电路产品的设计、生产、销售，从事进出口贸易业务，兴办实业，经营国内商业、物资供销业、进出口业务。						

企业名称	深圳创维 – R G B 电子有限公司			海关编码	4403131697	所属海关	深圳海关
通讯地址	广东省深圳市南山区粤海街道办深南大道创维大厦 A 座 13 – 16 楼					邮政编码	518057
评定时间	2009. 5. 12	注册日期	2008. 3. 10	报关有效期	2014. 3. 10	注册资本	70000 万人民币
法人姓名	杨东文	电　　话	0755 – 26018651	日常联系人	刘颖俊	电　　话	0755 – 26010162
主营范围	生产经营彩色电视机，监视器，显示器，视听器材，通讯器件，声光电子玩具，与彩色电视机配套的接插件、注塑件，包装材料，五金配件及新型电子元器件，可兼容数字电视，高清晰度电视（HDTV），数字磁带录放机，接入网通信系统设备，标清晰度电视（SDTV），投影机，新型显示器件（液晶显示、等离子显示、平板显示），高性能微型电子计算机，综合业务数字网络（ISDN）系统及设备，数字音视频广播系统及产品，氮化镓、砷化镓新型半导体，光电子专用材料及元器件，集成电路新技术及设备。从事信息网络技术、微电子技术、软件开发业务，一般商品的收购出口业务（不含配额许可证管理及专营商品）。从事物业管理和南山区科技园创维大厦停车场机动车停放服务。在本市设立一家非法人分支机构，生产经营移动通信系统手机。增加：家用电器产品的批发、进出口及相关配套业务（涉及配额许可证管理、专项规定管理的商品按国家有关规定办理），技术咨询，技术服务。增加：自有物业租赁，房地产经纪。增加：以旧换新电器电子产品的销售。						

企业名称	记忆科技（深圳）有限公司			海关编码	4403144041	所属海关	深圳海关
通讯地址	广东省深圳市南山区蛇口街道蛇口后海大道东角头厂房 D13/F、D23/F、D14/F、D24/F、D15/F					邮政编码	518067
评定时间	2011. 12. 2	注册日期	1998. 1. 13	报关有效期	2014. 1. 13	注册资本	8000 万港币
法人姓名	贾宗铭	电　　话	0755 – 86813300	日常联系人	李泊明	电　　话	0755 – 26827583
主营范围	从事计算机（含外接设备）大容量存储器及其部件、通讯设备及其他电子设备存储器及其部件、移动存储器及其部件、电子元器件、计算机板卡、调制解调器及其他相关电脑配件的研发及生产（凭深南环批〔2011〕51111 号环保批复经营）；半导体集成电路芯片及计算机软硬件的研发、技术咨询及技术服务（法律、行政法规、国务院决定禁止的项目除外，限制的项目须取得许可后方可经营）；从事上述产品的批发及货物进出口业务。（不涉及国营贸易管理商品；涉及配额、许可证管理及其他专项规定管理的商品，按国家有关规定办理申请）。						

企业名称	环胜电子（深圳）有限公司			海关编码	4403137880	所属海关	深圳海关
通讯地址	广东省深圳市南山区西丽街道高新技术园北区环旭电子园					邮政编码	518057
评定时间	2011. 6. 29	注册日期	2011. 4. 21	报关有效期	2014. 4. 21	注册资本	6700 万美元
法人姓名	张洪本	电　　话	0755－26991000	日常联系人	柯海英	电　　话	136××××8958
主营范围	生产经营新型电子元器件、无线网络通信卡、数据通信多媒体系统设备、计算机辅助应用系统、电子计算机、主机板及其他相关电脑周边设备、通讯和工业控制产品，从事相关产品的产品设计。生产经营汽车电子设备系统，便携式微型计算机，数字音、视频编解码设备，机顶盒（不含卫星电视接收机及关键件），数字有线电视系统设备，数字照相机，数字摄录机，新型打印装置，电子测试仪器。图形、图像识别和处理系统制造，垃圾处理及垃圾综合利用等专用设备制造（凭深南环批〔2009〕52662 号）。从事非配额许可证管理、非专营商品的收购出口业务。从事电子类产品、通讯产品及相关零配件的批发、进出口及相关配套业务（涉及配额许可证管理、专项规定管理的商品按照国家有关规定办理）。						

企业名称	杜邦中国集团有限公司			海关编码	4403140109	所属海关	深圳海关
通讯地址	广东省深圳市福田区沙头街道办车公庙工业区第 5 小区					邮政编码	518048
评定时间	2009. 3. 3	注册日期	1989. 3. 21	报关有效期	2015. 3. 21	注册资本	10000 万美元
法人姓名	苏孝世	电　　话	021－38622888	日常联系人	肖丽菊	电　　话	136××××8635
主营范围	投资设立独资、合资、合作经营企业，生产化学及特种产品、石油及煤炭化工产品、兽药产品，通过所投资企业生产化学及特种产品、石油及煤炭化工产品、农化产品、农作物种子、纺织、营养和健康产品、医疗设备、电子和通讯产品、安全和防护产品、兽药产品（杜邦产品）。经杜邦所投资企业（杜邦企业）书面委托，向杜邦企业提供下列服务：协助或代理从国内外采购机器设备、办公设备和生产所需的原材料、元器件、零部件；在外汇管理部门的同意和监督下，在杜邦企业之间平衡外汇；协助招聘人员并提供所需的培训、市场开发及咨询；协助寻求贷款及提供担保；经批准，向杜邦企业提供财务支持。从事农化产品，纺织，营养和健康产品，电子和通讯产品，安全和防护产品，兽药产品，机器设备及其零配件、相关原材料的批发、佣金代理、进出口（不含国营贸易管理商品，涉及配额、许可证管理及其他专项规定管理的商品按国家有关规定办理）。经外汇管理机关批准，行使财务中心或者资金管理中心职能，对境内外关联公司的外汇资金进行集中管理，在境内银行开立离岸账户，集中管理境外关联公司外汇资金和境内关联公司经外汇管理机关批准用于境外放款的外汇资金。向杜邦企业提供运输、仓储、物流配送等综合服务。为杜邦企业的产品的国内经销商，代理商及与投资性公司、其母公司签有技术转让协议的国内公司、企业提供相关的技术培训。设立科研开发中心或部门，从事新产品及高新技术的研究开发，转让其研究开发结果，并提供相应的技术服务。在国内购买不涉及出口配额、出口许可证管理的商品出口。在杜邦企业投产前或新产品投产前，经批准，从其关联公司进口与该企业生产产品相同或相似的非进口配额管理的产品在国内试销。在国内销售（不含零售）本公司进口的投资者及其关联公司产品。从事经营性租赁和融资租赁业务。承接境内外企业的服务外包业务。委托境内其他企业生产、加工产品并在国内外销售。为其投资者提供咨询服务，为其关联公司提供与其投资有关的市场信息、投资政策等咨询服务。						

企业名称	深圳市中创实业发展有限公司			海关编码	4403161732	所属海关	深圳海关
通讯地址	广东省深圳市罗湖区东门街道办深南东路深圳市富丽华大酒店25楼之二					邮政编码	518001
评定时间	2010.1.4	注册日期	2008.5.13	报关有效期	2014.4.20	注册资本	2300万人民币
法人姓名	黄志昂	电　　话	0755－25801388	日常联系人	黄志昂	电　　话	0755－25801388
主营范围	兴办实业（具体项目另行申报），国内贸易，从事货物及技术的进出口业务（法律、行政法规、国务院决定规定在登记前须经批准的项目除外），供应链管理，国际货运代理，国内货运代理（法律、行政法规、国务院决定规定需要交通部门审批的，需取得相关批准文件方可经营）。						

企业名称	深圳市迈乐数码科技股份有限公司			海关编码	4403169610	所属海关	深圳海关
通讯地址	广东省深圳市福田区福田街道办福华一路98号卓越大厦1座1803室					邮政编码	518033
评定时间	2012.1.5	注册日期	2008.11.6	报关有效期	2014.11.6	注册资本	6000万人民币
法人姓名	赵能豪	电　　话	0755－86363210	日常联系人	邓秋苑	电　　话	0755－86363223
主营范围	网络和信息产品、电子产品、嵌入式软件、系统集成和高新技术产品的研发、销售及相关的技术服务，经营进出口业务（以上不含专营、专控、专卖商品及限制项目），投资兴办实业（具体项目另行申报），从事家用多媒体数据中心、移动硬盘数据终端（通信终端设备类）、家庭影院多媒体终端、微投影家庭多媒体终端、掌上多媒体终端的生产（生产项目由分支机构经营，另行申办营业执照）。						

企业名称	深圳能健恒商贸发展有限公司			海关编码	4403437721	所属海关	深圳海关
通讯地址	广东省深圳市福田区福田街道办福田保税区市花路32号204室					邮政编码	518038
评定时间	2008.12.19	注册日期	2008.11.3	报关有效期	2014.11.3	注册资本	8800万人民币
法人姓名	杨启雄	电　　话	135××××3240	日常联系人	吴英	电　　话	0755－83597435
主营范围	仓储及相关服务，投资咨询服务，转口贸易，国际贸易，物流配送，科技开发，保税区内商业性简单加工，货物运输、货物装卸和货物搬运业务及相关货物包装业务，塑料制品、橡胶制品、木制品、纺织品、五金制品、电子产品、纸制品的批发、进出口及相关配套服务（涉及配额许可证管理、专项规定管理的商品按国家有关规定办理）。						

企业名称	富裕仓储（深圳）有限公司			海关编码	4403447529	所属海关	深圳海关
通讯地址	广东省深圳市福田区保税区街道办保税区槟榔道6号					邮政编码	518038
评定时间	2012.1.5	注册日期	1997.6.17	报关有效期	2014.6.17	注册资本	3500万港币
法人姓名	李文国	电　　话	0755－83591223	日常联系人	徐冉	电　　话	0755－83591223
主营范围	仓储及相关运输服务，国际贸易，转口贸易，商业性简单加工，百货、化工、五金交电、电器、电子产品的批发业务，保税区内单项房地产开发，提供一般展览服务，从事货物、技术进出口（不含分销、国家专营专控商品）。						

企业名称	长营电器（深圳）有限公司			海关编码	4403940017	所属海关	深圳海关
通讯地址	广东省深圳市宝安区西乡街道办固戍开发区					邮政编码	518102
评定时间	2009. 8. 28	注册日期	2011. 3. 15	报关有效期	2014. 3. 15	注册资本	6043 万美元
法人姓名	林裕原	电　　话	0755 - 33881818	日常联系人	陈燕清	电　　话	159 ×××× 8221
主营范围	生产经营日用电器、保温器具、健康器材、运动器材、塑胶制品、电木制品、铝制品、模具加工、燃气器具、厨房设备、阀类、五金零配件、五金制品、灯饰制品、装饰制品，公司生产的产品100%外销。从事非配额许可证管理、非专营商品的收购出口业务。						

企业名称	卡西欧电子（深圳）有限公司			海关编码	4403447594	所属海关	深圳海关
通讯地址	广东省深圳市福田福保街道福田保税区市花路 20 号					邮政编码	518038
评定时间	2009. 11. 11	注册日期	1997. 1. 23	报关有效期	2014. 1. 23	注册资本	598 万美元
法人姓名	大埜修	电　　话	0081 - 03 - 5334 - 4111	日常联系人	魏静波	电　　话	0755 - 83590620
主营范围	手表、时钟、电子计算器、计算机、文字处理机、电子乐器、电子收银机、液晶电视、通信电子产品等电子机器产品及各项产品相关部件的开发、设计、生产、委托加工，从事上述同类产品的成品及部件的批发、进出口业务（涉及配额许可证管理、专项规定管理的商品按国家有关规定办理）。国际贸易、转口贸易及相关的咨询服务，仓储业务，保税区内运输，从事道路集装箱运输、道路普通货运（均不含危险品）。						

企业名称	恩斯迈电子（深圳）有限公司			海关编码	4403945502	所属海关	深圳海关
通讯地址	广东省深圳宝安区石岩街道塘头社区龙马资讯科技工业园					邮政编码	518108
评定时间	2008. 12. 19	注册日期	2000. 12. 27	报关有效期	2014. 12. 27	注册资本	5180 万美元
法人姓名	游贤能	电　　话	0755 - 28101899 - 1115	日常联系人	黄志鹏	电　　话	0755 - 28101899 - 1115
主营范围	电脑主板、周边卡、新型电子元器件、微型计算机系统、接入网通讯系统设备、大容量光盘驱动器及其机芯组、便携式笔记型电脑、高档服务器、USB 移动碟、数字录放机、无线网络高端路由器及其部件、数字照相机、LCD 显示器、网络电话机、网关器、便携式数字放声设备、便携式数字摄录机、机顶盒、计算机游戏机、卫星导航定位接收设备及关键部件（GPS）、自动吸尘器及关键零组件，手机及手机相关配件、其他电子产品及相关零部件（不含国家限制和禁止生产的产品）的开发、生产、批发、佣金代理（不含拍卖）、进出口及相关配套业务（涉及配额许可证管理、专项规定管理的商品按国家有关规定办理）。						

企业名称	联能科技（深圳）有限公司			海关编码	4403945553	所属海关	深圳海关
通讯地址	广东省深圳市宝安区沙井街道创新路沙一环保工业城 A 栋					邮政编码	518104
评定时间	2008. 12. 19	注册日期	2001. 2. 2	报关有效期	2014. 2. 2	注册资本	10300 万美元
法人姓名	陈冠富	电　　话	138 ×××× 4710	日常联系人	陈冠富	电　　话	138 ×××× 4710
主营范围	设计、制造、加工和销售计算机、通信、超大规模集成电路封装等所需精密线路板、柔性线路板等。增加：提供相应的安装、调试、维修、技术咨询及技术服务。增加：从事与自产产品同类商品的批发、进出口及相关配套业务（涉及配额许可证管理、专项规定管理的商品按国家有关规定办理）。						

企业名称	华为技术有限公司			海关编码	4403950010	所属海关	深圳海关
通讯地址	广东省深圳市龙岗区坂田街道办坂田华为总部办公楼					邮政编码	518129
评定时间	2009. 5. 12	注册日期	2008. 4. 11	报关有效期	2014. 4. 11	注册资本	3960813 万人民币
法人姓名	孙亚芳	电　　话	0755－28780808	日常联系人	黄艳	电　　话	0755－28785167
主营范围	开发、生产、销售程控交换机、传输设备、数据通信设备、宽带多媒体设备、电源、无线通信设备、微电子产品、系统集成工程、计算机及配套设备、终端设备及相关设备，提供相关的维修、技术咨询服务，进出口业务（按深贸管审证字第 621 号文规定办理），国内商业，物资供销业（不含专营、专控、专卖商品），经营对外经济技术合作业务（具体按中华人民共和国对外贸易经济合作部〔1998〕外经贸政审函第 326 号文规定办理），房屋租赁（持许可证经营）。						

企业名称	深圳市比亚迪电子部品件有限公司			海关编码	4403968573	所属海关	深圳海关
通讯地址	广东省深圳市龙岗区葵涌街道延安路比亚迪工业园 A1 厂房一楼，比亚迪三期 A11 厂房四楼					邮政编码	518119
评定时间	2009. 6. 19	注册日期	2005. 5. 13	报关有效期	2014. 5. 13	注册资本	40000 万人民币
法人姓名	王传福	电　　话	0755－89888888	日常联系人	朱婧婧	电　　话	186××××3588
主营范围	镍氢、镍镉电池及其他电池，五金制品，仪器仪表，柔性线路板的生产、销售（不含限制项目）；货物及技术进出口（法律、行政法规、国务院决定规定禁止的项目除外，限制的项目须取得许可后方可经营）；抽油烟机、燃气灶、消毒碗柜、洗衣机、洗碗机产品的研发、销售；液晶电视、DVD、音响的生产、研发及销售；电解制水机的生产（限比亚迪三期 A11 厂房四楼）。						

企业名称	深圳崇达多层线路板有限公司			海关编码	4453964704	所属海关	深圳海关
通讯地址	广东省深圳市宝安区沙井街道办新桥横岗下工业区新玉路 3 栋，横岗下工业区第一排 5 号厂房一楼、四楼					邮政编码	518104
评定时间	2012. 3. 27	注册日期	2010. 11. 24	报关有效期	2013. 11. 24	注册资本	7938 万人民币
法人姓名	姜雪飞	电　　话	0755－26068047	日常联系人	李悦	电　　话	0755－26068047－137
主营范围	双面电路板、多层电路板、多层柔性电路板，HDI 电路板、多层刚柔结合型电路板的生产（限新桥横岗下工业区新玉路 3 栋）与销售，线路板钻孔加工（限新桥横岗下工业区第一排 5 号厂房一楼、四楼），货物及技术进出口（法律、行政法规、国务院决定规定在登记前须经批准的项目除外）。						

企业名称	深圳新昌塑胶用品有限公司			海关编码	4403040827	所属海关	深关现场
通讯地址	广东省深圳市南山区桃源街道珠光西路博伦职业技术学校西丽实习基地 2 栋 306					邮政编码	518055
评定时间	2009. 3. 3	注册日期	2008. 10. 16	报关有效期	2015. 11. 20	注册资本	750 万人民币
法人姓名	汤应潮	电　　话	0755－86321500	日常联系人	周为兴	电　　话	0755－86321500
主营范围	从事塑胶用品的生产加工（生产场地另设，生产凭深龙环批〔2010〕700073 号环保批复经营）。						

企业名称	深圳艺洋首饰工业有限公司			海关编码	4403041268	所属海关	深关现场
通讯地址	广东省深圳市南山区西丽街道办西丽留仙洞工业区第1号厂房第一层101					邮政编码	518052
评定时间	2013.4.19	注册日期	2012.9.10	报关有效期	2015.9.10	注册资本	625万美元
法人姓名	冼为焯	电话	0755－26611485	日常联系人	蔡一来	电话	0755－26611485
主营范围	生产经营各类金银珠宝首饰、金银器皿、工艺品、纪念品、珠宝工艺手表（不含国家限制项目）。						

企业名称	世成电子（深圳）有限公司			海关编码	4403042176	所属海关	深关现场
通讯地址	广东省深圳市宝安区西乡街道固戍社区南太路2号世成工业园/南太工业园					邮政编码	518126
评定时间	2011.9.26	注册日期	2011.8.31	报关有效期	2014.8.31	注册资本	55580万人民币
法人姓名	顾明均	电话	0755－33886666	日常联系人	邱承龙	电话	0755－27494293
主营范围	生产经营电子计算器、电子游戏机、液晶体显示套件、智能卡、智能卡阅读器、电子计算机、各种显示板产品、运动数据处理器、数字摄像头、数字相机、激光收发模块类产品、射频模块，并销售公司自产产品。生产液晶显示片、液晶显示器、液晶显示模块、液晶显示板、新型平板显示器件、微型集成电路板（限分公司经营）。生产经营蓝牙耳机、多媒体麦克风、数码笔类产品、微型扫描器类产品、无线耳机、手机用音箱、蓝牙接口、机顶盒、台式扩音机、便携式多媒体硬盘、摄像播放机系列产品、多媒体适配器系列产品、无线网络收音机。生产和销售车辆防碰撞安全预警装置、三维立体眼镜。货物及技术进出口（法律、行政法规、国务院决定禁止的项目除外，限制的项目须取得许可后方可经营），生产设备租赁。						

企业名称	深圳海量存储设备有限公司			海关编码	4403042353	所属海关	深关现场
通讯地址	广东省深圳市南山区（粤海街道办）科技园科发路3号长城电脑大厦1#厂房、2#办公楼、3#库房、长城科技大厦1#厂房1楼西					邮政编码	518057
评定时间	2012.2.16	注册日期	2012.1.19	报关有效期	2014.12.25	注册资本	6000万美元
法人姓名	YONG SHEN	电话	0755－26633866	日常联系人	马彦珩	电话	0755－26633866－2205
主营范围	开发、设计、制造磁阻磁头，销售本公司产品，并提供相关技术服务。增加：货物、技术进出口（不含分销、国家专营专控商品）。						

企业名称	新兴纺织（深圳）有限公司			海关编码	4403042633	所属海关	深关现场
通讯地址	广东省深圳市光明新区公明办事处薯田埔社区新兴工业区第6栋至第19栋					邮政编码	518106
评定时间	2012.11.29	注册日期	2012.10.23	报关有效期	2015.10.23	注册资本	30000万港币
法人姓名	麦沛明	电话	0755－27129990	日常联系人	麦沛明	电话	0755－27129990
主营范围	生产经营各种花样松紧带、纸箱、纸布、纸管包根线、针织布、喱士花边、胶纸、针织印花、化纤布、羊毛布、化纤丝线、胸围模胚。						

企业名称	深圳市中显微电子有限公司			海关编码	4403061455	所属海关	深关现场
通讯地址	广东省深圳市盐田区北山工业区六栋1－8层					邮政编码	518029
评定时间	2013.5.31	注册日期	2005.6.23	报关有效期	2014.6.23	注册资本	5940万人民币
法人姓名	周卫华	电　　话	0755－25273840	日常联系人	张坤	电　　话	0755－61862886－205
主营范围	生产经营各种屏幕尺寸的液晶显示器、液晶显示模块及仪器、仪表；研究开发液晶显示器原材料、组件及相关产品；研究配套电路技术，开发新产品及提供销售后技术服务；经营进出口业务；经营普通货运（“道路运输经营许可证”有效期至2015年12月31日）。						

企业名称	深圳市联洲技术有限公司			海关编码	4403061874	所属海关	深关现场
通讯地址	广东省深圳市南山区粤海街道深南路科技园工业厂房24栋南段6层东					邮政编码	518000
评定时间	2010.11.12	注册日期	2005.8.1	报关有效期	2014.8.1	注册资本	43000万人民币
法人姓名	赵建军	电　　话	0755－26500160	日常联系人	罗霞	电　　话	0755－26525902
主营范围	网络设备、电子产品、通信产品、电子元器件软件硬件技术开发、技术咨询及购销（以上不含限制项目），其他国内商业，物资供销业（不含专营、专控、专卖商品），经营进出口业务（法律法规禁止项目除外，限制项目须取得许可后方可经营）。						

企业名称	深圳市鼎丰盛业供应链管理有限公司			海关编码	4403062049	所属海关	深关现场
通讯地址	广东省深圳市福田区沙头街道办车公庙天吉大厦（F5.8厂房）6A2－2（仅限办公）					邮政编码	518033
评定时间	2012.3.27	注册日期	2005.8.18	报关有效期	2014.8.18	注册资本	200万人民币
法人姓名	叶隆	电　　话	0755－83427196	日常联系人	陈辉	电　　话	0755－83335966
主营范围	供应链管理，电子产品、计算机软硬件的技术开发与销售，化妆品、工艺品、通用及专用机械设备、电气机械及器材、电子通信设备、滋补保健类中药材、初级农产品、生鲜冻肉、水产品的购销，预包装食品（不含复热预包装食品）批发（非实物方式）（凭食品流通许可证SP4403001210358792经营，有效期至2015年3月13日），保健食品批发（限康馨宝牌蓝竹根胶囊）（凭保健食品经营企业卫生许可证经营，有效期至2016年3月29日），国际陆路货运代理，国内商业，物资供销业（不含专营、专控、专卖商品），货物进出口，技术进出口（法律、行政法规禁止的项目除外，法律、行政法规限制的项目须取得许可后方可经营），普通货运（凭粤交运管许可深字440300162031号经营，有效期至2016年4月23日）。						

企业名称	深圳市伟禄科技股份有限公司			海关编码	4403064025	所属海关	深关现场
通讯地址	广东省深圳市福田保税区市花路花样年福年广场B栋一单元03层311号					邮政编码	518048
评定时间	2011. 1. 26	注册日期	2005. 1. 26	报关有效期	2014. 1. 26	注册资本	5000万人民币
法人姓名	林晓辉	电　　话	0755－88263888	日常联系人	杨静	电　　话	0755－88263005
主营范围	国内商业，物资供销业（不含专营、专控、专卖商品），电子产品、DVD、VCD、电视机、电视机周边设备、电脑显示器、电脑周边设备、多媒体影音设备的技术开发、销售，桌面通讯终端系统的技术开发，无线设备、手持通讯终端、嵌入式操作系统、通信应用软件、计算机系统集成、手机配件的技术开发及相应的技术咨询，供应链管理，销售自行开发的产品（不含专营、专控、专卖商品），货物进出口，技术进出口（法律、行政法规禁止的项目除外，法律、行政法规限制的项目须取得许可后方可经营）。						

企业名称	深圳市普路通供应链管理股份有限公司			海关编码	4403065167	所属海关	深关现场
通讯地址	广东省深圳市福田区福田街道办卓越大厦2003－2006					邮政编码	518000
评定时间	2009. 8. 24	注册日期	2006. 1. 6	报关有效期	2015. 1. 6	注册资本	5550万人民币
法人姓名	陈书智	电　　话	0755－88264843	日常联系人	景艳文	电　　话	0755－82877429
主营范围	供应链的管理，兴办实业，提供信息咨询，国内贸易，经营进出口业务（经营范围按“医疗器械经营企业许可证”确定，有效期至2013年2月14日；“道路运输许可证”有效期至2012年9月30日）；“食品流通许可证”有效期至2013年2月22日；“广东省酒类批发许可证”有效期至2013年3月31日）。						

企业名称	深圳市朗华供应链服务有限公司			海关编码	4403065686	所属海关	深关现场
通讯地址	广东省深圳市福田区深南大道6021号喜年中心B座11楼					邮政编码	518040
评定时间	2011. 3. 15	注册日期	2006. 2. 21	报关有效期	2015. 2. 21	注册资本	10000万人民币
法人姓名	张春华	电　　话	0755－82789555	日常联系人	刘琳	电　　话	0755－82789897
主营范围	国产汽车（不含小轿车）、摩托车及零配件、电子产品、电子元器件、计算机软硬件、纺织品、服装、工艺品、机电产品、化工产品（不含易燃易爆剧毒品）的购销及其他国内商业、物资供销业（以上不含专营、专控、专卖商品），货物进出口，技术进出口（法律、行政法规禁止的项目除外，法律、行政法规限制的项目须取得许可后方可经营），国际货运代理，国内货运代理（法律、行政法规、国务院决定规定需要交通部门审批的，需取得相关批准文件方可经营）。						

企业名称	深圳市天成食品有限公司			海关编码	4403065831	所属海关	深关现场
通讯地址	广东省深圳市盐田区沙头角街道办深盐路南保发大厦（配套服务楼）廿一 F 号房					邮政编码	518081
评定时间	2011. 11. 28	注册日期	2006. 3. 6	报关有效期	2015. 3. 6	注册资本	3000 万人民币
法人姓名	林其东	电　　话	0755－25267289	日常联系人	张永好	电　　话	0755－25267289
主营范围	预包装食品（不含复热预包装食品）、乳制品（含婴幼儿配方乳粉）批发（“食品流通许可证”有效期限至 2014 年 10 月 09 日），国内商业，物资供销业（不含专营、专控、专卖商品），兴办实业（具体项目另行申报），经营进出口业务。						

企业名称	深圳市中信太和通讯设备有限公司			海关编码	4403066406	所属海关	深关现场
通讯地址	广东省深圳市南山区西丽留仙大道留仙洞桑泰科技园 3 号厂房 4 楼 402、五、六楼					邮政编码	518055
评定时间	2009. 8. 28	注册日期	2006. 4. 13	报关有效期	2015. 4. 13	注册资本	7000 万人民币
法人姓名	张瑞辉	电　　话	0755－26987316	日常联系人	唐素文	电　　话	0755－26987316
主营范围	通讯产品、MP4 播放器、数字机顶盒、台式电脑、笔记本电脑、输配电及控制设备的研发、加工生产与销售（凭深南环批〔2010〕50240 号生产），其他国内商业，物资供销业，通讯产品、信息电子产品的销售及维修（以上不含专营、专控、专卖商品及限制项目），经营进出口业务（法律、行政法规、国务院决定禁止的项目除外，限制的项目须取得许可后方可经营）。						

企业名称	深圳市八达物流股份有限公司			海关编码	4403110020	所属海关	深关现场
通讯地址	广东省深圳市罗湖区南湖街道东门南路 1036 号潮汕大厦 508 室					邮政编码	518001
评定时间	2010. 2. 21	注册日期	1995. 10. 5	报关有效期	2014. 12. 31	注册资本	1000 万人民币
法人姓名	吕丰堂	电　　话	0755－82223777	日常联系人	林燕	电　　话	0755－82223777
主营范围	经营进出口业务，五金交电、电子产品、通信产品、纺织品、服装、化工（不含易燃易爆危险品）、汽车（不含小轿车）的销售，农产品的技术研究、购销，钢材、建材、纸制品、铁矿砂、塑料的购销及其他国内商业，物资供销业（不含专营、专控、专卖商品），投资兴办实业（具体项目另行申报），资产受托管理（不含限制项目），机电、电子产品的安装（不含限制项目），信息咨询（不含限制项目），国际货运代理，网络技术开发，普通货运（“道路运输许可证”有效期至 2015 年 9 月 30 日），代理报关，代理报检，木材经营（柚木、松木、梨木），多媒体、灯光照明、音响及影视设备、舞台设备租赁，并提供相关技术服务，洛宝多系列葡萄酒批发（“广东省酒类批发许可证”有效期至 2015 年 3 月 31 日），煤炭批发经营（“煤炭经营资格证”有效期至 2013 年 10 月 13 日），初级农产品购销，预包装食品（不含复热预包装食品）、乳制品（含婴幼儿配方乳粉）批发（“食品流通许可证”有效期至 2015 年 4 月 4 日）。						

企业名称	深圳科捷物流有限公司			海关编码	4403110086	所属海关	深关现场
通讯地址	广东省深圳市南山区北环路北直升机场南侧神彩彩联物流中心二楼202室					邮政编码	518026
评定时间	2011. 3. 15	注册日期	2006. 9. 22	报关有效期	2015. 9. 22	注册资本	5000万人民币
法人姓名	帅勇	电　　话	0755－82858560	日常联系人	疏宁	电　　话	0755－82858529
主营范围	道路普通货运，代办仓储，物流信息系统的技术开发，物流信息咨询，国内贸易（不含专营、专控、专卖商品），兴办实业，经营进出口业务。						

企业名称	深圳市通产丽星股份有限公司			海关编码	4403110200	所属海关	深关现场
通讯地址	广东省深圳市龙岗区龙岗大道（坪地段）1001号					邮政编码	518117
评定时间	2013. 5. 21	注册日期	2007. 6. 28	报关有效期	2016. 6. 28	注册资本	36495万人民币
法人姓名	王楚	电　　话	0755－28482022	日常联系人	唐隽涛	电　　话	0755－28482022－8201
主营范围	包装及方案设计，工艺装备及精密模具设计，改性及环保材料研发，包装废弃物循环利用技术开发，塑料容器、塑料制品的技术开发及销售，经营进出口业务（法律、行政法规、国务院决定禁止的项目除外，限制的项目须取得许可后方可经营），国内贸易（不含专营、专控、专卖商品），投资兴办实业（具体项目另行申报），物业管理，自有物业租赁，塑料容器、塑料制品的生产加工，化妆品软管灌装，包装装潢印刷品、其他印刷品印刷，普通货运。						

企业名称	中建投商贸有限公司			海关编码	4403110222	所属海关	深关现场
通讯地址	广东省深圳市罗湖区南湖街道办人民南路国际贸易中心大厦B区14楼西					邮政编码	518023
评定时间	2009. 6. 19	注册日期	2004. 4. 14	报关有效期	2014. 4. 14	注册资本	5000万人民币
法人姓名	陈咏新	电　　话	0755－82211800	日常联系人	罗慧华	电　　话	0755－82210884
主营范围	经营进出口业务，经营煤炭批发，计算机软、硬件及网络产品的设计、技术开发与销售，电子计算机外部设备的销售及其他国内商业，物资供销业，工业品外观设计、包装设计，信息咨询，物业管理业务。						

企业名称	深圳市飞马国际供应链股份有限公司			海关编码	4403110308	所属海关	深关现场
通讯地址	广东省深圳市福田区香蜜湖街道办深南大道7008号 阳光高尔夫大厦26楼2601室					邮政编码	518094
评定时间	2010. 1. 4	注册日期	2004. 8. 19	报关有效期	2016. 7. 9	注册资本	39780万人民币
法人姓名	黄壮勉	电　　话	0755－33356333	日常联系人	严伟英	电　　话	0755－33356333－8850
主营范围	承办海运、陆运、空运进出口货物的国际运输代理业务，包括揽货、订舱、仓储、中转、集装箱拼装拆箱、结算运杂费、报关、报验、保险、相关的短途运输服务及运输咨询业务；投资兴办实业（具体项目另行申报）；经营进出口业务（按资格证书办理）；计算机及配件、机电产品、仪器仪表、通信设备及相关产品、电子元器件、钢材、汽车零部件、五金工具、化工原料及产品（不含易燃易爆危险品）、日用百货、橡塑制品、纺织原料及产品、鞋帽、工艺品、家用电器、家具及其他木制品、珠宝首饰的销售及其他国内商业、物资供销业（不含专营、专控、专卖商品）；供应链管理及相关配套服务，普通货物运输，道路集装箱运输；矿业投资，矿产品销售，煤炭经营。						

企业名称	深圳开发磁记录股份有限公司			海关编码	4403110329	所属海关	深关现场
通讯地址	广东省深圳市福田区彩田路 7006 号					邮政编码	518035
评定时间	2010. 7. 22	注册日期	2010. 3. 16	报关有效期	2016. 3. 16	注册资本	25136 万人民币
法人姓名	谭文鋕	电　　话	0755－83032201	日常联系人	张辉明	电　　话	0755－83032226
主营范围	开发、生产、销售盘基片（不含限制项目），经营进出口业务（法律、行政法规、国务院决定禁止的项目除外，限制的项目须取得许可后方可经营）。						

企业名称	中国电子器材深圳有限公司			海关编码	4403110461	所属海关	深关现场
通讯地址	广东省深圳市福田区香蜜湖街道侨香路裕和大厦 8 楼					邮政编码	518040
评定时间	2009. 1. 4	注册日期	1996. 4. 17	报关有效期	2014. 4. 17	注册资本	3630 万人民币
法人姓名	穆国强	电　　话	0755－82531616	日常联系人	郭智荣	电　　话	0755－82531683
主营范围	经营家用电器、电子元件、电子器材、照明电器、电子计算机及配件、电工器材、雷达和无线电导航设备、仪器仪表，进出口业务按深贸管审证字第 475 号文办理，自有物业管理，技术咨询，信息服务。						

企业名称	深南电路有限公司			海关编码	4403110845	所属海关	深关现场
通讯地址	广东省深圳市南山区沙河街道办侨城东路 99 号					邮政编码	518053
评定时间	2012. 12. 26	注册日期	2008. 9. 9	报关有效期	2014. 9. 9	注册资本	13980 万人民币
法人姓名	由镭	电　　话	0755－86096594	日常联系人	黄健英	电　　话	0755－86096594
主营范围	印刷电路路板，制造、加工、销售化工分析仪器及工业自动化仪表设备、微电子及元器件、办公自动化设备、光电技术设备、计算机及软件、高档家用电器，自营进出口业务，照相制版，电镀，普通货运。电子装联、模块模组封装产品的生产、销售，通讯科技产品、通信设备的生产、销售（生产场地另办执照）。						

企业名称	深圳航天广宇工业有限公司			海关编码	4403111365	所属海关	深关现场
通讯地址	广东省深圳市福田区福田街道办深南大道 4019 号航天大厦 B 座 5 楼					邮政编码	518048
评定时间	2010. 3. 29	注册日期	2000. 6. 26	报关有效期	2014. 6. 26	注册资本	1795 万人民币
法人姓名	谢伟良	电　　话	0755－88266003	日常联系人	苏珊	电　　话	0755－88266293
主营范围	经营航天技术产品，机械、电器产品，仪器仪表，电子产品，塑料制品，化工制品，起重运输产品，五金家具，建筑材料，磁性材料，粉末冶金，国产汽车；仓储业务；进出口业务。						

企业名称	深圳市盛波光电科技有限公司	海关编码	4403111419	所属海关	深关现场
通讯地址	广东省深圳市坪山新区大工业区青松路8号			邮政编码	518118
评定时间	2013.5.21	注册日期	2008.1.21	报关有效期	2016.2.15
注册资本	30000万人民币				
法人姓名	朱军	电　话	0755－83777445	日常联系人	刘洪雷
电　话	0755－83932867				
主营范围	经营进出口业务（法律、行政法规、国务院决定禁止的项目除外，限制的项目须取得许可后方可经营），研发、生产、加工经营各种规格偏振片、液晶显示器的有关材料和器件。				

企业名称	深圳市大族激光科技股份有限公司	海关编码	4403111600	所属海关	深关现场
通讯地址	广东省深圳市南山区南山街道办深南大道9988号			邮政编码	518052
评定时间	2010.7.5	注册日期	2011.5.27	报关有效期	2014.5.27
注册资本	69626万人民币				
法人姓名	高云峰	电　话	0755－86161000	日常联系人	寻环
电　话	0755－86161122				
主营范围	激光及相关产品、机电一体化设备的技术开发、生产、销售，生产激光雕刻机、激光器及相关元件（不含限制项目），国内商业，物资供销业（不含专营、专控、专卖商品），兴办实业（具体项目另行申报），进出口业务（具体按深贸进准字第〔2001〕0176号文办），普通货运（“道路运输经营许可证”有效期至2014年12月29日），物业管理，自有物业租赁，机械设备租赁及维修维护。				

企业名称	深圳市金运达国际物流有限公司	海关编码	4403111689	所属海关	深关现场
通讯地址	广东省深圳市罗湖区清水河街道办清水河5路13号湖北货仓			邮政编码	518023
评定时间	2013.3.15	注册日期	2001.7.17	报关有效期	2014.7.17
注册资本	1000万人民币				
法人姓名	赵贵生	电　话	0755－82059990	日常联系人	胡旭东
电　话	0755－22314744				
主营范围	承运海运、空运、陆运进出口货物的国际运输代理业务，包括揽货、订舱、仓储、中转、集装箱拼装拆箱、结算运杂费、报关、报验、保险、相关的短途运输服务及咨询业务，办理国际快递业务。兴办实业，国内商业，物资供销业，经营进出口业务。				

企业名称	深圳市九立商贸有限公司	海关编码	4403111803	所属海关	深关现场
通讯地址	广东省深圳市罗湖区南湖街道办沿河南路2011号惠州大厦918－922室			邮政编码	518002
评定时间	2008.12.19	注册日期	2001.12.13	报关有效期	2014.12.13
注册资本	2000万人民币				
法人姓名	邹浩	电　话	0755－82228999	日常联系人	林茂华
电　话	0755－82228999				
主营范围	普通机械、仪器仪表、化工原料、纺织品、百货、文化用品、矿产品、五金产品、电子产品、通讯及网络产品、计算机及外围设备的购销及其他国内商业、物资供销业（不含专营、专控、专卖商品），经营进出口业务（具体按深贸进准字第〔2001〕2027号资格证书办），国际货运代理（不含限制项目），普通货运（道路运输经营许可证有效期至2013年6月30日），搬运装卸（法律、行政法规、国务院决定需要交通部门审批的，需取得相关批准文件方可经营）。				

企业名称	深圳光汇石油集团股份有限公司			海关编码	4403111892	所属海关	深关现场
通讯地址	广东省深圳市福田区香蜜湖街道深南大道7088号招商银行大厦27层					邮政编码	518040
评定时间	2013.4.23	注册日期	2002.4.25	报关有效期	2014.4.25	注册资本	11200万人民币
法人姓名	刘汉	电　话	0755－83199338	日常联系人	邱伟燕	电　话	137××××0060
主营范围	投资兴办各类实业（具体项目另行申报），国内商业，物资供销业（不含专营、专控、专卖项目），进出口业务（按深贸管审证字第580号文规定办理），经营燃料油，开展国际航行船舶保税油供应业，从事保税油供应的跨区域连锁经营，经济信息咨询（不含限制项目），物业管理。						

企业名称	航天科工深圳（集团）有限公司			海关编码	4403112086	所属海关	深关现场
通讯地址	广东省深圳市福田区福田街道办深南大道4019号航天大厦B座5楼					邮政编码	518048
评定时间	2013.6.27	注册日期	2003.8.27	报关有效期	2014.8.27	注册资本	50000万人民币
法人姓名	于滨	电　话	0755－88266293	日常联系人	党东方	电　话	137××××8880
主营范围	办公自动化产品、通讯传输导线及电子设备、计算机系统的软硬件、微电子器、智能仪器仪表、航天应用技术及GPS系统产品的技术开发、购销、进出口贸易业务，物业管理。						

企业名称	深圳中电投资股份有限公司			海关编码	4403119138	所属海关	深关现场
通讯地址	广东省深圳市园岭街道深南中路2072号、2070号					邮政编码	518042
评定时间	2013.1.28	注册日期	1995.9.6	报关有效期	2014.9.6	注册资本	17500万人民币
法人姓名	陈旭	电　话	0755－83783800	日常联系人	吴莉珊	电　话	0755－83783773
主营范围	自营和代理商品及技术的进出口业务，开展对外经济合作业务，销售粮油、针纺织品、百货、工业生产资料、交电、化工、石油制品、建材、工艺美术品等，本公司进出口商品内销，劳务服务，信息咨询，包装服务，物业管理，自有物业租赁、销售。						

企业名称	深圳中外运物流有限公司			海关编码	4403119989	所属海关	深关现场
通讯地址	广东省深圳市罗湖区笋岗街道办梨园路102号外运仓库					邮政编码	518023
评定时间	2009.6.19	注册日期	2006.1.17	报关有效期	2015.1.27	注册资本	3000万人民币
法人姓名	李华	电　话	0755－61896388	日常联系人	刘建华	电　话	0755－61896368
主营范围	国际货运代理，仓储，进出口业务，国际快递业务，道路集装运输，道路普通货物运输。						

企业名称	深圳先进微电子科技有限公司			海关编码	4403121204	所属海关	深关现场
通讯地址	广东省深圳市盐田区海山街道沙头角梧桐路36区海鹏工业村内					邮政编码	518081
评定时间	2009.3.24	注册日期	1994.10.20	报关有效期	2015.10.20	注册资本	71830万港币
法人姓名	周全	电话	0755-83963000	日常联系人	陈仲贤	电话	0755-83963000
主营范围	生产经营电子专用设备、半导体专用材料、电子专用工模具、新型电子元器件，从事货物、技术进出口业务（不含分销、国家专营专控商品）。						

企业名称	深圳开发微电子有限公司			海关编码	4403130064	所属海关	深关现场
通讯地址	广东省深圳市福田区华富街道办彩田路1#厂房二层南面					邮政编码	518035
评定时间	2009.3.24	注册日期	2004.2.20	报关有效期	2013.12.10	注册资本	2000万美元
法人姓名	陈朱江	电话	0755-83032123	日常联系人	丁沛湘	电话	0755-83032735
主营范围	开发、生产、经营计算机软、硬件系统及其外部设备，新型仪表及新型电子元器件、零部件、接插件和原材料，精密仪器及在线测量仪器，家用商品电脑及电子玩具，节能型自动化机电产品和智能控制系统。						

企业名称	广东核电合营有限公司			海关编码	4403130628	所属海关	深关现场
通讯地址	广东省深圳市福田区上步中路科技大厦15层					邮政编码	518031
评定时间	2008.12.19	注册日期	1985.1.24	报关有效期	2014.1.24	注册资本	40000万美元
法人姓名	卢长申	电话	0755-83671613	日常联系人	李维真	电话	0577-84473292
主营范围	建设及经营两台90万千瓦组核电站，并向广东和香港售电。						

企业名称	深圳国威电子有限公司			海关编码	4403132788	所属海关	深关现场
通讯地址	广东省深圳市罗湖区罗沙路莲塘开发公司业务楼一楼					邮政编码	518004
评定时间	2009.3.24	注册日期	1991.8.26	报关有效期	2014.8.26	注册资本	11776万人民币
法人姓名	梁锡光	电话	0755-25736666	日常联系人	王忠明	电话	0755-25767310
主营范围	生产经营电话机、GSM移动通讯手机、数字中文显示/数字显示寻呼机、家用电源变压器、GPS导航设备、笔记本电脑、游戏机、平板电脑、视频监视器、无线监控器（仅限分支机构凭有效的环保批文从事）。						

企业名称	康佳集团股份有限公司			海关编码	4403130843	所属海关	深关现场
通讯地址	广东省深圳市南山区沙河街道华侨城					邮政编码	518053
评定时间	2008. 12. 19	注册日期	1980. 12. 13	报关有效期	2014. 12. 13	注册资本	120397 万人民币
法人姓名	侯松容	电　　话	0755 – 26608866	日常联系人	邓建光	电　　话	0755 – 26608866 – 6152
主营范围	研发开发、生产经营电视机、冰箱、洗衣机、日用小家电等家用电器产品，家庭视听设备，IPTV机顶盒，数字电视接收器（含卫星电视广播地面接收设备），数码产品，移动通信设备及终端产品，日用电子产品，汽车电子产品，卫星导航系统，智能交通系统，防火防盗报警系统，办公设备，电子计算机，显示器；大屏幕显示设备的制造和应用服务；LED（OLED）背光源、照明、发光器件制造及封装；生产经营电子元件、器件、模具，塑胶制品，各类包装材料，并从事相关产品的技术咨询和服务（上述经营范围中的生产项目，除移动电话外，其余均在异地生产）。从事上述产品（含零配件）的批发、零售、进出口及相关配套业务（不涉及国营贸易管理商品，涉及配额、许可证管理及其他专项规定管理的商品，按国家有关规定办理申请）。销售自行开发的技术成果，提供电子产品的维修服务，国内货运代理，仓储服务，企业管理咨询服务，自有物业租赁和物业管理业务。从事废旧电器产品的回收（不含拆解）（由分支机构经营），以承接服务外包方式从事系统应用管理和维护、信息技术支持管理、银行后台服务、财务结算、人力资源服务、软件开发、呼叫中心、数据处理等信息技术和业务流程外包服务。						

企业名称	深圳华安液化石油气有限公司			海关编码	4403134914	所属海关	深关现场
通讯地址	广东省深圳市罗湖区桂园街道办深南东路 5002 号信兴广场地王商业中心 27 楼 05 单元					邮政编码	518008
评定时间	2009. 11. 11	注册日期	1995. 8. 14	报关有效期	2014. 8. 14	注册资本	2971 万美元
法人姓名	邱立华	电　　话	0755 – 83478989	日常联系人	戴志伟	电　　话	0755 – 84231697
主营范围	建设液化石油气基地、专用码头及相关的配套设施，经营低温常压液化石油气的储存、加工、销售和仓储业务。						

企业名称	深圳三星视界有限公司			海关编码	4403135350	所属海关	深关现场
通讯地址	广东省深圳市福田区华富街道皇岗北路					邮政编码	518026
评定时间	2009. 3. 24	注册日期	1996. 7. 16	报关有效期	2014. 7. 16	注册资本	15121 万美元
法人姓名	金东勳（KIM DONG HUN）	电　　话	0755 – 83357000 – 3100	日常联系人	陈国辉	电　　话	0755 – 83357000 – 3161
主营范围	生产和销售彩色显像管、彩色显示管、液晶显示器、真空荧光管、监示器、等离子显示屏和相关零配件，电子产品的批发，佣金代理（不含拍卖），进出口及相关配套业务（不涉及国营贸易管理商品，涉及配额、许可证管理及其他专项规定管理的商品，按国家有关规定办理申请）。						

企业名称	深圳桑菲消费通信有限公司			海关编码	4403135500	所属海关	深关现场
通讯地址	广东省深圳市南山区科技工业园桑达工业大厦					邮政编码	518057
评定时间	2008. 12. 19	注册日期	1996. 10. 25	报关有效期	2015. 10. 25	注册资本	6770 万美元
法人姓名	张永平	电　　话	0755 - 26636330	日常联系人	邱红丽	电　　话	0755 - 86138412
主营范围	生产经营寻呼机、有绳电话、无绳电话、蜂窝式移动电话、电话答录机及其附件、软件、元器件，提供技术咨询服务。从事数字视听产品的开发、生产和销售。消费通信终端和数字视听产品的元器件产品、零配件的批发、进出口及相关配套业务。生产经营照明器具及其附件，从事照明器具及其附件的元器件产品、零配件的批发、进出口及相关配套业务。						

企业名称	深圳康佳通信科技有限公司			海关编码	4403136418	所属海关	深关现场
通讯地址	广东省深圳市华侨城深南大道 9008 号东部工业区康佳集团 4#厂房 7 楼					邮政编码	518053
评定时间	2013. 5. 31	注册日期	1999. 5. 4	报关有效期	2014. 5. 4	注册资本	12000 万人民币
法人姓名	李宏韬	电　　话	0755 - 26608866	日常联系人	邓建光	电　　话	0755 - 26608866 - 6152
主营范围	从事通讯产品、数码产品、电脑及周边配套产品的开发、生产经营及售后维修服务，销售自主开发的软件，并从事相关产品的技术咨询和服务。从事以上所述产品（含零配件）、电视机及其他家用试听设备、空调及其他家用电力器具、数字调制器、新型显示器件的批发、零售、进出口及相关配套业务（不涉及国营贸易管理商品，涉及配额、许可证管理及其他专项规定管理的商品，按照国家有关规定办理申请）。						

企业名称	深圳三星电子通信有限公司			海关编码	4403137095	所属海关	深关现场
通讯地址	广东省深圳市南山区高新北区松坪街 2 号三星科健园					邮政编码	518057
评定时间	2008. 12. 19	注册日期	2002. 3. 11	报关有效期	2014. 3. 11	注册资本	2000 万美元
法人姓名	申宗旼	电　　话	0755 - 26990888 - 2888	日常联系人	陈莹	电　　话	0755 - 26990888 - 1530
主营范围	研究、开发、生产、经营手机及网络产品，并提供售后服务。从事手机及网络产品的零配件的批发、进出口及相关配套业务。						

企业名称	深圳市北鼎晶辉科技股份有限公司			海关编码	4403137876	所属海关	深关现场
通讯地址	广东省深圳市南山区桃园街道办留仙大道同富裕工业城 2 号厂房 3 楼 B					邮政编码	518055
评定时间	2011. 7. 15	注册日期	2011. 4. 6	报关有效期	2014. 4. 6	注册资本	10400 万人民币
法人姓名	GEORGE MOHAN ZHANG	电　　话	0755 - 86021285	日常联系人	胡辰辉	电　　话	0755 - 86021210
主营范围	研发、设计、生产经营家用电器，数字仪表及仪用接插件、模具，数字化电路板，数字化家用电器的专业芯片 \ 控制软件、塑胶件 \ 五金件及相关零部件（仅限分公司生产）；提供产品售后服务；从事货物、技术进出口业务（不含分销、国家专营专控商品）。						

企业名称	三洋电机（蛇口）有限公司			海关编码	4403140041	所属海关	深关现场
通讯地址	广东省深圳市南山区兴华路6号华建工业大厦（又名：南海意库）6号楼409A房					邮政编码	518067
评定时间	2012.12.10	注册日期	1983.4.7	报关有效期	2014.4.7	注册资本	3800万美元
法人姓名	中川亨	电　　话	0755－88213838	日常联系人	李实	电　　话	0755－88213783
主营范围	生产和自销音响器材，电子产品零件、部件，发泡胶，塑胶制品，模具，电子玩具，传真机，电话机，并提供售后服务。设计开发音响器材和电子产品零件，其中电话机100%外销，模具80%外销，发泡胶98%外销，其他产品70%外销，从事非配额许可证管理、非专营商品的收购出口业务。数字音视频编解码设备、新型打印机装置的生产和销售。增加：从事电子产品、塑胶制品及其相关零部件的批发、进出口及其相关配套业务（上述涉及配额许可证管理、专项规定管理的商品按国家有关规定办理）。增加：生产经营各类电视机、投影仪。增加：道路普通货物运输。（以上生产项目由分支机构经营，执照另行申办。）						

企业名称	奥林巴斯（深圳）工业有限公司			海关编码	4403140396	所属海关	深关现场
通讯地址	广东省深圳市南山区南头第五工业区，科苑北路天元小区四号厂房第五、六层					邮政编码	518052
评定时间	2012.11.15	注册日期	1992.12.2	报关有效期	2014.12.2	注册资本	7010万美元
法人姓名	冲村元卫	电　　话	0755－26980118	日常联系人	周密	电　　话	158××××7510
主营范围	开发、设计、生产、维修数码照相机，数码相机镜头及其他光学镜头，微型录音机，显微镜，显微镜用对物镜，以上产品零部件、周边配件、模具、治工具，精密电子机械设备，光学仪器及治工具；以上产品及机电产品和配件的批发、进出口（以上均不含法律、行政法规、国务院决定规定需前置审批和禁止的项目）。						

企业名称	爱普生技术（深圳）有限公司			海关编码	4403140428	所属海关	深关现场
通讯地址	广东省深圳市南山区西丽街道办第五工业区西侧					邮政编码	518057
评定时间	2008.12.19	注册日期	1995.9.28	报关有效期	2014.9.28	注册资本	43980万港币
法人姓名	藤崎清一	电　　话	0755－26500888	日常联系人	于华根	电　　话	0755－26500610
主营范围	大幅面（幅宽900mm以上）高分辨率彩色打印设备、精度2400dpi及以上高分辨率彩色打印机机头、其他打印机、扫描仪、手表、液晶显示器、模具、相关零部件及生产设备的设计、开发、生产、技术服务，产品100%外销；大屏幕彩色投影显示器用光学引擎、光源、投影屏、投影仪、相关生产设备、电子产品零部件的设计、开发、生产经营、技术服务；电子产品、模具及相关零配件的批发、佣金代理（拍卖除外）、进出口及相关配套业务；以承接服务外包方式从事系统应用管理和维护、信息技术支持管理、财务结算、人力资源服务、软件开发、数据处理等信息技术和业务流程外包服务；企业管理咨询。						

企业名称	蛇口南顺面粉有限公司			海关编码	4403140461	所属海关	深关现场
通讯地址	广东省深圳市南山区蛇口港湾大道南康路1号					邮政编码	518067
评定时间	2009.11.5	注册日期	1995.11.27	报关有效期	2014.11.27	注册资本	2750万美元
法人姓名	梁玄博	电　话	0755－26681092	日常联系人	倪海琳	电　话	0755－26681092
主营范围	销售自产产品及提供相关服务，产品60%外销。从事粮食收购、小麦的批发及相关配套业务（涉及配额许可证管理、专项规定管理的商品按国家有关规定办理）。在广州、北京、上海、南京、杭州、福州、成都、武汉、东莞设立分支机构，在北京、上海、中山市设立办事机构。生产加工面粉和副产品、预拌粉以及自用包装物等辅助产品，货物专用运输（罐式）。						

企业名称	理光（深圳）工业发展有限公司			海关编码	4403140658	所属海关	深关现场
通讯地址	广东省深圳市福田区华富街道办皇岗北路莲花彩电工业区					邮政编码	518026
评定时间	2008.12.19	注册日期	1996.7.8	报关有效期	2014.7.8	注册资本	3500万美元
法人姓名	粂井正博	电　话	0755－83360885	日常联系人	林希平	电　话	0755－83360885－203
主营范围	设计、生产复印机、传真机、打印机、轻型印刷机及其零部件（包括碳粉），产品80%外销，20%内销。增加：设计、生产经营数码复印机，增营产品100%外销。增加：从事非配额许可证管理、非专营商品的收购出口业务。增加：从事货物、技术进出口（不含分销、国家专营专控商品）。						

企业名称	和林电子（深圳）有限公司			海关编码	4403143467	所属海关	深关现场
通讯地址	广东省深圳市南山区西丽镇红花岭工业区第三区众冠工业厂房1栋1－5楼					邮政编码	518053
评定时间	2012.12.26	注册日期	1988.5.3	报关有效期	2014.4.16	注册资本	372万美元
法人姓名	池尾政信	电　话	0755－86000999	日常联系人	薛峰	电　话	0755－86000999
主营范围	研究开发、生产、销售计算机及其外围设备、手机配件和各类电子元器件，经国家有关部门批准后可在国内采购元器件、原材料等产品（生产凭深南环批〔2010〕50384号环保批复经营），电子产品的批发、佣金代理（不含拍卖）、进出口及相关配套业务（不涉及国营贸易管理商品，涉及配额、许可证管理及其他专项规定管理的商品，按国家有关规定办理申请）。						

企业名称	冲电气实业（深圳）有限公司			海关编码	4403145859	所属海关	深关现场
通讯地址	广东省深圳市南山区西丽街道办松白公路百旺信工业区六区					邮政编码	518055
评定时间	2009.3.24	注册日期	2001.7.16	报关有效期	2014.7.5	注册资本	4750万港币
法人姓名	中野善之	电　话	0755－33086111－6011	日常联系人	朱玉政	电　话	135××××9368
主营范围	生产经营计算机应用系统及零部件、存取款柜员机及零部件等。						

企业名称	创维多媒体（深圳）有限公司			海关编码	4403146151	所属海关	深关现场
通讯地址	广东省深圳市南山区松坪山街道科技园高新南一路创维大厦A座1501室					邮政编码	518011
评定时间	2008. 12. 19	注册日期	2001. 12. 11	报关有效期	2014. 12. 11	注册资本	550万美元
法人姓名	杨东文	电　话	0755－26010162	日常联系人	郭玲霞	电　话	0755－26010086
主营范围	研究开发、生产经营视盘机、音响、复读机、彩电，彩电100%外销。增加：生产经营与彩色电视机配套的接插件、注塑件、包装材料、五金配件及新型电子元器件。增加：生产经营数字电视机。						

企业名称	艾默生网络能源有限公司			海关编码	4403146169	所属海关	深关现场
通讯地址	广东省深圳市南山区科技园科发路1号，科技路1号桑达科技大厦3F整层、1F东A					邮政编码	518060
评定时间	2010. 11. 12	注册日期	2004. 9. 15	报关有效期	2014. 9. 15	注册资本	77749万人民币
法人姓名	STEPHEN HEN ILIANG	电　话	0755－86010808	日常联系人	朱敏	电　话	0755－81450752
主营范围	设计、研究、开发、推广、生产和销售电力电子产品、自动切换开关及监控通讯系统、精密设备环境控制系统及配件、电焊机，包括专业用恒温恒湿环境控制系统、电源系统，精密能源控制配电系统，环境监控系统，标准及定制的电源产品、二次电源产品、不间断电源（UPS）、蓄电池、连接器、变频器、柴油发电机组，户外通信机房，户外通信机柜，极早期烟感预警系统，楼宇自动化监控系统，低压自动切换和配电系统，中高压配电系统，风能变流器，太阳能控制器，光伏并网逆变器，电动车充电站，可编程控制器，电涌保护器及其配套产品；从事各种精密仪器、系统和设备的集成、维修、安装、维护、调试以及相关技术咨询、技术服务；经营上述各项产品及系统的采购、零售（不设店铺）、批发、进出口、其他相关配套业务和提供售后服务，家用电器的批发、技术咨询及提供售后服务（不涉及国营贸易管理商品，涉及配额、许可证管理及其他专项规定管理的商品，按国家有关规定办理申请）。软件产品的研究，开发及销售自行研发的技术成果。节能产品及技术的咨询、管理和服务。从事机电及建筑智能化工程的技术咨询、方案设计（不包含建筑工程设计）和施工（涉及经营资质的，凭资质许可证经营），并提供售后服务。设备租赁。						

企业名称	秩父精密产业（深圳）有限公司			海关编码	4403146492	所属海关	深关现场
通讯地址	广东省深圳市南山区招商街道办蛇口工业八路60号华园大厦1~5楼					邮政编码	518067
评定时间	2009. 3. 3	注册日期	2002. 5. 24	报关有效期	2014. 5. 24	注册资本	880万美元
法人姓名	黑泽章二	电　话	0755－26815430	日常联系人	吴水红	电　话	0755－26835037
主营范围	生产经营机械设备和精密电子电器机械设备的金属零件（涉及许可证管理的按规定办理），产品100%外销；普通货运。						

企业名称	南海油脂工业（赤湾）有限公司			海关编码	4403146757	所属海关	深关现场
通讯地址	广东省深圳市南山区招商街道办蛇口赤湾					邮政编码	518068
评定时间	2008. 12. 19	注册日期	2002. 8. 6	报关有效期	2014. 8. 6	注册资本	7100 万港币
法人姓名	牛余新	电　话	0755－61622701	日常联系人	吴卫东	电　话	0755－26860306
主营范围	生产、加工、精炼及分装各类植物油和各类动植物油脂产品（不含出口许可证管理品种），生产供食用油及油脂包装制品。生产人造黄油，经营各类动植物油脂的仓储业务，经营保税仓储业务及食品原辅料分装业务；食用植物油油料、油脂、食品、食品添加剂和豆粕的批发、进出口业务及相关配套业务（涉及配额许可证管理，专项规定管理的商品按国家有关规定办理）；从事上述产品的委托加工业务；生产奶油、无水奶油、药用辅料（大豆油、精制玉米油、氢化大豆油、氢化棕榈仁油/氢化椰子油）。（以上所有项目凭有效的许可证经营。）						

企业名称	嘉实多（深圳）有限公司			海关编码	4403146806	所属海关	深关现场
通讯地址	广东省深圳市南山区南山街道办妈湾大道 120 号					邮政编码	518054
评定时间	2008. 12. 19	注册日期	2002. 8. 21	报关有效期	2014. 8. 21	注册资本	2060 万美元
法人姓名	陈岱立	电　话	021－38605797	日常联系人	华中彦	电　话	0755－33351013
主营范围	生产经营润滑油、润滑脂和其他相关产品，从事相关研发活动及提供技术服务，润滑油、润滑脂及用于润滑油、润滑脂生产的基础油、添加剂、包装材料的进出口、批发、委托加工并提供配套服务（涉及配额、许可证和国家专项管理规定的，须按国家有关规定另行报批）。						

企业名称	优仪半导体设备（深圳）有限公司			海关编码	4403147688	所属海关	深关现场
通讯地址	广东省深圳市南山区粤海街道办科技工业园长城科技科研生产基地 1 号厂房 3 楼，科发路 3 号长城科技大厦 1 号厂房一楼北					邮政编码	518057
评定时间	2008. 12. 19	注册日期	2003. 3. 4	报关有效期	2014. 3. 4	注册资本	1000 万美元
法人姓名	THOMAS OLIVER MCGIMPSEY	电　话	0755－26728187	日常联系人	胡志宏	电　话	0755－26728187－7877
主营范围	开发、生产经营电子、半导体专用设备、测试仪器、精密在线测量仪器，提供相关产品的维修、售后服务和咨询服务（凭深南环批〔2011〕52101 号环保批复经营），从事前述产品的批发业务。						

企业名称	深圳中宇元一数码科技有限公司			海关编码	4403147824	所属海关	深关现场
通讯地址	广东省深圳市南山区粤海街道办高新园北区朗山二号路航天微电机大厦科研楼二楼西					邮政编码	518057
评定时间	2008. 12. 19	注册日期	2003. 4. 21	报关有效期	2014. 4. 21	注册资本	2000 万美元
法人姓名	章南耕	电　话	0755－26980809	日常联系人	李职荣	电　话	0755－26982428
主营范围	研发、生产、销售数字音、视频编解码播放机，数码读写器；计算机软件的开发；研发、生产经营手机、卫星定位导航接收机、数字多媒体接收机、电脑及网络终端产品；研发相关的软件，销售自主开发的软件；提供以上相关产品的设计及技术咨询服务。						

企业名称	深圳南顺油脂有限公司			海关编码	4403148831	所属海关	深关现场
通讯地址	广东省深圳市南山区蛇口港湾大道南康路					邮政编码	518067
评定时间	2009.3.24	注册日期	2005.9.8	报关有效期	2014.9.8	注册资本	1200万美元
法人姓名	梁玄博	电　　话	0755-26681092	日常联系人	倪海琳	电　　话	0755-26681092
主营范围	在北京、上海、武汉、成都、南京、杭州、广州（番禹）、汕头设立分支机构，经营仓储业务（不得经营易燃易爆等危险品的仓储业务）。生产、加工、销售各类食用植物油脂和副产品（涉及国家现行出口许可证的商品除外）。从事植物油、调味品的批发、进出口及相关配套业务（不含国营贸易管理商品，涉及配额许可证管理及其他专项规定管理的商品按国家有关规定办理）。货物专用运输（罐式）。						

企业名称	沛顿科技（深圳）有限公司			海关编码	4403148919	所属海关	深关现场
通讯地址	广东省深圳市福田区华富街道办彩田路1号厂房第一层2号、第四层南区					邮政编码	518000
评定时间	2009.11.5	注册日期	2005.11.21	报关有效期	2014.11.21	注册资本	3000万美元
法人姓名	王之	电　　话	0755-83160012	日常联系人	谭志	电　　话	0755-83160012-8523
主营范围	开发、生产、经营半导体、元器件专用材料、线宽0.35微米以下超大规模集成电路、新型电子元器件、新型仪表元器件。						

企业名称	深圳伟仕宏业电子有限公司			海关编码	4403149155	所属海关	深关现场
通讯地址	广东省深圳市福田区莲花街道办商报路奥林匹克大厦11层A、B、C、M、N、P					邮政编码	518034
评定时间	2013.3.15	注册日期	2009.5.19	报关有效期	2015.5.19	注册资本	10000万人民币
法人姓名	李宝林	电　　话	139××××3660	日常联系人	苏祥强	电　　话	0755-83577082
主营范围	从事电子产品及相关产品的批发、进出口、佣金代理（不含拍卖）及相关配套业务（上述涉及配额许可证管理、专项规定管理的商品按国家有关规定办理）。						

企业名称	深圳市宇阳科技发展有限公司			海关编码	4403149582	所属海关	深关现场
通讯地址	广东省深圳市南山区西丽街道高新北区朗山二号路齐民道3号宇阳大楼一楼南、二楼南、四楼北、五楼北、八楼东					邮政编码	518049
评定时间	2009.3.24	注册日期	2006.11.6	报关有效期	2015.11.6	注册资本	35000万人民币
法人姓名	陈伟荣	电　　话	0755-86252188	日常联系人	朱艺红	电　　话	138××××6363
主营范围	无线通讯产品、电子产品、电子元器件、电脑软硬件、多层片式陶瓷电容的技术开发、批发、进出口及相关配套业务（涉及配额许可证管理、专项规定管理的商品按国家有关规定办理），生产经营多层片式陶瓷电容、手机（凭深南环批〔2010〕53029号经营），宇阳大厦停车场的经营。						

企业名称	深圳市商贸通供应链管理有限公司			海关编码	4403149719	所属海关	深关现场
通讯地址	广东省深圳市罗湖区南湖街道人民南路嘉里中心 2309－11					邮政编码	518001
评定时间	2009. 8. 28	注册日期	2006. 12. 21	报关有效期	2015. 12. 21	注册资本	6500 万人民币
法人姓名	张经平	电　　话	0755－82361222	日常联系人	陈克敏	电　　话	0755－82361229
主营范围	矿产品（不含铁矿石、氧化铝、铝土矿）、汽车配件、建筑材料、金属制品、机电产品、电子产品、二类和三类医疗器械产品（凭有效的“医疗器械经营企业许可证”粤 B09302 经营）、化学品（其中危险化学品限于“危险化学品经营许可证”允许经营的商品）、纺织品的批发、佣金代理（不含拍卖）、进出口及相关的配套业务（不涉及国营贸易管理商品，涉及配额、许可证管理及其他专项规定管理的商品按国家有关规定办理申请）；化肥批发；煤炭批发经营（凭有效的煤炭经营资格证经营）；酒类批发（凭有效的食品流通许可证经营）；供应链管理咨询；国内货运代理；承办海运、空运、陆运进出口货物，国际展品，私人物品及过境货物的国际运输代理业务，包括揽货、托运、订舱、仓储中转、集装箱拼装拆箱、结算运杂费报关、报验、保险、相关的运输咨询业务、国际多式联运、集运（含集装箱拼箱）；普通货运（凭有效的道路运输经营许可证经营）。						

企业名称	深圳市富森供应链管理有限公司			海关编码	4403160542	所属海关	深关现场
通讯地址	广东省深圳市福田区沙头街道泰然工贸园 201 栋 2 楼 A 座					邮政编码	518048
评定时间	2009. 3. 24	注册日期	2002. 5. 15	报关有效期	2014. 5. 15	注册资本	8200 万人民币
法人姓名	孟国庆	电　　话	0755－83570609	日常联系人	刘海军	电　　话	0755－82975875
主营范围	供应链管理及其相关配套服务，经营进出口业务（法律、行政法规、国务院决定禁止的项目除外，限制的项目须取得许可后方可经营），信息咨询（不含人才中介及其他限制项目），兴办实业（具体项目另行申报），电子产品的购销，国内贸易（法律、行政法规、国务院决定规定在登记前须经批准得的项目除外），普通货运（凭粤交运管许可深字 440301160525 号“道路运输经营许可证”经营，有效期至 2014 年 3 月 31 日），计算机软硬件的研发与销售，自有房屋租赁。						

企业名称	深圳市英捷迅实业发展有限公司			海关编码	4403160883	所属海关	深关现场
通讯地址	广东省深圳市福田区深南大道与泰然九路交界东南本元大厦 4A					邮政编码	518040
评定时间	2012. 6. 4	注册日期	2002. 7. 17	报关有效期	2015. 6. 20	注册资本	5000 万人民币
法人姓名	邢云庆	电　　话	0755－83273211	日常联系人	李淑兰	电　　话	0755－83273211
主营范围	兴办实业（具体项目另行申报），国内贸易（法律、行政法规、国务院决定规定在登记前须批准的项目除外），供应链管理，企业管理咨询，物流软件开发、设计与技术咨询，经营进出口业务（法律、行政法规、国务院决定禁止的项目除外，限制的项目须取得许可证后方可经营）。国内货运代理，国际货运代理（法律、行政法规、国务院决定需交通部门审批的，需交通部门审批后方可经营），自有房屋租赁，酒类的零售和批发。						

企业名称	深圳市同洲电子股份有限公司			海关编码	4403161064	所属海关	深关现场
通讯地址	广东省深圳市南山区西丽街道办高新区北区第五工业区彩虹科技大楼 A6 楼					邮政编码	518057
评定时间	2010. 5. 26	注册日期	1999. 8. 17	报关有效期	2014. 8. 17	注册资本	34148 万人民币
法人姓名	袁明	电　　话	0755－26990000－8300	日常联系人	张粤	电　　话	0755－26990000－6554
主营范围	投资兴办实业（具体项目另行申报），电子产品、计算机软硬件及其应用网络产品、自动化控制设备、无线移动电子信息产品、汽车电子产品、电子元器件、电视机、显示器、家用商用电器、数字电视机顶盒等产品的技术开发、技术转让及生产经营（生产项目营业执照另发），通信设备的购销（不含专营、专控、专卖商品），进出口业务，卫星电视接收天线、高频头、模拟/数字卫星电视接收机的研发和生产（执照另发），移动通讯终端的技术开发、技术转让及生产经营（生产项目营业执照另行办理）。						

企业名称	深圳市希科普科技发展有限公司			海关编码	4403161200	所属海关	深关现场
通讯地址	广东省深圳市宝安区沙井镇蚝四西部工业区第一栋、第四栋					邮政编码	518104
评定时间	2009. 3. 3	注册日期	2000. 11. 16	报关有效期	2014. 11. 16	注册资本	2000 万人民币
法人姓名	刘军	电　　话	0755－27413643	日常联系人	王冬梅	电　　话	0755－27413645
主营范围	高新技术开发；兴办实业（具体项目另行申报）；国内商业，物资供销业（不含国家专营、专控、专卖商品）；自营进出口业务；开发、销售彩色电视机、电脑、智能显示设备、智能通讯设备、智能终端，承接对外成套项目；生产彩色电视机、电脑、智能显示设备、智能通讯设备、智能终端，承接对外成套项目。						

企业名称	深圳市年富实业发展有限公司			海关编码	4403161326	所属海关	深关现场
通讯地址	广东省深圳市福田区香蜜湖街道深南大道 7028 号时代科技大厦 14 层 12、13、15 房					邮政编码	518048
评定时间	2008. 12. 19	注册日期	2001. 3. 15	报关有效期	2016. 8. 11	注册资本	14500 万人民币
法人姓名	李文国	电　　话	0755－82730606	日常联系人	林琳	电　　话	0755－82736962
主营范围	投资兴办实业（具体项目另行申报），有色金属原材料及制品（贵金属和重金属除外）、金属矿产品、焦炭、燃料油、机电产品、太阳能转换材料、晶硅薄膜、太阳能电池、消防设备、饲料原料及饲料、初级农产品、大豆、橡胶制品、电子产品、计算机软硬件、纺织品、服装、工艺品、电器的销售及其他国内贸易（不含专营、专控、专卖商品），经营进出口业务（法律、行政法规、国务院决定禁止的项目除外，限制的项目须取得许可后方可经营），供应链管理及相关配套服务（不含限制项目），国内货运代理，从事陆运、海运、空运国际货运代理，信息咨询（不含人才中介服务及其他限制项目），通讯设备、通信配套设备及零配件的购销，酒类、预包装食品（不含复热预包装食品）批发（非实物方式）（按许可证编号 SP4403001110229842 号食品流通许可证经营，有效期至 2014 年 5 月 25 日）。凭“医疗器械经营企业许可证”经营二类 6821 医用电子仪器设备，6823 医用超声仪器及有关设备，6831 医用 X 射线附属设备及部件，6854 手术室、急救术、诊疗室设备及器具；三类 6821 医用电子仪器设备，6823 医用超声仪器及有关设备，6828 医用磁共振设备，6830 医用 X 射线设备，6840 临床检验分析仪器，6854 手术室、急救术、诊疗室设备及器具。						

企业名称	深圳市共进电子股份有限公司			海关编码	4403161774	所属海关	深关现场
通讯地址	广东省深圳市南山区蛇口南海大道招商街道办南海大道1019号南山医疗器械产业园B116、B118、A211－A213、B201－B213、A311－313、B411－413					邮政编码	518052
评定时间	2012. 3. 27	注册日期	2001. 5. 17	报关有效期	2014. 5. 17	注册资本	22500万人民币
法人姓名	汪大维	电　话	0755－26021222	日常联系人	庞涛	电　话	0755－26021243
主营范围	宽带通讯设备、电脑电视盒、机顶盒、计算机板卡、电源的技术开发、销售，计算机及其软硬件、电子产品的购销，经营进出口业务，普通货运。						

企业名称	深圳市实益达科技股份有限公司			海关编码	4403161811	所属海关	深关现场
通讯地址	广东省深圳市龙岗区龙岗街道宝龙工业城宝龙六路实益达工业园					邮政编码	518116
评定时间	2009. 3. 24	注册日期	2001. 5. 23	报关有效期	2014. 5. 23	注册资本	42141万人民币
法人姓名	陈亚妹	电　话	0755－86001058	日常联系人	钟坤平	电　话	0755－86001058－8357
主营范围	兴办实业（具体项目另行申报），电子产品、通讯产品、电器、照明灯具及其零部件的技术开发、生产、销售，国内贸易（不含专营、专控、专卖商品及限制项目），经营进出口业务（法律、行政法规、国务院决定禁止的项目除外，限制的项目须取得许可后方可经营）。						

企业名称	深圳市方鼎科技发展有限公司			海关编码	4403161962	所属海关	深关现场
通讯地址	广东省深圳市福田区莲花街道办金田路与福中路交界东南荣超经贸中心4201A、4202					邮政编码	518003
评定时间	2008. 12. 19	注册日期	2001. 6. 19	报关有效期	2016. 6. 19	注册资本	1000万人民币
法人姓名	武小兵	电　话	0755－82786800	日常联系人	谢俊华	电　话	0755－82786806
主营范围	电子产品、软件的技术开发（不含限制项目），经营进出口业务（法律、行政法规规定禁止的项目除外，法律、行政法规规定限制的项目须取得许可证后方可经营），供应链管理，国内贸易（法律、行政法规、国务院决定规定在登记前须经批准的项目除外），国际货运代理，国内货运代理（以上法律法规规定需要交通部门审批的，需取得相关批准文件后方可经营），信息咨询（不含人才中介、证券、保险、基金、金融业务及其他限制项目），投资兴办实业（具体项目另行申报）。						

企业名称	深圳市东方嘉盛供应链股份有限公司			海关编码	4403162147	所属海关	深关现场
通讯地址	广东省深圳市福田区福田街道办福田保税区红棉路英达利科技数码园B栋501号					邮政编码	518002
评定时间	2008. 12. 19	注册日期	2001. 7. 31	报关有效期	2016. 7. 31	注册资本	10000万人民币
法人姓名	孙卫平	电　话	0755－25331166	日常联系人	田卉	电　话	0755－25331166
主营范围	国际道路货运代理，经营国内贸易（法律、行政法规、国务院决定在登机前须经批准的项目除外），经营净出口业务。（法律、行政法规、国务院决定禁止的项目除外，限制的项目须取得许可后方可经营。）						

企业名称	深圳市华成峰实业有限公司			海关编码	4403162535	所属海关	深关现场
通讯地址	广东省深圳市南山区粤海街道高新中一道2号长园公司6栋一层					邮政编码	518057
评定时间	2008.12.19	注册日期	2001.11.2	报关有效期	2014.11.2	注册资本	4000万人民币
法人姓名	李小勇	电　　话	0755－26031320	日常联系人	苏军文	电　　话	0755－26031311
主营范围	兴办实业（具体项目另行申报），国内商业，物资供销业（不含专营、专控、专卖商品），经营进出口业务（按深贸进准字第〔2001〕863号文执行），计算机系统集成及计算机产品、计算机通信工程的技术开发设计、销售及技术服务，生产IBM P系列服务器。						

企业名称	深圳市路迪斯达供应链管理有限公司			海关编码	4403162807	所属海关	深关现场
通讯地址	广东省深圳市福田区金田路皇岗商务中心1号楼4804、4805、4806					邮政编码	518033
评定时间	2010.7.5	注册日期	2008.1.10	报关有效期	2014.1.10	注册资本	2000万人民币
法人姓名	姜天仲	电　　话	0755－83663347	日常联系人	余洁琳	电　　话	0755－83663134
主营范围	供应链的管理；电脑、电子、通讯产品，机电产品的购销（以上均不含专营、专控、专卖商品及其他限制项目）；经营进出口业务（法律、行政法规、国务院决定禁止的项目除外，限制的项目须取得许可后方可经营）；国内货运代理；国际货运代理；国内水路货运代理（水路运输服务许可证：深SF0208，深圳市交通局深交许〔2009〕347号，有效期限至2014年4月9日）；烟台奥威酒业公司葡萄酒及蒸馏酒批发（广东省酒类批发许可证：粤经贸酒批字第4403020142号，有效期限至2014年3月31日）；预包装食品（不含复热预包装食品）批发（凭“食品流通许可证”SP4403001110185638号经营，有效期至2014年3月22日）；化妆品的国际贸易及其他国内贸易（法律、行政法规、国务院决定规定在登记前须批准的项目除外）。						

企业名称	深圳市华富洋供应链有限公司			海关编码	4403162850	所属海关	深关现场
通讯地址	广东省深圳市福田区沙头街道办深南大道与泰然九路交界东南金润大厦402					邮政编码	518031
评定时间	2008.12.19	注册日期	2002.1.21	报关有效期	2014.1.21	注册资本	1000万人民币
法人姓名	冯苏军	电　　话	0755－82128822	日常联系人	易亮	电　　话	0755－82128822
主营范围	供应链管理，电子产品的购销及其他国内贸易（不含专营、专控、专卖商品），经营进出口业务（法律、行政法规、国务院决定禁止的项目除外，限制的项目须取得许可后方可经营），普通货运（凭粤交运管许可深字440304149306号道路运输经营许可证经营，有效期至2011年12月31日）。						

企业名称	深圳市协勤实业有限公司			海关编码	4403162860	所属海关	深关现场
通讯地址	广东省深圳市南山区科发路3号长城科技大厦2号科研楼12层					邮政编码	518052
评定时间	2008.12.19	注册日期	2002.1.18	报关有效期	2014.12.12	注册资本	625万人民币
法人姓名	赵志强	电　　话	0755－26612106	日常联系人	饶志鸿	电　　话	0755－26612106
主营范围	兴办实业（具体项目另行申报），国内商业，物资供销业（不含专营、专控、专卖商品），经营进出口业务（具体按深贸进准字第〔2001〕2243号资格证书办理），计算机软件的技术开发（不含限制项目）。						

企业名称	深圳市越海全球物流有限公司			海关编码	4403163802	所属海关	深关现场
通讯地址	广东省深圳市福田区福田街道福华一路88号深圳中心商务大厦1116号					邮政编码	518000
评定时间	2010. 5. 26	注册日期	2003. 1. 15	报关有效期	2014. 1. 15	注册资本	5000万人民币
法人姓名	张泉	电话	0755－82031000	日常联系人	古超凡	电话	0755－82031345
主营范围	普通货运，货物专用运输（集装箱）（凭粤交运管许可深字440300059437号经营，有效期至2014年9月30日），仓储、装卸（不含危险品，仓储所在地址执照另办），国内贸易（不含专营、专控、专卖商品），货物进出口，技术进出口（法律、行政法规禁止的项目除外，法律、行政法规限制的项目须取得许可后方可经营），国际、国内货运代理，信息咨询（不含限制项目和人才中介服务）。						

企业名称	深圳市拓日新能源科技股份有限公司			海关编码	4403163929	所属海关	深关现场
通讯地址	广东省深圳市南山区沙河街道侨城北路香年广场（南区）楼（A座）栋一座8层802－804号房					邮政编码	518055
评定时间	2013. 5. 31	注册日期	2008. 2. 22	报关有效期	2014. 2. 22	注册资本	48975万人民币
法人姓名	陈五奎	电话	0755－29680285	日常联系人	陈聪	电话	0755－29680285－8053
主营范围	研发、生产及销售太阳电池芯片、太阳电池组件、太阳能供电电源、太阳能应用产品、太阳能集热板及热水器系统、风力发电设备、太阳电池生产线设备、太阳能控制器、太阳能逆变器、太阳能应用产品控制软件，设计、安装及销售太阳能热水器工程、风力发电工程、太阳能电站工程，经营进出口业务。						

企业名称	深圳市信利康供应链管理有限公司			海关编码	4403164920	所属海关	深关现场
通讯地址	广东省深圳市福田区沙头街道办深南中路6011号NEO（A座）36楼A单元					邮政编码	518031
评定时间	2008. 12. 19	注册日期	2003. 12. 24	报关有效期	2013. 11. 19	注册资本	5500万人民币
法人姓名	陈少青	电话	0755－82538333	日常联系人	张英杰	电话	0755－82538333－1908
主营范围	供应链管理服务，国内贸易（法律、行政法规、国务院决定规定在登记前须经批准的项目除外），兴办实业（具体项目另行申报），经营进出口业务（法律、行政法规、国务院决定禁止的项目除外，限制的项目须取得许可后方可经营），普通货运（凭粤交运管许可深字440300156291号经营，有效期至2014年9月30日）。						

企业名称	深圳市瑞隆实业发展有限公司			海关编码	4403165745	所属海关	深关现场
通讯地址	广东省深圳市罗湖区南湖街道办人民南路天安国际大厦C座1105室					邮政编码	518001
评定时间	2009. 1. 4	注册日期	2003. 9. 5	报关有效期	2015. 2. 22	注册资本	1500万人民币
法人姓名	马兴乔	电话	0755－82182033	日常联系人	周崇斌	电话	0755－82190636
主营范围	兴办实业，国内商业，物资供销业，进出口业务。						

<table>
<tr><td>企业名称</td><td colspan="3">深圳市海柏力高供应链有限公司</td><td>海关编码</td><td>4403165687</td><td>所属海关</td><td>深关现场</td></tr>
<tr><td>通讯地址</td><td colspan="5">广东省深圳市福田区福田街道金田路和福华路交汇处现代商务大厦1508</td><td>邮政编码</td><td>518030</td></tr>
<tr><td>评定时间</td><td>2010. 2. 21</td><td>注册日期</td><td>2003. 8. 27</td><td>报关有效期</td><td>2014. 8. 27</td><td>注册资本</td><td>3500 万人民币</td></tr>
<tr><td>法人姓名</td><td>何伟森</td><td>电　　话</td><td>0755 – 82998633</td><td>日常联系人</td><td>何伟森</td><td>电　　话</td><td>0755 – 82998633</td></tr>
<tr><td>主营范围</td><td colspan="7">供应链管理，经营进出口业务（法律、行政法规、国务院决定禁止的项目除外，限制的项目须取得许可后方可经营），兴办实业（具体项目另行申报），通讯设备、电子产品的技术开发、产品购销及其他国内贸易（不含限制项目和专营、专控、专卖商品），预包装食品、乳制品（含婴幼儿配方乳粉）的批发（不含复热包装食品、含酒精饮料，凭“食品流通许可证”SP4403001010072367 经营，有效期至 2013 年 5 月 23 日），普通货运（凭粤交运管许可字440301156882 号“道路运输经营许可证”经营，有效期至 2013 年 6 月 30 日）。</td></tr>
</table>

<table>
<tr><td>企业名称</td><td colspan="3">深圳市金百泽电子科技股份有限公司</td><td>海关编码</td><td>4403166531</td><td>所属海关</td><td>深关现场</td></tr>
<tr><td>通讯地址</td><td colspan="5">广东省深圳市福田区梅林街道办梅华路多丽工业区厂房 3 栋 2 楼 3202B</td><td>邮政编码</td><td>518049</td></tr>
<tr><td>评定时间</td><td>2013. 4. 23</td><td>注册日期</td><td>2004. 3. 9</td><td>报关有效期</td><td>2014. 3. 9</td><td>注册资本</td><td>7200 万人民币</td></tr>
<tr><td>法人姓名</td><td>武守坤</td><td>电　　话</td><td>0755 – 26546699</td><td>日常联系人</td><td>方轲</td><td>电　　话</td><td>0755 – 26546699 – 227</td></tr>
<tr><td>主营范围</td><td colspan="7">生产、加工印刷线路板（仅限分支机构经营），电子产品设计、测试（物理检测），国内贸易（法律、行政法规、国务院决定禁止的项目除外，限制的项目须取得许可后方可经营），经营进出口业务（法律、行政法规、国务院决定禁止的项目除外，限制的项目须取得许可后方可经营），软件设计、开发测试及其相关产品的销售。</td></tr>
</table>

<table>
<tr><td>企业名称</td><td colspan="3">深圳市京华信息技术有限公司</td><td>海关编码</td><td>4403167401</td><td>所属海关</td><td>深关现场</td></tr>
<tr><td>通讯地址</td><td colspan="5">广东省深圳市福田区园岭街道办华发北路京华大院 4 栋 400 室</td><td>邮政编码</td><td>518031</td></tr>
<tr><td>评定时间</td><td>2013. 5. 31</td><td>注册日期</td><td>2008. 5. 5</td><td>报关有效期</td><td>2013. 12. 10</td><td>注册资本</td><td>2000 万人民币</td></tr>
<tr><td>法人姓名</td><td>潘光宇</td><td>电　　话</td><td>0755 – 83203737</td><td>日常联系人</td><td>邝荣胜</td><td>电　　话</td><td>0755 – 83203737</td></tr>
<tr><td>主营范围</td><td colspan="7">电子通讯产品、电脑软硬件、IT 数码产品的技术开发、销售，电子元器件的购销（以上经营范围不含专营、专控、专卖商品及限制项目），MP3 播放器、数码录音笔、U 盘、GPS 导航仪、MP4 播放器、汽车电子产品、多功能电话机、数字录放机、数码电子产品的生产（分公司经营），手机的研发、生产与销售（生产由分支机构经营，执照另行申办），经营进出口业务（法律、行政法规、国务院决定禁止的项目除外，限制的项目须取得许可后方可经营）。</td></tr>
</table>

企业名称	深圳市卓翼科技股份有限公司			海关编码	4403167655	所属海关	深关现场
通讯地址	广东省深圳市南山区西丽平山民企科技工业园5栋					邮政编码	518055
评定时间	2011.4.13	注册日期	2004.5.20	报关有效期	2014.5.20	注册资本	24000万人民币
法人姓名	夏传武	电　　话	0755－26986750	日常联系人	李艳辉	电　　话	0755－26986770
主营范围	计算机周边板卡、消费数码产品、通讯网络产品、音响产品、广播电影电视器材、调制解调器（不含卫星电视广播地面接收设施）、U盘、MP3、MP4、数字电视系统用户终端接收机、网络交换机、无线网络适配器、无线路由器、VOIP网关、VOIP电话、IP机顶盒的组装生产（在许可有效期内生产），手机和平板电脑等移动手持终端的生产（由分支机构经营，执照另行申办），技术开发、购销，电子产品的购销及其他国内商业、物资供销业（不含专营、专控、专卖商品），经营进出口业务（法律、行政法规、国务院决定禁止的项目除外，限制的项目须取得许可后方可经营）。						

企业名称	深圳市志美实业有限公司			海关编码	4403168696	所属海关	深关现场
通讯地址	广东省深圳市福田区南园街道上步南路锦峰大厦写字楼8B					邮政编码	518031
评定时间	2009.8.28	注册日期	2004.9.2	报关有效期	2014.9.2	注册资本	1200万人民币
法人姓名	张霖	电　　话	0755－88356088	日常联系人	李保旺	电　　话	0755－88356088
主营范围	兴办实业（具体项目另行申报），国内商业，物资供销业（不含专营、专控、专卖商品），电子产品的技术开发，计算机软硬件的技术开发，信息咨询（以上不含限制项目），进出口业务（凭资格证书经营），普通货运（凭道路运输经营许可证经营），仓储服务，第二类增值电信业务中的信息服务业务（不含固定网电话信息服务和互联网信息服务）（凭B2－20090077号增值电信业务经营许可证经营，有效期至2014年5月15日），预包装食品（不含复热预包装食品）批发兼零售（凭食品流通许可证SP4403001110314857号经营，有效期至2014年11月7日）。						

企业名称	深圳市东方嘉盈实业有限公司			海关编码	4403169233	所属海关	深关现场
通讯地址	广东省深圳市罗湖区莲塘街道办莲塘鹏基工业区713栋二楼东					邮政编码	518004
评定时间	2011.4.13	注册日期	2004.10.8	报关有效期	2014.9.9	注册资本	5000万人民币
法人姓名	叶容根	电　　话	0755－25195118	日常联系人	饶焱	电　　话	0755－25195118
主营范围	兴办实业（具体项目另行申报），金属材料的购销，供应链管理，电子产品的购销及其他国内贸易，仓储服务（分支机构经营），经营进出口业务。						

企业名称	中国长城计算机深圳股份有限公司			海关编码	4403310907	所属海关	深关现场
通讯地址	广东省深圳市南山区粤海街道科技园长城计算机大厦					邮政编码	518057
评定时间	2009.11.5	注册日期	1997.11.28	报关有效期	2014.11.28	注册资本	132359万人民币
法人姓名	杨军	电　　话	0755－26639997	日常联系人	郝忠红	电　　话	0755－26639747
主营范围	电子计算机硬件、软件系统及网络系统，电子产品，液晶电视，等离子电视，电话机的技术开发、生产、销售及售后服务，并提供相关的技术和咨询服务；投资兴办实业；国内商业，物资供销业；自营进出口业务；经营自行开发的软件及电子出版物；零售各类软件及电子出版物；房屋、设备及固定资产租赁，物业管理及相关服务业务。						

<table>
<tr><td>企业名称</td><td colspan="3">深圳志勤储运有限公司</td><td>海关编码</td><td>4403437720</td><td>所属海关</td><td>深关现场</td></tr>
<tr><td>通讯地址</td><td colspan="5">广东省深圳市福田区保税区桃花路28号中宝物流中心仓库楼26楼D号单元</td><td>邮政编码</td><td>518038</td></tr>
<tr><td>评定时间</td><td>2011. 1. 26</td><td>注册日期</td><td>2000. 10. 17</td><td>报关有效期</td><td>2016. 10. 17</td><td>注册资本</td><td>500万人民币</td></tr>
<tr><td>法人姓名</td><td>吴炎南</td><td>电　　话</td><td>0755－83594041</td><td>日常联系人</td><td>方昉</td><td>电　　话</td><td>0755－83594041</td></tr>
<tr><td>主营范围</td><td colspan="7">在保税区内从事仓储、运输、商业性简单加工，国际贸易、转口贸易及相关咨询服务。</td></tr>
</table>

<table>
<tr><td>企业名称</td><td colspan="3">深圳国能国际商贸有限公司</td><td>海关编码</td><td>4403418513</td><td>所属海关</td><td>深关现场</td></tr>
<tr><td>通讯地址</td><td colspan="5">广东省深圳市福田区福田街道办保税区国电科技现代物流中心1栋1、2层</td><td>邮政编码</td><td>518038</td></tr>
<tr><td>评定时间</td><td>2009. 8. 28</td><td>注册日期</td><td>2005. 8. 1</td><td>报关有效期</td><td>2014. 8. 1</td><td>注册资本</td><td>16865万人民币</td></tr>
<tr><td>法人姓名</td><td>杨文华</td><td>电　　话</td><td>0755－83592829</td><td>日常联系人</td><td>易智慧</td><td>电　　话</td><td>0755－83592829</td></tr>
<tr><td>主营范围</td><td colspan="7">在保税区经营国际贸易、转口贸易、仓储及相关业务，搬运装卸，普通货运，货物专用运输（集装箱），大型物件运输（2）（凭粤交运管许可深字440300059138号经营，有效期至2014年12月31日），货物及技术进出口，国内贸易（法律、行政法规、国务院决定规定在登记前须经批准的项目除外），投资兴办实业（具体项目另行申报），海上、航空、公路国际货运代理，预包装食品（不含复热预包装食品）批发（非实物方式），酒类及其他非酒精饮料的批发和零售（凭“食品流通许可证”编号SP4403001010147704经营，有效期至2013年12月5日）。会务策划，展览展示策划，信息咨询（不含证券、保险、基金、金融业务、人才中介服务及其他限制项目）。</td></tr>
</table>

<table>
<tr><td>企业名称</td><td colspan="3">中海物流（深圳）有限公司</td><td>海关编码</td><td>4403447513</td><td>所属海关</td><td>深关现场</td></tr>
<tr><td>通讯地址</td><td colspan="5">广东省深圳市福田区福田街道保税区金花路蓝花道</td><td>邮政编码</td><td>518038</td></tr>
<tr><td>评定时间</td><td>2012. 1. 5</td><td>注册日期</td><td>1993. 12. 30</td><td>报关有效期</td><td>2014. 12. 30</td><td>注册资本</td><td>5000万港币</td></tr>
<tr><td>法人姓名</td><td>符合</td><td>电　　话</td><td>0755－83597787</td><td>日常联系人</td><td>刘玉康</td><td>电　　话</td><td>0755－83597753</td></tr>
<tr><td>主营范围</td><td colspan="7">承办海运、陆运、空运进出口货物，国际展品，私人物品及过境货物的国际运输代理业务，包括揽货、托运、订舱、仓储中转、集装箱拼装拆箱、结算运杂费、报关、报验、保险及运输咨询业务、国际多式联运、集运（含集装箱拼箱）。保税区内已取得土地使用权地段的单项房地产开发、经营；国际贸易、转口贸易及仓储业务；保税区内机械设备租赁以及有关咨询服务；福田保税区内自用仓库货物的配套运输；计算机应用软件的开发，软件、硬件的销售，网络设计与安装；从事非配额许可证管理、非专营商品的收购出口业务；货物、技术进出口（不含进口分销）；国内货物运输代理，道路普通货物运输，集装箱运输（不含危险物品，凭“道路运输经营许可证”粤交运管许可深字440300002647号经营，有效期至2012年6月30日止），仓储服务（凭《建设项目环境影响审查批复》深福环批〔2011〕400508号经营），货物搬运装卸服务；酒类批发（凭“食品流通许可证”SP4403001110195166经营，有效期至2014年4月7日止）。</td></tr>
</table>

企业名称	日通国际物流（深圳）有限公司			海关编码	4403447551	所属海关	深关现场
通讯地址	广东省深圳市福田福田街道办福田保税区 B105－36					邮政编码	518038
评定时间	2008. 12. 19	注册日期	1994. 11. 7	报关有效期	2014. 11. 7	注册资本	7000 万港币
法人姓名	和田贵志	电　　话	0755－83590001	日常联系人	黄巧如	电　　话	0755－83590001－221
主营范围	承办海运、陆运、空运进出口货物，国际展品，私人物品及过境货物的国际运输代理业务，包括揽货、托运、订舱、仓储中转、集装箱拼装拆箱、结算运杂费、报关、报验、保险及相关运输咨询业务、国际多式联运、集运（含集装箱拼箱）；从事饲料、塑料制品、金属材料、建筑材料、玻璃制品、纸、纸板、纸制品、机械设备（特种设备除外）、五金交电、电子产品、家用电器、纺织原料及纺织品（棉花除外）、服装、鞋帽及日用品、汽车零配件、摩托车零配件、石材及石制品、陶瓷制品、化工产品（危险化学品除外）、钟表及其零配件、乐器及其零配件的批发、佣金代理（拍卖除外）、进出口及相关配套业务（不涉及国营贸易管理商品，涉及配额、许可证管理及其他专项规定管理的商品，按国家有关规定办理申请）；从事货物及技术进出口业务（不含分销、国家专营专控商品）。保税区内仓储业务；商品的包装、分装、分级、加工、整理等商业性简单加工；集装箱的临时存放及运输；提供保税仓货物收送服务；国际运输，仓储及运输的安排及咨询服务；代理报验、代客投保、托收运杂费等中介、代理服务；自有仓储及运输的保养及维修；转口贸易；保税区内单项房地产开发；代理报关（需有关主管部门批准）。增加：货物品质检测、检验，装卸搬运，道路普通货运（不含危险物品）。增加：货物专用运输（集装箱）（“道路运输经营许可证”有效 2013 年 3 月 31 日止）。						

企业名称	近铁国际物流（深圳）有限公司			海关编码	4403447565	所属海关	深关现场
通讯地址	广东省深圳市福田区福田街道办福田保税区红柳道 51－5 号					邮政编码	518038
评定时间	2009. 1. 4	注册日期	1994. 11. 22	报关有效期	2015. 11. 22	注册资本	3200 万港币
法人姓名	SUHARA TAKASHI（须原孝司）	电　　话	0755－83598777	日常联系人	姚建章	电　　话	0755－83598777
主营范围	福田保税区与国际间货物运输，保税区内取得土地使用权地块的单项房地产开发，保税区内仓储及相关服务，简单商业加工服务，国际贸易，提供货运咨询服务，提供检测服务并在东莞市设立办事处。增加：提供装卸及搬运服务。增加：道路普通货运（不含危险物品）。增加：从事塑料，橡胶及制品，服装鞋帽，手提包，衣箱，家居用品，办公用品，玩具，机械器具，电气设备，光学、照相仪器及设备，精密仪器及零附件的批发、进出口及相关配套业务（上述涉及专项规定管理的商品按国家有规定办理）。增加：承办海运、陆运、空运进出口货物，私人物品及过境货物的国际运输代理业务，包括揽货、托运、订舱、仓储中转、集装箱拼装拆箱、结算运杂费、报关、报验、保险、相关的短途运输服务及运输咨询业务、国际多式联运、集运（含集装箱拼箱）。增加：道路货物专用运输（集装箱，不含危险化学品）（按粤交运管许可外资深字 440300002764 号“道路运输经营许可证”经营，有效期至 2016 年 3 月 12 日止）。						

企业名称	昱科环球存储科技（深圳）有限公司			海关编码	4403447663	所属海关	深关现场
通讯地址	广东省深圳市福田保税区蓝花道 7 号					邮政编码	518038
评定时间	2011. 1. 25	注册日期	1998. 2. 23	报关有效期	2014. 2. 23	注册资本	11500 万美元
法人姓名	张士清	电　　话	0755－88255000	日常联系人	汤亚平	电　　话	0755－88255648
主营范围	制造和销售信息存储/显示产品［包括但不限于磁阻磁头/巨组磁阻磁头（MR/GMR）、MR/GMR 磁头平衡环组件（HGA）、MR/GMR 磁头堆栈组件（HSA）、磁头驱动器组件（TAA）和平面液晶显示器］及其他信息技术产品、装置、元器件，包括经由有关主管部门批准后委托福田保税区以外的实体从事部分加工业务。进行有关产品的内销和外销，与保税区内实体及保税区内的贸易代理商从事贸易业务，与保税区以外具有进出口经营权的实体直接进行贸易。就有关产品提供维修、售后服务及有关技术服务。从事信息技术行业的开发和研究工作。为从事上述经营范围内的业务而采购、进口零部件和元器件并提供仓储。向 HGST 的其他实体及其合资企业提供服务。内销比例可达 100%。						

企业名称	麦迪实电子科技（深圳）有限公司			海关编码	4403447853	所属海关	深关现场
通讯地址	广东省深圳市福田保税区市花路生物工程大厦 A 栋 1、2、3、4、6 层东侧及 5 层					邮政编码	518038
评定时间	2010. 3. 29	注册日期	2002. 11. 27	报关有效期	2014. 11. 27	注册资本	65 万美元
法人姓名	韩宏元	电　　话	0755－83599112	日常联系人	徐平阳	电　　话	0755－83599307
主营范围	生产经营与计算机软件相关的软件、电脑连接线、其他电脑周边产品及计算机零部件。集成电路的加工，路由器的加工，移动电话 SIM 卡、硬盘、U 盘的生产（不含国家限制类、禁止类项目），生产经营新型电子元器件，生产经营数码相机、移动电话、打印机、投影仪等产品的零配件，包装以上产品并提供相关技术咨询。						

企业名称	伟光联国际物流（深圳）有限公司			海关编码	4403447909	所属海关	深关现场
通讯地址	广东省深圳市福田区福保街道办福田保税区槟榔道 2 号					邮政编码	518038
评定时间	2013. 5. 21	注册日期	2003. 6. 26	报关有效期	2014. 6. 26	注册资本	1000 万港币
法人姓名	曾志雄	电　　话	0755－23950212	日常联系人	刘茂泉	电　　话	0755－23950212
主营范围	在保税区内从事仓储、物流配送及相关业务，国际贸易，转口贸易，区内贸易及咨询服务业务。						

企业名称	普惠信息科技（深圳）有限公司			海关编码	4403448159	所属海关	深关现场
通讯地址	广东省深圳市福田区保税区福田街道办桃花路中天元物流中心 2B、2C 东侧、5A、5B、C 栋 2 楼西侧、3A、4A、4B、4C、 5C、1B、B 栋 3 楼及 C 栋 3 楼					邮政编码	518038
评定时间	2013. 1. 28	注册日期	2004. 12. 1	报关有效期	2014. 12. 1	注册资本	40 万美元
法人姓名	WILLIAM GERARD CASEY	电　　话	0755－83481111	日常联系人	黄仪培	电　　话	0755－84381111
主营范围	在保税区内从事仓储及配套运输、国际贸易、区内贸易、转口贸易及商业性简单加工。						

企业名称	联想信息产品（深圳）有限公司			海关编码	4403448249	所属海关	深关现场
通讯地址	广东省深圳市福田保税区广兰道3号					邮政编码	518038
评定时间	2013.5.21	注册日期	2005.12.29	报关有效期	2014.12.29	注册资本	8000万美元
法人姓名	JOHN EGAN	电　话	0755-26553388	日常联系人	尹庆华	电　话	0755-23183654
主营范围	生产和销售计算机硬件系统、相关的部件和组件及软件系统，信息技术产品开发、展览和系统集成，总包技术服务，技术开发和转让，技术培训、测试、分析和咨询服务，为信息系统、网络系统及相关产品提供开发、设计、安装、维护、管理、售后等服务和相关技术服务，提供企业管理咨询服务、投资和业务咨询服务、信息管理、技术咨询服务和市场营销服务，国际贸易，转口贸易，区内贸易，保税区内贸易代理，与保税区外具有进出口权的企业直接进行贸易，从事货物及技术的进出口业务（不含分销、国家专营、专控、专卖商品）。						

企业名称	宏雅珠宝（深圳）有限公司			海关编码	4403448257	所属海关	深关现场
通讯地址	广东省深圳市福田区福田街道办福田保税区金花路28号万雅珠宝钟表科技中心					邮政编码	518038
评定时间	2013.5.21	注册日期	2006.2.8	报关有效期	2015.2.8	注册资本	6400万港币
法人姓名	冼雅恩	电　话	0755-82739898	日常联系人	程小霞	电　话	0755-82739898
主营范围	生产经营各类金银珠宝首饰、金银器皿、工艺品、纪念品、珠宝工艺手表，钻石及宝石的加工，精密模具的加工，金属制品的提炼、回收、加工、设计、开发，上述产品的检测（产品100%外销），从事企业管理咨询业务。						

企业名称	腾邦仓储（深圳）有限公司			海关编码	4403448265	所属海关	深关现场
通讯地址	广东省深圳市福田区福田街道办福田保税区桃花路腾邦物流大楼二楼					邮政编码	518038
评定时间	2009.8.24	注册日期	2006.3.6	报关有效期	2015.3.6	注册资本	230万港币
法人姓名	钟百胜	电　话	0755-83663999	日常联系人	钟应富	电　话	0755-83594999
主营范围	在保税区内从事仓储、商业性简单加工、展示及相关配套服务，国际贸易，转口贸易，从事货物、技术进出口（不含分销、国家专营控商品）。						

企业名称	中菲物流（深圳）有限公司			海关编码	4403448309	所属海关	深关现场
通讯地址	广东省深圳市福田区福田保税区福田街道桃花路1-3号达升大楼一层A区、九层901					邮政编码	518038
评定时间	2010.11.12	注册日期	2006.10.16	报关有效期	2015.10.16	注册资本	285万港币
法人姓名	林天送	电　话	0755-23931135	日常联系人	方雷	电　话	0755-82915622
主营范围	在保税区内从事电子类产品、工业制成品及原材料、零配件等物品的仓储及商业性简单加工，区内贸易，转口贸易，国际贸易，贸易咨询。承办陆运进出口货物及过境货物的国际运输代理业务，包括揽货、仓储中转、报关、报验、保险、相关短途运输服务及运输咨询业务，从事国内货运代理业务。从事电子产品、计算机及周边硬件的批发、佣金代理（不含拍卖）、进出口及相关配套业务（不涉及国营贸易管理商品，涉及配额、许可证管理及其他专项规定管理的商品，按国家有关规定办理申请）。						

企业名称	飞力达物流（深圳）有限公司		海关编码	4403448314	所属海关	深关现场
通讯地址	广东省深圳市福田街道办福田保税区槟榔路 2 号伟光联物流大厦办公区三楼 B 区				邮政编码	518038
评定时间	2013. 5. 21	注册日期	2006. 11. 20	报关有效期 2015. 11. 20	注册资本	179 万美元
法人姓名	姚勤	电　　话	0755－23950011	日常联系人 伍军	电　　话	0755－23950011
主营范围	承办海运、陆运、空运进出口货物，国际展品，私人物品及过境货物的国际运输代理业务，包括揽货、托运、订舱、仓储中转、集装箱拼装拆箱、结算运杂费、报关、报验、报检、保险、运输咨询业务、国际多式联运、集运（含集装箱拼箱）。仓储、中转及相关增值服务；保税区内商业性简单加工，转口贸易；保税区内企业间贸易，货物、技术进出口（不含分销、国家专营专控商品）；监管运输及保税区与香港之间的运输；保税区内报关、报验、保险代理及保税区内相关的短途运输服务、结算杂费及运输咨询业务；物流信息咨询与国际物流软件系统的技术咨询；Ⅱ类、Ⅲ类 6854 手术室、急救室、诊疗室设备及器具，Ⅱ类、Ⅲ类 6830 医用 X 射线设备，Ⅱ类、Ⅲ类 6828 医用磁共振设备，Ⅱ类、Ⅲ类 6824 医用激光仪器设备，Ⅱ类、Ⅲ类 6823 医用超声仪器及有关设备，电子元器件，机械设备，轴承，化工原料（不含危险工业、化工原材料）的批发、佣金代理（不含拍卖）、进出口及相关配套业务（不涉及国营贸易管理商品，涉及配额、许可证管理及其他专项规定管理的商品，按国家有关规定办理申请）。					

企业名称	利盟信息技术（中国）有限公司		海关编码	4403448424	所属海关	深关现场
通讯地址	广东省深圳市福田区福田街道办福田保税区槟榔道 2 号伟光联物流大楼办公楼第 6 层及仓库区第四层 A、B 区				邮政编码	518038
评定时间	2013. 1. 28	注册日期	2009. 9. 23	报关有效期 2015. 9. 23	注册资本	800 万美元
法人姓名	ROY LESTER BANDY	电　　话	0755－21514000	日常联系人 刘颖	电　　话	0755－21514020
主营范围	研发、生产和经营激光打印机、喷墨打印机、复印机、多功能数码复合机、多功能一体机、针式打印机、打印机色带、墨盒，上述商品和 LED 打印机及打印机相关设备、零部件、零配件（包括鼓粉盒、打印机软件、消耗品、相纸）、软件的批发、佣金代理（拍卖除外）、进出口业务和配套服务（不含国营贸易管理商品，涉及配额、许可证管理或专项规定管理的商品按国家有关规定办理），开发软件，从事与文件处理和数据管理有关的产品和技术的研发、设计，提供机器和办公设备的经营性租赁服务，提供售后服务、技术支持及相关技术咨询服务，从事经济信息咨询和企业管理咨询（不含外商投资限制、禁止类项目）。					

企业名称	深圳大田物流有限公司		海关编码	4403467552	所属海关	深关现场
通讯地址	广东省深圳市福田区福田街道保税区蓝花道 6 号城联仓储楼三楼				邮政编码	518038
评定时间	2012. 12. 26	注册日期	2006. 7. 10	报关有效期 2015. 7. 10	注册资本	500 万人民币
法人姓名	王树生	电　　话	0755－82715772	日常联系人 余丽	电　　话	0755－82712075
主营范围	海路国际货物运输代理业务，进出口贸易业务，物流信息咨询，仓储服务，装卸搬运。					

企业名称	深圳嘉泓永业物流有限公司			海关编码	4403467618	所属海关	深关现场
通讯地址	广东省深圳市福田区福田街道办福田保税区蓝花道6号城联物流大厦一楼B区					邮政编码	518038
评定时间	2013.5.31	注册日期	2008.9.26	报关有效期	2014.6.9	注册资本	435万人民币
法人姓名	孙卫平	电　话	0755－25331166	日常联系人	田卉	电　话	0755－25331166
主营范围	在保税区内从事仓储物流、国际贸易、电子产品加工、区内贸易及相关的咨询业务，经营进出口业务（法律、行政法规、国务院决定禁止的项目除外，法律、行政法规、国务院决定限制的项目须取得许可后方可经营）。						

企业名称	深圳市旗丰供应链服务有限公司			海关编码	4403467739	所属海关	深关现场
通讯地址	广东省深圳市福田区福田街道办福田保税区鑫瑞科大楼三层					邮政编码	518048
评定时间	2010.11.18	注册日期	2010.8.26	报关有效期	2014.7.19	注册资本	3200万人民币
法人姓名	陈小辉	电　话	0755－82823222	日常联系人	崔鑫	电　话	0755－82823387
主营范围	国产汽车（不含小轿车）、摩托车及零配件的购销，电子产品的技术开发与购销，计算机软硬件、橡胶制品、建筑材料、纺织品及原材料、服装、工艺品、机电产品、化工产品（不含危险品）的购销及其他国内贸易（法律、行政法规、国务院决定规定在登记前须经批准的项目除外），经营进出口业务（法律、行政法规、国务院决定禁止的项目除外，限制的项目须取得许可后方可经营），国际货运代理，预包装食品（不含复热预包装食品）、乳制品（不含婴幼儿配方乳粉）的批发（非实物方式）（凭SP4403001110323510号食品流通许可证经营，有效期至2014年11月27日）。						

企业名称	深圳市伟禄科技股份有限公司			海关编码	4403467941	所属海关	深关现场
通讯地址	广东省深圳市福田保税区市花路花样年福年广场B栋一单元03层311号					邮政编码	518048
评定时间	2011.1.26	注册日期	2005.1.26	报关有效期	2014.1.26	注册资本	5000万人民币
法人姓名	林晓辉	电　话	0755－88263888	日常联系人	苏娇璇	电　话	0755－88263005
主营范围	国内商业，物资供销业（不含专营、专控、专卖商品），电子产品、DVD、VCD、电视机、电视机周边设备、电脑显示器、电脑周边设备、多媒体影音设备的技术开发、销售，桌面通讯终端系统的技术开发，无线设备、手持通讯终端、嵌入式操作系统、通信应用软件、计算机系统集成、手机配件的技术开发及相应的技术咨询，供应链管理，销售自行开发的产品（不含专营、专控、专卖商品），货物进出口，技术进出口（法律、行政法规禁止的项目除外，法律、行政法规限制的项目须取得许可后方可经营）。						

企业名称	深圳市世纪通供应链股份有限公司			海关编码	4403468080	所属海关	深关现场
通讯地址	广东省深圳市福田区福田保税区英达利科技数码园 A 栋 706～709 房					邮政编码	518048
评定时间	2012. 2. 10	注册日期	2008. 12. 4	报关有效期	2014. 12. 4	注册资本	2413 万人民币
法人姓名	张宗学	电　话	0755－82556919	日常联系人	李霜	电　话	0755－82556886
主营范围	供应链管理，国内货运代理，国产汽车（不含小轿车）及汽车零配件的销售，电子产品的技术开发与销售，从事计算机软硬件、纺织品、服装、工艺品、机电产品、化工产品（不含化学危险品）、家私、木材、灯具、电器、五金交电、机械设备、银制品的批发，从事货物、技术进出口业务（不含分销、国家专营专控商品）。						

企业名称	深圳市新宁现代物流有限公司			海关编码	4403560005	所属海关	深关现场
通讯地址	广东省深圳市坪山新区坪山街道深圳出口加工区兰竹西路 10 号 柯仕达工业厂区综合厂房（D 部份）					邮政编码	518118
评定时间	2012. 10. 15	注册日期	2009. 9. 1	报关有效期	2015. 9. 1	注册资本	6000 万人民币
法人姓名	王雅军	电　话	0755－89336988	日常联系人	罗吉华	电　话	0755－89336969
主营范围	普通货运（凭有效“道路运输经营许可证”经营至 2013 年 6 月 30 日），货物进出口，技术进出口（法律、行政法规禁止的项目除外，法律、行政法规限制的项目须取得许可后方可经营），仓储服务（在环保批文核定的范围内经营），海上、航空、陆路国际货运代理业务，汽车租赁（法律、行政法规、国务院决定规定在登记前须批准的项目除外）。						

企业名称	深圳市深国际华南物流有限公司			海关编码	4403918021	所属海关	深关现场
通讯地址	广东省深圳市宝安区民治街道办龙华民康路 1 号 （华南国际物流中心服务楼）					邮政编码	518131
评定时间	2011. 1. 26	注册日期	2004. 9. 16	报关有效期	2014. 9. 16	注册资本	24000 万人民币
法人姓名	胡伟	电　话	0755－29838999	日常联系人	黎智平	电　话	0755－29838633
主营范围	仓储，公路货代，铁路货代，集装箱堆存、维修、物流信息咨询（危险品除外）。国际货运代理业务（具体按深交业字〔2003〕92 号文及许可证 MOFTEC19666 内容执行），进出口业务，代理报检业务（凭许可证在有效期内经营），普通货运，集装箱中转站（含港外堆场）（“道路运输经营许可证”有效期至 2015 年 9 月 30 日），提供车辆停放服务。						

企业名称	深圳南方中集东部物流装备制造有限公司			海关编码	4403937525	所属海关	深关现场
通讯地址	广东省深圳市坪山新区坪山街道办坪山锦龙大道 3 号					邮政编码	518000
评定时间	2008. 12. 19	注册日期	2005. 4. 30	报关有效期	2014. 4. 30	注册资本	8000 万美元
法人姓名	麦伯良	电　话	0755－26802888	日常联系人	黄奕波	电　话	0755－26802438
主营范围	制造、修理集装箱，加工制造各类相关机械零部件、结构件和设备。产品 70% 外销，30% 内销。公路、港口新型特种机械设备设计与制造。集装箱堆存业务（不含危险品）。						

企业名称	富顶精密组件（深圳）有限公司			海关编码	4403943122	所属海关	深关现场
通讯地址	广东省深圳市宝安区观澜街道大水坑设区观光路以南宝源科技园B区厂房4，厂房5，A区A2栋、A3栋（第1－2层）					邮政编码	518128
评定时间	2010. 2. 21	注册日期	1995. 12. 7	报关有效期	2014. 12. 7	注册资本	4800万美元
法人姓名	赖清河	电　话	0755－28129588	日常联系人	肖红	电　话	0755－28129588－73331
主营范围	生产经营各类插头和插座、塑胶制品、模具及其零部件、电信通讯接插件、电脑用接插件、仪表设备、新型电子元器件（不含限制项目），产品70%外销。增加：开发、生产手机相关零配件、各类配电开关。						

企业名称	富柏工业（深圳）有限公司			海关编码	4403944481	所属海关	深关现场
通讯地址	广东省深圳市宝安区新安镇黄田草围第二工业区丁栋四楼					邮政编码	518128
评定时间	2009. 6. 19	注册日期	1998. 8. 12	报关有效期	2014. 8. 12	注册资本	1415万美元
法人姓名	林逸松	电　话	0755－28129588	日常联系人	肖红	电　话	0755－28129588
主营范围	生产经营新型电子元器件及各类印刷电路板、电子计算机零配件、电脑机箱、电脑游戏机及相关电脑基板、冲压五金、成型塑胶零配件、新型显示器件，从事计算机辅助设计、辅助测试、辅助制造及其他计算机应用系统制造，产品80%外销。增加开发、生产经营大容量光、磁盘驱动器及其部件，DVD、CD唯读光驱、刻录机光驱成品及相关零组件，DVD播放器，便携式DVD播放机成品及相关零组件，高密度数字光盘机用关键件。提供自产产品售后服务。镍氢电池、锂离子电池的电池模块制造。从事上述产品的同类商品的批发、进出口及相关配套业务（不涉及国营贸易管理商品，涉及配额、许可证管理及其他专项规定管理的商品，按国家有关规定办理申请）。						

企业名称	富准精密工业（深圳）有限公司			海关编码	4403944587	所属海关	深关现场
通讯地址	广东省深圳市宝安区龙华街道富士康龙华科技园K1区厂房2一至四层					邮政编码	518109
评定时间	2008. 12. 19	注册日期	1998. 10. 8	报关有效期	2014. 10. 8	注册资本	1950万美元
法人姓名	李学坤	电　话	0755－28129188	日常联系人	肖红	电　话	0755－28129588－73331
主营范围	生产经营新型电子元器件，用于新型电子、电器及通讯产品的散热元器件、五金塑料零附件，用于绝缘、散热、胶贴、电子屏蔽、缓冲、保护的新型电子元器件专用材料，汽车用散热片，影音设备及相关零配件，马达及相关零配件，电子及工业用铝型材，新型环保节能灯具，建筑装饰用铝型材和铝合金门窗及玻璃幕墙。						

企业名称	富葵精密组件（深圳）有限公司			海关编码	4403944821	所属海关	深关现场
通讯地址	广东省深圳市宝安区松岗街道燕川燕罗路臻鼎科技园厂房A1栋至A3栋					邮政编码	518109
评定时间	2008. 12. 19	注册日期	1999. 5. 21	报关有效期	2014. 5. 21	注册资本	17605万美元
法人姓名	陈存涌	电　话	0755－28129588	日常联系人	肖红	电　话	0755－28129588－73331
主营范围	生产经营自动化设备及其零配件、精密模具及其零件、各类印刷电路板、电子信息产品板卡，从事电子信息产品及其板卡的批发、进出口及相关配套业务（不涉及国营贸易管理商品，涉及配额、许可证管理及其他专项规定管理的商品，按国家有关规定办理申请）。						

企业名称	信泰光学（深圳）有限公司			海关编码	4403947439	所属海关	深关现场
通讯地址	广东省深圳市宝安区公明镇李松蓢工业区期尾工业园第1、2、3栋					邮政编码	518106
评定时间	2010.1.4	注册日期	2002.11.28	报关有效期	2014.11.28	注册资本	3800万美元
法人姓名	赖以仁	电　　话	0755－27165959	日常联系人	詹颖隽	电　　话	134××××9878
主营范围	生产光学玻璃镜片、塑胶镜片、光学镜头、数码相机、显微镜、望远镜、瞄准器、激光测距仪、复印机自动送纸机、扫瞄器、列印机、传感器、DVD光碟机、DVD读写头、印刷机及相关零配件、塑胶件、冲压件、马达、皮革套袋，电子回路基板加工。增加：生产经营非金属制品模具、精冲模、精密型腔模、模具标准件、电子专用设备、测试仪器、工模具、光电子器件、工具、夹具、投影机。增加：生产和销售数字照相机关键件。						

企业名称	高先电子（深圳）有限公司			海关编码	4403948252	所属海关	深关现场
通讯地址	广东省深圳市龙岗区坪山街道办坪山新区大工业区科技路5号					邮政编码	518118
评定时间	2013.1.28	注册日期	2003.9.4	报关有效期	2014.9.4	注册资本	4000万美元
法人姓名	姚翔	电　　话	0755－88313044	日常联系人	唐龙洋	电　　话	0755－86569417
主营范围	研究开发、生产经营数字录放机、大容量移动存储器、平板显示器、可视电话、液晶电视机、手机、个人电脑、闪光灯模组及相关软件产品。研究开发电视机。						

企业名称	兴英科技（深圳）有限公司			海关编码	4403949040	所属海关	深关现场
通讯地址	广东省深圳市宝安区沙井街道南环路1号					邮政编码	518104
评定时间	2011.12.21	注册日期	2005.6.20	报关有效期	2014.6.20	注册资本	9900万美元
法人姓名	施纯事	电　　话	0755－33855888	日常联系人	韩凌玉	电　　话	0755－33855888
主营范围	生产、研发便携式微型计算机，高档服务器，大容量光、磁盘驱动器，多层线路板，主机板，连接器及上述产品相关部件、周边半成品。台式机电脑整机组装，台式机电脑周边产品的生产、维修，电子书组装，电子书周边产品的生产、维修，多功能一体机组装，多功能一体机周边产品的生产、维修。电脑显示卡测试，投影机的生产维修，投影机半成品的生产维修，投影机周边产品的生产维修。						

企业名称	深圳新宙邦科技股份有限公司			海关编码	4403960014	所属海关	深关现场
通讯地址	广东省深圳市龙岗区坪山镇沙坐村同富裕工业区					邮政编码	518118
评定时间	2012.2.16	注册日期	2003.10.24	报关有效期	2014.10.24	注册资本	17120万人民币
法人姓名	覃九三	电　　话	0755－89923768－819	日常联系人	王洪宝	电　　话	0755－89923768
主营范围	许可经营项目：铝电解电容器、锂离子二级电池专用电子化学材料的开发和产销（以上不含限制项目），普通货运（凭“道路运输经营许可证”经营），次磷酸（81504）、正磷酸（81501）、乙二醇甲醚（33569）、碳酸（二）甲酯（32157）、碳酸（二）乙酯（33608）、乙醇（无水）（32061）、乙酸（含量＞80%）（81601）、氢氧化钠（82001）、甲醇（32058）、2－丙醇（32064）、盐酸（81013）、氨溶液（10%＜含氨≦35%）（82503）、正丁醇（33552）、硫酸（81007）、乙腈（32159）、三乙胺（32168）、2－丁氧基乙醇（61592）、N，N－二甲基酰胺（33627）的批发（无自有储存，租赁仓库，凭“危险化学品经营许可证”经营）。一般经营项目：经营进出口业务（按深贸管登证字2003－0939号文执行）。						

企业名称	深圳市雄韬电源科技股份有限公司			海关编码	4403960365	所属海关	深关现场
通讯地址	广东省深圳市大鹏新区大鹏镇同富工业区雄韬科技园办公楼、1#、2#、3#厂房及9#厂房南栋1至4层					邮政编码	518120
评定时间	2013. 3. 15	注册日期	2002. 4. 17	报关有效期	2015. 11. 3	注册资本	10200万人民币
法人姓名	张华农	电　话	0755－84318088	日常联系人	谢志红	电　话	0755－10184692
主营范围	一般经营项目：研制、开发、销售电源开关、检测设备及零配件，各种电源零配件，新型充电电池（以上不含专营、专控、专卖商品及限制项目）；经营进出口业务（具体按深贸管登证字第2002－166号资格证书经营）。许可经营项目：开发、生产、销售、维修阀控式密封铅酸蓄电池及UPS（不间断电源）（不含易燃易爆有毒危险品及其他限制项目），普通货运（此项目凭“道路运输经营许可证”经营，有效期至2015年9月22日止）。						

企业名称	深圳市长盈精密技术股份有限公司			海关编码	4403960739	所属海关	深关现场
通讯地址	广东省深圳市宝安区福永镇桥头富桥工业3区3号厂					邮政编码	518103
评定时间	2013. 5. 31	注册日期	2008. 7. 18	报关有效期	2014. 7. 18	注册资本	25800万人民币
法人姓名	陈奇星	电　话	0755－27343966	日常联系人	叶书文	电　话	0755－27493703
主营范围	生产、销售、开发连接器件、精密五金件、精密接插件（以上不含国家限制项目），自营进出口业务（按深贸管登证字第2004－0433号文经营）。						

企业名称	深圳市喜德盛自行车有限公司			海关编码	4403961092	所属海关	深关现场
通讯地址	广东省深圳市光明新区公明街道办公明办事处楼村社区鲤鱼河工业区振兴路26号第1、3栋					邮政编码	518000
评定时间	2013. 3. 15	注册日期	2000. 1. 18	报关有效期	2014. 1. 18	注册资本	3000万人民币
法人姓名	李楚乔	电　话	0755－29933333	日常联系人	陈武州	电　话	0755－29066000
主营范围	自行车（含儿童自行车）及零部件的生产、加工及销售。运动器材及五金部件的生产、购销（不含专营、专卖、专控商品及限制项目）。自营进出口业务（按深贸管登记字第245号资格证书执行）。生产、加工、销售电动自行车及零部件，普通货运（此项目凭“道路运输经营许可证”粤交运管许可深字440300007465号经营，有效期至2015年6月30日）。						

企业名称	深圳市昌红科技股份有限公司			海关编码	4403963721	所属海关	深关现场
通讯地址	广东省深圳市坪山新区坪山街道办坪山锦龙大道西侧					邮政编码	518118
评定时间	2011. 11. 28	注册日期	2008. 1. 15	报关有效期	2014. 1. 15	注册资本	10050万人民币
法人姓名	李焕昌	电　话	0755－89785568	日常联系人	钟月秀	电　话	0755－89785568
主营范围	非金属制品模具设计、加工、制造，塑胶制品、模具、五金制造（以上项目不含限制项目），消费性电子产品的生品加工，经营进出口业务（法律、行政法规、国务院决定禁止的项目除外，限制的项目须取得许可后方可经营），模具技术咨询及服务。						

企业名称	深圳市捷来科技有限公司			海关编码	4403964155	所属海关	深关现场
通讯地址	广东省深圳市宝安区石岩街道洲石路旁腾泺厂区 1 号厂房 1、2 楼，2 号厂房 1、2、3、6 楼					邮政编码	518108
评定时间	2012. 3. 27	注册日期	2007. 8. 16	报关有效期	2016. 8. 16	注册资本	5000 万人民币
法人姓名	陈炜茂	电　话	0755－29520333	日常联系人	曾伯坚	电　话	0755－29520333－825
主营范围	数字多功能电话机、数字录放机、数码相机、背光源、手机、手机主板、电脑主板、电子产品主板、电子产品的技术开发、生产和销售，货物及技术进出口。						

企业名称	深圳市海思半导体有限公司			海关编码	4403968084	所属海关	深关现场
通讯地址	广东省深圳市龙岗区坂田华为基地华为电气生产中心					邮政编码	518129
评定时间	2013. 2. 26	注册日期	2004. 12. 2	报关有效期	2014. 10. 18	注册资本	60000 万人民币
法人姓名	徐直军	电　话	0755－28357488	日常联系人	黄艳	电　话	0755－28785167
主营范围	电子产品和通信信息产品的半导体设计、开发、销售及售后服务，从事相关半导体产品的代理、电子产品和通信信息产品器件和配套件的进出口业务。						

企业名称	深圳市联合利丰供应链管理有限公司			海关编码	4453066579	所属海关	深关现场
通讯地址	广东省深圳市福田区福田街道办中心区益田路与福华路交汇处卓越时代广场 1602、1603、1604、1605、1606、1607、1608、1609、1610					邮政编码	518048
评定时间	2013. 5. 21	注册日期	2011. 1. 21	报关有效期	2014. 1. 21	注册资本	10000 万人民币
法人姓名	黄俊武	电　话	0755－23998778	日常联系人	刘茂华	电　话	0755－23992310
主营范围	供应链的管理、信息咨询（不含人才中介服务和其他限制项目），经营机械设备（不含特种设备），网络技术开发、技术咨询，计算机软硬件及网络设备的技术开发与销售，游艇销售，汽车销售（不含小轿车），国内贸易（不含专营、专控、专卖商品），经营进出口业务（法律、行政法规、国务院决定禁止的项目除外，限制的项目须取得许可后方可经营）。煤炭批发（凭“煤炭经营资格证”20440301011219 经营，有效期至 2014 年 8 月 14 日止）；Ⅱ类、Ⅲ类 6854 手术室、急救室、诊疗室设备及器具，Ⅱ类、Ⅲ类 6840 临床检验分析仪器，Ⅱ类 6831 医用 X 射线附属设备及部件，Ⅱ类、Ⅲ类 6830 医用 X 射线设备，Ⅱ类、Ⅲ类 6828 医用磁共振设备，Ⅱ类、Ⅲ类 6823 医用超声波仪器及有关设备，Ⅱ类、Ⅲ类 6821 医用电子仪器设备的销售（凭“医疗器械经营企业许可证”粤 B10253 经营，有效期至 2016 年 11 月 13 日止）；预包装食品（不含复热预包装食品）的批发（非实物方式，凭“食品流通许可证”SP4403001110318282 经营，有效期至 2014 年 11 月 15 日止）；国际货运代理；国内货运代理。						

企业名称	深圳市怡亚通供应链股份有限公司			海关编码	4453066866	所属海关	深关现场
通讯地址	广东省深圳市福田区福田街道办深南中路3039号国际文化大厦2701B、2703号					邮政编码	518031
评定时间	2011. 4. 26	注册日期	2011. 2. 18	报关有效期	2014. 2. 18	注册资本	98613万人民币
法人姓名	周国辉	电　话	0755－88393198	日常联系人	王利明	电　话	0755－88392819
主营范围	国内商业（不含限制项目），预包装食品（不含复热预包装食品）、乳制品（含婴幼儿配方乳粉）批发（非实物方式），计算机软硬件开发，企业管理咨询，燃料油的批发、进出口及相关配套业务，黄金、白银、K金、铂金、钯金、钻石、珠宝等首饰的购销（以上不含法律、行政法规、国务院决定规定禁止的及需前置审批的项目，限制的项目须取得许可后方可经营），经营进出口业务、供应链管理及相关配套服务。（“食品流通许可证”有效期至2014年05月22日，“医疗器械经营企业许可证”许可期限至2015年6月6日，“医疗器械经营企业许可证”有效期至2015年1月27日，“危险化学品经营许可证”有效期至2014年11月22日，“非药品类易制毒化学品经营备案证明”有效期至2014年11月22日。）						

企业名称	深圳市深博科进出口有限公司			海关编码	4453161757	所属海关	深关现场
通讯地址	广东省深圳市福田区沙头街道滨河大道南沙嘴路以东中央西谷大厦18层1801号房					邮政编码	518048
评定时间	2012. 12. 10	注册日期	2007. 4. 10	报关有效期	2016. 4. 10	注册资本	2000万人民币
法人姓名	张璟	电　话	0755－88250496	日常联系人	蔺晓博	电　话	0755－23949773
主营范围	国内贸易（不含专营、专控、专卖商品），经营进出口业务（法律、行政法规、国务院决定禁止的项目除外，限制的项目须取得许可后方可经营），信息咨询（不含人才中介及其他限制项目）。						

企业名称	深圳创维数字技术股份有限公司			海关编码	4453162918	所属海关	深关现场
通讯地址	广东省深圳市南山区粤海街道办高新南一道创维大厦A座14楼					邮政编码	518057
评定时间	2013. 2. 28	注册日期	2007. 7. 24	报关有效期	2016. 7. 24	注册资本	12000万人民币
法人姓名	杨东文	电　话	0755－26010001	日常联系人	郭玲霞	电　话	0755－26010086
主营范围	一般经营项目，开发、研究、生产经营数字视频广播系统系列产品（含卫星数字电视接收设备），研发、生产、销售多媒体信息系统系列产品及服务，软件研发、生产、销售及服务，集成电路研发、销售及服务，电信终端设备、通讯终端设备接入设备及传输系统的研发、生产和销售（该生产项目由分支机构经营，执照另行申办）。						

企业名称	深圳市巨航供应链管理有限公司			海关编码	4453162936	所属海关	深关现场
通讯地址	广东省深圳市福田区福田皇岗口岸皇城广场大厦 1701A					邮政编码	518038
评定时间	2012. 11. 8	注册日期	2007. 7. 25	报关有效期	2016. 7. 25	注册资本	1100 万人民币
法人姓名	范雪军	电　　话	0755－88820682	日常联系人	谢嘉慧	电　　话	0755－88820682
主营范围	供应链渠道设计与管理，化工产品（不含危险品）的购销及其他国内贸易，从事货物及技术的进出口业务（法律、行政法规、国务院决定禁止的项目除外，限制的项目须取得许可后方可经营），信息咨询（不含证券咨询、人才中介服务和其限制项目），海上、陆路、航空国际及国内货物运输代理业务，汽车租赁，投资兴办实业（具体项目另行申报），机械设备租赁，预包装食品批发（不含复热预包装食品）。						

企业名称	深圳嘉晟供应链股份有限公司			海关编码	4453167988	所属海关	深关现场
通讯地址	广东省深圳市福田区深南路联泰大厦 17 楼 1701					邮政编码	518040
评定时间	2012. 1. 5	注册日期	2009. 4. 22	报关有效期	2015. 4. 22	注册资本	1000 万人民币
法人姓名	吴亚强	电　　话	0755－82028968	日常联系人	江润恩	电　　话	0755－82028968
主营范围	承办海运、陆运、空运进出口货物，国际展品，私人物品及过境货物的国际运输代理业务，包括揽货、托运、订舱、仓储中转、集装箱拼装拆箱、结算运杂费、报关、报验、报检、保险及运输咨询业务；电子产品的技术开发；计算机软、硬件，纺织品，服装，工艺品，机电产品，化工产品（不含危险品）的购销；经营进出口业务（法律、行政法规、国务院决定禁止的项目除外，限制的项目须取得许可后方可经营）；供应链管理及相关配套服务；经济信息咨询（不含限制项目），投资兴办实业（具体项目另行申报）；加工贸易，对销贸易，转口贸易；预包装食品（不含复热预包装食品）批发（非实物方式）。						

企业名称	深圳成霖实业有限公司			海关编码	4453961500	所属海关	深关现场
通讯地址	广东省深圳市宝安区福永街道桥头社区福山工业区					邮政编码	518103
评定时间	2010. 11. 18	注册日期	2010. 1. 13	报关有效期	2016. 1. 13	注册资本	16158 万人民币
法人姓名	颜国基	电　　话	0755－33882222	日常联系人	苏玉娇	电　　话	135××××3428
主营范围	生产经营卫生瓷生产线及其配套的五金件、塑料件，精冲模，精密型腔模，模具标准件，有色金属复合材料，新型合金材料；产品 50% 外销。增加：生产经营高档建筑五金件，水暖器材及五金件开发、生产，货物及技术进出口。						

企业名称	*深圳市南山区天悦双胜电子来料加工厂			海关编码	44031B0314	所属海关	深关现场
通讯地址	广东省深圳市南山区桃源街道留仙大道同富裕工业城 3 号厂房 3～6 楼					邮政编码	518036
评定时间	2009. 11. 5	注册日期	2004. 10. 14	报关有效期	2019. 4. 11	注册资本	0 万人民币
法人姓名	卢伟	电　　话	0755－26715993	日常联系人	许云卿	电　　话	0755－25327298
主营范围	U 盘、MP3 播放器、MP4 播放器、闪存卡、SD 卡、数码电子及其他相关配件产品加工生产，大规模集成电路的生产（凭深南环批〔2011〕52058 号经营）。						

企业名称	史丹利百得精密制造（深圳）有限公司			海关编码	440304604L	所属海关	南头海关
通讯地址	广东省深圳市宝安区石岩街道水田社区捷和工业城A栋第一层及第二层，B栋第一层及第二层，C栋一层、夹层、二层、三层					邮政编码	518108
评定时间	2012.11.12	注册日期	2012.9.25	报关有效期	2015.9.25	注册资本	1000万美元
法人姓名	QIN ZOU	电　　话	0755－29907888	日常联系人	陈国护	电　　话	0755－29907101
主营范围	生产经营电动工具、吸尘器、花园工具、墙纸机、清洁机及以上产品相关配件。从事上述产品的批发、佣金代理（拍卖除外）、进出口及相关配套业务（不涉及国营贸易管理商品，涉及配额、许可证管理及其他专项规定管理的商品，按国家有关规定办理申请）。						

企业名称	福华根记制衣（深圳）有限公司			海关编码	440304605F	所属海关	南头海关
通讯地址	广东省深圳市光明新区公明办事处下村社区第二工业区15号					邮政编码	518106
评定时间	2012.12.27	注册日期	2012.10.9	报关有效期	2015.10.9	注册资本	10000万人民币
法人姓名	凌智胜	电　　话	0755－27123201	日常联系人	丁辉娜	电　　话	0755－27123201
主营范围	生产经营服装、泳帽、布料印花、衣着附件、布袋。						

企业名称	现代怡景五金制品（深圳）有限公司			海关编码	4403046061	所属海关	南头海关
通讯地址	广东省深圳市宝安区福永街道怀德翠岗工业园二区第21幢，22幢，26幢第五层，27幢，第26幢第一、二、三、四层，翠岗工业园二区简易厂房1号					邮政编码	518103
评定时间	2011.5.5	注册日期	2011.3.3	报关有效期	2014.3.3	注册资本	2165万港币
法人姓名	曾广富	电　　话	0755－27392872	日常联系人	邹小玲	电　　话	0755－27392872
主营范围	生产经营五金配件、冲压件、五金模具、五金件、胶片（按深宝环水批〔2012〕601199号生产经营）。						

企业名称	华高王氏科技（深圳）有限公司			海关编码	440304606F	所属海关	南头海关
通讯地址	广东省深圳市宝安区沙井街道万丰万丈埔工业二区14栋2－3楼、17栋1－4楼、34栋1－3楼					邮政编码	518104
评定时间	2012.11.8	注册日期	2012.10.16	报关有效期	2015.10.16	注册资本	3000万美元
法人姓名	温民强	电　　话	0755－27263128	日常联系人	丘怀灿	电　　话	0755－27263128
主营范围	生产经营五金配件、塑胶配件、电脑设备、电子产品、玩具、IC卡读写机，货物及技术进出口（不含分销、国家专营专控商品）。						

企业名称	捷和工业电机（深圳）有限公司			海关编码	4403046106	所属海关	南头海关
通讯地址	广东省深圳市宝安区沙井坐岗大坐工业区环镇路 8 号					邮政编码	518104
评定时间	2011. 5. 25	注册日期	2011. 4. 1	报关有效期	2014. 4. 1	注册资本	4000 万港币
法人姓名	曾展南	电　　话	0755 – 27565111	日常联系人	曾展南	电　　话	0755 – 27565000
主营范围	生产经营工业电机及附件、电动工具、磨地机及附件配件、电动车及附件、齿轮箱、电源控制器及附件、电动绞盘机及附件、地毯维护器及附件、液体泵及空气泵及其附件、鼓风机及附件、洗涤机及附件、洗地车及附件、高尔夫球车及附件、电动轮椅车及附件、地面清扫机、抽风机、电动残疾人车外壳和电动轮椅车外壳、遥控电动伞、食物垃圾处理器、电动窗帘机，货物及技术进出口（不含分销、国家专营专控商品）。增加：生产经营各类真空吸尘器、可移动升降搬运机、健身康复器械、坐具、直流电动机及上述产品的附件。						

企业名称	凯荣德玻璃纤维布（深圳）有限公司			海关编码	440304610C	所属海关	南头海关
通讯地址	广东省深圳市宝安区大浪街道同胜社区石龙路西侧玻纤厂第一期厂房第一栋一楼西分隔体					邮政编码	518109
评定时间	2012. 12. 27	注册日期	2012. 11. 14	报关有效期	2015. 11. 14	注册资本	1000 万港币
法人姓名	张国平	电　　话	0755 – 28179611	日常联系人	庞文清	电　　话	139 × × × × 0052
主营范围	生产经营玻璃纤维布，货物及技术进出口（不含分销、国家专营专控商品）。						

企业名称	泰强精密制造（深圳）有限公司			海关编码	440304610L	所属海关	南头海关
通讯地址	广东省深圳市宝安区西乡街道三围社区三围南路 2 号 1 – 6 层					邮政编码	518102
评定时间	2012. 12. 27	注册日期	2012. 11. 19	报关有效期	2015. 11. 19	注册资本	3000 万港币
法人姓名	邝家声	电　　话	0755 – 29771288	日常联系人	林丽馨	电　　话	13902482961
主营范围	生产经营塑胶配件、塑胶玩具、塑胶电子玩具、五金塑胶制品、玩具工模、电子配件、电器配件、警报器，精密五金的技术开发，货物及技术进出口（不含分销、国家专营专控商品）。						

企业名称	捷永广建电子（深圳）有限公司			海关编码	440304611F	所属海关	南头海关
通讯地址	广东省深圳市宝安区沙井街道共和第一工业区 B 区 16 栋、21 栋					邮政编码	518104
评定时间	2013. 1. 15	注册日期	2012. 11. 27	报关有效期	2015. 11. 27	注册资本	5000 万人民币
法人姓名	孙素欣	电　　话	0755 – 33895999	日常联系人	殷雪玲	电　　话	0755 – 33895999
主营范围	生产经营模具、塑胶件、线路板（PCB）元件、电线连插头、音箱、家用小电器、电脑周边配件、电子游戏配件、手机充电器、蓝牙耳机、手机发射接收器（不含卫星地面接收设施）、手提电脑游戏小按键盘。						

企业名称	光隆音响（深圳）有限公司			海关编码	4403046135	所属海关	南头海关
通讯地址	广东省深圳市宝安区福永街道新和远东工业区 19 号					邮政编码	518103
评定时间	2011. 9. 19	注册日期	2011. 4. 20	报关有效期	2014. 4. 20	注册资本	211 万美元
法人姓名	张文山	电　　话	0755－27302517	日常联系人	朱洪波	电　　话	137××××9881
主营范围	生产经营音箱，组合柜，音箱配件，音响木制外壳、模具，音频放大器及电子配件；货物及技术进出口（不含分销、国家专营专控商品）。						

企业名称	日电产精密马达科技（深圳）有限公司			海关编码	4403046151	所属海关	南头海关
通讯地址	广东省深圳市宝安区沙井街道西环路蚝一西部工业区 A 栋、B 栋、C 栋					邮政编码	518104
评定时间	2011. 6. 17	注册日期	2011. 4. 28	报关有效期	2014. 4. 28	注册资本	1600 万美元
法人姓名	池内俊郎	电　　话	0755－29699668	日常联系人	詹秀容	电　　话	138××××0295
主营范围	加工、生产经营马达及配件、五金冲压零部件、电子产品及配件。						

企业名称	年利亚电子（深圳）有限公司			海关编码	440304619E	所属海关	南头海关
通讯地址	广东省深圳市宝安区西乡镇后瑞村第二工业区五栋、六栋、七栋、八栋					邮政编码	518128
评定时间	2013. 6. 17	注册日期	2013. 4. 28	报关有效期	2016. 4. 28	注册资本	470 万美元
法人姓名	PAUL CHRISTIAN GEORGE ALLAN	电　　话	0755－29798102	日常联系人	李鼎安	电　　话	0755－27511126
主营范围	生产经营电子防盗器系统、多媒体音视频信号放大转接系统、车库门自动开关装置系统、电源保护装置、音箱及配件、家用吸尘器、家用电器、家用滤水器、塑料五金制品，货物及技术进出口（不含分销、国家专营专控商品）。						

企业名称	海洋纸品印刷（深圳）有限公司			海关编码	440304620J	所属海关	南头海关
通讯地址	广东省深圳市光明新区公明街道玉律社区玉星路 65 号					邮政编码	518132
评定时间	2013. 7. 10	注册日期	2013. 5. 30	报关有效期	2016. 5. 30	注册资本	1500 万港币
法人姓名	陈金雄	电　　话	0755－27198888	日常联系人	张远坚	电　　话	138××××1886
主营范围	从事货物及技术进出口（不含分销、国家专营专控商品），生产经营纸板、纸箱、纸制品，从事包装装潢印刷品印刷。						

企业名称	爱普生精工（深圳）有限公司			海关编码	4403046214	所属海关	南头海关
通讯地址	广东省深圳市宝安区福永街道大洋开发区十二区					邮政编码	518103
评定时间	2011. 7. 11	注册日期	2011. 6. 8	报关有效期	2014. 6. 8	注册资本	2500 万美元
法人姓名	滝澤光良	电　　话	0755 – 27310120	日常联系人	许云娜	电　　话	138 × × × × 8695
主营范围	生产经营手表文字板、手表表芯、表芯配件、手表完成品，光学部件及生产设备的设计、开发、技术报务，货物及技术进出口（不含进口分销）。						

企业名称	新笙电器（深圳）有限公司			海关编码	440304621S	所属海关	南头海关
通讯地址	广东省深圳市宝安区福永街道西环路与荔园路交汇处东北侧 1 号、2 号、3 号、4 号、5 号厂房					邮政编码	518103
评定时间	2013. 8. 9	注册日期	2013. 7. 9	报关有效期	2016. 7. 9	注册资本	7600 万人民币
法人姓名	吴冠忠	电　　话	0755 – 23030521	日常联系人	颜宛春	电　　话	0755 – 23057969
主营范围	生产经营家用小电器及其配件、雪糕机、雪糕加工机、剪草机、胶袋缝合机。						

企业名称	深圳恒都塑胶五金有限公司			海关编码	4403046246	所属海关	南头海关
通讯地址	广东省深圳市宝安区石岩街道上屋村西边岭北环路 7 栋、8 栋、9 栋、10 栋、12 栋、13 栋 1 楼 3、13 栋 3 楼、14 栋、15 栋					邮政编码	518108
评定时间	2011. 7. 15	注册日期	2011. 6. 20	报关有效期	2014. 6. 20	注册资本	4000 万港币
法人姓名	何建华	电　　话	0755 – 27620222	日常联系人	邓绍斌	电　　话	0755 – 27620222
主营范围	生产经营塑胶五金配件、电线、电源线、插头、铜丝。增加：货物及技术进出口（不含分销、国家专营专控商品）。增加：生产经营注塑模具、五金电器制品、卷线器。增加：普通货运。						

企业名称	捷和电机制品（深圳）有限公司			海关编码	4403046418	所属海关	南头海关
通讯地址	广东省深圳市宝安区沙井坣岗大坣工业区环镇路 10 号 1 – 7 栋					邮政编码	518104
评定时间	2011. 11. 2	注册日期	2011. 9. 26	报关有效期	2014. 9. 26	注册资本	6400 万港币
法人姓名	曾展南	电　　话	0755 – 27565000	日常联系人	林丽妹	电　　话	0755 – 27565000
主营范围	生产经营微电机零件、整流子、制造微电机器模夹具、电机、微电机、微电机零件及制模夹具、闸门驱动器及附件装配、饮品机器及附件装配、吸尘机及附件装配、遥控电动伞、食物垃圾处理器、电动车附件、齿轮变速装置、液体泵及空气泵及其附件、齿轮箱及其附件、电源控制器及其附件、电动绞盘机及其附件、电动轮椅附件。						

企业名称	新安电器（深圳）有限公司			海关编码	4403046685	所属海关	南头海关
通讯地址	广东省深圳市宝安区西乡街道黄田洋贝工业区二期 A、B、C、D 栋					邮政编码	518128
评定时间	2012. 5. 3	注册日期	2012. 3. 16	报关有效期	2015. 3. 16	注册资本	7600 万人民币
法人姓名	胡志豪	电　　话	0755－27957306	日常联系人	胡志豪	电　　话	0755－279576306
主营范围	生产经营家用电器、电热烘机、啤酒机、磨刀机、咖啡壶、煲茶机、罐头机、卷发器、碎食物机，货物及技术进出口（不含分销、国家专营专控商品）。						

企业名称	新丰电器（深圳）有限公司			海关编码	4403046703	所属海关	南头海关
通讯地址	广东省深圳市宝安区福永街道同富裕工业区新丰工业园第 1－16 栋、第 18－20 栋					邮政编码	518103
评定时间	2012. 5. 3	注册日期	2012. 3. 23	报关有效期	2015. 3. 23	注册资本	12000 万人民币
法人姓名	陈煜达	电　　话	0755－33680888	日常联系人	陈煜达	电　　话	0755－33680888
主营范围	生产经营电线、线装线路板、家用小电器，货物及技术进出口（不含分销、国家专营专控商品）。						

企业名称	深圳汉莎技术有限公司			海关编码	4403136949	所属海关	南头海关
通讯地址	广东省深圳宝安机场汉莎公司基地					邮政编码	518128
评定时间	2012. 1. 5	注册日期	2001. 6. 28	报关有效期	2014. 6. 28	注册资本	1144 万美元
法人姓名	UWE MUKRASCH	电　　话	0755－27775900	日常联系人	阮松	电　　话	138××××1886
主营范围	向国内航空公司提供飞机部件维修及相关技术咨询与技术服务（包括技术文件的处理、材料的管理、运输和后勤服务、航材共享及全套技术报务），与维修业务相关产品的营销与采购。增加：精密仪器设备维修、售后服务。						

企业名称	蓝思旺科技（深圳）有限公司			海关编码	4403137893	所属海关	南头海关
通讯地址	广东省深圳市宝安区公明街道长圳社区裕永兴工业区 1#、2#、3#厂房					邮政编码	518106
评定时间	2013. 3. 15	注册日期	2011. 6. 8	报关有效期	2014. 6. 8	注册资本	6000 万港币
法人姓名	周群飞	电　　话	0755－29948977	日常联系人	李素君	电　　话	0755－29948977
主营范围	开发、生产经营光学镜片、玻璃制品、塑胶制品、包装材料、金属配件，从事平板玻璃深加工技术开发。公司产品 100% 外销。增加：开发、生产经营特种玻璃。						

企业名称	深圳市景旺电子股份有限公司			海关编码	440313813Q	所属海关	南头海关
通讯地址	广东省深圳市宝安区西乡镇铁岗村					邮政编码	518102
评定时间	2009. 8. 20	注册日期	2004. 1. 19	报关有效期	2016. 1. 19	注册资本	15600 万人民币
法人姓名	刘绍柏	电　　话	0755－83893919	日常联系人	许海霞	电　　话	0755－27697225
主营范围	生产经营双面线路板、多层线路板、柔性线路板（法律、行政法规、国务院决定禁止的项目除外，限制的项目须取得许可后方可经营）。						

企业名称	深圳市永丰源实业有限公司			海关编码	440313813U	所属海关	南头海关
通讯地址	广东省深圳市宝安区观澜镇环观南路永丰源工业区 2 栋					邮政编码	518001
评定时间	2011. 8. 31	注册日期	1998. 6. 1	报关有效期	2015. 6. 1	注册资本	3402 万人民币
法人姓名	刘权辉	电　　话	0755－29808999	日常联系人	张秀华	电　　话	137××××0716
主营范围	陶瓷产品的批发、佣金代理（拍卖除外）、进出口及相关配套业务（不涉及国营贸易管理商品，涉及配额、许可证管理及其他专项规定管理的商品，按国家有关规定办理申请）。						

企业名称	新世纪标志（深圳）有限公司			海关编码	4403140287	所属海关	南头海关
通讯地址	广东省深圳市宝安区西乡街道黄田社区杨背工业区三期十栋 1～2 层					邮政编码	518028
评定时间	2009. 3. 24	注册日期	1992. 5. 31	报关有效期	2014. 5. 31	注册资本	1060 万港币
法人姓名	冷平	电　　话	0852－24240328	日常联系人	管敏燕	电　　话	0755－86063706
主营范围	生产、加工、经营集装箱标志、海运标志、交通标志（凭深宝环水批〔2012〕603181 号经营，有效期至 2014 年 7 月 22 日）。						

企业名称	利丰制粒（深圳）有限公司			海关编码	440314999K	所属海关	南头海关
通讯地址	广东省深圳市宝安区松岗街道塘下涌第二工业大道 20 号第二幢					邮政编码	518105
评定时间	2012. 8. 6	注册日期	2012. 7. 2	报关有效期	2015. 7. 2	注册资本	140 万美元
法人姓名	郭文超	电　　话	0755－27051881	日常联系人	丁华	电　　话	0755－27051871
主营范围	生产经营 PVC 塑胶粒。						

企业名称	深圳宝菱同利有限公司			海关编码	4403920203	所属海关	南头海关
通讯地址	广东省深圳市宝安区新城25区					邮政编码	518133
评定时间	2009.3.24	注册日期	1988.12.31	报关有效期	2014.12.31	注册资本	1543万美元
法人姓名	张雪松	电话	0755－27856456	日常联系人	梁如霜	电话	0755－27857110
主营范围	加工销售镀锌卷板、冷轧卷板、矽钢片卷板、不绣钢卷板、马口铁卷板、合金钢卷板、热轧卷板、铜板、铜卷板、铝板、铝卷板、镍合金板、镍合金卷板。						

企业名称	深圳东洋旺和实业有限公司			海关编码	4403921230	所属海关	南头海关
通讯地址	广东省深圳市宝安区沙井街道和二鸿奔工业区					邮政编码	518104
评定时间	2009.3.24	注册日期	1994.12.28	报关有效期	2014.12.28	注册资本	1500万美元
法人姓名	吉岗辉繁	电话	0755－27224643	日常联系人	戴丽君	电话	0755－27224639
主营范围	生产经营精密继电器，小型机电制品的零部件及精密模具电镀加工、热处理。产品70%外销。增加：从事非配额许可证管理、非专营商品的收购出口业务。						

企业名称	深圳宝兴电线电缆制造有限公司			海关编码	4403931053	所属海关	南头海关
通讯地址	广东省深圳市宝安区沙井街道办沙井路步涌同富裕工业园					邮政编码	518101
评定时间	2009.3.24	注册日期	1996.10.23	报关有效期	2014.10.23	注册资本	1642万美元
法人姓名	郑金旺	电话	0755－27759591	日常联系人	席晓山	电话	0755－27759591
主营范围	生产经营各种规格的铜芯塑料电线、全塑电缆、控制电缆、编织线、镀锡线、裸铜线。产品100%外销。增加：软光缆、光交叉连接设备及相关器材的研究、开发和生产经营。						

企业名称	深圳中信协调货运有限公司			海关编码	4403934194	所属海关	南头海关
通讯地址	广东省深圳市宝安区福永镇第一工业区中信工业园一号楼第一层					邮政编码	518128
评定时间	2009.8.28	注册日期	1994.4.6	报关有效期	2014.4.6	注册资本	2000万港币
法人姓名	李小光	电话	0755－23453394	日常联系人	邓晓洁	电话	0755－23453390
主营范围	从事货物储存、包装业务，在上海市设立分支机构。						

企业名称	深圳成霖洁具股份有限公司			海关编码	4403936997	所属海关	南头海关
通讯地址	广东省深圳市宝安区福永街道桥头社区桥塘大道					邮政编码	518110
评定时间	2009. 8. 24	注册日期	2001. 9. 11	报关有效期	2014. 9. 11	注册资本	45366 万人民币
法人姓名	颜国基	电　　话	0755－33882222	日常联系人	黄丽明	电　　话	0755－33882222－1931
主营范围	生产水龙头、卫浴洁具及其配件、精冲模、精密型腔模、模具标准件，销售自产产品。从事非配额许可证管理、非专营商品的收购出口业务。						

企业名称	深圳立健药业有限公司			海关编码	4403937532	所属海关	南头海关
通讯地址	广东省深圳市宝安区龙华同富裕工业园园富路					邮政编码	518109
评定时间	2011. 12. 2	注册日期	2005. 6. 3	报关有效期	2014. 6. 3	注册资本	4000 万人民币
法人姓名	邓羽林	电　　话	0755－61146666、83562209	日常联系人	罗海辉	电　　话	0755－61146666－8400
主营范围	生产经营粉针剂、冻干粉针剂、片剂、硬胶囊剂、颗粒剂（均含头孢菌素类）、干混悬剂（均为头孢菌素类）、小容量注射剂、滴眼剂、无菌鼻用喷雾剂（凭有效药品生产许可证经营，粤20110136 有效期至 2015 年 12 月 31 日），货物、技术进出口（不含分销及国家专营、专卖、专控商品）。						

企业名称	深圳海龙建筑制品有限公司			海关编码	4403937617	所属海关	南头海关
通讯地址	广东省深圳市宝安区观澜街道君子布社区老围居民小组长排山地段（办公场所）					邮政编码	518110
评定时间	2012. 12. 26	注册日期	2006. 5. 11	报关有效期	2015. 5. 11	注册资本	5000 万人民币
法人姓名	孔祥兆	电　　话	0755－29679216	日常联系人	黄妃权	电　　话	0755－29679924
主营范围	从事散装水泥的储运、混凝土搅拌经营业务及混土预制构件的生产加工业务，从事建筑材料（不含钢材）、机械配件的批发、进出口及相关配套业务（不涉及国营贸易管理商品，涉及配额、许可证管理的商品，按国家有关规定办理申请），普通货运，货物专用运输（罐式）（“道路运输经营许可证”有效期至 2016 年 3 月 31 日），建筑材料及建筑制品技术开发，仓储业务（限深圳海龙建筑制品有限公司罗湖分公司经营）。						

企业名称	惠胜塑胶（深圳）有限公司			海关编码	4403940036	所属海关	南头海关
通讯地址	广东省深圳市宝安区沙井街道西环路民主九九工业城 E 区 2 号					邮政编码	518104
评定时间	2009. 3. 3	注册日期	2003. 10. 30	报关有效期	2013. 10. 9	注册资本	240 万美元
法人姓名	何钧衔	电　　话	0755－33867988	日常联系人	何香英	电　　话	138××××4939
主营范围	生产经营塑胶（经消防安全检查合格后，方可开业）。						

企业名称	瑞德电子（深圳）有限公司			海关编码	4403940050	所属海关	南头海关
通讯地址	广东省深圳市宝安区三十三区大宝路 139 号					邮政编码	518101
评定时间	2008. 12. 19	注册日期	1992. 4. 16	报关有效期	2014. 4. 16	注册资本	500 万美元
法人姓名	LEI SHIN TEIN	电　　话	0755 – 29631599	日常联系人	黄玉芬	电　　话	0755 – 29631599 – 108
主营范围	生产经营电脑象棋、智力游戏机、钟表产品（不含许可证管理的产品）。增加：生产经营电脑周边设备及配件、塑胶产品、音频放大器、小家电、室内无线电话和耳机、视像电话。增加：生产经营移动电话（涉及国家限制项目除外）。增加：生产经营照明装置、模具。						

企业名称	桂盟链条（深圳）有限公司			海关编码	4403940062	所属海关	南头海关
通讯地址	广东省深圳市宝安区龙华街道第四工业区人民路口					邮政编码	518109
评定时间	2009. 8. 24	注册日期	1990. 8. 16	报关有效期	2014. 8. 16	注册资本	15900 万港币
法人姓名	吴盈进	电　　话	0755 – 27700111	日常联系人	吴盈进	电　　话	0755 – 27700111
主营范围	生产经营自行车链条、机车链条、传动输送链条及超薄型链条、自行车配件。增加：从事摩托车技术研究开发及其零配件研究、生产（不含国家限制项目），产品 100% 外销。增加：生产经营链条机械设备相关模具，链条配件加工（不含出品许可证管理商品），增营产品 70% 外销。增加：生产经营链条机械设备，增营产品 70% 外销。增加：从事非配额许可证管理、非专营商品的收购出口业务。增加：生产经营汽车链条及汽车零配件，在合法取得土地使用权范围内从事房地产开发经营业务，自行车零配件生产设备的维修、保养服务（仅限于上门服务）。						

企业名称	艾美特电器（深圳）有限公司			海关编码	4403940075	所属海关	南头海关
通讯地址	广东省深圳市宝安区石岩街道办黄峰岭工业区					邮政编码	518108
评定时间	2008. 12. 19	注册日期	1991. 5. 11	报关有效期	2014. 5. 11	注册资本	2375 万美元
法人姓名	郑立平	电　　话	0755 – 27642591	日常联系人	李静莲	电　　话	0755 – 27643218
主营范围	生产经营家用风扇、排风扇、果汁机、电熨斗、三明治机、食物处理机、吸尘器、暖风机及其零配件、空气滤清器、捕蚊灯、烘被机、电热水壶、电火锅、电暖器、烤箱、电磁炉、加湿器、电热毯、各类模具、塑胶五金制品、运动器材、干手机、喷泉泵、电吹风机、电热烤面包机、电热咖啡壶、电工器材、燃气灶抽油烟机、瞬间加热壶、浮灯、清洗枪、冷暖储存柜、小型除湿机、冰凉扇、紫外线杀菌灯、电饭煲、电饭锅，道路普通货运，电压力锅、电蒸锅、豆浆机、集成吊顶、灯、浴霸、干衣机、智能马桶、车载冰箱、足浴机、挂烫机、烘碟机、足暖器、电线、电缆、插头、插座、无线路由器、通讯器材、电脑周边产品的批发、进出口及相关配套业务（不涉及国营贸易管理商品，按国家有关规定办理申请）。						

企业名称	美律电子（深圳）有限公司			海关编码	4403940402	所属海关	南头海关
通讯地址	广东省深圳市宝安区大浪街道美宝路 50 号					邮政编码	518109
评定时间	2009. 8. 24	注册日期	1989. 4. 18	报关有效期	2014. 4. 18	注册资本	5844 万港币
法人姓名	赖文针	电　　话	0755 - 28121888	日常联系人	甘雳	电　　话	136 × × × ×4681
主营范围	生产电话受话器、麦克风、喇叭、防盗器、电磁炉、电子发射器、电子接收器、马克笔管、烘被机、三用电表、安全扣、湿度计、温度计、花园灯、酸碱度计、窗户起动器、耳机、泡茶咖啡两用壶。在上海市立办事处。生产经营断路器、噪音计、延时器、免持听筒、充电器、车充器、皮套、电池、固定座、风速计、温湿度计记录器、压力计、转速计、蓝牙耳机、蓝牙车载喇叭、可携式扬声器组合、蓝牙主板。增加：生产经营车载免提器用控制器（只限二分厂生产）、蓝牙车载免提装置（只限二分厂生产）、车载适配连接器（只限二分厂生产）、蓝牙免提装置（只限二分厂生产）。增加：电子产品及其周边产品零配件的批发、进出口及相关配套业务（不涉及国营贸易管理商品，涉及配额、许可证管理及其他专项规定管理的商品，按国家有关规定办理申请）。						

企业名称	雅达电子有限公司			海关编码	4403940407	所属海关	南头海关
通讯地址	广东省深圳市宝安区福永街道凤塘大道艾默生工业园雅达第一幢厂房					邮政编码	518101
评定时间	2008. 12. 19	注册日期	1988. 11. 7	报关有效期	2014. 11. 7	注册资本	28350 万港币
法人姓名	胡卓山	电　　话	0755 - 27813450	日常联系人	蔡钢生	电　　话	135 × × × ×5882
主营范围	生产经营高频开关电源等电源供应器（含充电器、转换器等），从事相关控制系统的配置及组装。从事高频开关电源等电源供应器、磁性元件、高频元件、调幅器、调谐器、电子线路板及其配件等同类商品的批发、零售、进出口及相关配套业务（涉及配额许可证管理、专项规定管理的商品按照国家有关规定办理）。						

企业名称	杰比电器（深圳）有限公司			海关编码	4403940414	所属海关	南头海关
通讯地址	广东省深圳市光明新区公明办事处红星社区工业区 5 栋					邮政编码	518106
评定时间	2009. 3. 3	注册日期	1992. 12. 2	报关有效期	2014. 12. 2	注册资本	780 万美元
法人姓名	李文庆	电　　话	0755 - 27164520	日常联系人	刘红亮	电　　话	133 × × × ×8834
主营范围	生产经营电烫斗系列产品、风扇电机、厨用电器、吸尘器、水果干燥机、封口机。厨用电器 100% 外销，其他产品 95% 外销。						

企业名称	星光印刷（深圳）有限公司			海关编码	4403940584	所属海关	南头海关
通讯地址	广东省深圳市宝安区西乡街道第二工业区					邮政编码	518126
评定时间	2009. 8. 24	注册日期	1992. 7. 13	报关有效期	2014. 7. 13	注册资本	800 万美元
法人姓名	林光如	电　话	0755－27260325	日常联系人	吕键传	电　话	0755－27496111
主营范围	生产经营彩色印刷品、彩色包装品、纸箱、纸盒、纸类文具、手提纸袋。产品 85% 外销。在上海市设立分支机构，在北京市、广州市、武汉市设立办事机构。增加：生产经营纸制干式电池制品及纸制玩具。						

企业名称	亚泰影像器材（深圳）有限公司			海关编码	4403940722	所属海关	南头海关
通讯地址	广东省深圳市光明新区公明办事处李松蓢社区李松蓢工业区尾期工业园第 3 栋第二层 A 区及第三层					邮政编码	518106
评定时间	2009. 3. 24	注册日期	2004. 4. 26	报关有效期	2014. 4. 26	注册资本	1000 万美元
法人姓名	赖以仁	电　话	0755－27165959	日常联系人	詹颖隽	电　话	0755－27165959
主营范围	生产经营影像产品零配件、新型电子元器件及相关零配件。						

企业名称	艾默生机械设备（深圳）有限公司			海关编码	4403940774	所属海关	南头海关
通讯地址	广东省深圳市宝安区 68 区留仙一路宝恒工业园二期					邮政编码	518101
评定时间	2010. 5. 26	注册日期	1993. 3. 9	报关有效期	2014. 3. 9	注册资本	400 万美元
法人姓名	马悦华	电　话	0755－29746805	日常联系人	罗锦宏	电　话	136××××3084
主营范围	生产经营各类电子、机械设备，石油勘探开发新型仪器设备。设计、研发和测试高精密阀门流量控制器。						

企业名称	鸿兴印刷（中国）有限公司			海关编码	4403940812	所属海关	南头海关
通讯地址	广东省深圳市宝安区福永街道怀德工业村					邮政编码	518103
评定时间	2009. 3. 3	注册日期	1992. 12. 2	报关有效期	2014. 12. 2	注册资本	56600 万港币
法人姓名	任泽明	电　话	0755－27392288	日常联系人	黄惠光	电　话	135××××6163
主营范围	生产经营纸质彩色印刷品及纸箱，产品 80% 外销，20% 内销。增加：从事非配额许可证管理、非专营商品的收购出口业务（粤新出印证字 4403000601 号印刷许可证有效期至 2013 年 12 月 31 日）。						

企业名称	东芝泰格信息系统（深圳）有限公司			海关编码	4403941169	所属海关	南头海关
通讯地址	广东省深圳市宝安区福永街道大洋路七号、九号、二十八号					邮政编码	518103
评定时间	2008. 12. 19	注册日期	1995. 12. 12	报关有效期	2014. 12. 12	注册资本	2016 万美元
法人姓名	竹谷光巨（MITSUHIRO TAKETANI）	电　话	0755－61503700	日常联系人	符献	电　话	138××××6917
主营范围	生产经营光电器件，新型打印装置，传真装置及相关零配件，自动数据处理设备及相关软件，装有光学系统的或接触式的感光复印调和、热敏复印设备及相关软件产品，有线电话，电报设备，有线数字通信设备，影像投影仪（电影用除外），照片（电影除外）放大机及缩片机，具有独立功能的电气设备及装置，电子收银机，销售设备系统及相关软件产品，电子磅及其他办公用机器等商业、办公设备，电子产品及相关产品之耗材零部件（国家禁止、限制及有专项规定的产品除外），复印机及其耗材零部件，射频识别设备，无线通信设备（按深宝环水批〔2012〕602460 号环境影响审查批复内容经营）。从事上述产品及相关软件的开发、设计、咨询。从事上述产品及其同类产品的批发、进出口、佣金代理（不含拍卖）、租赁业务及相关配套业务。从事纸制品（不含出版物和印刷品）的批发、进出口业务（不涉及国营贸易管理商品，涉及配额、许可证管理及其他专项规定管理的商品，按国家有关规定办理申请）。						

企业名称	永勤玩具实业（深圳）有限公司			海关编码	4403941258	所属海关	南头海关
通讯地址	广东省深圳市宝安区观澜镇观光路与泗黎路交汇处					邮政编码	518110
评定时间	2009. 3. 3	注册日期	2004. 8. 6	报关有效期	2014. 8. 6	注册资本	3350 万港币
法人姓名	陈永麟	电　话	0755－28026000	日常联系人	戴小平	电　话	136××××2139
主营范围	生产经营塑料玩具、塑料五金玩具、塑料电子玩具、毛绒玩具、各类灯饰、日用五金塑料制品和器具、小型家用电器及配件、电脑及其周边配件，产品 100% 外销。在宝安区观澜镇大布巷村设立非法人分支机构，经营范围同上。增加：生产经营文具及体育用品、照明器具、电子元器件、光学仪器及眼镜、数码相机、数码音频及视频产品、手机配件背光模组、办公用品（不含许可证管理商品），增营产品 100% 外销。						

企业名称	联积电子（深圳）有限公司			海关编码	4403941357	所属海关	南头海关
通讯地址	广东省深圳市光明新区光明街道同富裕 03－01 地块 A、B 栋					邮政编码	518000
评定时间	2011. 12. 2	注册日期	2008. 9. 4	报关有效期	2014. 9. 4	注册资本	2500 万美元
法人姓名	陈英进	电　话	0755－27143990	日常联系人	李青叶	电　话	135××××8349
主营范围	生产经营 TFT－LCD 平板显明屏、OLED 平板显示屏、触控系统。						

企业名称	凤冠电机（深圳）有限公司			海关编码	4403941468	所属海关	南头海关
通讯地址	广东省深圳市宝安区宝城28区上合甲岸村委厂房					邮政编码	518101
评定时间	2009.3.24	注册日期	1993.8.9	报关有效期	2014.8.9	注册资本	4000万港币
法人姓名	卓森福	电　　话	0755－29617796	日常联系人	郑涛强	电　　话	0755－29617793
主营范围	生产经营各类变压器、整流器、充电器、安定器（不得从事线路板生产）、家用小电器，产品100%外销，生产经营开关电源、电源供应器，增营产品100%外销。增加：生产经营LED电源、LED灯具、吸尘器、路由器、无线音箱。						

企业名称	寺冈（深圳）高机能胶粘带有限公司			海关编码	4403941499	所属海关	南头海关
通讯地址	广东省深圳市宝安区西乡街道西部开发区九华科技园二栋一楼A单元					邮政编码	518102
评定时间	2011.12.2	注册日期	2006.12.19	报关有效期	2015.12.19	注册资本	100万美元
法人姓名	ABE KENJI	电　　话	0755－29706500	日常联系人	高磊	电　　话	0755－29706500
主营范围	新型建筑材料、耐高温绝缘材料（绝缘等级为F、H级）、半导体元器件专用材料、新型电子元器件、新型仪表元器件材料及各种胶粘带的生产、批发、进出口及相关配套业务（不涉及国营贸易管理商品，涉及配额、许可证管理及其他专项规定管理的商品，按国家有关规定办理申请）。						

企业名称	骏业塑胶（深圳）有限公司			海关编码	4403941587	所属海关	南头海关
通讯地址	广东省深圳市宝安区石岩镇塘头村骏业工业园					邮政编码	518102
评定时间	2009.8.24	注册日期	1993.5.17	报关有效期	2014.5.17	注册资本	1200万美元
法人姓名	翁焕贵	电　　话	0755－27637668－138	日常联系人	姚晓晗	电　　话	0755－27637668－501
主营范围	生产经营塑料制品（包括医疗用具）、日用品、塑料吹膜机、聚乙烯再生胶粒（不含现行各项许可证管理的产品）。增加：经营塑料制品、日用品，塑料吹膜机80%外销，其余产品100%外销。增加：从事非配额许可证管理、非专营商品的收购出口业务。						

企业名称	利宝嘉电业（深圳）有限公司			海关编码	4403942088	所属海关	南头海关
通讯地址	广东省深圳市宝安区观澜街道竹园工业区					邮政编码	518106
评定时间	2009.8.28	注册日期	1994.3.8	报关有效期	2014.3.8	注册资本	2000万美元
法人姓名	吴健南	电　　话	0755－27985154	日常联系人	陈巨涛	电　　话	135××××8349
主营范围	生产电子接插件（含镀铜、镀镍），销售自产产品，产品100%外销。增加：生产经营塑胶制品、五金制品、塑胶五金制品及电动机零配件，增营产品100%外销。增加：生产经营仪用接插件，增营产品100%外销。增加：生产经营精密冲压模、精密注塑模（型腔模）、精密导柱、模具零配件。增加：普通货运（“道路运输经营许可证”有效期至2012年12月31日）。						

企业名称	阿克苏诺贝尔长诚涂料（广东）有限公司		海关编码	4403942168	所属海关	南头海关	
通讯地址	广东省深圳市宝安区松岗镇燕川第一工业区				邮政编码	518105	
评定时间	2013.2.28	注册日期	1994.4.1	报关有效期	2014.4.1	注册资本	438 万美元
法人姓名	ARABINDA GHOSH	电　话	0755－27148450	日常联系人	张豪	电　话	0755－29936323
主营范围	生产经营用于保护、装饰工业品和消费品的热固型粉末涂料，从事相关售后服务、产品开发、咨询服务。产品 70% 外销。						

企业名称	联电电器实业（深圳）有限公司		海关编码	4403942197	所属海关	南头海关	
通讯地址	广东省深圳市宝安区沙井街道锦绣路沙塘北方永发科技园 C 栋				邮政编码	518125	
评定时间	2010.3.29	注册日期	1995.11.30	报关有效期	2016.11.30	注册资本	210 万美元
法人姓名	曾蕊芳	电　话	0755－88877788	日常联系人	陈洁琦	电　话	0755－88877788
主营范围	生产加工各种电线、电缆、电脑连接线（含插头、插座）。增加：普通货运（“道路运输经营许可证”有效期至 2016 年 10 月 8 日）。						

企业名称	永钢五金制品（深圳）有限公司		海关编码	4403942379	所属海关	南头海关	
通讯地址	广东省深圳市宝安区沙井镇沙头茭塘工业区 1、2 幢				邮政编码	518104	
评定时间	2009.3.24	注册日期	1994.7.6	报关有效期	2014.7.6	注册资本	8000 万港币
法人姓名	苏智圣	电　话	0755－27235005	日常联系人	艾斌	电　话	135××××9579
主营范围	生产、加工变压器、马达使用的电磁钢片，销售自产产品。产品 100% 外销。						

企业名称	富盈裕塑胶制品（深圳）有限公司		海关编码	4403942619	所属海关	南头海关	
通讯地址	广东省深圳市宝安区沙井街道上星第三工业区上星路 55 号				邮政编码	518125	
评定时间	2009.3.3	注册日期	1994.9.10	报关有效期	2014.9.10	注册资本	2000 万港币
法人姓名	曾志成	电　话	0755－27291826	日常联系人	曾善祥	电　话	139××××2738
主营范围	生产塑胶冲凉帽、旅行牙刷套装、抹鞋布、纸箱、鞋刷等浴室用品及旅行日用品，生产经营宠物用品、工具袋及工具套装，从事货物与技术的进出口业务（不含分销、国家专营专控商品）。						

企业名称	伟创力实业（深圳）有限公司			海关编码	4403942605	所属海关	南头海关
通讯地址	广东省深圳市宝安区西乡街道107国道西乡段467号（固戍路口边）愉盛工业区第2栋第1楼、第3～7楼和第3栋					邮政编码	518126
评定时间	2013. 3. 15	注册日期	1994. 12. 13	报关有效期	2014. 12. 13	注册资本	1802万美元
法人姓名	MANNY AL MARIMUTHU（马万行）	电　　话	00852－24899813	日常联系人	李玉葵	电　　话	138××××7293
主营范围	生产经营计算机功能卡、接口卡、鼠标器、通讯器材用、各类仪器仪表用的线路板（不设腐蚀工序）、无线电话充电器、血糖测试仪器。生产经营无绳电话机、传真机，产品100%外销。生产经营移动电话手机，产品100%外销。从事电子及通讯设备的研究和开发。生产经营移动电话手机充电器、掌上电脑，移动电话机充电器50%外销，掌上电脑全部内销。生产经营键盘式电子乐器、液晶电视机、条形码打印机、数字照相机，产品100%外销。生产数字相机用存储卡、汽车车用电子配件。生产经营数字摄录机，产品100%外销。生产经营投影仪，生产经营调谐器。增加：公司自产产品的同类商品（游戏机类产品除外）的进口及其批发业务，国内采购商品（特种商品除外）的批发业务，并提供相关配套业务。增加：生产经营路由器。增加：生产经营血糖控制仪、遥控器，产品100%外销。增加：生产经营多相住宅电表，产品100%外销；生产经营无线高清数据收发器，产品100%外销。增加：生产经营胰岛素泵、医疗用零配件，产品100%外销；生产电子镇痛贴，产品100%外销。增加：生产经营去瘢机电子线路板组件、无线网络连接器，产品100%外销（“医疗器械生产企业许可证”有效期至2013年09月04日）。						

企业名称	再兴电子（深圳）有限公司			海关编码	4403942707	所属海关	南头海关
通讯地址	广东省深圳市宝安区松岗街道沙浦社区洋涌一路3号					邮政编码	518105
评定时间	2009. 8. 24	注册日期	1995. 3. 1	报关有效期	2014. 3. 1	注册资本	8800万港币
法人姓名	洪毅弘	电　　话	0755－29932128	日常联系人	郑计传	电　　话	0755－29932128－748
主营范围	生产经营高智能电子礼品（不含限制项目），产品100%外销。增加：生产玩具装饰品、电子线路板插件、电子五金配件，产品100%外销。增加：生产经营塑胶件，增营产品100%外销。增加：生产经营办公家俱、电脑周边产品、LED光电产品，产品100%外销。						

企业名称	宏利宝钢铁加工（深圳）有限公司			海关编码	4403942762	所属海关	南头海关
通讯地址	广东省深圳市宝安区公明街道楼村第二工业区绘猫路32号					邮政编码	518106
评定时间	2009. 3. 24	注册日期	1994. 1. 17	报关有效期	2014. 1. 17	注册资本	1400万港币
法人姓名	郭幸荣	电　　话	0755－27115981	日常联系人	李超美	电　　话	0755－27114036
主营范围	加工、生产经营综合性钢板、钢材的半成品和制成品。						

企业名称	东丽塑料（深圳）有限公司			海关编码	4403942885	所属海关	南头海关
通讯地址	广东省深圳市宝安区沙井街道办南环路西茭塘工业区 1 栋					邮政编码	518104
评定时间	2009. 8. 24	注册日期	1995. 10. 30	报关有效期	2014. 10. 30	注册资本	1354 万美元
法人姓名	山脇良庸	电　话	0755－27235000	日常联系人	史福英	电　话	0755－27235000
主营范围	生产经营各种塑料的高性能混合料、着色料及其成型制品（不含限制项目及污染工序），产品 70% 外销。增加：生产经营工程塑料。						

企业名称	欧达可电子（深圳）有限公司			海关编码	4403943009	所属海关	南头海关
通讯地址	广东省深圳市宝安区沙井沙福路沙井工业公司第二工业区 A3 栋					邮政编码	518104
评定时间	2009. 3. 3	注册日期	1995. 8. 30	报关有效期	2014. 8. 30	注册资本	1200 万美元
法人姓名	富田周敬	电　话	0755－29875222	日常联系人	胡慧敏	电　话	136××××0909
主营范围	生产经营电源开关、电子回路开关、电子感应器、光感应器、集成线路块（IC）、Ⅱ类 6821 医用电子仪器设备（“医疗器械生产生产企业许可证”有效期至 2016 年 2 月 27 日）、电子记忆块等电子零配件及电子产品组装（不含限制项目）、模具、电力电子器件、新型机电元件、新型仪用开关。增加：从事上述同类产品及连接器、五金制品、塑胶制品的设计开发、批发、进出口、佣金代理（不含拍卖）及相关配套业务（涉及配额许可证管理、专项规定管理的商品按国家有关规定办理）。						

企业名称	肯发精密仪器（深圳）有限公司			海关编码	4403943050	所属海关	南头海关
通讯地址	广东省深圳市宝安区 71 区新政房地产一栋 A 一楼、六楼，一栋 B 一至六楼，71 区加际洲 A 栋一至六楼，宝城创业路西北侧工业厂房 C 栋					邮政编码	518105
评定时间	2009. 8. 24	注册日期	1997. 12. 25	报关有效期	2014. 12. 25	注册资本	2600 万美元
法人姓名	郭承恩	电　话	0755－33680688－2101	日常联系人	邓江敏	电　话	0755－33680688－2112
主营范围	生产经营精密金属元器件及配件（不含限制项目），产品 100% 外销，开发、生产经营大容量磁盘驱动器及其部件。增加：工模具制造。增加：汽车关键零部件制造。						

企业名称	元大金属实业（深圳）有限公司			海关编码	4403943373	所属海关	南头海关
通讯地址	广东省深圳市宝安区公明镇上村围头第一工业区第一幢厂房					邮政编码	518106
评定时间	2009. 3. 3	注册日期	1997. 6. 10	报关有效期	2014. 6. 10	注册资本	5500 万港币
法人姓名	黄耀俊	电　话	0755－27152456	日常联系人	张敏	电　话	0755－27152456
主营范围	生产经营自行车零配件、机动车零配件（非主要部件）、保健器材、新型轻质建筑材料、电子金属零配件、五金制品、铝合金成型加工（不含限制项目），产品 100% 外销。增加：生产经营塑胶制品，增营产品 100% 外销。增加：经营电动滑板车、电动老人代步车、电动童车、电动贩卖车、电动载物车、各类运动器材、各类复合材料，增营产品 100% 外销。						

企业名称	海日升电器制品（深圳）有限公司			海关编码	4403944010	所属海关	南头海关
通讯地址	广东省深圳市宝安区松岗街道罗田社区第三工业区日升路8号					邮政编码	518105
评定时间	2009. 3. 24	注册日期	1997. 12. 24	报关有效期	2014. 12. 24	注册资本	7000万港币
法人姓名	沈凌韬	电　　话	0755－27063336	日常联系人	谭雁玲	电　　话	0755－27063336
主营范围	生产经营各类灯具。增加：生产经营家用小电器、健身器械（均不含出口许可证管理商品）。增加：生产经营汽车用小电器、电源组、小电动工具（均不含出口许可证管理商品）。增加：生产经营各类充电器、变压器、不间断供电电源、各类注塑塑胶件、各类五金配件、各类电子产品散热用轴流风扇。						

企业名称	赛尔康技术（深圳）有限公司			海关编码	4403944061	所属海关	南头海关
通讯地址	广东省深圳市宝安区沙井街道芙蓉美沙二工业区					邮政编码	518125
评定时间	2010. 1. 4	注册日期	2008. 1. 24	报关有效期	2014. 1. 24	注册资本	250万美元
法人姓名	PEKKA KYYRIAINEN	电　　话	0755－27255111	日常联系人	何坤明	电　　话	138××××0142
主营范围	生产经营变压器及其配件、照明电器、连接器、各种电源，其中照明电器、连接器100%外销。增加：生产经营充电器。						

企业名称	建辉塑胶电子实业（深圳）有限公司			海关编码	4403944543	所属海关	南头海关
通讯地址	广东省深圳市宝安区观澜镇四黎路127号					邮政编码	518110
评定时间	2009. 8. 24	注册日期	2002. 1. 7	报关有效期	2014. 1. 7	注册资本	10000万港币
法人姓名	汪韶辉	电　　话	0755－28016627	日常联系人	赖学荣	电　　话	137××××3615
主营范围	生产经营电子玩具、塑胶玩具、塑胶电子五金玩具、游戏机、塑胶制品、五金制品、塑胶五金制品、塑胶五金包装容器、塑胶五金模具、塑胶电子制品、线路板插件、收录放机及零件、电气音响及视觉装置、变压器及传感、报警仪器系列产品、控制器及其配件、检测器及其配件、低压电器及其配件，其中电子玩具、塑胶玩具70%外销，其他产品100%外销。						

企业名称	奇利田高尔夫用品（深圳）有限公司			海关编码	4403944657	所属海关	南头海关
通讯地址	广东省深圳市宝安区石岩街道罗租社区黄峰岭工业区罗租工业大道2号（A栋4、5、6、7层，B栋，C栋）和升平路E、F、G栋					邮政编码	518108
评定时间	2009. 8. 28	注册日期	1998. 12. 8	报关有效期	2014. 12. 8	注册资本	2000万美元
法人姓名	李孔文	电　　话	0755－27643313	日常联系人	陈淘昧	电　　话	0755－27643313
主营范围	加工、生产经营高尔夫球杆头、高尔夫球杆、高尔夫球具，产品100%外销。						

<table>
<tr><td>企业名称</td><td colspan="3">安费诺凯杰科技（深圳）有限公司</td><td>海关编码</td><td>4403945040</td><td>所属海关</td><td>南头海关</td></tr>
<tr><td>通讯地址</td><td colspan="5">广东省深圳市宝安区公明街道工业总公司塘尾工业区 DM2 栋</td><td>邮政编码</td><td>518106</td></tr>
<tr><td>评定时间</td><td>2010. 1. 4</td><td>注册日期</td><td>2008. 1. 23</td><td>报关有效期</td><td>2014. 1. 23</td><td>注册资本</td><td>690 万美元</td></tr>
<tr><td>法人姓名</td><td>RICHARD ADAM NORWITT</td><td>电　话</td><td>0755－27177843</td><td>日常联系人</td><td>李晨</td><td>电　话</td><td>0755－27177829</td></tr>
<tr><td>主营范围</td><td colspan="7">生产经营新型电子元器件，产品 70% 外销。增加：生产经营射频连接器零件（环保批复深光环批〔2009〕200423 号有效期至 2012 年 7 月 26 日）。</td></tr>
</table>

<table>
<tr><td>企业名称</td><td colspan="3">旭荣电子（深圳）有限公司</td><td>海关编码</td><td>4403945065</td><td>所属海关</td><td>南头海关</td></tr>
<tr><td>通讯地址</td><td colspan="5">广东省深圳市宝安区沙井街道南环路 539 号 A 栋、C 栋、D 栋、E 栋</td><td>邮政编码</td><td>518125</td></tr>
<tr><td>评定时间</td><td>2009. 3. 24</td><td>注册日期</td><td>2000. 2. 1</td><td>报关有效期</td><td>2014. 2. 1</td><td>注册资本</td><td>280 万美元</td></tr>
<tr><td>法人姓名</td><td>宋恭源</td><td>电　话</td><td>0755－61521111</td><td>日常联系人</td><td>张桂略</td><td>电　话</td><td>0755－61521111</td></tr>
<tr><td>主营范围</td><td colspan="7">生产经营各式芯轴及橡胶制品、塑料制品、滚轮组件、橡塑料模具、激光器。增加：生产经营音圈马达、触控模组、塑胶视窗组件、玻璃视窗组件（按深环批〔2006〕102641 号、深环批〔2012〕100377 号环境影响审查批复经营）。</td></tr>
</table>

<table>
<tr><td>企业名称</td><td colspan="3">伟创力科技（深圳）有限公司</td><td>海关编码</td><td>4403945183</td><td>所属海关</td><td>南头海关</td></tr>
<tr><td>通讯地址</td><td colspan="5">广东省深圳市宝安区西乡街道朱坳第二工业区 C11 厂房 2－5 层，
西乡街道 107 国道西乡段 467 号
（固戍路口边）愉盛工业区第 1 栋第 3－6 楼</td><td>邮政编码</td><td>518126</td></tr>
<tr><td>评定时间</td><td>2008. 12. 19</td><td>注册日期</td><td>2000. 4. 28</td><td>报关有效期</td><td>2014. 4. 28</td><td>注册资本</td><td>1210 万美元</td></tr>
<tr><td>法人姓名</td><td>马万行</td><td>电　话</td><td>0852－24899813</td><td>日常联系人</td><td>李玉葵</td><td>电　话</td><td>0755－89476062</td></tr>
<tr><td>主营范围</td><td colspan="7">生产经营无绳电话机及相关配套产品、传真机、血糖测试器，产品 100% 外销；生产经营 PCBA 线路板（不设腐蚀工序）、计算机功能卡和接口卡、鼠标器，产品 50% 外销；生产经营掌上电脑、移动电话手机及充电器、数字磁带录放机，其中移动电话手机 100% 外销，掌上电脑 100% 内销，其他产品 50% 外销；生产经营键盘式电子乐器、液晶电视机、条形码打印机、数字照相机；生产经营数字相机用存储卡、汽车用电子配件。生产经营 CD 播放机、电子道路收费器，从事电子及通讯设备的研究、设计和开发，增营产品 100% 外销。生产经营投影仪，生产经营 ETS 手机，生产经营多功能游戏机，产品 100% 外销。从事公司自产产品的同类商品（游戏机类产品除外）的进口及其批发业务、国内采购商品（特种商品除外）的批发业务，并提供相关配套服务。生产经营数字视听产品。生产经营血糖控制仪、假牙清洗器、遥控器，产品 100% 外销。生产经营电脑硬盘、移动存储器，产品 100% 外销。生产经营无线高清数据收发器，产品 100% 外销。生产经营胰岛素泵、医疗用零配件，产品 100% 外销。生产电子镇痛贴、激光脱毛器、激光脱毛器手柄、皮肤色素感应器，产品 100% 外销。生产经营去癍机电子线路板组件、无线网络连接器，产品 100% 外销。生产经营负压创伤治疗仪用气泵，产品 100% 外销（凭粤食药监械生产许 20051125 号许可证经营，有效期至 2015 年 5 月 30 日）。</td></tr>
</table>

企业名称	亚力山卓家私（深圳）有限公司			海关编码	4403945184	所属海关	南头海关
通讯地址	广东省深圳市宝安区松岗镇燕川村					邮政编码	518105
评定时间	2009.8.24	注册日期	2000.4.30	报关有效期	2014.4.30	注册资本	2500万美元
法人姓名	萧金聪	电　　话	0755－27059666	日常联系人	陈荣文	电　　话	0755－27053583
主营范围	生产经营家私及其配件。						

企业名称	相模电机（深圳）有限公司			海关编码	4403945246	所属海关	南头海关
通讯地址	广东省深圳市宝安区观澜镇竹园工业区1－7栋					邮政编码	518110
评定时间	2009.8.28	注册日期	2000.6.15	报关有效期	2014.6.15	注册资本	6000万港币
法人姓名	胜野清一	电　　话	0755－27985309	日常联系人	赖惠玲	电　　话	0755－27985309
主营范围	设计制造新型电子元器件、微型电子接插件、传感器、中周变压器、各式线圈、收音机天线。产品70%外销。增加：上海、天津、深圳福田设立办事处。增加：从事非配额许可证管理、非专营商品的收购出口业务。增加：设计制造塑胶制品、五金制品。						

企业名称	耀川电子（深圳）有限公司			海关编码	4403945285	所属海关	南头海关
通讯地址	广东省深圳市宝安区福永街道塘尾耀川工业区1－4栋					邮政编码	518102
评定时间	2009.3.24	注册日期	2000.7.11	报关有效期	2014.7.11	注册资本	420万美元
法人姓名	王秋容	电　　话	0755－29607047	日常联系人	叶书文	电　　话	0755－27496959
主营范围	生产、加工及销售缝衣机、吸尘器、一般小家电及其零配件。产品50%外销。增加：生产经营塑胶模具，产品50%外销。增加：生产经营微型马达，增营产品100%外销。增加：货物及技术进出口（不含分销及国家专营专控商品）。						

企业名称	乐利精密工业（深圳）有限公司			海关编码	4403945307	所属海关	南头海关
通讯地址	广东省深圳市宝安区福永镇新和村同富裕工业区					邮政编码	518103
评定时间	2009.8.24	注册日期	2000.8.1	报关有效期	2014.8.1	注册资本	2800万美元
法人姓名	袁永栋	电　　话	0755－27915066	日常联系人	史小平	电　　话	0755－27915066
主营范围	生产经营各类电子电器连接线缆、插头插座、塑胶制品、精密模具。产品70%外销。增加：生产经营绝缘等级为F、H级的耐高温绝缘材料和绝缘成型件、新型仪表元器件和材料。增加：生产经营冲压零组件、塑胶粒、电话机、游戏机零组件。增加：生产经营收款机、音频放大器、电气扩音机组、耳机组、电机、电气设备及其零件、混合集成电路测试机主机板、电路的开关、保护或连接的电器装置、新型电子元器件。提供技术咨询服务。生产经营卫星导航定位接收设备及其关键部件、医用成像设备（高场强超导型磁共振MRI、CT、X线计算机断层、B超等）关键部件。						

企业名称	稳健实业（深圳）有限公司			海关编码	4403945362	所属海关	南头海关
通讯地址	广东省深圳市宝安区龙华街道布龙公路旁稳健工业园					邮政编码	518131
评定时间	2009. 8. 24	注册日期	2000. 9. 14	报关有效期	2014. 9. 14	注册资本	19200 万港币
法人姓名	李建全	电　　话	0755－28138888	日常联系人	王翠翠	电　　话	0755－28138888
主营范围	生产经营卫生材料、敷料及制品、医用服装、纺织品、无纺布制品及成型包装（上述产品 100% 外销，不含国家出口许可证管理商品）、相关产品一次性消耗品及成型包装。从事以上产品及棉花的批发、佣金代理（拍卖除外）、进出口和其他相关配套业务（涉及配额许可证管理、专项规定管理的商品按国家有关规定办理），提供灭菌技术服务（须取得相关资质方可经营，按有关规定办理申请）。						

企业名称	莱尔德电子材料（深圳）有限公司			海关编码	4403945402	所属海关	南头海关
通讯地址	广东省深圳市宝安区福永街道办和平社区福园一路德金工业园一区					邮政编码	518105
评定时间	2009. 8. 24	注册日期	2000. 10. 23	报关有效期	2014. 10. 23	注册资本	1436 万美元
法人姓名	Michael Edward Murray	电　　话	0755－27141166	日常联系人	蔡倩	电　　话	139××××5443
主营范围	设计、开发、生产经营新型电子元器件、半导体制冷片、半导体制冷器、半导体空调机、工模具和生产用夹具，从事新型电子元器件、半导体制冷片、半导体制冷器、半导体空调机、工模具和生产用夹具的批发、进出口及相关配套业务（涉及配额许可证管理、专项规定管理的商品按国家有关规定办理）。						

企业名称	嘉隆科技（深圳）有限公司			海关编码	4403945530	所属海关	南头海关
通讯地址	广东省深圳市宝安区福永街道同富裕工业区蚝业路 18 号					邮政编码	518103
评定时间	2009. 8. 24	注册日期	2008. 1. 14	报关有效期	2014. 1. 14	注册资本	1765 万美元
法人姓名	林雪华	电　　话	0755－27335666	日常联系人	陈聘	电　　话	0755－27335666
主营范围	生产经营变压器、电感器、电源供应器、线路板、电话线路检仪器、可视电话、网络电话、光纤通讯设备用元件，产品 100% 外销。增加：生产经营电力电子器件、电子专用设备，测试仪器制造，宽带接入网通信系统设备制造。增加：生产经营计算机及配件、可移动磁盘及 MP3 播放器、便携式 DVD 播放器、数字照相机及关键件、数字有线电视系统设备、读码器。增加：生产经营平板显示器及其关键部件、高清晰度数字电视机、平板电视与新型投影电视装置、GPS 卫星导航仪及定位系统，生产经营数字收音设备、移动通信系统手机、照明电子节能产品及关键部件。						

企业名称	确信爱法金属（深圳）有限公司			海关编码	4403945562	所属海关	南头海关
通讯地址	广东省深圳市宝安区松岗街道塘下涌社区					邮政编码	518105
评定时间	2009.8.24	注册日期	2001.2.12	报关有效期	2014.2.12	注册资本	1111万美元
法人姓名	冼伟铨	电　　话	0755－27051100	日常联系人	许家权	电　　话	0755－27051100
主营范围	加工、生产经营有色金属复合材料（锡条、锡铅合金条、锡铅合金丝、锡丝、锡型材、锡铅合金型材及其他锡铅合金材料）、电子工业用精细化工产品及激光切割不绣钢移印模板。增加：生产经营锡膏。增加：线路板涂敷，电子零件涂敷。增加：生产经营锡粉、锡铅合金粉及其他锡合金粉，产品100%内销。增加：锡膏、锡粉、锡条及其相关制品，快干助焊剂、分散液的批发、进出口（涉及配额许可证管理、专项规定管理的商品按国家有关规定办理）。增加：普通货运（“道路运输经营许可证”有效期至2012年12月31日）。增加：生产经营铋粉、铋合金粉。增加：生产经营快干助焊剂。						

企业名称	德之杰科技（深圳）有限公司			海关编码	4403945606	所属海关	南头海关
通讯地址	广东省深圳市宝安区民治街道办民治工业区德爱电子（深圳）有限公司2号厂房第三层					邮政编码	518131
评定时间	2009.3.24	注册日期	2001.3.15	报关有效期	2014.3.15	注册资本	4000万港币
法人姓名	于自强	电　　话	0755－28192386	日常联系人	陈连德	电　　话	0755－28190886
主营范围	生产经营数码照相机、读卡机、鼠标器，其中鼠标器100%外销。增加：生产经营数码摄像机。增加：生产经营数码照相机配件和数码摄像机配件。增加：生产经营各种投影机、投影机零配件、模具、SMT贴片、塑胶制品。						

企业名称	富士胶片光电（深圳）有限公司			海关编码	4403946042	所属海关	南头海关
通讯地址	广东省深圳市宝安区福永街道桥头居民委员会福山工业区第1、2、3、4、5、6、7幢厂房					邮政编码	518103
评定时间	2008.12.19	注册日期	2001.10.24	报关有效期	2014.10.24	注册资本	1078万美元
法人姓名	杜祥令	电　　话	0755－27309129	日常联系人	李斌	电　　话	0755－27309129
主营范围	研发、生产经营激光打印机、投影仪、扫描仪、数码照相机、摄像机、复印机、光学测量仪、照相冲印设备、摄像镜头组件、光学镜头、光学引擎及以上产品的相关组件、零部件，研发、生产经营敏感元器件、传感器、光电子器件、新型机电元件、数字摄录机、大屏幕彩色投影显示器用光学引擎及关键件，从事上述产品的检测、维修、技术服务、批发、进出口及相关配套业务（不涉及国营贸易管理商品，涉及配额、许可证管理及其他专项规定管理的商品，按国家有关规定办理申请）。						

企业名称	亿和精密金属制品（深圳）有限公司			海关编码	4403946053	所属海关	南头海关
通讯地址	广东省深圳市宝安区石岩街道塘兴路亿和科技工业园					邮政编码	518051
评定时间	2009. 3. 24	注册日期	2001. 10. 30	报关有效期	2014. 10. 30	注册资本	22188 万港币
法人姓名	胡晓峰	电　话	0755－27629999	日常联系人	陈小玲	电　话	0755－27629999
主营范围	生产经营精密模具、精密五金制品。增加：生产经营汽车及摩托车模具、夹具，高档建筑五金件，水暖器材及五金件，精冲模，精密型腔模，模具标准件，塑料制品。增加：道路普通货物运输。						

企业名称	阿诺德磁材（深圳）有限公司			海关编码	4403946079	所属海关	南头海关
通讯地址	广东省深圳市光明新区公明办事处玉律社区大洋一路 13 号					邮政编码	518103
评定时间	2009. 8. 24	注册日期	2001. 11. 9	报关有效期	2014. 11. 9	注册资本	450 万美元
法人姓名	陈立新	电　话	0755－81729700 0755－27391771－806	日常联系人	张桂香	电　话	0755－81729700
主营范围	开发、生产经营高性能磁性新材料（磁粉芯、粘结永磁件、磁性零部件）。增加：生产经营工程打印机、复印机关键组件，货币兑换机感应部件，用于汽车、电机、仪表工业的磁性零部件。增加：货物及技术进出口（不含分销、国家专营专控商品）。						

企业名称	新赛斯电子（深圳）有限公司			海关编码	4403946128	所属海关	南头海关
通讯地址	广东省深圳市宝安区福永街道大洋开发区四区					邮政编码	518103
评定时间	2013. 3. 15	注册日期	2001. 11. 28	报关有效期	2014. 11. 28	注册资本	950 万美元
法人姓名	山口侑男	电　话	0755－27311870	日常联系人	吴绍垲	电　话	0755－27311870
主营范围	加工、生产经营 PCB 线路板、各种电子产品线路板、各种电子半成品、电子计算机、计算器、打印机、传真机、音响、电动机、照相机、复印机、电视机、新型元器件、电力电子元器件、液晶显示器、扫描仪、自动贩卖机、照明灯、应急灯、自动柜员机、开关、视频投影机、收银机、投影仪、无线网卡、游戏机、DVD、磁尺、弹球机、电热茶水饮用机、缝纫机。						

企业名称	万机仪器（中国）有限公司			海关编码	4403946205	所属海关	南头海关
通讯地址	广东省深圳市宝安区西乡街道办鹤洲开发区鸿荣源鸿翔工业园					邮政编码	518133
评定时间	2008. 12. 19	注册日期	2002. 1. 4	报关有效期	2014. 1. 4	注册资本	610 万美元
法人姓名	GERALD G. COLELLA	电　话	0755－88216888	日常联系人	张浩	电　话	0755－88216653
主营范围	研究、开发、生产、加工、销售在半导体制造和类似工业制造过程中用以测量、控制和分析气体的高新技术精密仪器、组件、子系统和产生活性气体的产品，电子专用设备、仪器，各类电源供应器、电源测量仪器及电子元器件，提供相关产品的维修、售后服务和技术服务。						

企业名称	惠亚电子科技（深圳）有限公司			海关编码	4403946350	所属海关	南头海关
通讯地址	广东省深圳市宝安区石岩街道同富康水田工业区厂房A栋					邮政编码	518108
评定时间	2012. 11. 15	注册日期	2002. 11. 25	报关有效期	2014. 11. 25	注册资本	250万美元
法人姓名	Edward Paul Slap	电　　话	0755－27623388	日常联系人	彭琴	电　　话	139××××6517
主营范围	生产经营异步转移模式（ATM）交换机设备、数据通信多媒体系统设备及接入网通信系统设备、通讯机柜。产品20%外销。增加：生产经营数字放声设备、元器件、电子专用设备、工模具、体育用品（不含许可证管理商品）、电子玩具及线路板装配。						

企业名称	科铨塑胶（深圳）有限公司			海关编码	4403946687	所属海关	南头海关
通讯地址	广东省深圳市宝安区观澜街道竹园工业区万利塑胶（深圳）有限公司厂房1－4幢，新城社区竹园工业区第14、15、16栋					邮政编码	518110
评定时间	2009. 8. 24	注册日期	2002. 7. 18	报关有效期	2014. 7. 18	注册资本	200万美元
法人姓名	李宗德	电　　话	0755－28014341	日常联系人	王颖	电　　话	0755－28017381
主营范围	生产经营PVC粒料、各种改性塑胶母粒，产品80%外销（取得消防安全检查合格后方可开业）。增加：生产经营PVC管材、PVC异型材、PVC制品、PVC塑胶浆、塑胶玩具、塑胶制品、五金制品。增加：普通货运（仅用于自货自运，不从事公共运输服务，有效期至2012年09月30日）。						

企业名称	华忆科技（深圳）有限公司			海关编码	4403946786	所属海关	南头海关
通讯地址	广东省深圳市宝安区沙井街道和一兴业西路金美威工业园厂房2栋一楼东半边、3楼、4楼					邮政编码	518053
评定时间	2008. 12. 19	注册日期	2002. 8. 14	报关有效期	2014. 8. 14	注册资本	11600万港币
法人姓名	赖文鑫	电　　话	0755－29875056	日常联系人	辛兵	电　　话	0755－29875367
主营范围	研发、生产液晶显示器及游戏机系列配套件、DVD、音响、彩色电视机（含液晶电视机）、录放像机、放像机及以上产品相关的配套组合体，销售自产产品。						

企业名称	贸杰家庭用品（深圳）有限公司			海关编码	4403946838	所属海关	南头海关
通讯地址	广东省深圳市光明新区公明办事处塘尾社区塘尾第三工业区第1、2栋					邮政编码	518101
评定时间	2009. 3. 3	注册日期	2002. 8. 27	报关有效期	2014. 8. 27	注册资本	555万美元
法人姓名	彭世裕	电　　话	0755－27159881	日常联系人	麦浩辉	电　　话	138××××2573
主营范围	生产经营窗帘、浴帘、台布、餐垫、塑料衣柜、围巾、不织布、胶袋，产品100%外销。						

企业名称	深圳斯坦雷电气有限公司			海关编码	4403946710	所属海关	南头海关
通讯地址	广东省深圳市宝安区沙井街道西部工业园西环路南段垦岗居委泰丰工业区国协小区长富路46号					邮政编码	518104
评定时间	2010.2.21	注册日期	2008.7.29	报关有效期	2014.7.29	注册资本	250万美元
法人姓名	TOMINAGA SHINJI	电　　话	0755－81495006	日常联系人	陈伟荣	电　　话	0755－81495006
主营范围	生产经营电子元件、汽车用电子零件及汽车用照明灯具部件，提供自产产品售后服务，以及研究开发新产品。增加：生产经营液晶显示模块、发光二极管、除静电灯、传感器、冷阴极管、微型灯泡、复印机操作面板、打印机操作面板、传真机操作面板、闪光灯、塑胶制品、金属制品、交通灯照明组件、路灯照明组件、室外广告照明组件、汽车操作面板，提供自产产品的售后服务。增加：研发、生产经营线路板组件、塑胶模具、五金模具、自动点胶机、自动打螺丝机、机板切割机、LCD引脚插入机、自动焊锡机、基板自动分割机、画像检查机、工业用途电子设备、自动化控制设备、工业用途检查机、夹具。						

企业名称	唯易电机（中国）有限公司			海关编码	4403948691	所属海关	南头海关
通讯地址	广东省深圳市宝安区沙井新桥芙蓉工业区第八栋厂房					邮政编码	518104
评定时间	2013.5.21	注册日期	2008.1.22	报关有效期	2014.1.22	注册资本	600万美元
法人姓名	叶润强	电　　话	0755－29900710、29900714	日常联系人	陈桂芳	电　　话	0755－29900719
主营范围	设计、开发、生产和装配用于各类汽车、摩托车的磁电机、起动电机及其他关键零部件和组件，特殊用途电机及相关的配件和材料；销售自产产品，并提供售后服务。						

企业名称	昊阳天宇科技（深圳）有限公司			海关编码	4403949244	所属海关	南头海关
通讯地址	广东省深圳市宝安区石岩街道爱群路上屋上排横坑工业区A、B、C、D栋					邮政编码	518108
评定时间	2013.3.15	注册日期	2005.9.1	报关有效期	2015.8.24	注册资本	4450万美元
法人姓名	邱国台	电　　话	0755－27658828、33816888	日常联系人	刘剑明	电　　话	138××××4913
主营范围	研发、生产经营电脑主机，电脑主机板，显示卡，网卡，介面卡，连接器，视频转换器，集线器，电脑功能卡，宽带接入网通信系统设备，高端路由器，网络交换机（千兆比以上），蓝牙产品，数字音、视频编码设备，数字有线电视系统设备，无线局域网设备，IP数据通信系统，第三代及后续移动通信系统手机及周边产品，基站，交换设备，数字集群系统设备，光交叉连接设备（OXC），10千兆比/秒以上光同步系列传输设备，新型平板显示器件，电脑周边产品、软件产品（凭深宝环批〔2009〕604858号经营，有效期至2012年11月25日）。电子元件、接收天线、网络通信产品及相关原材料的批发、佣金代理（不含拍卖）、进出口及相关配套业务（不涉及国营贸易管理商品，涉及配额、许可证管理及其他专项规定管理的商品，按国家有关规定办理申请）。						

企业名称	深圳兴奇宏科技有限公司			海关编码	4403949569	所属海关	南头海关
通讯地址	广东省深圳市宝安区沙井街道西部工业园辛养工业区 A1 栋第一、三层西北侧					邮政编码	518014
评定时间	2013. 5. 14	注册日期	2006. 1. 20	报关有效期	2015. 1. 20	注册资本	2800 万美元
法人姓名	姜瑞雯	电　话	0755 – 33933639	日常联系人	陈静	电　话	0755 – 33668888
主营范围	从事铜、铝、钢铁、纸、塑胶及相关制品、家用产品及其零配件、计算机及其零配件、杂项化学产品（不含危险化学品）、LED 相关产品与智能照明产品及其零配件、通讯散热产品及其他新型散热产品的批发、佣金代理（拍卖除外）、进出口及相关配套业务（以上商品进出口不涉及国营贸易、进出口配额许可证、出口配额招标、出口许可证等专项管理的商品），研发、设计、生产经营计算机及其零配件、LED 相关产品及其零配件、智能照明产品及其零配件、新型散热产品及其零配件、通讯产品及其零配件、机电整合相关产品及其零配件、模具制品、纸制品、塑胶制品、铜/铝/铁/合金制品及其零配件、钢铁零配件、车辆船舶零配件。						

企业名称	思博（中国）电子有限公司			海关编码	4403949889	所属海关	南头海关
通讯地址	广东省深圳市宝安区沙井街道新桥芙蓉工业区第十座厂房一、二楼					邮政编码	518125
评定时间	2013. 5. 31	注册日期	2006. 6. 28	报关有效期	2015. 6. 28	注册资本	650 万美元
法人姓名	叶润强	电　话	0755 – 29900838	日常联系人	曾辉宇	电　话	0755 – 29900812
主营范围	自行开发生产新型电子元器件、新型仪表元器件、汽车关键零部件及汽车电子装置，销售公司产品并提供售后服务。						

企业名称	*深圳市光明竹华电子厂			海关编码	44039A8020	所属海关	南头海关
通讯地址	广东省深圳市光明柑山工业区					邮政编码	518107
评定时间	2009. 8. 24	注册日期	1998. 10. 30	报关有效期	2013. 10. 30	注册资本	0 万美元
法人姓名	姚锐光	电　话	0755 – 27401268	日常联系人	姚锐光	电　话	0755 – 27405412
主营范围	经营微波通讯电子产品（影音传输器、卫星电视降频器）。						

企业名称	*深圳市宝安区福永汇利五金制品厂			海关编码	44039B2216	所属海关	南头海关
通讯地址	广东省深圳市宝安区福永塘尾工业区工业大道					邮政编码	518103
评定时间	2009. 8. 28	注册日期	1999. 1. 28	报关有效期	2015. 12. 31	注册资本	0 万美元
法人姓名	邓仲坤	电　话	0755 – 27315882	日常联系人	邓宇强	电　话	0755 – 27315882
主营范围	经营非取向性硅电钢片、涂绝缘层非合金钢片、EI 型铁芯片、电动机芯片、马达配件。						

企业名称	*深圳市宝安区福永塘尾汇利五金厂			海关编码	44039B2223	所属海关	南头海关
通讯地址	广东省深圳市福永塘尾工业区					邮政编码	518103
评定时间	2009.8.28	注册日期	1995.12.11	报关有效期	2015.12.31	注册资本	0 万美元
法人姓名	邓仲坤	电　话	0755－27315882	日常联系人	邓宇强	电　话	0755－27315882
主营范围	经营五金制品。						

企业名称	*深圳市宝安区松岗镒胜制品厂			海关编码	44039B4404	所属海关	南头海关
通讯地址	广东省深圳市宝安区松岗街道塘下涌大道旁第一幢					邮政编码	518105
评定时间	2009.8.24	注册日期	1991.11.29	报关有效期	2016.3.19	注册资本	0 万港币
法人姓名	陈炜平	电　话	0755－33876988	日常联系人	陈炜平	电　话	0755－33876988
主营范围	经营电线、电器制品、电子脚踏开关。						

企业名称	*深圳市宝安公明玉律维珍妮内衣厂			海关编码	44039B5748	所属海关	南头海关
通讯地址	广东省深圳市宝安公明玉律层摇工业区 2 号					邮政编码	518106
评定时间	2009.8.24	注册日期	2003.9.29	报关有效期	2014.8.28	注册资本	0 万美元
法人姓名	曾耀华	电　话	0755－29893282	日常联系人	郑向前	电　话	0755－29893388
主营范围	经营胸杯、胸围、内衣、内裤。						

企业名称	*宝安区观澜宝德玩具厂			海关编码	44039B6398	所属海关	南头海关
通讯地址	广东省深圳市观澜街道牛湖社区					邮政编码	518110
评定时间	2009.8.28	注册日期	1989.9.25	报关有效期	2015.11.10	注册资本	0 万港币
法人姓名	陈文胜	电　话	0755－27987325	日常联系人	陈礼平	电　话	0755－27987325
主营范围	生产经营玩具、无纺过滤性口罩。						

企业名称	深圳盛和阳集团股份有限公司			海关编码	4403136132	所属海关	沙湾海关
通讯地址	广东省深圳市龙岗区坪山镇富山工业区1栋					邮政编码	518067
评定时间	2012. 11. 15	注册日期	1998. 5. 27	报关有效期	2014. 4. 26	注册资本	4500万人民币
法人姓名	刘万生	电　话	0755－84605888	日常联系人	何利寿	电　话	0755－84605888
主营范围	生产纺织纱线、纺织印染、化纤制品长毛绒布、毛毯、各类毛绒玩具、智能玩具、服装、服饰、室内装饰布，销售自产产品，从事普通货运（“道路运输经营许可证”有效期至2016年3月1日）。						

企业名称	深圳中集专用车有限公司			海关编码	4403930073	所属海关	沙湾海关
通讯地址	广东省深圳市坪山新区坪山锦龙大道1号					邮政编码	518118
评定时间	2009. 3. 24	注册日期	2004. 6. 28	报关有效期	2014. 5. 27	注册资本	20000万人民币
法人姓名	李贵平	电　话	0755－89663098	日常联系人	宋晓	电　话	0755－89663098
主营范围	开发、生产、销售各种高技术、高性能的专用车、改装车、特种车、半挂车系列（上述产品须经国家主管部门发布公告后方可生产）及其零部件，公路、港口新型机械设备，集装箱，折叠箱，特种集装箱，一般机械产品及金属结构；提供产品售后技术服务。						

企业名称	华为终端有限公司			海关编码	4403930090	所属海关	沙湾海关
通讯地址	广东省深圳市龙岗区坂田华为基地B区2号楼					邮政编码	518129
评定时间	2009. 11. 5	注册日期	2004. 7. 30	报关有效期	2013. 12. 24	注册资本	76364万人民币
法人姓名	郭平	电　话	0755－28780808	日常联系人	周俊	电　话	0755－36822488
主营范围	开发、生产、销售通信电子产品及配套产品，并提供技术咨询和售后服务。经营进出口业务（不含分销）。						

企业名称	比亚迪股份有限公司			海关编码	4403937368	所属海关	沙湾海关
通讯地址	广东省深圳市龙岗区葵涌镇延安路					邮政编码	518119
评定时间	2008. 12. 19	注册日期	2003. 5. 8	报关有效期	2014. 3. 29	注册资本	235410万人民币
法人姓名	王传福	电　话	0755－89888888	日常联系人	刘勇	电　话	0755－89888888
主营范围	锂离子电池及其他电池、充电器、电子产品、仪器仪表、柔性线路板、五金制品、液晶显示器、手机零配件、模具、塑胶制品及其相关附件的生产、销售。增加：道路普通货运；3D眼镜、GPS导航产品的研发、生产及销售；作为比亚迪汽车有限公司比亚迪品牌用车、电动车的总经销商，从事上述品牌的乘用车、电动车及其零部件的营销、批发和出口，提供售后服务；电池管理系统、换流柜、逆变器柜/器、汇流箱、开关柜、储能机组的销售。						

企业名称	立信染整机械（深圳）有限公司			海关编码	4403940323	所属海关	沙湾海关
通讯地址	广东省深圳市龙岗区南湾街道丹竹头工业区立信路 17－19 号					邮政编码	518114
评定时间	2008. 12. 19	注册日期	1991. 3. 14	报关有效期	2014. 3. 9	注册资本	2250 万美元
法人姓名	冀新	电　　话	0755－84736288	日常联系人	卢琳	电　　话	0755－84736288
主营范围	生产经营纺织品染整机械及配件、铸造配件、不锈钢管和不锈钢板材表面加工（许可证管理和配额限制的产品除外），销售立信染整机械集团在中国投资设厂的染整机械系列产品并提供其自产产品的技术咨询服务。增加：承接染整机械及配件的加工。增加：生产经营各类新型纺织机械成套设备及零配件。从事货物及技术进出口（不含分销及国家专营专控商品）。						

企业名称	世界塑胶餐垫（宝安）有限公司			海关编码	4403940327	所属海关	沙湾海关
通讯地址	广东省深圳市龙岗区坪山镇宝山工业一区 16 幢					邮政编码	518118
评定时间	2009. 6. 19	注册日期	1989. 1. 1	报关有效期	2014. 4. 27	注册资本	36000 万港币
法人姓名	李达兴	电　　话	0755－24275626	日常联系人	林显伟	电　　话	0755－84600328
主营范围	生产加工塑胶及各类餐垫、杯垫、餐巾、餐巾圈、洗碟布、挂历、厨房隔热手套、煲垫、围裙、胶台布、胶浴帘、喷胶棉、PVC 胶布，生产经营彩盒、纸袋等纸制包装品，生产、加工、销售绣花毛巾、印花毛巾、印花辘等产品。产品 80% 外销。从事非配额许可证管理、非专营商品的收购出口。增加：生产、加工销售 PE 胶袋、PP 胶袋、PVC 胶袋。						

企业名称	美利达自行车（中国）有限公司			海关编码	4403940375	所属海关	沙湾海关
通讯地址	广东省深圳市龙岗区布吉街道吉华路 278 号					邮政编码	518112
评定时间	2011. 5. 24	注册日期	1990. 7. 12	报关有效期	2014. 5. 31	注册资本	1228 万美元
法人姓名	曾崧柱	电　　话	0755－28522410	日常联系人	周厚兵	电　　话	0755－28522410
主营范围	生产经营自行车及零件。增加：生产经营运动器材。增加：生产经营电动自行车及零件，从事上述商品的批发、进出口及相关配套业务（不涉及国营贸易管理商品，涉及配额、许可证管理及其他专项规定管理的商品，按国家有关规定办理申请）。在北京、上海、石家庄、郑州、沈阳、成都、济南、福州、长沙设立分支机构，增加设立西安、昆明、南京、武汉分支机构。增加设立太原、南昌、杭州、南宁分支机构。增加设立天津分支机构。						

企业名称	赐昌鞋业（深圳）有限公司			海关编码	4403940777	所属海关	沙湾海关
通讯地址	广东省深圳市龙岗区横岗街道保安社区赐昌路 8 号					邮政编码	518115
评定时间	2012. 11. 15	注册日期	2004. 5. 8	报关有效期	2014. 3. 9	注册资本	600 万美元
法人姓名	陈志忠	电　　话	0755－28673333	日常联系人	成美芳	电　　话	0755－28673333
主营范围	生产经营各种鞋及半成品（消防合格后方可经营）。产品 100% 外销。						

企业名称	华得电子（深圳）有限公司			海关编码	4403941378	所属海关	沙湾海关
通讯地址	广东省深圳市龙岗区中心城龙平西路160号2号厂房第四层					邮政编码	518172
评定时间	2009.1.4	注册日期	2002.5.16	报关有效期	2016.4.6	注册资本	1700万美元
法人姓名	LI MING FANG	电　话	0755－61292888	日常联系人	许桂玲	电　话	0755－61292888－2222
主营范围	生产、加工、经营各种语音合成技术的小型家用电子产品。产品中钟表、计算器、收音机、录音机100%外销，其他产品70%外销。生产经营音箱，增营产品10%外销。生产经营家庭影院影音设备、电子防盗器、DVD机及半成品。生产经营MP3机、CD机。生产经营数字电视机。生产经营数码类小家电、数码类电子礼品。						

企业名称	力嘉包装（深圳）有限公司			海关编码	4403941521	所属海关	沙湾海关
通讯地址	广东省深圳市龙岗区横岗街道力嘉路98号					邮政编码	518115
评定时间	2008.12.19	注册日期	1993.9.9	报关有效期	2016.8.18	注册资本	15290万港币
法人姓名	马伟武	电　话	0755－28868161－202	日常联系人	马泽东	电　话	0755－28868161
主营范围	生产经营彩盒、彩咭、纸制品、纸箱、纸板、各式相簿等产品，从事各类玩具、文具、绘画册纸包装业务。境外商品包装全部外销。经营各类纸制品批发，自有物业租赁、物业管理，数码摄影。						

企业名称	祐富百胜宝电器（深圳）有限公司			海关编码	440394199A	所属海关	沙湾海关
通讯地址	广东省深圳市坪山新区兰金七路8号					邮政编码	518118
评定时间	2012.9.17	注册日期	2012.7.11	报关有效期	2015.7.11	注册资本	1080万美元
法人姓名	黄启昌	电　话	0755－84622318	日常联系人	秦海霞	电　话	0755－84622318
主营范围	生产经营家庭电器（风筒卷发器等）、电子产品，从事货物及技术进出口（不含分销）。						

企业名称	中华商务联合印刷（广东）有限公司			海关编码	4403943167	所属海关	沙湾海关
通讯地址	广东省深圳市龙岗区平湖镇春湖工业区10栋					邮政编码	518111
评定时间	2013.5.31	注册日期	1995.12.12	报关有效期	2014.11.14	注册资本	1881万美元
法人姓名	梁兆贤	电　话	0755－33609988	日常联系人	张改换	电　话	0755－33609289
主营范围	从事各类印刷业务，产品70%外销。						

企业名称	太平洋电线电缆（深圳）有限公司			海关编码	4403943222	所属海关	沙湾海关
通讯地址	广东省深圳市龙岗区宝龙工业城锦龙四路9号					邮政编码	518116
评定时间	2008.12.19	注册日期	1995.12.25	报关有效期	2014.4.14	注册资本	1660万美元
法人姓名	GONG WEI	电　话	0755－89669681	日常联系人	邹少清	电　话	0755－89669678
主营范围	生产经营各类线缆产品（包括漆包线、电子线、电力电缆、通信电缆）及其相关附件，从事各类线缆技术设计、工程规划及技术咨询服务，产品60%外销。						

企业名称	中磊石材（深圳）有限公司			海关编码	4403944629	所属海关	沙湾海关
通讯地址	广东省深圳市龙岗区布吉坂田正坑水库口					邮政编码	518129
评定时间	2011.9.1	注册日期	2003.4.1	报关有效期	2014.3.2	注册资本	4000万港币
法人姓名	张卫文	电　话	0755－28778880	日常联系人	李莹	电　话	0755－28778880
主营范围	生产经营新型建筑材料及高档环保型装饰装修材料。从事建筑材料、装饰装修材料的批发、佣金代理（不含拍卖）、进出口及相关配套业务（不涉及国营贸易管理商品，涉及配额、许可证管理及其他专项规定管理的商品，按国家有关规定办理申请）。						

企业名称	高峰创建家私（深圳）有限公司			海关编码	4403945080	所属海关	沙湾海关
通讯地址	广东省深圳市龙岗区葵涌镇雷公山高峰创建工业园					邮政编码	518119
评定时间	2008.12.19	注册日期	2011.3.3	报关有效期	2014.3.3	注册资本	400万美元
法人姓名	林永安	电　话	0755－89771810	日常联系人	陈乐祥	电　话	138××××6610
主营范围	生产经营各类沙发、茶几及鞋柜。						

企业名称	连展科技（深圳）有限公司			海关编码	4403945595	所属海关	沙湾海关
通讯地址	广东省深圳市坪山新区兰景中路2号					邮政编码	518118
评定时间	2009.8.28	注册日期	2001.3.13	报关有效期	2014.3.4	注册资本	1760万美元
法人姓名	颜志勳	电　话	0755－33828888	日常联系人	赵萍果	电　话	0755－33828888
主营范围	开发、生产经营用于电脑、电子、通讯产品的连接器、元器件、配套件、五金件、塑胶元器件、锂离子电池块、新型电子元器件、光电器件、无线局域网络卡、访问节点连接器、设备用电线、天线、塑料模具和冲压模具，从事上述同类产品的批发、进出口及相关配套业务（涉及配额许可证管理、专项规定管理的商品按国家有关规定办理）。开发、生产经营仪用接插件、发光二极管、有机发光二极管、半导体零组件、风力发电设备。						

企业名称	信义汽车玻璃（深圳）有限公司			海关编码	4403945832	所属海关	沙湾海关
通讯地址	广东省深圳市龙岗区横岗镇228工业区信义路					邮政编码	518115
评定时间	2009.7.30	注册日期	2009.5.31	报关有效期	2015.5.31	注册资本	35381万人民币
法人姓名	李贤义	电　话	0755－28631333	日常联系人	刘苑芬	电　话	135××××9630
主营范围	生产经营进口汽车专用玻璃产品，并研究发展新产品。产品60%外销。增加：生产建筑玻璃（不含现行许可证管理的产品），产品80%外销。增加：生产经营玻璃制造设备、玻璃金属家具系列产品，产品80%外销。增加：玻璃金属门窗制品、橡胶配件制品，增营产品80%外销；在罗湖区贝丽南路3号楼底层北端及南山区南油路2240号设立非法人分支机构，销售公司自产产品。增加：生产、加工压延玻璃，增营产品80%外销。增加：生产加工包装金属料、玻璃深加工模具、丝网、磨轮、玻璃设备零配件、包装木料。增加：生产经营无机非金属制品、特种玻璃（太阳热反射特种玻璃、防弹特种玻璃、汽车专用特种玻璃、环保自洁特种玻璃）。增加：普通货运、货物专用运输（集装箱）。						

企业名称	中万印刷（深圳）有限公司			海关编码	4403946300	所属海关	沙湾海关
通讯地址	广东省深圳市龙岗区横岗街道红棉四路25号1栋					邮政编码	518115
评定时间	2011.3.25	注册日期	2011.2.11	报关有效期	2014.2.11	注册资本	6000万人民币
法人姓名	林三明	电　话	0755－28672512	日常联系人	陈月媚	电　话	0755－28672512
主营范围	从事包装装潢印刷品印刷，销售自产产品，从事货物及技术进出口（不含分销）。						

企业名称	天基电气（深圳）有限公司			海关编码	4403946188	所属海关	沙湾海关
通讯地址	广东省深圳市龙岗区龙岗街道新生莱茵路30号天基工业园					邮政编码	518116
评定时间	2010.9.8	注册日期	2001.12.26	报关有效期	2014.11.19	注册资本	15000万港币
法人姓名	叶平东	电　话	0755－84889999	日常联系人	刘志伟	电　话	138××××2960
主营范围	加工、生产各种电开关、电插座、电插头、接线头、铁面开关、排苏、钉仔合、空气开关、漏电开关、漏电开关箱、节能灯、照明灯盘，从事塑胶模具、胶木模具、五金冲压模具的设计与制造，上述产品的批发、佣金代理（不含拍卖）、进出口及相关配套业务（不涉及国营贸易管理商品，涉及配额、许可证管理及其他专项规定管理的商品，按国家有关规定办理申请）。						

企业名称	赐昱科技（深圳）有限公司			海关编码	4403946493	所属海关	沙湾海关
通讯地址	广东省深圳市龙岗区龙城街道新联社区嶂背工业区园湖路322号					邮政编码	518172
评定时间	2008.12.19	注册日期	2002.5.27	报关有效期	2014.3.16	注册资本	5500万美元
法人姓名	苏启声	电　话	0755－28966869	日常联系人	成美芳	电　话	0755－28966869
主营范围	从事鞋类制品、塑胶制品、保护套、电子产品、电脑产品、配件及相关配套产品的生产经营及研发，从事货物及技术进出口（不含进口分销及国家专营专控商品）。						

企业名称	伯恩光学（深圳）有限公司			海关编码	4403946606	所属海关	沙湾海关
通讯地址	广东省深圳市龙岗区横岗六约金泉工业区四路7号					邮政编码	518173
评定时间	2012. 11. 15	注册日期	2002. 6. 27	报关有效期	2014. 6. 15	注册资本	48293万港币
法人姓名	杨建文	电　　话	0755－28663399	日常联系人	赖秋仙	电　　话	0755－28663399
主营范围	生产加工水晶玻璃、屏蔽电磁波玻璃、高档（电子）玻璃、显示屏镜片、PC胶片、PET胶片、PMMA胶片，销售自产产品。						

企业名称	兄弟工业（深圳）有限公司			海关编码	4403947147	所属海关	沙湾海关
通讯地址	广东省深圳市龙岗区宝龙工业城锦龙三路5号					邮政编码	518116
评定时间	2008. 12. 19	注册日期	2010. 11. 10	报关有效期	2013. 11. 10	注册资本	2700万美元
法人姓名	石川博	电　　话	0755－61885506	日常联系人	钟耀华	电　　话	0755－61885506
主营范围	从事新型激光打印机、喷墨打印机、其他打印机、精密多功能机、传真机及其相关半成品、零部件和上述产品所用的工具、器具、模具、机械设备、软件的研发、设计、生产和销售，并提供售后技术服务、维修、检测（不涉及进出口商品的检验鉴定）及包装服务。						

企业名称	耀邦织造（深圳）有限公司			海关编码	4403948801	所属海关	沙湾海关
通讯地址	广东省深圳市龙岗区坑梓镇中兴路中兴工业区					邮政编码	518122
评定时间	2010. 1. 4	注册日期	2005. 3. 7	报关有效期	2014. 3. 28	注册资本	6300万港币
法人姓名	陈文龙	电　　话	0755－84871668	日常联系人	卢勇	电　　话	135××××0082
主营范围	从事高档织物面料的织造及后整理加工，货物及技术进出口。增加：加工服装半成品及服装整烫业务，各类纱线整理加工。						

企业名称	深圳市比克电池有限公司			海关编码	4403948907	所属海关	沙湾海关
通讯地址	广东省深圳市龙岗区葵涌镇振达工业区第十栋					邮政编码	518119
评定时间	2009. 11. 11	注册日期	2005. 4. 22	报关有效期	2014. 5. 5	注册资本	8260万美元
法人姓名	李向前	电　　话	0755－89770088	日常联系人	邢淑霞	电　　话	136××××2858
主营范围	生产锂离电池，新型电池技术开发。增加：从事货物、技术进出口（不含分销、国家专营专控商品）。增加：普通货运（“道路运输经营许可证”有效期至2011年12月31日）。						

企业名称	兄弟高科技（深圳）有限公司			海关编码	4403949821	所属海关	沙湾海关
通讯地址	广东省深圳市龙岗区南湾街道南岭黄金园工业第六号区					邮政编码	518114
评定时间	2008. 12. 19	注册日期	2006. 5. 29	报关有效期	2015. 5. 5	注册资本	1500 万美元
法人姓名	石川博	电　　话	0755 – 61885506	日常联系人	钟耀华	电　　话	0755 – 61885506
主营范围	从事新型激光打印机、喷墨打印机、其他打印机、精密多功能机、传真机及其相关半成品、零部件和上述产品所用的工具、器具、模具、机械设备的研发、设计、生产和销售，并提供售后技术服务，维修、检测及包装服务，以及上述产品的相关软件的研发、设计和销售。						

企业名称	*深圳市龙岗区横岗镇黄阁坑雅骏眼镜制造厂			海关编码	44039BA298	所属海关	沙湾海关
通讯地址	广东省深圳市横岗镇黄阁坑大围村					邮政编码	518115
评定时间	2009. 8. 28	注册日期	1987. 10. 1	报关有效期	2049. 1. 11	注册资本	30000 万港币
法人姓名	王财富	电　　话	0755 – 28930922	日常联系人	黄鸟云	电　　话	137 × × × × 9693
主营范围	经营各款眼镜、钛眼镜制品、眼镜镜片。						

企业名称	*深圳市龙岗区龙岗爱联赐昱制品厂			海关编码	44039BB644	所属海关	沙湾海关
通讯地址	广东省深圳市龙岗区龙岗镇爱联嶂背工业区					邮政编码	518172
评定时间	2009. 1. 4	注册日期	2000. 9. 22	报关有效期	2015. 8. 11	注册资本	0 万美元
法人姓名	陈志忠	电　　话	0755 – 28966869	日常联系人	成美芳	电　　话	0755 – 28966869
主营范围	经营鞋类制品、EVA 护膝、EVA 塑胶配件、塑胶粒、塑胶制品。						

企业名称	乐金电子（惠州）有限公司			海关编码	4413332001	所属海关	深惠州关
通讯地址	广东省惠州仲恺高新区惠风四路 42 号					邮政编码	516006
评定时间	2008. 12. 19	注册日期	2008. 12. 2	报关有效期	2014. 11. 4	注册资本	2250 万美元
法人姓名	池周焕	电　　话	0752 – 5755387	日常联系人	江李才	电　　话	0752 – 2613201
主营范围	各式收音设备、音响设备、CD、VCD、DVD、CD – ROM、CD – RW、DVD – ROM、手提电脑光驱（CD – ROM、CD – RW、DVD – ROM）的影音设备及相关零件制造。产品 80% 外销，20% 内销［增资新增手提电脑光驱（CD – ROM、CD – RW、DVD – ROM）100% 外销］。DVD – RW、便携式卫星导航器的生产和销售。电子产品零配件及产成品的批发、进出口业务及相关配套业务（不设店铺，不涉及国营贸易管理商品，涉及配额、许可证管理商品的，按国家有关规定办理申请）。网络连接存储器等电子产品的生产和销售，产品 90% 外销，10% 内销。手机无线充电器的生产，智能打印机的生产，产品在国内外市销售。						

企业名称	索尼精密部件（惠州）有限公司			海关编码	4413341051	所属海关	深惠州关
通讯地址	广东省惠州市惠台工业园区惠风东一路 9 号					邮政编码	516006
评定时间	2008. 12. 18	注册日期	1995. 11. 20	报关有效期	2013. 11. 20	注册资本	7935 万美元
法人姓名	铃木秀幸	电　　话	0752－2606333	日常联系人	加藤秀明	电　　话	0752－2606333
主营范围	生产经营新型电子元器件［混合集成电路，光电子器件、组件即 CD、VCD、DVD、CD－RW、GAME 激光头等精密电子零部件及微电机、机芯（不含录像机机芯）］，数字摄录机、数字录放机、数字放声设备制造，新型平板显示器生产，电子专用设备制造［新型电子元器件组装设备、新型平板显示器件组装设备、贴片机（实装机）］，提供售后服务。产品在国内外市场销售。提供技术支援，设备调试，经营管理业务指导、咨询等服务。						

企业名称	TCL 王牌电器（惠州）有限公司			海关编码	4413342007	所属海关	深惠州关
通讯地址	广东省惠州市仲恺高新技术开发区 19 号小区					邮政编码	516006
评定时间	2008. 12. 19	注册日期	1997. 12. 15	报关有效期	2014. 11. 14	注册资本	50000 万港币
法人姓名	赵忠尧	电　　话	0752－33312970	日常联系人	陈永华	电　　话	0752－3270237
主营范围	研究、开发、生产、销售数字（数码）电子类产品、通讯设备（包括 VCD、DVD 视盘机，模拟、数字、及背投影彩色电视机，机顶盒，家庭影院系统，电子计算机及配件，家庭电器，空调制品，监视器）及相关配套的注塑零部件（涉及国家限制类及出口许可证管理产品除外），出口 TCL 集团股份有限公司及成员企业自产产品配套的相关或同类商品。设备租赁。						

企业名称	惠州 TCL 移动通信有限公司			海关编码	4413342022	所属海关	深惠州关
通讯地址	广东省惠州市仲恺高新区惠风四路 70 号					邮政编码	516006
评定时间	2009. 8. 24	注册日期	2004. 10. 15	报关有效期	2014. 9. 14	注册资本	19960 万美元
法人姓名	廖旭东	电　　话	0752－2611888	日常联系人	刘华	电　　话	0752－2611637
主营范围	开发、制造、销售移动通信数字终端设备、电子计算机、平板电脑、家庭网关、机顶盒、调制解调器、电话设备等产品及各产品的相关附件和其他关联产品，并提供相关服务，开发、销售软件产品并提供相关服务，从事本公司生产产品的同类商品的批发、进出口、佣金代理（拍卖除外）及相关业务（不设店铺，不涉及国营贸易管理商品，涉及配额、许可证管理商品的，按国家有关规定办理申请）。						

企业名称	TCL 集团股份有限公司			海关编码	4413912062	所属海关	深惠州关
通讯地址	广东省惠州市惠城区仲恺高新技术开发区 19 号					邮政编码	516001
评定时间	2008. 12. 19	注册日期	1999. 8. 30	报关有效期	2014. 8. 30	注册资本	258633 万人民币
法人姓名	李东生	电　　话	0752－2288338	日常联系人	潘红梅	电　　话	0752－2376225
主营范围	经营本企业及成员企业自产产品及相关技术的出口，生产科研所需原辅材料、机械设备、仪器仪表、零配件等商品，从事相关技术的进口业务及出口与本企业自产产品配套的相关或同类的商品（仅限机电产品）（具体按粤外经贸进字［99］233 号、〔2000〕074 号文经营）。研究、开发、生产、销售电子产品及通讯设备，五金、交电，VCD、DVD 视盘机，家庭影院系统，电子计算机及配件，电池，普通机械。提供电子计算机技术服务、货运仓储、影视器材维修。						

企业名称	惠信精密部件有限公司			海关编码	4413932012	所属海关	深惠州关
通讯地址	广东省惠州市仲恺高新技术开发区惠风东二路40号					邮政编码	516006
评定时间	2009.1.13	注册日期	2010.3.9	报关有效期	2016.3.9	注册资本	137592万日本元
法人姓名	大塚照夫	电　话	0752－2261652	日常联系人	叶秀华	电　话	0752－2387203
主营范围	机芯，模具，其他电子、电器产品的金属塑胶零部件，小型风力发电机制造。其中，小型风力发电机100%外销，其余产品55%外销，45%内销（增资新增产量100%外销）。生产大容量光、磁盘驱动器及其关键件，高密度数字光盘机用关键件；产品在国内外市场销售。						

企业名称	信华精机有限公司			海关编码	4413932020	所属海关	深惠州关
通讯地址	广东省惠州市仲恺高新技术开发区惠风西二路26号					邮政编码	516001
评定时间	2008.12.19	注册日期	1986.7.17	报关有效期	2014.6.20	注册资本	1950万美元
法人姓名	寺田明彦	电　话	0752－2061816	日常联系人	朱文龙	电　话	135××××2384
主营范围	设计、制造与销售CD/DVD机芯及伺服解码板等汽车娱乐系统的关健零部件及整机方案，汽车电子装置（车身电子控制系统）、关健零部件及整机方案，VCD、DVD等影视音响产品，GPS导航模块，嵌入式软件，无线通讯及数字广播产品用模块，电源管理系统，电子书及其他消费类产品，监控与安防产品，特种灯、UV镜及其他光学元器件、光学组件、光学仪器，工厂自动化设备及工装夹具，可编程序控制器。制造与销售激光头、移动通讯系统交换设备、网络路由器、网络连接器、手机、电话等通信产品、各类线路板组件、打印机及其组件、电子游戏机及其激光模组组件。上述产品在国内外市场销售。						

企业名称	惠阳国威运动器材有限公司			海关编码	4413940005	所属海关	深惠州关
通讯地址	广东省惠州市仲恺高新区沥林镇					邮政编码	516035
评定时间	2008.12.19	注册日期	1992.6.9	报关有效期	2014.5.24	注册资本	2850万美元
法人姓名	李明宗	电　话	0752－3869888	日常联系人	曲银敏	电　话	135××××2969
主营范围	生产和销售各类运动器材、烧烤炉具、电动玩具、电器电子零件及五金塑胶配件（不含电镀），产品100%外销。						

企业名称	惠州三星电子有限公司			海关编码	4413932551	所属海关	深惠州关
通讯地址	广东省惠州市惠城区陈江镇					邮政编码	516229
评定时间	2008.12.19	注册日期	1993.5.1	报关有效期	2014.5.1	注册资本	7990万美元
法人姓名	李丙植	电　话	0752－3166259	日常联系人	江昌添	电　话	0752－3166259
主营范围	生产镭射影音系列产品（CD、LD、VCD、DVD等组合产品和单一产品）、镭射机芯产品、数字式录放机（DAT、MD、录音笔、MP3、MP4）、显示器（CDT、LCD）、彩色电视机、移动通信系统手机、第三代后续移动通信系统手机、移动通信网络设备、移动互联网设备（有音视频播放功能）（MID）、便携式数字自动数据处理设备（Table PC），提供上述产品的销售和售后服务。产品在国内外市场销售。从事上述产品相关零部件的批发和进出口（不设店铺，不涉及国营贸易管理商品，涉及配额许可证管理商品的，按国家有关规定办理申请）。						

企业名称	惠阳亚伦塑胶电器实业有限公司			海关编码	4413940022	所属海关	深惠州关
通讯地址	广东省惠州市惠阳区沥林镇					邮政编码	516235
评定时间	2009.3.24	注册日期	1996.1.22	报关有效期	2014.1.22	注册资本	10000 万港币
法人姓名	张丽珍	电　　话	0752－3853388	日常联系人	何家星	电　　话	0752－3853903
主营范围	生产塑胶制品、家用电动电热器具、电动电热理发器具、电护理器具按摩器具和玩具。						

企业名称	惠阳源高电器有限公司			海关编码	4413940150	所属海关	深惠州关
通讯地址	广东省惠州市仲恺区陈江镇青春管理区					邮政编码	516229
评定时间	2009.1.13	注册日期	1994.2.1	报关有效期	2015.1.11	注册资本	1370 万美元
法人姓名	陈春惠	电　　话	0752－3892551	日常联系人	黄顺娣	电　　话	0752－3892551
主营范围	生产销售各种高级吊扇，灯饰，电热水瓶，家用电动器具及其零配件，不锈钢餐具、器皿及其他小五金等制成品及半成品，农业灌溉用新型抽水泵及其零配件，艺术桌扇、艺术立扇、旋转扇等成品、半成品及其零配件。产品 100% 外销。						

企业名称	惠阳中建电讯制品有限公司			海关编码	4413940295	所属海关	深惠州关
通讯地址	广东省惠州市惠阳区太阳城					邮政编码	516213
评定时间	2008.12.19	注册日期	1999.4.15	报关有效期	2014.4.15	注册资本	12000 万港币
法人姓名	郑玉清	电　　话	0752－3500138	日常联系人	袁辉璋	电　　话	0752－3500138
主营范围	传真机、电话机、儿童玩具及用品、宽带接入网通信系统设备、移动通信系统、移动电话、多媒体播放器、对讲机、塑胶配件、电话配件、音响、电器产品、开关电源器（AC/DC 换能器、充电器）、线性电源（变压器、线圈）及新型平板显示器、显示管的设计、开发和生产制造及以上产品的塑胶、电子、五金配件的加工制造（电镀除外）。产品 100% 外销。						

企业名称	雅美工业（惠阳）有限公司			海关编码	4413940360	所属海关	深惠州关
通讯地址	广东省惠州市惠城区沥林镇沥林村					邮政编码	516235
评定时间	2009.3.24	注册日期	1992.10.15	报关有效期	2014.9.23	注册资本	7500 万港币
法人姓名	张丽珍	电　　话	0752－3853388	日常联系人	何家星	电　　话	0752－3853388－393
主营范围	玩具（包括塑胶玩具、塑胶电动玩具、塑胶电子玩具），塑胶制品，家用电动器具，家用电热器具，电热、电动理发器具，按摩器具，贱金属制品等的制造。产品 100% 外销。						

企业名称	惠州住电电装有限公司		海关编码	4413940670	所属海关	深惠州关
通讯地址	广东省惠州大亚湾西区第一工业园				邮政编码	516083
评定时间	2012.12.26	注册日期	2005.4.28	报关有效期	2014.4.28	注册资本	900万美元
法人姓名	清水和志	电　话	0752－5189354	日常联系人	姚和平	电　话	0752－5189354
主营范围	生产和销售汽车电子设置（含发动机控制系统、底盘控制系统、车身电子控制系统）、汽车关键零部件（组合仪表），生产上述项目相关产品的构成材料和用具，批发上述产品，提供上述相关产品的售后服务。产品在国内外市场销售。						

企业名称	敏华家具制造（惠州）有限公司		海关编码	4413940675	所属海关	深惠州关
通讯地址	广东省惠州市大亚湾区西区龙山一路68号敏华工业城				邮政编码	516081
评定时间	2009.8.24	注册日期	2005.5.23	报关有效期	2014.5.5	注册资本	8200万美元
法人姓名	黄敏利	电　话	0752－5206588	日常联系人	雷祖成	电　话	0752－5206588
主营范围	生产和销售高档家具（含板式家具）、沙发（含高铁座椅、地铁座椅、汽车座椅及头枕、船舶座椅、飞机座椅、按摩椅）、海棉、床垫、床具、床上用品。国际货物运输代理（订舱、缮制有关单证、交付运费、结算及交付杂费），无船承运业务（凭资格登记证经营）。从事家具、家居饰品、装修材料商品的批发、零售、进出口业务及其相关配套业务（不设零售店铺，涉及配额、许可证管理、专项规定管理的商品，按国家有关规定办理）。产品在国内外市场销售。						

企业名称	惠州大亚湾光弘科技电子有限公司		海关编码	4413940740	所属海关	深惠州关
通讯地址	广东省惠州市大亚湾经济技术开发区响水河工业园永达路5号				邮政编码	516083
评定时间	2009.1.13	注册日期	2006.9.25	报关有效期	2015.3.23	注册资本	3000万美元
法人姓名	唐建兴	电　话	0752－5108688	日常联系人	谢革	电　话	0752－5181209
主营范围	生产经营CD机芯、CD唱机、光学读盘、继电器、有线电话机、无绳电话机、高频头、数字录放机、宠物保护接收器、激光头及其配件、多媒体播放器、数码音乐播放器、线路板组件、打印机及其配件、移动通信系统手机及交换设备和汽车车身电子控制系统。第三代及后续移动通信系统手机及其配件的制造。产品100%外销。						

企业名称	惠州大亚湾汇利日用制品有限公司		海关编码	4413940915	所属海关	深惠州关
通讯地址	广东省惠州市大亚湾经济技术开发区黄鱼涌汇利工业城				邮政编码	516081
评定时间	2009.4.21	注册日期	2009.3.18	报关有效期	2015.3.18	注册资本	2000万美元
法人姓名	钟锦明	电　话	0752－5565881	日常联系人	陈巧云	电　话	135××××5886
主营范围	生产和销售高级塑胶、纸品，包装装潢印刷品印刷（凭印刷经营许可证经营）。产品在国内外市场销售。						

企业名称	大统营科技（惠州）有限公司			海关编码	4413941122	所属海关	深惠州关
通讯地址	广东省惠州市惠东县白花镇					邮政编码	516300
评定时间	2009. 3. 24	注册日期	2004. 4. 21	报关有效期	2014. 4. 21	注册资本	5000 万美元
法人姓名	林裕原	电　　话	0752－8202188	日常联系人	徐爱花	电　　话	159××××3697
主营范围	生产电子专用设备、工模具、高档建筑五金件、水暖器材及五金件，开发生产日用家庭电器、不锈钢厨具、健身器材及日用塑胶五金（电镀除外）等产品，产品100%外销。						

企业名称	惠东县港惠针织有限公司			海关编码	4413941256	所属海关	深惠州关
通讯地址	广东省惠州市惠东县平山镇太阳坳					邮政编码	516300
评定时间	2012. 11. 8	注册日期	2011. 6. 10	报关有效期	2014. 6. 10	注册资本	3900 万港币
法人姓名	边耀圭	电　　话	0752－8876212	日常联系人	严莉萍	电　　话	0752－8876212
主营范围	生产经营各类毛衫、毛衫片和裙等毛织服装产品，采用计算机集成制造系统的服装生产。产品100%外销（该企业由三来一补“惠东县港惠毛织厂”转型为外资企业）。						

企业名称	惠州宏利五金塑胶制品厂有限公司			海关编码	4413942041	所属海关	深惠州关
通讯地址	广东省惠州市惠城区惠环街道办事处平南工业区49号小区					邮政编码	516006
评定时间	2008. 12. 19	注册日期	2008. 11. 21	报关有效期	2014. 11. 14	注册资本	13065 万港币
法人姓名	陈超婷	电　　话	0752－2600161	日常联系人	林雪映	电　　话	0752－2612865
主营范围	生产和销售不锈钢、塑胶制品，并从事公司自产产品同类商品和各种家用电器、厨具、餐具、清洁洗刷用品、卫浴用品、灯饰、家用纺织品、玻璃、陶瓷、金属工艺品、干花卉、人造花卉的批发和进出口业务（不设店铺，不含电镀工序，涉及配额许可证管理、专项规定管理的商品按国家有关规定办理）。公司产品在国内外市场销售。						

企业名称	华通电脑（惠州）有限公司			海关编码	4413942214	所属海关	深惠州关
通讯地址	广东省惠州市博罗县湖镇镇					邮政编码	516139
评定时间	2008. 12. 19	注册日期	1996. 6. 14	报关有效期	2014. 5. 16	注册资本	11500 万美元
法人姓名	刘腾凌	电　　话	0752－6301111	日常联系人	徐丽莉	电　　话	0752－6301111－4131
主营范围	设计、制造、加工线宽0.25微米及以下大规模集成电路封装用及大中型电子计算机、卫星通信系统、数据通信多媒体系统、接入网通信系统等设备用精密线路板［高密度互连多层印刷线路板（HDI）、多层挠性板（FPC）、IC封装载板、特种印刷电路板（背板、高频微波板、金属基板和厚铜箔板、埋置元件板、光电印刷板和纳米材料的印制板）］、柔性线路板、半导体封装及其专用材料，销售自产产品，产品在国内外市场销售。从事公司自产产品同类商品的进出口及批发、国内采购商品（特种商品除外）的批发业务（不设店铺，涉及配额许可证管理、专项规定管理的商品按国家有关规定办理）。						

企业名称	晶惠工业（惠州）有限公司			海关编码	4413942401	所属海关	深惠州关
通讯地址	广东省惠州市惠城区江北61号区（汝湖虾村）					邮政编码	516021
评定时间	2010.2.21	注册日期	2002.5.8	报关有效期	2014.5.8	注册资本	2187万美元
法人姓名	罗乐凤	电　　话	852－22618315	日常联系人	苏柏文	电　　话	0752－2811028
主营范围	生产棉、毛、针梭织服装及辅料产品，采用计算机集成制造系统的服装生产。产品在国内外市场销售。						

企业名称	惠州时代电池有限公司			海关编码	4413942507	所属海关	深惠州关
通讯地址	广东省惠州市古塘坳工业区					邮政编码	516008
评定时间	2009.3.24	注册日期	2003.12.8	报关有效期	2014.11.1	注册资本	940万美元
法人姓名	汤信源	电　　话	0752－5766188－2001	日常联系人	武晓彤	电　　话	0752－5766188－2606
主营范围	设计、制造和销售无汞碱锰电池、镍氢电池、锂离子电池及各类型电池和以上电池之组合电池及零配件等产品。产品在国内外市场销售。						

企业名称	隆发鞋业（惠州）有限公司			海关编码	4413942595	所属海关	深惠州关
通讯地址	广东省惠州市博罗县龙溪镇龙庭工业区					邮政编码	516123
评定时间	2010.11.3	注册日期	2005.12.2	报关有效期	2014.11.10	注册资本	6000万美元
法人姓名	苏启声	电　　话	0752－6298333－185	日常联系人	成美芳	电　　话	0752－6298361
主营范围	生产、销售各款鞋类及鞋半成品、鞋配件等。产品在国内外市场销售。						

企业名称	惠州震雄铜导体有限公司			海关编码	4413942600 4413341045	所属海关	深惠州关
通讯地址	广东省惠州市仲恺高新技术开发区陈江街道办大欣工业区第五区					邮政编码	516008
评定时间	2009.1.5	注册日期	2006.1.4	报关有效期	2014.1.4	注册资本	1000万美元
法人姓名	蔡伟	电　　话	0752－3175088－888	日常联系人	邓新活	电　　话	0752－3175088－895
主营范围	生产销售各类铜及铜合金导体、导线、漆包线。产品在国内外市场销售。从事公司自产产品同类商品及其原材料批发、进出口业务（不涉及国营贸易管理商品，涉及配额、许可证管理商品的，按国家有关规定办理申请）。						

企业名称	澳宝化妆品（惠州）有限公司			海关编码	4413942636	所属海关	深惠州关
通讯地址	广东省惠州市惠城区水口镇横沙工业区					邮政编码	516001
评定时间	2012. 12. 26	注册日期	2007. 3. 30	报关有效期	2015. 3. 2	注册资本	11500 万港币
法人姓名	吴惠城	电　　话	0752 - 3318888	日常联系人	黄银霞	电　　话	0752 - 2280032
主营范围	生产销售洗发护发用品、美容护肤化妆品系列、家庭清洁用品等日用化工产品及合成香料、芳香料（沐浴）礼品套、塑料（木、竹、藤、纸、玻璃、铁、陶瓷等）制化妆系列工艺品，并从事上述产品及其原辅材料的进出口、采购及批发业务（不设店铺，涉及配额许可证管理、专项规定管理的商品按国家有关规定办理）。						

企业名称	惠州市大亚湾华德石化有限公司			海关编码	4413947031	所属海关	深惠州关
通讯地址	广东省惠州市大亚湾经济技术开发区					邮政编码	516081
评定时间	2011. 7. 8	注册日期	2011. 7. 7	报关有效期	2014. 7. 7	注册资本	9376 万美元
法人姓名	冯建平	电　　话	0752 - 5599502	日常联系人	侯拥得	电　　话	135 × × × × 1756
主营范围	经营原油储存、输运，提供重油及成品油的中转、储存、供应和技术咨询服务，生产经营相关的石化产品、化工原材料和建筑材料，附设油库、加油站及液化气站、原油保税仓库。						

拱北关区

企业名称	广东省中山食品进出口有限公司			海关编码	4420910010	所属海关	中山海关
通讯地址	广东省中山市中山二路17号					邮政编码	528401
评定时间	2011. 11. 28	注册日期	1995. 2. 5	报关有效期	2014. 2. 5	注册资本	541万人民币
法人姓名	冯铨祥	电　　话	0760－88669136	日常联系人	邓钧铭	电　　话	0760－88669136
主营范围	自营和代理除国家组织统一联合经营的出口商品和国家实行核定公司经营的进口商品以外的商品及技术的进出口业务，开展“三来一补”、进料加工业务，经营对销贸易和转口贸易（按〔1998〕外经贸政审函字第2189号文经营）。进出口商品内销业务。仓储、贷运（分支机构经营），生产宠物用品、金属制品及礼品（分支机构经营），种植树木、花卉、水果（分支机构经营），畜禽饲养、销售、收购（分支机构经营），饲料加工、制造、销售（分支机构经营），加工畜禽肉制品（分支机构经营），种植农作物（分支机构经营），销售蔬菜、谷物、薯类、油料、豆类（分支机构经营），加工、销售农副产品（分支机构经营），生产、销售肥料（分支机构经营）。						

企业名称	广东省中山丝绸进出口集团有限公司			海关编码	4420910019	所属海关	中山海关
通讯地址	广东省中山市石岐悦来南路28号					邮政编码	528400
评定时间	2011. 2. 22	注册日期	1992. 11. 25	报关有效期	2014. 11. 25	注册资本	1500万人民币
法人姓名	关天计	电　　话	0760－88802138	日常联系人	何苑玑	电　　话	139××××6062
主营范围	丝绸、纺织品及其制品的生产、加工；自营和代理各类商品及技术的进出口业务（不另附进出口商品目录），国家规定的专营进出口商品和国家禁止进出口等特殊商品除外。经营进料加工和“三来一补”业务，开展对销贸易和转口贸易。本企业出口商品转内销和进口商品内销业务，茧丝绸收购，仓储业（不含易燃易爆物品），物业租赁。						

企业名称	广东长虹电子有限公司			海关编码	4420913850	所属海关	中山海关
通讯地址	广东省中山市南头镇兴业北路1号					邮政编码	528427
评定时间	2008. 10. 15	注册日期	2003. 11. 21	报关有效期	2014. 11. 21	注册资本	50000万人民币
法人姓名	林茂祥	电　　话	0760－23138568	日常联系人	潘荣	电　　话	0760－23138989
主营范围	生产、销售视频产品、视听产品、电池产品、计算机网络产品、激光读写系列产品、数码相机、摄录一体机、机械产品、计算机产品、通讯设备（不含通讯终端设备）、纸箱（不含印刷）、厨房电器、小家电、电冰箱、洗衣机、空调器、泡沫塑料制品，电子元件、电子器件、电子产品零配件、原辅材料的出口业务及国内销售业务，研发生产电视生产线体及模具，网上销售本公司生产的产品，设备租赁业务，电子产品及零配件维修，经营本企业自产产品及技术的出口业务和本企业所需的机械设备、零配件、原辅料及技术的进口业务，但国家限定公司经营或禁止进出口的商品及技术除外，投资高新科技产业及实业。						

企业名称	中山联合鸿兴造纸有限公司			海关编码	4420930156	所属海关	中山海关
通讯地址	广东省中山市沙溪镇105国道中山三桥侧					邮政编码	528471
评定时间	2008. 10. 15	注册日期	1995. 6. 15	报关有效期	2014. 6. 15	注册资本	5366万美元
法人姓名	长谷川一郎	电　话	0760－87188283	日常联系人	萧祖江	电　话	0760－87188209
主营范围	生产经营各种纸类、纸板、纸制品及相关业务（书籍、报刊等除外）、瓦楞纸板的原纸、箱板纸，产品境内外销售。生产并销售电力（除配套公司自用外，剩余部份有偿上网）。废纸的收购（只限于企业自用）。在中山市沙溪镇105国道中山三桥侧公司内自有码头从事码头和其他港口设施经营，在港区内从事货物装卸（凭港口经营许可证经营）。						

企业名称	中山市华锋制锁有限公司			海关编码	4420930683	所属海关	中山海关
通讯地址	广东省中山市小榄镇永宁工业大道南					邮政编码	528415
评定时间	2008. 10. 15	注册日期	1996. 12. 31	报关有效期	2014. 12. 31	注册资本	478万美元
法人姓名	何文烈	电　话	0760－22273801	日常联系人	余惠婵	电　话	0760－22830962
主营范围	生产经营各种门锁产品、五金制品、锌合金支架、不锈钢支架、升降滑轮、纸巾架、窗撑固定座、纸箱、金属阁楼梯，包装装潢印刷品印刷（凭许可证经营），产品境内外销售。						

企业名称	品谱五金家居（中山）有限公司			海关编码	4420931668	所属海关	中山海关
通讯地址	广东省中山市小榄镇福兴村民安北路248号					邮政编码	528415
评定时间	2008. 10. 23	注册日期	1997. 8. 19	报关有效期	2014. 8. 19	注册资本	1913万美元
法人姓名	NATHAN ERIK FAGRE	电　话	0760－22281701	日常联系人	张仿玉	电　话	0760－22239043
主营范围	生产经营五金制品、门窗制品、锁具制品及其配件、家具配件，电镀。产品境内外销售。非配额许可证管理、非专营商品的收购出口业务。						

企业名称	中山市富田食品有限公司			海关编码	4420932357	所属海关	中山海关
通讯地址	广东省中山市五桂山镇南桥管理区					邮政编码	528458
评定时间	2011. 11. 28	注册日期	2002. 3. 13	报关有效期	2014. 3. 13	注册资本	2000万人民币
法人姓名	JAMES CHEN	电　话	0756－8821350	日常联系人	陈智	电　话	0760－88205922
主营范围	生产果汁饮料、茶饮料及非酒精饮料产品（不含外国牌号非酒精饮料及固体饮料）。产品50%出口内销。						

企业名称	TCL空调器（中山）有限公司			海关编码	4420932419	所属海关	中山海关
通讯地址	广东省中山市南头镇南头大道					邮政编码	528427
评定时间	2008.10.15	注册日期	2002.5.10	报关有效期	2014.5.10	注册资本	4985万美元
法人姓名	李书彬	电　话	0760－87821889	日常联系人	吴朝佳	电　话	0760－87821535
主营范围	生产经营变频、模糊、智能分体式空调器，移动式空调，调湿装置和静音窗式空调器及其零配件（不含轴功率2KW以下的压缩机），商用空调，特种空调系列，热泵热水机组，电热水器，太阳能热水器及相关产品；提供上述产品的设计、维修、工程安装等相应配套服务和技术咨询。产品境内外销售。						

企业名称	威斯达电器（中山）制造有限公司			海关编码	4420932447	所属海关	中山海关
通讯地址	广东省中山市五桂山镇长命水村					邮政编码	528458
评定时间	2010.7.26	注册日期	2002.6.12	报关有效期	2014.6.12	注册资本	1100万美元
法人姓名	李良平	电　话	0760－23378889	日常联系人	叶利雄	电　话	0760－23378889
主营范围	生产电热水煲、室外烤炉、多士炉及上述产品配件，生产全自动家用面包机、烤箱、烧烤器、电炸锅、冰淇淋机、咖啡壶、电风筒、汽车清洁机、电动割草机等家用电器产品及其零配件、电饭煲、搅拌器、电煎锅，产品内销25%。生产数字音、视频编解码设备，宽带接入网通讯系统设备，移动通信系统设备等电子产品；产品内销30%。						

企业名称	广东奥马电器股份有限公司			海关编码	4420932585	所属海关	中山海关
通讯地址	广东省中山市南头镇东福北路54号					邮政编码	528427
评定时间	2009.10.16	注册日期	2003.3.21	报关有效期	2014.3.21	注册资本	16535万人民币
法人姓名	蔡拾贰	电　话	0760－23136888	日常联系人	万金发	电　话	0760－23136886
主营范围	生产和销售各类家用电器、小家电产品、厨卫用具及各类家用电器零配件，公司自产产品及同类商品的批发及进出口业务（不设店铺，不涉及国营贸易管理商品，涉及配额、许可证管理商品的，按国家有关规定办理申请）。						

企业名称	中山佳维电子有限公司			海关编码	4420932784	所属海关	中山海关
通讯地址	广东省中山市东区起湾道东侧白沙湾工业园区					邮政编码	528403
评定时间	2011.11.28	注册日期	2004.4.5	报关有效期	2014.4.5	注册资本	8860万港币
法人姓名	刘焕光	电　话	0760－23320320	日常联系人	萧培杉	电　话	0760－88235082
主营范围	生产经营机械式、电子式衡器及其组配件，训练健身器材，电子测量仪器和五金塑料制品（不含电镀工序）。产品境内外销售。						

企业名称	格兰仕（中山）家用电器有限公司			海关编码	4420932808	所属海关	中山海关
通讯地址	广东省中山市黄圃镇兴圃大道东					邮政编码	528429
评定时间	2010. 12. 2	注册日期	2005. 2. 22	报关有效期	2014. 2. 22	注册资本	60000 万人民币
法人姓名	梁庆德	电　话	0760－23306866	日常联系人	霍首元	电　话	139××××2826
主营范围	生产经营家用电器（涉及配额许可证管理及专项规定管理的产品按国家有关规定办理）、商用空调、五金电器配件、塑料配件，提供自产产品的售后服务（上述产品电镀工序发外加工），产品境内外销售。						

企业名称	广东美的环境电器制造有限公司			海关编码	4420932871	所属海关	中山海关
通讯地址	广东省中山市东凤镇东阜路和穗工业园东区 28 号					邮政编码	528425
评定时间	2011. 11. 28	注册日期	2007. 5. 31	报关有效期	2016. 5. 31	注册资本	20000 万人民币
法人姓名	方洪波	电　话	0760－22598219	日常联系人	郭伟杰	电　话	0760－22235918
主营范围	生产经营电风扇、电暖器、吸尘器、空气清新机、换气扇、电热毯、加湿器、取暖干衣器、家用美容、保健电器具、医用超声仪器、物理治疗及康复设备、病房护理设备及器具、消毒和灭菌设备及器具、照明器具及配件及上述各类产品零部件。						

企业名称	中山市美盈家具有限公司			海关编码	4420932904	所属海关	中山海关
通讯地址	广东省中山市港口镇沙港公路群乐路段					邮政编码	528447
评定时间	2011. 11. 18	注册日期	2001. 2. 20	报关有效期	2014. 11. 25	注册资本	7300 万港币
法人姓名	黎伟良	电　话	0760－88405256	日常联系人	何佩芳	电　话	0760－88405256－822
主营范围	生产经营各种沙发、实木、藤、玻璃、大理石、树脂、金属、彩绘家具、木制装饰品、配套五金制品、彩绘工艺品（包括花瓶、碗、碟、小动物彩瓷），家具原辅材料及包装材料、装饰工艺用品、家用电器、灯饰、家具机械设备及其零配件、公司生产产品同类的商品批发、佣金代理（拍卖除外）、进出口业务（不设店铺经营，涉及配额许可证管理、专项规定管理的商品按国家有关规定办理）。						

企业名称	中山市展新塑料制品有限公司			海关编码	4420940005	所属海关	中山海关
通讯地址	广东省中山市火炬开发区展兴路 8 号					邮政编码	528436
评定时间	2008. 10. 15	注册日期	1993. 1. 1	报关有效期	2014. 1. 1	注册资本	712 万美元
法人姓名	巫新财	电　话	0760－85319655	日常联系人	郭小芳	电　话	0760－85319655
主营范围	生产经营充气塑料制品、硬质塑料制品、雨衣、雨伞、运动袋及塑料运动器材产品，植绒及绒毛产品、仿皮的后整饰加工，生产各种电动充气泵。产品100%出口外销。						

企业名称	中山咏盟皮件有限公司		海关编码	4420940018	所属海关	中山海关
通讯地址	广东省中山市板芙镇板芙中路9号				邮政编码	528459
评定时间	2008. 10. 15	注册日期 1990. 8. 6	报关有效期	2016. 8. 5	注册资本	10680 万港币
法人姓名	陈秋香	电　话 0760－86502015	日常联系人	郑健男	电　话	0760－86502015
主营范围	生产各种皮带、皮夹、旅行袋、手袋、皮箱、棉织皮带、皮饰品，皮料加工（不含蓝湿皮加工），加工牛皮 、牛榔皮、猪皮、猪榔皮、再生皮、合成皮。产品境内外销售。从事皮带、皮夹、旅行袋、手袋、皮箱、棉织皮带、皮饰品的进出口业务（不涉及国营贸易管理商品，涉及配额、许可证管理商品，按国家有关规定办理申请）。					

企业名称	威华鞋业（中山）有限公司		海关编码	4420940026	所属海关	中山海关
通讯地址	广东省中山市坦洲镇第一工业区				邮政编码	528467
评定时间	2009. 2. 13	注册日期 1991. 8. 15	报关有效期	2014. 8. 15	注册资本	1008 万美元
法人姓名	梁万富	电　话 0760－86652666	日常联系人	何日洪	电　话	0760－86652666－264
主营范围	生产各款皮鞋产品、鞋材及配件。					

企业名称	中山通佳鞋业有限公司		海关编码	4420940084	所属海关	中山海关
通讯地址	广东省中山市南朗镇第二工业区				邮政编码	528451
评定时间	2009. 11. 3	注册日期 1992. 11. 19	报关有效期	2014. 11. 19	注册资本	1710 万美元
法人姓名	童家隆	电　话 0760－23890968	日常联系人	杨孟儒	电　话	0760－23890968
主营范围	生产各种真皮及人造革皮鞋，运动鞋和拖、凉鞋产品，鞋类半成品，鞋类鞋材（包括橡胶底、发泡底、PU 底、EVA、PVC 沿条、PVC 中底等），各种真皮及人造革的汽车座套、沙发座套及相关皮革制品，各种真皮及人造革的汽车座套裁片、沙发座套裁片及相关皮革制品裁片，汽车内饰件。产品 100% 出口外销。					

企业名称	中山杰士美电子有限公司		海关编码	4420940097	所属海关	中山海关
通讯地址	广东省中山市坦洲镇第一工业区				邮政编码	528467
评定时间	2009. 10. 16	注册日期 1993. 2. 10	报关有效期	2014. 2. 10	注册资本	2000 万美元
法人姓名	吴幸柔	电　话 0760－86658681	日常联系人	谢辉	电　话	0760－86658681
主营范围	生产、加工、经营各种电视机天线（涉限涉证产品除外）和电视机共用系统组件、各种连接线和电子同轴线、分配器、接插头、防盗报警器材产品、有线电视器材、信号选择开关、无线传输遥控系统组件（遥控影音信号器、信号延伸器、婴儿监护器）、电脑周边设备、摄像信号传输监控器、数字音/视频编解码设备、数字摄录机、数字有线电视系统设备、监控摄像系统组件、包装装潢印刷品（不含商标印刷）、五金件、电子元器件、自产产品的半成品及配件，产品境内外销售。					

企业名称	中山侨光纺织有限公司			海关编码	4420940171	所属海关	中山海关
通讯地址	广东省中山市南朗镇第三工业区					邮政编码	528451
评定时间	2008. 11. 28	注册日期	1994. 1. 13	报关有效期	2014. 1. 13	注册资本	31200 万港币
法人姓名	王世民	电　　话	0760－85523181	日常联系人	周双园	电　　话	0760－85523181
主营范围	生产毛纱（包括羊、兔毛纱线，人造纤维纱线，棉麻线）、毛衫及针织服装（涉及出口许可证及配额管理商品除外）产品。						

企业名称	日星电气（中山）有限公司			海关编码	4420940187	所属海关	中山海关
通讯地址	广东省中山市坦洲镇前进四路 21 号二、三楼					邮政编码	528467
评定时间	2008. 10. 15	注册日期	1994. 3. 19	报关有效期	2014. 3. 19	注册资本	2500 万美元
法人姓名	河野胜男	电　　话	0760－86653481－200	日常联系人	孙敏丽	电　　话	0760－86653481－122
主营范围	生产经营各种特殊橡胶类滚子、树脂类滚子、滚子组装件、耐热电线、电线组装件、纤维绝缘套管、硅橡胶套管、硅橡胶垫圈、同轴电线及器件、光纤电缆及器件、电热线、电热加工件、精密板金加工件、金属轴芯加工件、光源发生器，产品 100% 外销。从事上述自产产品及同类商品批发、佣金代理（拍卖除外）、进出口业务（不涉及国营贸易管理商品，涉及配额、许可证管理商品的，按国家有关规定办理申请）及上述产品的售后服务。						

企业名称	福懋兴业（中山）有限公司			海关编码	4420940198	所属海关	中山海关
通讯地址	广东省中山市神湾镇神溪村					邮政编码	528462
评定时间	2010. 1. 6	注册日期	1994. 4. 19	报关有效期	2014. 4. 19	注册资本	4640 万美元
法人姓名	王文渊	电　　话	0760－55573966	日常联系人	徐欣	电　　话	0760－86608061
主营范围	生产经营锦纶与涤纶的坯布、色布、印花布、过胶布、色织布及捻丝加工纱等，高仿真化纤及高档织物面料的织染及后整理加工，生产槽骨、伞零件，产品境内外销售。从事机械设备的进出口业务（以上商品进出口不涉及国营贸易、进出口配额许可证、出口配额招标、出口许可证等专项管理的商品）。						

企业名称	中山庆琏金属制品有限公司			海关编码	4420940205	所属海关	中山海关
通讯地址	广东省中山市坦洲镇第三工业区					邮政编码	528467
评定时间	2009. 2. 13	注册日期	1994. 3. 26	报关有效期	2014. 3. 26	注册资本	16600 万港币
法人姓名	王光达	电　　话	0760－86653777	日常联系人	梁卫明	电　　话	0760－86738856
主营范围	生产各种不锈钢剪刀和刀具制品、各种日用五金制品、园艺工具、烤肉用具。产品 100% 出口外销。						

企业名称	中山伟立纺织品有限公司			海关编码	4420940260	所属海关	中山海关
通讯地址	广东省中山市三乡镇第二工业区					邮政编码	528463
评定时间	2008. 10. 15	注册日期	1995. 3. 7	报关有效期	2014. 3. 7	注册资本	2180 万美元
法人姓名	王台光	电　　话	0760 – 86682368	日常联系人	李国辉	电　　话	0760 – 86682368
主营范围	生产经营运动帽、休闲帽、针织及梭织服装、其他纺织制品（包括头巾、袖套、包袋、室内针织鞋、眼罩、领带及其半成品），产品100%出口外销。生产经营绣花、水洗、布料贴合、塑料制品（包括塑料压出品、塑料袋）、袜子、高档织物面料的编织及后整理加工，生产毛织制品（毛织帽、披肩、护耳、头带、护腕、手套、围巾、毛衣、护腿、头套、暖手袋及其半成品），产品境内外销售。收购出口业务（配额许可证管理及专营商品的收购出口业务除外）。						

企业名称	中山正亚电业有限公司			海关编码	4420940275	所属海关	中山海关
通讯地址	广东省中山市三乡镇白石工业区					邮政编码	528463
评定时间	2009. 8. 26	注册日期	1995. 4. 29	报关有效期	2014. 4. 29	注册资本	1938 万港币
法人姓名	刘金城	电　　话	0760 – 86681761	日常联系人	祝生贵	电　　话	0760 – 86681761
主营范围	生产装饰灯泡及灯串产品。						

企业名称	中山立辉金属制品有限公司			海关编码	4420940280	所属海关	中山海关
通讯地址	广东省中山市五桂山镇龙塘大山脚169号					邮政编码	528458
评定时间	2009. 11. 3	注册日期	1995. 8. 28	报关有效期	2014. 8. 28	注册资本	5886 万港币
法人姓名	林志远	电　　话	0760 – 28179000	日常联系人	林汉彬	电　　话	0760 – 23378138
主营范围	生产经营餐桌、餐椅、厨房、卫浴等家用钢铁器具及其相关制品（包括电镀铁线制品、烤漆铁线制品、塑料金属制品、陶瓷金属制品、木器金属制品等），金属线材制品。产品境内外销售。						

企业名称	中山市立达金属制品有限公司			海关编码	4420941225	所属海关	中山海关
通讯地址	广东省中山市五桂山镇龙塘管理区					邮政编码	528458
评定时间	2010. 3. 2	注册日期	1998. 8. 19	报关有效期	2014. 8. 19	注册资本	9590 万港币
法人姓名	Anders Jan Berggren	电　　话	0760 – 23378179	日常联系人	欧伟仪	电　　话	0760 – 23378168
主营范围	生产经营各种规格的散热风扇保护网、平面网架、搅拌器配件等金属制品，烤肉架、炸鸡篮、蒸架及铁线网产品，烤漆铁架、铁笼、铁篮、伸展架等金属制品，超市购物手推车，商业用烤箱及配件，运动器材及配件，专用切削机、工业用工具箱等金属制品，塑胶制品及配件、家具及配件，木制品。从事上述产品的安装及维护服务，产品境内外销售。承接电镀及烤漆加工业务（凭环保部门有效许可文件开展业务）。从事五金塑胶制品、运动器材、家具及上述产品零配件的批发、进出口、佣金代理（拍卖除外）业务（涉及行业许可管理的按国家有关规定办理，以上商品进出口不涉及国营贸易、进出口配额许可证、出口配额招标、出口许可证等专项管理的商品）。						

企业名称	国碁电子（中山）有限公司			海关编码	4420941305	所属海关	中山海关
通讯地址	广东省中山市火炬开发区建业东路9号					邮政编码	528437
评定时间	2008.11.28	注册日期	1998.11.27	报关有效期	2014.11.27	注册资本	5120万美元
法人姓名	徐文一	电　话	0760－23381357	日常联系人	李秋梅	电　话	0760－23381357－2209
主营范围	公司生产经营新型电子元器件（混合集成电路、敏感元器件及传感器、光通信器件），光通信测量仪表，速率10Gb/s及以上光收发器，数字音、视频编解码设备，数字有线电视系统设备，存储卡，无线网卡，网络电话转换器，金属氧化物半导体集成电路减薄、切割、减薄及切割，集成电路测试、金属氧化物半导体集成电路测试，MCM先进封装与测试，发光效率50LM/W以上高亮度发光二极管，LED照明灯，LED电子看板。产品境内外销售。从事电子制造设备及自产产品的原材料的批发、进出口、佣金代理（拍卖除外）业务（不涉及国营贸易管理商品，涉及金额、许可证管理商品的，按国家有关规定办理申请）。						

企业名称	协昱电子科技（中山）有限公司			海关编码	4420941329	所属海关	中山海关
通讯地址	广东省中山市火炬开发区					邮政编码	528437
评定时间	2010.3.2	注册日期	1999.1.5	报关有效期	2014.1.5	注册资本	1245万美元
法人姓名	林昆成	电　话	0760－23382255－3101	日常联系人	黄敏俊	电　话	0760－23382255－3304
主营范围	生产经营新型电子元器件（含超细同轴线、光线组立、平板显示器到主机板信号连接线组、电脑内连接线组）产品。产品70%出口外销。						

企业名称	曼秀雷敦（中国）药业有限公司			海关编码	4420941405	所属海关	中山海关
通讯地址	广东省中山市三乡镇第二工业区					邮政编码	528463
评定时间	2011.7.26	注册日期	1999.4.12	报关有效期	2014.4.12	注册资本	15380万人民币
法人姓名	伍懿聪	电　话	0760－86685596	日常联系人	梁若菲	电　话	0760－86685596
主营范围	研究、开发、生产经营凝胶剂，软膏剂，乳膏剂，吸入剂，滴眼剂，贴剂，洗剂，Ⅱ类6858医用冷疗、低温、冷藏设备及器具，Ⅱ类6863口腔科材料，洗发护发、护肤类、美容修饰类产品（唇膏、唇彩、润唇膏、洁肤类）。生产香水类化妆品、卫生用品类产品［抗（抑）菌洗剂（不含栓剂、皂类）］。从事各类非自产的化妆美容用品，香氛，发品及洗涤用品，二三类6822医用光学器具、仪器及内窥镜设备［仅限软性、硬性（透气性）角膜接触镜（俗称隐形眼镜）及其护理用液类］，6826物理治疗及康复设备，6840临床检验分析仪器，6858医用冷疗、低温、冷藏设备及其器具，6863口腔科材料，6864医用卫生材料及敷料，6866医用高分子材料及制品，日化用品（不含危险化学品），保健食品，消毒用品及公司同类产品的生产设备及原辅材料的批发、进出口、佣金代理（拍卖除外）、零售业务及其他相关配套服务（不设店铺，不涉及国营贸易管理商品，涉及配额许可证管理、专项规定管理的按国家相关规定办理申请）。从事预包装食品的批发、零售、进出口业务（此项目仅限分支机构，不设店铺，不涉及国营贸易管理商品，涉及配额、许可证管理的按国家有关规定办理申请）。						

企业名称	台达化工（中山）有限公司	海关编码	4420941501	所属海关	中山海关
通讯地址	广东省中山市火炬开发区沿江东二路1号			邮政编码	528437
评定时间	2010.12.2 注册日期 1999.8.9	报关有效期	2014.8.9	注册资本	4625万美元
法人姓名	应保罗 电话 0760-85316689	日常联系人	涂娟	电话	0760-85316689
主营范围	生产销售聚苯乙烯（PS）、丙烯腈-丁二烯-苯乙烯共聚合物（ABS）等苯乙烯系列聚合物（上述苯乙烯系列聚合物不得含有危险化学品）、聚苯乙烯珠体（可发性的），产品境内外销售。				

企业名称	中山市隆成日用制品有限公司	海关编码	4420941536	所属海关	中山海关
通讯地址	广东省中山市东升镇葵兴大道28号			邮政编码	528414
评定时间	2009.5.31 注册日期 1999.10.7	报关有效期	2014.10.7	注册资本	4694万美元
法人姓名	黄英源 电话 0760-23372800	日常联系人	李育平	电话	0760-23372945
主营范围	生产经营提袋、童车、童床及婴儿寝（用）具、玩具、儿童塑料用具及配件、电动玩具车、金属家居用品、办公台（椅）、金属及塑料文体用品、健身器材、汽车顶篮、家用小家电、塑胶制清洁用具、塑胶餐盒、园艺工具车、园艺水管、打气筒、露营设备（帐篷、瓦斯灯塑料外壳、组合式桌椅、露营厨具）、助步车、纺织用品（涉及出口许可证或配额管理的产品除外）。				

企业名称	中山品高电子材料有限公司	海关编码	4420941885	所属海关	中山海关
通讯地址	广东省中山市火炬开发区张家边炬业路6号			邮政编码	528437
评定时间	2009.11.3 注册日期 2000.6.28	报关有效期	2014.6.28	注册资本	2280万港币
法人姓名	李镜琨 电话 0760-85592828-828	日常联系人	涂传位	电话	0760-85592828-886
主营范围	生产电子、半导体器件引线框架及接插件电镀。				

企业名称	豪利士电线装配（中山）有限公司	海关编码	4420942095	所属海关	中山海关
通讯地址	广东省中山市火炬开发区兴达街2号			邮政编码	528437
评定时间	2010.3.1 注册日期 2000.11.7	报关有效期	2014.11.7	注册资本	200万美元
法人姓名	罗传明 电话 136××××6826	日常联系人	刘俊	电话	0760-85314358
主营范围	生产电源线、电缆线、航空专用电缆及电线、通讯线、电源线接插件、电缆线接插件、航空专用电缆接插件及相关的零部件。产品50%出口外销。				

企业名称	中山国泰染整有限公司		海关编码	4420942364	所属海关	中山海关
通讯地址	广东省中山市三角镇高平化工区				邮政编码	528445
评定时间	2009. 1. 23	注册日期	2001. 3. 29	报关有效期	2014. 3. 29	注册资本	4178 万美元
法人姓名	蔡国强	电　话	0760－85403888	日常联系人	乔成良	电　话	0760－5403888
主营范围	生产经营纺织布料，包括织造、印染以及后整理加工，产品100%出口外销。向三角镇高平工业区内用户供应蒸汽，自由房屋租赁业务。						

企业名称	广碁科技（中山）有限公司		海关编码	4420942158	所属海关	中山海关
通讯地址	广东省中山市火炬高技术产业开发区纬创中山科技园区内				邮政编码	528437
评定时间	2013. 6. 20	注册日期	2000. 12. 7	报关有效期	2014. 12. 7	注册资本	1600 万美元
法人姓名	吕财裕	电　话	0760－23382382	日常联系人	吴俊德	电　话	138××××2634
主营范围	台式电脑整机、笔记本电脑整机及电脑附属零配件（摇杆、外接式硬盘模组及外接式扩充介面卡模组），数字电视机，液晶电视，显示器（平板及液晶），光碟机，数据通信多媒体系统设备制造[多媒体个人处理器（PDA）、多媒体数位解码器、各种数位解码器]；MP3 播放器，接入网通信系统设备制造（宽频区域网络交换系统、用户回路网络撷取/传输系统等其他数据式处理设备）；服务器，上述产品之成品、半成品（涉及出口许可证管理商品除外）的研究、开发、生产、境内外销售、境内维修及技术服务、相关售后服务；接受无线电话委托加工；从事电子产品生产设备，公司自产产品、同类产品及其原材料、零部件、组件、附属配套件、外接组件及包装材料（不含印刷）的批发、佣金代理（拍卖除外）、进出口业务（不涉及国营业员贸易管理商品，涉及配额、许可证管理商品的，按国家有关规定办理申请）。生产光电子器件。						

企业名称	中山皇冠皮件有限公司		海关编码	4420942392	所属海关	中山海关
通讯地址	广东省中山市三乡镇第二工业区				邮政编码	528463
评定时间	2008. 11. 28	注册日期	2001. 4. 16	报关有效期	2014. 4. 16	注册资本	900 万美元
法人姓名	江枝田	电　话	0760－86683756	日常联系人	梁美好	电　话	0760－86683756
主营范围	生产经营各款塑料手提箱及旅行箱包产品，各款布面手提箱及布面旅行箱、包，塑料制品。产品境内外销售。						

企业名称	中山住胶精密橡胶有限公司		海关编码	4420942500	所属海关	中山海关
通讯地址	广东省中山火炬高技术产业开发区火炬大道 21 号				邮政编码	528437
评定时间	2009. 12. 15	注册日期	2001. 5. 31	报关有效期	2014. 5. 31	注册资本	600 万美元
法人姓名	福本隆洋	电　话	0760－85314774	日常联系人	黎明娟	电　话	0760－85332083
主营范围	生产激光打印机等用的精密橡胶部件及其相关组件、橡胶制品及其相关组件、电磁阀及其相关组件，从事本公司生产产品及其相关零配件、模具的批发、进出口业务（以上商品进出口不涉及国营贸易、进出口配额的同类产品许可证、出口配额招标、出口许可等专项管理的商品）。						

企业名称	中山金鹰皇制衣厂有限公司			海关编码	4420942675	所属海关	中山海关
通讯地址	广东省中山市沙溪镇下朗工业大道					邮政编码	528471
评定时间	2008. 10. 15	注册日期	2001. 8. 14	报关有效期	2014. 8. 14	注册资本	4800 万港币
法人姓名	王少帅	电　话	138××××2376	日常联系人	黄少德	电　话	0760－87328623
主营范围	生产经营针织和梳织服装。产品境内外销售。						

企业名称	建碁科技（中山）有限公司			海关编码	4420942536	所属海关	中山海关
通讯地址	广东省中山市火炬开发区科技东路 38 号 3 号厂房 4 楼 A1					邮政编码	528437
评定时间	2008. 11. 28	注册日期	2001. 6. 19	报关有效期	2014. 6. 19	注册资本	1350 万美元
法人姓名	蔡温喜	电　话	0760－88581666	日常联系人	许辉业	电　话	0760－88251678－2171
主营范围	生产经营台式电脑、笔记本电脑、掌上电脑等微型电脑整机（上述产品不含涉及出口许可证商品），主机板、介面卡等微电脑产品及其零配件，光驱、DVD－ROM、CD－RW 及其零配件，电脑用的无线网络周边设备、数据传输网络通讯设备、视讯传输设备，DVDRW 及其零配件，新型平板显示器和数字电视；产品境内外销售。生产 DVD 影音光碟机，产品 100% 出口外销；提供全部产品的售后维修服务。从事电脑、平板显示器、数字电视机等上述相关产品的咨询和检测业务（国家另有规定检测业务除外）。电脑科技相关产品信息技术应用开发、软件开发业务。						

企业名称	佳能（中山）办公设备有限公司			海关编码	4420942694	所属海关	中山海关
通讯地址	广东省中山市中山火炬开发区环茂三路 2 号					邮政编码	528437
评定时间	2008. 10. 15	注册日期	2001. 8. 23	报关有效期	2014. 8. 23	注册资本	580 万美元
法人姓名	根岸敏之	电　话	0760－89957888	日常联系人	邹萍	电　话	0760－89957888
主营范围	生产经营激光打印机、传真机、多功能机（含传真、复印、扫描、打印功能）及其相关半成品、零部件、组件及附属品及上述产品相关的机械加工工具。提供上述产品有关的售后服务。从事企业经营管理咨询服务（国家禁止类、限制类除外）。公司产品境内外销售。从事公司自产产品同类商品及生产公司产品的机械加工工具、激光打印机及多功能机相关的零部件、公司自产产品包装材料（不含印刷工序）的批发、进出口、佣金代理（拍卖除外）业务。（以上商品进出口不涉及国营贸易、进出口配额许可证、出口配额招标、出口许可等专项管理的商品。）						

企业名称	好来化工（中山）有限公司			海关编码	4420942722	所属海关	中山海关
通讯地址	广东省中山市西区沙朗第三工业区					邮政编码	528411
评定时间	2008. 10. 23	注册日期	2001. 9. 10	报关有效期	2014. 9. 10	注册资本	2500 万美元
法人姓名	严挹芬	电　　话	0760－88551339	日常联系人	袁国俊	电　　话	0760－88551339
主营范围	生产牙膏、牙刷、口腔清洁护理用品、家庭清洁用品、织物清洁保护用品、个人清洁护理用品、塑料和铝塑复合制品、日用化工用植物提取物（添加剂）及相关原材料（香料、香精油）、包装材料，生产加工上述配套产品，产品境内外销售（涉及配额及许可证管理、专项规定管理的商品按国家有关规定办理）。日用化工原料（不含危险化学品）、日用百货、日用陶瓷、纺织用品、玻璃用品、玩具、餐具及公司生产产品同类商品的批发、佣金代理（拍卖除外）、进出口业务及相关配套服务（涉及配额及许可证管理、专项规定管理的商品按国家有关规定办理）。						

企业名称	中山欧科电子有限公司			海关编码	4420942828	所属海关	中山海关
通讯地址	广东省中山市民众镇番中公路侧俊景路 1 号欧科工业园					邮政编码	528441
评定时间	2012. 4. 6	注册日期	2001. 11. 1	报关有效期	2014. 11. 1	注册资本	5214 万美元
法人姓名	MICHAEL JIMMY WONG YUEN TIEN	电　　话	0760－22332200	日常联系人	李楚儿	电　　话	0760－23382449
主营范围	生产经营专业电子音响设备及相关组件（包括放大器、喇叭、混声器、信号处理器）、电吉他、数字放声设备，产品境内外销售。为境内外提供专业电子音响设备及其相关组件（包括放大器、喇叭、混声器、信号处理器）、电吉他、数字放声设备的软硬件设计、开发、测试、认证（国家另有规定的除外）及试制服务，从事公司同类产品及其半成品和相关原材料的批发、进出口、佣金代理（拍卖除外）业务。（以上商品进出口不涉及国营贸易、进出口配额许可证、出口配额招标、出口许可证等专项管理的商品。）						

企业名称	中山盈亮健康科技有限公司			海关编码	4420943095	所属海关	中山海关
通讯地址	广东省中山市火炬开发区世纪三路 3 号					邮政编码	528437
评定时间	2011. 6. 8	注册日期	2002. 2. 26	报关有效期	2014. 2. 26	注册资本	600 万美元
法人姓名	陈志亮	电　　话	0760－88165258	日常联系人	肖和平	电　　话	0760－88165258－7007
主营范围	生产经营运动健身器、运动健身器配件、五金制品、五金模具、塑胶制品，运动健身器材电子元器件、平板显示器。产品境内外销售。从事公司自产产品及其同类商品的批发、进出口及佣金代理（拍卖除外）业务（以上商品进出口不涉及国营贸易、进出口配额许可证、出口配额招标、出口许可证等专项管理的商品）。						

企业名称	中山市庆谊金属制品企业有限公司			海关编码	4420943122	所属海关	中山海关
通讯地址	广东省中山市神湾镇定溪村					邮政编码	528462
评定时间	2008. 11. 5	注册日期	2002. 3. 8	报关有效期	2014. 3. 8	注册资本	884 万美元
法人姓名	林明泉	电　话	0760－86609888	日常联系人	廖治盛	电　话	0760－86609888
主营范围	生产经营各种铁板与钢板、铁带与钢带、铁管与钢管、园艺工具、园林工具、家具及其零配件、五金制品、五金工具设备及其零配件、充电器、木工机械（不含电钻）、塑胶制品（上述产品涉及配额管理或出口许可证管理商品除外）。产品境内外销售。						

企业名称	伟福科技工业（中山）有限公司			海关编码	4420943390	所属海关	中山海关
通讯地址	广东省中山市火炬开发区火炬路 16 号					邮政编码	528437
评定时间	2011. 11. 28	注册日期	2002. 6. 12	报关有效期	2014. 6. 12	注册资本	1821 万美元
法人姓名	福田秋秀	电　话	0760－85335336	日常联系人	梅海凤	电　话	138××××2577
主营范围	生产经营汽车关键零部件，包括制动器总成（包括制动踏板）、驱动悬挂装置等驱动桥总成、轴瓦、减震器、座椅调角器、玻璃升降器、离合器踏板、加速踏板、专用高强度紧固件及相关冲压、焊接、组装等加工部件。汽车、摩托车模具、夹具及其高效焊装生产设备，汽车、摩托车技术研究、设计、开发。产品境内外销售。						

企业名称	中山福溢家具有限公司			海关编码	4420943407	所属海关	中山海关
通讯地址	广东省中山市板芙镇工业区					邮政编码	528459
评定时间	2008. 10. 15	注册日期	2002. 6. 18	报关有效期	2014. 6. 18	注册资本	11200 万港币
法人姓名	李友智	电　话	0760－86511536、8603089	日常联系人	冯炳彩	电　话	0760－86511536
主营范围	生产经营各种家具、金属家具。						

企业名称	中山开益禧半导体有限公司			海关编码	4420943508	所属海关	中山海关
通讯地址	广东省中山市南朗镇工业区					邮政编码	528451
评定时间	2011. 1. 17	注册日期	2002. 8. 1	报关有效期	2014. 8. 1	注册资本	2080 万美元
法人姓名	郭正昭	电　话	138××××7059	日常联系人	谭冬梅	电　话	0760－85219000－8255
主营范围	生产经营新型电子元器件（片式元器件、敏感元器件及传感器、频率控制与选择元件、混合集成电路、电力电子器件、光电子器件、新型机电元件）及半导体、元器件专用材料。产品境内外销售。从事公司自产产品同类商品的进出口、批发业务及相关配套服务（涉及配额许可证管理、专项规定管理的商品按照国家有关规定办理）。						

企业名称	小原光学（中山）有限公司			海关编码	4420943789	所属海关	中山海关
通讯地址	广东省中山市坦洲镇第三工业区					邮政编码	528467
评定时间	2010. 1. 6	注册日期	2002. 12. 25	报关有效期	2014. 12. 25	注册资本	505 万美元
法人姓名	齐藤弘和	电　话	0760－86281116	日常联系人	任立祥	电　话	0760－86281116
主营范围	生产经营各类光学仪器镜片半成品及成品，产品 100% 出口外销。从事光学镜片的批发、佣金代理（拍卖除外）、进出口业务（不涉及国营贸易管理商品，涉及配额、许可证管理商品，按国家有关规定办理）。						

企业名称	蒂森电梯有限公司			海关编码	4420944304	所属海关	中山海关
通讯地址	广东省中山市南区城南五路龙环地段					邮政编码	528455
评定时间	2008. 10. 23	注册日期	2003. 10. 20	报关有效期	2014. 10. 20	注册资本	3168 万美元
法人姓名	彼得·沃克	电　话	0760－88890728	日常联系人	何宇佳	电　话	0760－23339647
主营范围	生产经营、销售、研发各类电梯（包含障疾人电梯、乘客电梯、载货电梯、客货两用电梯、杂物梯）、自动扶梯、自动人行步道及其零部件，产品境内外销售；从事公司自产产品及同类商品的批发、佣金代理（拍卖除外）、进出口业务（不涉及国营贸易管理商品，涉及配额、许可证管理商品的，按国家有关规定办理申请）；从事前述产品及其零部件的相关配套服务，包括安装、改造、保养、维修、加工、售后服务等。从事公司相关产品及其零部件的技术咨询、技术服务、技术进出口（国家限制、禁止类除外）。						

企业名称	中山伟强科技有限公司			海关编码	4420944710	所属海关	中山海关
通讯地址	广东省中山市三乡镇白石工业区					邮政编码	528463
评定时间	2008. 11. 28	注册日期	2004. 9. 28	报关有效期	2014. 9. 28	注册资本	1950 万美元
法人姓名	王台光	电　话	139××××5833	日常联系人	李国辉	电　话	0760－23803998－145
主营范围	生产经营新型敏感元器件及传感器（热导元器件、热导管），半导体、元器件专用材料（集成电路封装球），胶态贵金属、导电胶，LED 照明和其他照明产品及其零配件、半成品。产品境内外销售。从事上述产品的进出口、批发业务（不涉及国营贸易管理商品，涉及配额、许可证管理商品的，按国家有关规定办理申请），生产经营锡膏、锡球、铜粉，产品 100% 内销。						

企业名称	诺而达铜管（中山）有限公司			海关编码	4420944894	所属海关	中山海关
通讯地址	广东省中山市黄圃镇兴圃大道					邮政编码	528429
评定时间	2009. 11. 3	注册日期	1995. 3. 23	报关有效期	2014. 3. 23	注册资本	5940 万美元
法人姓名	RONALD BEAL	电　话	0760－23220173	日常联系人	黄治康	电　话	0760－23210021
主营范围	设计、开发、生产和销售有色金属复合材料、新型合金材料，就相关产品提供售后及技术咨询服务。						

企业名称	中山艾莱希斯电子有限公司			海关编码	4420944901	所属海关	中山海关
通讯地址	广东省中山市火炬开发区建业路39号					邮政编码	528437
评定时间	2012.10.26	注册日期	2005.6.9	报关有效期	2014.6.9	注册资本	1075万美元
法人姓名	神代道博	电话	136××××6619	日常联系人	陈伟月	电话	0760-88297064
主营范围	生产经营汽车电子装置、摩托车电子装置，产品境内外销售。从事汽车零配件、摩托车零配件(均不含发动机)的批发、进出口业务（不设店铺，不涉及国营贸易管理商品，涉及配额、许可证管理商品的，按照国家有关规定办理申请)。						

企业名称	中山永发纸业有限公司			海关编码	4420945468	所属海关	中山海关
通讯地址	广东省中山市黄圃镇中山糖厂内					邮政编码	528429
评定时间	2011.10.18	注册日期	2008.2.3	报关有效期	2014.2.3	注册资本	8150万港币
法人姓名	胡正	电话	139××××2983	日常联系人	陈威	电话	0760-23973108
主营范围	生产和销售纸、纸板及其他纸制品（不含印刷工序，涉证和涉限产品除外)，产品境内外销售。						

企业名称	中山中粤马口铁工业有限公司			海关编码	4420945505	所属海关	中山海关
通讯地址	广东省中山火炬开发区沿江东一路25号					邮政编码	528437
评定时间	2008.10.15	注册日期	1989.6.22	报关有效期	2014.6.22	注册资本	7425万美元
法人姓名	谭云标	电话	139××××1630	日常联系人	楚琴	电话	0760-85596487
主营范围	生产经营镀锡薄钢板、镀铬薄钢板及其深加工产品（包括钢板、钢卷的裁剪)，加工生产涂料铁、印花铁（含印刷工序)、马口铁基板（冷轧薄钢板)。产品在境内外销售。开发建设中山港工业生产基地，兴建对外加工区，经营厂房、写字楼、码头、生活设施及其出租、出售业务。						

企业名称	中山市威禾电器制造有限公司			海关编码	4420945637	所属海关	中山海关
通讯地址	广东省中山市港口镇群乐村沙港公路海湾工业园A1、A2、A3、A4厂房					邮政编码	528447
评定时间	2009.8.24	注册日期	2001.10.10	报关有效期	2015.8.11	注册资本	5028万人民币
法人姓名	李蔚球	电话	0760-87885757	日常联系人	吴伟雄	电话	0760-87885779
主营范围	生产经营激光打印机、潜水泵、货架、滑板、灯饰、家用电器（包括电风扇、抽油烟机、燃气烧烤炉及上述产品配套的电机、电热水器、咖啡机、暖水杯、烘烤机、搅拌机、果汁机、研磨机、电动刀、煮蛋机、美容美发器、电烫斗、暖风机、烹饪器)、塑料制品（上述产品不含电镀工序)。产品境内外销售。						

企业名称	中山市三乡对外加工装配服务公司			海关编码	4420950002	所属海关	中山海关
通讯地址	广东省中山市三乡镇墟镇					邮政编码	528463
评定时间	2009. 11. 3	注册日期	1992. 11. 24	报关有效期	2014. 11. 24	注册资本	200 万人民币
法人姓名	何津清	电　　话	0760 – 86337238	日常联系人	周文浩	电　　话	0760 – 86682173
主营范围	主营来料加工装配和补偿贸易业务，签约办理此项业务有关进出口手续，从事货物进出口、技术进出口（法律、行政法规禁止的项目除外，法律、行政法规限制的项目须取得许可后方可经营）。兼营为外商供应原辅材料、设备及零配件进行对外加工装配，代理报检。						

企业名称	中山市小榄对外加工装配服务公司			海关编码	4420950004	所属海关	中山海关
通讯地址	广东省中山市小榄镇新华中路 3 号 8 楼					邮政编码	528415
评定时间	2009. 6. 15	注册日期	1992. 12. 24	报关有效期	2014. 12. 24	注册资本	10 万人民币
法人姓名	麦荣坚	电　　话	0760 – 22118902	日常联系人	李霞君	电　　话	0760 – 22118912
主营范围	承接来料加工装配和补偿贸易业务，签约办理此项业务有关进出口手续，货物进出口，技术进出口（法律法规禁止的项目除外，法律行政法规限制的项目须取得许可方可经营）。兼营为外商供应原辅材料、设备及零配件进行对外加工装配。						

企业名称	中山市中山港对外加工装配服务公司			海关编码	4420950007	所属海关	中山海关
通讯地址	广东省中山市火炬开发区康乐大道经贸大厦二楼 202 室					邮政编码	528437
评定时间	2010. 3. 19	注册日期	1992. 12. 19	报关有效期	2014. 12. 19	注册资本	60 万人民币
法人姓名	陈剑科	电　　话	0760 – 85311425	日常联系人	陈剑科	电　　话	135 ××××6681
主营范围	来料加工装配和补偿贸易业务，货物及技术进出口（法律、行政法规禁止的项目除外，法律、行政法规限制的项目须取得许可后方可经营）。兼营签约办理此项业务的有关进出口手续，为外商来料加工装配业务供应原辅材料、设备及零配件。						

企业名称	中山市对外加工装配服务公司			海关编码	4420950009	所属海关	中山海关
通讯地址	广东省中山市中山二路 57 号					邮政编码	528401
评定时间	2008. 11. 28	注册日期	1993. 1. 1	报关有效期	2014. 1. 1	注册资本	500 万人民币
法人姓名	何哲	电　　话	0760 – 88846767	日常联系人	傅子英	电　　话	0760 – 88846767
主营范围	经营和代理各类商品及技术的进出口，但国家限定公司经营或禁止进出口的商品技术除外；销售日用百货、家用电器、机电产品、化工产品（除化学危险品）、纺织品；自有房产租赁；信息服务（劳务、金融、产品认证中介服务，出国留学咨询）；打字服务。承办来料加工装配和补偿贸易项目，签约办理此项业务有关进出口手续，为外商供应原辅材料、设备及零配件进行对外加工装配，经营软件开发及其相关服务。						

企业名称	中山市新达进出口有限公司		海关编码	4420950638	所属海关	中山海关
通讯地址	广东省中山市石岐区南安路23号前座3楼之一				邮政编码	528403
评定时间	2008.11.5	注册日期	2000.7.10	报关有效期	2014.7.10	注册资本	500万人民币
法人姓名	黄志忠	电　　话	0760-88804337	日常联系人	陈少坚	电　　话	0760-88804108
主营范围	自营和代理各类商品及技术的进出口业务（国家限定公司经营或禁止进出口的商品及技术除外），经营对销和转口贸易（按〔2000〕外经贸政审函字第514号文经营），经营进料加工和“三来一补”。						

企业名称	中山市光裕进出口有限公司		海关编码	4420950641	所属海关	中山海关
通讯地址	广东省中山市东区松苑新村金龙横街26号铺位之1				邮政编码	528403
评定时间	2009.10.16	注册日期	2000.7.12	报关有效期	2014.7.12	注册资本	300万人民币
法人姓名	谢绍刚	电　　话	0760-88881849	日常联系人	谢妃和	电　　话	0760-88881848
主营范围	销售建筑材料、五金制品、家用电器、化工产品（不含危险化学品）、日用百货、智能化防盗产品、计算机系统集成、办公自动化产品，批发兼零售预包装食品、乳制品（含婴幼儿配方乳品），仓储（不含易燃易爆危险化学品），货物及技术的进出口（法律、行政法规禁止经营的项目除外，法律、行政法规限制经营的项目须取得许可后方可经营），收购农副产品（不含粮食、棉花、蚕茧），国内货运代理（分支机构经营）。						

企业名称	中山市广勤贸易有限公司		海关编码	4420950692	所属海关	中山海关
通讯地址	广东省中山市小榄镇升平路10号3楼				邮政编码	528415
评定时间	2012.2.1	注册日期	2001.2.7	报关有效期	2014.2.7	注册资本	625万人民币
法人姓名	张坚平	电　　话	0760-22553218	日常联系人	杨巨坤	电　　话	0760-22553223
主营范围	自营和代理各类商品及技术的进出口业务，但国家限定公司经营或禁止进出口的商品及技术除外，经营进料加工和“三来一补”业务，经营对销贸易和转口贸易（按国家对外贸易经济合作部〔2000〕外经贸发展审函字第2831号文经营）。销售五金交电、机械设备、建筑材料、金属材料、汽车零配件、化工材料（化学危险品除外）、塑料制品、纺织原料、百货。						

企业名称	中山市粤粮经贸进出口有限公司		海关编码	4420950700	所属海关	中山海关
通讯地址	广东省中山市石岐区悦来南路20号				邮政编码	528400
评定时间	2009.8.26	注册日期	2001.3.20	报关有效期	2013.10.17	注册资本	1000万人民币
法人姓名	梁国新	电　　话	0760-88920183	日常联系人	萧玉芬	电　　话	0760-88812318
主营范围	自营和代理各类商品及技术的进出口业务，但国家限定公司经营或禁止进出口的商品及技术除外（不另附进出口商品目录），经营进料加工和“三来一补”业务，经营对销贸易和转口贸易（按粤外经贸发字〔2000〕248号文经营）。						

企业名称	中山市土产进出口有限公司			海关编码	4420950832	所属海关	中山海关
通讯地址	广东省中山市东区恒信街2号之八					邮政编码	528400
评定时间	2008. 11. 28	注册日期	2001. 11. 9	报关有效期	2014. 11. 9	注册资本	300万人民币
法人姓名	李正和	电　话	137××××2141	日常联系人	何红梅	电　话	0760－88232980
主营范围	自营和代理除国家组织统一联合经营的出口商品和国家实行核定公司经营的进口商品以外的商品、技术的进出口，经营进料加工和“三来一补”业务，经营对销贸易和转口贸易，经营本公司进出口商品内销业务，经营仓储业务（不含易燃易爆物品），收购土产品。						

企业名称	中山市新惠景企业发展有限公司			海关编码	4420950969	所属海关	中山海关
通讯地址	广东省中山市南头镇南头大道西67号珠三角家电中心大楼三楼309室					邮政编码	528427
评定时间	2008. 11. 5	注册日期	2004. 5. 20	报关有效期	2014. 5. 20	注册资本	100万人民币
法人姓名	林庆生	电　话	0760－88805175	日常联系人	刘华	电　话	0760－88817211
主营范围	销售日用百货、五金交电、装饰材料、纺织服装产品、家用电器、毛绒羽绒及其制品、皮革制品、裘皮制品、文体用品、仪器仪表、陶瓷工艺品、鞋类、塑料制品、饲料、农副产品（棉花除外），自营和代理各类商品及技术的进出口，但国家限定公司经营或禁止进出口的商品及技术除外。						

企业名称	中山市东升进出口贸易有限公司			海关编码	4420950977	所属海关	中山海关
通讯地址	广东省中山市东升镇迎宾路					邮政编码	528414
评定时间	2009. 6. 15	注册日期	2005. 6. 21	报关有效期	2014. 6. 21	注册资本	100万人民币
法人姓名	何毅强	电　话	0760－22224063	日常联系人	何毅强	电　话	0760－22823889
主营范围	经营和代理各类商品及技术的进出口（但国家限定公司经营或禁止进出口的商品及技术除外），销售日用百货、家用电器、机电产品、化工产品（不含二类以上易制毒化危品及易燃易爆化危品）、纺织品，商品流通信息咨询服务（不含劳务、房地产、金融），打字服务，承办来料加工装配和补偿贸易项目，签约办理此项业务有关进出口手续，为外商供应进行对外加工装配所需的原材料、设备及零配件。						

企业名称	中山市中粮外贸发展有限公司			海关编码	4420960199	所属海关	中山海关
通讯地址	广东省中山市石岐区中山二路36号内西面201室至207室、301室至309室					邮政编码	528402
评定时间	2010. 1. 6	注册日期	2000. 9. 12	报关有效期	2014. 9. 12	注册资本	500万人民币
法人姓名	高振武	电　话	0760－88801082	日常联系人	容婉华	电　话	0760－88800514
主营范围	自营和代理各类商品、技术的进出口，国家限定公司经营或禁止进出口的商品、技术除外。进料加工，三来一补，对销及转口贸易（按〔2000〕外经贸政审函字第514号文和粤外经贸发字〔2000〕084号文经营）。销售农副产品、百货、家用电器、电子产品、纺织品、建筑材料、普通机械、五金制品、汽车摩托车零配件，批发预包装食品、乳制品（含婴幼儿乳粉）。提供经济贸易信息咨询。						

企业名称	中山市汇盈进出口有限公司			海关编码	4420960564	所属海关	中山海关
通讯地址	广东省中山市石岐区中山二路方基冲大街3号					邮政编码	528400
评定时间	2011.1.26	注册日期	2001.11.14	报关有效期	2014.11.14	注册资本	500万人民币
法人姓名	邓健明	电　话	138××××6888	日常联系人	梁惠卿	电　话	0760－88803285
主营范围	经营和代理各类商品及技术的进出口业务，但国家限定公司经营或禁止进出口的商品及技术除外，销售家用电器、电子元件、电子器件、五金制品、灯饰、建筑材料、塑料原料及制品、化工原料（化学危险品除外）、鞋类、木材及木制品、普通机械设备、京果杂货、土畜产品，工业用房出租，商业营业用房出租，办公楼出租。						

企业名称	中山大洋电机股份有限公司			海关编码	4420960691	所属海关	中山海关
通讯地址	广东省中山市西区沙朗第三工业区					邮政编码	528411
评定时间	2009.2.13	注册日期	2002.2.1	报关有效期	2014.2.1	注册资本	71603万人民币
法人姓名	鲁楚平	电　话	0760－88661357	日常联系人	石红善	电　话	0760－88555375
主营范围	加工、制造微电机、家用电器、卫生洁具及配件、运动及健身器械、电工器材、电动工具、机动车零配件、电子产品、控制电器、碎纸机，经营本企业自产产品及技术的出口业务，经营本企业生产所需的原辅材料、仪器仪表、机械设备、零配件及技术的进口业务（国家限定公司经营和国家禁止进出口的商品除外，不单列贸易方式）。						

企业名称	中山市中经进出口有限公司			海关编码	4420960723	所属海关	中山海关
通讯地址	广东省中山市东区花园新村富丽街17号					邮政编码	528403
评定时间	2009.1.23	注册日期	2002.3.8	报关有效期	2014.3.8	注册资本	600万人民币
法人姓名	孙寿仪	电　话	0760－88315088	日常联系人	张海明	电　话	0760－88223129
主营范围	经营和代理各类商品及技术的进出口业务（国家限定经营或禁止进出口的商品及技术除外），经营进料加工和“三来一补”业务，经营对销和转口贸易（按〔2000〕外经贸发展审函字第2407号文经营）。						

企业名称	中山市港联华凯电器制品有限公司			海关编码	4420960914	所属海关	中山海关
通讯地址	广东省中山市民众镇浪网科技工业城					邮政编码	528443
评定时间	2008.11.28	注册日期	2002.7.18	报关有效期	2014.7.18	注册资本	500万人民币
法人姓名	卢志强	电　话	0760－85600248	日常联系人	周东霞	电　话	0760－85602979
主营范围	加工、销售灯饰、吊扇及配件、五金塑料制品、玻璃制品、木扇叶、木制家具、木工艺制品、烧烤炉、烧烤箱、遥控器、限流器、温控器、电子稳压器及配件，房地产开发，厂房租赁，LED照明灯、照明灯具的研发，生产、销售，安装LED照明灯、照明灯具及配件、家用电器、工业自动系统控制装置、电子电路控制器件、开关（以上项目不含电力设施承装、承修、承试），销售建筑材料、塑料原材、铝材、不锈钢，经营本企业自产产品及技术的出口业务，经营本企业生产所需的原辅材料、仪器仪表、机械设备、零配件及技术的进出口业务（国家限定公司经营和国家禁止进出口的商品除外，不单列贸易方式）。						

企业名称	中山市正好贸易有限公司			海关编码	4420961519	所属海关	中山海关
通讯地址	广东省中山市港口镇民主社区（中山市天健电子工业有限公司南500米福源路侧）					邮政编码	528447
评定时间	2011.3.21	注册日期	2003.6.20	报关有效期	2014.6.20	注册资本	1000万人民币
法人姓名	郭子强	电　话	0760－28150180	日常联系人	许建维	电　话	0760－28150185
主营范围	批发兼零售预包装食品、乳制品（含婴幼儿配方乳粉）、农产品、建筑材料、日用百货、家用电器、酒类（与酒类许可证同时使用），仓储（不含易燃易爆物品和危险化学品），货物进出口，技术进出口（法律、法规禁止的项目除外，法律、法规限制的项目须取得相关许可后方可经营）。						

企业名称	中山市天博商贸有限公司			海关编码	4420962134	所属海关	中山海关
通讯地址	广东省中山市石岐区民生路100号SP203					邮政编码	528400
评定时间	2011.9.13	注册日期	2004.2.24	报关有效期	2014.2.24	注册资本	300万人民币
法人姓名	梁昭铭	电　话	0760－88801178	日常联系人	许华志	电　话	0760－88873388
主营范围	销售建筑材料、机电产品、家用电器、电子产品、五金工具、纺织品、日用百货、工艺品（不含黄金）、土特产品，自营和代理各类商品和技术的进出口，但国家限定公司经营或禁止进出口的商品和技术除外。						

企业名称	木林森股份有限公司			海关编码	4420962306	所属海关	中山海关
通讯地址	广东省中山市小榄镇木林森大道1号					邮政编码	528415
评定时间	2013.2.7	注册日期	2004.12.16	报关有效期	2014.12.16	注册资本	13115万人民币
法人姓名	孙清焕	电　话	0760－87858888	日常联系人	林婉翩	电　话	0760－87803387
主营范围	进出口贸易（法律、行政法规禁止的项目除外，法律、行政法规限制的项目须取得许可证方可经营）；生产、销售发光二极管、液晶显示、LED发光系列产品及材料、电子产品、灯饰、电子封装材料，城市及道路照明工程专业承包、施工；铝合金、不锈钢制作；承接夜景工程设计及施工、绿化工程施工；节能技术研发服务、合同能源管理。						

企业名称	广东省中山水产进出口有限公司			海关编码	44209641C6	所属海关	中山海关
通讯地址	广东省中山市西区祥和街11号三楼					邮政编码	528401
评定时间	2010.3.19	注册日期	2001.10.9	报关有效期	2016.4.2	注册资本	200万人民币
法人姓名	卢锦明	电　话	0760－88619856	日常联系人	李月琴	电　话	0760－88616826
主营范围	自营和代理各类商品及技术的进出口业务（不另附进出口商品目录），国家规定的专营进出口商品和国家禁止进出口等特殊商品除外；经营进料加工和“三来一补”业务，开展对销贸易和转口贸易；销售农副产品（粮食、棉花除外）、百货、文教体育用品、食品、五金交电、机电产品、化工原料（化学危险品除外）、美术工艺品（金银饰品除外），收购农副产品（粮食、棉花除外）、水产品。						

企业名称	中山市粤粮经贸进出口有限公司			海关编码	44209641CT	所属海关	中山海关
通讯地址	广东省中山市石岐区悦来南路20号					邮政编码	528400
评定时间	2009.8.26	注册日期	2001.3.20	报关有效期	2014.3.20	注册资本	1000万人民币
法人姓名	梁国新	电话	0760-88920183	日常联系人	萧玉芬	电话	0760-88812318
主营范围	自营和代理各类商品及技术的进出口业务，但国家限定公司经营或禁止进出口的商品及技术除外（不另附进出口商品目录），经营进料加工和“三来一补”业务，经营对销贸易和转口贸易（按粤外经贸发字〔2000〕248号文经营）。						

企业名称	*中山市纸箱总厂有限公司			海关编码	44209A0096	所属海关	中山海关
通讯地址	广东省中山市石岐区岐关西路62号					邮政编码	528400
评定时间	2008.10.15	注册日期	2003.1.3	报关有效期	2015.12.28	注册资本	1000万人民币
法人姓名	程岳剑	电话	0760-88803857	日常联系人	张锐强	电话	0760-88865350
主营范围	加工、制造纸箱、纸板、纸合、电子产品及元器件（不含线路板）、玩具，包装装潢印刷品、其他印刷品印刷，电子产品及元器件维修、检测。						

企业名称	*中山市宝元制造厂			海关编码	44209B1170	所属海关	中山海关
通讯地址	广东省中山市三乡镇第一工业区第一厂区					邮政编码	528463
评定时间	2008.10.23	注册日期	1991.12.12	报关有效期	2021.8.31	注册资本	5万人民币
法人姓名	骆志行	电话	0760-86680755	日常联系人	黎百鸣	电话	0760-86680755
主营范围	经营运动鞋、轻便鞋，兼营鞋材。						

企业名称	中国电子进出口珠海有限公司			海关编码	4404110206	所属海关	拱香洲办
通讯地址	广东省珠海市吉大九洲大道中1082号中电大厦6楼					邮政编码	519015
评定时间	2009.4.8	注册日期	1992.12.8	报关有效期	2014.12.8	注册资本	2590万人民币
法人姓名	张晖辉	电话	0756-3266888	日常联系人	兰艳丽	电话	0756-3266823
主营范围	自营和代理除国家组织统一联合经营的16种出口商品和国家实行核定公司经营的14种进口商品以外的商品及技术的进出口业务						

企业名称	中国五矿南方有限责任公司			海关编码	4404110185	所属海关	拱香洲办
通讯地址	广东省珠海市水湾路131号15楼01、02、03、04室					邮政编码	519020
评定时间	2008.10.15	注册日期	1993.1.15	报关有效期	2014.1.15	注册资本	10100万人民币
法人姓名	齐跃	电　话	0756－3260122	日常联系人	黄振海	电　话	0756－3260132
主营范围	黑色金属、有色金属商品的进出口，自营和代理除国家组织统一联合经营的16种出口商品和国家实行核定公司经营的14种进口商品以外的商品及技术的进出口（具体按〔97〕外经贸政审函字第1846号经营）；对外经济贸易咨询服务，展览、技术交流服务；仓储服务（不含危险品及易燃易爆物品仓储）；金属材料、矿产品（不含许可经营项目）、建筑材料、石油制品（不含成品油）、五金交电、化工产品（不含危险化学品及易制毒化学品）、纺织品、百货、普通机械、电器机械及器材、仪器仪表、工艺美术品的批发、零售；自有房屋租赁。						

企业名称	珠海格力电器股份有限公司			海关编码	4404110634	所属海关	拱香洲办
通讯地址	广东省珠海市前山金鸡西路					邮政编码	519070
评定时间	2008.10.15	注册日期	1994.6.29	报关有效期	2014.6.29	注册资本	300787万人民币
法人姓名	董明珠	电　话	0756－8668124	日常联系人	徐丽霞	电　话	0756－8522008
主营范围	货物、技术的进出口（法律、行政法规禁止的项目除外，法律、行政法规限制的项目须取得许可后方可经营）；制造、销售泵、阀门、压缩机及类似机械，风机、包装设备等通用设备，电机，输配电及控制设备，电线、电缆、光缆及电工器材，家用电力器具；批发机械设备、五金交电及电子产品；零售家用电器及电子产品。						

企业名称	珠海京楚石油技术开发有限公司			海关编码	4404112903	所属海关	拱香洲办
通讯地址	广东省珠海市吉大海滨南路47号光大国际贸易中心3003室					邮政编码	519015
评定时间	2011.9.22	注册日期	2001.6.21	报关有效期	2014.6.21	注册资本	1056万人民币
法人姓名	吴坚	电　话	0756－3326612	日常联系人	陈国荣	电　话	0756－3326612
主营范围	批发、零售自动变速箱、柴油发动机及配件、液压气动元件、石油钻采设备及配件、建筑材料，油田新产品、新技术推广应用，石油钻采设备的安装、维修及技术服务（需其他行政许可项目除外，法律、法规禁止的不得经营），按珠外经字〔2001〕180号文开展进出口业务。						

企业名称	珠海新明珠电子有限公司			海关编码	4404121279	所属海关	拱香洲办
通讯地址	广东省珠海市唐家湾镇港湾大道金星路					邮政编码	519085
评定时间	2008.10.23	注册日期	2002.3.25	报关有效期	2014.3.25	注册资本	900万美元
法人姓名	kevin Rollenhagen	电　话	0756－3399348	日常联系人	李小旋	电　话	0756－6266316
主营范围	生产、加工、销售汽车业用的步进电动机、指针、IC及有关配件，机械产品及机械产品的零部件，移动通信业用的部件、电池和配件，微电子产品、手表、表芯和其他计时系统，石英体、工具及手表部件和配件；上述产品的售后服务；成品表分拆；生产上述产品所需的设备、零部件、配件的批发及其进出口业务（不涉及国营贸易管理商品，涉及配额、许可证管理商品的，按照国家有关规定办理）。						

企业名称	珠海经济特区红塔仁恒纸业有限公司			海关编码	4404130596	所属海关	拱香洲办
通讯地址	广东省珠海市前山工业区					邮政编码	519000
评定时间	2008. 10. 15	注册日期	1993. 9. 22	报关有效期	2014. 9. 22	注册资本	24361 万美元
法人姓名	童来明	电　　话	0756 - 8666566	日常联系人	杨勇志	电　　话	0756 - 8666566
主营范围	生产和销售自产的高档包装纸板。从事纸浆、纸及纸制品、化工产品（不含化学危险品）、电器机械、普通机械、矿产品（不含贵金属矿和铁矿石）的批发及进出口业务（不设店铺，不涉及国营贸易管理商品，涉及配额、许可证管理商品的，按国家有关规定办理），从事纸及纸制品的研究开发及提供相关的技术咨询、技术服务、技术转让。						

企业名称	珠海跃华电子有限公司			海关编码	4404131196	所属海关	拱香洲办
通讯地址	广东省珠海市南屏科技工业园屏东四路					邮政编码	519060
评定时间	2011. 11. 28	注册日期	1995. 1. 3	报关有效期	2014. 1. 3	注册资本	3500 万人民币
法人姓名	方先跃	电　　话	0756 - 8682460	日常联系人	刘芳	电　　话	0756 - 8696198
主营范围	生产和销售自产的鼠标器、键帽、计算机原器件及电子玩具，模具制造和注塑业务，经营仪器仪表、家用电器、电子设备，计算机网络周边设备。						

企业名称	珠海格力大金精密模具有限公司			海关编码	4404132912	所属海关	拱香洲办
通讯地址	广东省珠海市香洲区金鸡路 688 号					邮政编码	519000
评定时间	2012. 10. 26	注册日期	2009. 4. 2	报关有效期	2015. 4. 2	注册资本	5796 万美元
法人姓名	谢东波	电　　话	0756 - 8593034	日常联系人	赵碧明	电　　话	0756 - 8593034
主营范围	模具及成型品的开发、生产、销售、售后服务。						

企业名称	珠海联邦制药股份有限公司			海关编码	4404132937	所属海关	拱香洲办
通讯地址	广东省珠海市国家高新技术产业开发区三灶科技工业园					邮政编码	519000
评定时间	2010. 12. 27	注册日期	1999. 9. 17	报关有效期	2014. 9. 17	注册资本	114250 万人民币
法人姓名	蔡海山	电　　话	0756 - 7766777	日常联系人	陈军	电　　话	0756 - 3232158
主营范围	研究开发、生产经营化学原料药及制剂、抗生素原料药及制剂、中药制剂、生物制品原料药及制剂、生化制品原料药及制剂、医药化工原料、药用包装材料（按药品生产企业许可证粤 20110262 批准的经营范围经营，许可证有效期至 2015 年 12 月 31 日），经营三类注射穿刺器械、医用高分子材料及制品［一次性使用输液（血）器（针）类］（限中山分公司经营），生产经营保健食品（片剂）（限中山分公司生产经营）。						

企业名称	珠海经济特区美星制鞋有限公司			海关编码	4404140021	所属海关	拱香洲办
通讯地址	广东省珠海市前山明珠南路3047号及翠珠4街1号					邮政编码	519070
评定时间	2008.11.5	注册日期	1992.12.1	报关有效期	2014.11.10	注册资本	4300万美元
法人姓名	陈敏雄	电　话	0756－8614306	日常联系人	罗亚	电　话	0756－8614306
主营范围	生产销售自产的皮、塑料、布制的凉鞋、密鞋、鞋面、鞋材等产品。从事非配额许可证管理、非专营商品的收购出口业务。						

企业名称	心华制衣发展（珠海）有限公司			海关编码	4404140037	所属海关	拱香洲办
通讯地址	广东省珠海市前山镇上冲工业区心华路					邮政编码	519070
评定时间	2008.10.15	注册日期	1989.9.9	报关有效期	2014.9.9	注册资本	200万美元
法人姓名	魏崇贤	电　话	131××××1800	日常联系人	刘淑芬	电　话	0756－8616434
主营范围	生产和销售自产的各类服装、饰品和织物，从事上述同类产品及其原辅料的批发、零售（不设店铺）及进出口业务（涉及配额许可证管理、专项规定管理的商品按照国家有关规定办理）。						

企业名称	珠海三美电机有限公司			海关编码	4404140125	所属海关	拱香洲办
通讯地址	广东省珠海市翠珠工业区					邮政编码	519070
评定时间	2011.11.28	注册日期	1992.12.1	报关有效期	2014.12.1	注册资本	3370万美元
法人姓名	森部茂	电　话	0756－8613251－101	日常联系人	黄智开	电　话	0756－8613251－128
主营范围	生产和销售自产电子零部件、计算机外围设备、电子机械设备，上述产品同类商品的批发、零售（不设店铺）及进出口业务（涉及配额许可证管理、专项规定管理的商品按国家有关规定办理），有关设备的租赁业务。						

企业名称	珠海兄弟工业有限公司			海关编码	4404140234	所属海关	拱香洲办
通讯地址	广东省珠海市拱北港昌路254号					邮政编码	519070
评定时间	2010.10.26	注册日期	1991.12.18	报关有效期	2014.12.18	注册资本	700万美元
法人姓名	长良康司	电　话	0756－8610224	日常联系人	张祥生	电　话	0756－8610224
主营范围	生产和销售自产的缝纫机、缝纫机半成品及零件，绣花机、绣花机线盒、绣花机半成品及零件，新型打印装置标签机、标签带、半成品及零件，打印机、打印机半成品及零件，通信设备、通信设备半成品及零件；设计、开发、生产、销售自产的绣花机软件产品、绣花卡、绣花软件半成品及零件，打印机软件产品、打印机软件、半成品及零件，通信设备软件产品、通信设备软件、半成品及零件；采购本公司用于客户维修缝纫机、新型打印装置标签机、绣花机、打印机、通信设备、扫描仪、多功能裁断机等相关零配件出口；生产和销售自产的扫描仪、扫描仪半成品及零件，多功能裁断机、多功能裁断机半成品及零件；设计、开发、生产、销售自产的扫描仪软件产品，扫描仪软件半成品及零件，多功能裁断机软件产品、多功能裁断机软件半成品及零件（限分支机构经营）。						

企业名称	仓纺（珠海）纺织有限公司			海关编码	4404140251	所属海关	拱香洲办
通讯地址	广东省珠海市前山金鸡路308号					邮政编码	519070
评定时间	2008.10.15	注册日期	1992.2.20	报关有效期	2014.2.20	注册资本	1200万美元
法人姓名	KENSHI KAWANO	电　话	0756－8615061	日常联系人	张琼帆	电　话	0756－8615061
主营范围	生产、染色加工、后整理加工及销售自产的牛仔布、机织布、纱线的染色加工产品，布匹的后整理加工产品，服装等纺织产品。						

企业名称	珠海松下马达有限公司			海关编码	4404140302	所属海关	拱香洲办
通讯地址	广东省珠海市南屏科技工业园屏东3路3号					邮政编码	519060
评定时间	2008.11.28	注册日期	1993.5.31	报关有效期	2014.5.31	注册资本	4835万美元
法人姓名	YAMAUCHI MASANAO（山内政直）	电　话	0756－2263111	日常联系人	聂方明	电　话	0756－2263111－810
主营范围	研究开发、设计、生产和销售自产的新型机电元件，精密轴承，三轴以上联动的数控系统及伺服装置，上述产品的零部件、半成品、精冲模、模具标准件；提供技术服务和售后服务。相关生产设备的研究开发、设计，从事非配额许可证管理、非专营商品的收购出口业务。公司生产产品同类商品的批发、零售业务（不设店铺，涉及配额许可证管理、专项规定管理的商品按照国家有关规定办理）。						

企业名称	珠海藤仓电装有限公司			海关编码	4404140309	所属海关	拱香洲办
通讯地址	广东省珠海市吉大石花西路161号					邮政编码	519015
评定时间	2008.10.23	注册日期	1991.7.20	报关有效期	2014.7.20	注册资本	1200万美元
法人姓名	北野英男	电　话	0756－3331111	日常联系人	卢品明	电　话	0756－3331111－300
主营范围	生产和销售自产的汽车电子设备系统（汽车线束及相关配套零部件，各种电子配线及汽车线束、电子配线生产用检测用具等）及其他各种电子专用设备，提供上述产品的相关技术服务，公司生产产品同类商品的批发、零售（不设店铺）及进出口业务（涉及配额许可证管理、专项规定管理的商品按照国家有关规定办理）。						

企业名称	珠海宝刚休闲器材有限公司			海关编码	4404141448	所属海关	拱香洲办
通讯地址	广东省珠海市唐家湾镇金鼎宁堂工业区					邮政编码	519085
评定时间	2008.10.15	注册日期	1999.6.3	报关有效期	2014.6.3	注册资本	800万美元
法人姓名	陈财利	电　话	0756－3387710	日常联系人	戴双	电　话	0756－3391950
主营范围	生产和销售自产的瓦斯烤肉器材、室内运动器材及厨房小家电产品、五金制品及其半成品。产品100%外销。						

企业名称	珠海科德电子有限公司			海关编码	4404141498	所属海关	拱香洲办
通讯地址	广东省珠海市平沙镇德祥路9号					邮政编码	519055
评定时间	2008.10.15	注册日期	1999.8.3	报关有效期	2014.8.3	注册资本	6254万港币
法人姓名	THOMAS JOSEF GERHARD PATZELT	电　话	134××××4163	日常联系人	陈代群	电　话	0756－7726482
主营范围	生产和销售自产的各种有源、无源电子元器件及组件，照明电子产品及照明系统。公司生产产品同类商品及其配件和原材料的批发、零售及进出口业务（不设店铺，涉及配额许可证管理、专项规定管理的商品按照国家有关规定办理）。						

企业名称	德信行（珠海）香精香料有限公司			海关编码	4404141545	所属海关	拱香洲办
通讯地址	广东省珠海市唐家湾镇金沙路116号					邮政编码	519085
评定时间	2011.11.18	注册日期	1999.10.15	报关有效期	2014.10.15	注册资本	1560万美元
法人姓名	李德明	电　话	0756－3391088	日常联系人	蔡健	电　话	0756－3391088
主营范围	生产和销售自产的天然薄荷系列及各种天然精油、香精产品，从事合成香料、林化产品及食品添加剂批发、零售及进出口业务［危险化学品仅限桉叶油、桉叶油醇、松节油的批发（许可证有效期至2013年8月3日），不设店铺，不涉及国营贸易管理商品，涉及配额、许可证管理、专项规定管理的商品按照国家有关规定办理］。						

企业名称	松下系统网络科技（珠海）有限公司			海关编码	4404142901	所属海关	拱香洲办
通讯地址	广东省珠海市南屏科技工业园屏西八路三号					邮政编码	519060
评定时间	2008.11.28	注册日期	2001.12.4	报关有效期	2014.12.4	注册资本	3500万美元
法人姓名	山崎修	电　话	0756－8681158	日常联系人	戴燕敏	电　话	0756－8818015
主营范围	进行激光、彩色及其他打印机，电子邮件终端器，新型打印装置多功能机，宽带接入网通信系统设备，新型平板显示器，光碟驱动器，电话机，楼宇对讲机，电话交换机，家庭网关，CPU冷却风扇马达及上述产品零部件的生产、销售及售后服务；公司自产公司产品同类商品的检测进出口业务，采购国内产品出口及上述同类商品的批发、零售、进出口和佣金代理（拍卖除外）业务。（不设店铺，不涉及国营贸易管理商品，涉及配额、许可证管理商品的，按国家有关规定办理申请。）						

企业名称	太阳神（珠海）电子有限公司			海关编码	4404142195	所属海关	拱香洲办
通讯地址	广东省珠海市兰埔工业区三号厂房					邮政编码	519070
评定时间	2011. 11. 18	注册日期	2000. 12. 26	报关有效期	2014. 12. 26	注册资本	450 万美元
法人姓名	杨永祥	电　　话	0756 - 8622633	日常联系人	王志刚	电　　话	0756 - 8622633 - 2100
主营范围	生产和销售自产的各类音频磁头、计算机读卡磁头、高频线圈、电源线圈、变压器、注塑及压铸零件、五金冲压件、硬币识别器、纸币识别器、各类读/写卡器及配件、印刷电路板（带电子件）、微型热敏打印机、键盘、吸塑包装制品、电子线缆、连接器、电子支付终端装置及其配件、太阳能转换装置及照明装置、电子标签及其读/写装置、小型家用电器，从事非配额许可证管理、非专营商品的收购出口业务。电子类产品的批发、零售及进出口业务（不设店铺，不涉及国营贸易管理商品，涉及配额、许可证管理商品的，按国家有关规定办理申请）。						

企业名称	炬力集成电路设计有限公司			海关编码	4404143266	所属海关	拱香洲办
通讯地址	广东省珠海市高新区科技四路 1 号一号厂房 1 层 A 区					邮政编码	519085
评定时间	2008. 10. 23	注册日期	2002. 4. 25	报关有效期	2014. 4. 25	注册资本	9269 万美元
法人姓名	ZHOU ZHENYU	电　　话	0756 - 3392353	日常联系人	曾中树	电　　话	0756 - 3392353
主营范围	生产和销售自产的各种集成电路、通信系统产品（国家限制的除外）、计算机周边系统产品、消费性电子系统产品、计算机多媒体系统产品及自动化机电整合系统产品，从事上述产品的研发、设计、制造、封装、测试、销售及技术服务等，前述产品之智权、软件、材料、电路模块、零件及周边产品之设计、制造、测试、销售及技术服务，自有物业出租，网络技术服务（不含许可项目）。						

企业名称	珠海经济特区飞利浦家庭电器有限公司			海关编码	4404144743	所属海关	拱香洲办
通讯地址	广东省珠海市三灶镇琴石工业区					邮政编码	519040
评定时间	2008. 10. 23	注册日期	2006. 12. 7	报关有效期	2015. 12. 7	注册资本	836 万美元
法人姓名	JUSTIN LEE BENNETT	电　　话	0756 - 7621898	日常联系人	林丽娜	电　　话	0756 - 7516388
主营范围	研发和生产家用电器、个人护理、健康护理、母婴护理、照明灯具等产品，从事上述产品的销售和服务，提供相应的测试、技术及服务，从事相关的配套零部件、配件的生产、委托加工及其同类商品的批发、进出口、佣金代理（拍卖除外）和零售服务（不设店铺，涉及配额许可证管理、专项规定管理的商品按照国家有关规定办理），从事非配额许可证管理及非专营商品的采购出口业务。（以上不含许可项目。）						

企业名称	珠海市金邦达保密卡有限公司			海关编码	4404144624	所属海关	拱香洲办
通讯地址	广东省珠海市前山福溪金邦达大厦					邮政编码	519070
评定时间	2011.9.22	注册日期	2005.7.25	报关有效期	2014.7.25	注册资本	1190万美元
法人姓名	卢闰霆	电　话	0756－8660888	日常联系人	苏臻	电　话	0756－8660697
主营范围	生产及销售自产的接触式集成电路（IC）卡及非接触式集成电路（IC）卡、智能卡、激光卡、磁条卡、密码信封、银行办公用纸张耗材、发卡机终端及其辅助设备，提供机械维护维修（上门服务）；从事上述产品同类商品、耗材的批发、零售（不设店铺）及进出口业务，并提供相关售后服务；智能卡、激光卡、磁卡等数据卡片的个人化处理及相关数据的单据加工；安全支付、身份认证、发卡系统的设计及数据处理；以承接服务外包方式从事系统应用管理和维护、信息技术支持管理、银行后台服务、软件开发、数据处理等信息服务和业务流程外包服务；信息技术、计算机软硬件、系统软件的开发设计，系统集成及相关技术成果的转让，并提供相关售后服务；物联网相关产品的研发、销售及技术服务；经济信息咨询（限制、禁止经营的除外）；干散货物仓储；包装装潢印刷品印刷（许可证有效期限至2013年12月31日）；自有物业租赁及自有物业管理（上述不涉及国营贸易管理商品，涉及配额、许可证管理商品的，按国家有关规定办理，涉及专项管理、资质经营、许可经营的按国家有关规定办理）。						

企业名称	珠海市国泉贸易有限公司			海关编码	4404144815	所属海关	拱香洲办
通讯地址	广东省珠海市凤凰南路1130号马可波罗大厦七楼710					邮政编码	519000
评定时间	2009.11.3	注册日期	2005.3.1	报关有效期	2013.10.18	注册资本	1200万港币
法人姓名	徐丽	电　话	0756－2210920	日常联系人	何宇恒	电　话	0756－2161242
主营范围	日用百货、服装、鞋帽、眼镜、玩具、文体用品、针纺织品、五金、交电、工艺美术品的批发、零售。（涉及配额许可证管理、专项规定管理的商品按照国家有关规定办理。）						

企业名称	理想（中国）科学工业有限公司			海关编码	4404144924	所属海关	拱香洲办
通讯地址	广东省珠海市吉大光大国际贸易中心第29层经营地址：前山翠珠工业区24号楼1－4层					邮政编码	519015
评定时间	2012.12.20	注册日期	1999.6.15	报关有效期	2014.6.15	注册资本	1600万美元
法人姓名	高桥靖宏	电　话	0756－3323300	日常联系人	袁纪	电　话	0756－3323315
主营范围	开发、生产、销售和出口理想数码速印机及其零部件、耗材等，开发、生产、销售和出口现代办公自动化电子产品及其零部件和耗材，开展以上产品的维修、培训及其他相关业务，经批准可在中国境内外设立分支机构，自产的数码速印机租赁业务，公司自产产品的同类商品的进口及批发业务，国内采购商品（特种商品除外）的批发业务。						

企业名称	中艺华海进出口有限公司			海关编码	4404150345	所属海关	拱香洲办
通讯地址	广东省珠海市吉大海滨南路光大国际贸易中心 21 层 12 号					邮政编码	519015
评定时间	2008. 10. 15	注册日期	1995. 9. 5	报关有效期	2014. 9. 5	注册资本	10000 万人民币
法人姓名	金华	电　　话	0756 - 3326897	日常联系人	缪红	电　　话	0756 - 3326897
主营范围	自营和代理各类商品及技术的进出口业务（国家规定的专营进口商品和国家禁止进出口特殊商品除外），经营进料加工和“三来一补”业务，开展对销贸易和转口贸易，原油、燃料油、羊毛、胶合板的进口，对外派遣工程生产及服务行业的劳务人员（不含海员），对外经济贸易咨询服务及技术交流业务，上述进出口商品的国内销售（国家有专项专营规定的除外），汽油、煤油、柴油的批发，原油销售，危险化学品批发（无设施储存，具体按粤珠安经（乙）字〔2011〕D00029 号经营，许可证有效期至 2014 年 8 月 14 日），煤炭批发（资格证有效期至 2015 年 6 月 14 日）。						

企业名称	东信和平科技股份有限公司			海关编码	4404150572	所属海关	拱香洲办
通讯地址	广东省珠海市南屏科技工业园屏工中路 8 号					邮政编码	519060
评定时间	2012. 5. 24	注册日期	1999. 6. 9	报关有效期	2014. 6. 9	注册资本	21842 万人民币
法人姓名	周忠国	电　　话	0756 - 8682900	日常联系人	陈添来	电　　话	0756 - 8695215
主营范围	第二类增值电信业务中的信息服务业务（不含固定网电话信息和互联网信息服务，许可证有效期至 2016 年 5 月 20 日）；通信、银行、公共事业等各领域磁条卡、智能卡（含移动电话 SIM 卡、银行卡）、微电子智能标签产品及相关读写机具、终端设备的研发、生产、销售；计算机软硬件、网络设备和系统集成相关技术开发、销售及技术服务；物联网相关产品研发、销售及技术服务；半导体模块封装及技术咨询；经营本企业自产产品及相关技术的进出口业务，进料加工和“三来一补”业务；包装装潢印刷品、其他印刷品印刷（许可证有效期至 2013 年 12 月 31 日）。						

企业名称	珠海港达供应链管理有限公司			海关编码	4404151047	所属海关	拱香洲办
通讯地址	广东省珠海市南屏科技工业园屏东五路 10 号					邮政编码	519000
评定时间	2011. 3. 21	注册日期	2007. 10. 19	报关有效期	2013. 10. 19	注册资本	1000 万人民币
法人姓名	刘战	电　　话	0756 - 8683952	日常联系人	李立言	电　　话	0756 - 8683952
主营范围	普通货运，搬运装卸，配载，运输信息咨询，仓储服务（不含危险品仓储），货运代理（许可证有效期至 2014 年 9 月 30 日）；国际货物运输代理；货运险兼业代理（许可证有效期至 2013 您 10 月 8 日）；互联网上经营建材、装饰材料、普通机械、电气机械、化工原料及产品（不含危险化学品及易制毒化学品）、工艺美术品、陶瓷制品、电子产品、矿产品（不含贵金属矿）、纺织品、金属材料（不含贵金属）、日用杂品、皮革制品、木制品、卫浴设备的批发、零售；商业的批发、零售（不含许可经营项目）。						

<table>
<tr><td>企业名称</td><td colspan="3">广东德豪润达电气股份有限公司</td><td>海关编码</td><td>4404160224</td><td>所属海关</td><td>拱香洲办</td></tr>
<tr><td>通讯地址</td><td colspan="5">广东省珠海市香洲区唐家湾镇金凤路1号</td><td>邮政编码</td><td>519085</td></tr>
<tr><td>评定时间</td><td>2008.12.5</td><td>注册日期</td><td>2000.12.14</td><td>报关有效期</td><td>2014.12.14</td><td>注册资本</td><td>116640万人民币</td></tr>
<tr><td>法人姓名</td><td>王冬雷</td><td>电　　话</td><td>0756－3390855</td><td>日常联系人</td><td>朱开艳</td><td>电　　话</td><td>0756－3390855</td></tr>
<tr><td>主营范围</td><td colspan="7">开发、生产家用电器、电机、电子、轻工产品、电动器具、自动按摩设备、健身器械、烤炉、厨房用具、发光二极管、发射接收管、数码管、半导体LED照明、半导体LED装饰灯、太阳能LED照明、LED显示屏系列、现代办公用品、通讯设备及其零配件（不含移动通信终端设备及需主管部门审批方可生产的设备）；开发、生产上述产品相关的控制器及软件，设计制造与上述产品相关的模具；上述产品的技术咨询服务；销售本公司生产的产品并进行售后服务；LED芯片的进出口贸易。</td></tr>
</table>

<table>
<tr><td>企业名称</td><td colspan="3">珠海市和鸿企业有限公司</td><td>海关编码</td><td>4404160251</td><td>所属海关</td><td>拱香洲办</td></tr>
<tr><td>通讯地址</td><td colspan="5">广东省珠海市吉大九洲大道东段1154号建设大厦8楼</td><td>邮政编码</td><td>519015</td></tr>
<tr><td>评定时间</td><td>2012.6.8</td><td>注册日期</td><td>2001.3.20</td><td>报关有效期</td><td>2014.3.20</td><td>注册资本</td><td>300万人民币</td></tr>
<tr><td>法人姓名</td><td>阳小飞</td><td>电　　话</td><td>0756－3233308</td><td>日常联系人</td><td>张英</td><td>电　　话</td><td>0756－6187228</td></tr>
<tr><td>主营范围</td><td colspan="7">按珠外经字〔2001〕001号文经营珠海经济特区进出口业务。</td></tr>
</table>

<table>
<tr><td>企业名称</td><td colspan="3">珠海实友化工有限公司</td><td>海关编码</td><td>4404160324</td><td>所属海关</td><td>拱香洲办</td></tr>
<tr><td>通讯地址</td><td colspan="5">广东省珠海市吉大水湾路368号南油大酒店玻璃楼3楼</td><td>邮政编码</td><td>519015</td></tr>
<tr><td>评定时间</td><td>2008.11.28</td><td>注册日期</td><td>2001.5.18</td><td>报关有效期</td><td>2014.5.18</td><td>注册资本</td><td>5000万人民币</td></tr>
<tr><td>法人姓名</td><td>王青运</td><td>电　　话</td><td>138××××8359</td><td>日常联系人</td><td>刘恒坤</td><td>电　　话</td><td>0756－3226754</td></tr>
<tr><td>主营范围</td><td colspan="7">按粤珠安经（乙）字〔2004〕000007号“危险化学品经营许可证”核定的许可范围经营危险化学品的批发（许可证有效期至2012年7月13日），汽油、煤油、柴油、燃料油的批发［危险化学品按粤安经（甲）字〔2009〕YB5748号“危险化学品经营许可证”核定的许可范围经营，许可证有效期至2012年10月28日］，建筑材料、五金交电、石油制品（不含成品油）、机械设备及配件的批发、零售；项目投资，经营珠海经济特区进出口业务（按珠外经字〔2001〕126号文执行）（进料加工业务、三来一补业务除外，国家专营专控产品凭许可证经营）。</td></tr>
</table>

<table>
<tr><td>企业名称</td><td colspan="3">珠海诚锋电器有限公司</td><td>海关编码</td><td>4404162666</td><td>所属海关</td><td>拱香洲办</td></tr>
<tr><td>通讯地址</td><td colspan="5">广东省珠海市金湾区三灶镇金湖路11号一期厂房东面</td><td>邮政编码</td><td>519041</td></tr>
<tr><td>评定时间</td><td>2012.2.7</td><td>注册日期</td><td>2005.7.1</td><td>报关有效期</td><td>2014.7.1</td><td>注册资本</td><td>300万人民币</td></tr>
<tr><td>法人姓名</td><td>翁海青</td><td>电　　话</td><td>0756－6297388</td><td>日常联系人</td><td>邓烨</td><td>电　　话</td><td>0756－6297385</td></tr>
<tr><td>主营范围</td><td colspan="7">生产、批发、零售、维修家用电器、电子产品。</td></tr>
</table>

企业名称	珠海市煤气有限公司			海关编码	4404164671	所属海关	拱香洲办
通讯地址	广东省珠海市香洲沿河东路103号					邮政编码	519000
评定时间	2011.10.21	注册日期	1992.12.30	报关有效期	2014.12.30	注册资本	2001万人民币
法人姓名	解少华	电　　话	0756－2130292	日常联系人	张杰	电　　话	0756－2130215
主营范围	液化石油气、化工产品（不含危险化学品及易制毒化学品）、钢瓶、燃气用具、燃气设备、石油制品（不含成品油）、家具、工艺美术品及其他商业批发、零售（不含许可经营项目），燃气管道工程设计、安装（凭资质证经营），钢瓶、燃气用具的检验、维修和出租，自营和代理各类商品及技术的进出口业务（国家规定的专营进出口商品和国家禁止进出口等特殊商品除外），经营进料加工和“三来一补”业务，开展对销贸易和转口贸易，自有物业租赁、物业代理、物业咨询、消费品信息咨询、生产资料信息咨询，增值电信业务（呼叫中心业务）（许可证有效期至2014年8月5日），罐装纯净水、矿泉水零售（限分支机构经营）。						

企业名称	博世（珠海）安保系统有限公司			海关编码	4404940331	所属海关	拱香洲办
通讯地址	广东省珠海市金湾区三灶镇青湾工业区机场北路20号					邮政编码	519041
评定时间	2008.11.28	注册日期	2003.11.6	报关有效期	2013.10.25	注册资本	2100万美元
法人姓名	GEORGE ERIC BEHLKE	电　　话	0756－7633888	日常联系人	王耿	电　　话	0756－7633278
主营范围	从事研究、开发、设计、加工、生产及销售自产的防火探测系统、门禁系统、闭路监视系统等安保系统，数字放声系统等通信设备和电子诊断设备及上述产品相关配件和组件；上述公司自产产品的同类产品（国家限制类、禁止类及有专项规定的产品除外）的批发及进出口业务；提供与上述业务相关的维修、售后服务和技术咨询服务。						

企业名称	*珠海经济特区裕元工业有限公司			海关编码	44041B1432	所属海关	拱香洲办
通讯地址	广东省珠海市前山翠景工业区明珠南路2001号					邮政编码	519070
评定时间	2012.12.17	注册日期	1992.11.30	报关有效期	2023.1.8	注册资本	30万人民币
法人姓名	钟桂喜	电　　话	0756－8619524	日常联系人	陈仁英	电　　话	0756－8619524
主营范围	主营皮鞋、布鞋、塑料鞋，胶鞋制造。兼营来料加工业务。						

企业名称	珠海鼎立包装制品有限公司			海关编码	4404164416	所属海关	斗门海关
通讯地址	广东省珠海市金湾区红旗镇红旗路22号					邮政编码	519090
评定时间	2011.3.8	注册日期	2006.6.12	报关有效期	2015.6.12	注册资本	12558万人民币
法人姓名	王伟樑	电话	150××××8888	日常联系人	李志毅	电话	0756-7792888-102
主营范围	生产和销售自产的易拉盖、PET容器；承接包装装潢印刷品印刷业务（凭许可证经营，限金属印刷，许可证有效期至2013年12月31日）；从事盛装食品饮料用铝制和铁制包装容器及各种易拉盖，未经涂层的铝制和铁制卷、片料，食品饮料用塑料瓶盖的批发业务（不设店铺经营，涉及配额许可证管理、专项规定管理的商品，按国家有关规定办理）。						

企业名称	爱普科斯电阻电容（珠海）有限公司			海关编码	4404940130	所属海关	斗门海关
通讯地址	广东省珠海市红旗镇南翔路红旗正光贸易有限公司大楼					邮政编码	519090
评定时间	2008.11.28	注册日期	1995.5.15	报关有效期	2014.5.15	注册资本	1420万美元
法人姓名	MICHAEL POCSATKO	电话	0756-6828088	日常联系人	张建勋	电话	0756-6828856
主营范围	生产和销售自产的电子元器件、线圈、线路板。从事非配额许可证的管理、非专营商品的收购出口业务。从事公司生产产品同类商品的批发、零售和进出口业务（不设店铺，涉及配额许可证管理、专项规定管理的商品，按照国家有关规定办理）。						

企业名称	显利（珠海）造船有限公司			海关编码	4404941454	所属海关	斗门海关
通讯地址	广东省珠海市斗门区斗门港路1号					邮政编码	519185
评定时间	2008.10.15	注册日期	1999.6.10	报关有效期	2014.6.10	注册资本	5000万港币
法人姓名	罗衍莹	电话	138××××1937	日常联系人	梁桥娟	电话	0756-5513698
主营范围	修造特种船、高性能船只及各类型船只，加工及制造金属制品、玻璃钢制品、船舶配套产品及船只内部家具。属于普通客货船产品70%外销，其他产品50%外销。船只内家具产品100%外销。						

企业名称	珠海骏建皮塑实业有限公司			海关编码	4404943416	所属海关	斗门海关
通讯地址	广东省珠海市金湾区平沙镇红叶街87号					邮政编码	519055
评定时间	2011.11.28	注册日期	1995.5.24	报关有效期	2014.5.24	注册资本	8250万港币
法人姓名	卢婉芬	电话	0756-7266118	日常联系人	陈建好	电话	0756-7266118
主营范围	生产和销售自产的塑料制品、皮具制品、一次性塑料照相机及零部件，自产的机械制品、五金制品及模具的设计与制造，经营玩具制品、吸尘器，木制品及自有物业出租。						

企业名称	伟创力实业（珠海）有限公司			海关编码	4404941754	所属海关	斗门海关
通讯地址	广东省珠海市斗门区新青科技工业园					邮政编码	519180
评定时间	2013.1.4	注册日期	2000.4.6	报关有效期	2014.4.6	注册资本	9000万美元
法人姓名	MANNY MARIMUTHU	电话	0852－22761880	日常联系人	徐敏	电话	0756－5186863
主营范围	设计、开发、生产和销售新型电子元器件及电路组件，电子专用设备，仪器与工模具，卫星通信系统设备（不包括国家限制类产品），通讯器材所用电路板半成品及配套件，新型打印装置，大容量光、磁盘驱动器，游戏机及其部件；移动电话的开发与制造，并提供相关的技术咨询服务及上述产品的售后维修服务；公司生产产品同类商品的批发、进出口业务（不涉及国营贸易管理商品及国家限制类产品，涉及配额、许可证管理商品的和专项规定管理的，按国家有关规定办理申请）。						

企业名称	珠海市骏威制衣有限公司			海关编码	4404943758	所属海关	斗门海关
通讯地址	广东省珠海高新技术产业开发区白蕉科技工业园新科二路					邮政编码	519125
评定时间	2008.11.28	注册日期	2002.12.2	报关有效期	2014.12.2	注册资本	850万美元
法人姓名	张国荣	电话	138××××7467	日常联系人	陆庆生	电话	0756－5236888－3018
主营范围	生产和销售自产的针织、梭织成衣、毛衫等服装制品，上述产品的绣花、印花。						

企业名称	珠海心和制衣有限公司			海关编码	4404944718	所属海关	斗门海关
通讯地址	广东省珠海市金湾区红旗镇珠海大道北					邮政编码	519000
评定时间	2011.12.19	注册日期	2005.6.23	报关有效期	2014.6.23	注册资本	221万美元
法人姓名	林和宏	电话	0756－3980001	日常联系人	赵丽云	电话	0756－3980007
主营范围	生产和销售自产的高级服装。						

企业名称	珠海汉胜科技股份有限公司			海关编码	4404962633	所属海关	斗门海关
通讯地址	广东省珠海市斗门区新青科技工业园内					邮政编码	519180
评定时间	2009.1.23	注册日期	2007.10.23	报关有效期	2013.10.23	注册资本	20000万人民币
法人姓名	寿伟春	电话	0756－5551333	日常联系人	何海英	电话	131××××1703
主营范围	生产、销售、研发光纤光缆、电线、电缆及附件、铝塑复合管，光纤光缆、电缆、电线生产项目的策划及技术咨询。						

企业名称	珠海碧辟化工有限公司			海关编码	4404131701	所属海关	高栏海关
通讯地址	广东省珠海市临港工业区大平湾					邮政编码	519050
评定时间	2008. 10. 23	注册日期	1998. 2. 16	报关有效期	2014. 2. 16	注册资本	27700 万美元
法人姓名	杨士旭	电　话	021－38605590	日常联系人	余国定	电　话	0756－7269888－3335
主营范围	生产精对苯二甲酸（简称 PTA）并在国内外市场销售公司自产产品。从事精对苯二甲酸和对二甲苯的批发和进出口业务（危险化学品依照“危险化学品经营许可证”许可范围经营，涉及专项规定管理的商品按照国家有关规定办理，以上商品不涉及国营贸易管理商品，涉及配额、许可证管理商品的，按国家有关规定办理申请）。						

企业名称	珠海恒基达鑫国际化工仓储股份有限公司			海关编码	4404932193	所属海关	高栏海关
通讯地址	广东省珠海市高栏港经济区南迳湾					邮政编码	519050
评定时间	2010. 1. 6	注册日期	2001. 6. 8	报关有效期	2014. 6. 8	注册资本	12000 万人民币
法人姓名	王青运	电　话	0756－3226493	日常联系人	李娜	电　话	0756－7265938
主营范围	液体化工产品的码头、仓储的建设与经营，汽油、煤油、柴油和植物油产品的仓储及公共保税仓库的建设与经营（以上属许可项目的按相关许可证及批准书许可的内容经营）。						

企业名称	珠海市科立鑫金属材料有限公司			海关编码	4404939337	所属海关	高栏海关
通讯地址	广东省珠海市高栏港经济区精细化工区浪山路综合楼					邮政编码	519050
评定时间	2012. 12. 20	注册日期	2005. 3. 4	报关有效期	2014. 3. 23	注册资本	3880 万人民币
法人姓名	林奋生	电　话	0756－7715615	日常联系人	于修	电　话	0756－7715615
主营范围	生产和销售自产的金属、金属粉末和金属化合物（以上仅限钴及其化合物）（国家限制类除外）。						

企业名称	壳牌（珠海）润滑油有限公司			海关编码	4404940365	所属海关	高栏海关
通讯地址	广东省珠海市高栏港经济区高栏岛南迳湾					邮政编码	519050
评定时间	2013. 2. 7	注册日期	2008. 6. 3	报关有效期	2014. 6. 3	注册资本	4860 万美元
法人姓名	CHEONG KIN SENG	电　话	135××××8970	日常联系人	江波	电　话	0756－3903021
主营范围	从事润滑油、润滑脂及其原材料的仓储业务，生产、加工和销售公司生产的润滑油、润滑脂及相关产品，上述产品同类商品的进口、批发、佣金代理（拍卖除外），提供相关售后及技术咨询服务（不含危险化学品，涉及专项规定管理的商品按照国家有关规定办理，以上商品不涉及国营贸易管理商品，涉及配额、许可证管理商品的，按国家有关规定办理申请）。						

企业名称	长兴化学工业（广东）有限公司		海关编码	4404942118	所属海关	高栏海关
通讯地址	广东省珠海市南水镇大浪湾工业园				邮政编码	519050
评定时间	2011. 11. 18	注册日期	2000. 11. 17	报关有效期	2014. 11. 17	注册资本	3300 万美元
法人姓名	黄金隆	电　话	0756－7265566－201	日常联系人	甄建湘	电　话	0756－7265566－212
主营范围	生产和销售自产的合成树脂（危险化学品仅限醇酸树脂、不饱和聚酯树脂，有效期至2015年7月12日）。（水性、油性）丙烯酸树脂、聚酯树脂等相关制品（以上不含危险化学品）批发与零售（不设店铺，涉及配额许可证管理、专项规定管理的商品按照国家有关规定办理）。						

企业名称	珠海龙华石油化工有限公司		海关编码	4404943739	所属海关	高栏海关
通讯地址	广东省珠海市高栏港环岛西路				邮政编码	519000
评定时间	2009. 12. 15	注册日期	2002. 11. 22	报关有效期	2014. 11. 22	注册资本	5350 万美元
法人姓名	SUPACHAI WEERABOR-WORNPONG	电　话	0756－2639166	日常联系人	邓阳洲	电　话	0756－2639129
主营范围	兴建总载重量吨位为50000吨的码头和总容量为406200立方米的液化石油气储存罐（地下储存穴罐和地面储存球罐）与其配套设施，生产液化石油气并进行相关经营活动，提供液化石油气仓储及相关服务。						

企业名称	长兴化学材料（珠海）有限公司		海关编码	4404944303	所属海关	高栏海关
通讯地址	广东省珠海临港工业区高栏石化区碧阳路				邮政编码	519070
评定时间	2011. 1. 17	注册日期	2003. 10. 17	报关有效期	2014. 10. 17	注册资本	1944 万美元
法人姓名	赵郁文	电　话	0756－3985888	日常联系人	谢敏	电　话	0756－3985888－310
主营范围	生产和销售自产的高性能涂料材料及其加工制品，化学材料及其加工制品的批发、零售及进出口业务（不设店铺，国家限制商品除外；涉及配额许可证管理、专项规定管理的商品按照国家有关规定办理；以上项目不含危险化学品，危险化学品仅限洗油）。						

企业名称	珠海保税区摩天宇航空发动机维修有限公司		海关编码	4404432154	所属海关	拱保税区
通讯地址	广东珠海保税区天科路1号				邮政编码	519030
评定时间	2008. 10. 23	注册日期	2001. 4. 24	报关有效期	2014. 4. 24	注册资本	6310 万美元
法人姓名	袁新安	电　话	0756－8687806	日常联系人	梁江	电　话	0756－8807609
主营范围	民用飞机发动机的修理、翻修、维护及各种辅助服务，并提供工程支持、安装和拆卸飞机发动机的技术支持，以及为修理、翻修和维护服务而提供的飞机发动机和部件的租赁。						

企业名称	珠海泰科电子有限公司		海关编码	4404444465	所属海关	拱保税区
通讯地址	广东省珠海市保税区5号地恒利工业园10A#厂房一、二、三楼及10B#厂房一、二楼				邮政编码	519000
评定时间	2010.3.2	注册日期	2005.8.24	报关有效期	2014.8.24	注册资本	120万美元
法人姓名	方敬连	电话	0756-3888699	日常联系人	蒋明	电话	0756-3888696
主营范围	生产和销售自产的新型电子元器件（电子、电气及光纤设备的连接器、内部连接装置、组合部件、系统和相关设备）及相关的应用工具、设备和相应装置，并为其产品提供维修和售后服务；保税仓储和区内贸易；从事公司生产产品同类商品及原材料、辅料（含钢材）、黄油、包装材料的批发、进出口业务。（不涉及国营贸易管理商品，涉及配额、许可证管理商品的，按国家有关规定办理申请。）					

企业名称	比迪特自动化科技（珠海保税区）有限公司		海关编码	4404444472	所属海关	拱保税区
通讯地址	广东省珠海保税区第51号奇泰进出口有限公司厂房第一层				邮政编码	519030
评定时间	2010.1.6	注册日期	2005.12.16	报关有效期	2014.12.16	注册资本	100万美元
法人姓名	孙国划	电话	0756-6119388	日常联系人	黄瑜	电话	0756-6119388
主营范围	设计、开发、加工、生产、销售自产的新式高速大容量数据存储系统、高端电脑打印机及复印机的纸张处理系统及其他专业办公设备所使用的附件，提供自产产品的售后服务与技术服务（包括维修服务），上述产品的仓储及国际贸易，开发、集成及销售自产的计算机数据存储系统软件。					

汕头关区

企业名称	广东西电动力科技股份有限公司			海关编码	4405430088	所属海关	汕保税区
通讯地址	广东省汕头保税区西电工业园					邮政编码	515071
评定时间	2013.3.8	注册日期	2011.1.25	报关有效期	2014.1.25	注册资本	12000万人民币
法人姓名	陈启峰	电　　话	0754－89692899	日常联系人	郑健峰	电　　话	0754－89692899
主营范围	机电产品的生产、加工、仓储、贸易和技术研发，机电产品和技术的进出口（国家禁止或限制进出口的商品和技术除外，不涉及国营贸易管理商品，涉及配额、许可证管理商品的，按国家有关规定办理）、转口贸易、仓储（不含危险品），机电设备的租赁、装配、调试、维修及技术咨询。（经营范围中涉及专项审批规定的，需经审批发证部门批准后方可经营。）						

企业名称	揭东钻宝科技电子有限公司			海关编码	4424942177	所属海关	揭阳海关
通讯地址	广东省揭东经济开发试验区绿色工业园内					邮政编码	522000
评定时间	2008.12.1	注册日期	2002.9.25	报关有效期	2014.9.25	注册资本	13000万港币
法人姓名	黄全	电　　话	0663－3278119	日常联系人	林楷峰	电　　话	138××××5432
主营范围	生产高频数码接收器、通信光纤网络接插件、电子元器件、音像接插件、电子游戏机配件、五金配件及电子专用设备、模具，卫星电视接收设施加工贸易。						

企业名称	巨轮股份有限公司			海关编码	4424960027	所属海关	揭阳海关
通讯地址	广东省揭东经济开发区5号路中段					邮政编码	515500
评定时间	2011.12.21	注册日期	2002.5.21	报关有效期	2014.5.21	注册资本	41261万人民币
法人姓名	吴潮忠	电　　话	0663－8238286	日常联系人	陈雪珍	电　　话	0663－3274019
主营范围	汽车子午线轮胎模具、汽车子午线轮胎设备的制造、销售及相关技术开发，销售金属材料（不含贵金属及专营专控品），机床零配件加工，机床装配、销售、维修，智能自动化装备的研发、制造和销售（法律、行政法规和国务院限制的项目须取得许可证后方可经营），普通货物仓储，对外实业投资，经营本企业自产产品及技术的出口业务，经营本企业生产所需的原辅材料、仪器仪表、机械设备、零配件及技术的进口业务（国家限定公司经营和国家禁止进出口的商品除外，不单列贸易方式）。						

企业名称	普宁市丽达纺织有限公司			海关编码	4424944668	所属海关	汕关普宁
通讯地址	广东省揭阳市普宁市科技工业园					邮政编码	515343
评定时间	2008.12.1	注册日期	2002.9.29	报关有效期	2014.9.29	注册资本	3740万美元
法人姓名	江达可	电　　话	0663－27987998	日常联系人	陈健伟	电　　话	0663－2920238
主营范围	生产印染布、服装，高档织物面料的织染及后整理加工，普通仓储业务。						

企业名称	广东省宜华木业股份有限公司			海关编码	4405932032	所属海关	澄海海关
通讯地址	广东省汕头市澄海区莲下镇槐东工业区					邮政编码	515834
评定时间		注册日期	1996. 12. 4	报关有效期	2014. 12. 4	注册资本	115266 万人民币
法人姓名	刘绍喜	电话	0754 – 5100989	日常联系人	吴序茂	电话	0754 – 8266663 – 63
主营范围	从事本企业生产所需自用原木的收购及生产、经营，不涉及国家进出口配额及许可证管理的装饰木制品及木构件等木材深加工产品。						

企业名称	汕头市华翔塑胶有限公司			海关编码	4405942107	所属海关	澄海海关
通讯地址	广东省汕头市澄海区溪南镇埭头工业区					邮政编码	515832
评定时间	2008. 12. 1	注册日期	1994. 12. 25	报关有效期	2014. 12. 25	注册资本	1000 万美元
法人姓名	陈培麟	电话	0754 – 85757338	日常联系人	陈谋泉	电话	0754 – 85326948
主营范围	生产经营 PVC 硬质片材、软质薄胶、聚酯环保片材和其他塑料片材，从事非配额许可证管理、非专营商品的收购出口业务，参加自产产品的出口配额招标（经营范围中凡涉专项规定持有效专批证件方可经营）。						

企业名称	骅威科技股份有限公司			海关编码	4405952011	所属海关	澄海海关
通讯地址	广东省汕头市澄海区澄华工业区玉亭路					邮政编码	515800
评定时间	2013. 4. 10	注册日期	1998. 7. 17	报关有效期	2014. 7. 17	注册资本	14080 万人民币
法人姓名	郭卓才	电话	0754 – 85889555	日常联系人	陈永浩	电话	0754 – 85889555 – 3326
主营范围	对高新科技项目、文化产业项目、文化休闲娱乐服务业的投资，工业产品设计，多媒体和动漫技术的研发，电子信息技术的应用和开发，广播剧、电视剧、动画片（制作须另申报）、专题（不含时政新闻类）、专栏（不含时政新闻类）、综艺的制作、复制、发行（“广播电视节目制作经营许可证”有效期至 2014 年 11 月 2 日），文化活动策划，设计、制造和销售玩具、模型、婴幼儿用品、工艺品（不含金银饰品）、五金制品、塑胶制品，销售家用电器、服装、箱包、皮革制品、文体用品及器材、日用百货，回收、加工、销售废旧塑料。食品经营（由分支机构经营）。货物进出口、技术进出口（法律、行政法规禁止的项目除外，法律、行政法规限制的项目须取得许可后方可经营）。（经营范围中凡涉及专项规定持专批证件方可经营。）						

企业名称	广东奥飞动漫文化股份有限公司			海关编码	4405962003	所属海关	澄海海关
通讯地址	广东省汕头市澄海区文冠路中段奥迪工业园					邮政编码	515800
评定时间	2013.5.13	注册日期	1997.7.31	报关有效期	2014.7.31	注册资本	61440万人民币
法人姓名	蔡东青	电话	0754－85862278	日常联系人	吴宝龙	电话	0754－85862278
主营范围	制作、复制、发行广播剧、电视剧、动画片（制作须另申报）、专题、专栏（不含时政新闻类）、综艺（“广播电视节目制作经营许可证”有效期至2013年8月6日），设计、制作、发布、代理国内外各类广告，制造、加工、销售玩具、工艺品（不含金银首饰）、数码电子产品、文具用品、塑料制品、五金制品、精密齿轮轮箱、童车、电子游戏机、婴童用品，销售家用电器、服装、日用百货、化工原料（危险化学品除外）、塑料原料。经营本企业自产产品及相关技术的出口业务，经营本企业生产、科研所需的原辅材料、机械设备、仪器仪表、零配件及相关技术的进口业务，经营电子产品、体育用品；经营本企业的进料加工和“三来一补”业务。（经营范围中凡涉专项规定持有效专批证件方可经营。）						

企业名称	广东群兴玩具股份有限公司			海关编码	4405962030	所属海关	澄海海关
通讯地址	广东省汕头市澄海区莱芜经济开发试验区莱美工业区					邮政编码	515800
评定时间	2009.8.7	注册日期	2002.11.7	报关有效期	2014.11.7	注册资本	13380万人民币
法人姓名	林伟章	电话	0754－85505187	日常联系人	陈训成	电话	0754－85505187
主营范围	生产、加工、销售玩具、塑料制品、五金制品，动漫软件设计、开发、制作，生产童车、手推车、婴儿床、学步车、三轮车、婴儿车、行李车、自行车、电动车、摇篮车、摇椅、儿童摇床，废旧塑料回收、加工，货物进出口、技术进出口（法律、行政法规禁止的项目除外，法律、行政法规限制的项目须取得许可后方可经营）。						

企业名称	广东金明精机股份有限公司			海关编码	4405164064	所属海关	广澳海关
通讯地址	广东省汕头市濠江区纺织工业园					邮政编码	515098
评定时间	2011.12.21	注册日期	2009.6.24	报关有效期	2015.6.24	注册资本	6000万人民币
法人姓名	马镇鑫	电话	0754－88207789	日常联系人	潘庆晓	电话	0754－88201856
主营范围	货物进出口、技术进出口（法律、行政法规禁止的项目除外，法律、行政法规限制的项目须取得许可后方可经营）。经营本企业的进料加工和“三来一补”业务，生产、加工塑料工业专用设备和模具，销售塑料制品、橡胶制品。(凡涉专项规定持有效专批证件方可经营。)						

企业名称	华南矢崎（汕头）汽车配件有限公司			海关编码	4405944018	所属海关	广澳海关
通讯地址	广东省汕头市濠江区滨海街道上头居委海缆路上段					邮政编码	515098
评定时间	2008.12.1	注册日期	2001.7.10	报关有效期	2016.7.10	注册资本	620万美元
法人姓名	县忍	电话	0754－87882122	日常联系人	铃木英雄	电话	0754－87882122
主营范围	生产汽车用、家用电器用、通讯用各种电线组件和光纤组件及配套产品。						

企业名称	广东柯士达国际物流有限公司			海关编码	4405164077	所属海关	广澳海关
通讯地址	广东省汕头市濠江区广达大道西侧柯士达 A 幢 101					邮政编码	515071
评定时间	2010. 11. 19	注册日期	2010. 10. 29	报关有效期	2013. 10. 29	注册资本	3010 万人民币
法人姓名	柯创明	电　　话	0754－87812345	日常联系人	郑凯东	电　　话	0754－89699003
主营范围	国内贸易（凡涉及专项规定须持有效批准文件方可经营），仓储服务（“道路运输经营许可证”有效期至2014年9月20日），承办海运、空运、陆运进出口货物的国际货运代理，国际船舶代理，批发预包装食品（酒精饮料、非酒精饮料）（“食品流通许可证”有效期至2014年12月13日），货物进出口、技术进出口（法律、行政法规禁止的项目除外，法律、行政法规限制的项目须取得许可后方可经营）（经营范围中凡涉专项规定持有效专批证件方可经营）。						

企业名称	汕头超声印制板公司			海关编码	4405130116	所属海关	汕关联成
通讯地址	广东省汕头市东厦路北段					邮政编码	515041
评定时间	2008. 12. 1	注册日期	1985. 3. 21	报关有效期	2014. 3. 21	注册资本	2250 万美元
法人姓名	莫少山	电　　话	0754－88192282	日常联系人	王坤墀	电　　话	0754－89893368
主营范围	经营双面及多层印制板。						

企业名称	汕头超声印制板（二厂）有限公司			海关编码	4405130349	所属海关	汕关联成
通讯地址	广东省汕头市龙湖区万吉工业区					邮政编码	515065
评定时间	2008. 12. 1	注册日期	2001. 9. 12	报关有效期	2014. 9. 12	注册资本	5652 万美元
法人姓名	莫少山	电　　话	0754－88192282	日常联系人	王坤墀	电　　话	0754－89893368
主营范围	生产高密度印制线路板。						

企业名称	汕头超声显示器（二厂）有限公司			海关编码	4405130358	所属海关	汕关联成
通讯地址	广东省汕头市龙湖区万吉工业区内 70 号 A、B 小区					邮政编码	515041
评定时间	2011. 2. 23	注册日期	2003. 9. 1	报关有效期	2014. 9. 1	注册资本	1640 万美元
法人姓名	李大淳	电　　话	0754－8245666	日常联系人	刘世聪	电　　话	0754－8245666
主营范围	生产及销售各类液晶显示器及模块、触摸屏产品、各类平板显示器及模块［TFT－LCD、PDP、OLED、FED（含 SED 等）］，制造平板显示器、显示屏材料，出口产品及进口原辅材料（不涉及国家配额和许可证管理品种）。						

企业名称	汕头拉飞逸时装有限公司			海关编码	4405140434	所属海关	汕关联成
通讯地址	广东省汕头高新区科技中路9号					邮政编码	515041
评定时间	2008.12.1	注册日期	2002.4.22	报关有效期	2014.4.22	注册资本	700万美元
法人姓名	萧纯仁	电　话	0754－8160581	日常联系人	许锦藩	电　话	0754－8160581
主营范围	高档织物面料的织造，服装服饰、纺织品、针织品、床上用品、家居布品、皮革制品及箱包制品的设计、加工、生产。						

企业名称	汕头经济特区华建电子有限公司			海关编码	4405142170	所属海关	汕关联成
通讯地址	广东省汕头市龙湖区龙新工业区龙新五街3号东侧301至601房、B座					邮政编码	515041
评定时间	2008.12.1	注册日期	1991.4.1	报关有效期	2014.4.1	注册资本	10384万港币
法人姓名	叶志章	电　话	0754－88832675	日常联系人	邱柳波	电　话	0754－88269140
主营范围	中频变压器及其他变压器、线圈、调谐器、滤波器、线圈模组、电源供应器、电感器、升压模组、片式电感及无线网络卡的生产加工及售后服务，货物和技术进出口（不含境内分销，指定贸易产品凭许可证经营）。						

企业名称	汕头经济特区东京元件有限公司			海关编码	4405142852	所属海关	汕关联成
通讯地址	广东省汕头市华山路36号龙湖工业区八幢底					邮政编码	515041
评定时间	2012.9.3	注册日期	2012.4.19	报关有效期	2015.7.19	注册资本	5902万港币
法人姓名	笹川隆志	电　话	0754－88261188	日常联系人	刘幼玲	电　话	0754－83926689
主营范围	各类变压器及电子产品的元配件的制造。						

企业名称	潮州市中天城鞋业有限公司			海关编码	4421930083	所属海关	潮州海关
通讯地址	广东省潮州经济开发试验区北片工业区D－5－9－2小区					邮政编码	521000
评定时间	2009.2.24	注册日期	1999.12.17	报关有效期	2014.12.17	注册资本	564万美元
法人姓名	黄汉文	电　话	0768－2800425	日常联系人	郑丽蓉	电　话	0768－2800425
主营范围	设计、生产和销售各式鞋类及塑料制品、无机非金属材料及制品、非金属制品模具、包装材料及制品（不含印刷业）。						

企业名称	广东长城集团股份有限公司			海关编码	4421950008	所属海关	潮州海关
通讯地址	广东省潮州市枫溪区蔡陇大道					邮政编码	521000
评定时间	2009. 8. 7	注册日期	1997. 7. 30	报关有效期	2014. 7. 30	注册资本	15000 万人民币
法人姓名	蔡廷祥	电　　话	0768 – 2932222	日常联系人	许俊福	电　　话	0768 – 2932222
主营范围	生产、销售工艺陶瓷、骨质瓷、抗菌镁质瓷及其他各类陶瓷，电子产品（不含电子出版物），包装制品（不含印刷）及陶瓷相关配套的藤、竹、木、铁、布、革、树脂、聚酯、橡胶、玻璃、五金、塑料、不锈钢制品。销售机械设备（不含汽车、五金交电、化工产品、不含危险化学品）、家具、建筑材料、针、纺织品、金属材料。货物进出口，技术进出口（法律、行政法规禁止的项目除外，法律、行政法规限制的项目须取得许可后方可经营）。						

企业名称	广东四通集团股份有限公司			海关编码	4421962028	所属海关	潮州海关
通讯地址	广东省潮州市潮州火车站区南片 B11 – 4 – 1 地块					邮政编码	521031
评定时间	2012. 11. 20	注册日期	2003. 1. 16	报关有效期	2014. 1. 16	注册资本	10000 万人民币
法人姓名	蔡镇城	电　　话	0768 – 2973081	日常联系人	陈敬东	电　　话	0768 – 2973081
主营范围	生产、销售陶瓷制品、卫生洁具、纸制品（不含印刷品）、服装制品、包装制品（不含印刷品）、陶瓷原料（不含化学危险品），以及陶瓷相关配套的竹、木、布、树脂、蜡、玻璃、灯具、灯饰、五金、塑料制品；销售石艺制品；废瓷回收技术研究和开发；自营和代理货物进出口、技术进出口（法律、行政法规禁止的不得经营，法律、行政法规规定须前置审批的须凭许可证经营）。						

企业名称	广东松发陶瓷股份有限公司			海关编码	4421962132	所属海关	潮州海关
通讯地址	广东省潮州市枫溪区如意路工业区 C2 – 2 号楼					邮政编码	521031
评定时间	2013. 5. 13	注册日期	2005. 1. 27	报关有效期	2014. 1. 31	注册资本	6600 万人民币
法人姓名	林道藩	电　　话	138 × × × × 2888	日常联系人	林维孟	电　　话	138 × × × × 0498
主营范围	设计、生产、销售陶瓷制品，卫生洁具，瓷泥，瓷釉，纸箱（不含印刷品），铁制品，塑料制品，藤、竹、木的陶瓷配套产品。						

企业名称	汕头市东方科技有限公司			海关编码	4405931097	所属海关	潮阳海关
通讯地址	广东省汕头市潮南区峡山金光南路东方大厦					邮政编码	515144
评定时间	2011. 11. 23	注册日期	2008. 4. 17	报关有效期	2014. 4. 17	注册资本	17630 万人民币
法人姓名	周永成	电　　话	0754 – 87900338	日常联系人	李君	电　　话	0754 – 87900338
主营范围	用于包装各类粮油食品、果蔬、饮料、日化产品、药品内容物的金属包装制品（厚度 0. 3 毫米以下）的制造及加工（包括制品的内外壁印涂加工），生产相关配套的金属阀门及塑料制品。						

企业名称	广东粤华磁电实业有限公司			海关编码	4405961049	所属海关	潮阳海关
通讯地址	广东省汕头市潮阳区和平镇粤华路8号					邮政编码	515154
评定时间	2012.7.24	注册日期	2003.3.21	报关有效期	2014.3.21	注册资本	3180万人民币
法人姓名	马钦文	电　话	0754－82268368	日常联系人	马兴松	电　话	0754－82268368
主营范围	本企业自产机电产品、成套设备及相关技术的出口业务，经营本企业生产、科研所需的原辅材料、机械设备、仪器仪表、备品备件，零配件及技术的进口业务（国家实行核定公司经营的14种商品除外），开展本企业“三来一补”业务，生产、销售可录类光盘，销售塑料制品及原料、五金交电、电子产品、电话通信设备、磁带布及配件，废旧塑料加工、利用（危险废弃物除外）。						

企业名称	广东华隆文具有限公司			海关编码	4405961095	所属海关	潮阳海关
通讯地址	广东省汕头市潮南区峡山镇汕尾广发工业区第三、四幢					邮政编码	515144
评定时间	2012.7.24	注册日期	2004.1.5	报关有效期	2014.1.5	注册资本	1854万人民币
法人姓名	许木营	电　话	138××××0007	日常联系人	陈丰明	电　话	135××××5816
主营范围	货物、技术进出口（法律、行政法规禁止的项目除外，法律、行政法规限制的项目须取得许可后方可经营）。制造、加工、销售文具、文教用品、塑料制品、针织品、服装。						

企业名称	广东省粤东磁电有限公司			海关编码	4405961255	所属海关	潮阳海关
通讯地址	广东省汕头市潮阳区广汕公路和平路段					邮政编码	515154
评定时间	2009.8.11	注册日期	2006.1.12	报关有效期	2015.1.12	注册资本	10000万人民币
法人姓名	马振宣	电　话	0754－82625889	日常联系人	黄创福	电　话	0754－82605821
主营范围	货物进出口、技术进出口（法律、行政法规禁止的项目除外，法律、行政法规限制的项目须取得许可后方可经营）。从事可录类光盘生产，其中3条（4头）可录类光盘生产线技术改造为3条（4头）只读类光盘复制生产线，可复制生产只读类光盘（“复制经营许可证”有效期至2015年4月30日），生产、销售塑料玩具。国内废旧塑料加工、利用（危险废弃物除外）。销售塑料制品及原料、五金交电、电子产品、电话通信设备、磁带布及配件。（凡涉及专项许可项目须持有效批准证件经营。）						

企业名称	广东恒通工业有限公司			海关编码	4405961257	所属海关	潮阳海关
通讯地址	广东省汕头市潮阳区和平镇双凤加工区B3幢					邮政编码	515154
评定时间	2012.8.29	注册日期	2006.1.19	报关有效期	2015.2.16	注册资本	1000万人民币
法人姓名	马徐成	电　话	0754－82252389	日常联系人	姚泽龙	电　话	139××××1934
主营范围	生产、销售纱线、化纤织品、织带、织布、花边、针织服装、塑料制品、箱包制品、包装用品、毛纺织品、棉、空白CD－R、空白DVD－R。废旧塑料加工利用（危险废弃物除外）。销售电子元器件、液晶屏、橡胶制品、工艺制品、皮革制品、日用百货、五金交电、玩具。（凡涉及专项许可项目须持有效批准证件方可经营。）						

企业名称	信利光电股份有限公司			海关编码	4415930048	所属海关	汕尾海关
通讯地址	广东省汕尾市区工业大道信利工业城一区第15栋					邮政编码	516600
评定时间	2013. 3. 8	注册日期	2008. 7. 28	报关有效期	2015. 3. 30	注册资本	34000万人民币
法人姓名	林伟华	电　　话	0660－3370635	日常联系人	何田生	电　　话	0660－3380097
主营范围	研究、开发、生产和销售触摸屏、触控器件及集成触控模组、微型摄像模组、光电子器件、光电感应模组、光学器件、行车记录器、系统产品、液晶微型马达、液晶镜头、用于家电的钢化陶瓷面盖和3D光学触控等产品。						

企业名称	信利半导体有限公司			海关编码	4415940010	所属海关	汕尾海关
通讯地址	广东省汕尾市区东冲路北段工业区					邮政编码	516600
评定时间	2008. 12. 1	注册日期	2000. 8. 3	报关有效期	2014. 7. 20	注册资本	49830万美元
法人姓名	林伟华	电　　话	0660－3367888	日常联系人	何田生	电　　话	0660－3380097
主营范围	生产经营液晶显示模块、液晶显示器、有机电致发光二极管（OLED）显示器及（OLED）显示模块等半导体产品。						

企业名称	汕尾万盛针织时装有限公司			海关编码	4415940030	所属海关	汕尾海关
通讯地址	广东省汕尾市区腾飞路中段					邮政编码	516600
评定时间	2008. 12. 1	注册日期	2005. 5. 11	报关有效期	2014. 4. 13	注册资本	10927万港币
法人姓名	张静	电　　话	0660－3391555	日常联系人	陈昌洲	电　　话	0660－3390302
主营范围	生产并销售珠绣针织品、毛织品服装，高档织物面料的织染及后整理加工。						

企业名称	信利光电股份有限公司			海关编码	4415940041	所属海关	汕尾海关
通讯地址	广东省汕尾市区工业大道信利工业城一区第15栋					邮政编码	516600
评定时间	2013. 3. 8	注册日期	2008. 7. 28	报关有效期	2014. 7. 20	注册资本	34000万人民币
法人姓名	林伟华	电　　话	0660－3370635	日常联系人	何田生	电　　话	0660－3380097
主营范围	研究、开发、生产和销售触摸屏、触控器件及集成触控模组、微型摄像模组、光电子器件、光电感应模组、光学器件、行车记录器、系统产品、液晶微型马达、液晶镜头、用于家电的钢化陶瓷面盖和3D光学触控等产品。						

企业名称	汕尾德昌电子有限公司			海关编码	4415941006	所属海关	汕尾海关
通讯地址	广东省汕尾市城区红草镇步边工业区					邮政编码	516600
评定时间	2008. 12. 1	注册日期	1995. 5. 8	报关有效期	2014. 4. 21	注册资本	38000 万港币
法人姓名	许子民	电　话	0660－3375888	日常联系人	黄镇光	电　话	0660－3373221
主营范围	生产电子二极管、三极管，电子集成块，五金制品，塑料制品；产品70%外销，30%内销。						

企业名称	海丰县海崇畜牧发展有限公司			海关编码	4415932014	所属海关	汕关海城
通讯地址	广东省汕尾市海丰县圆墩乡桔岭山左侧广汕公路北					邮政编码	516471
评定时间	2011. 2. 23	注册日期	2004. 9. 16	报关有效期	2014. 9. 16	注册资本	5000 万港币
法人姓名	蔡妈辉	电　话	0660－6710000	日常联系人	戴慧甄	电　话	139××××8228
主营范围	饲养、屠宰生猪，销售鲜肉及肉制品，加工销售冰鲜、冰冻猪肉及猪、牛肉等副食品，果树、蔬菜种植。						

企业名称	BPW（梅州）车轴有限公司			海关编码	4414932029	所属海关	梅州海关
通讯地址	广东省梅州市梅县城东谢田					邮政编码	514743
评定时间	2011. 9. 15	注册日期	1996. 1. 22	报关有效期	2014. 1. 22	注册资本	19500 万人民币
法人姓名	克里斯坚·彼得·苛兹	电　话	0753－2651883	日常联系人	江讯	电　话	0753－2653362
主营范围	制造、销售车轴、车轴关联部件、调整臂、制动器总成等汽车零部件，研究开发车轴、车轴关联部件、调整臂、制动器总成等汽车零部件的新产品和新技术。						

海口关区

企业名称	海南海宇锡板工业有限公司		海关编码	4601130835	所属海关	海口港海关
通讯地址	海南省海口市丘海大道69号				邮政编码	570311
评定时间	2009.3.25	注册日期	1993.12.31	报关有效期	2014.12.31	注册资本	2040万美元
法人姓名	邓宇	电　话	139××××9016	日常联系人	吴多健	电　话	138××××9092
主营范围	生产销售各种规格的镀锡薄板，制罐、制盒及其销售，各种规格的镀层和冷轧钢板的加工、销售及涂漆印刷，兼营黑色及有色金属材料的省内贸易。						

企业名称	海南蔚蓝海洋食品有限公司		海关编码	4601131169	所属海关	海口港海关
通讯地址	海南省海口市桂林洋经济开发区				邮政编码	571127
评定时间	2012.2.10	注册日期	2003.10.23	报关有效期	2014.10.23	注册资本	6000万人民币
法人姓名	柯吉瑞	电　话	0898-36308888	日常联系人	陈玉磊	电　话	136××××3299
主营范围	冷冻食品、水产品、农副产品的加工生产及上述自产产品销售（凡涉及行政许可项目的凭许可证经营）。						

企业名称	海南东洋水产有限公司		海关编码	4601140034	所属海关	海口港海关
通讯地址	海南省海口市长流镇堂善村				邮政编码	570312
评定时间	2012.11.15	注册日期	1992.12.28	报关有效期	2014.12.28	注册资本	12002万美元
法人姓名	关根泰正	电　话	0898-68712266	日常联系人	严敏	电　话	138××××1485
主营范围	兴办水产养殖、农产品种植及加工厂，经营本企业生产加工的水产品、蔬菜、农产品、调味品、薯类制品，经营本公司产品的运输（以上不含国家规定禁止的项目，涉及行政许可的项目凭许可证经营）。						

企业名称	海南优美内衣有限公司		海关编码	4601140724	所属海关	海口港海关
通讯地址	海南省海口市港澳工业区3号				邮政编码	570314
评定时间	2008.10.22	注册日期	1993.1.7	报关有效期	2014.1.7	注册资本	6674万美元
法人姓名	OLive M. Spiesshofet	电　话	0898-68665517	日常联系人	何会东	电　话	0898-68665517
主营范围	内衣、成衣、睡衣、泳装、休闲服、运动服等服装及服装辅助件的生产和销售，与自产产品同类的商品的零售、批发和佣金代理（拍卖除外），普通道路货运（不含危险品）业务（凡需行政许可的项目凭许可证经营）。						

企业名称	海南正红科技发展有限公司			海关编码	4601143202	所属海关	海口港海关
通讯地址	海南省海口市高新技术开发区					邮政编码	570314
评定时间	2008.10.22	注册日期	2002.8.12	报关有效期	2014.8.12	注册资本	1680万美元
法人姓名	林钧	电话	150××××5168	日常联系人	潘娟	电话	138××××5328
主营范围	集成电路、印刷电路板、网络卡、显示卡、电脑主机板、液晶显示器及其配件的研制、生产及上述自产产品的销售。						

企业名称	海南中通化工进出口有限公司			海关编码	4601150597	所属海关	海口港海关
通讯地址	海南省海口市国贸大道45号银通国际中心第27层					邮政编码	570125
评定时间	2012.5.14	注册日期	2000.8.17	报关有效期	2014.8.17	注册资本	3000万人民币
法人姓名	黄采南	电话	0898－66500078	日常联系人	符晶晶	电话	0898－66500072
主营范围	石油制品（成品油除外）、燃料油、橡胶、化肥、化工产品（专营除外）、矿产品（专营除外）、五金工具、钢材、建筑材料、机械设备、文体用品、家用电器、农产品、日用百货、轻纺产品、人造板、家私、木材、木制品销售，商业信息咨询服务，信息咨询服务，机电产品（汽车除外）、汽车零配件的销售，自营和代理各类商品和技术的进出口（以上项目涉及国家禁止的除外，凡需行政许可的项目凭许可证经营）。						

企业名称	一汽海马汽车有限公司			海关编码	4601150700	所属海关	海口港海关
通讯地址	海南省海口市金盘工业开发区					邮政编码	570216
评定时间	2009.5.7	注册日期	2004.8.30	报关有效期	2014.8.30	注册资本	120000万人民币
法人姓名	吴绍明	电话	0898－66833615	日常联系人	陈光辉	电话	139××××1335
主营范围	除法律、行政法规禁止经营的行业或项目外，均可自主选择经营，但经营涉及国家或海南省实行专项审批和许可证管理行业或项目的，需取得有关部门的审批文件或许可证方可经营。						

企业名称	海南英利新能源有限公司			海关编码	4601161215	所属海关	海口港海关
通讯地址	海南省海口市国家高新区狮子岭工业园区A－8－04地块内					邮政编码	571152
评定时间	2012.3.22	注册日期	2010.1.18	报关有效期	2016.1.18	注册资本	171700万人民币
法人姓名	苗连生	电话	0312－8929777	日常联系人	何运达	电话	0898－36627018
主营范围	硅太阳能电池及其相关配套产品、风机及其相关配套产品、热发电产品、控制器、逆变器、兆瓦级跟踪器的研发、生产、销售，提供技术咨询及服务，太阳能光伏电站工程的设计、安装、施工。（凡需行政许可的项目凭许可证经营。）						

企业名称	海南泉溢食品有限公司			海关编码	4690153015	所属海关	海口港海关
通讯地址	海南省海口市美兰区桂林洋经济开发区工业区					邮政编码	571127
评定时间	2008. 11. 27	注册日期	2000. 8. 14	报关有效期	2014. 8. 19	注册资本	2800 万人民币
法人姓名	林生	电　　话	0898 – 61718612	日常联系人	陶惠英	电　　话	0898 – 61718612
主营范围	购销、运输、冷冻、加工新鲜水产品、食品、水果、蔬菜、罐头。（凡需行政许可的项目凭许可证经营。）						

企业名称	中海石油化学股份有限公司			海关编码	4690119639	所属海关	八所海关
通讯地址	海南省东方市珠江南大街 1 号					邮政编码	570102
评定时间	2011. 3. 15	注册日期	2001. 1. 9	报关有效期	2014. 1. 5	注册资本	461000 万人民币
法人姓名	杨业新	电　　话	0898 – 2569 – 1996	日常联系人	刘晓燕	电　　话	0898 – 2569 – 2545
主营范围	化肥 、化工产品的开发、生产和销售，化肥、化工原料和产品进出口贸易，石油天然气加工、处理和相关产品销售（凭许可证经营），塑料制品的开发、生产和销售，化工原料、备品配件销售，机械、电气设备检修，农化技术服务。（涉及配额、许可证等专项审批的事项应按照国家有关规定办理。）						

企业名称	海洋石油富岛有限公司			海关编码	4690119641	所属海关	八所海关
通讯地址	海南省东方市珠江南大街 3 号					邮政编码	572600
评定时间	2009. 8. 12	注册日期	2002. 4. 4	报关有效期	2014. 3. 30	注册资本	46300 万人民币
法人姓名	杨业新	电　　话	0898 – 2569 – 1996	日常联系人	刘晓燕	电　　话	0898 – 2569 – 2545
主营范围	化肥、化工产品的开发、生产和销售，化工原料、备品配件销售，码头装卸、仓储，公路运输服务，机械、电气设备检修，进出口业务。（凡需行政许可的项目凭许可证经营。）						

企业名称	海南金红叶纸业有限公司			海关编码	4690230058	所属海关	洋浦经济开发区海关
通讯地址	海南省洋浦经济开发区 D12 区					邮政编码	578101
评定时间	2011. 12. 7	注册日期	2006. 4. 26	报关有效期	2015. 3. 5	注册资本	42000 万人民币
法人姓名	黄杰胜	电　　话	021 – 63352222	日常联系人	魏晓萱	电　　话	0898 – 28828413
主营范围	生产各种生活用纸、大卷筒卫生原纸、小包装生活用纸、纸制品及相关包装材料，销售产品。销售纸浆、造纸类机器设备及配件。成品油、燃油经营（仅限分支机构使用）。（凡需行政许可的项目凭许可证经营。）						

企业名称	海南金海浆纸业有限公司			海关编码	4690230059	所属海关	洋浦经济开发区海关
通讯地址	海南省洋浦经济开发区 D12 区					邮政编码	578101
评定时间	2008. 11. 27	注册日期	2006. 4. 26	报关有效期	2015. 2. 21	注册资本	921310 万人民币
法人姓名	黄志源	电　　话	0898－28822288	日常联系人	黄岗	电　　话	0898－28828126
主营范围	生产销售木纸浆、纸、纸制品、相关的化工产品及制浆造纸类机器和配件，提供运输、装卸及港口服务，水、电、汽生产供应及环保代处理服务，招待所服务，产品售后服务、维修及技术咨询服务、培训服务。（凡需行政许可的项目凭许可证经营。）						

企业名称	海南中联生物科技有限公司			海关编码	4690146055	所属海关	马村港监管点
通讯地址	海南省澄迈县老城开发区南一环路					邮政编码	571924
评定时间	2011. 12. 13	注册日期	2011. 7. 21	报关有效期	2014. 7. 21	注册资本	1800 万美元
法人姓名	王汉镇	电　　话	0898－3696－1188	日常联系人	张围	电　　话	0898－3696－1188
主营范围	饲料研究、生产、销售，速冻食品［速冻其他食品（速冻其他类制品）］加工、销售，水产品收购、销售，农副产品收购、销售（以上凡涉及行政许可的项目凭许可证经营）。						

湛江关区

企业名称	湛江国联水产开发股份有限公司			海关编码	4408231094	所属海关	湛江海关
通讯地址	广东省湛江开发区平乐工业区永平南路					邮政编码	524022
评定时间	2008.12.4	注册日期	2001.8.21	报关有效期	2014.8.21	注册资本	35200 万人民币
法人姓名	李忠	电　　话	0759－3389738	日常联系人	李红英	电　　话	137××××3889
主营范围	水产种苗的引进、繁育、养殖及销售，繁育水产种苗所需的饲料（海蛎、鱿鱼、海虫、丰年虫、绿荫藻、沙虫），原木的收购（原木收购有效期至2012年12月30日），水产品的研究、开发、养殖、收购、冷冻、加工、销售，经营速冻水产品、速冻食品［速冻面米食品（熟制品）］（以上两项有效期至2013年12月26日）。（不含外商投资产业指导目录中禁止外商投资的产业。法律、行政法规禁止的项目不得经营，法律、行政法规限制的项目须取得许可后方可经营。）						

企业名称	亚洲海产（湛江）有限公司			海关编码	4408231099	所属海关	湛江海关
通讯地址	广东省湛江市经济技术开发区永平南路					邮政编码	524022
评定时间	2009.6.15	注册日期	2002.12.2	报关有效期	2014.12.2	注册资本	800 万美元
法人姓名	王长超	电　　话	0759－3388879	日常联系人	焦倩	电　　话	0759－3388879
主营范围	水产品的研究、开发、养殖、收购、精加工、冷冻和销售。						

企业名称	喜利得（中国）有限公司			海关编码	4408241017	所属海关	湛江海关
通讯地址	广东省湛江开发区永平南路					邮政编码	524022
评定时间	2010.3.5	注册日期	1998.10.6	报关有效期	2014.4.30	注册资本	6600 万美元
法人姓名	陈冬正	电　　话	0759－3379201	日常联系人	林海	电　　话	0759－3379263
主营范围	制造、加工、装配喜利得牌子钻孔机系列、直接固定系列、高性能安卡锚栓系列及与之相关的产品（包括整机、零配件及辅件），销售自产产品系列并提供售前售后服务、技术咨询和与之相关的服务，从事非配额许可证管理、非专营商品的进口（自用）和收购出口业务，从事进出口、国内外购买、佣金代理（拍卖除外）、批发建筑施工工具及其耗品并提供与之相关的其他业务。从事与建筑施工工具及其耗品相关的高科技材料、工程材料和化工材料的研究开发和实验发展。（涉及配额许可证管理、专项规定管理的商品按国家有关规定办理。）						

企业名称	湛江大中纺织有限公司			海关编码	4408241031	所属海关	湛江海关
通讯地址	广东省湛江市人民大道龙潮工业区					邮政编码	524022
评定时间	2009. 6. 15	注册日期	2002. 9. 16	报关有效期	2014. 9. 16	注册资本	16720 万港币
法人姓名	翁荣基	电　话	0759 - 3338921	日常联系人	郑海燕	电　话	0759 - 3338921
主营范围	生产销售棉纱及其他纺织用纤维、纺织品、针织品、布、服装及其他缝纫品，从事公司自产产品同类商品及纺织相关的原材料、辅料、专用设备和配件、电器机械及器材的批发、进出口业务（不设店铺，涉及配额许可证或国家专项管理规定的，须按国家规定另行报批并凭证经营，法律、行政法规禁止的项目不得经营，法律、行政法规限制的项目须取得许可后方可经营）。						

企业名称	广东恒光电器有限公司			海关编码	4408261023	所属海关	湛江海关
通讯地址	广东省湛江经济技术开发区平乐工业区乐安路 01 - 02 号					邮政编码	524022
评定时间	2012. 5. 23	注册日期	2003. 12. 1	报关有效期	2014. 12. 1	注册资本	1000 万人民币
法人姓名	梁爱华	电　话	137 ××××9823	日常联系人	陈艳	电　话	0759 - 3396418
主营范围	生产、销售电饭煲、家用电器及配件，销售电子器材、塑料制品、五金制品、日用百货、音响设备及配件，经营本企业自产产品的出口业务和本企业所需的机械设备、零配件、原辅材料的进口业务，但国家限定公司经营或禁止禁止进出口的商品及技术除外。						

企业名称	湛化股份有限公司			海关编码	4408911086	所属海关	湛江海关
通讯地址	广东省湛江市霞山区湖光路 11 号					邮政编码	524012
评定时间	2012. 2. 13	注册日期	2003. 9. 23	报关有效期	2014. 9. 23	注册资本	14663 万人民币
法人姓名	陈庚	电　话	0759 - 2356273	日常联系人	顾美霞	电　话	0759 - 2356287
主营范围	化学肥料、复合肥料生产及销售：生产、销售硫酸（81007）、氟硅酸钠（61514）（有效期至 2012 年 10 月 13 日）。机械设备（除特种设备）制造、安装：化学新技术开发、设计、协作及咨询。销售、生产塑料及橡胶制品（不含厚度小于 0. 025 毫米的塑料购物袋）、化工产品及原料（除危险化学品）、建筑装饰材料（除危险化学品）、矿产品（除钨、锑、锡、离子型稀土矿，不可开采矿）、金属材料（除危险化学品）、电器器材、机械设备及零配件（除特种设备）、仪器仪表、电子产品（不含无线电发射及卫星通讯接收设备）、计算机及配件、五金、交电、铁精粉。经营本企业自产产品及技术的出口业务和本企业所需的机械设备、零配件、原辅材料及技术的进出口业务，但国家限定公司经营或禁止进出口的商品及技术除外，仓储（除危险化学品及危险废物的仓储），普通货运（有效期至 2013 年 3 月 31 日），货运代理（除水路运输服务）。（法律、行政法规禁止的不得经营，法律、行政法规限制的项目须取得许可后方可经营。）						

企业名称	北方工业湛江发展有限公司			海关编码	4408911095	所属海关	湛江海关
通讯地址	广东省湛江市霞山区海昌北横路1号					邮政编码	524005
评定时间	2009.6.15	注册日期	2004.7.30	报关有效期	2014.8.1	注册资本	1000万人民币
法人姓名	邱多根	电　　话	0759－2636198	日常联系人	范德恒	电　　话	0759－2636095
主营范围	销售机械设备、汽车（除轿车）、摩托车、自行车及其零配件、仪器仪表，商品的进出口贸易，转口贸易，钢材进口（法律、行政法规禁止的项目除外，法律、行政法规限制的项目取得许可证后方可经营），仓储，收购农副产品（除烟叶、蚕茧、粮食、棉花），贸易代理。						

企业名称	中国石化湛江东兴石油化工有限公司			海关编码	4408921012	所属海关	湛江海关
通讯地址	广东省湛江市霞山湖光路15号					邮政编码	524012
评定时间	2008.12.4	注册日期	1992.12.24	报关有效期	2014.12.24	注册资本	1700万美元
法人姓名	吴惜伟	电　　话	138××××6603	日常联系人	李观福	电　　话	0759－2606626
主营范围	石油提炼加工，石化产品开发，销售本公司生产的产品，提供本公司原材料、产品运输等配套服务。						

企业名称	湛江中湛纺织有限公司			海关编码	4408921127	所属海关	湛江海关
通讯地址	广东省湛江椹川大道北站口					邮政编码	524044
评定时间	2008.12.4	注册日期	1993.12.13	报关有效期	2014.12.13	注册资本	10440万港币
法人姓名	翁荣基	电　　话	0759－3338921	日常联系人	郑海燕	电　　话	0759－539681
主营范围	生产销售棉纱及其他纺织用纤维、纺织品、针织品、布、服装及其他缝纫品，从事公司自产产品同类商品及纺织相关的原材料、辅料、专用设备和配件、电器机械及器材的批发、进出口业务（涉及配额许可证或国家专项管理规定的，须按国家规定另行报批并凭证经营）。						

企业名称	湛江龙威水产实业有限公司			海关编码	4408931279	所属海关	湛江海关
通讯地址	广东省湛江市霞山区华港小区（志满大道西厅村侧）					邮政编码	524018
评定时间	2013.6.3	注册日期	2006.4.27	报关有效期	2015.4.27	注册资本	1650万美元
法人姓名	何国清	电　　话	0759－2681317	日常联系人	陈虹	电　　话	0759－2681319
主营范围	对虾养殖（有效期至2014年1月17日），生产及销售（有效期至2015年6月21日）速冻食品[速冻其他食品（速冻肉制品）]，鲜活水产品的收购、储存（法律、行政法规禁止的项目不得经营，法律、行政法规限制的项目取得许可后方可经营）。						

企业名称	广东诺科冷暖设备有限公司		海关编码	4408941081	所属海关	湛江海关
通讯地址	广东省湛江市麻章开发区金康中路				邮政编码	524094
评定时间	2011. 12. 6	注册日期	2005. 4. 26	报关有效期	2014. 4. 26	注册资本	123 万美元
法人姓名	叶明	电　话	0759－3638167	日常联系人	李国萍	电　话	0759－3638167
主营范围	生产销售取暖器具，热水器，电饭煲，电水壶，电子瓦撑，锅炉，壁炉，水暖装置，热交换器，蒸发器，干燥、通风、空调设备（包括冷暖房设备）；产品安装调试。						

企业名称	湛江市国溢水产有限公司			海关编码	4408961003	所属海关	湛江海关
通讯地址	广东省湛江市麻章工业开发区瑞云北路西侧					邮政编码	524094
评定时间	2011. 12. 6	注册日期	1999. 12. 21	报关有效期	2014. 12. 21	注册资本	3900 万人民币
法人姓名	林波	电　话	0759－2711886	日常联系人	梁蓓蓓	电　话	0759－2711999
主营范围	生产、销售（有效期至2015年7月12日）速冻食品［速冻其他食品（速冻肉制品）］，销售农畜产品（除烟叶、蚕茧、棉花、种子、种苗、种禽畜）、五金交电、百货、钢材，收购鲜活水产品、蔬菜、水果、花生，货物进出口、技术进出口。（法律、行政法规禁止的项目不得经营，法律、行政法规限制的项目须取得许可后方可经营。）						

企业名称	湛江恒兴水产科技有限公司			海关编码	4408961024	所属海关	湛江海关
通讯地址	广东省湛江市麻章区瑞云北路					邮政编码	524092
评定时间	2010. 10. 29	注册日期	2003. 3. 13	报关有效期	2014. 3. 13	注册资本	10000 万人民币
法人姓名	陈丹	电　话	0759－2705555、3303333	日常联系人	李月姬	电　话	138××××0230
主营范围	水产品的研究与开发，水产品的养殖与加工，收购、销售水产品及农副产品（除烟叶、蚕茧、棉花、粮食），货物与技术进出口（法律、行政法规禁止的项目除外，法律、行政法规限制的项目须取得许可后方可经营），物业出租。						

江门关区

企业名称	广东新会美达锦纶股份有限公司			海关编码	4407912027	所属海关	新会海关
通讯地址	广东省江门市新会区江会路上浅口					邮政编码	529100
评定时间	2008. 10. 15	注册日期	2000. 6. 7	报关有效期	2014. 6. 7	注册资本	40451 万人民币
法人姓名	梁伟东	电　　话	0750－6103188	日常联系人	陈伟明	电　　话	0750－6103416
主营范围	织造、染整、锦纶 6 切片、纺丝，经营本企业自产产品的出口和本企业生产所需要的机械设备、零配件、原辅材料的进口业务，经营加工贸易和补偿贸易业务（具体按粤外经贸进字〔1999〕550 号文经营）。						

企业名称	新会德华尼龙切片有限公司			海关编码	4407922248	所属海关	新会海关
通讯地址	广东省江门市新会区冈州大道东 11 号					邮政编码	529100
评定时间	2008. 11. 21	注册日期	1996. 1. 23	报关有效期	2014. 1. 23	注册资本	4911 万美元
法人姓名	郭敏	电　　话	0750－6103416	日常联系人	陈卫民	电　　话	0750－6103416
主营范围	生产经营锦纶 6 干切片、锦纶 6 长丝和弹力丝，产品 70% 外销。						

企业名称	福斯特惠勒动力机械有限公司			海关编码	4407932086	所属海关	新会海关
通讯地址	广东省江门市新会区今古洲东区					邮政编码	529100
评定时间	2008. 10. 15	注册日期	1994. 3. 10	报关有效期	2014. 3. 10	注册资本	1600 万美元
法人姓名	丁晓明	电　　话	0750－6930311	日常联系人	李丽嫦	电　　话	0750－6395215
主营范围	锅炉，锅炉组件、附件和辅机的设计、加工、制造、安装、调试、销售并提供相应的服务。						

企业名称	新会中集集装箱有限公司			海关编码	4407932104	所属海关	新会海关
通讯地址	广东省江门市新会区大敖镇沙角工业区					邮政编码	529144
评定时间	2011. 11. 21	注册日期	1995. 12. 29	报关有效期	2014. 12. 29	注册资本	2400 万美元
法人姓名	张宝清	电　　话	0750－6248888	日常联系人	蒋丽辉	电　　话	0750－6248228
主营范围	经营集装箱、集装箱配件、金属构件的生产，集装箱租赁、维修，以及各类新造集装箱堆场。码头设施经营，在港区内从事货物装卸业务（凭“港口经营许可证”经营）。						

企业名称	广东新会中集特种运输设备有限公司			海关编码	4407932152	所属海关	新会海关
通讯地址	广东省江门市新会区大鳌镇沙角工业区					邮政编码	529144
评定时间	2008. 11. 21	注册日期	2003. 3. 20	报关有效期	2014. 3. 20	注册资本	900 万美元
法人姓名	吴发沛	电　　话	0750－6248888	日常联系人	蒋丽辉	电　　话	0750－6248228
主营范围	各类集装箱（包括特种集装箱）、集装箱半成品、集装箱相关零部件、各种不含动力部分的箱式半挂车零部件和金属构件的设计、制造、销售、租赁、维修以及堆场，提供相关技术咨询服务。						

企业名称	李锦记（新会）食品有限公司			海关编码	4407942100	所属海关	新会海关
通讯地址	广东省江门市新会区七堡大桥工贸城北区一号至二号					邮政编码	529156
评定时间	2008. 11. 21	注册日期	1995. 12. 25	报关有效期	2014. 12. 25	注册资本	51788 万港币
法人姓名	范小刚	电　　话	0750－6705555	日常联系人	刘晓坚	电　　话	0750－6705555
主营范围	调味品、食用油、豆制品及农副海产品生产、经营（酱油、蚝油、酱、复合调味品、芝麻油、辣椒油、豆豉、虾酱、辣椒、陈皮半成品），生产经营营养保健食品、饮料、味液、醋类、罐头、方便面（办）及其相关包装品，提供相关工艺技术咨询和转让。（涉及国家实行出口许可证、配额管理的商品除外。）						

企业名称	新会日兴不锈钢制品有限公司			海关编码	4407942132	所属海关	新会海关
通讯地址	广东省江门市新会区司前镇工业开发区					邮政编码	529159
评定时间	2010. 3. 26	注册日期	1998. 6. 17	报关有效期	2014. 6. 17	注册资本	2000 万美元
法人姓名	李耀如	电　　话	0750－6571288	日常联系人	鲁瑞年	电　　话	0750－6571288
主营范围	生产不锈钢制品。产品 70% 外销。						

企业名称	维达纸业（广东）有限公司			海关编码	4407942166	所属海关	新会海关
通讯地址	广东省江门市新会区会城镇城东区东侯工业区					邮政编码	529100
评定时间	2008. 11. 21	注册日期	1991. 11. 25	报关有效期	2014. 11. 25	注册资本	3455 万美元
法人姓名	张健	电　　话	0750－6168333	日常联系人	李玉钿	电　　话	0750－6168501
主营范围	生产经营高档生活用纸（原纸、小包装面纸、盒装面纸、卷筒卫生纸、湿纸巾、餐纸、抹手纸）等高档系列产品、妇女卫生巾，产品 20% 外销（“卫生许可证”有效期至 20011 年 9 月 12 日），普通货运。						

企业名称	江门市新会华贸发展有限公司			海关编码	4407962008	所属海关	新会海关
通讯地址	广东省江门市新会区会城知政南路 32 号					邮政编码	529100
评定时间	2009. 7. 30	注册日期	2001. 11. 9	报关有效期	2014. 11. 9	注册资本	5000 万人民币
法人姓名	尹国荣	电　　话	0750 – 6622277	日常联系人	伍昆明	电　　话	0750 – 6628777
主营范围	批发、零售煤炭（凭有效的“煤炭经营资格证”经营），预包装食品兼散装食品、乳制品（含婴幼儿配方乳粉）（凭有效的“食品流通许可证”经营）；为船舶提供码头设施，在港区内提供货物装卸服务（凭有效的“港口经营许可证”经营）；代理检验检疫报检业务；物业出租；国内贸易；货物及技术进出口。（国家法律、行政法规禁止的项目除外，国家法律、行政法规限制的项目须取得许可后方可经营。）						

企业名称	台山核电合营有限公司			海关编码	4407938170	所属海关	台山海关
通讯地址	广东省台山市台城桥湖路 46 号					邮政编码	529200
评定时间	2013. 2. 18	注册日期	2010. 3. 2	报关有效期	2016. 3. 1	注册资本	167400 万人民币
法人姓名	高立刚	电　　话	0750 – 5558001	日常联系人	李康	电　　话	0750 – 5270605
主营范围	投资、建设、运营和管理中国广东台山市的首批两台 CEPR 核电机组以及台山核电站的附属设施，销售台山核电站生产的电力。						

企业名称	台山山度士制衣厂有限公司			海关编码	4407948038	所属海关	台山海关
通讯地址	广东省台山市白沙镇三八工业开发区					邮政编码	529254
评定时间	2008. 12. 24	注册日期	1996. 3. 15	报关有效期	2014. 3. 24	注册资本	800 万美元
法人姓名	郑紫云	电　　话	0750 – 5866798	日常联系人	李前远	电　　话	0750 – 5866989
主营范围	生产和销售各类男女服装。						

企业名称	台山市富诚铝业有限公司			海关编码	4407948074	所属海关	台山海关
通讯地址	广东省台山市附城镇西湖外商投资示范区					邮政编码	529200
评定时间	2009. 7. 30	注册日期	1999. 12. 6	报关有效期	2014. 10. 17	注册资本	1950 万美元
法人姓名	陈国宾	电　　话	0750 – 5582588	日常联系人	梁小丽	电　　话	0750 – 5582588
主营范围	铝合金轮毂、汽车及机车轮胎装配、车用冷却管等铝制品汽车配件、汽车用铸锻毛胚件、镁合金制品、铸铁和铸件的生产和加工，模具及各种五金制品的电镀及抛光。（电镀及抛光由本公司分支机构台山市富诚铝业有限公司金属表面处理车间经营。）						

企业名称	台澳铝业（台山）有限公司			海关编码	4407948084	所属海关	台山海关
通讯地址	广东省台山市西湖外商投资示范区11－13号					邮政编码	529200
评定时间	2008.11.21	注册日期	2000.11.2	报关有效期	2014.10.11	注册资本	2600万美元
法人姓名	何尚平	电　　话	0750－5587383	日常联系人	黄周权	电　　话	0750－5586383
主营范围	生产铝型材、异型材、散热管（片）、汽车配件等铝制品、模具，铝锭、铝棒、喷粉涂料（不含危险化学品）的批发及进出口业务（不设店铺，不涉及国营贸易管理商品，涉及配额、许可证管理商品的按国家有关规定办理申请）。						

企业名称	华美（台山）五金制品有限公司			海关编码	4407948174	所属海关	台山海关
通讯地址	广东省台山市广海镇新华工业区					邮政编码	529231
评定时间	2008.10.15	注册日期	2004.1.14	报关有效期	2013.12.7	注册资本	1500万美元
法人姓名	BERNEARD SPRING	电　　话	0750－5315688	日常联系人	李其玩	电　　话	0750－5315688
主营范围	研发、生产和经营各类汽车，摩托车，商业和家用保安防盗系统的电子五金系列锁具及零配件，各类安全门、自动门、月台屏蔽门等系列门产品，集成智能卡及其零配件；制造各类钥匙机、锁具机械设备。提供相关安装及售后服务。各类钥匙机、锁具机械设备的进出口业务及批发、零售（不设店铺，不涉及国家贸易管理商品，涉及配额、许可证管理商品的，按国家有关规定办理申请）。						

企业名称	台山市冠荣金属制品有限公司			海关编码	4407948185	所属海关	台山海关
通讯地址	广东省台山市高新技术开发区第5区					邮政编码	529200
评定时间	2008.12.24	注册日期	2004.6.15	报关有效期	2014.6.17	注册资本	1500万美元
法人姓名	洪英智	电　　话	0750－5625001	日常联系人	雷雅仪	电　　话	0750－5625079
主营范围	经营烧烤炉、取暖炉及烤炉配件等金属搪瓷制品。						

企业名称	台山市金桥铝型材厂有限公司			海关编码	4407948270	所属海关	台山海关
通讯地址	广东省台山市大江镇石桥工业区					邮政编码	529261
评定时间	2011.11.21	注册日期	2008.7.28	报关有效期	2014.7.27	注册资本	8568万美元
法人姓名	伍积辉	电　　话	0750－5438596	日常联系人	伍秀兰	电　　话	0750－5432073
主营范围	经营各种铝合金锭，铝合金棒，铝型材，异型材，铝板墙，铝、铁、不锈钢剪摺板，铝门窗，铝幕墙，铝制品及其喷粉、喷油、氧化着色等表面处理和铝质工程，模具制造，新型铝合金型材和异型材生产。						

企业名称	开平威技电器有限公司			海关编码	4407944196	所属海关	开平海关
通讯地址	广东省开平市水口镇兴达路 40 号第一幢					邮政编码	529300
评定时间	2008. 12. 24	注册日期	2001. 12. 30	报关有效期	2014. 12. 30	注册资本	500 万美元
法人姓名	邱明总	电　话	0750－2226622	日常联系人	邱明总	电　话	0750－2226622
主营范围	生产经营移动式冷气机、移动分离式冷气机、分离式冷气机、窗式冷气机、除湿机、冷气机与除湿机的半成品及其零配件产品。						

企业名称	开平市利德信进出口贸易有限公司			海关编码	4407964081	所属海关	开平海关
通讯地址	广东省开平市三埠区长沙光明路 103 号首层 1					邮政编码	529300
评定时间	2009. 11. 4	注册日期	2007. 3. 15	报关有效期	2016. 3. 15	注册资本	300 万人民币
法人姓名	余桥欢	电　话	0750－2261166	日常联系人	关永安	电　话	0750－2236833
主营范围	销售办公设备、电子产品、五金、建筑材料、日用品、服装、皮具、竹芒柳工艺品、文具、汽车配件（不含发动机），货物进出口，技术进出口（法律、行政法规禁止的项目除外，法律、行政法规限制的项目须取得许可证后方可经营）。						

企业名称	鹤山雅图仕印刷有限公司			海关编码	4407946012	所属海关	鹤山海关
通讯地址	广东省鹤山古劳镇西江大堤玄坛庙滩地					邮政编码	529738
评定时间	2008. 10. 15	注册日期	1993. 3. 9	报关有效期	2014. 3. 9	注册资本	182000 万港币
法人姓名	冯广源	电　话	0750－8766115	日常联系人	冯广源	电　话	0750－8766115
主营范围	承接国外客户委托排板、制板、印刷及装订、包装五金制品，经营玩具、游戏品、纸箱进出口业务，产品 100% 外销。						

企业名称	弗兰卡（中国）厨房系统有限公司			海关编码	4407946091	所属海关	鹤山海关
通讯地址	广东省鹤山市沙坪镇莺朗工业区 318 号					邮政编码	529700
评定时间	2008. 11. 21	注册日期	1998. 12. 20	报关有效期	2014. 12. 20	注册资本	769 万美元
法人姓名	Jürg Kaspar Fischer	电　话	0750－8415252	日常联系人	黄先生	电　话	0750－8415239
主营范围	生产、经营厨房设备（包括洗涤槽及附属产品、燃气灶具、电磁炉、微波炉、烤箱、洗碗机等厨房用具、厨房电器及快餐店厨房设备）及饮料容器、太阳能热水器及其配件、电热热水器及其配件、卫浴相关产品及其配件、冰箱及其配件、洗衣机及其配件、上述产品的相关模具和设备，进口、批发上述自产产品的同类商品，采购和出口相关商品（不涉及国营贸易管理商品，涉及配额、许可证管理商品，按国家有关规定办理申请），研究开发新产品并提供相关服务。						

企业名称	阳江核电有限公司			海关编码	4417910080	所属海关	阳江海关
通讯地址	广东省阳江市江城区安宁路141号					邮政编码	529500
评定时间	2011.11.29	注册日期	2006.7.19	报关有效期	2016.2.4	注册资本	823975万人民币
法人姓名	高立刚	电　　话	0660－3305001	日常联系人	李康	电　　话	0662－3305279
主营范围	核电站的投资、建设与经营，发电，送电，售电（以上项目凭国家有关批准文件或许可证经营）。						

企业名称	阳江市海达水产有限公司			海关编码	4417920239	所属海关	阳江海关
通讯地址	广东省阳江市闸坡镇顺岸码头一号					邮政编码	529536
评定时间	2008.10.15	注册日期	2002.6.19	报关有效期	2014.11.9	注册资本	6668万人民币
法人姓名	吴达来	电　　话	0662－3882663	日常联系人	陈华杏	电　　话	0662－3278155
主营范围	水产品及水产食品冷冻、加工（含水产品收购，但限于企业自用），水产养殖、制冰（非食用冰）。						

企业名称	阳江市二轻集团有限公司			海关编码	4417950014	所属海关	阳江海关
通讯地址	广东省阳江市波陵园一街11号					邮政编码	529500
评定时间	2010.8.27	注册日期	2002.9.29	报关有效期	2015.3.19	注册资本	3000万人民币
法人姓名	程建华	电　　话	0662－3380890	日常联系人	胡凤初	电　　话	0662－3381826
主营范围	经营和代理各类商品及技术的进出口，但国家限定公司经营或禁止进出口的商品及技术除外。						

企业名称	广东万事达水产股份有限公司			海关编码	4417960221	所属海关	阳江海关
通讯地址	广东省阳江市高新区尖山科技工业园					邮政编码	529500
评定时间	2011.9.14	注册日期	2006.5.9	报关有效期	2014.9.7	注册资本	9000万人民币
法人姓名	梁桂奇	电　　话	0662－2208830	日常联系人	陈永贵	电　　话	0662－6662068
主营范围	水产品收购、加工、销售，货物进出口，技术进出口（法律、行政法规禁止的项目除外，法律、行政法规限制的项目须取得许可后方可经营）。						

企业名称	阳江市海达水产有限公司			海关编码	4417960588	所属海关	阳江海关
通讯地址	广东省阳江市闸坡镇顺岸码头一号					邮政编码	529536
评定时间		注册日期	2002.6.19	报关有效期	2014.11.9	注册资本	6668万人民币
法人姓名	吴达来	电　　话	0662－3882663	日常联系人	陈华杏	电　　话	0662－3278155
主营范围	水产品及水产食品冷冻、加工（含水产品收购，但限于企业自用），水产养殖、制冰（非食用冰）。						

南宁关区

企业名称	北海东红制革有限公司		海关编码	4505930087	所属海关	北海海关
通讯地址	广西壮族自治区北海市合浦县城南郊禁山				邮政编码	536100
评定时间	2009.10.16	注册日期	1993.5.12	报关有效期	2014.5.12	注册资本	674 万美元
法人姓名	施荣川	电　话		日常联系人	李国燕	电　话	133××××1617
主营范围	生产销售 PU 皮革及 PU 皮革半成品、牛面皮革及牛面皮革半成品、反毛绒皮革及油榔皮革。牛面皮革和二榔皮革的加工。						

企业名称	广西西河食品有限公司		海关编码	4505961019	所属海关	北海海关
通讯地址	广西北海市香港路工业园区办公楼 211 号				邮政编码	536000
评定时间	2012.2.8	注册日期	2005.10.13	报关有效期	2014.10.13	注册资本	3100 万人民币
法人姓名	林国	电　话	0779－2086311	日常联系人	梁培	电　话	138××××3188
主营范围	生产销售冷冻水产品，自营和代理各类商品的进出口，但国家限定公司经营或禁止进出口的商品除外。（凡涉及许可证的项目凭许可证在有效期限内经营。）						

企业名称	北海保通冷冻食品有限公司		海关编码	4505961097	所属海关	北海海关
通讯地址	广西北海市出口加工区二期北部湾西路与成都路交界处				邮政编码	536000
评定时间	2012.2.8	注册日期	2007.7.3	报关有效期	2016.7.3	注册资本	8256 万人民币
法人姓名	庞春远	电　话	0779－2206999	日常联系人	曾璇	电　话	189××××0613
主营范围	水产品收购及精细加工、销售；制冰项目筹建，筹建期间不得开展以上项目的经营活动；渔需品销售（不含石油及木材），鲜活商品急冻、储存。商品的进出口贸易（但国家限定公司经营或禁止进出口的商品和技术除外）。						

企业名称	中船桂江造船有限公司		海关编码	4504910103	所属海关	梧州海关
通讯地址	广西梧州市钱鉴路 54 号				邮政编码	543004
评定时间	2012.1.5	注册日期	2007.4.11	报关有效期	2016.4.9	注册资本	14100 万人民币
法人姓名	谢伟贤	电　话	0774－5821442	日常联系人	易小飞	电　话	0774－5821439
主营范围	船舶制造及修理，起重机械、轻工机械、钢结构件制造、加工，通信设备及多工广播设备生产、设计、安装，各种电气音响或视觉报警、警告、指示装置制造（以上项目不包括卫星地面接收设施），本企业自产机电产品、成套设备及相关技术的出口业务，经营本企业生产、科研所需的原辅材料、机械设备、仪器仪表、备品备件、零配件及技术的进口业务（国家实行核定公司经营的 14 种进口商品除外），开展本企业“三来一补”业务，道路普通货物运输（此项目经营期限至 2013 年 11 月 16 日），旅宿、中餐、酒类零售（以上项目仅限分支机构凭有效许可证经营）（以上项目涉及国家法律法规规定须经审批的，取得批准后方可开展生产经营，经营期限以专项审批为准）。（凡涉及许可证的项目凭许可证在有效期限内经营。）						

企业名称	柳州柳工挖掘机有限公司			海关编码	4502910804	所属海关	柳州海关
通讯地址	广西柳州市柳江县拉堡镇双拥路					邮政编码	545100
评定时间	2010. 8. 30	注册日期	2006. 8. 8	报关有效期	2015. 8. 8	注册资本	39418 万人民币
法人姓名	黄祥全	电　　话	0772－7226048	日常联系人	黄秀禄	电　　话	0772－3886077
主营范围	挖掘机等建筑工程机械产品及其配件的设计、制造、销售，相关技术的进出口业务，机电产品及零件、机电成套设备、工装模具、原辅材料、仪器仪表、轻工业品的进出口业务。（以上经营项目涉及许可审批的须取得许可证或其他批准文件后方可开展经营。）						

企业名称	柳州富达机械有限公司			海关编码	4502940511	所属海关	柳州海关
通讯地址	广西柳州市阳和工业新区工业园 B－22－1、B－23－1 号					邮政编码	545005
评定时间	2009. 10. 30	注册日期	2002. 9. 16	报关有效期	2014. 9. 16	注册资本	520 万美元
法人姓名	苏晓林	电　　话	0772－3171562	日常联系人	郭光明	电　　话	0772－3171562
主营范围	生产、销售空气压缩机、压缩空气干燥器、压缩空气过滤器及相关设备，提供产品的售后服务，非自产的空气压缩机、压缩空气干燥器、压缩空气过滤器及其辅助设备和零部件的进出口、批发、佣金代理（拍卖除外）。（凡涉及许可证的项目凭许可证在有效期限内经营。）						

企业名称	广西河池市南方有色金属集团有限公司			海关编码	4508960450	所属海关	柳州海关
通讯地址	广西河池市北环路吉腰					邮政编码	547000
评定时间	2013. 2. 21	注册日期	2000. 6. 29	报关有效期	2015. 6. 29	注册资本	5000 万人民币
法人姓名	周南方	电　　话	0778－2296006	日常联系人	周南方	电　　话	0778－2297181
主营范围	有色金属矿选、冶炼（除国家专控专营产品外）及附属产品、建筑材料、冶金、矿山、机电产品、化工产品（除毒品及危险品外）销售。本企业生产、科研所需原料、辅材料、机械设备、仪器仪表、零配件及相关技术的进口业务（国家限定公司经营和禁止进口的商品除外），本企业自产产品及相关技术的出口业务（国家限定公司经营和禁止出口的商品除外），经营本公司的进料加工和“三来一补”业务，销售本单位生产的硫酸。（凡涉及许可证的项目凭许可证在有效期限内经营。）						

企业名称	南丹县南方有色金属有限责任公司			海关编码	4508960793	所属海关	柳州海关
通讯地址	广西河池市南丹县车河镇丰塘坳					邮政编码	545700
评定时间	2013. 2. 21	注册日期	2006. 6. 13	报关有效期	2015. 6. 13	注册资本	5000 万人民币
法人姓名	周南方	电　　话	0778－2296006	日常联系人	杨贵雄	电　　话	0778－2297181
主营范围	有色金属矿产品加工、销售（国家明令禁止的除外），建筑材料、矿山机电产品销售，销售本单位生产的硫酸，本企业生产、科研所需原料、辅材料、机械设备、仪器仪表及零配件的进口和本企业自产产品的出口业务。（凡涉及许可证的项目凭许可证在有效期限内经营。）						

企业名称	广西铁合金有限责任公司			海关编码	4515910003	所属海关	柳州海关
通讯地址	广西来宾市兴宾区凤凰镇八一街道八一路					邮政编码	546102
评定时间	2009. 8. 11	注册日期	1993. 12. 29	报关有效期	2014. 12. 29	注册资本	100000 万人民币
法人姓名	安汉民	电　　话	0772－6689993	日常联系人	张海玲	电　　话	0772－6689788
主营范围	铁合金冶炼，冶金设备设计及制造，机械设备制造及其零配件制作、安装、销售、维护、保养及修理，本企业产品销售，经营本企业自产产品及技术的出口和本企业所需的机械设备、零配件、原辅材料及技术的进口业务（国家专控的除外，需前置许可的除外），第三产业开发，仓储，道路普通货物运输，经营性道路危险货物运输（2 类 1、2 项，3 类 1、2、3 项，8 类 1、2 项），大型车辆及危险货物运输车辆整车修理，总成修理，整车维护、小修、维修救援、专项修理，中型餐饮，住宿，歌舞娱乐（卡拉 OK），预包装食品、卷烟零售；道路旅客运输服务（只限客运服务站经营）；道路货运站（场）服务（只限客运服务站经营）。（凡涉及许可证的项目凭许可证在有效期限内经营。）						

企业名称	大海粮油工业（防城港）有限公司			海关编码	4512946159	所属海关	防城海关
通讯地址	广西防城港市港口区出海大道 1 号					邮政编码	538001
评定时间	2008. 10. 17	注册日期	2000. 10. 18	报关有效期	2014. 10. 17	注册资本	6950 万美元
法人姓名	穆彦魁	电　　话	0770－2800688	日常联系人	覃博	电　　话	0770－2800739
主营范围	生产、加工及经营各类油籽，精炼动植物油脂，油料、面粉、饲料、大米、食品添加剂（氮气）及其相关产品深加工及与之有关的包装材料，经营公共仓储业务，面粉、大米和食用油产品的批发，生产及销售蒸汽（涉及配额许可证管理、专项规定管理的商品按国家有关规定办理）（凡涉及许可证的项目凭许可证在有效期限内经营）。						

企业名称	防城港市其沿矿业有限公司			海关编码	4512966306	所属海关	防城海关
通讯地址	广西防城港市港口区兴港大道 10 号					邮政编码	538001
评定时间	2011. 12. 1	注册日期	2004. 12. 20	报关有效期	2014. 12. 20	注册资本	3000 万人民币
法人姓名	吴雄勇	电　　话	0770－2829937	日常联系人	林正有	电　　话	
主营范围	矿产品的加工销售及购销代理（除国家专控），煤炭（凭有效许可证经营）、建筑材料、化工原料（除危险品）、农副产品、原木、锯材、木制半成品（凭有效许可证经营）的购销，货物进出口、技术进出口（法律、行政法规禁止的项目除外，法律行政法规限制的项目取得许可证后方可经营）（凡涉及许可证的项目凭许可证在有效期内经营）。						

企业名称	东兴市雅美实业有限公司			海关编码	4511960050	所属海关	东兴海关
通讯地址	广西东兴市北仑大道229号					邮政编码	538100
评定时间	2011.12.23	注册日期	2003.6.30	报关有效期	2014.6.30	注册资本	1500万人民币
法人姓名	钟建为	电话	139××××7747	日常联系人	黄品东	电话	189××××5166
主营范围	农副土特产品、竹木制品、五金交电、化工产品（除化学危险品）、普通机械设备、机电产品（除小轿车）、玻璃胶、橡胶及制品、服装、纺织品、建筑材料、水暖器材批发、零售，经营边境小额贸易业务。自营和代理各类商品和技术的进出口。通过边境小额贸易方式向毗邻国家开展各类商品及技术的进出口业务。但国家限定公司经营或禁止进出口的商品和技术除外。						

企业名称	广西新振锰业集团有限公司			海关编码	4514960326	所属海关	水口海关
通讯地址	广西崇左市大新县桃城镇西城街					邮政编码	532300
评定时间	2011.2.22	注册日期	2008.10.13	报关有效期	2014.10.13	注册资本	9804万人民币
法人姓名	言胜斌	电话	0771－3633206	日常联系人	梁飚	电话	0771－3621266
主营范围	二氧化锰、硅锰合金、锰铁自营出口，进口本企业所需原辅材料、机器设备、仪器仪表及零配件，化工锰、农副产品、硅铁、中低碳锰铁、硫酸锰、金属锰、锰矿石洗选加工，边境小额贸易经营。						

企业名称	平果亚洲铝业有限公司			海关编码	4507940087	所属海关	龙邦海关
通讯地址	广西百色市平果工业园区					邮政编码	531400
评定时间	2013.2.21	注册日期	2008.8.14	报关有效期	2014.8.15	注册资本	1390万美元
法人姓名	刘孟军	电话	0776－5608888	日常联系人	张伟	电话	0776－5608696
主营范围	铝合金型材、铜、铝管材、铝轧板、金属制品的生产销售，铝锭的国内批发（凡涉及许可证的项目凭许可证在有效期限内经营）。						

企业名称	广西玉柴机器股份有限公司			海关编码	4506930100	所属海关	南宁海关驻玉林办事处
通讯地址	广西玉林市天桥西路88号					邮政编码	537000
评定时间	2008.10.17	注册日期	1993.7.14	报关有效期	2014.7.14	注册资本	47299万人民币
法人姓名	晏平	电话	0775－3289168	日常联系人	林俞红	电话	0775－3289429
主营范围	柴油机、汽油机、发电机组、小型工程机械的制造销售，提供技术咨询服务（经营项目如涉及许可审批的凭有效许可审批经营）。						

企业名称	广西玉柴重工有限公司		海关编码	4506932034	所属海关	南宁海关 驻玉林办事处
通讯地址	广西陆川玉柴工程机械工业集中区				邮政编码	537005
评定时间	2011. 2. 22	注册日期	2011. 7. 20	报关有效期 2014. 7. 20	注册资本	70941 万人民币
法人姓名	李汉阳	电　话	0775－3220255	日常联系人 张露丹	电　话	0775－3220013
主营范围	制造、销售各种工程机械、农用机械及配件并提供技术咨询服务（以上项目在许可证有效期内生产经营），工程机械、农用机械所用液压油、机油、齿轮油的包装和销售业务，本企业生产所需原辅材料进口业务，自营和代理机电产品及配件和技术的进出口业务（国家限定企业经营或禁止进出口的商品和技术除外）。（凡涉及许可证的项目凭许可证在有效期内经营。）					

企业名称	广西玉柴重工有限公司		海关编码	4506943411	所属海关	南宁海关 驻玉林办事处
通讯地址	广西玉林市陆川玉柴工程机械工业集中区				邮政编码	537000
评定时间	2012. 6. 1	注册日期	2011. 7. 20	报关有效期 2014. 7. 20	注册资本	40941 万人民币
法人姓名	晏平	电　话	138××××7766	日常联系人 梁丹妮	电　话	0775－3220013
主营范围	制造、销售各种工程机械、农用机械及配件（以上项目在许可证有效期限内生产经营），本企业自产产品及技术出口业务，本企业生产所需原辅材料、仪器仪表、机械设备、零配件及技术进口业务（国家限定公司经营和国家禁止进出口的商品除外），进料加工和“三来一补”业务，工程机械、农用机械所用液压油、机油、齿轮油的包装和销售业务。（凡涉及许可证的项目凭许可证在有效期限内经营。）					

企业名称	广西三环企业集团股份有限公司		海关编码	4506952813	所属海关	南宁海关 驻玉林办事处
通讯地址	广西北流市二环北路				邮政编码	537400
评定时间	2008. 10. 17	注册日期	1999. 3. 3	报关有效期 2014. 3. 3	注册资本	7179 万人民币
法人姓名	陈显彬	电　话	0775－6290593	日常联系人 甘榜容	电　话	0775－6223916
主营范围	陶瓷（含具有民族特色的陶瓷、艺术瓷）生产销售，陶瓷原材料、机械及其配件、纸类包装、煤炭、建材、五金交电、日用百货、农副土特产品、钢材的销售，陶瓷模具的生产、销售，仓储（除危险化学品），陶瓷生产技术培训，进出口贸易（国家有专项规定的除外）。以下项目仅供分支机构凭有效许可证经营：室内装饰，经营润滑油、液化气，进口、国产瓶装酒的批发和零售。（凡涉及许可证的项目凭许可证在有效期限内经营）。					

成都关区

企业名称	四川一汽丰田汽车有限公司			海关编码	5101232971	所属海关	成都海关
通讯地址	四川省成都经济技术开发区经开区南三路22					邮政编码	610100
评定时间	2010. 6. 7	注册日期	2010. 3. 29	报关有效期	2016. 3. 29	注册资本	30700万美元
法人姓名	徐建一	电　话	028－88435343	日常联系人	李开宇	电　话	028－88435343
主营范围	制造、组装客车、客车底盘、乘用车及其零部件，研究开发新产品，在境内外销售产品并提供相关售后服务。						

企业名称	成都神钢建设机械有限公司			海关编码	5101234115	所属海关	成都海关
通讯地址	四川省成都市龙泉驿区经开区南四路699号					邮政编码	610000
评定时间	2013. 2. 26	注册日期	2010. 3. 1	报关有效期	2016. 3. 1	注册资本	1729万美元
法人姓名	朱文彪	电　话	139××××8101	日常联系人	田宪华	电　话	028－88423612
主营范围	研发、生产神钢牌液压挖掘机等建设工程机械产品及相关零配件，销售神钢牌及其他品牌的液压挖掘机等建设工程机械产品及相关原材料、零配件，从事上述产品的进出口业务，提供本公司销售产品的售后技术支持及其他售后服务。						

企业名称	东方电气股份有限公司			海关编码	5101310142	所属海关	成都海关
通讯地址	四川省成都市高新西区西芯大道18号					邮政编码	610000
评定时间	2011. 1. 6	注册日期	1994. 11. 8	报关有效期	2014. 11. 8	注册资本	200386万人民币
法人姓名	斯泽夫	电　话	028－87583002	日常联系人	宋刚	电　话	028－87583144
主营范围	通用设备制造业、电气机械及器材制造业、核能发电设备、风力发电设备、可再生能源发电设备等及其备品备件制造、销售及研发，工业控制与自动化的研发、制造及销售，环保设备、节能设备、石油化工容器的研发、制造及销售，仪器仪表、普通机械等设备的研发、制造及销售，工业气体制造及销售，电站设计、电站设备成套技术开发、成套设备销售及服务，总承包与分包境外发电设备、机电、成套工程和境内国际招标工程，进出口贸易。						

企业名称	成都华川进出口集团有限公司			海关编码	5101310441	所属海关	成都海关
通讯地址	四川省成都高新区高发大厦五楼					邮政编码	610015
评定时间	2010. 8. 3	注册日期	2000. 3. 14	报关有效期	2014. 3. 14	注册资本	3000万人民币
法人姓名	陆恺	电　话	028－86614231	日常联系人	杨朝	电　话	028－85881233
主营范围	自营和代理各类商品的进出口业务，国家限定公司经营和禁止进出口的商品和技术除外。						

企业名称	成都天齐机械五矿进出口有限责任公司			海关编码	5101310289	所属海关	成都海关
通讯地址	四川省成都市高新区高朋东路10号1栋					邮政编码	610015
评定时间	2009.6.17	注册日期	1998.6.12	报关有效期	2014.6.12	注册资本	2000万人民币
法人姓名	姜德勤	电　　话	028－85159223	日常联系人	曲禾	电　　话	130××××2533
主营范围	货物进出口及技术进出口销售矿产品（国家有专项规定的除外）、化工产品（不含危险化学品）、农副产品（不含粮、棉、油、生丝、蚕茧及国家有专项规定的项目）；金属材料（不含稀贵金属）、无机肥及微元素肥（国家有专项规定的除外）、五金交电、建筑材料（不含危险化学品）、装饰材料（不含危险化学品）、机电产品（不含汽车）、电子产品、销售医疗器械、植入材料和人工器官、医用电子仪器设备（凭医疗器械经营企业许可证在有效期内从事经营）、机械设备租赁；货物进出口及技术进出口（法律、法规禁止的除外，法律、法规限制的取得许可后方可经营）。						

企业名称	成都京东方光电科技有限公司			海关编码	5101314725	所属海关	成都海关
通讯地址	四川省成都高新区（西区）合作路1188号					邮政编码	610041
评定时间	2010.11.30	注册日期	2008.4.15	报关有效期	2014.4.15	注册资本	183000万人民币
法人姓名	王家恒	电　　话	028－61771066	日常联系人	曲伟浩	电　　话	028－61771074
主营范围	研发、设计、生产、销售薄膜晶体管液晶显示器件及其他电子元件，货物、技术进出口。						

企业名称	成都住矿电子有限公司			海关编码	5101342993	所属海关	成都海关
通讯地址	四川省成都高新区新加玻工业园					邮政编码	610041
评定时间	2008.12.23	注册日期	1999.5.26	报关有效期	2014.5.26	注册资本	850万美元
法人姓名	WATANABE MITSUHIRO	电　　话	028－85155577	日常联系人	李华栋	电　　话	028－85180228
主营范围	引线框架类半导体材料和精密模具的开发、生产及销售。						

企业名称	华为数字技术（成都）有限公司			海关编码	5101343955	所属海关	成都海关
通讯地址	四川省成都市高新区西部园区清水河片区					邮政编码	610000
评定时间	2011.3.25	注册日期	2007.12.17	报关有效期	2013.12.17	注册资本	8000万美元
法人姓名	张平安	电　　话	0755－36836608	日常联系人	陈茜	电　　话	151××××6422
主营范围	经营网络安全系统、存储设备及软件研发、销售、技术服务、咨询、培训，以及进出口业务。						

企业名称	成都银河磁体股份有限公司			海关编码	5101360304	所属海关	成都海关
通讯地址	四川省成都市高新区西区百草路6号					邮政编码	611731
评定时间	2011. 3. 10	注册日期	1998. 8. 14	报关有效期	2014. 8. 14	注册资本	16157万人民币
法人姓名	戴炎	电　　话	028－87851978	日常联系人	代炎	电　　话	028－87851591
主营范围	制造、销售永磁合金元件，提供光机电高新技术服务。						

企业名称	东方电气集团国际合作有限公司			海关编码	5101910063	所属海关	成都海关
通讯地址	四川省成都市金牛区蜀汉路333号6楼					邮政编码	610041
评定时间	2012. 5. 3	注册日期	1992. 11. 30	报关有效期	2014. 11. 30	注册资本	68352万人民币
法人姓名	罗志刚	电　　话	028－87013480	日常联系人	罗文成	电　　话	028－87898652
主营范围	自营和代理各类商品的进出口业务，国家限定公司经营和禁止进出口的商品和技术除外。（含小汽车）						

企业名称	成都岷江国际贸易有限公司			海关编码	5101910327	所属海关	成都海关
通讯地址	四川省成都陕西街239号外商投资大楼12楼					邮政编码	610041
评定时间	2012. 6. 25	注册日期	1998. 11. 20	报关有效期	2014. 11. 20	注册资本	6000万人民币
法人姓名	胡军	电　　话	028－86699022	日常联系人	王作	电　　话	028－86154936
主营范围	自营和代理各类商品和技术的进出口业务，国家限定公司经营和禁止进出口的商品和技术除外。						

企业名称	四川省外贸五金矿产进出口有限责任公司			海关编码	5101910653	所属海关	成都海关
通讯地址	四川省成都市武侯区航空路6号丰德国际广场3－7－2					邮政编码	610015
评定时间	2009. 5. 31	注册日期	2001. 5. 21	报关有效期	2014. 5. 21	注册资本	330万人民币
法人姓名	金羊	电　　话	028－85265997	日常联系人	邱谨	电　　话	028－85265990
主营范围	经营进出口业务和房屋租赁。						

企业名称	四川航空股份有限公司		海关编码	5101911419	所属海关	成都海关
通讯地址	四川省成都市双流国际机场航空大厦				邮政编码	610202
评定时间	2009. 3. 16	注册日期	2003. 6. 26	报关有效期	2014. 6. 26	注册资本	35000 万人民币
法人姓名	李海鹰	电　话	028 - 85393050	日常联系人	王兵	电　话	028 - 85393156
主营范围	经营本企业自产产品及技术的出口业务和本企业生产、科研所需的机械设备、零配件、原辅材料及技术的进口业务。国家限定公司经营和禁止进出口的商品和技术除外。					

企业名称	成都国航进出口有限公司		海关编码	5101911749	所属海关	成都海关
通讯地址	四川省成都市双流机场航材综合楼				邮政编码	100621
评定时间	2011. 10. 21	注册日期	2004. 1. 13	报关有效期	2014. 2. 13	注册资本	600 万人民币
法人姓名	郑保安	电　话	010 - 64599951	日常联系人	陈黎	电　话	028 - 85704185
主营范围	自营和代理各类商品的进出口业务，国家限定公司经营和禁止进出口的商品和技术除外。					

企业名称	四川武田制衣有限公司		海关编码	5101931645	所属海关	成都海关
通讯地址	四川省成都市武候大道 217 号				邮政编码	610041
评定时间	2008. 12. 23	注册日期	1994. 5. 21	报关有效期	2014. 5. 21	注册资本	10 万美元
法人姓名	武田正美	电　话	028 - 87014999	日常联系人	夏茫	电　话	028 - 87014999
主营范围	设计、加工、生产、销售服装及服饰品。					

企业名称	四川国际航空发动机维修有限公司		海关编码	5101933067	所属海关	成都海关
通讯地址	四川省成都市双流国际机场				邮政编码	610202
评定时间	2009. 5. 31	注册日期	2000. 5. 19	报关有效期	2014. 5. 19	注册资本	7190 万美元
法人姓名	柴维玺	电　话	010 - 61463030	日常联系人	林华	电　话	028 - 85721446
主营范围	航空发动机维修及有关零部件的制造，为加工复出口产品所需的航空器材、外商在国内暂存的航空器材及经海关批准的其他航空器材提供仓储和报关业务服务。					

企业名称	四川省畜科饲料有限公司			海关编码	5101960449	所属海关	成都海关
通讯地址	四川省成都锦江区牛沙路 7 号					邮政编码	610066
评定时间	2010. 11. 30	注册日期	2003. 12. 16	报关有效期	2014. 12. 16	注册资本	1295 万人民币
法人姓名	邝声耀	电　话	028 - 84528888	日常联系人	王华昌	电　话	028 - 84520111
主营范围	自营和代理各类商品的进出口业务，国家限定公司经营和禁止进出口的商品和技术除外。						

企业名称	东方电气集团东方汽轮机有限公司			海关编码	5106910229	所属海关	成都海关
通讯地址	四川德阳高新技术产业园区金沙江西路 666 号					邮政编码	618201
评定时间	2009. 6. 17	注册日期	1997. 8. 6	报关有效期	2016. 8. 6	注册资本	184600 万人民币
法人姓名	张文峰	电　话	0838 - 6302192	日常联系人	刘云飞	电　话	0838 - 2433071
主营范围	普通货运、大型物件运输（一）（道路运输经营许可证有效期至 2014 年 7 月 19 日）：一类机动车维修（小型客车（含轿车）维修、大中型客车维修、货车（含工程车辆）维修、危险货物运输车辆维修）（道路运输经营许可证有效期至 2016 年 6 月 21 日）；氧气、液氧、氮气、液氮、生产及自产前述产品的销售（安全生产许可证有效期至 2013 年 11 月 24 日），生产、加工、销售：汽轮机、水轮机、燃气轮机、压缩机、风机、泵及辅机、风力发电机组、太阳能及可再生能源、机械设备及其配件、通用及专用设备、金属制品、电子仪器、涂料及合成材料，工业控制与自动化、电站及其设备的科研、设计、安装调试、改造、维修服务以及相关进出口业务，（以上经营范围国家限制或禁止经营的除外，需经有关部门批准的，必须取得相关批准后，按照批准的事项开展生产经营活动）。						

企业名称	四川轮胎橡胶（集团）股份有限公司			海关编码	5126911396	所属海关	成都海关
通讯地址	四川省简阳市养马河镇					邮政编码	641402
评定时间	2010. 1. 8	注册日期	2003. 6. 10	报关有效期	2014. 6. 10	注册资本	5277 万人民币
法人姓名	杨齐	电　话	0832 - 7728888	日常联系人	谢刚	电　话	0832 - 7729108
主营范围	生产轮胎、橡胶制品、橡胶合成制品，以上产品及原材料、设备和仪器进出口。批发、零售、代储装饰材料、汽车配件、家用电器、机电产品、橡胶原料。						

企业名称	乐山 - 菲尼克斯半导体有限公司			海关编码	5111932332	所属海关	乐山海关
通讯地址	四川省乐山市中区人民西路 289 号					邮政编码	614000
评定时间	2008. 10. 15	注册日期	1997. 4. 8	报关有效期	2014. 3. 15	注册资本	10186 万美元
法人姓名	WILLIAM. J. MEDER	电　话	0833 - 2127909	日常联系人	唐文佳	电　话	0833 - 2127909 - 2221
主营范围	开发、设计、生产、组装、测试集成电路和分立半导体产品及相关产品，销售本公司产品并提供相关的售后服务。						

企业名称	四川长虹电器股份有限公司		海关编码	5107910062	所属海关	绵阳海关
通讯地址	四川省绵阳市高新区绵兴东路35号				邮政编码	621000
评定时间	2008.10.15	注册日期	1992.12.23	报关有效期	2014.12.1	注册资本	461624万人民币
法人姓名	赵勇	电话	0816－2413888	日常联系人	何娇	电话	0816－2417793
主营范围	家用电器、电子产品及零配件、通信设备、计算机及其他电子设备、电子电工机械专用设备、电器机械及器材、电池系列产品、电子医疗产品、电力设备、数字监控产品、金属制品、仪器仪表、文化及办公用机械、文教体育用品、家具、厨具及燃气具的制造、销售和维修，房屋及设备租赁，包装产品及技术服务，公路运输，仓储及装卸搬运，软件开发及销售、服务，企业管理咨询与服务，高科技项目投资及国家允许的其他投资业务，房地产开发与经营，废弃电器、电子产品回收及处理。						

企业名称	四川迪佳通电子有限公司		海关编码	5107933170	所属海关	绵阳海关
通讯地址	四川省绵阳市科创园区九洲大道259号九洲科技工业园孵化大楼B区三楼				邮政编码	621000
评定时间	2012.4.16	注册日期	2001.5.17	报关有效期	2014.5.17	注册资本	300万美元
法人姓名	霞晖	电话	0816－2469218	日常联系人	但玲娜	电话	0816－2468044
主营范围	研制、生产广播电视数字产品、多媒体设备、电信设备、电话机、手机及配件，承揽相应工程，销售本公司产品。						

企业名称	四川广元启明星铝业有限责任公司		海关编码	5108913050	所属海关	绵阳海关
通讯地址	四川省广元市袁家坝工业开发区				邮政编码	628017
评定时间	2008.10.15	注册日期	2001.3.27	报关有效期	2014.3.27	注册资本	12000万人民币
法人姓名	唐时林	电话	028－86730303	日常联系人	张怡	电话	028－86730202
主营范围	生产、销售电解铝锭、合金锭及预焙阳极碳块，生产用原料及成品进出口业务。						

企业名称	东方电气集团东方锅炉股份有限公司		海关编码	5103910233	所属海关	成都自贡
通讯地址	四川省自贡市自流井区五星街黄桷坪路150号				邮政编码	643001
评定时间	2009.11.24	注册日期	1998.10.14	报关有效期	2014.1.12	注册资本	160566万人民币
法人姓名	徐鹏	电话	0813－4736383	日常联系人	卢雪梅	电话	0813－4733228
主营范围	电站锅炉、电站辅机、工业锅炉、电站阀门、石油化工容器、核能反应设备、电站脱硫、脱硝，环保工程总承包，一般经营项目成套及相关技术服务，锅炉岛工程成套、电站自控设备、工矿配件、计算机应用系统、机械设计及设备、出口本企业自产的机电产品，进口本企业生产、科研所需的原辅材料、机械设备、仪器仪表及零配件。						

企业名称	四川省宜宾五粮液集团进出口有限公司			海关编码	5114910354	所属海关	成都海关 驻宜宾办事处
通讯地址	四川省宜宾市岷江西路150号					邮政编码	644007
评定时间	2008. 10. 15	注册日期	1999. 5. 4	报关有效期	2014. 5. 4	注册资本	3000万人民币
法人姓名	刘中国	电　话	0831－3553968	日常联系人	李林	电　话	0831－3565899
主营范围	经营、代理各类商品和技术的进出口业务（国家限定公司经营或禁止进出口商品及技术除外）。						

企业名称	宜宾海丝特纤维有限责任公司			海关编码	5114911365	所属海关	成都海关 驻宜宾办事处
通讯地址	四川省宜宾市南广镇盐平坝					邮政编码	644002
评定时间	2009. 9. 23	注册日期	2003. 5. 13	报关有效期	2014. 5. 13	注册资本	48000万人民币
法人姓名	冯涛	电　话	0831－2360001	日常联系人	廖琼	电　话	0831－2360071
主营范围	生产销售粘胶长丝，各类商品及技术的进出口业务（国家限制和禁止的除外），经营进料加工和“三来一补”业务。						

企业名称	英特尔产品（成都）有限公司			海关编码	5101640010	所属海关	成都高新 综合保税区
通讯地址	四川省成都高新技术开发区西区（成都出口加工区西区）					邮政编码	610000
评定时间	2013. 6. 8	注册日期	2003. 9. 25	报关有效期	2014. 5. 19	注册资本	12500万美元
法人姓名	TIFFANY D. SILVA	电　话	028－87958000	日常联系人	江泓	电　话	021－50481818
主营范围	集成电路封装。						

重庆关区

企业名称	重庆四联技术进出口有限公司			海关编码	5003910025	所属海关	重庆海关
通讯地址	重庆市渝中区人民路 123 号附 1 号					邮政编码	400015
评定时间	2009. 1. 15	注册日期	1993. 4. 8	报关有效期	2014. 3. 1	注册资本	300 万人民币
法人姓名	赵吉春	电　话	023－63854054	日常联系人	张彪	电　话	023－63858621
主营范围	自营和代理各类商品和技术的进出口（国家限定公司经营或禁止进出口的商品和技术除外），销售五金、交电、日用百货、摩托车及其零部件、钢材、普通机电产品、成套设备、有色金属（国家有专项管理规定的除外）。						

企业名称	重庆对外贸易进口有限公司			海关编码	5003910253	所属海关	重庆海关
通讯地址	重庆市渝中区邹容路 50 号					邮政编码	400011
评定时间	2008. 10. 16	注册日期	1999. 8. 16	报关有效期	2015. 5. 30	注册资本	5000 万人民币
法人姓名	李习锋	电　话	023－63763318	日常联系人	郭冰心	电　话	023－63763898
主营范围	自营和代理除国家组织统一联合经营的出口商品和国家实行核定公司经营的进口商品以外的其他商品及技术的进出口业务，经营进料加工和“三来一补”业务，经营对销贸易和转口贸易，销售初级农产品、汽车（不含九座及九座以下）、汽车零部件（以上范围法律、法规禁止经营的不得经营，法律、法规规定应经审批而未获审批前不得经营）。						

企业名称	重庆长安汽车国际销售服务有限公司			海关编码	5005210002	所属海关	重庆海关
通讯地址	重庆市江北区建新东路 260 号					邮政编码	400023
评定时间	2011. 11. 14	注册日期	1996. 5. 6	报关有效期	2014. 10. 18	注册资本	1376 万人民币
法人姓名	朱华荣	电　话	023－67591298	日常联系人	钟恒玲	电　话	023－67599888－9053
主营范围	一般经营项目：销售汽车（未经国家工商总局备案不得经营）及汽车零部件、模具、夹具、工具，货物及技术进出口业务。						

企业名称	重庆长安汽车股份有限公司			海关编码	5005210016	所属海关	重庆海关
通讯地址	重庆市江北区建新东路260号					邮政编码	400023
评定时间	2011. 11. 4	注册日期	2005. 5. 24	报关有效期	2014. 10. 25	注册资本	232566万人民币
法人姓名	徐留平	电　话	023－67590114	日常联系人	胡波	电　话	023－67591782
主营范围	许可经营项目：制造、销售汽车（含轿车），制造汽车发动机系列产品。一般经营项目：汽车（含小轿车）开发，汽车发动机系列产品的开发、销售，配套零部件、模具、工具的开发、制造、销售，提供机械安装工程科技技术咨询服务，自营和代理各类商品和技术的进出口（国家限定公司经营或禁止进出口地商品和技术除外），开发、生产、销售计算机软件硬件产品，计算机应用技术咨询、培训，计算机网络系统设计、安装、维护，代办中国电信股份有限公司重庆分公司委托的电信业务。						

企业名称	重庆新途进出口贸易有限公司			海关编码	5005260114	所属海关	重庆海关
通讯地址	重庆市江北区建新北路76号光宇大厦11楼					邮政编码	400020
评定时间	2011. 11. 14	注册日期	2007. 11. 28	报关有效期	2014. 10. 28	注册资本	1000万人民币
法人姓名	王敬春	电　话	023－89077888	日常联系人	邱冈	电　话	023－88165635
主营范围	许可经营项目：（无）。一般经营项目：自营、代理货物进出口业务，销售摩托车（不含发动机）、钢材、建材（不含危险化学品）、农副产品（国家有专项规定的除外）。（国家法律、行政法规禁止的不得经营，国家法律、行政法规规定取得许可后方可从事经营的，未取得许可前不得经营。）						

企业名称	重庆普乐菲进出口有限公司			海关编码	5005260081	所属海关	重庆海关
通讯地址	重庆市江北区兴隆路26号14－1、14－2					邮政编码	400020
评定时间	2011. 11. 4	注册日期	2000. 11. 30	报关有效期	2014. 10. 25	注册资本	300万人民币
法人姓名	钟德宏	电　话	139××××7835	日常联系人	王婧菡	电　话	023－67748600
主营范围	许可经营项目：批发（不含储存、零售）有毒品，包括3－硝基－4－羟基苯胂酸、氟硅酸钾、氟硅酸鲜、氟化钠、氧化剂和有机过氧化物、高锰酸钾、过硫酸铵、过硫酸钾、易燃液体、乙二醇甲醚、腐蚀品、醋酸酐；批发预包装食品；批发医疗器械Ⅱ、Ⅲ类，包括6832医用高能射线设备（以上经营范围按许可证核定事项和期限从事经营）。一般经营项目：销售化工产品及原料、建筑材料、装饰材料（以上均不含危险化学品）、农副产品（不含粮食）、五金、家用电器、矿产品（国家法律法规有专项管理规定的除外）、金属材料及制品、普通机电设备、仪器仪表、纸制品、包装制品，采集收购野生冬虫夏草，自营和代理各类商品及技术的进出口业务（国家限定公司经营或禁止进出口的商品及技术除外），经营进料加工和“三来一补”业务，经营对销贸易和转口贸易。（国家法律、行政法规禁止的不得经营，国家法律、行政法规规定取得许可后方可从事经营的，未取得许可前不得经营。）						

企业名称	中电投远达环保工程有限公司			海关编码	5012210028	所属海关	重庆海关
通讯地址	重庆市北部新区金渝大道 96 号					邮政编码	401122
评定时间	2013. 2. 22	注册日期	2011. 12. 30	报关有效期	2014. 12. 30	注册资本	20000 万人民币
法人姓名	刘艺	电　话	023 - 63062919	日常联系人	彭艳丽	电　话	023 - 63062919
主营范围	许可经营项目：（无）。一般经营项目：承接环境保护工程总承包及常规燃煤锅炉、火电机组烟气硫脱硝工程及相关附属工程的施工；城市污水处理、垃圾治理项目的投资、经营管理及工程项目的总承包，核工业行业（核设施退役及放射三废处理处置工程）专业乙级，核工程专业承包（贰级），电力、环保新产品开发、销售及技术咨询服务；节能技术的研发，产品的生产销售，销售电子产品，从事货物进出口和技术进出口（以上经营范围涉及行政许可的，在许可核定的范围和期限内经营，未取得许可或超过许可核定范围和期限的不得经营）。						

企业名称	长安福特汽车有限公司			海关编码	5012230035	所属海关	重庆海关
通讯地址	重庆市北部新区鸳鸯镇长福西路 1 号					邮政编码	401122
评定时间	2011. 11. 18	注册日期	2001. 7. 12	报关有效期	2014. 10. 27	注册资本	24047 万美元
法人姓名	徐留平	电　话	023 - 67458888	日常联系人	涂梅艳	电　话	023 - 67458018
主营范围	生产轿车及其零件，销售自产产品，进行汽车和零部件的研究、开发，提供售后服务（含提供维修用零部件）、培训、仓储服务（不含危险化学品）及其他相关服务（以上经营范围法律、法规禁止的不得经营，法律、法规限制的取得许可或审批后方可经营）。						

企业名称	重庆钢铁股份有限公司			海关编码	5021931347	所属海关	重庆海关
通讯地址	重庆市长寿经开区钢城大道 1 号					邮政编码	401220
评定时间	2011. 11. 4	注册日期	1999. 5. 6	报关有效期	2014. 10. 18	注册资本	173313 万人民币
法人姓名	邓强	电　话	138 × × × × 2020	日常联系人	王蓓	电　话	134 × × × × 1787
主营范围	生产、加工、销售板材、型材、线材、钢坯及焦碳煤化工制品，自来水、资源综合利用发电，经营生铁及水渣、钢渣、废钢。						

企业名称	重庆长安铃木汽车有限公司			海关编码	5013930661	所属海关	南坪开发
通讯地址	重庆市巴南区鱼洞镇					邮政编码	401321
评定时间	2008. 10. 16	注册日期	1995. 5. 25	报关有效期	2014. 5. 19	注册资本	19000 万美元
法人姓名	张宝林	电　话	023 - 66283101	日常联系人	蔺诗阳	电　话	023 - 66288607
主营范围	生产、销售自产轿车、发动机及其零部件，销售自产产品，提供有关售后服务，并从事有关研究开发工作（涉及行政许可的须凭许可证经营）。						

企业名称	重庆川东船舶重工有限责任公司			海关编码	5002910130	所属海关	重庆海关驻涪陵办事处
通讯地址	重庆市涪陵区李渡镇双河口					邮政编码	408102
评定时间	2012. 1. 4	注册日期	1997. 9. 16	报关有效期	2015. 9. 16	注册资本	32050 万人民币
法人姓名	周江	电　　话	023－72145308	日常联系人	代双伦	电　　话	023－72145262
主营范围	许可经营项目：从事舰船为主的军品科研生产（有效期至2016年10月7日止）。一般经营项目：船舶修造，船用辅机制造，出口本企业自产船舶及船用辅机，金属结构及构件、压力容器、铸锻件、冶金设备、建材设备及化工机械设备的加工，进口本企业生产科研所需原辅材料、机械设备、仪器仪表及零配件，机电设备维修、安装调试，消防设施安装。						

企业名称	重庆市汉斯·安海酉阳进出口有限公司			海关编码	5042950101	所属海关	重庆海关驻涪陵办事处
通讯地址	重庆市酉阳县钟多镇翠屏街25号					邮政编码	409800
评定时间	2009. 1. 15	注册日期	1999. 7. 26	报关有效期	2014. 7. 30	注册资本	210 万人民币
法人姓名	安迪·柯若思	电　　话	021－24122888	日常联系人	邱华	电　　话	023－68661284
主营范围	电动工具和五金工具及零配件、园林工具和庭院工具、材料及零配件、家用电器及零配件的批发、佣金代理（拍卖除外），上述商品的进出口，上述各项相关的技术咨询及服务、相关的配套业务（上述涉及配额许可证管理、专项规定管理的产品按国家有关规定办理）（涉及行政许可的凭许可证经营），进料加工和转口贸易。						

企业名称	嘉陵集团对外贸易发展有限公司			海关编码	5006910075	所属海关	重庆西永海关
通讯地址	重庆市沙坪坝区双碑					邮政编码	400032
评定时间	2008. 10. 16	注册日期	1993. 3. 11	报关有效期	2014. 2. 11	注册资本	1000 万人民币
法人姓名	段潇	电　　话	023－65191088	日常联系人	胡信华	电　　话	023－65193369
主营范围	经营和代理各类商品及技术的进出口业务，但国家限定公司经营或禁止进出口的商品及技术除外，经营进料加工和“三来一补”业务，经营对销贸易和转口贸易，销售电器机械及器材、五金、日用百货、金属材料（不含稀贵金属）、建筑材料及化工原料（不含化学危险品）。						

企业名称	重庆康明斯发动机有限公司			海关编码	5006930943	所属海关	重庆西永海关
通讯地址	重庆市沙坪坝区烈士墓壮志路100号					邮政编码	400031
评定时间	2008. 10. 16	注册日期	1995. 11. 10	报关有效期	2014. 11. 1	注册资本	41760 万人民币
法人姓名	何勇	电　　话	023－63860102	日常联系人	候征	电　　话	023－65335888－3303
主营范围	生产柴油发动机、船用机组、柴油发电机组及其零部件。						

企业名称	惠普（重庆）有限公司		海关编码	5006940745	所属海关	重庆西永海关
通讯地址	重庆市沙坪坝区西园一路22号				邮政编码	401333
评定时间	2013.3.11	注册日期 2009.9.21	报关有效期	2015.9.21	注册资本	1500万美元
法人姓名	FOO PIAU PHANG（符标榜）	电　话 010－65643648	日常联系人	刘星	电　话	8621－28982100
主营范围	研制、加工、组装、生产（含委托加工）个人计算机产品及相关配套产品、电子信息产品、外围设备及零配件，经营上述本企业产品及国内外“惠普”或其他厂商生产的品牌电子产品及其他相关配套产品，经营业务（受配额许可证管理或专营商品除外）包括对上述产品进口、出口、仓储、批发、佣金代理（拍卖除外）、维修服务、技术咨询与技术转让，“惠普”及其他品牌电子及其他产品的维修与维护服务、技术咨询，计算机系统集成的安装、调试、维护、应用和其他相关的技术咨询及售后服务。					

企业名称	重庆力帆实业（集团）进出口有限公司		海关编码	5006960006	所属海关	重庆西永海关
通讯地址	重庆市沙坪坝区上桥张家湾60号				邮政编码	400037
评定时间	2008.11.24	注册日期 1998.8.31	报关有效期	2014.8.8	注册资本	35000万人民币
法人姓名	尹喜地	电　话 023－61663388	日常联系人	杨利平	电　话	023－61663055
主营范围	经营和代销各类商品及技术的进出口业务（国家限定经营或禁止进出口的商品技术除外），经营经批准的境外加工装配项目所需的原辅材料仪器仪表、配件和技术的出口业务（国家禁止进出口或限制进出口的商品和技术除外）。					

企业名称	西南铝业（集团）有限责任公司		海关编码	5007910048	所属海关	重庆西永海关
通讯地址	重庆市九龙坡区西彭镇				邮政编码	401326
评定时间	2008.10.16	注册日期 1992.12.30	报关有效期	2014.11.17	注册资本	325357万人民币
法人姓名	罗建川	电　话 023－65808168	日常联系人	王善钢	电　话	023－65809344
主营范围	铝及铝镁钛、铝锂合金、铝材加工，高精铝板、带、箔及高速薄带铸扎生产技术开发；航天航空用新型铝合金材料及高温合金材料开发、生产；轨道交通用高性能铝材生产；为加工户代购铝锭；金属材料加工、销售（不含稀贵金属）；承包境外有色金属行业工程和境内国际招标工程，从事工程所需的设备、材料出口；对外派遣实施上述工程的服务、货物及技术进出口（法律、法规禁止的项目除外，法律、法规限制的项目取得许可后方可经营）。					

企业名称	重庆ABB变压器有限公司			海关编码	5007931102	所属海关	重庆西永海关
通讯地址	重庆市九龙坡区中梁山玉清寺华岩南村一号					邮政编码	400052
评定时间	2008.10.16	注册日期	1998.3.9	报关有效期	2014.3.9	注册资本	4865万美元
法人姓名	方秦	电　话	010－84566688	日常联系人	曾忆	电　话	023－65093675
主营范围	设计、制造、销售交流电力变压器、电抗器和高压直流换流变压器，并提供相关的售后服务。						

企业名称	重庆环松工业（集团）有限公司			海关编码	5007960030	所属海关	重庆西永海关
通讯地址	重庆市九龙坡区华岩镇石堰工业园					邮政编码	400052
评定时间	2011.1.7	注册日期	2004.11.19	报关有效期	2015.11.19	注册资本	5700万人民币
法人姓名	李松	电　话	023－65270500	日常联系人	潘启建	电　话	023－61020462
主营范围	制造、销售摩托车整车、助力车产品、摩托车零部件、汽车零部件、助力车零部件、塑料制品普通机械配件、通用汽油机、水泵发电机及发电机组、园林通用机械发电机及发电机组，销售摩托车、金属材料、五金、交电、办公用品、建筑材料、百货、日杂，货物进出口。						

企业名称	隆鑫通用动力股份有限公司			海关编码	5007960565	所属海关	重庆西永海关
通讯地址	重庆市九龙坡区九龙园区华龙大道99号					邮政编码	400052
评定时间	2011.1.7	注册日期	2007.7.23	报关有效期	2016.7.23	注册资本	80000万人民币
法人姓名	高勇	电　话	023－89026666	日常联系人	田蕾	电　话	023－89062361
主营范围	许可经营项目：开发、生产、销售内燃机（在许可证核定范围及有效期内经营）。一般经营项目：开发、销售摩托车及零部件、汽油机及零部件、汽车零部件，开发、生产、销售农业机具、林业机具、园林机械、非公路用车、普通机械及电器产品，批发、零售金属材料（不含稀贵金属）、橡胶制品，货物及技术进出口（不含国家禁止或限制进出口项目），商贸信息咨询。（法律、行政法规禁止的不得经营，法律、行政法规规定需许可审批的，取得许可审批后从事经营。）						

企业名称	重庆隆鑫进出口有限公司			海关编码	5007960574	所属海关	重庆西永海关
通讯地址	重庆市九龙坡区九龙园区华龙大道99号					邮政编码	400060
评定时间	2011.1.7	注册日期	2007.10.10	报关有效期	2013.10.10	注册资本	1000万人民币
法人姓名	高勇	电　话	023－89028918	日常联系人	郑思静	电　话	023－89028918
主营范围	自营和代理各类商品及技术的进出口业务（国家限定公司经营或禁止进出口的商品及技术除外）。						

贵阳关区

企业名称	中国烟草贵州进出口有限责任公司			海关编码	5201910058	所属海关	贵阳海关
通讯地址	贵州省贵阳市富源南路350号					邮政编码	550005
评定时间	2011.12.26	注册日期	1993.2.1	报关有效期	2015.2.1	注册资本	28138万人民币
法人姓名	苏红雪	电　　话	0851－8642999	日常联系人	孙晶	电　　话	0851－8642907
主营范围	烟叶、复烤烟叶出口业务，进口卷烟、雪茄烟配套服务业务，烟叶复烤加工业务。						

企业名称	首钢水城钢铁集团进出口有限公司			海关编码	5202910638	所属海关	贵阳海关
通讯地址	贵州省六盘水市水钢巴西中路					邮政编码	553028
评定时间	2008.12.4	注册日期	1995.10.20	报关有效期	2014.5.16	注册资本	5000万人民币
法人姓名	何友德	电　　话	0858－8923919	日常联系人	庞揽月	电　　话	0859－8922357
主营范围	自营和代理各类商品和技术的进出口（但国家限定公司经营或禁止进出口的商品和技术除外）。						

企业名称	贵州钢绳股份有限公司			海关编码	5203910756	所属海关	贵阳海关
通讯地址	贵州省遵义市桃溪路47号					邮政编码	563000
评定时间	2009.1.13	注册日期	1997.5.23	报关有效期	2015.5.15	注册资本	16437万人民币
法人姓名	黄忠渠	电　　话	0852－8419267	日常联系人	周湘乾	电　　话	0852－8419354
主营范围	钢丝、钢绳产品及相关设备、材料、技术的研究、生产、加工、销售及进出口业务，科技产品的研制、开发与技术服务。						

企业名称	贵州黎阳航空动力有限公司			海关编码	5207911378	所属海关	贵阳海关
通讯地址	贵州省贵州平坝县白云镇					邮政编码	561102
评定时间	2012.2.21	注册日期	2009.8.6	报关有效期	2015.8.6	注册资本	65000万人民币
法人姓名	王良	电　　话	0853－4692036	日常联系人	庞美玲	电　　话	0853－4692723
主营范围	航空发动机及其衍生产品的研究、设计、研制、试验、生产、销售、维修、保障及服务；航空发动机维修设备制造；本企业自产产品的出口业务和本企业所需的机械设备、零部件、原辅材料的进出口业务，但国家限定公司经营或禁止进出口的商品及技术除外；通用设备、电子机械设备、汽车零部件及配件、环保设备、仪器仪表、新能源设备的设计、制造；生产物质采购、物流、经营；本企业废旧资源和废旧材料的销售；与以上业务相关的技术转让、技术服务及技术的进出口业务。						

昆明关区

企业名称	云南锡业股份有限公司			海关编码	5301311216	所属海关	昆明海关
通讯地址	云南省昆明市高新技术产业开发区					邮政编码	650118
评定时间	2008. 10. 17	注册日期	1999. 10. 18	报关有效期	2014. 10. 18	注册资本	90652 万人民币
法人姓名	雷毅	电　话	0871－6287206	日常联系人	李浩	电　话	139××××5944
主营范围	有色金属及其矿产品、化工产品（不含管理商品）、非金属及其矿产品、建筑材料的批发、零售、代购、代销，进出口业务（按目录经营），环境保护工程服务。提供劳务服务、技术服务、井巷掘进，有色金属深加工及其高新技术产品的开发、生产及自销，境外期货业务（凭许可证开展经营）。（以上经营范围涉及国家法律、法规的专项审批，按审批项目和时限开展经营活动。）						

企业名称	云南铜业股份有限公司			海关编码	5301311269	所属海关	昆明海关
通讯地址	云南省昆明高新技术产业开发区 M2_ 3					邮政编码	650102
评定时间	2009. 3. 19	注册日期	2000. 4. 24	报关有效期	2014. 4. 24	注册资本	141640 万人民币
法人姓名	武建强	电　话	0871－63106739	日常联系人	李海宁	电　话	0871－63131307
主营范围	有色金属、贵金属的生产、加工、销售及生产工艺的设计、施工、科研，高科技产品化工产品的生产、加工及销售，机械动力设备的制作、安装，经营本企业自产产品及相关技术的出口业务，经营本企业生产、科研所需的原辅料、机械设备、仪器仪表、零配件及相关技术的进口业务，经营本企业的进料加工和“三来一补”业务，出口本企业自产的铜材、选矿药剂、有色金属，进口本企业生产、科研所需的原材料、机械设备、仪器仪表、零配件，经营有色金属开采和选矿业务，化肥加工及销售，经营饲料添加剂产品、硫酸。						

企业名称	云南恒昊进出口有限公司			海关编码	5301363307	所属海关	昆明海关
通讯地址	云南省昆明市二环西路 398 号高新科技信息中心主楼					邮政编码	650051
评定时间	2012. 4. 18	注册日期	2007. 8. 14	报关有效期	2016. 8. 14	注册资本	5000 万人民币
法人姓名	张时俊	电　话	0871－3541999－8058	日常联系人	李博宇	电　话	0871－3541999－8032
主营范围	货物进出口，技术进出口，矿产品的销售（以上范围中涉及国家专项审批的，凭有效的许可证、资质证开展生产经营（以上经营范围中涉及国家法律、行政法规规定的专项审批，按审批的项目和时限开展经营活动）。						

企业名称	云南冶金集团进出口物流股份有限公司		海关编码	5301910013	所属海关	昆明海关	
通讯地址	云南省昆明市北市区小康大道 399 号				邮政编码	650224	
评定时间	2008. 10. 17	注册日期	1993. 1. 29	报关有效期	2015. 1. 29	注册资本	13000 万人民币
法人姓名	祁鸣	电　　话	0871 – 68891686	日常联系人	高俊仿	电　　话	0871 – 68891596
主营范围	经批准的国家配额管理的有色金属、黑色金属、化工产品、机械设备、仪器仪表、建筑材料、五金交电、针纺织品、服装、旅游产品、百货、工业生产资料、农业生产资料（不含管理商品）、日用杂品的仓储、物流及相关服务，经贸部核定的一、二类商品和放开经营三类商品的进出口贸易及转口贸易，物流服务，国际、国内货运代理业务，煤炭批发经营，农产品、粮食收购（以上经营范围中涉及国家法律、行政法规规定的专项审批，按审批的项目和时限开展经营活动）。						

企业名称	中国烟草云南进出口有限公司		海关编码	5301910015	所属海关	昆明海关	
通讯地址	云南省昆明市园通街道 129 号				邮政编码	650031	
评定时间	2008. 10. 17	注册日期	1993. 4. 5	报关有效期	2014. 4. 5	注册资本	5293 万人民币
法人姓名	吴永明	电　　话	138 × × × × 9203	日常联系人	徐瑞	电　　话	0871 – 65127681
主营范围	烟叶出口，卷烟进口，烟丝出口及云南省烟草商业系统复烤设备、零配件进出口，烟草技术的进出口；接受委托，代理其他产品的进出口业务；非烟草产业业务，包括建材产品、五金化工、机电产品、轻工产品等（涉及专项审批的凭许可证开展经营）。						

企业名称	云南南天电子信息产业股份有限公司		海关编码	5301910033	所属海关	昆明海关	
通讯地址	云南省昆明市高新技术产业开发区软件园创新大厦				邮政编码	650118	
评定时间	2008. 10. 17	注册日期	1993. 4. 21	报关有效期	2015. 4. 21	注册资本	21055 万人民币
法人姓名	雷坚	电　　话	0871 – 3332302	日常联系人	袁小婷	电　　话	137 × × × × 6599
主营范围	开发、生产、销售计算机软件硬件、计算机外围设备、金融专用设备、智能产品、机电产品（含国产汽车不含小轿车），承接网络工程、信息系统工程（不含管理项目），提供技术服务及技术咨询，自产产品的安装、调试、维修，经营系统集成、网络设备、信息产品（以上项目可按经贸部核定的经营范围开展进出口业务）。（以上经营范围中涉及国家法律、行政法规规定的专项审批，按审批的项目和时限开展经营活动。）						

企业名称	云南建工集团有限公司			海关编码	5301910053	所属海关	昆明海关
通讯地址	云南省昆明市东风东路36号					邮政编码	650051
评定时间	2012.9.25	注册日期	1994.5.4	报关有效期	2015.5.4	注册资本	178458万人民币
法人姓名	陈文山	电　　话	0871－3173720	日常联系人	张萱	电　　话	0871－3192241
主营范围	工程监理；建筑工程劳务服务及对外劳务输出；房地产开发及经营；勘探设计；国内外工程总承包：房屋建筑工程总承包一级，公路工程施工总承包壹级，市政公用工程施工总承包壹级；商品混凝土、混凝土预制构件、外掺料及其他建筑构件的生产及销售；建筑工程劳务服务及对外劳务输出；房地产开发及经营；勘探设计；自营和代理除国家组织统一联合经营的16种出口商品和国家实行核定公司经营的12种进出口商品以外的其他商品及技术的进出口业务；对外工程所需设备、材料的出口；建筑科研开发及技术咨询；承办中外合资经营、合作生产业务，开展“三来一补”业务，按照国家规定在海外开办各类企业，国内贸易。（以上经营范围中涉及国家法律、行政法规规定的专项审批，按审批的项目和时限开展经营活动。）						

企业名称	昆明中铁大型养路机械集团有限公司			海关编码	5301910130	所属海关	昆明海关
通讯地址	云南省昆明市金马镇羊方旺384号					邮政编码	650215
评定时间	2008.10.17	注册日期	1997.6.16	报关有效期	2014.6.16	注册资本	58798万人民币
法人姓名	马云昆	电　　话	0871－3831999	日常联系人	施展	电　　话	137××××5394
主营范围	铁路专用设备器材及配件制造，金属结构及构件制造，铁路运输设备制造，经营本企业自产机电产品、成套设备及相关技术的出口业务，经营本企业生产、科研所需的原辅材料、机械设备、仪器仪表、零配件及技术的进口业务（国家实行核定公司经营的14种进口商品除外），开展本企业“三来一补”业务，系统内汽车维修、运输服务，国内贸易，物资供销（以上经营范围中涉及国家法律、行政法规规定的专项审批，按审批的项目和时限开展经营活动）。						

企业名称	云南昆钢国际贸易有限公司			海关编码	5301911373	所属海关	昆明海关
通讯地址	云南省安宁市郎家山					邮政编码	650302
评定时间	2008.10.17	注册日期	2001.2.8	报关有效期	2015.2.8	注册资本	33409万人民币
法人姓名	李树亮	电　　话	0871－8602781	日常联系人	周勤	电　　话	0871－8603283
主营范围	自营和代理各类商品及技术的进出口业务，但国家限定公司经营或禁止进出口的商品及技术除外（不另附进出口商品目录），经营进料加工和“三来一补”业务，经营对外销售和转口贸易。						

企业名称	云南高深橡胶有限公司			海关编码	5301933438	所属海关	昆明海关
通讯地址	云南省昆明市嵩明县杨林工业开发区					邮政编码	651701
评定时间	2012.12.26	注册日期	2007.12.24	报关有效期	2013.12.24	注册资本	30000万人民币
法人姓名	王珍全	电　　话	0871－3100888	日常联系人	徐荣	电　　话	0871－3100888
主营范围	加工和销售自产的橡胶（以上经营范围中涉及国家法律、行政法规规定的专项审批，按审批的项目和时限开展经营活动）。						

企业名称	云南黄金矿业集团进出口有限公司			海关编码	5301911892	所属海关	昆明海关
通讯地址	云南省昆明市环城南路吴井新村焱龙幸福家园 2 幢 1 单元 4 层 202 号					邮政编码	650041
评定时间	2011. 11. 9	注册日期	2004. 2. 3	报关有效期	2014. 2. 3	注册资本	3101 万人民币
法人姓名	吴立斌	电　　话	0871 – 63524794	日常联系人	余克非	电　　话	0871 – 63524794
主营范围	销售地矿专用物资（不含国家管理商品）、地矿野外作业生活用品、工矿配件、五金工具、仪器仪表、金属材料、矿产品、建筑及装饰材料、劳保用品、化工原料及产品（不含管理商品）、农副产品（粮油零售）、野生菌类、糖酒、茶叶、松茸，自营和代理各类商品和技术的进出口，但国家限定公司经营或禁止进出口的商品和技术除外。						

企业名称	云南烟草国际有限公司			海关编码	5301913080	所属海关	昆明海关
通讯地址	云南省昆明市世博路 6 号					邮政编码	650224
评定时间	2011. 1. 10	注册日期	2007. 1. 10	报关有效期	2016. 1. 10	注册资本	40000 万人民币
法人姓名	李力	电　　话	0871 – 5013848	日常联系人	郑晓帆	电　　话	0871 – 5017299
主营范围	经营卷烟（含烟丝、烟草）、专用机械设备和零配件及其他烟用辅料出口，烟草（含烟叶、烟丝）、专用机械设备和零配件及其他进出口配套服务，向其境外投资企业出口烟叶，对外投资，开展烟草经济技术交流合作（凭许可证开展经营）。						

企业名称	云南博骏化工有限公司			海关编码	5301933721	所属海关	昆明海关
通讯地址	云南省昆明市盘龙区白龙路 411 – 2 号					邮政编码	650224
评定时间	2011. 10. 19	注册日期	2008. 10. 27	报关有效期	2014. 10. 27	注册资本	4000 万人民币
法人姓名	王寿元	电　　话	0871 – 68423903 – 8008	日常联系人	李自林	电　　话	0871 – 68423903 – 8012
主营范围	聚氯乙烯、水性树脂、塑料、安定剂、催化剂、水处理剂、氢氧化钠、苯酚、石脑油、乙醇溶液及机械设备的批发，聚乙烯醇、纤维素及相关产品、技术的进出口业务（需依法批准的经营范围，按批准内容和时限开展经营）。						

企业名称	云南联合外经股份有限公司			海关编码	5301961345	所属海关	昆明海关
通讯地址	云南省昆明市北京路 175 号外贸大楼附楼					邮政编码	650011
评定时间	2012. 1. 31	注册日期	2004. 5. 21	报关有效期	2015. 5. 21	注册资本	10000 万人民币
法人姓名	冯柯	电　　话	0871 – 3164879	日常联系人	桑河云	电　　话	0871 – 3149622
主营范围	自营和代理各类商品和技术的进出口业务，进料加工和“三来一补”业务，对销贸易和转口贸易，对外经济技术合作，对外劳务合作，对外援助项目，项目投资业务，矿产品、轻工产品、土特产品、办公设备、光电产品的销售，矿山开发经营，设计、制作、发布、代理各类广告业务，承包工程及招投标代理，机械设备、机电产品、金属材料、建筑材料、化工产品、生物制品、环保产品、汽车、通讯设备及材料的经营，珠宝玉石的销售。（以上经营范围中涉及国家法律、行政法规规定的专项审批，按审批的项目和时限开展经营活动。）						

企业名称	昆明高深橡胶销售有限责任公司			海关编码	5301963455	所属海关	昆明海关
通讯地址	云南省昆明市经开区云大西路新兴产业孵化区创业大厦7楼704－D					邮政编码	651700
评定时间	2012. 10. 17	注册日期	2008. 1. 18	报关有效期	2014. 1. 18	注册资本	10000万人民币
法人姓名	王珍胜	电　话	0871－3888777	日常联系人	何丽宾	电　话	0871－58719829
主营范围	橡胶及其橡胶制品销售，国内贸易，货物进出口，技术进出口（以上经营范围中涉及国家法律、行政法规规定的专项审批，按审批的项目和时限开展经营活动）。						

企业名称	云南博骏化工有限公司			海关编码	5301963721	所属海关	昆明海关
通讯地址	云南省昆明市盘龙区白龙路411－2号					邮政编码	650224
评定时间	2011. 10. 19	注册日期	2008. 10. 27	报关有效期	2014. 10. 27	注册资本	4000万人民币
法人姓名	王寿元	电　话	0871－68423903－8008	日常联系人	李自林	电　话	0871－68423903－8012
主营范围	聚氯乙烯、水性树脂、塑料、安定剂、催化剂、水处理剂、氢氧化钠、苯酚、石脑油、乙醇溶液及机械设备的批发，聚乙烯醇、纤维素及相关产品、技术的进出口业务（需依法批准的经营范围，按批准内容和时限开展经营）。						

企业名称	云南罗平锌电股份有限公司			海关编码	5304911669	所属海关	昆明海关
通讯地址	云南省罗平县九龙大道南段					邮政编码	655800
评定时间	2011. 12. 2	注册日期	2003. 3. 21	报关有效期	2014. 3. 21	注册资本	18385万人民币
法人姓名	许克昌	电　话	0874－8256520	日常联系人	巴雁秋	电　话	138××××9078
主营范围	经营锌锭、镉锭、锌精矿、铝精矿、氧化锌粉、金属硅、水利发电，经营本企业自产产品及技术的出口业务，经营本企业生产所需要的原辅材料、机械设备、仪器仪表、零配件及相关技术的进出口业务。						

企业名称	云南云维集团有限公司			海关编码	5304911305	所属海关	昆明海关
通讯地址	云南省曲靖市沾益县盘江镇花山公业园区					邮政编码	650216
评定时间	2008. 10. 17	注册日期	2004. 11. 30	报关有效期	2015. 11. 30	注册资本	61624万人民币
法人姓名	陈伟	电　话	0871－3372558	日常联系人	唐斌	电　话	0874－3061093
主营范围	经营农用氮肥（含农用尿素）、磷、钾化学肥料、有（无）机化工产品及其副产品（醋酸、甲醇、二氧化碳、乙炔、液氧、液氮、一甲胺溶液、二甲胺溶液、三甲胺溶液、苯、溶剂苯、粗苯、重质苯、醋酸甲酯、醋酸乙酯、煤焦油、洗油、N，N－二甲基甲酰胺、硫磺、萘、电石、粗酚、苯酚、邻甲苯酚、对甲苯酚、间甲苯酚、喹啉、煤焦沥青、蒽油乳剂、蒽油乳膏、硫酸、盐酸、氢氧化钠、甲醛、乙醇、炭黑油、轻油、煤气、氩、α－甲基萘、β－甲基萘、2－甲基吡啶、3－甲基吡啶、苊、氢、甲苯、二甲苯、杂醇油、吡啶）、粘合剂、建筑材料、矿产品、煤焦、机械设备、机电产品，进口本企业生产所需的原辅材料、机械设备及零配件，经营轻质活性碳酸钙、塑料编织包装袋，经营汽车运输，化工机械安装，经营出口产品。						

企业名称	云南云维股份有限公司			海关编码	5304911825	所属海关	昆明海关
通讯地址	云南省曲靖市沾益县盘江镇花山工业区					邮政编码	655338
评定时间	2013.4.17	注册日期	2003.12.4	报关有效期	2014.12.4	注册资本	61624万人民币
法人姓名	陈伟	电　话	0874－3064088	日常联系人	魏荣飞	电　话	0874－3064250
主营范围	化工及化纤材料、水泥、氧气产品生产和销售，机械、机电、五金、金属材料的批发、零售、代购代销，汽车货运运输，汽车维修经营，经营企业自产产品及技术的出口业务，进口本企业所需的原辅材料、仪器仪表、机械设备及技术，纯碱、氯化铵生产及销售，化肥零售。（涉及行业审批的凭许可证经营）（以上经营范围中涉及国家法律、行政法规规定的专项审批，按审批的项目和时限开展经营活动）。						

企业名称	瑞丽市大通实业有限公司			海关编码	5319960204	所属海关	瑞丽海关
通讯地址	云南省（边贸）德宏州瑞丽市瑞江路南段西侧					邮政编码	678600
评定时间	2012.12.26	注册日期	2001.10.19	报关有效期	2014.10.19	注册资本	4500万人民币
法人姓名	尚忠义	电　话	0692－4152999	日常联系人	刘安凯	电　话	0692－4151297
主营范围	自营和代理各类商品和技术的进出口，但国家限定公司经营或禁止进出口的商品和技术除外，经授权的外币代理兑换服务（以上经营范围中涉及国家法律、行政法规规定的专项审批，按审批的项目和时限开展经营活动）。						

企业名称	红河州和源商贸有限公司			海关编码	5307960013	所属海关	河口海关
通讯地址	云南省建水县临安镇建水大道629号					邮政编码	654300
评定时间	2012.12.27	注册日期	2008.5.14	报关有效期	2014.8.25	注册资本	1200万人民币
法人姓名	李跃标	电　话	0873－7667233	日常联系人	薛忠伟	电　话	0873－7667233
主营范围	无公害农副产品生产、加工、销售，货物进出口，技术进出口，户外广告设计制作发布。						

企业名称	河口国锋进出口有限公司			海关编码	5320960038	所属海关	河口海关
通讯地址	云南省（边贸）河口县枫华小区A幢3单元402室					邮政编码	661300
评定时间	2010.9.8	注册日期	2006.5.24	报关有效期	2015.5.24	注册资本	500万人民币
法人姓名	李云和	电　话	0873－3425815	日常联系人	李云锋	电　话	0873－3425815
主营范围	矿产品、机电产品、化工原料及化工产品（除危险化学品）、橡胶及制品、干鲜果品、汽车（不含轿车）、五金交电、文化用品、健身器材、化妆品、日用百货、预包装食品兼散装食品的销售，货物进出口，技术进出口，普通货运（限有许可证的分支机构经营），仓储，装卸搬运。						

西安关区

企业名称	西安隆基硅材料股份有限公司			海关编码	6101260003	所属海关	西安海关
通讯地址	陕西省西安市长安区航天中路388号					邮政编码	710100
评定时间	2013.2.17	注册日期	2008.8.26	报关有效期	2014.8.8	注册资本	53852万人民币
法人姓名	李振国	电　话	029-84193820	日常联系人	邹宗海	电　话	029-84193820
主营范围	半导体材料、太阳能电池、电子元器件、半导体设备的开发、制造、销售，商品进出口业务（以上经营范围国家法律、法规规定的专控及前置许可项目除外，国家法律、法规另有规定的，从其规定）。						

企业名称	西安西电国际工程有限责任公司			海关编码	6101319043	所属海关	西安海关
通讯地址	陕西省西安市高新区唐兴路7号B座2-4层					邮政编码	710075
评定时间	2009.6.25	注册日期	2002.1.10	报关有效期	2014.4.1	注册资本	10000万人民币
法人姓名	杨宝林	电　话	029-88826501	日常联系人	黄河	电　话	029-88826522
主营范围	自营和代理各类商品及技术的进出口业务，其他国家规定的专营进出口商品和国家禁止进出口等特殊商品除外，经营进料加工和“三来一补”业务，开展对销贸易和转口贸易，承包境外工程和境内国际招标工程，上述境外工程所需的设备、材料出口，对外遣派工程、生产及服务行业的劳务人员（不含海员），汽车（含小轿车）销售。该企业于2001年10月30日改制为有限责任公司。						

企业名称	西安陕鼓动力股份有限公司			海关编码	6101319083	所属海关	西安海关
通讯地址	陕西省西安市高新区沣惠南路8号					邮政编码	710000
评定时间	2012.10.17	注册日期	2007.11.26	报关有效期	2013.11.30	注册资本	163877万人民币
法人姓名	印建安	电　话	029-81871096	日常联系人	王敏	电　话	029-81871799
主营范围	大型压缩机、鼓风机、通风机及各种透平机械的开发、制造、销售、维修服务、技术咨询、技术服务、技术转让、技术培训，各种通用（透平）机械设计、成套安装、调试，货物和技术的进出口经营（国家禁止和限制的货物、技术除外）。						

企业名称	金堆城钼业股份有限公司			海关编码	6101319084	所属海关	西安海关
通讯地址	陕西省西安市高新区锦业一路 88 号					邮政编码	710075
评定时间	2010. 5. 5	注册日期	2007. 12. 21	报关有效期	2013. 12. 24	注册资本	32266 万人民币
法人姓名	张继祥	电　　话	0913 - 4088201	日常联系人	赵蒙	电　　话	029 - 88378626
主营范围	经营钼矿产品、钼冶炼系列及其环保产品、钼化学系列产品、钼金属深加工系列产品、硫矿产品和其他有色金属产品的销售、对外投资。						

企业名称	西安西航集团莱特航空制造技术有限公司			海关编码	6101510004	所属海关	西安海关
通讯地址	陕西省西安市明光路出口加工区（莱特厂房）					邮政编码	710016
评定时间	2009. 11. 12	注册日期	2007. 6. 6	报关有效期	2016. 6. 7	注册资本	42000 万人民币
法人姓名	叔伟	电　　话	029 - 86153521	日常联系人	邹健	电　　话	029 - 86135034
主营范围	航空发动机、燃气轮机零部件的制造、销售、研发、检测、修理，货物及技术的进出口业务，机械加工，保税物流。						

企业名称	应用材料（西安）有限公司			海关编码	6101540002	所属海关	西安海关
通讯地址	陕西省西安市高新区信息大道 28 号					邮政编码	710119
评定时间	2012. 12. 20	注册日期	2006. 5. 15	报关有效期	2015. 4. 20	注册资本	8500 万美元
法人姓名	Gang Zou	电　　话	029 - 68903300 - 7240	日常联系人	崔少月	电　　话	029 - 68903300 - 7183
主营范围	半导体制造设备、太阳能设备及其他清洁能源、节能设备、平板显示器制造设备及其他纳米技术新产品及相关零部件的工程设计、开发、改进，生产制造、维修、翻新、清洗和销售资产产品，上述设备、产品的相关制造工艺和应用技术、控制软件、工艺流程控制软件及相关生产自动化软件的研发、应用和许可转让，上述相关的技术服务、自行研发技术的转让、培训以及售后服务（未取得专项许可的项目除外）。						

企业名称	美光半导体（西安）有限责任公司			海关编码	6101540003	所属海关	西安海关
通讯地址	陕西省西安市高新区信息大道 28 号 - 2 号					邮政编码	710119
评定时间	2012. 9. 12	注册日期	2012. 8. 27	报关有效期	2015. 8. 27	注册资本	14333 万美元
法人姓名	THOMAS L LAWS JR	电　　话	029 - 68916666	日常联系人	张鹤	电　　话	029 - 68916318
主营范围	单片式集成电路产品（线宽 0. 35 微米或以下）光电产品、半导体、元部件专用材料以及相关产品的研发、设计、加工、装机、测试、储存，推广销售自产产品，并提供售后服务、技术支持及其他相关服务，半导体生产设备及零部件维修并向第三方（包括投资者及其关联方）提供相关服务。						

企业名称	西飞集团进出口有限公司			海关编码	6101911004	所属海关	西安海关
通讯地址	陕西市西安市阎良区西飞大道1号					邮政编码	710089
评定时间	2008. 12. 17	注册日期	1994. 7. 4	报关有效期	2014. 3. 28	注册资本	5820万人民币
法人姓名	曹晓虎	电话	029－86845032	日常联系人	薛仲南	电话	029－86846872
主营范围	自营和代理各类商品及技术进出口业务（国家限定公司经营的商品及技术除外），仓储（危险品除外）、物流业务（道路运输除外），开展“三来一补”、进料加工业务，经营对销贸易和转口贸易，承包本行业境外工程、境内工程和境内国际招标工程，上述工程所需的设备、材料出口，对外派遣本行业工程、生产及服务的劳务人员，机械产品、铝型材制品、汽车（小汽车除外）、工具量的销售（上述经营范围中，国家法律、法规或国务院决定规定须报经批准的，凭许可证书在有效期内经营）。						

企业名称	陕西龙门钢铁集团进出口有限公司			海关编码	6101912015	所属海关	西安海关
通讯地址	陕西省西安市北关正街31号开元北方大厦9楼12号					邮政编码	710014
评定时间	2009. 3. 31	注册日期	2005. 3. 15	报关有效期	2014. 3. 7	注册资本	6000万人民币
法人姓名	秦敏生	电话	029－86291815	日常联系人	允方	电话	029－86291815
主营范围	机械设备（特种设备除外）、零配件、原辅材料、冶金炉料、钢坯、钢材、有色金属、化工产品（化学危险品除外）的销售，自营和代理各类商品的进出口业务，但国家限定和禁止公司经营的商品除外。						

企业名称	中化近代环保化工（西安）有限公司			海关编码	6101914144	所属海关	西安海关
通讯地址	陕西省西安市经济技术开发区泾河工业园区					邮政编码	710201
评定时间	2012. 8. 17	注册日期	2003. 8. 11	报关有效期	2014. 8. 4	注册资本	2700万人民币
法人姓名	王水耀	电话	029－86033368	日常联系人	管引弟	电话	029－86030186
主营范围	许可经营项目：HFC－134a、HFC－125、盐酸（安全生产许可证有效期至2014年6月7日）和催化剂的生产、销售。一般经营项目：技术开发与转让，经营本企业自产产品的出口业务和本企业所需的机械设备、零配件、原辅材料的进口业务，但国家限定公司经营或禁止进出口的商品及技术除外（未取得专项许可的项目除外）。						

企业名称	陕西省煤炭物资供应公司			海关编码	6101918103	所属海关	西安海关
通讯地址	陕西省西安市新城区东一路48号					邮政编码	710065
评定时间	2012. 11. 16	注册日期	2007. 1. 17	报关有效期	2016. 1. 18	注册资本	7714万人民币
法人姓名	郭旭东	电话	029－68593619	日常联系人	吴晓安	电话	029－65690144
主营范围	金属材料（专控除外），冶金炉料，建筑材料，橡胶制品，矿用坑木，化工产品（危险品除外），煤矿专用设备、配件，仪器仪表的销售、进出口贸易；仓储，装卸（危险品除外）；经营公共浴室、理发店（限分支机构经营）；闲置和废旧物资处理（专控除外）；工业炸药、工业雷管、索类火工品的销售（民用爆炸品的销售）。						

企业名称	西安航空动力股份有限公司			海关编码	6101919074	所属海关	西安海关
通讯地址	陕西省西安市未央区徐家湾					邮政编码	710021
评定时间	2008. 12. 29	注册日期	1999. 3. 3	报关有效期	2014. 3. 8	注册资本	108957 万人民币
法人姓名	万多波	电　　话	029－86150009	日常联系人	邹建	电　　话	029－86135034
主营范围	航空发动机、燃气轮机、烟气透平动力装置、航天发动机及零配件、风力发电机、太阳能发动机及零部件制造、销售及维修，航空发动机零部件转包生产，“三来一补”加工业务，铝型材及门窗制造、安装和销售，仪器仪表工具、普通设备、石化电力冶金机械成套设备、电器机械及器材、机械备件、电子产品的制造销售及维修，幕墙的设计、安装，装饰装修，进出口业务，金属材料、橡胶制品、本企业废旧物资的销售，科技咨询及技术服务（以上范围均不含国家规定的前置许可、禁止项目，国家法律另有规定的，从其规定）。以下项目限分支机构经营：压力容器、机电设备、计测设备、锅炉的设计、制造、安装和维修，医疗器械制制造销售，住宿、餐饮服务，经营成品油、氧气、氩气、丙烷（化工原料）。						

企业名称	陕西建设机械股份有限公司			海关编码	6101919119	所属海关	西安海关
通讯地址	陕西省西安市新城区金花北路 418 号					邮政编码	710032
评定时间	2012. 10. 17	注册日期	2002. 2. 5	报关有效期	2014. 1. 18	注册资本	14156 万人民币
法人姓名	杨宏军	电　　话	029－82592275	日常联系人	张军委	电　　话	029－82521348
主营范围	工程及建筑机械、起重机械成套设备、矿山机械成套装备、金属结构产品及相关配件、机动车辆（小轿车除外）的研发、生产及销售，化工机械与设备的生产，本企业自产成套装备安装、调试、维修，金属结构安装工程，工程机械设备的租赁，工程机械装备的维修，原辅材料、设备的购销，经营本企业自产产品的出口业务，经营本企业所需的机械设备、零配件、原辅材料的进出口业务（国家限定公司经营和禁止进出口的商品除外）。						

企业名称	西安杨森制药有限公司			海关编码	6101930036	所属海关	西安海关
通讯地址	陕西省西安市万寿北路 34 号					邮政编码	710043
评定时间	2009. 6. 23	注册日期	1993. 1. 8	报关有效期	2014. 3. 8	注册资本	20932 万人民币
法人姓名	何赛德	电　　话	010－58218558	日常联系人	杨京宜	电　　话	029－82576688
主营范围	经营药品。						

企业名称	西安盛赛尔电子有限公司			海关编码	6101930589	所属海关	西安海关
通讯地址	陕西省西安市高新开发区团结南路 28 号					邮政编码	710075
评定时间	2012. 10. 18	注册日期	1995. 3. 14	报关有效期	2014. 2. 16	注册资本	1000 万美元
法人姓名	马宇箭	电　　话	029－85387800	日常联系人	符达春	电　　话	029－85387883
主营范围	研究、开发、生产、销售火灾自动报警产品、灭火设备、气体探测报警设备、劳动防护用品和安全防护装备（含特种劳动防护用品和安全防护装备及消防员装备）及相关产品（以上经营范围中不含国家法律、法规规定需办理行政许可和专项审批的产品），电子产品、机电产品进出口销售和佣金代理业务（拍卖除外）。（涉及配额、许可证管理及其他专项管理的商品，按照国家有关规定办理。）						

企业名称	西安西罗航空部件有限公司			海关编码	6101930734	所属海关	西安海关
通讯地址	陕西省西安市未央区徐家湾					邮政编码	710021
评定时间	2008. 11. 3	注册日期	1996. 12. 4	报关有效期	2014. 10. 20	注册资本	1827 万美元
法人姓名	刘军	电　　话	029 - 86152112	日常联系人	来锦	电　　话	029 - 86631066
主营范围	生产、销售各种航空发动机涡轮叶片，航空发动机维修、大修、装配和测试服务。						

企业名称	西安安泰叶片技术有限公司			海关编码	6101930775	所属海关	西安海关
通讯地址	陕西省西安市经济技术开发区凤城十路					邮政编码	710021
评定时间	2009. 2. 10	注册日期	1998. 3. 26	报关有效期	2014. 3. 30	注册资本	1474 万美元
法人姓名	叔伟	电　　话	029 - 86632369	日常联系人	王燕华	电　　话	029 - 86632305
主营范围	生产、销售商用航空发动机、工业和海运用燃气轮机、蒸汽轮机的压气机叶片及其相关的配套产品，金属件的锻造机械加工，自产产品销售（经营范围中不含国家法律、法规规定需办理相关行政许可后方可生产的产品）。						

企业名称	西安康明斯发动机有限公司			海关编码	6101930952	所属海关	西安海关
通讯地址	陕西省西安市经济技术开发区泾渭科技产业园					邮政编码	710200
评定时间	2010. 2. 25	注册日期	2006. 2. 16	报关有效期	2015. 2. 9	注册资本	2400 万美元
法人姓名	方红卫	电　　话	029 - 68932198	日常联系人	乔建峰	电　　话	029 - 68932302
主营范围	生产和销售柴油发动机及其零部件。						

企业名称	西安隆基硅材料股份有限公司			海关编码	6101961132	所属海关	西安海关
通讯地址	陕西省西安市长安区航天中路 388 号					邮政编码	710100
评定时间	2013. 2. 17	注册日期	2008. 8. 26	报关有效期	2014. 8. 8	注册资本	53852 万人民币
法人姓名	李振国	电　　话	029 - 84193820	日常联系人	邹宗海	电　　话	029 - 84193820
主营范围	半导体材料、太阳能电池、电子元器件、半导体设备的开发、制造、销售，商品进出口业务（以上经营范围国家法律、法规规定的专控及前置许可项目除外，国家法律、法规另有规定的，从其规定）。						

企业名称	西安国际港务区海得邦物流有限公司		海关编码	6101966004	所属海关	西安海关
通讯地址	陕西省西安国际港务区保税物流中心办公楼506－1号				邮政编码	710026
评定时间	2013.7.24	注册日期	2010.8.18	报关有效期	2016.8.18	注册资本	500万人民币
法人姓名	贺金辉	电　　话	029－88262569－609	日常联系人	陈超	电　　话	029－88262569
主营范围	许可经营项目：普通货物运输（许可证有效期限制：2015年2月25日）。一般经营项目：承办国际货运代理业务，代理报关、报检、信息咨询服务，货物及技术的进出口业务、转口贸易、国际中转、国际分拨，保税产品展销，仓库管理，流通性简单加工和增值服务（以上经营范围不包括国家专控及前置许可项目）。						

企业名称	陕西生益科技有限公司		海关编码	6104930099	所属海关	西安海关
通讯地址	陕西省咸阳市金华路1号				邮政编码	712099
评定时间	2008.12.17	注册日期	2005.5.27	报关有效期	2014.2.24	注册资本	20488万人民币
法人姓名	刘述峰	电　　话	029－33342318	日常联系人	姜燕	电　　话	029－33379801
主营范围	覆铜板、绝缘板、粘结片等系列化工、电子、电工材料，覆铜板专用设备开发、研制销售；提供技术咨询及服务。						

企业名称	陕西飞机工业（集团）有限公司		海关编码	6106910029	所属海关	西安海关
通讯地址	陕西省汉中市城固县文川区老庄镇				邮政编码	723215
评定时间	2012.10.17	注册日期	2001.4.6	报关有效期	2014.3.24	注册资本	28000万人民币
法人姓名	胡晓峰	电　　话	0916－2208481	日常联系人	胡以翰	电　　话	0916－2208481
主营范围	运八飞机、微型汽车、大轿车系列产品及零配件的开发、制造、销售、服务，机电产品、本企业自产机电产品、成套设备及相关技术的出口业务，飞机改装、修理业务，经营本企业生产、科研所需的原材料、机械设备、仪器仪表、备品备件零配件及技术进口业务（国家实行核定公司经营的14种进口商品除外），开展本企业进料加工和“三来一补”业务。						

企业名称	宝鸡忠诚机床股份有限公司		海关编码	6103912061	所属海关	宝鸡海关
通讯地址	陕西省宝鸡市高新技术开发区东区高新一路2号				邮政编码	721013
评定时间	2012.11.16	注册日期	2001.4.12	报关有效期	2014.4.13	注册资本	12600万人民币
法人姓名	金洪祥	电　　话	0917－3566855	日常联系人	吴谦	电　　话	0917－3566893
主营范围	柔性制造单元和自动化生产线、娄控机床、金属切削机床、机床附件的制造、销售及售后服务，经营本企业自产产品及技术的出口业务，经营本企业生产所需原辅材料、仪器仪表、机械设备、零配件及技术的进口业务（国家限定公司经营和国家禁止进出品的商品除外），经营进料加工和“三来一补”业务。						

企业名称	宝鸡石油机械有限责任公司			海关编码	6103912063	所属海关	宝鸡海关
通讯地址	陕西省宝鸡市东风路 2 号					邮政编码	721002
评定时间	2012. 11. 16	注册日期	2003. 4. 28	报关有效期	2014. 2. 28	注册资本	112382 万人民币
法人姓名	郭孟齐	电　　话	0917 – 3462021	日常联系人	郑雅莉	电　　话	0917 – 3462388
主营范围	油气勘探设备，油气钻采设备及工具、配件的研发、设计、制造、销售与服务；能源设备、电气设备、电控设备、风电设备、自动化仪器仪表、压力容器（不含锅炉）及配件的研发、设计、制造、销售与服务；油气钻井平台、油气钻井模块、海洋石油作业船及设备、海洋水下作业设备的研发、设计、制造、销售与服务；钢管、钢丝、钢绳、吊索、吊具的研发、设计、制造、销售与服务；钻头、压列泵、CNG \ LNG 应用设备、工程车辆及配件、油田专用车、固控设备、井口设备、井控设备、紧固件、阀门、铆焊产品的研发、设计、制造、销售与服务；石油专用计量器具的研发与制造；经营本公司产品的出口业务及研发制造所需原辅料、设备、仪器、零配件进口业务；承办“三来一补”业务；承包境外与出口自产设备相关的工程及境内国际招标工程；计算机开发；自有场地、房屋租赁。						

企业名称	宝鸡钛业股份有限公司			海关编码	6103912066	所属海关	宝鸡海关
通讯地址	陕西省宝鸡市钛城路 1 号					邮政编码	721014
评定时间	2008. 11. 3	注册日期	2001. 7. 12	报关有效期	2014. 4. 25	注册资本	43027 万人民币
法人姓名	邹武装	电　　话	139 ×××× 0266	日常联系人	孙健	电　　话	139 ×××× 8940
主营范围	钛及钛合金等稀有金属材料、各种金属复合材料的生产、加工、销售，对外投资，科技开发，经营本企业自产产品及技术的出口业务，代理出口将本企业自行研制开发的技术转让给其他企业生产的产品，经营本企业生产所需的原辅材料、仪器仪表、机械设备、零配件及技术的进口业务（国家限定公司经营和国家禁止进出口的商品除外），经营进料加工和“三来一补”业务。						

企业名称	陕西东岭物资有限责任公司			海关编码	6103960029	所属海关	宝鸡海关
通讯地址	陕西省宝鸡市金台区马营路东段					邮政编码	721004
评定时间	2010. 10. 29	注册日期	2007. 3. 12	报关有效期	2016. 4. 12	注册资本	120000 万人民币
法人姓名	仝明科	电　　话	0917 – 3452431	日常联系人	张东波	电　　话	0917 – 3452431
主营范围	金属材料、金培砂、银培砂、建筑材料、电器机械、化工原料（除专营）、矿产品的批发零件，金属加工（除专控产品）、有色矿粉（专控除外）、锌及副产品的销售，烟（限分支机构经营）、日用百货、五金交电、油漆、日用杂品（烟花爆竹除外）、文化用品、劳保用品的批发零售，煤炭批发经营（经营有效期至 2015 年 1 月 9 日），焦炭及其副产品的销售，废旧金属购销，冷轧带肋钢筋生产及销售，自营和代理各类商品和技术的进出口（国家限定的除外），经营硫酸、粗苯、煤焦油、盐酸、硝酸、硫磺、液氨、烧碱、甲醇、液碱、1. 4 丁二醇、氩气、醋酸（无仓储）（经营有效期至 2015 年 12 月 31 日）。（以上经营范围凡涉及国家有专项专营规定的从其规定。）						

乌鲁木齐关区

企业名称	新疆中泰化学股份有限公司		海关编码	6501910383	所属海关	乌关区
通讯地址	新疆乌鲁木齐市西山路78号				邮政编码	830009
评定时间	2010.11.19	注册日期	2003.6.16	报关有效期	2014.6.16	注册资本	115434万人民币
法人姓名	王洪欣	电话	0991－8785806	日常联系人	张斌文	电话	0991－8788172
主营范围	许可经营项目：食品添加剂氢氧化钠及盐酸、氢氧化钠（烧碱）、液氯、盐酸、次氯酸盐、次氯酸钠的生产、销售（具体内容以许可证为准）。一般经营项目：聚氯乙烯树脂、纳米PVC、食品容器、包装材料用聚氯乙烯树脂生产销售，塑料制品的生产和销售，化工产品、机电产品、金属材料、建筑材料的销售，仓储服务，金属制品的防腐和低压液化瓶的检验，一般货物与技术的进出口经营。					

企业名称	新疆八钢国际贸易股份有限公司		海关编码	6501210030	所属海关	乌鲁木齐 海关现场业务处
通讯地址	新疆乌鲁木齐经济技术开发区107号203号				邮政编码	830026
评定时间	2012.2.7	注册日期	2009.12.16	报关有效期	2015.12.16	注册资本	9000万人民币
法人姓名	曹振	电话	0991－3883373	日常联系人	马英斌	电话	139××××2543
主营范围	边境小额贸易（具体经营范围以外经贸部门批准证书为准），自营和代理各类商品技术进出口（国家限定公司经营或禁止进出口的商品和技术除外），国内各类商品的代理采购与销售（需经审批的专项商品除外），生产性废旧金属收购，易燃固体、自燃物品和遇湿易燃物品的销售，装卸服务，煤炭批发经营，北奔重卡、天山厂汽车系列品牌汽车销售，金属废料和碎屑的加工处理。					

企业名称	美克国际家具股份有限公司		海关编码	6501230070	所属海关	乌鲁木齐 海关现场业务处
通讯地址	新疆乌鲁木齐市经济技术开发区迎宾路160号				邮政编码	830014
评定时间	2008.10.15	注册日期	2004.3.9	报关有效期	2014.3.9	注册资本	63268万人民币
法人姓名	寇卫平	电话	0991－3628296	日常联系人	冯军瑞	电话	0991－3828305
主营范围	装饰装修材料、实木家具、聚酯家具、配套产品的生产及销售，自营和代理各类商品及技术的进出口业务（国家限定公司经营和国家禁止进出口的商品及技术除外），经营对销贸易、转口贸易、进料加工和“三来一补”业务，房屋租赁，停车场服务，场地出租，木材经营、加工。					

企业名称	新疆金风科技股份有限公司		海关编码	6501260084	所属海关	乌鲁木齐 海关现场业务处
通讯地址	新疆乌鲁木齐市经济技术开发区上海路107号				邮政编码	830026
评定时间	2012.2.7	注册日期	2006.5.22	报关有效期	2015.5.22	注册资本	269459万人民币
法人姓名	武钢	电话	0991－3767495	日常联系人	杨钟	电话	0991－3782960
主营范围	大型风力发电机组的生产及销售、技术引进与开发、应用，建设及运营中试型风力发电场，制造及销售风力发电机零部件，有关风机制造、风电场建设运营业务的技术服务与技术咨询，风力发电机组及其零部件与相关技术的进出口业务。					

企业名称	新疆嘉润德石化产品有限公司			海关编码	6501260056	所属海关	乌鲁木齐海关现场业务处
通讯地址	新疆乌鲁木齐经济技术开发区喀什西路712号					邮政编码	830026
评定时间	2011.12.7	注册日期	2005.6.14	报关有效期	2014.6.14	注册资本	600万人民币
法人姓名	库国强	电　　话	0991－7826010	日常联系人	刘勖	电　　话	139××××7704
主营范围	压缩气体及液化气体类地1项、溶剂油批发。润滑油、润滑脂、防冻液、农副产品、化工产品、机电产品、五金交电、水暖建材、建筑材料、办公文化用品、汽车配件、日用百货的销售，服装鞋帽、针纺织品的加工，经营进出口业务（国家禁止进出口的商品和技术除外）。通过边境小额贸易方式向毗邻国家开展各类商品及技术的进出口业务，国家限制进出口的商品及技术除外。允许经营边贸项下废钢、废铜、废铝、废纸、废塑料等国家核定公司经营的五种废旧物资的进口。						

企业名称	新疆三宝实业集团有限公司			海关编码	6501260202	所属海关	乌鲁木齐海关现场业务处
通讯地址	新疆乌鲁木齐经济技术开发区卫星路531号					邮政编码	830049
评定时间	2010.12.15	注册日期	2010.3.5	报关有效期	2016.3.5	注册资本	11100万人民币
法人姓名	康和平	电　　话	0991－8529158	日常联系人	邱广军	电　　话	0991－8569292
主营范围	许可经营项目：无。一般经营项目：边境小额贸易的进出口业务，废钢、废铜、废纸、废塑料等国家核定公司经营的五种废旧物资的进口，货物与技术的进出口业务，承包境外与出口机电产品相关的工程和境内国际招标工程，建筑材料、农畜产品、机械设备、机电设备、计算机软硬件及耗材、化工产品、石油制品、润滑油、五金交电、汽车配件、通讯器材的销售。						

企业名称	新疆威隆能源发展有限公司			海关编码	6501269018	所属海关	乌鲁木齐海关现场业务处
通讯地址	新疆乌鲁木齐经济技术开发区中亚南路312号					邮政编码	830026
评定时间	2012.12.25	注册日期	2009.10.26	报关有效期	2015.10.26	注册资本	1000万人民币
法人姓名	俞正海	电　　话	0991－3752866	日常联系人	严伟婷	电　　话	0991－3797876
主营范围	煤油、汽油、柴油、石油气、易燃液体、二甲苯异构体混合物、干性醇酸树脂（以二甲苯、乙酸丁酯、200#溶剂油等为溶剂的）、燃料油（闪点<60度）、易燃固体、自燃和遇湿易燃物品、硫磺、腐蚀品、氢氧化钠的销售。一般经营项目（国家法律、法规规定有专项审批的项目除外，需取得专项审批待取得有关部门的批准文件或颁发的行政许可后方可经营，具体经营项目和期限以有关部门的批准文件和颁发的行政许可为准）：重油、基础油、石脑油、润滑油、聚乙烯、聚丙烯、聚酯乙烯、石油制品、化工产品、日用百货、家用电器、工程机械、汽车配件、农副产品、PVC管材、钢材、机电产品、五金交电、矿产品、建材、沥青的销售，石油制品的调和，货物与技术的进出口业务，边境小额贸易业务，废钢、废铝、废铜、废纸、废塑料的进口业务。						

企业名称	新疆美克化工股份有限公司			海关编码	6501360065	所属海关	乌鲁木齐海关现场业务处
通讯地址	新疆库尔勒经济技术开发区南苑路1号					邮政编码	841000
评定时间	2013. 3. 18	注册日期	2005. 5. 11	报关有效期	2015. 11. 20	注册资本	32646万人民币
法人姓名	冯东明	电　　话	0991－3628327	日常联系人	王志林	电　　话	0991－3628305
主营范围	许可经营项目：1,4－丁二醇、甲醇、甲醛、四氢呋喃、正丁醇的研发、生产、销售（限自产），在1,4－丁二醇生产过程中所产生的公用工程热、电、专用水和气体的销售（限自产）；以上相关产品生产过程中的化验。一般经营项目：计算机维修、养护，一般货物与技术的进出口业务。						

企业名称	新疆华业化工发展有限公司			海关编码	6501369119	所属海关	乌鲁木齐海关现场业务处
通讯地址	新疆乌鲁木齐市北京南路钻石城5号数码港大厦21楼					邮政编码	830011
评定时间		注册日期	2006. 6. 22	报关有效期	2015. 6. 22	注册资本	5000万人民币
法人姓名	李海翔	电　　话	139××××0060	日常联系人	王永芹	电　　话	0991－3674511
主营范围	许可经营项目（具体经营项目期限以有关批准文件和颁发的行政许可证书为准）：销售易燃液体。一般经营项目（国家法律、行政法规规定有专项审批的项目除外，需要取得专项审批的项目待取得有关部门的批准文件或颁发的行政许可证、资质证后方可经营，具体经营项目和期限以有关部门的批准文件或颁发的许可证、资质证为准）：销售矿产品、五金交电、纺织品、土特产品、畜产品、化工产品、石油制品、服装鞋帽、汽车配件、家用电器、金属材料、办公用品、建筑材料、仓储服务、机械设备，铁路槽车租赁，房屋租赁，进出口业务，开展边境小额贸易、化肥零售。						

企业名称	新疆中泰进出口贸易有限公司			海关编码	6501910134	所属海关	乌鲁木齐海关现场业务处
通讯地址	新疆乌鲁木齐西山78号					邮政编码	830009
评定时间	2008. 10. 17	注册日期	1995. 4. 29	报关有效期	2014. 4. 29	注册资本	300万人民币
法人姓名	王洪欣	电　　话	0991－8775034	日常联系人	于敬华	电　　话	0991－8788172
主营范围	进出口业务，（具体范围以对外贸易经济合作部的批复为准），五金交电产品、化工产品（有毒除外）、塑料制品、油漆、陶瓷制品、钢材的销售。						

企业名称	新疆银隆农业国际合作股份有限公司			海关编码	6501919016	所属海关	乌鲁木齐海关现场业务处
通讯地址	新疆乌鲁木齐市南湖中路89号温州大厦					邮政编码	830017
评定时间	2012. 6. 12	注册日期	2008. 7. 9	报关有效期	2014. 7. 9	注册资本	10555万人民币
法人姓名	梁文盈	电　　话	0991－3333630	日常联系人	王场疆	电　　话	0991－3333640
主营范围	一般经营项目：五金交电产品、化工产品、机电产品、金属材料、农副产品、服装、机械设备、木材、钢材、日用百货、针纺织品、皮棉的销售，棉花进出口经营，一般货物与技术的进出口经营，房屋租赁。						

企业名称	新疆众和股份有限公司		海关编码	6501910254	所属海关	乌鲁木齐海关现场业务处

企业名称	新疆众和股份有限公司			海关编码	6501910254	所属海关	乌鲁木齐海关现场业务处
通讯地址	新疆乌鲁木齐市喀什东路18号					邮政编码	830013
评定时间	2009.3.20	注册日期	1997.10.14	报关有效期	2014.9.26	注册资本	53435万人民币
法人姓名	刘杰	电　话	0991-6689969	日常联系人	杨豆	电　话	0991-6689528
主营范围	许可经营项目：（具体经营项目及期限以有关部门的批准文件或颁发的许可证、资质证书为准）发电，经营道路运输业务，桶装纯净水的生产、销售，对外承包工程业务经营。一般经营项目：（国家法律、行政法规有专项审批的项目除外）高纯铝、电子铝箔、腐蚀箔、化成箔电子元器件原料、铝及铝制品、炭素的生产、销售，经营本企业自产产品及相关技术的出口业务，经营本企业生产、科研所需的原辅材料、机械设备、仪器仪表、零配件及相关技术的进口业务，经营本企业的进料加工和“三来一补”业务，本企业生产废旧物资的销售。						

企业名称	新疆南方航空进出口贸易有限责任公司			海关编码	6501910381	所属海关	乌鲁木齐海关现场业务处
通讯地址	新疆乌鲁木齐市新市区迎宾路1341号					邮政编码	830016
评定时间	2009.3.20	注册日期	2003.4.24	报关有效期	2014.4.24	注册资本	300万人民币
法人姓名	吴胜	电　话	020-86113198	日常联系人	高飞	电　话	0991-3807237
主营范围	许可经营项目：无。一般经营项目：仪器仪表、橡胶制品的销售，一、二类航材的分销，自营和代理各类商品和技术的进出口，但国家限定公司经营或禁止进出口的商品和技术除外，仓储服务，日用百货、针纺织品、汽车配件、石油化工产品（专项审批除外）、计算机及配件、仪器仪表、建筑材料、工艺美术品（黄金制品的除外）、农副产品、橡胶制品的销售，特种工具、夹具的租赁、维修，民用航空器、发动机、航空器材的销售、租赁，机械设备租赁。						

企业名称	新疆万达有限公司			海关编码	6501919280	所属海关	乌鲁木齐海关现场业务处
通讯地址	新疆乌鲁木齐市前进街附21号					邮政编码	830002
评定时间	2012.2.7	注册日期	2003.4.29	报关有效期	2014.4.29	注册资本	2150万人民币
法人姓名	韩鑫玉	电　话	0991-2623126	日常联系人	常红燕	电　话	0991-2610440
主营范围	许可经营项目：化肥经营，经营4类1项易燃固体。一般经营项目：经营新疆生产建设兵团供销合作系统进出口业务，畜产品、木材、服装、纺织品、农业机械、轻工产品、农副产品、焦炭、石油制品、棉花、棉纱、棉短绒、一类医疗设备的销售，棉花收购，房屋租赁，籽棉收购、委托加工，农业机械维护，金属材料、钢材经营，商务代理服务，开展边境小额贸业务，农机设备租赁。						

企业名称	乌鲁木齐新维奥商贸有限公司			海关编码	6501960536	所属海关	乌鲁木齐海关现场业务处
通讯地址	新疆乌鲁木齐市天山区新华南路835号广汇大厦19楼L座					邮政编码	831500
评定时间	2013.3.18	注册日期	2005.7.26	报关有效期	2014.7.26	注册资本	300万人民币
法人姓名	热夏提·热合木	电　　话	0991－2871000	日常联系人	严音	电　　话	0991－8537926
主营范围	许可经营项目：批发兼零售预包装食品兼散装食品、乳制品（含婴幼儿配方奶粉）。一般经营项目：货物与技术的进出口业务，边境小额贸易经营，销售医疗器械（一类）、印刷设备及材料、纸张、工程机械、计算机及耗材、日用百货、针纺织品、酒类、钢材、五金交电、农畜产品、服装鞋帽、办公用品、化工产品、皮棉、建材、文体用品、机电产品、电子产品、橡胶制品、塑料制品、石油制品、化妆品、机械设备、汽车配件，废钢、废铜、废铝、废纸、废塑料等五种废旧物资的进口，会展服务。						

企业名称	乌鲁木齐安仁商贸有限责任公司			海关编码	6501969030	所属海关	乌鲁木齐海关现场业务处
通讯地址	新疆乌鲁木齐市沙依巴克区友好北路620号金辉大厦F1203					邮政编码	830000
评定时间	2011.10.19	注册日期	2007.2.5	报关有效期	2016.2.5	注册资本	500万人民币
法人姓名	秦卫星	电　　话	0991－4827081	日常联系人	周斌	电　　话	0991－4827115
主营范围	许可经营项目：经营易燃固体、自燃和遇湿易燃物品类第1项。一般经营项目：销售针纺织品、服装鞋帽、皮革制品、机械设备、五金交电及电子产品、建筑装饰材料、化工产品、金属材料、塑料制品、农畜产品、机电设备、石油制品、通讯器材，货物与技术的进出口业务，边境小额贸易业务。						

企业名称	新疆石油管理局对外经济贸易总公司			海关编码	6502910001	所属海关	乌鲁木齐海关现场业务处
通讯地址	新疆克拉玛依市昆仑路41号					邮政编码	834000
评定时间	2009.11.25	注册日期	1994.9.26	报关有效期	2014.8.19	注册资本	744万人民币
法人姓名	蔡利	电　　话	0990－6852991	日常联系人	李淑珍	电　　话	0990－6846799
主营范围	各类物资批发及进出口业务、技术咨询，与石油和天然气开采有关的服务活动，贸易经纪与代理，工程管理服务，科技服务，工程承包（以上项目涉及行政许可的凭许可证明经营）。						

企业名称	新疆大黄山鸿基焦化有限责任公司			海关编码	6523919060	所属海关	乌鲁木齐海关现场业务处
通讯地址	新疆五家渠市政府原办公楼207室					邮政编码	831501
评定时间	2012.12.25	注册日期	2006.9.15	报关有效期	2015.10.28	注册资本	30000万人民币
法人姓名	马金元	电　　话	0994－3513188	日常联系人	香灵	电　　话	0994－3513228
主营范围	许可经营项目：（凭许可证开展经营）普通货物运输。一般经营项目：（国家法律、行政法规有专项审批的项目除外）焦炭综合化工产品、氮肥的生产、销售，火力发电，一般货物与技术的进出口，开展边境小额贸易业务。						

企业名称	克拉玛依奥斯特石化设备有限公司			海关编码	6502960012	所属海关	乌鲁木齐海关现场业务处
通讯地址	新疆克拉玛依市独山子区南京路晶都花苑33-10号					邮政编码	833600
评定时间	2011.10.19	注册日期	2006.5.18	报关有效期	2015.5.18	注册资本	1000万人民币
法人姓名	柯婷婷	电话	0992-3652727	日常联系人	陈长生	电话	0991-3739307-803
主营范围	许可经营项目：（国家法律、行政法规规定应当报经有关部门的批准项目，需取得审批并在批准的资质或许可证规定的范围和期限内经营）无。一般经营项目：（国家法律、行政法规有专项审批的项目除外）石油化工、钻采、水处理设备、井口装置、抽油机、高中低压泵阀系列产品、机械管件、仪器仪表、防爆产品、机电产品、棉副产品、农副产品、石油化工产品、石油设备及配套产品的研发设计、委托加工、销售，提供油田技术咨询服务及应用与网上信息咨询，货物与技术的进出口业务及边境小额贸易。						

企业名称	新疆天业对外贸易有限责任公司			海关编码	6512219022	所属海关	乌鲁木齐海关现场业务处
通讯地址	新疆石河子开发区北三东路36号					邮政编码	832000
评定时间	2011.5.30	注册日期	2011.5.13	报关有效期	2014.5.13	注册资本	2000万人民币
法人姓名	吴彬	电话	0993-2623138	日常联系人	徐泽鹏	电话	0993-2623297
主营范围	许可经营项目（具体经营项目和期限以有关部门的批准文件或颁发的许可证、资质证书为准）：自营和代理各类商品和技术的进出口业务。一般经营项目（国家法律、行政法规有专项审批的项目除外）：土产畜产品、纺织丝绸、服装、轻工业品、五金产品、化工产品、机电产品的进出口业务，经营进料加工和“三来一补”业务，经营对销贸易和转口贸易，承包境外出口自产设备相关的工程和国际招标工程，上述工程设备出口及劳务人员派遣；废铜、废钢、废铝、废纸、废塑料，钢材进口业务，开展边境小额贸易业务。						

企业名称	霍尔果斯中石油国际事业有限公司			海关编码	6509910141	所属海关	霍尔果斯
通讯地址	新疆霍城县霍尔果斯口岸友谊路					邮政编码	833600
评定时间	2008.10.15	注册日期	1999.7.23	报关有效期	2014.7.23	注册资本	5000万人民币
法人姓名	李刚	电话	0992-3871286	日常联系人	张军	电话	0992-3871283
主营范围	许可经营项目（具体经营项目以有关部门的批准文件或颁发的许可证、资质证书为准）：柴油、煤油、汽油、石油气、易燃液体（1，2-二甲苯、2-丙醇，2-甲基-1丙醇、苯、甲醇、甲基苯、石脑油、石油原油、正丁醇、燃料油、溶剂油、馏份油、重油、混合油）的批发。一般经营项目（国家法律、行政法规有专项审批的项目除外，需取得专项审批的项目待取得有关部门的批准文件或颁发的行政许可证后方可经营，具体经营项目和期限以有关部门的批准文件或颁发的许可证为准）：沥青、航煤、润滑油、石油焦、石油化工产品、机械设备、汽配、针纺织品、建筑材料、畜牧产品的销售，化肥的销售，蜡油的销售。货物与技术的进出口业务，允许经营的进口商品包括原油、成品油，出口商品包括成品油（以进口企业资格证书为准），开展边境小额贸易。						

企业名称	五矿新疆贸易有限责任公司			海关编码	6503910133	所属海关	阿拉山口
通讯地址	新疆阿拉山口准葛尔路27号					邮政编码	833418
评定时间	2008.10.15	注册日期	2002.5.21	报关有效期	2014.5.12	注册资本	3000万人民币
法人姓名	张志刚	电　　话	010－68494556	日常联系人	欧希权	电　　话	0909－6993966
主营范围	许可经营项目：无。一般经营项目：金属材料、机械设备、建筑材料、五金交电、家用电器、化工产品、针纺织品的销售，边境小额贸易，废钢、废铝、废纸、废铜、废塑料边贸进口业务及钢材进口业务。						

企业名称	阿拉山口万达有限责任公司			海关编码	6503919058	所属海关	阿拉山口
通讯地址	新疆阿拉山口天山街13号（香榭丽酒店422房）					邮政编码	833400
评定时间	2010.2.10	注册日期	2003.4.29	报关有效期	2014.4.29	注册资本	200万人民币
法人姓名	韩鑫玉	电　　话	0909－6992701	日常联系人	常江燕	电　　话	189××××1296
主营范围	许可经营项目：无。一般经营项目：（国家法律、行政法规有专项审批的项目除外）经营畜产品、农副土特产品、百货、中药材、矿产品、机电设备、农业及施工机械、建筑材料、金属材料、化工产品、家用电器、电子产品、轻工产品，商贸信息及咨询服务，货物与技术的进出口业务（法律、法规另有规定的进出口项目除外），边境小额贸易，第一类医疗器械的销售，工程机械设备、环卫机械设备、仪器、仪表的销售。						

企业名称	阿拉山口亚鑫商贸有限责任公司			海关编码	6503919088	所属海关	阿拉山口
通讯地址	新疆阿拉山口博新小区三号楼三单元201室					邮政编码	833400
评定时间	2011.12.7	注册日期	2003.4.29	报关有效期	2014.4.12	注册资本	300万人民币
法人姓名	程顺斌	电　　话	0991－8854229	日常联系人	李昱	电　　话	0991－8884895
主营范围	许可经营项目：无。一般经营项目（国家法律、行政法规有专项审批的项目除外）：黑色金属、有色金属、矿产品、农副产品、皮棉、棉短绒、棉粕、葵粕、瓜子、麦芽、玉米、白砂糖、番茄制品、化工品、针纺织品、百货、工艺、现代办公用品销售，边境小额贸易，自营和代理各类商品和技术的进出口，承办陆路进出口一般货物运输代理业务，包括揽货、托运、仓储中转、集装箱拼装拆箱、结算运杂费、运输咨询。						

企业名称	博尔塔拉蒙古自治州阿拉山口隆瑞达商贸有限公司			海关编码	6503960094	所属海关	阿拉山口
通讯地址	新疆阿拉山口准噶尔路（阿鑫达公司1单元201号）					邮政编码	833418
评定时间	2009.11.25	注册日期	2003.1.30	报关有效期	2014.1.30	注册资本	1560万人民币
法人姓名	何鹏	电　　话	0991－6761552	日常联系人	汪燕	电　　话	0909－6991060
主营范围	许可经营项目：无。一般经营项目：钢材、矿产品、金属材料、建筑材料、机电产品、电子产品、化工产品、装饰材料、百货、土特产品、汽车配件、棉麻制品、畜产品、现代办公用品的销售，货物与技术的进出口业务（法律、法规另有规定的进出口项目除外），边境小额贸易及项下废钢、废铝、废铜、废纸、废塑料的进口业务。						

企业名称	博尔塔拉蒙古自治州雪克皮业有限责任公司			海关编码	6503960274	所属海关	阿拉山口
通讯地址	新疆博尔塔拉蒙古自治州阿拉山口口岸					邮政编码	833418
评定时间	2012. 8. 29	注册日期	2005. 2. 3	报关有效期	2014. 2. 3	注册资本	1256万人民币
法人姓名	肖开提·阿不来提	电　话	0909－6991645	日常联系人	胡西丹	电　话	0909－6992150
主营范围	一般经营项目：皮革皮毛加工、收购、销售，畜产品收购、销售，货物与技术的进出口（法律、法规另有规定的进出口项目除外），开展边境小额贸易。许可经营项目：无。						

企业名称	阿拉山口三宝进出口有限责任公司			海关编码	6503960275	所属海关	阿拉山口
通讯地址	新疆阿拉山口准噶尔路（鑫达公司1－2－301室）					邮政编码	833418
评定时间	2012. 1. 6	注册日期	2005. 2. 21	报关有效期	2014. 1. 28	注册资本	2000万人民币
法人姓名	康和平	电　话	0909－6995588	日常联系人	张泉泉	电　话	0909－6993673
主营范围	许可经营项目（具体经营项目以有关部门的批准文件的许可证、资质证书为准）：经营压缩气体和液化气体（第二类第1项）、易燃固体，自燃物品、遇湿易燃物品（第四类第1项）、易燃液体（第三类第2项、第三类第3项），剧毒品、成品油除外。一般经营项目（国家法律、行政法规有专项审批的项目除外）：金属材料、百货、机电产品、货物与技术的进出口业务，边境小额贸易和废铜、废铝、废钢、废纸、废塑料进口业务，房地产开发业务。						

企业名称	新疆百海华民国际贸易有限公司			海关编码	6503969144	所属海关	阿拉山口
通讯地址	新疆阿拉山口塞里木南路1号附2号					邮政编码	833418
评定时间	2012. 12. 25	注册日期	2003. 9. 25	报关有效期	2014. 9. 25	注册资本	1000万人民币
法人姓名	王新民	电　话	0991－4686409	日常联系人	高云	电　话	0909－6991989
主营范围	许可经营项目：经营四乙基铅、丙酮、甲苯、甲基乙基铜、柴油、汽油、易燃液体、1,2－二甲苯、苯、苯乙烯、甲醇、燃料油（闪点<60℃）、正戊烷、腐蚀品、邻苯二甲酸酐、易燃固体、自然和遇湿易燃物品、硫磺。一般经营项目（国家法律、行政法规有专项审批的项目除外）：金属材料、五金交电、土特产品、农副产品、百货的销售，边境小额贸易及项下废铜、废铝、废钢、废纸、废塑料进口业务，货物与技术的进出口业务（法律、法规另有规定的进出口项目除外），边境小额贸易，棉花、羊毛、化肥的进口业务，房屋租赁。						

企业名称	新疆塔城国际资源有限公司			海关编码	6510950016	所属海关	塔城海关
通讯地址	新疆塔城市光明路经济合作区					邮政编码	834700
评定时间	2008.10.15	注册日期	2003.9.16	报关有效期	2014.9.16	注册资本	10000万人民币
法人姓名	黄建荣	电　话	0901－6239195	日常联系人	徐雪琴	电　话	0901－6239195
主营范围	许可经营项目：销售食品、饮料、易燃固体、自燃和遇湿易燃物品、氰化钠。一般经营项目：租赁、仓储，销售金属材料及制品、化工原料及制品、建筑材料、木材、矿产品、农产品、机械设备、五金交电及电子产品、纺织、服装及日用品、办公自动化、废旧金属，自营和代理各类商品和技术的进出口（国家限定公司经营或禁止进出口的商品和技术除外），经营废铜、废钢、废铝、废纸、废塑料，边境小额贸易，经营黄金、白银及制品。						

企业名称	塔城市永升商贸有限责任公司			海关编码	6510960055	所属海关	塔城海关
通讯地址	新疆塔城市杜别克街23号					邮政编码	834700
评定时间	2012.12.25	注册日期	2007.1.25	报关有效期	2016.1.25	注册资本	127万人民币
法人姓名	克里木·木拉提	电　话	0991－4603927	日常联系人	黄凯	电　话	0991－4603927
主营范围	许可经营项目：无。一般经营项目：边境小额贸易，废钢、废铜、废铝、废纸、废塑料的进口，旅游购物贸易（以上项目凭许可证经营）；销售农畜产品、建材、机械设备、日用品、通讯器材、五金交电及电子产品、金属制品、化工产品、石化产品、矿产品、汽车及配件（九座以下汽车除外）。						

企业名称	塔城地区三宝有限公司			海关编码	6510960056	所属海关	塔城海关
通讯地址	新疆塔城市文化路198号					邮政编码	834700
评定时间	2008.10.15	注册日期	2007.1.30	报关有效期	2016.1.30	注册资本	1700万人民币
法人姓名	康和平	电　话	0991－8567236	日常联系人	殷玉	电　话	0901－6270728
主营范围	许可经营项目：旅游购物贸易出口经营，废旧物资回收（废钢、废铜、废铝、废纸、废塑料进口），钢材进口，大米出口，成品油进出口，原油进口，焦炭出口，羊毛进口，经营粮油、汽车、糖烟，二类汽车整车维修，边境小额贸易、一般贸易。一般经营项目：经营玩具、建筑材料、农土特畜产品、水产品、机械设备、机电、机具及配件、有色金属、石化、针纺织品、五金电器，批发、零售酒，代理达坂城酒，仓储、中转，代办货物发运。						

企业名称	塔城市永利商贸有限责任公司			海关编码	6510969028	所属海关	塔城海关
通讯地址	新疆塔城市巴克图路（原农九师货场）					邮政编码	834700
评定时间	2009.11.25	注册日期	2005.8.9	报关有效期	2014.8.9	注册资本	50万人民币
法人姓名	于晓芳	电　话	135××××1199	日常联系人	于英萍	电　话	138××××7887
主营范围	许可经营项目：无。一般经营项目（国家法律、行政法规有专项审批的项目除外）：边境小额贸易业务（自营和代理各类商品和技术的进出口），废铜、废铝、废钢、废纸、废塑料的进口业务，经营旅游购物贸易出口，经营纺织、服装及日用品、五金交电化工、废旧物资、建材、农畜产品、家用电器、电子产品、食品、饮料、家具及装饰材料、文化体育用品及器材、机械设备的批发、零售、收购。						

企业名称	塔什库尔干县中巴友谊商贸有限公司			海关编码	6507960022	所属海关	喀什海关
通讯地址	新疆塔什库尔干县中巴友谊路					邮政编码	845250
评定时间	2010. 8. 5	注册日期	2002. 5. 29	报关有效期	2015. 3. 30	注册资本	50 万人民币
法人姓名	袁友俊	电　话	0998－3421179	日常联系人	袁友俊	电　话	0998－2837822
主营范围	经营宝玉石产品、铜器、玉器、工艺品、汽车配件、百货、针织品、机械设备、金属设备、建材化工产品、皮革制品、机电产品、通讯设备，边境小额贸易（经营各类商品和技术的进出口，但国家限定公司经营或禁止进出口的商品及技术除外），开展与毗邻国家工程承包和劳务合作业务。						

企业名称	新疆昆仑工程轮胎有限责任公司			海关编码	6504910064	所属海关	库尔勒办
通讯地址	新疆库尔勒塔什店南路					邮政编码	841000
评定时间	2012. 1. 6	注册日期	2007. 4. 16	报关有效期	2016. 3. 26	注册资本	800 万人民币
法人姓名	杨国波	电　话	189××××3839	日常联系人	朱慈华	电　话	139××××9787
主营范围	许可经营项目：无。一般经营项目（国家法律、行政法规有专项审批的项目除外）：轮胎生产，批发、零售汽车零配件、其他化工产品、其他机械设备及电子产品、五金交电、其他日用品，新技术、新产品开发、推广，仓储服务，经济贸易咨询服务，市场调查，社会经济咨询服务，其他企业咨询服务，机械零部件的加工、批发、零售，货物和技术的进出口业务，科技信息交流、技术咨询。						

兰州关区

企业名称	兰州石油化工国际事业公司			海关编码	6201910013	所属海关	兰州海关
通讯地址	甘肃省兰州市西固区福利东路632号					邮政编码	730060
评定时间	2008.10.31	注册日期	1993.3.1	报关有效期	2014.1.10	注册资本	800万人民币
法人姓名	周珩	电　　话	0931－7924015	日常联系人	付宏	电　　话	0931－7921343
主营范围	石蜡、烧碱、蜡烛、塑料纺织袋、合成橡胶、合成香料、化学纤维、工艺品、轻工业品、纺织品、橡胶制品、耐火材料、化工类、石化机械及设备、仪器仪表及零配件、金属材料、农副土特产品、皮革及制品的进出口（均不含国家禁止和限制制经营的项目），国际货运代理。						

企业名称	金川集团股份有限公司			海关编码	6203910005	所属海关	兰州海关
通讯地址	甘肃省金昌市北京路					邮政编码	737100
评定时间	2008.10.31	注册日期	2002.10.29	报关有效期	2014.10.14	注册资本	1880000万人民币
法人姓名	杨志强	电　　话	0935－8812230	日常联系人	陈立国	电　　话	0931－8619212
主营范围	镍、铜、钴、贵金属、无机化工产品（国家限定产品除外）的生产销售，采掘业，制造业，科学研究和综合技术服务业，水电暖生产和供应业，国内贸易，进出口业务，境外期货业务，建筑业，交通运输业，种养殖业，房地产业，卫生文教、社会服务业。						

企业名称	酒泉钢铁（集团）有限责任公司			海关编码	6202910003	所属海关	酒泉海关
通讯地址	甘肃省嘉峪关市雄关东路12号					邮政编码	735100
评定时间	2008.10.31	注册日期	2000.3.30	报关有效期	2014.3.25	注册资本	973932万人民币
法人姓名	冯杰	电　　话	0937－6715969	日常联系人	孔芳	电　　话	182××××1517
主营范围	经营制造业，采矿业，农、林、牧、渔业，电力、燃气及水的生产和供应业，建筑业，交通运输、仓储，信息传输、计算机服务和软件业，批发与零售业，住宿和餐饮业，房地产业，租赁与商务服务业，科学研究、技术服务与地质勘查业，水利、环境和公共设施管理业，居民服务和其他服务业，教育、卫生、文化、体育与娱乐业（以上国家专控专卖的项目均以资质或许可证为准）。						

企业名称	甘肃酒钢集团宏兴钢铁股份有限公司			海关编码	6202910007	所属海关	酒泉海关
通讯地址	甘肃省嘉峪关市雄关东路12号					邮政编码	735100
评定时间	2011. 5. 5	注册日期	2004. 12. 13	报关有效期	2014. 10. 27	注册资本	626336万人民币
法人姓名	程子建	电　　话	0937－6712719	日常联系人	孔芳	电　　话	182××××1517
主营范围	钢铁压延加工，金属制品的生产、批发零售，科技开发、服务，进出口贸易（国家限制、禁止项目除外）。						

企业名称	酒泉敦煌种业百佳食品有限公司			海关编码	6206960042	所属海关	酒泉海关
通讯地址	甘肃省酒泉市肃州区工业园区（南区）					邮政编码	735000
评定时间	2013. 6. 26	注册日期	2008. 9. 28	报关有效期	2014. 10. 10	注册资本	3000万人民币
法人姓名	马宗海	电　　话	0937－2662285	日常联系人	王莹	电　　话	138××××9737
主营范围	生产加工脱水果蔬、可食用植物及其种子在内的各种调味品、食品和食品配料，经营相关产品的国内收购、加工、销售和国际贸易进出口业务。						

银川关区

企业名称	宁夏小巨人机床有限公司			海关编码	6401240001	所属海关	银川海关
通讯地址	宁夏银川市高新技术产业开发区					邮政编码	750002
评定时间	2013.6.20	注册日期	2005.4.1	报关有效期	2014.4.1	注册资本	2200 万美元
法人姓名	山崎智久	电　　话	0951－5672333	日常联系人	詹丽君	电　　话	138××××9863
主营范围	生产和销售各类加工中心、CNC 车床及其他机械加工设备、相关的附属零部件及附件，经营宾馆业务。						

企业名称	宁夏启元药业有限公司			海关编码	6401910027	所属海关	银川海关
通讯地址	宁夏银川市望远工业园启元大道 1 号					邮政编码	750100
评定时间	2008.10.17	注册日期	1997.4.29	报关有效期	2014.4.30	注册资本	29291 万人民币
法人姓名	胡吉东	电　　话	0951－8011547 4066000	日常联系人	周晓梅	电　　话	138××××3315
主营范围	化学原料药、化学原料药中间体（硫氰酸红霉素）、化学药制剂的生产、销售，中成药的开发、生产、销售，技术的出口业务，枸杞干果、杞珍稀宝胶囊、杞珍参褒胶囊、启元牌杞圣胶囊、妇炎宁拴的加工、销售，农药（阿维菌素原药）、饲料、饲料添加剂、食品添加剂、肥料的生产及销售，玉米收购、加工及其副产品的加工、销售，经营本企业生产、科研所需原辅材料、机械设备、仪器仪表、零配件及相关技术的进口业务，经营本企业的进料加工和“三来一补”业务，加工制箱、制桶、压盖，包装装潢印刷品印制，供热。						

企业名称	银川佳通长城轮胎有限公司			海关编码	6401930151 6401940099	所属海关	银川海关
通讯地址	宁夏银川经济技术开发区开元东路南侧 16 号					邮政编码	750011
评定时间	2008.10.17	注册日期	2003.1.14	报关有效期	2014.1.21	注册资本	24650 万人民币
法人姓名	李怀靖	电　　话	0951－2966251	日常联系人	陈勇	电　　话	0951－2966684
主营范围	工业橡胶制品（以各种用途和规格的轮胎为主）及其他橡胶制品的设计、生产、加工、销售，各种用途和规格的轮胎翻新。						

企业名称	舍弗勒（宁夏）有限公司			海关编码	6401940106	所属海关	银川海关
通讯地址	宁夏银川（国家级）经济技术开发区					邮政编码	750021
评定时间	2012.3.16	注册日期	2004.2.25	报关有效期	2015.2.25	注册资本	3772 万欧元
法人姓名	BRUNO KRAUSS	电　　话	0951－2072333	日常联系人	李迎春	电　　话	0951－2072398
主营范围	铁路轴承（特别是高速铁路轴承）和各种精密轴承及其部件的开发、生产、营销和销售，提供售后服务和修理，相关机械设备的制造，提供与上述产品有关的技术咨询服务。						

企业名称	宁夏有色金属进出口有限公司		海关编码	6402910001	所属海关	银川海关
通讯地址	宁夏银川市高新区创新园				邮政编码	753000
评定时间	2008. 10. 17	注册日期 1993. 12. 31	报关有效期	2014. 12. 3	注册资本	103 万人民币
法人姓名	姜滨	电话 0952－2098503	日常联系人	王晓荣	电话	0952－2098528
主营范围	有色金属、黑色金属矿产品及制品，冶金产品及生产所需的原料、铺料，化工原料及产品（不含危险化学品），建筑材料，木材、橡胶材料，土畜产品，机械设备，交通运输设备，电子电源产品，仪器仪表，针纺织品，工艺美术品，金属材料及制品，能源产品（只包括电池材料及制品、光伏产业原材料及制品），非金属及金属合金产品，本企业生产所需的原料、辅料的批发、零售。经营咨询、展览 、技术交流业务（以上经营范围需审批和许可的凭审批手续和许可范围经营）。					

企业名称	埃肯碳素（中国）有限公司		海关编码	6402940005	所属海关	银川海关
通讯地址	宁夏石嘴山市大武口区胜利东街 325 号				邮政编码	753000
评定时间	2013. 1. 22	注册日期 2000. 2. 29	报关有效期	2014. 2. 18	注册资本	950 万美元
法人姓名	奥文德	电话 0952－2039426	日常联系人	王丹	电话	0952－2024541
主营范围	生产和销售电极糊、碳砖、普煅煤、电锻煤、石墨电极、活性碳、填缝糊及其他碳素产品，铸造合金的生产、销售、出口及相关材料的采购。					

企业名称	青铜峡铝业股份有限公司		海关编码	6403910004	所属海关	银川海关
通讯地址	宁夏青铜峡大坝镇铝厂区中兴路 1 号				邮政编码	751603
评定时间	2008. 10. 17	注册日期 1996. 8. 23	报关有效期	2014. 9. 23	注册资本	142680 万人民币
法人姓名	黄河	电话 0951－6665333	日常联系人	杨昉	电话	0951－6665306
主营范围	铝、铝型材及其制品，各种铝板材，铝箔坯料，铝合金带材，铝板的铝系列产品及其原辅材料，碳素制品，机械设备，仪器仪表，金属化工材料及电力产品的生产与销售；设备维修和提供售后服务，委托所投资企业（电厂）销售电（但限于公司享有发电容量中自用后的富余电量）；经营本企业相关技术的出口业务；经营本企业生产、科研所需的原辅材料、机械设备、仪器仪表零配件及技术的进口业务，经营进出口贸易；承办中外合资经营、合作生产及“三来一补”业务；汽车运输及修理；建筑工程设计、施工、装饰、装修（子公司经营）。该企业经营范围中涉及许可的凭许可证在规定的期限范围内经营。					

西宁关区

企业名称	西宁五金矿产进出口（集团）有限公司		海关编码	6301960205	所属海关	西宁海关现场
通讯地址	青海省西宁市城中区长江路 120 号				邮政编码	810000
评定时间	2009. 1. 8	注册日期	2008. 2. 18	报关有效期	2014. 2. 18	注册资本	10000 万人民币
法人姓名	薛玉明	电　　话	0971－8213406	日常联系人	袁建军	电　　话	0971－8213457
主营范围	自营或代理各类商品和技术的进出口业务（国家限制的商品和技术除外），进料加工，“三来一补”，对销及转口贸易。						

企业名称	青海盐湖工业股份有限公司		海关编码	6308910008	所属海关	西宁海关现场
通讯地址	青海省格尔木市黄河路 28 号				邮政编码	816000
评定时间	2013. 3. 8	注册日期	2008. 7. 28	报关有效期	2014. 7. 28	注册资本	159059 万人民币
法人姓名	安平绥	电　　话	0979－8448001	日常联系人	邓永胜	电　　话	0971－6132169
主营范围	氯化钾、硫酸钾、碳酸钾、金属镁、氯化镁、氧化镁、氢氧化镁、纯碱、PVC、合成氨、尿素、氯化铵、氯化锂、碳酸锂、钠浮选药剂、ADC 发泡剂、乌烙托品、光卤石、低钠光卤石以及塑料编织品的制造和销售，钾盐露天开采，建设监理、设备安装工程施工（不含特种设备），出口自产的化学品（不含危险化学品），进口本企业生产、科研所需要的原材料、机电设备、仪器仪表及零配件，房地产开发，酒店和物业管理，经营百货、针纺织品、五金交电、化工产品（不含危险化学品）、日用杂货，仓储，计算机系统工程建设、软件开发、硬件销售、维护，计算机耗材销售、技术培训，有色金属、建材、钢材的销售，房屋租赁，劳务服务。						

报关企业

北京关区

企业名称	北京炎黄振国报关服务有限责任公司			海关编码	1101980013	所属海关	北京关区
通讯地址	北京市顺义区北京空港物流基地物流园八街1号二层B2－168					邮政编码	101300
评定时间	2010. 4. 22	注册日期	1995. 5. 2	报关有效期	2015. 5. 30	注册资本	200万人民币
法人姓名	邸熠然	电　　话	010－80411706	日常联系人	高连鉴	电　　话	010－80411396
主营范围	许可经营项目：普通货运。一般经营项目：报关业务咨询服务（涉及国家专项审批的项目除外）。报检咨询服务，国际货运代理（航空、船舶货运代理除外）。						

企业名称	嘉里大通物流有限公司			海关编码	1105980003	所属海关	北京关区
通讯地址	北京市朝阳区东三环北路三元东桥霄云路21号					邮政编码	100027
评定时间	2010. 4. 12	注册日期	2000. 3. 24	报关有效期	2015. 3. 24	注册资本	27000万人民币
法人姓名	孔伟成	电　　话	010－64618899	日常联系人	王玮	电　　话	010－64618899
主营范围	国际流通物流业务，进出口业务及相关服务，包括自营或代理货物的进口、出口业务，接受委托为出口加工企业提供代理进出口业务。承办海运、陆运、空运进出口货物，国际展品，私人物品及过境货物的国际运输代理业务，包括揽货、托运、订舱（含租船、包舱、包机）、仓储、中转、集装箱拼装拆箱、结算运杂费、报关、报验、保险、相关的短途运输服务及运输咨询业务。办理国际快递业务（私人信函及县级以上党政军公文除外），第三方物流业务，道路普通货物的运输，国际集装箱运输，仓储，装卸，加工，包装，配送及相关信息处理服务和有关咨询业务。						

企业名称	北京海龙国际运输代理有限公司			海关编码	1105980007	所属海关	北京关区
通讯地址	北京市朝阳区东四环中路18号					邮政编码	100124
评定时间	2009. 11. 18	注册日期	1996. 2. 22	报关有效期	2015. 2. 22	注册资本	800万人民币
法人姓名	刘克勤	电　　话	010－87777652	日常联系人	王文革	电　　话	010－87777652
主营范围	许可经营项目：无。一般经营项目：国际货物运输代理，报关服务，代理报检服务，民用航空运输销售代理，经济贸易咨询，包装服务，仓储服务，普通货物运输，货物专用运输（集装箱）。						

企业名称	新时代国际运输服务有限公司			海关编码	1108980006	所属海关	北京关区
通讯地址	北京市顺义区天竺镇府前街北侧6号楼1、2层					邮政编码	101312
评定时间	2010. 6. 30	注册日期	2002. 5. 22	报关有效期	2015. 5. 22	注册资本	7780万人民币
法人姓名	罗尔夫	电　　话	010－64572288	日常联系人	王维胜	电　　话	010－64572288
主营范围	许可经营项目：国内道路货物运输。一般经营项目：订舱（含租船、包机、订舱），托运，仓储，包装，货物的监装、监卸，集装箱拆箱、分拨、中转及相关的短途运输服务，代理报关、报检、报验，缮制签发有关单证，交付运费，结算及交付杂费，国际展品、私人物品及过境货物运输代理，国际多式联运，集运（含集装箱拼箱）。咨询及其他国际货运代理业务。						

企业名称	日通国际物流（中国）有限公司			海关编码	1105980048	所属海关	北京关区
通讯地址	北京市顺义区顺平路566号航港国际大厦E508－E513室					邮政编码	101300
评定时间	2009.11.18	注册日期	1995.10.2	报关有效期	2014.10.2	注册资本	12750万人民币
法人姓名	和田贵志	电　　话	010－61417777	日常联系人	铁维华	电　　话	010－61417978
主营范围	承办海运、空运进出口货物，国际展品和私人物品的国际运输代理业务，包括揽货、订舱、包机、仓储、中转、集装箱拼装拆箱、结算运杂费、多式联运、报关、报检、保险、相关的短途运输运输服务及咨询业务。办理国际快递（不含私人信函和县级以上党政军机关公文的寄递业务）业务。无船承运业务，国际航线或香港、澳门、台湾航线的航空货运代理业务（危险品除外），国内航线除香港、澳门、台湾航线外的航空货运销售代理业务（危险品除外），普通货物道路运输，国际货运代理，仓储业务，企业供应链管理服务，现代物流管理系统开发，投资咨询，商务咨询，技术咨询，技术服务。						

企业名称	北京环宇天马国际货运代理有限公司			海关编码	1111580003	所属海关	北京关区
通讯地址	北京市顺义区北京空港物流园区					邮政编码	101312
评定时间	2011.1.7	注册日期	2004.3.4	报关有效期	2015.3.4	注册资本	900万人民币
法人姓名	宋岷江	电　　话	010－64504400	日常联系人	马兵	电　　话	010－64560077
主营范围	承办海运、陆运、空运进出口货物，国际展品，私人物品的国际货运代理业务，包括揽货、托运、订舱、仓储、中转、集装箱拼装拆箱、结算运杂费、报关、报验、保险、相关的短途运输服务及咨询业务；经营国际快递业务（私人信函及县级以上党政军公文除外）；普通货物运输。						

企业名称	北京泽坤国际货运代理有限公司			海关编码	1118980002	所属海关	北京关区
通讯地址	北京市顺义区北京空港物流基地物流园八街1号二层B2－116					邮政编码	101300
评定时间	2009.12.9	注册日期	2004.3.4	报关有效期	2015.3.4	注册资本	1200万人民币
法人姓名	申涛	电　　话	010－64568866	日常联系人	张小珺	电　　话	010－64568866
主营范围	承办海运、空运进出口货物的国际运输代理业务，包括揽货、订舱、仓储、中转、集装箱拼装拆箱、结算运杂费、报关、报验、保险、相关的短途运输服务及运输咨询业务；信息咨询（中介服务除外）。						

天津关区

企业名称	天津华贸柏骏国际物流有限公司			海关编码	1201980089	所属海关	天津关区
通讯地址	天津市和平区西康路赛顿中心C座17层					邮政编码	300051
评定时间	2011.11.29	注册日期	2007.7.26	报关有效期	2015.7.23	注册资本	550万人民币
法人姓名	周叙清	电话	022-23379090	日常联系人	张丽	电话	
主营范围	国际货运代理（海运、空运、陆运），报关业务。						

企业名称	天津市永诚世佳国际货运代理有限公司			海关编码	1202980010	所属海关	天津关区
通讯地址	天津市河东区新开路与华兴道交口南侧创智大厦1-2110、2111					邮政编码	300171
评定时间	2010.1.11	注册日期	2005.7.5	报关有效期	2015.7.5	注册资本	500万人民币
法人姓名	裴刚	电话	022-85582562	日常联系人	寇毅	电话	
主营范围	承办海运、陆运、空运进出口货物的国际运输代理业务，包括揽货、订舱、中转、集装箱拼箱拆箱、报关、报验、保险、相关的短途运输服务及运输咨询服务。						

企业名称	天津经济技术开发区报关行			海关编码	1207280008	所属海关	天津关区
通讯地址	天津开发区第四大街80号天大科技园软件大厦北楼207室					邮政编码	300457
评定时间	2010.9.14	注册日期	1992.12.24	报关有效期	2013.12.24	注册资本	200万人民币
法人姓名	张堃	电话		日常联系人	王芳	电话	
主营范围	代办理通关手续及其他服务，提供进出口管理法律、法规咨询服务和经纪、信息服务，货运代理，代办理进出口货物的报检、报验。国家有专项、专管规定的，按规定执行，涉及上述审批的，以审批有效期为准。						

企业名称	天津中铁青源国际货运代理有限公司			海关编码	1207280013	所属海关	天津关区
通讯地址	天津开发区第二大街27号A座606室					邮政编码	300457
评定时间	2010.10.26	注册日期	2005.1.5	报关有效期	2015.1.5	注册资本	500万人民币
法人姓名	赵军	电话	022-66218358	日常联系人	张益海	电话	
主营范围	国际货运代理（海运、空运、陆运）及相关咨询服务。国家有专营、专项规定的，按专营、专项规定办理。						

企业名称	天津振华报关行有限公司			海关编码	1207280020	所属海关	天津关区
通讯地址	天津经济技术开发区翠亨村 D 座 38 号 302 室					邮政编码	300456
评定时间	2011. 11. 29	注册日期	1994. 1. 15	报关有效期	2015. 1. 15	注册资本	158 万美元
法人姓名	刘明田	电　　话	022－25762168	日常联系人	张媛	电　　话	022－66272168
主营范围	报关及相关咨询、服务业务。						

企业名称	天津市天船报关行有限责任公司			海关编码	1207280074	所属海关	天津关区
通讯地址	天津开发区黄海路 88 号 D 栋 3 门 601 室					邮政编码	300457
评定时间	2012. 3. 19	注册日期	1993. 10. 5	报关有效期	2013. 10. 5	注册资本	500 万人民币
法人姓名	王守田	电　　话	022－62002188	日常联系人	张义锋	电　　话	022－62002189
主营范围	进出口货物代理报关业务，通关手续咨询，提供电脑报关管理，国内货运代理及多式联运（以上范围内国家有专营、专项规定的按规定办理）。						

企业名称	天津中远国际航空货运代理有限公司			海关编码	1207480018	所属海关	天津关区
通讯地址	天津空港国际物流区第二大街一号 204 室					邮政编码	300300
评定时间	2010. 6. 17	注册日期	1997. 1. 22	报关有效期	2015. 2. 28	注册资本	1000 万人民币
法人姓名	柳国旗	电　　话	010－51568288	日常联系人	王亚良	电　　话	022－84888199
主营范围	承办空运进出口货物的国际运输代理服务业务，包括揽货、订舱、仓储、中转、集装箱拼装拆箱、结算运杂费、报关、报验、相关的短途运输及咨询服务；办理国际航空快递（不含私人信函）业务；国际货运代理（海运，空运）；国际贸易航空客票代理业务（限分支机构经营）（以上范围内国家有专营、专项规定的按规定办理）。						

企业名称	天津美泰报关行有限公司			海关编码	1207480034	所属海关	天津关区
通讯地址	天津港保税区海滨二路 98 号					邮政编码	300461
评定时间	2010. 5. 6	注册日期	2006. 12. 15	报关有效期	2014. 11. 24	注册资本	150 万人民币
法人姓名	李洪	电　　话		日常联系人	丁爱华	电　　话	022－25760849
主营范围	在天津海关关区各口岸监管业务集中地从事报关业务（国家有专项、专管规定的，按规定执行）。						

企业名称	天津嘉里大通报关有限公司			海关编码	1210980006	所属海关	天津关区
通讯地址	天津市东丽区卫国道 204 号					邮政编码	300163
评定时间	2012. 2. 10	注册日期	1993. 7. 15	报关有效期	2015. 7. 15	注册资本	150 万人民币
法人姓名	吕剑明	电　话	010－84546467	日常联系人	贡明	电　话	
主营范围	代办进出境货物、物品的报关、报检、报验等手续（涉及国家有专营、专项规定的，按规定执行，涉及行业许可的，凭许可证或批准文件经营）。						

企业名称	天津渤海报关有限公司			海关编码	1215980001	所属海关	天津关区
通讯地址	天津市武清区南北辛庄立交桥 168 号					邮政编码	301700
评定时间	2011. 1. 5	注册日期	2006. 7. 21	报关有效期	2014. 6. 22	注册资本	500 万人民币
法人姓名	杨志华	电　话	022－82120588	日常联系人	李雪莲	电　话	
主营范围	代理报关业务。						

企业名称	上海中外运报关有限公司			海关编码	3112980034	所属海关	吴淞海关
通讯地址	上海市宝山牡丹江路 1325 号 414 室 H 座					邮政编码	200439
评定时间	2011. 8. 26	注册日期	2007. 2. 1	报关有效期	2015. 3. 3	注册资本	150 万人民币
法人姓名	张俊	电　　话	021 – 65753033	日常联系人	朱家耀	电　　话	021 – 65073355 – 8514
主营范围	办理进出口货物的报关转关服务，代理报检（以上涉及行政许可的凭许证件经营）。						

企业名称	上海亚东国际物流有限公司			海关编码	3112980073	所属海关	吴淞海关
通讯地址	上海市宝山区杨泰路 386 号					邮政编码	201901
评定时间	2013. 1. 15	注册日期	2006. 7. 13	报关有效期	2014. 7. 13	注册资本	600 万人民币
法人姓名	王红	电　　话	021 – 56678200	日常联系人	陈洁	电　　话	130 × × × × 0749
主营范围	国际国内货物运输代理，联动服务，企业物流管理服务，物流业务的信息咨询，仓储（除危险品及专项规定），从事货物及技术的进出口业务，集装箱堆存、拼装、修理、清洗、熏蒸、装拆箱，寄递业务（信件和其他具有信件性质的物品除外），报检报验的信息咨询，报关业务，代理报检业务。（企业经营涉及行政许可的，凭许可证件经营。）						

企业名称	上海经贸国际货运实业有限公司			海关编码	3122280024	所属海关	浦东海关
通讯地址	上海浦东大道 2123 号 3C – 1029 室					邮政编码	200135
评定时间	2011. 11. 22	注册日期	1996. 1. 17	报关有效期	2014. 6. 24	注册资本	5000 万人民币
法人姓名	郁培德	电　　话	021 – 65371426	日常联系人	徐丽韵	电　　话	021 – 65591600 – 137
主营范围	国际货运代理，仓储（除危险品外），会展服务，企业登记代理，国内贸易（除专项审批），普通货运（凭许可证经营），代理报关业务（具体见许可证，凭许可证经营），代理报验（具体见许可证，凭许可证经营），无船承运业务（具体见许可证，凭许可证经营），食品批发非实物方式（限分支机构经营）。（企业经营涉及行政许可的，凭许可证经营。）						

企业名称	上海东亚运输仓储有限公司			海关编码	3122280049	所属海关	浦东海关
通讯地址	上海浦东新区高东镇高翔路805号					邮政编码	200137
评定时间	2011.11.22	注册日期	2007.1.22	报关有效期	2015.1.19	注册资本	500万美元
法人姓名	欧圣钟	电　　话	021－58486900	日常联系人	朱梦琪	电　　话	021－65030342
主营范围	上海港汽车集装箱运输；集装箱仓储、中转、拆装箱及清洗修理；承办海运进出口货物的国际运输代理业务，包括揽货、订舱、仓储、中转、集装箱拼装、拆箱、结算运杂费、报关、报验、保险、相关的短途运输服务和咨询业务，涉及许可经营的凭许可证经营。						

企业名称	上海国际机场股份有限公司			海关编码	3122280050	所属海关	浦东海关
通讯地址	上海市浦东新区启航路900号					邮政编码	201202
评定时间	2013.8.6	注册日期	2001.4.6	报关有效期	2015.4.3	注册资本	192696万人民币
法人姓名	贾锐军	电　　话	021－68342878	日常联系人	徐辉	电　　话	021－68343988
主营范围	为国内外航空运输企业及旅客提供地面保障服务，经营出租机场内航空营业场所、商业场所和办公场所，国内贸易（除专项规定），广告经营，经营其他与航空运输有关的业务货运代理，代理报验，代理报关，综合开发经营国家政策许可的其他投资项目（涉及行政许可的凭许可证经营）。						

企业名称	上海远山国际货运有限公司			海关编码	3122280152	所属海关	浦东海关
通讯地址	上海市浦东新区灵山路958号11幢209室					邮政编码	200135
评定时间	2011.11.22	注册日期	2005.8.24	报关有效期	2015.8.24	注册资本	600万人民币
法人姓名	张志雄	电　　话	021－58826412	日常联系人	张志雄	电　　话	021－58826412
主营范围	国际货运代理，货运代理寄递业务（信件及具有信件性质的物品除外），在上海海关的关区内从事报关业务（凭资质），日用百货、建筑装潢材料、纺织品、五金、交电、包装材料的销售，上述相关业务的咨询服务（企业经营涉及行政许可的凭许可证件经营）。						

企业名称	天津泰达阿尔卑斯物流有限公司上海分公司			海关编码	3122280153	所属海关	浦东海关
通讯地址	上海市浦东机场启航路1200号403室					邮政编码	201202
评定时间	2013.1.15	注册日期	2005.9.16	报关有效期	2013.12.27	注册资本	624万美元
法人姓名	赵嘉慧	电　　话	021－50460516	日常联系人	龚浩	电　　话	021－50462504
主营范围	承接海运、空运进出口货物的国际运输代理业务，包括揽货、订航、仓储、中转、集装箱拼装拆箱、结算运杂费、报关、报验、保险、相关的短途运输服务及咨询业务；集装箱配套、维修（信件和其他具有信件性质的物品除外）；道路货运业务（普通货运、集装箱运输、货物配送）。						

企业名称	上海经贸山九储运有限公司			海关编码	3122280164	所属海关	浦东海关
通讯地址	上海市浦东新区高翔环路 539 号					邮政编码	200137
评定时间	2011. 11. 7	注册日期	1998. 5. 27	报关有效期	2015. 5. 27	注册资本	471 万美元
法人姓名	OKUDA MASAHIKO（奥田雅彦）	电　　话	021－65861239	日常联系人	董宝惠	电　　话	021－65861371
主营范围	承办海运、陆运、空运进出口货物，国际展品，私人物品及过境货物的国际运输代理业务，包括揽货、托运、订舱、仓储、中转、集装箱拼装、拆箱、结算运杂费、报关、报检、保险、相关的短途运输服务及咨询业务；加工、包装等劳务服务；道路普通货物运输业务，联运代理（涉及许可经营的凭许可证经营）；家用电器及部件、各类纺织品及其成衣、化工原料（危险品除外）、轻工产品、建筑材料、成套设备、动力机械、电工设备、仪器仪表、橡胶制品、陶瓷制品、工艺品（古董金银除外）等商品的批发、佣金代理（拍卖除外）；商品进出口，其他相关配套业务（涉及配额许可证管理、专项规定管理的商品按国家有关规定办理）。						

企业名称	中外运空运发展股份有限公司华东分公司			海关编码	3122280201	所属海关	浦东海关
通讯地址	上海市浦东国际机场速航路 100 号航空货运业务楼					邮政编码	201202
评定时间	2013. 3. 11	注册日期	2007. 7. 26	报关有效期	2014. 11. 25	注册资本	90548 万人民币
法人姓名	吴伟声	电　　话	135××××1652	日常联系人	陈凌珺	电　　话	021－50119704
主营范围	承办空运进出口货物的国际运输代理业务，包括揽货、分拨、订舱、包机、集装箱拼装拆箱、结算运杂费、报验、保险、仓储服务、物流服务、国际多式联运、相关的短途运输服务及咨询业务；寄递业务（信件及含有信件性质的物品除外）；经营国际快递（不含私人信函）业务；国际、国内航线的航空货运销售代理业务（危险品除外）；普通货物运输、货运代理，在上海海关的关区内从事报关业务；与以上业务相关的咨询、服务、展览、技术交流（涉及行政许可经营的凭许可证经营）。						

企业名称	上海申景报关有限公司			海关编码	3103980103	所属海关	卢湾监管
通讯地址	上海市斜土路 106、108 号 206 室					邮政编码	200023
评定时间	2010. 12. 24	注册日期	1995. 3. 28	报关有效期	2015. 3. 20	注册资本	150 万人民币
法人姓名	王毅	电　　话	139××××5678	日常联系人	黄梅	电　　话	021－64385050－116
主营范围	代理进出口货物报关、报检业务，从事经营货物进出口报关、报检手续的咨询、信息及技术服务（涉及许可证经营的凭许可证经营）。						

企业名称	东方海外物流（中国）有限公司			海关编码	3106980014	所属海关	卢湾监管
通讯地址	上海市静安区延安中路841号2009A室					邮政编码	200040
评定时间	2010. 12. 24	注册日期	2005. 5. 20	报关有效期	2015. 5. 20	注册资本	484万美元
法人姓名	卢丽华	电　　话	021－23018888	日常联系人	李展亚	电　　话	021－23018888
主营范围	经营订舱、拆装箱、仓储，签发货物收据，收取运费和其他获准服务的费用，维修保养集装箱及其设备，联系及与卡车公司签订卡车运输服务合同。承办海运、空运进出口货物，国际展品，私人物品及过境货物国际货物运输代理业务，包括揽货、订舱、仓储、中转、集装箱拼装拆箱、结算运杂费、报关、报验、保险、相关的短途运输服务及运输咨询业务。道路普通货运，道路货物专用运输（集装箱）。无船承运业务。						

企业名称	上海欣海报关有限公司			海关编码	3117980008	所属海关	奉贤海关
通讯地址	上海市奉贤区南桥镇莘奉公路1985号东六－61					邮政编码	201400
评定时间	2011. 7. 22	注册日期	1996. 1. 19	报关有效期	2015. 1. 19	注册资本	800万人民币
法人姓名	葛基中	电　　话	021－51693551	日常联系人	吴艳芬	电　　话	021－51693551
主营范围	代理货物报关业务，代理报检，商务信息咨询，企业管理咨询，投资管理，海上国际货物代理，公路国际货运代理业务，航空国际货物运输代理，国际展品及私人物品的国际货运代理业务，接受委托代办订舱、仓储、集装箱拼装拆箱、报关、报检、报验、保险、交付运费、结算、交付杂费；计算机科技领域内的技术服务、技术开发、技术咨询、技术转让（企业经营涉及许可经营的，凭许可证经营）。						

企业名称	上海元初国际物流有限公司			海关编码	3117980009	所属海关	奉贤海关
通讯地址	上海市奉贤区四团镇彭平路807号214					邮政编码	200085
评定时间	2013. 1. 15	注册日期	2004. 11. 2	报关有效期	2013. 11. 2	注册资本	700万人民币
法人姓名	黄国庆	电　　话	139××××5558	日常联系人	赵雯卿	电　　话	021－63096729
主营范围	经营海上、航空、陆路国际货物运输代理业务，代理报关、代理报验业务，仓储，集装箱拼装、拆箱，集装箱修理装卸，物流信息咨询，私人物品和展品的国际运输代理业务，在上海海关关区内从事报关业务（上述经营范围涉及许可经营的凭许可证经营）。						

企业名称	上海心海国际物流有限公司			海关编码	3117980058	所属海关	奉贤海关
通讯地址	上海市奉贤区南桥镇莘奉公路1985号北六－54					邮政编码	201400
评定时间	2011. 8. 26	注册日期	2008. 9. 19	报关有效期	2014. 9. 19	注册资本	500万人民币
法人姓名	周昕	电　　话	021－68351755	日常联系人	杨叶飞	电　　话	021－51693551
主营范围	海上国际货物运输代理，公路国际货物运输代理，航空国际货物运输代理，水上国际货物运输代理，货物运输代理，仓储服务，人工搬运服务，人工装卸服务，代理报检业务，接受委托代办订舱、仓储、集装箱拼装拆箱、报关、报检、报验、保险，交付运费、结算、交付杂费，商务信息咨询，在上海海关的关区内从事报关业务，物流科技领域内的技术开发、技术咨询、技术服务。（企业经营涉及行政许可的凭许可证经营。）						

<table>
<tr><td>企业名称</td><td colspan="3">上海外联发国际货运有限公司</td><td>海关编码</td><td>3122480006</td><td>所属海关</td><td>外高桥关</td></tr>
<tr><td>通讯地址</td><td colspan="5">上海市外高桥保税区基隆路6号13层</td><td>邮政编码</td><td>200131</td></tr>
<tr><td>评定时间</td><td>2011. 9. 26</td><td>注册日期</td><td>1999. 9. 6</td><td>报关有效期</td><td>2014. 12. 31</td><td>注册资本</td><td>500万人民币</td></tr>
<tr><td>法人姓名</td><td>徐峰</td><td>电　话</td><td>021－58698008</td><td>日常联系人</td><td>吴雯</td><td>电　话</td><td>021－58690360</td></tr>
<tr><td>主营范围</td><td colspan="7">承办海运、空运进出口货物的国际运输代理业务（包括揽货、订舱、仓储、中转、集装箱拼装拆箱、结算运杂费、报关、报验、保险、相关的短途运输及咨询业务），保税仓库仓储，冷库经营，货运代理（二类），国际贸易及咨询服务，会展服务（涉及许可经营的凭许可证经营）。</td></tr>
</table>

<table>
<tr><td>企业名称</td><td colspan="3">上海泓明国际货运有限公司</td><td>海关编码</td><td>3122480008</td><td>所属海关</td><td>外高桥关</td></tr>
<tr><td>通讯地址</td><td colspan="5">上海外高桥保税区富特西一路99号一号楼西楼一层全部</td><td>邮政编码</td><td>200131</td></tr>
<tr><td>评定时间</td><td>2011. 12. 14</td><td>注册日期</td><td>1997. 5. 25</td><td>报关有效期</td><td>2015. 5. 25</td><td>注册资本</td><td>1000万人民币</td></tr>
<tr><td>法人姓名</td><td>杨桂森</td><td>电　话</td><td>021－50368000</td><td>日常联系人</td><td>龚克伟</td><td>电　话</td><td>021－50366202</td></tr>
<tr><td>主营范围</td><td colspan="7">承办海运、空运进出口货物的国际运输代理业务，包括揽货、订舱、仓储、中转、集装箱拼装拆箱、结算运杂费、报关、报验、保险、相关的短途运输服务及咨询服务；办理国际快递（不含私人信函）业务；国际贸易；道路危险货物运输；道路货物运输（普通货物），道路货物运输（国际集装箱）；汽车维护；保税区内仓储业务；企业间的贸易及代理；保税区内商业性简单加工，附设分支机构（涉及许可经营的凭许可证经营）。</td></tr>
</table>

<table>
<tr><td>企业名称</td><td colspan="3">上海新发展商务咨询服务有限公司</td><td>海关编码</td><td>3122480028</td><td>所属海关</td><td>外高桥关</td></tr>
<tr><td>通讯地址</td><td colspan="5">上海市外高桥保税区台南东路95号新发展物流四期仓库</td><td>邮政编码</td><td>200131</td></tr>
<tr><td>评定时间</td><td>2012. 5. 7</td><td>注册日期</td><td>2010. 1. 4</td><td>报关有效期</td><td>2014. 12. 31</td><td>注册资本</td><td>200万人民币</td></tr>
<tr><td>法人姓名</td><td>刘志远</td><td>电　话</td><td>021－50481788</td><td>日常联系人</td><td>杨如泉</td><td>电　话</td><td>021－50483258</td></tr>
<tr><td>主营范围</td><td colspan="7">保税区内仓储、物流业务，国际公路运输代理服务，保税区内商务咨询服务，保税区内经济信息咨询服务，代理记帐业务，从事报关、报检业务，国际贸易、转口贸易、保税区企业间的贸易及区内贸易代理，经营各类商品和技术的进出口（但国家限定公司经营或禁止进出口的商品技术除外），区内商业性简单加工（涉及许可经营的凭许可证经营）。</td></tr>
</table>

<table>
<tr><td>企业名称</td><td colspan="3">上海及时达物流有限公司</td><td>海关编码</td><td>3122480029</td><td>所属海关</td><td>外高桥关</td></tr>
<tr><td>通讯地址</td><td colspan="5">上海外高桥保税区芬菊路28号三楼C部位</td><td>邮政编码</td><td>200131</td></tr>
<tr><td>评定时间</td><td>2013. 1. 15</td><td>注册日期</td><td>2007. 3. 8</td><td>报关有效期</td><td>2015. 3. 8</td><td>注册资本</td><td>500万人民币</td></tr>
<tr><td>法人姓名</td><td>王一明</td><td>电　话</td><td>021－58698899</td><td>日常联系人</td><td>陆敏</td><td>电　话</td><td>021－50644325</td></tr>
<tr><td>主营范围</td><td colspan="7">保税区内以机电产品为主的区内仓储、分拨、运输业务，国际海上货物运输代理服务，国际公路货物运输代理服务，航空国际货物运输代理服务，货运代理，从事报送业务，国际贸易，保税区内企业间的贸易及代理，保税区内商业性简单加工及商务咨询服务，机电产品维修（涉及许可经营的凭许可证经营）。</td></tr>
</table>

企业名称	上海欣捷报关有限公司			海关编码	3122480031	所属海关	外高桥关
通讯地址	上海外高桥保税区杨高北路 2001 号市场商务楼 208 室					邮政编码	200131
评定时间	2011. 11. 22	注册日期	2007. 3. 23	报关有效期	2015. 3. 23	注册资本	150 万人民币
法人姓名	沈新发	电　　话	021 – 51119796	日常联系人	袁征	电　　话	021 – 51119796
主营范围	从事报关业务，代理报检，商务咨询服务（除经纪），计算机数据处理服务，研究、开发、制作和销售计算机软件，并提供售后服务及相关的技术咨询（涉及许可经营的凭许可证经营）。						

企业名称	上海中远国际货运有限公司			海关编码	3109980010	所属海关	杨浦监管
通讯地址	上海市东大名路 378 号					邮政编码	200080
评定时间	2012. 2. 1	注册日期	1996. 1. 25	报关有效期	2015. 1. 25	注册资本	11400 万人民币
法人姓名	陶卫东	电　　话	021 – 35124777	日常联系人	张晓红	电　　话	021 – 35124777 – 2176
主营范围	承办海运进出口货物及国际展品的国际运输代理业务，包括揽货、订舱、仓储、中转、集装箱拼装拆箱、结算运杂费、报关、报验、保险、相关的短途运输服务及运输咨询业务、国际多式联运；与主营业务有关的开发、转让，长江外贸集装箱内支线班轮航线运输，道路货物运输（国际集装箱）；附设分支机构（涉及行政许可的，凭许可证经营）。						

企业名称	上海通源报关有限公司			海关编码	3109980017	所属海关	杨浦监管
通讯地址	上海市广灵四路 110 – 120 号 1 幢 506 室					邮政编码	200083
评定时间	2013. 4. 3	注册日期	1996. 6. 28	报关有效期	2014. 2. 28	注册资本	150 万人民币
法人姓名	韩冠青	电　　话	021 – 65544939	日常联系人	高立冬	电　　话	021 – 65544939
主营范围	代理报关、转关、报验，保税业务咨询，在上海海关的关区从事报关业务（涉及行政许可的，凭许可证经营）。						

企业名称	上海茂鸿国际货运有限公司			海关编码	3109980169	所属海关	杨浦监管
通讯地址	上海市南浔路 260 号隆江大厦 401 – 412 室					邮政编码	200080
评定时间	2010. 6. 23	注册日期	2007. 2. 16	报关有效期	2013. 12. 10	注册资本	500 万人民币
法人姓名	丁环	电　　话	021 – 63563396	日常联系人	赵榕浩	电　　话	021 – 63563396
主营范围	承办海运、空运进出口货物和非贸易货物的国际运输代理业务，包括揽货、订舱、仓储、中转、集装箱拼装拆箱、结算运杂费、报关、报验、保险、相关的短途运输服务及咨询业务；办理快递业务（不含私人信函）；无船承运；民用航空运输销售代理（涉及许可经营的凭许可证经营）。						

企业名称	上港集团物流有限公司			海关编码	3109980051	所属海关	杨浦监管
通讯地址	上海市黄浦路53号十二层					邮政编码	200080
评定时间	2011.3.22	注册日期	2002.9.24	报关有效期	2015.9.24	注册资本	250000万人民币
法人姓名	孙丰	电　　话	021－35308856	日常联系人	叶青华	电　　话	021－59390088
主营范围	承办海运进出口货物的国际运输代理业务，包括揽货、订舱、仓储、中转、集装箱拼装拆装箱、结算运杂费、报关、报验、相关的短途运输服务及运输咨询业务；货物仓储，民用航空运输销售代理；在上海海关的关区内从事报关业务；从事货物及技术的进出口业务，普通货运；货物专用运输（集装箱A）；大型物件运输；道路危险货物运输（详见许可证）；为船舶提供码头设施；在港区内提供货物装卸、仓储服务；集装箱装卸，集装箱堆放，集装箱拆拼箱；为船舶提供岸电；港口设施、设备，港口机械租赁服务；台湾海峡两岸间海上直航不定期货物运输；无船承运业务；国际船舶普通货物运输。（企业经营涉及行政许可的，凭许可证件经营。）						

企业名称	上海亚东国际货运有限公司			海关编码	3109980199	所属海关	杨浦监管
通讯地址	上海市虹口区杨树浦路147号1幢4A－2B室					邮政编码	200082
评定时间	2011.3.22	注册日期	1996.1.17	报关有效期	2015.1.17	注册资本	2200万人民币
法人姓名	劳渝声	电　　话	021－63373666	日常联系人	张菲	电　　话	135××××6508
主营范围	承办海运、空运进出口货物，国际展品，私人物品及过境货物的国际运输代理业务，包括揽货、订舱、仓储、中转、集装箱拼装拆箱、结算运杂费、报关、报验、保险、相关的短途运输服务及咨询业务；国际快递（邮政企业专营业务除外）；联运服务；自营和代理各类商品和技术的进出口，但国家限定公司经营或禁止进出口的商品及技术除外。民用航空运输销售代理，在上海海关的关区内从事报关业务，无船承运业务。（涉及许可证经营的，凭许可证经营。）						

企业名称	上海亚东报关有限公司			海关编码	3109980254	所属海关	杨浦监管
通讯地址	上海市虹口区杨树浦路147号1幢4A－2A室					邮政编码	200082
评定时间	2011.8.26	注册日期	2006.10.25	报关有效期	2014.10.25	注册资本	200万人民币
法人姓名	赵民	电　　话	021－55970300	日常联系人	张菲	电　　话	138××××2299
主营范围	在上海海关的关区内从事报关业务，代理出入境检验检疫报检，商务咨询（除经纪），投资咨询，企业管理咨询，道路货物运输代理（涉及行政许可证的，凭许可证经营）。						

企业名称	上海华松报关服务有限公司			海关编码	3118980010	所属海关	松江海关
通讯地址	上海莘莘学子创业园松江区车墩镇车亭公路138弄B区					邮政编码	201613
评定时间	2010.1.8	注册日期	2006.12.22	报关有效期	2014.11.28	注册资本	300万人民币
法人姓名	张金余	电　　话	021－57710588	日常联系人	沈凤	电　　话	021－57722768
主营范围	报关业务，货运代理（上述经营范围涉及行政许可的，凭许可证经营）。						

企业名称	上海增振国际物流有限公司			海关编码	3118980015	所属海关	松江海关
通讯地址	上海佘山民强商务中心D区					邮政编码	201600
评定时间	2010.12.24	注册日期	2007.10.11	报关有效期	2015.3.15	注册资本	500万人民币
法人姓名	王峥	电　话	021-57820661	日常联系人	柴坚强	电　话	158××××2416
主营范围	承办海运、陆运、空运进出口货物，国际展品和私人物品的国际运输代理业务；装卸服务；会展会务服务；商务信息咨询服务。五金交电、办公用品、日用百货、纸制品批发零售。从事报关业务（上述经营范围涉及行政许可的，凭许可证经营）。						

企业名称	上海劲达报关有限公司			海关编码	3120980020	所属海关	青浦海关
通讯地址	上海市青浦区公园路348号7D-380					邮政编码	201700
评定时间	2010.1.8	注册日期	2005.7.20	报关有效期	2015.7.20	注册资本	300万人民币
法人姓名	陈国根	电　话	021-53756080	日常联系人	潘妍	电　话	021-51028793
主营范围	报关业务，出入境检验检疫代理报检。（企业经营涉及行政许可的，凭许可证件经营。）						

企业名称	上海万历报关有限公司			海关编码	3120980025	所属海关	青浦海关
通讯地址	上海市青浦区新业路599号542号房					邮政编码	201700
评定时间	2010.1.8	注册日期	2005.12.5	报关有效期	2013.12.5	注册资本	1118万人民币
法人姓名	张东峰	电　话	021-50461616	日常联系人	曹慧	电　话	021-50462534
主营范围	代理进出口货物报关、转关及相关业务咨询，从事海上、航空、陆路国际货运代理业务，商务信息咨询，仓储服务。（企业经营涉及行政许可的，凭许可证件经营。）						

企业名称	上海南汇报关实业有限公司			海关编码	3116980001	所属海关	南汇海关
通讯地址	上海市浦东新区沪南路9828号					邮政编码	201300
评定时间	2010.4.21	注册日期	1995.5.12	报关有效期	2015.5.11	注册资本	180万人民币
法人姓名	陈建成	电　话	021-38230200	日常联系人	顾坚华	电　话	021-38330200
主营范围	电脑预录，代理报关服务，代理报检，仓储，国内货运代理、装卸服务。（企业经营涉及行政许可的，凭许可证件经营。）						

企业名称	上海善流物流有限公司			海关编码	3116980013	所属海关	南汇海关
通讯地址	上海市浦东新区康桥镇康士路17号315室					邮政编码	201315
评定时间	2011. 1. 13	注册日期	2005. 2. 28	报关有效期	2015. 2. 28	注册资本	500万人民币
法人姓名	王善如	电　　话	021－50644178	日常联系人	王善如	电　　话	137××××8883
主营范围	代理报关，国际海上、公路、水上运输代理服务，货运代理，快递服务（信件和其他具有信件性质的物品除外），仓储。从事货物及技术的进出口业务。（以上凡涉及行政许可经营的凭许可证经营。）						

企业名称	上海星辰报关有限公司			海关编码	3121980002	所属海关	崇明海关
通讯地址	上海市崇明工业园区秀山路28号130室					邮政编码	200083
评定时间	2010. 4. 21	注册日期	1996. 12. 3	报关有效期	2013. 12. 3	注册资本	200万人民币
法人姓名	张秀兰	电　　话	021－65429125	日常联系人	施向新	电　　话	021－65429125
主营范围	代理进出口货物报关咨询服务。						

企业名称	上海怡世翔国际货物运输代理有限公司			海关编码	3121980010	所属海关	崇明海关
通讯地址	上海崇明城桥镇鳌山路2号13幢107					邮政编码	202150
评定时间	2011. 8. 26	注册日期	2006. 7. 24	报关有效期	2014. 3. 10	注册资本	1180万人民币
法人姓名	陈征	电　　话	138××××8721	日常联系人	陈征	电　　话	138××××8721
主营范围	海上国际货物运输代理，公路国际货物运输代理，水上货物运输代理，航空国际货物运输代理，接受委托代办订舱、仓储、集装箱拆箱、报关、报检、保险、缴付运费、结算、缴付杂费，寄递业务，从事货物进出口业务，轴承、汽车配件、皮革制品等销售，在上海海关的关区内从事报关业务。						

企业名称	上海舜昶国际物流有限公司			海关编码	3121980013	所属海关	崇明海关
通讯地址	上海市崇明城桥镇秀山路7号5幢B区314室					邮政编码	202150
评定时间	2013. 5. 17	注册日期	2006. 12. 28	报关有效期	2014. 12. 28	注册资本	500万人民币
法人姓名	周士梅	电　　话	133××××6715	日常联系人	周士梅	电　　话	021－68356095
主营范围	海上国际货物运输代理，陆路国际货物运输代理，航空国际货物运输代理，货物运输代理，仓储服务，国际快递（信件及其他具有信件性质的物品除外，仅限国际运输代理企业），会务服务，展览展示服务，报关服务，报检服务，报验服务，物流咨询（不得从事运输）（企业经营涉及行政许可的，凭许可证经营）。						

企业名称	上海兴亚报关有限公司		海关编码	3107980011	所属海关	普陀区站
通讯地址	上海市普陀区武威西路301号106室				邮政编码	200072
评定时间	2010.1.8	注册日期	2002.4.9	报关有效期	2015.6.13	注册资本	1000万人民币
法人姓名	石慧	电　话	021－65508888－118	日常联系人	封睿骅	电　话	021－65508888－130
主营范围	代理报关业务及与之有关的咨询、信息和技术服务业务。						

企业名称	上海森森国际物流有限公司		海关编码	3107980014	所属海关	普陀区站	
通讯地址	上海市普陀区祁连山路689号3号楼267室				邮政编码	200331	
评定时间	2012.2.1	注册日期	2006.4.12	报关有效期	2014.4.12	注册资本	550万人民币
法人姓名	汪云芳	电　话	021－50483361	日常联系人	俞志医	电　话	021－58681983
主营范围	海上、公路、航空国际货物（含国际展品）运输代理，仓储（除专项），集装箱拼装拆装，代办订舱，寄递业务（信件及具有信件性质的物品除外），道路搬运装卸，物流专业技术咨询，报关业务（上海海关关区内），物流软件技术开发，销售日用百货、仓储设备、电子产品，从事货物及技术的进出口业务。（涉及行政许可的，凭许可证经营。）						

企业名称	* 北京康捷空国际货运代理有限公司上海分公司		海关编码	3105980027	所属海关	长宁区站	
通讯地址	上海市长宁区临虹路128弄1号1－3楼				邮政编码	200235	
评定时间	2010.4.6	注册日期	2005.7.29	报关有效期	2014.10.18	注册资本	0万人民币
法人姓名	谢石柱	电　话	021－52574698	日常联系人	张卫忠	电　话	021－52574698－7802
主营范围	承办进出口货物的空运、海运、国际运输代理业务，包括揽货、订舱、中转、集装箱拼装拆箱、结算运杂费；国际航空快件业务；报关、报检。						

企业名称	* 日通国际物流（中国）有限公司上海分公司		海关编码	3105980035	所属海关	长宁区站	
通讯地址	上海市长宁区延安西路2299号11楼G11室				邮政编码	200336	
评定时间	2010.12.24	注册日期	2005.11.24	报关有效期	2014.10.2	注册资本	0万人民币
法人姓名	松尾纯利	电　话	021－62950202	日常联系人	梁晓	电　话	139××××3978
主营范围	承办海运、空运、进出口货物，国际展品和私人物品的国际运输代理业务，包括揽货、订舱、包机、仓储中转、集装箱拼装拆箱、结算运杂费、多式联运、报关、报验、保险、相关的短途运输服务及咨询业务。办理国际快递（不含私人信函）业务，无船承运业务，国际航线除香港、澳门、台湾航线外的航空货运销售业务（危险品除外），普通货物道路运输，国内货运代理仓储业务（涉及行政许可的凭许可证经营）。						

企业名称	上海百福东方国际物流有限责任公司		海关编码	3105980040	所属海关	长宁区站
通讯地址	上海市长宁区虹桥路2545弄29号				邮政编码	200335
评定时间	2011.5.6	注册日期	2006.5.19	报关有效期	2014.5.19	注册资本	500万人民币
法人姓名	蔡旭东	电　　话	021－61139222	日常联系人	徐晔	电　　话	021－61139222
主营范围	海上国际货物运输代理，公路国际货物运输代理，航空国际货物运输代理，货物代理，仓储服务，国际快递业务（除邮政信函），会务服务，展览展示服务，报关服务，物流咨询，在上海海关的关区内从事报关业务（涉及行政许可的凭许可证经营）。						

企业名称	上海华兴国际货运公司			海关编码	3104980028	所属海关	徐汇区站
通讯地址	上海市安福路298弄2号					邮政编码	200031
评定时间	2012.10.23	注册日期	1991.10.30	报关有效期	2013.10.30	注册资本	1000万人民币
法人姓名	张健	电　　话	021－64458160	日常联系人	袁惠琴	电　　话	021－64458161
主营范围	承办空运、海运、进出口货物的国际运输代理业务，包括揽货、订舱、包机、仓储、中转、集装箱拼装拆箱、结算运杂费、报关、报验、保险；陆上汽车运输服务及咨询业务；承办国际航空快件（不含私人信函业务）。						

南京关区

企业名称	苏州市报关有限公司			海关编码	3205980001	所属海关	苏州海关
通讯地址	江苏省苏州市西环路1638号					邮政编码	215004
评定时间	2013.8.1	注册日期	1993.1.1	报关有效期	2015.2.14	注册资本	1000万人民币
法人姓名	黄建栋	电　话		日常联系人	王贤	电　话	
主营范围	经营许可项目：进出口货物中转运输。一般经营项目：接受委托代办报关，代理商检报验、制单、输单、咨询服务，承办陆运、空运进出口货运的国际运输代理业务（包括揽货、订舱、仓储、中转、集装箱拼装拆箱、结算运杂费、报关、报检、保险、相关的短途运输服务及咨询业务），提供电脑输单服务、装卸服务，代办外资企业项目审批服务。						

企业名称	*中国外运长江有限公司苏州分公司			海关编码	3205980023	所属海关	苏州海关
通讯地址	江苏省苏州西环路6号国际经贸大厦五楼					邮政编码	215004
评定时间	2012.12.18	注册日期	2003.3.14	报关有效期	2014.2.27	注册资本	0万人民币
法人姓名	崔仲谦	电　话	0512－66325001	日常联系人	姚若屏	电　话	0512－66082908
主营范围	许可经营项目：承办海运、陆运、空运进出口货物，国际展品，私人物品和过境货物的国际运输代理业务，包括揽货、订舱、仓储、中转、集装箱拼装拆箱、结算运杂费、报关、报验、保险、相关的短途运输服务及运输咨询业务；办理国际多式联运业务；办理国内集装箱运输业务。						

企业名称	苏州大田国际货运代理有限公司			海关编码	3205980060	所属海关	苏州海关
通讯地址	江苏省苏州金门路1299号金运大厦501室					邮政编码	215000
评定时间	2013.1.6	注册日期	2009.1.24	报关有效期	2015.1.24	注册资本	550万人民币
法人姓名	王树生	电　话	010－59237777	日常联系人	寿挺	电　话	0512－66082888
主营范围	许可经营项目：普通货物运输、仓储服务。一般经营项目：承办海运、空运进出口货物的国际运输代理业务，包括揽货、订舱、包机、仓储、中转、集装箱拼装拆箱、结算运杂费、报关、报验、保险、相关短途运输服务及运输咨询业务；经营国际航空快递业务，国内快递业务。						

企业名称	淮安天隽报关有限公司			海关编码	3208980002	所属海关	淮安海关
通讯地址	江苏省淮安经济开发区海口路 111 号 A301 室					邮政编码	223000
评定时间	2013. 8. 5	注册日期	2007. 2. 7	报关有效期	2015. 1. 20	注册资本	150 万人民币
法人姓名	李步广	电　话		日常联系人	杨海霞	电　话	
主营范围	许可经营项目：在江苏省范围内从事报关业务。一般经营项目：国内货运代理，货物及技术进出口业务咨询。						

企业名称	南京宏康报关有限公司			海关编码	3201980151	所属海关	南京现场
通讯地址	江苏省南京市建邺区汉中门大街 1 号汉中新城 22F－E 座					邮政编码	210029
评定时间	2013. 4. 10	注册日期	1997. 8. 6	报关有效期	2015. 7. 12	注册资本	150 万人民币
法人姓名	田海勇	电　话	025－86662100	日常联系人	任子婧	电　话	025－86819216
主营范围	一般经营项目：进出境货物、进出口运输工具和进出境快件业务的报关、报检代理，货物联运、仓储服务，口岸业务咨询服务，化工产品、针纺织品、金属材料、饲料、电子产品、汽车配件销售。						

企业名称	江苏飞力达国际物流股份有限公司			海关编码	3223980002	所属海关	昆山海关
通讯地址	江苏省昆山开发区					邮政编码	215300
评定时间	2012. 4. 27	注册日期	1994. 11. 8	报关有效期	2015. 4. 2	注册资本	16710 万人民币
法人姓名	沈黎明	电　话	0512－57361565	日常联系人	姚瑶	电　话	0512－57361565
主营范围	综合货运站（场）（仓储）、货物专用运输（集装箱）、普通货运；承办空运、海运进出口货物的国际运输代理业务（包括揽货、订仓、仓储、中转、集装箱拼箱、拆箱、结转运杂费、报关、报检及咨询业务）；自营和代理各类商品及技术的进出口业务；代签提单、运输合同，代办接受订舱业务；办理船舶、集装箱以及货物的报送手续；承揽货物、组织货载，办理货物、集装箱的托运和中转；代收运费，代办结算及其他相关业务、货运办理（代办）。						

企业名称	江苏亚东朗升国际物流有限公司			海关编码	3223980046	所属海关	昆山海关
通讯地址	江苏省昆山开发区长江南路 666 号楼 1601－1606 室					邮政编码	215300
评定时间	2011. 3. 22	注册日期	2006. 6. 5	报关有效期	2014. 5. 23	注册资本	2500 万人民币
法人姓名	李俊	电　话	0512－57886309	日常联系人	高金明	电　话	0512－57367771
主营范围	许可经营项目：无。一般经营项目：承办海运、陆运、空运国际运输代理业务，包括揽货、托运、订舱、仓储、中转、集装箱拼装拆箱、结算运杂费、报关、报验、保险、相关的短途运输服务及运输咨询业务。						

宁波关区

企业名称	宁波外联报关有限公司			海关编码	3302985001	所属海关	象山海关
通讯地址	浙江省象山县丹东街道象山港路515号（象山海关大楼内）					邮政编码	315010
评定时间	2010.6.2	注册日期	1997.5.8	报关有效期	2015.4.22	注册资本	150万人民币
法人姓名	陈明波	电话	133××××1616	日常联系人	周荣海	电话	0574－86808488
主营范围	一般经营项目：办理进出口货物和进出境工具的报关、纳税和仓储、运输、报验、信息咨询服务（上述经营范围不含国家法律、法规规定禁止、限制和许可经营的项目）。						

企业名称	*浙江中外运有限公司宁波明州分公司			海关编码	3302980008	所属海关	宁波海关驻鄞州办事处
通讯地址	浙江省宁波市海曙区碶闸街58号（都市仁和11楼）					邮政编码	315000
评定时间	2009.12.8	注册日期	1997.12.5	报关有效期	2014.12.9	注册资本	0万人民币
法人姓名	赵阳	电话	0574－87190908	日常联系人	杨敏	电话	0574－86862972
主营范围	许可经营项目：无船承运，国际快递（邮政企业专营业务除外）（以上两项在许可证件有效期限内经营）。一般经营项目：承办海运、陆运、空运进出口货物，国际展品，私人物品和过境货物的国际运输代理业务，包括揽货、订舱、仓储、中转、集装箱拼装拆箱、结算运杂费、报关、报验及运输咨询业务；办理国际多式联运业务。（上述经营范围不含国家法律、法规规定禁止、限制和许可经营的项目。）						

企业名称	宁波外运国际集装箱货运有限公司			海关编码	3302980026	所属海关	宁波海关驻鄞州办事处
通讯地址	浙江省宁波市解放南路69号					邮政编码	315010
评定时间	2012.10.10	注册日期	1999.12.28	报关有效期	2015.8.2	注册资本	550万人民币
法人姓名	江明龙	电话	0574－87298033	日常联系人	胡怡	电话	0574－87317246
主营范围	一般经营项目：国际货运运输代理业务，代理报关、报检服务，仓储，寄递服务，国内货运代理。许可经营项目：无船承运业务（有效期至2010年9月5日）。						

企业名称	宁波艾金报关有限公司			海关编码	3302980067	所属海关	宁波海关驻鄞州办事处
通讯地址	浙江省宁波市江东区上东商务中心3幢（8－5）					邮政编码	315040
评定时间	2013. 4. 11	注册日期	2006. 1. 25	报关有效期	2013. 12. 22	注册资本	150万人民币
法人姓名	王浩骅	电　话	0574－87930296	日常联系人	王浩骅	电　话	0574－87930296
主营范围	许可经营项目：无。一般经营项目：报关、报检代理，经济贸易咨询。（上述经营范围不含国家法律、法规规定禁止、限制和许可经营的项目。）						

企业名称	宁波港东南物流有限公司			海关编码	3302980138	所属海关	宁波海关驻鄞州办事处
通讯地址	浙江省宁波市江北区北环西路500号					邮政编码	315020
评定时间	2012. 12. 31	注册日期	2008. 12. 24	报关有效期	2014. 12. 23	注册资本	3892万人民币
法人姓名	滕亚辉	电　话	135××××9575	日常联系人	冯浩	电　话	0574－87096784
主营范围	许可经营项目：无船承运业务（在许可证件有效期内经营）。一般经营项目：国际货运代理业务，代理报关、报检服务，仓储服务（上述经营范围不含国家法律、法规规定禁止、限制和许可经营的项目）。						

合肥关区

企业名称	安徽芜湖中外运有限公司			海关编码	3402980007	所属海关	芜湖海关
通讯地址	安徽省芜湖市港一路北侧朱家桥储运公司内					邮政编码	241001
评定时间	2011. 11. 23	注册日期	1985. 10. 1	报关有效期	2013. 10. 1	注册资本	513 万人民币
法人姓名	王毅	电　　话	0553 - 5840633	日常联系人	和笙	电　　话	0553 - 5840633
主营范围	办理一般货物、国际展品过境运输，私人物品的海运、空运、陆运，包括揽货、托运、定舱、仓储、中转、集装箱拼装拆箱、多式联运、结算运杂费、报关、报验、保险、相关短途运输、运输咨询；经营国际快递业务。						

福州关区

企业名称	福州码世波报关有限公司			海关编码	3501981008	所属海关	福现业处
通讯地址	福建省福州鼓楼东水路88号闽发大厦商住楼四区写字楼19层03单元					邮政编码	350001
评定时间	2012. 2. 8	注册日期	2005. 12. 27	报关有效期	2013. 12. 27	注册资本	150万人民币
法人姓名	柯涛	电　　话	0591－88561931	日常联系人	侯伟榕	电　　话	
主营范围	在福州海关各口岸地或福州海关监管业务集中地从事报关服务（有效期限至2013年12月27日）。国内陆路货物运输代理。（以上经营范围涉及许可经营项目的，应在取得有关部门许可后方可经营。）						

企业名称	福建顺通报关有限公司			海关编码	3501989864	所属海关	福现业处
通讯地址	福建省福州市五一北路106号新侨联广场13层C					邮政编码	350001
评定时间	2013. 1. 16	注册日期	1995. 5. 17	报关有效期	2015. 5. 17	注册资本	150万人民币
法人姓名	郑龙华	电　　话	0591－7025243	日常联系人	陈力	电　　话	0591－87614725
主营范围	代理报关，代办其他进出口报检、报验业务，通关业务咨询服务，化工产品、电子产品、建材、服装的批发、零售。						

南昌关区

企业名称	江西中外运有限公司			海关编码	3604980001	所属海关	九江海关
通讯地址	江西省九江市庐山路191号					邮政编码	332000
评定时间	2012.12.18	注册日期	1999.2.4	报关有效期	2015.1.27	注册资本	670万人民币
法人姓名	张尼亚	电　　话	0792－8229153	日常联系人	汪欢	电　　话	0792－8798631
主营范围	组织进出口货物的仓储、运输、中转，代理国际货物运输；进出口货物及运输工具的检验检疫报检业务；承办九江港口船务代理业务；经营陶瓷制品、土特产品、汽车零部件、五金交电、仪表仪器、金属材料（除贵金属）（以上项目国家有专项规定的除外凡涉及许可的凭证经营）						

企业名称	九江长江船务代理有限公司			海关编码	3604980003	所属海关	九江海关
通讯地址	江西省九江市滨江路37号金城公寓二楼					邮政编码	332000
评定时间	2011.12.13	注册日期	1999.1.5	报关有效期	2015.3.22	注册资本	300万人民币
法人姓名	李胜	电　　话	0792－8136580	日常联系人	邓小蕾	电　　话	0792－8436839
主营范围	经营中国籍国际船舶、经交通部核准的中国长江航运（集团）公司自有和用于国际集装箱班轮运输的自营外国籍船舶的代理业务，代理报关，代理报检。						

企业名称	威海中外运报关有限公司			海关编码	3710980980	所属海关	威海海关
通讯地址	山东省威海市经济技术开发区齐鲁大道 62 号					邮政编码	264200
评定时间	2011. 12. 22	注册日期	1996. 9. 25	报关有效期	2015. 7. 3	注册资本	150 万人民币
法人姓名	张少明	电　　话	0631－5322361	日常联系人	梁吉友	电　　话	0631－5960968
主营范围	从事进出口货物报关、预录入、转关业务，为客户代办商检、动检、卫检和订舱业务。						

企业名称	威海凯顺航空运输服务有限公司			海关编码	3710981025	所属海关	威海海关
通讯地址	山东省威海市昆明路 13 号					邮政编码	264200
评定时间	2011. 12. 22	注册日期	1997. 4. 3	报关有效期	2015. 1. 17	注册资本	500 万人民币
法人姓名	崔从斌	电　　话	0631－5280533	日常联系人	于曙光	电　　话	0631－5239138
主营范围	承办海运、空运进出口货物的国际运输代理业务，包括揽货、订舱、仓储、中转、集装箱拼装拆箱、结算运杂费、报关、报验、保险、相关的短途运输服务及咨询业务；经营国内航线除香港、澳门、台湾地区航线外的民用航空运输客运销售代理业务，国际航线或者香港、澳门、台湾地区航线的航空客运销售代理业务。						

企业名称	山东泛亚国际货运有限公司			海关编码	3710981064	所属海关	威海海关
通讯地址	山东省威海市经区东海路－36－2 号 6 楼					邮政编码	264205
评定时间	2010. 12. 20	注册日期	1997. 10. 13	报关有效期	2013. 10. 24	注册资本	1000 万人民币
法人姓名	单永强	电　　话	0631－5902578	日常联系人	李春沣	电　　话	0631－5286280
主营范围	前置许可经营项目：从事进出中华人民共和国港口货物运输的无船承运业务，道路普通货运，货物专用运输，威海口岸的国际船舶代理业务，船舶代理，货运代理。一般经营项目：承办海运、空运进出口货物的国际运输代理业务，包括揽货、订舱、仓储、中转、集装箱拼装拆箱、结算运杂费、报验、保险、及咨询业务；自营和代理各类商品及技术的进出口业务（不另附进出口商品目录），国家规定的专营进出口商品和国家禁止进出口等特殊商品除外；报关；过境货物的国际运输代理业务。（法律、行政法规、国务院决定禁止的项目除外，法律、行政法规、国务院决定限制的项目取得许可后方可从事经营。）						

企业名称	中国外运山东有限公司威海分公司			海关编码	3710981937	所属海关	威海海关
通讯地址	山东省威海市海滨中路28号					邮政编码	264200
评定时间	2010. 12. 20	注册日期	2003. 3. 20	报关有效期	2015. 2. 15	注册资本	16200万人民币
法人姓名	张少明	电　　话	0631－5322391	日常联系人	徐勇	电　　话	0631－5963736
主营范围	承办海运、陆运、空运进出口货物，国际展品，私人物品和过境货物的国际运输代理业务，包括揽货、订舱、仓储、中转、集装箱拼装拆箱、结算运杂费、报关、报验、保险、相关的短途运输服务及运输咨询业务；办理国际多式联运业务；办理国际快递业务；资格证书批准范围内的无船承运业务。						

企业名称	山东中外运弘志物流有限公司			海关编码	3703981988	所属海关	淄博海关
通讯地址	山东省淄博市张店区中心路299号					邮政编码	255086
评定时间	2010. 2. 9	注册日期	2001. 3. 28	报关有效期	2015. 3. 2	注册资本	1800万人民币
法人姓名	崔卫国	电　　话	0533－3197878	日常联系人	孙鹏	电　　话	0533－3577555
主营范围	国际集装箱公路运输业务；承办海运、陆运、空运进出口货物的国际运输代理业务，包括揽货、订舱、中转、仓储、集装箱拚箱、结算运杂费、报关、报验、保险、相关的短途运输服务及咨询业务。进出口货物运输的无船承运业务，国际快递业务，国内物品快件寄递业务（以上经营范围需审批或许可经营的凭审批手续或许可证经营）。						

企业名称	荣成市石岛新港报关有限公司			海关编码	3727981258	所属海关	荣成海关
通讯地址	山东省荣成市石岛新港路19号					邮政编码	264309
评定时间	2013. 1. 11	注册日期	2006. 2. 20	报关有效期	2015. 2. 18	注册资本	150万人民币
法人姓名	邵新强	电　　话	0631－7386379	日常联系人	张怡	电　　话	0631－7286616
主营范围	代理委托人办理进出口货物的报关、纳税，代办通关手续，提供通关业务咨询，提供电脑录入制单服务，代办进出口货物的报验、报检业务，货运代理、监管仓储、监管运输代理，进出国内港口货物运输的无船承运业务，快递服务（不含邮政业务）。						

企业名称	青岛诚业国际物流有限公司			海关编码	3702481790	所属海关	青保税区
通讯地址	山东省青岛保税区莫斯科路54号万国通运大厦十一层9室					邮政编码	266555
评定时间	2013. 4. 15	注册日期	2005. 9. 26	报关有效期	2015. 9. 3	注册资本	600万人民币
法人姓名	王洪启	电　　话	138××××2865	日常联系人	姜宏伟	电　　话	135××××5837
主营范围	国际货运代理，仓储，物流分拨（不含运输），装卸，国际贸易，转口贸易，区内企业之间贸易及贸易项下加工整理及相关业务代理，代理报关，代理货物报检及检疫消毒，普通货运（国家规定需专项审批的项目除外）。						

企业名称	青岛尚世通报关有限公司			海关编码	3702482321	所属海关	青保税区
通讯地址	山东省青岛保税区北京路45号东侧1.2号仓库附房					邮政编码	266555
评定时间	2010.12.20	注册日期	2005.9.15	报关有效期	2015.7.10	注册资本	150万人民币
法人姓名	陈慧杰	电　　话	0532－86767837	日常联系人	李霞	电　　话	0532－86768867
主营范围	一般经营项目：代理报关、报检，国内货运代理及其相关业务咨询服务（以上范围需经许可经营的，须凭许可证经营）。						

企业名称	青岛中外运联丰国际物流有限公司			海关编码	3702482333	所属海关	青保税区
通讯地址	山东省青岛保税区海关报关厅					邮政编码	266555
评定时间	2013.4.15	注册日期	2005.9.27	报关有效期	2015.8.7	注册资本	500万人民币
法人姓名	王玉忠	电　　话	0532－82897856	日常联系人	李梅	电　　话	0532－86987237
主营范围	进出口货物的报关、运输工具报关，报验，电脑预录，货运代理，仓储及区内企业之间贸易（国家规定需专项审批的项目除外）。						

企业名称	山东省海丰国际货运报关有限公司			海关编码	3702289678	所属海关	青开发区
通讯地址	山东省青岛经济技术开发区龙岗山路368号一楼大厅西区					邮政编码	266555
评定时间	2013.5.28	注册日期	2003.8.4	报关有效期	2013.12.30	注册资本	1000万人民币
法人姓名	郭汝倩	电　　话	0532－82661266	日常联系人	刘红梅	电　　话	0532－82661255
主营范围	许可经营项目：货运险（保险兼代理业务许可证有效期至2014年9月17日）。一般经营项目：海关预录入，进出口货物的报关，进出口货物报验，组织揽货，租船订仓及关贸咨询，保险业务咨询，国际货运代理。（以上范围需经许可经营的，须凭许可证经营。）						

企业名称	青岛易安达国际物流有限公司			海关编码	3702289998	所属海关	青开发区
通讯地址	山东省青岛开发区富春江路136号2层					邮政编码	266555
评定时间	2010.12.20	注册日期	2006.3.29	报关有效期	2014.3.5	注册资本	700万人民币
法人姓名	潘继刚	电　　话	0532－86973601	日常联系人	王俊磊	电　　话	0532－86973601
主营范围	许可经营项目：代理报关，普通货运。一般经营项目：国际货运代理，仓储服务，代理报检。						

企业名称	青岛中远国际航空货运代理有限公司			海关编码	3702988018	所属海关	青机场关
通讯地址	山东省青岛市城阳区流亭街道两江路27号					邮政编码	266108
评定时间	2011.11.15	注册日期	1997.1.17	报关有效期	2015.1.4	注册资本	700万人民币
法人姓名	柳国旗	电　　话	0532－84712998	日常联系人	王晖	电　　话	0532－84715167
主营范围	普通货运；承办空运、海运进出口货物的国际运输代理业务，包括揽货、订舱、中转、集装箱拼装拆箱、结算运杂费、报关报验、保险、仓储（不含国家违禁品及易燃、易爆物品）；普通货运咨询业务；办理国际航空快递（不含私人信件）业务；承办国内航空货物运输代理业务；货物进出口（法律、行政法规禁止的项目除外，法律、行政法规限制的项目应取得许可证方可经营）。						

企业名称	中外运空运发展股份有限公司山东分公司			海关编码	3702988387	所属海关	青机场关
通讯地址	山东省青岛市城阳区流亭机场外运办公楼					邮政编码	266108
评定时间	2013.1.4	注册日期	2000.9.12	报关有效期	2015.8.2	注册资本	500万人民币
法人姓名	陈宁	电　　话	0532－84716767	日常联系人	刘索利	电　　话	0532－84716767
主营范围	承办空运进出口货物的国际运输代理业务，包括揽货、分拨、订舱、包机、仓储、中转、物流服务、集装箱拼箱拆箱、结算运杂费、报关、报验、保险、相关的短途运输服务及咨询业务；经营国际快递（不含私人信函）业务；承办过境货物的国际运输代理、国际多式联运；与以上业务相关的咨询、服务、展览、技术交流。普通货运，寄递业务（信件和其他具有信件性质的物品除外）。（以上范围须经许可经营的，须凭许可证经营。）						

企业名称	青岛广通达国际物流有限公司			海关编码	3702980018	所属海关	青岛大港
通讯地址	山东省青岛市市南区山东路2号（华仁国际大厦）					邮政编码	266000
评定时间	2011.12.22	注册日期	2004.4.1	报关有效期	2015.3.20	注册资本	500万人民币
法人姓名	沈杰	电　　话	0532－86077299	日常联系人	沈杰	电　　话	0532－86077299
主营范围	承办海运、空运进出口货物的国际运输代理业务，包括揽货、订舱、仓储、中转、集装箱拼装拆箱、结算运杂费、报关、报验、保险、相关的短途运输服务及咨询服务（以上范围需经许可经营的须凭许可经营）。						

企业名称	青岛荣圣达国际物流有限公司			海关编码	3702980124	所属海关	青岛大港
通讯地址	山东省青岛市市南区太平路51号山东省国际贸易大厦1801室					邮政编码	266002
评定时间	2012.5.3	注册日期	2005.4.19	报关有效期	2015.5.31	注册资本	500万人民币
法人姓名	于风霞	电　　话	158××××5568	日常联系人	林翠荣	电　　话	0532－82971867
主营范围	国际货运代理（法律、法规禁止经营的不得经营，法律、法规限制经营凭许可证经营），进出口货物，但国家禁止及限定公司经营的项目除外。（以上范围需经许可经营的，须凭许可证经营。）						

企业名称	嘉里大通物流有限公司青岛分公司			海关编码	3702980182	所属海关	青岛大港
通讯地址	山东省青岛市市南区宁夏路288号市南软件园1号楼702室					邮政编码	266071
评定时间	2013.4.24	注册日期	1989.6.1	报关有效期	2015.5.25	注册资本	800万人民币
法人姓名	耿昊	电　　话	0532－80979807	日常联系人	王红蓓	电　　话	0532－80979760
主营范围	办理文件资料印刷品、样品、小件包裹的国际航空快递业务；承办航空、海上进出口货物及展览品的运输代理业务，包括揽货、订舱、包机等运输服务。						

企业名称	青岛联通报关有限公司			海关编码	3702980768	所属海关	青岛大港
通讯地址	山东省青岛市西陵峡二路一号					邮政编码	266002
评定时间	2010.7.29	注册日期	1994.12.26	报关有效期	2013.12.18	注册资本	82万美元
法人姓名	王玉忠	电　　话	0532－82955860	日常联系人	韩志青	电　　话	0532－82955860
主营范围	办理进出口货物、运输工具物品的报关、仓储运输、电脑预录及咨询服务业务。						

企业名称	青岛翔通报关行有限公司			海关编码	3702983618	所属海关	青岛大港
通讯地址	山东省青岛市香港中路56号金光大厦20层					邮政编码	266071
评定时间	2010.2.9	注册日期	1996.1.23	报关有效期	2014.12.19	注册资本	630万人民币
法人姓名	张双弟	电　　话	0532－89098777	日常联系人	卜繁举	电　　话	0532－89098582
主营范围	许可经营项目：国内港口货物运输的无船承运业务，海关预录入、进出口货物报关代理、报验代理、报检、监管仓储、监管运输代理。一般经营项目：国际、国内货运代理、咨询服务，快递服务，自有房屋出租，国际货物运输代理经纪服务。						

企业名称	海程邦达国际物流有限公司			海关编码	3702983940	所属海关	青岛大港
通讯地址	山东省青岛市香港中路18号福泰广场18楼					邮政编码	266071
评定时间	2010.2.9	注册日期	2000.8.17	报关有效期	2015.7.23	注册资本	678万美元
法人姓名	王希平	电　　话	0532－85710757	日常联系人	王嘉骏	电　　话	0532－82655518
主营范围	承办海运、空运进出口货物，国际展品，私人物品的国际运输代理业务，包括揽货、订舱、仓储、中转、集装箱拼装拆箱、结算运杂费、报关、报验、保险、相关的短途运输服务及咨询业务；经营无船承运人业务。						

企业名称	青岛中远报关有限公司			海关编码	3702984369	所属海关	青岛大港
通讯地址	山东省青岛市瞿塘峡路19号					邮政编码	266002
评定时间	2011.3.9	注册日期	1998.7.16	报关有效期	2015.6.12	注册资本	165万人民币
法人姓名	王焕群	电　话	0532-80883666	日常联系人	刘玉宁	电　话	0532-82683955
主营范围	许可经营项目：办理进出口货物、运输工具、物品的报关、报验，代运货物和延伸服务（报关企业报关注册登记证书有效期至2013年6月12日）。（以上范围需经许可经营的，须凭许可证经营。）						

企业名称	青岛经汉物流服务有限公司			海关编码	3702984829	所属海关	青岛大港
通讯地址	山东省青岛市市南区太平路51号国贸大厦16层					邮政编码	266002
评定时间	2010.12.20	注册日期	2000.4.28	报关有效期	2015.4.17	注册资本	900万人民币
法人姓名	位海	电　话	0532-82668811	日常联系人	庄良	电　话	0532-82668811
主营范围	承办海运、空运进出口货物的国际运输代理业务，包括揽货、订舱、仓储、中转、集装箱拼装拆箱、结算运杂费、报关、报验、保险、相关的短途运输服务及咨询业务；经营国际快递业务。						

企业名称	青岛京大国际货运代理有限公司			海关编码	3702986528	所属海关	青岛大港
通讯地址	山东省青岛市市南区东海中路18号1栋2层网点					邮政编码	266071
评定时间	2010.12.20	注册日期	2003.6.25	报关有效期	2015.6.8	注册资本	600万人民币
法人姓名	杨东	电　话	0532-85062221	日常联系人	孙皓	电　话	0532-86077678
主营范围	承运海运、空运进出口货物的国际运输代理业务，包括揽货、订舱、仓储、中转、集装箱拼装拆箱、结算运杂费、报关、报验、保险、相关的短途运输服务及运输咨询业务。						

企业名称	山东朗越国际运输服务有限公司			海关编码	3706289876	所属海关	烟开发区
通讯地址	山东省烟台市芝罘区冰轮路付1号					邮政编码	264002
评定时间	2010.5.27	注册日期	1995.1.6	报关有效期	2013.12.3	注册资本	600万人民币
法人姓名	顾善科	电　话	0535-6279298	日常联系人	尹风云	电　话	138××××8020
主营范围	海上国际货物运输代理、航空货运、货运代理及其报关、报验、保险业务，国际快递业务（不含信件性质的物品）；普通货物运输，货物专用运输（集装箱有效期至2011年5月14日）；仓储（不含危险品）。						

武汉关区

企业名称	湖北锦江报关公司			海关编码	4201980012	所属海关	武汉海关现场业务处
通讯地址	湖北省武汉市江汉区沿江大道95号					邮政编码	430021
评定时间	2013.6.6	注册日期	1995.2.22	报关有效期	2014.1.31	注册资本	150万人民币
法人姓名	杨新建	电　　话	027－82802927	日常联系人	陈志华	电　　话	027－82802927
主营范围	主营报关、通关业务咨询，代办报关手续及技术服务，代售机票，提供劳务服务，宝石、半宝石、杂品及其他工艺装饰品的加工销售。兼营五金交电、化工产品（不含化工危险品及国家控制的化工品）、百货、建筑材料、装饰材料、机电产品，以及计划外金属材料（不含国家有专项管理规定的产品）的零售批发。						

企业名称	武汉中远报关服务有限公司			海关编码	4201980049	所属海关	武汉海关现场业务处
通讯地址	湖北省武汉市汉岸区香港路145号B栋8楼6室					邮政编码	430014
评定时间	2011.11.29	注册日期	2006.3.31	报关有效期	2014.3.30	注册资本	150万人民币
法人姓名	王善和	电　　话	027－68826888	日常联系人	姚方方	电　　话	027－68826900
主营范围	代办进出口货物的清关、转关、报检、物流业务，包括代办租船（机）高舱、接单审单、统计归类、三检申报、危险品申报、海关申报、代缴关税、提供与外贸进出口业务有关的法律法规及通关手续等的咨询服务；提供专业汽车运输代理业务，包括海关监管运输业务，代客户向船舶代理办理订舱手续（国家有专项规定的项目经审批后方可经营）。						

企业名称	武汉久洲国际货运代理有限公司			海关编码	4201980058	所属海关	武汉海关现场业务处
通讯地址	湖北省武汉市汉南区江南大道458号					邮政编码	430090
评定时间	2013.4.12	注册日期	2006.7.4	报关有效期	2014.6.25	注册资本	948万人民币
法人姓名	李卫洲	电　　话	139××××1133	日常联系人	崔方	电　　话	137××××5913
主营范围	承办海运、陆运、空运进出口货物国际运输代理业务。						

企业名称	湖北中外运报关有限公司			海关编码	4201980513	所属海关	武汉海关现场业务处
通讯地址	湖北武汉市汉口建设大道611号					邮政编码	430014
评定时间	2011.8.19	注册日期	2000.12.15	报关有效期	2013.12.20	注册资本	150万人民币
法人姓名	邓汉春	电　　话	027－83612396	日常联系人	杜亚琴	电　　话	027－84764529
主营范围	接受委托，代办进出口货物的报关纳税事宜。						

长沙关区

企业名称	湖南外运报关行			海关编码	4301980004	所属海关	长沙海关
通讯地址	湖南省长沙市雨花区东二环一段678号海关大楼203号					邮政编码	410001
评定时间	2012.11.8	注册日期	2003.4.3	报关有效期	2015.3.1	注册资本	153万人民币
法人姓名	周宇	电　话	0731－89740898	日常联系人	周宇	电　话	0731－89740898
主营范围	接受进出口企业和涉外单位、个人的委托，办理本省范围内的代理报关手续。						

企业名称	浩通国际货运代理有限公司			海关编码	4301980011	所属海关	长沙海关
通讯地址	湖南省长沙市芙蓉中路269号华联大厦13楼					邮政编码	410005
评定时间	2010.8.3	注册日期	2001.4.4	报关有效期	2015.4.4	注册资本	3000万人民币
法人姓名	彭鑫	电　话	0731－4300300	日常联系人	郑灿奇	电　话	0731－84510829
主营范围	承办海运、空运进出口货物，国际展品和过境货物的国际运输代理业务，包括揽货、仓储、中转、集装箱拼装拆箱、结算运杂费、报关、报验、保险、相关的短途运输服务及咨询业务；办理国际快递（不含私人信函）业务。						

企业名称	湖南华海报关贸易有限公司			海关编码	4301980021	所属海关	长沙海关
通讯地址	湖南省长沙市芙蓉区五里牌团结路8栋507房					邮政编码	410001
评定时间	2010.8.3	注册日期	2007.1.15	报关有效期	2015.1.15	注册资本	200万人民币
法人姓名	刘强	电　话	0731－84788182	日常联系人	刘强	电　话	0731－84788182
主营范围	法律、法规允许的五金交电、机电产品、矿产品、农副产品的销售，从事法律、法规、政策允许的报检代理服务，代理进出口报关业务。						

广州关区

企业名称	威时沛运货运（广州）有限公司	海关编码	4401983050	所属海关	广州海关现场业务处驻市政务中心监管点
通讯地址	广东省广州市越秀区环市中路301－303号怡东大厦804室			邮政编码	510091
评定时间	2012. 11. 1	注册日期	1995. 11. 20	报关有效期	2013. 11. 20	注册资本	1500万港币
法人姓名	靳海鸣	电　　话	020－8667799	日常联系人	胡萍	电　　话	020－86767799
主营范围	承办空运进出口货物、国防展品、私人物流及过境货物的国际运输代理业务，包括揽货、订舱、仓储、中转、集装箱拼装拆箱、结算运杂费、报关、报验、保险、相关的短途运输服务及咨询业务；办理国际快递（不含私人信函）业务。						

企业名称	*中外运空运发展股份有限公司华南分公司			海关编码	4401983076	所属海关	广州海关现场业务处驻市政务中心监管点
通讯地址	广东省广州市越秀区东风中路437号越秀城市广场南塔33层					邮政编码	510030
评定时间	2011. 5. 31	注册日期	2000. 1. 12	报关有效期	2015. 1. 12	注册资本	0万人民币
法人姓名	赵尊礼	电　　话	020－83512000	日常联系人	黄晖	电　　话	020－83512088
主营范围	承办空运进出口货物和过境货物的国际运输代理业务，包括揽货、分拨、订舱、包机、仓储、中转、物流服务、国际多式联运、集装箱拼装拆箱、结算运杂费、报关、报验、保险、相关的短途运输服务及咨询服务；经营国际快递（不含私人信函和县以上党政军和机关文件）业务；与以上业务相关的咨询、服务、技术交流；货运代办、普通货运；寄递业务（信件和其他具有信件性质的物品除外）。						

企业名称	广州市万伦报关有限公司			海关编码	4423985015	所属海关	南沙海关
通讯地址	广东省广州市南沙区龙穴岛口岸大厦八层807房					邮政编码	511400
评定时间	2013. 5. 14	注册日期	2007. 3. 9	报关有效期	2014. 12. 31	注册资本	150万人民币
法人姓名	张悦	电　　话	020－34661700	日常联系人	杜丽娟	电　　话	020－34661700
主营范围	在广州海关关区各口岸从事报关业务（有效期至2014年12月31日），货物进出口、技术进出口（法律、行政法规禁止的项目除外，法律、法规限制的项目须取得许可后方可经营）。						

企业名称	广州市万伦报关有限公司			海关编码	4430985015	所属海关	南沙海关
通讯地址	广东省广州市南沙区龙穴岛口岸大厦八层807房					邮政编码	511400
评定时间		注册日期	2007. 3. 9	报关有效期	2014. 12. 31	注册资本	150万人民币
法人姓名	张悦	电　　话	020－34661700	日常联系人	黄航	电　　话	020－34661711
主营范围	在广州海关关区各口岸从事报关业务（有效期至2014年12月31日），货物进出口、技术进出口（法律、行政法规禁止的项目除外，法律、法规限制的项目须取得许可后方可经营）。						

黄埔关区

企业名称	东莞市和记报关服务有限公司		海关编码	4419980068	所属海关	黄埔海关 驻凤岗办事处
通讯地址	广东省东莞市凤岗镇雁田村兴田大厦B区7－10号				邮政编码	523700
评定时间	2010.2.21	注册日期 2005.11.7	报关有效期	2013.11.7	注册资本	150万人民币
法人姓名	谢荣修	电话 0769－87860886	日常联系人	谢荣修	电话	0769－87860886
主营范围	代理报关业务（凭有效许可证经营）。					

企业名称	东莞市准捷报关服务有限公司		海关编码	4419980073	所属海关	黄埔海关 驻凤岗办事处
通讯地址	广东省东莞凤岗镇雁田村兴田大厦一楼商铺				邮政编码	523700
评定时间	2010.2.21	注册日期 2006.2.16	报关有效期	2014.2.16	注册资本	150万人民币
法人姓名	贾素芹	电话 0769－87777760	日常联系人	杨滔	电话	0769－87777760
主营范围	代理报关业务（凭有效许可证经营）。					

企业名称	深圳市有信达物流集团有限公司		海关编码	4403180031	所属海关	深关现场
通讯地址	广东省深圳市盐田区盐田路45号金港盛世华庭6栋22C，D				邮政编码	518083
评定时间	2012. 5. 30	注册日期 2003. 11. 25	报关有效期	2013. 11. 1	注册资本	5000万人民币
法人姓名	陈小斌	电　话 0755－82631988	日常联系人	王曼	电　话	0755－61868069
主营范围	承办海运、陆运、空运进出口货物的国际运输代理业务，包括揽货、订舱、仓储、中转、集装箱拼装拆箱、结算运杂费、报关、报验、保险、国际多式联运、相关的短途运输服务及运输咨询业务（具体按深交复〔2003〕32号执行）；快递业务；道路普通货运，道路集装箱运输（均不含危险物品）；进出口贸易业务（按深贸管准证字第2003－4238号资格证书经营）。（以上法律、行政法规、国务院决定禁止的项目除外，限制的项目须取得许可后方可经营。）					

企业名称	深圳市鹏海物流有限公司		海关编码	4403180276	所属海关	深关现场
通讯地址	广东省深圳市盐田区深盐路海港大厦A座1116号				邮政编码	518018
评定时间	2012. 12. 26	注册日期 2004. 11. 23	报关有效期	2013. 11. 1	注册资本	500万人民币
法人姓名	汪广军	电　话 0755－25291992	日常联系人	高亚平	电　话	0755－25290382
主营范围	普通货运，货物专用运输（集装箱）（“道路运输经营许可证”有效期至2014年12月31日），仓储服务，货物配送，公路货运代办（均不含危险物品），国际货运代理，经营各类商品和技术的进出口。					

企业名称	深圳市腾格里海物流有限公司		海关编码	4403180320	所属海关	深关现场
通讯地址	深圳市盐田区盐田街道深盐路南盐田港区盐田海港大厦附楼1311				邮政编码	518083
评定时间	2012. 12. 26	注册日期 2007. 4. 12	报关有效期	2015. 4. 12	注册资本	300万人民币
法人姓名	姜红嫩	电　话 0755－25279696	日常联系人	姜建盟	电　话	0755－25274806
主营范围	道路普通货物运输，道路集装箱运输，仓储服务，货运代办及货物配送业务；国内商业，物资供销业（不含专营、专控、专卖商品）；经营进出口业务；国际货运代理。					

企业名称	深圳市华商联物流报关有限公司			海关编码	4403180338	所属海关	深关现场
通讯地址	深圳市南山区蛇口招商街道临海路海运中心主塔楼816、817号					邮政编码	518000
评定时间	2012. 4. 13	注册日期	2005. 3. 18	报关有效期	2015. 1. 25	注册资本	500万人民币
法人姓名	唐玉霞	电　话	0755－26888885	日常联系人	罗建国	电　话	0755－26853139
主营范围	代理报关业务（“报关注册登记证”有效期至2011年2月24日），经济信息咨询（不含限制项目），国际货运代理。						

企业名称	深圳市鑫易达国际货运代理有限公司			海关编码	4403180423	所属海关	深关现场
通讯地址	广东省深圳市福田区福保街道福田保税区帝港海湾豪园一城市3米6公寓1422					邮政编码	518032
评定时间	2013. 5. 21	注册日期	2006. 4. 21	报关有效期	2014. 4. 17	注册资本	500万人民币
法人姓名	陈汉昌	电　话	0755－25327298	日常联系人	马金凤	电　话	18923797608
主营范围	国内商业，物资供销业（不含专营、专控、专卖商品）；货物进出口，技术进出口；国际货运代理，国内货运代理；兴办实业；从事报关业务。						

企业名称	深圳市焕立环物流有限公司			海关编码	4403180514	所属海关	深关现场
通讯地址	广东省深圳市盐田区深盐路东湾大厦601#					邮政编码	518000
评定时间	2013. 3. 15	注册日期	2007. 7. 4	报关有效期	2015. 6. 26	注册资本	200万人民币
法人姓名	杨艾阳	电　话	0755－25555559	日常联系人	杨艾阳	电　话	0755－25555553
主营范围	国内、国际货运代理，仓储服务（经营场所另外设立，不含危险品），快递业务（不含信函及邮政专营业务），经营进出口业务，经济信息咨询。						

企业名称	深圳市华商联报关报检有限公司			海关编码	4403180644	所属海关	深关现场
通讯地址	广东省深圳市南山区南山街道办临海路海运中心主塔楼813					邮政编码	518067
评定时间	2013. 5. 21	注册日期	2010. 4. 27	报关有效期	2014. 1. 12	注册资本	150万人民币
法人姓名	唐玉霞	电　话	0755－26675718	日常联系人	罗建国	电　话	0755－26853139
主营范围	从事报关业务，报关业务咨询，代理报检业务，报检业务咨询。						

拱北关区

企业名称	中山中外运报关有限公司			海关编码	4420980067	所属海关	中山海关
通讯地址	广东省中山市火炬开发区沿江东一路17号3号仓A1室					邮政编码	528403
评定时间	2010.1.6	注册日期	2000.9.25	报关有效期	2015.7.22	注册资本	150万人民币
法人姓名	崔如巨	电　话	0760－28185020	日常联系人	郑凌曦	电　话	0760－88165020
主营范围	办理进出口货物和进出境运输工具的报关、纳税、电脑打单、传真业务，出入境检验检疫代理报检业务，提供有关运输咨询服务。						

企业名称	中山市德力报关有限公司			海关编码	4420980151	所属海关	中山海关
通讯地址	广东省中山市小榄镇小榄大道中49号报关楼2、3、4号房					邮政编码	528415
评定时间	2012.10.26	注册日期	2006.4.6	报关有效期	2014.3.16	注册资本	150万人民币
法人姓名	麦荣坚	电　话	0760－22118912	日常联系人	刘洁敏	电　话	0760－22111778
主营范围	代理报关、报检业务及相关业务的咨询、打单业务。						

南宁关区

企业名称	北海四方国际物流有限公司			海关编码	4505981043	所属海关	北海海关
通讯地址	广西省北海市云南路正虹广场A座1203、1204号					邮政编码	536000
评定时间	2011.7.6	注册日期	2006.5.19	报关有效期	2014.5.19	注册资本	1700万人民币
法人姓名	陈祖国	电　　话	0779－12345678	日常联系人	陈锦铭	电　　话	0779－3909818
主营范围	海运、陆运、空运进出口货物国际运输代理，包括揽货、订舱、租船、配载、报关、报验、装拆箱、中转、代运、分拨、结算运杂费及咨询；在中华人民共和国北海口岸从事国际船舶代理业务（凭国际船舶代理经营资格登记证经营）；国际船舶的日用百货的供应；船舶清洁服务；无仓储经营硫磺、硫酸、磷酸（凭许可证经营）（凡涉及许可证的项目凭许可证在有效期限内经营）。						

西安关区

企业名称	中外运空运发展股份有限公司西北分公司			海关编码	6101981014	所属海关	西安海关
通讯地址	陕西省西安市经济技术开发区凤城二路27号天心大厦11层					邮政编码	710018
评定时间	2012.8.17	注册日期	2000.8.21	报关有效期	2015.4.19	注册资本	300万人民币
法人姓名	宋新梅	电　　话	029－86237592	日常联系人	宋瑞军	电　　话	029－88798058
主营范围	承办空运进出口货物的国际航空货运、代理业务，包括揽货、分拨、订舱、包机、仓储、中转、货物集散及物流服务、集装箱拼装拆箱、结算运杂费、报关、报验、保险、多式联运、过境运输、国内货运，以及相关的短途运输服务及运输咨询业务；经营国际快递（不含私人信函）业务；与以上业务相关的咨询、服务、展览、技术交流；国际航线或者港台航线的航空货运销售代理业务；普通货运及货运代办、仓储服务；寄递业务（信件和具有其他信件性质的物品除外）。						

企业名称	陕西华龙报关报检服务有限公司			海关编码	6101981023	所属海关	西安海关
通讯地址	陕西省西安市高新区高新五路16号商品格兰A座1115					邮政编码	710075
评定时间	2012.12.31	注册日期	2003.5.26	报关有效期	2015.5.3	注册资本	150万人民币
法人姓名	付佳	电　　话	029－88330576	日常联系人	文骊莎	电　　话	029－88330576
主营范围	进出口专业代理报关、报检及仓储业务（危险品除外）。						

企业名称	西安海川国际货运代理有限公司			海关编码	6101981036	所属海关	西安海关
通讯地址	陕西省西安市经开区凤城二路海璟国际2幢1单元10911号房					邮政编码	710016
评定时间	2013.6.17	注册日期	2007.4.4	报关有效期	2015.3.22	注册资本	300万人民币
法人姓名	史瑞娟	电　　话	029－65693003	日常联系人	韩艳	电　　话	029－65693003
主营范围	航空、陆路国际货运代理业务。						

乌鲁木齐关区

企业名称	阿拉山口中铁国际物流有限公司			海关编码	6503980003	所属海关	阿拉山口
通讯地址	新疆阿拉山口新丝路					邮政编码	833418
评定时间	2009.12.11	注册日期	1997.3.22	报关有效期	2015.3.22	注册资本	200万人民币
法人姓名	李翔	电　话	0909－6991680	日常联系人	李婷婷	电　话	0909－6993462
主营范围	许可经营项目：经营易燃固体、自燃和遇湿易燃物品（第4.1类、4.2类、4.3类），剧毒品除外。一般经营项目（国家法律、行政法规有专项审批的项目除外）：代理报关、报检、报验业务，经营百货，承办陆运进出口国际货运代理业务，货物仓储，装卸服务、货物装卸加固服务。						

企业名称	五矿物流新疆有限公司			海关编码	6503980010	所属海关	阿拉山口
通讯地址	新疆阿拉山口准噶尔路27号（联检小区201号）					邮政编码	833418
评定时间	2009.12.11	注册日期	2003.1.30	报关有效期	2014.12.18	注册资本	200万人民币
法人姓名	梅旺年	电　话	158××××5228	日常联系人	吕洪军	电　话	139××××9976
主营范围	许可经营项目：道路普通货物运输（有效期至2014年11月1日），经营易燃液体（第3.2类）、易燃固体（第4.1类）、氧化剂（第5.1类）、有毒品（第6.1类）、腐蚀品（第8.2类）、压缩气体及液化气体（第2.1类），成品油、剧毒品除外（有效期至2013年5月11日）。一般经营项目：承办陆运进出口货物的国际运输代理业务，包括揽货、仓储、中转、集装箱拼装拆箱、结算运杂费、报关、报验、保险、相关的短途运输服务及咨询业务，日用百货、饲料、钢材、建材、五金矿产品、化工产品的销售，房屋租赁，货物配送、代收货款。						

企业名称	阿拉山口博报国际货运代理有限公司			海关编码	6503980018	所属海关	阿拉山口
通讯地址	新疆阿拉山口准噶尔南路4号					邮政编码	833418
评定时间	2012.10.8	注册日期	2006.10.18	报关有效期	2014.10.18	注册资本	233万人民币
法人姓名	王俊	电　话	0909－6991118	日常联系人	王冬梅	电　话	0909－6992164
主营范围	许可经营项目：经营易燃液体（第3.2类、3.3类）、易燃固体（第4.1类），剧毒品除外，成品油除外；打字、复印服务。一般经营项目：承办陆运进出口货物的国际运输代理业务，揽货、托运、仓储中转、集装箱拼装拆箱、结算运杂费、报关、报验、保险、相关短途运输代理服务及运输咨询服务。						

企业名称	新疆阿拉山口捷安物流有限公司			海关编码	6503989013	所属海关	阿拉山口
通讯地址	新疆阿拉山口准噶路4号					邮政编码	833418
评定时间	2010. 12. 15	注册日期	2003. 11. 26	报关有效期	2013. 11. 26	注册资本	300万人民币
法人姓名	李清贵	电　话	139××××5027	日常联系人	王劲松	电　话	0909－6995503
主营范围	承办陆运进出口货物的国际运输代理业务，包括揽货、托运订舱、仓储、中转、集装箱拼装拆箱、结算运杂费、报关、报验、保险、相关的短途运输服务及运输咨询业务。						